陕西师范大学人文社会科学
高等研究院项目（GYY202102）

史记

讲义

（上）

张大可　编著

线装书局

图书在版编目（CIP）数据

《史记》讲义 / 张大可编著 . —北京：线装书局，2022.4

ISBN 978-7-5120-4964-2

Ⅰ.①史… Ⅱ.①张… Ⅲ.①中国历史 – 古代史 – 纪传体 ②《史记》– 研究 Ⅳ.① K204.2

中国版本图书馆 CIP 数据核字 (2022) 第 028847 号

《史记》讲义
SHIJI JIANGYI

编　　著：张大可

责任编辑：于建平

出版发行：线装書局

　　　　　地　　址：北京市丰台区方庄日月天地大厦 B 座 17 层（100078）

　　　　　电　　话：010-58077126（发行部）　　010-58076938（总编室）

　　　　　网　　址：www.zgxzsj.com

经　　销：新华书店

印　　制：廊坊市海涛印刷有限公司

开　　本：710mm×1000mm　1/16

印　　张：47.5

字　　数：800 千字

版　　次：2022 年 4 月第 1 版第 1 次印刷

印　　数：0001—5000 册

线装书局官方微信

定　　价：168.00 元（全 2 册）

作者简介

张大可　1940 年出生，重庆市人。1966 年毕业于北京大学中文系古典文献专业。曾任兰州大学历史系教授、北京外国语大学中文系教授兼中文系副主任、中央社会主义学院教授。现任陕西师范大学人文社会科学高等研究院特聘研究员、中国历史文献研究会常务理事、中华伏羲文化研究会常务理事、中国《史记》研究会会长。在中国历史文献学、秦汉三国史两个学术领域发表学术论文近二百篇，尤长于三国史与《史记》的研究，在学术界独树一帜，是新中国成立以来第一个出版《三国史研究》与《史记研究》个人论文专集的学者。2011 年获中国《史记》研究会学术成就奖。出版学术论著十余种，主要有《三国史研究》《三国史》《史记研究》《司马迁评传》《史记论赞辑释》《史记文献研究》《史记精言妙语》《史记通解》《中国文献学》等。主编《中国历史文献学》《中国历史文选》《中国历史人物评传丛书》《资治通鉴新注》等二十余种著作，其中《中国历史文献学》《中国历史文选》为高校教材。有六种学术论著获省部级优秀图书奖，《中国历史文选》2008 年获教育部高教司普通高等教育"十一五"国家级规划教材普通高等教育精品教材奖。2013 年商务印书馆出版《张大可文集》十卷。

内容提要

　　本书《〈史记〉讲义》共选《史记》一百三十篇中的四十二篇，其中六篇为节选，占《史记》总量的四分之一强。选文五体皆备，计本纪六篇，表四篇（只选序文，表略），书四篇，世家六篇，以上共二十篇为上册；列传选文二十二篇为下册。上、下两册总计约八十万字。解读内容宏观与微观相结合。每篇选文做"题解""注释""段意"三项，为传统的微观解读，着重在字面意义，疏解文字阻碍，以助读者欣赏原书韵味。书前"序论"与每篇"讲析"，这两项则是宏观阐释思想内涵，系"解读"作者的一家之言，助读者思考。本书最初系作者在 20 世纪 80 年代在兰州大学历史系开设《史记》专书课讲义，积淀十年教学体悟，可作为高校开设《史记》专书课的参考书。

前　言

さ＾＾＿

文史名著《史记》被誉为"史家之绝唱，无韵之《离骚》"，是中国人人必读的一部国学根柢书。由于《史记》部头大，内容多，初学者难以阅读全书。节选《史记》一部分独立成书，这就是《史记》选本。东汉校书郎杨终奉汉章帝之命，节选《史记》十余万字，相当于原书四分之一的篇幅，作为皇家子弟的读本，这是我们已知的最早的选本。历代以来，不知有多少选本，让一代又一代人受惠。新中国成立以来，半个多世纪中，前后有数十种选本流传，以王伯祥的《史记选》、郑权中的《史记选讲》最为有名。王伯祥的《史记选》初版于 20 世纪 50 年代，至今仍在重印，流传了半个多世纪仍有生命力。由此可知，一部好的《史记》选本，造福于广大读者是多么的有意义。但以往众多的《史记》选本，都偏重于文学性强的人物传记，不能全面地反映司马迁的思想体系和《史记》的五体结构。因此本书选讲，题名"《史记》讲义"，要求吸收最新学术成果，编选一本全面反映司马迁思想以及体现《史记》百科全书内容风貌的新选本，做到学术性与通俗性结合，雅俗共赏，既可作为中学文史教师以及广大知识青年自修提高的读物，又可作为高校中文、历史两系的专业教学参考书。若要实现这一目标，编选者必须在选目与解读体例两个方面都要有所创新，这也是本文所要说明的亮点。下面就从"选目"与解读"体例"两个方面略作说明，是为前言。

一、选目

本书编选的宗旨和目的，就是要在文史并重的基础上，把司马迁之所以为司马迁的人格风格全貌反映出来。选目原则有四点：

1. 要完整地反映《史记》内容的系统性，全面体现司马迁的历史观，并突出《史记》作为通史之"通"的优点。

2. 要反映《史记》体大思精的特点。体大是指《史记》内容的全面性、丰富性和五体编纂形式；思精是指《史记》思想的深刻性。为此，本书选目，本纪、表、书、世家、列传五体皆备。本书选讲，全书八十余万字，分上下两册出版。上册包括本纪、表、书、世家；下册全为列传，后附录相关内容三篇。

3.《史记》以人物为中心述史，创造了传记文学的典范，是一部文学名著。因此，《史记》名篇要系统选入，而人物传记仍是重点。

4. 司马迁在《史记》中运用的述史的理论和方法，如述史断限、详今略古、详变略渐、互见对比、纵横比较等，均要通过选目反映出来。例如，秦始皇、李斯两篇大传入选，全面反映了秦统一王朝兴亡的历史与全过程；项羽、刘邦两篇本纪均入选，含对比见义之例；孝文帝本纪与张释之、冯唐两人合传入选，反映文景之治开明政治局面的构架。秦汉时期篇目入选比较多，以反映详今略古。又如，《史记》首卷《五帝本纪》和末卷《太史公自序》以及各年表序，贯穿了司马迁的思想脉络，包含了《史记》的述史断限理论，本书系统选入，这是一般选本所没有的。

按上述原则，本书从《史记》中共选文四十二篇，约十三万字，占《史记》全书一百三十篇、五十二万余字的四分之一篇幅，计：本纪六篇，表序四篇，书四篇，世家六篇，列传二十二篇，五体皆备。精选名篇，也是本书的主题之一。梁启超评《史记》十大名篇：《项羽本纪》《魏公子列传》《廉颇蔺相如列传》《鲁仲连邹阳列传》《淮阴侯列传》《魏其武安侯列传》《李将军列传》《匈奴列传》《货殖列传》《太史公自序》，本书悉数入选。其中《匈奴列传》是民族史传。此外，《管晏列传》《屈原贾生列传》《荆轲列传》《游侠列传》亦俱为千古名篇。在所选二十二篇列传中，伍子胥、子贡、甘罗、司马相如四位，是司马迁"传奇人于千秋"的经典杰作，本书只节选其"传奇"片断，以展示人物的智慧、执着与敢闯精神。司马迁笔下人物的人格魅力为中华民族代代相传，积淀为民族魂。《史记》的民族凝聚力与爱国主义思想源泉，就是这样产生的。

选目详今略古，详变略渐，展现通史特点与太史公司马迁的历史观。

选文的文本以中华书局点校本为依据，对段落、标点重新审示，有所改动。凡通用的通假字、异体字、繁简字，一律改为标准简化字，特此说明。

选文之后三篇附录，一为《报任安书》，司马迁留下的一封极为重要的书信，班固作《汉书》收入《司马迁传》，可视为《太史公自序》的补充，是探究《史记》主题升华的重要资料；二为《史圣颂》，是2016年立于陕西韩城市司马迁文史公园广场上的碑文，代表当今学术界对司马迁全面的最新评价；三为《司马迁年谱》，是司马迁一生的简历，以及创作《史记》的经历。这三篇文献对读《史记》具有重要的指引意义，故附录于本书。

二、体例

本书解读力求以阐明司马迁的一家之言为旨归，为此创设了相应的体例形式，包括序论、五体说明、题解、段意、注释、讲析六个部分。"序论"系统而扼要地评价司马迁和《史记》。"五体说明"对《史记》五体特点以及篇目系统做了简明的概说，写在每体选目之前。单篇解读各有"题解""段意""注释""讲析"四个部分。解读要求反映新见解、新成果，行文深入浅出，形成本书独具的风格。

单篇解读四个方面的内容，说明如下。

1. 题解。题解内容为解题与提要相结合，包括四个基本项：（1）释题篇；（2）介绍传主；（3）提示篇旨；（4）作者意向。"题解"与"讲析"两项有联系，而非重复。"题解"着重指出司马迁的创造精神，反映《史记》编纂特色；"讲析"具体分析正文内容。

2. 段意。段意是对段落结构内容的概括，具有点题、剖析、归纳的作用。"太史公曰"是作者的赞论，单独作段意。

3. 注释。注释内容包括为难字注音，解词，串译，释人名、地名、职官、掌故等。注释要求具有通俗性，用白话注释，一般不作引证，歧说只注一说。人名注释，凡重要历史人物正史中有传者，均注出传名，供读者备查；《史记》中的历史人物，只注传名，一律省略书名；见于本书者的，则注明本书所选。地名注释，凡行政地区只注治所在今天的准确方位，一律不注沿革；对于指称人名的地名如"条侯""绛侯""临汝侯"等中的"条""绛""临汝"等地名，也一律不注，但传主除外。官名注释，只简注其品位、职掌，不详注其秩禄。各篇之间的注释自成单元，重出条目不注互见，以省读者翻检之劳。重出条目行文有具体的语言环境，详略不必求同，但释义不能有抵牾。本书注文插入地图，也是一个创新。

4. 讲析。讲析内容紧扣正文，分析其思想内容、历史过程、艺术风格，评价其史料价值等。"讲析"力求学术性，反映新见解。"讲析"不进行争鸣讨论，而是扣紧正文做具体分析。

《史记》是一部文史兼长的名著，它应该成为广大人民群众所占有、所享受的知识宝库和艺术珍品，而不能只是文人学士的案头物。因此对《史记》这部名著应当进行多层次的整理。所谓多层次的整理是指学术研究与普及相结合，编著或整理适应不同年龄和不同文化程度的读者阅读的多种读本。本书是一种大型的选本，适应中等以上文化程度的读者，所以不附译文以省篇幅。在古籍整理中如何做到学术性与普及性相结合，本书所采用的解读形式是一个尝试。

本书有四篇讲析是引用的成稿。其中《李斯列传》《荆轲列传》《游侠列传》三篇讲析，征得著名《史记》研究专家韩兆琦教授的同意，引自韩兆琦教授的名著《史记评议赏析》（内蒙古人民出版社 1985 年版）。《五帝本纪》讲析为江南大学徐兴海教授撰写。此外，本书有若干幅地图插入注文，为友人南京三江学院许盘清先生所绘。以上借本书出版之际予以说明，并致感谢。

　　本书所选《史记》正文一律采用规范简体字，部分常用通假字改用正字简体字。本书引文出处采用页下注，出处皆为常用古籍，只注书名及篇名，仅供备查指引，一般不详注作者、出版社、页码，特此说明。

选编者

2021 年 6 月于北京

目　录

三十世家（选六篇）

序 论
——司马迁和《史记》评介

《史记》是我国第一部纪传体通史，西汉司马迁撰。

司马迁字子长，西汉左冯翊夏阳（在今陕西省韩城芝川镇）人，是我国伟大的历史学家、文学家和思想家。他有着崇高的人格、坚强的毅力、卓越的创新精神与史才，在两千多年前就写出了《史记》这样一部具有世界影响的历史学和文学巨著，是人类文化史上的奇观。两千多年来有不可胜计的中外学者在阅读它和研究它，给予它崇高的评价。对于这样一份遗产，在阅读和欣赏它之前，我们对司马迁的品格和创新精神，对《史记》产生的历史条件、其体例内容和思想价值、它的史论体系，以及司马迁在中国文化思想史上的地位和影响，有一个整体轮廓的了解是十分必要的。

一、司马迁的崇高人格和创新精神

司马迁的崇高人格和创新精神主要体现在三个方面：

一是忍辱负重，发愤著书，实现了"成一家之言"的理想；二是勇于探索和创新，创作了划时代的纪传体通史；三是严格地忠实于信实可靠的历史，不与圣人同是非。这种精神和品格，都是值得我们继承和发扬的。

司马迁在青年时期，就是其父司马谈发凡起例修撰通史的得力助手。元封元年（公元前110年），司马谈临终时，拉着司马迁的手垂泣嘱教，希望司马迁完成他的未竟事业。元封三年（公元前108年）司马迁继任太史令，这使他有机会阅读皇家图书馆的藏书，有了修史的便利条件。司马迁为太史令的第五年，汉武帝改官制，颁布了新历，即太初历，改元太初。改历象征着西汉王朝的鼎盛。司马迁主持了太初历的制定，并加紧了《史记》的撰述。

七年后，即汉武帝天汉三年（公元前98年），司马迁由于李陵案牵连下狱，惨遭腐刑，蒙受了极大的屈辱，痛不欲生，但每当此念萌生，他耳边就响起了父亲临终的遗教，眼前就展现了一幅幅古人发愤著述的画面：西伯拘羑里演《周易》，孔子厄陈蔡作《春秋》，屈原遭放逐赋《离骚》，左丘失明著《国语》，孙子膑脚论《兵法》，《诗》三百篇，大多是圣贤发泄愤懑的作品。自古以来，权贵富人生时显赫，死而名灭，多到不可胜记，只有那些具有坚强毅力、崇高品格而做出了一番事业的人才能名垂后世。这就是司马迁在《报任安书》和《太史公自序》里一唱三叹、反复申说的"发愤著书"说。他从个人的悲怨中解脱出来，忍辱著书，把自己的愤懑和不平倾注在《史记》中，成为"一家之言"，爱憎鲜明；他同情人民的苦难，揭露专制统治的黑暗，留下了宝贵的实录作品，这种精神体现了中华民族的脊梁，是值得我们敬仰的。

司马迁的伟大，还体现在他创作实践中的不断创新。司马迁非常尊敬他的父亲，也十分推崇孔子，但是，他并不墨守父训和死抱经文。他的创新精神突破了父亲的规划和圣人的遗则。如《史记》的断限，"述陶唐以来，至于麟止"，这是司马谈效法孔子编《尚书》祖述尧舜，修《春秋》绝笔获麟的程式。而司马迁延伸上限，"起于黄帝"，宣扬大一统的历史观；延伸下限"至太初而讫"，实录西汉鼎盛的历史。

创新既是司马迁品格的集中反映，也是《史记》的最大成功。《史记》之所以是一部划时代的伟大著作，简以言之，就是这部巨著从内容到形式是划时代的创新：

1. 首创纪传体，形象地照映了封建社会的等级序列；

2. 首创贯通古今的通史，建立了历史发展断限理论的年代学；

3. 首创"太史公曰"的史论形式，提出了系统的史学理论；

4. 首创经济史传，发展了古代朴素的唯物史观，意识到经济发展状况对社会历史起决定性的作用；

5. 首创军事史传，系统地总结了古代的战争理论，详尽地叙述了战史内容；

6. 首创学术史传，辨章学术源流；

7. 首创民族史传，提出了民族一统的思想；

8. 首创各色人物的类传，全面地反映社会生活；

9. 首创语译古文，使艰深古奥的语言通俗化；

10. 首创历史文学，使历史人物的实录成为生动的典型形象。

其他还包括如首创礼、乐、历、星等各种专题的文化史传，扩大了历史记叙的范围；首创《大宛列传》，载述外国史事；等等。

司马迁的创新，概括地说就是司马迁创造了"纪传体通史"，这是史学发展史上的一次划时代的创新，从此奠定了史学的独立地位。在司马迁以前，史学只是经学的附庸。《春秋》是六经之一，它别嫌疑，明是非，寓褒贬，以当一王之法，司马谈和司马迁都十分推崇《春秋》，并把自己的著作看成是继《春秋》的事业；但《春秋》仅仅是记载了一些历史事件的标题，且以一字寄寓褒贬，因而读之如读无字天书，算不上一部真正的历史书。《左传》是解经述史，虽然详载历史事件，但记载的范围和时间都是有局限的，它的内容也只是偏重于春秋各国间的会盟和征伐，而很少有社会各阶层代表人物的活动，也缺乏制度沿革和经济、地理、天文、历法等知识的系统叙述。《国语》在很大程度上是一部资料汇编，远不及《左传》有深度。《战国策》记载了战国时期的阶级矛盾和社会内容，而重点却是记录纵横家的说辞，既不是系统的战国史，也不完全是信史。至于其他先秦典籍，除《尚书》外，更说不上是历史书。《史记》第一次综合古今典籍成一书，汇总百科知识成一体系，是一部体大思精的历史著作。所谓体大，是指它的五体形式；所谓思精，是指它内容的全面性和系统性。《史记》五体，本纪、表、书、世家、列传，分开来看，各自成为一个独立的系统，首尾完备，贯通历史发展的线索，各有不同的侧面和重心；合起来看，又是组织严密互相交融的一部著作，自成一家之言。正因为它体例完备，才能容纳丰富的历史素材，在有限的篇幅内使政治、经济、文化、学术、民族、社会以及自然界的星象、历法、地理等无所不包。晋人张辅说，司马迁作史，"辞约而事举，叙三千年事，唯五十万言"①。清赵翼称它为"全史"，并说："自此例一定，历代作史者遂不能出其范围。"②

司马迁所以能够创新，在于他立意高远，能够坚持实录的写作精神。西汉一代大儒都推崇《史记》为实录。班固说："自刘向、扬雄博极群书，皆称迁有良史之才，服其善序事理，辨而不华，质而不俚，其文直，其事核，不虚美，不隐恶，故谓之实录。"③坚持实录是司马迁的崇高史德，为他高远的述史理想服务。司马迁的述史理想是"究天人之际，通古今之变，成一家之言"④，以独到见解来回答历史是怎样变化发展的，所以他不与圣人同是非，突破了旧的思想传统和官方哲学的框架。这种创新思想，集中地表现在赞扬

---

① 《晋书》卷六〇《张辅传》。

② 《廿二史劄记》卷一。

③④ 司马迁：《报任安书》，载《汉书》卷六二《司马迁传》。

道家以及为商人、游侠立传等方面。班固评价司马迁：“是非颇缪于圣人，论大道则先黄老而后六经，序游侠则退处士而进奸雄，述货殖则崇势利而羞贱贫，此其所蔽也。”[①]班固所批评的司马迁的“蔽”，恰恰是司马迁思想中光彩夺目之“长”。司马迁“论大道则先黄老而后六经”，是肯定文景之治的升平而否定汉武帝的多欲所造成的衰败；述货殖为商人立传，是肯定商人促进生产发展，对社会经济的繁荣所作的贡献；颂游侠是肯定这一类人能够牺牲自己、救人之急的道德。事实上，司马迁通过颂黄老、商人、游侠来表达他对开明政治的向往，对人民求实利和反强暴的肯定。这些思想正体现了《史记》褒贬人物和历史事件的尺度不是受统治阶级“正统思想”的约束，而是在一定程度上从被压迫人民的利益来立论的，这无疑是那个时代最进步的思想。

二、《史记》成书的历史条件

司马迁的生卒年，学术界争论很大，有五六种观点，迄今无定论。据王国维的考证，他生于景帝中元五年（公元前145年），约卒于昭帝之初（公元前86年），享年约六十岁。司马迁一生恰与雄才大略的汉武帝相始终，适值西汉鼎盛时期，这是中国封建制度确立以后的第一个盛世，其政治、经济、军事、文化各方面都出现了空前蓬勃的发展局面。司马迁降生在这个盛世，完成了空前的历史巨著，正是应运而生。

其一，如何巩固西汉王朝的统治，需要总结历史的经验，作出学术的综合。早在高帝之初，即让陆贾总结“秦所以失天下，吾所以得之者何，”及“古成败之国”[②]的历史经验，寻求长治久安之术。陆贾总结亡秦的教训是：秦“事愈烦天下愈乱，法愈滋而奸愈炽，兵马益设而敌人愈多。秦非不欲为治，然失之者乃举措暴众而用刑太极故也”[③]。这一套治国理论，刘邦“称善”，左右呼“万岁”，确立了汉初的无为政治。孝惠皇帝和高后继续执行这一治国方针，“君臣俱欲休息乎无为”，天下晏然，“民务稼穑，衣食滋殖”[④]。到武帝即位时，民则人给家足，而府库余货财，农业技术提高了，手工业发展了，城

---

① 《汉书》卷六二《司马迁传·赞》。
② 《史记》卷九七《郦生陆贾列传》。
③ 《新语·无为》。
④ 《史记》卷九《吕太后本纪·赞》。

市兴起，商业发达，全国一片欣欣向荣。可是，一百年前，在秦汉之际，"三十年之间，兵相骑藉"，"死人如乱麻"①。陈涉发难，项羽灭秦，刘邦兴起，"五年之间，号令三嬗，自生民以来，未始有受命若斯之亟也"②。翻天覆地的历史变化是怎样发生和发展的？这需要对学术做出综合的研究来回答。与司马谈同时而与司马迁相及的淮南王刘安，就纠集学者编集了一部"观天地之象，通古今之事"③的《淮南子》，进行学术综合的工作。董仲舒倡"罢黜百家，独尊儒术"，治《公羊春秋》，宣扬大一统，也是做学术综合的工作。司马谈、司马迁对此有着深刻的认识，追溯到春秋战国之世。《十二诸侯年表·序》云：

> 是以孔子明王道，干七十余君，莫能用，故西观周室，论史记旧闻，兴于鲁而次《春秋》，上记隐，下至哀之获麟，约其辞文，去其烦重，以制义法，王道备，人事浃。……鲁君子左丘明惧弟子人人异端，各安其意，失其真，故因孔子史记具论其语，成《左氏春秋》。铎椒为楚威王傅，为王不能尽观"春秋"，采取成败，卒四十章，为《铎氏微》。赵孝成王时，其相虞卿上采"春秋"，下观近势，亦著八篇，为《虞氏春秋》。吕不韦者，秦庄襄王相，亦上观尚古，删拾"春秋"，集六国时事，以为八览、六论、十二纪，为《吕氏春秋》。

这段议论把学术总结与现实的政治紧密相连，表明了司马谈、司马迁的学术思想，效《春秋》拨乱反正，综合学术为治政服务，司马谈临终执迁手而泣曰："余先周室之太史也。自上世尝显功名于虞夏，典天官事。后世中衰，绝于予乎？汝复为太史，则续吾祖矣。"又说："自获麟以来四百有余岁，而诸侯相兼，史记放绝，今汉兴，海内一统，明主贤君忠臣死义之士，余为太史而弗论载，废天下之史文，余甚惧焉，汝其念哉！"司马迁也说："余尝掌其官，废明圣盛德不载，灭功臣世家贤大夫之业不述，堕先人所言，罪莫大焉。"④历史使命感，使司马谈、司马迁父子自觉地肩负起述史的任务，并且确定了"究天人之际，通古今之变，成一家之言"⑤的述史原则，探究历史之变，回溯以往，推察未来，用以回答汉朝之所以兴以及如何巩固、发展的

---

① 《史记》卷二七《天官书》。
② 《史记》卷一六《秦楚之际月表·序》。
③ 《淮南子》卷二一《要略》。
④ 《史记》卷一三〇《太史公自序》。以下引文凡未注者即出自《太史公自序》。
⑤ 《汉书》卷六二《司马迁传》。

问题。清代学者钱大昕说，《史记》的"微旨"有三："一曰抑秦，二曰尊汉，三曰纪实"①。这正是司马迁所处时代的精神和时代的使命。

其二，西汉文化的发展，提供了修史条件。司马迁修纂《史记》，是"长期的历史研究成果的集中体现"②。如果没有《春秋》《尚书》《左传》《国语》《世本》《战国策》等史书的先后问世，就不可能凭空冒出《史记》这样的巨著来，司马迁能够运用这些典籍，是西汉的文化发展提供的条件。秦汉时期，书籍的传布，主要用简策书写，得书十分困难，昂贵的缣帛书更非一般人所能得。秦始皇焚灭诗、书、史记，以愚黔首，还不准民间读书、藏书，又制造了人为的困难。《汉书叙传》云："（班）斿以选受诏进读群书，上器其能，赐以秘书之副。时书不布，自东平思王以叔父求太史公、诸子书，大将军白不许，语在《东平王传》。"成帝之时，尚且如此，何况武帝之世？但司马迁却能"绁史记石室金匮之书"，这些图书是西汉王朝长期收聚起来的。班固说："汉兴，改秦之败，大收篇籍，广开献书之路。迄孝武世，书缺简脱，礼坏乐崩，圣上喟然而称曰：'朕甚闵焉！'于是建藏书之策，置写书之官，下及诸子传说，皆充秘府。"颜注引刘歆《七略》云："外则有太常、太史、博士之藏，内则有延阁、广内、秘室之府。"③ 早在惠帝四年，汉朝就废除了挟书律，奖励献书，提倡讲学。汉文帝曾派晁错到济南记录整理九十余岁老人、故秦博士伏生口授之《尚书》。汉武帝即位之初，就"征天下举方正贤良文学材力之士，待以不次之位"④。汉武帝还下令："天下计书，先上太史公，副上丞相，序事如古春秋。"⑤ 所谓"序事如古春秋"，就是进行年月日的编纂整理，使天下计书皆为有用史料。汉成帝时刘向校书，国家投入了大量的人力物力。汉武帝"建藏书之策，置写书之官"，实际上就是进行典籍整理。这个工作由太史令主持。司马迁说："百年之间，天下遗文古事靡不毕集太史公。太史公仍父子相续纂其职。"司马谈、司马迁相继主持文化典籍的整理工作，得以阅读秘籍图书。《史记》虽为司马迁私撰，实际上动用了整个太史府的力量。太史府等于是国家给司马迁设立的书局。

其三，雄才大略的汉武帝，加强了中央集权的统治，宏阔昂扬的时代，是《史记》成书的直接背景。汉武帝击胡攘越，开拓疆土，内兴功作，改革

---

① 《潜研堂文集》卷三四《与梁耀北论史记书》。
② 参见白寿彝：《史记新论》，求实出版社1981年版。
③ 《汉书》卷三〇《艺文志》及注。
④ 《汉书》卷六五《东方朔传》。
⑤ 《太史公自序·集解》引如淳说引卫宏《汉仪注》。

了上层建筑，加强了大一统的皇权统治，造成了西汉王朝的博大气象。司马谈、司马迁父子，原本是汉武帝身边的亲信，积极参与了汉武帝事业的兴作。司马谈对封禅制礼有重要作用。司马迁从巡武帝，目睹各种盛大的典礼、阅兵仪式，领受了宏阔昂扬的时代精神。司马迁还奉命出使西南夷设郡置史。《报任安书》说："绝宾客之知，忘室家之业，日夜思竭其不肖之材力，务一心营职，以求亲媚于主上。"这是青年时期司马迁思想的真实记录。"汉兴五世，隆在建元，外攘夷狄，内修法度，封禅，改正朔，易服色，作《今上本纪》第十二。"司马迁充分肯定了汉武帝的事业。他在答壶遂问中说："余闻之先人曰：'伏羲至纯厚，作《易·八卦》。尧、舜之盛，《尚书》载之，礼乐作焉。汤、武之隆，诗人歌之。《春秋》采善贬恶，推三代之德，褒周室，非独刺讥而已也。'"司马谈计划述史至于麟止，就是这一思想倾向的鲜明体现。司马迁继承这一思想，认为"汉兴以来，至明天子，获符瑞，封禅，改正朔，易服色，受命于穆清，泽流罔极，海外殊俗，重译款塞，请来献见者，不可胜道"。《史记》载武帝一朝史事，篇目和字数均占四分之一，许多篇章都有司马迁活动的足迹。《史记》的体大思精是和司马迁直接参与汉武帝宏伟事业的实践分不开的。也就是说，武帝一朝的宏伟气象是《史记》成书的直接背景。

　　其四，汉武帝后期阶级矛盾尖锐化，为司马迁"原始察终，见盛观衰"的方法论提供了现实的依据。"原始察终，见盛观衰"，是司马迁研究历史的一条重要理论原则。司马迁用这样的方法，认识到汉朝对秦的继承和发展，肯定了秦朝的统一之功。同时，从分析秦朝覆亡的原因，又看到了当时政治的危机，在《平准书》中就指出汉武帝步秦始皇的后尘，"竭天下之资财"以恣其欲，并不以为怪。因为皇帝视天下"子民"为一人之私产，毫无节制地挥霍，把天下人民推入了火坑，其源头盖出于皇帝高度集权之弊。"事势之流"，就是指汉武帝效秦始皇专制纵欲，导致了社会危机。他从各个方面揭露了当时社会矛盾，得出"物盛而衰，固其变也"[1] 的结论。当汉武帝和臣僚们正在庆贺丰功伟绩的时候，司马迁却看出了汉王朝统治的危机，在《酷吏列传》中直言不讳地批评严刑峻法激起了农民起义，实属卓识。可以说"原始察终，见盛观衰"具有辩证法的思想光辉。司马迁既尊汉而又批判，既看到它的兴盛而又看到它的弊病。两千年前的司马迁有如此不凡的卓见，源于他对现实社会演变的深刻观察。西汉社会在"文景之治"的升

---

① 《史记》卷三〇《平准书》。

平时期，就已隐伏着对立的阶级矛盾。贾谊、晁错在政论中就发出了呼喊。到武帝之世，矛盾有了进一步的激化。"当此之时，网疏而民富，役财骄溢，或至兼并豪党之徒，以武断于乡曲。"① 到了汉武帝后期，由于汉武帝过度使用民力，造成了"海内虚耗，户口减半"② 的残破局面，阶级矛盾日趋尖锐，各地爆发了农民起义，动摇了汉王朝的根基。司马迁目睹这一时势的变化，不能不对"天命论"产生怀疑，不能不对"今上圣明"的述史主题进行修正。所以《史记》内容呈现出尊汉与批判的矛盾，正是司马迁所处时代剧变的反映。

其五，文景之治开明政治的流风余韵，启迪了司马迁自成"一家之言"的思想。汉文帝即位，开始对秦王朝暴政的批判，吸取"雍蔽之伤国也"③ 的历史教训，鼓励臣民直言极谏，并定为举贤良方正的基本条件。汉武帝专制有别于秦始皇的根本之点，就是还能容忍臣下直言，故有晚年悔征伐之事。汲黯在廷对时说："陛下内多欲而外施仁义，奈何欲效唐虞之治乎！"④ 汉武帝怒而不降罪。在汉武帝时代，虽罢黜百家，而文网未密，臣工士庶，尚能直言议政。故司马迁述史，汉武帝未予干涉。卫宏记载了武帝削除景纪、今上纪的流言，但汉武帝未禁司马迁著书。在这一环境下，司马迁才敢于直言，实录史事，虽有忌讳之词，而能终成一家之言。

以上各点，是为《史记》成书的客观条件。

司马迁的父亲司马谈，是西汉著名的学者和历史学家，曾任太史令。他首先提出并构思创作一部融会百家学说、贯通古今的历史巨著。《太史公自序》载"于是卒述陶唐以来至于麟止"，就是司马谈发凡起例的规划。从这一述史断限，可知司马谈作史起于元狩元年（公元前 122 年）。

司马谈用司马氏祖先"世典周史"的光荣家谱教育司马迁，启发他肩负历史使命，成长为一个自觉的历史学家。司马迁没有辜负父亲的厚望。他少小立志，要和父亲一道来完成这一旷世大典。司马迁勤奋攻读，十岁时就能阅读古文书籍，如《春秋》《左传》《国语》《世本》《战国策》等。司马迁为了熟悉社会，了解民情，网罗天下放失旧闻，二十岁时就广游祖国名山大川，搜奇访古。事在汉武帝元朔三年（公元前 126 年），重点在南方，故他在《太史公自序》中自述为"二十而南游江淮"。二十壮游让司马迁深切地感受到汉

---

① 《史记》卷三〇《平准书》。

② 《汉书》卷七《昭帝纪·赞》。

③ 贾谊：《过秦论》。

④ 《史记》卷一二〇《汲郑列传》。

王朝盛大的时代气息，领略了山川的豪气，开阔了视野，拓展了胸怀，增长了见识和才干。同时他也接触了下层社会，不仅吸收了民间的语言，而且了解到人民的疾苦。当他后来受李陵案株连遭迫害时，自然也会联想到下层人民生活的悲惨景况，从而对残酷暴虐的统治者发出控诉。

司马迁壮游回到长安。接着他又向当时著名的大儒孔安国学习《古文尚书》，向董仲舒学习《公羊春秋》，成为一个学识渊博的学者。汉武帝征求文学材力之士，司马迁做了郎中。元封元年（公元前110年）司马谈病死。这时司马迁三十六岁。司马谈临终嘱咐司马迁继承自己的事业，一定要完成通史著作。元封三年（公元前108年）司马迁继任太史令，独立担当起了修史任务。至太始四年（公元前93年）基本完成。这一年司马迁写《报任安书》，透露了他写作《史记》的情况，因李陵案而亲身体验了专制暴政的荼毒，升华了《史记》的主题。

《报任安书》是研究司马迁思想和其写作《史记》最直接的资料。《文选》所载《报任安书》，论及《史记》五体序列为表、本纪、书、世家、列传，与《太史公自序》不合。《太史公自序》所载五体序列即今本《史记》序列，为本纪、表、书、世家、列传，此可证司马迁写《报任安书》时，《史记》还没有最后编订。其写作顺序，十表最先完成，作为纲目，是在全书定稿后才将本纪提前的。

《史记》记事上起黄帝，下迄太初，重大事件如李陵、贰师之降匈奴，征和二年巫蛊案，武帝封禅巡游等迄于天汉征和之际。征和之后，《史记》仍在删订改削，有记事迄于后元二年者。《史记》中有十五篇涉及太初以后记事尽武帝之末，从天汉元年至后元二年（公元前100—前87年），前后十四年，总计一千三百六十六字，这只是司马迁对历史变迁"综其终始"的简略附记，与作为时代断限的太初并不矛盾。《史记》各体所记史事大势，断限均在太初，故太初之后名臣显宦，概不作传。《史记》断限太初，正说明司马迁从太初元年起正式定稿《史记》。《汉兴以来诸侯王年表》序列诸侯王事至太初四年而迄，此为下限太初元年之发展，也是"至太初而迄"的极限。

司马迁作史分为三个阶段。元狩元年（公元前122年）司马谈发凡起例。从元朔三年（公元前126年）到元封二年（公元前109年），司马迁壮游、受学，协助父亲司马谈修史，前后十八年，是为助手阶段。从元封三年（公元前108年）到太始四年（公元前93年），其间十六年，是为司马迁发愤著书阶段。这期间时事发生了巨大的变化，汉王朝由盛而衰，司马迁受李陵之祸，这都激发着他发愤著书。征和之后至武帝之末六年为第三阶段，司马迁最后编订《史记》，继续删订改削，补苴罅漏，死而后已。司马谈发凡起例，司马迁铸就辉煌，父子两代共同写作了三十多年。《史记》是司马谈、司马迁父子两代人心血的结晶。

唐刘知幾论良史必须具备才、学、识三长，清章学诚又加之以德。才、学、识、德四大要素，司马迁可谓兼备一身。司马迁聪颖勤奋，十岁诵古文，养育了他的才。得天独厚的家学渊源和师承，培植了他的学。壮游与受祸锤炼了他的识。史官世家的血统和气质，司马谈尽忠尽孝的教育，临终遗言的嘱托，涵育了他的德。这些就是《史记》成书的主观条件。

总之，《史记》之所以成为一部不朽的名著，乃是主客观条件的统一。西汉的大一统和文化高涨，汉初的无为政治与言论开放，汉武帝的雄才大略及其宏伟事业，这是大一统社会形成后的历史必然。《史记》中波澜壮阔的历史图景就是对这一历史必然的描述。司马谈领会了时代的要求，立下述史壮志；司马迁以他的超群识见通古今之变，在创作过程中不断追寻历史之变，升华述史主题。在司马迁手中，《史记》主题有了两次飞跃式的升华。一为太初元年（公元前104年）修改《史记》断限，增强现代史内容，以"见盛观衰"；二为司马迁受李陵之祸发愤著书，扩展了《史记》的社会内容，面向下层社会，吐发不平际遇，形成了"是非颇谬于圣人"的异端思想，使《史记》熔铸了人民性的成分。虽然我们无法考证司马迁作史的先后篇目，对《史记》主题思想的升华过程也不能做出具体的描绘，但其发展脉络有如上述，具有清晰的轮廓。

三、史记的体制内容及其价值

《太史公自序》概括《史记》的创作宗旨有四点：（1）"网罗天下放失旧闻，王迹所兴，原始察终，见盛观衰"，即总结古今一切人间社会史事，考治乱之源。（2）究"天人之际，承敝通变"，即探讨天道与人事的关系，展现历史的变化和发展。汉代流行天人感应学说，自然要给司马迁的思想打下时代的烙印，而究"天人之际"。但是，"承敝通变"却又打破了"天不变，道亦不变"的框架。（3）确立以人物为中心的述史体系。司马迁认为运行无穷的历史，并不只是帝王的政绩，那些"辅弼股肱之臣"的言论行事不应泯没，故他在《史记》中创作了三十世家和七十列传。（4）"拾遗补艺"，创一代典籍，继《春秋》之后，"成一家之言"。

上述写作宗旨，概括起来就是：司马迁要完成一部以人事为中心的包括百科全书知识的通史。内容决定形式，《史记》由五体构成：（1）本纪十二篇；（2）表十篇；（3）书八篇；（4）世家三十篇；（5）列传七十篇。凡一百三十篇，共五十二万六千五百字。中华书局标点本《史记》正文有五十五万五千六百六十字，因杂有褚少孙的补续及后人增窜的文字四万余字在内，故较原著为多。

《史记》五体结构义例将在全书注释的"五体说明"中详述。这里集中将司马迁对自己的《史记》所作十五字评价"究天人之际，通古今之变，成一家之言"的内容和价值作简括的评述。这三句话既概括了《史记》在史学上的贡献，也反映了司马迁进步的历史观。"究天人之际，通古今之变"，也是司马迁探索历史兴衰治乱规律的研究方法。八书，集中究天人之际；十表，集中通古今之变。

先说"究天人之际"。

"究天人之际"就是研究"天"与"人"的关系。今天来看，天人关系是十分简单的事情，但在古代却是上层建筑领域的一个重大问题。天能支配人事，这一观念是维护统治阶级统治权的理论基础，它是统治阶级的官方哲学。殷周时期宗教神学主宰着思想界，天是至高无上的权威。殷人最迷信，他们把至上神与祖先神合而为一，认为上帝就是他们的祖先。纣王快到亡国的时候还说："我生不有命在天乎！"① 认为有天命保佑是不会亡国的。武王伐纣，殷朝覆灭了，天命受到了一次沉重的打击，于是"天命靡常"的观念产生了。西周末年，幽王无道，发生了骊山之变和平王东迁，王权从天上跌落下来。春秋战国之际的动乱，贵族下降为皂隶，平民地位上升了，诞生了新兴的封建地主阶级，政治上发生了变法运动，"亲亲"观念被"尊贤"所代替。各国都重视人谋，讲求富国强兵。所以在《左传》中就记载了"吉凶由人"②，"天道远，人道迩"③ 等无神论思想。战国末年的思想家荀子甚至提出了"人定胜天"的思想，写出了战斗的唯物主义哲学著作《天论》。秦汉之际，社会发生更大的演变，不仅是"五年之间，天下三嬗"，而且陈涉佣耕，兴起为王，他所遣王侯将相竟灭秦。不仅汉高祖刘邦起自匹夫，而且汉初开国功臣也大都出自社会下层。这些变化给人们提出了两个尖锐的问题，即天人关系与古今

① 《史记》卷三《殷本纪》。
② 《左传》僖公十六年。
③ 《左传》昭公十八年。

变化。在天人关系上，取得了统治权的统治阶级就要恢复天上的权威来巩固地上的王权，所以秦始皇和汉武帝两个雄主都十分迷信。董仲舒宣扬天人感应的神学，就是为汉武帝加强中央集权服务的。司马迁向董仲舒学习《公羊春秋》，接受他的大一统思想，但反对老师的"道之大原出于天"的神学思想。他敢于"究天人之际"，在当时是一种了不起的革命精神。主要表现有两个方面：

第一，司马迁把自然现象与阴阳五行的迷信说法区别开来。司马迁发挥了其父司马谈的《论六家要旨》，对阴阳家评论说：

> 夫阴阳四时、八位、十二度、二十四节各有教令，顺之者昌，逆之者不死则亡。未必然也，故曰"使人拘而多畏"。夫春生夏长，秋收冬藏，此天道之大经也，弗顺则无以为天下纲纪，故曰"四时之大顺，不可失也"。

这里司马迁肯定了阴阳五行学说中对自然规律的概述，批判了"使人拘而多畏"的迷信禁忌学说。《太史公自序》还批评了"星气之书，多杂机祥，不经"。《封禅书》对秦始皇和汉武帝的迷信活动更是进行了无情的揭露和揶揄讽刺。在这个意义上，司马迁"究天人之际"是针对阴阳五行学说的迷信而开展的一场针锋相对的斗争。天人关系就是探讨人和自然的关系，天是指人类活动的环境。

第二，司马迁通过对实录史事的具体论述，对天道提出质疑。《伯夷列传》为七十列传之首，以议论为主，中心思想是对"惩恶佑善"的天道提出了质疑，实际上是在提示七十列传是讲人事活动的，支配历史发展的是人而不是天。《项羽本纪》与《高祖本纪》是两篇传记性质的本纪，相互衬映，构成了强烈的兴亡对比。楚亡汉兴的根本原因不在天意，而是人心的背向决定了事业的成败。《太史公自序》明确指出，"子羽暴虐，汉行功德"，项羽一系列杀人屠城的倒行逆施行为导致了他的失败。所以司马迁在《项羽本纪·赞》中批评项羽至死不悟，指出项羽将其失败归咎于"天亡我"是十分荒谬的。在《高祖本纪》中，司马迁进一步通过刘邦之口直接说出了天意不能支配人谋。刘邦说：

> 夫运筹策帷帐之中，决胜于千里之外，吾不如子房；镇国家，抚百姓，给馈饷，不绝粮道，吾不如萧何；连百万之军，战必胜，攻必取，吾不如韩信。此三者，皆人杰也，吾能用之，此吾所以取天下也。项羽有一范增而不能用，此其所以为我擒也。

这段话直观地说明了刘邦得天下是他善于用人的结果。天意不能支配历史的变迁，同样不能支配个人的祸福。《伯夷列传》讲到颜回早夭时也说："天之报施善人，其何如哉？"这是对苍天直接发出了质问。《蒙恬列传·赞》否定了蒙恬因筑断地脉而遭诛屠的观点，指出他轻百姓力，助纣为虐，死有余辜。

以上两个方面是司马迁"究天人之际"的主流和精髓。

但是，司马迁也保留了天命的地盘。他在《高祖本纪·赞》中说，"三王之道若循环，终而复始"，并以此证明汉得"天统"。他还在《秦楚之际月表·序》中，赞叹汉得天下是"此乃传之所谓大圣乎？岂非天哉？岂非天哉？"并说："非大圣孰能当此受命而帝者乎？"在《天官书》中更是记载了许多天人感应的例证，并得出这样的结论："为国者必贵三五。上下各千岁，然后天人之际续备。"这些言论无疑保留了天命的地盘，不必讳言。但总的倾向，司马迁讲的天，虽然带有神秘色彩，而主要是指历史变化的时势，与一般的天人感应论者是不相同的。

从表面上看，司马迁在天命问题上既承认，又怀疑，时而清醒，时而糊涂。这种矛盾思想恰恰反映了那个时代的阶级局限性和历史局限性。作为史官，司马迁必须对天命论这一官方哲学作出反应。他扈从汉武帝几十年，参与了封禅、祭祀天地百神等活动，既看到了它的虚诞，同时也看到了它对于加强统治的作用，因而予以记载，这是其阶级局限性。司马迁通古今之变，认为三代之兴是累世积德行义而得的天下，而秦汉之际天子起于匹夫，古今何以有这样大的差别？他不可能从政治经济学的角度去求得解释，只好求救于天命论来帮忙，这是其历史局限性。但是，司马迁有着特殊的生活经历，他知识渊博，壮游全国，奉使巴蜀，扈从武帝负薪塞河，有着极深厚的社会实践，了解人民群体的力量；尤其是无辜遭腐刑，体验了天道的虚妄。这些生活与体验就是司马迁产生进步的天人观的源泉。总体来看，司马迁尽管保留天命论的地盘，并不否认有意志的"天"的存在，但是他主要的思想倾向不是深信，而是怀疑；不是顺从，而是违抗。表现在《史记》中，就是对天命抽象地承认而又具体地否定。讲"天命"只是表面文章，强调人为才是重点。在司马迁具体地论述历史变迁和评价人物的时候，是很少看到天命论的影子的。

司马迁出于对天道的怀疑而"究天人之际"，强调历史研究以人物为中心，原原本本地总结人为的历史经验，探寻治乱之源，成为古代史学的优良传统。司马迁"究天人之际"的主要思想倾向是应该肯定的。

再看"通古今之变"。

"通古今之变"这一命题与董仲舒宣扬的"天不变，道亦不变"是针锋相对的。"变"是司马迁朴素唯物主义历史观的核心。他认为宇宙间一切事物都在"变"，只有用"变"的观点才能探究事物的本质和规律。为了认识历史之"变"，司马迁提出了一系列研究方法和理论，如"详今略古""详变略渐""综其终始""原始察终，见盛观衰"等等。总括为一句话，就叫"通古今之变"。

"变"是历史的本质。《论六家要旨》云："无成势，无常形，故能究万物之情。"没有一成不变的态势，没有永恒存在的形体。这种"变"的理论决定了司马迁用发展变化的眼光看待人类社会的历史，他名之曰"变"，曰"渐"，曰"终始"。《太史公自序》云"天人之际，承敝通变"，"略协古今之变"；又云"臣弑君，子弑父，非一旦一夕之故也，其渐久矣"；《十二诸侯年表·序》云"儒者断其义，驰说者聘其词，不务综其终始"，等等，不胜枚举。"变"，指社会不断地进化和发展；"渐"指的是进化和发展的运动过程；"终始"指的是因果关系。十表的结构和内容就鲜明地反映了司马迁"详今略古"和"详变略渐"的历史观点。"详变略渐"是突出"变"，如秦楚之际作"月表"，就是突出"变"。《秦楚之际月表·序》云："太史公读秦楚之际，曰：初作难，发于陈涉；虐戾灭秦，自项氏；拨乱诛暴，平定海内，卒践帝祚，成于汉家。五年之间，号令三嬗，自生民以来，未始有受命若斯之亟也。"这讲的是剧烈变革之世的历史应该很好总结。《六国年表·序》云："然战国之权变亦有可颇采者，何必上古。"《高祖功臣侯者年表·序》云："居今之世，志古之道，所以自镜也，未必尽同。帝王者各殊礼而异务，要以成功为统纪，岂可绲乎？观所以得尊宠及所以废辱，亦当世得失之林也，何必旧闻？"一方面讲以古为镜，一方面又讲古今不同，不可混同古今，表现了司马迁通古今之变的朴素辩证法思想。司马迁特别重视对秦朝历史的总结，就是为汉世做镜子的。

《史记》全书一百三十篇，上下贯通三千年。但五帝三代两千多年只写了五帝、夏、殷、周四个本纪，三代、十二诸侯两个年表，共六篇。可是仅百年汉史就占了六十二个专篇，兼及汉史者十三篇，共七十五篇，过了半数。这是详今略古的布局。《史记》特详记四个段落的历史：（1）西周建国史；（2）战国之世的变化历史；（3）秦汉之际的变革历史；（4）武帝建元、元封之间的变革历史。这四段变革历史加起来不到三百年，仅占两千四百年历史的八分之一，而篇幅却超过了四分之三。也就是说，《史记》叙两千余年历史，五十二万六千五百字，而变革之世的三百年历史就要占近四十万字的篇幅。这是详变略渐的布局。详今略古与详变略渐相结合，使历史的叙述波澜起伏，言简意深，"辞约而事举，叙三千年事，唯五十万言"①。

司马迁述史之时，正值汉家隆盛时代。歌舞升平之下，社会已经潜伏着严重的危机。既然司马迁认为人类社会发展的一段段里程是因果相联的，那么治乱兴衰就是有规律可循的，所以他给自己提出了"稽其成败兴坏之理"的任务。"原始察终，见盛观衰"就是探寻"成败兴坏之理"的方法。所谓"原始察终"，就是追原其始，察究其终，把握历史演变全过程来看它的原因、经过、发展和结果。所谓"见盛观衰"，就是在兴盛的时候，要看到它开始转化的起点。司马迁正是用这八个字来观察人类社会的发展。要洞悉历史的发展过程，不仅要做贯通的研究，还要划分段落来考察。前一段历史是后一段历史发展的原因；后一段历史是前一段历史发展的结果。十表具体地划分了司马迁所认识的历史发展阶段。《三代世表》《十二诸侯年表》，是古代史表，略推三代；《六国年表》和《秦楚之际月表》，是近代史表，着重总结秦朝兴亡的历史经验；汉兴以来诸表是现代史的专题年表，概括本朝政治的得失，这三大段历史的详略层次极为分明。五帝三代只做一个世表，用以勾勒历史的发展线索，虽然自"黄帝以来皆有年数"，但那是靠不住的附会传说，司马迁不录，从共和元年起方始纪年。《十二诸侯年表》和《六国年表》的分界点是用"孔子卒"。司马迁以一代伟人的凋落作为时代的分界点，似乎是唯心主义的历史观，实则不然，司马迁在《十二诸侯年表·序》和《六国年表·序》中集中论述了春秋战国两个时代的巨大变化，这才是他划分时代断限的依据。古代用王公纪年。孔子卒于周敬王四十一年（公元前 479 年），而周敬王卒于四十四年（公元前 476 年）。《十二诸侯年表》与《六国年表》的绝对年代分界点，司马迁用的是周敬王之卒与周元王之立这两个周王的交替年代，并没有用孔子的绝对卒年，为的是便于史事叙述。《六国年表》下限不是断至秦始皇统一中国的公元前 221 年，而是断至秦二世之灭的公元前 207 年。这反映了司马迁划分历史断限具有一定的义例即理论，但是并不做机械的刀锯斧切，而是以历史自然发展的段落划断限。

《史记》全书的断限，司马迁发展了父亲的计划，延伸上限起于陶唐至黄帝始；他又延伸下限迄于麟止至太初，因为这更能"原始察终，见盛观衰"。黄帝是建立统一天下的圣王，尧是不能与之相比的；太初是西汉的极盛时期，也是由盛而衰的转折点，元狩元年是不能与之并提的。主张《史记》下限断

---

① 《史记》记事"三千年"云云是晋人张辅语，见《晋书·张辅传》。依《竹书纪年》《殷历》《三统历》等记载推计，《史记》记事实为两千四百余年。

自元狩元年的观点，未能很好地研究司马迁"通古今之变"的理论，是绳墨之见，不可取。建立历史年代学，把贯通的历史划分断限，"原始察终，见盛观衰"，这是司马迁"通古今之变"的重要内容，具有把历史叙述引向科学化轨道的重大意义，应当认真地加以研究。司马迁的这一理论与实践，是空前的创造，是那个时代朴素历史唯物史观的最高水平。

司马迁"通古今之变"的方法和理论，是值得肯定的。

下面谈谈"成一家之言"。

"成一家之言"是司马迁在历史学上的一个首创。司马迁作史，并不是历史资料的汇抄和事实的堆积，而是要阐明自己的观点。"言"就是议论、理想和主张。"成一家之言"就是要独创一个思想体系，具有划时代的内容，能启迪后人，影响社会。司马迁的"一家之言"熔铸在《史记》中，表现为他对哲学、政治、经济、文化、社会及伦理各个领域的认识，内容极其丰富。但"稽其成败兴坏之理"则是司马迁"一家之言"的核心。他在《太史公自序》和《报任安书》中均作了鲜明的提示。《太史公自序》说：

> 网罗天下放失旧闻，王迹所兴，原始察终，见盛观衰，论考之行事，略推三代，录秦汉，上记轩辕，下至于兹，著十二本纪，既科条之矣。并时异世，年差不明，作十表。礼乐损益，律历改易，兵权山川鬼神，天人之际，承敝通变，作八书。二十八宿环北辰，三十辐共一毂，运行无穷，辅拂股肱之臣配焉，忠信行道，以奉主上，作三十世家。扶义俶傥，不令己失时，立功名于天下，作七十列传。凡百三十篇，五十二万六千五百字，为《太史公书》。序略，以拾遗补艺，成一家之言，厥协《六经》异传，整齐百家杂语，藏之名山，副在京师，俟后世圣人君子。

《报任安书》云：

> 网罗天下放失旧闻，考之行事，稽其成败兴坏之理，百三十篇，亦欲以究天人之际，通古今之变，成一家之言。

司马迁的这两段话，把他"一家之言"的内容和表述形式都揭示得十分透彻，是我们研究的依据。"网罗天下放失旧闻"，讲的是《史记》取材，无所不包，这决定了《史记》内容的丰富性及复杂性。他认为历史学要概括人类社会的一切文化发展，所以要"厥协《六经》异传，整齐百家杂语"，融会百家学说于一编之中。于是他创造了五体的表述形式来条理包罗万象的人类文化史。"原始察终，见盛观衰""论考之行事""承敝通变"等，是讲治史的观察方法。"究天人之际"，讲自然和空间，划分天人关系。"通古今之变"，讲时间流变，人类社会是随时间的流逝而演变。司马迁所要捕捉的就是这一个"变"字。威武雄壮的历史活剧就是在古与今的时间流变中不断演进。"稽其成败兴坏之理"，则是通过考察历史来把握历史演进的内容，认识治乱兴衰的规律，为西汉一统的封建政权寻求长治久安的"治道"。可以说这就是司马迁历史思考的出发点和归宿点。我们研究司马迁的哲学思想、政治思想、经济思想、社会伦理思想等等，都应循着这一理路去分析，才能把握它的实质。所以我们说"稽其成败兴坏之理"是司马迁"一家之言"的核心。

司马迁的"一家之言"，就其基本思想来说，仍是封建地主阶级的，他是为巩固封建政权而述史的。他在《太史公自序》中高度推崇《春秋》的褒贬笔法，"善善恶恶，贤贤贱不肖"，能"使乱臣贼子惧"。司马迁宣称他的《史记》就是继《春秋》"述往事，思来者"。《春秋》寓褒贬，"上明三王之道，下辨人事之纪"；《史记》继《春秋》就是要明是非，为后王立法，为人伦立准则。"述往事"即"志古"，指《史记》所包容的全部历史内容。"思来者"即"自镜"，使后人思考借鉴。司马迁要后人以史为镜，在述史中熔铸了自己的理想，并洞察历史未来的变化。司马迁认为，通过总结历史经验，洞察事势变化，借前车之鉴，可以避免覆败之祸。《史记》着重写变革的历史，并以人物为中心，在"治乱"二字上下工夫，意义在此。《春秋》之中，弑君三十六，亡国五十二，不是一朝一夕突然发生的，而是早就有征兆，这就是"渐"。所谓"渐"，既是指未然之事的征兆，也是指已然之事的发展过程。司马迁"通古今之变"，就是要把握这个"渐"，预察未来，思补救敝。正因如此，司马迁对已往历史的"述"和对未来变化的"思"，都是一丝不苟，很动感情的。他经常废书而叹，叹极而垂涕。他读《春秋历谱牒》，至周厉王，"废书而叹"；他每读《虞书》，看到古代明君贤相互相鼓励，情不自禁，"未尝不流涕也"；他读孔子书，"想见其为人"；他写晏子传，愿为之"执鞭"；他读屈原赋，"悲其志"；他读功令，至于广厉学官之路，"未尝不废书而叹"。由此可见，司马迁忧民之深，悲时之切。他以人物为中心记述历史的治乱之变，载其恶以诫世，书其善以劝后，认真地总结历史的经验和教训，使历史起到镜子的作用。这就必然要突破正统的和愚忠的思想束缚，敢于实录历史，讥刺君王，非议圣人，反对暴政，同情人民的苦难，于是在《史记》中突出了重视人民力量的思想，这些就是《史记》中的人民性思想成分。司马谈和司马迁在《论六家要旨》中把独尊的"儒术"与罢黜的"百家"等列，论长道短，而对于道家却无微词，简直是离经叛道。因此，司马迁的"一家之言"，可以说是我国异端史学的优秀传统，是应该肯定的。

四、司马迁所创史论的形式及其内容

《史记》中的"太史公曰"，即习惯所称的序、赞、论，这是司马迁首创的史论形式，简称为"史记论赞"。司马迁并没有把他的史论命名曰序曰赞，是《史通》卷四《论赞篇》和《序例篇》论列"太史公曰"为序为赞后，相沿而成习惯。《史记》原题《太史公书》，意为太史公所著述之书。太史公本是司马迁对其父司马谈为太史令官之尊称，引用为书名后，也就成了父子相共之名。故《史记》论赞称"太史公曰"，司马谈发端于前，司马迁完成于后，乃父子相承之作。不过司马谈的著述已作为资料融入司马迁所定稿的成书之中，特别是作为表述"一家之言"的系统史论，更是一个完整的体系。所以《史记》中的全部"太史公曰"，均可视为司马迁史论而加以贯通的研究，这是符合历史发展的实际的。

"太史公曰"形式上是仿自《左传》的"君子曰"，但在《史记》中发展成为序、赞、论的系统史论，却是司马迁的首创。先秦典籍《国语》《战国策》及诸子著作间或已有"君子曰"，表示当时有德者之言。有人统计，《左传》有一百三十四条评论，直接引仲虺、周任、史佚、孔子等人的话约五十条，有"君子曰"或"君子谓""君子以为"之称的评论八十四条。这样多的评论，已具备系统史论的雏形，"太史公曰"系仿《左传》的"君子曰"而作。但《左传》的"君子曰"就事论事，还不是具有理论色彩的史论，未能形成一种体系。隋魏澹云："丘明亚圣，发扬圣旨，言'君子曰'者，无非甚泰，其间寻常，直书而已。"[1] 就是说，左丘明的史论，只限于对具体事实的褒贬，可以说是一种直书。评论方式，主要是博采君子之言，亦断以己意。如文公二年传跻鲁僖公之"君子以为失礼"云云，《国语·鲁语》"夏公弗忌改昭穆之常"条作宗人有司之言；襄公三年传之"君子谓祁奚于是能举善矣"，二十一年传作晋叔向之言，曰"祁大夫外举不弃仇，内举不失亲"。所以宋人林尧叟曰："《左传》称君子曰，多是取当时君子之言，或断以己意。"[2] 而《史记》的"太史公曰"，全书浑然一体，每序每赞，无论长短，自为一体，具有浓厚的理论色彩，并不只是就事论事的评论。"太史公曰"内容丰

---

① 《隋书》卷五八《魏澹传》。
② 《左传》隐公元年林注。

博，涉及政治、经济、军事、思想、文化、天文、地理、历史、伦理、世俗、形势、人事等等，往往补篇中所未备。"太史公曰"议论宏阔，笔势纵横，言辞精练，旨义深微，或考证古史，或叙游历所得，或提示取材义例，或明述作之旨，或褒贬人物，或纵论史事，或隐微讥刺，皆直抒胸臆，观点鲜明，构成了系统的史学理论体系。司马迁所引典籍及君子之言，如《诗》《书》《论语》，孔子、诸子等，皆化为自己的语言。还大量引用诗赋歌谣及鄙语俗谚来加强评论的生动性和通俗化。

"太史公曰"的形式既整齐而又灵活。所谓整齐，是指"太史公曰"分为系统的篇前序论、篇后赞论、夹叙夹议为论传三种形式。大段的恢宏议论置于篇首为序论，集中于十表、八书及类传。十表、八书及类传都是贯通古今的，序论即作贯通性的概括，最具理论色彩。本纪、世家、列传皆篇末置赞论。三体皆叙人物，故赞论重点褒贬人物，具有强烈的感情色彩。论传提示义例，《太史公自序》集中明述作之旨，为全书之总纲。序、赞、论三种形式整齐而集中，显系匠心布局。所谓灵活，即形式并不刻板，在整齐之中有变通。如十表中将相表有倒书无序，即创无字之序以衬托倒书，示例更为鲜明。八书中，礼、乐、律、历有序无赞；河渠、平准有赞无序；封禅有序有赞；天官夹叙夹议。十类传中，刺客无序有赞；儒林、货殖无赞有序；循吏、酷吏、游侠、佞幸、滑稽有序有赞；日者、龟策借题发挥，以序事为论。灵活变通的形式，表现了司马迁的宏阔的气度和无限的创造活力。变体，即破例，是为了切合内容的需要而作的变通。《外戚世家》及《孟子荀卿列传》两篇实为类传，故作序以明其类。孟荀用合传之目标题，为了突现两位儒家大师的历史地位，而内容却是一篇先秦诸子类传。《刺客列传》本应编列在循吏之后，而司马迁有意穿插在辅秦人物之间，与吕不韦、李斯、蒙恬等人并列，这是对比见义，表现出了反暴政思想，因为刺客都是反暴政人物。《刺客列传》无序，与将相表无序同例，以无字之序引人注目，发人深思，对比效果强烈。破例为体是《史记》的一大特色，全书五体均有破例。历史本身是丰富多彩而又变化万端的，怎么能用死板的格式来作形象的反映呢！但质的规定又必须通过格式来反映。既有格式，又有变通，才能妙尽其理。立例又破例，正是司马迁卓越史识的一大表现，所以"太史公曰"呈现出丰富多彩的形态。

对司马迁用"太史公曰"所创造的序、赞、论的史论形式，章学诚作了极高的评价。他说："太史公叙例之作，其自注之权舆乎！明述作之本旨，见去取之从来，已似恐后人不知其所云而特笔以标之，所谓'不离古文'及

'考信六艺'云云者，皆百三十篇之宗旨，或殿卷末，或冠篇端，未尝不反复自明也。"① 中国传统史学，由于司马迁创造了史论体系，历史编纂才成为真正的史学论著，《史记》提供了典范。其后"班固曰赞，荀悦曰论，东观曰序，谢承曰诠，陈寿曰评，王隐曰议，何法盛曰述，扬雄曰撰，刘昞曰奏，袁宏、裴子野自显姓名，皇甫谧、葛洪列其所号"②，名称虽殊，但都是效法司马迁作史论。

五、司马迁在中国文化思想史上的地位和影响

司马迁的一生全部奉献给了《史记》，已和《史记》成为一个不可分割的整体。评价司马迁在中国文化思想史上的地位和影响，也就是评价《史记》的地位和影响。《史记》是一部空前的历史巨著，也是一部杰出的传记文学名著，自成一家之言。司马迁集史学家、文学家、思想家于一身，在中国历史上是前无古人、后无来者的一位文化巨人，在世界文化史上也是罕见的天才。

作为一位历史学家，司马迁在两千多年前就写出了一部具有世界史性质的中国通史——纪传体《史记》，在史学史上树立了一座丰碑，开创了一个历史学发展的新时代。《史记》是一部体系完整、规模宏大、气势磅礴、识见超群的历史巨著，奠定了中国"正史"的基础。嗣后作史，踵其遗轨修成蝉联而下的列朝正史积数有二十六种之多③，四千零四十二卷，洋洋数千万言，按各史的朝代序列完整无缺地保存下来，故学术界有"全史"之称。记事起自黄帝讫于大清，中华民族五千年文化发展的规模体制，载述毕于此编，司马迁的首创之功可与日月并垂悬。

作为一个文学家，司马迁是无与伦比的人物传记作家。《史记》以人物为中心，它系统地叙述了我国古代首尾三千年间各色各样人物活动的历史，篇篇传记都有生动的故事情节、绘声绘色的活动场面以及细节描写、生动活泼的口语化语言。它直接影响了明清以来的通俗小说和戏剧创作。《史记》的辞采文章千百年来脍炙人口、家喻户晓，影响了历代文学大家的成长。唐宋以

---

① 《文史通义·史注》。

② 《史通·论赞》。

③ 这里是指正史系统的二十四史再加上《新元史》《清史稿》，共二十六种纪传史。此外，还有《续后汉书》《东都事略》《契丹国志》《大金国志》等多种纪传史，因非一代大典，未颁入正史，故《四库全书总目提要》列于别史类。

来的古文大家无不熟读《史记》，汲取营养，号称唐宋八大家的韩愈、欧阳修等在古文运动中，就把《史记》作为一面旗帜。在散文发展史上，《史记》也起着承先启后的作用。

作为一个思想家，司马迁最可贵的精神品德和崇高人格表现在以下三个方面：一是忍辱负重，发愤著书，实现了一家之言的理想；二是不断地勇于探索和创新，创造了划时代的纪传体通史；三是严肃地忠实于信实可靠的历史，不与圣人同是非。这三个方面，归结为一点就是坚持实录的写作精神。西汉一代的大儒都推尊《史记》为实录。班固说：

> 自刘向、扬雄博极群书，皆称迁有良史之材，服其善序事理，辨而不华，质而不俚，其文直，其事核，不虚美，不隐恶，故谓之实录。①

司马迁能够超越其他封建史家的成就，核心正是他坚持了"实录"。坚持"实录"是司马迁的理想。因为他研究历史，要"究天人之际，通古今之变，成一家之言"，拿出自己独到的见解来回答历史是怎样变化发展的。所以他突破了官方哲学的框架，不与圣人同是非。司马迁不与圣人同是非的异端思想，集中地表现在赞扬道家以及为商人、游侠立传这几个方面。班固说：

> 是非颇缪于圣人，论大道则先黄老而后六经，序游侠则退处士而进奸雄，述货殖则崇势利而羞贱贫，此其所蔽也。②

班固所批评的司马迁之"蔽"，恰恰是司马迁思想中光彩夺目之"长"。司马迁"论大道则先黄老而后六经"，是肯定文景之治的升平而否定汉武帝的多欲所造成的衰败；司马迁颂游侠，是肯定这一类人能够牺牲自己，救人之急的品德；司马迁述货殖为商人立传，是肯定商人促进生产发展，对社会经济的繁荣所做的贡献。实际上，司马迁是通过颂黄老、游侠、商人来表达他对开明政治的向往，对人民求利和反强暴的肯定。司马迁的这些异端思想表现了《史记》的人民性思想，他褒贬人物和历史事件的尺度不是受统治阶级正统思想的约束，而是在一定程度上从被压迫人民的利益来立论，这无疑是那个时代最进步的思想。

司马迁的鲜血和生命化成了《史记》，给炎黄子孙留下了宝贵的文化遗产，他永远值得人们祭奠！

---

① 《汉书》卷六二《司马迁传·赞》。
② 《汉书》卷六二《司马迁传·赞》。

十二本纪
（选六篇）

【说明】《史记》十二本纪载帝王与朝代，编年纪事，为全书的纲要，故称本纪。班固创纪传断代史，本纪载述帝王，不载朝代，不能反之以绳墨司马迁。天子的传记称本纪，项羽、吕太后并没称帝，却是一时的主宰者，项羽分封十八王，吕太后总揽朝政，故司马迁列入本纪，表达作者以"时势主宰者入本纪"的破例。同理，秦朝历史，秦始皇之前的先公先王入本纪，可视为秦朝发展史，因秦孝公变法后，秦国称雄诸侯。这些破例，只有具有进步历史观的司马迁才能创作。本书选讲本纪六篇。

十二本纪简介

《史记》十二本纪缺《今上本纪》。今本《孝武本纪》是补缺者截取《封禅书》所补，为《史记》之重复篇目，故十二本纪只有十一纪。

《五帝本纪·正义》引裴松之《史目》云："天子称本纪，诸侯曰世家。"张守节发挥说："本者，系其本系，故曰本；纪者，理也，统理众事，系之年月，名之曰纪。"刘知幾曰："盖纪者，纲纪庶品，网罗万物，考篇目之大者，其莫过于此乎！"又云："盖纪之为体，犹《春秋》之经系日月以成岁时，书君上以显国统。"（《史通》卷二《本纪》）据此，"本纪"之义有五：

1. "本纪"为法则、纲要之意，它"纲纪庶品"，故为最尊贵之名称。

2. "本纪"为记载天子国君之言事所专用。

3. "本纪"是"网罗万事"的，即国家大事无所不载，不得视为人物传记。

4. "本纪"编年，记正朔，象征天命攸归。从编纂学角度立论，编年记事是我国史书的优秀传统，使叙列的历史事件、兴衰发展的线索分明，它创自《春秋》。

5. "本纪"效《春秋》十二公，故为十二篇。《太史公自序》云："著十二本纪。"

用上述义例来衡量一下二十四史，班固的《汉书》最合标准，而《史记》最不合标准。因为《史记》的十二本纪中，夏、殷、周三本纪包括了三代的先公先王，更有《秦本纪》，这均是诸侯入本纪，此其一。《史记》立《吕太后本纪》，而不立《惠帝纪》，竟把帝王逸出了本纪，此其二。《史记》又立《项羽本纪》，却不记西楚之年，而用"汉之元年""汉之二年"记正朔，且记事章法为传体。实际上司马迁写的是一篇"项羽列传"，只不过定名《项羽本纪》而已，此其三。因此，刘知幾的《史通》处处扬班抑马。他在"二体"篇中虽然以《史记》《左传》为纪传、编年二体之祖，但真正许为二体代表作的却是班固的《汉书》和荀悦的《汉纪》。所以他在"二体"篇的结论中说："然则班荀二体，角力争先，欲废其一，固亦难矣。后来作者，不出二途。"《史记》不止十二本纪有这些破例，三十世家中亦有破例。司马迁不为楚王熊心立世家；对汉初叛国的诸侯王吴王刘濞、淮南王刘长、刘安，衡山王刘赐只作"列传"；赵王张耳、长沙王吴芮，封为诸侯，又历传数代，亦不为立"世家"；而汉初侯爵功臣萧何、曹参、张良、陈平、周勃等却立"世家"，更有孔子、陈涉、外戚三"世家"。司马迁天才横溢，他立例又破例。这些破例，计有三种类型。

1. 序事首尾完整，便于"察其始终"。夏、商、周三本纪上溯先公先王，使记一代兴衰之历史首尾完具，有利于总结历史经验，洞察历史的发展轮廓。魏收作《魏书》，首列《序纪》，记载拓跋氏的先世起源，就是仿《史记》而创造的。

2. 正名实。司马迁认为，秦至献公之后，"常雄诸侯"，"昭襄业帝"，才有始皇的统一，故特作《秦本纪》，参照《六国年表》，寓意更明。表名为六国，实叙八国，首栏列周，以示尊周天子为共主，次列秦，就是纪实以突现秦国"常雄诸侯"之意。因此周与秦不在六国数中。司马迁立《吕太后本纪》，不立《惠帝本纪》也是纪实。因高后孝惠时，惠帝垂拱，吕后称制，故以惠帝附入吕后纪中。司马迁将楚王熊心附入《项羽本纪》中亦同此例。司马迁不为吴芮立"世家"，因其事迹不显，载入年表即足。至于不为赵王张耳立"世家"，是有意将张耳陈余合传。

3. 寓褒贬。司马迁为孔子、陈涉、汉帝后妃，以及为汉初萧、曹、张、陈、周等开国功臣立"世家"，是褒显他们的历史功绩。反之，对汉初叛国诸侯，因为他们没有起到"辅弼股肱"的作用，降为"列传"，以示贬抑。但是周初管叔、蔡叔虽谋叛逆，后因蔡仲悔改，复封为诸侯，故司马迁仍立《管蔡世家》以劝善。由此可见，司马迁的破例为体，是寓有深意的。

十二"本纪"编年记正朔，与"十表"互为经纬，划分时代段落，为《史记》全书纲纪。十二本纪以王朝为体系，分历史为三个段落，表列如下。

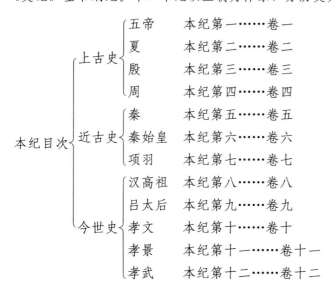

本纪目次

上古史
- 五帝　本纪第一……卷一
- 夏　　本纪第二……卷二
- 殷　　本纪第三……卷三
- 周　　本纪第四……卷四

近古史
- 秦　　　本纪第五……卷五
- 秦始皇　本纪第六……卷六
- 项羽　　本纪第七……卷七

今世史
- 汉高祖　本纪第八……卷八
- 吕太后　本纪第九……卷九
- 孝文　　本纪第十……卷十
- 孝景　　本纪第十一……卷十一
- 孝武　　本纪第十二……卷十二

　　《太史公自序》云："网罗天下放失旧闻，王迹所兴，原始察终，见盛观衰，论考之行事，略推三代，录秦汉，上记轩辕，下至于兹，著十二本纪，既科条之矣。"十二本纪不仅科条历史内容，勾勒历史发展轮廓，而且对历史研究方法论起示例作用，司马迁摄取其精义于"赞"中。十二本纪赞共十一篇，内容可分三组。五帝、夏、殷、周、秦五篇本纪赞为一组，主要是讲史实的考证，属于历史方法论的论述。秦始皇、项羽、汉高祖三本纪赞是对秦楚之际兴亡更替这一历史大变动因果的探索，为第二组。而《高祖本纪·赞》又与吕太后以下诸汉帝纪赞紧密相连，是对西汉政治得失的直接评价。吕太后、文帝、景帝三本纪赞为第三组，揭示了司马迁论史、论人、论治的思想准则，对研读《史记》全书，特别是汉代人物传记具有示例的作用。

五帝本纪

【题解】 《五帝本纪》载父系传说时代帝系相承，同姓而非一家，不是一个王朝。本篇述史寓含司马迁的卓越历史观，是《史记》全书的一个缩影。儒家经典《尚书》记事起于尧，宣扬让德；司马迁向前推至黄帝，是宣扬天下大一统。五帝时代约当公元前二十四、二十三世纪，距今四千多年，正当原始公社进入军事民主部落联盟时代，司马迁的记载符合历史进程。黄帝、颛顼、帝喾、唐尧、虞舜五帝禅让相承，典礼制度一步步完善。黄帝用战争统一诸侯，表明平乱世要用暴力。尧、舜二帝举贤任能，天下大治，表明治国要用德，故篇末总括说："自黄帝至舜、禹，皆同姓而异其国号，以章明德。"黄帝草创国家，虞帝时制度大备，鲜明地表现了司马迁进化论的历史观。

黄帝者①，少典之子②，姓公孙，名曰轩辕③。生而神灵④，弱而能言⑤，幼而徇齐⑥，长而敦敏⑦，成而聪明⑧。

【注释】 ①黄帝：以土德王，土色黄，故称黄帝。相传黄帝为有熊国君，号有熊氏，又曰缙云氏、帝鸿氏、帝轩氏。传说中的部落联盟首领，被认为是华夏及周边各族的共同祖先。 ②少典：传说中的有熊氏部落首领。 ③姓公孙，名曰轩辕：黄帝本姓公孙，生于寿丘（在今山东省曲阜市东北六里），长于姬水，居于轩辕之丘（在今甘肃天水市东），故以地为姓号，姓姬，号轩辕，又以轩辕为氏。轩辕：在今河南省新郑市西北。关于姓与氏：在氏族部落社会时代，姓与氏，以及族，都是氏族组织，姓的范围较大，氏或族是姓的分支，如姬姓就包括了若干氏和族。 ④生而神灵：传说黄帝之母附宝怀孕二十四个月生黄帝，其貌不凡，头大如太阳，眉宇如龙骨。司马迁实录历史，对此传说不做具体采信，只用"神灵"二字概括，言其神奇，神异。十分得体。 ⑤弱而能言：黄帝生下来才几十天会说话，有着神奇的特异功能。弱：婴孩未满七十天曰弱。此处"弱"字为幼小之意。《礼记·曲礼》：男子二十曰弱。 ⑥幼而徇齐：少年时思虑敏捷。幼：不满十岁曰幼。徇齐：古音与"迅疾"通，指黄帝成熟很快、思想敏锐。 ⑦敦敏：敦厚懂事理。

⑧成：成年，古代二十而冠，即为成年。刚成年的二十男子曰弱，所以男子二十加冠，又称"弱冠"。

轩辕之时，神农氏世衰①。诸侯相侵伐②，暴虐百姓，而神农氏弗能征。于是轩辕乃习用干戈③，以征不享④，诸侯咸来宾从。而蚩尤最为暴⑤，莫能伐。炎帝欲侵凌诸侯，诸侯咸归轩辕。轩辕乃修德振兵⑥，治五气⑦，艺五种⑧，抚万民⑨，度四方⑩，教熊罴貔貅䝙虎⑪，以与炎帝战于阪泉之野⑫。三战，然后得其志⑬。蚩尤作乱，不用帝命⑭，于是黄帝乃征师诸侯，与蚩尤战于涿鹿之野⑮，遂擒杀蚩尤。而诸侯咸尊轩辕为天子，代神农氏，是为黄帝。天下有不顺者，黄帝从而征之，平者去之⑯，披山通道⑰，未尝宁居。

【注释】 ①神农氏世衰：指神农氏后世子孙衰弱。神农氏：姜姓，以火德王，故称炎帝，与轩辕氏黄帝并称炎黄。传说神农氏是农业耕作和医药的发明者。 ②诸侯：中原各地区的部落首领。 ③干戈：此处代指战争。干：盾，戈：矛。 ④不享：不进贡物。即抗命不服。 ⑤蚩尤：黄帝时期一个暴虐天下的部落酋长。 ⑥修德振兵：兴德教，整武备。 ⑦治五气：研究金、木、水、火、土五行之气。一说指晴、雨、冷、热、风五种气候。 ⑧艺五种：种植黍、稷、菽、麦、稻五谷。艺：栽植。 ⑨抚万民：安抚万方人民。 ⑩度（duó）四方：考虑安定四方诸侯的措施。 ⑪熊罴（pí）貔（pí）貅（xiū）

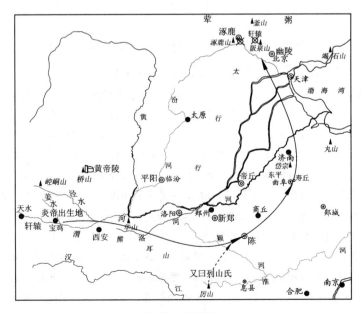

炎帝活动路线图

貙（chū）虎：六种猛兽名，分别指以猛兽为图腾的各部落。　⑫阪泉：古地名，在今河北省涿鹿县东南。　⑬得其志：达到了目的，指打败了炎帝部落。泷川《史记会注考证》本作"得行其志"。　⑭不用帝命：不听从黄帝的教令。　⑮涿鹿：古山名，在今山东省涿鹿县东南。山侧有轩辕城，传说中的黄帝之都。　⑯平者去之：平服者舍而不征。去：通"弃"，舍弃。　⑰披山通道：劈山开通道路。披：同"劈"，开劈。

　　东至于海，登丸山①，及岱宗②。西至于空桐③，登鸡头④。南至于江⑤，登熊、湘⑥。北逐荤粥⑦，合符釜山⑧，而邑于涿鹿之阿⑨。迁徙往来无常处，以师兵为营卫⑩。官名皆以云命，为云师⑪。置左右大监⑫，监于万国。万国和，而鬼神山川封禅与为多焉⑬。获宝鼎，迎日推策⑭。举风后、力牧、常先、大鸿以治民⑮。顺天地之纪⑯，幽明之占⑰，死生之说，存亡之难⑱。时播百谷草木，淳化鸟兽虫蛾⑲，旁罗日月星辰水波土石金玉⑳，劳勤心力耳目㉑，节用水火材物㉒。有土德之瑞㉓，故号黄帝。

【注释】　①丸山：山名，在今山东省临朐县境内。　②岱宗：山东省之泰山。　③空桐：也写作"空同"，或"崆峒"，山名，在今甘肃省平凉市境内，相传黄帝向广成子问道处。公元前112年，司马迁曾从巡汉武帝至空桐山。　④鸡头：山名，又叫笄头山，在今甘肃省平凉市西。　⑤江：长江。　⑥熊、湘：两山名。熊山即今湖南省益阳市西之熊耳山。湘山又名君山、洞庭山，在今湖南省洞庭湖中。　⑦荤粥（xūnyù）：匈奴别名，唐虞时曰山戎，亦曰薰粥，夏曰淳维，殷曰鬼方，周曰玁狁，汉曰匈奴。　⑧合符釜山：大会诸侯于釜山。合符：会诸侯特合符验证身份。釜山：在今河北省怀来县北。　⑨阿：依山平地。　⑩以师兵为营卫：用军队环绕为营垒以自卫。后世的辕门即其遗意。　⑪云师：首长以云来命名。传说黄帝初受命时有景云的祥瑞，因而以云彩命名各官师，春官为春云，夏官为缙（赤色）云，秋官为白云，冬官为黑云，中官为黄云。　⑫监：官名。　⑬封禅：这是古代帝王祭告天地，表彰政绩和受命于天的一种盛大祭典。在泰山顶上祭天称为封，在泰山下的小梁父山上祭地叫禅，所以封禅又称"封泰山，禅梁父"。与为多焉：指后世推许黄帝封禅规模盛大。与：推许，多：此指盛大。　⑭迎日推策：用蓍草做筹码，预测节气日辰，指导农业生产。策：用以推算历数的蓍草。　⑮举：任用。风后、力牧、常先、大鸿：均为辅佐黄帝的助手。据《帝王世纪》载，黄帝任风后为相，力牧为将。　⑯顺天地之纪：顺应天地阴阳四时变化的规律。纪：道，指时令规律。　⑰幽明之占：关于阴阳变化的预测。占：依术数占卜预测。　⑱死生之说，存亡之难：意指黄帝明白死和生的道理，懂得安与危的理论。"说"与"难"，均指学说、理论。　⑲淳化：驯化，指人工繁殖。虫蛾：指蚕之类。　⑳"旁罗"句：指广泛地观察研究日月星辰水波等自然现象，以及土石金玉等物质性能，使之有利于人民生活。旁罗：广泛地罗列、观察。水波：水的震荡及运动规律。波：通"播"，震荡，波动。　㉑劳勤心力耳目：勤劳自己的心智耳目。劳勤：高度的心劳勤苦。　㉒节用水火材物：教育人民节制地利用自然资源。　㉓土德之瑞：传说黄帝在位时有黄龙地蝘出现，被认为有"土德之瑞"，见《史记·封禅书》。瑞：祥瑞，吉利的征兆。

　　黄帝二十五子，其得姓者十四人①。

【注释】　①其得姓者十四人：黄帝二十五子中有十四人有德行，得以有姓，为十二姓，即姬、酉、祁、己、滕、葴（zhēn）、任、荀、僖、姞（jí）、儇（xuān）、衣。另青阳与苍林亦为姬姓，故得姓者十四人为十二姓。据后人考订，"荀"当作"苟"，"儇"当作"嬛"。

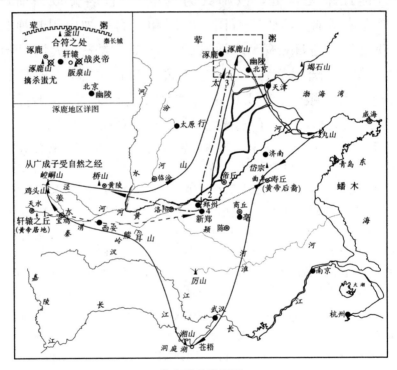

黄帝活动路线图

【说明】

(1) ᴄⵏᴄⵏᴄ▶ 黄帝居住在轩辕之丘，由西向东发展，为有熊国君。

(2) ───▶ 黄帝北上涿鹿，并炎帝，灭蚩尤，巡行四方。

(3) ─·─·▶ 黄帝崩，葬桥山。

(4) ·········▶ 黄帝后裔，进入山东省寿丘。

　　黄帝居轩辕之丘，而娶于西陵之女①，是为嫘祖。嫘祖为黄帝正妃，生二子，其后皆有天下②：其一曰玄嚣，是为青阳，青阳降居江水③；其二曰昌意，降居若水④。昌意娶蜀山氏女⑤，曰昌仆，生高阳，高阳有圣德焉。黄帝崩，葬桥山⑥。其孙昌意之子高阳立，是为帝颛顼也。

【注释】　①西陵：传说中的部族名。　②后：子孙。　③降居：居于下位。指黄帝之子为诸侯。降：下也。江水：指古江国，在今河南省安阳市一带。　④若水：古水名，即今四川省西部的雅砻江。　⑤蜀山氏：传说中居于今四川省西部的一个部族名。　⑥桥山：又名子午山，在今陕西省黄陵县北，上有黄帝冢。

（以上为第一段，写中国华夏各族的始祖黄帝，统一各部族，初创国家。）

帝颛顼高阳者①，黄帝之孙而昌意之子也。静渊以有谋②，疏通而知事③；养材以任地④，载时以象天⑤，依鬼神以制义⑥，治气以教化⑦，絜诚以祭祀⑧。北至于幽陵⑨，南至于交阯⑩，西至于流沙⑪，东至于蟠木⑫。动静之物⑬，大小之神⑭，日月所照，莫不砥属⑮。

【注释】　①颛顼（zhuānxū）：高阳氏之名。高阳：颛顼所兴起的地方名，因以为天下之号。　②静渊：安详而深沉。　③疏通而知事：通达远见而知时务。　④养材以任地：随土地之所宜播植作物以尽地力。养材：又作"养财"，增殖财富、生产物品。任地：开发地方。　⑤载时以象天：观察天象的变化以记载时令。　⑥依鬼神以制义：依从鬼神的启示制定人生行为的规范仪则。古人迷信鬼神，将人生行为的规范托之为鬼神的启示。　⑦治气以教化：用教化来陶冶人们的气质情操。　⑧絜诚以祭祀：静心诚意地祭祀天地祖宗；絜：通"洁"。　⑨幽陵：古幽州之地。　⑩交阯：又写成"交趾"，泛指五岭以南地区。　⑪流沙：指地处西北沙漠地区的居延泽，在今内蒙古自治区阿拉善左旗。　⑫蟠木：扶桑，古指极东的日出之处。　⑬动静之物：意指天地间的所有生灵。动：鸟兽之类。静：草木之属。　⑭大小之神：大神指五岳四渎之神；小神指丘陵坟衍之神。　⑮莫不砥属：莫不平服而来归附。

帝颛顼生子曰穷蝉。颛顼崩，而玄嚣之孙高辛立，是为帝喾①。

【注释】　①而玄嚣之孙高辛立，是为帝喾（kù）：高辛为帝喾兴起之地，以为天下之号；帝喾是高辛之名。

（以上为第二段，写颛顼的政绩。）

帝喾高辛者，黄帝之曾孙也。高辛父曰蛴极，蛴极父曰玄嚣，玄嚣父曰黄帝。自玄嚣与蛴极皆不得在位，至高辛即帝位，高辛于颛顼为族子①。

　　高辛生而神灵，自言其名。普施利物，不于其身②。聪以知远，明以察微③。顺天之义，知民之急。仁而威，惠而信，修身而天下服。取地之财而节用之，抚教万民而利诲之，历日月而迎送之④，明鬼神而敬事之。其色郁郁，其德嶷嶷⑤。其动也时，其服也士⑥。帝喾溉执中而遍天下⑦，日月所照，风雨所至，莫不从服。

　　【注释】　①族子：堂侄。　②普施利物，不于其身：恩惠普遍施及万物，而不顾及自身。物：指一切生灵。　③聪以知远，明以察微：耳聪而善听，故能知远；目明而善察，故能见微。　④历日月而迎送之：追踪日月的运行而观察，用以制定历法。历：追踪观察，做动词用。迎送之：既观其来，又观其去，即推算日行的节气，月行的弦望、晦、朔。　⑤其色郁郁，其德嶷嶷：他的神色静穆庄重，他的品德高耸如山。色：仪表，神态。郁郁：同"穆穆"，严肃的样子。嶷嶷：高耸的样子。　⑥其动也时，其服也士：他的举止适时，他的衣食和一般的公职人员一个样。时：合乎时宜。　⑦溉执中而遍天下：谓帝喾治理天下如水之灌溉，平均而中正，无所偏颇，恩德遍于天下。溉：灌溉。执中：执其中道，公正无私。

　　帝喾娶陈锋氏女①，生放勋。娶娵訾氏女②，生挚。帝喾崩，而挚代立。帝挚立，不善，崩，而弟放勋立，是为帝尧。

　　【注释】　①陈锋氏女：即尧母，名庆都。陈锋：古部族名。　②娵訾：古部族名。娵訾氏女名常宜。

　　（以上为第三段，写帝喾的政绩。）

　　帝尧者，放勋①。其仁如天，其知如神。就之如日，望之如云②。富而不骄③，贵而不舒④。黄收纯衣⑤，彤车乘白马⑥。能明驯德⑦，以亲九族⑧。九族既睦，便章百姓⑨。百姓昭明，合和万国。

　　【注释】　①帝尧者，放勋：尧，谥号。《谥法》曰："翼善传圣曰尧。"放勋，人名，传说为陶唐氏部落酋长，史称唐尧。　②就之如日，望之如云：接近他如太阳一样温暖，远望他如云霞一样灿烂。就：往，接近。　③骄：傲慢。　④舒：松懈。　⑤黄收纯衣：黄色的帽子，黑色的衣服。收：冠名。纯：读"缁"，黄黑色。　⑥彤车乘白马：红色的车驾以白马。　⑦能明驯德：能够倡明和顺之德。驯：同"顺"。　⑧九族：本指同姓九族，从自身算起，上推四世至高祖，下推四世至玄孙，上下共九代。此为借用"九族"以指众多的族姓。　⑨便章百姓：平判彰明百官族姓的政绩。便：通"辨"，平判。百姓：百官，指百官职责。

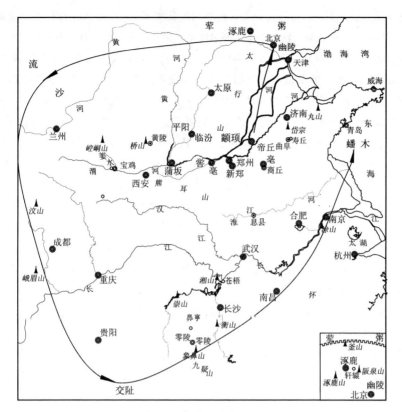

颛顼、帝喾活动路线图

乃命羲、和①，敬顺昊天②，数法日月星辰③，敬授民时④。分命羲仲，居郁夷⑤，曰旸谷⑥。敬导日出，便程东作⑦。日中⑧，星鸟⑨，以殷中春⑩。其民析⑪，鸟兽字微⑫，申命羲叔，居南交⑬。便程南为⑭，敬致⑮。日永⑯，星火⑰，以正中夏。其民因，鸟兽希革⑱。申命和仲，居西土，曰昧谷⑲，敬导日入，便程西成⑳。夜中㉑，星虚㉒，以正中秋。其民夷易㉓，鸟兽毛毨㉔。申命和叔，居北方，曰幽都㉕。便在伏物㉖。日短㉗，星昴㉘，以正中冬。其民燠㉙，鸟兽氄毛㉚。岁三百六十六日，以闰月正四时㉛。信饬百官㉜，众功皆兴㉝。

【注释】　①羲和：羲氏、和氏，掌天文历法之官。　②昊天：广漠的蓝天。　③数法：推求历法，观测天象。　④敬授民时：郑重地教导百姓知道耕种收割的时令。　⑤郁夷：又作"嵎夷"，最东山弯儿之地。　⑥旸谷：日出之谷。　⑦敬导日出，便程东作：羲仲恭敬地迎接春天的日出，辨别时节，告知人们及时春耕。　⑧日中：春分之日。日：

春分这一天。中：正中。春分这一天，白昼与夜长相等。 ⑨星鸟：意指南方朱雀七宿井、鬼、柳、星、张、翼、轸的中星，即第四星星宿。 ⑩以殷中春：当朱雀之星宿出现正南方，这一天就是春分。殷：正，判断。 ⑪其民析：春天人民分散在野外耕作。析：分散、分工。 ⑫鸟兽字微：鸟兽都在生育而交尾。字：生育。微：通"尾"，交尾。⑬南交：南方交趾。交趾：今越南北部红河一带，秦朝设"交趾郡"。 ⑭南为：夏季农作。 ⑮敬致：恭敬地祭日，观察日影的长短以不违农时。 ⑯日永：最长的白天，即夏至日。 ⑰星火：意指东方苍龙七宿角、亢、氐、房、心、尾、箕的中星，为心宿二大火。傍晚心宿出现在正南，这一天就是夏至。 ⑱其民因，鸟兽希革：夏天人们仍在田间耕作，鸟兽的羽毛变得稀少了。因：沿袭，指继春耕干农活。革：改，指鸟兽换毛。 ⑲昧谷：传说中的地名，太阳下落的地方。 ⑳西成：秋收工作。 ㉑夜中：秋分，夜与昼相等。 ㉒星虚：意指北方玄武七宿斗、牛、女、虚、危、室、壁的中星，即第四星虚宿。傍晚虚宿正南出现，这一天就是秋分。 ㉓夷易：平易，欢乐。指秋收给人们带来了喜悦。㉔毛毨（xiǎn）：鸟兽长出了光鲜的新羽毛。毨：通"鲜"，光泽。 ㉕幽都：当时最北之地。㉖伏物：收藏过冬的物资。伏：藏。 ㉗日短：冬至。这一天昼短夜长。 ㉘星昴：意指西方白虎七宿奎、娄、胃、昴、毕、觜、参的中星，即第四星昴宿。傍晚昴星出现在正南方，这一天就是冬至。 ㉙燠（yù）：取暖。指冬天人们入室取暖。 ㉚毪（rǒng）毛：鸟兽长出御寒的细茸毛。 ㉛以闰月正四时：用置闰的办法调节四季时令的误差。正：调正。 ㉜信饬：申令整饬。 ㉝众功皆兴：各种事业都欣欣向荣。功：事业。

尧曰："谁可顺此事①？"放齐曰："嗣子丹朱开明。"尧曰："吁！顽凶，不用②。"尧又曰："谁可者？"欢兜曰："共工旁聚布功③，可用。"尧曰："共工善言，其用僻，似恭漫天，不可④。"尧又曰："嗟，四岳⑤，汤汤洪水滔天⑥，浩浩怀山襄陵⑦，下民其忧，有能使治者⑧？"皆曰鲧可。尧曰："鲧负命毁族⑨，不可。"岳曰："异哉，试不可用而已⑩。"尧于是听岳用鲧。九岁，功用不成。

【注释】①谁可顺此事：谁能继承我的事业，指继嗣帝位以治理天下。 ②吁！顽凶，不用：吁，呀，惊叹词。顽凶，不用，顽劣好讼，不可任用。顽，心中无德义。凶，通"讻"，争讼。 ③旁聚布功：广揽事务，颇有成效。旁：广泛，普遍。布：开展。④"共工"四句：共工善于花言巧语，用心不正，连天都敢欺慢，不可任用。僻：邪僻不正。漫：通"慢"，欺慢。 ⑤嗟，四岳：嗟：感叹词，唉。四岳：四方诸侯首领。 ⑥汤汤（shāng）：洪水急流的样子。⑦浩浩怀山襄陵：浩浩荡荡的洪水漫上群山，淹没丘陵。怀：包裹，漫上。襄：淹没。 ⑧"下民"二句：居处低下之民十分忧愁，有谁能去治理水患。下民：居于山下的平地之民。 ⑨鲧（gǔn）负命毁族：鲧：夏禹的父亲。他违背教命，毁败同族人。负：违背。 ⑩异哉，试不可用而已：别的人都不行，就让鲧试试吧，不行再免去。异：看法不同。已：停止，指免职。

　　尧曰："嗟！四岳：朕在位七十载，汝能庸命①，践朕位？"岳应曰："鄙德忝帝位②。"尧曰："悉举贵戚及疏远隐匿者③。"众皆言于尧曰："有矜在民间④，曰虞舜⑤。"尧曰："然，朕闻之。其何如？"岳曰："盲者子。父顽，母嚚，弟傲，能和以孝，烝烝治，不至奸⑥。"尧曰："吾其试哉⑦。"于是尧妻之二女，观其德于二女⑧。舜饬下二女于妫汭⑨，如妇礼。尧善之，乃使舜慎和五典，五典能从⑩。乃遍入百官，百官时序⑪。宾于四门⑫，四门穆穆⑬，诸侯远方宾客皆敬⑭。尧使舜入山林川泽，暴风雷雨，舜行不迷。尧以为圣⑮，召舜曰："汝谋事至而言可绩⑯，三年矣。汝登帝位。"舜让于德不怿⑰。正月上日⑱，舜受终于文祖⑲。文祖者，尧大祖也⑳。

【注释】　①汝能庸命：你等之中有谁能顺承天命。庸：用，顺承。　②鄙德忝帝位：鄙陋无德。忝：辱没，不配。　③悉举贵戚及疏远隐匿者：把亲近贵戚及隐匿民间有德才的人都举荐上来。悉：全部。贵戚：显贵的同姓人。　④矜（guān）：同"鳏"，单身汉。　⑤虞舜：即舜，出生在有虞氏，故称虞舜。　⑥"父顽"等句：父亲凶顽，母亲愚蠢，弟弟傲慢。然而舜始终以孝悌之道与他们和睦相处，使他们能以厚道治身，不至于作恶。嚚（yín）：愚昧而顽固。烝烝：厚美的样子。　⑦其：将要。　⑧"尧妻之二女"两句：尧把自己的两个女儿娥皇、女英嫁给舜为妻，从舜对待二女的行事中来考察他的德行。妻：作动词用。　⑨饬：令，安排。妫汭（guī ruì）：妫水河湾，舜所居之地。妫水：源出山西省永济市南之历山，注入黄河。汭：河道弯曲处。　⑩慎和五典，五典能从：审慎地宣扬五教，百姓都能遵从。五典：即五教，指父义、母慈、兄友、弟恭、子孝五种伦理道德。从：顺利地实行。　⑪遍入百官，百官时序：总领百官职事，各官府的政事都办理得井井有条。遍入：总领，事事参与。时序：秩序，这样有条理。　⑫宾于四门：在明堂四门迎接来朝的宾客。宾：作动词用，指迎接诸侯和远方宾客。四门：明堂四方之门。明堂是天子举行大典和接见诸侯朝会的礼堂。　⑬穆穆：严肃和睦的样子。　⑭诸侯远方宾客皆敬：诸侯：在政治上有隶属关系的部落。远方：只有邦交而无政治隶属关系的边远部落。　⑮圣：贤明。　⑯汝谋事至而言可绩：你谋划事情详尽周到，言议都见了成效。汝：指舜。绩：功效。　⑰舜让于德不怿：舜谦让说，自己的德行还不能使人悦服。怿：悦。　⑱正月上日：正月初一。　⑲舜受终于文祖：舜在尧的始祖庙接受了帝位，举行受禅仪式。受终：接受禅位。文祖：尧的祖庙。　⑳大祖：即太祖，始祖。

　　于是帝尧老，命舜摄行天子之政，以观天命。舜乃在璇玑玉衡①，以齐七政②。遂类于上帝③，禋于六宗④，望于山川⑤，辩于群神⑥。揖五瑞⑦，择吉月日，见四岳诸牧，班瑞⑧。岁二月，东巡狩，至于岱宗⑨，柴⑩，望秩于山川⑪。遂见东方君长，合时月正日⑫，同律度量衡⑬，修五礼五玉三帛二生一死为挚⑭，如五器，卒乃复⑮。五月，南巡狩；八月，西巡狩；十一月，北巡狩；皆如初⑯。归，至于祖祢庙⑰，用特牛礼⑱。五岁一巡狩，群后四朝⑲。遍告以言，明试以功，车服以庸⑳。肇十有二州㉑，决川㉒。象以典刑㉓，流宥五刑㉔，鞭作官刑㉕，扑作教刑㉖，金作赎刑㉗。眚灾过，赦㉘；怙终贼，刑㉙。钦哉，钦哉，惟刑之静哉㉚！

【注释】　①在璇（xuán）玑玉衡：观察天文仪器。在：省视，观察。璇：美玉。玑：古代以坚玉制造的观天仪器。　②七政：意指日月及金木水火土五星。古人认为天象变化影响人事，七政运行正常，表明舜受禅符合天意。　③类：敬天的祭名。　④禋：祭名，置牲于柴上焚烧，使香味随烟上达。六宗：星、辰、司中（文昌第五星）、司命（文昌第四星）、风师、雨师六神。　⑤望：遥祭。　⑥辩于群神：普遍祭祀丘陵坟衍之神。辩：通"遍"。　⑦揖：通"辑"，集聚。五瑞：公侯伯子男五等爵所执的玉器符信。据《周礼·典瑞》载，公执桓圭，九寸；侯执信圭，七寸；伯执躬圭、子执谷璧、男执蒲璧，皆五寸。　⑧班瑞：分赐瑞玉。古会盟诸侯之礼，先收回各自执掌的符信瑞玉，择吉日会盟后再颁发给他们。　⑨岱宗：东岳泰山。　⑩柴：也作"柴"，作动词用，烧柴祭天。⑪望秩于山川：依次第遥祭东方的名山大川之神。　⑫合时月正日：协调统一东方诸侯的历法，调正四时的月数和节气日。　⑬同律度量衡：统一音律、丈尺、斗斛、斤两的计量单位。　⑭"修五礼"句：五礼：指吉（祭上帝）、凶（葬）、宾（迎宾）、军（兴师）、嘉（嫁娶）五种礼仪。五玉：即五瑞。三帛：即红、黑、黄三种颜色的丝织品，用以垫玉器。《正义》引孔安国云："诸侯世子执纁（红色），公之孤执玄（黑色），附庸之君执黄。"二生：羔和雁。卿执羊羔，大夫执雁。一死：指雉，士执雉。挚：同"贽"，献礼。　⑮如五器，卒乃复：验证各级诸侯拜会的礼物五玉，礼毕送还本人。如：验证。五器：即五玉、五瑞。　⑯皆如初：南巡、西巡、北巡的礼仪，一一如东巡故事。　⑰归，至于祖祢庙：归，回到京城。祖祢（ní）庙：祖庙和父庙，父死入庙称祢。　⑱用特牛礼：用一头公牛做祭品。　⑲五岁一巡狩，群后四朝：天子五年巡视天下一次，四方诸侯四年朝觐京师述职一次。这表明舜时将巡狩、朝觐制度化。群后：四方诸侯。后：君长。　⑳"遍告"三句：在巡视和朝觐时向全体诸侯提出具体要求，凡考核有成绩的，就赐给车与服饰，表彰其功劳。车服以庸：用车子、服饰作为赏赐。庸：用。此指赏赐功劳。　㉑肇十有二州：始分天下为十二州。传说为并、冀、幽、营、兖、青、徐、扬、荆、豫、梁、雍。肇：开始、起始。　㉒决川：开通河道以除水患。　㉓象以典刑：依法用刑。象：依法。典：常。　㉔流宥五刑：以流放办法宽宥当受五刑的人。五刑：即墨、劓（yì）、荆

(fèi)、宫、大辟。　㉕鞭作官刑：官府治事用鞭刑。　㉖扑作教刑：学校管理用扑刑。扑：打学生的戒尺。　㉗金作赎刑：犯轻罪的人，可出钱赎罪。　㉘眚（shěng）灾过，赦：对无意而犯过造成灾害的人，予以赦免。眚：对无意中犯罪，如好心办了坏事。　㉙怙（hù）终贼，刑：对屡犯不改仍做坏事的人，施以肉刑。怙：顽固。贼：危害，做坏事。　㉚钦哉，钦哉，惟刑之静哉：谨慎啊，谨慎啊，施用刑罚千万要平稳公正。静：平和，公正。

　　欢兜进言共工，尧曰不可而试之工师①，共工果淫辟②。四岳举鲧治鸿水，尧以为不可，岳强请试之③，试之而无功，故百姓不便④。三苗在江淮、荆州数为乱⑤。于是舜归而言于帝，请流共工于幽陵，以变北狄⑥；放欢兜于崇山⑦，以变南蛮；迁三苗于三危⑧，以变西戎；殛鲧于羽山⑨，以变东夷：四罪而天下咸服⑩。

　　【注释】　①尧曰不可而试之工师：尧认为共工不可大用，就让他试任工师。工师：职掌百工之官。　②淫辟：放纵地为邪恶之事。　③岳强请试之：四岳一再要求请试用鲧。　④便：适宜。　⑤三苗在江淮、荆州数为乱：三苗：居于长江中游以南地区的部族名。荆州：今两湖地区。　⑥流共工于幽陵，以变北狄：流放共工到幽州，使他改变北狄的风俗。以下诸句同此。幽陵：据《正义》，指故龚城，在今北京市密云区东北。狄：对北方民族的泛称。　⑦崇山：山名，据《通典·州郡典》载，在今湖南省澧县南。　⑧三危：山名，在今甘肃省敦煌市东，因三峰耸立，故名三危。按：三危山有十多种说法。在敦煌市东为正说。三苗所居地三危，当是在甘肃省鸟鼠山之西。见《禹本纪》注。　⑨殛：流放。羽山：山名，在今山东省郯城县东北。　⑩四罪而天下咸服：按罪惩处了共工、欢兜、三苗、鲧四凶，天下人都信服舜。

　　尧立七十年得舜，二十年而老，令舜摄行天子之政，荐之于天。尧辟位凡二十八年而崩①。百姓悲哀，如丧父母。三年，四方莫举乐，以思尧。②尧知子丹朱之不肖③，不足授天下，于是乃权授舜④。授舜，则天下得其利而丹朱病⑤；授丹朱，则天下病而丹朱得其利。尧曰"终不以天下之病而利一人"，而卒授舜以天下。尧崩，三年之丧毕，舜让避丹朱于南河之南⑥。诸侯朝觐者不之丹朱而之舜，狱讼者不之丹朱而之舜，讴歌者不讴歌丹朱而讴歌舜。舜曰"天也夫！"而后之中国践天子位焉⑦，是为帝舜。

　　【注释】　①辟位：避位，让出政权。　②三年，四方莫举乐，以思尧：全国停止歌咏娱乐三年，以寄托对尧的哀思。　③不肖：不像父亲，不贤。　④权：权宜之计。　⑤病：受害，痛苦。　⑥舜让避丹朱于南河之南：舜让帝位于丹朱，自己躲到南河的南边。南河：黄河自潼关以东一段为南河。　⑦中国：即国中，国都。

（以上为第四段，写尧的品德、功劳，以及选拔官吏及禅位的动人故事。）

虞舜者，名曰重华①。重华父曰瞽叟②，瞽叟父曰桥牛，桥牛父曰句望③，句望父曰敬康，敬康父曰穷蝉，穷蝉父曰帝颛顼，颛顼父曰昌意：以至舜七世矣。自从穷蝉以至帝舜，皆微为庶人④。

【注释】　①重华：传说舜有重瞳，故号重华。　②瞽（gǔ）叟：瞎眼老头。瞽：眼疾，即白内障。　③句（gōu）：读"勾"。　④微为庶人：低贱的平民。微：卑微，低贱。庶人：平民。

舜父瞽叟盲，而舜母死，瞽叟更娶妻而生象，象傲。瞽叟爱后妻子，常欲杀舜，舜避逃；及有小过，则受罪。顺事父及后母与弟①，日以笃谨②，非有懈③。

【注释】　①顺事：恭顺地侍奉。　②笃谨：忠厚谨慎。　③非有懈：丝毫不敢懈怠。

舜，冀州之人也①。舜耕历山②，渔雷泽③，陶河滨④，作什器于寿丘⑤，就时于负夏⑥。舜父瞽叟顽，母嚚，弟象傲，皆欲杀舜。舜顺适不失子道⑦，兄弟孝慈。欲杀，不可得；即求，尝在侧⑧。

【注释】　①冀州：古九州之一，今河北省、山西省两省，及河南省黄河以北、山东省西北、辽宁省辽河以西之地。舜居蒲阪城，在今山西省永济市蒲州镇，古属冀州。舜以冀州广大，分恒山以西为并州，则蒲阪属并州。　②历山：山名，又名雷首山，在今山西省永济市境内。　③雷泽：又名雷水，在今山西省永济市南。一说为"雷夏泽"，在今山东省菏泽市东北。　④陶：制作陶器。　⑤什器：各种生活用品。寿丘：地名，据《集解》记载在今山东省曲阜市东北。　⑥就时于负夏：在负夏经商。负夏：古地名，在今山东省济宁市兖州区北。　⑦顺适：顺从。　⑧欲杀，不可得；即求，尝在侧：舜十分机智，要杀害他时怎么也抓不着，有事要找他时又总是在身边。

舜年二十以孝闻。三十而帝尧问可用者，四岳咸荐虞舜，曰可。于是尧乃以二女妻舜以观其内①，使九男与处以观其外②。舜居妫汭，内行弥谨。尧二女不敢以贵骄事舜亲戚③，甚有妇道。尧九男皆益笃。舜耕历山，历山之人皆让畔④；渔雷泽，雷泽上人皆让居；陶河滨，河滨器皆不苦窳⑤。一年而所居成聚，二年成邑，三年成都⑥。尧乃赐舜绨衣与琴⑦，为筑仓廪，予牛羊。瞽叟尚复欲杀之，使舜上涂廪⑧，瞽叟从下纵火焚廪。舜乃以两笠自捍而下，去⑨，得不死。后瞽叟又使舜穿井⑩，舜穿井为匿空旁出⑪。舜既入深，瞽叟与象共下土实井，舜从匿空出，去。瞽叟、象喜，以舜为已死。象曰："本谋者象。"象与其父母分，于是曰："舜妻尧二女，与琴，象取之。牛羊仓廪予父母。"象乃止舜宫居⑫，鼓其琴。舜往见之。象鄂不怿⑬，曰："我思舜正郁陶⑭！"舜曰："然，尔其庶矣⑮！"舜复事瞽叟爱弟弥谨⑯。于是尧乃试舜五典百官，皆治。

【注释】 ①观其内：治家才能。 ②观其外：处理社会事务的能力。尧让自己的九个贵公子与舜交往，观其才能。 ③亲戚：此指公婆兄弟。 ④让畔：不争田界。畔：田界。 ⑤苦窳（yǔ）：粗劣。 ⑥"一年"三句：聚：村落；邑：大于村落；都：大于邑。《正义》引《周礼》云："九夫为井，四井为邑，四邑为丘，四丘为甸，四甸为县，四县为都。" ⑦绨衣：细葛布做的衣服。 ⑧上涂廪：上粮仓屋顶涂泥。涂：涂抹，修理。 ⑨以两笠自捍而下，去：以手持两顶斗笠护持自己，像鸟张开两翼一样从仓顶跳下，逃走。 ⑩穿井：打井。 ⑪为匿空旁出：在井壁上打一个藏身的支洞，并横向与邻井相通。空：孔洞。 ⑫止舜宫居：到舜的宫室去住。止：至舜宫而止。 ⑬鄂不怿：象见舜回来，先是惊愕，然后很不自在。鄂：通"愕"。 ⑭我思舜正郁陶：这是象惭愧得无地自容而撒的谎话，意谓"我想念你正在难过呢！"郁陶：忧伤的样子。 ⑮舜曰："然，尔其庶矣！"：舜说："这好啊，你像个弟弟了。"庶：庶几，差不多。 ⑯弥谨：更加谨慎。

昔高阳氏有才子八人①，世得其利，谓之"八恺"②。高辛氏有才子八人③，世谓之"八元"④。此十六族者，世济其美⑤，不陨其名⑥。至于尧，尧未能举。舜举八恺⑦，使主后土⑧，以揆百事⑨，莫不时序⑩。举八元⑪，使布五教于四方⑫，父义，母慈，兄友，弟恭，子孝，内平外成⑬。

【注释】 ①高阳氏：颛顼之后代。才子：才德兼备之人。 ②八恺：苍舒、隤敳、梼戭（táoyǎn）、大临、尨（méng）降、庭坚、仲容、叔达八个氏族。恺：和乐，指言能使人和乐。 ③高辛氏：帝喾之后代。 ④八元：伯奋、仲堪、叔献、季仲、伯虎、仲熊、叔豹、季狸八个氏族。元：始人善道。八恺、八元之说，最早记载见《左传》文公十八年。 ⑤济：成，保全。 ⑥陨：丧失，毁坏。 ⑦举八恺：此指舜所举八恺中之禹。 ⑧后土：主管农业的官，指禹为司空主土。 ⑨揆：揆度，规划。 ⑩时序：按照时令、次序。 ⑪举八元：指舜所举八元中之契，为司徒，职掌五教。 ⑫布：传布。 ⑬内平外成：家内和睦，邻里融洽。

昔帝鸿氏有不才子①，掩义隐贼②，好行凶慝③，天下谓之浑沌④。少暤氏有不才子⑤，毁信恶忠，崇饰恶言，天下谓之穷奇⑥。颛顼氏有不才子，不可教训，不知话言，天下谓之梼杌⑦。此三族世忧之。至于尧，尧未能去。缙云氏有不才子⑧，贪于饮食，冒于货贿，天下谓之饕餮⑨。天下恶之，比之三凶⑩。舜宾于四门，乃流四凶族，迁于四裔⑪，以御螭魅⑫，于是四门辟，言毋凶人也。

【注释】 ①帝鸿氏：即黄帝。 ②掩义：毁弃道义。隐贼：阴险贼狠。 ③凶慝(tè)：邪恶。 ④浑沌：恶兽名，此为欢兜之诨号，喻其冥顽不化。 ⑤少暤(hào)氏：又称金天氏，古部族首领，黄帝之子，名挚，号青阳。 ⑥穷奇：恶兽名，此为共工之诨号，喻其行为怪僻。 ⑦梼杌(táowù)：恶兽名，此为鲧之诨号，喻其桀骜不驯。 ⑧缙云氏：姜姓，炎帝之苗裔，黄帝时曾任缙云之官。 ⑨饕餮(tāotiè)：恶兽名，此为三苗之诨号，喻其贪得无厌。 ⑩比之三凶：天下人把饕餮三苗与浑沌欢兜、穷奇共工、梼杌鲧相提并论，合称四凶。 ⑪四裔：四方边远之地。 ⑫螭魅：山林中的精怪，此处喻恶人。

舜入于大麓①，烈风雷雨不迷，尧乃知舜之足授天下。尧老，使舜摄行天子政，巡狩。舜得举用事二十年，而尧使摄政，摄政八年而尧崩。三年丧毕，让丹朱，天下归舜。而禹、皋陶、契、后稷、伯夷、夔、龙、倕、益、彭祖自尧时而皆举用，未有分职②。于是舜乃至于文祖，谋于四岳，辟四门，明通四方耳目，命十二牧论帝德③，行厚德，远佞人④，则蛮夷率服。舜谓四岳曰："有能奋庸美尧之事者，使居官相事⑤？"皆曰："伯禹为司空，可美帝功。"舜曰："嗟，然⑥！禹，汝平水土，维是勉哉。"禹拜稽首，让于稷、契与皋陶。舜曰："然，往矣⑦。"舜曰："弃，黎民始饥，汝后稷播时百谷⑧。"舜曰："契，百姓不亲，五品不驯⑨，汝为司徒⑩，而敬敷五教，在宽。"舜曰："皋陶，蛮夷猾夏⑪，寇贼奸轨⑫，汝作士⑬，五刑有服⑭，五服三就⑮；五流有度⑯，五度三居⑰：维明能信⑱。"舜曰："谁能驯予工⑲？"皆曰垂可。于是以垂为共工。舜曰："谁能驯予上下草木鸟兽⑳？"皆曰益可。于是以益为朕虞㉑。益拜稽首，让于诸臣朱虎、熊罴㉒。舜曰："往矣，汝谐。"遂以朱虎、熊罴为佐。舜曰："嗟！四岳。有能典朕三礼㉓？"皆曰伯夷可。舜曰：

"嗟！伯夷，以汝为秩宗㉔，夙夜维敬，直哉维静洁㉕。"伯夷让夔、龙。舜曰："然。以夔为典乐㉖，教稚子㉗，直而温，宽而栗，刚而毋虐，简而毋傲㉘；诗言意，歌长言，声依永㉙，律和声㉚，八音能谐㉛，毋相夺伦，神人以和。"夔曰："於！予击石拊石㉜，百兽率舞。"舜曰："龙，朕畏忌谗说殄伪㉝，震惊朕众，命汝为纳言㉞，夙夜出入朕命，惟信㉟。"舜曰："嗟！女二十有二人㊱，敬哉，惟时相天事㊲。"三岁一考功，三考绌陟㊳，远近众功咸兴。分北三苗㊴。

【注释】 ①大麓：大森林。麓：山脚，指山林。 ②"而禹"二句：禹，鲧之子，夏朝的创建者；皋陶（yáo）：传说中少皞氏的支裔，东夷部族首领，尧之臣；契（xiè）：商之始祖，尧之臣；后稷：姬姓，名弃，周之始祖；伯夷：舜之臣，周初齐太公之祖先，这里的伯夷不是商末不食周粟的伯夷；夔、龙、倕、益、彭祖：五人均为尧之臣，但这些人在尧时都没有专门职守，故云"未有分职"；分职：名分，职务。 ③十二牧：十二州的长官，相传大禹治水分天下为冀、兖、青、徐、荆、扬、豫、梁、雍九州，舜又从冀州分出幽州、并州，还从青州分出营州，共十二州。 ④佞人：巧言谄媚之人。 ⑤"有能"二句：有没有能奋发用命，光大尧的德业的人，让他担当辅相的重任。庸：通"用"，此指建功。美：发扬光大。 ⑥嗟，然：啊，好极了。 ⑦舜曰："然，往矣"：舜对禹说，"众人举荐你是对的，你就上任去吧。" ⑧舜曰："弃，黎民始饥"句：舜又对弃说，"弃，老百姓挨饥受饿，你去做农官，负责播种百谷。" ⑨五品：五伦，指君臣、父子、夫妇、兄弟、朋友之间的五种伦理道德。不驯：不和顺。 ⑩司徒：掌教化之官。 ⑪猾夏：扰乱华夏。 ⑫寇贼奸轨：盗贼犯法作乱。古称劫人曰寇，杀人曰贼，外祸曰奸，内乱曰宄。轨：同"宄"。 ⑬士：掌司法之官。 ⑭五刑有服：五刑要使用适度。服：心服，指量刑适度，才使犯人心服。 ⑮五服三就：五刑依罪行轻重分为三等在三处地方执行，大罪在原野，次罪在市朝，公族在甸师氏。甸师氏：掌管天子籍田和处置公族犯人的机构。 ⑯五流有度：对流放者依罪行轻重分为五等。度：量刑标准。 ⑰三居：按流放的远近分为三种流徙之所，大罪流四裔边荒之地，次罪流九州之外，小罪流王畿之外。⑱维明能信：判罪属实，就能取信于民。明：察明罪情，量刑适度。 ⑲谁能驯予工：谁能替我主管百工事务。驯：管理。 ⑳上下：上谓山林，下谓川泽。㉑虞：掌管山泽的官。 ㉒朱虎、熊罴：即高辛氏的长子伯虎，次子仲熊。 ㉓三礼：祭祀天、地、宗庙的典礼。 ㉔秩宗：主持郊庙祭祀的官。 ㉕"夙夜"二句：担任秩宗之职的人，早晚都要虔敬，正直而清明。 ㉖典乐：掌音乐之官。 ㉗稚子：指王公贵族子弟。 ㉘"直而温"四句：指教育培养子弟要具有正直而温和、宽厚而严谨、刚正而不粗暴、简朴而不倨傲的品德。 ㉙永：长，唱歌时的长声咏叹，比吟诗更能深入地抒发感情。㉚律和声：律，六律六吕。声，宫、商、角、徵、羽五声。 ㉛八音：泛指各类乐器。古代乐器分金、石、土、革、木、丝、匏、竹八类，故称八音。 ㉜击石拊石：敲击磬石。拊：击。

㉝殄（tiǎn）伪：残暴虚伪。　㉞纳言：传达王命的官。　㉟惟信：真实。　㊱二十有二人：十二牧、四岳，以及禹、垂、益、伯夷、夔、龙六人，共二十二人。舜代尧摄政后，任用二十二人各有分职，草创国家，向前迈进了一大步。　㊲敬哉，惟时相天事：严肃谨慎地任职，并顺应天时天命来行事。　㊳绌陟：绌，通"黜"，降职；陟：提升。　㊴分北：分离、分化，指分化治理三苗。北：通"背"，离。

　　此二十二人咸成厥功：皋陶为大理①，平，民各伏得其实②；伯夷主礼，上下咸让；垂主工师，百工致功；益主虞，山泽辟；弃主稷，百谷时茂；契主司徒，百姓亲和；龙主宾客，远人至；十二牧行而九州莫敢辟违③；唯禹之功为大，披九山④，通九泽，决九河，定九州，各以其职来贡，不失厥宜。方五千里，至于荒服⑤。南抚交阯、北发⑥，西戎、析枝、渠廋、氐、羌⑦，北山戎、发、息慎⑧，东长、鸟夷⑨，四海之内咸戴帝舜之功。于是禹乃兴《九招》之乐⑩，致异物⑪，凤凰来翔。天下明德皆自虞帝始⑫。

【注释】　①大理：掌司法之士。　②民各伏得其实：民众都心悦诚服皋陶治罪各得其实。伏：能服。　③辟违：邪僻违法。　④披九山：劈开九州的山岭通道路。九：亦可解为不定数词，言其多也。下文"九泽""九河"之"九"同。九山、九河指实，历来众说纷纭，兹不录。《夏本纪》中"九山""九川"之注据《史记索隐》。　⑤荒服：极边远之地。古代从王畿向外以五百里为率，依次为五等，即甸服、侯服、绥服、要服、荒服。⑥北发：据《秦始皇本纪》载，秦疆域"南至北向户"，此北发即北向户，指极南之地门户向北，在今越南境内。　⑦西戎："西抚戎"之省，以下句式同此。析枝、渠廋（sōu）、氐、羌：皆指西戎部族名。　⑧山戎：匈奴部族之古称。息慎：又作"肃慎"。　⑨鸟夷：又作"岛夷"。　⑩《九招》：又作"九韶"，舜时所作乐舞名。　⑪致异物：招致祥瑞之物，如"凤凰来翔"之类。　⑫明德：美德，此指文明进化，国家制度在舜时完备。

　　舜年二十以孝闻，年三十尧举之，年五十摄行天子事，年五十八尧崩，年六十一代尧践帝位，践帝位三十九年，南巡狩，崩于苍梧之野①。葬于江南九疑，是为零陵②。舜之践帝位，载天子旗，往朝父瞽叟，夔夔唯谨③，如子道。封弟象为诸侯。舜子商均亦不肖，舜乃预荐禹于天。十七年而崩。三年丧毕，禹亦乃让舜子，如舜让尧子。诸侯归之，然后禹践天子位。尧子丹朱，舜子商均，皆有疆土④，以奉先祀⑤。服其服，礼乐如之⑥。以客见天子，天子弗臣，

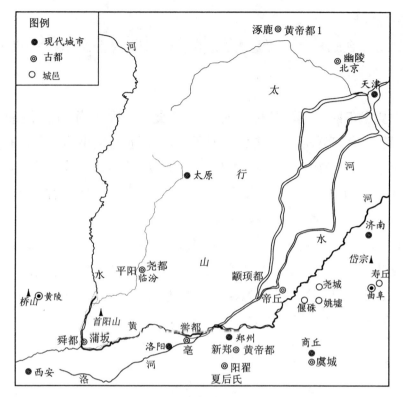

五帝都城图

【说明】　五帝是黄帝、颛顼、帝喾、帝尧、帝舜。黄帝初都涿鹿，迁有熊（新郑）；颛顼都帝丘；帝喾都亳；尧都平阳；舜都蒲坂。

示不敢专也⑦。

【注释】　①苍梧：山名，即九嶷山，在今湖南省宁远县境。　②零陵：舜陵，在古苍梧之野，今湖南省宁远县境。　③夔夔：恭敬孝顺的样子。　④皆有疆土：尧子丹朱封于唐，在今河南省淅川县东北。舜子商均封于虞，在今河南省虞城县西南。　⑤奉：供奉。先祀：祖先之祭祀。　⑥服其服，礼乐如之：丹朱和商均虽为臣，但穿着、礼乐都和尧舜一样，享受高规格待遇。　⑦"以客"三句：丹朱、商均以宾客礼见天子禹，禹不敢以臣礼相待，表示自己不敢专位。专：独享帝位。

自黄帝至舜、禹，皆同姓而异其国号①，以章明德②。故黄帝为有熊，帝颛顼为高阳，帝喾为高辛，帝尧为陶唐，帝舜为有虞。帝禹为夏后而别氏③，姓姒氏④。契为商，姓子氏。弃为周，姓姬氏。

【注释】　①国号：此指部族号。　②章：通"彰"，彰明，彰显。　③夏后：夏国的君主。别氏：另为一氏。氏：部族的分支。④姒氏：传说禹母修己吞了薏苡（（yìyǐ）而生禹，因以为姒姓。

（以上为第五段，写舜在经受了许多考验之后，登上帝位，广用贤才，完善了国家组织。）

太史公曰：学者多称五帝^①，尚矣^②。然《尚书》独载尧以来^③；而百家言黄帝^④，其文不雅驯^⑤，荐绅先生难言之^⑥。孔子所传《宰予问五帝德》及《帝系姓》^⑦，儒者或不传。余尝西至空桐，北过涿鹿，东渐于海^⑧，南浮江、淮矣，至长老皆各往往称黄帝、尧、舜之处，风教固殊焉，总之不离古文者近是^⑨。予观《春秋》《国语》^⑩，其发明《五帝德》《帝系姓》章矣^⑪，顾弟弗深考^⑫，其所表见皆不虚^⑬。《书》缺有间矣^⑭，其轶乃时时见于他说^⑮。非好学深思，心知其意，固难为浅见寡闻道也。余并论次^⑯，择其言尤雅者，故著为《本纪》书首^⑰。

【注释】 ①五帝：传说的上古史有三皇、五帝，司马迁摒除三皇之说，依《世本》《大戴礼》，以黄帝、颛顼、帝喾、唐尧、虞舜为五帝，故《史记》叙事自黄帝始。 ②尚：通"上"，上古，久远。 ③《尚书》：《尚书》是我国上古历史文件汇编，总名称《书》，汉代尊为经，才称《尚书》，又称《书经》。第一篇是《尧典》，也就是《尚书》记述古史从尧开始，而没有记述黄帝至尧的这一段历史传闻。 ④《百家》：《汉书·艺文志》诸子略小说家有《百家》百三十九卷，是春秋战国时期的小说汇编，其中有关于黄帝的传说记载。 ⑤雅驯：正确可信。雅：正确。驯：通"训"，引申为合理，说得通。 ⑥荐绅先生：士大夫之代称，这里指史官。荐绅："搢绅"之假借字，又作"缙绅"。搢：插；绅：插笏的赤色腰带。 ⑦《宰予问五帝德》及《帝系姓》：《大戴礼》中的两篇书名。系：世系。 ⑧渐：到达。 ⑨古文：指《春秋》《国语》《五帝德》《帝系姓》《尚书》等书。 ⑩《春秋》《国语》：流传至今的《春秋左氏传》和《国语》二书，相传为春秋时人左丘明所作。按：这里的《春秋》系指《左氏传》，并非指孔子所作《春秋》。 ⑪章矣：非常明显了。章：通"彰"。 ⑫顾弟：只是，不过。弗：通"没"，没有。 ⑬见：读"现"。 ⑭《书》缺有间矣：《书》缺：意指《尚书》不载黄帝等事迹，有缺失。有间：年月长。 ⑮轶（yì）：散失。这里指《尚书》未记载的史料。时时：往往。他说：其他著作。 ⑯论次：研究编排。 ⑰故著为本纪书首：《尚书》不载黄帝，《百家》言又不可信，司马迁折中古文与传说，决定《史记》记事起于黄帝，故将《五帝本纪》作为一百三十篇之首。

（以上为作者论赞，说明《史记》断限起于黄帝的理由，以及述史资料的来源、选用原则，具有发凡起例的意义。）

讲　析

　　中华民族是世界上最伟大的民族之一，中华儿女以勤劳的双手创造了灿烂的文化，使我们的祖国成为世界文明古国之一。但是，关于中华民族是如何产生和形成的，却没有留下文献资料，因为那还是没有文字的史前时期。关于我国原始社会的情况，有许多传说，这些传说可以分为两类。一类是原始社会的人们通过幻想编织的一些神奇的故事，虽然它也表现了劳动斗争及对自然与社会的认识，但其中的人物都具有超人的力量，只能算作神话。另一类传说，其人物有血有肉，食的是人间烟火，他们之间的关系也比较复杂，或辩论，或打仗，或通婚，等等。这后一类传说中有许多真实的记录，反映了原始社会的史影。《五帝本纪》即是根据后一类传说编次而成的，因而具有很重要的史料价值，大体反映了我国原始社会末期的真实情况。

　　先秦古籍记载我国历史，有着不同的开端。孔子删订《尚书》，断自唐尧、虞舜。而《易》又起于伏羲、神农。《礼记》则笼统地说"昔者先王"。这是儒家经典的情况。诸子著作论及上古之事，有的始于有巢氏，有的起自神农氏。

　　司马迁记载中华民族之开端，既不从"经"，又不从"子"，而是自立新例，起自黄帝。这一新例，司马迁在赞语中做了明确的说明，理由有四点。第一，司马迁在全国的游历考察中，"西至空桐，北过涿鹿，东渐于海，南浮江、淮"，尽管各地风教不同，但长老口耳相传的黄帝事迹非常生动；第二，《五帝德》《帝系姓》，司马迁认为是孔子所传，并与《春秋》《国语》参证，认为是可靠的资料；第三，谱牒资料及百家言黄帝，虽然其文不雅，但绝非无因；第四，"《书》缺有间"，而"其轶乃时时见于他说"。司马迁对古文资料、百家之言、长老口耳传说进行了综合，择其雅驯者编次了《五帝本纪》。因为黄帝"修德振兵"，统一了天下，所以司马迁辨证史实，要起于黄帝。《史记》中所载三代天子，列国世家，东夷西戎，南蛮北狄，追祖溯源，皆归本于黄帝。中华民族皆自豪地称为"黄帝子孙"或"炎黄子孙"，这一观念就创自《史记》。炎，指炎帝，先于黄帝，号称神农氏。其子孙不修德，被黄帝所并。

　　《史记》上起黄帝，下迄汉武帝，首尾呼应，载述了中国历史从原始的部落统一走向封建的大一统的发展，颂扬大一统，颂扬历史走向进步。所以司马迁首创《五帝本纪》，打破《尚书》以尧为历史起点的局限，而又不突破"修德振兵"统一天下的黄帝这一极限，有着极其深远的意义。司马贞不明司马迁史识，补作《三皇本纪》，实乃画蛇添足，殊不可取。

由黄帝始，中国历史进入了新时期。关于黄帝以前时期的传说，所反映的是原始人的原始群和母系氏族社会的生活，这些原始群、氏族部落在互相分离的情况下活动着。到了黄帝时代就不同了，这时，父系氏族社会已完全确立，各部落联合的趋势非常明显，许多重大的活动都是以部落联盟的形式进行的。黄帝对蚩尤涿鹿一战，就征集了许多部落，所进行的就是一个部落联盟驱逐和征服另一个部落联盟的战争。马克思说："部落联盟是与民族最近似的东西。"（《摩尔根〈古代社会〉一书摘要》）中国原始社会部落之间由分离而开始联盟，走向合并和融合，最后形成统一的华夏民族，其中黄帝作出了卓越的贡献。

按照马克思主义的理论，一个民族的形成是伴随着国家的出现而完成的。国家的胚胎形式，在《五帝本纪》中得到了生动的反映。黄帝所训练的熊罴、貔貅、貙虎，就是由他率领、专事征战的军队。而"师兵为营卫"，并且用"云"来名兵师，则更是职业武装，也就是设置常备兵，这是国家暴力机器的主要成分。黄帝时还设"左右大监"，尧时有"四岳""十二牧"，舜时则百官齐备。尧时有象征性的刑罚，舜则制五刑、流四凶，制定了法典，掌管刑法的皋陶也成为著名的人物。这些都说明国家机器的胚胎已在产生和形成的过程中，并在不断完善，私有财产观念的加强和贵族与平民的分化也有显现。尧"黄收纯衣"，很是朴素，并且"劳勤心力耳目""未尝宁居"。到了舜时，就"载天子旗"去朝拜父亲了。而且尧可以赐舜仓廪牛羊，象又要设法窃据舜的宫室妻子。从这些传说的故事来看，国家的正式出现已是相当迫近了。总之，马克思主义所论述的关于民族形成过程的必然现象，在《五帝本纪》中大体都得到了反映，而这些现象在黄帝以前的传说中是没有的。

司马迁对黄帝以前和黄帝以后的传说是作过比较的。他至少已认识到黄帝时代是一个新的历史阶段的开端。他说："维昔黄帝，法天则地，四圣遵序，各成法度；唐尧逊位，虞舜不怡，厥美帝功，万世载之。作《五帝本纪》第一。"（《太史公自序》）在司马迁的心目中，黄帝就是一位开辟新时代的英雄人物，黄帝统一了各部族，初建了国家，立下了万世效法的准则。黄帝打开了中国文明历史的大门。黄帝被中华民族尊为共同的祖先，成为这一伟大民族向心力的象征，首先应归功于司马迁《五帝本纪》的创造。

"四圣遵序，各成法度"，国家制度在日益完善，颛顼、帝喾、唐尧、虞舜四圣是将黄帝功业发扬光大的人物。颛顼、帝喾两人事迹不多，是从黄帝到尧、舜之间的过渡人物。也可以说颛顼、帝喾是历史前进之中量的积聚阶段，到尧、舜时才爆发了历史飞跃式的发展，那就是经过尧、舜、禹的禅让形成了家天下的大禹王朝。

尧、舜、禹的禅让在儒家经典中被推尊为至高无上的让德，《五帝本纪》承袭这一精神，写尧、舜、禹禅让，表彰上古帝王无私的伟大精神。尧年老，他的儿子丹朱不成才，尧要找一个接班人，众臣推荐了舜。舜继承帝位，天下的人得利，而丹朱一人不得利；丹朱继承帝位，丹朱一人得利，天下的人都要受害。两相权衡，尧说"终不以天下之病而利一人"，即不能让全天下的人受害而使一人得利，这个人即使是自己的儿子也不行。

禅让故事在《竹书纪年》则是另一个版本，被说成争夺。《史记正义》引《竹书纪年》云："昔尧德衰，为舜所囚也。"又说，"舜囚尧，复偃塞丹朱，使不与父相见也。"司马迁取禅让说，但并不是儒家学说的翻版，而是熔铸了各种传说的精髓，寻找出了耐人寻味的新意。"尧知子丹朱之不肖，不足授天下，于是乃权授舜。"把这句翻译过来，补足语气，显然应是这样一个过程：尧衰老，想把帝位传给儿子丹朱，但经过考验，丹朱确实不成器，没有什么德才，无可奈何，只好先让舜摄政，以作权宜之计。倘如尧未曾想过传位给儿子丹朱，则"知子丹朱之不肖"又从何说起呢？尧举舜已试政二十年，经过了各种考验，但尧还是不交权，只让舜摄政，舜摄政八年以后，尧崩，舜避于南河之南，要让位给丹朱，岂非是舜也明明知道尧的传子心意，才做出这种姿态的吗？舜禅让时也先想到自己的儿子："舜子商均亦不肖，舜乃预荐禹于天。"

司马迁所描写的禅让并不是"让"，而是一场斗争。这种斗争反映了公有制的瓦解，私有制的巩固和发展。禅让是建立在公有制基础上的政治，世袭是建立在私有制基础上的政治。两种政治在过渡转化之际是互相交错、互相渗透的。尧、舜、禹时期正处于财产公有制向财产私有制过渡的时期，由私有制决定的私有观念必然要在人们头脑中有所反映。尧、舜、禹在禅让时首先都想到了自己的儿子是很自然的，但是尧、舜时代的军事民主制阻止尧、舜传子。尧在部落联盟会议上提出要一个人去担负治水的任务，四岳、十二牧一致举荐鲧，尧不同意。但四岳坚持用鲧，先让他试职，尧也不得不服从与认可会议的决定。这说明尧并无后世天子的专断权威，因为当时的社会、当时的人们都没有这种神秘观念。天子权威是国家机器强化以后产生的观念。所以舜和禹之禅帝位是经受了长期的为民做公仆的考验才取得信任的。这说明尧、舜、禹的禅让并不是私授。

禹的时代，私有制观念强化，国家制度日趋完善，统治者的权力增长，禹终于完成了家天下的私授，五帝时代的部落民主政治从此结束。

以上是《五帝本纪》所写的主要政治内容。从上述的梗概分析中，不难看出，司马迁对古史传说的记载是经过一番研究后才形成了历史观念，因而真实地再现了历史，具有朴素的唯物主义思想。

《五帝本纪》还对五帝时代的经济文化发展做出了描绘，记载得十分生动。

先民与大自然的斗争，主要是与水害做斗争。《夏本纪》主要内容是讲大禹治水的故事，《五帝本纪》也做了不少的记载。当时华夏族聚居在中原地区，以黄河中下游和淮河流域为中心。这里气候温暖，土地肥沃，河流纵横，有山林可樵采，有水利可灌溉。但是，一旦河水泛滥，辛辛苦苦营造的房舍，刀耕火种开辟出来的土地，以及粮食、牛羊，便都会付之流水，毁于一旦。因此，对水害的治理显得格外重要。尧对洪水之害忧心忡忡，说"汤汤洪水滔天，浩浩怀山襄陵，下民其忧"，表明了水害何等严重地危害着人们的生命安全。鲧治水九年，水害依旧，鲧的失败，成为禹的前车之鉴，禹治水十三年，终于成功了。舜委任的二十二位大臣中"唯禹之功为大，披九山，通九泽，决九河，定九州"。禹是如何治理水患的，《夏本纪》只用了"披""通""决"三个字描述，疏通河道，铲除水流的障碍，导引其流入大海。其实，大禹已不单单是一个人的形象，他已成为成千上万劳动者的象征，成为人们战胜自然伟大力量的化身。

《五帝本纪》对天文历法的制定和不断完善的过程做了详细的记载。中国一直是以农业为基础的国家，农业生产和天文历法有着密不可分的关系，为了掌握季节的变化以不误农时，不能不对天象进行详细地观察。《史记·历书》说在黄帝时就有了星象，而《五帝本纪》中记载，到了尧的时候，天文历法已有了长足的进步，天文官已经能够通过观察鸟星、火星、虚星和昴星的出没以确定春夏秋冬，懂得了"岁三百六十六日，以闰月正四时"，制定了比较严密的历法。人们已经从被动地任自然摆布，到逐渐认识了日月星辰变化的一些规律，了解了其变化对人类和动植物的影响，从而在与自然界的斗争中有了一些主动权。

五帝中几乎没有一个不是以极大的精力、巨大的规模去进行祭祀活动的。鬼神山川封禅祭祀之事，是黄帝最重要的政务。舜摄政行天子之政时，遍祭诸神，形式有类祭、望祭、柴祭，不一而足。祭祀的对象主要是天神和地神，天神即上帝，地神则有山川五岳四渎之神。原始社会生产力低下，人们认识自然、抗御自然的能力是极为有限的。凡是人力达不到的地方，便是神的领地，那时人们还没有力量把神从生活中驱逐出去。司马迁尽管以很大的篇幅记述了原始的宗教迷信活动，但他笔下的神却并不是怪物，并没有施展淫威以加害人们，相反地，这些神对人类的事情是冷漠的，不屑于一顾的。《史记》并不宣扬神力至上，不散布恐怖情绪，祭祀神只是为了"明鬼神而敬事之"，即明白鬼神是怎么一回事，从而恭敬地侍奉。司马迁歌颂的倒是人类与大自然的斗争。这反映了司马迁的唯物主义倾向，是其深"究天人之际"之后而得出的卓越见解。

原始社会的文学艺术创造，同样的是人们生产劳动、实践的产物。《五帝本纪》说"四海之内咸戴帝舜之功。于是禹乃兴《九招》之乐"，先有了歌颂的迫切愿望，才产生了乐曲，并且把艺术和生活的关系揭示得简洁明快。《五帝本纪》还记载了劳动人民经过长期艺术创造实践而发现的文学艺术创作的基本规律——"诗言意，歌长言，声依永，律和声，八音能谐，毋相夺伦，神人以和"。这就是说，诗歌反映人们的思想感情，它来自生活，但又与生活有不同，它有自己独特的规律。艺术反作用于生活，就可以调节人们之间的关系，使得"神人以和"。这些深刻的概括性的经验对此后文学艺术的发展，对开拓现实主义的创作道路，都有不可低估的指导意义。

总之，《五帝本纪》在极为广阔的背景下深刻地揭示了我国原始社会末期人们的生活图景，是研究上古时期的系统而可靠的资料，其价值是很高的。

《五帝本纪》在编纂学上也取得了很高的成就。五帝时代是口耳相传的历史时期，资料极为缺乏，后人追记的材料又互相矛盾。司马迁进行了实地考察和精心的资料钻研，终于写成了《五帝本纪》。他在篇末赞语中交代了这一艰苦的写作过程，说明了自己对有关资料的看法和处理的原则，即是"择其言尤雅者""总之不离古文者近是"。对于"择其言尤雅者"，司马迁有着明确的解释，有两方面的含义。第一，文献记载要经得起实地调查的考核；反过来，传闻资料要有文献资料的印证，即文献与实地调查并重，相互印证。这就是司马迁多方面搜求史料的指导思想。第二，对重大的历史事件，要征引多种史料进行排比、考实，然后谨慎地加以取舍、综合。《五帝本纪》全篇三千四百五十字（未计赞语字数），在文献方面至今犹能按核的就有十余种：今古文《尚书》《大戴礼记》《国语》《左传》《世本》《庄子》《孟子》《韩非子》《战国策》《吕氏春秋》《礼记》《淮南子》。此外，尚有我们至今无法按核的典籍。即此已可见司马迁征引材料之丰富。

司马迁在赞语中所说的"古文"，系指用先秦文字书写的典籍。六经是古文的主体，故"不离古文者近是"与其所主张的"考信于六艺"（《伯夷列传》）的取材原则是一致的，只是含义和范围更宽广。用今天的话说，就是述史要征用原始资料，越早越珍贵。

司马迁在征用众多的历史文献时并不是照抄照搬，而是以贯通的手法融合六经异文和统一百家杂语以成一家之言。其具体方法有剪裁摘要、增文补史、训释古文、熔铸改写等。有时又将这种种方法交叉使用。这种综合贯通、熔铸改写，已经是一种创作了。

不仅仅如此，司马迁往往在忠实于史实的基础上加以丰富合理的想象和虚构，增补一些对细节的描写，更符合真实历史的发展，因之更能体现历史的真实。比如象与其父母谋害舜一事，《孟子》说的是象在谋害了舜以后前往舜宫，企图霸占两位嫂嫂，然而舜却先已回到家。司马迁则改写为：舜从井中旁出归家时，象已在舜宫调戏两位嫂嫂，并在前面加了一句自白"本谋者象"。这就使故事更加戏剧化，斗争更趋合理和激烈。通过象的自白，更揭示了他的卑鄙丑恶。

这些处理材料的方法，都使得《五帝本纪》超出前人，推陈出新，翻出新意，成为"一家之言"。

当然，文中的记载，也有很多是以后人的眼光去推测古时的情景，如述说黄帝巡游，"东至于海，登丸山，及岱宗。西至于空桐，登鸡头。南至于江，登熊、湘"。颛顼时，则"北至于幽陵，南至于交阯，西至于流沙，东至于蟠木"。虞舜时，"肇十有二州"，等等。且不说五帝时期初创的国家不可能有这样大的地域，单就交通情况而言，在那个时代，天子大规模的巡游也是相当困难的。这反映了司马迁的大一统思想。再如统一度量衡，在商品生产尚未出现，完全是自给自足经济的时期，还没有这种需要和可能。这些都是我们今天阅读时应该注意的。

秦始皇本纪

【题解】 秦始皇（公元前259—公元前210年），姓嬴名政，是我国历史上第一个专制主义中央集权封建国家秦王朝的建立者。本篇详尽地记载了秦始皇一生的事迹，由于二世短祚，亦附其事迹于后。因此，本篇记事上起公元前259年秦始皇出生，下迄公元前207年秦二世之死，随即秦亡，实际上是秦王朝完整的编年史。在司马迁笔下，四十余年的重大政治事件、统一战争的复杂进程，都描述得脉络清楚，层次分明。对秦统一全国以后在政治、经济、文化等方面所进行的重要改革，也作了如实的反映。特别是对秦始皇由一个创建新王朝的英主到残暴帝王的转变过程，作了如实的叙述，从而为我们研究秦朝的历史提供了极为珍贵的资料。

秦始皇帝者①，秦庄襄王子也②。庄襄王为秦质子于赵③，见吕不韦姬④，悦而取之，生始皇。以秦昭王四十八年正月生于邯郸。及生，名为政⑤，姓赵氏⑥。年十三岁，庄襄王死，政代立为秦王。当是之时，秦地已并巴、蜀、汉中⑦，越宛有郢⑧，置南郡矣；北收上郡以东⑨，有河东、太原、上党郡⑩；东至荥阳⑪，灭二周⑫，置三川郡⑬。吕不韦为相，封十万户，号曰文信侯。招致宾客游士，欲以并天下。李斯为舍人⑭，蒙骜、王齮、麃公等为将军⑮。王年少，初即位，委国事大臣。

【注释】 ①秦始皇帝：秦始皇（公元前259—公元前210年），姓嬴名政，是我国历史上第一个专制主义中央集权封建国家秦王朝的建立者。公元前221年，秦兼并天下，秦王嬴政议尊号说："朕为始皇帝，后世以数计，二世、三世至于万世。"可见始皇帝原应连读，故司马迁称之为"秦始皇帝"。 ②秦庄襄王：原名异人，后为孝文王宠姬华阳夫人的继嗣，华阳夫人为楚人，故改名子楚。 ③质子：春秋战国时，两国相交，为了表示信任，互派国君的儿子、孙子或重臣，居留在对方国内，叫作"人质"。以儿孙为人质的，称为"质子"。在秦昭王五十年之前，子楚在赵为质子。　④见吕不韦姬：吕不韦，卫国濮阳人，原为阳翟（今河南省禹州市）大商人，因谋立庄襄王有功，得任秦丞相，封文信侯。嬴政即位后，又被尊为相国，公元前237年，因嫪毐事件被免官，公元前235年饮鸩自杀，事详《吕不韦列传》；姬：本为妇人的美称，周朝末年以后，称妾为姬。《吕不韦列传》载："吕不韦取（'娶'）邯郸诸姬绝好善舞者与居，知有身，献姬（于子楚），至大期时，生子政。"　⑤名为政：上古正、政相通。嬴政生于正月，故名为政。　⑥姓赵氏：上古贵族有姓有氏。姓是族号，氏是姓的分支。秦人为嬴姓。其族人造父被周穆王封于赵城，故以赵为氏。　⑦巴：古国名，故地在今重庆市，秦置巴郡，郡治江州，即今重庆市。蜀：今四川中部及西部，秦置郡，郡治成都，即今四川省成都市。汉中：今陕西省秦岭以南地区，秦置郡，郡治南郑，即今陕西省汉中市。　⑧宛：宛城，即今河南省南阳市。郢：战国时楚国都城，即今湖北省江陵县。秦于公元前292年攻取宛，次年攻取郢，置南郡，郡治郢城。　⑨上郡：战国魏文侯置，秦郡治肤施，在今陕西省榆林市东南。　⑩河东：秦郡名，郡治安邑，在今山西省夏县西北。太原：秦郡名，郡治晋阳，在今山西省太原市西南。上党郡：秦郡名，郡治壶关，在今山西省长治市北。　⑪荥阳：秦县名，县治在今河南省荥阳市东北。　⑫二周：战国时的两个小诸侯国。周朝末期，周考王（公元前440—公元前426年）封其弟揭于王城（洛阳瀍水西）故地，叫河南公，又称西周君，即西周桓公。桓公之孙惠公立，又封其少子班于巩（今河南省巩义市西南），称东周君。两国先后于公元前256和公元前249年为秦所灭。　⑬三川郡：秦郡名，郡治洛阳，在今河南省洛阳市东。因境内有黄河、洛水、伊水，故称三川郡。　⑭舍人：战国时，贵族或显宦之家，均养有门客，上层门客被称为舍人。　⑮蒙骜（ào）：蒙恬祖父。王齮（yǐ）：又名王龁。麃（biāo）公：旧注谓麃为秦邑，麃公为麃邑公，史失其名。陈直《史记新证》考证麃为鲁人姓氏。

晋阳反①，元年，将军蒙骜击定之。二年，麃公将卒攻卷②，斩首三万。三年，蒙骜攻韩，取十三城。王齮死。十月，将军蒙骜攻魏氏畅、有诡③。岁大饥。四年，拔畅、有诡。三月，军罢。秦质子归自赵，赵太子出归国④。十月庚寅，蝗虫从东方来，蔽天。天下疫。百姓纳粟千石，拜爵一级⑤。五年，将军骜攻魏，定酸枣、燕、虚、长平、雍丘、山阳城⑥，皆拔之，取二十城。初置东郡⑦。冬雷⑧。

【注释】①晋阳：赵邑，公元前247年被秦攻取，秦汉时为太原郡治。　②卷：魏邑，在今河南省原阳县西南。　③畅（chàng）、有诡：两魏邑名，今地未详。　④"秦质子"二句：秦赵两国互换的质子各自回国。　⑤纳粟千石，拜爵一级：缴纳一千石粮食，授予爵位一级。石：容量单位，据《十七史商榷》卷十二，一石当清之二斛，二斛粟约合一百二十五斤。又是重量单位，一石四钧共一百二十斤。爵：军功爵位，秦国于商鞅变法时制定，共二十级，用以赏军功。纳粟拜爵，表示秦国当时严重缺粮。　⑥酸枣、燕、虚、长平、雍丘、山阳城：皆魏邑。酸枣在今河南省延津县西南；燕在今河省南长垣市西北；虚在今山东省菏泽市东部；长平在今河南省西华县东北；雍丘在今河南省杞县北；山阳在今河南省焦作市东。　⑦东郡：秦郡名，郡治濮阳，在今河南省濮阳市西南。　⑧冬雷：冬季有雷，指自然界的反常现象。

六年，韩、魏、赵、卫、楚共击秦，取寿陵①。秦出兵，五国兵罢。拔卫②，迫东郡，其君角率其支属徙居野王③，阻其山以保魏之河内④。七年，彗星先出东方⑤，见北方⑥，五月见西方。将军骜死。以攻龙、孤、庆都，还兵攻汲⑦。彗星复见西方十六日。夏太后死⑧。八年，王弟长安君成蟜将军击赵⑨，反，死屯留⑩，军吏皆斩死，迁其民于临洮⑪。将军壁死，卒屯留、蒲鹥反，戮其尸⑫。河鱼大上⑬，轻车重马东就食⑭。嫪毐封为长信侯⑮。予之山阳地⑯，令毐居之。宫室车马衣服苑囿驰猎恣毐。事无小大皆决于毐。又以河西太原郡更为毐国⑰。

【注释】　①寿陵：本为赵邑，后归秦，在今河北省元氏县南。　②拔卫：夺取卫国的都城帝丘（今河南省濮阳市）。　③"其君角"句：君角即卫君姬角，卫国的末代国君。据《卫康叔世家》，卫元君十四年秦拔卫，卫元君徙居野王，卫元君二十五年卒，其子君角立，可见徙居野王的是卫元君，而非君角，此系误记。野王：魏邑名，在今河南省沁阳市境内。　④河内：古地区名，当今河南省黄河以北地区。　⑤彗星：据研究，秦嬴政七年（公元前240年）所出彗星为哈雷彗星。该彗星每隔七十六年在地球上空周期性地出现一次。　⑥见（xiàn）：出现。　⑦龙、孤、庆都、汲：皆邑名。龙在今河北省定州市北；孤在今河北省唐县东北；庆都在今河北省唐县北；汲即今河南省新乡市东北卫辉市。　⑧夏太后：秦庄襄王生母。　⑨成蟜：秦王的弟弟。　⑩屯留：邑名，在今山西省长子县北。⑪临洮：秦县名，即今甘肃省岷县。　⑫将军壁死，卒屯留、蒲鹥反，戮其尸：这几句承上文，指将军成蟜在屯留军壁中战死，其部卒在屯留、蒲鹥的反叛者被镇压后，又被戮尸。按：这几句疑有错简漏字，文义难解，此据三家注。　⑬河鱼大上：黄河水溢，鱼上平地，意谓发生大水灾。　⑭轻车重马东就食：秦人都车载马驮去东方逃荒。轻车重马之"轻""重"是互文见义，意为轻重全出动。　⑮嫪毐（làoǎi）：吕不韦送进后宫与秦王母赵太后私通的假宦官。　⑯山阳：在今河南省焦作市东。　⑰河西：太原在汾西不在河西。河西当是汾西之讹。

（以上为第一段，写秦始皇的出生及其亲政前的情况。）

九年，彗星见，或竟天。攻魏垣、蒲阳①。四月，上宿雍②。己酉，王冠，带剑③。长信侯毐作乱而觉，矫王御玺及太后玺以发县卒及卫卒、官骑、戎翟君公、舍人④，将欲攻蕲年宫为乱⑤。王知之，令相国、昌平君、昌文君发卒攻毐⑥。战咸阳，斩首数百，皆拜爵，及宦者皆在战中，亦拜爵一级。毐等败走。即令国中：有生得毐，赐钱百万；杀之，五十万。尽得毐等。卫尉竭、内史肆、佐弋竭、中大夫令齐等二十人皆枭首⑦，车裂以徇⑧，灭其宗。及其舍人，轻者为鬼薪⑨。及夺爵迁蜀四千余家，家房陵⑩。四月寒冻，有死者。杨端和攻衍氏⑪。彗星见西方，又见北方，从斗以南八十日⑫。

【注释】　①垣、蒲阳：均魏邑。垣邑在今山西省垣曲县东南，蒲阳在今山西省永济市西。　②雍：秦旧都，在今陕西省凤翔县南。此指雍蕲年宫。　③王冠、带剑：秦俗男子年满二十二岁举行"冠礼"，戴上簪发的帽子，表示成年。秦王行冠礼，依礼"带剑"表示威仪，并意味着亲自掌权。　④矫王御玺（xǐ）：盗用皇帝印。翟：同"狄"。　⑤蕲年宫：在雍，秦惠公所筑，当时为秦王政住处。蕲：又作"祈""祁"。　⑥相国、昌平君、昌文君：相国指吕不韦。昌平君、昌文君：皆封爵，其人名已佚。　⑦内史：掌管京师地区的行政长官。佐弋（yì）：掌管天子射猎的副长官。中大夫令：中大夫的主管官员。枭（xiāo）首：把头砍下来挂在木杆上示众。　⑧车裂以徇：车裂：即磔刑。徇（xùn）：即示众。　⑨鬼薪：秦汉徒刑的一种，为宗庙打柴，刑期三年。　⑩房陵：秦县名，在今湖北省房县。古属蜀郡地，故云"迁蜀"。　⑪杨端和：秦将。衍氏：魏邑，在今河南省偃师市。　⑫从斗以南八十日：徘徊在北斗星以南有八十天之久。

十年，相国吕不韦坐嫪毐免①。桓齮为将军。齐、赵来置酒。齐人茅焦说秦王曰："秦方以天下为事，而大王有迁母太后之名②，恐诸侯闻之，由此背秦也③"。秦王乃迎太后于雍而入咸阳，复居甘泉宫④。

【注释】　①坐：因事犯罪。　②大王有迁母太后之名：嬴政软禁生母于雍地。　③背：反对。　④甘泉宫：秦咸阳南宫。

大索，逐客①。李斯上书说②，乃止逐客令。李斯因说秦王，请先取韩以恐他国，于是使斯下韩③。韩王患之，与韩非谋弱秦。大梁人尉缭来④，说秦王曰："以秦之强，诸侯譬如郡县之君，臣但恐

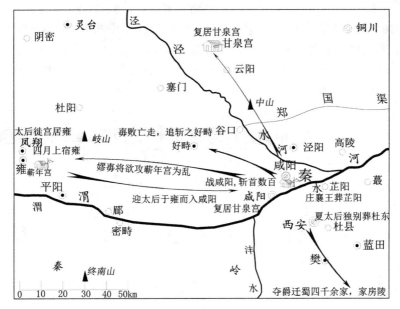

秦王亲政灭嫪毐

诸侯合从，翕而出不意⑤，此乃智伯、夫差、湣王之所以亡也⑥。愿大王毋爱财物，赂其豪臣，以乱其谋，不过亡三十万金⑦，则诸侯可尽。"秦王从其计，见尉缭抗礼⑧，衣服、食饮与缭同。缭曰："秦王为人，蜂准，长目，挚鸟膺，豺声⑨，少恩而虎狼心，居约易出人下⑩，得志亦轻食人⑪。我布衣⑫，然见我常身自下我⑬。诚使秦王得志于天下，天下皆为虏矣。不可与久游。"乃亡去。秦王觉，固止，以为秦国尉⑭，卒用其计策⑮。而李斯用事⑯。

【注释】①大索，逐客：全面搜索并驱逐客籍的官员。其事在秦王十年（公元前237年），韩国水工郑国为间谍事被发觉，秦王认为各国游士来秦活动不利于秦，于是下逐客令。此事实为嫪毐、吕不韦案的余波。郑国事详《河渠书》注。客：指非秦国人而在秦国做官的人。②李斯上书说（shuì）：李斯上《谏逐客书》，劝止秦王逐客。事详《李斯列传》。说：用言词说服别人。③下：降服、制服。④尉缭（liáo）：大梁（今河南省开封市）人，名缭，入秦为国尉，史称尉缭，佐秦始皇灭六国的军事家。著有《尉缭子》传世。⑤翕（xī）：聚合、协和，指六国联合。⑥智伯、夫差、湣王：三人皆为春秋战国时人物，均因自恃强大掉以轻心而导致失败。智伯：春秋末晋执政的卿，因势力过大，又很骄横，被韩、赵、魏三家的联合力量所灭。夫差：春秋末吴国君主，曾先败越国，又两败齐国，与晋争霸中原，后为越王勾践所灭。湣王：战国时田齐湣王，曾一度与秦昭王争为帝，后被燕将乐毅率领的诸侯之兵所击败，齐几乎灭亡，齐湣王也为楚将淖齿所杀。⑦亡：

耗费。　⑧抗礼：行平等之礼，对等。　⑨蜂准，长目，挚鸟膺，豺声：这是尉缭对嬴政状貌声音的描述。蜂准：鼻头像蜂肚。长目：细长的眼睛。挚鸟膺：胸部像挚鸟一样突起。挚：通"鸷"，猛禽。豺声：声音像豺狼的嗥叫。　⑩约：困穷。　⑪轻：轻慢。　⑫布衣：平民。　⑬身自下我：自身甘居我下。　⑭国尉：后称太尉，协助皇帝掌管全国军队。　⑮卒用其计策：完全采用他的计策。　⑯用事：掌握国家大权。

　　十一年，王翦、桓齮、杨端和攻邺①，取九城。王翦攻阏与、橑阳②，皆并为一军③。翦将十八日，军归斗食以下，什推二人从军④。取邺、安阳，桓齮将。十二年，文信侯不韦死，窃葬⑤。"其舍人临者⑥，晋人也逐出之；秦人六百石以上夺爵⑦，迁⑧；五百石以下不临，迁，勿夺爵。自今以来，操国事不道如嫪毐、不韦者籍其门⑨，视此⑩。"秋，复嫪毐舍人迁蜀者⑪。当是之时，天下大旱，六月至八月乃雨。十三年，桓齮攻赵平阳⑫，杀赵将扈辄，斩首十万。王之河南⑬。正月，彗星见东方。十月，桓齮攻赵。

　　【注释】　①邺：赵邑，今河北省临漳县。　②阏（yān）与、橑（liǎo）阳：均赵邑。阏与：今山西省和顺县。橑阳：今山西省左权县。　③皆并为一军：将王翦、桓齮、杨端和三路军队合并为一军。　④"军归斗食"二句：王翦裁汰冗员，把军队中斗食以下的军士遣回家，十人中只挑选二人从军。斗食：年秩百石以下的小吏。　⑤窃葬：吕不韦被迫服鸩酒自杀，秦王不举行国葬，他的门客将他私葬于洛阳北邙山。　⑥临（lìn）者：前来吊丧的人。　⑦六百石：令、丞一级的中层官员。　⑧迁：流放。　⑨操国事不道：此指违背君意操纵国事。籍其门：将他的全家族编入簿册为徒隶。籍：编入徒役簿册。　⑩视此：照此法办理。视：比，比照。按：以上"其舍人临者"至"视此"为史家概括的秦王诏令。　⑪复嫪毐舍人迁蜀者：赦免被流放到蜀地的嫪毐门下舍人。复：赦免罪人回原籍。　⑫平阳：赵邑，在今河南省安阳市。　⑬王之河南：秦王嬴政到洛阳巡视。河南，古地区名，即今伊洛盆地洛阳市一带。河南，亦指洛阳。

　　十四年，攻赵军于平阳，取宜安①，破之，杀其将军。桓齮定平阳、武城②。韩非使秦，秦用李斯谋，留非③，非死云阳④。韩王请为臣。十五年，大兴兵，一军至邺，一军至太原，取狼孟⑤。地动。十六年九月，发卒受地韩南阳假守腾⑥。初令男子书年⑦。魏献地于秦。秦置丽邑⑧。十七年，内史腾攻韩，得韩王安，尽纳其地，以其地为郡，命曰颍川⑨。地动。华阳太后卒。民大饥。

　　【注释】　①宜安：赵邑，在今河北省石家庄市藁城县西南二十五里。　②武城：在今山东省武城县西。 ③留非：羁留韩非。 ④云阳：秦县名，在今陕西省淳化县西北。
⑤狼孟：赵邑，即今山西省阳曲县。 ⑥南阳：韩地，相当今于河南省济源市至获嘉县一
带，因在太行山之南，河之北，故称南阳。假守腾：委任腾为南阳代理郡守。腾：人名，
秦内史，即京师咸阳的行政长官，攻韩得南阳地，兼代为郡守。假：兼代或代理。 ⑦初
令男子书年：开始命令辖境内男子报写年龄。此做法为便于征发徭役。 ⑧丽邑：今陕西省
西安市临潼区新丰镇。 ⑨颖（yǐng）川：秦郡名，治阳翟，即今河南省禹州市。以境内有
颖河而得名。

　　十八年，大兴兵攻赵。王翦将上地①，下井陉②，端和将河
内③，羌瘣伐赵④，端和围邯郸城。十九年，王翦、羌瘣尽定取赵地
东阳⑤，得赵王。引兵欲攻燕，屯中山⑥。秦王之邯郸，诸尝与王生
赵时母家有仇怨，皆坑之⑦。秦王还，从太原、上郡归。始皇帝母
太后崩。赵公子嘉率其宗数百人之代⑧，自立为代王，东与燕合兵，
军上谷⑨。大饥。

　　【注释】 ①将上地：统率驻于上郡地方的秦军。上地：上郡之地，一说"地"为"郡"
字之误。上郡治肤施（今陕西省榆林市东南），为秦出太原从北面进攻赵的驻兵基地。
②井陉（xíng）：井陉口，为太行八陉之一，即今河北省井陉山上的井陉关。 ③端和：
杨端和。 ④羌瘣（huì）：羌瘣，秦将名。此役秦兵分三路攻赵。王翦下井陉，羌瘣攻代，
杨端和围邯郸。 ⑤东阳：地区名，约在今山东省太行山以东地区。 ⑥中山：周诸侯国
名，为赵武灵王所得，地处今河北省定州、唐县一带。 ⑦"秦王之邯郸"三句：秦王前
往邯郸，他当年生长在赵国时，许多曾经和他母家有仇怨的人，全被活埋。按：公元前
257 年，秦围邯郸，时秦王三岁，随父子楚质于赵。子楚逃归秦。秦王及其母遭到搜捕，
藏匿得免。赵亡，秦王来邯郸报仇。 ⑧"赵公子嘉"句：公子嘉，赵王迁的异母弟；
代：古国名，战国时并于赵，秦置代郡，郡治代县，在今河北省蔚县东北。 ⑨军：驻
扎。上谷：指上谷郡治沮阳县，在今河北省怀来县东南。

　　二十年，燕太子丹患秦兵至国，恐，使荆轲刺秦王①。秦王觉
之，体解轲以徇②，而使王翦、辛胜攻燕。燕、代发兵击秦军，秦
军破燕易水之西③。

　　【注释】 ①荆轲：战国末卫人，著名侠士，为燕太子丹所使刺秦王未果，死于秦。
事详《刺客列传》。 ②体解：又称"支解"，或肢解，分割肢体的古代酷刑。 ③易水：
河名，在今河北省大清河上游支流。

　　二十一年，王贲攻荆①。乃益发卒诣王翦军②，遂破燕太子军，

取燕蓟城，得太子丹之首。燕王东收辽东而王之③。王翦谢病老归④。新郑反⑤。昌平君徙于郢。大雨雪，深二尺五寸。

【注释】 ①王贲（bēn）：秦将，王翦之子。从攻燕转为攻楚。荆：楚原兴起于今湖北省襄阳市西南荆山地区，故荆为楚的别称。 ②益发：增派。其时，王翦仍在攻燕。③辽东：郡名，战国燕置。郡治在襄平，即今辽宁省辽阳市。王（wàng）：用作动词，称王。 ④谢病老归：称病告老退职。据《白起王翦列传》，由于秦王政在攻楚问题上不听王翦的意见，王翦称病退职。 ⑤新郑：秦县名，原为韩地，即今河南省新郑市。

二十二年，王贲攻魏，引河沟灌大梁①，大梁城坏，其王请降，尽取其地。

【注释】 ①引河沟灌大梁：挖开黄河和鸿沟的水灌淹魏都大梁。河：黄河。沟：鸿沟，战国时周显王八年（公元前361年）开凿，流经大梁城北。

二十三年，秦王复召王翦，强起之，使将击荆①。取陈以南至平舆②，虏荆王。秦王游至郢陈。荆将项燕立昌平君为荆王③，反秦于淮南。二十四年，王翦、蒙武攻荆④，破荆军，昌平君死，项燕遂自杀。

【注释】 ①荆：楚。 ②陈：战国后期楚都，即今河南省周口市。平舆：楚邑，在今河南省平舆县西北。 ③项燕：楚国名将，项羽的祖父。 ④蒙武：秦将，蒙骜之子，蒙恬之父。

二十五年，大兴兵，使王贲将，攻燕辽东，得燕王喜。还攻代，虏代王嘉。王翦遂定荆江南地；降越君①，置会稽郡②。五月，天下大酺③。

【注释】 ①降越君：使越君投降。 ②会稽郡：秦郡，治吴县，在今江苏省苏州市。③天下大酺（pú）：秦、汉时，不准三人以上无故聚饮，违反者罚金四两。秦灭韩、赵、魏、燕、楚五国，特下令国中臣民聚会饮酒，以示庆祝。酺：具酒肉会食。

二十六年，齐王建与其相后胜发兵守其西界①，不通秦②。秦使将军王贲从燕南攻齐，得齐王建。

【注释】 ①后胜：人名，齐王建之辅相。 ②不通秦：不臣服于秦。

（以上为第二段，写嬴政亲政后粉碎了嫪毐、吕不韦集团，进军以及统一六国的过程。）

秦初并天下，令丞相、御史曰①："异日韩王纳地效玺②，请为藩臣③，已而倍约④，与赵、魏合从叛秦，故兴兵诛之，虏其王。寡人以为善，庶几息兵革⑤。赵王使其相李牧来约盟⑥，故归其质子。已而背盟⑦，反我太原，故兴兵诛之，得其王。赵公子嘉乃自立为代王，故举兵击灭之。魏王始约服入秦，已而与韩、赵谋袭秦，秦兵吏诛，遂破之。荆王献青阳以西⑧，已而畔约，击我南郡，故发兵诛，得其王，遂定其荆地。燕王昏乱，其太子丹乃阴令荆轲为贼⑨，兵吏诛，灭其国。齐王用后胜计，绝秦使，欲为乱，兵吏诛，虏其王，平齐地。寡人以眇眇之身⑩，兴兵诛暴乱，赖宗庙之灵，六王咸伏其辜，天下大定。今名号不更，无以称成功⑪，传后世。其议帝号。"丞相绾、御史大夫劫、廷尉斯等皆曰⑫："昔者五帝地方千里，其外侯服夷服⑬，诸侯或朝或否⑭，天子不能制。今陛下兴义兵，诛残贼，平定天下，海内为郡县⑮，法令由一统，自上古以来未尝有，五帝所不及。臣等谨与博士议曰⑯：'古有天皇，有地皇，有泰皇⑰，泰皇最贵。'臣等昧死上尊号⑱，王为'泰皇'。命为'制'⑲，令为'诏'⑳，天子自称曰'朕'"㉑。王曰："去'泰'，著'皇'，采上古'帝'位号，号曰'皇帝'㉒。他如议。"制曰"可"㉓。追尊庄襄王为太上皇㉔。制曰："朕闻太古有号毋谥㉕，中古有号㉖，死而以行为谥。如此，则子议父，臣议君也，甚无谓，朕弗取焉。自今已来，除谥法。朕为始皇帝，后世以计数，二世、三世至于万世，传之无穷。"

【注释】 ①御史：此为御史大夫之省称，副丞相，监察百官。 ②纳地效玺：献纳土地，交出玉玺。 ③藩臣：古代称分封或臣服的各国为藩国或藩臣，意为守卫边境的臣属。 ④倍约：违背盟约。倍，通"背"。 ⑤庶几（jī）：希望能够。息兵革：停止战争。兵革：代指战争。兵：进攻的武器。革：防身的甲胄。 ⑥李牧：战国末期赵名将，事附《廉颇蔺相如列传》。 ⑦已而：不久。 ⑧青阳：秦县名，地当今湖南省长沙市一带。⑨阴令：密令。贼：暗杀。 ⑩眇眇：渺小。 ⑪称（chèn）：称举，颂扬。 ⑫绾、劫、斯：王绾、冯劫、李斯。廷尉：职掌刑狱的最高长官。 ⑬侯服夷服：周制，天子直辖的土地方圆千里，称为王畿，此外为天子藩属，分为九服，由近及远，每隔五百里定一个名称。九服：即侯服、甸服、男服、采服、卫服、蛮服、夷服、镇服、藩服。此处以侯服夷服概括各服。 ⑭或朝或否：有的按时纳贡述职，有的不这样做。 ⑮海内为郡县：把全国各地划分为郡和县，即消除了侯服、夷服。 ⑯博士：秦官，掌通古今史事备皇帝顾问。　⑰天皇、地皇、泰皇：所谓"三皇"，传说中在五帝以前的中国君长。泰皇，又作"人皇"。　⑱昧死：冒死。臣下进言时表示敬畏的套语。　⑲命为"制"：对臣下发话（命），裁决可否称为制。　⑳令为"诏"：以皇帝名义发布的法律、文告（令），称为"诏"。　㉑朕（zhèn）：我。上古不分贵贱都可自称为朕，秦始皇定为皇帝的尊称。㉒"王曰"五句：秦王发话说，去掉"泰"字，留下"皇"字，加在上古"帝"字的前面，称为"皇帝"。著（zhuó）：加上。　㉓可：表示批准。　㉔追尊：给已死者加尊号。㉕太古：远古，上古时代。谥（shì）：皇帝或大臣死后，朝廷根据他生前行为，按照《谥法》给他追加的一种称号。这种制度始于周，废于秦，汉重新沿用，直至清末。相传《谥法》为周公旦所作。　㉖中古：秦时对西周时代之称。

　　始皇推终始五德之传①，以为周得火德，秦代周德，从所不胜②。方今水德之始，改年始③，朝贺皆自十月朔。衣服、旄旌、节旗皆上黑④，数以六为纪⑤，符、法冠皆六寸⑥，而舆六尺，六尺为步⑦，乘六马。更名河曰"德水"，以为水德之始。刚毅戾深，事皆决于法，刻削毋仁恩和义，然后合五德之数⑧。于是急法⑨，久者不赦⑩。

【注释】　①终始五德之传：战国时人邹衍等人解释历史发展改朝换代的一种循环论的理论。这种理论把古代朴素的自然观"五行说"用于人事。五行为金、木、水、火、土五种元素相生相剋、衍生万物之兴灭。五行相生：木生火，火生土，土生金，金生水，水生木。五行相克：水胜火，火胜金，金胜木，木胜土，土胜水。朝代更替为五行相克，循环往复相承，故称"终始五德之传"。其说认为：黄帝为土德，夏为木德，商为金德，周为火德，代周者必为水德。　②秦代周德，从所不胜：代周之德是周德所不能克胜的德，即水德。　③方今水德之始，改年始：周以建子之月（夏历十一月）为岁首，秦以建亥之月（夏历十月）为岁首，故称改年始。封建时代，年始初一群臣要入朝庆贺，秦改历后以十月一日为新年朝贺之日。　④旄旌（máojīng）：以牦牛尾作杆饰的旗。上黑：崇尚黑色。上：通"尚"。照五行说，水为北方，色黑。秦以水德王，故尚黑。　⑤数以六为纪：各种成数以六为约数。按五行相生相克之序数，水克火序数为六，所以秦尊数六。⑥符：调兵之虎符。法冠：御史所戴之惠文冠。　⑦六尺为步：古人再举足为步，以此长度定为计里程和地亩的单位。秦六尺合一点三八米。　⑧合五德之数：秦始皇为他加强专制统治寻求理论根据，认为水德为阴，阴主刑杀，秦为水德，所以应以刑杀为主，不能讲究仁爱、恩惠和道义。　⑨急法：以贯彻法令为急务。　⑩久者不赦：犯罪一经发觉，就要治罪，对很多年前犯的罪，也不赦免。

　　丞相绾等言："诸侯初破，燕、齐、荆地远，不为置王，毋以填之①。请立诸子，唯上幸许。"始皇下其议于群臣，群臣皆以为便②。廷尉李斯议曰："周文、武所封子弟同姓甚众，然后属疏远③，相攻击如仇雠④，诸侯更相诛伐，周天子弗能禁止。今海内赖陛下神灵一统，皆为郡县，诸子、功臣以公赋税重赏赐之，甚足易制。天下无异意，则安宁之术也。置诸侯不便。"始皇曰："天下共苦战斗不休，以有侯王。赖宗庙，天下初定，又复立国⑤，是树兵也⑥，而求其宁息，岂不难哉！廷尉议是。"

【注释】 ①不为置王，毋以填（zhèn）之：置王即实行分封制，设置诸侯王。填：通"镇"，镇服。 ②便：有利，合适。 ③后属：后辈，后代。 ④仇雠（chóu）：互相仇视敌对。仇：动词。雠：名词，仇人，仇敌。 ⑤立国：分封诸侯。 ⑥树兵：树立兵戈，即导致战争。

分天下以为三十六郡①，郡置守、尉、监②。更名民曰"黔首"③。人醨④。收天下兵，聚之咸阳，销以为钟鐻⑤，金人十二，重各千石，置廷宫中。一法度衡石丈尺。车同轨⑥。书同文字。地东至海暨朝鲜，西至临洮、羌中⑦，南至北向户⑧，北据河为塞，并阴山至辽东⑨。徙天下豪富于咸阳十二万户。诸庙及章台、上林皆在渭南⑩。秦每破诸侯，写仿其宫室⑪，作之咸阳北阪上⑫，南临渭，自雍门以东至泾、渭，殿屋复道周阁相属⑬。所得诸侯美人钟鼓，以充入之。

【注释】 ①分天下以为三十六郡：三十六郡依裴骃《史记集解》说为三川、河东、南阳、南郡、九江、彰郡、会稽、颍川、砀郡、泗水、薛郡、东郡、琅邪、齐郡、上谷、渔阳、右北平、辽西、辽东、代郡、巨鹿、邯郸、上党、太原、云中、九原、雁门、上郡、陇西、北地、汉中、巴郡、蜀郡、黔中、长沙，以及京城咸阳所在的内史郡，共三十六郡。这是在全国开始推行郡县制时的建制，以后，增至四十六郡（不包括内史辖区）。但据今人谭其骧考证，秦并山东六国，在六国旧境置三十七郡，加上秦国本土四郡共四十一郡，以后北逐匈奴，南并两越又增五郡，总计四十六郡，详本篇后录《过秦论》下篇注。 ②郡置守、尉、监：每郡设置郡守、郡尉、郡监。郡守为一郡的最高行政长官；郡尉为副职，掌管全郡军事；郡监称监御史，负责监察。 ③黔首：战国时对平民已有此称，此正式法定为制度。黔：黑色。 ④大醨（pú）：聚会饮酒。 ⑤鐻（jù）：同"虡"，悬挂钟的架子，其两侧的柱叫虡。 ⑥轨：车轮行迹，此处指车子两轮之间的距离。 ⑦羌中：羌人居住区，指今青海省东部、甘肃省西南部、四川省西北部一带。 ⑧北向户：也称北户，秦地名，地在今越南顺化一带。 ⑨并（bàng）：通"傍"，沿着。 ⑩章台：秦故宫名。上林：苑名，在今陕西省西安市界。　⑪写仿：模仿。写：模写。　⑫咸阳北阪：咸阳北面，九嵕山等山的南麓。阪：山坡。　⑬雍门：旧址在今陕西省西安市高陵区内。复道：两边张有帷幔的殿阁间的道路，外面看不见道上情景。周阁相属（zhǔ）：周围楼阁皆相连接。

（以上为第三段，写秦始皇称帝改制，创建中央集权国家机器。）

　　二十七年，始皇巡陇西、北地①，出鸡头山②，过回中③。焉作信宫渭南④，已更命信宫为极庙，象天极⑤。自极庙道通郦山，作甘泉前殿。筑甬道⑥，自咸阳属之。是岁，赐爵一级。治驰道⑦。

【注释】　①陇西：秦郡名，治狄道，即今甘肃省临洮县。北地：秦郡名，郡治义渠，在今甘肃省庆阳市西南。　②鸡头山：大陇山，在今甘肃省平凉市西。　③回中：秦宫名，在今陕西省陇县西北。　④焉：乃，于是。　⑤天极：北极星所在的星区，古人认为是星空的中央，为天帝所居，故称天极。始皇建极庙以象征天极，是给自己预立的庙，二世又以极庙为秦之祖庙，均属神化皇权的举措。　⑥甬道：两边筑有夹墙的道。　⑦驰道：宽广的大道。秦驰道通达全国各重要地区。路中高出地面三丈宽的部分，种树为界，专供皇帝行车。

　　二十八年，始皇东行郡县，上邹峄山①。立石②，与鲁诸儒生议，刻石颂秦德，议封禅望祭山川之事③。乃遂上泰山，立石，封④，祠祀。下，风雨暴至，休于树下，因封其树为五大夫⑤。禅梁父。刻所立石，其辞曰：

【注释】　①邹峄（yì）山：又简作邹山、峄山，在今山东省邹城市北二十二里。　②立石：树碑。　③封禅：古代帝王祭告天地、表彰政绩，以示受命于天的祭典。到泰山顶上筑坛祭天称为封，再到泰山下的小山梁父山辟基祭地称为禅。　④封：堆土为坛，祭天所用。　⑤五大夫：秦二十级爵的第九级爵。

　　皇帝临位，作制明法，臣下修饬。二十有六年，初并天下，罔不宾服。亲巡远方黎民①，登兹泰山，周览东极②。从臣思迹，本原事业，祗诵功德③。治道运行，诸产得宜，皆有法式。大义休明④，垂于后世，顺承勿革⑤。皇帝躬圣⑥，既平天下，不懈于治。夙兴夜寐，建设长利，专隆教诲。训经宣达⑦，远近毕理，咸承圣志。贵贱分明，男女礼顺⑧，慎遵职事。昭隔内外，靡不清净，施于后嗣。化及无穷，遵奉遗诏，永承重戒⑨。

【注释】 ①黎民：与"黔"首义同。黎：黑色。 ②东极：泰山。 ③祗（zhī）：敬。 ④休：美善。 ⑤顺承勿革：照样继承，不要妄作更改。 ⑥躬圣：本身圣明。⑦训经宣达：古训经典宣达四方。训：古训。经：经典。 ⑧礼顺：顺法行事。礼：通"履"，行事。 ⑨重戒：谆谆告诫。

于是乃并勃海以东，过黄、腄①，穷成山②，登之罘③，立石颂秦德焉而去④。

【注释】 ①黄、腄（chuí）：均秦县名。黄县：在今山东省龙口市东南。腄县：在今山东省烟台市福山区南。 ②成山：今山东省荣成市成山角。 ③之罘（fú）：岛名，今山东省烟台市北的芝罘岛。 ④焉：语气词。

南登琅邪①，大乐之，留三月。乃徙黔首三万户琅邪台下②，复十二岁③。作琅邪台，立石刻，颂秦德，明得意④。曰：

【注释】 ①琅邪（lángyá）：山名，在今山东省青岛市黄岛区。 ②琅邪台：越王勾践在琅邪城东南修筑的观台，从台上可以观赏大海。 ③复十二岁：免除十二年的赋税劳役。 ④明得意：彰明秦王朝甚得志于天下。

维二十六年①，皇帝作始。端平法度，万物之纪②。以明人事，合同父子③。圣智仁义，显白道理④。东抚东土⑤，以省卒士⑥。事已大毕，乃临于海。皇帝之功，勤劳本事⑦。上农除末，黔首是富⑧。普天之下，抟心揖志⑨。器械一量，同书文字。日月所照，舟舆所载。皆终其命⑩，莫不得意。应时动事，是维皇帝。匡饬异俗⑪，陵水经地⑫。忧恤黔首，朝夕不懈。除疑定法，咸知所辟⑬。方伯分职，诸治经易⑭。举错必当⑮，莫不如画⑯。皇帝之明，临察四方。尊卑贵贱，不逾次行⑰。奸邪不容，皆务贞良⑱。细大尽力⑲，莫敢怠荒。远迩辟隐，专务肃庄⑳。端直敦忠，事业有常㉑。皇帝之德，存定四极㉒。诛乱除害，兴利致福。节事以时，诸产繁殖㉓。黔首安宁，不用兵革。六亲相保㉔，终无寇贼。欢欣奉教㉕，尽知法式。六合之内㉖，皇帝之土。西涉流沙㉗，南尽北户，东有东海，北过大夏㉘。人迹所至，无不臣者。功盖五帝，泽及牛马。莫不受德，各安其宇㉙。

【注释】　①二十六年：原文作"二十八年"，秦始皇称帝在二十六年，多本均作"二十六年"。　②端平法度，万物之纪：订正法律制度，使之成为万事万物的纲纪。端：正。③以明人事，合同父子：用来彰明人伦，使父亲和儿子和睦相处。　④圣智仁义，显白道理：皇帝圣明智慧，讲究仁义，使为人道理显白于世。　⑤东土：此指原属六国的地区。⑥以省（xǐng）卒士：来探望兵卒和官吏。省：探望。　⑦勤劳本事：孜孜不倦努力于农桑之事。本：农业。　⑧上农除末，黔首是富：崇尚农业，抑制商业，力求平民富裕。末：工商业。　⑨抟（zhuān）心揖（jí）志：专心一意，同心协力。抟：同"专"。揖：通"辑"，谐和。　⑩命：天年。　⑪匡饬：纠正整顿。　⑫陵水经地：重新划分经界，置郡县。⑬除疑定法，咸知所辟：法令明确，无可疑义，谁都知所趋避。辟：同"避"。⑭方伯分职，诸治经易：地方长官分工尽职，各种职务都有常规，容易完成。方伯：一方诸侯之长，这里指郡县长官。　⑮错：同"措"，措施。　⑯画：清楚如画。　⑰不逾次行（háng）：各守本分，不敢越位。行：行列，指尊卑次序。　⑱贞良：正直善良。　⑲细大：大小事情。细：小。　⑳远迩辟（pì）隐，专务肃庄：无论远近乃至偏僻地方的人们，都努力做到整肃庄重。　㉑端直敦忠，事业有常：人们都正直忠诚，各有正常职业。　㉒存定四极：使天下得以安定生存。四极：东西南北四方极远之处，代指天下、全国。　㉓节事以时，诸产繁殖：减轻徭役不误农时，各种物产都旺盛繁殖。　㉔六亲相保：六亲互相担保不作奸犯科，一人犯罪，六亲连坐；六亲：指父亲、母亲、哥哥、弟弟、妻子、孩子。㉕欢欣奉教：愉快欣然地遵奉朝廷的教化。　㉖六合：上下四方，指全天下。　㉗流沙：即居延泽，在今内蒙古自治区阿拉善左旗。　㉘大夏：即大原，指山西高原。旧注指实为山西省晋阳县。　㉙宇：本义为屋檐，此处泛指居处。

　　维秦王兼有天下①，立名为皇帝，乃抚东土，至于琅邪。列侯武城侯王离、列侯通武侯王贲、伦侯建成侯赵亥、伦侯昌武侯成、伦侯武信侯冯毋择、丞相隗状、丞相王绾、卿李斯、卿王戊、五大夫赵婴、五大夫杨樛从②，与议于海上。曰："古之帝者，地不过千里，诸侯各守其封域，或朝或否，相侵暴乱，残伐不止③，犹刻金石④，以自为纪⑤。古之五帝、三王，知教不同，法度不明，假威鬼神⑥，以欺远方，实不称名⑦，故不久长。其身未殁⑧，诸侯背叛，法令不行。今皇帝并一海内，以为郡县，天下和平。昭明宗庙，体道行德，尊号大成⑨。群臣相与诵皇帝功德，刻于金石，以为表经⑩。"

【注释】　①维秦王兼有天下：自此以下的文字是说明琅邪刻石原因的序辞，刻于背面。　②列侯：本名彻侯，秦二十级爵的第二十级，因避汉武帝刘彻讳而改。伦侯：大约相当于第十九级的关内侯。隗（wěi）状、杨樛（jiū）：人名。按：王离乃王贲之子，封侯列名不应在王贲之前。陈直《史记新证》疑王离为王翦之误。王翦为王贲之父，灭楚大将，功最高，宜居首位。　③残伐：残杀征伐。　④刻金石：铸铜器、刻石碑。　⑤以自为纪：用来记载自己的功业。　⑥假：借助。　⑦实不称（chèn）名：实际与名号不相符合。称：相称。　⑧殁（mò）：死亡。　⑨体道行德，尊号大成：践行大道，推行德政，实现了名副其实的皇帝称号。　⑩表经：刻记下功德以为天下的法式。经：纲领，法度。

　　既已，齐人徐市等上书①，言海中有三神山，名曰蓬莱、方丈、瀛洲②，仙人居之。请得斋戒③，与童男女求之。于是遣徐市发童男女数千人④，入海求仙人。

【注释】　①徐市（fú）：齐国方士，后远渡日本。五代后周时的《义楚六帖》记载了公元927年渡海到洛阳的日本弘顺大师的话说："日本国亦名倭国，在东海中。秦时徐福，即'市'（fú）率五百童男、五百童女止于此国。"录以备考。　②蓬莱、方丈、瀛洲：传说东海中三座神山之名。　③斋戒：祭祀祈祷前表示虔诚的洁身行为，如沐浴更衣、忌酒吃素，不行房事等。　④童男女：即少男少女。

　　始皇还，过彭城①，斋戒祷祠，欲出周鼎泗水②。使千人没水求之，弗得。乃西南渡淮水，之衡山③、南郡。浮江，至湘山祠④。逢大风，几不得渡。上问博士曰："湘君何神？"博士对曰："闻之，尧女，舜之妻，而葬此。"于是始皇大怒，使刑徒三千人皆伐湘山树，赭其山⑤。上自南郡由武关归⑥。

【注释】　①彭城：即今江苏省徐州市。　②欲出周鼎泗水：想在泗水中捞出周鼎。泗水：流经彭城的淮水支流。周鼎：西周国器，共九只，后为秦昭王所得，但其中一鼎沉入泗水之中，故秦始皇企图打捞上来。　③衡山：秦郡名，郡治邾，在今湖北省黄冈市西北。　④湘山祠：传说舜晚年南巡，死于苍梧（今湖南省宁远县）。他的两个妃子娥皇、女英追踪到洞庭湖边，知舜死讯，南望痛哭，自投湘水而死。人们在湘山立祠纪念。湘山：又名君山、洞庭山、青草山，在今湖南省岳阳市西洞庭湖中。　⑤赭其山：使山光秃。赭：通"赤"，光秃。　⑥武关：关名，在今陕西省丹凤县东南。

　　二十九年，始皇东游。至阳武博狼沙中①，为盗所惊②。求弗得，乃令天下大索十日③。

　　登之罘，刻石，其辞曰：

【注释】　①阳武博狼（làng）沙：阳武县境博浪沙，地名，在今河南省原阳县南。狼：读"浪"。　②为盗所惊：据《留侯世家》载，此为张良与力士在博浪沙阻击秦始皇，误中副车，故云"为盗所惊"。盗：官方文件中称以下犯上者为盗。　③天下大索：全国大搜捕。

维二十九年，时在中春^①，阳和方起^②。皇帝东游，巡登之罘，临照于海。从臣嘉观，原念休烈，追诵本始^③。大圣作治^④，建定法度，显著纲纪。外教诸侯，光施文惠，明以义理^⑤。六国回辟^⑥，贪戾无厌^⑦，虐杀不已。皇帝哀众^⑧，遂发讨师，奋扬武德。义诛信行^⑨，威燀旁达^⑩，莫不宾服。烹灭强暴^⑪，振救黔首，周定四极。普施明法，经纬天下^⑫，永为仪则^⑬。大矣哉！宇县之中^⑭，承顺圣意。群臣诵功，请刻于石，表垂于常式^⑮。

【注释】 ①中（zhòng）春：二月。 ②阳和方起：谐和的阳气正在兴起。 ③"从臣"三句：随从的臣子见此美景，推原本始，认识到这太平景象的伟大功业而追颂皇帝。烈：事业，功绩。 ④作治：兴隆治道。 ⑤"外教"三句：对外教诲六国诸侯，对他们广泛施行文明德惠，用义理开导他们。光：通"广"。 ⑥回辟：奸回邪僻。回：不直，奸诈。 ⑦贪戾（lì）无厌：贪婪暴戾没有止境。厌：通"餍"，饱足。 ⑧哀众：可怜天下的民众。 ⑨义诛信行：诛伐合乎正义，信誉大行于世。 ⑩威燀（chǎn）旁达：皇帝的神威迅速扩大。燀：火花飞迸的样子。 ⑪烹灭：消灭。 ⑫经纬天下：建立了全国秩序。 ⑬仪则：典范法则。 ⑭宇县：全天下，全中国。宇：宇宙。县：赤县。 ⑮常式：永远不变的法式。

其东观曰^①：

【注释】 ①东观：东面。秦始皇所立刻石为方柱形，正面刻了碑文，背面（即东面）就刻了序辞。

维二十九年，皇帝春游，览省远方^①。逮于海隅^②，遂登之罘，昭临朝阳。观望广丽^③，从臣咸念，原道至明。圣法初兴，清理疆内，外诛暴强^④。武威旁畅，振动四极，擒灭六王^⑤。阐并天下^⑥，灾害绝息，永偃戎兵。皇帝明德，经理宇内，视听不怠^⑦。作立大义^⑧，昭设备器，咸有章旗^⑨。职臣遵分，各知所行，事无嫌疑^⑩。黔首改化^⑪，远迩同度^⑫，临古绝尤^⑬。常职既定^⑭，后嗣循业，长承圣治。群臣嘉德^⑮，祗诵圣烈，请刻之罘。

【注释】 ①览省远方：游览边远地区，探望此地的百姓。 ②逮（dài）于海隅：来到大海边上。逮：及，达到。 ③观望广丽：欣赏着广袤美丽的大好河山。 ④"圣法"

三句：圣明之法是从对内革除积弊，对外诛杀强暴的六国诸侯开始的。 ⑤"武威"三句：圣法一经实施，作战威力就攻无不克，震动四方，擒灭了六国之王。擒：捕捉，俘获。 ⑥阐并：全部统一。阐：通"擅"，专而有之。 ⑦视听不怠：言秦始皇勤奋于处理国家大事。下文载，他每天规定要处理一定数量的公文，达不到标准不休息。 ⑧作立大义：兴立大义。作：振兴。 ⑨昭设器，咸有章旗：明确完备地设置了表示爵级的车马、服饰、印绶，而且各级官员都有表明自己职权的旗帜。章旗：表明职级的旗子。秦代以不同式样的旌旗与服饰，作为区别等级的标志。 ⑩嫌疑：疑不能决者。 ⑪改化：除去恶劣的习惯。 ⑫同度：都有统一的法度。 ⑬临古绝尤：圣明大法成就空前大业。临：通"览"。临古：即览古，观览往古。尤：特出、超常。绝尤：绝无这样突出的功业。 ⑭常职：各种人的经常职分。 ⑮嘉德：赞美大皇帝的功德。嘉：赞美。

旋①，遂之琅邪，道上党入②。

【注释】 ①旋（xuán）：转回。 ②道上党入：从上党回咸阳。道：取道。

（以上为第四段，写秦始皇东巡封禅，刻石颂功。）

三十年，无事。

三十一年十二月，更名腊曰"嘉平"①。赐黔首里六石米、二羊②。始皇为微行咸阳③，与武士四人俱，夜出逢盗兰池④，见窘⑤，武士击杀盗，关中大索二十日。米石千六百⑥。

【注释】 ①更名腊曰"嘉平"：把腊月更名为嘉平月。腊祭：夏称清祀；殷称嘉平；周称大腊，又称腊，都是祭名，时在十二月，故又为十二月的代称。秦用周制，原称腊月，因为秦始皇求神仙，以长生不老，听到一首歌谣说："神仙得者茅初成，驾龙上升入泰清，时入玄洲戏赤城，继世而往在我盈，帝若学之腊嘉平。"于是改称十二月为嘉平月。 ②里：秦、汉时县以下的基层行政单位，一里八十户，约为当今之村。里上有乡，乡上为县。 ③微行：化装成普通人，秘密外出。 ④兰池：池名，建有行宫，在今陕西省咸阳市东北。 ⑤见窘：受到困逼。 ⑥米石千六百：粟米价为每石一千六百钱。秦汉时丰年谷价每石一百至二百文。

三十二年，始皇之碣石①，使燕人卢生求羡门、高誓②。刻碣石门③。坏城郭，决通堤防④。其辞曰：

【注释】 ①碣石：山名，在今河北省昌黎县北。 ②羡门、高誓：传说为碣石山上的两个仙人。 ③刻碣石门：直接在碣石门山前岩壁上刻碑文，不另立碑石。 ④坏城郭，决通堤防：拆毁关东诸侯的旧城墙，挖开阻碍交通的堤防。郭：同"廓"，外城。有人认为这七个字是碣石铭文误入史文。

> 遂兴师旅①，诛戮无道，为逆灭息。武殄暴逆，文复无罪②，庶心咸服③。惠论功劳，赏及牛马，恩肥土域④，皇帝奋威，德并诸侯，初一泰平⑤。堕坏城郭⑥，决通川防，夷去险阻⑦。地势既定⑧，黎庶无徭⑨，天下咸抚。男乐其畴⑩，女修其业⑪，事各有序。惠被诸产⑫，久并来田⑬，莫不安所⑭。群臣诵烈，请刻此石，垂著仪矩⑮。

【注释】　①遂兴师旅：此四字前疑有缺文。　②武殄（tiǎn）暴逆，文复无罪：用武力消灭残暴凶逆，用文教和政令保障无罪平民。殄：消灭，灭绝。复：通"福"，造福，保障。　③庶：众，众民。　④赏及牛马，恩肥土域：使有功劳的牛马也得到赏赐，恩惠使土地也变得肥沃起来。土域：土地。　⑤初一泰平：首次实现了天下统一，太平无事。泰：通"太"。　⑥堕坏：拆掉。　⑦夷去险阻：把道路上的险阻之处铲平。夷：铲平，消除。　⑧地势既定：土地平整，界域已定。指划定耕者的界亩。　⑨黎庶无徭：平民百姓们再也不用服徭役了。　⑩男乐其畴：男人们愉快地在田地里从事农业生产。畴：田地。　⑪女修其业：妇女们专心于纺织等家务劳动。　⑫惠被诸产：恩惠施及从事各种生产的人。被：施及。　⑬久并来田：长期流落在外乡的人又一起回乡种地。　⑭安所：安于其居，乐于其业。　⑮垂著（zhuó）仪矩：垂示天下以为仪法规范。

因使韩终、侯公、石生求仙人不死之药。始皇巡北边，从上郡入。燕人卢生使入海还，以鬼神事，因奏录图书①，曰"亡秦者胡也"②。始皇乃使将军蒙恬发兵三十万人北击胡③，略取河南地④。

【注释】　①以鬼神事，因奏录图书：为了说明鬼神的事，向始皇奏上谶纬图书。录图书：一种讲谶纬的书，秦汉间人多伪造此类书表示所谓"天意"。　②亡秦者胡也：灭掉秦的将是匈奴。胡：指匈奴。秦亡后谶纬家又附会为胡亥。　③蒙恬：北御匈奴筑长城的秦将。事详《蒙恬列传》。　④河南地：秦地名，约为当今宁夏回族自治区灵武市以北至内蒙古自治区杭锦后旗以南的河套西部地区。

三十三年，发诸尝逋亡人、赘婿、贾人略取陆梁地①，为桂林、象郡、南海②，以谪遣戍③。西北斥逐匈奴。自榆中并河以东④，属之阴山，以为四十四县，城河上为塞。又使蒙恬渡河取高阙、阳山、北假中⑤，筑亭障以逐戎人⑥。徙谪，实之初县⑦。禁不得祠。明星出西方⑧。三十四年，谪治狱吏不直者⑨，筑长城及南越地⑩。

【注释】　①逋亡人：因逃避徭役及其他事而流浪的人。赘婿：贫民把儿子典押给人为奴，过期不赎，主人给他娶了妻子，但仍旧为奴，这种人称作赘婿。婿：同"婿"。陆梁地：泛指五岭以南地区。　②桂林、象郡、南海：秦开拓岭南之地所置新郡。桂林郡：治中留，在今广西壮族自治区桂平市西南。象郡：治临尘，即今广西壮族自治区崇左市。南海郡：治番禺，即今广州市。　③以谪遣戍：发配有罪被判刑的人去守卫。谪：责罚，充军发配。　④榆中：地区名，当今内蒙古自治区包头市以南河套地区。　⑤高阙：地名，在今内蒙古杭锦后旗东北，阴山山脉至此中断，成一缺口，望如门阙，故名。阳山：今内蒙古自治区狼山。当时黄河主河道为今乌加河，阴山在河北，阳山在河南。北假：地名，今内蒙古自治区河套以北、阴山以南夹山带河地区。　⑥亭障：边疆险要处供通信、防守用的堡垒。　⑦初县：新设置的县。　⑧明星：彗星。　⑨治狱吏不直者：办理讼狱不当的官吏。　⑩南越地：五岭以南的象郡、桂林、南海郡，该地原为南越诸小国。

（以上为第五段，写秦始皇求仙、筑长城。）

　　始皇置酒咸阳宫，博士七十人前为寿。仆射周青臣进颂曰①："他时秦地不过千里，赖陛下神灵明圣，平定海内，放逐蛮夷，日月所照，莫不宾服。以诸侯为郡县②，人人自安乐，无战争之患，传之万世。自上古不及陛下威德。"始皇悦。博士齐人淳于越进曰："臣闻殷、周之王千余岁，封子弟功臣，自为枝辅。今陛下有海内，而子弟为匹夫③，卒有田常、六卿之臣④，无辅拂，何以相救哉？事不师古而能长久者，非所闻也。今青臣又面谀以重陛下之过，非忠臣。"始皇下其议。丞相李斯曰："五帝不相复，三代不相袭，各以治，非其相反，时变异也。今陛下创大业，建万世之功，固非愚儒所知。且越言乃三代之事，何足法也？异时诸侯并争，厚招游学⑤。今天下已定，法令出一⑥，百姓当家则力农工，士则学习法令辟禁⑦。今诸生不师今而学古，以非当世，惑乱黔首。丞相臣斯昧死言：古者天下散乱，莫之能一⑧，是以诸侯并作⑨，语皆道古以害今⑩，饰虚言以乱实，人善其所私学，以非上之所建立。今皇帝并有天下，别黑白而定一尊⑪。私学而相与非法教⑫，人闻令下，则各以其学议之。入则心非⑬，出则巷议⑭，夸主以为名⑮，异取以为高⑯，率群下以造谤。如此弗禁，则主势降乎上⑰，党与成乎下⑱，禁之便⑲。臣请史官非秦记皆烧之⑳。非博士官所职㉑，天下敢有藏《诗》《书》、百家语者㉒，悉诣守、尉杂烧之。有敢偶语《诗》《书》

者弃市㉓。以古非今者族。吏见知不举者与同罪。令下三十日不烧，黥为城旦㉔。所不去者，医药、卜筮、种树之书。若欲有学法令，以吏为师。"制曰："可"。

【注释】　①仆射（yè）：秦官名。仆：主持。古代重武，主持督课射礼的官员叫仆射。此处指诸博士的首长。　②以诸侯为郡县：废除封建制行郡县制。　③匹夫：没有爵位和权势的平民。　④田常：春秋末年齐国大夫，他杀了齐简公另立齐平公，到战国初，又夺取了齐国君位。六卿：春秋末年晋国大夫韩、赵、魏、范、中行、智六家。这六家势力强大，晋君不能控制。公元前453年，韩、赵、魏三家瓜分了晋国。　⑤游学：战国时以自己的学说游说诸侯的人。　⑥法令出一：法令由皇帝一人制定。　⑦辟（bì）禁：刑法禁令。辟：法。　⑧莫之能一：莫能一之，没有一个人能把政令统一起来。　⑨并作：都起来割据称霸。　⑩害：攻击。　⑪别黑白而定一尊：分别是非，奠定至高无上的法制。　⑫法教：法律、教令。　⑬入则心非：在家独处时，便对法令心怀不满。　⑭出则巷议：外出就在街头巷尾批评议论。　⑮夸主以为名：夸耀所信奉的学说来沽名钓誉。主：所信奉的学说。　⑯异取以为高：择取不同于现行法令的做法来抬高自己。取：同"趣"，择取。　⑰主势降（jiàng）乎上：在上边，皇帝的权威会因此而下降。　⑱党与成乎下：在下边，私人集团渐次形成。党与：宗派、集团。　⑲禁之便：取缔他们是正确的。便：便宜，正当。　⑳史官：此指诸侯各国的史书。　㉑非博士官所职：不是博士官所应研讨的知识，即非国家选定的藏书。　㉒百家语：诸子百家的言论著作。　㉓偶语：结伙谈论。　㉔黥（qíng）：在犯人额颊上刺字，并用矾石涂抹，使字不可洗除。城旦：秦代四年徒刑，犯者谪发边地，旦暮守边。

三十五年，除道①，道九原抵云阳②，堑山堙谷③，直通之。于是始皇以为咸阳人多，先王之宫廷小。吾闻周文王都丰④，武王都镐⑤，丰、镐之间，帝王之都也。乃营作朝宫渭南上林苑中⑥。先作前殿阿房⑦，东西五百步，南北五十丈，上可以坐万人，下可以建五丈旗周驰⑧。为阁道，自殿下直抵南山⑨。表南山之颠以为阙⑩；为复道，自阿房渡渭，属之咸阳，以象天极、阁道绝汉抵营室也⑪。阿房宫未成；成，欲更择令名名之。作宫阿房，故天下谓之阿房宫。隐宫、徒刑者七十余万人⑫，乃分作阿房宫，或作丽山⑬。发北山石椁⑭，乃写蜀、荆地材皆至⑮。关中计宫三百，关外四百余。于是立石东海上朐界中⑯，以为秦东门。因徙三万家丽邑，五万家云阳，皆复不事十岁⑰。

【注释】　①除道：修治道路。　②九原：秦郡名，治所在今内蒙古自治区包头市西。

③堑（qiàn）山堙（yīn）谷：开凿山崖，填塞沟谷，以接通道路；堑：挖断；堙：填塞。 ④丰：故址在今陕西省西安市长安区沣河西岸。 ⑤镐（hào）：故址在今陕西省西安市长安区沣河东岸。 ⑥朝宫：新建的宫殿群之总名。 ⑦阿房（ēpáng）：宫名。阿：近。房：通"旁"。阿房宫建在咸阳宫附近，未定名，故俗称阿房宫。遗址在今陕西省西安市西郊阿房村一带，尚存殿基夯土台址。 ⑧建五丈旗周驰：天子乘舆的车队，车上插五丈高的旗子，可以环绕阿房宫四周毫无阻碍地疾奔快跑，极言阿房宫的高大以及四周的广阔。据《后汉书·舆服志》及注，汉承秦制，天子出巡大驾有属车八十一乘，法驾三十六乘。天子坐车，车两轮之间宽六尺，驾六马，车上插六丈三尺高的旗子。 ⑨南山：终南山。 ⑩阙：古代宫殿、祠庙或陵墓前的高建筑物。 ⑪"以象"句：让阿房宫建筑群与天上的北极星、飞渡银河抵达营室的阁道星等星空格局相吻合。阁道：古星名，指仙后座内的六颗星，古人认为是沟通银河两岸的天桥。汉：银河。营室：营室星。 ⑫隐宫、徒刑者：受了宫刑和被判处劳役的刑徒、罪犯。隐宫：即宫刑，又称腐刑，阉割男子的生殖器官。受此刑后要在阴暗的室内养息百日，故称"隐宫"。又因这温暖隐密的屋子同养蚕的屋子相似，所以受宫刑又称"下蚕室"。按：隐宫刑徒不可能有七十万之多，疑"隐宫"下脱一"及"字，以顿号代。陈直《史记新证》引云梦秦简考证，认为"隐宫"为"隐官"之误，可备一说。隐官是管理罪徒做苦役的机构。 ⑬作丽山：在骊山为秦始皇建寿陵。丽：同"骊"。骊山在今陕西省西安市临潼区东南。 ⑭石椁（guǒ）：做椁的石材。 ⑮写蜀、荆地材：运出蜀、荆地区的木料。写：通"泻"，大量输出。 ⑯立石东海上朐（qú）界中：在东海郡朐县境内建立石门。朐县在今江苏省连云港市西南。 ⑰复：免除赋税劳役。

卢生说始皇曰："臣等求芝奇药仙者常弗遇，类物有害之者。方中①，人主时为微行以避恶鬼，恶鬼避，真人至。人主所居而人臣知之，则害于神。真人者，入水不濡②，入火不爇③，陵云气④，与天地久长。今上治天下，未能恬倓⑤，愿上所居宫毋令人知，然后不死之药殆可得也。"于是始皇曰："吾慕真人，自谓'真人'，不称'朕'。"乃令咸阳之旁二百里内宫观二百七十复道甬道相连，帷帐、钟鼓、美人充之，各案署不移徙。行所幸⑥，有言其处者，罪死。始皇帝幸梁山宫⑦，从山上见丞相车骑众，弗善也。中人或告丞相⑧，丞相后损车骑。始皇怒曰："此中人泄吾语。"案问莫服⑨。当是时，诏捕诸时在旁者，皆杀之。自是后莫知行之所在。听事⑩，群臣受决事，悉于咸阳宫。

【注释】 ①方中：仙方及方术之书。 ②濡（rú）：沾湿。 ③爇（ruò）：燃烧。

④陵：通"凌"，凌驾。　⑤恬倓（tiántán）：即恬淡，清静无欲。　⑥幸：帝王恩临。
⑦梁山宫：秦行宫，地处今陕西省乾县东。　⑧中人：宦官。　⑨案问：审问。　⑩听
事：皇上听群臣报告。

　　侯生、卢生相与谋曰："始皇为人，天性刚戾自用，起诸侯，
并天下，意得欲从，以为自古莫及己。专任狱吏，狱吏得亲幸。博
士虽七十人，特备员弗用①。丞相诸大臣皆受成事，倚辨于上。上
乐以刑杀为威，天下畏罪持禄，莫敢尽忠。上不闻过而日骄，下慑
伏谩欺以取容②。秦法，不得兼方③，不验辄死。然候星气者至三百
人，皆良士，畏忌讳谀，不敢端言其过。天下之事无小大皆决于
上，上至以衡石量书④，日夜有呈，不中呈不得休息⑤。贪于权势至
如此，未可为求仙药。"于是乃亡去。始皇闻亡，乃大怒曰："吾前
收天下书不中用者，尽去之。悉召文学方术士甚众，欲以兴太平，
方士欲练以求奇药。今闻韩众去不报，徐市等费以巨万计⑥，终不
得药，徒奸利相告日闻⑦。卢生等，吾尊赐之甚厚，今乃诽谤我，
以重吾不德也。诸生在咸阳者，吾使人廉问⑧，或为妖言以乱黔
首。"于是使御史悉案问诸生。诸生传相告引⑨，乃自除。犯禁者四
百六十余人，皆坑之咸阳，使天下知之，以惩后。益发谪徙边。始
皇长子扶苏谏曰："天下初定，远方黔首未集，诸生皆诵法孔子，
今上皆重法绳之，臣恐天下不安。唯上察之。"始皇怒，使扶苏北
监蒙恬于上郡。

【注释】　①备员：挂名充数。　②慑（shè）伏谩欺以取容：因畏惧而屈服，以说假话
来苟求容身之地。　③兼方：方士提出两种以上的求仙方术。　④上至以衡石量书：言秦始
皇用秤称量公文（简册）批阅。衡：秤杆。石：秤锤。书：下级上报的公文。　⑤呈：通
"程"，定限，定额。　⑥巨万：万万，极言其多。　⑦奸利：奸诈取利，指以求仙药为名，
骗取钱财。　⑧廉问：私下查问，察访。　⑨传相告引：互相揭发，彼此牵引。

　　（以上为第六段，写秦始皇焚书坑儒，横暴自是，终成孤家寡人。）

　　三十六年，荧惑守心①。有坠星下东郡，至地为石，黔首或刻
其石曰："始皇帝死而地分。"始皇闻之，遣御史逐问，莫服，尽取
石旁居人诛之，因燔销其石②。始皇不乐，使博士为《仙真人诗》，

及行所游天下，传令乐人歌弦之。秋，使者从关东夜过华阴平舒道③，有人持璧遮使者曰："为吾遗滈池君④。"因言曰："今年祖龙死⑤。"使者问其故，因忽不见，置其璧去。使者奉璧具以闻。始皇默然良久，曰："山鬼固不过知一岁事也⑥。"退言曰："祖龙者，人之先也"⑦。使御府视璧，乃二十八年行渡江所沉璧也。于是始皇卜之，卦得游徙吉。迁北河⑧、榆中三万家，拜爵一级。

【注释】①荧惑守心：荧惑星侵入心宿星区。荧惑：即火星，因它的亮度和视运动方向变幻不定，使人眩惑，故名。心：二十八宿之一，也叫商星，由天蝎座内的三颗星组成。古代迷信，认为心宿三星分别象征天王及其太子、庶子，而荧惑则是妖星，火星运行到心宿所在地区，预示地上帝王将灾祸临头。下文又记载陨星坠地，这两种天象被视为秦始皇将死而秦朝将乱的预兆。②燔：同"焚"。③平舒：地名，在今陕西省华阴市西北六里。④滈池君：滈池的水神。滈：即"镐"。镐池在长安西南。⑤祖龙：喻指秦始皇。祖：即"始"。龙：人君之象。⑥山鬼固不过知一岁事也：意谓山鬼道行不深，只知一年内的事，言外之意今已是秋天，只要今年不应验，明年就不再会有危险了。山鬼：指使者在平舒道遇见的持璧者。⑦祖龙者，人之先也：秦始皇心畏此事，乃自欺欺人，另作解释。言外之意是，祖龙指早已死去的先人，与我无关。⑧北河：古代黄河自今内蒙古自治区磴口县以下分为南北两支，北支当今乌加河，该流对南支而言，称为北河。

三十七年十月①癸丑，始皇出游。左丞相斯从，右丞相去疾守②。少子胡亥爱慕请从，上许之。十一月，行至云梦③，望祀虞舜于九疑山④。浮江下，观籍柯，渡海渚⑤。过丹阳⑥，至钱唐⑦。临浙江⑧，水波恶，乃西百二十里从狭中渡⑨。上会稽⑩，祭大禹，望于南海，而立石刻，颂秦德。其文曰：

【注释】①三十七年：公元前210年。②去疾守：右丞相冯去疾留守京师。守：留守。③云梦：泽名，春秋战国时为楚王游猎区。在今湖北省荆州市至武汉市之间一片丘陵沼泽地，云梦泽今已淤塞。④九疑山：今作"九嶷山"，又名苍梧山，在今湖南省宁远县南。⑤"浮江下"三句：乘船沿长江顺流而下，到籍柯游览，渡过牛渚。籍柯：地名，今地不详。海渚：有人认为"海"为"江"之误。江渚：又名牛渚，即采石矶，秦时地属丹阳，在今安徽省马鞍山市长江东岸，为渚山突出江中而成。⑥丹阳：秦县名，在今安徽省当涂县东。⑦钱唐：秦县名，属会稽郡，即今浙江省杭州市。⑧浙江：江名，今钱塘江及其上游的总称。⑨乃西百二十里从狭中渡：由钱塘上溯往西至一百二十里两岸狭窄处渡江。⑩会稽：山名，在今浙江省绍兴市东南。传说大禹死于会稽，山上有禹穴及禹庙。

皇帝休烈，平一宇内，德惠修长。三十有七年，亲巡天下，周览远方。遂登会稽，宣省习俗，黔首斋庄①。群臣诵功，本原事迹，追首高明。秦圣临国，始定刑名，显陈旧章。初平法式，审别职任，以立恒常。六王专倍，贪戾慆猛，率众自强②。暴虐恣行，负力而骄③，数动甲兵④。阴通间使，以事合从⑤，行为辟方⑥。内饰诈谋，外来侵边，遂起祸殃⑦。义威诛之，殄熄暴悖，乱贼灭亡⑧。圣德广密，六合之中，被泽无疆。皇帝并宇，兼听万事，远近毕清⑨。运理群物，考验事实，各载其名⑩。贵贱并通，善否陈前，靡有隐情⑪。饰省宣义⑫，有子而嫁，背死不贞⑬。防隔内外，禁止淫泆，男女洁诚⑭。夫为寄豭⑮，杀之无罪，男秉义程⑯。妻为逃嫁⑰，子不得母⑱，咸化廉清⑲。大治濯俗⑳，天下承风，蒙被休经㉑。皆遵度轨，和安敦勉，莫不顺令。黔首修洁，人乐同则㉒，嘉保太平。后敬奉法，常治无极，舆舟不倾。从臣诵烈，请刻此石，光垂休铭。

【注释】 ①宣省习俗，黔首斋庄：宣扬整齐各地的习俗，黎民都端正庄敬。省：察看，引申为整齐。　②"六王专倍"三句：六国诸侯王专横背德，贪婪暴戾，骄慢凶狂，凭借军队，妄自强大。专倍：专横背理。慆：同"傲"，倨傲。　③负力而骄：倚靠武力而骄横。　④数（shuò）动甲兵：屡次发动战争。　⑤阴通间使，以事合纵：暗地里互派间谍充当使节进行联合反秦的勾当。阴通：暗中勾结。间使：从事间谍活动的使者。　⑥行为辟方（pìpàng）：行为乖僻而背理。辟：同"僻"。方：通"傍"，邪恶。　⑦"内饰诈谋"三句：内蓄诈谋之计，外兴侵边之师，于是祸殃大起。　⑧"义威诛之"三句：凭着皇帝正义的威力，平息了暴悖，消灭了乱贼。　⑨"皇帝并宇"三句：皇帝统一天下，日理万机，使全国各地都清平安定。听：治。　⑩"运理群物"三句：运用万物，考察名实，各载以名称。　⑪"贵贱并通"三句：不论贵贱，违法必惩，好事坏事都明白地摆出来，不能有丝毫隐瞒。　⑫饰省宣义：谨慎自省，宣明义理。　⑬背死：背叛亡夫。　⑭洁诚：纯洁忠诚。　⑮寄豭（jiā）：把公猪送到养母猪的人家，让与母猪交配得孕，叫作寄豭。此处指有妇之夫与别人的妻子通奸。豭：公猪。　⑯男秉义程：丈夫行为端正，此指男子忠于爱情。秉：持，遵守。义程：合乎义理的规程。　⑰逃嫁：妻子弃夫改嫁。　⑱子不得母：子女不得相认背夫的母亲。　⑲咸化廉清：男女都变得品行端正清白。　⑳大治濯俗：盛世洁澄风俗。大治：盛世。濯：洗濯，引申为整治，纯洁。　㉑休经：善美的风俗成为常道。　㉒人乐同则：人人都因为法度划一而快乐。

还过吴，从江乘渡①。并海上，北至琅邪。方士徐市等入海求

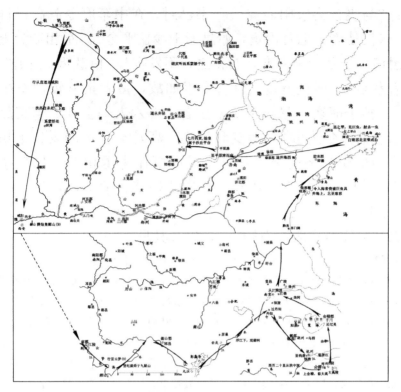

秦始皇第四次东巡，病死沙丘

神药，数岁不得，费多，恐谴，乃诈曰："蓬莱药可得，然常为大鲛鱼所苦，故不得至，愿请善射与俱，见则以连弩射之。"始皇梦与海神战，如人状。问占梦[2]，博士曰："水神不可见，以大鱼蛟龙为候[3]。今上祷祠备谨，而有此恶神，当除去，而善神可致。"乃令入海者赍捕巨鱼具，而自以连弩候大鱼出射之。自琅邪北至荣成山[4]，弗见。至之罘，见巨鱼，射杀一鱼。遂并海西。至平原津而病[5]。

【注释】 ①还过吴，从江乘渡：回程经过吴县，从江乘渡过长江。吴：秦县名，会稽郡郡治，即今江苏省苏州市。江乘：秦县名，在今江苏省句容市北长江北岸。 ②问占梦：请专职人释梦。 ③"水神"二句：海神不能见到，而是驱使大鱼或蛟龙为先导。水神：海神。候：斥候，哨兵，释为先导。 ④荣成山：成山。 ⑤平原津：平原县境的黄河渡口。平原：秦县名，在今山东省平原县南。

始皇恶言死，群臣莫敢言死事。上病益甚，乃为玺书赐公子扶苏曰："与丧，会咸阳而葬①。"书已封，在中车府令赵高行符玺事所②，未授使者。七月丙寅，始皇崩于沙丘平台③。丞相斯为上崩在外，恐诸公子及天下有变，乃秘之，不发丧④。棺载辒凉车中⑤，故幸宦者参乘⑥，所至上食。百官奏事如故，宦者辄从辒凉车中可其奏事⑦。独子胡亥、赵高及所幸宦者，五六人知上死。赵高故尝教胡亥书及狱律令法事⑧，胡亥私幸之。高乃与公子胡亥、丞相斯阴谋破去始皇所封书赐公子扶苏者，而更诈为丞相斯受始皇遗诏沙丘，立子胡亥为太子。更为书赐公子扶苏、蒙恬，数以罪，其赐死⑨。语具在《李斯传》中⑩。行，遂从井陉抵九原。会暑，上辒车臭，乃诏从官令车载一石鲍鱼⑪，以乱其臭⑫。

【注释】 ①与丧，会咸阳而葬：参加我的丧事，到咸阳会齐后再举行丧礼。 ②"在中车府令"句：中车（jū）府令是秦官名，掌管皇帝的车辆；行符玺事：兼掌符节印章；行：代理，兼职；符玺事：指符玺郎所掌之事，赵高以中车府令兼管，诏书要加盖玺章才能生效，故在赵高处。 ③沙丘平台：巨鹿郡沙丘行宫的平台。沙丘宫在今河北省平乡县东北。 ④发丧：宣布死亡的消息。 ⑤辒（wēn）凉车：一种封闭严密而又有通风设备的卧车。后世作为丧车的专名。 ⑥故幸宦者参乘：派秦始皇生前宠信的宦官作陪乘。幸：宠爱。参乘：即陪乘，居于车右为警卫。 ⑦可其奏事：批答大臣们奏呈的公事。 ⑧"赵高"句：赵高先前曾经教过胡亥书法以及狱讼法律等知识。书：写字，书法。 ⑨"更为书"三句：另外写了一封信给扶苏和蒙恬，列举他们的罪状，赐令自杀。 ⑩语具在《李斯传》中：伪造秦始皇诏令的具体情况，详见《李斯传》。 ⑪鲍鱼：湿的咸鱼，气味腥臭。 ⑫以乱其臭：用鱼腥臭掩没尸臭。

行从直道至咸阳，发丧。太子胡亥袭位，为二世皇帝。九月，葬始皇郦山①。始皇初即位，穿治郦山，及并天下，天下徒送诣七十余万人，穿三泉，下铜而致椁②，宫观、百官、奇器、珍怪徙藏满之③。令匠作机弩矢④，有所穿近者辄射之。以水银为百川江河大海，机相灌输，上具天文，下具地理⑤，以人鱼膏为烛⑥，度不灭者久之⑦。二世曰："先帝后宫，非有子者⑧，出焉不宜⑨。"皆令从死，死者甚众。葬既已下，或言工匠为机，藏皆知之，藏重即泄⑩。大事毕，已藏，闭中羡⑪，下外羡门，尽闭工匠藏者，无复出者。树草木以象山⑫。

【注释】 ①郦山：此指骊山陵。 ②穿三泉，下铜而致椁：墓室深达地下水层，炼铜水浇灌，然后才下椁于内。三泉：三重之泉，言地下至深之处。　③宫观百官奇器珍怪徙藏满之：冢内建造了宫室，塑造了文武百官的殉葬俑，装满了各种珍奇宝贵的陪葬品。④机弩矢：由机械控制的弩矢。　⑤"以水银"四句：用水银做成了山川、长江、黄河、海洋，在机械转动下流动不息，墓室之内，顶上装饰成天穹布满列星，底下布置成全国的地形图案。　⑥以人鱼膏为烛：用人鱼的脂肪做成燃烛。人鱼：即鲵，俗称娃娃鱼。膏：脂肪。　⑦度（duó）：揣度，预计。　⑧后宫：嫔妃所居之宫室，此处代指嫔妃。　⑨出：放宫女出宫。　⑩藏重：陪葬品贵重。　⑪羡：通"埏"，即墓中神道，有内、中、外三道门。　⑫树：种植。

（以上为第七段，写秦始皇之驾崩和沙丘政变。）

　　二世皇帝元年①，年二十一。赵高为郎中令②，任用事③。二世下诏，增始皇寝庙牺牲及山川百祀之礼④。令群臣议尊始皇庙。群臣皆顿首言曰⑤："古者天子七庙⑥，诸侯五，大夫三，虽万世世不轶毁⑦。今始皇为极庙⑧，四海之内皆献贡职⑨，增牺牲，礼咸备，毋以加。先王庙或在西雍⑩，或在咸阳。天子仪当独奉酌祠始皇庙⑪。自襄公已下轶毁，所置凡七庙⑫。群臣以礼进祠，以尊始皇庙为帝者祖庙。皇帝复自称'朕'⑬。"

【注释】①二世皇帝元年：公元前209年。　②郎中令：九卿之一，掌护皇宫，统属诸郎。　③任用事：掌握国家大权。　④牺牲：古代祭祀用牲的通称。色纯为"牺"，体全为"牲"。　⑤顿首：叩头行礼。　⑥七庙：祖庙。古制，天子的祖庙可祭祀七代祖宗，即太祖与三昭三穆。以后天子死，依次递减以不超过七世祖。　⑦轶（dié）毁：更替减损。轶：通"迭"。　⑧始皇为极庙：秦始皇二十七年在渭南所修极庙。　⑨贡职：贡品。　⑩西雍：咸阳之西的雍邑。雍故城在今陕西省凤翔县南。　⑪"天子仪"句：依照礼仪，天子应当亲自奉酒祭拜秦始皇庙。酌：斟酒。　⑫"自襄公已下"二句：秦自襄公至始皇共三十一代君主，至此，毁减襄公以下二十四代祖庙，仅留孝公至始皇七庙。⑬皇帝复自称"朕"：秦始皇三十五年改"朕"称"真人"，至此恢复称"朕"，故曰"复"。

　　二世与赵高谋曰："朕年少，初即位，黔首未集附①。先帝巡行郡县，以示强，威服海内。今晏然不巡行②，即见弱③，毋以臣畜天下④。"春，二世东行郡县，李斯从。到碣石，并海，南至会稽，而尽刻始皇所立刻石，石旁著大臣从者名⑤，以彰先帝成功盛德焉⑥：

【注释】①集附：顺从。未集附即威望不高。　②晏然：平静的样子。　③见弱：被视为微弱。　④臣畜：统治。　⑤著（zhuó）：附加，增刻上。　⑥先帝：此指秦始皇。

皇帝曰："金石刻尽始皇帝所为也。今袭号而金石刻辞不称始皇帝，其于久远也如后嗣为之者，不称成功盛德①。"丞相臣斯、臣去疾、御史大夫臣德昧死言："臣请具刻诏书刻石，因明白矣②。臣昧死请。"制曰："可。"

遂至辽东而还。

【注释】 ①"金石"四句：那些金石刻辞，都是秦始皇所镌刻的，其中提到他本人时，都只称"皇帝"。现在我二世继承帝位，而不把金石刻辞中的"皇帝"二字改为"始皇帝"，以后年代久远，就和后代皇帝的刻辞无异，这样就无法称扬始皇帝的功德了。这是秦二世将秦始皇刻辞"皇帝"上加刻"始"字及附随从臣者名的理由。 ②因明白矣：让始皇帝的功德从此得以彰显。

于是二世乃遵用赵高，申法令。乃阴与赵高谋曰："大臣不服，官吏尚强，及诸公子必与我争①，为之奈何？"高曰："臣固愿言而未敢也。先帝之大臣，皆天下累世名贵人也，积功劳世以相传久矣②。今高，素小贱③，陛下幸称举，令在上位，管中事④。大臣鞅鞅，特以貌从臣，其心实不服⑤。今上出⑥，不因此时案郡县守尉有罪者诛之⑦，上以振威天下，下以除去上生平所不可者。今时不师文而决于武力，愿陛下遂从时毋疑，即群臣不及谋⑧。明主收举余民⑨，贱者贵之，贫者富之，远者近之，则上下集而国安矣。"二世曰："善。"乃行诛大臣及诸公子，以罪过连逮少近官三郎，无得立者⑩，而六公子戮死于杜⑪。公子将闾昆弟三人囚于内宫⑫，议其罪独后⑬。二世使使令将闾曰："公子不臣⑭，罪当死，吏致法焉⑮。"将闾曰："阙廷之礼⑯，吾未尝敢不从宾赞也⑰；廊庙之位⑱，吾未尝敢失节也；受命应对，吾未尝敢失辞也⑲。何谓不臣？愿闻罪而死。"使者曰："臣不得与谋⑳，奉书从事。"将闾乃仰天大呼天者三，曰："天乎！吾无罪！"昆弟三人皆流涕拔剑自杀。宗室振恐。群臣谏者以为诽谤，大吏持禄取容㉑，黔首振恐。

【注释】 ①诸公子必与我争：此指争夺皇位。 ②积功劳世：世世代代积累了功劳。 ③今高，素小贱：我赵高本是一个寒微低下的人。按：赵高原是赵宗室的远系后代，兄弟几人都是阉人，母亲受刑而死，累代卑贱。他因精通狱法而为秦始皇重用。 ④管中事：掌管宫廷中事，指为中车府令。 ⑤"大臣鞅鞅"三句：大臣们很不高兴，只是表面上顺从我，内心其实很不服气。鞅鞅：郁郁不乐的样子。　⑥出：巡游。　⑦不因此时："何不因此时"之省，用语急而省。　⑧"今时不师文"三句：现在的时势是不能学习古代文德治国的办法，而是决定于武力，希望陛下立即随着时势的需要去做，不要犹豫不决，那么，大臣虽欲反抗也措手不及。即：通"则"。　⑨余民：未被秦始皇重用的遗民隐士。⑩"以罪过连逮"二句：用种种罪名株连逮捕那些低级的近侍之臣如中郎、外郎、散郎等，全部诛杀无一幸免。赵高此举是借二世之手清君侧，把宫中近臣大大小小都杀绝，以便安插自己的势力。少：小官，指低级的近臣。三郎：中郎、外郎、散郎。　⑪六公子：二世的六个兄长。杜：秦县名，在今陕西省西安市长安区西南。　⑫昆弟：兄弟，这里指将闾等三个同母兄弟。　⑬议其罪独后：只有他们三人在最后被定罪。　⑭不臣：未尽臣职，即不忠于君主。　⑮吏致法焉：官吏将对你的罪行执行判决。　⑯阙廷：宫廷。　⑰宾赞：掌司仪的官员。　⑱廊庙：朝堂。　⑲失辞：用错词语，指说了不该说的话。　⑳与谋：参预定罪。　㉑大吏持禄取容：大官只求保持官禄而苟且偷生。

四月，二世还至咸阳，曰："先帝为咸阳朝廷小，故营阿房宫为室堂。未就①，会上崩，罢其作者②，复土郦山③。郦山事大毕④，今释阿房宫弗就，则是彰先帝举事过也⑤。"复作阿房宫。外抚四夷，如始皇计。尽征其材士五万人为屯卫咸阳⑥，令教射狗、马、禽兽。当食者多，度不足，下调郡县⑦，转输菽粟刍藁，皆令自赍粮食，咸阳三百里内不得食其谷⑧。用法益刻深⑨。

【注释】　①未就：没有竣工。　②罢其作者：停止营建阿房宫。　③复土郦山：把挖骊山墓圹的土复还堆在骊山墓上。郦山：即"骊山"。　④大毕：全部完工。　⑤"今释阿房宫弗就"二句：现在放弃了完成阿房宫的工程，那就表明先帝筑阿房宫是做错了。⑥材士：有强力的人。　⑦下调郡县：从下边各郡县调发。　⑧"转输"三句：所有运输粮食和饲料的人员都要自己携带粮食，不得在咸阳三百里内就地买粮吃。赍：带。　⑨用法益刻深：施行法律更加严厉苛刻。

七月，戍卒陈胜等反故荆地，为"张楚"。胜自立为楚王，居陈①，遣诸将徇地②。山东郡县少年苦秦吏③，皆杀其守、尉、令、丞反④，以应陈涉，相立为侯王⑤，合从西向⑥，名为伐秦⑦，不可胜数也。谒者使东方来⑧，以反者闻二世。二世怒，下吏⑨。后使者至，上问，对曰："群盗，郡守、尉方逐捕，今尽得，不足忧。"上悦。武臣自立为赵王⑩，魏咎为魏王⑪，田儋为齐王⑫。沛公起沛⑬。

项梁举兵会稽郡⑭。

　　【注释】　　①居陈：在陈县建立了政权。陈：陈县，又为陈郡郡治，即今河南省淮阳县。　　②徇（xùn）地：攻城略地。　　③山东：又称关东，指崤山、函谷关以东六国旧地。　　④守、尉、令、丞：郡守、郡尉、县令、县丞。　　⑤相立为侯王：争相立为诸侯王。　　⑥西向：向西（指咸阳所在的关中）进军。　　⑦名为伐秦：公开喊出讨伐秦王朝的口号。　　⑧谒（yè）者：郎中令的属官，职掌传宣礼仪。　　⑨下吏：把报告东方起义消息的谒者交给司法官治罪。这说明秦二世喜欢报喜不报忧。　　⑩武臣：陈涉部将。　　⑪魏咎：原魏国公子，被陈胜部将周市拥立为魏王。事详《魏豹彭越列传》。　　⑫田儋：齐国旧王族，趁陈涉起义而自立齐王。事详《田儋列传》。　　⑬沛公：汉高祖刘邦。　　⑭项梁：项羽叔父，起兵会稽反秦，事附《项羽本纪》。

　　二年冬，陈涉所遣周章等将西至戏①，兵数十万。二世大惊，与群臣谋曰："奈何？"少府章邯曰②："盗已至，众强，今发近县不及矣③。郦山徒多，请赦之，授兵以击之④。"二世乃大赦天下，使章邯将，击破周章军而走，遂杀章曹阳⑤。二世益遣长史司马欣、董翳佐章邯击盗⑥，杀陈胜城父⑦，破项梁定陶⑧，灭魏咎临济⑨。楚地盗名将已死⑩，章邯乃北渡河，击赵王歇等于巨鹿⑪。

　　【注释】　　①周章：又名周文，奉陈涉命率军直捣秦都咸阳，进兵至戏水兵败自杀。事附《陈涉世家》。　　②少府：秦官名，九卿之一，掌管山海池泽之税以及有关手工业制造，以供宫廷之用。章邯：镇压农民起义的秦将。　　③今发近县不及矣：现在即使征调咸阳邻近各县的军队也来不及了。　　④授兵以击之：发给刑徒武器，让他们攻击起义军。　　⑤曹阳：亭名，在今河南省灵宝市东十三里。据《陈涉世家》，曹阳为周章败走处，东至渑池才自杀。　　⑥长史：丞相及大将军府中的众吏之长，处理日常事务。　　⑦城父（fǔ）：秦地名，在今安徽省涡阳县西北。　　⑧定陶：秦县名，在今山东省菏泽市定陶区西北。　　⑨临济：秦邑名，在今河南省封丘县东。　　⑩楚地盗名将已死：在楚地反秦的著名将领如陈涉、吴广、项梁、周章等已被杀死。　　⑪赵王歇：赵王族后裔，由陈余、张耳拥立为赵王。巨鹿，秦县名，为巨鹿郡治，在今河北省平乡县西南。章邯击赵，诸侯往救，故云"击赵王歇等"。

　　赵高说二世曰："先帝临制天下久，故群臣不敢为非，进邪说。今陛下富于春秋①，初即位，奈何与公卿廷决事？事即有误，示群臣短也。天子称朕，固不闻声②。"于是二世常居禁中③，与高决诸事。其后公卿希得朝见，盗贼益多，而关中卒发东击盗者毋已④。

右丞相去疾、左丞相斯、将军冯劫进谏曰："关东群盗并起，秦发兵诛击，所杀亡甚众，然犹不止。盗多，皆以戍漕转作事苦⑤，赋税大也。请且止阿房宫作者，减省四边戍转。"二世曰："吾闻之韩子曰⑥：'尧、舜采椽不刮⑦，茅茨不剪⑧，饭土塯⑨，啜土形⑩，虽监门之养，不觳于此⑪。禹凿龙门，通大夏，决河亭水⑫，放之海，身自持筑臿⑬，胫无毛⑭，臣虏之劳不烈于此矣⑮。'凡所为贵有天下者，得肆意极欲，主重明法，下不敢为非，以制御海内矣⑯。夫虞、夏之主，贵为天子，亲处穷苦之实，以徇百姓，尚何于法⑰？朕尊万乘，毋其实，吾欲造千乘之驾，万乘之属，充吾号名⑱。且先帝起诸侯，兼天下，天下已定，外攘四夷以安边境，作宫室以彰得意，而君观先帝功业有绪⑲。今朕即位二年之间，群盗并起，君不能禁，又欲罢先帝之所为，是上无以报先帝，次不为朕尽忠力，何以在位？"下去疾、斯、劫吏，案责他罪⑳，去疾、劫曰："将相不辱㉑。"自杀。斯卒囚，就五刑㉒。

【注释】①富于春秋：年纪轻。 ②"事即有误"四句：处理国事如有差错，就等于向群臣暴露了自己的短处。天子自称为朕的意思，本来就是独往独来，不听群臣的声音。赵高如此曲解，以便于自己一手遮天，独揽大权。 ③禁中：宫中。 ④毋已：没完没了。 ⑤戍漕转作：屯戍、水、陆运输、大兴土木。 ⑥韩子：韩非。这里的引文见《韩非子·五蠹》，文略小异。 ⑦采椽不刮：用栎木做椽子也不经砍削加工。采：此从《史记索隐》作木名。一说"采"做动词用，即采伐木材，亦通。 ⑧茅茨（cí）不剪：用茅草盖房顶不加剪裁。 ⑨饭土塯（liù）：用瓦盆盛饭。 ⑩啜（chuò）土形：用瓦罐盛饮料。土形：也作"土铏"。 ⑪虽监门之养，不觳（hú）于此：即使是看门人的吃住也不至于这样简陋。监门：守门人。养：生活。觳：粗陋。 ⑫决河亭水：疏通淤积的黄河水。亭：通"渟"，水淤积不动。 ⑬筑臿（chā）：挖土筑墙的工具。 ⑭胫（jìng）无毛：常年辛劳，小腿汗毛都被磨光。 ⑮臣虏之劳不烈于此矣：即使是奴隶的劳苦也不比这更酷烈。 ⑯制御海内：统治天下。 ⑰以徇百姓，尚何于法：替老百姓做牺牲，还有什么可效法的呢？ ⑱"朕尊万乘"五句：称朕的人贵为万乘之主，不能没有万乘之实，我想制造千乘车驾，役使万乘的人众，真正充实我的名号。谓使"万乘之尊"名副其实。乘（shèng）：一车四马。千乘：诸侯大国。驾：车乘。万乘：拥有万乘兵车的大国，代指天子。属：徒属，军卒。 ⑲君：指冯去疾、李斯、冯劫等人。 ⑳案责他罪：治以其他的罪行。 ㉑将相不辱：将军、丞相不能受法官刑讯之辱。 ㉒斯卒囚，就五刑：李斯不肯自杀，终于被囚禁，备受各种酷刑。五刑：即黥（刺面涂矾）、劓（割鼻子）、刖（断足）、宫（割生殖器）、大辟（死刑）等五项刑罚。依秦法，犯大逆罪要遍受五刑。

三年，章邯等将其卒围巨鹿，楚上将军项羽将楚卒往救巨鹿。冬，赵高为丞相，竟案李斯杀之。夏，章邯等战数却①，二世使人让邯②，邯恐，使长史欣请事③。赵高弗见，又弗信。欣恐，亡去，高使人捕追不及。欣见邯曰："赵高用事于中，将军有功亦诛，无功亦诛。"项羽急击秦军，虏王离④，邯等遂以兵降诸侯。八月己亥，赵高欲为乱⑤，恐群臣不听⑥，乃先设验⑦，持鹿献于二世，曰："马也。"二世笑曰："丞相误邪？谓鹿为马。"问左右，左右或默，或言马以阿顺赵高⑧，或言鹿，高因阴中诸言鹿者以法⑨。后群臣皆畏高。

【注释】 ①数却：节节败退。 ②让：责备。 ③请事：报告情况，请求支援。 ④王离：秦将，王翦之孙。 ⑤为乱：反叛。 ⑥不听：不服从。 ⑦设验：进行试验。 ⑧阿顺：巴结附和。 ⑨高因阴中诸言鹿者以法：赵高就暗地里中伤那些实话说是鹿的人，捏造罪名送法官惩办。

高前数言"关东盗毋能为也"①，及项羽虏秦将王离等巨鹿下而前②，章邯等军数却，上书请益助③，燕、赵、齐、楚、韩、魏皆立为王，自关以东，大抵尽叛秦吏应诸侯④，诸侯咸率其众西向。沛公将数万人已屠武关⑤，使人私于高⑥，高恐二世怒，诛及其身，乃谢病不朝见。二世梦白虎啮其左骖马⑦，杀之⑧，心不乐，怪问占梦。卜曰："泾水为祟⑨。"二世乃斋于望夷宫⑩，欲祠泾，沉四白马。使使责让高以盗贼事。高惧，乃阴与其婿咸阳令阎乐、其弟赵成谋曰："上不听谏，今事急，欲归祸于吾宗。吾欲易置上⑪，更立公子婴。子婴仁俭，百姓皆载其言⑫。"使郎中令为内应⑬，诈为有大贼，令乐召吏发卒追，劫乐母置高舍⑭。遣乐将吏、卒千余人至望夷宫殿门，缚卫令仆射⑮，曰："贼入此，何不止？"卫令曰："周庐设卒甚谨⑯，安得贼敢入宫？"乐遂斩卫令，直将吏入，行射⑰，郎、宦者大惊⑱，或走或格⑲，格者辄死，死者数十人。郎中令与乐俱入，射上幄坐帏⑳。二世怒，召左右，左右皆惶扰不斗。旁有宦者一人，侍不敢去㉑。二世入内，谓曰："公何不早告我？乃至于此！"宦者曰："臣不敢言，故得全。使臣早言，皆已诛，安得至今？"阎乐前即二世数曰㉒："足下骄恣㉓，诛杀无道㉔，天下共叛足下，足下其自为计㉕。"二世曰："丞相可得见否?"乐曰："不可。"二世曰："吾愿得一郡为王。"弗许。又曰："愿为万户侯。"弗许。曰："愿与妻子为黔首，比诸公子㉖。"阎乐曰："臣受命于丞相，为天下诛足下，足下虽多言，臣不敢报㉗。"麾其兵进㉘。二世自杀。

【注释】 ①毋能为也：成不了气候。 ②而前：并向前推进。 ③请益助：请求增派援军。 ④大抵：大都。 ⑤屠：大肆屠杀攻占地区的军民。 ⑥私于高：私下与赵高谈判。 ⑦左骖马：左边拉车的马。以马驾车，驾辕的马叫服，两旁拉车的马叫骖。 ⑧杀之：此指白虎咬死了左骖马。 ⑨泾水为祟：泾水神作怪。泾水：渭水支流，在咸阳附近注入渭水。 ⑩望夷宫：秦别宫名，故址在今陕西省泾阳县东南，临泾水，北望泾河平原，故称为望夷宫。夷：泾河平原。 ⑪易置上：另换皇帝。 ⑫载：通"戴"，拥护。 ⑬郎中令：时赵成为郎中令。 ⑭劫乐母置高舍：劫持阎乐的母亲拘禁在赵高家里做人质。 ⑮卫令仆射：宫卫的长官。 ⑯周庐设卒甚谨：别宫围墙内外各区庐的值勤卫士巡逻得非常严密。 ⑰行射：阎乐等入宫，见人即射杀。 ⑱郎：指在宫中的值勤郎官。 ⑲格：格斗，抵御。 ⑳射上幄（wò）坐帏：把箭矢射到秦二世所住篷帐的坐幕上。 ㉑去：离开。 ㉒即：就，走近。 ㉓足下：同辈的敬称。此处阎乐不称秦二世为陛下，而称为"足下"，表示已不承认其为皇帝。 ㉔诛杀无道：随意杀人，是个无道的君主。 ㉕自为计：自己拿主意，意即让他自杀。 ㉖比诸公子：享受像诸公子一样的待遇。 ㉗报：转达。 ㉘麾其兵进：指挥他的兵士们上前。

阎乐归报赵高，赵高乃悉召诸大臣、公子，告以诛二世之状①。曰："秦故王国②，始皇君天下，故称帝。今六国复自立，秦地益小，乃以空名为帝，不可。宜为王如故，便。"立二世之兄子公子婴为秦王③。以黔首葬二世杜南宜春苑中④。令子婴斋⑤，当庙见⑥，受玉玺。斋五日，子婴与其子二人谋曰："丞相高杀二世望夷宫，恐群臣诛之，乃佯以义立我⑦。我闻赵高乃与楚约⑧，灭秦宗室而王关中。今使我斋见庙，此欲因庙中杀我。我称病不行，丞相必自来，来则杀之。"高使人请子婴数辈⑨，子婴不行，高果自往，曰："宗庙重事⑩，王奈何不行?"子婴遂刺杀高于斋宫，三族高家以徇咸阳⑪。子婴为秦王四十六日，楚将沛公破秦军入武关，遂至霸上⑫，使人约降子婴⑬。子婴即系颈以组，白马素车⑭，奉天子玺符，降轵道旁⑮。沛公遂入咸阳，封宫室府库，还军霸上。居月余，诸侯兵至，项籍为从长⑯，杀子婴及秦诸公子宗族。遂屠咸阳，烧其宫室，虏其子女，收其珍宝货财，诸侯共分之。灭秦之后，各分其地为三，名曰雍王、塞王、翟王，号曰三秦⑰。项羽为西楚霸王，主命分天下王诸侯⑱，秦竟灭矣。后五年，天下定于汉。

【注释】 ①状：情况，理由。 ②秦故王国：秦本来是一个诸侯国。 ③二世之兄子公子婴：公子婴为二世之兄子，即为秦始皇之孙。据《李斯列传》，为始皇之弟。以年齿考之，公子婴与二子谋杀赵高，则其子约在二十岁上下，而公子婴应有四十岁左右，只比秦始皇小十二三岁，故公子婴当从《李斯列传》为始皇之弟。 ④以黔首葬二世杜南宜春苑中：按照平民规格把秦二世埋葬在杜县南边的宜春苑里。 ⑤斋：斋戒，古人举行隆重大礼前当事人要斋戒，表示庄重。 ⑥当庙见：要到祖庙去参拜。庙：祖庙，即秦始皇庙。 ⑦乃佯以义立我：就假装伸张大义拥立我做秦王。 ⑧赵高乃与楚约：赵高遣使与刘邦约，欲分王关中，事见《高祖本纪》。楚：指刘邦。 ⑨数辈：数起使者。 ⑩宗庙重事：国家大事。 ⑪三族高家以徇咸阳：诛杀赵高家三族，并以高尸在咸阳徇行示众。三族：代指全部亲属、亲信。 ⑫霸上：又作"灞上"，即灞水西岸的白鹿原，在今陕西省西安市长安区以东。 ⑬约降：招降。 ⑭"子婴"二句：子婴就用丝绳拴着自己的颈项，带着白马素车迎降。古人迎降之装束，以丝系颈，表示自认该死。白马素车：即丧车。 ⑮轵（zhǐ）道：亭名，故址在今陕西省西安市东北。 ⑯从长：诸侯盟主。 ⑰三秦：项羽三分关中地分王三个秦朝降将，史称三秦。即以章邯为雍王，据咸阳以西地，都废丘（今陕西省兴平市东南）；以司马欣为塞王，据咸阳以东地，都栎阳（今陕西省西安市临潼区东部）；以董翳为翟王，据上郡地，都高奴（今陕西省延安市东）。 ⑱主命：主宰天下之命。项羽主命分封十八王，事详《项羽本纪》。

（以上为第八段，写秦二世昏庸，赵高擅权，变本加厉实行残暴统治，终于导致了秦朝的灭亡。）

太史公曰：秦之先柏翳①，尝有勋于唐虞之际，受土赐姓，及殷夏之间微散。至周之衰，秦兴，邑于西垂②。自穆公以来，稍蚕食诸侯，竟成始皇。始皇自以为功过五帝，地广三王，而羞与之侔③。善哉乎贾生推言之也④！曰⑤：

【注释】 ①柏翳（yì）：又作"伯益"，为舜的牧官，赐姓嬴氏。 ②"至周之衰"三句：犬戎侵周，秦襄公率兵助周，并护驾周平王东迁。周平王于是封秦襄公为诸侯，赐岐山以西之地，为周室西边屏藩，从此秦国兴旺起来。垂：边陲。 ③侔（móu）：平等。 ④贾生推言：贾生，即贾谊。推言：评论，指贾谊的《过秦论》。 ⑤曰：司马迁引《过秦论》下篇为始皇赞，强调"壅蔽之伤国"，读史者复引《过秦论》上、中篇，强调秦亡之祸始自始皇，故今本《秦始皇本纪》附载《过秦论》三篇序列为下、上、中。本书略去。

（以上为作者论赞，即司马迁评论，赞同贾谊《过秦论》，并引录为证。本书节选删略。）

讲 析

秦始皇是千古一帝，始称皇帝，因此，是司马迁写的第一篇皇帝传记，全文九千四百二十五字，是《史记》中的第一大传。在中国古代史上，很少有可以与秦始皇并列的人物，西汉盛世的缔造者汉武帝勉强可与之并列。对秦始皇的双重人格、功大过亦大，历来评价毁誉参半，要写好这个人物也只有司马迁这样的大手笔才可胜任。司马迁是怎样描写、评价秦始皇的呢？请看《秦始皇本纪》。

1. 《秦始皇本纪》的内容结构

《秦始皇本纪》全篇内容，可概括为八大段，条理如次。

第一大段，写秦始皇的出生与成长，此为亲政前的情况。

这一大段交代秦始皇登上政治舞台的历史背景，出现了影响秦王朝历史的八个人物，即秦始皇、其父子楚、其母赵姬、大商人吕不韦、秦将蒙骜、王齮、麃公，以及后来辅秦的相国李斯。吕不韦是改变秦王朝历史和秦始皇命运的关键人物。秦始皇十三岁即王位，大权落入相国吕不韦之手。吕不韦致力于秦王朝的统一战争，委派麃公、蒙骜连年对韩、魏进攻，扩大了秦国的疆域。

第二大段，写秦始皇亲政，粉碎嫪毐、吕不韦集团，以及统一六国的过程。

秦始皇即秦王位第九年亲政，到第二十六年时完成了统一大业，这十七年是秦始皇人生中最辉煌的时期。秦王年轻有为，实施铁腕政治，毫不犹豫地铲除嫪毐集团，灭了吕不韦势力，集权力于一身。为了一统天下，秦王纳谏用贤。一是听取齐人茅焦建议，迎接母后回朝，向全天下宣布孝道以争取人心；二是接受李斯建言，废除逐客令，广招贤才，用缭为国尉，施反间计配合军事进攻，迅速瓦解了六国的抵抗。秦始皇实施统一战争的策略，军事、外交双管齐下。外交策略是恫吓与反间两手并用，破坏东方六国之间的关系，使其合纵不成，又自毁长城，以便于秦军各个击破。军事上，秦始皇给予桓齮、王翦等老将以充分的自主指挥权，倾全国之力扫境六十万大军委派王翦灭楚。秦始皇的雄才大略，于此可见。

第三大段，写秦始皇初并天下，立即大规模改制，挟统一之功的权威，称帝改制，创建中央集权的国家机器。

秦王改制可归纳为三个方面。①政治制度方面，一是创立皇帝集权制度，秦王称"始皇帝"，权力至高无上。中央设"三公""九卿"，皆为皇帝辅助，听命于皇帝。一切行政与官员任免、赏罚，以至生死予夺，都取决于皇帝。二是在全国地方废分封，推行郡县制度。全国建置三十六郡，后扩大为四十四郡。秦国疆域，东至于海，西到临洮、羌中，南到北向户，北达阴山至辽东。②管理制度方面，更民曰"黔首"，令"黔首自实田"，在全国范围确立土地私有制，建立帝国公民的统治基础。同时又实施高压政策，移豪民于京师，销毁兵器，取缔民间武装，夷平城墙险阻。③经济文化方面，实施车同轨，书同文，统一度量衡和钱币的政策，加速统一民族的进程，意义极为重大。

第四大段，写秦始皇东巡封禅，刻石颂功。

秦始皇巡行郡县，炫耀皇帝声威，是加强全国统治的有力措施。秦始皇二十七年巡视西北陇西、北地，兼示威于戎狄；二十八年巡视东方和南方，东上邹峄山、泰山，转彭城南下，经泗水、渡淮、临江，上衡山，行至湘山祠，遇大风，秦始皇大怒，未祭湘山祠，还派刑徒三千人砍光了湘山的树木，变成光秃秃的荒山，这才解气，北归；二十九年又东巡阳武、之罘、琅琊，转上党而归。一路刻石颂功，司马迁记录下泰山刻石、琅琊刻石、之罘刻石。

第五大段，写秦始皇求仙、筑长城。

求仙标志着秦始皇人生道路的转轨，之后骄奢淫逸，求长生，欲壑膨胀。开边，北击胡"略取河南地"，派三十万兵戍守，筑长城；南略取五岭之南，置桂林、象郡、南海三郡，移民五十万以加强开发。秦始皇开边，拓展统一局面，加强国防，应予以肯定。

第六大段，写秦始皇焚书坑儒，横暴自以为是，终成孤家寡人。

第七大段，写秦始皇驾崩和沙丘政变。

第八大段，写秦二世变本加厉地实行暴政统治，终于导致陈胜、吴广在大泽乡起义，秦王朝在暴风雨中灭亡。

2. 读《秦始皇本纪》应把握的要点

秦二世立国短暂，所以《秦始皇本纪》主要写秦始皇的一生。全篇写两代皇帝的正文九千四百二十五字，写秦始皇的六千八百九十七字，占百分之七十三。对于司马迁是怎样展示秦始皇的，可从三个方面把握其脉络。其一，秦始皇一生的传奇和人生旅程阶段；其二，司马迁大量记录秦始皇刻石的意义；其三，司马迁记录的秦始皇功与过。分说于次。

（1）**秦始皇人生旅程的阶段。**秦始皇的一生充满传奇，他的人生旅程可分为五个阶段，行文中有五个标志性的年代是他人生旅程的分界线。一为秦始皇元年继位；二为秦王九年亲政；三为秦王二十六年一统天下，改制易俗；四为秦王三十一年改腊月为"嘉平月",始求长生;五为秦始皇三十七年驾崩。

秦始皇出生在异国,身世传奇。他之所以得以继承王位,靠的是吕不韦"奇货可居"的运作。吕不韦看到天下大势将一并于秦,秦自商鞅变法后重农抑商,统一后的秦国商人没有地位。吕不韦弃商从政,运用商人的嗅觉、投机手段取得成功。传说秦始皇是吕不韦的儿子,即使不实,吕不韦也确与赵姬有特殊的关系。吕不韦对秦始皇进行了精心的培养,吕不韦当政,也把秦国的事业当作家事来办。秦始皇年少即王位,元年晋阳反叛,八年弟成蟜叛乱,三年秦国大饥,四年秦国大蝗,五年黄河泛滥,六年五国攻秦,可以说内忧外患不断,自然灾害频发,吕不韦从容应对。秦始皇从中学习了治国理民之术。吕不韦是一个很好的老师,一个尽职尽责的老师。这些都是秦始皇的传奇人生。秦王嬴政九年亲政,以铁腕手段粉碎嫪毐、吕不韦两个盘根错节的权势集团,年少的皇帝崭露头角。秦始皇二十六年统一改制,奠定了他千古一帝的丰碑。秦始皇三十一年设腊月为"嘉平月",开始求仙欲长生,是从大有为之君转为昏聩暴戾之君的节点。秦始皇三十七年驾崩,死于道路,秦二世发动宫廷政变,秦帝国步入灭亡的深渊。秦始皇人生传奇的节点与秦国政局发展与兴衰紧密相连,这是集权政治的必然归宿,是司马迁揭示的历史思维。

(2)司马迁记载刻石的意义。《秦始皇本纪》大量录载秦始皇刻石颂功,这是当时国家向天下臣民昭示统一新政最便捷的方式。刻石相当于用布告形式发布国家政令,司马迁为后世保留了中国历史上第一个中央集权制度推行政令的第一手资料,弥足珍贵。文中鲜明地揭示了秦始皇的治国纲领、大政方针、政治思想路线,内容涵盖新国家、新制度的政治、经济、思想、文化各个方面。秦始皇二十八年有《泰山石刻》《琅琊石刻》《之罘石刻》,大肆宣扬皇帝制度、统一天下的优越,谴责六国分立带给民众的灾难。秦始皇刻石碑文谴责古之分封,造成"诸侯各守其封域,或朝或否,相侵暴乱,残伐不止"。而"今皇帝并一海内,以为郡县,天下和平","上农除末,黔首是富"。此是宣传废分封,立郡县。《泰山石刻》开宗鲜明地提出:"皇帝临位,作制明法。"碑文屡称:皇帝作始,"端平法度""皇帝之功,勤劳本事""皇帝之明,临察四方""皇帝之德,存定四极""六合之内,皇帝之土""应时动事,是维皇帝"。此是宣扬皇帝制度。碑文称颂:"器械一量,同书文字。日月所照,舟舆所载。"这是在宣扬车同轨,书同文,统一度量衡制度。秦始皇三十七年《会稽刻石》大肆宣扬整齐风俗,对家庭婚姻、男女关系,采取严厉的防范措施。碑文说:

> 有子而嫁，背死不贞。防隔内外，禁止淫泆，男女洁诚。夫为寄豭，杀之无罪，男秉义程。妻为逃嫁，子不得母。

寄豭，就是公猪。男子有婚外恋，被称之为公猪，被视为社会公害，生命不受法律保护，人人可以诛杀。春秋时，越王勾践卧薪尝胆，鼓励人口增殖以报强吴，导致风俗轻薄，秦始皇大加整顿。

司马迁记载刻石，不用说教，就生动地把秦始皇推行新制度的内容、方法，活脱脱地再现了出来。

（3）秦始皇的功过。秦始皇对中国历史的发展，有盖世之功，他自认为功过五帝，德过三王，始建号皇帝，被后世称为千古一帝。单说一个"功"字，秦始皇当之无愧。秦始皇领导的统一战争，结束了春秋战国五百多年的乱世，给天下黎民带来了和平与安定的生产环境。秦始皇建立的中央集权制度，废分封，立郡县，加强了各地区政治、经济、文化的联系，为我国长期的统一奠定了基础。秦始皇统一海内，开疆拓土，早在两千年前就奠定了中华民族的大国疆域。中华民族、炎黄子孙，长期屹立在世界文明的前列，尽管不断发生内乱、分裂，但统一是大局，而且能有效和顽强地抵抗外来侵略，保持国家独立，这与秦始皇的丰功伟业及其时代留传下来的民族精神是密不可分的。

秦始皇嬴政既是历史的弄潮儿，也是历史的幸运儿。秦始皇在十年之间统一六国，他掀起的波涛无人可以比拟，所以说他是历史的弄潮儿。从历史大势来看，秦国先君贤臣，自秦孝公变法以来，君明臣贤，一直处于上升势头，东方六国日益衰弱，有如郡县，秦始皇继位，天下三分秦有其二，所以贾谊称秦始皇"奋六世之余烈"（《过秦论》）。司马迁推得更远，他说："秦起襄公，章于文、穆、献、孝之后，稍以蚕食六国，百有余载，至始皇乃能并冠带之伦。以德若彼，用力如此，盖一统若斯之难也。"（《秦楚之际月表序》）用力虽难，秦统一已是水到渠成，所以又说秦始皇是一个幸运儿。为此，司马迁在《秦始皇本纪》之前特作《秦本纪》。

但是作为实录史家的司马迁，他没有放过对秦政暴虐的记载。秦始皇功过五帝三王，而德就逊色了。最为人所指目的莫过于焚书坑儒。《秦始皇本纪》用了大篇幅来记载，又在《六国年表序》中说："秦既得意，烧天下《诗》《书》，诸侯史记尤甚，为其有所刺讥也。"看来，要为秦始皇洗刷这一罪行是徒劳的了。

3. 秦王朝二世而亡的原因

秦王朝二世而亡，西汉承袭秦朝制度，走向何处？或者说路该怎么走，如何施政才能长治久安？这是西汉初期统治者面临的一个大课题。从高帝时陆贾写《新语》起，到汉文帝时贾谊、贾山的政论止，思想界长时期探讨秦朝灭亡的原因。司马迁写《秦始皇本纪》重点总结了这一历史教训。

秦二世暴虐昏聩，杀功臣，信群小，一系列的倒行逆施，只是加速秦王朝的灭亡，而不是致秦朝灭亡的根本原因。秦始皇身在之日，秦王朝根基已经大坏。秦始皇出巡，遇刺遇盗，不只一次，甚至在京师咸阳夜行也不安全。秦始皇三十六年，有坠星降落东郡，至地为石，黔首刻其石曰："始皇帝死而地分。"三十七年，民谣传："今年祖龙死。"当秦始皇初并天下时，人民痛感脱离纷乱争斗之苦，真心拥护秦王朝，贾谊说："民莫不虚心而仰上。"（《过秦论》）但是秦始皇没有珍惜。他不给人民以休养生息的机会，他利用统一国家的机器，全力开动役使人民。秦始皇进行了一系列的浩大工程，修驰道，筑长城，戍五岭，如果说这些公共工程有利于国家，人民尚能忍受，但是修骊山陵，修建上林苑以及宫室，为个人享乐而劳役全国百姓，超过社会承受的极限，人民还能忍受吗？秦朝上林苑扩地三百里，关中肥沃土地成为野兽出没之所。大兴土木，单修骊山陵一项工程就年复一年役使七十万民工。当时秦王朝全国人口仅两千万，每年的徭役征发竟达两百万，占总人口的十分之一，大大超过了社会承受的极限。司马迁说："海内之士力耕不足粮饷，女子纺绩不足衣服。"（《平准书》）这就是秦始皇施行暴政的现实。秦始皇个人品格，"刚毅戾深，事皆决于法，刻削毋仁恩和义"，加深加重了阶级压迫。秦朝刑法严苛，有各种肉刑和死刑。笞、耐、髡、黥、断左趾、腐等肉刑，戮、磔、凿顶、弃市、车裂等死刑，共有十余种。秦朝又施行轻罪重刑，商鞅刑弃灰于道，杀人无边，一次杀死四百多人，积习至于秦始皇、秦二世，变本加厉，以致赭衣满道，人人自危。陈胜、吴广大泽乡起义，就是因为大雨误期，戍卒到达皆为死刑，成了导火线。

司马迁写史宗旨，就是要在叙述历史中探索"成败兴坏之纪"，所以对秦朝二世而亡感触很深。在"太史公曰"中破例地引载贾谊《过秦论》以为论赞，完全同意贾谊对秦王朝灭亡的分析。贾谊总结秦亡有三大原因，即《过秦论》上、中、下三篇。上篇："仁义不施而攻守之势异也。"中篇："危民易与为非。"下篇："雍蔽之伤国。"《过秦论》代表当时思想界的最高水平，可以说是西汉时期评价秦王朝政治得失的一篇定论之作。司马迁肯定秦制，否定秦政，也为西汉的承袭秦制画了一个句号。《秦始皇本纪》，这篇经典史传，有很高的思想价值，至今阅读，仍可从中得到许多启示。

项羽本纪

【题解】　《项羽本纪》是一篇破例为体的本纪，以名分论，本纪载朝代帝王，项羽未成帝业，名止霸王，司马迁为之本纪，表现了他卓越的史识和独具匠心的编排。究其旨趣，要点有三：一曰纪实。项羽灭秦，分封十八王，"政由羽出"，故定名本纪以纪实，用以表彰项羽的灭秦之功。二曰通变。秦楚之际，变化剧烈，项羽是一中心人物。项羽定名本纪，编列在秦始皇、汉高祖之间，既符合"通古今之变"的历史序列，又是"见盛观衰"的一个关节点。因项羽是秦始皇者流，以残酷并天下，以强力霸诸侯，故人心不附而骤兴骤亡。三代以德治天下，传世久远。汉行功德，卒并天下。始皇、项、刘三人本纪蝉联并编，上承三代，下启刘汉，构成强烈的对照和转折，用以说明残暴政治是不能持久的。三曰项、刘对比。楚汉相争大事，项、刘两纪，详此略彼，互见互补。项、刘两人品格、功业、成败、兴衰，因蝉联并编而成强烈鲜明的对比。

项籍者，下相人也①，字羽。初起时②，年二十四。其季父项梁③，梁父即楚将项燕④，为秦将王翦所戮者也⑤。项氏世世为楚将，封于项⑥。故姓项氏。

【注释】　①下相：秦县名，县治在今江苏省宿迁市西南。　②初起时：初起兵反秦之时，是秦二世元年即公元前209年。　③季父：最小的叔父。　④项燕：楚名将，曾击破秦将李信军二十万。秦始皇二十三年（公元前224年），秦将王翦率六十万大军击楚，虏楚王。项燕立昌平君为荆王，驻兵淮南。明年，王翦再破楚，昌平君死，项燕自杀。⑤为秦将王翦所戮也：据《秦本纪》，项燕兵败自杀。这里说项燕被王翦所杀，旨在突出项羽反秦，以报秦杀祖之仇。　⑥项：秦县名，县治在今河南省项城市东北。

项籍少时，学书不成①，去②；学剑③，又不成。项梁怒之。籍曰："书足以记名姓而已，剑一人敌，不足学，学万人敌。"于是项梁乃教籍兵法④，籍大喜，略知其意，又不肯竟学⑤。项梁尝有栎阳逮⑥，乃请蕲狱掾曹咎书抵栎阳狱掾司马欣，以故事得已⑦。项梁杀人，与籍避仇于吴中⑧。吴中贤士大夫皆出项梁下。每吴中有大徭役及丧⑨，项梁常为主办，阴以兵法部勒宾客及子弟⑩，以是知其能。秦始皇帝游会稽⑪，渡浙江⑫，梁与籍俱观。籍曰："彼可取而代也。"梁掩其口，曰："毋妄言，族矣⑬！"梁以此奇籍。籍长八尺余⑭，力能扛鼎⑮，才气过人，虽吴中子弟皆已惮籍矣⑯。

【注释】 ①学书：学习认字和写字。 ②去：舍弃，丢下学书之事。 ③学剑：学剑习武。 ④兵法：治兵布阵、克敌制胜之法，即军事学。 ⑤不肯竟学：不肯完成全部学业。这是项羽失败的原因之一。《汉书·艺文志》兵家形势中有《项王》一篇。黥布置阵如项羽军，刘邦很忌惮。说明项羽擅长治兵置阵，故能摧锋折敌，但短于权谋，无战略眼光，败于刘邦。 ⑥栎（yuè）阳逮：因罪被栎阳县逮捕。栎阳：秦县名，县治在今陕西省西安市临潼区东北。 ⑦"乃请"二句：项梁请托蕲县狱掾曹咎写了一封说情的信送到栎阳狱掾司马欣处，乃得释放。蕲：秦县名，县治在今安徽省宿县南。狱掾：典狱长。书：写信。抵：送到。 ⑧吴：秦县名，县治即今江苏省苏州市。 ⑨大徭役：筑城、筑路等大差役。 ⑩阴：暗中。部勒：部署，组织。 ⑪会稽：山名，即今浙江省绍兴市东南的会稽山。公元前210年秦始皇巡行东南，曾登临此山。 ⑫浙江：即钱塘江。 ⑬族：灭族。 ⑭八尺余：汉尺合今公制23公分，八尺余约1.9米。 ⑮扛鼎：举鼎。 ⑯吴中子弟：吴县土著的豪族子弟。惮（dàn）：畏惧。

秦二世元年七月①，陈涉等起大泽中②。其九月，会稽守通谓梁曰③："江西皆反④，此亦天亡秦之时也。吾闻先即制人，后则为人所制。吾欲发兵，使公及桓楚将。"是时桓楚亡在泽中⑤。梁曰："桓楚亡，人莫知其处，独籍知之耳。"梁乃出，诫籍持剑居外待⑥。梁复入，与守坐，曰："请召籍，使受命召桓楚。"守曰："诺。"梁召籍入。须臾⑦，梁眴籍曰⑧："可行矣⑨！"于是籍遂拔剑斩守头。项梁持守头，佩其印绶⑩。门下大惊⑪，扰乱⑫，籍所击杀数十百人。一府中皆慑伏⑬，莫敢起。梁乃召故所知豪吏⑭，谕以所为起大事⑮，遂举吴中兵⑯，使人收下县⑰，得精兵八千人。梁部署吴中豪杰为校尉、候、司马⑱。有一人不得用，自言于梁。梁曰："前时某丧使公主某事，不能办，以此不任用公。"众乃皆伏⑲。于是梁为会稽守，籍为裨将⑳，徇下县㉑。

【注释】 ①秦二世元年：公元前209年。 ②大泽：乡名，当时属蕲县。在今安徽省宿州市东南西寺坡镇刘村。 ③通：人名，殷通，当时为会稽郡代理郡守。 ④江西：长江自九江到南京一段，曲折向东北方向流，故古人称今皖北一带为江西，而称皖南、苏南为江东。 ⑤亡在泽中：流落江湖。 ⑥诫：叮嘱，面授机宜。 ⑦须臾：不一会儿。 ⑧眴：使眼色。 ⑨可行矣：双关语，可以行动了，实谓可以下手了。 ⑩印绶：此指郡守印。绶：穿系印纽的丝绳。 ⑪门下：会稽守衙内的侍卫人员。 ⑫扰乱：一片混乱。 ⑬慑（shè）伏：吓得趴在地上。 ⑭所知豪吏：平素相好的地方豪强和官吏。 ⑮谕以所为起大事：告诉豪吏们，杀郡守这一行动就是起义反秦。谕：晓谕以理。 ⑯举：动员、集合。 ⑰下县：会稽郡所属各县。 ⑱"梁部署"句：部署：分派、任命。为校尉、候、司马：担任校尉、候、司马等官职。古军制，将军营下分部，部设校尉；部下分曲，曲设军候。司马：执行军法的军官。 ⑲伏：拜伏，比喻心悦诚服。 ⑳裨（pí）将：偏将。 ㉑徇下县：镇抚郡下属县。徇：巡行下令，兼有以力震慑、占领等义。

（以上为第一段，写项羽叔侄在国破家亡后的流离生活中蓄聚反秦力量，着重记叙项羽的粗疏与不凡。）

广陵人召平于是为陈王徇广陵①，未能下。闻陈王败走，秦兵又且至②，乃渡江矫陈王命③，拜梁为楚王上柱国④。曰："江东已定，急引兵西击秦！"项梁乃以八千人渡江而西。闻陈婴已下东阳⑤，使使欲与连和俱西⑥。陈婴者，故东阳令史⑦，居县中，素信谨⑧，称为长者⑨。东阳少年杀其令，相聚数千人，欲置长，无适用⑩，乃请陈婴。婴谢不能，遂强立婴为长，县中从者得二万人。少年欲立婴便为王⑪，异军苍头特起⑫。陈婴母谓婴曰："自我为汝家妇，未尝闻汝先古之有贵者⑬。今暴得大名⑭，不祥。不如有所属，事成犹得封侯，事败易以亡。非世所指名也⑮。"婴乃不敢为王，谓其军吏曰："项氏世世将家，有名于楚，今欲举大事，将非其人不可⑯。我倚名族，亡秦必矣。"于是众从其言，以兵属项梁。项梁渡淮⑰，黥布、蒲将军亦以兵属焉⑱。凡六七万人，军下邳⑲。

【注释】 ①广陵：秦县名，即今江苏省扬州市。陈王：即陈胜王。 ②且至：即将到来。 ③矫陈王命：假托陈胜王之命。 ④拜：封授、任命。上柱国：战国时楚国官名，位同丞相。 ⑤东阳：秦县名，县治在今安徽省天长市西北。 ⑥连和俱西：结成联盟，一同西进。 ⑦令吏：县令属下的小吏。 ⑧信谨：厚道，谨慎。 ⑨长者：有德行的人。 ⑩无适用：没有适当的人可用为全军之主。 ⑪便：就，即。 ⑫异军苍头特起：建立一支与众不同、头裹青巾为标识的军队。苍头：起于战国时之魏军，由勇猛之士组成，这里用以为号，表示为无敌之军。　⑬先古：祖先。　⑭暴：突然。　⑮非世所指名：不为世人所注目而被指名追捕的人。　⑯将非其人不可：恐怕不由项氏来领导是不行的。　⑰淮：淮河。　⑱黥布：即英布，项羽的猛将，常为先锋。蒲将军：史失其名。　⑲下邳：秦县名，县治在今江苏省邳州市西南。

当是时，秦嘉已立景驹①为楚王，军彭城东②，欲拒项梁。项梁谓军吏曰："陈王先首事，战不利，未闻所在。今秦嘉背陈王而立景驹，大逆无道③。"乃进兵击秦嘉。秦嘉军败走，追之至胡陵④。嘉还战一日，嘉死，军降。景驹走死梁地⑤。项梁已并秦嘉军，军胡陵，将引军而西。章邯军至栗⑥，项梁使别将朱鸡石、余樊君与战。余樊君死。朱鸡石军败，亡走胡陵。项梁乃引兵入薛⑦，诛鸡石。项梁前使项羽别攻襄城，襄城坚守不下。已拔，皆坑之。还报项梁。项梁闻陈王定死，召诸别将，会薛计事。此时沛公亦起沛，往焉⑧。

【注释】　①景驹：楚同姓。　②彭城：今江苏省徐州市。　③大逆无道：中华标点本无"大"字，此据《史记会注考证》所引宋本补。　④胡陵：秦县名，县治在今山东省鱼台县东南。　⑤梁地：泛指战国时魏境。　⑥章邯：秦将，任少府，他是镇压秦末农民起义的秦军主帅。栗：秦县名，县治即今河南省夏邑县。　⑦薛：秦县名，在今山东省滕州市东南。　⑧沛公：即刘邦。刘邦起事沛县，自领县令，故称沛公。公是对县令的尊称。一说楚人称令为公。沛：秦县名，县治在今江苏省沛县东。

居鄌人范增①，年七十，素居家②，好奇计。往说项梁曰："陈胜败固当③。夫秦灭六国，楚最无罪。自怀王入秦不返④，楚人怜之至今⑤，故楚南公曰⑥'楚虽三户，亡秦必楚'也⑦。今陈胜首事，不立楚后而自立，其势不长。今君起江东，楚蜂午之将皆争附君者⑧，以君世世楚将，为能复立楚之后也。"于是项梁然其言，乃求楚怀王孙心民间⑨，为人牧羊，立以为楚怀王，从民所望也。陈婴为楚上柱国，封五县，与怀王都盱台⑩。项梁自号为武信君。

【注释】　①居鄌：又作"居巢"，秦县名，县治在今安徽省巢湖市东北。范增：项羽的谋士。　②素居家：一直隐居在家，即一介布衣。　③固当：在意料之中，本当如此。④怀王入秦不返：战国时楚怀王，名熊槐，公元前328年至前299年在位。楚怀王应邀与秦昭王会盟，被秦兵劫持至秦国，要求割地，楚怀王不从，竟死于秦。　⑤楚人怜之至今：楚国人民至今怀念他。怀王以死抗暴秦，激发了楚国人民的爱国热情，故楚国人长久地怀念他。　⑥楚南公：泛指楚国南方的老人，即老一辈的人。　⑦楚虽三户，亡秦必楚：这是在楚国南方广泛流传的一段话，表示楚国人民怨秦之深。三户：极言其少。　⑧蜂午之将：四面八方的将领。蜂午：如群蜂纵横交错。午：纵横交错。　⑨"乃求"句：于是在民间找到了楚怀王的孙子熊心。　⑩盱台：台，乃"眙"之省，盱眙，秦县名，县治在今江苏省盱眙县东北。

居数月，引兵攻亢父①，与齐田荣、司马龙且军救东阿②，大破秦军于东阿。田荣即引兵归，逐其王假。假亡走楚。假相田角亡走赵。角弟田间故齐将，居赵不敢归。田荣立田儋子市为齐王。项梁已破东阿下军，遂追秦军。数使使趣齐兵③，欲与俱西。田荣曰："楚杀田假，赵杀田角、田间，乃发兵。"项梁曰："田假为与国之王④，穷来从我，不忍杀之。"赵亦不杀田角、田间以市于齐⑤。齐遂不肯发兵助楚。

【注释】　①亢父（gāngfǔ）：秦县名，县治在今山东省济宁市南。　②田荣：齐国王族后裔，与堂兄田儋，起兵反秦，据有齐地，奉田儋为齐王。章邯杀田儋，田荣逃至东阿。齐人拥立故齐王田建之弟田假为齐王，以田角为相，田间为将。后田荣逐走田假，立田儋子田市为齐王，自任相国，以弟田横为将。田假奔楚，田角、田间走赵，于是齐、楚积怨。田荣等事迹详《田儋列传》。司马龙且：楚将龙且。时任楚司马，故称司马龙且。后从项羽，楚汉相争，为汉将韩信所杀。东阿：秦县名，县治在今山东省阳谷县东北之阿城镇。　③趣（cù）：同"促"，催促。　④与国：盟国。　⑤以市于齐：以此讨好齐国。

项梁使沛公及项羽别攻城阳①，屠之。西破秦军濮阳东②，秦兵收入濮阳③。沛公、项羽乃攻定陶④。定陶未下，去，西略地至雍丘⑤，大破秦军，斩李由⑥。还攻外黄⑦，外黄未下。

【注释】　①城阳：秦县名。县治在今山东省鄄城县南。　②濮阳：秦县名，县治在今河南省濮阳市南。　③收入濮阳：收兵退入濮阳。　④定陶：秦县名，县治在今山东省菏泽市定陶区西北。定陶为交通要枢，秦重兵驻守之地。　⑤雍丘：秦县名，即今河南省杞县。　⑥李由：秦丞相李斯之子，为三川郡太守。　⑦外黄：秦县名，县治在今河南省杞县东北。

项梁起东阿，西，比至定陶①，再破秦军，项羽等又斩李由，益轻秦,有骄色。宋义乃谏项梁曰:"战胜而将骄卒惰者败。今卒少惰矣②,秦兵日益③,臣为君畏之。"项梁弗听,乃使宋义使于齐。道遇齐使者高陵君显④,曰:"公将见武信君乎?"曰:"然。"曰:"臣论武信君军必败⑤。公徐行即免死⑥,疾行则及祸。"秦果悉起兵益章邯,击楚军,大破之定陶,项梁死。沛公、项羽去外黄攻陈留⑦,陈留坚守,不能下。沛公、项羽相与谋曰:"今项梁军破,士卒恐。"乃与吕臣军俱引兵而东⑧。吕臣军彭城东,项羽军彭城西,沛公军砀⑨。

【注释】　①比:等到。　②卒少惰:士兵的士气有些松懈。卒:兼指楚将项梁。少:同"稍"。惰:松懈,涣散。　③日益:一天天得到增援。　④高陵君显:高陵君是封号,显为人名,史失其姓。　⑤论:断定。　⑥徐行:缓慢地行走,故意滞留时日。　⑦陈留:秦县名,在今河南省开封市东南陈留镇。　⑧吕臣:原为陈涉侍从,陈涉兵败后,吕臣收拢残部抗秦,后投项梁。引兵而东:向东撤退,做战略转移。　⑨军:驻扎。"吕臣"二句中的二个"军"字均作动词用。砀(dàng):秦县名,县治在今河南省夏邑县东。

　　章邯已破项梁军,则以为楚地兵不足忧,乃渡河击赵,大破之。当此时,赵歇为王①,陈余为将,张耳为相,皆走入巨鹿城②。章邯令王离、涉间围巨鹿③,章邯军其南,筑甬道而输之粟④。陈余为将,将卒数万人而军巨鹿之北,此所谓河北之军也。

【注释】　①赵歇:赵国后裔,为陈余、张耳两人所立为赵王。　②巨鹿:秦县名,为巨鹿郡治,在今河北省平乡县西南。　③王离、涉间:两人为秦驻守长城之将,这时南下与章邯北渡河之秦军会合,夹击赵国。王离为王翦之孙。　④甬道:两旁有墙垣保护的交通线。

　　楚兵已破于定陶,怀王恐,从盱台之彭城,并项羽、吕臣军自将之①。以吕臣为司徒②,以其父吕青为令尹③。以沛公为砀郡长④,封为武安侯,将砀郡兵。

【注释】　①自将之:怀王自将,夺项氏兵权。　②司徒:主管教化之官。　③令尹:战国时楚官名,掌政务,位同丞相。　④砀郡长:即砀郡郡守。

　　初,宋义所遇齐使者高陵君显在楚军,见楚王曰:"宋义论武信君之军必败,居数日,军果败。兵未战而先见败征,此可谓知兵矣①。"王召宋义与计事，而大悦之，因置以为上将军②；项羽为鲁公，为次将，范增为末将，救赵。诸别将皆属宋义，号为卿子冠军③。行至安阳④，留四十六日不进。项羽曰："吾闻秦军围赵王巨鹿，疾引兵渡河，楚击其外，赵应其内，破秦军必矣。"宋义曰："不然。夫搏牛之虻不可以破虮虱⑤，今秦攻赵，战胜则兵疲，我承其敝⑥；不胜则我引兵鼓行而西⑦，必举秦矣⑧。故不如先斗秦、赵。夫被坚执锐⑨，义不如公；坐而运策，公不如义。"因下令军中曰："猛如虎，很如羊⑩，贪如狼，强不可使者，皆斩之⑪！"乃遣其子宋襄相齐，身送之至无盐⑫，饮酒高会⑬。天寒大雨，士卒冻饥。项羽曰："将戮力而攻秦⑭，久留不行⑮。今岁饥民贫，士卒食芋菽⑯，军无现粮⑰，乃饮酒高会，不引兵渡河因赵食⑱，与赵并力攻秦，乃曰'承其敝'。夫以秦之强，攻新造之赵⑲，其势必举赵。赵举而秦强，何敝之承！且国兵新破⑳，王坐不安席，扫境内而专属于将军㉑，国家安危，在此一举。今不恤士卒而徇其私㉒，非社稷之臣㉓。"项羽晨朝上将军宋义，即其帐中斩宋义头㉔，出令军中曰："宋义与齐谋反楚，楚王阴令羽诛之㉕。"当是时，诸将皆慴服㉖，莫敢枝梧㉖。皆曰："首立楚者，将军家也。今将军诛乱。"乃相与共立羽为假上将军㉗。使人追宋义子，及之齐㉘，杀之。使桓楚报命于怀王，怀王因使项羽为上将军㉙，当阳君、蒲将军皆属项羽㉚。

【注释】 ①知兵：懂得用兵，会打仗。　②上将军：主帅。　③卿子冠军：卿子，是当时对男子的尊称，犹如称"公子"，这里含有风流倜傥的意思。宋义以一介书生为上将军，故人称"卿子冠军"。　④安阳：古邑名，在今山东省曹县东北。　⑤"搏牛"句：能咬牛的牛虻却不能够咬破小小的虱子。牛虻喻秦军，虮虱喻巨鹿，城小而坚，秦军屯于坚城之下，不能马上攻破它，即使攻破了，也必然疲敝。虮：虱卵。虮虱：虱子的统称。⑥承其敝：趁秦军疲敝之时击灭之。　⑦鼓行而西：大张旗鼓地向西进兵。　⑧举：攻取。　⑨被坚执锐：身穿铁甲，手执兵器，即冲锋陷阵。被：通"披"。锐：锐利的兵器。⑩很如羊：如羊相斗之凶狠。很：通"狠"。《说文》云："狠，不听从也。"如此，则是执拗不听指挥之意，与下句"强不可使者"重复。"猛如虎，狠如羊，贪如狼"，皆以生活实际言，当是流行的俗语，两羊相斗，先退后冲，十分凶狠。　⑪皆斩之：此令句句暗指项羽。　⑫无盐：秦县名，在今山东省东平县东南。　⑬饮酒高会：大摆筵席，广会宾客。⑭戮力：合力、并力。　⑮久留不行：长久屯驻，不向前进军。　⑯菽：豆类。　⑰现粮：存粮。　⑱因赵食：依靠赵地的粮食以饷军。　⑲新造之赵：刚建立的赵国。　⑳国兵新破：此指楚军在定陶之败。国兵：楚人自称。　㉑扫境内而专属于将军：倾一国之兵交给了宋义指挥。扫：悉数。境内：全国。　㉒恤：体怜。徇其私：徇私情，指宋襄相齐事。这里的"徇"作图谋解，与前"徇下县""徇广陵"的"徇"不同。　㉓社稷之臣：忠于国家，能与国家共存亡的大臣。社稷：帝王祭祀社神和谷神的坛，国亡则社稷不祀，故以社稷指代国家。　㉔帐中：宋义所住的中军营帐。　㉕阴令：密令。　㉖枝梧：枝为架屋之小柱，梧为斜柱。枝梧：支撑屋顶，引申为抵触、抗拒。　㉗假上将军：代理上将军。假：权摄，代理。　㉘及之齐：一直追到了齐国，终于追上了。　㉙因使：因其所请而委任之。此指项羽夺回军权，怀王无可奈何地委托项羽为上将军。　㉚当阳君：黥布的爵号。

　　项羽已杀卿子冠军，威震楚国，名闻诸侯。乃遣当阳君、蒲将军将卒二万渡河①，救巨鹿。战少利②，陈馀复请兵③。项羽乃悉引兵渡河，皆沉船、破釜甑④，烧庐舍，持三日粮，以示士卒必死⑤，无一还心⑥。于是至则围王离，与秦军遇，九战⑦，绝其甬道，大破之⑧，杀苏角，虏王离。涉间不降楚，自烧杀。当是时，楚兵冠诸侯⑨，诸侯军救巨鹿下者十余壁⑩，莫敢纵兵⑪。及楚击秦，诸将皆从壁上观。楚战士无不一以当十，楚兵呼声动天，诸侯军无不人人惴恐⑫。于是已破秦军，项羽召见诸侯将，入辕门⑬，无不膝行而前⑭，莫敢仰视⑮。项羽由是始为诸侯上将军，诸侯皆属焉⑯。

　　【注释】　①渡河：渡过漳河。　②战少利：即渡河试战即有利，建立了滩头阵地。《黥布列传》云："项籍使布先渡河击秦，布数有利。"　③复请兵：再次要求大增援。④釜（fǔ）：饭锅。甑（zèng）：蒸饭的用具。　⑤必死：以敢死的精神奋战，不胜即死。⑥无一还心：自断退路，使全军皆有必死之心，无一人思后退。　⑦九战：多次战斗。⑧大破之：即首先破了章邯军（章邯守甬道），进而击虏王离等。　⑨冠诸侯：压倒了救援巨鹿的各支反秦军。　⑩壁：营垒。　⑪莫敢纵兵：没有哪支诸侯军敢于出战，即不敢出兵作战。　⑫惴恐：惊悚惶恐。　⑬辕门：营门。辕：本是驾车用的木杠。古代行军扎营，出入处，以两辆战车为阵门，辕相向为门，故称营门为辕门。　⑭膝行而前：跪着走路。这里只是形容诸将弯腰屈膝，两腿发抖，不敢站直的意思。　⑮莫敢仰视：不敢抬头看。淮阴侯韩信说："项王暗噁叱咤，千人皆废。"本传记载，羽杀会稽守，一府慴伏，"莫敢起"；羽杀宋义，诸将皆慴伏，"莫敢枝梧"；此言诸侯将膝行而前，"莫敢仰视"，皆极状项羽的勇猛可畏，声势夺人。　⑯诸侯皆属：诸侯推羽为盟主，即上将军，听其指挥。

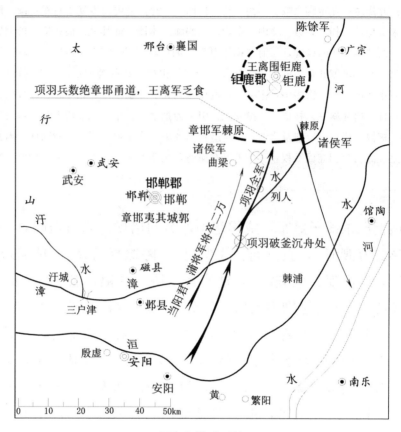

巨鹿之战（2月）

章邯军棘原①，项羽军漳南②，相持未战。秦军数却，二世使人
让章邯③。章邯恐，使长史欣请事④。至咸阳⑤，留司马门三日⑥，
赵高不见⑦，有不信之心。长史欣恐，还走其军⑧，不敢出故道⑨。
赵高果使人追之，不及。欣至军，报曰："赵高用事于中⑩，下无可
为者⑪，今战能胜，高必疾妒吾功；战不能胜，不免于死。愿将军
孰计之⑫。"陈余亦遗章邯书曰："白起为秦将⑬，南征鄢、郢⑭，北
坑马服⑮，攻城略地，不可胜计，而竟赐死。蒙恬为秦将⑯，北逐戎
人⑰，开榆中地数千里⑱，竟斩阳周⑲。何者？功多，秦不能尽封，
因以法诛之⑳。今将军为秦将三岁矣，所亡失以十万数，而诸侯并
起滋益多㉑。彼赵高素谀日久㉒，今事急，亦恐二世诛之，故欲以法
诛将军以塞责，使人更代将军以脱其祸。夫将军居外久，多内隙㉓，

有功亦诛，无功亦诛。且天之亡秦，无愚智皆知之。今将军内不能直谏，外为亡国将㉔，孤特独立而欲常存㉕，岂不哀哉！将军何不还兵与诸侯为从㉖，约共攻秦，分王其地㉗，南面称孤㉘；此孰与身伏铁质㉙，妻子为僇乎㉚？"章邯狐疑，阴使候始成使项羽㉛，欲约㉜。约未成，项羽使蒲将军日夜引兵渡三户㉝，军漳南㉞，与秦战，再破之。项羽悉引兵击秦军汙水上㉟，大破之。

【注释】　①棘原：地名，在今河北省平乡县南。　②漳南：漳水之南。　③让：责备，申诉。　④长史：大将军或丞相府属下的事务长官。　⑤咸阳：秦都，旧城在今陕西省咸阳市东。　⑥司马门：宫廷之外门，设司马守备，故称司马门。　⑦赵高：秦宦官，秦始皇死后，把持朝政，秦二世即为其所立，后为子婴所杀。　⑧还走其军：逃回自己的军中。　⑨故道：指进都咸阳时所走的原路，驿传大道。　⑩用事于中：在朝内操纵政权。中：朝中。　⑪下：在下位的人。　⑫执计之：认真考虑赵高当道这件事。　⑬白起：秦昭王时大将，屡立战功，南破楚，北破赵，终被赐死。事详《白起王剪列传》。　⑭南征鄢、郢：公元前279年，白起伐楚取鄢，次年破楚都郢。鄢城：今湖北省宜城市；郢都：今湖北省江陵县。　⑮北坑马服：公元前260年白起破赵长平军，坑杀赵降卒四十余万人。马服：赵将赵奢的封爵号，其子赵括袭爵，为赵长平军主帅，故云"北坑马服"。北：与南伐楚相对。　⑯蒙恬：秦大将军，北逐匈奴，筑长城，被赵高假传秦始皇遗命赐死。事详《蒙恬列传》。　⑰戎人：匈奴。　⑱榆中：地区名，今内蒙古自治区包头市以南河套地区。　⑲阳周：秦县名，县治在今陕西省子长市北。　⑳因以法诛之：利用法令诛灭功臣。　㉑滋益多：越来越多。　㉒素谀：一贯奉承。这里指秦二世长期受赵高奉承蒙蔽。　㉓多内隙：在朝廷里有很多仇人。隙：裂痕，矛盾。　㉔外为亡国将：秦眼看就要灭亡了，领兵在外的将领就成了亡国将。　㉕孤特独立：孤立无援。特：单独。　㉖还兵：章邯反戈一击，杀了回去。　㉗分其地：分裂秦地称王。　㉘南面称孤：指登王位。古代帝王座位向南，故"南面"代称王位。孤：帝王诸侯的自我谦称。　㉙身伏铁质：被腰斩。铁（fū）质：刑具。铁：铡刀。质：斩人的砧。　㉚僇：同"戮"，诛杀。　㉛候始成：一个名叫始成的军候。　㉜欲约：谈判投降条件。　㉝三户：三户津，漳水上的渡口，在今河北省磁县西南。　㉞军漳南：前文说项羽军漳南，今渡水北上，应为"军漳北"。　㉟汙（yū）水：漳水支流，在今河北省临漳县西，今已干涸。

　　章邯使人见项羽，欲约。项羽召军吏谋曰："粮少，欲听其约。"军吏皆曰："善。"项羽乃与期洹水南殷虚上①。已盟，章邯见项羽而流涕，为言赵高②。项羽乃立章邯为雍王③，置楚军中④。使长史欣为上将军，将秦军为前行⑤。

【注释】　①与期：约期会晤。洹（huán）水：今河南省安阳市北的安阳河。殷虚：

即殷墟，商朝都城遗址，在今河南省安阳市西之小屯村。　②为言赵高：诉说赵高专权误国，陷害忠良之事。　③雍：秦县名，县治在今陕西省凤翔县南。　④置楚军中：项羽封章邯为雍王而留置在楚军中，实为夺其兵权。　⑤前行：先锋。

　　到新安①，诸侯吏卒异时故徭使屯戍过秦中②，秦中吏卒遇之多无状③。及秦军降诸侯，诸侯吏卒乘胜多奴虏使之④，轻折辱秦吏卒⑤。秦吏卒多窃言曰⑥："章将军等诈吾属降诸侯。今能入关破秦，大善；即不能，诸侯虏吾属而东，秦必尽诛吾父母妻子。"诸将微闻其计⑦，以告项羽。项羽乃召黥布、蒲将军计曰："秦吏卒尚众，其心不服。至关中不听，事必危，不如击杀之，而独与章邯、长史欣、都尉翳入秦⑧。"于是楚军夜击坑秦卒二十余万人新安城南。

　　【注释】　①新安：古邑名，故城在今河南省渑池县东。　②异时故徭使屯戍过秦中：先前因被征发为徭役或驻守边疆，曾路过秦中。如修骊山陵、驻守河套、筑西北长城等皆过秦地。秦中：即关中。　③无状：粗暴无礼。　④奴虏使之：像对待奴隶和战俘一样役使秦卒。　⑤轻折辱：随意折磨凌辱。　⑥窃言：私下议论。　⑦微闻：暗中听到。⑧都尉翳：董翳，事详后。都尉：低于将军的军职。

　　（以上为第二段，写项羽起义，南征北战，勇猛无敌，不愧为一个盖世英雄。这时期的项羽，尽管行军多暴，由于天下苦秦久矣，项羽反秦，仍然得到人民的拥护。巨鹿战后，羽为诸侯盟主。）

　　行略定秦地①。函谷关有兵守关②，不得入。又闻沛公已破咸阳③，项羽大怒，使当阳君等击关，项羽遂入，至于戏西④。沛公军霸上⑤，未得与项羽相见。沛公左司马曹无伤使人言于项羽曰："沛公欲王关中，使子婴为相⑥，珍宝尽有之。"项羽大怒，曰："旦日飨士卒⑦，为击破沛公军。"当是时，项羽兵四十万，在新丰鸿门⑧，沛公兵十万，在霸上。范增说项羽曰："沛公居山东时⑨，贪于财货，好美姬⑩，今入关，财物无所取，妇女无所幸⑪，此其志不在小。吾令人望其气⑫，皆为龙虎，成五采⑬，此天子气也。急击勿失⑭。"

　　【注释】　①行略定秦地：向西前进，攻取秦地。行：前进。　②函谷关：东方入秦的要道，险关，在今河南省灵宝市西部。　③沛公已破咸阳：秦二世三年（公元前207年）十月沛公由武关攻入关中破咸阳。项羽晚两个月，十二月始入关。　④戏西：戏水之西。戏水，渭水支流，在今陕西省西安市东。　⑤霸上：地名，即白鹿原，在今陕西省西安市东南。　⑥子婴：秦王子婴杀赵高迎降刘邦。　⑦旦日：明早。飨：犒赏。　⑧新丰：秦骊邑，汉置县，故城在今陕西省西安市临潼区东北。鸿门：山坂名，在临潼东，今称项王营。　⑨山东：华山以东，泛指东方六国之地。　⑩美姬：美女。　⑪幸：亲近。⑫望其气：察望刘邦行止处的天上云气，用以推测人事吉凶。这是古代预测时局人事所用的一种迷信方法，也是一种宣传手段。　⑬皆为龙虎，成五采：这是刘邦行止处形成的所谓天子气。　⑭勿失：不要失去机会。

　　楚左尹项伯者①，项羽季父也，素善留侯张良②。张良是时从沛公，项伯乃夜驰之沛公军，私见张良，具告以事，欲呼张良与俱去，曰："毋从俱死也。"张良曰："臣为韩王送沛公③，沛公今事有急，亡去不义，不可不语。"良乃入，具告沛公。沛公大惊，曰："为之奈何？"张良曰："谁为大王为此计者？"曰："鲰生说我曰④，'拒关，毋内诸侯⑤，秦地可尽王也⑥'。故听之。"良曰："料大王士卒足以当项王乎⑦？"沛公默然，曰："固不如也，且为之奈何？"张良曰："请往谓项伯，言沛公不敢背项王也。"沛公曰："君安与项伯有故⑧？"张良曰："秦时与臣游⑨，项伯杀人，臣活之。今事有急，故幸来告良。"沛公曰："孰与君少长⑩？"良曰："长于臣。"沛公曰："君为我呼入，吾得兄事之⑪。"张良出，邀项伯⑫。项伯即入见沛公。沛公奉卮酒为寿⑬，约为婚姻⑭，曰："吾入关，秋毫不敢有所近⑮，籍吏民⑯，封府库，而待将军⑰。所以遣将守关者，备他盗之出入与非常也⑱。日夜望将军至，岂敢反乎？愿伯具言臣之不敢背德也⑲。"项伯许诺，谓沛公曰："旦日不可不早自来谢项王。"沛公曰："诺。"于是项伯复夜去，至军中，具以沛公言报项王⑳。因言曰："沛公不先破关中，公岂敢入乎？今人有大功而击之，不义也，不如因善遇之。"项王许诺。

　　【注释】　①左尹：左相。项伯：名缠，楚亡后，刘邦封他为射阳侯。赐姓刘。　②张良：字子房，祖父、父亲相韩国五位君主，反秦起义后，张良又为韩王韩成司徒，随刘邦西征入关，故下文云："臣为韩王送沛公。"张良为刘邦谋主，封留侯。事详《留侯世家》。③韩王：韩诸公子名成，项梁立为韩王，事迹详后。　④鲰（zōu）生：一个无名的小人。鲰：小杂鱼，刘邦借以骂人。《史记集解》谓"鲰"为姓。按：据《楚汉春秋》，说沛公者为解先生。　⑤内：读"纳"。　⑥秦地可尽王也：只要守住函谷关，整个秦国旧境都是刘邦的了。　　⑦当：匹敌。　　⑧安：何以。有故：有交情。　　⑨游：交游。　　⑩孰与君少长：项伯与您相比，谁的年岁大。孰：谁。　　⑪吾得兄事之：我得尊他为老大哥。　　⑫邀：邀请。　　⑬奉卮（zhī）酒为寿：举杯敬酒祝福。卮：酒杯。　　⑭约为婚姻：结为儿女亲家。于此可见刘邦的手段。　　⑮秋毫不敢有所近：丝毫也不敢贪占。秋毫：秋天的动物换毛时刚生出的细毛，比喻细小。　　⑯籍吏民：登记了官民的户籍。籍：登记。　　⑰将军：指项羽。　　⑱非常：意外事变。　　⑲背德：背信弃义。　　⑳报：转告。

　　沛公旦日从百余骑来见项王①，至鸿门，谢曰："臣与将军戮力而攻秦，将军战河北，臣战河南，然不自意能先入关破秦②，得复见将军于此。今者有小人之言③，令将军与臣有隙。"项王曰："此沛公左司马曹无伤言之；不然，籍何以至此。"项王即日因留沛公与饮。项王、项伯东向坐④，亚父南向坐。亚父者，范增也。沛公北向坐，张良西向侍。范增数目项王，举所佩玉玦以示之者三⑤，项王默然不应。范增起，出召项庄⑥，谓曰："君王为人不忍⑦，若入前为寿⑧，寿毕，请以剑舞，因击沛公于坐，杀之。不者⑨，若属皆且为所虏。"庄则入为寿。寿毕，曰："君王与沛公饮，军中无以为乐，请以剑舞。"项王曰："诺。"项庄拔剑起舞，项伯亦拔剑起舞，常以身翼蔽沛公⑩，庄不得击。于是张良至军门，见樊哙。樊哙曰："今日之事何如？"良曰："甚急。今者项庄拔剑舞，其意常在沛公也。"哙曰："此迫矣⑪，臣请入，与之同命⑫。"哙即带剑拥盾入军门。交戟之卫士欲止不纳⑬，樊哙侧其盾以撞⑭，卫士仆地⑮，哙遂入。披帷西向立⑯，瞋目视项王⑰，头发上指，目眦尽裂⑱。项王按剑而跽曰⑲："客何为者？"张良曰："沛公之参乘樊哙者也⑳。"项王曰"壮士！赐之卮酒。"则与斗卮酒㉑。哙拜谢，起，立而饮之。项王曰："赐之彘肩㉒。"则与一生彘肩㉓。樊哙覆其盾于地㉔，加彘肩上㉕，拔剑切而啖之㉖。项王曰："壮士，能复饮乎？"樊哙曰："臣死且不避，卮酒安足辞！夫秦王有虎狼之心，杀人如不能举，刑人如恐不胜㉗，天下皆叛之。怀王与诸将约曰：'先破秦入咸阳者王之。'今沛公先破秦入咸阳，毫毛不敢有所近㉘，封闭宫室，还军霸上，以待大王来。故遣将守关者，备他盗出入与非常也。劳苦而功高如此，未有封侯之赏，而听细说㉙，欲诛有功之人。

此亡秦之续耳㉚，窃为大王不取也。"项王未有以应，曰："坐！"樊哙从良坐㉛。坐须臾，沛公起如厕，因招樊哙出。

【注释】　①从：带领随从。　②不自意：自己也没有料到的。　③小人之言：坏人挑唆。　④东向坐：《史记会注考证》引中井曰："堂上之位，对堂下者，南向为贵，不对堂下者，唯东向为尊。"《淮阴侯列传》中，韩信尊贵李左车，使其东向坐，自己西向对。鸿门宴项羽自居尊位，由此可见其骄妄。　⑤玉玦：一种半圆形的佩戴玉器。玦：与"决"谐音，举玉玦示意项羽下决心杀掉刘邦。　⑥项庄：项羽堂兄弟。　⑦君王为人不忍：项羽为人心肠软。不忍：不狠心，心肠软。一方面是项羽"仁而爱人"，另一方面则是他年轻缺乏政治斗争经验。　⑧若：你。　⑨不者：否则。不：读"否"。　⑩翼蔽：像鸟翼一样遮住，掩护。　⑪此迫矣：眼前危急极了。　⑫与之同命：与沛公同生死，此为双关语，谓与项羽等人拼命了。　⑬交戟之卫士：帐前站岗的卫士交叉举戟，示意禁止进入。　⑭侧其盾以撞：横着盾牌撞击卫士。　⑮仆：倒地。　⑯披帷西向立：揭开营帐，站在东面正对着项羽。　⑰瞋目：瞪大眼睛。　⑱目眦（zì）尽裂：眼眶都睁得绽裂了。形容樊哙怒不可遏。　⑲按剑而跽：提剑跪起。古人席地而坐，两膝着地，臀部坐于小腿上。如果臀部离开小腿，准备起身就形成长跪姿势，这就是跽。项羽按剑而跽，是准备决斗的戒备姿势。　⑳参乘：同车而乘，在右侧担任警卫的甲士。　㉑斗卮酒：容一斗的大酒杯。　㉒彘（zhì）肩：猪肘的上部，俗称肘子。肘肩：贵于猪臂。《仪礼·乡射礼》郑注："宾俎用肩，主人用臂，尊宾也。"项羽赐樊哙彘肩，表示有礼尊宾。　㉓生彘肩：生猪肘，此乃项羽下属故意为难樊哙所为。而且没有切割的刀俎，致使樊哙以盾为俎，以剑为刀，生啖猪肩，一派豪气。　㉔覆其盾于地：将盾牌反放在地上，即平面向上。　㉕加彘肩上：把猪肘放在上面。　㉖啖（dàn）：大口地吞吃。　㉗"杀人"二句：杀人唯恐不能杀光，处罚人唯恐不重。　㉘毫毛：同"秋毫"，比喻微小。　㉙细说：小人的谗言。　㉚亡秦之续：继续走秦朝灭亡的道路。　㉛樊哙从良坐：樊哙挨着张良坐下。

沛公已出，项王使都尉陈平召沛公①。沛公曰："今者出，未辞也，为之奈何？"樊哙曰："大行不顾细谨，大礼不辞小让②。如今人方为刀俎③，我为鱼肉④，何辞为！"于是遂去。乃令张良留谢。良问曰："大王来何操⑤？"曰："我持白璧一双，欲献项王；玉斗一双⑥，欲与亚父，会其怒，不敢献。公为我献之。"张良曰："谨诺。"当是时，项王军在鸿门下，沛公军在霸上，相去四十里。沛公则置车骑⑦，脱身独骑，与樊哙、夏侯婴、靳强、纪信等四人持剑盾步走⑧，从郦山下⑨，道芷阳间行⑩。沛公谓张良曰："从此道至吾军，不过二十里耳。度我至军中⑪，公乃入。"沛公已去，间至军中⑫，张良入谢，曰："沛公不胜杯杓⑬，不能辞，谨使臣良奉白璧一双，再拜献大王足下⑭；玉斗一双，再拜奉大将军足下。"项王曰："沛公安在？"良曰："闻大王有意督过之⑮，脱身独去，已至军矣。"项王则受璧，置之坐上。亚父受玉斗，置之地，拔剑撞而破之，曰："唉！竖子不足与谋⑯。夺项王天下者，必沛公也，吾属今为之虏矣！"沛公至军，立诛杀曹无伤。

【注释】　①陈平：第二年即归刘邦为谋主。事详《陈丞相世家》。　②"大行"二句：干大事不要顾忌细小的差池，行大礼就不要怕小的责难。这两句是说干大事业的人不必拘泥于小节。　③俎：刀砧板。　④我为鱼肉：比喻处于任人宰割的地位。　⑤大王来何操：大王来时带来了什么礼物。　⑥玉斗：玉制酒器。　⑦置车骑：丢下来时所带的车骑。　⑧夏侯婴：号滕公，封汝阴侯，与樊哙同传。靳强：封汾阳侯。纪信：从刘邦为将军，详后。　⑨郦山：在今陕西省西安市临潼区东。　⑩道芷阳间行：取道经芷阳的小路走。芷阳：秦县名，县治在今陕西省西安市长安区东。　⑪度（duó）：估计。　⑫间至军中：此为张良估计，按：间道，即走小路近道已到军中。　⑬杯杓：这里作酒的代称。　⑭再拜献：谦词，郑重奉上的意思。　⑮有意督过：有责备其过之意。　⑯竖子：小子。范增明骂项庄，暗斥项羽。

居数日，项羽引兵西屠咸阳，杀秦降王子婴，烧秦宫室，火三月不灭；收其货宝妇女而东。人或说项王曰："关中阻山河四塞①，地肥饶，可都以霸。"项王见秦宫室皆以烧残破②，又心怀思欲东归，曰："富贵不归故乡，如衣绣夜行③，谁知之者！"说者曰④："人言楚人'沐猴而冠耳⑤'，果然。"项王闻之，烹说者。

【注释】　①阻山河四塞：四面有险可守，关中东有函谷关，南有武关，西有散关，北有萧关。　②以：同"已"。　③衣绣：身穿锦绣。　④说者：《汉书·项籍传》谓其人为韩生。　⑤沐猴而冠：猕猴戴帽子，学人样，其实并无头脑。

项王使人致命怀王①。怀王曰："如约②。"乃尊怀王为义帝③。项王欲自王④，先王诸将相，谓曰："天下初发难时，假立诸侯后以伐秦⑤。然身披坚执锐首事，暴露于野三年⑥，灭秦定天下者，皆将相诸君与籍之力也。义帝虽无功，故当分其地而王之⑦。"诸将皆曰："善！"乃分天下，立诸将为侯王。

【注释】　①致命怀王：向怀王报告灭秦经过，并请示善后。　②如约：遵照前约办事，即"先入关者王之"。 ③义帝：即假帝，挂名帝王。义：假也，犹如"义父""义子"之"义"。 ④欲自王：想自己称王。 ⑤假立诸侯：暂时，权宜封六国之后。 ⑥暴露于野：日晒雨淋在外作战。 ⑦"义帝"二句：义帝虽然无功，作为诸侯之后，也应当分地封他为王。故当：本该当，语气实含怨怒，怨其覆命"如约"，不向己，此已露杀机。

项王、范增疑沛公之有天下，业已讲解①，又恶负约②，恐诸侯叛之，乃阴谋曰："巴、蜀道险③，秦之迁人皆居蜀④。"乃曰："巴、蜀亦关中地也。"故立沛公为汉王，王巴、蜀、汉中，都南郑⑤。而三分关中，王秦降将，以拒塞汉王。

【注释】①业已讲解：事情已经和解。意谓原来攻打刘邦的机会已失，鸿门宴已讲和，再无借口。 ②又恶负约：又害怕承担撕毁怀王之约的罪名。恶：讨厌，不愿意。 ③道险：交通不便。 ④迁人：犯罪被流放的人。 ⑤南郑：秦县名，汉中郡治，在今陕西省汉中市南郑区。

项王乃立章邯为雍王，王咸阳以西，都废丘①。长史欣者，故为栎阳狱掾，尝有德于项梁；都尉董翳者，本劝章邯降楚。故立司马欣为塞王，王咸阳以东至河，都栎阳；立董翳为翟王，王上郡②，都高奴③。徙魏王豹为西魏王④，王河东⑤，都平阳⑥。瑕丘申阳者⑦，张耳嬖臣也⑧，先下河南⑨，迎楚河上⑩，故立申阳为河南王，都洛阳。韩王成因故都⑪，都阳翟。赵将司马卬定河内⑫，数有功，故立卬为殷王，王河内，都朝歌⑬。徙赵王歇为代王⑭。赵相张耳素贤，又从入关，故立耳为常山王，王赵地，都襄国⑮。当阳君黥布为楚将，常冠军，故立布为九江王，都六⑯。鄱君吴芮率百越佐诸侯⑰，又从入关，故立芮为衡山王，都邾⑱。义帝柱国共敖将兵击南郡⑲，功多，因立敖为临江王，都江陵。徙燕王韩广为辽东王⑳。燕将臧荼从楚救赵，因从入关，故立荼为燕王，都蓟㉑。徙齐王田市为胶东王。齐将田都从共救赵，因从入关，故立都为齐王，都临淄㉒。故秦所灭齐王建孙田安，项羽方渡河救赵，田安下济北数城，引其兵降项羽，故立安为济北王，都博阳㉓。田荣者，数负项梁，又不肯将兵从楚击秦，以故不封。成安君陈余弃将印去㉔，不从入关，然素闻其贤，有功于赵，闻其在南皮㉕，故因环封三县㉖。番君将梅锅功多，故封十万户侯。项王自立为西楚霸王㉗，王九郡㉘，都彭城。

【注释】 ①废丘：秦县名，县治在今陕西省兴平市东南。　②上郡：今陕北东部地区，郡治肤施，在今陕西省榆林市东南。　③高奴：秦县名，县治在今陕西省延安市东北。　④徙魏王豹为西魏王：项羽欲自王梁楚地，故迁已据有梁地的魏豹为西魏王。　⑤河东：秦郡名，地当晋西南，郡治安邑，在今山西省夏县西北。　⑥平阳：秦县名，县治在今山西省临汾市西南。　⑦瑕丘申阳：申阳，人名，曾为秦瑕丘县令，故称瑕丘申阳。　⑧嬖臣：宠幸之臣。　⑨河南：此指秦三川郡。　⑩迎楚河上：项羽西进，申阳在郡境的黄河岸上迎接楚军。　⑪因故都：居韩国之故都，即阳翟，在今河南省禹州市。　⑫河内：秦郡名，今河南省河北之地，郡治怀县，在今河南省武陟县西南。　⑬朝歌：殷故都，在今河南省淇县境内。　⑭代：郡名，郡治代，在今河北省蔚县西南。赵歇为代王即在此地立都。　⑮襄国：秦信都县治，项羽以赵襄子之谥改为襄国，故治在今河北省邢台市西南。　⑯六：秦县名，县治在今安徽省六安市北。　⑰鄱君吴芮：吴芮，人名，曾为秦鄱阳令，故称鄱君。吴芮响应陈涉起义，故项羽封王，后降刘邦，封为长沙王。百越：当今闽浙一带之越人。因随地立君，有众多君长，故称百越。　⑱邾（zhū）：古邑名，汉置县，故邑在今湖北省黄冈市西北。　⑲南郡：秦郡名，地当今湖北省西部地区，郡治江陵，即今湖北省江陵县。　⑳辽东：秦郡名，郡治在今辽宁省辽阳市。项羽徙燕王韩广为辽东王，在此地立都。　㉑蓟：秦县名，县治在今北京市西南。　㉒临淄：故城在今山东省淄博市城北。　㉓博阳：齐之博陵邑，汉置博平县，县治在今山东省茌平县博平镇。㉔陈余弃将印去：陈余、张耳共立赵歇为赵王，张耳为相，陈余为将，巨鹿之战后，张耳责备陈余救援不力，陈余大怒，解将印而走，两人成仇。项羽即封张耳，故不封陈余为王，只封三县。　㉕南皮：秦县名，即今河北省南皮县。　㉖环封三县：环绕南皮三县。　㉗西楚霸王：全楚之地分为西楚、东楚、南楚三大地区。今豫东、皖北与江苏西北部地区为西楚；彭城以东，长江下游为东楚；长江中部江南为南楚。以都邑言，彭城为西楚，吴为东楚，江陵为南楚。项羽以彭城为都，又为诸侯盟主，故称西楚霸王。　㉘九郡：项羽所辖九郡众说纷纭，一般认为是东阳、泗水、薛、东海、郯、会稽、吴、砀、东郡。其地以彭城为中心，跨有今河南省东部、山东省西南部，以及安徽、江苏两省。东楚之地亦在项羽辖区内。

（以上为第三段，写项羽入关，并分封十八王。本段重点写鸿门宴，这是项羽事业的转折点，由反秦斗争转为楚汉相争。由于项羽缺乏政治经验，而又刚愎自用，思想守旧，第一个回合就打了败仗。）

汉之元年四月①，诸侯罢戏下②，各就国。项王出之国③，使人徙义帝，曰："古之帝者地方千里，必居上游④。"乃使使徙义帝长

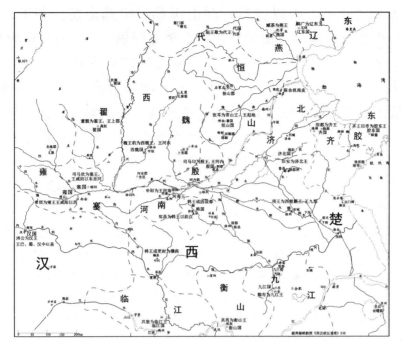

项羽分封

沙郴县⑤，趣义帝行，其群臣稍稍背叛之。乃阴令衡山、临江王击杀之江中⑥。韩王成无军功，项王不使之国，与俱至彭城，废以为侯，已又杀之⑦。臧荼之国，因逐韩广之辽东，广弗听，荼击杀广无终⑧，并王其地。

【注释】 ①汉之元年：公元前206年。此未用楚纪年，而用汉纪年，故加"之"字。②诸侯罢戏下：指诸侯从项羽的旗帜下分散开去，各就国。③出之国：东出函谷关，到自己的封国去，即项羽回到彭城。④上游：居高临下之地。项羽忌怀王，用冠冕堂皇的托词逐放到当时尚未充分开发的长沙地区。⑤长沙：秦郡名，郡治临湘，在今湖南省长沙市南。郴县：长沙郡属县，即今湖南省郴州市。⑥击杀之江中：据《黥布列传》，义帝到达郴县后才被黥布遣将追杀。大约是衡山王吴芮、临江王共敖不愿截杀义帝，故义帝终达郴县。其后项羽迫使黥布追杀，于是产生裂痕。不久项羽伐齐，征黥布不至，黥布竟反楚归刘。项羽此举，大为失计。⑦"韩王成无军功"五句：项羽怨韩王成遣张良助刘邦，故托词"无军功"，不使之国，随后又杀之。这也是项羽政治上的失策。⑧无终：秦县名，县治，即今天津市蓟州区。

田荣闻项羽徙齐王市胶东，而立齐将田都为齐王，乃大怒，不肯遣齐王之胶东，因以齐反，迎击田都。田都走楚。齐王市畏项王，乃亡之胶东就国。田荣怒，追击杀之即墨①。荣因自立为齐王，而西击杀济北王田安，并王三齐。荣与彭越将军印，令反梁地②。陈余阴使张同、夏说说齐王田荣曰③："项羽为天下宰④，不平。今尽王故王于丑地⑤，而王其群臣诸将善地，逐其故主，赵王乃北居代⑥，余以为不可。闻大王起兵，且不听不义，愿大王资余兵⑦，请以击常山，以复赵王⑧，请以国为扞蔽⑨。"齐王许之，因遣兵之赵。陈余悉发三县兵，与齐并力击常山，大破之。张耳走归汉。陈余迎故赵王歇于代，反之赵。赵王因立陈余为代王。

【注释】 ①即墨：秦县名，县治在今山东省平度市东南。 ②"荣与彭"二句：彭越后归刘邦为大将，与魏豹合传。当时彭越有众万余在巨野泽，无所属，因彭越未从项羽入关，故不封，于是齐田荣、汉刘邦相继遣人策动彭越反于梁地。项羽封王，意气用事，此大为失计。 ③张同、夏说：二人为陈余将，夏说后为代相，被韩信所破，事详《淮阴侯列传》。第一个说为人名夏说，读"悦"。 ④为天下宰：主宰天下的大事。 ⑤丑地：荒凉边远之地。此句指项羽徙赵王歇于代，燕王韩广于辽东，齐王田市于胶东事。 ⑥逐其故主，赵王乃北居代：旧注做一句读，句法不通，梁玉绳认为"其"字衍，非是。"逐其故主"断句，指臧荼逐韩广，田都逐田市，张耳逐赵歇，以至于赵王歇北居代。 ⑦资：资助，以为凭借。 ⑧以复赵王：用以恢复赵王还赵地。陈余借此打击张耳以报复夺印之怨。 ⑨扞蔽：屏蔽，护卫。

　　是时，汉还定三秦①。项羽闻汉王皆已并关中，且东②，齐、赵叛之③，大怒。乃以故吴令郑昌为韩王④，以拒汉。令萧公角等击彭越⑤。彭越败萧公角等。汉使张良徇韩，乃遗项王书曰："汉王失职⑥，欲得关中，如约即止，不敢东。"又以齐、梁反书遗项王曰⑦："齐欲与赵并灭楚。"楚以此故无西意，而北击齐。征兵九江王布。布称疾不往，使将将数千人行。项王由此怨布也。

【注释】 ①三秦：即关中地，因项羽分其地为三王，即雍王章邯，塞王司马欣，翟王董翳，于是称三秦。 ②且东：将要东进。 ③齐、赵叛之：齐田荣，赵陈余叛楚。 ④故吴令郑昌为韩王：于是项羽封前吴县令郑昌为韩王。故吴令：秦时吴县令。郑昌以吴令随项梁起兵，为项羽旧将，故立为韩王。 ⑤萧公角：角，人名，因为萧县县令，故称萧公角。 ⑥汉王失职：项羽不遵怀王之约，使刘邦没有得到应得的爵土，即为关中王。 ⑦以齐、梁反书遗项王：张良又将齐、梁反楚的事写了一封信送给项王。这是张良为刘邦东出制造的烟幕。梁：指彭越反梁地。下文"齐欲与赵并灭楚"是张良信中分析局势的内容之一，并非"梁"为"赵"字之误。

汉之二年冬①，项羽遂北至城阳，田荣亦将兵会战。田荣不胜，走至平原②，平原民杀之。遂北烧夷齐城郭室屋③，皆坑田荣降卒，系虏其老弱妇女。徇齐至北海④，多所残灭。齐人相聚而叛之。于是田荣弟田横收齐亡卒得数万人⑤，反城阳。项王因留，连战未能下。

【注释】 ①汉之二年：公元前205年。 ②平原：秦郡名，郡治在今山东省平原县西南。 ③烧夷：烧灭劫掠。夷为平地。 ④北海：渤海，指项羽打到了渤海边。西汉时沿莱州湾海岸地区置北海郡，郡治营陵，在今山东省潍坊市西南。 ⑤亡卒：散卒。

春①，汉王部五诸侯兵凡五十六万人②，东伐楚。项王闻之，即令诸将击齐，而自以精兵三万人南从鲁出胡陵③。四月，汉皆已入彭城，收其货宝美人，日置酒高会。项王乃西从萧，晨击汉军而东，至彭城，日中，大破汉军④。汉军皆走，相随入谷、泗水⑤，杀汉卒十余万人。汉卒皆南走山，楚又追击至灵壁东睢水上⑥。汉军却，为楚所挤⑦，多杀，汉卒十余万人皆入睢水，睢水为之不流。围汉王三匝⑧。于是大风从西北而起，折木发屋⑨，扬沙石，窈冥昼晦⑩，逢迎楚军⑪。楚军大乱，坏散⑫，而汉王乃得与数十骑遁去。欲过沛，收家室而西；楚亦使人追之沛，取汉王家；家皆亡，不与汉王相见。汉王道逢得孝惠、鲁元⑬，乃载行⑭。楚骑追汉王，汉王急，推堕孝惠、鲁元车下。滕公常下收载之⑮，如是者三。曰："虽急，不可以驱，奈何弃之⑯！"于是遂得脱。求太公、吕后不相遇⑰。审食其从太公、吕后间行，求汉王，反遇楚军。楚军遂与归，报项王⑱，项王常置军中。

【注释】 ①春：单言春，即汉二年正月。汉初沿用秦历，以十月为岁首，故上文先言冬。 ②部：部勒，统率。五诸侯：众说纷纭。颜师古谓为常山王张耳、河南王申阳、韩王郑昌、魏王豹、殷王卬。按："五诸侯"以战国之数习惯言，山东六国，去一则五。篇末赞语谓项羽率"五诸侯"灭秦，因其时齐未从项羽入关，故言"五诸侯"，而从项羽者楚、赵、韩、魏、燕五国之师。但刘邦东出，则非只颜说五王，尚有塞王欣、翟王翳；山东齐、赵已与项羽战，故"五诸侯"非实指，而是泛言天下之兵。 ③鲁：秦县名，县治即今山东省曲阜市。胡陵：秦县名，县治在今山东省鱼台县东南。 ④"项王乃西"五句：这里描写的是彭城大战，项羽以轻骑三万击败刘邦五十六万大军，取得了辉煌的战役胜利。汉二年夏四月刘邦攻破彭城，以为天下已定，置酒高会。汉军主力摆在彭城以东阻击项羽回救。但项羽未直指彭城。他留下大军在北海攻齐，只带三万轻骑拉到彭城正北的鲁县，绕过昭阳湖至胡陵，迁回至彭城之西的萧县，然后在黎明之时，从萧县向东，出其不意地向汉军发起了总攻，从背后打击汉军，获得了大胜。　⑤谷、泗水：水名。谷水为泗水支流，在彭城东北流入泗水；泗水：山东省境内之河，经彭城东，南入淮水。　⑥灵壁：古邑名，今称灵璧，在今安徽省淮北市西南。睢水：古代鸿沟水系的支流，从大梁东鸿沟分出，流经彭城入泗。汉军败于灵壁以东一段睢水上。　⑦挤：逼压、推挤。　⑧三匝：三重包围。匝：四周环绕合围。　⑨发屋：掀去屋顶。　⑩窈（yǎo）冥昼晦：天昏地暗，白日如同黑夜。窈冥：幽暗昏黑的样子。　⑪逆迎楚军：指大风卷起的沙石，正迎着楚军进击的方向，扑面打来。　⑫坏散：阵容混乱，四散奔逃。　⑬孝惠、鲁元：即吕后所生之一男一女，孝惠帝刘盈和鲁元公主。鲁元公主为刘盈之姐，食邑鲁，故称鲁元公主。元：长，老大。　⑭乃载行：便载在车上一同走。　⑮滕公：即夏侯婴，因曾为滕县令，故称滕公。　⑯"虽急"三句：虽然危急，不能快赶，但怎么忍心抛弃骨肉呢？　⑰太公：刘邦父亲。　⑱报项王：报告并献给项王。

　　是时吕后兄周吕侯①，为汉将兵居下邑②，汉王间往从之③，稍稍收其士卒。至荥阳④，诸败军皆会，萧何亦发关中老弱未傅悉诣荥阳⑤，复大振。楚起于彭城，常乘胜逐北⑥，与汉战荥阳南京、索间⑦，汉败楚，楚以故不能过荥阳而西⑧。

　　【注释】　①周吕侯：即吕泽。　②下邑：秦县名，县治在今安徽省砀山县东。　③间往从之：从小路赶往会合吕泽。　④荥阳：地处冲要的军事重镇，故城在今河南省荥阳市东北。　⑤未傅：未登记入服役名册的老弱，即不适合役龄的老人和年幼者。　⑥乘胜逐北：楚趁战胜之威，追击败退的汉兵。北：败退。　⑦京：秦县名，县治在今河南省荥阳市东南。索：京县境内之索亭，又称大索城，即今河南省荥阳市老城。　⑧"汉败楚"二句：韩信挫败楚于京、索之间，楚汉相争转入战略相持阶段，即对峙于成皋，史称"成皋之战"。对峙始于汉二年（公元前205年）五月（据《汉书·高帝纪》）。

　　项王之救彭城，追汉王至荥阳，田横亦得收齐，立田荣子广为齐王。汉王之败彭城，诸侯皆复与楚而背汉①。汉军荥阳，筑甬道，属之河②，以取敖仓粟③。

　　【注释】　①与楚：与楚结盟，附楚。　②属：连接，沟通。　③敖仓：秦在荥阳西北敖山上所筑大粮仓，下临河。

　　汉之三年①，项王数侵夺汉甬道，汉王食乏，恐，请和，割荥阳以西为汉。项王欲听之。历阳侯范增曰：“汉易与耳②，今释勿取③，后必悔之。”项王乃与范增急围荥阳。汉王患之，乃用陈平计间项王④。项王使者来，为太牢具⑤，举欲进之⑥。见使者，佯惊愕曰：“吾以为亚父使者，乃反项王使者⑦。”更持去⑧，以恶食食项王使者。使者归报项王⑨，项王乃疑范增与汉有私，稍夺之权。范增大怒，曰：“天下事大定矣，君王自为之，愿赐骸骨归卒伍⑩。”项王许之。行未至彭城，疽发背而死⑪。

【注释】 ①汉之三年：公元前 204 年。 ②易与：容易对付。 ③释：放弃了这个机会。指打败汉军，突入关中。 ④间项王：离间项王与范增等人的关系，使楚君臣猜忌。 ⑤太牢具：摆上牛、羊、豕三牲俱全的筵席，最丰盛的筵席。古代祭祀三牲具全称太牢，只具羊、豕叫少牢。具：盛食器具。 ⑥举欲进之：端出了已准备好的美食佳肴将要摆在席上。举：端出。欲进之：做出摆宴的样子。 ⑦乃反：原来竟是。 ⑧更持去：更换筵席，撤去原来端出的酒筵。 ⑨使者归报项王：楚使回去把这情形报告给项王。《通鉴辑览》云：“陈平此计，乃欺三尺童未叫保其必信者，更乃以为奇，而世传之，可发一笑。”按：陈平曾为项王都尉，知其为人，故为此计，而项王及使者竟中计，可见项王之蠢愚，使者之无能。若项王能用随何、郦生之流，陈平之计，岂可行哉！ ⑩赐骸骨：请赐还我身体，即允许致仕为自由之身。归卒伍：回到平民中去。卒伍：古代的基层服役户籍编制，五家为伍，三百家为卒。 ⑪疽（jū）：也叫“痈”（yōng），一种生于颈部、背部或臀部的毒疮。

汉将纪信说汉王曰：“事已急矣，请为王诳楚为王①，王可以间出②。”于是汉王夜出女子荥阳东门被甲二千人③，楚兵四面击之。纪信乘黄屋车④，傅左纛⑤，曰：“城中食尽，汉王降。”楚军皆呼万岁。汉王亦与数十骑从城西门出，走成皋⑥。项王见纪信，问：“汉王安在?”信曰：“汉王已出矣。”项王烧杀纪信。

【注释】 ①请为王诳楚为王：请允许我替你去蒙骗楚军，打扮成大王的样子去投降。 ②间出：趁机逃出。 ③被甲二千人：给两千女子穿上甲胄，武装起来吸引楚军。 ④黄屋车：用黄绸做车盖的车，为天子用车。 ⑤傅左纛（dào）：在车子左边插上装饰有牦牛尾的大旗。纛：天子旗下的装饰，以牦牛尾为之。 ⑥走成皋：刘邦从荥阳突围西走成皋。据《汉书·高帝纪》，时在汉三年五月。项羽留兵围荥阳，向西追击，攻下成皋。刘邦得关中兵，南下宛、叶，调项羽南下，而后刘邦北上夺回成皋，杀楚将终公。成皋：即虎牢关，汉置成皋县，为军事要冲地，故城即今河南省荥阳市西北之汜水镇。

汉王使御史大夫周苛、枞公、魏豹守荥阳①。周苛、枞公谋曰：
"反国之王，难与守城。"乃共杀魏豹。楚下荥阳城②，生得周苛③。
项王谓周苛曰："为我将，我以公为上将军，封三万户。"周苛骂曰：
"若不趣降汉④，汉今虏若，若非汉敌也！"项王怒，烹周苛，并杀
枞公。

【注释】 ①枞公：史失其名，枞为姓。魏豹：韩信破魏，豹复降汉。 ②楚下荥阳
城：汉三年五月，项羽南下宛、叶，而后东击走彭越，于六月西破荥阳。 ③生得：活
捉。 ④趣降汉：赶快早早降汉。

汉王之出荥阳，南走宛、叶①，得九江王布，行收兵②，复入保
成皋。汉之四年③，项王进兵围成皋，汉王逃，独与滕公出成皋北
门，渡河走修武④，从张耳、韩信军。诸将稍稍得出成皋，从汉王。
楚遂拔成皋⑤，欲西。汉使兵拒之巩⑥，令其不得西。

【注释】 ①宛、叶：均秦县名，宛县又为南阳郡治，即今河南省南阳市。叶县县治
在今河南省叶县南。 ②得九江王布，行收兵：黥布于汉三年冬十二月降汉，楚得淮南
地。汉王令黥布回淮南收集旧部游击楚，有众数千。同年夏五月，汉王荥阳突围，发关中
卒，南走宛、叶，并在行进中收黥布等兵，声势复振，而后北上夺回成皋。 ③汉之四
年：公元前203年。按：刘邦从成皋突围至修武夺韩信军，当从《汉书·高帝纪》，时在
汉三年六月，此云"汉之四年"误。 ④修武：古邑名，在今河南省获嘉县。 ⑤楚遂拔
成皋：此为项羽东破彭越后回城第二次攻下成皋，时在汉三年六月。《汉书·高帝纪》及
《通鉴》均同。 ⑥巩：秦县名，县治在今河南省巩义市西南。

是时，彭越渡河击楚东阿，杀楚将军薛公，项王乃自东击
彭越①。

【注释】 ①"是时"四句：项羽东击彭越，时在汉三年五月，这里书于楚再拔成皋之
后，即六月，梁玉绳认为行文有误，非是。"是时"二字应作"初"字读，是话分两头之意，
即指项羽攻围荥阳，一下成皋之时，也就是汉三年五月。当时，刘邦为了阻止项羽的攻势，
在南下宛、叶的同时，令彭越将兵从东阿绕出楚之后方，迂回突击至下邳，迫使项羽东救，
刘邦才夺回成皋，重新部署了防线。故"是时"等句为上下文之间的插说，应单独标出为
一小段，则文义显然。中华书局点校本及各种选本均属下段连读，遂使文义扞格不可通。
按：项羽一拔成皋之后，该不顾刘邦的调虎离山之计，乘胜西进，打破汉王坚守的成皋阵
线，则刘邦的南下宛、叶，彭越之绕出楚后必将归于失败，无奈此时范增已亡，项羽无
谋，被刘邦调其南下宛、叶，东救下邳，疲于奔命，于是刘邦的成皋阵线复固。

汉王得淮阴侯兵，欲渡河南①。郑忠说汉王②，乃止壁河内③。使刘贾将兵佐彭越④，烧楚积聚⑤。项王东击破之，走彭越。汉王则引兵渡河，复取成皋，军广武⑥，就敖仓食。项王已定东海来⑦，西⑧，与汉俱临广武而军⑨，相守数月⑩。

【注释】 ①欲渡河南：指刘邦打算把他从修武夺来的河北军直接拉到黄河之南收复成皋。　②郑忠说汉王：郑忠时为刘邦郎中，他劝刘邦不忙渡河，屯兵蓄锐，而派卢绾、刘贾等增援彭越，再次扰楚后方，使项羽"备多力分"，然后渡河决战。　③止壁河内：屯驻于修武军营内，即按兵不出。　④刘贾：刘邦堂兄，汉封荆王，事详《荆燕王世家》。⑤烧楚积聚：彭越、刘贾再次乱楚后方，从白马津渡过黄河，直下梁地，攻下睢阳、外黄等十七城，据《汉书·高帝纪》，时在汉三年八月。　⑥复取成皋，军广武：此事在汉三年九月。刘邦用郑忠策，第二次调动项羽东救睢阳，趁机渡河夺回成皋，军广武，就敖仓食。广武：古城名，在今河南省荥阳市东北之广武山上。　⑦项王已定东海来：东海泛指东方，即睢阳、外黄等地，当今河南省开封市以东至商丘一带。项羽东救睢阳，时在汉三年九月。"已定东海来"：已在汉四年十月，详后"是时，彭越复反，下梁地"一节。　⑧西：此指项羽定东海后回兵西进与刘邦相战。　⑨与汉俱临广武而军，即刘、项对峙于广武，广武山上有两城，西城为汉所筑，东城为楚所筑。　⑩相守数月：刘、项相持于广武，从汉四年冬十月至第二年秋九月，为时整一年。

当此时，彭越数反梁地①，绝楚粮食，项王患之。为高俎②，置太公其上，告汉王曰："今不急下③，吾烹太公。"汉王曰："吾与项羽俱北面受命怀王④，曰'约为兄弟'，吾翁即若翁，必欲烹而翁⑤，则幸分我一杯羹。"项王怒，欲杀之。项伯曰："天下事未可知，且为天下者不顾家，虽杀之无益，只益祸耳。"项王从之。

【注释】 ①数反：多次扰乱。　②为高俎：设置一个高大的砧板。　③急下：赶快投降。　④北面：即为臣。古代君主南面而坐，臣下北面而朝。　⑤而翁：你父亲。而：同"若"，你。

楚、汉久相持未决，丁壮苦军旅，老弱疲转漕①。项王谓汉王曰："天下匈匈数岁者②，徒以吾两人耳，愿与汉王挑战决雌雄，毋徒苦天下之民父子为也③。"汉王笑谢曰："吾宁斗智，不能斗力。"项王令壮士出挑战。汉有善骑射者楼烦④，楚挑战三合，楼烦辄射杀之⑤。项王大怒，乃自被甲持戟挑战。楼烦欲射之，项王瞋目叱之，楼烦目不敢视，手不敢发，遂走还，入壁，不敢复出。汉王使人间问之⑥，乃项王也。汉王大惊。于是项王乃即汉王⑦，相与临广武间而语⑧。汉王数之⑨，项王怒，欲一战。汉王不听，项王伏弩射中汉王⑩。汉王伤，走入成皋。

【注释】　①疲转漕：疲劳于运送粮饷。转：车载。漕：船运。　②匈匈：战乱鼎沸。③"毋徒"句：不要平白使天下的百姓受这样的罪。为：使，当在"毋"字后，此为倒装句。　④楼烦：北方善骑射的游牧民族，这里代称优秀的射手。　⑤辄：每每。　⑥间问：暗中打听。　⑦即汉王：靠近汉王，即项羽逼近汉军阵地。　⑧广武间：即广武涧，在广武山顶分隔东西二城，宽二百余步。　⑨汉王数之：汉王历数项羽十罪，载《高祖本纪》。　⑩伏弩：埋伏的弓箭手。

项王闻淮阴侯已举河北①，破齐、赵②，且欲击楚，乃使龙且往击之③。淮阴侯与战，骑将灌婴击之④，大破楚军，杀龙且。韩信因自立为齐王。项王闻龙且军破，则恐，使盱眙人武涉往说淮阴侯⑤。淮阴侯弗听。

【注释】　①举河北：完全占有河北。　②破齐、赵：赵即河北，已见上文，故"赵"字为衍文。韩信破齐在汉四年冬十月。　③乃使龙且往击之：龙且，楚大将；项羽派龙且击韩信事，详《淮阴侯列传》。　④灌婴：汉大将，有传，事详《樊郦滕灌列传》。　⑤武涉往说淮阴侯：武涉说韩信背汉联楚，三分天下，事详《淮阴侯列传》。

是时，彭越复反，下梁地①，绝楚粮。项王乃谓海春侯大司马曹咎等曰②："谨守成皋③，则汉欲挑战④，慎勿与战，毋令得东而已⑤。我十五日必诛彭越，定梁地，复从将军⑥。"乃东行，击陈留、外黄。外黄不下，数日，已降。项羽怒，悉令男子年十五已上诣城东，欲坑之。外黄令舍人儿年十三⑦，往说项王曰："彭越强劫外黄，外黄恐，故且降，待大王⑧。大王至，又皆坑之，百姓岂有归心？从此以东，梁地十余城皆恐，莫肯下矣。"项王然其言，乃赦外黄当坑者。东至睢阳⑨，闻之皆争下项王。

【注释】　①是时，彭越复反，下梁地：指彭越第二次扰乱楚后方，其事在汉三年八月，即前文"项王已定东海来"为一事，故"是时"二字亦作"初"字读，追叙项羽丢失成皋的经过。《汉书·高帝纪》叙楚汉相争，对峙成皋、广武，编年井然有序。《项羽本纪》序事用传体，以便构成汉军怎样由被动转主动，而项羽由主动变被动的强烈对比，故运用了倒叙插入的手法。这一节文字应单独成段标点，则文理不乱。中华点校本及各选本未明司马迁笔法，分段有误，造成时序紊乱，今特正之。　②曹咎等：是时，曹咎为大司马，封海春侯，与司马欣、董翳共守成皋，故曰"曹咎等"。 ③谨守成皋：此倒叙汉三年九月事，刘邦再次调动项羽东击彭越，回救睢阳、外黄，谋取成皋，项羽亦虑及此，故嘱曹咎等固守成皋。时楚将钟离眜等因被陈平反间，不得重用，项羽乃委重任于曹咎等无能之辈，故成皋再失。 ④则："即"，即使。 ⑤毋令得东而已：只要不使汉军东进就是头功。按：曹咎等不听项羽节制，结果丢失了成皋、荥阳，汉军阵线东推至荥阳以东的广武，迫使项羽处于守势，楚汉相争形势大大逆转。 ⑥复从将军：再与将军会合。 ⑦外黄令舍人儿：外黄县令门客的儿子。舍人：寄食于官僚贵族之家的士人，秦汉时亦为私属官员。 ⑧故且降，待大王：所以权且投降彭越，实则等待大王来救援。 ⑨睢阳：秦县名，县治在今河南省商丘市南。

汉果数挑楚军战①，楚军不出。使人辱之，五六日，大司马怒，渡兵汜水②。士卒半渡，汉击之，大破楚军，尽得楚国货赂③。大司马咎、长史翳、塞王欣皆自刭汜水上。大司马咎者，故蕲狱掾，长史欣亦故栎阳狱吏，两人尝有德于项梁④，是以项王信任之。当是时，项王在睢阳，闻海春侯军败，则引兵还。汉军方围钟离眜于荥阳东⑤，项王至，汉军畏楚，尽走险阻。

【注释】①汉果数挑楚军战：果不出项羽所料，他一东走，刘邦立即挥师渡河，一次又一次向曹咎挑战。 ②汜水：水名，经成皋东入河。 ③货赂：货物钱财，即楚军的积聚。 ④两人尝有德于项梁：曹咎、司马欣有德于项梁事已叙于篇首，这里特地复述，意在说明项羽疏贤用亲，无独当一面之良将，所以失败。 ⑤钟离眜：项羽猛将。

是时①，汉兵盛食多，项王兵疲食绝。汉遣陆贾说项王，请太公②，项王弗听。汉王复使侯公往说项王③，项王乃与汉约：中分天下④，割鸿沟以西者为汉⑤，鸿沟而东者为楚。项王许之，即归汉王父母妻子，军皆呼万岁。汉王乃封侯公为平国君⑥，匿弗肯复见⑦。曰："此天下辩士，所居倾国⑧，故号为平国君。"项王已约，乃引兵解而东归⑨。

【注释】①是时：此为广武对峙之时，汉已得天下三分之二，故"兵盛食多"；项羽谋臣死，良将亡，故"兵疲食绝"。 ②陆贾：刘邦谋士，说客，事详《郦生陆贾列传》。 ③侯公：辩士，史失其名，姓侯。 ④中分：平分。 ⑤鸿沟：战国时魏国开凿的一条运河，引黄入淮，北起荥阳，经中牟、开封，南流至淮阳东南入淮水支流颍水。按：当时彭越、韩信在鸿沟之东，以鸿沟为界中分天下，此为刘邦调动彭、韩与楚战之计，项羽接受这一和约是政治上的又一失策。 ⑥平国君：为"倾国"之反称，含讥刺意。 ⑦匿弗肯复见：侯公不愿受"平国君"之封，因而躲藏隐居，不再露面，不见刘邦。　⑧所居倾国：所到之处能颠覆别人的国家。按：刘、项订和约在汉四年九月。此时灌婴已从齐地进兵至淮北，彭城告急。刘、项对峙广武经年，项羽多次请和，刘邦不允，而在胜利前夕反主动请和，其用心在于诈项羽东归，释放太公、吕后。项羽亦知之，故陆贾往说不听，侯公再说乃听之。于此可见侯公真倾国之士也。　⑨解：读"懈"，松懈，斗志涣散。

　　汉欲西归，张良、陈平说曰："汉有天下太半①，而诸侯皆附之。楚兵疲食尽，此天亡楚之时也，不如因其机而遂取之②。今释弗击，此所谓'养虎自遗患'也。"汉王听之。汉五年③，汉王乃追项王至阳夏南④，止军⑤，与淮阴侯韩信、建成侯彭越，期会而击楚军。至固陵⑥，而信、越之兵不会⑦。楚击汉军，大破之。汉王复入壁，深堑而自守，谓张子房曰⑧："诸侯不从约，为之奈何？"对曰："楚兵且破，信、越未有分地⑨，其不至固宜。君王能与共分天下，今可立致也⑩。即不能，事未可知也。君王能自陈以东傅海⑪，尽与韩信；睢阳以北至谷城⑫，以与彭越：使各自为战，则楚易败也。"汉王曰："善。"于是乃发使者告韩信、彭越曰："并力击楚。楚破，自陈以东傅海与齐王，睢阳以北至谷城与彭相国⑬。"使者至，韩信、彭越皆报曰："请今进兵。"韩信乃从齐往，刘贾军从寿春并行⑭，屠城父，至垓下⑮。大司马周殷叛楚，以舒屠六⑯，举九江兵，随刘贾、彭越，皆会垓下，诣项王⑰。

【注释】①太半：大半，三分之二。　②因其机：趁此机会。　③汉五年：公元前202年。　④阳夏：秦县名，县治在今河南省太康县。　⑤止军：屯驻下来。　⑥固陵：秦县名，县治在今河南省太康县南。　⑦信、越之兵不会：汉三年十月韩信已破齐，项羽已居劣势，而刘、项相峙广武经年不决者，因韩信、彭越观望故也。　⑧张子房：刘邦谋士张良，字子房。　⑨未有分地：没有明确画界。　⑩立致：立即召来。　⑪自陈以东傅海：从陈（今河南省淮阳县）以东至近海一带，即今安徽、江苏两省的淮北地区。　⑫睢阳以北至谷城：今河南省东部及山东西部地区。谷城：秦县名，县治在今山东省东阿县南。　⑬彭相国：彭越曾为魏豹相国。　⑭刘贾军从寿春并行：此时刘贾与黥布等已深入楚的后方，据有淮南，故从寿春出发北上与南下的韩信军同时进军合围项羽。寿春：秦县名，即今安徽省寿县。　⑮屠城父，至垓下：刘贾从寿春北上，先向西北趋固陵，故先至城父，随后追击项羽东至垓下。城父：古邑名，在今安徽省亳州市东南，位于寿春西北。垓下：又名垓下集，古地名，在今安徽省灵璧县东南的沱河北岸，位于寿春东北。　⑯以舒屠六：周殷，守淮南的楚将，他投降了刘贾，带领舒县（今安徽省舒城县）之众北上，屠灭了城守六县（今安徽省六安市）的楚军。　⑰诣项王：各路汉军都追向项王。

项王军壁垓下，兵少食尽，汉军及诸侯兵围之数重。夜闻汉军四面皆楚歌①，项王乃大惊曰："汉皆已得楚乎？是何楚人之多也？"项王则夜起，饮帐中。有美人名虞，常幸从；骏马名骓②，常骑之。于是项王乃悲歌慷慨，自为诗曰："力拔山兮气盖世，时不利兮骓不逝③。骓不逝兮可奈何，虞兮虞兮奈若何！"歌数阕④，美人和之。项王泣数行下，左右皆泣，莫能仰视。

【注释】　①四面皆楚歌：汉军收缩包围，其歌声达于项羽军营。此时汉军多楚人，刘邦令唱楚地民歌，用以瓦解项羽军心。　②骓（zhuī）：毛色青白相间的马。　③逝：奔驰。　④歌数阕：连唱了几遍。阕：曲终，指唱完一遍。

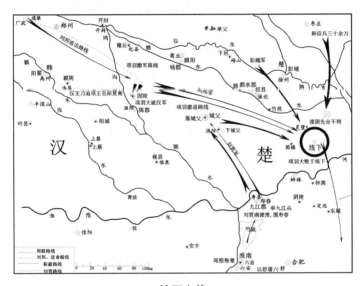

垓下之战

于是项王乃上马骑，麾下壮士骑从者八百余人①，直夜溃围南出②，驰走。平明，汉军乃觉之，令骑将灌婴以五千骑追之。项王渡淮，骑能属者百余人耳③。项王至阴陵④，迷失道，问一田父⑤，田父绐曰⑥："左⑦。"左，乃陷大泽中。以故汉追及之。项王乃复引兵而东，至东城⑧，乃有二十八骑。汉骑追者数千人。项王自度不得脱⑨，谓其骑曰："吾起兵至今八岁矣，身七十余战，所当者破，所击者服，未尝败北，遂霸有天下。然今卒困于此⑩，此天之亡我，非战之罪也。今日固决死，愿为诸君快战⑪，必三胜之⑫，为诸君溃围、斩将、刈旗^⑬，令诸君知天亡我，非战之罪也。"乃分其骑以为四队，四向。汉军围之数重，项王谓其骑曰："吾为公取彼一将。"令四面骑驰下^⑭，期山东为三处^⑮。于是项王大呼驰下，汉军皆披靡^⑯，遂斩汉一将。是时，赤泉侯为骑将^⑰，追项王，项王瞋目而叱之，赤泉侯人马俱惊，辟易数里^⑱。与其骑会为三处。汉军不知项王所在，乃分军为三，复围之。项王乃驰，复斩汉一都尉，杀数十百人，复聚其骑，亡其两骑耳。乃谓其骑曰："何如？"骑皆伏曰^⑲："如大王言！"

【注释】 ①麾下：部下。 ②直夜：正夜，即中夜，半夜。 ③骑能属者：能追随他的骑兵。属：跟随。 ④阴陵：秦县名，县治在今安徽省定远县西北。 ⑤田父：老农夫。 ⑥绐（dài）：欺骗。 ⑦左：向左行。 ⑧东城：秦县名，县治在今安徽省定远县东南。 ⑨自度不能脱：自己估量不能脱险。 ⑩卒：终于。 ⑪快战：史文作"快战"，表示痛快地打一胜仗，以明天之亡我。按：别本及《汉书》作"决战"，意为痛快淋漓地决死一战，抗争天命，比"快战"义长。 ⑫三胜：即下文的溃围、斩将、刈旗。 ⑬刈（yì）旗：砍倒军旗。 ⑭驰下：冲下去。 ⑮期山东为三处：约定在山的东面分三处集合。 ⑯披靡：草木随风倒伏的样子，比喻汉军之惊惧四散。 ⑰赤泉侯：杨喜，汉骑将，因获项羽尸体封赤泉侯。 ⑱辟易：四散倒退。 ⑲伏：同"服"。

于是项王乃欲东渡乌江^①。乌江亭长檥船待^②，谓项王曰："江东虽小，地方千里，众数十万人，亦足王也。愿大王急渡。今独臣有船，汉军至，无以渡。"项王笑曰"天之亡我，我何渡为！且籍与江东子弟八千人渡江而西，今无一人还，纵江东父兄怜而王我^③，我何面目见之？纵彼不言，籍独不愧于心乎？"乃谓亭长曰："吾知公长者，吾骑此马五岁，所当无敌，尝一日行千里，不忍杀之，以赐公。"乃令骑皆下马步行，持短兵接战^④。独籍所杀汉军数百人。项王身亦被十余创。顾见汉骑司马吕马童曰："若非吾故人乎？"马童面之^⑤，指王翳曰"此项王也。"项王乃曰："吾闻汉购我头千金^⑥，邑万户^⑦，吾为若德^⑧。"乃自刎而死。王翳取其头，余骑相蹂践争项王，相杀者数十人。最其后，郎中骑杨喜、骑司马吕马童、郎中吕胜、杨武，各得其一体。五人共会其体，皆是^⑨。故分其地为五^⑩：封吕马童为中水侯，封王翳为杜衍侯，封杨喜为赤泉侯，封杨武为吴防侯，封吕胜为涅阳侯。

【注释】 ①乌江：乌江浦，津名，今安徽省和县东北四十里长江西岸渡口，其地有乌江亭。 ②檥（yǐ）船：檥，同"艤"，移船靠岸。 ③纵：即使。 ④短兵：短小的轻便兵器，因步战所用。 ⑤面之：面对面认出了项王。 ⑥购：悬赏征求。 ⑦邑万户：封邑万户侯。 ⑧吾为若德：我替你做件好事，即送头与你去领赏封侯。 ⑨共会其体，皆是：验核五人所得尸体，能合并在一起，确实是项王。 ⑩分其地为五：将悬赏的万户邑分为五份封五人为侯。

项王已死，楚地皆降汉，独鲁不下。汉乃引天下兵欲屠之，为其守礼义，为主死节，乃持项王头视鲁①，鲁父兄乃降。始②，楚怀王初封项籍为鲁公，及其死，鲁最后下，故以鲁公礼葬项王谷城。汉王为发哀，泣之而去。诸项氏枝属③，汉王皆不诛。乃封项伯为射阳侯。桃侯、平皋侯、玄武侯皆项氏，赐姓刘。

【注释】 ①视鲁：即示鲁，把项王头给鲁人看。 ②始：当初。 ③枝属：宗族。

（以上为第四段，写楚汉相争始末，项羽的英雄本色和失败原因都描绘得极为鲜明生动。）

太史公曰：吾闻之周生曰①"舜目盖重瞳子②"，又闻项羽亦重瞳子。羽岂其苗裔邪③？何兴之暴也④！夫秦失其政，陈涉首难，豪杰蜂起⑤，相与并争，不可胜数⑥。然羽非有尺寸⑦，乘势起陇亩之中⑧，三年，遂将五诸侯灭秦，分裂天下，而封王侯，政由羽出，号为"霸王"，位虽不终，近古以来未尝有也⑨。及羽背关怀楚⑩，放逐义帝而自立，怨王侯叛己，难矣。自矜功伐⑪，奋其私智而不师古，谓霸王之业，欲以力征经营天下⑫，五年卒亡其国，身死东城⑬，尚不觉寤而不自责⑭，过矣⑮。乃引"天亡我，非用兵之罪也"⑯，岂不谬哉！

【注释】 ①周生：汉时儒者，史失其名。 ②重瞳：两个瞳孔，古人认为这是神异非凡的品相。 ③苗裔：后代。邪：通"耶"。 ④暴：突然。 ⑤蜂起：像蜂一样成群地飞起来。 ⑥胜（shēng）：尽。 ⑦尺寸：比喻微薄的凭借，或尺寸之地，或尺寸之权势。 ⑧陇亩：田野，这里指民间。 ⑨近古：近代，指战国及秦楚之际。 ⑩背关怀楚：项羽入关烧杀抢掠，他的残暴行为激起了关中人民的不满，于是放弃了具有战略意义的关中而东归彭城。背：放弃。关：关中之地，即秦地。 ⑪矜：夸耀。伐：功劳。 ⑫力征经营天下：指只依靠武力来夺取天下，故项羽行兵多残暴不仁，常常屠城滥杀，巨鹿之战坑秦降卒二十万，引起了关中人民的愤怨。　⑬身死东城：身死东城县之乌江浦。此东城是地名借代中的以大代小，以东城县代指所属的乌江浦。也就是"身死东城"与"自刎于乌江"是一回事。俞樾《古书疑义举例》说："古人之文有举大名以代小名者，后人读之而不能解，每每失其义矣。"有人将"身死东城"与"乌江自刎"对立起来，正是不明地名借代的误读。　⑭寤：通"悟"。　⑮过：错误。　⑯"乃引"句：项羽垓下败亡，走投无路，还对部下说："我起兵到现在八年，亲身参加七十余战，从没有打过败仗，于是称霸天下。现在落到这地步，是天亡我，不是我不会打仗。"司马迁直斥其非，故赞语详列项羽失败的原因。引：援引，据为理由。

（以上为作者论赞，集中评论项羽的功过。）

讲　析

《项羽本纪》是司马迁精心撰写的人物传记之一，它集中笔墨刻画项羽的英雄形象，而于叙事之中揭示他失败的原因，真实地再现了项羽这一历史人物和秦汉之际的历史事势，具有很高的文学价值和史料价值。

在中国历史上，项羽是一个失败的英雄，是一个"悲剧英雄"。司马迁聚精会神用笔于巨鹿之战、鸿门宴、垓下之战三件大事上，生动地塑造了一个叱咤风云的悲剧英雄形象，所以本篇讲析，就围绕这三大事件展开。

公元前207年九月，秦将章邯在定陶击杀项梁，使河南起义军遭受了沉重的打击，转入了低潮。于是章邯移兵河北，驻屯长城的数十万秦军由王离率领南下增援章邯，南北两路秦军合围赵军于巨鹿，声势浩大。转战山东、河南的各支楚军收缩会聚彭城共商大计。楚怀王主持了彭城会议，并夺取了军事领导权。楚怀王分兵两路攻秦：一路由刘邦率领西征，取道武关趁虚直捣秦都咸阳。另一路是主力，由宋义率领北上救赵，项羽隶属宋义。楚怀王与诸将约：谁先入关，谁做秦王。

公元前207年十月，宋义率领楚军北上，他害怕和秦军决战，不敢渡过黄河，把军队屯驻在安阳（今山东省曹县东），滞留四十六日不进。当时"天寒大雨，士卒冻饥"，项羽建议立即进兵河北，与被围的赵军里应外合击破秦军，解救赵国之围，同时也可使自己的部队就食河北。宋义想保存实力，趁秦、赵相斗，坐收渔人之利，并与齐王相田荣勾结，送子出使齐国，以图日后割据。因此，他对项羽的建议非但不听，反而下禁令说："像猛虎一般勇猛，像公羊一般顽强，像狼一般贪婪，而不听号令的，杀无赦。"他还挖苦项羽说："冲锋陷阵，我不如你；运筹帷幄，你不如我。"项羽忍无可忍，决定扫除宋义这块北上救赵的绊脚石。一天清晨，他进帐参见宋义，趁机砍了宋义的头，大义凛然地向全军宣布："宋义与齐国密谋反楚，不北上救赵，我奉楚怀王的手谕把他处死。"全军欢呼。众将军说："拥立楚怀王的本来就是项家将军，现在你处死叛将完全是应该的。"于是众将推举项羽为全军统帅。从此，楚军主力就牢牢地掌握在项羽手中。

项羽整顿军队后，挥师前进，抵漳河南岸，与围困赵国的秦军隔岸相持。由于秦军势大，把赵军团团围困在巨鹿城中，诸侯救赵的各路大军在巨鹿城外，驻扎了十几座营盘，坚壁自守，谁也不敢与秦军交战，赵国危在旦夕。项羽夺军后下令渡河，与秦军决战。他派黥布和蒲将军带领两万精兵先渡，占领滩头阵地。然后，亲率全军渡河，过河后凿破渡船，打碎炊具，烧掉营落，每个战士只带三天的干粮，以示勇往直前义无反顾的决心。这就是千古流传的破釜沉舟的故事。楚军以高昂的斗志向秦军发起总攻，战士们无不以一当十，奋勇杀敌，喊声震天动地。项羽九战九胜，俘虏了秦军大将王离，杀死了秦军副将苏角，另一个秦军副将涉间自焚而死，秦军主力急剧瓦解。最后，只有章邯军实力尚存，他顽固地与项羽相持半年多。最后见秦朝大势已去，独木难支，才率领残兵二十余万，向项羽投降。

巨鹿之战，项羽全歼秦军主力，决定了秦朝覆亡的命运，有力地支援了刘邦向关中进军。公元前206年十月，刘邦早项羽两个月进入关中，秦王子婴向刘邦投降。刘邦封藏了府库，废除秦苛法，与关中民约法三章，维护社会秩序，并展开政治宣传，大肆宣扬怀王之约，谁先入关，谁做秦王。于是"秦人大喜"，"唯恐沛公不为秦王"（《高祖本纪》）。刘邦拒绝项羽入关，派兵将函谷关把守起来。

公元前206年十二月，项羽攻破函谷关，拥兵四十万屯驻新丰鸿门，扬言与刘邦决战。刘邦只有十万军队，驻在霸上，根本不是项羽的对手。就在项羽决定攻击刘邦的前夜，项羽的叔父项伯夜访张良，劝他逃走，不要跟着刘邦一块儿送死。因为项伯和张良是至交，项伯曾犯杀人罪，张良救了他。此时张良趁机拉项伯与刘邦相见，并与刘邦结为兄弟和儿女亲家。刘邦要项伯在项羽面前替自己赔罪，项伯一口应承，对刘邦说："明天赶早来向项王赔罪。"刘邦答应了。项伯又连夜赶回军中对项羽说："若不是沛公先打进关中，你怎么能不费力气地就进入关中呢？现在人家立了大功，你还要去攻打他，这是不义的。明天沛公要来赔罪，趁这个机会好好招待他。"项羽应承了下来。

第二天清早，刘邦带着随从来鸿门，向项羽谢罪，项羽设宴招待。坐定之后，刘邦装出一副情意恳切的样子说："我和将军同心协力灭了秦朝，将军在河北作战，我在河南作战，没料到我先进了关中，今天能在这里见到将军，实在是万幸。不知是哪个小人搬弄是非，让将军与我不和。"性情直爽的项羽被刘邦的这一席话说得飘飘然起来，脱口说道："你的左司马曹无伤说，你要当关中王。"项羽的谋臣范增见项羽没有要杀掉刘邦的意思，就把项庄叫来，让他舞剑。项庄知道范增让他舞剑的用意，于是一边舞剑，一边杀气腾腾地靠近刘邦。项伯起身拔剑与项庄对舞，用身子保护刘邦。张良见情势危急，连忙去叫刘邦的侍卫官樊哙救驾。樊哙是一员猛将，他全身披挂，直冲军营，打倒守门的卫士，来到宴席边，瞪圆一双虎眼，愤怒地数落项羽说："楚怀王和诸将约定先入关者王之，可是，沛公进关后却秋毫无犯，等待大王来安排，想不到你竟听信小人的话，要杀害劳苦功高的人。你这样做和残暴的秦朝有什么两样！"项羽不知道樊哙这一席话是预先安排好的，一时对答不上来，沉默了一会儿，觉得理亏，顺口夸赞樊哙："好一个壮士，你请坐吧！"紧张的气氛缓和了下来。老谋深算的刘邦，趁这个机会，推说要上厕所，招呼樊哙溜出军营，一溜烟逃回自己的军营。这就是历史上有名的鸿门宴。刘邦利用项羽年轻，缺乏政治斗争经验，又仗恃项伯内应，所以亲入虎穴，打探虚实，不仅化险为夷，而且弄清了内奸。他回到军营后立刻杀了曹无伤。

鸿门宴拉开了楚汉相争的序幕，也是项羽事业的转折点。这是一场说理斗智的政治斗争，刘邦从此变被动为主动。由此，范增已料定刘胜项败不可避免，他遗憾而又感叹地说："今天放走了刘邦，日后我们都要成为他的俘虏！"

四年之后，又一个十二月的寒冬，范增的话果然应验了，项羽山穷水尽，被刘邦围困在垓下。这一回楚汉力量对比恰好颠倒过来了，刘邦拥兵四五十万，项羽只有十万。夜间，汉军四面大唱楚歌，迷惑项羽。项羽惊惶不解地说："难道汉军把楚地都占领了吗？为何有这么多人唱楚歌？"项羽心烦意乱，一个劲地喝闷酒，他不理解自己为什么会落到这步田地。他让人牵来陪他南征北战的乌骓马，面对爱妾虞姬，禁不住唱起了离别的悲歌：

> 力拔山兮气盖世，时不利兮骓不逝。
> 骓不逝兮可奈何，虞兮虞兮奈若何！

项羽一遍又一遍地慷慨悲歌，泪流不止，左右的人也一个个泣不成声。英雄陷入了生离死别的窘境，他在痛苦的思索中得出结论，认为"时不利兮骓不逝"，这是天真而又执迷的。项羽决定突围，夜已经很深了，项羽跨上乌骓马，率领八百多壮士悄悄地冲了出去。次日清晨，汉军察觉，立刻出动五千骑兵追击。项羽过了淮河，只剩一百余骑。行经阴陵，迷失道路，又被耕田的农夫欺骗陷入大泽。汉兵追上来，项羽被逼围在离长江边上乌江浦三十五里的四隤山上，身边只剩下二十八骑。前面是浩瀚的大江，后面有黑压压的追兵，英雄已走到末路。但项羽仍要一展雄风，他对身边的二十八骑说："我起兵八年，身经七十余战，从没打过败仗，故能称霸天下。今天走投无路，是上天要我失败，不是我不会打仗，不信我再与汉军决战，打一个痛快仗给你们看一看，我要斩将、夺旗，并为你们解围。"于是，项羽在乌江边的四隤山上，表演了一场精彩的决战与快战，斩杀两员汉将，突围两次，项羽只损失了两员骑兵。然后他率领二十六骑，驰马到长江边的乌江浦，只有亭长一条小船，无法尽渡二十六骑。项羽改变渡江的主意，喝令二十六骑下马步战，殉职沙场。项羽从容不迫地赐马乌江亭长，自刎而亡。

> 生当作人杰，死亦为鬼雄。
> 至今思项羽，不肯过江东。

这首《夏日绝句》是宋代女词人李清照怀着对项羽的崇敬心情留下的绝唱，它表达了千百年来人们对项羽英雄气概的肯定，这也正是《项羽本纪》所要阐扬的精神。

从上述的内容梗概中，可以清楚地看出司马迁的思想倾向，他同情和惋惜项羽，所以《项羽本纪》不以编年为纲，而用传体精心布局，选择典型事例塑造项羽的英雄形象。《太史公自序》云："秦失其道，豪杰并扰；项梁业之，子羽接之；杀庆救赵，诸侯立之；诛婴背怀，天下非之。作《项羽本纪》第七。"这段话，表现了司马迁的卓越史识，他不以成败论英雄，把项羽的贡献放在秦末人民反暴秦的生死斗争转折关头来评价，充分肯定了项羽的历史地位，把项羽作为一个悲剧英雄来讴歌，实在难能可贵。可以说，若无司马迁之识，就无项羽的形象出现在高文典册中。

项羽失败了，他是怎样失败的？《项羽本纪》深刻透彻地揭示了他失败的原因。

项羽是楚国世代将家之后，他的祖父项燕是楚国的名将。公元前224年曾大破秦将李信军二十万。接着，秦将王翦率六十万大军来灭楚，项燕寡不敌众，才兵败自杀。第二年，秦灭楚，项羽仅十岁。秦始皇通缉项氏，项羽随叔父流落到吴中避难。国破家亡的悲痛，流亡生活的悽惨，在项羽幼小的心灵中埋下了仇恨暴秦的种子。为报国仇家恨，他立志学"万人敌"。项梁教他兵法，他很高兴。但是，仅"略知其意，又不肯竟学"。项羽的这一粗犷的性格，使得他没能把兵法学到家。项羽打仗，长于治兵置阵，摧锋挫敌，而不足于权谋，疏于筹略，可以说这是他后来兵败自杀的原因之一。

　　本来兵法是与政治紧密相联的。项羽只学置阵破敌，不研究兵政关系，造成了他智略勇力的畸形发展，直率粗犷的性格演化成"悍猾贼"，残暴不仁。项羽只知杀戮、力战，不懂得斗智与争取民心，所过无不残灭。他攻襄城，久攻不下，已拔，尽坑之。他收降了秦卒二十余万，也不知如何处置，尽坑之。在灭秦中的这种简单的复仇行为与人民反暴秦的朴素心理相合拍，所以他还能得到诸侯将的拥护。可是项羽入关屠咸阳，杀秦降王子婴，入山东烧夷齐城郭，屠杀齐民，这是因迁怒刘邦、田荣而报复人民，这就毫无道理，而是为渊驱鱼、为丛驱雀了。司马迁批评说，"汉行功德，子羽暴虐"（《太史公自序》），一点也不错。所以在楚汉战争中，项羽胜利越多，敌人越多，直到四面楚歌而后已。

　　刘邦起兵，投靠项梁，与项羽约为兄弟，经常并肩作战。而第一个起来与项羽争天下的却是刘邦。这使得项羽错误地总结了生活的和政治的经验，猜忌功臣，只听信项伯等亲戚的话，把人才都赶到刘邦那边去了。能征善战的韩信，得不到项羽的重用，给刘邦当了大将；足智多谋的陈平，背叛项羽，给刘邦当谋臣；甚至替项羽打天下的先锋淮南王黥布也让刘邦挖了墙脚。这些都是造成项羽悲剧结局的原因。然而最致命的却是他听信范增之策，误封诸侯十八王。

　　项羽封王，争论最大。论者或曰，项羽分封代表旧贵族的割据势力，是开历史的倒车，必然失败。这种观点值得商榷。公元前 210 年，秦始皇出游天下，巡行浙江，当时项梁、项羽叔侄随众观看，项羽情不自禁地说，"彼可取而代也"，可见他不是不想做皇帝，不是一心想分封。但是如果认为，项羽分封是迫于形势，那就更不符合实际。巨鹿之战，诸侯折服，强势有力者皆归项羽旗下，成了他的部将。最大的异己刘邦，欲与项羽争衡，心有余而力不足，他像踩钢丝一样，冒死入虎穴乞和。当时，谁敢和项羽对抗？那项羽为何分封十八王？追本溯源是范增劝项梁立楚怀王这一政治失策，给入世未久的项羽套上了绳索。鸿门宴后，项羽不想立刘邦为秦王，报请怀王，怀王不允，回答说"如约"。这使得项羽在政治上陷入了极端的被动。项羽迫不得已，来个大家都称王。这一着棋，项羽彻底走错了，他把亲信将领封王善地，以为这样就可控制局面，殊不知诸将得地称王，就不听他的号令了，黥布封淮南王以后不听调遣就是一个典型例证。项羽封刘邦为汉中王，将三秦将章邯、董翳、司马欣封为三秦王来拒塞刘邦，实际上等于拱手将关中送给刘邦。一是关中三分而势弱；二是因项羽在新安坑杀了秦降卒二十余万，关中秦民恨透了三秦王。又，项羽封王，主观武断，未能处置好一些拥有实力的军事集团。山东田荣、河南彭越、河北陈余皆被排斥在封王之外。所以，项羽回到彭城，还没来得及坐下来休息，这几个军事巨头就联合起来反抗项羽。刘邦趁机明修栈道，暗渡陈仓，占了关中，杀出函谷，直捣彭城，端了项羽的老窝，幸亏项羽及时回救，在彭城打了一个大胜仗，才避免了过早的覆亡。

封王失计，项羽大怒，迁怒怀王，不惜用暗杀手段来泄愤，这更是错上加错，把道德信义全都送给了刘邦。假如项羽在鸿门诛了刘邦，一脚踢开怀王，称帝关中，谁曰不然！项羽真的这样做了，与刘邦胜利后诛除功臣又有什么两样？有的论者认为项羽在鸿门放走刘邦是深明大义，他若杀了友军领袖，岂不要逼反诸侯将？这些论点貌似有理，其实放在政治天平上，是经不起推敲的。项羽在军事上是一个巨人，在政治上恰是一个侏儒。阴谋手段并不是高明的政治斗争，当然不应赞许。但是，兵不厌诈，刘邦就是一个阴谋老手，刘邦却胜利了。既然刘邦为友军，他却派兵守函谷，先失一着，而后自来谢罪，项羽斩之名正言顺，何阴谋之有？看看后世，林冲火并王伦带来了梁山泊的兴旺；李自成谋杀罗汝才并不妨碍他入主北京，这些历史事实是很可以说明问题的。

历史总归是历史，鸿门宴的主人项羽，当年才是一个二十七岁的马背上的将军，他还不懂得用阴谋手段来除异己，而且以形势论，项羽并不需要搞阴谋手段。本来，项羽用范增的计谋，封刘邦为蜀王，想把他困在巴蜀，又是张良通过项伯说情，改封刘邦为汉中王。项羽这一改动，既负背约之名，而又实授关中之地，为一大失策。他在鸿门宴上即使杀了刘邦，也担不起靖乱安邦的历史重担。而刘邦多次出入险地，九死一生却安然无恙。鸿门宴上，项伯保了他；彭城战败，丁公释放了他；荥阳出逃，有纪信替死，成皋跳出，项羽不察，这一切仿佛暗中有神灵保佑似的。怪不得司马迁发出了"岂非天哉，岂非天哉！"（《秦楚之际月表序》）的慨叹。以今天的观点来看，这"天"就是历史必然之中的偶然取得了胜利，或者说是一个老谋深算的中年人战胜了一个鲁莽天真的青年人，刘邦的胜利是必然的，项羽的失败是值得同情的。

还有一种观点认为，范增非善谋之士，他对项羽的失败应负主要责任，这也是不妥当的。范增只是一个谋臣，听不听还在项羽，何况智者千虑之一失并不足以导致项羽的失败。分封固然是馊主意，但设计鸿门除害、王刘巴蜀，主意并不坏。问题是，范增的馊主意，项羽采纳了；范增的好主意，项羽拒绝了，最后项羽把范增赶走了，重瞳子以亲疏划界，虽有一范增而不能用，不亡何待！而那个改姓刘的项伯，却是项羽言听计从的一个笨伯和内奸！

最后，司马迁在赞中列述了项羽失败之因有五：第一，分裂天下，引起争斗；第二，背关怀楚，失去地利；第三，放逐义帝，诸侯叛乱；第四，自矜功伐，不行仁政；第五，专恃武力，失去民心。司马迁的批评，无疑是切合实际的。

高祖本纪

【题解】　本篇叙写了西汉开国皇帝刘邦一生的主要经历和他所成就的功业。因为刘邦的庙号为高祖，所以称《高祖本纪》。司马迁记事实录，叙刘邦之初起，则称刘季；及得沛，称沛公；及王汉，称汉王；即皇帝位后，才称上。刘邦原本是一个不事生产的普通人，他因秦末战乱之势登上政治舞台，顺应时势，结人心，连韩、彭，知人善任，恩威并施，团结内部，分化敌人，歼灭了项羽，开创了汉家二百年的基业。刘邦既豁达大度，而又十分忌刻，尤其是晚年屠灭功臣，更表现了他的残忍。刘邦创业的成功和他的过失，作者都一一做了生动的记叙，既有歌颂，也有讥刺。

高祖，沛丰邑中阳里人①，姓刘氏，字季②。父曰太公③，母曰刘媪④。其先，刘媪尝息大泽之陂⑤，梦与神遇。是时雷电晦冥⑥，太公往视，则见蛟龙于其上。已而有身⑦，遂产高祖。

【注释】　①沛：秦县名，县治在今江苏省沛县东。丰邑：秦时沛县的一个集镇，即今江苏省丰县。　②季：排行第三。　③太公：对老年男子的尊称。　④媪（ǎo）：年老的妇女。　⑤陂（bēi）：岸。　⑥晦冥：天色昏暗。　⑦已而有身：这件事发生以后不久就怀孕了。刘邦为神交之子，这是他编造自己得天命的神话。

高祖为人，隆准而龙颜①，美须髯②，左股有七十二黑子③。仁而爱人，喜施，意豁如也④。常有大度，不事家人生产作业⑤。及壮，试为吏，为泗水亭长⑥，廷中吏无所不狎侮⑦。好酒及色。常从王媪、武负贳酒⑧，醉卧。武负、王媪见其上常有龙，怪之。高祖每酤留饮⑨，酒雠数倍⑩。及见怪，岁竟⑪，此两家常折券弃债⑫。

【注释】　①隆准：高鼻梁。准：鼻梁。龙颜：额头像龙头一样突起。颜：额头。

②须髯：生在嘴下的叫须，生在两颊的叫髯。　③股：大腿。黑子：黑痣。　④豁如：豁达的样子。　⑤生产作业：生产劳动。　⑥泗水亭：在今江苏省沛县东。亭：秦代基层行政组织。十里为一亭，十亭为一乡。亭长负责徭役、赋税和处理民间争讼事件。　⑦廷：县衙。狎侮：亲昵戏耍。　⑧王媪、武负：姓王、姓武的两家卖酒的老妇。贳（shì）：赊买。　⑨每酤（gū）留饮：每次来买酒或留下来喝酒。　⑩酒雠数倍：卖出去的酒是平时的几倍。　⑪岁竟：年终。　⑫折券弃债：销毁刘邦的欠据，勾销他的酒债。

　　高祖常徭咸阳，纵观①，观秦皇帝，喟然太息曰②："嗟乎！大丈夫当如此也！"

　　【注释】　①纵观：允许民众观瞻。　②喟然太息：感慨地长声叹息。

　　单父人吕公善沛令①，避仇从之客②，因家沛焉。沛中豪杰吏闻令有重客，皆往贺。萧何为主吏③，主进④，令诸大夫曰⑤："进不满千钱，坐之堂下。"高祖为亭长，素易诸吏⑥，乃绐为谒曰⑦："贺钱万！"实不持一钱。谒入，吕公大惊，起，迎之门。吕公者，好相人，见高祖状貌，因重敬之⑧，引入坐。萧何曰："刘季固多大言，少成事。"高祖因狎侮诸客，遂坐上坐，无所屈⑨。酒阑⑩，吕公因目固留高祖⑪。高祖竟酒⑫，后⑬。吕公曰："臣少好相人，相人多矣，无如季相，愿季自爱。臣有息女⑭，愿为季箕帚妾⑮。"酒罢，吕媪怒吕公曰："公始常欲奇此女⑯，与贵人。沛令善公，求之不与，何自妄许与刘季？"吕公曰："此非儿女子所知也。"卒与刘季。吕公女乃吕后也，生孝惠帝、鲁元公主⑰。

　　【注释】　①单父（shànfǔ）：秦县名，在今山东省单县。　②从之客：到沛令家客居。③萧何：西汉开国功臣，事详《萧相国世家》。主吏：即主吏掾，又称主吏功曹，职掌人事考核。　④主进：主管接收礼品。　⑤诸大夫：泛指来祝贺的宾客。秦时民爵和军功爵均有大夫的名称。　⑥易：看轻。　⑦绐（dài）：说诳。　⑧重敬：十分敬重。　⑨无所屈：毫不客气。屈：此指谦让。　⑩酒阑：酒席上的人逐渐稀少，即不少人已退席。阑：稀少。⑪目固留高祖：用眼色示意高祖一定留下。　⑫竟酒：一直留到席散。　⑬后：最后一个。　⑭息女：亲生女。　⑮箕帚妾：打扫清洁的使女。这是许以为妻的谦词。　⑯奇：认为不凡。　⑰鲁元公主：惠帝姐，食邑鲁，故称鲁元公主。元：长，老大。

　　高祖为亭长时，常告归之田①。吕后与两子居田中耨②，有一老父过请饮，吕后因铺之③。老父相吕后曰："夫人天下贵人。"令相两子，见孝惠，曰："夫人所以贵者，乃此男也。"相鲁元，亦皆贵。老父已去，高祖适从旁舍来。吕后具言客有过，相我子母皆大贵。高祖问，曰："未远。"乃追及，问老父。老父曰："向者夫人、婴儿皆似君④，君相贵不可言。"高祖乃谢曰："诚如父言⑤，不敢忘德。"及高祖贵，遂不知老父处。

【注释】 ①常：同"尝"。 ②居田中耨（nòu）：在田中除草。 ③铺：以食与人。 ④向者：刚才。 ⑤父：对长者之尊称。

高祖为亭长，乃以竹皮为冠，令求盗之薛治之①，时时冠之。及贵常冠，所谓"刘氏冠"乃是也。

【注释】 ①求盗：亭长手下负责捕盗的卒吏。薛：秦县名，在今山东省滕州市东南。

高祖以亭长为县送徒郦山①，徒多道亡。自度比至皆亡之②，到丰西泽中③，止饮，夜乃解纵所送徒，曰："公等皆去，吾亦从此逝矣④！"徒中壮士愿从者十余人。高祖被酒⑤，夜径泽中⑥，令一人行前。行前者还报曰："前者大蛇当径，愿还。"高祖醉，曰："壮士行，何畏！"乃前，拔剑击斩蛇。蛇遂分为两，径开。行数里，醉，因卧。后人来至蛇所，有一老姬夜哭。人问："何哭？"姬曰："人杀吾子，故哭之。"人曰："姬子何为见杀⑦？"姬曰："吾子，白帝子也⑧，化为蛇，当道⑨。今为赤帝子斩之⑩，故哭。"人乃以姬为不诚⑪，欲告之⑫。姬因忽不见。后人至，高祖觉⑬。后人告高祖，高祖乃心独喜，自负⑭。诸从者日益畏之。

【注释】 ①徒：刑徒。郦山：即骊山，在今陕西省西安市临潼区东南。当时是秦始皇坟墓所在地。 ②自度：暗自思考。 ③丰西泽中：丰邑西部的一片洼地中。据《汉书》载，泽中有亭。 ④逝：逃亡。 ⑤被酒：带着醉意。 ⑥径：小路。这里用作动词，即抄小路走。 ⑦姬子何为见杀：老婆婆的儿子为什么被杀。见：被。 ⑧白帝：传说中的五位天帝之一，位于西方。秦居西方，自以为是白帝的子孙。秦襄公作西畤，祠白帝。白帝成为秦的象征。 ⑨当道：挡住路。 ⑩赤帝子：传说中的五位天帝之一，位于南方。刘邦自称是赤帝的子孙。西方金，南方火，火克金。赤帝子杀白帝子，预示着火克金，汉代秦。 ⑪不诚：不真实。 ⑫欲告之：要告发她。告：《汉书》作"苦"，谓欲困苦辱之，责难之，义更长。 ⑬觉：睡醒。 ⑭自负：自命不凡。

　　秦始皇帝常曰："东南有天子气。"于是因东游以厌之①。高祖即自疑，亡匿，隐于芒、砀山泽岩石之间②。吕后与人俱求，常得之。高祖怪问之。吕后曰："季所居上常有云气，故从往，常得季。"高祖心喜。沛中子弟或闻之，多欲附者矣③。

　　【注释】　①厌：同"压"，震慑。　②芒、砀：两山名，在今河南省永城市东北。芒山在北，砀山在南。秦时属砀郡。　③附：追随。

　　（以上为第一段，写刘邦的身世、婚姻及不平凡的种种神奇故事。）

　　秦二世元年秋①，陈胜等起蕲②，至陈而王③，号为"张楚"。诸郡县皆多杀其长吏以应陈涉。沛令恐，欲以沛应涉。掾、主吏萧何、曹参乃曰④："君为秦吏，今欲背之，率沛子弟，恐不听。愿君召诸亡在外者，可得数百人，因劫众⑤，众不敢不听。"乃令樊哙召刘季。刘季之众已数十百人矣。

　　【注释】　①秦二世元年：公元前209年。　②蕲：秦县名，在今安徽省宿州市南。③陈：秦县名，在今河南省周口市淮阳区。　④曹参：汉初功臣，继萧何为相，事详《曹相国世家》。　⑤因劫众：趁势挟持县里的民众。

　　于是樊哙从刘季来。沛令后悔，恐其有变，乃闭城城守，欲诛萧、曹。萧、曹恐，逾城保刘季①。刘季乃书帛射城上，谓沛父老曰："天下苦秦久矣。今父老虽为沛令守，诸侯并起，今屠沛。沛今共诛令，择子弟可立者立之，以应诸侯，则家室完。不然，父子俱屠，无为也②。"父老乃率子弟共杀沛令，开城门迎刘季，欲以为沛令。刘季曰："天下方扰，诸侯并起，今置将不善，一败涂地③。吾非敢自爱，恐能薄，不能完父兄子弟。此大事，愿更相推择可者。"萧、曹等皆文吏，自爱，恐事不就，后秦种族其家④，尽让刘季。诸父老皆曰："平生所闻刘季诸珍怪，当贵，且卜筮之，莫如刘季最吉。"于是刘季数让，众莫敢为，乃立季为沛公。祠黄帝，祭蚩尤于沛庭⑤，而衅鼓⑥，旗帜皆赤。由所杀蛇白帝子，杀者赤帝子，故上赤⑦。于是少年豪吏如萧、曹、樊哙等皆为收沛子弟二三千人，攻胡陵、方与⑧，还守丰。

　　【注释】　①保：往依。　②无为也：没意义，犯不着。　③一败涂地：一旦失败，就不可收拾。　④种族：灭种，灭族。　⑤祠黄帝，祭蚩尤：古以黄帝、蚩尤为战神，祭祀战神，发动起义。　⑥衅鼓：杀牲以血涂鼓。　⑦上赤：崇尚赤色。　⑧胡陵：秦县名，在今山东省鱼台县东南。方与（fāngyù）：秦县名，在今山东省鱼台县北。

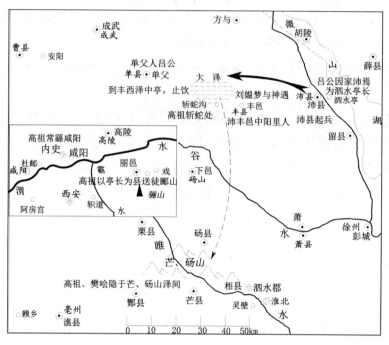

刘邦沛县起兵

　　秦二世二年，陈涉之将周章军西至戏而还①。燕、赵、齐、魏皆自立为王。项氏起吴②。秦泗川监平将兵围丰③，二日，出与战，破之。命雍齿守丰，引兵之薛。泗川守壮败于薛④，走至戚⑤，沛公左司马得泗川守壮⑥，杀之。沛公还军亢父⑦，至方与，未战。陈王使魏人周市略地⑧。周市使人谓雍齿曰："丰，故梁徙也⑨。今魏地已定者数十城。齿今下魏⑩，魏以齿为侯守丰。不下，且屠丰。"雍齿雅不欲属沛公⑪，及魏招之，即反为魏守丰。沛公引兵攻丰，不能取。沛公病，还之沛。沛公怨雍齿与丰子弟叛之，闻东阳宁君、秦嘉立景驹为假王⑫，在留⑬，乃往从之，欲请兵以攻丰。是时秦将章邯从陈⑭，别将司马枿将兵北定楚地⑮，屠相⑯，至砀⑰。东阳宁君、沛公引兵西，与战萧西⑱，不利。还收兵聚留，引兵攻砀，三日乃取砀。因收砀兵，得五六千人。攻下邑^⑲，拔之。还军丰。闻项梁在薛，从骑百余往见之。项梁益沛公卒五千人、五大夫将十人^⑳。沛公还，引兵攻丰。

【注释】 ①周章：陈涉起义军部将。戏：水名，源于骊山，流经今陕西省西安市临潼区东入渭水，已涸。 ②项氏：指项梁、项羽。 ③泗川：秦郡名。川：为"水"字之误。泗水郡治在今安徽省濉溪县西北。监：郡监。平：人名。 ④壮：人名，泗水郡郡守。 ⑤戚：邑名，离薛不远。 ⑥得：俘获。 ⑦亢父（kāngfǔ）：古邑名，在今山东省济宁市南。 ⑧周市：陈胜部将，略地至魏，立魏咎为魏王，市为魏相。 ⑨故梁徙：曾是梁国徙都。梁国即魏国，因魏都大梁，故史称梁国。据《史记集解》，秦灭魏，魏公子假曾一度在丰建都抗秦。周市以此说服雍齿降魏。 ⑩下魏：降魏。 ⑪雅：向来。 ⑫秦嘉：秦末响应陈胜起义的农民军首领。景驹：楚旧贵族。假王：代理楚王。陈胜死，秦嘉立景驹为楚王。 ⑬留：秦县名，县治在今江苏省沛县东南。 ⑭从陈：追围陈王。陈胜起义在陈郡建立张楚政权称王。 ⑮司马夷：司马，官名；夷，夷的古字，人名。 ⑯相：秦县名，泗水郡郡治。 ⑰砀：秦县名，砀郡郡治，在今河南省夏邑县东南。 ⑱萧：秦县名，县治在今安徽省萧县西北。 ⑲下邑：秦县名，县治在今安徽省砀山县。 ⑳五大夫将：有五大夫爵位的将领。五大夫：秦爵第九级。

从项梁月余，项羽已拔襄城还^①。项梁尽召别将居薛。闻陈王定死^②，因立楚后怀王孙心为楚王^③，治盱眙^④。项梁号武信君。居数月，北攻亢父，救东阿^⑤，破秦军。齐军归^⑥，楚独追北^⑦，使沛公、项羽别攻城阳^⑧，屠之。军濮阳之东^⑨，与秦军战，破之。

【注释】 ①襄城：秦县名，县治即今河南省襄城县。 ②定死：确实已死。 ③怀王：战国时期楚怀王熊槐，公元前328年至公元前299年在位。怀王受骗客死于秦，楚人怜之。故项梁立其孙熊心为楚王，仍假怀王之号以从民望。 ④盱眙：秦县名，县治在今江苏省盱眙县东南。 ⑤东阿：秦县名，县治在今山东省阳谷县东北。 ⑥归：回归本国。 ⑦追北：追击败逃的秦军。 ⑧城阳：秦县名，县治在今山东省鄄（juàn）城县东南。 ⑨濮阳：秦县名，县治在今河南省濮阳市西南。

秦军复振，守濮阳，环水^①。楚军去而攻定陶^②，定陶未下。沛公与项羽西略地至雍丘之下^③，与秦军战，大破之，斩李由^④。还攻外黄^⑤，外黄未下。

【注释】 ①环水：濮阳城四周环水，易守难攻。 ②定陶：秦县名，县治即今山东省菏泽市。 ③雍丘：秦县名，县治在今河南省杞县。 ④李由：李斯之子，为秦三川郡守。　⑤外黄：秦县名，县治在今河南省民权县西北。

项梁再破秦军，有骄色。宋义谏①，不听。秦益章邯兵，夜衔枚击项梁，大破之定陶，项梁死。沛公与项羽方攻陈留②，闻项梁死，引兵与吕将军俱东③。吕臣军彭城东，项羽军彭城西，沛公军砀。

【注释】　①宋义：项梁部将。　②陈留：秦县名，县治在今河南省开封市东南。③吕将军：陈胜部将吕臣。

章邯已破项梁军，则以为楚地兵不足忧，乃渡河，北击赵，大破之。当是之时，赵歇为王①，秦将王离围之巨鹿城②，此所谓河北之军也。

【注释】　①赵歇：战国时赵国后裔，秦末为赵王。　②巨鹿：秦县名，县治在今河北省平乡县西南。

秦二世三年①，楚怀王见项梁军破，恐，徙盱眙，都彭城②，并吕臣、项羽军自将之。以沛公为砀郡长，封为武安侯，将砀郡兵。封项羽为长安侯，号为鲁公。吕臣为司徒③，其父吕青为令尹④。

【注释】　①秦二世三年：公元前207年。　②彭城：今江苏省徐州市。　③司徒：官名，掌教化。　④令尹：楚官名，即司丞相之职。

赵数请救，怀王乃以宋义为上将军，项羽为次将，范增为末将①，北救赵。令沛公西略地入关②。与诸将约，先入定关中者王之③。

【注释】　①范增：项梁谋士。事详《项羽本纪》。　②关：函谷关，以及武关。　③关中：西散关、东函谷、南武关、北萧关，四关之中的地区史称关中，秦腹地。

当是时，秦兵强，常乘胜逐北，诸将莫利先入关。独项羽怨秦破项梁军，奋①，愿与沛公西入关。怀王诸老将皆曰②："项羽为人僄悍猾贼③。项羽尝攻襄城，襄城无遗类④，皆坑之，诸所过无不残灭。且楚数进取，前陈王、项梁皆败，不如更遣长者扶义而西⑤，告谕秦父兄。秦父兄苦其主久矣，今诚得长者往，毋侵暴，宜可下。今项羽僄悍，今不可遣。独沛公素宽大长者，可遣。"卒不许项羽，而遣沛公西略地，收陈王、项梁散卒。乃道砀至成阳⑥，与杠里秦军夹壁⑦，破秦二军。楚军出兵击王离⑧，大破之。

【注释】①奋：愤激。②诸老将：指楚旧时遗臣，他们妒忌项羽，怂恿怀王钳制项羽，令项羽北救赵隶属于宋义。③僄悍猾贼：敏捷勇猛，狡猾凶残。④无遗类：全部灭绝，没留下一人。⑤"不如更遣"句：不如另派一位忠厚的人仗义向西进军。扶义：仗义。⑥道：取道。成阳：即城阳。⑦杠里：秦县名，县治在今山东省鄄（juàn）城县东南。夹壁：对垒。⑧楚军出兵击王离：指项羽的巨鹿之战。

沛公引兵西，遇彭越昌邑①，因与俱攻秦军，战不利。还至栗②，遇刚武侯③，夺其军，可四千余人，并之。与魏将皇欣、魏申徒武蒲之军并攻昌邑④，昌邑未拔。西过高阳⑤。郦食其为监门⑥，曰："诸将过此者多，吾视沛公大人长者。"乃求见说沛公。沛公方踞床⑦，使两女子洗足。郦生不拜，长揖⑧，曰："足下必欲诛无道秦，不宜踞见长者。"于是沛公起，摄衣谢之⑨，延上坐。食其说沛公袭陈留，得秦积粟。乃以郦食其为广野君，郦商为将⑩，将陈留兵，与偕攻开封⑪，开封未拔。西与秦将杨熊战白马⑫，又战曲遇东⑬，大破之。杨熊走之荥阳⑭，二世使使者斩以徇⑮。南攻颍阳⑯，屠之。因张良遂略韩地轘辕⑰。

【注释】①彭越：反秦将领之一。事详《彭越列传》。昌邑：秦县名，县治在今山东省巨野县东南。②栗：秦县名，县治在今河南省夏邑县。③刚武侯：史佚其名。④申徒：司徒。⑤高阳：古邑名，在今河南省杞县西南。⑥郦食其（yìjī）：刘邦的谋士和说客。事详《郦生陆贾列传》。监门：即监门吏，秦代基层役吏。⑦踞床：坐在床上。床：类似板凳之类的坐具。⑧长揖（yī）：深深地拱手行礼。⑨摄衣谢之：整顿一下衣服，向郦生表示歉意。⑩郦商：郦食其之弟。事详《樊郦滕灌列传》。⑪开封：秦县名，县治即今河南省开封市南。⑫白马：秦县名，县治在今河南省滑县城东。⑬曲遇：古邑名，在今河南省中牟县境内。⑭荥阳：秦县名，县治在今河南省荥阳市东北。⑮徇（xùn）：示众。⑯颍阳：秦县名，县治在今河南省许昌市西南。按：《汉书·高帝纪》作"南攻颍川"。颍阳为颍川郡属县。⑰轘（huán）辕：关名，在今河南省偃师市东南轘辕山中。

当是时，赵别将司马卬方欲渡河入关①，沛公乃北攻平阴②，绝河津③。南，战洛阳东，军不利，还至阳城④，收军中马骑，与南阳守齮战犨东⑤，破之。略南阳郡，南阳守齮走，保城守宛。沛公引兵过而西。张良谏曰："沛公虽欲急入关，秦兵尚众，据险。今不下宛，宛从后击，强秦在前，此危道也。"于是沛公乃夜引兵从他道还，更旗帜⑥，黎明，围宛城三匝⑦。南阳守欲自刭。其舍人陈恢曰："死未晚也。"乃逾城见沛公，曰："臣闻足下约，先入咸阳者王之。今足下留守宛。宛，大郡之都也，连城数十，人民众，积蓄多，吏人自以为降必死，故皆坚守乘城⑧。今足下尽日止攻⑨，士死伤者必多；引兵去宛，宛必随足下后：足下前则失咸阳之约，后又有强宛之患。为足下计，莫若约降，封其守，因使止守，引其甲卒与之西。诸城未下者，闻声争开门而待，足下通行无所累。"沛公曰："善。"乃以宛守为殷侯，封陈恢千户。引兵西，无不下者。至丹水⑩，高武侯鳃、襄侯王陵降西陵⑪。还攻胡阳⑫，遇番君别将梅鋗⑬，与偕，降析、郦⑭。遣魏人甯昌使秦⑮，使者未来。是时章邯已以军降项羽于赵矣。

【注释】 ①司马卬：反秦将领之一，因功被项羽封为为殷王，后降汉。 ②平阴：古渡口名，在今河南省孟津县东北。 ③绝河津：封锁黄河渡口。 ④阳城：古邑名，在今河南省登封市告城镇。 ⑤南阳：秦郡名，郡治宛城在今河南省南阳市。齮（yǐ）：郡守名。犨（chōu）：秦县名，县治在今河南省鲁山县东南。 ⑥更旗帜：更换旗号，麻痹敌人。 ⑦三匝：三重围。 ⑧坚守乘城：登城坚守。乘：登。 ⑨止攻：留下来攻城。⑩丹水：秦县名，县治在今河南省淅川县。 ⑪高武侯鳃、襄侯王陵：颜师古认为此二人非《高祖功臣侯表》中临辕侯戚鳃、安国侯王陵，别为二人，师古说是。西陵：《汉书》无此两字，疑为衍文。 ⑫胡阳：汉县名，在今河南省唐河县南。 ⑬番（pó）君：即吴芮。 ⑭析：秦县名，即今河南省西峡县。郦：秦县名，县治在今河南省镇平县东北。⑮使秦：据《秦始皇本纪》，刘邦破武关后，使人私与赵高通谋，即指此。

初，项羽与宋义北救赵，及项羽杀宋义，代为上将军，诸将黥布皆属；破秦将王离军，降章邯，诸侯皆附。及赵高已杀二世，使人来，欲约分王关中。沛公以为诈，乃用张良计，使郦生、陆贾往说秦将①，啖以利②，因袭攻武关③，破之。又与秦军战于蓝田南④，益张疑兵旗帜，诸所过毋得掠卤⑤，秦人喜，秦军解⑥，因大破之。又战其北，大破之。乘胜，遂破之。

汉元年十月①，沛公兵遂先诸侯至霸上②。秦王子婴素车白马，系颈以组③，封皇帝玺符节④，降轵道旁⑤。诸将或言诛秦王。沛公曰："始怀王遣我，固以能宽容，且人已服降，又杀之，不祥。"乃以秦王属吏⑥，遂西入咸阳。欲止宫休舍，樊哙、张良谏，乃封秦重宝财物府库，还军霸上。召诸县父老豪杰曰："父老苦秦苛法久矣，诽谤者族，偶语者弃市⑦。吾与诸侯约，先入关者王之，吾当王关中。与父老约法三章耳：杀人者死，伤人及盗抵罪⑧。余悉除去秦法。诸吏人皆安堵如故⑨。凡吾所以来，为父老除害，非有所侵暴，无恐！且吾所以还军霸上，待诸侯至而定约束耳⑩。"乃使人与秦吏行县乡邑，告谕之。秦人大喜，争持牛羊酒食献飨军士。沛公又让不受，曰："仓粟多，非乏，不欲费人。"人又益喜，唯恐沛公不为秦王。

（以上为第二段，写刘邦率众起义和攻入咸阳的历程。）

或说沛公曰①："秦富十倍天下，地形强。今闻章邯降项羽，项羽乃号为雍王，王关中。今则来，沛公恐不得有此。可急使兵守函谷关，无纳诸侯军，稍征关中兵以自益，拒之。"沛公然其计②，从之。十一月中，项羽果率诸侯兵西，欲入关，关门闭。闻沛公已定关中，大怒，使黥布等攻破函谷关。十二月中，遂至戏。沛公左司马曹无伤闻项王怒，欲攻沛公，使人言项羽曰："沛公欲王关中，令子婴为相，珍宝尽有之。"欲以求封。亚父劝项羽击沛公③。方飨士，旦日合战④。是时项羽兵四十万，号百万。沛公兵十万，号二十万，力不敌。会项伯欲活张良，夜往见良，因以文谕项羽，项羽乃止。沛公从百余骑，驱之鸿门，见谢项羽。项羽曰："此沛公左司马曹无伤言之，不然，籍何以生此！"沛公以樊哙、张良故，得解归⑤。归，立诛曹无伤。

【注释】　①或说沛公曰：据《楚汉春秋》，说沛公者为解先生。　②沛公然其计：解先生说刘邦闭函谷关，拒绝项羽入关而自王关中，刘邦认为他的计谋对。　③亚父：即范增。范增年七十，为项梁谋主，项羽年二十七，故尊礼范增如事父，称为亚父。　④合战：交战。　⑤解归：脱身回营。

项羽遂西，屠烧咸阳秦宫室，所过无不残破。秦人大失望，然恐，不敢不服耳。

项羽使人还报怀王。怀王曰："如约。"项羽怨怀王不肯令与沛公俱西入关，而北救赵，后天下约①。乃曰："怀王者，吾家项梁所立耳②，非有功伐③，何以得主约④！本定天下，诸将及籍也。"乃佯尊怀王为义帝⑤，实不用其命⑥。

【注释】　①后天下约：指怀王所立"先入定关中者王之"的誓约，项羽落在了刘邦的后面。　②吾家项梁所立：项羽不应当直呼其叔项梁之名，故《汉书》删去"项梁"二字。梁玉绳认为"项梁"二字当作"武安君"。　③功伐：功劳，功勋。伐：积功。　④主约：主持盟约。　⑤佯：假装，谎称。　⑥用：执行，服从。

正月，项羽自立为西楚霸王，王梁、楚地九郡，都彭城。负约，更立沛公为汉王，王巴、蜀、汉中，都南郑。三分关中，立秦三将：章邯为雍王，都废丘；司马欣为塞王，都栎阳；董翳为翟王，都高奴。楚将瑕丘申阳为河南王，都洛阳。赵将司马卬为殷王，都朝歌。赵王歇徙王代。赵相张耳为常山王，都襄国。当阳君黥布为九江王，都六。怀王柱国共敖为临江王，都江陵。番君吴芮为衡山王，都邾。燕将臧荼为燕王，都蓟。故燕王韩广徙王辽东。广不听，臧荼攻杀之无终。封成安君陈馀河间三县①，居南皮。封梅鋗十万户。

四月，兵罢戏下，诸侯各就国②。

【注释】 ①河间：汉封国名，治乐城，在今河北省献县东南。按：项羽分封共十八王，除上述各王外，尚有魏豹为魏王，韩之后成为韩王，田市为胶东王，田都为齐王，田安为济北王。事详《项羽本纪》。 ②就国：去到自己的封国。

汉王之国，项王使卒三万人从，楚与诸侯之慕从者数万人，从杜南入蚀中①。去辄烧绝栈道②，以备诸侯盗兵袭之，亦示项羽无东意。至南郑，诸将及士卒多道亡归，士卒皆歌思东归。韩信说汉王曰③："项羽王诸将之有功者，而王独居南郑，是迁也④。军吏士卒皆山东之人也，日夜跂而望归⑤，及其锋而用之⑥，可以有大功。天下已定，人皆自宁，不可复用。不如决策东乡，争权天下。"

【注释】 ①杜：秦县名，县治在今陕西省西安市西南。蚀：关中通往汉中的谷道名。 ②栈道：山中险要处架木构成的空中通道，在褒斜道上，是关中通往汉中的一条要道。烧栈道，计出张良。 ③韩信：即淮阴侯韩信。 ④迁：流放。 ⑤跂（qì）：抬起脚后跟引颈而望。 ⑥锋：锐，指锐气。

项羽出关，使人徙义帝。曰："古之帝者地方千里，必居上游。"乃使使徙义帝长沙郴县①，趣义帝行②，群臣稍背叛之。乃阴令衡山王、临江王击之，杀义帝江南③。项羽怨田荣④，立齐将田都为齐王⑤。田荣怒，因自立为齐王，杀田都而反楚；予彭越将军印⑥，令反梁地。楚令萧公角击彭越⑦，彭越大破之。陈馀怨项羽之弗王己也，令夏说说田荣，请兵击张耳。齐予陈馀兵，击破常山王张耳，张耳亡归汉。迎赵王歇于代，复立为赵王。赵王因立陈馀为代王。项羽大怒，北击齐。

【注释】 ①长沙：秦郡名，郡治临湘，即今湖南省长沙市。郴县：秦县名，县治在今湖南省郴州市。 ②趣：敦促。 ③杀义帝：据《黥布列传》，弑义帝者为黥布，衡山王、临江王均受命而未执行。 ④项羽怨田荣：项羽曾援救田荣击章邯，而田荣却不佐项梁击章邯，又不助项羽北救赵，故项羽深恨之，为张良所利用。 ⑤田都：田假的将领。下文"杀田都"系误记。田都被田荣击败后逃归项羽。 ⑥彭越：字仲，有众万余居巨野泽，项羽未封彭越，故亦怨项羽而反。 ⑦萧公角：项羽将，曾任萧县令，名角。

八月，汉王用韩信之计，从故道还①，袭雍王章邯。邯迎击汉陈仓②，雍兵败，还走；止战好畤③，又复败，走废丘。汉王遂定雍地。东至咸阳，引兵围雍王废丘，而遣诸将略定陇西④、北地⑤、上郡⑥。令将军薛欧、王吸出武关，因王陵兵南阳，以迎太公、吕后于沛。楚闻之，发兵距之阳夏⑦，不得前。令故吴令郑昌为韩王，拒汉兵。

【注释】　①故道：秦县名，县治在今陕西省凤县西北。　②陈仓：秦县名，县治在今陕西省宝鸡市东。　③好畤：秦县名，县治在今陕西省乾县东。　④陇西：秦郡名，郡治狄道，在今甘肃省临洮县。　⑤北地：秦郡名，郡治义渠，在今甘肃省庆阳市西南。⑥上郡：秦郡名，郡治肤施，在今陕西省榆林市东南。　⑦阳夏：秦县名，县治在今河南省太康县。

二年①，汉王东略地，塞王欣、翟王翳、河南王申阳皆降。韩王昌不听，使韩信击破之。于是置陇西、北地、上郡、渭南②、河上、中地郡；关外置河南郡③。更立韩太尉信为韩王④。诸将以万人若以一郡降者⑤，封万户。缮治河上塞⑥。诸故秦苑囿园池，皆令人得田之⑦。正月，虏雍王弟章平，大赦罪人。

【注释】　①二年：即汉二年，公元前205年。　②渭南、河上、中地：三郡即关中三辅，渭南郡后来为京兆尹，河上郡后来为左冯翊（píngyì），中地郡后来为右扶风，三郡郡治均在长安城中。　③河南郡：郡治洛阳。　④韩太尉信：原韩国旧贵族，随刘邦入关，拜太尉。事详《韩王信列传》。　⑤若：或。　⑥河上塞：河套一带防备匈奴的要塞。⑦田之：耕种苑中土地。

汉王之出关至陕①，抚关外父老，还，张耳来见②，汉王厚遇之。

二月，令除秦社稷，更立汉社稷。三月，汉王从临晋渡③，魏王豹将兵从。下河内，虏殷王，置河内郡④。南渡平阴津⑤，至洛阳。新城三老董公遮说汉王以义帝死故⑥。汉王闻之，袒而大哭。遂为义帝发丧，临三日⑦。发使者告诸侯曰："天下共立义帝，北面事之。今项羽放杀义帝于江南，大逆无道。寡人亲为发丧，诸侯皆缟素。悉发关内兵，收三河士⑧，南浮江、汉以下，愿从诸侯王击楚之杀义帝者。"

【注释】　①陕：秦县名，县治在今河南省三门峡市西北。　②张耳来见：张耳被陈余打败，穷蹙而投刘邦。　③临晋：关名，在陕西省大荔城东的黄河西岸，是秦晋间的重要通道。　④河内郡：郡治怀县，在今河南省武陟县西南。　⑤平阴津：渡口名，在今河南省孟津县东北。　⑥新城：乡邑名，在今河南省伊川县西南。三老：乡官，掌教化。遮说：拦路诉说。　⑦临：哭临，公祭。　⑧三河：河东、河内、河南。

是时项王北击齐，田荣与战城阳。田荣败，走平原①。平原民杀之。齐皆降楚。楚因焚烧其城郭，系虏其子女。齐人叛之。田荣弟横立荣子广为齐王，齐王反楚城阳。项羽虽闻汉东，既已连齐兵②，欲遂破之而击汉。汉王以故得劫五诸侯兵③，遂入彭城。项羽闻之，乃引兵去齐，从鲁出胡陵，至萧，与汉大战彭城灵壁东睢水上，大破汉军，多杀士卒，睢水为之不流。乃取汉王父母妻子于沛，置之军中以为质。当是时，诸侯见楚强，汉败还，皆去汉复为楚。塞王欣亡入楚。

【注释】　①平原：秦郡名，郡治在今山东省平原县西南。　②连齐兵：与齐兵交战。③劫：以兵威裹胁。五诸侯：泛言天下之兵，已见《项羽本纪》注。

吕后兄周吕侯为汉将兵①，居下邑。汉王从之，稍收士卒，军砀。汉王乃西过梁地，至虞②。使谒者随何之九江王布所③，曰："公能令布举兵叛楚，项羽必留击之。得留数月，吾取天下必矣。"随何往说九江王布，布果背楚。楚使龙且往击之④。

【注释】　①周吕侯：即吕泽，刘邦称帝后封为周吕侯。　②虞：秦县名，县治在今河南省虞城县北。　③谒者：官名，皇帝近臣，掌传达。　④龙且（jū）：项羽部将，在潍水之战中被汉将韩信击杀。

汉王之败彭城而西，行使人求家室，家室亦亡①，不相得②。败后乃独得孝惠，六月，立为太子，大赦罪人。令太子守栎阳，诸侯子在关中者皆集栎阳为卫。引水灌废丘，废丘降，章邯自杀。更名废丘为槐里。于是令祠官祀天地、四方、上帝、山川，以时祀之。兴关内卒乘塞③。

【注释】　①亡：逃亡，失散。　②不相得：没有能找到。　③乘塞：守塞，开赴前线。

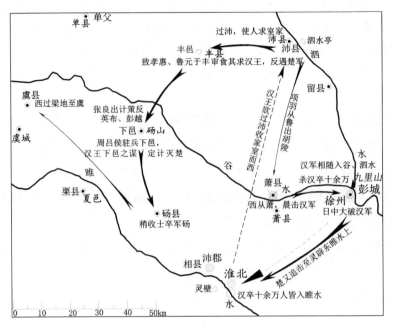

彭城之战汉王下邑定计灭楚

是时九江王布与龙且战，不胜，与随何间行归汉①。汉王稍收士卒，与诸将及关中卒益出，是以兵大振荥阳，破楚京、索间②。

【注释】 ①间行：潜行，抄小路走。 ②破楚京、索间：在京、索一线击破楚军。京：秦县名，在今河南省荥阳市东南；索：京县境内之索亭，即今河南省荥阳市。

三年，魏王豹谒归视亲疾，至即绝河津①，反为楚。汉王使郦生说豹。豹不听。汉王遣将军韩信击，大破之，虏豹。遂定魏地，置三郡，曰河东、太原、上党②。汉王乃令张耳与韩信遂东下井陉击赵③，斩陈馀、赵王歇。其明年，立张耳为赵王。

【注释】 ①绝河津：切断蒲津关的黄河渡口。 ②河东、太原、上党：河东郡治安邑，在今山西省夏县西北。太原郡治晋阳，在今山西省太原市西南。上党郡治长子，在今山西省长治市西南。 ③井陉（xíng）：关名，在今河北省井陉山上。

汉王军荥阳南，筑甬道属之河①，以取敖仓②。与项羽相拒岁余。项羽数侵夺汉甬道，汉军乏食，遂围汉王。汉王请和，割荥阳以西者为汉。项王不听。汉王患之，乃用陈平之计，予陈平金四万斤，以间疏楚君臣③。于是项羽乃疑亚父。亚父是时劝项羽遂下荥阳，及其见疑，乃怒，辞老，愿赐骸骨归卒伍，未至彭城而死。

【注释】 ①甬道：两旁筑有土墙的交通线。属之河：一直通到黄河边上。属：连。②敖仓：秦朝在荥阳西北敖山上修筑的大粮仓。 ③间疏：离间，疏远。

汉军绝食，乃夜出女子东门二千余人，被甲①，楚因四面击之。将军纪信乃乘王驾②，诈为汉王，诳楚③，楚皆呼万岁，之城东观，以故汉王得与数十骑出西门遁④。令御史大夫周苛、魏豹、枞公守荥阳。诸将卒不能从者，尽在城中。周苛、枞公相谓曰："反国之王⑤，难与守城。"因杀魏豹。

【注释】 ①被甲：穿上盔甲。被：读"披"。 ②乘王驾：乘坐汉王的车驾。 ③诳：欺骗。 ④遁：逃。 ⑤反国之王：魏豹反为楚事。

汉王之出荥阳入关，收兵欲复东。袁生说汉王曰①："汉与楚相拒荥阳数岁，汉常困。愿君王出武关，项羽必引兵南走，王深壁②，令荥阳、成皋间且得休。使韩信等辑河北赵地③，连燕、齐，君王乃复走荥阳，未晚也。如此，则楚所备者多，力分，汉得休，复与之战，破楚必矣。"汉王从其计，出军宛、叶间④，与黥布行收兵。

【注释】 ①袁生：《汉书》作辕生。 ②深壁：即深沟高垒，坚守不战。 ③辑：平定。 ④宛、叶：宛为县名，即今河南省南阳市。叶：邑名，在今河南省叶县南。

项羽闻汉王在宛，果引兵南。汉王坚壁不与战。是时彭越渡睢水，与项声、薛公战下邳，彭越大破楚军。项羽乃引兵东击彭越。汉王亦引兵北军成皋。项羽已破走彭越，闻汉王复军成皋，乃复引兵西，拔荥阳，诛周苛、枞公，而虏韩王信，遂围成皋。

汉王跳①，独与滕公共车出成皋玉门②。北渡河，驰宿修武③。自称使者，晨驰入张耳、韩信壁，而夺之军。乃使张耳北益收兵赵地，使韩信东击齐。汉王得韩信军，则复振。引兵临河，南飨军小修武南，欲复战。郎中郑忠乃说止汉王④，使高垒深堑，勿与战。汉王听其计，使卢绾、刘贾将卒二万人，骑数百，渡白马津⑤，入楚地，与彭越复击破楚军燕郭西⑥，遂复下梁地十余城。

【注释】 ①跳：翻越城墙。 ②成皋玉门：成皋北门。 ③修武：秦县名，县治在今河南省获嘉县。 ④郎中：皇帝的近卫侍从官。 ⑤白马津：黄河津名，在今河南省滑县东北的旧黄河南岸。 ⑥燕：秦县名，县治在今河南省延津县北。

淮阴已受命东①，未渡平原。汉王使郦生往说齐王田广，广叛楚，与汉和，共击项羽。韩信用蒯通计②，遂袭破齐。齐王烹郦生，东走高密③。项羽闻韩信已举河北兵破齐、赵，且欲击楚，则使龙且、周兰往击之。韩信与战，骑将灌婴击，大破楚军，杀龙且。齐王广奔彭越。当此时，彭越将兵居梁地，往来苦楚兵，绝其粮食。

【注释】 ①淮阴：指韩信。 ②蒯通：齐地的辩士。关于他说服韩信袭齐的事情，详《淮阴侯列传》。 ③高密：秦县名，县治在今山东省高密市西南。

四年，项羽乃谓海春侯大司马曹咎曰："谨守成皋。若汉挑战，慎勿与战，无令得东而已。我十五日必定梁地，复从将军。"乃行，击陈留、外黄、睢阳①，下之。汉果数挑楚军，楚军不出，使人辱之五六日，大司马怒，渡兵汜水②。士卒半渡，汉击之，大破楚军，尽得楚国金玉货赂。大司马咎、长史欣皆自刭汜水上③。项羽至睢阳，闻海春侯破，乃引兵还。汉军方围钟离眜于荥阳东④，项羽至，尽走险阻。

【注释】 ①睢阳：秦县名，县治在今河南省商丘市南部。 ②汜（sì）水：发源于河南省巩义市东南，流经荥阳市汜水镇西，注入黄河。 ③长史欣：即司马欣。长史是丞相或大将军府中的诸史之长。 ④钟离眜：楚国骁将。项羽败亡后曾投奔韩信，被杀。

韩信已破齐，使人言曰："齐边楚①，权轻，不为假王②，恐不能安齐。"汉王欲攻之。留侯曰："不如因而立之，使自为守。"乃遣张良操印绶立韩信为齐王。

项羽闻龙且军破，则恐，使盱台人武涉往说韩信③。韩信不听。

【注释】 ①齐边楚：齐国靠近楚国。 ②假王：代理齐王。韩信欲自王的委婉说法。 ③武涉往说韩信：事详《淮阴侯列传》。

楚汉久相持未决，丁壮苦军旅，老弱疲转饷①。汉王、项羽相与临广武之间而语②。项羽欲与汉王独身挑战。汉王数项羽曰③：

"始与项羽俱受命怀王，曰'先入定关中者王之'，项羽负约，王我于蜀、汉，罪一。项羽矫杀卿子冠军而自尊④，罪二。项羽已救赵，当还报，而擅劫诸侯兵入关，罪三。怀王约入秦无暴掠，项羽烧秦宫室，掘始皇帝冢，私收其财物，罪四。又强杀秦降王子婴，罪五。诈坑秦子弟新安二十万，王其将，罪六。项羽皆王诸将善地，而徙逐故主，令臣下争叛逆，罪七。项羽出逐义帝彭城，自都之，夺韩王地⑤，并王梁、楚，多自予，罪八。项羽使人阴弑义帝江南，罪九。夫为人臣而弑其主，杀已降，为政不平，主约不信，天下所不容，大逆无道，罪十也。吾以义兵从诸侯诛残贼，使刑余罪人击杀项羽，何苦与乃公挑战！"项羽大怒，伏弩射中汉王。汉王伤胸，乃扪足曰："虏中吾指⑥！"汉王病创卧，张良强请汉王起行劳军，以安士卒，毋令楚乘胜于汉。汉王出行军，病甚，因驰入成皋。

【注释】 ①疲转饷：疲于运送粮饷。 ②广武之间：即广武涧。在今河南省荥阳市东北之广武山上。 ③数：数落，历数罪状。 ④卿子冠军：即宋义。事详《项羽本纪》。 ⑤夺韩王地：韩成被项梁立为韩王。项羽灭秦后一直不令就国，最后并把他杀死。 ⑥虏中吾指：敌人射中我脚趾。这是刘邦中箭倒下时安慰身边将士的话。

楚汉成皋相持

病愈，西入关，至栎阳，存问父老，置酒，枭故塞王欣头栎阳市。留四日，复如军，军广武。关中兵益出。

当此时，彭越将兵居梁地，往来苦楚兵，绝其粮食。田横往从之。项羽数击彭越等，齐王信又进击楚。项羽恐，乃与汉王约，中分天下，割鸿沟而西者为汉，鸿沟而东者为楚。项王归汉王父母妻子，军中皆呼万岁，乃归而别去。

项羽解而东归。汉王欲引而西归，用留侯、陈平计①，乃进兵追项羽。至阳夏南止军，与齐王信、建成侯彭越期会而击楚军。至固陵，不会。楚击汉军，大破之。汉王复入壁，深堑而守之。用张良计，于是韩信、彭越皆往。及刘贾入楚地，围寿春。汉王败固陵，乃使使者召大司马周殷举九江兵而迎武王②，行屠城父，随刘贾、齐梁诸侯皆大会垓下。立武王布为淮南王。

【注释】　①用留侯、陈平计：以下写楚汉固陵之战和垓下之战，刘邦用张良、陈平计调动韩信、彭越灭楚，事详《项羽本纪》。　②武王：指黥布。徐孚远曰："黥布称为武王，当是叛楚以后，未归汉以前假为此号。"（《史记测义》）

五年①，高祖与诸侯兵共击楚军，与项羽决胜垓下。淮阴侯将三十万自当之，孔将军居左②，费将军居右③，皇帝在后，绛侯④、柴将军在皇帝后⑤。项羽之卒可十万。淮阴先合，不利，却。孔将军、费将军纵⑥，楚兵不利，淮阴侯复乘之，大败垓下。项羽卒闻汉军之楚歌⑦，以为汉尽得楚地，项羽乃败而走，是以兵大败。使骑将灌婴追杀项羽东城，斩首八万，遂略定楚地。鲁为楚坚守不下。汉王引诸侯兵北，示鲁父老项羽头，鲁乃降。遂以鲁公号葬项羽谷城⑧。还至定陶，驰入齐王壁，夺其军。

【注释】　①五年：汉五年，当公元前 202 年。　②孔将军：蓼侯孔熙。　③费将军：费侯陈贺。　④绛侯：周勃。　⑤柴将军：棘蒲侯柴武。　⑥纵：包围冲杀。　⑦卒闻：《项羽本纪》作"夜闻"。　⑧谷城：古邑名，在今山东省平阴县西南陈阴镇。

正月，诸侯及将相相与共请尊汉王为皇帝。汉王曰："吾闻帝贤者有也①，空言虚语，非所守也②，吾不敢当帝位。"群臣皆曰："大王起微细，诛暴逆，平定四海，有功者辄裂地而封为王侯。大王不尊号，皆疑不信③。臣等以死守之④。"汉王三让，不得已，曰："诸君必以为便，便国家⑤。"甲午⑥，乃即皇帝位汜水之阳⑦。

【注释】 ①帝贤者有也：皇帝之号，只有贤能的人才能享有。 ②"空言"二句：徒有虚名而无实际的人，是守不住皇帝之位的。 ③皆疑不信：谓刘邦不称帝，人心皆疑虑不安。 ④臣等以死守之：臣等誓死坚持尊刘邦称帝。 ⑤诸君必以为便，便国家：你们一定坚持认为我称帝有利，那我从有利于国家的角度来考虑接受你们的意见。 ⑥甲午：汉五年二月初三日。 ⑦氾（fàn）水之阳：氾水的北岸。氾水：古水名，故道在今山东省曹县北。

皇帝曰："义帝无后。齐王韩信习楚风俗，徙为楚王，都下邳①。立建成侯彭越为梁王，都定陶。故韩王信为韩王，都阳翟②。徙衡山王吴芮为长沙王，都临湘③。番君之将梅鋗有功，从入武关，故德番君。淮南王布、燕王臧荼、赵王敖皆如故④。"

【注释】 ①下邳：秦县名，县治在今江苏省睢宁县西北。 ②阳翟：秦县名，县治在今河南省禹州市。 ③临湘：秦县名，县治在今湖南省长沙市。 ④赵王敖：张耳之子张敖。

天下大定。高祖都洛阳，诸侯皆臣属①。故临江王欢为项羽畔汉②，令卢绾、刘贾围之，不下。数月而降，杀之洛阳。

【注释】 ①臣属：称臣归服。 ②临江王欢：项羽所立的临江王共敖的儿子。

五月，兵皆罢归家。诸侯子在关中者复之十二岁①，其归者复之六岁，食之一岁②。

【注释】 ①"诸侯子"句：指楚汉相争时，在关中栎阳佐助太子的诸侯子弟，享受免除赋税徭役十二年的优惠。复：免除赋税徭役。 ②食（sì）：供食。

高祖置酒洛阳南宫。高祖曰："列侯诸将无敢隐朕，皆言其情。吾所以有天下者何？项氏之所以失天下者何？"高起、王陵对曰①："陛下慢而侮人，项羽仁而爱人。然陛下使人攻城略地，所降下者因以予之，与天下同利也。项羽妒贤嫉能，有功者害之，贤者疑之，战胜而不予人功，得地而不予人利，此所以失天下也。"高祖曰："公知其一，未知其二。夫运筹策帷帐之中②，决胜于千里之外，吾不如子房；镇国家，抚百姓，给馈饷③，不绝粮道，吾不如萧何；连百万之军④，战必胜，攻必取，吾不如韩信。此三者，皆人杰也，吾能用之，此吾所以取天下也。项羽有一范增而不能用，此其所以为我擒也。"

【注释】 ①高起：《汉书·高帝纪》注引《汉帝年纪》有"都武侯臣起"，疑即其人。②筹策：古代计数的筹码，引申为谋策。 ③馈饷：粮饷。 ④连：联结。此指统领指挥。

高祖欲长都洛阳。齐人刘敬说①，及留侯劝上入都关中②，高祖是日驾，入都关中。六月，大赦天下。

【注释】 ①刘敬：原名娄敬，赐姓刘，他向刘邦建言入都关中事，详《刘敬列传》。②入都关中：刘邦进入关中建都。事详《刘敬列传》。

（以上为第三段，写楚汉战争经过，刘邦知人善任，由弱变强，终于并灭项羽，登上皇帝宝座。）

十月①，燕王臧荼反，攻下代地。高祖自将击之，得燕王臧荼。即立太尉卢绾为燕王。使丞相哙将兵攻代②。

其秋，利几反，高祖自将兵击之，利几走。利几者，项氏之将。项氏败，利几为陈公，不随项羽，亡降高祖。高祖侯之颍川③。高祖至洛阳，举通侯籍召之④，而利几恐，故反。

【注释】 ①十月：应为七月。 ②丞相哙：即樊哙，丞相是虚衔。 ③颍川：汉郡名，郡治阳翟，在今河南省禹州市。 ④举通侯籍召之：所有在册的通侯都召到洛阳来。通侯：即彻侯，避汉武帝讳改。

六年①，高祖五日一朝太公②，如家人父子礼。太公家令说太公曰③："天无二日，土无二王。今高祖虽子，人主也；太公虽父，人臣也。奈何令人主拜人臣！如此则威重不行④。"后高祖朝，太公拥彗迎门却行⑤。高祖大惊，下扶太公。太公曰："帝，人主也，奈何以我乱天下法！"于是高祖乃尊太公为太上皇。心善家令言，赐金五百斤。

【注释】 ①六年：公元前201年。 ②朝：请安。 ③家令：官名，掌家事。 ④威重不行：天子的权威不行于国。 ⑤拥彗（huì）：抱着扫帚以示清扫道路，用此表达对来者的尊敬。却行：倒退引进来宾，以示虔敬。这是家令为讨好刘邦导演太公行此古礼。

十二月，人有上变事告楚王信谋反①，上问左右，左右争欲击之。用陈平计，乃伪游云梦②，会诸侯于陈，楚王信迎，即因执之③。是日，大赦天下。田肯贺，因说高祖曰："陛下得韩信，又治秦中。秦，形胜之国④，带河山之险⑤，悬隔千里⑥，持戟百万，秦得百二焉⑦。地势便利，其以下兵于诸侯，譬犹居高屋之上建瓴水也。夫齐，东有琅邪、即墨之饶⑧，南有泰山之固，西有浊河之限⑨，北有勃海之利⑩，地方二千里，持戟百万，悬隔千里之外⑪，齐得十二焉⑫。故此东西秦也⑬。非亲子弟，莫可使王齐矣⑭。"高祖曰："善。"赐黄金五百斤。后十余日，封韩信为淮阴侯，分其地为二国。高祖曰将军刘贾数有功，以为荆王，王淮东⑮。弟交为楚王，王淮西⑯。子肥为齐王⑰，王七十余城，民能齐言者皆属齐。乃论功，与诸列侯剖符行封⑱。徙韩王信太原⑲。

【注释】　①上变事：上书告发非常之事，实伪造韩信谋反事。　②伪游云梦：天子出巡，诸侯相迎，用此擒拿韩信，计出陈平，详《陈丞相世家》。游：天子巡狩出猎。③执：拘捕。　④形胜之国：关中是形势险要的地方。　⑤带河山之险：以险要的黄河、淆山为襟带。　⑥悬隔千里：言关中地域辽阔，山川相隔，沃野千里。　⑦百二：言守关中，二万人足当百万。　⑧琅邪、即墨：均秦县名。琅邪在今山东省青岛市黄岛区西北。即墨在今山东省平度市东南。　⑨浊河：黄河。限：隔。　⑩勃海：渤海。　⑪悬隔千里之外：相隔不止千里，极言地域广大。　⑫齐得十二焉：齐国能收取以二敌十的功效。⑬东西秦：齐、秦两地，一东一西，形势、力量足以抗衡。　⑭"非亲"二句：不可把非亲子弟分封到齐地去称王。　⑮淮东：今安徽省淮河以东、以南的地区。　⑯淮西：今安徽省淮河以西、以北的地区。　⑰肥：即刘肥，刘邦的姘妇曹氏所生。事详《齐悼惠王世家》。　⑱剖符：分封王侯时把符（一种信物）分为两半，皇帝与被分封的人各执一半。⑲太原：汉郡名，郡治太原，在今山西省太原市西南。

七年①，匈奴攻韩王信马邑②，信因与谋反太原。白土曼丘臣③、王黄立故赵将赵利为王以反，高祖自往击之。会天寒，士卒堕指者什二三④，遂至平城⑤。匈奴围我平城，七日而后罢去。令樊哙止定代地⑥，立兄刘仲为代王。

【注释】　①七年：公元前200年。　②马邑：汉县名，县治在今山西省朔州市。当时韩王韩信建都于此。　③白土：汉县名，县治在今陕西省神木市。　④什二三：占十分之二三。　⑤平城：汉县名，县治在今山西省大同市东北。　⑥止定代地：留下来平定代地。

二月，高祖自平城过赵、洛阳，至长安。长乐宫成①，丞相已下徙治长安②。

【注释】　①长乐宫：汉宫名，位于西汉长安城内东南隅，今陕西省西安市未央区东面的阁老门村。　②丞相已下徙治长安：将中央机构迁到长安，以前设在栎阳。

八年，高祖东击韩王信余反寇于东垣①。萧丞相营作未央宫②，立东阙③、北阙、前殿、武库、太仓。高祖还，见宫阙壮甚，怒，谓萧何曰："天下凶凶苦战数岁④，成败未可知，是何治宫室过度也？"萧何曰："天下方未定，故可因遂就宫室⑤。且夫天子以四海为家，非壮丽无以重威，且无令后世有以加也⑥。"高祖乃悦。高祖之东垣，过柏人⑦，赵相贯高等谋弑高祖⑧，高祖心动，因不留。代王刘仲弃国亡⑨，自归洛阳，废以为合阳侯。

【注释】　①东垣：秦县名，汉改称真定，县治在今河北省石家庄市东。　②未央宫：汉宫名，位于西汉长安城内西南隅，今陕西省西安市未央区西面的马家寨村。　③阙：宫门前的建筑物，一般都是左右各一，上有楼观。　④凶凶：扰乱不安的样子。　⑤因遂就：趁机建成。　⑥无令后世有以加：不要让后世超过这个规模。　⑦柏人：秦县名，县治在今河北省隆尧县。　⑧贯高：关于贯高谋杀刘邦事，详见《张耳列传》。　⑨刘仲弃国亡：刘仲被匈奴所攻，逃回长安。

九年，赵相贯高等事发觉，夷三族①。废赵王敖为宣平侯。是岁，徙贵族楚昭、屈、景、怀，齐田氏关中②。

【注释】　①夷三族：诛灭罪犯的父族、母族、妻族。　②徙贵族楚昭、屈、景、怀，齐田氏关中：这是接受刘敬建议而采取的行动，目的在于防止他们在地方作乱。

未央宫成。高祖大朝诸侯群臣，置酒未央前殿。高祖奉玉卮，起为太上皇寿，曰："始大人常以臣无赖①，不能治产业，不如仲力②。今某之业所就孰与仲多③？"殿上群臣皆呼万岁，大笑为乐。

【注释】　①无赖：江淮一带对狡诈的年轻人的蔑称。意思是不学好，没出息。　②不如仲力：不如老二勤恳。　③"今某"句：现在我成就的产业与老二相比，谁多？

十年十月①，淮南王黥布、梁王彭越、燕王卢绾、荆王刘贾、楚王刘交、齐王刘肥、长沙王吴芮皆来朝长乐宫。春夏无事。

七月，太上皇崩栎阳宫。楚王、梁王皆来送葬。赦栎阳囚。更名郦邑曰新丰②。

【注释】 ①十年：高祖十年，即公元前197年。 ②更名郦邑曰新丰：把郦邑改名为新丰。郦邑：在今陕西省西安市临潼区东北；新丰：意为新建的丰邑。

八月，赵相国陈豨反代地①。上曰："豨尝为吾使，甚有信。代地吾所急也②，故封豨为列侯，以相国守代，今乃与王黄等劫掠代地！代地吏民非有罪也，其赦代吏民。"九月，上自东往击之。至邯郸③，上喜曰："豨不南据邯郸而阻漳水④，吾知其无能为也。"闻豨将皆故贾人也，上曰："吾知所以与之⑤。"乃多以金啖豨将，豨将多降者。

【注释】 ①赵相国：《汉书》作"代相国"，是。其时赵相国为周昌。 ②吾所急：我所关注的地方。 ③邯郸：汉初赵国都城，在今河北省邯郸市西南。 ④漳水：漳河，在今河北、河南两省边境，向东南流入卫河。 ⑤吾知所以与之：我知道了用来对付他们的办法。与：对付。

十一年①，高祖在邯郸诛豨等未毕，豨将侯敞将万余人游行②，王黄军曲逆③，张春渡河击聊城④。汉使将军郭蒙与齐将击，大破之。太尉周勃道太原入，定代地。至马邑，马邑不下，即攻残之。

【注释】 ①十一年：公元前196年。 ②游行：流动作战。 ③曲逆：汉县名，因曲逆河而得名，县治在今河北省顺平县东南。 ④张春：陈豨部将。聊城：秦县名，县治在今山东省聊城市西北，汉初属齐国。

豨将赵利守东垣，高祖攻之，不下。月余。卒骂高祖①，高祖怒。城降，令出骂者斩之②，不骂者原之。于是乃分赵山北③，立子恒以为代王④，都晋阳⑤。

【注释】 ①卒骂高祖：东垣的守卒骂刘邦。 ②令出骂者斩之：命令降卒把骂过刘邦的人检举出来，加以处斩。出：揭发出。 ③于是乃分赵山北：于是就把赵国常山以北的地区划分出来。 ④子恒：刘邦的儿子刘恒，即后来的汉文帝。 ⑤晋阳：古邑名，即今山西省太原市西南的古城营。

春，淮阴侯韩信谋反关中①，夷三族。

【注释】　①淮阴侯韩信谋反关中：事详《淮阴侯列传》。

　　夏，梁王彭越谋反①，废，迁蜀，复欲反②，遂夷三族。立子恢为梁王，子友为淮阳王。

【注释】　①梁王彭越谋反：事详《彭越列传》。　②复欲反：再次企图谋反。据《彭越列传》，此为吕后制造的杀越冤案。

　　秋七月，淮南王黥布反①，东并荆王刘贾地，北渡淮，楚王交走入薛。高祖自往击之。立子长为淮南王。

【注释】　①淮南王黥布反：黥布被迫造反，事详《黥布列传》。

　　十二年十月①，高祖已击布军会甀②，布走，令别将追之。

【注释】　①十二年：公元前195年。　②会甀（kuàizhuì）：乡邑名，在今安徽省宿州市东南。

　　高祖还归，过沛，留。置酒沛宫，悉召故人父老子弟纵酒①，发沛中儿得百二十人，教之歌。酒酣，高祖击筑②，自为歌诗曰："大风起兮云飞扬，威加海内兮归故乡，安得猛士兮守四方！"令儿皆和习之。高祖乃起舞，慷慨伤怀，泣数行下。谓沛父兄曰："游子悲故乡。吾虽都关中，万岁后吾魂魄犹乐思沛。且朕自沛公以诛暴逆，遂有天下，其以沛为朕汤沐邑③，复其民④，世世无有所与⑤。"沛父兄诸母故人日乐饮极欢，道旧故为笑乐。十余日，高祖欲去，沛父兄固请留高祖。高祖曰："吾人众多，父兄不能给。"乃去。沛中空县皆之邑西献⑥。高祖复留止，张饮三日⑦。沛父兄皆顿首曰："沛幸得复，丰未复⑧，唯陛下哀怜之。"高祖曰："丰吾所生长，极不忘耳，吾特为其以雍齿故反我为魏⑨。"沛父兄固请，乃并复丰，比沛。于是拜沛侯刘濞为吴王⑩。

【注释】　①纵酒：尽情喝酒。　②筑：乐器名，形似筝，颈细而肩圆的击弦乐器，演奏时，左手按弦的一端，右手执竹尺击弦发音。　③汤沐邑：天子、皇后、公主等人的私人领地，意思是说这块领地上的赋税供汤沐之用。　④复其民：免除人民的赋税徭役。　⑤世世无有所与：世世代代不再有缴纳赋税的事。与：给，指缴纳赋税。　⑥空县：意即全县出动。献：指贡献饮食。　⑦张饮：搭起帐篷聚饮。　⑧丰：汉始置县，县治在今江苏省丰县。　⑨特：只是。　⑩刘濞：刘邦次兄刘仲之子，封吴王，于景帝三年发动吴楚七国之乱被杀。事详《吴王濞列传》。

汉将别击布军洮水南北①，皆大破之，追得斩布鄱阳。樊哙别将兵定代，斩陈豨当城②。

【注释】　①洮水：据考证为沘水，今作淠水，源于大别山，经霍山、六安入淮。②当城：古邑名，在今河北省蔚县东。

十一月，高祖自布军至长安。十二月，高祖曰："秦始皇帝、楚隐王陈涉、魏安釐王、齐缗王、赵悼襄王皆绝无后①，予守冢各十家，秦皇帝二十家，魏公子无忌五家②。"赦代地吏民为陈豨、赵利所劫掠者，皆赦之。陈豨降将言豨反时，燕王卢绾使人之豨所，与阴谋③。上使辟阳侯迎绾④，绾称病。辟阳侯归，具言绾反有端矣⑤。二月，使樊哙、周勃将兵击燕王绾。赦燕吏民与反者。立皇子建为燕王。

【注释】　①楚隐王陈涉：隐为陈涉之谥。魏安釐王：名圉，信陵君异母兄。齐缗王：名地，乐毅破齐，齐缗王走莒，被楚将淖齿所杀。赵悼襄王：名偃。　②无忌：战国四公子之一信陵君。事详《信陵君列传》。　③阴谋：暗中通谋。　④辟阳侯：审食其（yìjī），吕太后宠臣，官至左丞相。　⑤反有端：有造反的苗头。卢绾曾派张胜出使匈奴，张胜受到臧荼之子的挑唆，劝卢绾与陈豨暗通消息。"反有端"，指此。事详《卢绾列传》。

高祖击布时，为流矢所中，行道病。病甚，吕后迎良医。医入见，高祖问医。医曰："病可治①。"于是高祖谩骂之曰："吾以布衣提三尺剑取天下，此非天命乎？命乃在天，虽扁鹊何益②！"遂不使治病，赐金五十斤罢之。已而吕后问："陛下百岁后，萧相国即死，令谁代之？"上曰："曹参可。"问其次，上曰："王陵可。然陵少戆③，陈平可以助之。陈平智有余，然难以独任。周勃重厚少文，然安刘氏者必勃也，可令为太尉。"吕后复问其次，上曰："此后亦非而所知也④。"

【注释】　①病可治：病不可治的委婉说法。　②扁鹊：古代名医，事详《扁鹊列传》。　③少戆（zhuàng）：稍嫌粗疏而认死理。戆：憨厚耿直。　④"此后"句：这以后也不是你所知道的了。

卢绾与数千骑居塞下候伺，幸上病愈自入谢①。

【注释】　①幸：希望。

四月甲辰①，高祖崩长乐宫。四日不发丧。吕后与审食其谋曰："诸将与帝为编户民②，今北面为臣，此常快快③，今乃事少主④，非尽族是⑤，天下不安。"人或闻之，语郦将军⑥。郦将军往见审食其，曰："吾闻帝已崩，四日不发丧，欲诛诸将。诚如此，天下危矣。陈平、灌婴将十万守荥阳，樊哙、周勃将二十万定燕、代，此闻帝崩，诸将皆诛，必连兵还乡以攻关中⑦。大臣内叛，诸侯外反，亡可翘足而待也⑧。"审食其入言之，乃以丁未发丧⑨，大赦天下。

【注释】　①四月甲辰：公元前194年，阴历四月二十五日。高祖逝年六十二岁，一说五十三岁。　②编户民：编户齐民，普通老百姓。　③此常快快：这些人十分不快。快快：失意的样子。　④少主：即将继位的汉惠帝刘盈，时年十七岁。　⑤非尽族是：若不把他们全部族灭。　⑥郦将军：郦商。　⑦还向：调转方向。　⑧翘足而待：形容很快就会来到。　⑨丁未：阴历四月二十八日。

卢绾闻高祖崩，遂亡入匈奴。

丙寅①，葬。己巳②，立太子③，至太上皇庙。群臣皆曰："高祖起微细，拨乱世反之正④，平定天下，为汉太祖，功最高。"上尊号为高皇帝。太子袭号为皇帝，孝惠帝也。令郡国诸侯各立高祖庙，以岁时祠⑤。及孝惠五年⑥，思高祖之悲乐沛⑦，以沛宫为高祖原庙⑧。高祖所教歌儿百二十人，皆令为吹乐，后有缺，辄补之。

【注释】　①丙寅：阴历五月十七日。　②己巳：五月二十日。　③立太子：指太子刘盈为帝。　④拨乱世反之正：拨正乱世，使之恢复正常的秩序。　⑤以岁时祠：每年按照一定的时令祭祀。　⑥孝惠五年：公元前190年。　⑦悲乐沛：思念和喜欢故乡沛县。悲：由想念而产生的悲怆心情。　⑧原庙：立在原籍沛县的庙。《史记集解》曰："原者，再也"，谓沛庙为再立之庙，与长安之庙相对称。

高帝八男：长庶齐悼惠王肥①；次孝惠，吕后子；次戚夫人子赵隐王如意②；次代王恒，已立为孝文帝，薄太后子；次梁王恢，吕太后时徙为赵共王③；次淮阳王友，吕太后时徙为赵幽王④；次淮南厉王长⑤；次燕王建⑥。

【注释】 ①长庶：刘肥虽是长子，却是庶出。　②戚夫人：刘邦的宠姬，后被吕后所杀。如意：刘邦爱子，刘邦一度想立他为太子，后被吕后所杀。　③赵共王：刘恢，先曾为梁王，后被吕后徙封赵，因不爱吕氏女为妻，悲郁自杀。　④赵幽王：刘友，因不爱吕氏女为妻，遭谗被囚拘饿死。　⑤淮南厉王长：刘邦少子，文帝时因骄溢犯法而被流放蜀地，途中绝食自杀。　⑥燕王建：刘邦庶子，吕太后立为燕王。

（以上为第四段，写刘邦称帝后削平异姓王的经过和晚境心情。）

太史公曰：夏之政忠。忠之敝，小人以野①，故殷人承之以敬。敬之敝，小人以鬼②，故周人承之以文。文之敝，小人以僿③，故救僿莫若以忠。三王之道若循环，终而复始。周秦之间，可谓文敝矣。秦政不改，反酷刑法，岂不谬乎？故汉兴，承敝易变，使人不倦，得天统矣④。朝以十月。车服黄屋左纛⑤。葬长陵⑥。

【注释】 ①忠：指政治质朴；野：少礼节，夏代社会刚进入私有制，国家政权正在形成，制度简朴，少礼节。　②"殷人承之以敬"三句：商代统治者极端迷信，一切大小事都要靠卜筮来决定，帝王死了，用奴隶来殉葬，埋葬大量财物祭享，其目的是用神权来巩固统治地位。敬：敬奉，指恭敬天地、鬼神、祖先。鬼：指崇拜鬼神。　③"周人承之以文"三句：周代礼仪大备，严分尊卑。文：即文明，僿（sài）：一作"薄"，虚伪，即繁多的礼仪，引导人们重形式主义而缺少忠厚的内容。　④天统：犹言得正统、得天命。西汉董仲舒倡三统说，认为夏得黑统，以寅月为正；商得白统，以丑月为正；周得赤统，以子月为正。三统是循环的。三统循环论是唯心历史观，但它加强了西汉的统治。　⑤黄屋：用黄缯做的车盖。左纛（dào）：皇帝专车上用牦牛尾或雉尾做装饰的大旗，竖在车衡的左边。　⑥长陵：高祖墓，在今陕西省咸阳市东。

（以上为论赞，主要赞美汉家制度符合天道人心，歌颂了刘邦的历史功绩。）

讲　析

《高祖本纪》是司马迁为汉朝开国皇帝刘邦写的一篇传记，在《史记》中居于十分重要的地位，也是一篇恢弘大传，可与《项羽本纪》对照来读。

1. 汉高祖是时势造就的英雄

陈涉起义，喊出的口号："王侯将相宁有种乎！"起义的人不信天命，解脱苦难，靠自己拼争，这就是人为。司马迁写汉高祖刘邦，是循着陈涉的路子，塑造汉高祖的形象是时势造就的英雄，而不是循着"君权天授"的路子塑造成神。

先来看一看《高祖本纪》的内容和结构。

《高祖本纪》全文九千四百九十七字，是篇幅仅次于《秦始皇本纪》的一篇恢弘大传，是司马迁精心创作的名篇之一，文字之精彩比之《项羽本纪》毫不逊色。《高祖本纪》与《项羽本纪》接续，创作本意就是要构成强烈的对比。分析《高祖本纪》的内容和结构，要把握秦汉之际与楚汉相争的大变局，从时势巨变的角度，看《高祖本纪》怎样展现刘邦的一生。

中华书局点校本《高祖本纪》划分传文为八十个自然段落，按刘邦一生的转折可分为四个大的结构段，分说于下。

第一到第八共八个自然段，为第一大段，写刘邦的身世、婚姻及种种不平凡的神奇故事，展示刘邦起义前的风采。

第九到第二十二共十四个自然段，为第二大段，写刘邦率众起义到攻入秦朝都城咸阳的历程，展现刘邦在秦末战乱中怎样成长为一个英雄。

第二十三到第五十四共三十二个自然段，为第三大段，写楚汉战争经过，刘邦知人善任，由弱变强，终于并灭项羽，登上皇帝宝座。

第五十五到第八十共二十六个自然段，为第四大段，写刘邦称帝后削平异姓王的经过以及晚年的心态。

篇末"太史公曰"，是为论赞，指出汉家制度符合天道，顺应民心。

刘邦建立大汉王朝，从一个田舍郎登上了皇帝宝座，还带领了一大批贫困时的哥们兄弟也从一个个平民百姓成了王侯将相，这是天地间一大变局。古代人们相信"君权神授"，认为刘邦是得了天命的真龙天子，在这种思想的笼罩下，刘邦必然是一个传奇人物，要附会出许许多多的神奇故事。《高祖本纪》开篇就写刘邦出生不凡，其母在野外与神遇，有龙来投胎。董仲舒在《春秋繁露》中大肆宣扬："王者承天意以从事。"又说："受命之君，天意之所予也。"刘邦自己也说："吾以布衣提三尺剑取天下，此非天命乎？命乃在天！"司马迁也有些迷惑，他在《秦楚之际月表》中也对刘邦登基发出了感叹："此乃传之所谓大圣乎？岂非天哉，岂非天哉！非大圣孰能当此受命而帝者乎？"但作为实录史家的司马迁，他并没有按刘邦事先定的调子，把他写成一个受命于天的人物，而是把刘邦写成一个时势造就的英雄。司马迁记录的许多神奇故事，有的是带有揭露性质的。刘邦之母与神遇，在雷电晦冥中有蛟龙显现，出自刘太公之口。刘邦及其子女有大贵之相，出自吕后之口。刘邦隐于芒砀山，天空上有祥云，也出自吕后之口。至于喝酒不给钱，酒家到了年终把欠账一笔勾销，本是无奈之举，惹不起刘邦，于是编出刘邦到店喝酒，客流增多，酒家多赚了几倍利润的事。刘邦起事，带领十多个壮士进芒砀山，趁着酒兴，斩了挡道的一条大蛇，这本是一件寻常事，刘邦比别人胆子大一些，他是领头羊，遇险开路也属于天经地义。但刘邦抓住这件事大力宣传，把此事说成是赤帝子杀了白帝子，大概刘邦的造神运动就是从起事时开始的。司马迁写刘邦的神奇故事，多发生在正式打出反秦旗号、在沛县起义之前，而起义之后反秦与反楚，历经许多艰难困苦，靠的都是谋略与得人鼎力相助，才一路走了过来。刘邦在打天下的过程中没有任何神力相助。刘邦笼络天下英雄，又得民心归服，所以他赢得了胜利。对照《高祖本纪》与《项羽本纪》的"太史公曰"，十分鲜明地表达了司马迁的历史观，谁得民心，谁得天命。子羽暴虐而失天下，汉行功德而得天下。司马迁直斥项羽"天亡我"为谬。

在和平安定的环境里，出生平民的刘邦不会有多大作为，他只不过是一个小小的亭长。刘邦不事生产作业，他在游手好闲中沾染了许多市井恶习，到处钻营，好酒及色，在沛县与一个曹姓女子姘居，刘邦的大儿子刘肥就是这位曹姓女子所生。如果没有秦末战乱，刘邦走不出沛县，最多不过到县衙当差而已。刘邦生于秦庄襄王三年（公元前 247 年），秦二世元年（公元前 209 年）九月起义，此时刘邦已三十九岁。一个年届不惑的男子，仅仅是一个亭长，还能有什么出息呢？刘邦不发迹，那些神奇的故事也不会流传了。

刘邦天生一副傲骨，他不安于命运。他舞枪弄棒，粗通武功。他喜与游侠交游，曾经到外黄造访张耳。张耳原是战国末期魏公子信陵君无忌的门客，大名鼎鼎。刘邦造访，两人大有相见恨晚之感，盘桓了几个月才分开。刘邦又曾到咸阳服徭役，且目睹过一回秦始皇出行，十分艳羡皇帝排场，喟然长叹说："嗟乎，大丈夫当如此也。"一个男子汉就应当这样出人头地。秦政暴虐，社会动荡，给刘邦带来了机会。刘邦在沛县纠合一群"无赖"兄弟，如狗屠樊哙，织薄曲为生、替人吹箫办丧事的周勃，同村人大力士雍齿，与高祖同日所生的卢绾，都是刘邦的兄弟，在地方形成一股势力，这些兄弟尊刘邦为"长者"，即"老大""大哥"之意。刘邦又混了一个亭长的身份，是身跨黑白两道的一个"长者"。县衙官吏，掌人事大权的主吏萧何、典狱长曹参、在县衙掌管车马的司御夏侯婴都是刘邦势力的中坚人物，所以沛县县令也对刘邦另眼相看。单父人吕公，是沛县县令的好朋友，因避仇家报复来投靠沛县县令，沛县令看中了吕公的长女，即刘邦的皇后吕雉。沛县令要娶吕雉为妻，吕公不同意，却单单看上了吹牛皮的刘邦。吕公觉得投靠一个地头蛇比有一县之尊的县令更可靠。这一事件生动地说明了社会动荡，强势有力者在民众心目中的号召力。又过了几年，秦始皇驾崩，秦末农民起义爆发了，沛县青年要反秦，萧何、曹参等人都不敢出头，他们一致推举了刘邦，于是刘邦做了沛公。

初起时，刘邦势力很小，只在故里丰、沛一带活动。他要兑现起义时的诺言"完父兄子弟"，保卫家乡。此时刘邦还不服众，雍齿反了他，带着丰邑投靠了魏王。刘邦兄事的王陵，拉起了一支队伍另立山头。刘邦无奈，选择了依附。他投靠从江东起义北上反秦的项梁，这个靠山找对了。项梁给了刘邦五千人马和十名将领，使刘邦势力大增。刘邦又与比他小十五岁的项羽拜了盟兄弟，甘愿当副手并肩作战。颇有心计和老道的刘邦始终保持了自家武装的独立地位。项梁死后，楚怀王与诸将排斥项羽，夺了他的兵权。刘邦被楚怀王升任为西路军统帅，扶义西征，直捣秦都咸阳。项羽被贬为北路军副将，楚怀王让宋义为统帅节制项羽。楚怀王与诸将约："谁先入关，谁做关中王。"十分明显，楚怀王与诸将是让刘邦去做关中王。一个依附项梁的刘邦反客为主，足见刘邦的亲和力及其心计，他是一个与众不同的人物。

秦王朝灭亡后，假如项羽不坑杀秦降卒，入关不杀秦降王子婴，不封侯王，自个做了皇帝，或者在鸿门宴上灭了刘邦，历史将是另外一番模样。一个不读书不识大局的项羽，又是一个固执己见、逞强好胜、只一味迷信武力的项羽，犯了一系列致命的错误，改变了历史的方向。项羽坑杀降卒，杀降王、烧秦宫室，使天下人失望。项羽大封十八王带来了新的战乱，刘邦又不失时机地把握了争胜的时局，就这样，项羽把刘邦送上了皇帝宝座。

时势造就了刘邦。

2. 《高祖本纪》的读法

"本纪"是一书之纲。《高祖本纪》混合编年与传人两种写法。编年提纲挈领记载天下大势，传人刻画人物形象记载言行。《高祖本纪》为西汉建国历史之纲，所以读《高祖本纪》要联系西汉开国人物，所有与高祖并肩战斗的人物传记对照，如萧何、曹参、留侯张良、陈平、周勃等人的世家，以及樊哙、夏侯婴、淮阴侯韩信等人的传记，互相照应。作为写人的传记，《高祖本纪》与《项羽本纪》两传尤其要对照。本节重点分析两传的对照。

《项羽本纪》与《高祖本纪》合起来就是一部楚汉相争的历史，项羽、刘邦两人是对手。起初，项强刘弱；继后，刘强项弱。项羽用力，刘邦用智。项羽暴虐，刘邦仁德。楚亡汉兴，项羽是失败的英雄，刘邦是开国的帝王。

两篇历史大传都写得精彩淋漓，是千古绝唱。

项羽出身将门，遭破家亡国之痛，性情粗犷，幼小就充满仇恨，这是他暴虐的基因。刘邦出身农家，生活在社会底层，劳动人民的勤劳朴实感染刘邦幼小的心灵，成人后"仁而爱人"，"常有大度"，又能言巧辩，说大话，讲义气，很能团结人。刘邦"为县送徒郦山"，在路上很多刑徒逃亡，刘邦索性把徒役全都释放。刘邦对徒众说："你们逃命去吧，我从今天起也流亡逃命了。"这一"仁而爱人"的豪举赢得了十余个壮士的追随，这就是刘邦起家的本钱。楚怀王和诸将看中刘邦的也是他的"仁而爱人"，举拔他为西征军统帅。刘邦入关，除秦苛法，约法三章，约束部队，对秦民秋毫无犯，于是秦民大喜，唯恐沛公不为秦王。这和项羽暴虐，一路烧杀，形成鲜明的对比。

项羽诚实，刘邦狡诈。项梁误立楚怀王而听命于人，羽欲西入关，怀王不许，而委命沛公入关，乃使项羽北上救赵，其后项羽反而背上了负约之名。项羽怀怒，又不理智地迁杀义帝，在天下人面前留下恶名。刘邦反是。他力量弱小时依附项氏，当羽翼丰满后，起来与项羽争天下的恰恰是刘邦。王鸣盛说"刘借项噬项"（《十七史商榷》）。刘邦为义帝发丧，在广武数羽十罪，戏谓项羽说"吾能斗智不斗力"。刘邦则反间假项羽之手驱除范增；用随何挖项羽的墙角，说黥布归汉；项羽欲烹太公以逼迫刘邦，刘邦却说，我俩是盟兄弟，"吾翁即若翁，必欲烹而翁，则分我一杯羹"；刘邦与项羽约，以鸿沟为界中分天下，诱使项羽东归，随即毁约追击，这就是刘邦用智。王鸣盛评议说"汉始终惟利是视"，又说"若以沛公居项羽之地，在鸿门必取人于杯酒之间，在垓下必渡乌江而王江东矣"（《十七史商榷》）。王鸣盛的评议，十分犀利。刘、项两人，性格不同，行事相反，项羽笃厚，刘邦狡诈。但仅仅停留在道德信义上远远不够。司马迁写刘、项两人对比，小处看是道德信义，大处看，是政治得失。项羽是军事巨人，政治侏儒，项羽笃厚乃"妇人之仁"。刘邦是谋略用智，政治巨人，"有急则使纪信代死，不顾子女，推堕下车"，是政治成熟的表现，这就是项伯说的，"且为天下者不顾家"。

项、刘两纪，人物品性，事业成败，处处针锋相对。两纪收束的"太史公曰"情采笔调也针锋相对。《项羽本纪》"太史公曰"，历数项羽之败，批评"天亡我"为谬；《高祖本纪》"太史公曰"赞其事业成功，汉家制度顺应民心，符合天道。两纪对比，突出司马迁以人为本位写史，得人心者得天下的历史观，十分鲜明。

3. 刘邦天生的帝王气度

韩信心高气傲，成了阶下囚仍不服输。有一次韩信路过樊哙住所，樊哙礼数甚恭，跪拜送迎，仍称韩信为王，自己称臣，说："大王乃肯临臣！"韩信出门，苦笑自嘲说："生乃与哙等为伍！"（"我活着怎么与樊哙这等人同列？"）表现了韩信对被贬为侯的极端不满。他称病不上朝，闷坐在家里生怨气。有一次朝见，高祖刘邦有意折杀韩信心气。高祖问韩信："我刘邦能带多少兵？"韩信回答："陛下不过能将十万。"高祖笑着说："韩将军能带多少兵？"韩信应声回答："臣多多而益善耳。"高祖大笑，说："多多益善，何为为我擒？"韩信说："陛下不能将兵，而善将将，此乃信之所以为陛下擒也。且陛下所谓天授，非人力也。"韩信机敏，为自己的失言打圆场，其实所言也是事实。刘邦带兵五十六万败于彭城，带兵三十二万被匈奴冒顿单于困于平城。但刘邦却善将将，包括韩信自己都死心塌地效劳，替刘邦打下半壁江山，而遭其所擒。这一场君臣对话，韩信没有听蒯通策反之言后悔莫及，却也输得心服口服。刘邦善将将，就是能驾驭人才，这是天生的本领。《高祖本纪》用大量历史事实记叙刘邦取得成功，是与他的性格和主观努力分不开的。刘邦天生一副帝王气度，可从四个方面来说明：察纳雅言、知人善任、克制自己、坚韧不拔。这里所说的天生，是指刘邦与众不同，他的品德修养、智慧谋略，仍然是后天学习来的。只是别人学不来，刘邦善学罢了。例如张良谈论兵法谋略，诸将听不懂，刘邦一听就心领神会，令张良折服。

察纳雅言　这句话说起来容易，其实做起来很难。凡做大事业成功的人，都善于察纳雅言。刘邦是一个狂傲之人，但也善于听取不同人的意见，而且听了就执行。刘邦有一句口头禅："为之奈何？"这件事怎么办呢？他不懂就虚心下问，问了就执行，别人也乐意奉献高见。刘邦在关键时刻取胜的所有方法都来自于察纳雅言。举其大端有：韩信拜将，是听了萧何的推荐；信用陈平，是听了魏无知的推荐；楚汉相争用韩信开辟北方战场，游说楚将黥布归汉，是听了张良的下邑画策；刘邦迁都，与匈奴和亲，是听了一个戍卒娄敬的建言；刘邦尊礼儒生，建立汉家制度，是听了陆贾、叔孙通的建言。张良、陈平所出策谋善计，刘邦一一采纳，得则执行，不俱述。凡天下奇才，都想发挥才干，在上者不尽其才，人才就要流失。陈平、韩信都是从项羽营垒中转到刘邦阵营的。三国时周瑜对曹操所派说客蒋干说："丈夫处世，遇知己之主，外托君臣之义，内结骨肉之恩，言行计从，祸福共之，假使苏张更生，郦叟复出，犹抚其背而折其辞，岂足下幼生所能移乎？"周瑜这这番言论，可以说是放之四海而皆准的。

知人善任　这是刘邦自诩的优长，可以用他自己总结楚亡汉兴的一段话来说明。刘邦说："夫运筹策帷帐之中，决胜于千里之外，吾不如子房；镇国家，抚百姓，给馈饷，不绝粮道，吾不如萧何；连百万之军，战必胜，攻必取，吾不如韩信。此三者，皆人杰也，吾能用之，此吾所以取天下也。项羽有一范增而不能用，此其所以为我擒也。"刘邦能任人杰之能，更能用一般人才之力。试看项羽所派说客，只相信项氏子弟和妻子昆弟一班蠢才，在外交上全偾了事。刘邦所派郦食其、随何，能说降齐王、九江王。刘邦所遣将，骑将灌婴、步将曹参，都发挥了巨大作用。任用彭越扰楚后方，搅得项羽疲于奔命。

　　克制自己　刘邦有很深的城府，极善伪装，能听逆耳之言，克制自己，意志坚强。刘邦攻入咸阳，他贪财好色的毛病发作，一头栽进秦宫室不出。樊哙劝说，张良分析利害，刘邦立即退出，封府库，还军霸上，躲过了鸿门宴一劫。刘邦进入彭城，贪财好色的毛病再次发作，这一次刘邦天天摆宴与功臣宿将一起作乐，以致防范项羽反攻不力，五十六万大军一败涂地，刘邦差点当了俘虏。这一次给刘邦的教训是极为深刻的。在整个楚汉相争过程中，他都在成皋第一线与将士同甘共苦，内心的喜怒绝不外露，处处检点，事事克己，给人的印象是推诚坦率，从善如流。刘邦有极强的杀伐心，但他深藏起来。他恨雍齿恨得咬牙切齿，但雍齿立功赎罪，很卖力气，他找不到机会下手，就等待时机，绝不感情用事，最后竟先封雍齿，平息诸将争功。刘邦的城府心计，没有人能察觉提防，乃至聪明如韩信，也念念不忘刘邦"解衣衣我，推食食我，言听计用，故吾得以至于此"。长达五年时间，遭到刘邦两次夺军，韩信都没有察觉刘邦的猜忌，不相信刘邦会杀害自己。刘邦称帝之后，他的小肚鸡肠和报复本性慢慢显露出来。他没有忘记老爹刘太公对他的批评，在庆祝未央宫落成的宴会上，刘邦对父亲敬酒说："始大人常以臣无赖，不能治产业，不如仲力，今某之所就孰与仲多？"搞得老父十分尴尬，恨不得有一条地缝钻下去。刘邦得意洋洋，群臣高呼"万岁"，一阵欢笑声解了老人的尴尬。刘邦也没有忘记当年大嫂不管饭的旧账，老父说情才给侄儿封了一个羹颉侯。对亲人如此，对其他人的报复可想而知。刘邦晚年屠功臣，是意料之中的事。

　　坚韧不拔　刘邦打天下，把他的主观努力发挥到了极致。他坚韧不拔，百折不挠，能屈能伸。刘邦初起，雍齿背叛，他没有灰心。成皋之战，刘邦两次出逃，而阻击项羽的勇力倍增，输了老本到河北去夺军。广武对峙，胸部中箭，重伤病危，还是强起劳军。消灭异姓王，连年带病出征。一次次的挫折，没有销蚀刘邦的斗志。不利时能屈己事人，这是坚韧不拔的最高境界。鸿门宴上，刘邦谦恭屈己，坐在下位，向小自己十五岁的项羽称臣，奉承项羽为大王，一顿迷魂汤灌得项羽飘飘然脱口说出了范增安插在刘邦军中的内线，使得刘邦除掉了内奸左司马曹无伤。刘邦忍辱接受项羽封的汉中王。刘邦的坚韧品德与项羽的率性感情用事，形成鲜明对比。

刘邦的帝王气度还表现在他的雅量器识和驭人有术上。刘邦反击匈奴，刘敬谏言不可，刘邦把刘敬下到牢里，平城受困，证明刘敬说对了。刘邦立即改错，还在行军路上就下诏赦免刘敬，升职任用，并诛杀了阿谀逢迎建言反击匈奴的使者。对照三国时袁绍，田丰反对袁绍发动官渡之战，结果袁绍大败，袁绍不诛逢迎拍马的人，反而杀了田丰，还说"果为田丰所笑"。刘邦虚怀若谷，这才是帝王气度；袁绍刚愎自用，乃是孤家寡人。项羽九江王黥布来投，刘邦冷落怠慢，在卧室召见，令两女子洗足。黥布蒙耻，恨不得自杀。等到回到给他安排的馆舍，账具规格与汉王一样，也有两女子在侍候。黥布大喜，认为刘邦是故意让他进卧室，看一看王礼的规格。刘邦怠慢，先折杀黥布的傲气，而后施恩惠攻心，使投归的人心悦诚服。

4. 读《高祖本纪》的误区

金无足赤，人无完人。刘邦青年时无赖，沾染一些市井恶习，司马迁做了如实记载，塑造刘邦是人不是神，这正是实录史家的大手笔。于是有人认为《高祖本纪》的基调是揶揄讽刺，例如王鸣盛《十七史商榷》就是这一基调。其实这是误读，《太史公自序》提示说："子羽暴虐，汉行功德；愤发蜀汉，还定三秦；诛籍业帝，天下惟宁，改制易俗。作《高祖本纪》。"这才是司马迁写《高祖本纪》的基调，乃是一曲颂歌。《高祖本纪》塑造的汉高祖不仅是一个"拨乱诛暴，平定海内"的英雄，而且还是一个"改制易俗"，"天下惟宁"的圣明贤君。司马迁对刘邦品德污点的揭露，揶揄讽刺极有分寸，唯其如此，刘邦才是一个起自民间可以信赖的帝王。刘邦是时势造就的英雄，他的志趣和人格是在时势变化中不断发展和变化的。秦建国之初，全天下的人盼望和平，"莫不虚心而仰上"，刘邦只好安于做一个地方小吏；时势动荡，刘邦组织社团，上芒砀山为盗，只图保命；起义后南征北战，入关后要关起门来做关中王。韩信拜将，劝说刘邦东向与项羽争天下，要做皇帝的梦想上议事日程。刘邦的皇帝梦是逐渐膨胀起来的。起义前刘邦"多大言，少成事"，不是一个成熟的男子汉。自从他看到秦始皇的排场，触动他的灵魂，于是他修养性格，要努力做一番事业。娶了吕后之后，得了贤内助，史称吕后"佐高祖定天下"，不单单是指吕后屠功臣，也包括吕后佐高祖起义，大力宣传造神运动，这对刘邦的事业是有帮助的。在反秦斗争和楚汉相争中，刘邦做事脚踏实地，虚心学习，"为之奈何"的下问，智谋益开，加之坚毅顽强，一步步走向成功。这时期的刘邦是一个成熟的政治家。称帝以后，恶习膨胀，猜忌残忍，连萧何都差点遭其毒手。晚年面对大好河山，昔日功臣宿将的凋零，不免心生苍凉，作《大风歌》给自己的人生画了句号。歌曰："大风起兮云飞扬，威加海内兮归故乡，安得猛士兮守四方?"刘邦带有些许遗恨离开人世。

　　秦汉之际，天下三嬗，陈涉发难，项羽灭秦，刘邦诛暴，显然最大的英雄是刘邦。司马迁天下三嬗的识见，光耀千古，而《陈涉世家》《项羽本纪》《高祖本纪》正是按照这一史识记下的历史实录，三篇都是英雄的颂歌，前两篇写的是悲剧英雄，《高祖本纪》写的是开国帝王。刘邦的形象与项羽一样丰富饱满，栩栩如生，而性格更为复杂，思想更为丰富。

吕太后本纪

【题解】 《吕太后本纪》记载西汉王朝在巩固政权过程中激烈而复杂的政治斗争。吕太后名雉，汉高祖刘邦的皇后，是我国封建社会第一个实际上的女皇帝。汉高祖死后，她执掌朝政十五年，临朝称制八年。她为了加强吕氏的统治，不惜残害高祖后代，打击开国功臣，剥夺太尉周勃的兵权，罢了右丞相王陵的职务，架空了左丞相陈平，以自己的亲信审食其为左丞相，居中用事。她还违背刘邦"非刘氏而王，天下共击之"的约规，大封吕氏宗族，酿成了诸吕之乱，几乎葬送了刘氏天下。但吕太后执行了刘邦"无为而治"的政治方针，国家安定，作者又予以了肯定，所以司马迁不立"惠帝纪"而立《吕太后本纪》用以反映这一历史的实际过程，独具卓识。后世学者从正统观念出发颇多是非之辞。非之者认为"天子称本纪"，吕太后女主临朝，只可附惠帝纪，而今惠帝反附吕太后事中，殊为失体。是之者认为"子长以事之系于天下，则谓之纪"，惠帝君道不立，虽纪吕后亦可也。班固作《汉书》则两存之，既作《惠帝纪》，又作《高后纪》。各执一端，都未能尽司马迁之本旨。司马迁作《吕太后本纪》，不仅视吕太后为实际的帝王，而且突出了吕太后之专横，故惠帝事附载，而不另作一纪。

吕太后者，高祖微时妃也①，生孝惠帝、女鲁元太后②。及高祖为汉王，得定陶戚姬③，爱幸，生赵隐王如意。孝惠为人仁弱，高祖以为不类我，常欲废太子，立戚姬子如意，如意类我④。戚姬幸，常从上之关东⑤，日夜啼泣，欲立其子代太子。吕后年长⑥，常留守，稀见上⑦，益疏。如意立为赵王后⑧，几代太子者数矣⑨，赖大臣争之⑩，及留侯策⑪，太子得毋废。

【注释】 ①微时妃：贫贱时的配偶。 ②孝惠帝：名盈，公元前194年至前188年在位。鲁元太后：孝惠帝之姊鲁元公主，嫁与赵王张耳之子张敖为妻，生子张偃。敖失国，齐王刘肥尊鲁元公主为王太后，偃因得封为鲁王，故鲁元公主死后谥为鲁元太后。③定陶：秦县名，县治在今山东省菏泽市西北。　④如意类我：刘盈仁弱，高祖忧虑政权旁落吕氏，以"如意类我"为辞改易太子。　⑤戚姬幸，常从上之关东：戚姬受到宠爱，经常伴驾高祖东征。关东：泛指函谷关以东广大地区。公元前202年，汉高祖灭项羽后，封有几个异姓王，他们时时盘算割据称雄。公元前201年韩王信反于代，降匈奴；公元前196年赵相陈豨又反于代，自称代王；公元前195年燕王卢绾反，降匈奴，淮南王黥布反。因此高祖常东征。　⑥年长：年老。　⑦希：同"稀"。　⑧如意立为赵王：高祖九年（公元前198年）四月立，如意九岁。　⑨数（shuò）：屡次。　⑩大臣争之：留侯张良、御史大夫周昌、太常叔孙通等大臣为了维护宗法制度的国本，皆反对易太子。争：谏争，劝阻。　⑪留侯策：张良建言太子刘盈迎商山四皓，示天下归心，得以不废。事详《留侯世家》。

　　吕后为人刚毅，佐高祖定天下，所诛大臣多吕后力①。吕后兄二人，皆为将。长兄周吕侯死事②，封其子吕台为郦侯，子产为交侯；次兄吕释之为建成侯。

　　【注释】　①所诛大臣多吕后力：指吕后诛淮阴侯韩信、梁王彭越等。　②周吕侯死事：即吕泽，吕太后长兄，从刘邦起兵，入汉封为周吕侯。高祖八年（公元前199年），从高祖击韩王信余寇于东垣，死难。

　　高祖十二年四月甲辰①，崩长乐宫，太子袭号为帝。是时高祖八子：长男肥，孝惠兄也，异母，肥为齐王；余皆孝惠弟，戚姬子如意为赵王，薄夫人子恒为代王，诸姬子子恢为梁王，子友为淮阳王，子长为淮南王，子建为燕王。高祖弟交为楚王，兄子濞为吴王。非刘氏功臣鄱君吴芮子臣为长沙王②。

　　【注释】　①高祖十二年四月甲辰：公元前195年四月二十五日。　②鄱君吴芮（ruì）子臣为长沙王：吴芮本秦鄱阳令，故称鄱君，秦末起兵反秦。刘邦称帝，封吴芮为长沙王。刘邦灭异姓王，长沙国小，吴芮得以不诛，其子吴臣继嗣。

　　吕后最怨戚夫人及其子赵王，乃令永巷囚戚夫人①，而召赵王②。使者三返，赵相建平侯周昌谓使者曰③："高帝属臣赵王④，赵王年少。窃闻太后怨戚夫人，欲召赵王并诛之，臣不敢遣王。王且亦病⑤，不能奉诏。"吕后大怒，乃使人召赵相。赵相征至长安，乃使人复召赵王。王来，未到。孝惠帝慈仁，知太后怒，自迎赵王霸上⑥，与人宫，自挟与赵王起居饮食⑦。太后欲杀之，不得间。孝惠元年十二月⑧，帝晨出射，赵王少⑨，不能蚤起。太后闻其独居，使人持鸩饮之⑩，黎明⑪，孝惠还，赵王已死。于是乃徙淮阳王友为赵王。夏，诏赐郦侯父追谥为令武侯⑫。太后遂断戚夫人手足，去眼，煇耳⑬，饮瘖药⑭，使居厕中，命曰："人彘。"⑮居数日，乃召孝惠帝观人彘。孝惠见，问，乃知其戚夫人，乃大哭，因病，岁余不能起。使人请太后曰："此非人所为。臣为太后子，终不能治天下。"孝惠以此日饮为淫乐，不听政，故有病也。

【注释】　①永巷：此为永巷令之省。永巷：后宫所居长巷，设有牢狱。　②召赵王：《汉书·外戚传》载，戚夫人被囚罚做苦役令舂，戚夫人舂且歌曰："子为王，母为虏，终日舂薄暮，常与死为伍。相离三千里，当谁使告汝！"吕太后闻之大怒，于是召赵王杀之。召：征召。　③周昌：刘邦置周昌为赵相保护赵王，故抗旨不遣赵王。赵王死后，周昌称病不朝，事详《张丞相列传》。　④属：委托。　⑤王且亦病：赵王何况也有病，这是周昌的托词。　⑥霸上：又作"灞上"，即灞水西岸的白鹿原，在今陕西省西安市长安区东部。　⑦自挟：亲自携带、保护。　⑧孝惠元年：公元前194年。　⑨赵王少：赵王当时十二岁。　⑩鸩：毒酒。鸩是传说的一种毒鸟，用其羽毛浸酒，人饮之则死。　⑪黎明：等到天大亮以后。黎：比，等到。　⑫诏赐郦侯父追谥为令武侯：吕太后下诏给吕泽追赐谥号为令武侯。　⑬煇（xūn）耳：烧灼耳朵，使其变形。　⑭饮瘖（yīn）药：灌哑药，使其不能说话。　⑮彘（zhì）：猪。

二年，楚元王、齐悼惠王皆来朝。十月，孝惠与齐王燕饮太后前①，孝惠以为齐王兄，置上坐，如家人之礼。太后怒，乃令酌两卮鸩②，置前，令齐王起为寿③。齐王起，孝惠亦起，取卮欲俱为寿。太后乃恐，自起泛孝惠卮④。齐王怪之，因不敢饮，佯醉去。问，知其鸩，齐王恐，自以为不得脱长安，忧。齐内史士说王曰⑤："太后独有孝惠与鲁元公主。今王有七十余城，而公主乃食数城。王诚以一郡上太后⑥，为公主汤沐邑⑦，太后必喜，王必无忧。"于是齐王乃上城阳之郡⑧，尊公主为王太后⑨。吕后喜，许之。乃置酒齐邸⑩，乐饮，罢，归齐王。三年，方筑长安城，四年就半，五年六年城就。诸侯来会。十月朝贺。

【注释】　①燕饮：家常便宴。燕：通"宴"。　②卮（zhī）：圆底酒杯。　③寿：敬酒。　④泛：倾覆，倒掉。　⑤内史：佐诸侯王国相掌民政的官。　⑥诚：如果。　⑦汤沐邑：皇帝、皇后、公主等的私邑。意谓收取赋税供沐浴之用。　⑧城阳：郡名，郡治莒县，即今山东省莒县。　⑨尊公主为王太后：当时鲁元公主子张偃尚未封王。齐王奉城阳郡尊鲁元公主为王太后，即是奉地为张偃封王之地，偃于是被封为鲁王。　⑩齐邸：齐王在京的官邸，朝觐时所居。

（以上为第一段，写吕太后残忍、贪婪。）

　　七年秋八月戊寅①，孝惠帝崩。发丧，太后哭，泣不下。留侯子张辟强为侍中②，年十五，谓丞相曰③："太后独有孝惠，今崩，哭不悲，君知其解乎④？"丞相曰："何解？"辟强曰："帝毋壮子，太后畏君等。君今请拜吕台、吕产、吕禄为将⑤，将兵居南北军⑥，及诸吕皆入宫，居中用事，如此则太后心安，君等幸得脱祸矣。"丞相乃如辟强计。太后悦，其哭乃哀。吕氏权由此起。乃大赦天下。九月辛丑⑦，葬。太子即位为帝⑧，谒高庙⑨。元年⑩，号令一出太后。

【注释】　①七年秋八月戊寅：公元前188年阴历八月十二日。　②侍中：加官，列侯、将军、卿大夫加官侍中，就可出入宫中，成为皇帝近臣。　③丞相：右丞相王陵，左丞相陈平。　④解：道理，缘故。　⑤吕产、吕禄：吕产，吕台之弟；吕禄，吕释之之子，与吕台、吕产为堂兄弟。　⑥南北军：宫廷禁军，以卫两宫。北军卫长乐宫，南军卫未央宫。未央宫在长乐宫西南。吕台将北军，吕台死吕禄继之。吕产将南军。　⑦九月辛丑：九月五日。　⑧太子：孝惠帝皇后取后宫美人子养为己子，非真太子，故《史记》《汉书》都不记其名。　⑨谒高庙：到高祖庙祭祀、朝拜，即行登基礼。　⑩元年：吕太后临朝称制元年（公元前187年）。

　　太后称制①，议欲立诸吕为王，问右丞相王陵②。王陵曰："高帝刑白马盟曰③：'非刘氏而王，天下共击之'。今王吕氏，非约也。"太后不悦。问左丞相陈平、绛侯周勃④。勃等对曰："高帝定天下，王子弟，今太后称制，王昆弟诸吕⑤，无所不可。"太后喜，罢朝。王陵让陈平、绛侯曰⑥："始与高帝歃血盟，诸君不在邪？今高帝崩，太后女主，欲王吕氏，诸君从欲阿意背约⑦，何面目见高帝地下？"陈平、绛侯曰："于今面折廷争⑧，臣不如君；夫全社稷⑨，定刘氏之后，君亦不如臣。"王陵无以应之。十一月，太后欲废王陵，乃拜为帝太傅⑩，夺之相权。王陵遂病免归。乃以左丞相平为右丞相，以辟阳侯审食其为左丞相⑪。左丞相不治事，令监宫中，如郎中令⑫。食其故得幸太后，常用事，公卿皆因而决事⑬。乃追尊郦侯父为悼武王，欲以王诸吕为渐⑭。

【注释】 ①称制：皇太后行使皇帝的职权。 ②王陵：汉将，继曹参为丞相，传附《陈丞相世家》。 ③刑白马盟：古人盟誓杀牲以血涂口，又称"喋血盟"，表示庄重。高祖临终杀白马与大臣约："非刘氏而王者，天下共击之。"这是防止诸吕篡国的措施。 ④陈平、周勃：两人均西汉开国功臣，诛除诸吕的主谋人。陈平事详《陈丞相世家》。周勃时为太尉，事详《绛侯周勃世家》。 ⑤昆弟：兄弟。 ⑥让：责备。 ⑦从（zōng）欲阿意：纵容太后的欲望，顺从她的心意。从：通"纵"。阿：曲意献媚。 ⑧面折廷争：当面驳斥皇帝，在朝廷上公开坚持自己的意见。 ⑨全社稷：保全国家。社稷：祭土神和谷种的祭坛，代指国家。 ⑩太傅：周官三公（太师、太傅、太保）之一，辅导帝王施行政教的官。东周以后，此职已废。吕太后欲夺王陵相权，明升暗降，权设此官。 ⑪审食其：吕太后的亲信宠臣。 ⑫郎中令：九卿之一，掌护卫皇宫，统属诸郎。 ⑬公卿皆因而决事：朝廷大臣处理政务都要通过审食其才能决定。公卿：三公九卿，这里泛指朝廷大臣。 ⑭渐：徐进、渐进，这里是开头、先例的意思。

四月，太后欲侯诸吕，乃先封高祖之功臣郎中令无择为博城侯①。鲁元公主薨，赐谥为鲁元太后。子偃为鲁王。鲁王父，宣平侯张敖也②。封齐悼惠王子章为朱虚侯③，以吕禄女妻之。齐丞相寿为平定侯④。少府延为梧侯⑤。乃封吕种为沛侯⑥，吕平为扶柳侯⑦，张买为南宫侯⑧。

【注释】 ①无择：冯无择，楚汉战争中立有军功，曾保护吕泽杀出重围，故太后德之。大臣诛诸吕，冯无择因牵连被杀。 ②宣平侯张敖：敖本袭爵为赵王，因被赵相贯高谋反牵连失国降为宣平侯。 ③朱虚侯：刘章，齐王刘肥次子，刘襄之弟。 ④寿：齐寿，曾任齐相。 ⑤延：阳城延。 ⑥吕种：吕释之的儿子。 ⑦吕平：吕太后姐吕长姁的儿子。 ⑧张买：刘邦骑将张越人的儿子，阿附诸吕被大臣所杀。

太后欲王吕氏，先立孝惠后宫子强为淮阳王①，子不疑为常山王，子山为襄城侯，子朝为轵侯，子武为壶关侯。太后风大臣②，大臣请立郦侯吕台为吕王③，太后许之。建成康侯释之卒④，嗣子有罪，废，立其弟吕禄为胡陵侯，续康侯后。二年，常山王薨，以其弟襄城侯山为常山王，更名义。十一月，吕王台薨⑤，谥为肃王，太子嘉代立为王。三年，无事。四年，封吕婴为临光侯⑥，吕他为俞侯[7]，吕更始为赘其侯[8]，吕忿为吕城侯[9]，及诸侯丞相五人[10]。

【注释】　①后宫子：后宫嫔妃、美人所生之子。　②风：通"讽"，暗示。　③大臣请立：陈平、周勃等被迫曲从太后之意，请立诸吕为王以安其心，徐图诸吕。此权宜之计。　④建成康侯：吕释之封建成侯，康是谥号。　⑤吕王台薨：吕台死后葬墓在今山东省济南市。2000年考古发掘，出土文物三千余件。　⑥吕嬃：吕太后之妹，舞阳侯樊哙之妻。妇人封侯从吕嬃始。　⑦吕他：吕氏宗人吕嬃之子，吕嬃从高祖起兵。　⑧吕更始为赘其侯：据《惠景间侯者年表》，吕更始为滕侯，吕胜为赘其侯。　⑨吕忿：与吕更始、吕胜皆为太后之侄。　⑩及诸侯丞相五人：另有五人以诸侯丞相为侯，即赘其侯吕胜，以淮阳丞相侯；中邑侯朱通，以吕相侯；山都侯王恬开，以梁相侯；松兹侯徐厉，以常山丞相侯；醴陵侯越，以长沙相侯。按：据《惠景间侯者年表》，高后四年四月丙申封十侯，还有乐平侯卫无择，成陶侯周信，及上文之吕他、吕更始、吕忿，共十侯。

宣平侯女为孝惠皇后时[1]，无子，佯为有身，取美人子名之[2]，杀其母，立所名子为太子。孝惠崩，太子立为帝。帝壮，或闻其母死，非真皇后子，乃出言曰："后安能杀吾母而名我？我未壮，壮即为变。"太后闻而患之，恐其为乱，乃幽之永巷中，言帝病甚，左右莫得见。太后曰："凡有天下治为万民命者，盖之如天，容之如地，上有欢心以安百姓，百姓欣然以事其上，欢欣交通而天下治。今皇帝病久不已，乃失惑惛乱，不能继嗣奉宗庙祭祀，不可属天下，其代之[3]。"群臣皆顿首言[4]："皇太后为天下齐民计所以安宗庙社稷甚深，群臣顿首奉诏。"帝废位，太后幽杀之。五月丙辰[5]，立常山王义为帝，更名曰弘。不称元年者，以太后制天下事也。以轵侯朝为常山王。置太尉官[6]，绛侯勃为太尉。五年八月，淮阳王薨，以弟壶关侯武为淮阳王。六年十月，太后曰吕王嘉居处骄恣，废之，以肃王台弟吕产为吕王。夏，赦天下。封齐悼惠王子兴居为东牟侯[7]。

【注释】　①宣平侯女为孝惠皇后：即张敖女，鲁元公主所生，吕太后为了巩固吕氏根本，强纳为孝惠帝皇后，使弟为姐之女婿。　②取美人子名之：惠帝因病不育，所谓美人子，乃后宫与吕氏交媾所生之子。美人：嫔妃称号之一。名之：名义上叫惠帝子。　③其代之：更换他。　④顿首：叩头。　⑤五月丙辰：五月十一日。　⑥置太尉官：西汉太尉时置时废，前后五次，汉武帝时彻底废除。太尉：掌最高军政。　⑦兴居为东牟侯：刘章之弟。齐王六郡七十三县，为最大国。吕太后封齐王二子为侯，既是笼络，也是人质。

七年正月①，太后召赵王友。友以诸吕女为后，弗爱，爱他姬，诸吕女妒，怒去，谗之于太后，诬以罪过，曰："吕氏安得王！太后百岁后，吾必击之。"太后怒，以故召赵王。赵王至，置邸不见，令卫围守之②，弗与食。其群臣或窃馈③，辄捕论之④。赵王饿，乃歌曰："诸吕用事兮刘氏危，迫胁王侯兮强授我妃。我妃既妒兮诬我以恶，谗女乱国兮上曾不悟⑤。我无忠臣兮何故弃国⑥？自决中野兮苍天举直⑦！于嗟不可悔兮宁早自裁。为王而饿死兮谁者怜之！吕氏绝理兮托天报仇。"丁丑⑧，赵王幽死，以民礼葬之长安民冢次⑨。

【注释】　①七年：公元前 181 年。　②卫：卫卒。　③群臣：赵王之臣。窃馈：暗中送食物。　④论：判罪，这里指处死。　⑤谗女：赵王妃吕氏。曾：乃，竟然。　⑥何故：有何罪过。故：同"辜"。　⑦自决：自裁，指自杀。　⑧丁丑：正月十八日。　⑨以民礼葬之：按普通老百姓的葬礼埋葬赵王，即废赵王为庶人。

己丑①，日食，昼晦。太后恶之，心不乐，乃谓左右曰："此为我也。"

【注释】　①己丑：正月三十日。

二月，徙梁王恢为赵王。吕王产徙为梁王。梁王不之国①，为帝太傅。立皇子昌平侯太为吕王。更名梁曰吕②，吕曰济川③。太后女弟吕媭有女为营陵侯刘泽妻④，泽为大将军。太后王诸吕，恐即崩后刘将军为害，乃以刘泽为琅邪王⑤，以慰其心。

【注释】　①梁王不之国：吕产不就国，留京师执朝政。　②梁：高祖五年改砀郡为梁国，都睢阳，在今河南省商丘市南。　③吕：吕后二年割齐国济南郡为吕国，都历城，今山东省济南市。　④刘泽：高祖堂兄弟，以军功封侯。　⑤琅邪：郡名，郡治东武，今山东省诸城市。

梁王恢之徙王赵，心怀不乐。太后以吕产女为赵王后。王后从官皆诸吕，擅权，微伺赵王①，赵王不得自恣。王有所爱姬，王后使人鸩杀之。王乃为歌诗四章，令乐人歌之。王悲，六月即自杀。太后闻之，以为王用妇人弃宗庙礼②，废其嗣③。

【注释】　①微伺：暗中监视。　②用妇人弃宗庙礼：指赵王刘恢为妇人而自杀，丢弃祭祀宗庙的职责。　　③废其嗣：废了他的继承人，即夺国，子孙为庶人。

宣平侯张敖卒，以子偃为鲁王，敖赐谥为鲁元王。秋，太后使使告代王，欲徙王赵。代王谢①，愿守代边。

【注释】　　①代王谢：刘恒谢绝内迁，自为韬晦避祸。

太傅产、丞相平等言，武信侯吕禄上侯①，位次第一②，请立为赵王。太后许之，追尊禄父康侯为赵昭王。九月，燕灵王建薨，有美人子，太后使人杀之，无后，国除③。八年十月，立吕肃王子东平侯吕通为燕王，封通弟吕庄为东平侯。

【注释】　　①武信侯吕禄上侯：吕禄初封胡陵侯，改封武信侯，是上等侯爵。　　②位次第一：吕太后二年重新排定侯爵位次，以吕禄第一。　　③国除：封国被撤销。

三月中，吕后祓①，还过轵道②，见物如苍犬③，据高后掖，忽弗复见。卜之，云赵王如意为祟④。高后遂病掖伤⑤。

【注释】　　①祓（fú）：祈求免灾的祭祀，又称"祓除""祓祭"，通常在正月、三月于宗庙、社坛或水边举行。　　②轵道：古亭名，在今陕西省西安市东北。　　③苍犬：黑色的狗。　　④祟（suì）：古称神鬼害人。　　⑤掖：通"腋"。

高后为外孙鲁元王偃年少，早失父母，孤弱，乃封张敖前姬两子，侈为新都侯，寿为乐昌侯，以辅鲁元王偃。及封中大谒者张释为建陵侯①，吕荣为祝兹侯②。诸中宦者令丞皆为关内侯③，食邑五百户④。

【注释】　　①中大谒者：谒者，主管皇帝文办及接待宾客，加"中"字，系宦官任谒者。　　②吕荣：吕太后侄。　　③诸中宦者令丞：由宦官充任的各部令、丞。关内侯：有侯爵而无封地，食邑京师者。　　④食邑：又称采邑，受封者征收赋税的领地。

七月中，高后病甚，乃令赵王吕禄为上将军，军北军①；吕王产居南军②。吕太后诫产、禄曰："高帝已定天下，与大臣约，曰'非刘氏王者，天下共击之'。今吕氏王，大臣弗平，我即崩，帝年少，大臣恐为变。必据兵卫宫，慎毋送丧，毋为人所制。"辛巳③，高后崩，遗诏赐诸侯王各千金，将相列侯郎吏皆以秩赐金。大赦天下。以吕王产为相国，以吕禄女为帝后。

高后已葬，以左丞相审食其为帝太傅。

【注释】 ①军北军：统率并驻镇北军。 ②居南军：与"军北军"同义。 ③辛巳：八月一日。

（以上为第二段，写吕太后称制后进一步残害刘氏诸王子弟，大肆扶植吕氏势力，形成吕、刘势同水火矛盾不可调和。）

朱虚侯刘章有气力①，东矣侯兴居其弟也，皆齐哀王弟②，居长安。当是时，诸吕用事擅权，欲为乱，畏高帝故大臣绛、灌等③，未敢发。朱虚侯妇，吕禄女，阴知其谋④。恐见诛，乃阴令人告其兄齐王，欲令发兵西，诛诸吕而立。朱虚侯欲从中与大臣为应。齐王欲发兵，其相弗听。八月丙午⑤，齐王欲使人诛相，相召平乃反，举兵欲围王，王因杀其相，遂发兵东⑥，诈夺琅邪王兵，并将之而西。语在《齐王语》中⑦。

【注释】 ①刘章：齐王刘肥次子，吕太后封为朱虚侯，又妻以吕禄女，用以笼络刘氏诸王。吕太后崩，诸吕欲为乱，刘章从其妻口中知其谋，遂与诸大臣先发难，除诸吕，立了头功。有气力：既有气节，又有勇力。 ②哀王：齐王刘襄，刘肥长子，谥哀王。 ③绛、灌：绛侯周勃，颍阴侯灌婴。灌婴：高祖骑将，事详《樊郦滕灌列传》。 ④阴知其谋：暗知诸吕欲为逆之事。 ⑤八月丙午：八月二十六日。 ⑥遂发兵东：于是计划东征。按：琅邪王刘泽为吕太后所立，在齐之东，齐王起兵为解除后顾之忧，于是用计夺琅邪兵，实际上没有东征，故下文云"诈夺琅邪王兵"。事详《齐悼惠王世家》。 ⑦语在《齐王语》中：司马迁自注，即事详《齐悼惠王世家》。

齐王乃遗诸侯王书曰："高帝平定天下，王诸子弟，悼惠王王齐。悼惠王薨，孝惠帝使留侯良立臣为齐王①。孝惠崩，高后用事，春秋高②，听诸吕，擅废帝更立，又比杀三赵王③，灭梁、赵、燕以王诸吕④，分齐为四⑤。忠臣进谏，上惑乱弗听。今高后崩，而帝春秋富⑥，未能治天下，固恃大臣诸侯。而诸吕又擅自尊官⑦，聚兵严威⑧，劫列侯忠臣，矫制以令天下⑨，宗庙所以危⑩。寡人率兵入诛不当为王者⑪。"汉闻之，相国吕产等乃遗颍阴侯灌婴将兵击之。灌婴至荥阳⑫，乃谋曰："诸吕权兵关中⑬，欲危刘氏而自立。今我破齐还报，此益吕氏之资也⑭。"乃留屯荥阳，使使谕齐王及诸侯，与连和，以待吕氏变，共诛之。齐王闻之，乃还兵西界待约。

【注释】 ①留侯良：即张良，高祖谋臣，封留侯，事详《留侯世家》。 ②春秋高：年老。春秋：指岁月，年龄。 ③比杀三赵王：接连杀了三个赵王，即赵隐王刘如意、赵幽王刘友、赵王刘恢。 ④灭梁、赵、燕以王诸吕：刘恢封梁王，吕太后徙为赵王而杀之，改封吕产为梁王；吕太后连杀三赵王而封吕禄为赵王；刘建封燕王，刘建死，吕太后杀其子而封吕通为燕王，刘氏之梁、赵、燕灭，而诸吕为王。 ⑤分齐为四：吕太后削夺齐地分出吕（济川）、琅邪、城阳三国合齐为四。 ⑥春秋富：年少。 ⑦擅自尊官：随意提高官职。 ⑧聚兵严威：掌握兵权以扩大权威。 ⑨矫制：假传皇帝命令。 ⑩宗庙：代称刘氏天下。 ⑪入诛不当为王者：指诛诸吕。 ⑫荥阳：汉县名，地处冲要的军事重镇，在今河南省荥阳市东北。 ⑬权兵：拥兵。 ⑭益吕氏之资：加深了吕氏的凭借。

吕禄、吕产欲发乱关中，内惮绛侯、朱虚等①，外畏齐、楚兵，又恐灌婴叛之，欲待灌婴兵与齐合而发②，犹豫未决。当是时，济川王太、淮阳王武、常山王朝名为少帝弟③，及鲁元王吕后外孙，皆年少未之国，居长安。赵王禄、梁王产各将兵居南北军，皆吕氏之人。列侯群臣莫自坚其命④。

【注释】 ①惮：怕，畏惧。 ②合：交合，交战。 ③名为少帝弟：所谓少帝弟。少帝弘及名为弟的刘太、刘武、刘朝等皆惠帝后宫与诸吕交媾所生子，非刘氏血统。 ④莫自坚其命：没有人能自己掌握自己的命运。自坚：自保。

太尉绛侯勃不得入军中主兵。曲周侯郦商老病①，其子寄与吕禄善。绛侯乃与丞相陈平谋，使人劫郦商②，令其子寄往给说吕禄曰③："高帝与吕后共定天下，刘氏所立九王，吕氏所立三王④，皆大臣之议，事已布告诸侯，诸侯皆以为宜。今太后崩，帝少，而足下佩赵王印，不急之国守藩⑤，乃为上将，将兵留此，为大臣诸侯所疑。足下何不归将印，以兵属太尉？请梁王归相国印，与大臣盟而之国，齐兵必罢，大臣得安，足下高枕而王千里，此万世之利也。"吕禄信然其计，欲归将印，以兵属太尉。使人报吕产及诸吕老人，或以为便，或曰不便，计犹豫未有所决。吕禄信郦寄，时与出游猎。过其姑吕嬃，嬃大怒，曰："若为将而弃军⑥，吕氏今无处矣。"乃悉出珠玉宝器散堂下，曰："毋为他人守也。"

【注释】 ①郦商：西汉开国功臣之一。 ②劫：威胁，挟持。 ③绐（dài）：欺骗。④刘氏所立九王，吕氏所立三王：刘氏九王为高祖所立，即：（1）楚王刘交（高祖弟）；（2）吴王刘濞（高祖侄）；（3）齐王刘肥；（4）淮南王刘长；（5）赵王刘如意；（6）代王刘恒；（7）梁王刘恢；（8）淮阳王刘友；（9）燕王刘建（以上七王高祖子）。吕氏四王吕太后所立，即：吕台吕王，吕产梁王，吕禄赵王（均吕太后侄），台子通燕王。因吕台已死，故云吕氏三王。 ⑤之国守藩：回到自己的封国上去保守封地为藩臣。 ⑥若：你。

左丞相食其免。

八月庚申旦①，平阳侯窋行御史大夫事②，见相国产计事。郎中令贾寿使从齐来③，因数产曰："王不早之国，今虽欲行，尚可得邪？"具以灌婴与齐、楚合从④，欲诛诸吕告产，乃趣产急入宫⑤。平阳侯颇闻其语，乃驰告丞相、太尉⑥。太尉欲入北军⑦，不得入。襄平侯通尚符节⑧，乃令持节矫纳太尉北军⑨。太尉复令郦寄与典客刘揭先说吕禄曰⑩："帝使太尉守北军⑪，欲足下之国，急归将印辞去，不然，祸且起。"吕禄以为郦兄不欺⑫，遂解印属典客，而以兵授太尉。太尉将之入军门⑬，行令军中曰："为吕氏右袒⑭，为刘氏左袒。"军中皆左袒为刘氏。太尉行至，将军吕禄亦已解上将印去，太尉遂将北军。

【注释】 ①八月庚申：应作九月庚申，为九月十日。 ②窋（zhú）行御史大夫：曹窋代理御史大夫。窋：曹参子，吕太后四年代任敖为御史大夫。 ③贾寿使从齐来：贾寿出使齐国回来。使：出使，出差。 ④合从：联合。 ⑤趣产急入宫：催促吕产赶快入据皇宫。即控制皇帝以发号施令。趣：促，催促。 ⑥丞、相太尉：即陈平、周勃。 ⑦入北军：入北军军营夺取北军。西汉宫卫南北两军，北军比南军势大，周勃入据北军则大局可定。戾太子发兵，北军使者护军任安不助太子，太子败。 ⑧襄平侯通：即纪通，高祖功臣纪成之子。尚符节：为皇帝掌兵符印信。尚：掌管。符节：木竹或金属制成的凭证信物。 ⑨矫纳太尉北军：假传皇帝命令使周勃入北军。 ⑩典客：九卿之一，职掌国内民族事务。 ⑪守：主管，统率。 ⑫郦兄：兄，音"况"，是郦寄的字。 ⑬将之：接受了兵权。 ⑭袒：露出臂膀。

然尚有南军。平阳侯闻之，以吕产谋告丞相平，丞相平乃召朱虚侯佐太尉。太尉令朱虚侯监军门。令平阳侯告卫尉①："毋入相国产殿门。"吕产不知吕禄已去北军，乃入未央宫，欲为乱，殿门弗得入，徘徊往来。平阳侯恐弗胜②，驰语太尉。太尉尚恐不胜诸吕，未敢讼言诛之③，乃遣朱虚侯谓曰："急入宫卫帝。"朱虚侯请卒，太尉予卒千余人。入未央宫门，遂见产廷中。日𫗦时④，遂击产。产走。天风大起，以故其从官乱，莫敢斗。逐产，杀之郎中府吏厕中。

【注释】 ①卫尉：九卿之一，掌宫门警卫。 ②恐弗胜：担心卫尉不能取胜吕产的南军。 ③讼言：大声宣言，即公开宣言。 ④日𫗦（bū）时：傍晚的时候。

朱虚侯已杀产，帝命谒者持节劳朱虚侯。朱虚侯欲夺节信，谒者不肯，朱虚侯则从与载，因节信驰走①，斩长乐卫尉吕更始。还，驰入北军，报太尉。太尉起，拜贺朱虚侯曰："所患独吕产，今已诛，天下定矣。"遂遣人分部悉捕诸吕男女，无少长皆斩之。辛酉②，捕斩吕禄，而笞杀吕嬃③，使人诛燕王吕通，而废鲁王偃。壬戌④，以帝太傅食其复为左丞相。戊辰⑤，徙济川王王梁⑥，立赵幽王子遂为赵王。遣朱虚侯章以诛诸吕氏事告齐王，令罢兵。灌婴兵亦罢荥阳而归。

【注释】 ①因节信驰走：凭着谒者的符节奔走于宫禁之中。 ②辛酉：九月十一日。 ③笞（chī）杀：活活打死。 ④壬戌：九月十二日。 ⑤戊辰：九月十八日。 ⑥徙济川王王梁：济川王刘太实未之国，徙是改封，将济川地归还齐国。

（以上为第三段，写诸大臣与刘氏宗室诛灭诸吕。）

诸大臣相与阴谋曰①："少帝及梁、淮阳、常山王，皆非真孝惠子也。吕后以计诈名他人子，杀其母，养后宫，令孝惠子之，立以为后，及诸王，以强吕氏。今皆已夷灭诸吕，而置所立②，即长用事，吾属无类矣③。不如视诸王最贤者立之。"或言"齐悼惠王高帝长子，今其嫡子为齐王，推本言之，高帝嫡长孙，可立也。"大臣皆曰："吕氏以外家恶而几危宗庙④，乱功臣。今齐王母家驷⑤，驷钧⑥，恶人也，即立齐王，则复为吕氏。"欲立淮南王，以为少，母家又恶。乃曰："代王方今高帝见子⑦，最长⑧，仁孝宽厚。太后家薄氏谨良。且立长故顺⑨，以仁孝闻于天下，便。"乃相与共阴使人召代王。代王使人辞谢。再反⑩，然后乘六乘传⑪。后九月晦日己酉⑫，至长安，舍代邸。大臣皆往谒，奉天子玺上代王⑬，共尊立为天子。代王数让，群臣固请，然后听。

【注释】 ①阴谋：暗地商量。 ②置所立：留下吕氏所立。所立：指少帝刘弘。③无类：绝种，指被族灭。 ④外家：外戚。 ⑤母家驷：母家姓驷。 ⑥驷钧：人名，齐襄王之舅。 ⑦见子：还在世的儿子。 ⑧最长：最年长。代王刘恒为高祖第三子，其兄齐王刘肥、惠帝刘盈已死，故刘恒最长。 ⑨立长故顺：立长名正言顺。封建宗法制度，立嫡不立庶，立长不立贤。 ⑩再反：使者第二次去迎请。反：同"返"。 ⑪六乘传：六匹马拉的驿车。 ⑫后九月：即闰九月。汉承秦历以十月为岁首，年终置闰称后九月。晦日己酉：九月二十九。晦日：阴历月终。 ⑬玺：皇帝印。

东牟侯兴居曰："诛吕氏吾无功，请得除宫①。"乃与太仆汝阴侯滕公入宫②，前谓少帝曰③："足下非刘氏④，不当立。"乃顾麾左右执戟者掊兵罢去⑤。有数人不肯去兵⑥，宦者令张泽谕告，亦去兵。滕公乃召乘舆车载少帝出⑦。少帝曰："欲将我安之乎？"滕公曰："出就舍⑧。"舍少府。乃奉天子法驾⑨，迎代王于邸。报曰："宫谨除。"代王即夕入未央宫。有谒者十人持戟卫端门⑩，曰："天子在也，足下何为者而入？"代王乃谓太尉。太尉往谕，谒者十人皆掊兵而去。代王遂入而听政。夜，有司分部诛灭梁、淮阳、常山王及少帝于邸⑪。

代王立为天子。二十三年崩，谥为孝文皇帝。

【注释】 ①除宫：清扫宫室，即扫荡少帝等吕氏残余势力。 ②太仆：九卿之一，掌皇帝车马。滕公：即夏侯婴，西汉开国功臣之一。 ③前：到少帝跟前。 ④足下：对同辈人的尊称。对少帝称足下，即不承认他为帝。 ⑤麾左右执戟者掊兵罢去：示意警卫少帝的卫士放下兵器离去。麾：挥手示意。掊兵：放下兵器。 ⑥不肯去兵：不肯放下武器。 ⑦乘舆车：天子的坐车。 ⑧出就舍：出到宫外安置。 ⑨法驾：天子举行隆重典礼时乘坐的车驾，京兆尹、执金吾、长安令导引，侍中参乘，属车三十六乘。代王入宫即位，故用法驾。 ⑩端门：宫殿正南门。 ⑪诛灭梁、淮阳、常山王及少帝于邸：诛梁王刘太（即济川王，徙梁）、淮阳王刘武、常山王刘朝及少帝刘弘。诸王未到封国，住在长安的王邸中，故云"诛于邸"。邸：建于京师的王侯府第。

（以上为第四段，写群臣迎立代王即位。）

太史公曰：孝惠皇帝、高后之时，黎民得离战国之苦，君臣俱欲休息乎无为①，故惠帝垂拱②，高后女主称制③，政不出房户，天下晏然④。刑罚罕用，罪人是希。民务稼穑，衣食滋殖⑤。

【注释】　①无为：无为政治是指统治阶级实行休养生息发展经济的政策，不滋事扰民。汉初承秦末战乱，民生凋敝，经济残破，吕后、文、景三朝奉行无为政治，七十年间国殷民富，为汉武帝的事业奠定了物质基础。　②垂拱：垂衣拱手，不干预政事。　③女主称制：皇帝裁决法令称"制曰"。这里是指吕后摄行天子事。　④晏然：安然，指天下太平。　⑤衣食滋殖：丰衣足食。滋：同"殖"，增加，指生活步步提高。

（以上为作者论赞，肯定吕太后、惠帝执行无为政治，取得成功。）

📝 讲　析

　　吕太后长期与狡诈多智的刘邦一起生活，楚汉战争中备尝囚虏生活，佐刘邦阴谋诛杀韩信、彭越，在一系列政治斗争中锻炼成为一个身手不凡的女人。刘邦死后，她作为皇太后，擅权自恣，滥用威福，又以一介女子之身把控朝政，压服一众开国能臣，在这一点上也算得上是一代"巾帼豪杰"了。司马迁评论她"为人刚毅"，秦始皇则是"刚毅戾深"（《秦始皇本纪》）。可见吕太后是秦始皇一类的暴虐不仁之主，再加上她妇人的"性狭猜疑"，在残虐上似比秦始皇更胜一筹。她报复戚夫人，砍断了戚夫人的手足，去目熏耳，饮以哑药，使居厕中，称为"人彘"。这种惨绝人寰的手段，令人目不忍睹，耳不忍闻，以至于她的亲生儿子惠帝也说："此非人所为。"

　　吕太后突出的性格特点就是能为"非人所为"的"刚毅"，司马迁抓住吕太后性格的这一特点生动地塑造了一个擅权自恣的女主形象。惠帝即位，她以皇太后身份紧紧控制惠帝作为她擅权的工具，迫使惠帝"不听政""日饮为淫乐"，不仅丧失了生育能力，而且只活了二十三岁。惠帝死后，"太后哭，泣不下"，她盘算的是怎样诛除文武功臣来保住权位，权力欲胜过了对亲生儿子的感情。陈平等大臣洞察其意，请拜吕台、吕产、吕禄为将，掌握南北军权，诸吕入宫，吕太后才一块石头落地，流下了几滴眼泪。司马迁对这一情节的描写，惟妙惟肖地揭示出吕太后权欲熏心、诡谲狡诈的品质。

　　吕太后临朝称制以后，她开始着手破坏刘邦的法约"非刘氏而王者，天下共击之"。明升暗降解除了右丞相王陵的相权，不许太尉周勃典军，以宠臣审食其为左丞相居宫用事，升左丞相陈平为右丞相，而实际被架空。吕太后掌握了朝政大权以后，追封已死的父吕公、兄吕泽为王，为扶植诸吕封王封侯造舆论，树先例。接着又封了几个刘姓宗室子弟及功臣为侯，为诸吕封王封侯搭台阶。就这样吕太后一步步为诸吕封王封侯扫清了道路。她称制八年，封诸吕四王八侯。受封诸吕的血缘世系表列如下：

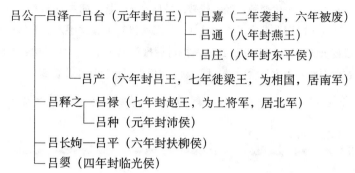

诸昆弟子：

吕他（四年封俞侯）

吕更始（四年封赘其侯）

吕忿（四年封吕成侯）

吕荣（八年封祝兹侯）

以上是《吕太后本纪》所载吕太后所封诸吕四王八侯。据《惠景间侯者年表序》载，吕太后四年封吕更始为滕侯，吕胜为赘其侯，共十侯。但吕他是袭父爵为侯，故吕太后所封为九侯。

在吕太后的一手扶植下，诸吕掌握了京师很大一部分军政大权。但是，外戚掌权，若根本不固，太后一旦百岁后，外戚就成了无根之木。吕太后又绞尽脑汁用移花接木之法，让后宫美人与诸吕交媾，或以诸吕有身之姬入宫生子，诈称惠帝之子，以吕氏血统子弟冒名刘氏篡取皇位，巩固吕氏政权。本纪载所名惠帝子共有七人。表列如下：

太子少帝刘某（元年立，四年又废杀）

淮阳王刘强（元年封，五年死）

常山王刘不疑（元年封，二年死）

少帝刘弘（原名刘山，元年封襄城侯，二年改名义，封常山王，四年又改名弘，立为少帝）

常山王刘朝（元年封轵侯，四年封常山王）

淮阳王刘武（元年封壶关侯，五年封淮阳王）

梁王刘太（七年封济川王，八年改封梁王）

以上七个人冒名惠帝子，一子被杀，两子夭亡。陈平、周勃诛除诸吕以后，这时还有四个冒名惠帝子，即少帝刘弘，常山王刘朝、淮阳王刘武、梁王刘太，理所当然为大臣所杀。

有人认为周勃等人杀惠帝子是大臣们造作的"虚词"，是借故枉杀。事实并非如此。以惠帝的年齿和事实考察，惠帝子的真假血统十分清晰。惠帝十七岁就病魔缠身，二十三岁就早逝，哪来的一大群儿子？再以太子少帝的年齿来看，他在做了四年的傀儡皇帝后说："后安能杀吾母而名我？我未壮，壮即为变。"这口气至少是八九岁的小儿才能说出。以此推之，当是惠帝十八九岁时所生。那时惠帝新娶皇后张氏，吕太后怎能让惠帝去与后宫生子？所以《史记正义》引刘伯庄云："诸美人元幸吕氏，怀身而入宫生子。"又梁王刘太，《惠景间侯者年表序》高后七年载："吕产徙王梁，二月丁巳，王太元年，惠帝子。"《史记索隐》云："吕太，故昌平侯。"司马贞径直称刘太为吕太。即刘太实际是吕产之子。因为这里"吕太"不能解为"吕王太"，《史记索隐》没有这样的笔法。所以滕公夏侯婴清宫时对少帝刘弘说："足下非刘氏，不当立。"如果这些惠帝子是真实的刘氏血统，吕太后为何要一一杀其母而名之惠帝子？吕太后移花接木而杀其母，可以说这是又一桩"非人所为"的既荒唐而又残忍的行为。

更荒谬透顶的是吕太后以鲁元公主女配惠帝为皇后。鲁元公主是惠帝亲姐，其女为惠帝的亲外甥女。再以年齿考之，高祖二年（公元前205）刘邦在彭城败逃途中得鲁元公主和孝惠帝姐弟。三年鲁元公主为赵王张敖妻。因此，鲁元公主生惠帝张皇后最早只能在高祖四年，即公元前203年。公元前194年惠帝即位，娶张皇后，当时张皇后只有九岁。吕太后为了固权，把一个九岁的外甥女嫁给一个十七岁的舅舅，要这一对少男少女生儿子，实在荒谬透顶。司马迁在《外戚世家》写道："吕后长女为宣平侯张敖妻，敖女为孝惠皇后。吕太后以重亲故，欲其生子万方。终无子，诈取后宫人子为子。"吕太后的初心也许是让惠帝刘盈生子承袭天下，她死后配高庙血食刘氏香火。只是她太急于求成，让少年童女去"欲其生子万方"，而摧残了惠帝的身心健康，使惠帝丧失了生育能力，而后又不择手段移花接木了。司马迁在《吕太后本纪》中曲折详载这些宫廷丑事也就从一个侧面淋漓尽致地揭露了一个集权者的卑劣灵魂。

吕太后一方面扶植吕党，移花接木；另一方面大肆翦伐刘氏子弟，摇其根本。刘邦八子，被吕太后害死者有五房，四子一孙，包括亲生子惠帝，表列如下：

```
      ┌─庶长子刘肥，封齐王，吕太后鸩杀未遂。
      ├─次子惠帝，被吕太后胁迫摧残而早死。
      ├─三子刘恒，封代王，后为文帝。
      ├─四子刘如意，封赵王，为吕太后鸩杀。
刘邦 ─┤─五子刘恢，封梁王，后徙赵王，被吕太后逼迫自杀。
      ├─六子刘友，封淮阳王，后徙赵王，被吕太后幽杀。
      ├─七子刘长，封淮南王，为吕太后所养，故得全。
      └─八子刘建，封燕王。建死，吕太后杀其子夺其地封吕通。
```

吕太后在残害刘氏子弟时又用吕、刘联姻的办法遮人耳目。她把齐王两子朱虚侯刘章、营陵侯刘泽召入宫中侍卫，以吕禄女妻刘章，吕媭女妻刘泽，既是笼络，又是人质。以诸吕女为赵王刘友妻，吕产女为赵王刘恢妻。刘友、刘恢厌恶吕氏女，不惜以死抗争。刘章、刘泽用软化办法俘获了吕氏女，诸吕之阴谋反因此败露。吕太后机关算尽太聪明，到头来只落得诸吕遭族灭。她的联姻监视政策也彻底破产。

吕太后也深知她一系列"非人所为"的倒行逆施行为不得人心，大臣不平，刘氏反抗，而疑神疑鬼，坐卧不宁。吕太后称制的第七年正月，己丑，日食，昼晦，她心忧不乐，对左右说："此为我也。"八年三月中，过轵道，见物如苍犬，据吕太后腋，于是遂病腋伤，卜之，云赵王如意为祟。司马迁借吕太后之口，自己道出，天怒人怨，鬼神不容。所以当她弥留之际，深感大臣不可信赖。她告诫吕禄、吕产，她死后"必据兵卫宫，慎毋送丧，毋为人所制"。这既表现了吕太后的老谋深算，也说明她已预感吕氏末日来临，妄图垂死挣扎。无奈吕禄、吕产平庸无能，吕太后尸骨未寒，诸吕就被一网打尽了。

封建专制政权以家天下的宗法制度为根基，皇帝死后由嫡长子继承这是不能动摇的国本。叔孙通对高祖刘邦说："太子天下本，本一摇天下振动，奈何以天下为戏?"（《叔孙通列传》）因为国君诸公子众多，而嫡长子是唯一的法定人，避免争立，所以是国本。本纪一开头就提出了皇权继承这个国本问题。孝惠帝是毋庸置疑的国本，但"孝惠为人仁弱，高祖以为不类我，常欲废太子，立戚姬子如意，如意类我"。有人认为这"类"与"不类"只不过是刘邦的托词，实质是刘邦怜爱幼子少妻而欲废太子。其实刘如意并非刘邦少子。刘邦临终，惠帝十七岁，刘如意十一岁，两人都年少，年齿也接近，个性刚柔，聪明智慧是可以比较出来的。刘邦的"类我"与"不类我"当有一定根据。但是宗法制度立嫡不立庶，立长不立贤，废太子则意味着废皇后吕雉，而更立赵王母戚姬为皇后。当时吕后无恶行，太子虽仁弱却慈爱，刘邦下不了这个决心。但太子立，大权就要旁落皇太后，权移外家，这是刘邦所忧虑的，圣智果决如刘邦，在太子的废立问题上犯难了。所以他只把废立大事一直挂在口头上，目的是试试功臣集团的态度。功臣集团从维护宗法制度的立场出发，反对动摇国本。刘邦从功臣集团的这一态度上看到了希望。他认为功臣集团忠于刘氏，可以控制吕后，仁爱之惠帝是恰当的守成之君。于是杀白马盟，与大臣约："非刘氏王者，天下共击之。"刘邦做了这些安排之后，决计不废太子，只好快快地牺牲戚姬和赵王如意了。

刘邦低估了吕太后的"刚毅"能力，他和大臣们苦心策划的为赵王置贵强相的办法未能保护赵王母子的安全。刘邦与大臣杀白马盟也未能阻止诸吕染指侯王。幸亏吕产、吕禄平庸，才未能酿成亡国之祸。《吕太后本纪》详载吕太后的一系列恶行，紧紧扣住了诸吕兴灭乱政组织材料，旗帜鲜明地谴责了女主临朝。因为女主临朝，权移外家，动摇宗法制度，往往形成皇族与外戚的直接矛盾，引起政局动荡，所以"牝鸡司晨，惟家之索"就是周武王伐纣的一条理由。

杰出的实录史家司马迁虽然谴责女主临朝，但对吕太后当政时奉行无为政治带来的国家安定又是肯定的。司马迁在论赞中说："孝惠皇帝、高后之时，黎民得离战国之苦，君臣俱欲休息乎无为，故惠帝垂拱，高后女主称制，政不出房户，天下晏然。刑罚罕用，罪人是希。民务稼穑，衣食滋殖。"一片赞扬之情溢于言表。论赞的赞扬与传文的揭露与谴责似乎形成了很不相称的对照。因为论赞的赞扬在传文中找不出具体内容。对比《汉书》的《惠帝纪》《高后纪》才能了解司马迁论赞的赞扬是有具体内容的。高后、惠帝时改什一田租为十五税一，这是薄赋。高后、惠帝时和匈奴休宁北边，且修筑长安城只在农闲进行，这是轻徭。高后、惠帝时五大夫及六百石以上官吏如果有罪，收审时不带械；一般刑徒犯四岁刑筑城，减为三岁刑、为宗庙服杂役，这是约法。还有行五分钱、赐民爵、除挟书律、置孝悌力田等一系列恢复生产的措施。这一切司马迁是肯定的，也是赞扬的，所以在论赞中作了补充记载。但这只是司马迁对吕太后奉行无为政治方面的评价，而不是对吕太后其人以及女主临朝这一根本问题的评价和肯定。以今天的观点来看，吕太后的个人品质只是小节，她应不应当做女皇并不是评价她的主要依据，这一观点当然也是成立的。但这并不是《吕太后本纪》的思想倾向。《吕太后本纪》是谴责女主临朝，揭露和鞭挞吕太后擅权自恣几乎倾危刘氏天下的恶行，为后世人君提供借鉴，亦为后世太后外戚者诫。

孝文本纪

【题解】 汉文帝刘恒是汉高祖刘邦的第四子，先立为代王十七年，即帝位二十三年。本篇写代王十七年一笔带过，主要内容写汉文帝即帝位二十三年的政绩。汉文帝躬俭仁爱，关心民生疾苦，居安思危，励精图治，严于律己，宽以待人，是汉初黄老无为而治政治的较好执行者。

孝文皇帝，高祖中子也①。高祖十一年春，已破陈豨军，定代地，立为代王，都中都②。太后薄氏子。即位十七年，高后八年七月，高后崩。九月，诸吕吕产等欲为乱，以危刘氏，大臣共诛之，谋召立代王，事在《吕后》语中。

【注释】 ①中子：子弟众多，长为伯，少为季，其余均可称中子。高祖有八子，汉文帝刘恒为第四子，故称中子。 ②中都：故城在今山西省平遥县西南。

（以上为第一段，写代王刘恒因诸吕政变而得立为皇帝。）

丞相陈平、太尉周勃等使人迎代王。代王问左右郎中令张武等①。张武等议曰："汉大臣皆故高帝时大将，习兵，多谋诈，此其属意非止此也，特畏高帝、吕太后威耳。今已诛诸吕，新喋血京师②，此以迎大王为名，实不可信。愿大王称疾毋往，以观其变。"中尉宋昌进曰③："群臣之议皆非也。夫秦失其政，诸侯豪杰并起，人人自以为得之者以万数，然卒践天子之位者，刘氏也，天下绝望，一矣。高帝封王子弟，地犬牙相制④，此所谓盘石之宗也⑤，天下服其强，二矣。汉兴，除秦苛政，约法令，施德惠，人人自安，难动摇，三矣。夫以吕太后之严，立诸吕为三王，擅权专制，然而太尉以一节入北军⑥，一呼士皆左袒，为刘氏，叛诸吕，卒以灭之。此乃天授，非人力也。今大臣虽欲为变，百姓弗为使，其党宁能专一邪？方今内有朱虚、东牟之亲⑦，外畏吴、楚、淮南、琅邪、齐、代之强。方今高帝子独淮南王与大王，大王又长，贤圣仁孝，闻于天下，故大臣因天下之心而欲迎立大王，大王勿疑也。"代王报太后计之，犹豫未定。卜之龟，卦兆得大横。占曰："大横庚庚，余为天王，夏启以光⑧。"代王曰："寡人固已为王矣，又何王？"卜人曰⑨："所谓天王者乃天子。"于是代王乃遣太后弟薄昭往见绛侯，绛侯等具为昭言所以迎立王意。薄昭还报曰："信矣，毋可疑者。"代王乃笑谓宋昌曰："果如公言。"乃命宋昌参乘⑩，张武等六人乘传诣长安⑪。至高陵休止⑫，而使宋昌先驰之长安观变。

【注释】①左右：左右之人，此指郎中令张武。郎中令：秦汉官九卿之一，掌卫皇宫，统属诸郎。汉时诸侯王国仿照中央也设三公九卿之职。②喋血：谓杀人多，血流遍地。此指汉朝廷平定诸吕之变。③中尉：掌宫卫之官。宋昌：据《会稽典录》，宋昌为秦末楚军将领宋义之孙。宋义为项羽所杀，详《项羽本纪》。④地犬牙相制：高祖刘邦分封众子侄为诸侯，其地与京师所属郡县形势犬牙相错，既能相助，又能相制。⑤盘石之宗：喻汉宗庙社稷如磐石般坚固。盘石：大石。⑥太尉：指周勃，他入北军除诸吕事详《吕太后本纪》及《绛侯周勃世家》。节：符节，调遣军队的凭证。⑦朱虚、东牟：朱虚侯刘章，东牟侯刘兴居，均齐王刘肥之子，除诸吕的宗室重臣。⑧"大横"三句：大横，卜兆之名。大横庚庚：大横卦上说要更换帝位。庚：更换。夏启以光：这预示刘恒将同夏禹之子启一样践天子位光大父业。⑨卜人：太卜令，太常属官。⑩参乘：陪乘。古时乘车，御者居中，主人居左，陪乘居右。陪乘或为谋士，或为近卫。⑪乘传诣长安：坐官家驿车到长安。⑫高陵：秦县名，故城在今陕西省西安市高陵区西南。

昌至渭桥①，丞相以下皆迎。宋昌还报。代王驰至渭桥，群臣拜谒称臣。代王下车拜。太尉勃进曰："愿请间言②。"宋昌曰："所言公，公言之。所言私，王者不受私。"太尉乃跪上天子玺符。代王谢曰："至代邸而议之③。"遂驰入代邸。群臣从至。丞相陈平、太尉周勃、大将军陈武、御史大夫张苍、宗正刘郢、朱虚侯刘章、东牟侯刘兴居、典客刘揭皆再拜言曰④："子弘等皆非孝惠帝子，不当奉宗庙。臣谨请阴安侯、列侯顷王后与琅邪王、宗室、大臣、列侯、吏二千石议曰：⑤'大王高帝长子，宜为高帝嗣。'愿大王即天子位。"代王曰："奉高帝宗庙，重事也。寡人不佞⑥，不足以称宗庙。愿请楚王计宜者⑦，寡人不敢当。"群臣皆伏固请。代王西向让者三，南向让者再⑧。丞相平等皆曰："臣伏计之，大王奉高帝宗庙最宜称，虽天下诸侯万民以为宜。臣等为宗庙社稷计，不敢忽。愿大王幸听臣等。臣谨奉天子玺符再拜上。"代王曰："宗室将相王列侯以为莫宜寡人，寡人不敢辞。"遂即天子位。

【注释】 ①渭桥：又名中渭桥，在今陕西省咸阳市东。 ②愿请间言：请允许一个机会进行单独谈话。间言：私下秘密进言。 ③代邸：代王国在京师的馆舍。 ④御史大夫：副丞相。宗正：九卿之一，掌皇族事务。典客：九卿之一，掌民族事务。 ⑤阴安侯：高祖刘邦兄刘信之妻。顷王后：高祖刘邦次兄代顷王刘仲之妻。 ⑥不佞：没有才德，代王谦词。 ⑦楚王：高祖弟刘交，当时在皇族地位最尊。 ⑧"代王"二句：代王刘恒谦礼待群臣，先以宾客礼西向让了三次，然后才就君臣位又南向让了两次。古人宾客礼是东西相坐，东向为尊为客位，主人西向；君臣礼为南北相坐，南向为尊为君位，臣向北。

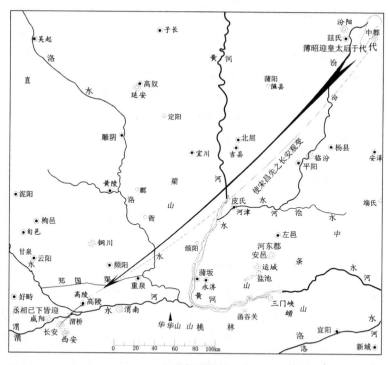

文帝即位长安

群臣以礼次侍①，乃使太仆婴与东牟侯兴居清宫②，奉天子法驾③，迎于代邸。皇帝即日夕入未央宫④。乃夜拜宋昌为卫将军，镇抚南北军。以张武为郎中令，行殿中。还坐前殿。于是夜下诏书曰："间者诸吕用事擅权，谋为大逆，欲以危刘氏宗庙，赖将相列侯宗室大臣诛之，皆伏其辜。朕初即位，其赦天下，赐民爵一级，女子百户牛酒，酺五日⑤。"

【注释】　①群臣以礼次侍：群臣于是以朝见皇帝的礼仪，各依品秩，排班伺候。②太仆：九卿之一，掌皇帝车马。清宫：汉仪，皇帝起居，先要索室清宫。这里指驱除少帝。　③法驾：汉仪，天子出行有大驾和法驾两种规格。大驾，指公卿导引，大将军参乘，属车八十一乘。法驾，指京兆尹、执金吾、长安令导引，侍中参乘，属车三十六乘。④未央宫：皇帝所居之宫，建成于高祖七年。　⑤"赐民爵"三句：赏赐平民当户男子爵一级，女子每百户一头牛，十石酒，聚会五天。西汉常以赐民牛酒爵位收买人心。女子：指家庭主妇。

孝文皇帝元年十月庚戌①，徙立故琅邪王泽为燕王。

【注释】　①孝文皇帝元年：公元前179年。庚戌：十月一日。

辛亥①，皇帝即阼②，谒高庙。右丞相平徙为左丞相，太尉勃为右丞相，大将军灌婴为太尉。诸吕所夺齐楚故地，皆复与之。

【注释】　①辛亥：庚戌的第二天，即十月初二日。　②皇帝即阼：文帝登上台阶主持祭礼。即阼（zuò）：即位。阼：殿前台阶。

壬子①，遣车骑将军薄昭迎皇太后于代②。皇帝曰："吕产自置为相国③，吕禄为上将军，擅矫遣灌将军婴将兵击齐④，欲代刘氏，婴留荥阳弗击，与诸侯合谋以诛吕氏。吕产欲为不善，丞相陈平与太尉周勃谋夺吕产等军。朱虚侯刘章首先捕吕产等。太尉身率襄平侯通持节承诏入北军。典客刘揭身夺赵王吕禄印。益封太尉勃万户，赐金五千斤。丞相陈平、灌将军婴邑各三千户，金二千斤。朱虚侯刘章、襄平侯通、东牟侯刘兴居邑各二千户⑤，金千斤。封典客揭为阳信侯，赐金千斤。"

【注释】　①壬子：十月三日。　②车骑将军：将军名号，位与九卿相当，可参与朝政的武职。皇太后：即文帝母薄太后。　③相国：西汉初置，即丞相位，礼遇稍尊。文帝即位，罢相国，改置左右丞相。　④擅矫遣：滥用职权，假借皇帝名义发布派遣令。　⑤襄平侯通：纪通，纪成之子，袭父爵为侯。

十二月，上曰："法者，治之正也，所以禁暴而率善人也①。今犯法已论，而使毋罪之父母妻子同产坐之，及为收孥，朕甚不取。其议之。"有司皆曰："民不能自治，故为法以禁之。相坐坐收，所以累其心，使重犯法，所从来远矣②。如故便。"上曰："朕闻法正则民悫③，罪当则民从。且夫牧民而导之善者④，吏也。其既不能导，又以不正之法罪之，是反害于民为暴者也。何以禁之？朕未见其便，其孰计之⑤。"有司皆曰："陛下加大惠，德甚盛，非臣等所及也。请奉诏书，除收孥诸相坐律令⑥。"

【注释】 ①"法者"三句：法律是治国的准则，用法的目的是为了禁止暴邪，引导人们走向善良。正：通"桢"，树之主干，树依之而直立，引申为准则。率：引导。 ②"相坐"四句：相互牵连治罪，目的是以此束缚他们的犯罪心理，不轻易犯法，已有很久的历史了。重犯法：不轻易犯法。 ③悫（què）：朴实，老诚。 ④牧民：治民。 ⑤孰计之：再详细讨论一番。 ⑥除：废除。

正月，有司言曰："早建太子①，所以尊宗庙。请立太子。"上曰："朕既不德，上帝神明未歆享②，天下人民未有嗛志③。今纵不能博求天下贤圣有德之人而禅天下焉④，而曰预建太子，是重吾不德也。谓天下何⑤？其安之⑥。"有司曰："预建太子，所以重宗庙社稷，不忘天下也。"上曰："楚王，季父也，春秋高⑦，阅天下之议理多矣⑧，明于国家之大体⑨。吴王于朕⑩，兄也，惠仁以好德。淮南王⑪，弟也，秉德以陪朕⑫。岂为不预哉！诸侯王宗室昆弟有功臣，多贤及有德义者，若举有德以陪朕之不能终，是社稷之灵，天下之福也。今不选举焉，而曰必子，人其以朕为忘贤有德者而专于子，非所以忧天下也。朕甚不取也。"有司皆固请曰："古者殷周有国，治安皆千余岁，古之有天下者莫长焉，用此道也⑬。立嗣必子，所从来远矣。高帝亲率士大夫，始平天下，建诸侯，为帝者太祖。诸侯王及列侯始受国者皆亦为其国祖。子孙继嗣，世世弗绝，天下之大义也，故高帝设之以抚海内。今释宜建而更选于诸侯及宗室，非高帝之志也⑭。更议不宜⑮。子某最长⑯，纯厚慈仁，请建以为太子。"上乃许之。因赐天下民当代父后者爵各一级⑰。封将军薄昭为轵侯。

【注释】 ①早建太子：早日确定皇位继承人。建太子要布告天下，杜绝诸皇子觊觎之心。 ②未歆享：尚未欣然接受我的祭享，谦词。 ③未有嗛志：尚未称心如意。嗛(qiǎn)：同"谦"，满足。志：心意。 ④纵：纵然，即使。 ⑤谓天下何：怎对得起天下人民呢？ ⑥其安之：我要求安守现状。即暂不建太子。 ⑦春秋高：年龄长。 ⑧阅：经历，见识。 ⑨大体：大局。 ⑩吴王：高祖次兄刘仲之子刘濞，年长于文帝。 ⑪淮南王：高祖少子刘长，文帝之弟。 ⑫秉德以陪朕：刘长坚持德义正可补我之不足。陪：古音通"补"，补足。 ⑬"古者殷周有国"四句：殷周建立国家能长治久安一千多年，古代王朝都不及他们长久，就是因为殷周能早建太子。此道：指早建太子。 ⑭"今释宜建"二句：如果丢开应立为太子的人不立，而另从诸侯或宗室中选择，是违反高帝的本意的。 ⑮更议不宜：变更立太子的事不宜再讨论了。 ⑯子某：文帝长子刘启。 ⑰当代父后者：即应继承父业的嫡长子。

三月，有司请立皇后。薄太后曰："诸侯皆同姓，立太子母为皇后①。"皇后姓窦氏。上为立后故，赐天下鳏寡孤独穷困及年八十以上孤儿九岁以下布帛米肉各有数。上从代来，初即位，施德惠天下，填抚诸侯四夷皆洽欢，乃循从代来功臣②。上曰："方大臣之诛诸吕迎朕，朕狐疑，皆止朕，唯中尉宋昌劝朕，朕以得保奉宗庙。已尊昌为卫将军，其封昌为壮武侯。诸从朕六人，官皆至九卿③。"

【注释】 ①诸侯皆同姓，立太子母为皇后：诸侯都是刘姓，没有可选为皇后的，就立太子母为皇后。周天子立王后皆出自异姓诸侯王之女，汉诸侯皆同姓之国，不可娶诸侯女为皇后。文帝嫡妻死，所生四男亦死，故立窦姬所生长男刘启为太子。窦姬出身贱，为妾。薄太后此诏以太子母为皇后，即以窦姬为皇后，打破皇后必名门贵胄之女的惯例。薄太后亦出身贱，故有此诏。 ②循：安抚，安排。 ③九卿：朝廷九部大臣，即太常、光禄勋、卫尉、太仆、廷尉、典客、宗正、大司农、少府。

上曰："列侯从高帝入蜀、汉中者六十八人皆益封各三百户①，故吏二千石以上从高帝颍川守尊等十人食邑六百户②，淮阳守申屠嘉等十人五百户③，卫尉定等十人四百户。封淮南王舅父赵兼为周阳侯，齐王舅父驷钧为清郭侯。"秋，封故常山丞相蔡兼为樊侯④。

人或说右丞相曰："君本诛诸吕，迎代王，今又矜其功⑤，受上赏，处尊位，祸且及身⑥。"右丞相勃乃谢病免罢⑦，左丞相平专为丞相。

【注释】 ①益封各三百户：此指追随高帝的六十八位功臣，原已封侯，今增其秩禄各三百户。蜀、汉中两地为秦汉郡名，是刘邦为汉中王时的领地。益：增加。 ②颍川：郡名，郡治阳翟，在今河南省禹州市。其郡守尊是追随高帝的功臣。 ③淮阳：王国名，都陈县，在今河南省周口市淮阳区。其郡守申屠嘉，文帝时官至丞相。 ④常山：王国名。王国都在今河北省元氏县北。 ⑤矜：自我夸耀，自鸣得意。 ⑥且：将要。 ⑦谢病：托病请求辞职。

（以上为第二段，写文帝初即位就励精图治，废除妻子连坐的法律，立太子、皇后，封赏群臣。）

二年十月①，丞相平卒，复以绛侯勃为丞相。上曰："朕闻古者诸侯建国千余，各守其地，以时入贡，民不劳苦，上下欢欣，靡有遗德②。今列侯多居长安，邑远，吏卒给输费苦，而列侯亦无由教驯其民③。其令列侯之国，为吏及诏所止者，遣太子④。"

【注释】 ①二年：汉文帝前元二年，公元前 178 年。 ②靡有遗德：没有过失。③驯：通"训"。 ④"令列侯之国"三句：所有列侯都要到封国去，那些在京师任职或特殊恩准的列侯可以继续留在京师，但要派太子去就国。此诏意在减少贵族聚居京师，减轻人民负担。

十一月晦①，日有食之。十二月望，日又食②。上曰："朕闻之，天生蒸民③。为之置君以养治之，人主不德，布政不均，则天示之以灾，以诫不治④。乃十一月晦，日有食之，适见于天，灾孰大焉！朕获保宗庙，以微眇之身托于兆民君王之上⑤，天下治乱，在朕一人，唯二三执政犹吾股肱也⑥。朕下不能理育群生⑦，上以累三光之明⑧，其不德大矣。令至，其悉思朕之过失，及知见思之所不及，匄以告朕⑨。及举贤良方正能直言极谏者⑩，以匡朕之不逮⑪。因各饬其任职，务省徭费以便民。朕既不能远德⑫，故悯然念外人之有非⑬，是以设备未息。今纵不能罢边屯戍，而又饬兵厚卫⑭，其罢卫将军军。太仆见马遗财足，余皆以给传置⑮。"

【注释】 ①晦：阴历月的最后一天。此日为十一月二十九日。 ②十二月望，日又食：十二月十五日，继日食之后又出现了月食。望：月满为望，即阴历十五日。望日没有日食，故"日食"当为"月食"之误。 ③蒸民：众民。 ④诫：告诫。 ⑤微眇之身：小小人物，文帝谦词。 ⑥"唯二三执政"句：只有几个执政大臣做我的助手。意谓听不到广泛的臣民意见。 ⑦理育群生：治理养育众民。 ⑧累三光之明：我的过失牵连日、月、星三光失明，指日、月食。　⑨句以告朕：乞求大家告诉我。　⑩贤良方正：举贤之科名。直言极谏：入选贤良方正的条件。　⑪匡：纠正。不逮：不及，指思虑所不及。⑫远德：恩德播及化外，使远人来朝。　⑬"故悁然"句：所以，我不安地忧虑外国来侵扰。悁（xiàn）然：心神不安的样子。非：寻衅滋事，为非作歹。此指侵扰。　⑭饬兵厚卫：整治兵器，加强战备。　⑮"太仆"二句：太仆现有的马只留下够用为止，多余的送到驿站使用。遗：留下。财足：刚刚够用。财：通"才"。传：驿站。按：文帝二年十二月因日月食下诏求贤，从此建立了汉家举贤良制度。此诏还颁布了一系列利民休养生息的措施。

　　正月，上曰："农，天下之本，其开籍田①，朕亲率耕，以给宗庙粢盛②。"
　　【注释】　①籍田：天子亲耕之田，借以劝农。　②粢（zī）盛：黍稷为粢，在器中为盛。

　　三月，有司请立皇子为诸侯王。上曰："赵幽王幽死①，朕甚怜之，已立其长子遂为赵王。遂弟辟强及齐悼惠王子朱虚侯章、东牟侯兴居有功，可王。"乃立赵幽王少子辟强为河间王，以齐剧郡立朱虚侯为城阳王②，立东牟侯为济北王，皇子武为代王，子参为太原王，子揖为梁王。
　　【注释】　①赵幽王幽死：赵王刘友，高祖之子，被吕太后囚禁饿死。　②剧郡：大郡。城阳为大郡，封刘章为城阳王。都莒县，在今山东省莒县。

　　上曰："古之治天下，朝有进善之旌①，诽谤之木②，所以通治道而来谏者。今法有诽谤妖言之罪，是使众臣不敢尽情，而上无由闻过失也。将何以来远方之贤良？其除之。民或祝诅上以相约结而后相谩，吏以为大逆，其有他言，而吏又以为诽谤③。此细民之愚无知抵死④，朕甚不取。自今以来，有犯此者勿听治⑤。"
　　九月，初与郡国守相为铜虎符、竹使符⑥。
　　【注释】　①进善之旌：传说尧设旌于路口，过路人都可把施政善言写在旌上。旌：旗子。　②诽谤之木：传说舜在宫外桥头建立供人们提意见的木柱。诽谤：指不满的意见。今之华表建筑即诽谤之木的史影。　③"民或祝诅上"四句：细民百姓有结伙祝诅皇上的，后来又互相攻击而告发，官吏处以大逆之罪，老百姓或有其他牢骚言论，官吏判以诽谤之罪。秦汉时有祝诅皇上、诽谤皇上之罪，文帝时一度废除，后又恢复。相谩：相互欺谩，此指互相揭发。　④抵死：触犯死罪。　⑤勿听治：不要审理这类案件。　⑥铜虎符：铜铸虎形符，长六寸，右留京师，左留郡守，合符发兵。竹使符：竹制信符，长五寸，可做出入征发之凭证。

三年十月丁酉晦①，日有食之。十一月，上曰："前日诏遣列侯之国②，或辞未行。丞相朕之所重，其为朕率列侯之国。"绛侯勃免丞相就国，以太尉颍阴侯婴为丞相。罢太尉官，属丞相③。四月，城阳王章薨。淮南王长与从者魏敬杀辟阳侯审食其④。

【注释】 ①三年：汉文帝前元三年，公元前 177 年。十月丁酉：十月三十日。 ②前日诏：先前之诏，指二年十月遣列侯就国之诏。 ③罢太尉官，属丞相：撤裁太尉官职，部分职权由丞相兼领。这反映了皇帝集中军权，不设置总领军事长官。西汉太尉前后罢置有五次，此为第三次废。景帝时吴楚七国反，临时设太尉官，以周亚夫为太尉，事平官省。武帝初为安排外戚田蚡临时设置，随后罢废不再设置。 ④"淮南王"句：审食其为吕太后宠臣，用事宫中。淮南王刘长母被吕太后逼杀，刘长认为审食其未尽保护之力，故怒而使刺客魏敬杀死审食其。事详《淮南王传》。

五月，匈奴入北地①，居河南为寇②。帝初幸甘泉③。六月，帝曰："汉与匈奴约为昆弟，毋使害边境，所以输遗匈奴甚厚。今右贤王离其国④，将众居河南降地，非常故⑤，往来近塞，捕杀吏卒，驱保塞蛮夷，令不得居其故，陵轹边吏，入盗，甚傲无道⑥，非约也⑦。其发边吏骑八万五千诣高奴⑧，遣丞相颍阴侯灌婴击匈奴。"匈奴去，发中尉材官属卫将军军长安⑨。

【注释】 ①北地：郡名，郡治马领，在今甘肃省庆阳市西北。 ②河南：河套地区。 ③甘泉：秦离宫名，又名林光宫，因建于甘泉山上而名甘泉宫，在今陕西省淳化县境。 ④右贤王：匈奴单于下面的最高爵位，有左右贤王。左贤王居西方，右贤王居东方。离其国：指右贤王离开了他原来的驻牧地。 ⑤非常故：这是不正常的。 ⑥甚傲无道：非常傲慢无礼。 ⑦非约也：不符合双边的条约规定。 ⑧高奴：汉县名，在今陕西省延安市延河东。 ⑨"发中尉"句：把中尉所属的材官拨归卫将军统一指挥，加强京师的防守力量。中尉：掌京师治安。材官：步卒。

辛卯①，帝自甘泉之高奴，因幸太原，见故群臣，皆赐之。举功行赏，诸民里赐牛酒。复晋阳中都民三岁②。留游太原十余日。

【注释】 ①辛卯：六月二十七日。 ②"复晋阳"句：免除边地晋阳和中都两地老百姓三年的租税。晋阳、中都既近边，又是文帝为代王时的先后两个王都，故优抚之。

　　济北王兴居闻帝之代，欲往击胡，乃反，发兵欲袭荥阳①。于是诏罢丞相兵，遣棘蒲侯陈武为大将军，将十万往击之。祁侯贺为将军②，军荥阳。七月辛亥③，帝自太原至长安。乃诏有司曰："济北王背德反上，诖误吏民④，为大逆。济北吏民兵未至先自定，及以军地邑降者，皆赦之，复官爵。与王兴居去来，亦赦之。"八月，破济北军，虏其王。赦济北诸吏民与王反者。

　　【注释】 ①荥阳：秦汉时地处要冲的军事重镇，在今河南省荥阳市东北。　②祁侯贺：姓缯，名贺，封祁侯。　③七月辛亥：汉文帝五年旧历七月二十九日。　④诖（guà）误：连累。

　　六年①，有司言淮南王长废先帝法，不听天子诏，居处毋度②，出入拟于天子③，擅为法令④，与棘蒲侯太子奇谋反，遣人使闽越及匈奴，发其兵，欲以危宗庙社稷。群臣议，皆曰"长当弃市⑤"。帝不忍致法于王，赦其罪，废勿王。群臣请处王蜀严道、邛都⑥，帝许之。长未到处所，行病死，上怜之。后十六年⑦，追尊淮南王长谥为厉王，立其子三人为淮南王、衡山王、庐江王⑧。

　　【注释】 ①六年：汉文帝前元六年，公元前174年。　②居处毋度：生活起居没有节制，逾越汉家制度。毋：无。　③拟：比拟。　④擅为法令：擅自发布未经中央允许的法令。　⑤弃市：腰斩于闹市。　⑥严道、邛都：汉县名。严道即今四川省荥经县，邛都即今四川省西昌市。汉时为蛮荒之地，流放重罪之人的所在。　⑦后十六年：其后到汉文帝前元十六年，即公元前164年。　⑧其子三人：刘长之子三人刘安、刘勃、刘赐，原封为侯，现晋爵为王。刘安为淮南王，刘勃为衡山王，刘赐为庐江王。事详《淮南衡山列传》。

　　十三年夏①，上曰："盖闻天道祸自怨起而福由德兴②。百官之非，宜由朕躬。今秘祝之官移过于下③，以彰吾之不德，朕甚不取。其除之。"

　　【注释】 ①十三年：汉文帝前元十三年，公元前167年。　②福由德兴：幸福从有德中生出。　③秘祝：官名，掌禁内祝祷。

　　五月，齐太仓令淳于公有罪当刑①，诏狱逮徙系长安②。太仓公无男，有女五人。太仓公将行会逮③，骂其女曰："生子不生男，有缓急非有益也！"其少女缇萦自伤泣，乃随其父至长安，上书曰：

"妾父为吏，齐中皆称其廉平，今坐法当刑。妾伤夫死者不可复生，刑者不可复属④，虽复欲改过自新，其道无由也。妾愿没入为官婢，赎父刑罪，使得自新。"书奏天子，天子怜悲其意，乃下诏曰："盖闻有虞氏之时，画衣冠异章服以为僇⑤，而民不犯。何则？至治也。今法有肉刑三⑥，而奸不止，其咎安在？非乃朕德薄而教不明欤？吾甚自愧。故夫驯道不纯而愚民陷焉。《诗》曰⑦：'恺悌君子，民之父母。'今人有过，教未施而刑加焉，或欲改行为善而道毋由也。朕甚怜之。夫刑至断支体，刻肌肤，终身不息⑧，何其楚痛而不德也，岂称为民父母之意哉！其除肉刑。"

【注释】　①齐太仓令：管理齐国王都粮仓的官。淳于公：名淳于意，西汉名医，因隐居为太仓令，被人告发有医术不治病而犯罪。事详《扁鹊仓公列传》。　②诏狱：朝廷直属法庭，处理要案。　③将行会逮：淳于意正要去官府接受审讯之时，恰好下达了逮捕令。　④复属：受刑砍下的肢体不可能再接上去。　⑤"盖闻"二句：听说虞舜时处理犯人，只是让他们穿上画有标记的罪人衣服以代刑，使之感到耻辱从而受到教育。僇：通"辱"，侮辱。　⑥肉刑三：指黥、劓、刖三种肉刑。　⑦"《诗》曰"二句：引自《诗经·大雅·旱麓》。意谓平易近人的长官，是保护人民的父母。　⑧不息：不再生长。

上曰："农，天下之本，务莫大焉。今勤身从事而有租税之赋，是为本末者毋以异，其于劝农之道未备。其除田之租税①。"

【注释】　①其除田之租税：古为十一之税，汉初田税为十五税一，至此汉文帝前元十三年（公元前 167 年）免田租达十三年。景帝二年（公元前 155 年）恢复田租，减为汉初之半为三十税一。

（以上为第三段，写汉文帝举贤良方正以收人才，亲耕籍田以劝农，约法省禁以宽民，十余年后，民殷国富，免收田租。）

十四年冬，匈奴谋入边为寇，攻朝那塞①，杀北地都尉卬②。上乃遣三将军军陇西、北地、上郡③，中尉周舍为卫将军，郎中令张武为车骑将军，军渭北，车千乘，骑卒十万。帝亲自劳军。勒兵申教令④，赐军吏卒。帝欲自将击匈奴，群臣谏，皆不听。皇太后固要帝⑤，帝乃止。于是以东阳侯张相如为大将军，成侯赤为内史⑥，栾布为将军，击匈奴。匈奴遁走。

【注释】　①十四年：汉文帝前元十四年，公元前 166 年。朝那：县名，在今宁夏回族自治区固原市东南。　②都尉：郡都尉，职掌郡军事。印：孙印。　③三将军：将军周灶驻陇西，魏邀驻北地，卢卿驻上郡，见《匈奴列传》。　④勒兵：检阅军队。　⑤固要：坚决制止。　⑥成侯赤：董赤。

　　春，上曰："朕获执牺牲珪币以事上帝宗庙①，十四年于今，历日绵长，以不敏不明而久抚临天下②，朕甚自愧。其广增诸祀墠场珪币③。昔先王远施不求其报，望祀不祈其福④，右贤左戚⑤，先民后己，至明之极也。今吾闻祠官祝釐⑥，皆归福朕躬⑦，不为百姓，朕甚愧之。夫以朕不德，而躬享独美其福，百姓不与焉，是重吾不德。其令祠官致敬，毋有所祈⑧。"

【注释】　①获执：获得祭祀权，指成为皇帝。牺牲：祭祀用的豕、牛、羊。珪：宝玉。币：财物，钱币。　②"以不敏"句：以我这样迟钝不明之人长久为皇帝。　③"广增"句：要增修祭祀坛场并增加祭祀的珪玉和钱物。　④望祀：祭名，遥祭山川。　⑤右贤左戚：祈福要先为贤人后为亲戚。右为上，左为下。　⑥祝釐：祝祷求福。　⑦皆归福朕躬：都只替我皇帝一人求福。　⑧毋有所祈：谓今后祠官祭祀要为臣民求福，不要只替我皇上祈福。观此，汉文帝实圣明之君也。

　　是时北平侯张苍为丞相，方明律历①。鲁人公孙臣上书陈终始传五德事②，言方今土德时③，土德应黄龙现，当改正朔服色制度，天子下其事与丞相议。丞相推以为今水德，始明正十月上黑事，以为其言非是，请罢之。

【注释】　①方明律历：旁通历法。方：通"旁"；方明：即兼通。　②终始传五德：古代解释历史发展的循环理论，认为朝代更替是由于金木水火土五德递相继承，终而复始。详《秦始皇本纪》注。　③方今言土德时：公孙臣认为汉代秦，秦为水德，汉为土德，土胜水。丞相张苍认为汉代周，应为水德。周为火德，水胜火，言汉为水德者不承认秦有水德。

　　十五年，黄龙见成纪①，天子乃复召鲁公孙臣，以为博士，申明土德事。于是上乃下诏曰："有异物之神见于成纪，无害于民，岁以有年②。朕亲郊祀上帝诸神③。礼官议，毋讳以劳朕④。"有司礼官皆曰："古者天子夏躬亲礼祀上帝于郊，故曰郊。"于是天子始幸雍⑤，郊见五帝⑥，以孟夏四月答礼焉⑦。赵人新垣平以望气见⑧，因说上设立渭阳五庙⑨。欲出周鼎⑩，当有玉英现⑪。

【注释】①十五年：汉文帝前元十五年，公元前 165 年。成纪：汉县名，在今甘肃省通渭县东。　②岁以有年：连年丰收。　③郊祀：祭天地之祀，每年在夏至日于南郊举行。　④"礼官议"二句：礼官讨论制定出一个郊祀的成规来，不要怕我疲劳而有所隐讳。礼官：指奉常及所属官。　⑤雍：秦县名，在今陕西省凤翔县南。那里有五帝及百神之庙，汉代帝王常巡幸。　⑥五帝：五天帝，东方苍龙青帝，南方朱雀赤帝，西方白虎白帝，北方玄武黑帝，中央麒麟黄帝。　⑦孟夏：夏季第一月，即四月。答礼：举行祭祀以回答"岁以有年"。　⑧望气：观察天上云气的变化以解释人事的祸福吉凶。　⑨设立渭阳五庙：在渭水北建立五帝庙。　⑩出周鼎：古代传国宝鼎，共九只。周亡，九鼎入秦，但有一只没入泗水中，秦始皇和汉文帝都想打捞出来而未果。　⑪玉英：玉制的花。

十六年①，上亲郊见渭阳五帝庙，亦以夏答礼而尚赤②。

十七年，得玉杯③，刻曰"人主延寿"。于是天子始更为元年④，令天下大酺⑤。其岁，新垣平事觉⑥，夷三族。

【注释】①十六年：汉文帝前元十六年，公元前 164 年。　②尚赤：尊崇红色，即以红色为正色。　③玉杯：此为新垣平暗中使人所献，后被人告发而被灭族。事详《封禅书》。　④更为元年：汉文帝前元十七年，改元为后元元年，公元前 163 年。　⑤大酺：天子宣布恩德，百姓可以欢聚五日饮酒。酺：相聚饮酒。汉律，平日百姓相聚饮酒为违法。　⑥新垣平事觉：指方士新垣平所谓望气、献玉杯等事皆为欺诈被发觉。

后二年①，上曰："朕既不明，不能远德，是以使方外之国或不宁息②。夫四荒之外不安其生③，封畿之内勤劳不处④，二者之咎⑤，皆自于朕之德薄而不能远达也。间者累年⑥，匈奴并暴边境，多杀吏民，边臣兵吏又不能谕吾内志⑦，以重吾不德也。夫久结难连兵，中外之国将何以自宁？今朕夙兴夜寐，勤劳天下，忧苦万民，为之怛惕不安⑧，未尝一日忘于心，故遣使者冠盖相望，结轶于道⑨，以谕朕意于单于。今单于反古之道，计社稷之安，便万民之利，亲与朕俱弃细过，偕之大道⑩，结兄弟之义，以全天下元元之民。和亲已定，始于今年。"

【注释】①后二年：文帝后元二年，即公元前 162 年。　②方外之国：政教达不到的地方，即"外国"，这里主要指匈奴。　③四荒之外：四方边境之外，即方外之国。④封畿之内：封域之内，天子所统的地方，即全中国。　⑤咎：过失。　⑥间者累年：近来连年。　⑦谕吾内志：明了我内心的想法。文帝的心志是和亲，以求边境安宁。　⑧怛惕：惊恐害怕。　⑨"冠盖"二句：使者一批接一批，车辙互相交错。冠：使者帽子。盖：车盖。　⑩偕之大道：共同走上和睦的大道。

后六年冬，匈奴三万人入上郡，三万人入云中①。以中大夫令勉为车骑将军，军飞狐②；故楚相苏意为将军，军勾注③；将军张武屯北地；河内守周亚夫为将军，居细柳④；宗正刘礼为将军，居霸上；祝兹侯军棘门⑤：以备胡。数月，胡人去，亦罢。

【注释】　①后六年：汉文帝后元六年，即公元前158年。云中：汉郡名，郡治云中，在今内蒙古自治区呼和浩特市西南。　②飞狐：地名，在今河北省蔚县。　③勾注：山名，有险关，属五台山系，在今山西省代县。　④细柳：地名，在今陕西省咸阳西。　⑤祝兹侯：即松兹侯徐厉。棘门：地名，在长安北。按：三将军屯边地，即飞狐、句注、北地；三将军屯京师近郊，即细柳、霸上、棘门，建立两道防线。

天下旱，蝗。帝加惠：令诸侯毋入贡，弛山泽①，减诸服御狗马②，损郎吏员③，发仓庾以赈贫民④，民得卖爵⑤。

【注释】　①弛山泽：解除山泽之禁，令民樵采渔猎。弛：放松，指解除禁令。　②减诸服御狗马：裁减宫中服御狗马等奢玩之物。狗马：供赏玩的狗马宠物。　③损郎吏员：精简郎官。汉郎官无定员，经常千余人。　④发仓庾以赈贫民：打开粮仓救济贫民。发：开仓。庾：露天谷仓。振：通"赈"，救济。　⑤民得卖爵：汉律允许民间买卖爵位，可使贫民得钱，富人得爵。

孝文帝从代来，即位二十三年，宫室苑囿狗马服御无所增益，有不便，辄弛以利民。尝欲作露台①，召匠计之，值百金②。上曰："百金中民十家之产，吾奉先帝宫室，常恐羞之，何以台为！"上常衣绨衣③，所幸慎夫人，令衣不得曳地④，帏帐不得文绣，以示敦朴，为天下先。治霸陵皆以瓦器⑤，不得以金银铜锡为饰，不治坟⑥，欲为省，毋烦民。南越王尉佗自立为武帝，然上召贵尉佗兄弟，以德报之，佗遂去帝称臣。与匈奴和亲，匈奴背约入盗，然令边备守，不发兵深入，恶烦苦百姓。吴王诈病不朝，就赐几杖。群臣如袁盎等称说虽切，常假借用之⑦。群臣如张武等受赂遗金钱，觉，上乃发御府金钱赐之，以愧其心，弗下吏。专务以德化民，是以海内殷富，兴于礼义。

【注释】　①露台：赏景的楼台，在西安市临潼区南骊山上。　②值百金：用费需一百万。金：黄金货币单位，一斤为一金，值铜钱一万。　③绨衣：黑色的粗丝衣。　④令衣不得曳地：着短裙以省衣料。古华饰裙装曼长曳地。　⑤霸陵：文帝寿陵，在今陕西省西安市北。　⑥不治坟：因山为冢，不垒坟墓。　⑦"群臣"二句：尽管群臣如袁盎等论说抑制诸侯王很急迫，文帝仍然宽容对待。假借：以他事缓解，即宽容待诸侯。

（以上为第四段，写汉文帝后期，南睦南越，北和匈奴，议封禅改制，节葬轻服等德政。）

　　后七年六月己亥①，帝崩于未央宫。遗诏曰："朕闻盖天下万物之萌生，靡不有死。死者天地之理，物之自然者，奚可甚哀②。当今之时，世咸嘉生而恶死，厚葬以破业，重服以伤生③，吾甚不取。且朕既不德，无以佐百姓；今崩，又使重服久临，以离寒暑之数，哀人之父子，伤长幼之志，损其饮食，绝鬼神之祭祀，以重吾不德也，谓天下何④！朕获保宗庙，以眇眇之身托于天下君王之上，二十有余年矣。赖天地之灵，社稷之福，方内安宁⑤，靡有兵革⑥。朕既不敏，常畏过行，以羞先帝之遗德；维年之久长，惧于不终⑦。今乃幸以天年，得复供养于高庙，朕之不明与嘉之，其奚哀悲之有⑧！其令天下吏民，令到出临三日，皆释服⑨。毋禁娶妇嫁女祠祀饮酒食肉者。自当给丧事服临者，皆无践⑩。绖带无过三寸⑪，毋布车及兵器⑫，毋发民男女哭临宫殿。宫殿中当临者，皆以旦夕各十五举声⑬，礼毕罢⑭。非旦夕临时，禁毋得擅哭。已下，服大红十五日，小红十四日，纤七日，释服⑮。佗不在令中者⑯，皆以此令比率从事⑰。布告天下，使明知朕意。霸陵山川因其故，毋有所改。归夫人以下至少使⑱。"令中尉亚夫为车骑将军，属国悍为将屯将军⑲，郎中令武为复土将军⑳，发近县现卒万六千人㉑，发内史卒万五千人㉒，藏郭穿复土属将军武。

　　乙巳㉓，群臣皆顿首上尊号曰孝文皇帝㉔。

【注释】　①后七年六月己亥：据张培瑜所编《三千五百年历日天象》推算，当为公元前157年阴历六月初一日。　②奚：何，为什么。　③重服以伤生：指厚葬死者导致生者家业破败。重服：厚葬。服：服丧，守丧。伤生：破败生者的家业。　④"今崩"至"谓天下何"九句：现今死后，又令百姓长久服丧痛哭，经历寒来暑往漫长的时日，使百姓父子哀伤，老幼的身心都受到损伤，减少饮食，断绝祭祀鬼神，这只增我的不德，怎么对得起天下百姓呢！重服：长久服丧。临：哭死者为临。　⑤方内安宁：国内外太平。方：外；内：中。方内：犹言中外。　⑥靡有兵革：没有战争。　⑦不终：不得善终。⑧"今乃"四句：现在我竟然得享天年，又能在高祖庙中享受供品，以我之不明而得到这样好的结果，还有什么悲哀的呢！乃：竟然。天年：自然的寿数。　⑨"令到"二句：遗诏到达后，只哭临三日就都卸去丧服，恢复正常生活。　⑩"自当"二句：应当服丧的亲戚子弟们，也都不要光着脚。跣：有两解。孟康曰："跣，跣也。"古代服丧要哀切。跣：即光着脚，表现十分哀切。服虔训"跣"为"翦"，谓不要服斩衰。斩衰服，即穿设有剪缝的粗麻衣，丧期三年。　⑪绖（dié）带：披麻戴孝，头上腰间系的麻制带子。　⑫毋布车及兵器：不要陈列车子和兵器来送葬。　⑬十五举声：哭喊十五声。　⑭礼毕罢：哭丧如仪而止。　⑮"已下"五句：谓已下葬之后，服大功十五天，小功十四天，纤七日，即除去丧服。大红：即大功，如礼应服丧九个月。小红：即小功，应服丧五个月。纤：即"禫"，缌麻衣，应服丧三十六日。古丧礼，亲戚子弟依亲疏远近服不同等级的丧，文帝遗诏从简。⑯佗（tuó）：通"他"，其他。　⑰比率从事：类比照办。　⑱归夫人以下至少使：把以宫中从夫人以下至少使七级嫔妃全部放归回家。皇帝嫔妃夫人以下有美人、良人、八子、七子、长使、少使等七级。　⑲属国悍：典属国徐悍。典属国：即官署名，掌蛮夷归降者。将屯将军：监管各地驻军。皇帝逝世，在易主之际，依例置将屯将军指挥加强各屯兵警戒。⑳武：张武。复土将军：主持葬礼封坟之事。　㉑现卒：服现役的士兵。　㉒内史卒：京师警卫队士兵。　㉓乙巳：六月七日。　㉔顿首：叩头。文：《谥法》之"慈惠爱民曰文。"

　　太子即位于高庙，丁未，袭号曰皇帝。

　　孝景皇帝元年十月①，制诏御史②："盖闻古者祖有功而宗有德③，制礼乐各有由。闻歌者，所以发德也；舞者，所以明功也。高庙酎，奏《武德》《文始》《五行》之舞④。孝惠庙酎，奏《文始》《五行》之舞。孝文皇帝临天下，通关梁，不异远方⑤。除诽谤，去肉刑，赏赐长老，收恤孤独，以育群生。减嗜欲，不受献⑥，不私其利也。罪人不孥⑦，不诛无罪。除宫刑，出美人，重绝人之世⑧。朕既不敏，不能识，此皆上古之所不及，而孝文皇帝亲行之。德厚侔天地⑨，利泽施四海，靡不获福焉。明象乎日月，而庙乐不称，朕甚惧焉⑩。其为孝文皇帝庙为《昭德》之舞⑪，以明休德⑫。然后祖宗之功德著于竹帛⑬，施于万世，永永无穷，朕甚嘉之。其与丞相、列侯、中二千石、礼官具为礼仪奏。"丞相臣嘉等言⑭："陛下永思孝道，立《昭德》之舞以明孝文皇帝之盛德，皆臣嘉等愚所不及。臣谨议：世功莫大于高皇帝，德莫盛于孝文皇帝，高庙宜为帝者太祖之庙，孝文皇帝庙宜为帝者太宗之庙。天子宜世世献祖宗之庙。郡国诸侯宜各为孝文皇帝立太宗之庙。诸侯王列侯使者侍祠天子，岁献祖宗之庙⑮。请著之竹帛，宣布天下。"制曰："可。"

【注释】 ①孝景皇帝元年：公元前156年。 ②制诏御史：皇帝下制书诏令御史。汉承秦制，皇帝发号，"命"为制，"令"为诏。先下到御史大夫再转丞相执行。 ③祖有功而宗有德：创业开国之君在宗庙中称祖，继体治世之君称宗，故刘邦称高祖，文帝称太宗。 ④"高庙酎"二句：祭祀高庙用醇酒，奏《武德》（高祖作）、《文始》（舜舞）、《五行》（周舞）之舞。酎：用于祭祀的醇酒，正月作酒，藏在八月开启使用。 ⑤通关梁，不异远方：使关卡津梁畅通无阻，远近没有差别。文帝十二年（公元前168年）解除关禁，远近交通畅通无阻。 ⑥不受献：不接受臣民郡国的献礼。 ⑦罪人不孥：对罪人不坐罪其妻子。指文帝元年废收孥相坐之法。 ⑧重绝人之世：十分看重使人绝代的事。指文帝放归宫女，使天下光棍汉有妻而不绝代。 ⑨德厚侔天地：文帝的恩德与天高地厚相等。侔：相等。 ⑩"明象乎日月"三句：文帝的光明如同日月一样，而祭文帝的庙乐与之不相配，我十分恐惧。 ⑪《昭德》之舞：景帝参照高庙的《武德舞》而作《昭德舞》。 ⑫休德：美德。 ⑬著于竹帛：载于史册，定为法制。汉时书写用竹简和缣帛，故以竹帛为书的代称。 ⑭嘉：申屠嘉。 ⑮"诸侯王列侯使者"二句：诸侯王及列侯每年岁时派使者到京师献礼，陪侍天子临祭宗庙，称为侍祭。诸侯王及列侯均不得直接祭祀天子祖庙。侍祠：陪祭。

（以上为第五段，写文帝死后，受到景帝和汉廷的真诚礼赞。）

　　太史公曰：孔子言①"必世然后仁。善人之治国百年，亦可以胜残去杀"。诚哉是言！汉兴，至孝文四十有余载②，德至盛也，廪廪乡改正服封禅矣③，谦让未成于今④。呜呼，岂不仁哉！

【注释】 ①孔子言：见《论语·子路篇》第十一、十二两章。必世：整整一代人。三十年为一世。 ②"汉兴"句：孝文帝死于公元前157年，上距汉建国之公元前206年凡49年。 ③"廪廪"句：廪廪，渐近之义，犹言差不多。文帝即位，贾谊上《定制度兴礼乐疏》，请改正朔，易服色，定官名，兴礼乐，封禅改制，色尚黄，数用五。贾谊还亲自草拟了仪法。文帝谦让没有进行，仍守无为政治，休养息民。 ④谦让未成于今：有人认为此句着重在"谦让"二字，表明《文帝本纪》写于元封元年之前，出自司马谈之手。也有人认为此句着重在"于今"二字，带有旁敲侧击，讽刺汉武帝多欲之意，并不表明写于元封之前。其实"于今"二字，感叹汉文帝德至厚，并不表明司马迁反对封禅。

（以上为作者论赞，盛赞汉文帝为仁圣之君。）

讲 析

汉文帝是中国历史上最有名的节俭皇帝，也是政治上最开明的皇帝之一。生活节俭是政治开明的折光反射。节俭的目的是开社会风气之先，上行下效，减少国家开支，减轻农民负担。

秦末战乱，造成社会生产力的极大破坏。西汉建立，百废待兴，全国经济破败，公私之积都非常贫乏。皇帝出行或举行庆典，因没有财力没法用同一颜色的马拉车，公卿将相大臣，许多要乘牛车，老百姓家徒四壁，没有积蓄，缺吃少穿。物价飞涨，一石米要值一万钱。经过高祖、吕后时期的复苏，老百姓吃饭穿衣有了一些改善，但经济恢复仍然没有根本好转。汉文帝从代来，以诸侯入承大统，对百姓生活维艰的情况十分了解。汉文帝从即位的第二年就下诏举贤良，广开言路，废除诽谤罪的刑律，表明了励精图治的决心。

为了调动农民生产的积极性，汉文帝十分注意减轻百姓的负担。他大力提倡以农为本，亲开籍田，多次发布诏令劝课农桑，时时关心人民疾苦。公元前158年，是一个人早年，蝗虫成灾，粮食减产，百姓生活艰难。汉文帝看到这种情况，非常痛心，立即下令诸侯不要进贡，取消了山林川泽的禁令，允许百姓到这些地方去渔猎，同时他还减少皇家支出，裁减朝廷官员，发放仓库的粮食以救济灾民。公元前167年，汉文帝又"除田之租税"。

轻徭薄赋，奖励生产是开源；减少开支，生活节俭是节流。一个社会，一个国家，在重创中复苏，节流与开源同等重要。汉文帝大力提倡节俭，身体力行，从自身做起，从皇宫做起，严于自律，近似苛刻，为史家所称道。国家要修一座"露台"，也就是观星台，相当于现在的气象台，也兼观景之用。经过工匠估算，要花费黄金百斤，相当于中等人家十家的财产。这对于一个大国皇帝，根本不算什么。但汉文帝却说："我现在住在先帝的宫室，还经常害怕对不起先帝，现在为什么要花这么多黄金来建造一座露台呢？"于是他打消了建露台的念头。汉文帝常常穿着粗丝衣服，对后宫妃嫔的要求也很严，从不允许她们有过分的要求，就连他最宠爱的慎夫人，穿的衣服也不许长到拖地，用的帷帐不得用文绣。汉文帝即位二十三年，他的宫室、园囿几乎没有重新装饰；他的马车、服饰和日常御用器具等，也基本上没有增加。他这样做的目的，就是给天下做出表率。

我国古代王朝的皇帝，在他们刚即位时，就开始修建自己的陵墓，不少帝王将陵墓修得富丽堂皇，为的是死后也能过上舒服的生活。而汉文帝让人修建自己的陵墓——霸陵时，规定只许用瓦器，不准用金、银、铜、锡等贵重金属装饰，也不修造高大的坟冢，这样也是为了厉行节约，以免烦扰百姓。

公元前 157 年，汉文帝驾崩。他深恐自己死后的丧事会给百姓增加负担，因此在遗诏中明确指出："我听说天下万物出生后，没有不死的，既然死是天地间的常理，生物的自然法则，那么死亡又有什么可怕的呢？现在一般人死后，都讲究厚葬，但这会导致破产，长期服丧也会损害身体，我极不赞成这种做法。"因此，汉文帝下令天下，从简办丧，只许为他守丧三天。在守丧期间，也不禁止民间的婚嫁祭祀。他甚至对亲戚们服丧的孝带的宽度、宫中哭祭者哭声的次数等都做了具体规定，深恐自己死后再给百姓带来什么烦扰。

汉文帝作为一个富有四海的天子，能够这样勤俭朴实、廉洁自律，且对生死又如此达观，确实可称得上是一位开明仁厚的君主。司马迁称赞汉文帝"专务以德化民"，又说他"德至盛也"，切合实际，并非过誉。所以在汉文帝后期，西汉经济迅速恢复，朝野一心，内外归服，出现了"海内殷富，兴于礼义"的太平盛世。人民没有忧愁，六七十岁的老翁乐游嬉戏，如同小孩子一般。

一个人的力量是有限的，但作为最高统治者，他的一言一行都有着巨大的表率作用。在上位的人做事，如果都能做到"仰畏天命，俯畏人言"，那他眼中必定不会只有"权"和"钱"二字，办事也绝不草率。如果一个君主能做到这一点，那受惠的将是天下苍生了。

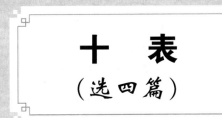

十　表
（选四篇）

【说明】《史记》十表划分历史断限，综述天下大势，表序作集中的理论综合，两者结合构成《史记》全书的纲要，与本纪、世家、列传相发明。精读《史记》十表，是研读《史记》的一把钥匙。本书选讲四篇表序。

十表简介

《史记》十表用表格形式谱列某一时期的史事人物。年表前有一段文字概说，习惯称之为表序。《史记》十表序，每一篇都是简洁的史论。《汉兴以来将相名臣年表》无序，共九序。特别说明，表格中文字太初以后司马迁附记用仿体，将相表征和以后为后人所续，用楷体以别之。

司马贞曰："《礼》有《表记》，而郑玄云'表，明也'。谓事微而不著，须表明也，故言表也。"（《三代世表·索隐》）。赵翼说："《史记》作十表，仿于周之谱牒，与纪传相为出入，凡列侯、将、相、三公、九卿功名表著者，既为立传，此外大臣无功无过者，传之不胜传，而又不容尽没，则予表载之，作史体裁，莫大于是。"（《二十二史札记》卷一）准此，则"表"之义：

1. 表隐微之事，使之鲜明；

2. 扩大纪、传的记事范围；

3. 表与纪、传互为经纬，是联系纪、传的桥梁。

但这仅仅是从组织材料上立论，远远没有揭示出十表的真正价值。尽管赵翼说"作史体裁，莫大于是"，而二十四史中竟有十五史无表，计有《后汉书》《三国志》《晋书》《宋书》《齐书》《梁书》《陈书》《魏书》《北齐书》《周书》《南史》《北史》《隋书》《旧唐书》《旧五代史》。除《旧五代史》外，其余十四史皆刘知幾所见，故他一方面盛赞"表"之功用，"使读者举目可详"（《史通》卷六《杂说上》），同时又有废表之论（《史通》卷三《表历》），刘知幾认为史表既不便阅读，又与纪、传重复，只应单独成书，不宜杂侧纪、传中。然而，刘知幾未能深究《史记》十表之义例，故立论未周。表之为用，在于归类条析，又能容纳大量历史内容，既可资考证，又可借以表明义例，是良史之经络，恰如赵翼所说，"作史体裁，莫大于是"。《史记》十表，用以反映历史发展的线索和阶段性，最具章法义例，是司马迁精心的创作，故每表作序，阐释义例，建立了古代划分历史断限的年代学理论。在《史记》五体序列中，"年表"紧接"本纪"，二体互为表里，均编年记正朔，篇目按年代顺序排列。"本纪"编年以王朝为体系，反映朝代变迁的大势；"年表"编年则以时代的变革划分段落，打破了王朝体系，表现时势的发展。十表明确地划分古代三千年史为三个段落（上古、近古、今世），五个时期。表列如下：

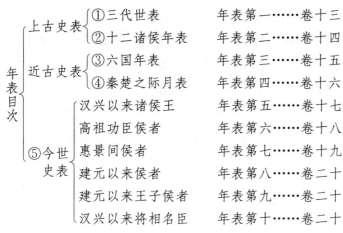

上古史表分为"三代世表"和"十二诸侯年表"两个时期。近古史表分为"六国年表"和"秦楚之际月表"两个时期。今世史表为一个时期。分期义例如下：

①《三代世表》，起黄帝，讫西周共和，表现积德累善得天下的古朴时代。

②《十二诸侯年表》，起共和，讫孔子卒，即公元前841—公元前477年，表现王权衰落的霸政时代。

以上两个时期为上古史。

③《六国年表》，起周元王元年，讫秦二世之灭，即公元前476—公元前207年，表现暴力征伐得天下的战国时代。

④《秦楚之际月表》，起陈涉发难，讫刘邦称帝，即公元前209—公元前202年，详著月表以表现五年之间（前206—前202）天下三嬗的剧烈变革时代。从秦亡至西汉统一是五年，但月表溯及陈涉发难，前后共八年。

以上两个时期是近古史。

⑤汉兴以来诸表，分类条析，表现大一统的今世时代。

前四表每表为一历史时期，分为两个大的历史段落，只作直线略载，表列历史大事的发展线索，是为大事年表。后六表详列今世的事势变迁，以人物为中心分类条析，是为人物年表。大事年表紧密地与本纪相发明，人物年表与列传互补，凡传之不胜传而事实又不容尽没的历史人物，则载于表中。所以表能容纳大量的历史内容，可资考证，并且是联系纪、传的桥梁。至于司马迁在十表中所表现的历史分期，是以社会的伦理变化为标准的，这在十表"序"中阐述得很清楚，这当然是不科学的。但是，司马迁是我国古代第一个具体划分历史发展阶段的历史学家，用以表现历史之"变"，具有作规律性探讨的卓识远见。而且司马迁找出历史的大事变，用共和、孔子卒、秦亡、陈涉起义、刘邦称帝等大事记作为分期断限的临界点，这是十分光辉的思想。明白了司马迁作表的时代断限，是我们研究《史记》的一把钥匙。

司马迁的这一光辉思想也是有继承的。战国时期百家争鸣，各家学说都在探讨治乱的根源，对历史发展的规律作试探。《礼记·礼运篇》记载了孔丘儒家学说的观点，认为尧舜时代为大同之世，三代为小康之世，春秋以来为乱世，历史的发展向着衰败的方向演进，要治天下就得法尧舜，妄图把历史拉回到西周的时期。《韩非子·五蠹篇》记载了法家时移世异的进化论历史观，并有明确的上古、中世、近古、今世的提法。西汉时的"春秋公羊学"大讲《春秋》十二公，并分为所见、所闻、所传闻三阶段。同时又流行五德终始说、三统说等循环论历史观。这些无疑都是司马迁所继承借鉴的历史思想资料。但是，在司马迁以前的百家学说对历史发展规律的探索，仅仅停留在思辨哲学的猜测和囫囵的描绘上，而司马迁却第一次用叙述历史的方法来研究历史的发展规律，作出了明确的断限划分，不能不说是一个伟大的贡献。《春秋》亲近疏远的笔法，在司马迁手里发展为详今略古法后王的历史观，当然这也受到了荀子法后王思想的启迪。但司马迁更进一步认为"居今之世，志古之道，所以自镜也"；而"观所以得尊宠及所以废辱，亦当世得失之林，何必旧闻？"这些在《高祖功臣侯者年表序》中的论述，把总结当世历史提到了首位，这确是独步当时。

又，汉代百年之间，史表专题有六，均按历史发展的自然断限，"咸表始终"，揭示了《史记》的下限。关于《史记》下限，有讫于麟止，即讫于元狩元年之说，有讫于太初说，有讫于天汉说，有讫于武帝之末说。《汉兴以来诸侯王年表》《建元以来王子侯者年表》皆宗室王侯，记事讫太初四年而止，此为《史记》断限"至太初而讫"之铁证。《高祖功臣侯者年表》列一百四十三侯，元狩以后见侯（"见侯"读"现侯"，即存世之侯）四十人，而太初之后仅见侯五人；《惠景间侯者年表》列九十三侯，元狩之后见侯二十四人，太初之后仅见侯三人；若记事讫于麟止，则大批见侯无法表其终始。又《建元以来侯者年表》及《建元以来王子侯者年表》中过半数都是在元狩以后封侯。

如《建元以来侯者年表》列七十三侯，元狩以前封二十三侯，元狩以后封五十侯。若记事讫于麟止，则这两表无法作出。可见记事"至太初而讫"乃是历史发展的自然断限。故十表序反复申说"综其终始""谨其终始""咸表始终"。可以说，司马迁"咸表始终"的这一历史观和方法论是我们研究《史记》断限的一把钥匙。因其"咸表始终"，所以《史记》断限迄太初四年而大事尽武帝之末。至于讫于麟止，当是司马谈发凡起例的原计划，讫于太初乃是司马迁在述史过程中随着时代的演进，不断修改原计划的结果。太初以后记事仅是附载，亦可谓破例。十表序曾反复交代"汉定百年之间"，"至太初百年之间"，这些都是示例作史讫于太初的铁证。总之，十表为司马迁作史精义之所存，表序议论精严，辞约义丰，提示义例，多大义微旨，是"太史公曰"史论的重要组成部分。

史记十表，贯通五体结构，上起黄帝，下讫太初，构建了一个人文的大一统历史观。司马迁所处的时代，是中国封建社会中央集权制确立和巩固的时代。中央集权制度加强了国家的统一，结束了长期的分裂与战乱，是当时最先进的制度。所谓大一统历史观，就是对这一先进制度的赞颂。中国走向大一统，是历史长期发展的必然结果。邹衍的五德终始说，董仲舒演化的"春秋公羊学"，都是应运而生的大一统理论。司马迁继承了前代思想家大一统的理论，用以作为考察历史发展的指导思想，又系统地发展了这一理论，形成了《史记》独具的大一统历史观，对后世产生了深远的影响。《史记》十表构建的断限从黄帝的统一到秦始皇、汉武帝的大一统，象征着历史发展的方向，象征着帝王德业的日益兴盛。中华民族不断壮大，各民族互相融合，远方殊俗日益统一，这就是司马迁大一统历史观的内容，贯穿在《史记》全书中。夏、商、周三代之君，秦汉帝王，春秋以来列国诸侯，四方民族，无不为黄帝子孙，这一民族一统的观念就奠基于《史记》。司马迁的这一伟大思想成为历代以来进行爱国主义传统教育的宝贵历史资料，数千年来激励了无数仁人志士为中华民族的生存、繁荣和进步而斗争。"黄帝子孙"至今仍具有极大的号召力。司马迁大一统历史观的构思，十表内容作了集中的表述，我们可以做一个结构简表，形象地将它表释出来，一目了然。结构简表如次：

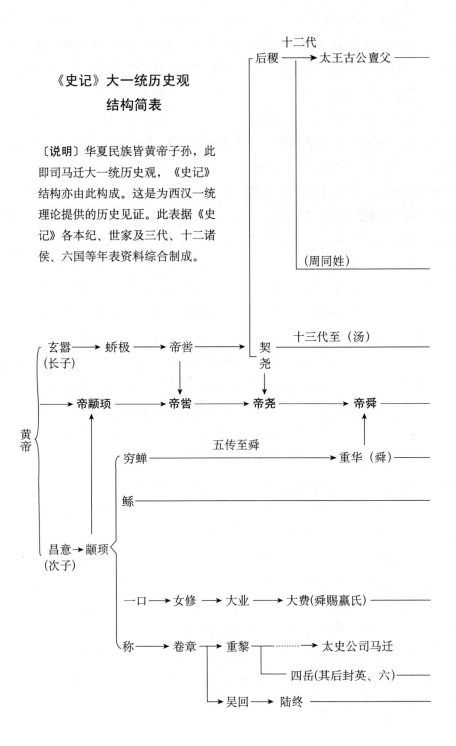

《史记》大一统历史观
结构简表

〔说明〕华夏民族皆黄帝子孙，此即司马迁大一统历史观，《史记》结构亦由此构成。这是为西汉一统理论提供的历史见证。此表据《史记》各本纪、世家及三代、十二诸侯、六国等年表资料综合制成。

十二代
后稷 ——→ 太王古公亶父 ——

（周同姓）

玄嚣（长子）——→ 蛟极 ——→ 帝喾 ——→ 契 十三代至（汤）
尧

黄帝

帝颛顼 ——→ 帝喾 ——→ 帝尧 ——→ 帝舜 ——

穷蝉 —— 五传至舜 —— 重华（舜）——

鲧 ——

昌意 →颛顼（次子）

一口 ——→ 女修 ——→ 大业 ——→ 大费(舜赐嬴氏) ——

称 ——→ 卷章 ——→ 重黎 ┄┄┄→ 太史公司马迁

四岳(其后封英、六) ——

吴回 ——→ 陆终 ——

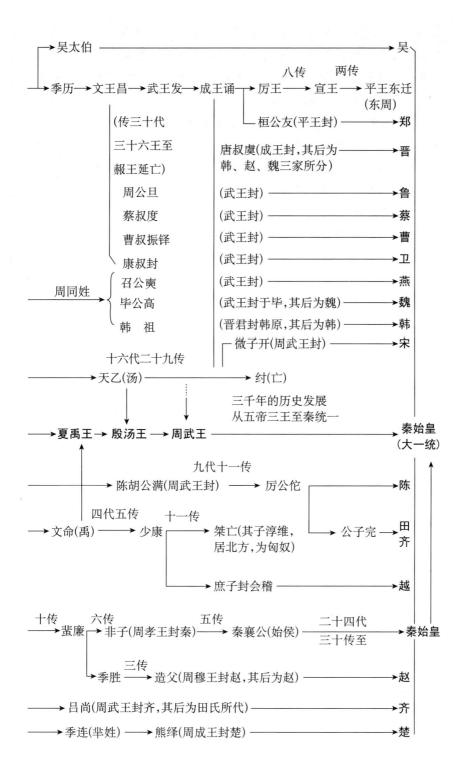

上列"大一统历史观结构简表"，即《史记》内容结构的图解。这一"结构简表"有两个矛盾。五帝三代的承传世系不合理。穷蝉和鲧，皆帝颛顼之子为兄弟，穷蝉五传至舜，而鲧之子文命即夏禹只一传反在舜后，这是不合理的。以《五帝本纪》计年考之，尧在位九十八年，《史记集解》引孔安国云，"尧寿百一十六岁"。舜年五十摄行天子事。年五十八尧崩，守丧三年，然后践帝位三十九年而崩，则死年亦百岁。舜摄政时尧举鲧治水，即尧在位九十年之后举鲧治水，鲧为帝喾之世的人，则治水时一百余岁。何以上古之世，皆百岁老人治事？又周代从后稷至武王传十五代，历尧、舜两帝及夏、商两代一千余年，平均每代约八十年，这也是不合理的。若以殷周世系比较，契与后稷为兄弟，从契至纣历二十九代，从后稷至武王历十五代，相差十四代。总之，帝王世系与历史演进的年代不吻合，这是第一个矛盾。又，《殷本纪》记载简狄吞玄鸟卵生契，《周本纪》记载姜嫄践巨人迹生弃，而《三代世表》却记载"高辛生契，契为殷祖"，"高辛生后稷，为周祖"，即契与后稷为同父兄弟。也就是说，《史记》载三代始祖，一言有父，一言无父，这是第二个矛盾。

关于这两个矛盾，古代学者早已指出，近代以来历史学家用氏族社会理论作出了新的解释，但都未能合理地揭示司马迁的历史观，还需作进一步的探究。

三国时学者谯周作《古史考》，晋代学者皇甫谧作《帝王世纪》，引证了大量当时所见的古代典籍和传说，用以疏解和补正《史记》。这两部书已失传，片断存于三家注中。《帝王世纪》有徐宗元辑本，称《帝王世纪辑存》，1964 年中华书局出版。

关于世系矛盾。谯周说，"契生尧代，舜始举之，必非喾子"（《殷本纪·史记索隐》引）。唐司马贞又指出，"鲧既仕尧，与舜代系殊易，舜既颛顼六代孙，则鲧非是颛顼之子"（《夏本纪·史记索隐》）。司马贞据东汉班固立说。班固云，"《帝系》曰，颛顼五世而生鲧，鲧生禹，虞舜禅（禅）以天下"（《汉书》卷二十一《律历志下》），查《帝系》云："颛顼产穷蝉，穷蝉产敬康，敬康产句芒，句芒产蟜牛，蟜牛产瞽瞍，瞽瞍产重华，是为帝舜。"又云："颛顼产鲧，鲧产文命，是为禹。"此与《史记》相合。《帝系》为《大戴礼记》篇名，有案可稽。且《世本》和《帝王世纪》都说鲧为颛顼之子。可见班固引《帝系》文是他凭己意所改，使舜、禹的世系协调一致。又《周本纪》载周先公世系，从公非至古公亶父为五世：公非、高圉、亚圉、公叔祖类、古公亶父。《史记索隐》引《世本》云九世：公非、辟方、高圉、侯侔、亚圉、云都、太公、组绀、诸鳌。皇甫谧云，公非字辟方，亚围字云都。班固说，"云都，亚围弟"（《汉书·古今人表》）。日泷川资言云："盖《史记》因《国语》之文，而遗此四世，《世纪》又因《史记》之文而强为说，以曲全之者也。《世本》之文，虽亦不能保无漏误，然多此四世，则于事理为近。"（《史记会注考证·周本纪》）依笔者看来，后世学者的聚讼，目的在为《史记》圆场，实际上却大背司马迁之旨。《三代世表·序》云："太史公曰：五帝、三代之记，尚矣。自殷以前诸侯不可得而谱，周以来颇可著。"又说："余读《牒记》，黄帝以来皆有年数。稽其《历谱牒》《终始五德之传》，古文咸不同，乖异。夫子之弗论次其年月，岂虚哉！于是以《五帝系牒》《尚书》集世，纪黄帝以来讫共和为《世表》。"《五帝本纪·赞》云："《百家》言黄帝，其文不雅驯，荐绅先生难言之。"司马迁的这些论述，说明他本人已经深刻地认识到了世系的矛盾，要准确地整理出自黄帝以来的编年历史是不可能的。所以只作一个"三代世表"来反映历史发展的大势。从总的历史大势来看，三代世系时间愈长，世系愈多，因此基本合理。查表：

（1）从黄帝至夏桀之亡，历十八代；

（2）从黄帝至商纣之亡，历三十四代；

（3）从黄帝至周赧之亡，历五十代；

（4）从黄帝至始皇统一，历五十二代。

关于三代始祖是父生还是神生的问题，褚少孙《补三代世表》用问答形式做了释疑。其言曰：

张夫子问褚先生曰："《诗》言契、后稷皆无父而生。今案诸传记咸言有父，父皆黄帝子也，得无与《诗》谬乎？"

褚先生曰："不然。《诗》言契生于卵，后稷人迹者，欲见其有天命精诚之意耳。鬼神不能自成，须人而生，奈何无父而生乎！一言有父，一言无父，信以传信，疑以传疑，故两言之。"

在汉代，今文经学家为神化帝王受命，取神生说。许慎是古文学家，但他在《五经异义》中载齐、鲁、韩三家今文诗以及《春秋公羊》都说，"圣人无父，感天而生"（《毛诗·生民》引）。古文经学家从父权制观念立说，取父生说。《毛诗》《左传》都说"圣人皆有父"。两种说法都依据传说的史影，故褚少孙解释为两传存疑。

郭沫若运用氏族理论，在《中国古代社会研究》中作了新的解释：

黄帝以后的传说，那性质便稍微不同，那儿有一部分是自然发生，有一部分依然是人造。例如五帝和三王祖先的诞生都是感天而生，知有母而不知有父，那便是自然发生的现象。那暗射出一个杂交时代或者群婚时代的影子。又如五帝三王是一家，都是黄帝的子孙，那便完全是人为。那是在中国统一的前后（即嬴秦前后）为消除各种氏族的畛域起见所生出的大一统的要求。

所谓神生，契、后稷、大业等，留下母权制时代的史影。在父权制时代，是有父亲所属的。黄帝完成了父权制时代的统一，结束了部落纷争，所以司马迁有意识地以此为述史的开端，借黄帝来构成自己的大一统历史观。郭沫若说"五帝三王是一家，都是黄帝的子孙，那便完全是人为"，目的是"为消除各种氏族的畛域起见所生出的大一统的要求"，是完全正确的。这一理论通过《史记》的条理完成于司马迁之手。司马迁还把周边民族匈奴、西域、西南夷等都纳入黄帝子孙的范围，用以表达他的民族一统思想，更是难能可贵。北齐魏收作《魏书》亦云："黄帝以土德王，北俗谓土为托，谓后为跋，故以为氏。"（《魏书》卷一《序纪》）附会托跋为黄帝子孙，为胡人入主中原制造正统的舆论。由此可见，司马迁的大一统历史观，在中华民族大融合的历史上起了巨大的进步作用。

十二诸侯年表序

【题解】　《十二诸侯年表》谱列春秋之时的列国事件，共有十四栏，即：周、鲁、齐、晋、秦、楚、宋、卫、陈、蔡、曹、郑、燕、吴。除首栏周为共主之外，实谱十三诸侯。因第二栏鲁象征《春秋》当一王之法，不计在十二数中，故表名《十二诸侯年表》。

　　《十二诸侯年表》与《三代世表》相接，其断限起西周共和元年，讫孔子卒，即公元前841年至公元前476年，共366年。孔子卒于公元前479年，因《十二诸侯年表》用周历纪年，而周敬王卒于公元前476年，故年表下限的绝对年代延伸了三年。而表序云："自共和讫于孔子"，示意年表断限以重大历史事件为临界点，表现了司马迁杰出的历史断限理论。《三代世表》序列周所封十一诸侯为：鲁、齐、晋、秦、楚、宋、卫、陈、蔡、曹、燕。其中鲁、齐、陈、蔡、曹、燕六诸侯，武王所封；晋、楚、宋、卫四诸侯，成王所封；秦为周孝王所封。《十二诸侯年表》增郑、吴两诸侯。郑为周宣王所封，在共和之后，故不序列于《三代世表》中。三十《世家》中有吴、越。吴，仲雍之后，周时为武王所封，而《十二诸侯年表》的纪年起吴王寿梦元年。寿梦始称王。吴列为世家之首，"嘉太伯之让"；而年表纪年则起吴寿梦称王元年以示刺讥。越王勾践，只列世家，年表不载，因非周所封。《十二诸侯年表》摘载春秋时势大事，书诸侯相攻，书篡弑之罪，书淫乱之事，书日食天变，书孔子、晏婴、子产等贤人事迹，皆精言摘要，"不骋其词"。周匡王二年载齐懿公"不得民心"；周景王二十年载郑火，"欲禳之，子产曰：不如修德"；周敬王四年载齐国彗星见，晏子曰："田氏有德于齐可畏。"这些记载就是司马迁"综其终始"所得到的认识，故载于表中。

　　此外，还需说明的是三十《世家》篇目序列与《十二诸侯年表》序列不同，对照如下：

　　周、鲁、齐、晋、秦、楚、宋、卫、陈、蔡、曹、郑、燕、吴——《十

二诸侯年表》序列

吴、齐、鲁、燕、蔡、陈、卫、宋、晋、楚、越、郑——三十《世家》序列

《十二诸侯年表》反映春秋之世的霸政，以诸侯强弱为序列。周列第一栏，尊天下共主；鲁列第二栏，象征以《春秋》当一王之法，故周、鲁、均不在十二之数中。鲁后为齐、晋、秦、楚、宋，即春秋五霸之序列。吴殿后，示意内诸夏而外夷狄之义。这些都是春秋笔法。"世家"按诸侯始祖之周之亲疏关系和开国时功劳大小排列，象征诸侯夹辅周室，所以与"年表"序列不同。司马迁嘉吴太伯之让国，列为第一。

太史公读《春秋历谱牒》①，至周厉王，未尝不废书而叹也②。曰：呜呼，师挚见之矣③！纣为象箸而箕子唏④。周道缺⑤，诗人本之衽席⑥，《关雎》作⑦。仁义陵迟⑧，《鹿鸣》刺焉⑨。及至厉王，以恶闻其过⑩，公卿惧诛而祸作，厉王遂奔于彘⑪，乱自京师始⑫，而共和行政焉⑬。是后或力政⑭，强乘弱⑮，兴师不请天子⑯。然挟王室之义⑰，以讨伐为会盟主，政由五伯⑱，诸侯恣行⑲，淫侈不轨⑳，贼臣篡子滋起矣㉑。齐、晋、秦、楚其在成周微甚㉒，封或百里或五十里。晋阻三河，齐负东海，楚介江淮，秦因雍州之固㉓，四海迭兴㉔，更为伯主，文、武所褒大封，皆威而服焉㉕。是以孔子明王道，干七十余君㉖，莫能用，故西观周室，论史记旧闻，兴于鲁而次《春秋》㉗，上记隐，下至哀之获麟，约其辞文，去其烦重，以制义法㉘，王道备，人事浃㉙。七十子之徒口受其传旨，为有所刺讥褒讳挹损之文辞不可以书见也㉚。鲁君子左丘明惧弟子人人异端，各安其意，失其真，故因孔子史记具论其语，成《左氏春秋》。铎椒为楚威王傅，为王不能尽观"春秋"，采取成败，卒四十章，为《铎氏微》㉛。赵孝成王时，其相虞卿上采"春秋"，下观近势，亦著八篇，为《虞氏春秋》㉜。吕不韦者，秦庄襄王相，亦上观尚古，删拾"春秋"，集六国时事，以为八览、六论、十二纪，为《吕氏春秋》㉝。及如荀卿、孟子、公孙固、韩非之徒，各往往捃摭"春秋"之文以著书㉞，不可胜纪。汉相张苍《历谱五德》㉟，上大夫董仲舒推《春秋》义㊱，颇著文焉。

【注释】 ①《春秋历谱牒》：泛指古代典籍、历谱书。历谱：指记载年历与氏族谱系的文献。 ②废书：把书放在一旁，指离开书。 ③师挚：鲁太师名挚，与孔子同时代人。周道衰微，雅乐失堕，他整理了王室音乐，在鲁国演奏《关雎》，得到孔子的称赞，见《论语·泰伯》第十五章。 ④纣为象箸而箕子唏：纣王骄奢逸乐，箕子见微知著而为之悲叹。象箸：象牙筷子，象征淫逸。箕子：纣王的叔父，他因谏纣不听而佯狂为奴。唏：悲叹声。 ⑤周道缺：周道衰微。 ⑥衽席：卧具，喻夫妇之道。 ⑦《关雎》：《诗·周南》中的第一篇，本是一首民歌爱情诗，东周初年时的作品，后经过文人加工改造成为贵族婚礼上的唱诗。《毛诗序》曲解说是歌颂文王夫妇道德的作品。司马迁根据鲁诗说认为《关雎》《鹿鸣》都是讽刺诗。 ⑧陵迟：衰落，衰败。 ⑨《鹿鸣》：《诗·小雅》中的第一首诗，是贵族宴会宾客时的唱诗。 ⑩恶（wù）：讨厌，不喜欢。 ⑪厉王遂奔于彘：厉王姬胡，西周第十传国君，贪利暴虐，公元前841年被暴动的国人逐出镐京，逃奔于彘。彘：古邑名，在今山西省霍州市东北。 ⑫京师：西周京都镐京。 ⑬共和行政：厉王被京师国人放逐，由周公、召公共同执政十四年，史称"共和行政"。 ⑭力政：凭恃武力征伐。政：读"征"。 ⑮乘：欺凌。 ⑯兴师不请天子：《论语·季氏》第二章，孔子说："天下有道，则礼乐征伐自天子出；天下无道，则礼乐征伐自诸侯出。"周王室衰微，诸侯自专，征伐由己，但仍打着尊王的旗号为诸侯盟主，这就是春秋时期的兼并战争。 ⑰挟（xié）：挟制。此处意为假借，冒充。 ⑱五伯：即春秋五霸。伯：读"霸"。五伯有两说。《孟子·告子》篇赵岐注孟子说谓齐桓公、晋文公、秦穆公、宋襄公、楚庄王为五伯。《荀子·王霸》篇则以齐桓公、晋文公、楚庄王、吴王阖庐、越王勾践为五伯。《史记》并存其说。这里用赵说。《货殖列传》所叙五伯用荀子说。《天官书》兼包二说，谓秦、楚、吴、越皆为伯主。 ⑲恣行：恣意妄为。 ⑳淫侈不轨：淫逸奢侈不遵法度。 ㉑贼臣篡子滋起矣：弑君的臣和弑父自立的儿子一个接一个起来了。滋起：频繁地发生。《太史公自序》说春秋时期有弑君之臣三十六。 ㉒成周：指西周盛世。 ㉓阻、负、介、因：都是具有、凭恃的意思。三河：河东、河内、河南的总称。雍州：古九州之一，指今关陇地区。 ㉔四海迭兴：指齐、晋、秦、楚等国轮番起来成为霸主的意思。迭（dié）：更番、轮流。 ㉕"文、武"二句：指周初文王、武王所封的大国如鲁、卫、燕、蔡等反而被原来微小而后兴起的五霸征服了。 ㉖干七十余君：干即求。孔子周游列国，据《孔子世家》记载，曾到过宋、卫、陈、蔡、齐、楚、晋、曹等十多个国家。"干七十余君"，其中包括所求的一些诸侯大夫在内，但并无七十余君。这里是凭传闻记述，用以形容孔子谋求用世的积极精神，不是指实。 ㉗兴于鲁：从鲁国的历史记载出发。指《春秋》以鲁国史为依据。 ㉘制：制定，引申为寄寓。义法：指《春秋》的褒贬笔法。例如吴楚之君自称王，而《春秋》贬之曰"子"，践土之会实召周天子，而《春秋》讳之曰"天王狩于河阳"。 ㉙王道备，人事浃（jiā）：同"洽"。指《春秋》对王道和人伦的阐述十分完备和周洽。 ㉚褒讳挹损：褒讳与挹损是对待词组成的偏义复词，偏重讳、损之义，指《春秋》以隐讳、刺讥为重点，表扬、增饰为辅。挹："益"之借字。 ㉛《铎氏微》：《汉书·艺文志》的春秋类有《铎氏微》三篇，楚太傅铎椒著。这是一本删取各种史书论述历史变迁、朝代兴亡的一部简编史书，今已不存。 ㉜《虞氏春秋》：《汉书·艺文志》的儒家类有《虞氏春秋》十五篇，虞卿著。《平原君虞卿列传》说虞卿"上采春秋，下观近世，曰《节义》《称号》《揣摩》《政谋》凡八篇，以刺讥国家得失，世传之曰《虞氏春秋》。"篇目差异，可能是刘向校书时多分出了七篇。其书已佚不可考。清冯国翰《玉函山房辑佚书》子编儒家类有《虞氏春秋》一卷。 ㉝《吕氏春秋》：秦始皇相吕不韦招揽门客所著，又名《吕览》，《汉书·艺文志》录入杂家类。 ㉞捃摭"春秋"之文以著书：从历史典籍中采录资料以著书。捃摭（jùnzhí）：收集，摘取。春秋：泛指典籍。 ㉟张苍《历谱五德》：张苍著《终始五德传》，事详《张丞相列传》。 ㊱董仲舒推《春秋》义：推即推演，发挥。推《春秋》之义，即是发挥"春秋"义理的书。《索隐》认为是指董仲舒的《春秋繁露》。按："春秋"本为古代典籍泛称。本文只有三处以"春秋"作为孔子书之专名，即这里的"推《春秋》之义"和前面"兴于鲁而次《春秋》，"以及下文的"表见《春秋》《国语》"三处。凡称专书的"春秋"必冠以他名，如《虞氏春秋》《吕氏春秋》。故本文将泛指典籍的"春秋"用引号而不用书名号以示区别。

太史公曰：儒者断其义①，驰说者骋其辞②，不务综其终始③；历人取其年月④，数家隆于神运⑤，《谱牒》独记世谥，其辞略，欲一观诸要难。于是谱十二诸侯，自共和讫孔子，表现《春秋》《国语》学者所讥盛衰大旨著于篇，为成学治古文者要删焉⑥。

【注释】 ①儒者断其义：指儒家经传偏重阐明义理，对历史事实记述很少，不能叫历史书。 ②驰说者骋其辞：指纵横家、杂家的著述，这里就是指《铎氏微》《虞氏春秋》《吕氏春秋》等，虽谈说博辩，但没有系统地阐述史实。骋其辞：肆无忌惮地夸大或形容，乃至于虚妄。 ③不务综其终始：概指儒、纵横、杂家之书不探索历史的兴亡本末。"综其终始"，是司马迁的重要历史观和方法论之一。 ④历人取其年月：指历谱家的著述只记录些流水账式的年月，缺少史实。 ⑤数家隆于神运：指阴阳家的著述空谈历史是天命循环，如张苍的《终始五德传》之类。隆：丰厚之意，引申为偏重。神运：指以天人感应和五行学说对历史事实所作的神秘解说。 ⑥"表现《春秋》《国语》"句：这里是说《十二诸侯年表》的内容是将《春秋》《国语》所述史实，作一综其终始的轮廓介绍，以便观览。要删：删取其要。

讲 析

《十二诸侯年表序》分为两段。第一段写孔子作《春秋》的历史背景及其影响。西周自厉、幽以后，王道衰微，仁义陵迟，诸侯力征，五伯更兴，贼臣篡子滋起，于是孔子作《春秋》，借鲁史以制义法，当一王之法。嗣后从战国至秦汉，著作者蜂起，典籍如林，有《左氏春秋》，有《铎氏微》，有《虞氏春秋》，有诸子百家之作，有张苍《历谱五德》，有董仲舒《春秋繁露》等。这些著作都是因世乱而作，论兴衰成败以拨乱反正。第二段，总结前代历史典籍的得失，阐明《史记》效《春秋》的述史目的。《十二诸侯年表》用系统的历史资料来表现《春秋》《国语》所论评的春秋历史时期的盛衰要点，为的是"欲睹周世相先后之意"，故列表详载历史资料以究其盛衰本末，察其变化终始，明其因果规律，可以说这就是司马迁最基本的历史研究方法。这一方法司马迁称之为"综其终始"，并在其他几个年表序中反复论及，或称"察其终始"（《六国年表序》），或称"谨其终始"（《高祖功臣侯者年表序》），或称"咸表始终"（《惠景间侯者年表序》）。唯有"综其终始""通古今之变"并"稽其成败兴坏之理"，才是一个真正的历史学家。《史记》之所以体大思精，因它具有系统的史学理论统贯其中。十表序既是司马迁史学理论的集中阐述，同时也仅仅是示例而已，故言简义深，意在言外。读十表序要推广开去，与全书内容联系，《十二诸侯年表序》就是一篇生动的例证。

六国年表序

【题解】 《六国年表》表名"六国"，实谱八国。第一栏周，尊天下共主。第二栏秦，列于六国之前，日食灾异载于秦表而不载于周表，其义即以秦系天下之存亡，褒美秦统一之业。因此周、秦均不在"六国"数中，故表名"六国年表"。小国附属于宗主国。蜀与义渠附于秦表，因两国为秦所并。同理，郑附于韩表；代、中山附于赵表；鲁、蔡、杞、吴、越附于楚表；晋、卫附于魏表。

《六国年表》断限，上接《十二诸侯年表》之后，起周元王元年，下迄二世之灭，凡二百七十年。表序又从秦始封诸侯讲起，完整地勾勒了秦朝一代兴亡的历史线索，突出地表现了秦统一中国的历史地位。

太史公读《秦记》①，至犬戎败幽王，周东徙洛邑，秦襄公始封为诸侯②，作西畤用事上帝③，僭端见矣④。《礼》曰："天子祭天地，诸侯祭其域内名山大川。"⑤今秦杂戎、翟之俗⑥，先暴戾，后仁义⑦，位在藩臣而胪于郊祀⑧，君子惧焉。及文公逾陇⑨，攘夷狄，尊陈宝⑩，营岐雍之间⑪，而穆公修政⑫，东竟至河⑬，则与齐桓、晋文中国侯伯侔矣。是后陪臣执政⑭，大夫世禄⑮，六卿擅晋权，征伐会盟，威重于诸侯。及田常杀简公而相齐国，诸侯晏然弗讨⑯，海内争于战功矣。三国终之卒分晋，田和亦灭齐而有之⑰，六国之盛自此始。务在强兵并敌，谋诈用而从横短长之说起⑱。矫称蜂出⑲，誓盟不信，虽置质剖符犹不能约束也⑳。秦始小国僻远，诸夏宾之㉑，比于戎翟，至献公之后常雄诸侯㉒。论秦之德义不如鲁卫之暴戾者，量秦之兵不如三晋之强也，然卒并天下，非必险固便形势利也，盖若天所助焉。

【注释】 ①秦记：系秦国一部很简略的史书。《史记索隐》谓，此秦国之史记。 ②襄公：秦之兴始于襄公，公元前777年至公元前766年在位。因护送平王东迁而封为诸侯。平王命令襄公收犬戎所占之关中即为秦之封地。 ③西畤（zhì）：秦襄公在西垂建置的祭祀白帝的神祠。畤：止也，神灵所栖止之处所，畤建于西垂邑故名西畤。汉置西县，故城在今甘肃省天水市西南一百公里处盐关堡东南的西汉水南岸。 ④僭端见矣：越礼称王的苗头出现了。白帝是五天帝之一，秦襄公祭白帝表示直接继承了天命，为称王做准备，所以说"僭端见矣"。僭：超越本分。端：苗头。 ⑤"《礼》曰"二句：见《礼记·曲礼》，原文是"天子祭天地，祭四方，祭山川；诸侯方祀，祭山川。" ⑥杂戎、翟之俗：吸收戎、翟民族的习俗。杂：糅合，吸收，混杂。 ⑦先：尊崇，放在第一位。后：轻视，放在末后。 ⑧胪于郊祀：陈列祭天的礼仪。 ⑨文公：公元前765年至公元前716年在位。陇：指陇山，又称陇坂、陇坻、陇首。陇山绵亘在陕西省陇县、宝鸡市以及甘肃省的清水县、秦安县一带。 ⑩尊陈宝：陈宝是神雉名。秦文公在陈仓北坂，即宝鸡山北坡建置宝鸡神祠，制造神话说，有一只神雉化成了宝石，秦得宝石当为帝王。宝鸡地名由此而得。 ⑪岐雍：岐即岐山，在陕西凤翔县东。雍即雍山，在凤翔县西。 ⑫穆公：春秋五霸之一，公元前659至公元前621年在位。 ⑬竟：读"境"。 ⑭陪臣：重臣。诸侯之人大，对天子自称陪臣，即臣之臣。 ⑮世禄：世代继承享受俸禄。 ⑯晏然：安然。 ⑰田和亦灭齐：田和为田常曾孙，公元前386年始为诸侯，公元前379年灭齐。 ⑱"谋诈"句：这句是说战国时，列国间钩心斗角，用奇谋诈骗取胜，从而产生了纵横家。史称纵横家之说为长短说，西汉刘向校书时汇编成《战国策》。 ⑲矫称蜂出：假传命令的事件层出不穷。如信陵君窃符救赵，就是假传王命夺了晋鄙军。 ⑳置质剖符犹不能约束：这句是说战国之世，尽管诸侯之间置质、君臣之间剖符，都不起约束作用。质：抵押。两国间结约，常交换太子或大臣到对方以示信守叫置质。被质的太子叫质子，被质的大臣叫质臣。 ㉑宾：同"摈"，排斥。 ㉒献公：公元前384年至公元前362年在位。

或曰"东方物所始生，西方物之成熟"①。夫作事者必于东南，收功实者常于西北。故禹兴于西羌②，汤起于亳③，周之王也以丰、镐伐殷，秦之帝用雍州兴，汉之兴自蜀汉。

【注释】 ①"或曰"二句：按五行理论，木火金水土五行应东南西北中五方，并与春夏秋冬闰相配合。因东与春相配，西与秋相配，所以说"东方物所始生，西方物之成熟"，用以解释秦汉兴起于西方。这是从历史现象中绎出的唯心主义历史观。 ②禹兴于西羌：古史中的一种传说。《夏本纪·正义》引《帝王纪》谓禹"本西夷人也"。扬雄《蜀王本纪》云："禹本汶山郡广柔县人也，生于石纽。"汶山郡，汉武帝置，郡治汶江，在今四川省茂县西北，本冉駹（máng）族地。冉駹族以氏羌为主。 ③汤起于亳（bò）：亳有四地，一在关中，三在河南。河南省商丘市东南之南亳，西北之北亳，河南省偃师县西之西亳是河南三亳。关中亳亭在今陕西省西安市东南。舜封契于商。《殷本纪》三家注谓为上洛之商，即今陕西省商洛市。可见这里是以关中之亳为汤兴之地。

　　秦既得意①，烧天下《诗》《书》，诸侯"史记"尤甚，为其有所刺讥也。《诗》《书》所以复见者，多藏人家，而"史记"独藏周室，以故灭。惜哉，惜哉！独有《秦记》，又不载日月，其文略不具。然战国之权变亦有可颇采者，何必上古。秦取天下多暴，然世异变，成功大②。传曰"法后王"③，何也？以其近已而俗变相类，议卑而易行也④。学者牵于所闻⑤，见秦在帝位日浅，不察其终始，因举而笑之，不敢道，此与以耳食无异⑥。悲夫！

　　【注释】　①秦既得意：指秦得遂统一之志。《秦始皇本纪》载，始皇二十八年东巡，上琅邪山刻石颂功，"明得意"。　②世异变，成功大：指秦顺应事变，获得成功。其语化自《韩非子·五蠹》，原文是："时异则事异，事异则备变。"　③传曰法后王：传指《荀子·儒效篇》："法后王，一制度。"又《非相篇》："欲观圣王之迹，则于其粲然者，后王是也。"孔孟主张宪章尧舜，而荀子主张法后代贤王是一大进步。但荀子主张的"法后王"又有所保留，只是法三代。《王制篇》说："王者之制，道不过三代，法不贰后王，道过三代谓之荡，法贰后王谓之不雅。"司马迁引此是强调重视近现代史，要对秦朝做正确的评价。　④议卑而易行：议论平易浅近容易遵行。　⑤学者牵于所闻：学者，主要是指那些高谈法先王、循仁义的儒生博士们，局限在自己的旧说里跳不出来。牵：局限。　⑥耳食：用耳朵吃饭（听食）不知味，喻不切合实际。

　　余于是因《秦记》，踵《春秋》之后①，起周元王②，表六国时事，讫二世③，凡二百七十年④，著诸所闻兴坏之端⑤。后有君子，以览观焉。

　　【注释】　①踵《春秋》之后：接续在孔子所著的《春秋》之后，即接《十二诸侯年表》之后，因该表是表现《春秋》的。踵：脚后跟，引申为跟着、接续之意。　②周元王：名姬仁，公元前475至公元前469年在位。　③讫二世：指《六国年表》下限不止于秦统一的公元前221年，而讫于秦二世之亡的公元前207年，正是司马迁"综其终始"历史观的反映，以表现其凭恃暴力不能守国的观点。　④凡二百七十年：此举成数。公元前475年至公元前207年，实际为二百六十九年。　⑤兴坏之端：成功与失败的头绪，即兴亡经过及其原因。

讲　析

　　司马迁以读《秦记》发论，指出"秦始小国僻远，诸夏宾之，比于戎翟"，"论秦之德义不如鲁卫之暴戾者；量秦之兵不如三晋之强也"。但是，天下一统归于秦国，这是什么原因呢？"然卒并天下，非必险固便形势利也，盖若天所助焉。"秦据关中，居高临下与六国争衡，进可攻，退可守，这是秦取得胜利的原因之一。但司马迁认为，地利形势并不是秦并天下的主要原因，所以说"非必"也。秦国是依靠暴力手段统一天下的，这与三代之君积德累善得天下完全迥异。秦取天下多暴而能得所欲，好像是天要这样做似的，所以说"盖若天所助焉"。

"天"在古人头脑中是一个既神秘而又复杂的哲学概念，没有人能够确切地把它说清楚。《史记》中的"天"，也有多种意义。单就《天官书》所论就有三种含义：一、指自然之天，如"日月星辰""三光""五气"之"天变"；二、指命运之天，即运数周期，如"三十岁一小变，百年中变，五百载大变"；三、指意志之天，如天人感应之"形见应随"。司马迁对意志之天既相信，又怀疑，既不完全肯定，也不完全否定。"或曰"云云的一种观点就是宣扬天命，司马迁予以引录备载以存其说。但这并不是司马迁谈"天"的主流。《殷本纪》批评纣王依恃"天命"而亡国，《项羽本纪》批评项羽引"天亡我"为"谬"，《伯夷列传》质问惩恶佑善之天道为虚无等则是司马迁不信天命的例证。

秦得天之助，司马迁反复言之。《魏世家》赞云："天方令秦平海内，其业未成，魏虽得阿衡之佐，曷益乎？"这里的"天"与"盖若天所助焉"之"天"为同一含义，是指天下形势之变，非个人之力所能够挽回。秦国虽非"德义"之邦，但东方各国礼坏乐崩，兼并征伐不已，秦国却在献公之后"常雄诸侯"，东方贤人竞奔走于秦。战国之世，司马迁写了二十一传，秦国人物九传，差不多占了一半，而多数贤才非秦所产，岂非是天之所助？可见秦灭六国是一种必然的趋势，即历史之变的事势，它是一种客观存在的运动力量。这种力量是长期历史的积累所形成的物质的和人为的力量总和。司马迁不可能具有这样的科学认识，故用一"天"字来说明，使其带有神秘色彩。

读《六国年表序》当与《秦本纪》《秦始皇本纪》以及秦国人物传记并读，也可以说这篇表序就是秦国传纪的一个总论。汉代学者拘于耳食之见，诋毁秦朝是"余朝闰位"，说汉朝是"上继周统"，这都是违反历史事势之变的狂惑之言。司马迁反对暴政，批判了秦朝的焚书坑儒和严刑酷法，但对秦朝"法后王"，革新政治而富强，终于一统天下的历史功绩作了高度的评价和肯定，颇具辩证的目光。司马迁认识到，在"强国相王""务在强兵并敌"的形势下，"秦取天下多暴"是必然的事势。司马迁的这一认识，在当时既是卓绝的，也是进步的。

秦楚之际月表序

【题解】 《秦楚之际月表》，起陈涉发难，迄刘邦称帝，即公元前209至公元前202年，共八年。《太史公自序》云："八年之间，天下三嬗，事繁变众，故详著《秦楚之际月表》第四。"表序云"五年之间，号令三嬗"，系指从秦亡至西汉统一是五年。表序重点讲楚汉相争，所以说"五年之间，号令三嬗"。三嬗，指陈涉、项羽、刘邦相继称王，政权由秦嬗楚陈涉，再由涉嬗项羽，三由项羽嬗刘邦。

《秦楚之际月表》由两部分组成。第一部分为秦表，表陈涉发难，六国纷起，以接《六国年表》，秦表九栏，秦、楚、项、赵、齐、汉、燕、魏、韩，即六国加秦、项、汉三栏，共九栏。第二部分为楚表，表项羽分封十八王及楚汉相争，十八王加义帝、项羽两栏，共二十栏。秦表以秦二世纪年，楚表以义帝纪年，示为天下共主。义帝死，第一栏留空，因项羽只号霸王，未称帝。但"政由羽出"，故于项王表中云："西楚主伯，项籍始，为天下主命，立十八王。"汉王五年刘邦称帝，但不升为第一栏，仍载汉王表，故表名"秦楚之际月表"，名实相符。

秦楚之际，事繁变众，扰攘僭篡，运数又促，故创月表。如陈涉称王六月而死；武臣王赵，四月而亡；魏咎、田儋十月而终，皆不及一年。项梁起兵十三月而败亡，项羽继业，另起纪月。由此可见，创为月表，形势使然。秦表起陈涉，迄项羽入关，凡三年，只纪月，不纪年。楚表起项羽分封十八王，迄刘邦称帝，凡五年，纪年又纪月。在楚表中项羽及十七王纪年皆不书"元年"及"正月"。刘邦入关即书"汉元年"以承秦之灭，又书"正月"且早诸王一月以接秦王子婴之死，这是寓意汉承正统，故序云："此乃传之所谓大圣乎？"但全表结构创为"秦楚之际"而不名"秦汉之际"，乃是突出陈涉、项羽灭秦功绩。《史记》十表，纪实正名，义例严密，首推此表。

表序追溯三代以来天下一统的艰难历程，分析秦楚之际"号令三嬗"的原因，得出"乡秦之禁，适足以资贤者"的结论，具有独到的见解。

太史公读秦楚之际①，曰：初作难②，发于陈涉；虐戾灭秦③，自项氏；拨乱诛暴，平定海内，卒践帝祚④，成于汉家⑤。五年之间，号令三嬗⑥，自生民以来，未始有受命若斯之亟也⑦。

【注释】 ①秦楚之际：秦汉变革之间。从陈涉起义到项羽之灭，即公元前209年至公元前202年之间，陈胜称楚王，项羽称西楚霸王。陈、项灭秦，号令天下，所以司马迁称这一时期为秦楚之际，而不称秦汉之际，目的是表彰陈涉、项羽灭秦功绩。 ②初作难：指陈涉最先发动农民起义。作难：即首倡。 ③虐戾灭秦：指项羽用残暴手段灭掉秦国。虐戾：即残暴，凶狠。指项羽抗秦降卒，屠城，杀子婴，烧秦宫室等举动。 ④践：登。帝祚：帝位。 ⑤成于汉家：建立汉朝。 ⑥嬗：更换。 ⑦受命：接受帝王的天命。亟：急剧，快速。

昔虞、夏之兴，积善累功数十年，德洽百姓①，摄行政事②，考之于天，然后在位。汤、武之王，乃由契、后稷修仁行义十余世③，不期而会孟津八百诸侯④，犹以为未可，其后乃放弑⑤。秦起襄公，章于文、穆⑥，献、孝之后，稍以蚕食六国⑦，百有余载，至始皇乃能并冠带之伦⑧。以德若彼⑨，用力如此⑩，盖一统若斯之难也。

【注释】 ①"虞、夏之兴"三句：《五帝本纪》说舜试职二十年，然后受尧禅位；禹试职十七年，然后受舜禅位。舜、禹在试职期间尽心办事，得到了人民的拥戴，因而获得了天命。洽：润露，恩泽施及的意思。 ②摄：代理。 ③"汤、武之王"二句：商的祖先契佐禹治水，功业著于百姓，传十三世至汤灭了夏朝而有天下。周的祖先后稷为帝尧农师，天下得其利，传十五世到了周武王，才灭殷纣而有天下。 ④孟津：黄河古渡口，在今河南省孟州市南部，传说此地为武王会盟诸侯处。 ⑤放弑：指汤放桀，武王伐纣事。 ⑥章：即"彰"，显扬。此指秦国势力的重大发展。 ⑦稍：逐渐。 ⑧并冠带之伦：指统一六国。冠：帽子；带：腰带。系官吏与士大夫的装束。冠带之伦指东方六国华夏民族，与披发左祖的四方夷狄民族相对称。 ⑨若彼：指像虞、夏、汤、武那样。 ⑩如此：指像秦国这样。

秦既称帝，患兵革不休，以有诸侯也，于是无尺土之封①，堕坏名城②，销锋镝③，鉏豪桀④，维万世之安。然王迹之兴，起于闾巷⑤，合从讨伐，轶于三代⑥，向秦之禁，适足以资贤者为驱除难耳⑦。故愤发其所为天下雄，安在无土不王⑧。此乃传之所谓大圣乎？岂非天哉，岂非天哉⑨！非大圣孰能当此受命而帝者乎？⑩

【注释】 ①无尺土之封：指秦实行郡县制，不实行分封。 ②堕：通"隳"（huī），毁坏。 ③镝：箭头。 ④锄（chú）豪杰：铲除豪强。秦始皇为了巩固中央集权，迁移东方六国贵族十二万户于咸阳，"锄豪杰"指此。锄：古"锄"字。 ⑤闾巷：闾阎街巷，这里指民间。陈胜、项羽、刘邦均起自民间。 ⑥轶（yì）于三代：指秦末农民起义推翻暴秦的统治，其威力之大，收功之速超过了三代。轶：本义为后车超越前车，这里引申为超越、超过。 ⑦"向秦之禁，适足以资贤者"句：原来秦朝的苛法禁忌成了贤者的凭借。向：原来，从前。贤者：指刘邦。 ⑧无土不王：土指封地。汉代兴起，正是中国由"无土不王"走向"无土亦王"的历史变化时期。 ⑨岂非天哉：这难道不是天意吗？综合表序全篇内容，司马迁所言之天为事势，即形势，历史潮流，正由于秦楚之际的事势变化，秦朝的种种做法替刘邦扫清了道路。但司马迁还不能透彻了解"无土亦王"的现实，也给天命留下了空间，表现了司马迁的迷茫。 ⑩大圣：《史记索隐》谓高祖起布衣，终于得传大位，所以称为"大圣"。

讲 析

《秦楚之际月表序》概述了秦汉之际政治形势剧变的特点：即陈涉发难，项羽灭秦，刘邦称帝，这一系列变化发生在一个短促的时间里，也就是"五年之间，号令三嬗"，故司马迁创"月表"来详载这一时期的事势剧变。其所以称为"月表"，《史记索隐》引张晏曰："时天下未定，参错变易，不可以年记，故列其月。"司马贞按曰："秦楚之际，扰攘僭篡，运数又促，故以月纪事名表也。"如陈涉称王六月而死，武臣王赵四月而亡，魏咎、田儋十月而终，皆不及一年。项梁起兵十三月而败亡，项羽继业，另起纪月。由此看来，创"月表"记事，形势使然。

表序追溯三代以来天下一统的艰难历程，分析刘邦得天下的原因是由于秦政暴虐，替兴起于民间的天子开辟了道路。《序》中司马迁强调了民心向背和客观形势对历史进程的决定性作用，具有独到的见解。司马迁正是从民心向背的立场出发来载述陈、项、刘之兴起，有着明显的抑此扬彼的思想倾向。"初作难，发于陈涉"，肯定了陈涉的反暴作难。"虐戾灭秦，自项氏"，虽然肯定了项羽的灭秦之功，但其手段"虐戾"，违反历史事势，败亡是必然的。"拨乱诛暴，平定海内，卒践帝祚，成于汉家"，显然是对刘邦的肯定。"拨乱"是扫灭群雄，而"诛暴"则是指灭项羽。《太史公自序》云："子羽暴虐，汉行功德；愤发蜀汉，还定三秦；诛籍业帝，天下惟宁，改制易俗。作《高祖本纪》第八。"这里的抑扬之情不容有歧义。故"愤发其所为天下雄"，是指刘邦除暴安民的一系列措施。项、刘两纪有着鲜明的对比记载。刘邦西进咸阳，"诸所过毋得掠卤，秦人喜，秦军解"。入关后，封府库，约法三章，秦人大喜，"唯恐沛公不为秦王"。这说明刘邦深得民心。相反，项羽西进，"夜击坑秦卒二十余万人新安城南"。入关后，"屠咸阳，杀秦降王子婴，烧秦宫室，火三月不灭"。项羽大失民心，众叛亲离。故韩信亡楚归汉，论项羽必败。其言曰："项王所过无不残灭者，天下多怨，百姓不亲附，特劫于威强耳。名虽为霸，实失天下心，故曰其强易弱。"事势一步步按着韩信的预言演进，楚亡汉兴。民心向背起了决定性的作用。司马迁赞刘邦诛暴而成帝业与赞陈涉、项羽之反暴秦的立场、观点是一致的，即肯定人民的反暴斗争，大声赞美革命行动。所谓"革命"，即革膺天命，有道伐无道。秦楚之际的"三嬗"，乃有道胜无道，刘邦理应得到赞颂，称为"大圣"当之无愧。

但是，刘邦取得天下，既非积"德"，亦非用"力"，五年之间，卒践帝祚，司马迁还不能作出科学的解释。以今天的唯物主义观点来看，秦楚之际阶级斗争的急剧变化，突破了积"德"与用"力"的固有格局，创造了布衣登基的奇迹，使得刘邦这样一个泗上亭长扮演了英雄的角色。司马迁对"无土而王"的现象用一个"天"字作结，保留了天命论的地盘，这是不必讳言的。但表序的基调却是惊奇感叹秦楚之际历史事势变化之剧烈，肯定刘邦的统一之功，应该说这是不凡的识见。

表序只有二百八十七字，而内涵义理却极为深厚。司马迁没有抽象地发议论，而是在序事之中引人深思，把所论之理，寓于言外，使读者深思而自得之，十分精妙。行文曲折，层层说理，正反相映，对比强烈。秦楚之际天下三嬗之"易"，与古代王迹兴起之"难"，一正一反，构成历史纵向的强烈对照，提出悬案，启人思索。秦之失与汉之得，项羽之暴与刘邦之仁，一反一正，构成历史横向的强烈对照，以毋庸置疑之问作结，首尾呼应，回答悬案，言尽而意不穷。表序的构思之妙，乃是司马迁历史纵横比较研究方法的生动运用，在比较之中易于阐明义理。用古今得天下难易做对比，并不是说刘邦得天下轻而易举，恰恰是以古之难衬映刘邦取天下之不易。因"天下三嬗"表象是"易"，实质是历史事势变化之"剧"，反映斗争之"酷"，秦朝"驱除"于前，项氏"虐戾"于后，才有刘汉"愤发"之得以成功。虞、夏、商、周积德而有天下，秦朝用力而成帝业，或积善累功"数十年"，或修仁行义"十余世"，或蚕食兼并"百有余载"，说明一统天下十分不容易。

高祖功臣侯者年表序

【题解】 跟随刘邦打天下的功臣有一百四十三人封侯,《高祖功臣侯者年表》就是记载这些功臣侯国世系的。从汉初至太初百年之间,有一百三十七侯都犯法殒身或无后亡国,太初以后只剩五侯,这是当代历史中的一件大事。上古诸侯传代数千年,今世诸侯却如此短促! 这是怎么一回事呢? 司马迁究其原因,一方面是汉家德薄,法网日益严密;另一方面是诸侯子孙骄奢淫逸,触犯刑律造成的。属于前者的如坐酎金失侯,为太常牺牲不如令失侯,为太常酒酸失侯,不偿人债过六月失侯,坐出国界失侯,坐买塞外禁物失侯,坐入上林谋盗鹿失侯,坐卖宅县官故贵失侯,坐葬过律失侯等,皆罪之轻者,表而出之,讥汉家德薄。属于犯重法者,如坐略人妻、坐杀人、坐祝诅、坐奸淫、坐大不敬、坐谋反等,总之不守刑律胡为者,列表记载,供人自镜。表序则从理论上总结西汉开国功臣侯及其子孙承袭的情况,揭示为政之道要以仁义为本的政治理念。

太史公曰:古者人臣功有五品①,以德立宗庙定社稷曰勋②,以言曰劳,用力曰功,明其等曰伐,积日曰阅③。封爵之誓曰:"使河如带,泰山若厉。国以永宁,爰及苗裔。"④始未尝不欲固其根本,而枝叶稍陵夷衰微也⑤。

【注释】 ①功有五品:人臣论功的五个品级,即下文所说的勋、劳、功、伐、阅五等功臣封爵。 ②宗庙:古代帝王、诸侯或大夫、士祭祀祖宗的庙宇,这里指帝业。 ③伐、阅:《汉书·车千秋传》注云:"伐,积功也;阅,经历也。" ④"封爵之誓曰"四句:《困学纪闻》引《楚汉春秋》云,高祖封侯,赐丹书铁券,曰:"使黄河如带,泰山如厉,汉有宗庙,尔无绝世。"誓词后两句迥然不同,梁玉绳认为《史记》所载被吕后改了。厉:同"砺",磨刀石。 ⑤"始未尝"两句:这两句是说汉室封侯时的本意是希望诸侯长保封邑固其根本,但没想到子孙废坏败落了。根本:指受封的始祖。枝叶:指承业的子孙。陵夷:衰颓。

余读高祖侯功臣，察其首封①，所以失之者，曰：异哉所闻！《书》曰："协和万国"②，迁于夏商，或数千岁③。盖周封八百，幽厉之后，见于《春秋》。《尚书》有唐虞之侯伯，历三代千有余载，自全以蕃卫天子，岂非笃于仁义，奉上法哉？汉兴，功臣受封者百有余人。天下初定，故大城名都散亡，户口可得而数者十二三，是以大侯不过万家，小者五六百户④。后数世，民咸归乡里，户益息，萧、曹、绛、灌之属或至四万⑤，小侯自倍，富厚如之。子孙骄溢⑥，忘其先，淫嬖⑦。至太初百年之间，见侯五⑧，余皆坐法殒命亡国，耗矣⑨。罔亦少密焉，然皆身无兢兢于当世之禁云⑩。

【注释】 ①察其首封：研究汉高祖最初封侯的形势。 ②"《书》曰"句：引自《尚书·尧典》，原文作"协和万邦"。"邦"字避刘邦讳改为国。这句话是对上文"异哉所闻"作注释，意思是说上古封侯多而小，汉初封侯少而大，所以侯国子孙骄侈失国。 ③迁于夏商，或数千岁：指唐虞时期的诸侯，随着时代的变迁，直到夏商依然为侯。例如舜之后历夏有虞，历商有遂，历周有满、陈；皋陶之后，封英、六，直到春秋时才被灭亡；伯益佐禹，舜赐嬴姓，历周有秦。这些古诸侯经历了数千年。迁：移也。 ④大侯不过万家，小者五六百户：查侯表，万户侯只有两人，一是平阳侯曹参万六百户，二是留侯张良万户，一般是五六百户至五千户。 ⑤户益息，萧、曹、绛、灌之属或至四万：户口日益增加，萧、曹、绛、灌等大侯户口至武帝时有的达到了四万户。萧：即酂侯萧何；曹：平阳侯曹参；绛：绛侯周勃；灌：颍阴侯灌婴。他们的封邑户口日益增加。如平阳侯曹参初封一万六百户，至武帝元鼎二年达二万三千户，约八十五年，增加一倍多。酂侯萧何初封八千户，至孝文后四年达二万六千户，约四十年增加两倍多。曲周侯郦商初封四千户，至孝文后六年，达一万八千户，约四十年增加三倍多。 ⑥骄溢：骄横达到了极点。溢：满，过度。《汉书·功臣表序》作"骄逸"，即骄奢淫逸，亦通。 ⑦淫嬖（bì）：淫乱邪恶。 ⑧见侯五：现存之侯有五，即平阳侯曹宗，曲周侯郦终根，阳河侯卜仁，戴侯祕蒙，汾阳侯靳石。另谷陵侯冯偃失载。其余一百三十七侯皆失国。见：读"现"。按：张守节《史记正义》谓见侯五为"平阳侯曹宗，曲周侯郦终根，阳阿侯齐仁，戴侯祕蒙，谷陵侯冯偃"。以实校之，《史记正义》有误。查《史》《汉》两表，谷陵侯冯偃何时国除，两书均失载，不应记入五侯之数。《史表》云："建元四年，侯偃元年。"《汉表》云："建元四年，侯偃嗣。"五侯之数中应有汾阳侯靳石，《史》《汉》两表均载太始四年失国。又"阳阿侯齐仁"，《史表》作"阳河侯卜仁"，《汉表》作"阳河侯其仁"。这三种记载当以《史表》所载"阳河侯卜仁"为是。《史记正义》将"河"误作"阿"，将"卜"误作"齐"。《汉表》作"其"亦误。 ⑨耗：尽、无。 ⑩"罔亦少密"两句：罔即法网。这两句，一方面批评武帝法网严密；另一方面批评汉代诸侯没有一个兢兢业业遵守禁令的。

居今之世，志古之道，所以自镜也，未必尽同①。帝王者各殊礼而异务，要以成功为统纪，岂可绲乎②？观所以得尊宠及所以废辱，亦当世得失之林也，何必旧闻？于是谨其终始，表其文，颇有所不尽本末③；著其明，疑者阙之。后有君子，欲推而列之，得以览焉。

【注释】　①"居今之世"四句：这四句是说，今天的君臣应总结古代历史经验，把它作为镜子来照自己，虽然古今不同，借鉴还是应该的。志：通"誌"，记住。　②"帝王者"三句：这三句承上"志古自镜"立论，意思是：借鉴往古，为的是巩固统治，并不是强要混同古今。这里表明司马迁的"志古自镜"与复古主义是迥然不同的。绲（kǔn）：缝合。　③颇有所不尽本末：太初以后尚有五侯，且谷陵侯冯偃终始失载，故云不尽本末。

讲　析

表序全文分为三段。第一段叙封侯的目的，欲固根本。汉王室如树之根本，功臣侯如树之枝叶。本与枝连体相依，根深叶茂，枝繁本固，二者共荣，损其一则二者皆伤。班固论王莽之所以轻易代汉，是因为诸侯衰微，无封建藩辅，不无道理。所以封策文信誓旦旦地说："黄河不到干枯如衣带，泰山不到陵夷如磨刀石，你们的封国永远安宁，传给子子孙孙。"但是百年之间，功臣侯子孙都衰微了，这是什么原因呢？第二段，论汉封侯形势，失仁义之本。功臣侯始封过大，使其子孙骄淫犯禁；继之汉廷制裁过于严酷，使侯国子孙坐法殒命亡国。上之失，"罔亦少密焉"；下之失，"皆身无兢兢于当世之禁云"。归根到底，上下皆失仁义之本。上笃仁义，则无法罔少密之酷；下笃仁义，则能兢兢当世之禁而不至于坐法失国了。第三段，述作史目的，为的是总结经验教训，以"志古自镜"。司马迁把以史为鉴的道理说得很透彻。司马贞《史记索隐》解释说："言居今之代，志识古之道，得以自镜当代之存亡也。"此论深得司马迁述史之旨。这说明司马迁述史，并非发思古之幽情，而是为了今世之治，故现实的行事更应总结。所以《史记》详今略古，载汉代历史特详。以全书篇目计，一百三十篇中，专载汉史六十二篇，兼载汉史十三篇，合计七十五篇。全书五十二万六千五百字，七十五篇汉史约二十六七万字。无论篇目和字数，百年汉史均过半数。可以说《高祖功臣侯者年表序》提出的"志古自镜"的理论对《史记》的创作意图做了精微的提示，值得认真玩味。

八书
（选四篇）

【说明】《史记》八书，著立政之纲，记国家大体，就是记载影响国家建构与政治制度发展的重要典章制度，也可称之为分门别类记述的文化发展史。《史记》立例，把国家大政纳入历史记述范围，是伟大的创造。本书选讲书四篇。

　　"八书"载朝章国典，序礼乐损益，内容丰博，是分门别类的文化制度史。司马贞曰："书者，五经六籍总名也。此之'八书'，记国家大体。"（《礼书·索隐》）范文澜曰："'八书'之名，本于《尚书》。"（《正史考略》史记条）《尚书》是各种体裁的公文档案汇编，略如后世的资料汇编，司马贞以"五经六籍总名"释之最确。司马迁因之以名"八书"，也是十分恰当的。

　　"八书"为司马迁所创，《汉书》因之以作十志。因《汉书》已名"书"，故班固改"书"为"志"。

　　"八书"目次：《礼书》第一，《乐书》第二，《兵书》第三，《律历书》第四，《天官书》第五，《封禅书》第六，《河渠书》第七，《平准书》第八。由于《礼书》《乐书》《兵书》三书亡缺，补缺者分《律历书》为《律书》《历书》补缺（依司马贞说），足"八书"之数，故今本"八书"中无《兵书》。补缺者又摘取荀子《礼论》及《议兵》补《礼书》，摘取《礼记·乐记》补《乐书》。补缺者既取成书补亡，示己不妄作，可证《礼》《乐》《律》三篇篇首"太史公曰"云云，当是补缺者搜求的史公遗文，文法语气也均是司马迁手笔。也有人认为今本《礼书》《乐书》是司马迁草创之作，本未亡缺。但这两书正文既经考明为摘自《荀子》《礼记》，则无论是补缺者所补，还是司马迁自己草创，均不得作为司马迁之思想加以引证，特用仿体字排出，以示区别。必须指出，《礼》《乐》两书，虽系抄摘成书补亡，却极有章法，特别是《乐书》，可以说是重新改铸，并非凡庸鄙陋之辈所能为。因此，"草创之作"的观点，不可绝对排斥。相反，"妄人所续"云云，倒是绝不可成立。

　　礼、乐、兵、律历、天官、封禅、河渠、平准八个方面都是当时人们认为的经国大事，故司马迁各列专题论列。但是地理、职官、刑法、食货（具体说是"食货"中之"食"，即土地制度）、艺文等几个方面未受到司马迁重视，这给班固留下了英雄用武之地。职官，班固创《百官公卿表》以载其制，对地理、刑法、食货、艺文均列专志。《汉书》"十志"比《史记》"八书"的内容更丰富，结构更严谨，在这一点上班固发展了司马迁的史学，这是应当揭明的。

　　"八书"的序赞，篇篇都是精炼的史论，是司马迁思想资料的一个重要组成部分。如《律书序》就是司马迁写的一篇古代战争论，具有系统的理论。"八书"中的《平准书》，与七十列传中的《货殖列传》，编目悬远，两传体例不同，而内容却是互相补充、阐发，不可分割的"表里之文"。《平准书》与《货殖列传》两篇是司马迁经济思想的集中反映。

律 书 序

（节选自《律书》）

【题解】　《律书序》应正名为《兵书序》，因《史记》八书有《兵书》《律历书》，而未有《律书》。《兵书》亡，好事者截《律历书》为《律书》《历书》以补缺。自"书曰，七正二十八舍"以下即所截《律历书》之文。梁玉绳《史记志疑》、王元启《三书正伪》、赵翼《廿二史劄记》等均谓《律书》即《兵书》，其根据有二：一是《太史公自序》（以下简称为《自序》）云，"作《律书》第三"；二是《自序·集解》引张晏所列十篇亡书目录中有《律书》，但这两条证据是值得商榷的。

第一，《自序》云："非兵不强，非德不昌，黄帝、汤、武以兴，桀、纣、二世以崩，可不慎欤？《司马法》所从来尚矣，太公、孙、吴、王子能绍而明之，切近世，极人变。作《律书》第三。"这一旨意显然与"七正二十八舍"的《律书》内容不吻合。

第二，《自序》末段总括八书说："礼乐损益，律历改易，兵权山川鬼神，天人之际，承敝通变，作八书。"据此，"礼乐损益"，即《礼书》《乐书》；"律历改易"，即《律历书》；"兵权山川鬼神"，即《兵书》《河渠书》《封禅书》；"天人之际"，即《天官书》；"承敝通变"，即《平准书》。若《兵书》即《律书》，则与《自序》这一段话的断句释义均有抵牾。

第三，《自序》又云："律居阴而治阳，历居阳而治阴，律历更相治，间不容翲忽。五家之文怫异，维太初之元论。作《历书》第四。"这里律历并论，即可反证《律书》非《兵书》，而应是律历合称《律历书》。

第四，《自序·索隐》引张晏语与《汉书》司马迁本传颜注均作"兵书亡"。司马贞又明确指出："兵书亡，不补，略述律而言兵，遂分历述以次。"据此可以推论，《史记集解》所引张晏语，或为裴骃所改，《自序》原文亦当为裴氏所改。上述四证，可以说明今本《太史公自序》有窜乱。"作《律书》第三"，应正名为"作《兵书》第三"；"作《历书》第四"，应正名为"作

《律历书》第四"。也就是说，《律书》乃《律历书》之一部分，《兵书》亡而未补，司马贞之语不诬。但今本《律书》篇首之序，乃补亡者搜求的《兵书》逸文，其内容不仅与《自序》所提示的写作旨趣完全吻合，而且与《史记》全书所载战争史的内容相映照。《律书序》为司马迁手笔，毋庸置疑。

兵者①，圣人所以讨强暴，平乱世，夷险阻，救危殆。自含齿戴角之兽见犯则校②，而况于人怀好恶喜怒之气？喜则爱心生，怒则毒螫加③，情性之理也。

【注释】　①兵：兵器，这里指代军队和战争行动。　②含齿戴角之兽：指有利牙锐角之兽。犯：侵犯。校：计较，角力。　③怒则毒螫加：蛇、蝎、蜂等用毒牙或尾针刺人叫螫。这里是说人怒之后就像毒虫一样攻击所怒的对象。

昔黄帝有涿鹿之战，以定火灾①；颛顼有共工之阵，以平水害②；成汤有南巢之伐，以殄夏乱③。递兴递废④，胜者用事，所受于天也。

【注释】　①"昔黄帝"二句：《五帝本纪》记载黄帝与炎帝战于阪泉之野，与蚩尤战于涿鹿之野，然后平定天下。炎帝、蚩尤均出现在神农氏之后。神农氏以火德统治天下，黄帝灭之，所以说"以定火灾"。即平定了火德王带来的灾害。　②"颛顼"二句：颛顼，黄帝孙高阳氏。共工，炎帝之后，壅防百川为害，颛顼灭之。关于共工的传说，《淮南子·天文训》《国语·周语》《五帝本纪》司马贞补《三皇本纪》说法不一。《天文训》说共工与颛顼争为帝；《周语》说颛顼氏衰，共工为水害；《五帝本纪》说共工为尧时人；《三皇本纪》说共工以水乘木与祝融战。司马迁写《史记》，用两传存疑之例广载异闻以备参考，所以这里的记载与《五帝本纪》不同。陈（zhèn）：读"阵"。　③"成汤"句：成汤即商代开国君主商汤王，名履。汤伐桀，把桀放逐在南巢。南巢：在今安徽省巢湖，一说巢山。殄（tiǎn）：消灭。　④递兴递废：兴衰交替。

自是之后，名士迭兴①，晋用咎犯②，而齐用王子③，吴用孙武④，申明军约，赏罚必信，卒伯诸侯⑤，兼列邦土⑥，虽不及三代之诰誓⑦，然身宠君尊⑧，当世显扬，可不谓荣焉？岂与世儒暗于大较⑨，不权轻重⑩，猥云德化⑪，不当用兵，大至君辱失守⑫，小乃侵犯削弱，遂执不移等哉⑬！故教笞不可废于家⑭，刑罚不可捐于国⑮，诛伐不可偃于天下⑯，用之有巧拙⑰，行之有逆顺耳⑱。

【注释】　①名士迭兴：指咎犯、王子、孙武等著名军事家一个接一个地出现。　②咎犯：即舅犯，晋文公之舅狐偃，字子犯。公元前 632 年，晋楚城濮之战，他是晋军上军之佐，主要的谋臣之一。咎：借作"舅"。　③王子：齐将王子成甫。　④孙武：春秋时佐吴王夫差破楚的名将，著有《孙子兵法》。《史记》卷六五有传。　⑤伯（bà）：读"霸"。⑥兼列邦土：指咎犯等人都受有封地。列：通"裂"，裂地土而封。邦：古字与"封"字通。　⑦三代之诰誓：《尚书》有《大诰》《康诰》《酒诰》等。诰：教诫；誓：约束和警戒将士的动员令，《尚书》有《甘誓》《汤誓》《牧誓》等。这里是指夏、商、周三代用诰誓赐封诸侯，表示封土为侯之隆重。　⑧身宠君尊：指咎犯等人使自身获荣宠，也使国君更加尊贵。　⑨世儒：这里指腐儒，虽知名于世，但并无真才实学的儒者。暗：不明白。大较：大问题，大的道理。　⑩不权轻重：不权衡轻重，喻不知治世缓急之务。　⑪猥（wěi）：随随便便，不严肃。　⑫失守：失国，亡国。　⑬遂执不移：指世儒固执上述成见，不肯改变。按：从"自是之后，名士迭兴"至"遂执不移等哉"是一长句，即以"名士"与"世儒"相较，二者不可相提并论。　⑭教笞：笞打不遵教导的孩子。笞（chì）：打人的竹板子。　⑮捐：废除。　⑯偃：停止，停息。这里指偃武，停止战争。　⑰巧拙：巧：指聪明智慧，喻善战的人；拙：指愚昧蠢笨，喻不会打仗的人。　⑱逆顺：这里指正义和非正义。

　　夏桀、殷纣手搏豺狼，足追四马，勇非微也①；百战克胜，诸侯慑服，权非轻也。秦二世宿军无用之地②，连兵于边陲，力非弱也；结怨匈奴，绾祸于越③，势非寡也。及其威尽势极，闾巷之人为敌国④。咎生穷武之不知足⑤，甘得之心不息也。

【注释】　①勇非微也：桀、纣的个人之勇并不是没有。微：通"没"。无，没有。②"秦二世"句：这里的"秦二世"包括秦始皇父子两代。地：指边陲。秦始皇开边，北筑长城，南成五岭，被认为是宿军于无用之边地。《史记旧注评义》认为："宿军无用之地"，谓秦二世以武力压制人民，驻军于无需用兵之地。按：此说亦通。《秦始皇本纪》载，二世元年，征兵五万戍严咸阳。　③绾祸：结祸。　④闾巷之人为敌国：指桀、纣和秦二世等暴虐的统治达于极点，因而老百姓起来造他们的反。　⑤咎：灾祸，指桀、纣、二世亡国之祸。穷武：无止境的用兵。

　　高祖有天下，三边外叛①；大国之王虽称藩辅②，臣节未尽。会高祖厌苦军事③，亦有萧、张之谋，故偃武一休息，羁縻不备④。

【注释】　①三边外叛：汉初匈奴、朝鲜、南越皆不内附，所以说"三边外叛"。　②大国之王：指汉初所封韩信、彭越、黥布等异姓王国。　③会：正值，正当。　④羁縻：牵制笼络。不备：不必戒备，即安宁，不打仗。

历至孝文即位，将军陈武等议曰："南越、朝鲜自全秦时内属为臣子①，后且拥兵阻厄②，选蠕观望③。高祖时天下新定，人民小安，未可复兴兵。今陛下仁惠抚百姓，恩泽加海内，宜及士民乐用，征讨逆党，以一封疆。"孝文曰："朕能任衣冠④，念不到此。会吕氏之乱，功臣宗室共不羞耻，误居正位，常战战栗栗，恐事之不终。且兵凶器，虽克所愿⑤，动亦耗病⑥，谓百姓远方何？又先帝知劳民不可烦，故不以为意。朕岂自谓能？今匈奴内侵，军吏无功，边民父子荷兵日久⑦，朕常为动心伤痛，无日忘之。今未能销拒⑧，愿且坚边设候⑨，结和通使，休宁北陲，为功多矣。且无议军。"故百姓无内外之徭⑩，得息肩于田亩⑪，天下殷富，粟至十余钱⑫，鸣鸡吠狗，烟火万里，可谓和乐者乎！

【注释】 ①全秦：全国统一之秦，即秦强盛之时。 ②厄（è）：险要的地方。 ③选蠕（ruǎn）：蠢蠢欲动的样子。蠕：软体虫类爬行的样子。 ④任衣冠：信用士大夫，指重文治。衣冠：士大夫之称。 ⑤克：能。 ⑥耗病：疲困百姓。 ⑦荷兵：肩扛兵器，服兵役。 ⑧销拒：消除边患。拒：对抗。 ⑨候：斥候，巡逻放哨，这里指哨所。 ⑩内外之徭：戍边作战称外徭，大兴土木称内徭。汉文帝对外和亲，对内轻徭薄赋，不事兴作，所以百姓无内外之徭。 ⑪息肩：弛去负担，喻徭役减轻。 ⑫粟至十余钱：一石粟价才十余钱，意为粮价极便宜。《平准书》载，汉初"米至石万钱"；《食货志》载宣帝时"谷至石五钱"。可见《史》《汉》两书记粟价均以石为单位。

太史公曰：文帝时，会天下新去汤火①，人民乐业，因其欲然②，能不扰乱，故百姓遂安。自年六七十翁亦未尝至市井，游遨嬉戏如小儿状。孔子所称有德君子者邪③！

【注释】 ①新去汤火：刚刚脱离水深火热的灾难。这里是说秦末战乱给人民带来深重的灾难，如坠汤火，汉朝建立，至文帝时才消除。 ②因其欲然：因，指顺着老百姓的愿望办事，不干扰老百姓的生产和生活；欲然，指汉朝统治者尚无为，顺民之欲，希望在秦末的废墟上重新奋发起来。 ③"孔子"句：有德君子，指仁人，这里指孝文帝。司马迁在《孝文本纪赞》中引孔子言"必世然后仁"，评价汉文帝为仁德之君。

讲　析

《史记》系统地记载了古代的战争，具有战争史的规模体制。通计《史记》全书，记载古代大小战争从黄帝统一到汉武帝兵征大宛共五百余次，涉及八十二个篇目，字数十余万，约占《史记》全书四分之一的篇幅，是其他任何一部古代史籍所无法比拟的。司马迁写战争，有史有论。对于影响历史进程的重大战争，总是做绘声绘色的记载。交兵始末，兵略战术，局势变化，写起来头头是道，这说明司马迁是一位精通兵略学的历史学家。《史记》载述的重大战争有七十余次。凡重大战争，年表载其目，纪、传、世家载其事，序赞论其是非。《律书序》就是司马迁写的一篇战争论，集中地表述了他的战争观，可概括为以下三个方面。

（一）认为战争是诛暴救危的自强工具，它既可以兴邦，也可以丧邦，应当慎重使用。《太史公自序》云：“非兵不强，非德不昌，黄帝、汤、武以兴，桀、纣、二世以崩，可不慎欤？”这段话概括了《律书序》所阐述的主题。“非兵不强，非德不昌”，这八个字是司马迁战争观的理论核心。兵，即战争。德，指政治。二者相辅相成。国家缺少战争手段就不能自强，但只注重战争而缺少礼义之德，国家也不会昌盛。“黄帝、汤、武以兴，桀、纣、二世以崩”，就是生动的历史例证。儒家排斥战争，法家专注暴力，两家都不免有片面性。但司马迁的观点并非儒、法两家的折中，而是吸收了两家的合理内核，以之为出发点，系统地总结了几千年的战争史，尤其是总结了春秋战国以来近世的战争史后所升华出来的理论。司马迁从“通古今之变”的历史中认识到战争不可避免，摒弃了儒家的非战观点，承认暴力在一定条件下的合理性，接近于先秦法家学派的战争观，是一种进步的观点。

（二）认为战争“行之有逆顺”，颂扬顺天而行的正义战争，反对逆理而动的非正义战争。司马迁对战争的这种认识，超越了前人，是值得称赞的。首先，司马迁对战争下了明确的定义，鲜明地提出了区分两类战争的理论。“兵者，圣人所以讨强暴，平乱世，夷险阻，救危殆”，即诛暴、平乱、夷险、救危这四个方面的战争是正义的，反之是非正义。对照先秦兵家及东汉班固给战争所下的定义，就可以清楚地看出司马迁战争观的进步性。先秦的大军事家孙子竟宣称战争的目的就是“掠乡分众，廓地分利”（《孙子·军争》），这就混淆了两类战争的界线。班固说：“凡兵，所以存亡继绝，救乱除害也。”（《汉书·刑法志》）这是儒家的正统观点。“救乱除害”是正确的，儒家颂扬汤武革命就基于此，为司马迁所吸收。但“存亡继绝”却是倒退的历史观。孔子倡言“兴灭国，继绝世”（《论语·尧曰》），目的是维护西周那样的封土建藩的统治局面。按照这一观点，远古的黄帝和近世的秦始皇所进行的统一战争就将被否定。汉儒们正是从这一观点出发，全盘否定秦朝的统一战争，被司马迁讥笑为“不察其终始”的“耳食”之儒（《六国年表序》）。其次，司马迁对历史上两类战争做了具体的区分，《律书序》列举了一系列两类战争的类例，明其是非。综观《史记》褒贬抑扬的两类战争，可以概括为三种类型：一是颂扬平乱世的统一战争，反对分裂割据的战争。黄帝、秦始皇、汉高祖诛暴平乱，统一天下，得到司马迁的肯定。蚩尤作乱，项羽分裂天下，汉初七国叛逆，均受到司马迁的批评。二是颂扬有道伐无道的革命战争，反对暴虐人民的昏乱之君。汤、武兴起，陈涉发难，就是有道伐无道的革命战争，司马迁予以高度赞扬。而桀、纣、秦二世败亡，则是罪有应得。三是颂扬诛暴战争，反对穷兵黩武的战争。《匈奴列传》以实录史事的手法谴责匈奴侵扰中国，故《太史公自序》云："自三代以来，匈奴常为中国患害；欲知强弱之时，设备征讨，作《匈奴列传》第五十。"司马迁肯定了汉武帝反击匈奴，认为"汉兴五世，隆在建元，外攘夷狄，内修法度"，应是作"今上本纪"的主要内容。但是汉武帝由反击而走上黩武主义，务要臣服匈奴，从而导致后期战争的失败，受到司马迁的讥刺。《律书序》极力赞美汉文帝偃武修文，而有意不论汉武帝之用兵，用沉默以寓讽。这一手法也说明了《律书序》正是司马迁之思想，亦是司马迁之手笔。

（三）认为战争"用之有巧拙"，要兴建功业，必须慎择将相，认真研究用兵作战的方略。《史记》载述古代帝王将相善战者六十余人，给众多的兵家人物作传。司马迁高度评价司马穰苴、太公、孙子、吴起等人的兵法，称赞他们的兵法学"切近世，极人变"，既切合近世社会的实用，又是人类最高智慧的结晶。《律书序》列举晋用咎犯，齐用王子成甫，吴用孙武等人强兵克敌的功用，与那些不识时务的世儒相比较，真是有过之而无不及。

综上，司马迁十分精通兵略，娴于权谋，故载述兵事战阵有声有色。《律书序》所阐述的战争观，说明司马迁是从立于治国平天下的政治高度来总结历史上的战争和兵略理论的，目的是"志古自镜"，供善为治国者借鉴。《史记》断限，上起黄帝，下至太初，从战争角度看，即是从黄帝的统一战争起叙事，至汉武帝兵征大宛而结，示历史进程与战争密不可分。司马迁十分注重战争，研究兵略，记载战史，颂扬兵家，号召自强，抗暴御侮。司马迁对兵政关系做了辩证的理论概括，认为兵与政是保国安民的两件不可缺一的工具。他借主父偃《谏伐匈奴疏》引《司马法》曰："国虽大，好战必亡；天下虽平，忘战必危。"（《平津侯主父列传》）用司马迁的话说，就是战争如同"教笞不可废于家，刑罚不可捐于国"一样，"诛伐不可偃于天下"；但"用之有巧拙，行之有逆顺"，而绝不能搞黩武主义。这些思想在今天看来，无疑也是值得肯定的。

天官书论

（节选自《天官书》）

【题解】　《天官书》记载的是司马迁及其前人在天文学研究上的成就。天官，指天上的星宿，天官书就是天文学。在古代，天文学被蒙上"天人感应"的迷雾。人们认为天上的列星与人间君臣相对应，亦有尊卑等级，"若人之官曹列位，故曰天官"（《天官书·索隐》）。实际上天官等级是人间等级的投影。

太史公曰：自初生民以来①，世主曷尝不历日月星辰②？及至五家③、三代，绍而明之④，内冠带⑤，外夷狄，分中国为十有二州⑥，仰则观象于天，俯则法类于地。天则有日月，地则有阴阳。天有五星⑦，地有五行⑧。天则有列宿，地则有州域⑨。三光者⑩，阴阳之精，气本在地，而圣人统理之⑪。

【注释】　①生民：人类。　②世主：历代君主。　③五家：指五帝，即黄帝、颛顼、帝喾、唐尧、虞舜。　④绍：继承。明：使之有进步，指历法日益精密。　⑤冠带：冠，礼帽；带，穿礼服时束在腰间的大带，叫绅。冠带，与下文"夷狄"相对，借指中原华夏民族。　⑥十有二州：传说黄帝划九州，为冀、兖、青、徐、荆、扬、豫、梁、雍。虞舜分冀之西北为并州，东北为幽州；又分青州之辽东为营州，于是有十二州。按：据山川之自然形势划分州域是西周以后人的认识。传说五帝、夏禹划州域是托古立说。司马迁记载其说而不说明时代，表现了他作史的审慎态度。　⑦五星：又称五纬，指古人用肉眼所观察到的金、木、水、火、土五大行星。五星与五方相配，各有专名。金星，古称启明星，又称西方太白；木星称东方岁星；水星称北方辰星；火星称南方荧惑；土星称中央镇星，又写作填星。而古人所称水星是指恒星营室，所称火星是指恒星大火。　⑧五行：即金、木、水、火、土。　⑨列宿、州域：天上的群星称列宿，地上的区划称州域。在春秋战国时期，人们把列宿与州域相联系，把天上的星宿与地上的州域相配，叫分野。例如冀州，昴毕之分野；也可倒过来说昴毕，冀州之分野。全中国州域的分野，详见《天官书》第三部分第一段，以及本文"二十八舍主十二州"条注。　⑩三光：指日、月、星，在远古时代依赖它们照明。　⑪统理：总管，统治。这里为认识奥秘，掌握规律的意思。

幽、厉以往，尚矣。所见天变①，皆国殊窟穴②，家占物怪③，以合时应，其文图籍机祥不法④。是以孔子论六经，纪异而说不书⑤。至天道命，不传⑥；传其人，不待告；告非其人，虽言不著。

【注释】　①天变：天象变异，如日食、月食、行星逆行、彗星现、流星雨等等。古人认为天变是人事变化的先兆。　②窟穴：归宿，指对天变的解释旨趣。　③物怪：地上的各种自然变异。　④不法：不经，不可信从。　⑤纪异而说不书：这句是说孔子不讲天人感应。例如《春秋》就记载了日食、月食及水灾、蝗灾等变异，但对其感应却不记载。这也是司马迁对变异与天人感应说的取舍原则。异：天变灾异，是自然现象。说：对天人感应的解说，人们的认识。不书：不记载。　⑥至天道命，不传：孔子不讲天道性命。《论语》卷五《公冶长》第十三章，子贡曰："夫子之文章，可得而闻也；夫子之言性与天道，不可得而闻也。"

昔之传天数者①：高辛之前②，重、黎；于唐、虞，羲、和；有夏，昆吾③；殷商，巫咸④；周室，史佚、苌弘⑤；于宋，子韦⑥；郑则裨灶⑦；在齐，甘公⑧；楚，唐眛⑨；赵，尹皋⑩；魏，石申⑪。

【注释】　①天数：天象数术之学，又称天官。现代天文家即孕育其中。　②高辛：五帝之一，即帝喾，黄帝之孙，号高辛氏。　③昆吾：传说的夏代掌天文之官，己姓，名樊。　④巫咸：商王大戊之臣。　⑤史佚：西周成、康时太史尹佚。苌弘：周敬王时大夫，孔子曾向他问乐。　⑥子韦：宋景公时司星之史，《艺文志·阴阳家》有"宋司星子韦三篇"。　⑦裨灶：春秋时郑大夫，《左传》说他明天文占候之术，能预知吉凶。　⑧甘公：名德，战国时著名占星家，著有《天文星占》八卷。《正义》引《七录》"谓甘公为楚人"。　⑨唐眛：战国时楚大将。　⑩尹皋：赵人。　⑪石申：即石申夫之省称，与甘公齐名的占星家，著有《天文》八卷。据研究，甘石著作成书在公元前 370 年至公元前 270 年之间，比希腊著名天文学家伊巴谷的活动年代早两个世纪。但甘石著作已佚。今传《甘石星经》系宋人所辑录。

夫天运，三十岁一小变，百年中变，五百载大变；三大变一纪，三纪而大备①：此其大数也。为国者必贵三五②。上下各千岁，然后天人之际续备。

【注释】　①三纪而大备：纪：历法周期。中历以十九岁为一章，四章七十六岁为一蔀，二十蔀一千五百二十年为一纪，三纪四千五百六十年为一元。　②贵：重视，研究。

（以上为第一段，概述天人关系的理论、古代传人以及天命变化的周期。）

太史公推古天变，未有可考于今者。盖略以春秋二百四十二年之间①，日蚀三十六②，彗星三见③，宋襄公时星陨如雨④。天子微，诸侯力政⑤，五伯代兴⑥，更为主命。自是之后，众暴寡，大并小。秦、楚、吴、越，夷狄也，为强伯⑦。田氏篡齐⑧，三家分晋⑨，并为战国。争于攻取，兵革更起⑩，城邑数屠，因以饥馑疾疫焦苦，臣主共忧患，其察机祥候星气尤急⑪。近世十二诸侯七国相王⑫，言从衡者继踵，而皋、唐、甘、石因时务论其书传，故其占验凌杂米盐⑬。

【注释】 ①春秋二百四十二年：《春秋》记事起于鲁隐公元年，迄于鲁哀公十四年，即从公元前 722 年至公元前 481 年，共二百四十二年。 ②日蚀三十六：《春秋》所载日食共有三十六次，兹从略。 ③彗星三见：文公十四年（公元前 613 年）七月有星入于北斗，昭公十七年（公元前 525 年）冬有星孛于大辰，哀公十三年（公元前 482 年）有星孛于东方。共三次。 ④星陨如雨：鲁庄公七年（公元前 687 年）夜半，星陨如雨，即今称陨石雨。鲁僖公十六年，即宋襄公七年（公元前 644 年），宋国陨星五。 ⑤政：通“征”。⑥五伯：即春秋五霸，有两说，请参阅《十二诸侯年表序》五伯条注。 ⑦“秦、楚、吴、越”句：秦祖非子，初封秦邑，地在西戎；楚子鬻熊，始封丹阳，地属荆蛮；吴太伯属勾吴；越祖少康之子，初封于越，地东越，都是夷狄之地。春秋时秦穆公、楚庄王、吴王阖闾、越王勾践先后称霸，得封为伯，号称强国。 ⑧田氏篡齐：周威烈王二十二年（公元前 404 年）田和代姜齐，被周天子立为诸侯。 ⑨三家分晋：周定王十六年（公元前 453 年），韩、赵、魏三家分晋；至周威烈王二十三年（公元前 403 年）正式为诸侯。⑩兵革：兵器甲胄，借指战争。 ⑪星气：即占星望气，就是观测星宿的变化隐现和云气以预卜人事的吉凶，古称占星术。 ⑫“近世”句：近世，指战国时代。十二诸侯：齐、楚、秦、晋、鲁、卫、陈、蔡、宋、郑、曹、燕。七国相王：秦、韩、赵、魏、楚、燕、齐。 ⑬凌：通“鳞”，杂乱。米盐：喻琐屑细碎之事。

二十八舍主十二州①，斗柄兼之②，所从来久矣。秦之疆也，候在太白，占于狼、弧③。吴、楚之疆，候在荧惑，占于鸟衡④。燕、齐之疆，候在辰星，占于虚、危⑤。宋、郑之疆，候在岁星，占于房、心⑥。晋之疆，亦候在辰星，占于参罚⑦。

【注释】 ①二十八舍主十二州：即天上的二十八宿分别对应地上的十二州，称分野。二十八宿为：东方苍龙七宿，角、亢、氐、房、心、尾、箕；南方朱雀七宿：井、鬼、柳、星、张、翼、轸；西方白虎七宿：奎、娄、胃、昴、毕、觜、参；北方玄武七宿：斗、牛、女、虚、危、室、壁。角、亢，郑之分野，兖州。氐、房、心，宋之分野，豫州。尾、箕，燕之分野，幽州。斗、牛，吴、越之分野，扬州。女、虚，齐之分野，青州。危、室、壁，卫之分野，并州。奎、娄，鲁之分野，徐州。胃、昂，赵之分野，冀州。毕、觜、参，魏之分野，益州。井、鬼，秦之分野，雍州。柳、星、张，周之分野，三河。翼、轸，楚之分野，荆州。 ②斗柄兼之：北斗七星，从斗口至斗柄顺序：一为天枢，主秦；二为天璇，主楚；三为天机，主梁；四为天权，主吴；五为玉衡，主燕；六为开阳，主赵；七为摇光，主齐。北斗七星在天之中绕北极星而运转，斗柄临制四方，所建十二辰躔，故兼十二州及二十八宿之分野。 ③太白、狼、弧：皆西方之星，所以为秦国占候之星。 ④荧惑、鸟衡：南方之星，为吴楚占候之星。鸟衡：即南方朱雀七宿之柳星。 ⑤辰星、虚、危：北方之星，为燕齐占候之星。 ⑥岁星、房、心：东方之星，为宋郑占候之星。 ⑦辰星、参罚：北方西方之星，为晋占候之星。

及秦并吞三晋、燕、代，自河、山以南者中国①。中国于四海内则在东南，为阳；阳则日、岁星、荧惑、填星②；占于街南，毕主之③。其西北则胡、貉、月氏诸衣毡裘引弓之民④，为阴；阴则月、太白、辰星；占于街北，昴主之。故中国山川东北流，其维⑤，首在陇、蜀⑥，尾没于渤、碣。是以秦、晋好用兵，复占太白，太白主中国⑦；而胡、貉数侵掠，独占辰星，辰星出入躁疾，常主夷狄：其大经也。此更为客主人⑧。荧惑为孛⑨，外则理兵⑩，内则理政⑪。故曰"虽有明天子，必视荧惑所在"⑫。诸侯更强，时灾异记，无可录者。

【注释】 ①河、山：此指黄河、华山。中国：中原。 ②岁星、荧惑、填星：岁星，即木星，属东方。荧惑：即火星，属南方。填星：即土星，属中央。东、南、中央皆为阳。 ③占于街南，毕主之：毕昴之间为天街。街南毕星，主阳；街北昴星主阴。中国为阳，毕主之，故毕为中国占候之星。中国西北之夷狄为阴，故下文说"占于街北，昴主之"。 ④毡：毛制品。 ⑤其维：指山川的源头。 ⑥首在陇、蜀：这是当时人所指的中国范围，以渭水为河源，岷江为江源。渭水、岷江皆源出陇山，因此说源头在陇蜀。 ⑦太白主中国：秦晋地望在黄河、华山之北，为太白所主，因此秦晋同胡貉之民一样好战。秦晋为统一的中国的一部分，故太白也为中国所占。所以下文说，胡貉只独占辰星。 ⑧此更为客主人：太白主中国，辰星主夷狄，交相为主客。《星经》说："辰星不出，太白为客；辰星出，太白为主人……若辰星入太白中五日不出，中国胜；及入而上出，破军杀将，客胜……" ⑨孛：变色。 ⑩理兵：整治兵备，准备打仗。 ⑪理政：修明政治，防止变乱。 ⑫"故曰"二句：引自《春秋纬·文耀钩》，其书已佚。

秦始皇之时①，十五年彗星四见②，久者八十日，长或竟天③。其后秦遂以兵灭六王，并中国，外攘四夷，死人如乱麻，因以张楚并起④，三十年之间兵相骈藉⑤，不可胜数。自蚩尤以来⑥，未尝若斯也。

【注释】 ①秦始皇之时：秦王嬴政统一六国后才称始皇帝，废除谥法。这里的"始皇之时"是追述，指嬴政开始执秦政之时。 ②十五年彗星四见：十五年，指秦始皇十年亲政到二十六年统一六国这一段时间。但彗星四现，据《秦始皇本纪》载，是秦始皇七年到十三年这七年之中出现的。秦始皇七年（公元前240年），彗星先出东方，现北方，五月现西方，这是第一次；九年，彗星现，或竟天，这是第二次；同年彗星又现西方，北方，从斗以南八十日，这是第三次；十三年，正月，彗星现东方，这是第四次。 ③竟天：横贯整个天空。 ④张楚：陈涉称王，号张楚。并起：全国大起义。 ⑤"三十年"句：秦始皇十七年（公元前230年）灭韩到汉高祖刘邦五年（公元前202年）称帝是二十九年，统言为三十年。在这三十年间，历史经历了秦灭六国，秦末战乱、楚汉相争等巨变，战争不断。骈藉：践踏。 ⑥蚩尤：黄帝时作乱的部落首领。

项羽救巨鹿①，枉矢西流②，山东遂合从诸侯，西坑秦人③，诛屠咸阳④。

【注释】 ①项羽救巨鹿：即公元前207年秦楚巨鹿之战。 ②枉矢西流：矢状的人流星，蛇行西奔，占星术以为象征兵临咸阳。 ③西坑秦人：公元前207年，项羽在西进途中坑杀秦降卒二十余万于新安城南。 ④诛屠咸阳：公元前206年，项羽入关火烧咸阳，三月不绝。

汉之兴，五星聚于东井①。平城之围②，月晕参、毕七重③。诸吕作乱，日蚀，昼晦。吴楚七国叛逆④，彗星数丈⑤，天狗过梁野⑥；及兵起，遂伏尸流血其下。元光、元狩，蚩尤之旗再见⑦，长则半天。其后京师师四出，诛夷狄者数十年，而伐胡尤甚。越之亡，荧惑守斗⑧；朝鲜之拔，星茀于河戍⑨；兵征大宛，星茀招摇⑩；此其荦荦大者⑪。若至委曲小变，不可胜道。由是观之，未有不先形见而应随之者也。

【注释】 ①汉之兴，五星聚于东井：金、木、水、火、土五行星会聚于井宿星区，又称五星连珠，是天体运行周期性的自然现象。 ②平城之围：汉高祖七年（公元前200年），刘邦在平城被匈奴围困了七天七夜，突围后与匈奴订和亲之约，暂时恢复了北方的平静。 ③月晕参、毕七重：参星、毕星在天街之南，为中国占星，月为阴，象征匈奴入侵。七重晕示兆汉兵有七日被围之困，这些均是占星家的附会之说。 ④吴楚七国叛逆：景帝三年（公元前154年）吴王刘濞联合楚、赵、胶东、胶西、济南、淄川共七国，以"清君侧，诛晁错"为名，起兵反汉，不久被平定。史称"吴楚七国之乱"。 ⑤彗星数丈：景帝二年（公元前 155 年）八月，彗星现东北。　　⑥天狗过梁野：天狗是一种流星，景帝二年下坠梁野。《汉书·天文志》云："天狗，状如大流星，有声，其下止地，类狗。所坠及，望之如火光炎炎中天。……千里破军杀将。"梁国，景帝之弟刘武的封国，治睢阳，今河南省商丘市。吴楚七国连兵西进，梁国首当其冲，发生激战。　　⑦蚩尤之旗：《汉书·天文志》云："蚩尤之旗，类彗而后曲，象旗。现则王者征伐四方。"这是火星上的黄白光环，古人认为是战争之象。　　⑧荧惑守斗：火星徘徊在南斗，南方有兵之象。《汉书·天文志》云："元鼎中，荧惑守南斗。占曰：'荧惑所守，为乱贼丧兵；守之久，其国绝祀。南斗，越分也。'其后越相吕嘉杀其王及王太后，汉兵诛之，灭其国。"　　⑨莩（bèi）：孛星。河戍：指井宿东北之北河星，又称北戍，为胡门；井宿东南之南河星，又称南戍，为越门。元封中，星孛于河戍，示兆汉兵征伐朝鲜、南越。　　⑩招摇：星名，在北斗七星斗柄之南，为胡人占星。太初中，星孛于招摇，汉武帝兵征大宛。　　⑪荦荦：明显易见。

　　夫自汉之为天数者，星则唐都①，气则王朔②，占岁则魏鲜③。故甘、石历《五星法》④，唯独荧惑有反逆行⑤；逆行所守⑥，及他星逆行⑦，日月薄蚀⑧，皆以为占。

【注释】　　①唐都：著名占星家，司马谈向他学天官，并与司马迁共同制定了太初历。②王朔：著名的占候家，善望气。李广曾经向他请教，自己为什么不得封侯。王朔曰："祸莫大于杀已降，此乃将军所以不得侯者也。"由此可见，王朔是一个思想比较进步的方士。　　③魏鲜：推占岁星运行的历法家。　　④《五星法》：推占金、木、水、火、土五大行星的运行情况，并据此预见吉凶的书，也称《五星占》。　　⑤唯独荧惑有反逆行：指甘公、石申的五星占，只把火星的反逆行视为正常。　　⑥逆行所守：指火星在逆行时的徘徊滞留，如上文所说的"荧惑守斗"就是例证。既然火星的逆行是正常的，则逆行时的滞留就如他星的逆行一样，是不正常的，即被认为是天变。守：徘徊、滞留。　　⑦他星逆行：指火星以外的其他行星逆行，被认为是天变。　　⑧日月薄蚀：日月无光叫"薄"，日月亏损叫"蚀"，也写作"食"。

　　（以上为第二段，记载天上列星与地上州域对应之分野，列举近代以来的天人相应例证，用以诠释第一段所提出的天人关系理论。）

　　余观史记，考行事，百年之中，五星无出而不返逆行，返逆行，尝盛大而变色①；日月薄蚀，行南北有时：此其大度也。故紫宫②、房心③、权衡④、咸池⑤、虚危列宿部星⑥，此天之五官坐位也⑦，为经，不移徙⑧，大小有差，阔狭有常。水、火、金、木、填星，此五星者，天之五佐⑨，为纬⑨，见伏有时，所过行赢缩有度⑩。

【注释】 ①"五星无出"三句：地球和行星绕日运动，当地球与行星处在太阳两侧成一直线时，称为"合"；当地球与行星处在太阳一侧成一直线时，外行星称为"冲"；内行星称为"下合"。"合"的前后，行星是和太阳同时出没，行星被太阳遮住，叫"伏"，从地球上看不见，这就是所谓"五星无出"。"合"的前后，行星不逆行。行星逆行只发生在"冲"和"下合"的前后，这时行星离地球最近，最亮，最便于观测，所以说"盛大而变色"。　②紫宫：紫微宫的简称，又名紫微垣，简称紫垣。古人以为紫宫为天帝之中宫，是以北极星为中枢，包括东西两列成屏藩状的十五颗星所组成的星区。东藩八星，称紫微左垣，南起为左枢、上宰、少宰、上弼、少弼、上卫、少卫、少丞八星。西藩七星，南起为右枢、少尉、上辅、少辅、上卫、少卫、上丞，称紫微右垣。　③房心：包括东方苍龙七宿，为东宫。　④权衡：包括南方朱雀七宿，为南宫。雀首北面的轩辕为权星。张翼北面的太微为衡星。　⑤咸池：包括西方白虎七宿，为西宫。天潢五车为咸池。　⑥虚危：包括北方玄武七宿，为北宫。　⑦五官坐位：指紫宫、房心、权衡、咸池、虚危五大星区，位置恒定。古人将天上的列星赋予等级尊卑秩序，故称天文为天官。　⑧为经，不移徙：五部天官都是恒星，不易观察其移动，布满南北天空，是为经。　⑨天之五佐，为纬：指五大行星佐天行德，东西运行，为纬。　⑩赢缩有度：指行星循柳叶形运行的轨道摆动有　定的度数。赢缩：轨道摆动时的宽狭。

　　日变修德①，月变省刑②，星变结和③。凡天变，过度乃占。国君强大④，有德者昌；弱小，饰诈者亡。太上修德，其次修政，其次修救，其次修禳⑤，正下无之⑥。夫常星之变希见⑦，而三光之占亟用⑧。日月晕适云风⑨，此天之客气，其发见亦有大运。然其与政事俯仰⑩，最近天人之符。此五者，天之感动。为天数者，必通三五⑪。终始古今，深观时变，察其精粗，则天官备矣。

【注释】 ①修德：反省过失，修养仁德。　②省刑：减轻刑法，平反冤狱。　③结和：与邻国交好。　④国君：代指国家。　⑤修禳：祈求鬼神，消除灾祸。　⑥正下无之：指昏暴之君，在天变的谴告下，即危机四伏已经明朗时，仍不闻不问。正下：最差劲。无之：视而不见。　⑦常星：恒星。　⑧三光之占亟用：凭借日、月、星的变异用以进行占候吉凶，都很频繁。亟：频繁。　⑨日月晕适晕云风：指日晕、月晕、星孛、兴云、刮风等五种天象。适：孛星的色变。　⑩俯仰：低头与扬头，喻政事兴衰。　⑪三五：这里指本段文章所说的八种天象变化，与前文"为国者必贵三五"中讲天运周期变化的"三五"不同。三：指三光。五：指五气，即日晕、月晕、星孛、兴云、刮风。《索隐》释为五星，与本段文不协调，非是。

　　（以上为第三段，司马迁直接表述了他究天人之际的观点，他认为天体运行有一定的规律，但又认为三光五气之变与政治兴衰有关联，主张根据天的警示修德修政。）

⚑ 讲　析 ▌▌▌▌▌▌▌▌▌▌▌▌▌▌▌▌▌▌▌▌▌▌▌▌▌▌▌▌▌▌▌▌▌▌

　　《天官书》全文八千一百零七字，正文六千八百九十六字，赞论，即本篇所选部分一千二百一十一字，在《史记》全书中是唯一的一篇过千字的长篇论赞。本文系统地表达了作者对天人关系的见解，《天官书》的哲理精义，尽在此论赞中。

　　本篇可分为三大段落，是司马氏父子相承之作。第一段"太史公曰"至"然后天人之际续备"，是司马迁转述父司马谈语，接着"太史公推古天变"以下是司马迁的续论和发挥。这一部分又分为两段，即第二段、第三段。第二段"太史公推古天变"至"皆以为占"与第一段，议论重复，但更详细，显系司马迁对父论的阐释、补充和发挥。第三段，"余观史记"以下，是司马迁的总结，直接表明自己的观点。若此篇为司马迁一人所作，在结构上就不会有一、二两段的重复。"太史公学天官于唐都"，司马迁作了郑重其事的记载，说明司马谈是何等的重视天官。因此《天官书》中有部分司马谈的遗稿，是父子两代人相继完成的。

　　《天官书》集中"究天人之际"，这是司马迁"一家之言"的一个重要组成部分。"天人之际"来自董仲舒的用语。其原话是"臣谨案《春秋》之中，视前世已行之事，以观天人相与之际，甚可畏也。国家将有失道之败，而天乃先出灾害以谴告之，不知自省，又出怪异以警惧之，尚不知变，而伤败乃至"（《汉书·董仲舒传》）。这就是汉代流行的天人感应学说。"相与"，即天人会合，互相感应。董仲舒的用心，企图用"谴告"说来限制君权为所欲为，免招败亡，维护统治阶级的长治久安。但是统治者是不会用虚妄的"谴告"说来束缚自己的手脚的。相反，统治者恰恰利用天人相与、君权神授的学说来开脱自己的罪责，愚弄人民。董仲舒宣扬"畏天"，走向了他立意的反面，成为反动的神学目的论者，受到了统治者的欢迎，故他的天人相与学说得以泛滥。这是那个时代的思潮。这一思潮也给司马迁打下了时代的烙印，《天官书》中记载了不少天人感应的例证，甚至认为"天变"与"政事俯仰"，最近"天人之符"，这是不必讳言的。

　　但是，司马迁"究天人之际"的主要思想倾向却是讲天人相分，旨在阐明成败兴衰在于人心向背。"际"，本身有两个方面的意义。《说文解字》云："际，壁会也。"朱骏声曰："凡两墙相合之缝曰际。"（《说文通训定声》）两墙相合之缝，既是会合，也是分界。天人关系如两墙相合之缝，既是交会，也各自分途，有着明显的界限。司马迁删去董仲舒"天人相与之际"这句话中的

"相与"二字，还要"究"它一番，再考之"行事"，这就突出了天人相分的思想。所以《天官书》并不是照录甘、石之传，而是作了一番认真的研究，最大限度地删汰机祥不经的事例，只记载经过验证的部分。占星家的理论系统虽然是唯心主义的天人感应，但是他们十分重视对历史经验的总结，进行形势分析，对局势做种种预测，有时也能言中。如果我们剥去星占条文感应的迷信外壳，作为星占家对历史预言的资料来研究，也就有了一定的意义。

尊重事实，承认自然界和社会活动的客观现象，这是一个科学家和历史学家取得成就的立足点。在这一点上，本篇有生动的表现。司马迁十分强调观测的重要，并亲自考察百年以来的"行事"，得出"五星无出而不反逆行，反逆行，尝盛大而变色；日月薄蚀，行南北有时"，这样的承认自然界客观规律的科学结论，是相当进步的。此外，司马迁载天人感应，强调重人事，而不宣传"畏天"。在结尾"日变修德"一段中，强调统治者在"天变"面前要修德、修政，重视人心向背，这是一个了不起的进步。此外，在天官的研究方法上，司马迁比司马谈更重视现实。"为国者必贵三五"，这是司马谈之言。三五是讲长周期的天运变化，三十年一小变，五百年一大变。这样的天运周期比较虚渺。"为天数者，必通三五"，这是司马迁的观点。他认为三光五气这八种天象变化，是经常发生的，更要注重观察研究。司马谈讲"天人之际续备"，司马迁说"则天官备矣"，这反映了父子两人研究天官的倾向有很大的差异。司马谈注重天人相与，而司马迁更注重对天文科学本身规律的探索。也就是说，本篇留下了司马谈、司马迁父子两人思想差异的痕迹。

河渠书

【题解】　水利工程是发展农业的一个重要基础。传说大禹治水得天下，从此，历代帝王治水是国家的一项重大治政措施。但大规模的兴修水利是从汉武帝开始的。通渭，引汾，开褒斜之道，穿洛，塞河，都是大工程。公元前109年，汉武帝从泰山封禅回京，亲率百官临赴瓠子口塞河工程的现场，令从巡官员自将军以下与卒同负薪塞河，二十余年的黄河大决口，终于堵塞了。广大中原地区免除了水灾。这是人与自然斗争的一场伟大壮举。司马迁亲身经历了这场斗争，追想大禹治水的功业，回顾三代以来治水的经验，面对汉代治水的辉煌成就，创作了《河渠书》。

《夏书》曰①：禹抑洪水十三年②，过家不入门。陆行载车，水行载舟，泥行蹈橇③，山行即桥④。以别九州⑤，随山浚川⑥，任土作贡⑦。通九道⑧，陂九泽⑨，度九山⑩，然河灾衍溢⑪，害中国也尤甚⑫。唯是为务⑬。故导河自积石历龙门⑭，南到华阴⑮，东下砥柱⑯，及孟津⑰、洛汭⑱，至于大邳⑲。于是禹以为河所从来者高⑳，水湍悍㉑，难以行平地，数为败㉒，乃撕二渠以引其河㉓。北载之高地，过降水㉔，至于大陆㉕，播为九河㉖，同为逆河㉗，入于渤海。九川既疏㉘，九泽既洒，诸夏艾安㉙，功施于三代㉚。

【注释】　①《夏书》：记述夏代历史的书。今文《尚书》有《禹贡》《甘誓》等篇，载夏代史事。这里的引文综据《禹贡》《孟子》等书，以事关禹，故称《夏书》。　②抑：遏制，堵防。　③橇：在冰雪或泥路上行走的交通工具。　④桥：古代的一种人力登山轿。桥："轿"的假借字。　⑤九州：相传为禹所划的九个自然区，即冀、兖、青、徐、扬、荆、豫、梁、雍九州。　⑥随山浚川：依山势疏通河道。　⑦任土作贡：凭依各地土质、特产，规定贡物。　⑧通九道：开通九州之道路。　⑨陂九泽：把九州低洼之地都筑堤堰围成蓄水湖泊。泽：水泽，泛指湖泊。　⑩度九山：量度出九州的山势走向以疏导河川。 ⑪河灾衍溢：黄河水的灾害漫延最大。 ⑫中国：中原。 ⑬唯是为务：唯以治水为专注的目标。是：此，指治理水灾。务：致力，专注。 ⑭导：疏导。积石：山名，即今青海省境内的阿尼马卿山，古人认为黄河发源于此。龙门：即禹门口，在今山西省河津市西北。 ⑮华阴：汉县名，县治在今陕西省东部的华阴市。 ⑯砥柱：山名，在今河南省三门峡东，有山石如柱，立于黄河急流之中。 ⑰孟津：古黄河津渡名。在今河南省孟津县东北、孟州市西南。 ⑱洛汭：洛水（今洛河）入古黄河处，本在今河南省巩义市境内，今已移在汜水西北。 ⑲大伾：山名，在今河南省汜水西北，汜口之西。 ⑳所从来者高：发源地很高。 ㉑湍（tuān）悍：水势急，冲力猛。 ㉒数为败：屡屡造成水患。数：多次。 ㉓乃厮二渠以引其河：于是分开黄河成两条入海的干道。厮：分开，分河为二。二渠：黄河分流后的两条干道，其一出今山东省博兴县附近的清河入海；另一即漯水（又作漯川），故道自今河南省浚县西南经范县，过今山东省临邑县、滨州等地入海。 ㉔降水：古漳、降二水的通称。降水源出今山西省长治市屯留区，东流入漳水，又入古黄河。 ㉕大陆：古泽薮名，又名广阿泽、巨鹿泽，在今河北省隆尧县、巨鹿县、任县之间。 ㉖九河：指黄河下游今山东省德州市至河北省、天津市间一带数百里内的许多支派。 ㉗逆河：穿渠使水经高地而入海之河。 ㉘九川：九州的大川。"九"代指众多。 ㉙艾（yì）安：平安无水患。 ㉚功施（yì）：留传。

（以上第一段，写大禹治水的献身精神和伟大事业，功垂后世。）

自是之后，荥阳下引河东南为鸿沟①，以通宋、郑、陈、蔡、曹、卫②，与济、汝、淮、泗会③。于楚④，西方则通渠汉水⑤、云梦之野⑥，东方则通鸿沟江淮之间⑦。于吴⑧，则通渠三江、五湖⑨。于齐⑩，则通淄济之间⑪。于蜀，蜀守冰凿离堆⑫，辟沫水之害⑬，穿二江成都之中⑭。此渠皆可行舟，有余则用溉浸，百姓飨其利。至于所过，往往引其水益用溉田畴之渠⑮，以万亿计，然莫足数也。

【注释】 ①荥阳：汉县名，县治在今河南省荥阳市东北。鸿沟：春秋时所修运河，起于今河南省荥阳市北引黄河水东流经河南省开封市北折向南经河南省通许县东、太康县西，至河南省周口市淮阳区东南入颍水。 ②宋、郑、陈、蔡、曹、卫：均周代封国，地当今河南省、山东省、安徽省、江苏省之交的河淮之间地区。 ③济、淮、泗：均水名。济水有两源，其东源出今山东省菏泽市定陶区北，东北会于汶水，又东北入海；北源出河南省济源市西王屋山，下流屡有变迁，秦汉时在今河南省武陟县南入黄河。淮：即今淮河。源于今河南省桐柏山。泗水：淮河下游第一大支流，今称泗河。 ④楚：地区名，指今湖北省、湖南省一部，及河南省、安徽省南部一带。 ⑤通渠：开挖渠道，疏导积水。汉水：即今汉江，发源于陕、甘交界处，流经今陕西省南部至湖北省武汉市汉口入长江。 ⑥云梦：古泽薮名。在今湖北省监利市一带地。 ⑦江淮之间：长江淮河之间，泛指豫南、皖南、苏北一带地。　⑧吴：地区名，泛指今苏南和浙北一带。　⑨三江、五湖：泛指江浙境内的川流湖泊。据《汉书·地理志》，三江为长江、吴淞江以及一条沟通长江至太湖的引水河。古代称这三江为北江、南江、中江。五湖：指太湖及其周围的湖泊。　⑩齐：地区名，指今山东省大部分地区。　⑪淄：水名。即今山东省的淄河。济：济水。　⑫离堆：秦蜀郡太守李冰所凿的灌溉渠，今名都江堰，在今四川省灌县西南岷江分流处。　⑬沫水：即今大渡河。沫水出岷山西，东流经蒙山，其山上合下开，水流湍急，覆没舟船，历代为害，李冰疏正水路，避免了水害。　⑭二江：古代郫、检二江的总称。李冰修都江堰，分岷江为二支：北支叫郫江，又名北江；南支叫检江，又名流江、南江。　⑮田畴：田地。

　　西门豹引漳水溉邺①，以富魏之河内。而韩闻秦之好兴事②，欲罢之③，毋令东伐，乃使水工郑国间说秦④，令凿泾水自中山西抵瓠口为渠⑤，并北山东注洛三百余里⑥，欲以溉田。中作而觉⑦，秦欲杀郑国。郑国曰："始臣为间，然渠成亦秦之利也。"秦以为然，卒使就渠。渠就⑧，用注填阏之水⑨，溉泽卤之地四万余顷⑩，收皆亩一钟⑪。于是关中为沃野，无凶年，秦以富强，卒并诸侯，因命曰郑国渠⑫。

　　【注释】　①漳水：即今漳河，源出山西省东南，在今河北省南部入卫河。邺：古县名，县治在今河北省临漳县西南。　②秦之好兴事：秦国好为土木之事。　③欲罢之：欲疲劳秦国，使之不能东伐。　④郑国：韩人。古代著名的水利专家。间说（shuì）：从事间谍活动。　⑤泾水：即今陕西省之泾河。中山：又名仲山，在今陕西省淳化县西北。瓠口：即谷口，在今陕西省泾阳县。　⑥洛：即今陕西省北洛河。　⑦中作而觉：工程进行一半才发觉郑国是韩之秘谍。　⑧渠就：渠成。　⑨用注填阏之水：用新开渠道引低注地积水。　⑩泽卤之地：不生谷物的咸卤地。　⑪钟：古容量单位，即六斛四斗，合今二百一十九市斤。　⑫郑国渠：古代著名的人工灌溉渠道，位于关中平原，自今陕西省泾阳县引泾水东流，经富平县、蒲城县等地注入洛水。全长三百多里，灌溉面积约二百八十万亩。唐代以后，因发展白渠，郑国渠逐渐埋废。

　　（以上为第二段，写春秋战国之际，各国兴修水利，发展生产的概况，表彰李冰、西门豹、郑国等人的功业。）

　　汉兴三十九年①，孝文时河决酸枣②，东溃金堤③，于是东郡大兴卒塞之④。

　　其后四十有余年⑤，今天子元光之中⑥，而河决于瓠子⑦，东南注巨野⑧，通于淮、泗⑨。于是天子使汲黯、郑当时兴人徒塞之⑩，辄复坏。是时武安侯田蚡为丞相⑪，其奉邑食鄃⑫。鄃居河北，河决而南则鄃无水灾，邑收多。蚡言于上曰："江河之决皆天事⑬，未易以人力为强塞，塞之未必应天⑭。"而望气用数者亦以为然。于是天子久之不事复塞也。

【注释】　①汉兴三十九年：时为汉文帝前元十二年，即公元前168年。　②酸枣：汉县名，县治在今河南省延津县西南。　③金堤：又名千里堤，在今河南省滑县境内。　④东郡：汉郡名，郡治濮阳，在今河南省濮阳市西南。卒：役使治河的民夫。　⑤其后四十有余年：指元光三年，即公元前133年。从文帝十二年至此是三十六年。"四十"，乃"三十"之误。古代数字写法，四十作卅，三十作卅，形近易误。　⑥今天子：指汉武帝。元光之中：即元光三年，《将相表》载：是年五月丙子，河决于瓠子。　⑦瓠子：古水名，此指瓠子口。元光三年，河决于此，其地在今河南省濮阳市南。　⑧巨野：古泽薮名，即大野泽，在今山东省巨野县北。　⑨淮、泗：即淮河、泗水。　⑩汲（jí）黯、郑当时：两人为武帝时的九卿大臣，合传。事详《汲郑列传》。　⑪田蚡：一位跋扈的外戚，官至丞相，封武安侯。事详《魏其武安侯列传》。　⑫鄃（shū）：汉县名，县治在今山东省平原县西南，黄河之北。　⑬天事：天意，上天的安排。　⑭未必应天：不一定符合天意。

是时郑当时为大农，言曰："异时关东漕粟从渭中上①，度六月而罢②，而漕水道九百余里，时有难处。引渭穿渠起长安③，并南山下④，至河三百余里，径⑤，易漕，度可令三月罢；而渠下民田万余顷，又可得以溉田：此损漕省卒⑥，而益肥关中之地，得谷。"天子以为然，令齐人水工徐伯表⑦，悉发卒数万人穿漕渠⑧，三岁而通。通，以漕，大便利。其后漕稍多，而渠下之民颇得以溉田矣。

【注释】　①异时：从前。漕粟从渭中上：指漕运路线经三门峡后转渭水方至长安。②度六月而罢：漕运一次需六个月才能完成。度（duó）：估计。　③穿渠：开挖渠。长安：西汉都城。旧址在今陕西省西安市。　④并南山：顺着南山。南山：即今西安市南的终南山。　⑤径：捷便。　⑥损漕省卒：缩短漕运路程，节约人力。损：减少。　⑦表：勘查渠道所立的标记。　⑧漕渠：即上文郑当时所建言的新渠，起长安昆明池南，东接潼关黄河，全长三百余里。

其后河东守番系言①："漕从山东西，岁百余万石，更砥柱之限②，败亡甚多，而亦烦费。穿渠引汾溉皮氏、汾阴下③，引河溉汾阴、蒲坂下④，度可得五千顷。五千顷故尽河壖弃地⑤，民茭牧其中耳⑥，今溉田之，度可得谷二百万石以上。谷从渭上，与关中无异，而砥柱之东可无复漕。"天子以为然，发卒数万人作渠田⑦。数岁，河移徙，渠不利，则田者不能偿种⑧。久之，河东渠田废，予越人，令少府以为稍入⑨。

【注释】 ①河东：汉郡名。郡治安邑在今山西省夏县西北。 ②更砥柱之限：要经过砥柱急流的危险。更：经过。限：险。 ③汾：水名。即今山西省的汾河。皮氏：汉县名，县治在今山西省河津市西。汾阴：汉县名，县治在今山西省万荣县西南。 ④蒲坂：汉县名，县治在今山西省永济市西蒲州镇。 ⑤"五千顷"句：这五千顷土地都是原先不耕种的河边地。故：原先。河壖：河边湿软之地。 ⑥茭：可做草料的苇类植物。 ⑦作渠田：开渠垦田。 ⑧不能偿种：收获的粮少于种子粮。 ⑨予越人，令少府以为稍入：把渠田给予善种水田的江浙移民，只收少量租税以充少府的收入。越人：居于江浙两广的部族人民，这里指移居于河东的越人。

其后人有上书欲通褒斜道及漕事①，下御史大夫张汤。汤问其事，因言："抵蜀从故道②，故道多坂③，回远④。今穿褒斜道，少坂，近四百里；而褒水通沔⑤，斜水通渭，皆可以行船漕。漕从南阳上沔入褒⑥，褒之绝水至斜，间百余里，以车转，从斜下下渭。如此，汉中之谷可致，山东从沔无限⑦，便于砥柱之漕⑧。且褒斜材木竹箭之饶，拟于巴蜀⑨。"天子以为然，拜汤子卬为汉中太守⑩，发数万人作褒斜道五百余里。道果便近，而水湍石，不可漕⑪。

【注释】 ①褒斜道：关中穿秦岭往陕南汉中的谷道之一。褒斜为二水名，同源而分流。褒水南流入沔，其谷为褒谷，谷口在陕南褒城北。斜水北流入渭，其谷为斜谷，谷口在今关中陕西省眉县西南。 ②故道：又名陈仓道，起今陕西省宝鸡市西南入褒谷抵汉中。 ③坂（bǎn）：山坡。 ④回远：迂回辽远。 ⑤沔：水名，即今汉江上游。 ⑥南阳：汉郡名。郡治宛，即今河南省南阳市。 ⑦无限：没有险阻。 ⑧便于砥柱之漕：指从南阳经汉中越秦岭的运粮路线比走砥柱的漕运要安全。便：方便，安全。按：这只是一种估计，实际此路艰险，不便运输。 ⑨拟：相比并。 ⑩卬（áng）：张卬，张汤之子，任汉中太守。 ⑪不可漕：因水急石多不能通漕运。

其后庄熊罴言："临晋民愿穿洛以溉重泉以东万余顷故卤地①。诚得水，可令亩十石。"于是为发卒万余人穿渠②，自征引洛水至商颜山下③。岸善崩，乃凿井，深者四十余丈。往往为井，井下相通行水。水颓以绝商颜④，东至山岭十余里间。井渠之生自此始⑤。穿渠得龙骨，故名曰龙首渠⑥。作之十余岁，渠颇通，犹未得其饶。

【注释】 ①临晋：汉县名。县治在今陕西省大荔县东。洛：即今陕西省北洛河。重泉：汉县名。县治在今陕西省大荔县西。 ②穿渠：即凿修龙首渠。 ③征：汉县名。县治在今陕西省澄城县西南。商颜山：今称铁镰山，在今陕西省大荔县北。 ④颓：水从地下穿流。 ⑤井渠：水行地道中，以井相连，俗称坎儿井。 ⑥龙首渠：汉武帝时开凿。起自今陕西省澄城县西南引北洛水东南流，至今陕西省大荔县西仍入洛水。其中铁镰山下十余里地段，全为地下井渠通水，是我国历史上第一条地下井渠。

自河决瓠子后二十余岁，岁因以数不登①，而梁楚之地尤甚②。天子既封禅巡祭山川，其明年，旱，干封少雨③。天子乃使汲仁、郭昌发卒数万人塞瓠子决④。于是天子已用事万里沙⑤，则还自临决河，沉白马玉璧于河，令群臣从官自将军已下皆负薪填决河。是时东郡烧草，以故薪柴少，而下淇园之竹以为楗⑥。

【注释】 ①岁因以数不登：庄稼收成连年不好，屡闹灾荒。 ②梁楚：地区名，因陈胜建楚，汉封梁国而得名，指今河南省东部，安徽省北部、山东省南部一带。 ③干封少雨：大旱少雨的原因，据说是上天为了烘干封禅之土，故封禅后大旱。 ④汲仁：汲黯弟，位至九卿，事见《汲郑列传》。郭昌：官至光禄大夫。 ⑤用事万里沙：元封二年，汉武帝东巡无名，乃祷于万里沙，事详《封禅书》。用事：指进行祭祀之事。万里沙：地名，在今山东省招远市境临近渤海。 ⑥而下淇园之竹以为楗：此句言因填决口致使木料短缺，不得不用竹子代替。淇园：苑名，在今河南省淇县境内。楗：用以堵决口的木桩，即树桩于水，抛以土石。此指竹编之笼，内装石头以代木楗堵水。

天子既临河决，悼功之不成①，乃作歌曰：“瓠子决兮将奈何？浩浩瀚瀚兮闾殚为河②！殚为河兮地不得宁，功无已时兮吾山平③。吾山平兮巨野溢，鱼沸郁兮柏冬日④。延道弛兮离常流，蛟龙骋兮方远游⑤。归旧川兮神哉沛，不封禅兮安知外⑥！为我谓河伯兮何不仁⑦，泛滥不止兮愁吾人？啮桑浮兮淮、泗满，久不反兮水维缓⑧。”一曰：“河汤汤兮激潺湲⑨，北渡污兮浚流难⑩。搴长茭兮沉美玉⑪，河伯许兮薪不属。薪不属兮卫人罪，烧萧条兮噫乎何以御水⑫！颓林竹兮楗石菑，宣房塞兮万福来⑬。”于是卒塞瓠子，筑宫其上，名曰宣房宫⑭。而导河北行二渠，复禹旧迹⑮，而梁、楚之地复宁，无水灾。

【注释】 ①悼：悲伤。 ②浩浩瀚瀚：形容河滩广漠无边。闾殚（dān）为河：过去的村镇全部被河水吞没。闾：门闾，代指村镇。 ③功无已时兮吾山平：凿山填河功尚未成啊，鱼山已凿平。吾山：指东郡之鱼山。　④"吾山平兮"二句：鱼山凿平了啊，巨野泽又洪水四溢；到处是鱼的乐园，时节又迫近冬天。冬日水应枯，此言已近冬日，仍洪水泛滥，遍地游鱼。沸郁：旺盛的样子。柏：通"迫"。　⑤"延道弛兮"二句：河水正道废弛啊水横流，蛟龙得意啊正远游。延道弛兮：《汉书·沟洫志》作"正道弛"，指河水正道废弛。　⑥"归旧川兮"二句：水还旧道啊神灵保佑，若不封禅啊怎知外边有灾难。⑦河伯：黄河水神。　⑧"啮桑浮兮"二句：啮桑被水淹啊，淮、泗又将泛滥；河水长久不回故道啊，越流越泛滥。啮桑：古地名，在今江苏省沛县西南。水维缓：水的纲维涣散了，即水失去了约束，越来越泛滥。　⑨潺湲：水连续流动的样子，即波涛滚滚。　⑩北渡污兮浚流难：《汉书》作"北渡回兮迅流难"，意谓北去迂远的河水愈来愈泛滥。污：通"纡"，远。浚流难：同"水维缓"。　⑪菱：晒干的苇类水草。　⑫"薪不属兮"二句：塞河柴薪供不上啊卫人将遭罪，柴薪不够烧啊，唉，拿什么来塞河！卫人：卫地之人，指今河南省淇县、滑县、濮阳市一带水患最烈地区的居民。　⑬"颓林竹兮"二句：只好砍光竹林作楗啊，再加石为柱；一定要塞住宣房啊，使万福来。石灾：下石楗。插木为柱曰楗。　⑭宣房宫：取义宣导防塞。　⑮行：开。开二渠引导河水北行，回到大禹所疏的旧河道。二渠：见前"乃厮二渠以引其河"句注。

　　自是之后，用事者争言水利①。朔方、西河、河西、酒泉皆引河及川谷以溉田②；而关中辅渠、灵轵引堵水③；汝南、九江引淮④；东海引巨定⑤；泰山下引汶水⑥：皆穿渠为溉田，各万余顷。佗小渠披山通道者⑦，不可胜言。然其著者在宣房⑧。

【注释】　①用事者：指执政者、当权者。水利：修治河渠堤坝，使民众得交通与溉田的便利之事。　②朔方、西河、酒泉：皆郡名。河西：泛指甘肃青海两省黄河以西之地。《水经·河水注》谓朔方临戎县故城西有铜口支渠，东注以灌田；河水北经北地、陕西省富平县西、上河城东、典农城东，所在皆溉田。　③辅渠：古代关中六条人工渠道的总称，又名六渠。汉元鼎六年（公元前 111 年）在郑国渠上游南岸开凿的六条小渠，以辅溉郑国渠不能到达的高地。起今陕西省淳化县西南，至陕西省泾阳县西北的云阳镇北。灵轵：渠名，在今陕西省周至县境。堵水：积滞的水。　④汝南：汉郡名，郡治上蔡，在今河南省上蔡县西南。九江：汉郡名，郡治寿春，即今安徽省寿县。　⑤东海：汉郡名，郡治郯县，在今山东省郯城北。巨定：古湖名，在今山东省广饶县东北。　⑥汶水：即今山东省境内的大汶河。　⑦佗：通"他"，其他。披：开凿。　⑧著者：出名的，较大的水利工程。宣房：此指堵塞瓠子决口的水利工程，因汉武帝在此建宣房宫而得名。

　　（以上为第三段，写汉武帝时大规模的水利工程，是本篇的主要内容。其中有成功的经验，也有失败的教训；有权贵的徇私祸国，也有汉武帝亲临塞河，关心民瘼。）

太史公曰：余南登庐山①，观禹疏九江，遂至于会稽太湟②，上姑苏③，望五湖；东窥洛汭、大邳，迎河，行淮、泗、济、漯洛渠；西瞻蜀之岷山及离堆④；北自龙门至于朔方⑤。曰：甚哉，水之为利害也！余从负薪塞宣房，悲《瓠子》之诗而作《河渠书》。

【注释】　①庐山：山名，在江西省鄱阳湖西岸庐山市西北。　②太湟：不详，当是会稽山附近的水名。湟：《史记集解》引徐广曰："一作湿。"　③姑苏：山名，在今江苏省苏州市西南，又名姑胥山、姑余山。　④西瞻蜀之岷山及离堆：元鼎六年，司马迁出使巴、蜀，到过这些地方。　⑤龙门：山名，跨黄河两岸，其东在今山西省河津市北，其西在今内蒙古自治区五原县东北。公元前110年，司马迁从巡武帝封禅，历北边九原，曾到此地。

（以上为作者论赞，补充记载了作者对全国水利的考察，对汉武帝塞河的赞叹，用以表明水利是国计民生的重大问题。）

讲　析

在古文献中，《史记·河渠书》是继《尚书·禹贡》之后又一篇总结中华民族兴修水利伟大业绩的经典文献。全文可分为四个段落，正文三个段落，"太史公曰"为第四个段落。行文中对段意做了简明提示。第一段写大禹功绩，昭示后世。第二段写春秋战国之际的水利工程，表彰李冰、西门豹、郑国等人的功绩。第三段写汉武帝大规模治水的业绩与教训。第四段"太史公曰"记载了作者对全国水利的考察。司马迁把水利列为"八书"之一，也就是列为国家大政。《史记·夏本纪》一半篇幅是摘载《禹贡》，"八书"又专列《河渠书》，司马迁敏锐地认识到水利是国家工程，国家大政，直接关系民生。他热情地讴歌汉武帝重民生兴水利，赞叹武帝亲率百官与军民一体塞河，谴责权贵田蚡为一己私利对黄河泛滥不作为的卑劣灵魂。《河渠书》的创作，再次彰显了司马迁的远见卓识。

《河渠书》总结历代的水利工程，表彰李冰、西门豹、郑国等人的功绩，理所应当。而重点表彰的却是大禹和汉武帝，寄寓另有深意。相传大禹是上古治水的圣贤，因治水而得天下。司马迁笔下的大禹不是神，而是一个勤劳平凡的劳动人民，他带领民众战胜自然，是第一个治水取得成功的英雄，他一心扑在治水上，三过家门而不入，最终成长为领导民众创造幸福生活的伟大领袖。具体的业绩写入《夏本纪》，而《河渠书》以禹开头，以禹作结，大禹成为了一种精神，人胜自然的精神。汉武帝兴水利，是《河渠书》的核心内容。汉武帝征四夷、平准、均输、盐铁专卖、封禅、求仙，创造了许多政绩，记述有褒有贬，唯有兴水利，对《河渠书》作了最高的评价。汉武帝放纵外戚，对田蚡拖延治理黄河二十余年的行为也有批评，但当汉武帝临黄河瓠子决口被军民奋战的行为感动，汉武帝亲率百官负薪塞河，有决心、有魄力终于堵塞了决口，表现了一个雄才大略的政治家形象，体现出对民生的重视，使司马迁深受感动，记录《瓠子》诗歌以志不朽。清人牛运震曰："《河渠书》直书事情，无一贬词。盖自河决瓠子，屡塞辄坏，梁楚之地，屡受其害，武帝自临决河，率从官负薪填石，卒成宣房之绩，复禹旧迹，殆有不得已者。读《瓠子》二歌，犹恻然有忧民之思焉。太史公备著之，以为较贤于开边、封禅、求仙等事也，故曰'余从负薪塞宣房，悲《瓠子》之诗而作《河渠书》'，即所以予之也。"（《史记评注》）。

司马迁为何作《河渠书》，就是要赞扬大禹和汉武帝兴修水利，关心民生的伟大业绩。司马迁认为，汉武帝大兴水利，堵塞黄河决口，是弘扬了大禹的功业，是人类战胜水害可歌可泣的英雄壮举。诗人为塞河大军创作了《瓠子》诗歌，司马迁在论赞中用了"悲《瓠子》之诗"五个字来表达赞颂的情怀。这一个"悲"字，也是《河渠书》一篇的文眼，语意双关，亦悲亦赞，点出塞河工程是一道雄伟悲壮的风景线。

平 准 书

【题解】　《平准书》是我国史籍中最早的经济史专门著作，概述了从汉初到汉武帝元封元年近一个世纪的经济发展和财政政策，重点评述汉武帝控制商品流通和物价，以及货币变动的平准、均输等政策，故名《平准书》。司马迁以寓论于叙事之中的手法，评述了文景时代致富之由，刺讥武帝中、后期国计民生凋敝之因，前后形成了鲜明的对照。

汉兴，接秦之弊[1]，丈夫从军旅[2]，老弱转粮饷[3]，作业剧而财匮[4]，自天子不能具均驷[5]，而将相或乘牛车，齐民无藏盖[6]。于是为秦钱重难用[7]，更令民铸钱[8]，一黄金一斤[9]，约法省禁[10]。而不轨逐利之民[11]，蓄积余业以稽市物[12]，物踊腾[13]，粜米至石万钱[14]，马一匹则百金[15]。

【注释】　①弊：凋敝，衰败。　②丈夫：壮年男子。从军旅：服兵役。　③转粮饷：运输军粮。　④作业：兴办的事情。剧：多。匮（kuì）：缺乏。　⑤均驷：毛色纯一的四匹马。驷：四匹马，古代一车四马。　⑥齐民：平民。无藏盖：没有加盖而藏之物，即无物储藏。　⑦秦钱重：指秦始皇推行的半两钱。秦汉时一两为二十四铢，半两钱重十二铢。⑧更令民铸钱：改变币制，令民铸重量轻的新钱，即汉初的榆荚钱，重三铢。　⑨一黄金一斤：黄金一斤为一金。秦时，金以镒为单位，一镒重二十四两。汉时，金以斤为单位，一斤重十六两。黄金与铜钱比价，金一斤值万钱。　⑩约法：指公元前 206 年刘邦入咸阳约法三章。省禁：减少禁令。　⑪不轨：不守法规。　⑫蓄积余业以稽市物：囤积货物。稽：贮滞，引申为操纵。　⑬物踊腾：物价上涨。踊腾：涨。踊：跳，与腾构成同义双音词。　⑭粜（tiào）：卖出粮食。　⑮百金：百万。

天下已平，高祖乃令贾人不得衣丝乘车，重租税以困辱之[1]。孝惠、高后时，为天下初定，复弛商贾之律[2]，然市井之子孙亦不得仕宦为吏③。量吏禄④，度官用⑤，以赋于民⑥。而山川园池市井租税之人⑦，自天子以至于封君汤沐邑⑧，皆各为私奉养焉⑨，不领于天下之经费⑩。漕转山东粟⑪，以给中都官⑫，岁不过数十万石。

【注释】　①重租税：加重租税。汉律规定，民年十五以上至六十五岁，每人每年交赋税一百二十钱，称为一算。商人与奴婢加重一倍。　②弛：松弛，放宽。　③市井之子孙：商人子弟。市井：古时交易场所，借指商人。　④量吏禄：估量官吏的俸禄。　⑤度官用：计算官府支出的费用。　⑥赋于民：向百姓征收租税。　⑦山川园池市井租税之人：指利用山川园池从事生产和经营工商业的赋税收入。　⑧封君汤沐邑：封君的采邑。诸侯王、列侯、公主等享有封邑称封君。汉代京师的附近封邑称汤沐邑，一向是太后、皇后、公主、外戚享有。　⑨私奉养：私人生活费用。　⑩不领于天下之经费：皇帝有山川园池之人，封君有封邑之人，皆不得向国库领取俸禄。天下之经费：指大司农所入之赋税为军国之用。　⑪漕转：山东粮饷运往京师，水运为漕，陆运为转。　⑫中都官：京师诸官府。

至孝文时，荚钱益多，轻，乃更铸四铢钱①，其文为"半两"，令民纵得自铸钱②。故吴③，诸侯也，以即山铸钱④，富埒天子⑤，其后卒以叛逆。邓通⑥，大夫也，以铸钱财过王者。故吴、邓氏钱布天下，而铸钱之禁生焉⑦。

匈奴数侵盗北边，屯戍者多⑧，边粟不足给食当食者。于是募民能输及转粟于边者拜爵⑨，爵得至大庶长⑩。

孝景时，上郡以西旱，亦复修卖爵令，而贱其价以招民⑪；及徒复作，得输粟县官以除罪⑫。益造苑马以广用⑬，而宫室列观舆马益增修矣⑭。

【注释】　①四铢钱：汉文帝五年（公元前175年）推行半两钱，实重四铢。　②纵：放任。　③吴：指吴王刘濞，景帝三年（公元前154年）勾结楚、赵、胶西、胶东、淄川、济南等六诸侯叛汉，史称吴楚七国之乱。　④即山铸钱：就矿山开矿铸钱。　⑤埒(liè)：等同。　⑥邓通：汉文帝宠臣，官至上大夫。文帝将蜀严道（今四川省荥经县）铜山赐给邓通，许其铸钱。故邓氏钱遍天下，富过侯王。景帝即位后，免通官，抄没家财，穷饿而死。　⑦铸钱之禁：汉武帝即位后禁止私人铸钱。　⑧屯戍：驻军屯田，戍卫边疆。　⑨输：捐献粮米。拜爵：授予爵位。　⑩大庶长：汉二十级爵位之第十八级。当时规定，凡纳粟予边六百石者，授二级爵上造；四千石者，授九级爵五大夫；一万二千石者，授十八级爵大庶长。　⑪贱其价：降低爵位的卖价。　⑫"及徒复作"二句：囚徒欲免除服役，得向国家输纳粮食。复：免除。作：服役。县官：指代朝廷。　⑬苑马：御苑所养之马。　⑭列观：台榭成列。

　　至今上即位数岁，汉兴七十余年之间，国家无事，非遇水旱之灾，民则人给家足，都鄙廪庾皆满①，而府库余货财。京师之钱累巨万②，贯朽而不可校③。太仓之粟陈陈相因④，充溢露积于外，至腐败不可食。众庶街巷有马，阡陌之间成群，而乘字牝者摈而不得聚会⑤。守闾阎者食粱肉⑥，为吏者长子孙，居官者以为姓号。故人人自爱而重犯法⑦，先行义而后绌耻辱焉⑧。当此之时，网疏而民富⑨，役财骄溢⑩，或至兼并豪党之徒，以武断于乡曲⑪。宗室有土公卿大夫以下⑫，争于奢侈，室庐舆服僭于上⑬，无限度。物盛而衰，固其变也。

　　【注释】　①都：国都，京师。鄙：边邑。　②巨万：大万，万万。　③贯：钱串子用绳串钱，每千文为一贯。校：计数。　④太仓：京师粮仓。　⑤字牝（pìn）：乳儿马的母马。字：同"牸"，母畜。　⑥守闾阎者：同"众庶"，泛指百姓，闾阎：里巷的门。　⑦重：不轻率。　⑧先：首务。绌（chù）：通"黜"，摈弃。　⑨网疏：法令宽大。　⑩役财骄溢：依仗财力，极端骄横。　⑪武断于乡曲：横行乡里。　⑫宗室：皇帝的宗族，指诸侯王。有土：有封邑。　⑬室庐：房屋庭院。舆服：车舆服饰。古代衣食住行皆有一定制度，以明尊卑地位。僭（jiàn）：僭越，超过规定。

　　自是之后，严助、朱买臣等招来东瓯①，事两越②，江淮之间萧然烦费矣③。唐蒙、司马相如开路西南夷④，凿山通道千余里，以广巴蜀⑤，巴蜀之民疲焉⑥。彭吴贾灭朝鲜⑦，置沧海之郡⑧，则燕、齐之间靡然发动⑨。及王恢设谋马邑⑩，匈奴绝和亲，侵扰北边，兵连而不解，天下苦其劳，而干戈日滋⑪。行者赍，居者送⑫，中外骚扰而相奉，百姓抏弊以巧法⑬，财赂衰耗而不赡⑭。入物者补官，出货者除罪，选举陵迟⑮，廉耻相冒⑯，武力进用⑰，法严令具。兴利之臣自此始也⑱。

　　【注释】　①东瓯：越族的一支，因都东瓯而得名。东瓯：在今浙江省温州市。汉武帝建元三年（公元前138年），闽越攻东瓯，汉武帝起用严助往救东瓯，闽越退兵，东瓯请求内附，于是举国四万余人迁于庐江郡，此即"招来东瓯"。严助：本名庄助，因避东汉明帝刘庄之讳，史称严助。严助与朱买臣两人为汉武帝侍从宠臣，在《汉书》中同传。②两越：即东越、南越。东越包括闽越和东瓯，在今福建省境内。南越在今两广地区。汉武帝元鼎五年平南越，元封元年平东越。　③萧然烦费：因用事两越，耗费繁多，使得江、淮一带生产萧条。　④唐蒙：郎中将。司马相如：辞赋家，两人曾用事西南夷，事详《西南夷列传》。　⑤广巴蜀：增广巴蜀的范围。巴蜀：即巴郡、蜀郡。　⑥疲：原文作通假字"罢"。　⑦彭吴贾灭朝鲜：《汉书·食货志》作"彭吴穿秽貊朝鲜"，即彭吴（人名）沟通了秽貊与朝鲜。　⑧置沧海之郡：汉武帝灭朝鲜置郡，事在元封二年。《平准书》记事至元封元年，此可证，司马迁在行文时为了叙事完整而又可突破断限。　⑨燕、齐：指河北省、山东省一带地方，因进兵朝鲜而受到极大的扰动。靡然：风靡，喻受极度扰动的样子。　⑩王恢设谋马邑：王恢，在汉武帝时为大行，他建言武帝设伏兵于马邑，诱杀匈奴单于，因谋泄未成而被杀。事见《韩安国列传》《匈奴列传》。马邑：秦置县，县治即今山西省朔州市城区。　⑪干戈日滋：战争一天天多起来。滋：增长。　⑫行者赍（jī），居者送：外出服役的要带路费，居家不外出的要赠物给行者。赍：携带。　⑬抏（wán）弊以巧法：钻空子利用法令投机取巧。抏：钻取。弊：漏洞。巧法：巧用法令。　⑭不赡：不够用。　⑮选举陵迟：通过选拔任用官吏的制度日益衰颓。　⑯廉耻相冒：假冒欺诈没有廉耻。冒：通"贸"，互易。　⑰武力进用：即重武轻文，武人吃香。　⑱兴利之臣：即想方设法与民争利之臣，此指桑弘羊、孔仅之属，事详下文。

其后汉将岁以数万骑出击胡①，及车骑将军卫青取匈奴河南地②，筑朔方。当是时，汉通西南夷道，作者数万人③，千里负担馈粮④，率十余钟致一石⑤，散币于邛僰以集之⑥。数岁道不通，蛮夷因以数攻，吏发兵诛之。悉巴蜀租赋不足以更之⑦，乃募豪民田南夷⑧，入粟县官，而内受钱于都内⑨。东至沧海之郡，人徒之费拟于南夷。又兴十万余人筑卫朔方⑩，转漕甚辽远，自山东咸被其劳，费数十百巨万，府库益虚。乃募民能入奴婢得以终身复⑪，为郎增秩⑫，乃入羊为郎⑬，始于此。

【注释】　①胡：匈奴。　②河南地：今内蒙古自治区河套地区。公元前127年，卫青击胡，收复河南地。　③作者：服劳役的人。　④馈粮：提供和运送粮食。　⑤率十余钟致一石：千里运粮，一般耗费十多钟才能把一石粮运到目的地。钟：合六石四斗。　⑥邛僰：指汉临邛县（治所在今四川省邛崃市）和僰道邑，在今四川省宜宾市西南。　⑦更：偿。　⑧田：后写作"佃"，耕种，这里指屯田。　⑨都内：又称大内，大司农属官。　⑩筑卫：筑城守卫。　⑪终身复：免除终身的徭役。　⑫为郎增秩：已为郎的捐献奴婢入官，可以升级。秩：官阶。　⑬入羊为郎：牧民捐献羊可以当郎官。

其后四年①，而汉遣大将军将六将军②，军十余万，击右贤王，获首虏万五千级③。明年④，大将军将六将军仍再出击胡，得首虏万九千级。捕斩首虏之士受赐黄金二十余万斤,虏数万人皆得厚赏,衣食仰给县官⑤;而汉军之士马死者十余万,兵甲之财转漕之费不与焉⑥。于是大农陈藏钱经耗,赋税既竭,犹不足以奉战士⑦。有司言⑧:"天子曰⑨:'朕闻五帝之教不相复而治,禹汤之法不同道而王,所由殊路,而建德一也⑩。北边未安,朕甚悼之。日者⑪,大将军攻匈奴,斩首虏万九千级,留蹛无所食⑫。议令民得买爵及赎禁锢免减罪⑬'。请置赏官,命曰武功爵⑭。级十七万⑮,凡值三十余万金⑯。诸买武功爵官首者试补吏,先除⑰;千夫如五大夫⑱;其有罪又减二等⑲;爵得至乐卿⑳:以显军功㉑。"军功多用越等㉒,大者封侯卿大夫,小者郎吏。吏道杂而多端,则官职耗废㉓。

【注释】 ①其后四年:指元朔五年(公元前124年)。 ②大将军:指大将军卫青。中华点校本"大将"下无"军"字,据下文,"大将"下脱一"军"字。六将军:苏建、李沮、公孙贺、李蔡、张次公、李息。 ③首虏:斩获敌人的首级。 ④明年:元朔六年(公元前123年)。 ⑤仰给县官:都靠国家供给。 ⑥"兵甲之财"句:指武器装备所需的资财和运粮费用还不包括在内。 ⑦"大农陈藏钱经耗"三句:大司农报告说,钱库经常空空,赋税也已用尽,但还是不够供应战士的费用。大农:即大司农。经:常。 ⑧有司言:有关的负责官员回答大农说。 ⑨天子曰:即指《汉书·武帝纪》所载元朔六年诏书。 ⑩"朕闻五帝之教"四句:五帝的教令不相蹈袭,但能使天下大治;夏禹和商汤的治国方法不同,但都能王天下,他们走的路子不同,但建立的德业却是一样的。 ⑪日者:前者,前些时候。 ⑫留蹛无所食:指大司农财匮,使戍边将士缺乏粮食。蹛:通"滞"。留蹛:停滞,指屯驻。也可解释为拖欠,谓大司农拖欠军饷,使出征将士缺乏粮食。 ⑬"议令民"句:有关部门商议,允许百姓用钱粮买爵位,以及赎买禁锢或减免罪刑。禁锢:因犯罪书名另册立案不允许做官,用今语即被剥夺政治权利。 ⑭武功爵:汉武帝创设的赏功官爵,实质仍是卖钱的官爵。共十一级,一级曰造士,二级曰闲舆卫,三级曰良士,四级曰元戎士,五级曰官首,六级曰秉铎,七级曰千夫,八级曰乐卿,九级曰执戎,十级曰左庶长,十一级曰军卫。 ⑮级十七万:卖武功爵之定价,每级十七万,卖最高爵军卫值一百八十七万。一金万钱,是为一百八十七金。 ⑯凡值三十余万金:这是国家卖武功爵所得的总收入,三十余万金相当于一千六百零四个军卫的总价值。 ⑰"诸买"二句:凡是买了武功爵第五级官首的人,可试用为候补官吏,有缺额时优先录用。官首:第五级军功爵,价八十五万,合八十五金。除:录用。 ⑱千夫如五大夫:买武功爵第七级千夫享有的权力与买民爵第九级五大夫相当。五大夫:秦汉二十级爵的第九级,文景时卖爵,买五大夫纳四千石粟,可享受复卒一人的权利。 ⑲其有罪又减二等:买武功爵至千夫,有罪时可减刑二等。 ⑳爵得至乐卿:买武功爵最高至八级乐卿。乐卿:价一百三十六万,合一百三十六金。 ㉑以显军功:买武功爵享有种种权力,只能买到第八级。最高的三级只授军功，以此来显荣军功，鼓励将士立功得爵。　㉒军功多用越等：立军功的将士往往超越等级授爵。　㉓官职耗废：官职混乱败坏。

　　自公孙弘以《春秋》之义绳臣下取汉相①，张汤用峻文决理为廷尉②，于是见知之法生，而废格沮诽穷治之狱用矣③。其明年④，淮南、衡山、江都王谋反迹现⑤，而公卿寻端治之，竟其党与⑥，而坐死者数万人，长吏益惨急而法令明察。

　　当是之时，招尊方正贤良文学之士⑦，或至公卿大夫。公孙弘以汉相，布被，食不重味⑧，为天下先。然无益于俗⑨，稍骛于功利矣⑩。

　　其明年⑪，骠骑仍再出击胡⑫，获首四万。其秋，浑邪王率数万之众来降⑬，于是汉发车二万乘迎之。既至，受赏，赐及有功之士。是岁费凡百余巨万。

【注释】　①以《春秋》之义绳臣下：用《春秋》的褒贬原则约束臣民。绳：准则，约束。　②峻文决理：以严峻苛刻的法令条文，审断狱讼。　③"于是见知之法生"二句：于是又制定了知情不举治以故纵的法令，还制定了对于破坏、阻挠、诽谤国家法令进行严厉惩处的条例。见知之法：即知情故纵，发现他人犯法，不予检举，就处以故纵罪。废格：延误，搁置，古称抗旨不办，今语叫行政不作为。格："搁"的假借字，阻挠。沮诽：诽谤朝廷。"见知之法""废格沮诽"是张汤等酷吏排斥异己，打击陷害人的两种罪名，往往是无中生有，锻炼成狱。　④其明年：元狩元年（公元前122年）。　⑤谋反现：图谋反叛的行迹被发现。淮南王刘安、衡山王刘赐皆淮南王刘长之子。江都王刘建，汉景帝孙。元狩元年，他们曾联谋叛汉，事发，皆自杀。事详《淮南衡山列传》。　⑥竟其党与：追出全部参加者和知情者，都严加惩处。　⑦方正贤良文学：汉代的举士科目，称贤良方正，或称贤良文学，或统称贤良。　⑧食不重（chóng）味：吃饭极俭约，不要两道菜。重：一种以上。　⑨然无益于俗：但是仍不能使社会风气好转。　⑩骛：同"务"，致力于追求。　⑪其明年：元狩元年（公元前122年）。　⑫骠骑：指骠骑将军霍去病。　⑬浑邪王：匈奴西部王之一，驻牧地在今甘肃省张掖市一带。

　　（以上为第一段，写汉初至武帝时的社会经济发展，以及汉武帝在此基础上的战略转变。）

　　初，先是往十余岁河决观①，梁楚之地固已数困②，而缘河之郡堤塞河，辄决坏，费不可胜计。其后番系欲省底柱之漕③，穿汾、河渠以为溉田④，作者数万人；郑当时为渭漕渠回远，凿直渠自长安至华阴，作者数万人；朔方亦穿渠，作者数万人：各历二三期⑤，功未就，费亦各巨万十数⑥。

天子为伐胡，盛养马⑦，马之来食长安者数万匹，卒牵掌者关中不足⑧，乃调旁近郡。而胡降者皆衣食县官，县官不给⑨，天子乃损膳，解乘舆驷⑩，出御府禁藏以赡之⑪。

其明年⑫，山东被水灾，民多饥乏，于是天子遣使者虚郡国仓廥以振贫民⑬。犹不足，又募豪富人相贷假⑭。尚不能相救，乃徙贫民于关以西⑮，及充朔方以南新秦中⑯，七十余万口，衣食皆仰给县官。数岁，假予产业⑰，使者分部护之，冠盖相望⑱。其费以亿计，不可胜数。于是县官大空。

【注释】 ①河决观：指元光三年（公元前 132 年）黄河在观地决口事。观：古国名，战国时属赵，置邑，汉置观津县，在今山东阳谷县。 ②梁楚之地：地区名，指今河南省东部及江苏、安徽两省北部一带地区。 ③番（po）系：人名，武帝时为河东太守。底柱：黄河中的石柱，在三门峡东，是古代漕运中的一段险途。 ④穿汾：指凿漕渠等工程，详《河渠书》。 ⑤期：一周年。 ⑥巨万十数：数十亿。巨万：又叫大万，即一亿。 ⑦盛养马：马为古代重要战略物资，文景时已大规模养马，为反击匈奴做准备。当时太仆下属有大厩、家马、未央、路軨、骑马、骏马六令丞，又有龙马、闲驹、橐泉、騊駼、承华五监长丞，又边郡有六牧师菀令，可见养马之盛。并、凉、朔方等边郡有数十处大牧场。 ⑧卒牵掌者：即"牵掌之卒"，会驯养马匹的战士。 ⑨不给：供给不上。 ⑩解乘舆驷：减少御马。解：卸掉，这里指减少。乘舆：专指皇帝车驾。驷：乘舆一车四马，这里指代御马。 ⑪御府禁藏：皇帝私人府库蓄藏的东西。 ⑫其明年：元狩三年（公元前 120 年）。 ⑬仓廥（kuài）：粮仓。廥：堆放柴草的房舍，这里用如"仓"。振（zhèn）：通"赈"，救济。 ⑭贷假：指借贷、租赁。 ⑮关以西：关中以西，即今陇东、陕北一带地方。 ⑯新秦中：古地区名，在今内蒙古自治区河套一带。 ⑰数岁，假予产业：对移民，一连几年均由国家供给生产和生活物资。 ⑱冠盖相望：喻使者众多。冠盖：原指大臣的冠服和车盖，此代指大臣。相望：前者后者可以互望，形容极多。

而富商大贾或蹛财役贫①，转毂百数②，废居居邑③，封君皆低首仰给④。冶铸煮盐，财或累万金，而不佐国家之急，黎民重困。于是天子与公卿议，更钱造币以赡用，而摧浮淫并兼之徒。是时禁苑有白鹿而少府多银锡⑤。自孝文更造四铢钱，至是岁四十余年⑥，从建元以来，用少，县官往往即多铜山而铸钱，民亦间盗铸钱，不可胜数。钱益多而轻⑦，物益少而贵。有司言曰："古者皮币⑧，诸侯以聘享。金有三等，黄金为上，白金为中⑨，赤金为下⑩。今半两钱法重四铢，而奸或盗摩钱里取镕⑪，钱益轻薄而物贵，则远方用币烦费不省⑫。"乃以白鹿皮方尺，缘以藻绘⑬，为皮币，值四十万。王侯宗室朝觐聘享，必以皮币荐璧⑭，然后得行。

【注释】 ①蹛财：囤积财物。蹛：通"滞"，停积。 ②转毂百数：拥有上百辆的运粮车。 ③废居：亦作"废举""废著"。卖出称废，储存称居。指货物价贱买进，价贵卖出，以求厚利。 ④低首仰给：封君低头依靠商贾供给。 ⑤禁苑：皇帝的苑囿。 ⑥是岁四十余年：是岁即指元狩三年（公元前120年）。孝文帝五年（公元前175年）造四铢钱至此为五十五年。这里的"四十余年"当为"五十余年"之讹。 ⑦钱益多而轻：钱越多越贬值。 ⑧皮币：用珍贵兽皮制成的货币。这里指古代诸侯间聘享用作厚礼的毛皮和布帛。 ⑨白金：银币。 ⑩赤金：铜币。 ⑪摩钱里取镕（yù）：磨钱背取铜屑铸钱。镕：铜屑。 ⑫远方：全国各地。不省：不察。 ⑬缘以藻绘：卷边并加以彩画。缘：卷边。 ⑭荐璧：指以皮币垫璧贡献。荐：进献。

又造银锡为白金①。以为天用莫如龙，地用莫如马，人用莫如龟，故白金三品②：其一曰重八两，圜之③，其文龙，名曰"白选"，值三千；二曰以重差小④，方之，其文马，值五百；三曰复小，椭之⑤，其文龟，值三百。令县官销半两钱，更铸三铢钱⑥，文如其重。盗铸诸金钱罪皆死，而吏民之盗铸白金者不可胜数。

【注释】 ①造银锡为白金：造银锡合金的银币，事在元狩四年（公元前119年）。 ②三品：三个等级。 ③圜之：圆形钱币。圜：同"圆"。 ④差小：重量稍轻。 ⑤椭之：椭圆形钱币。 ⑥更铸三铢钱：改铸新币，面值三铢。按：毁四铢钱改铸三铢钱，由铜本位过渡为银本位，由单一货币变成多种货币并行，显示了西汉货币史上一次大改革，这本是工商业发展的必然结果。但汉武帝利用币制改革大量制造贬值货币，如银中加锡，改四铢为三铢，国家从中取利，带来消极影响。

于是以东郭咸阳、孔仅为大农丞，领盐铁事；桑弘羊以计算用事①，侍中。咸阳②，齐之大煮盐，孔仅，南阳大冶，皆致生累千金③，故郑当时进言之。弘羊，洛阳贾人子，以心计④，年十三侍中。故三人言利事析秋豪矣⑤。

【注释】 ①以计算用事：桑弘羊由于会算账谋利而受重用。桑弘羊：汉武帝时著名的经济大臣。 ②咸阳：即东郭咸阳。 ③致生累千金：获利积累到千金。生：利息。

④心计：善于心算。 ⑤言利事析秋豪矣：出主意为官府谋利，秋毫不遗。秋豪：即秋豪，秋天鸟兽的细毛，比喻细微。豪：通"毫"。

    法既益严，吏多废免。兵革数动，民多买复及五大夫①，征发之士益鲜②。于是除千夫五大夫为吏，不欲者出马；故吏皆适令伐棘上林③，作昆明池④。

    其明年⑤，大将军、骠骑大出击胡，得首虏八九万级，赏赐五十万金，汉军马死者十余万匹，转漕车甲之费不与焉。是时财匮，战士颇不得禄矣⑥。

    有司言三铢钱轻，易奸诈，乃更请诸郡国铸五铢钱⑦，周廓其下⑧，令不可磨取镕焉。

【注释】 ①买复及五大夫：平民花钱买复和买爵至五大夫，以逃避劳役。买复：花钱免除徭役。复：除。民献马一匹可免除三人的徭役。五大夫：秦议十二级爵之第九级爵。买爵五大夫，亦可免除徭役。 ②征发之士益鲜：可征发的人更少了。 ③"故吏"句：被免职的原有官吏都责罚到上林苑去服打柴的劳役。故吏：被废免的官吏。适：通"谪"，责罚。上林：指上林苑，建元三年（公元前138年）始建，故址在今陕西省西安市郊。 ④昆明池：为练水军征云南所开的大湖，在长安西，周四十里，今已湮塞。 ⑤其明年：即元狩四年（公元前119年）。 ⑥禄：薪饷。 ⑦"乃更请诸郡国"句：据考证罢三铢，更铸五铢钱，事在元狩四年。 ⑧周廓其下：在钱的周围加铸凸起的边廓，使之不便磨取。

    大农上盐铁丞孔仅、咸阳言①："山海，天地之藏也，皆宜属少府，陛下不私，以属大农佐赋②。愿募民自给费，因官器作煮盐，官与牢盆③。浮食奇民欲擅管山海之货④，以致富羡⑤，役利细民⑥。其沮事之议⑦，不可胜听。敢私铸铁器煮盐者，钛左趾⑧，没入其器物。郡不出铁者，置小铁官⑨，便属在所县⑩。"

    使孔仅、东郭咸阳乘传举行天下盐铁⑪，作官府⑫，除故盐铁家富者为吏。吏道益杂⑬，不选⑭，而多贾人矣⑮。

【注释】 ①上：向皇帝禀奏。盐铁丞：大农属官，主管盐铁专卖事宜。孔仅：大铁商。东郭咸阳：大盐商。孔仅、咸阳为盐铁丞。 ②佐赋：为国家财政之补充，即充国库。 ③牢盆：煮盐之器。 ④浮食奇（jī）民：指不事农业的富商大贾及游侠之徒。 ⑤富羡：富饶。 ⑥细民：百姓。 ⑦沮事之议：指浮食奇民阻挠破坏盐铁专卖的言论。 ⑧钛（dì）：用铁镣钳足的一种刑罚。 ⑨置小铁官：汉武帝时，在弘农郡等四十余处产铁地设置铁官，主鼓铁。不出铁的地方设置小铁官，铸旧铁。　⑩在所县：所在县。　⑪乘传举行天下盐铁：乘着官家驿站的传车，在全国巡查和传达皇帝命令，实行盐铁官营。举行：一一巡查。　⑫作官府：在产盐铁之地设置盐官、铁官。　⑬吏道：任用官吏的制度。　⑭不选：不经郡国推举选拔。　⑮多贾人：官吏多是商人出身。汉初抑商，商人及子孙不得做官，武帝时货殖家东郭咸阳、孔仅、桑弘羊等出任王朝经济要职，主管大司农和盐铁事。汉法大变。

　　商贾以币之变①，多积货逐利。于是公卿言："郡国颇被灾害，贫民无产业者，募徒广饶之地②。陛下损膳省用③，出禁钱以赈元元④，宽贷赋⑤，而民不齐出于南亩⑥，商贾滋众。贫者蓄积无有，皆仰县官。异时算轺车贾人缗钱皆有差，请算如故⑦。诸贾人末作贳贷卖买⑧，居邑稽诸物⑨，及商以取利者，虽无市籍⑩，各以其物自占⑪，率缗钱二千而一算⑫。诸作有租及铸⑬，率缗钱四千一算。非吏比者三老、北边骑士⑭，轺车以一算；商贾人轺车二算；船五丈以上一算。匿不自占⑮，占不悉⑯，戍边一岁，没入缗钱。有能告者，以其半界之⑰。贾人有市籍者，及其家属，皆无得籍名田⑱，以便农。敢犯令，没入田僮⑲。"

【注释】　①币之变：币制币值不断变化。汉初用秦钱，重半两（十二铢）。吕后二年（公元前186年）行八铢钱，钱文半两。吕后六年（公元前182年）行荚钱，重五分，钱文仍为半两。文帝五年（公元前175年）行四铢钱，钱文仍为半两。武帝建元元年（公元前140年）行三铢钱，钱文三铢。武帝建元五年（公元前136年）行半两钱，或称三分钱。武帝元狩四年（公元前119年）又行三铢钱。　②募徒广饶之地：招募贫民迁移到人口少而土地肥沃的地区。　③损膳：节食。　④元元：指黎民百姓。　⑤宽贷赋：免征所欠贷赋。贷赋：贷与赋，即官府贷与百姓的谷物和征收的赋税。　⑥民不齐出于南亩：人民并不全都愿意从事农业。齐：都，全部。南亩：农田。　⑦"异时算轺（yáo）车"二句：从前征发小车税和商人资产税有一定的比例，请照旧例征收。汉武帝元光六年"初算轺车"，元狩四年"初算缗钱"。轺车：有钱人家乘用的小车。缗：穿铜钱的丝绳，又为计数单位，一千文为一缗。缗钱：指商人的总资产，包括土地、奴婢、财物。　⑧末作：古代把工商业称为末作，此处泛指富商大贾和高利贷者。贳（shì）贷：赊借。　⑨稽：贮积。　⑩市籍：秦汉时在市内营业的商贾的户籍。凡在籍工商都应向官府缴纳一定的市租。　⑪自占：估算自己财物的价值上报官府。占：估算。　⑫率缗钱二千而一算：一律按照二千缗资财缴纳一算的比率征税。　⑬诸作有租及铸：各项须交租金的和搞冶炼的手工业者。⑭非吏比者：无正式吏籍需加照顾的公职人员。三老：掌管教化的乡官。汉置乡三老和县三老。北边骑士：边郡当选的车骑士。　⑮匿不自占：隐瞒不估报的。　⑯占不悉：估报而有隐瞒的。悉：完全。　⑰有能告者，以其半畀（bì）之：有告发的人，把被告发人缗钱没收数的一半赏给告发人。畀：给，赏给。按：汉武帝颁布告缗令，事在元鼎三年（公元前114年）。　⑱皆无得籍名田：贾人的家属也一律不得登记占有田产。籍：登记，上簿。　⑲没入田僮：没收其土地，以及在土地上劳动的僮仆入官。僮：同"童"。

　　天子乃思卜式之言①，召拜式为中郎②，爵左庶长③，赐田十顷，布告天下，使明知之。

　　初，卜式者，河南人也④，以田畜为事。亲死，式有少弟，弟壮，式脱身出分，独取畜羊百余，田宅财物尽予弟。式入山牧十余岁，羊致千馀头，买田宅。而其弟尽破其业，式辄复分予弟者数矣⑤。是时汉方数使将击匈奴，卜式上书，愿输家之半县官助边。天子使使问式："欲官乎？"式曰："臣少牧，不习仕宦，不愿也。"使问曰："家岂有冤？欲言事乎？"式曰："臣生与人无分争⑥。式邑人贫者贷之，不善者教顺之⑦，所居人皆从式，式何故见冤于人⑧！无所欲言也。"使者曰："苟如此，子何欲而然？"式曰："天子诛匈奴，愚以为贤者宜死节于边，有财者宜输委⑨，如此而匈奴可灭也。"使者具其言入以闻。天子以语丞相弘⑩。弘曰："此非人情⑪。不轨之臣⑫，不可以为化而乱法⑬，愿陛下勿许。"于是上久不报式⑭，数岁，乃罢式。式归，复田牧。岁余，会军数出，浑邪王等降，县官费众，仓府空⑮。其明年⑯，贫民大徙，皆仰给县官，无以尽赡。卜式持钱二十万予河南守，以给徙民。河南上富人助贫人者籍，天子见卜式名，识之，曰："是固前而欲输其家半助边。"乃赐式外徭四百人⑰。式又尽复予县官。是时富豪皆争匿财，唯式尤欲输之助费。天子于是以式终长者，故尊显以讽百姓⑱。

【注释】①卜式：武帝时人，大畜牧主，官至御史大夫。《汉书》有传。　②中郎：秦汉时皇帝侍从官之一，秩比六百石，汉武帝时属光禄勋。　③左庶长：二十级爵中的第十级。　④河南：郡名，郡治洛阳，即今河南省洛阳市。　⑤数（shuò）矣：很多次了。⑥臣生与人无分争：我生平同别人没有争端。分：通"纷"。　⑦教顺：教训。顺：通"训"。　⑧见冤于人：被人冤枉。　⑨输委：捐献财产给国家。输：捐送。委：交付。⑩弘：即公孙弘。　⑪此非人情：不近人情。　⑫不轨之臣：不法之臣。轨：法。　⑬不可以为化而乱法：不应提倡这种作风，以免淆乱法令。　⑭于是上久不报式：汉武帝于是很长时间没有批复卜式的输委报告。　⑮仓府：仓廪府库。　⑯其明年：元狩三年（公元前 120 年）。 ⑰赐式外繇四百人：恩赐卜式的帮工可免徭役者四百人。 ⑱以讽百姓：用以讽喻百姓，使之效法卜式。

初，式不愿为郎。上曰："吾有羊上林中，欲令子牧之。"式乃拜为郎，布衣屩而牧羊①。岁余，羊肥息。上过，见其羊，善之。式曰："非独羊也，治民亦犹是也②。以时起居③；恶者辄斥去，毋令败群。"上以式为奇，拜为缑氏令试之④，缑氏便之。迁为成皋令⑤，将漕最⑥。上以为式朴忠，拜为齐王太傅⑦。

而孔仅之使天下铸作器⑧，三年中拜为大农，列于九卿⑨。而桑弘羊为大农丞，管诸会计事⑩，稍稍置均输以通货物矣⑪。

始令吏得入谷补官⑫，郎至六百石。

【注释】 ①布衣屩（juē）：不着官服，而穿平民衣服和草鞋。屩：草鞋。 ②治民亦犹是也：治理老百姓也该如此。 ③以时起居：指令民顺应农时进行劳作和休息。 ④缑氏：汉县名，在今河南省偃师市南。 ⑤成皋：汉县名，在今河南省荥阳市汜水镇。 ⑥将漕最：管理水运，成绩最好。 ⑦拜为齐王太傅：汉武帝任卜式为齐王（武帝子刘闳）太傅。太傅：职掌训导。 ⑧铸作器：铸造生产工具。 ⑨列于九卿：位居九卿，指大农令。 ⑩管诸会计事：指管理盐铁等各项财经收入。 ⑪均输：由国家控制的物流机构，用以垄断商业利润，增加国库收入。元鼎二年，试办均输。元封元年，于大司农下设专管运输的均输官，令各地向均输官缴纳贡物折价和运输费，然后在低价地方买货转运京师，或在高价地方出售。运输工具由官府置办，人员征发平民充当。 ⑫吏得入谷补官：官吏可以向政府献纳粮食而迁补高官。

自造白金五铢钱后五岁①，赦吏民之坐盗铸金钱死者数十万人。其不发觉相杀者，不可胜计②。赦自出者百余万人③。然不能半自出④，天下大抵无虑皆铸金钱矣⑤。犯者众，吏不能尽诛取，于是遣博士褚大、徐偃等分曹循行郡国⑥，举兼并之徒守相为利者⑦。而御史大夫张汤方隆贵用事⑧，减宣、杜周等为中丞，义纵、尹齐、王温舒等用惨急刻深为九卿⑨，而直指夏兰之属始出矣⑩。

【注释】 ①后五岁：当作"后三岁"。自元狩四年造白金，至元鼎元年赦天下，前后四年，故只可言后三岁。 ②"其不发觉"二句：至于那些没被官府发觉治罪，但因争利而互相攻杀致死的人，无法计算。 ③自出：自首。 ④不能半自出：自首的还不到一半。 ⑤大抵无虑：大概差不多。无虑：与"大抵"同义，两词叠用，增强语气。 ⑥褚大、徐偃：汉代博士。分曹循行郡国：分批到各郡国巡察政令执行情况。曹：辈。 ⑦"举兼并"句：

检举兼并农人的不法商贾和非法牟利的郡守、诸侯相。 ⑧隆贵：兴隆显贵，极为尊贵。⑨减宣、杜周、义纵、尹齐、王温舒：都是汉武帝时的酷吏，传见《酷吏列传》。中丞：御史大夫的属官。 ⑩直指：即绣衣直指，为御史大夫派往各地巡察或办案的专员。直指：品级虽不高，却可代表朝廷，权力很大。所谓"直指"，取义不徇私情，照直办事之意。武帝所派直指夏兰等人多为酷吏。

而大农颜异诛。初，异为济南亭长，以廉直稍迁至九卿①。上与张汤既造白鹿皮币，问异。异曰："今王侯朝贺以苍璧②，值数千，而其皮荐反四十万③，本末不相称。"天子不悦。张汤又与异有隙④，及有人告异以它议，事下张汤治异。异与客语⑤，客语初令下有不便者⑥，异不应，微反唇⑦。汤奏当异九卿见令不便，不入言而腹诽⑧，论死。自是之后，有腹诽之法比⑨，而公卿大夫多谄谀取容矣⑩。

【注释】 ①稍迁.逐级升迁。 ②苍璧：深蓝色的玉。 ③皮荐：指白鹿皮币。鹿皮本是托玉的皮垫，名之曰币就值四十万，颜异认为本末不称，故称之为皮荐。 ④有隙：有裂痕，即有矛盾。 ⑤客：门客。这一门客显然是趋炎附势之徒或张汤安插的小人。 ⑥初令：新令，指造白鹿皮币的法令。 ⑦微反唇：嘴唇微微动了一下，即欲言又止，并未出口。 ⑧腹诽：口里不说，心里反对。腹诽作为一种莫须有的罪名，拟之今语，犹言思想反动。此罪名成为酷吏打击、陷害，以及排挤政敌的一种手段，导致汉武帝后期政治人人自危的一场危机。 ⑨法比：无成文法而援例判案，即先例。汉武帝的各项经济政策伴随酷吏政治的推行，由此可见其得失。司马迁如此写，用意良深。 ⑩谄谀取容：为保乌纱帽而逢迎巴结上司。

（以上为第二段，写汉武帝过度使用民力，造成国家经济由盛转衰，因而实行铸钱、盐铁官营、算缗、告缗等经济政策，搜刮民财，用以支撑外征内作。）

天子既下缗钱令而尊卜式，百姓终莫分财佐县官，于是杨可告缗钱纵矣①。

郡国多奸铸钱②，钱多轻，而公卿请令京师铸钟官赤侧③，一当五④，赋官用非赤侧不得行⑤。白金稍贱⑥，民不宝用⑦，县官以令禁之，无益。岁余，白金终废不行。

是岁也⑧，张汤死而民不思⑨。

其后二岁⑩，赤侧钱贱，民巧法用之⑪，不便，又废。于是悉禁郡国无铸钱，专令上林三官铸⑫。钱既多，而令天下非三官钱不得行，诸郡国所前铸钱皆废销之，输其铜三官。而民之铸钱益少，计其费不能相当，唯真工大奸乃盗为之。

【注释】　①杨可告缗钱纵矣：杨可主持告发他人上报资产不实的事普遍开展起来。杨可是主持告缗的一个酷吏。　②奸铸钱：违法私铸钱。　③钟官：武帝时所置的铸钱官吏，属水衡都尉。赤侧：以赤铜为边的一种钱，元鼎二年铸。　④一当五：一枚钟官赤侧钱兑换五枚郡国所铸的五铢钱。　⑤赋官用：向官府交纳的赋税。　⑥白金：元狩四年所铸的一种银锡合金钱，盗铸者多，成色不一，价贱。　⑦不宝用：不存用。　⑧是岁：元鼎二年（公元前115年）。　⑨不思：不悼念。　⑩其后二岁：元鼎四年（公元前113年）。　⑪巧法用之：钻法令的空子使用赤侧钱。　⑫上林三官：指水衡都尉的三个属官，即上林均输、钟官、辨铜三令。水衡都尉主管上林苑。

卜式相齐，而杨可告缗遍天下①，中家以上大抵皆遇告②。杜周治之，狱少反者③。乃分遣御史廷尉正监分曹往④，即治郡国缗钱⑤，得民财物以亿计，奴婢以千万数，田大县数百顷，小县百余顷，宅亦如之。于是商贾中家以上大率破，民偷甘食好衣⑥，不事蓄藏之产业，而县官有盐铁缗钱之故，用益饶矣⑦。

益广关⑧，置左右辅⑨。

【注释】　①“卜式相齐”二句：卜式屡言兴利聚敛之害，故汉武帝外放为齐相，于是杨可之流得以任用。　②中家：中产之家。西汉时以十万资产为中家。　③狱少反者：一经定罪，极少翻案、平反。　④御史：御史大夫的属官，主管纠弹。廷尉正监：廷尉正和廷尉监，廷尉属官，主刑狱判案。　⑤即治郡国缗钱：到各郡国去就地审理告缗的专案。　⑥偷甘食好衣：苟且度日，只图眼前吃好穿好，即人们都不积蓄。　⑦益饶：更加充足。　⑧益广关：为扩大关中领地，元鼎三年冬将函谷关东移三百里。故函谷关在今河南省灵宝市东北，新函谷关在今河南省新安县东。函谷关东移后，故关改为弘农县。　⑨置左右辅：函谷关东移的次年，分关中地置左冯翊、右扶风二辅，与京兆尹合称三辅。

初，大农管盐铁官布多①，置水衡②，欲以主盐铁；及杨可告缗钱，上林财物众，乃令水衡主上林。上林既充满，益广。是时越欲与汉用船战逐③，乃大修昆明池，列观环之④。治楼船⑤，高十余丈，旗帜加其上，甚壮。于是天子感之，乃作柏梁台⑥，高数十丈。宫室之修，由此日丽。

乃分缗钱诸官，而水衡、少府、大农、太仆各置农官⑦，往往即郡县比没入田田之⑧。其没入奴婢，分诸苑养狗马禽兽，及与诸官。诸官益杂置多⑨，徒奴婢众⑩，而下河漕度四百万石，及官自籴乃足⑪。

所忠言："世家子弟富人或斗鸡走狗马⑫，弋猎博戏⑬，乱齐民⑭。"乃征诸犯令，相引数千人，命曰："株送徒。"⑮入财者得补郎，郎选衰矣。

【注释】①官布：官钱。布：泉布。 ②水衡：即水衡都尉，元鼎二年置，主管上林苑，兼铸钱。 ③越：指南越。战逐：作战以逐胜。 ④列观环之：建很多楼台把昆明湖环绕起来。 ⑤楼船：有层楼的大船。 ⑥柏梁台：元鼎二年春建。台系用柏木做梁，故名。 ⑦"分缗钱"二句：把缗钱分给各个官署，因而水衡、少府、大农、太仆诸官署都设置了管理农业生产的官员，负责管理所属的农业。 ⑧即郡县比没入田田之：就是把各郡县不久前没收的土地交给他们耕种。比：刚刚，不久前。田田：前一田字名词，后一田字动词。 ⑨杂置多：官僚机构膨胀，名目繁多。 ⑩徒奴婢众：服役刑徒和官奴婢数量很大。 ⑪"而下河漕"二句：从由黄河下游漕运京师的粮食估计要增加到四百万石，还要加上一部分各官府自筹买入的粮，才够用度。籴（dí）：买粮。 ⑫世家：先秦指世卿世禄之家。秦汉以后指经学传世，并世代做高官之家。 ⑬弋猎：狩猎。捕鸟为弋，捕兽为猎。博戏：赌博。 ⑭齐民：平民。 ⑮株送徒：株连犯。

（以上为第三段，写汉武帝尊卜式，任用酷吏，行告缗，软硬兼施，加重对人民的搜刮，导致吏治败坏、民不聊生的严重局面。）

是时山东被河灾①，及岁不登数年，人或相食，方一二千里。天子怜之，诏曰："江南火耕水耨②，令饥民得流就食江淮间，欲留，留处③。"遣使冠盖相属于道，护之，下巴蜀粟以振之。

其明年④，天子始巡郡国。东渡河，河东守不意行至⑤，不辨⑥，自杀。行西逾陇⑦，陇西守以行往卒⑧，天子从官不得食，陇西守自杀。于是上北出萧关⑨，从数万骑，猎新秦中，以勒边兵而归⑩。新秦中或千里无亭徼⑪，于是诛北地太守以下⑫，而令民得畜牧边县，官假马母⑬，三岁而归，及息什一，以除告缗，用充仞新秦中⑭。

【注释】①是时山东被河灾：据《汉书·武帝纪》载，关东大水灾，事在元鼎二年（公元前115年）夏。 ②火耕水耨（nòu）：原始的耕作方法，以火烧野草播种，苗生用水淹灌除草。 ③欲留，留处：指就食江淮之民，欲留居江淮者，可就地落户。 ④其明年：在武帝元朔四年（公元前 125 年）。 ⑤河东：汉郡名，郡治安邑，在今山西省夏县西北。 ⑥不辨：未准备好接迎圣驾的工作。辨（bàn），读"办"。 ⑦行西逾陇：向西越过陇山。 ⑧陇西：汉郡名，郡治狄道，在今甘肃省临洮县。卒（cù）：读"猝"。 ⑨萧关：在今宁夏回族自治区固原市东南。 ⑩勒边兵：检阅边防部队。 ⑪亭徼：亭障塞堡，边塞上的防御工事。 ⑫北地：汉郡名，郡治马岭，在今甘肃省庆阳市西北。 ⑬假：借贷。 ⑭充仞：充足。

既得宝鼎①，立后土、太一祠②，公卿议封禅事，而天下郡国皆预治道桥，缮故宫，及当驰道县③，县治官储④，设供具⑤，而望以待幸⑥。

【注释】 ①得宝鼎：元鼎四年（公元前 113 年）得鼎于汾水魏脽上。 ②立后土、太一祠：元鼎四年立后土祠于魏脽，祀地神；元鼎五年立泰畤于甘泉，祀太一神。太一：即北极神。 ③当驰道县：驰道所经由的各县。 ④县治官储：当驰道的各县都准备好接驾的物资。 ⑤设供具：置办好了供皇帝用的各种给养、筵席。 ⑥待幸：等待皇帝巡幸。

其明年①，南越反，西羌侵边为桀②。于是天子为山东不赡，赦天下囚，因南方楼船卒二十余万人击南越，数万人发三河以西骑击西羌③，又数万人度河筑令居④。初置张掖、酒泉郡⑤，而上郡、朔方、西河、河西开田官⑥，斥塞卒六十万人戍田之⑦。中国缮道馈粮，远者三千，近者千余里，皆仰给大农。边兵不足⑧，乃发武库工官兵器以赡之⑨。车骑马乏绝⑩，县官钱少，买马难得，乃著令⑪，令封君以下至三百石以上吏，以差出牝马天下亭⑫，亭有畜牸马⑬，岁课息⑭。

【注释】 ①其明年：元鼎五年（公元前 112 年）。 ②为桀：逞强，行凶。 ③三河：指河东、河内、河南三郡。 ④令居：汉县名，县治在今甘肃省兰州市永登县西北，是隔断羌胡交通和汉通河西的冲要重镇。 ⑤张掖、酒泉：皆郡名。张掖郡治，在今甘肃省张掖市。酒泉郡治，在今甘肃省酒泉市。 ⑥上郡：治肤施，在今陕西省榆林市东南。朔方郡：治朔方，在今内蒙古自治区杭锦旗北。西河郡：治平定，在今陕西省府谷县西北。河西：地区名。先秦指今山西、陕西省相交的黄河南段西岸地方；汉武帝通河西以后，指今甘肃省河西走廊及青海湟水流域地区。这里指甘肃省河西走廊。开田官：设置屯田官吏。 ⑦斥塞卒：斥候兵与戍塞兵之合称。戍田之：边戍边垦田。 ⑧边兵：边境戍兵所用之武器。这里"兵"字做武器解。 ⑨武库：汉王朝的军械库，在长安城内。 ⑩车骑马：

供战车和骑兵所用的马匹。　⑪著令：颁行为法令。　⑫以差：按等级。　⑬畜牸马：养殖育驹的母马。　⑭岁课息：每年征收小马作为利息。

　　齐相卜式上书曰："臣闻主忧臣辱。南越反，臣愿父子与齐习船者往死之。"天子下诏曰："卜式虽躬耕牧，不以为利，有余辄助县官之用。今天下不幸有急，而式奋愿父子死之①，虽未战，可谓义形于内②。赐爵关内侯，金六十斤，田十顷。"布告天下，天下莫应。列侯以百数，皆莫求从军击羌、越。至酎③，少府省金④，而列侯坐酎金失侯者百余人。乃拜式为御史大夫。

　　式既在位，见郡国多不便县官作盐铁，铁器苦恶⑤，贾贵⑥，或强令民卖买之。而船有算，商者少，物贵，乃因孔仅言船算事。上由是不悦卜式。

　　【注释】　①奋愿：奋发宏愿。　②义形于内：道义从内心里显现出来。形：显现。③至酎（zhòu）：到酎祭宗庙时。酎，多次重酿的好酒，专用于祭祀，此指酎祭。汉律规定，每年汉室祭祀宗庙，诸侯王都要参加酎祭献金，称为酎金。酎祭的实质是汉征收诸侯王贡赋的一种政策。酎金短斤少两，或成色不足，王削县，侯免国。汉武帝元鼎五年，诸侯坐酎金失侯者一百零五人。　④省金：检查诸侯所献助祭之金的分量、成色。　⑤苦恶：粗恶。苦：通"楛"，器物粗劣不坚固。　⑥贾（jià）：读"价"，价格。

　　汉连兵三岁，诛羌，灭南越，番禺以西至蜀南者置初郡十七①，且以其故俗治②，毋赋税。南阳、汉中以往郡，各以地比给初郡吏卒奉食币物，传车马被具③。而初郡时时小反，杀吏，汉发南方吏卒往诛之，间岁万余人，费皆仰给大农。大农以均输调盐铁助赋，故能赡之。然兵所过县，为以资给毋乏而已，不敢言擅赋法矣④。

　　【注释】　①番禺：都会名，即今广州市。置初郡十七：新设置十七个郡。即灭南越后置九郡：南海，苍梧，郁林，合浦，交趾，九真，日南，珠崖，儋耳；通西南夷后置五郡：武都、牂柯、越嶲、汶山、沈黎；另置零陵、犍为、益州三郡。　②且以其故俗治：暂且按照当地原来民族的风俗、习惯和法度治理。　③"南阳"三句：南阳、汉中以南各郡，与新郡比邻，因此，由这些郡向新郡的吏卒供给俸食币物，并为驿站提供车马用具。　④"大农"五句：大司农用均输法及盐铁专卖的收入以补充税收，所以还能满足各项开支。但是军队所经过的各县，加重了平民的负担，只求按所需供给不使匮乏，再也不敢提加派征赋的事。为以：因为要。资给：供应。擅赋法：指常规征赋外，加派征赋以供军的苛赋。

其明年，元封元年①，卜式贬秩为太子太傅。而桑弘羊为治粟都尉②，领大农③，尽代仅管天下盐铁④。弘羊以诸官各自市⑤，相与争⑥，物故腾跃，而天下赋输或不偿其僦费⑦，乃请置大农部丞数十人⑧，分部主郡国⑨，各往往县置均输盐铁官，令远方各以其物贵时商贾所转贩者为赋，而相灌输⑩。置平准于京师⑪，都受天下委输⑫。召工官治车诸器，皆仰给大农。大农之诸官尽笼天下之货物⑬，贵即卖之，贱则买之。如此，富商大贾无所牟大利⑭，则返本⑮，而万物不得腾踊。故抑天下物，名曰："平准"。天子以为然，许之。于是天子北至朔方，东到泰山，巡海上，并北边以归⑯。所过赏赐，用帛百余万匹，钱金以巨万计，皆取足大农。

【注释】 ①元封元年：公元前110年。 ②治粟都尉：又名搜粟都尉，汉武帝始置，属大司农，掌租税钱谷以供军需。 ③领大农：代行大司农职务。 ④仅：孔仅。 ⑤诸官各自市：指京都各官府都各自囤积物资做买卖。市：贸易。 ⑥相与争：互相争利。 ⑦天下：国家。此句谓国家所得的赋税收入，还不够抵偿运费。僦（jiù）费：运费。 ⑧大农部丞：大司农所属分主各事的部属。 ⑨分部主郡国：划分部区主管各郡国财赋，即划片承包征赋。 ⑩而相灌输：互相调剂。 ⑪置平准于京师：在京师设平准令，总管全国范围内的物资调拨，平衡物价，故名平准，隶属大司农。 ⑫委输：调拨郡国积聚的物资于京师以供国用。委：积也。 ⑬"大农之诸官"句：指大司农所属的太仓、均输、平准、都内、斡官、铁市等诸令长。笼：收罗，掌握。 ⑭牟大利：牟取暴利。 ⑮返本：回到农业上。 ⑯并北边以归：汉武帝元封元年上泰山封禅之前，巡行各地，耀兵于北疆，历上郡、西河、五原，出长城，至朔方，临北河，勒兵十八万骑，威震匈奴。并：沿着。

弘羊又请令吏得入粟补官，及罪人赎罪。令民能入粟甘泉各有差，以复终身，不告缗①。他郡各输急处②，而诸农各致粟③，山东漕益岁六百万石。一岁之中，太仓、甘泉仓满。边余谷诸物均输帛五百万匹。民不益赋而天下用饶。于是弘羊赐爵左庶长，黄金再百斤焉④。

是岁小旱，上令官求雨。卜式言曰："县官当食租衣税而已，今弘羊令吏坐市列肆⑤，贩物求利。烹弘羊，天乃雨。"

【注释】 ①不告缗：元封元年取消告缗令。 ②各输急处：各郡各自把粮食输送到急需处。 ③诸农：指大司农、太仆、水衡、少府等所属诸农官。 ④再百金：两百金。 ⑤令吏坐市列肆：派官吏坐于街市做买卖。

（以上为第四段，写汉武帝出巡开边，任用桑弘羊行平准之法，民不益赋而天下用饶；但统治者的骄奢聚敛最终转嫁在百姓身上，从而阻滞生产的发展，使国库衰耗。）

太史公曰：农工商交易之路通，而龟贝金钱刀布之币兴焉①。所从来久远，自高辛氏之前尚矣，靡得而记云②。故《书》道唐虞之际，《诗》述殷周之世，安宁则长庠序③，先本绌末④，以礼义防于利；事变多故而亦反是。是以物盛则衰，时极而转，一质一文，终始之变也⑤。《禹贡》九州⑥，各因其土地所宜，人民所多少而纳职焉。汤、武承弊易变，使民不倦，各兢兢所以为治，而稍陵迟衰微。齐桓公用管仲之谋⑦，通轻重之权⑧，徼山海之业⑨，以朝诸侯，用区区之齐显成霸名。魏用李克⑩，尽地力，为强君。自是之后，天下争于战国，贵诈力而贱仁义，先富有而后推让。故庶人之富者或累巨万，而贫者或不厌糟糠；有国强者或并群小以臣诸侯，而弱国或绝祀而灭世。以至于秦，卒并海内。虞夏之币，金为三品⑪，或黄，或白，或赤；或钱，或布，或刀，或龟贝。及至秦，中一国之币为二等⑫，黄金以镒名⑬，为上币；铜钱识曰半两，重如其文，为下币。而珠玉、龟贝、银锡之属为器饰宝藏，不为币。然各随时而轻重无常⑭。于是外攘夷狄，内兴功业，海内之士力耕不足粮饷，女子纺绩不足衣服。古者尝竭天下之资财以奉其上，犹自以为不足也。无异故云，事势之流，相激使然，曷足怪焉。

【注释】①龟贝金钱刀布：古代的各种货币。根据考古发现，我国货币产生于商代，最早是贝币，春秋战国时期出现了各种金属货币。晋国流行布币，燕、齐流行刀币，楚国流行黄金货币，秦国流行环钱。秦始皇统一货币，以铜铸环钱为主，面值半两，重如其文。龟币在考古中没有发现，但龟甲在殷商时代是王室和贵族用于占卜的贵重物品。　②靡：没有。　③长：尊崇，重视。庠序：上古时期村社的集会场所，夏曰校，殷曰序，周曰庠，故用以代指教育。　④先本绌末：把农业和教化放在首位，抑制工商末利。本：农业和庠序之教；末，工商业。绌：通"黜"，抑制。　⑤终始之变：终而复始，即循环往复的变化。　⑥《禹贡》九州：《禹贡》是我国最早的地理著作，《尚书》中的一篇。《禹贡》划分中国为冀、兖、青、徐、扬、荆、豫、梁、雍九州，各州按土地肥瘠和人民多少纳贡。相传禹别九州，定其贡物，故称《禹贡》。学术界有人认为是战国时人的作品。　⑦齐桓公：春秋五霸之一。管仲：辅佐齐桓公称霸的国相。　⑧轻重：《管子》书中所阐述的一种经济理论，指国家权衡轻重所采取的一系列政治经济措施，如调盈济虚，平衡物价，抑制兼并等。权：权变，根据实际情况不断变化。　⑨徼（jiào）：求取也，引申为开发。　⑩李克：即李悝，战国时魏文侯相，他在魏国实行社会改革，魏国富强。　⑪金为三品：金属货币有三种，即黄金、白银、赤铜。虞夏之时的金属货币至今还未发现，这可能只是古代的传说。　⑫中：折中，引申为统一。　⑬镒：黄金货币的重量单位，实重二十四两。 ⑭轻重无常：这里的轻重是指铜钱的轻重和面值的大小，主要是讥评汉朝人为地屡变钱制。事详《平准书》中。

（以上为作者论赞，总结历史经验，论证经济发展与国家盛衰的关系，并说明二者互相影响激起世风转变。）

📝 讲 析

何谓平准？《史记索隐》："汉大司农属官有平准令丞者，以均天下郡国转贩，贵则卖之，贱者买之，贵贱相权输，归于京都，故名曰'平准'。"简言之，平准令丞负责调控物价，市场上货物价高时，平准令丞就将其掌握的货物卖出，平抑物价；当市场上货物价格偏低的时候，将货物买进，待货物价格上升时卖出。《平准书》顾名思义，是《史记》八书中专门讲汉初经济政策的专篇。在本篇中，司马迁浓墨重彩地记述了汉武帝时期社会经济生活的各项重大变革及其影响，旨在全面展现汉武帝新政的成败得失。

在《平准书》中，关于汉高祖到文景时期的经济政策描述简洁，篇幅较短。司马迁以"汉兴，接秦之弊"开篇，言简意赅地介绍汉初社会经济发展的历史背景，"秦弊"最直接的体现是"自天子不能具钧驷，而将相或乘牛车，齐民无藏盖"，汉革秦弊，推行黄老无为政策，简化国家对货币的控制和管理，容许百姓铸造钱币，此举导致"不轨逐利之民，蓄积余业以稽市物，物踊腾，粜米至石万钱，马一匹则百金"，富商大贾操纵物价，社会贫富分化严重。汉高祖一度试图抑制商贾，"令贾人不得衣丝乘车，重租税以困辱之"。汉惠帝和吕后时期，为了发展经济，放松了对商贾的限制，通过压缩政府支出，推行轻徭薄赋、与民休息的宽松政策。汉文帝时期，"令民纵得自铸钱"，"吴、邓氏钱布天下"，此举导致诸侯"卒以叛逆"，国家开始禁止民间铸币。因戍边、抗灾之需，汉文帝、汉景帝采纳了晁错的建议，推行入粟拜爵政策。汉初推行上述经济政策，效果如何呢？"至今上即位数岁，汉兴七十余年之间，国家无事，非遇水旱之灾，民则人给家足，都鄙廪庾皆满，而府库余货财。京师之钱累巨万，贯朽而不可校。太仓之粟陈陈相因，充溢露积于外，至腐败不可食。众庶街巷有马，阡陌之间成群，而乘字牝者摈而不得聚会。"从"自天子不能具钧驷"到"乘字牝者摈而不得聚会"，司马迁以鲜活的对比，对汉初七十年间的经济发展进行了高度的肯定。

《平准书》主要内容是汉武帝新政。

汉初七十年的发展，积累了雄厚的物质财富，但"物盛而衰，固其变也"，社会物质财富的充盈，骄溢豪奢之风开始盛行；开疆扩土的条件也同时成熟了。于是，"严助、朱买臣等招来东瓯，事两越"，"唐蒙、司马相如开路西南夷"，"王恢设谋马邑，匈奴绝和亲"，开疆扩土"行者赍，居者送，中外骚扰而相奉"，加之"百姓抏弊以巧法"，直接导致"财赂衰耗而不赡"。为了弥补开疆扩土产生的消耗，执政者广开财路，"入物者补官，出货者除罪"。置武功爵，虽能解燃眉之急，但随着征伐匈奴、凿空西南夷等外攘夷狄事业的进一步推进，以及为了治理河患、救济灾民，政府处处捉襟见肘，"天子乃损膳，解乘舆驷，出御府禁藏以赡之"。虽然天子以身作则，为天下垂范，但是"富商大贾或蹛财役贫，转毂百数，废居居邑，封君皆低首仰给。冶铸煮盐，财或累万金，而不佐国家之急，黎民重困"，豪商不救国家之急，汉武帝便祭出了币制改革的利器，"更钱造币以赡用"，因为无相应的配套措施，民间盗铸钱十分猖獗，"吏民之盗铸白金者不可胜数"，单纯地改革币制，已无法解决复杂的经济问题。在这种形势下，汉武帝推行了新政中最重要的一项改革："以商治商"，任用巨商大贾东郭咸阳、孔仅为大农丞掌盐铁之事，"乘传举行天下盐铁，作官府，除故盐铁家富者为吏"。以商治商，效果十分明显，商人搅扰市场的行径得到有效控制。针对豪商囤积取利的特点，汉武帝又适时推出了告缗令，要求商人自报财产，政府按照商人申报的财产征收相应的财产税"缗"。在推行上述经济改革的同时，汉武帝严明法纪，推行严刑峻法，任用酷吏执法，绣衣直指遍行郡国，"杨可告缗遍天下，中家以上大抵皆遇告。杜周治之，狱少反者"。经济措施在严刑峻法的配合下，很快取得明显的效果："乃分遣御史廷尉正监分曹往，即治郡国缗钱，得民财物以亿计，奴婢以千万数，田大县数百顷，小县百余顷，宅亦如之。于是商贾中家以上大率破，民偷甘食好衣，不事畜藏之产业，而县官有盐铁缗钱之故，用益饶矣。"经济新政取得了初步的成效之后，汉武帝外攘夷狄、内兴功业有了长足的发展，匈奴之患基本解除，取得了对匈奴、羌狄、西南夷、南越作战的决定性胜利，完成了"开中国之土"的任务。汉武帝并未满足已取得的成绩，继续深入改革，任用桑弘羊为治粟都尉，领大农，管天下盐铁官营之事。桑弘羊上任之后推均输平准、入粟拜爵，"一岁之中，太仓、甘泉仓满。边余谷诸物均输帛五百万匹。民不益赋而天下用饶"。汉武新政至此基本取得预期效果。

叙述汉武帝新政的同时，司马迁在《平准书》中还特别关注了汉武帝诸多经济政策之外的"教化措施"，如"公孙弘以汉相，布被，食不重味，为天下先。然无益于俗，稍骛于功利矣"，"天子于是以式终长者，故尊显以风百姓"等，从司马迁的叙述中不难发现，导致中家以上大抵破的算缗以及牵涉百余位列侯的酎金案，在推行之前，汉武帝都曾有意以树立典型的形式，希望富商和列侯能主动贡献财物以缓解国家府库压力，"教化"无力，严苛的政治措施便紧随其后。

在客观地陈述汉武帝推行经济新政的同时，司马迁叙议结合，对汉武帝的经济新政的评价有褒有贬，通过诸如"兴利之臣自此始也"，"吏道杂而多端，则官职耗废"，"张汤死，民不思"，"烹弘羊，天乃雨"等点睛之评，对新政中的诸多弊端进行了无情地批判。在尖锐批判的同时，司马迁也看到了汉武帝经济改革所带来的诸多积极方面，一句"民不益赋而天下用饶"，是对汉武帝新政的最大肯定。

评点汉武帝新政，不是《平准书》中所要表达的重点，在《平准书》的"太史公曰"中，司马迁给出了自己对于社会经济发展规律的认识："安宁则长庠序，先本绌末，以礼义防于利；事变多故而亦反是。是以物盛则衰，时极而转，一质一文，终始之变也。"在司马迁看来，社会经济发展，最根本的问题就是农业与商业的本末问题，重本轻末，以义防利，则可大治，这是垂拱而治下的治理模式；汉武新政则属于"事变多故而亦反是"，这正是"物盛则衰"的"终始之变"。司马迁认为，外攘夷狄，内兴功业，需要经济力量作为保证，必然会推行一系列相应的经济措施，来敛聚资财，而运用经济手段敛聚到更多的资财之后，当事者又会有更大的野心，进一步开拓对外对内的事业，于是进入一个事势相激的循环之中："竭天下之资财以奉其上，犹自以为不足也。无异故云，事势之流，相激使然。"这是他对汉武帝新政在褒贬之后的一个结论性的断语。也正是这个评价，招致王夫之对司马迁的笔伐："武帝之劳民甚矣，而其救灾民也为得，虚仓廪以振之，宠富民之假贷者以救之。不给则通其变，而徙荒民于朔方、新秦者七十余万口，仰给县官，给予产业，民喜于得生而轻去其乡，以安新邑，边因以实。""国虽虚，民以生，边害以纾，可不谓术之两利而无伤者乎？史讥其'费以亿计不可胜数'，然则疾视民之死亡而坐得拥府库者为贤哉？"王夫之于司马迁关于汉武帝新政的评价实是误读，他所列举汉武帝新政所带来的诸多利好，司马迁在《平准书》中有详细的介绍，他对此并无否定之意。作为事件的亲历者，司马迁看到的是随着当事者敛聚资财不断丰富的同时，当事者对外对内的事业亦随之不断膨胀，如果任由这个"事势"不断"相激"循环发展下去，最终的结果只能是"物盛则衰"。在这个认识的基础上，司马迁更愿意看到的是随财施用，承弊易变："《禹贡》九州，各因其土地所宜，人民所多少而纳职焉。汤、武承弊易变，使民不倦，各兢兢所以为治，而稍陵迟衰微。齐桓公用管仲之谋，通轻重之权，徼山海之业，以朝诸侯，用区区之齐显成霸名。魏用李克，尽地力，为强君。"

　　研究者多认为《平准书》与《货殖列传》互为表里，互相补充，充分展示了司马迁的经济思想。从"整体史观"的角度看，司马迁在《平准书》中，以宏大的叙事结构，以时间为横轴，以事件为纵轴，层层展开，犬牙交错，为我们搭建了一幅汉初社会发展的立体图景。在时间横轴上，汉武帝是节点，汉初高祖、惠帝、吕后以及文景时期是一个时段，汉武帝新政是另一个时段；在事件纵轴上，铸币、入粟拜爵、盐铁官营、均输平准等事件，或前或后，或并行，交织钩挂，将汉武帝时期政治经济军事生活的各个方面清晰地呈现在读者面前，从一定程度上，《平准书》弥补了《孝武本纪》记当朝之事疏略的不足。正如吴敏树在《史记别抄》中所言："《封禅》《平准》《河渠》三书，所叙皆孝武朝大条目事，与后人修史作志者不同……中间经营位置，全具苦心。人只见史公文章，波澜浩大，笔势豪纵，令读者手不停批，口不暇诵，不知其谨严精密，推移变化，正由精力思议过人，如国工构广厦。"

三十世家

（选六篇）

【说明】世家记述体例与本纪相同，均为编年记事，而名称有别，突出表达名位有别；本纪载天子，一国之君，天下共主；世家载开国承家、世代相续的诸侯，一方地域的历史，表述列国发展大势。《史记》三十世家中有若干篇系破例为体之世家，如孔子布衣入世家，陈涉称王不终而亦入世家，帝王后妃入世家，西汉开国五位列侯萧何、曹参、张良、陈平、周勃入世家。这些均为破例为体，别具《春秋》的褒贬笔法，详见本书相关涉及的论说，这里不一一细说。本书选讲六篇世家。

三十世家简介

司马贞曰："系家者，记诸侯本系也，言其下及子孙常有国。故孟子曰：'陈仲子，齐之系家。'又董仲舒曰：'王者封诸侯，非官之也，得以代为家也'。"（《吴太伯世家·索隐》）刘知幾曰："案世家之为义也，岂不以开国承续，世代相续。"又曰："司马迁之记诸国也，其编次之体与本纪不殊，盖欲抑彼诸侯，异乎天子，故假以他称，名为世家。"（《史通》卷二《世家》）即定名"世家"之义有三：

1. 记诸侯列国史；

2. 载传代家世；

3. "世家"与"本纪"同体，均编年纪事，因有别于天子等第而别名"世家"。

《三十世家》序列：一吴太伯；二齐太公；三鲁周公；四燕召公；五管蔡，附曹世家；六陈杞；七卫康叔；八宋微子；九晋；十楚；十一越王勾践；十二郑；十三赵；十四魏；十五韩；十六田敬仲完；十七孔子；十八陈涉；十九外戚；二十楚元王；二十一荆燕；二十二齐悼惠王；二十三萧相国；二十四曹相国；二十五留侯；二十六陈丞相；二十七绛侯；二十八梁孝王；二十九五宗；三十三王。《三十世家》按时代序列，可分为十组：

世家目次	①吴太伯至郑世家	世家第一至十二……卷三一至四二
	②赵世家至田敬仲完	世家第十三至十六……卷四三至四六
	③孔子	世家第十七……卷四七
	④陈涉	世家第十八……卷四八
	⑤外戚	世家第十九……卷四九
	⑥楚元王至齐悼惠王	世家第二十至二二……卷五十至五二
	⑦萧相国至绛侯	世家第二三至二七……卷五三至五七
	⑧梁孝王	世家第二八……卷五八
	⑨五宗	世家第二九……卷五九
	⑩三王	世家第三十……卷六十

第①组，吴太伯至郑世家共十二世家，载周初所封诸侯，其始祖皆有德于民，子孙享其德泽为诸侯。但《三十世家》篇目序列与《十二诸侯年表》序列不同，对照如下：

周、鲁、齐、晋、秦、楚、宋、卫、陈、蔡、曹、郑、燕、吴

——《十二诸侯年表》序列

吴、齐、鲁、燕、蔡、陈、卫、宋、晋、楚、越、郑

———《三十世家》序列

《十二诸侯年表》反映春秋之世的霸政，以诸侯强弱为序列。周列第一栏，示尊天下共主；鲁列第二栏，象征以《春秋》当一王之法，故周、鲁均不在十二之数。鲁后为齐、晋、秦、楚、宋，即春秋五霸之序列。吴殿后，示意内诸夏而外夷狄之义。这些都是春秋笔法。"世家"按诸侯始祖与周之亲疏关系和开国时功劳大小排列，象征诸侯夹辅周室，所以与"年表"序列不同。司马迁嘉吴太伯之让国，列为第一。第②组赵世家至田敬仲完四世家，乃战国之世以暴力篡夺而得的诸侯，即赵、魏、韩三家及田齐。第⑥、⑧、⑨、⑩四组共七世家，载当世刘姓宗室王。楚元王至齐悼惠王四世家为高祖高后所封，梁孝王文帝子，五宗诸王景帝之后，三王武帝子。第③、④、⑤三组为孔子、陈涉、外戚，第⑦组萧相国至绛侯汉初功臣，是按时代序列排列的专题世家。

关于"世家"之破例为体，参阅"十二本纪"的说明。

载诸侯世系的"世家"，极难划分段落，各篇分段或以各诸侯历史发展的阶段划分，或提示重要内容，灵活处理。《鲁周公世家》中载春秋十二公是本篇的主要内容，依中华书局点校本，每公自为一段，因具有特殊的历史意义。周初所封诸侯，经历西周、春秋，及于战国，在分段上划分这一大的时代段落，可以明晰地看出某诸侯世家在某一历史阶段的内容，因此不得以程式化的分段而轻视之。段落划分极难，段意提示更难，语译分段所释姑备参考而已，读者定能谅之。

《三十世家》有十六篇世家，篇幅占三分之二以上写周封诸侯，实际上是司马迁系统地写的春秋战国史，即《十二诸侯年表》和《六国年表》所包括的历史内容。汉初功臣世家，也从一个重要的侧面反映了秦楚之际的剧烈变化。中国古代春秋战国及秦楚之际，是一个发生历史巨变的长期战乱时代，历时长达五六百年之久。只有十八万字的《左传》，就记载了春秋二百四十二年中的动乱及战争五百五十余次。春秋之后是战国时代，更是无岁不征，无年不战。接着又是秦楚之际的大动乱，"五年之间，号令三嬗，自生民以来，未始有受命若斯之亟也"。（《秦楚之际月表序》）不仅战争越来越频繁，而且规模越来越大。春秋时的大战，如晋楚城濮之战，晋齐鞍之战，双方出战兵车

已达一二千乘，士卒一二十万，是相当规模的大战了。但这些大战若与战国及秦楚之际的大战相比，只不过是小巫见大巫。战国时秦赵长平之战，秦灭楚之战，秦楚之际巨鹿大战，楚汉成皋之战，双方动员的直接参战兵力以百万计，往往相斗数月乃至经年，在中外战争史上都可叹为奇观。长平之战爆发在秦昭王四十七年（公元前 260 年），决战从四月至九月，历时半年。秦国"发年十五以上悉诣长平"①，进行了全国总动员，倾国远斗，秦胜赵败，"前后斩首虏四十五万人"②。秦卒多于赵卒，双方参战兵力一百余万。公元前223 年秦灭楚之战，秦将王翦率六十万大军入楚③，楚悉发国中之兵对抗秦军，双方参战兵力亦百余万。公元前 207 年的巨鹿之战是起义军推翻暴秦的一场决战，诸侯之兵四十余万，秦军两支，王离军系秦戍守长城的边防军三十万，章邯军二十余万。此役各方参战总兵力近百万，决战从十二月至七月（秦历以十月为岁首），历时八个月。成皋之战，楚汉相持两年零七个月，双方前后投入的兵力有几百万④。这些大战役影响历史的进程，司马迁作了绘声绘色的记载。交兵始末、兵略战术、局势变化，序之了如指掌。这说明司马迁是一个精通兵略的史学家。

《史记》系统地记载了古代的战争，继承了《左传》的优良传统。但若将两书比较，由于体例和述史范围的不同，《史记》对于战争史的记载，内容更丰富，评论更深刻，堪称古代最完备的一部战争史，有以下几个突出特点，是其他任何一部古代史籍都无法比拟的。

其一，《史记》具有战争史的规模体制。《史记》五体，本纪、年表、八书、世家、列传均载有战争的内容，有史有论，自成体系。单从篇目字数的数量来看，战争史内容就是《史记》最重要的组成部分。《史记》一百三十篇，五十二万六千五百字，载有战争内容的篇目达八十二篇⑤，字数十余万

---

①②③ 《史记》卷七十三《白起王翦列传》。

④ 刘邦"将数十万之众"，距楚于巩雒，"数失军遁去"，萧何发关中卒补缺。刘邦又南走宛、叶收淮南兵北入成皋，并数发河北之兵南下，汉王一方前后已不下一二百万。见《史记》高祖本纪、淮阴侯列传、萧相国世家。

⑤ 《史记》有战争的八十二个篇目，较为重要的有五十八篇。本纪有五帝、周、秦、始皇、项羽、高祖等六篇。表有十二诸侯、六国、秦楚之际等三篇。书一篇，即律书。世家有吴太伯、齐太公、燕召公、晋、楚、越王勾践、赵、魏、韩、田齐、陈涉、曹相国、留侯、周勃等十四篇。列传有司马穰苴、孙吴、伍子胥、苏秦、张仪、樗里子甘茂、穰侯、白起王翦、魏公子、乐毅、廉蔺、田单、蒙恬、张耳陈余、魏豹彭越、黥布、淮阴侯、田儋、樊郦滕灌、傅靳蒯成、吴王濞、韩长孺、李将军、匈奴、卫霍、南越、东越、朝鲜、西南夷、大宛等三十四篇。

言，约占四分之一的篇幅。这些篇目记载了擅长兵略战阵的帝王将相六十余人，记述了古代战争五百余次，其中重大战争从黄帝涿鹿之战到汉武帝兵征大宛共七十余次，春秋战国及秦楚之际为五十八次。凡重大战争，年表载其目，纪、传、世家载其事。十二诸侯、六国、秦楚之际三表之序，律书序，以及各兵家传记篇末之"太史公曰"，则构成了司马迁系统的战争论。若把上述内容摘载出来，就可鲜明地看出《史记》是一部有史有论的、系统而完备的战争史，这是我们研究司马迁战争观的资料依据。

其二，《史记》载战争具有鲜明的系统性，以反映历史之变。《史记》断限，上起黄帝，下迄太初，即是从黄帝的统一战争起，至汉武帝兵征大宛而结束，示历史进程与战争密不可分，寓意深刻。孔子说过，"饰五兵及木石者曰贼"①，主张销毁兵器。儒家极力贬斥战争。司马迁却指出，秦始皇"堕坏名城，销锋镝，锄豪杰，维万世之安"，而这些禁忌"适足以资贤者为驱除难耳"②。"秦取天下多暴，然世异变，成功大"③。司马迁把战争与历史的发展变化联系起来考察，认识到战争是推进历史演变的一个动力，这不仅是超越前人的识见，而且在今天看来也是深刻的。

其三，《史记》载战争旨在揭示历史的演变轨迹，颂扬秦汉大一统。司马迁在《律书序》中鲜明地阐述了他的战争理论，认为战争是诛暴救危的自强工具，战争的性质有顺（正义）有逆（非正义），诛暴、平乱、夷险、救危等就是正义的战争。平乱世的统一战争，是《史记》的重要历史内容。春秋战国及秦楚之际，是一个由长期战乱走向统一的过程。《十二诸侯年表》《六国年表》《秦楚之际月表》，与这一时期相应的十四篇世家，系统地记载和反映这一历史时期巨变的战史流年，寓示西周以来历史在动乱中走向统一。《十二诸侯年表》起西周共和元年迄东周敬王之卒（公元前841至公元前476年），共三百六十六年，载战争一百八十九次；《六国年表》起周元王元年迄秦二世之灭（公元前475至公元前207年），共二百六十九年，载战争二百零一次；《秦楚之际月表》起陈涉发难迄刘邦称帝（公元前209至公元前201年），共八年，载战争五十三次。三表总计七百四十一年，载战争四百四十八次。其中重大战争五十八次，如果我们把这五十八次战争排成一个战史流年，那么

---

① 《大戴礼记》篇六十八《千乘》。
② 《史记》卷十六《秦楚之际月表》。
③ 《史记》卷十五《六国年表》。

司马迁载述战争用以提示历史演变轨迹的用意就鲜明地显现出来。

五十八次重大战争，春秋时期八次，战国时期四十二次，秦楚之际八次。战国时期以公元前359年秦孝公变法和公元前241年六国最后一次合纵攻秦为分期临界点分为三个时期。前期一百一十六年（公元前457年至公元前359年），只有三次重大战争；中期一百一十九年（公元前359年至公元前241年），有三十二次重大战争；后期二十年（公元前241年至公元前221年），有七次重大战争。这个分期的战史流年清楚地反映了历史由兼并战争走向统一的演变轨迹。由于春秋的兼并战争，改变了西周盛世"协和万邦"的封建格局，形成了几个大国。齐晋秦楚之所以兴起，是由于各国变法图强带来的经济发展起了巨大的作用。战国前期一百余年的相对平静是为战国中期大规模的战争作准备。这个时期各国先后变法，政治、经济、军事力量大大加强，所以才有战国中期的频繁大战。从战争地域来看，战国时期集中在三晋，楚汉相争，决胜在成皋。这说明在战国时期就已形成了"逐鹿中原"这样的格局。因三晋地处中原，是中国九州的经济、文化中心，人口密集，生产发达，所以晋国西阻秦，东败齐，南征楚，最为强大。晋由于三分而削弱，才造成了西方居高临下的秦国常雄诸侯的机会。通计战国时期四十二次大战，东方六国之间的争雄只有六次，其余三十六次都是秦与六国的争雄战争。秦发动三十二次战争，只有两次失败，即秦赵阏於之战和秦围邯郸之战，其余三十次都获得了胜利。东方六国四次合纵攻秦，都以失败告终。所以司马迁列战国年表取名《六国年表》而不用"战国年表"或"七国年表"命名，寓示秦为宗主。所以秦世系立为"秦本纪"。

"秦取天下多暴"，所以《史记》独特标出秦军攻伐斩首若干。从公元前364年的石门之战起，至公元前234年的平阳之战止。一百三十年中，秦军斩杀六国士卒一百六十七万人，单是白起一人，就斩首坑杀九十二万人。史称秦为"虎狼之国"（《史记·苏秦列传》及《战国策·西周策》），称白起、王翦为"豺狼之徒"（《汉书·刑法志》）。由此可知，荆轲刺秦王为正义之举，廉、蔺交欢的爱国精神垂名后世。但是，秦能胜六国，夷灭战争根源的侯王，从历史进程看是"平乱世"，所以得到了司马迁的肯定，秦之暴，乃"世异变"，而暴力获得了成功。尽管司马迁还不可能认识到秦并天下是最后完成了中国封建制度的社会变革，但他通过"原始察终"的方法，认识到统一战争的进步意义，确实难能可贵。

　　读《史记》三十世家，应密切与年表配合，深切了解司马迁所载的战史内容。因之，兹列春秋战国秦楚之际五十八次重大战争流年表，以供研读三十世家作参考资料。

春秋战国秦汉之际大战役流年表

历史时期	战役地区			时间公元前	结局		记事篇目
	次	古地	今地		胜败	斩首	
春秋时期（三六六年）	一	召陵	河南省漯河市郾城区东	656	齐桓公伐楚		诸侯表，齐、楚世家
	二	泓水	河南省柘城县北	638	楚败宋		诸侯表，楚、宋世家
	三	城濮	山东省鄄城县西南	632	晋败楚		诸侯表，晋、楚世家
	四	崤	河南省渑池县东	627	晋败秦		诸侯表，秦纪，晋世家
	五	邲	河南省郑州市东	597	楚败晋		诸侯表，晋、楚世家
	六	鞍	山东省济南市北	589	晋败齐（晋兵车八百乘）		诸侯表，晋、齐世家
	七	鄢陵	河南省鄢陵县西南	575	晋败楚		诸侯表，晋、楚世家
	八	郢	湖北县江陵县北	506	吴破楚（孙武率吴师三万，五战入郢，败楚二十万）		诸侯表、楚世家、孙吴传
战国前期（一一六年）	一	马陵	河北省大名县东南	369	魏败韩		六国表，魏、韩世家
	二	石门	陕西省三原市西北	364	秦败魏	六万	六国表，秦纪
	三	少梁	陕西省韩城市南	362	秦败魏		六国表，秦纪
战国中期（一一九年）	一	元里	陕西省澄城县南	354	秦败魏	七千	六国表，秦纪，魏世家
	二	邯郸	河北省邯郸市西南	353	魏败赵		六国表，魏、赵、田世家
	三	桂陵	河南省长垣市西北	353	齐田忌、孙膑败魏		六国表，田、魏世家，孙吴传
	四	马陵	河北省大名县东南	341	齐田忌、孙膑败魏，杀魏庞涓		六国表，田、魏世家，孙吴传

续表1

战国中期	五	安邑	山西省夏县北	340	秦商鞅败魏		六国表，秦纪，魏世家，商君传
	六	彫阴	陕西省洛川县东南	331	秦败魏①	八万	六国表，秦纪，魏世家
	七	五国攻秦	第一次合纵攻秦	318	楚赵魏韩燕联兵攻秦至函谷关败还②		六国表，秦纪，六国各世家
	八	修鱼	河南省原阳县西	317	秦败赵韩	八万二千	六国表，秦纪，赵、韩世家
	九	观泽	河南省清丰县东	317	齐助秦败魏赵		六国表，田、魏、赵世家
	十	岸门	河南省许昌市西北	314	秦败韩	一万	六国表，秦纪，韩世家
	十一	丹阳	河南省淅川县附近	312	秦败楚	八万	六国表，秦纪，楚世家
	十二	蓝田	陕西省蓝田县西	312	秦败楚		六国表，秦纪，楚世家
	十三	宜阳	河南省宜阳县西	307	秦阳甘茂取韩宜阳	六万	六国表，秦纪，韩世家，甘茂传
	十四	重丘	河南省沁阳市西北	301	秦齐韩魏败楚	二万	六国表，秦纪，田、魏世家
	十五	析	河南省淅川县东	298	秦攻楚取16城	五万	六国表，秦纪
	十六	三国攻秦	第二次合纵攻秦	298	齐韩魏败秦于函谷关③		六国表，秦纪，田、韩、魏世家
	十七	伊阙	河南省洛阳市南	293	秦白起败韩魏	二十四万	六国表，秦纪，韩、魏世家，白起传
	十八	临淄	山东省淄博市北	284	燕乐毅率秦韩赵魏燕五国之师破齐		六国表，秦纪，韩、赵、魏、田世家
	十九	光狼	山西省高平市	280	秦白起攻赵	三万	六国表，秦纪，赵世家，白起传

①此役《六国表》误作前333年，此从《秦本纪》，又《魏世家》作斩首4万5千。
②《楚世家》作六国攻秦，六国包括齐，当时齐大约只作声援，而未出兵。
③《秦本纪》作前296年齐韩魏赵宋中山（中山为赵附属）五国攻秦。

战国中期	二十	即墨	山东平度东南	279	齐田单破燕		六国表，田、燕世家，田单传
	二十一	郢	湖北省江陵北	278	秦白起破楚郢都		六国表，秦纪，楚世家，穰侯传，白起传
	二十二	大梁	河南省开封市	274	秦穰侯攻魏	四万	六国表，秦纪，魏世家，穰侯传
	二十三	华阳	河南省新郑市东	273	秦白起破魏、赵（斩魏卒十三万、沉赵降卒二万于河）	十五万	六国表，秦纪，魏世家，白起传
	二十四	阏於	山西省和顺县西北	270	赵将赵奢败秦		六国表，秦纪，赵世家
	二十五	陉	山西省曲沃县西北	264	秦白起破韩	五万	六国表，秦纪、韩世家，白起传
	二十六	长平	山西省高平市西北	260	秦白起破赵（秦发年十五以上悉诣长平）	坑四十五万	六国表，秦纪，赵世家，白起传
	二十七	邯郸	河北省邯郸市	257	秦围赵邯郸，楚魏救赵败秦		六国表，秦纪，赵、魏、楚世家
	二十八	阳城	河南省登封市东	256	秦败韩	四万	六国表，秦纪，韩世家
	二十九	新中	河南省安阳市	256	秦败赵	虏九万	六国表,秦纪
	三十	五国攻秦	第三次合纵攻秦	247	魏楚燕韩赵败秦于河外		六国表，秦纪，魏、楚世家，魏公子传
	三十一	卷	河南省原阳县西	245	秦攻魏	三万	始皇纪
	三十二	五国攻秦	第四次合纵攻秦	241	楚赵魏燕韩攻秦，战于函谷，至蕞（临潼东北）而还		六国表,始皇纪,赵世家

战国后期（二十年）	一	平阳	山西省临汾市	234	秦败赵	十万	六国表,始皇纪,赵世家
	二	阳翟	河南省禹州市	230	秦内史腾灭韩		六国表,始皇纪,韩世家
	三	邯郸	河北省邯郸市	228	秦王翦灭魏		六国表,始皇纪,魏世家
	四	大梁	河南省开封市	225	秦王贲灭赵		六国表,始皇纪,赵世家
	五	寿春	安徽省寿县	223	秦王翦率六十万秦兵灭楚		六国表,始皇纪,楚世家,王翦传
	六	辽东	辽宁省东部	222	秦王贲灭燕		六国表,始皇纪,燕世家,王翦传
	七	临淄	山东省淄博市北	221	秦王贲灭齐,秦统一六国		六国表,始皇纪,田世家,王翦传
秦楚之际（八年）	一	戏	陕西省西安市东	209	秦章邯败楚周文		月表,陈涉世家
	二	定陶	山东省菏泽市西北	208	秦章邯破杀项梁		月表,项纪
	三	巨鹿	河北省平乡县西	207	项羽大破秦军	坑二十万	月表,项纪,张耳陈余等传
	四	彭城	江苏省徐州市	205	项羽精骑三万破汉军五十六万		月表,项纪,高祖纪
	五	井陉	河北省井陉县西北	204	汉韩信破赵		月表,淮阴侯传
	六	成皋	河南省荥阳市西北	205 203	楚汉对峙两年零七个月		月表,项纪,高祖纪
	七	潍水	山东省高密市西	203	韩信破杀龙且		月表,淮阴侯传
	八	垓下	安徽省灵璧县东南	202	汉灭楚,大一统		月表,项纪,高祖纪

孔子世家

【题解】 孔子（公元前 551 至公元前 479 年），名丘，字仲尼，春秋时鲁国人。孔子是我国先秦儒家学派的创始人，中国古代大教育家、历史家和思想家。司马迁认为孔子对文化教育做出了重大的历史贡献，他的品格和思想传世久远，为后儒所宗，受到一代又一代人的敬仰，所以特立世家以示推尊。由于《孔子世家》纂录了孔子大量的语录，所以本篇既是孔子的传记，同时又是儒家学术思想的汇编，是研究孔子及其思想的重要历史文献。

孔子生鲁昌平乡陬邑①。其先宋人也，曰孔防叔②。防叔生伯夏，伯夏生叔梁纥。纥与颜氏女野合而生孔子③，祷于尼丘得孔子④。鲁襄公二十二年而孔子生⑤。生而首上圩顶⑥，故因名曰丘云。字仲尼，姓孔氏。

【注释】 ①昌平：古乡名，在今山东省曲阜市东南。陬（zōu）邑：昌平乡中邑名，即今曲阜市东南之邹城市。　②孔防叔：宋襄公八世孙，畏宋大夫华督之逼而奔鲁。　③野合：违礼结合曰"野合"。《史记正义》据《家语》以为纥娶颜氏女徵在时，年逾六十四，不合礼法，故称野合。　④尼丘：山名，在今邹城市西界阙里。　⑤鲁襄公二十二年：当灵王二十一年，即公元前 552 年。　⑥圩顶：头顶呈凹形，四边高隆如丘。

丘生而叔梁纥死，葬于防山①。防山在鲁东，由是孔子疑其父墓处，母讳之也。孔子为儿嬉戏，常陈俎豆②，设礼容③。孔子母死，乃殡五父之衢④，盖其慎也。郰人挽父之母诲孔子父墓⑤，然后往合葬于防焉。

【注释】 ①防山：又名笔架山，在今曲阜市东。　②俎豆：祭器。俎：长方形的盛牲之器。豆：圆形高足的盘。　③设礼容：模仿祭礼仪式。这是说孔子少时就对礼仪极有兴趣。　④殡：入殓未葬。五父之衢：地名，在今曲阜市西南。　⑤挽：通"挽"。诲：告诉。

孔子要绖①，季氏享士②，孔子与往。阳虎黜曰③："季氏飨士，非敢飨子也。"孔子由是退。

【注释】 ①要绖（dié）：腰上还系着孝麻。要：同"腰"。绖：丧服上的麻带。②享士：宴请士人。 ③阳虎：季氏的家臣。黜：驱赶。

孔子年十七，鲁大夫孟釐子病且死①，诫其嗣懿子曰②："孔丘，圣人之后③，灭于宋④。其祖弗父何始有宋而嗣让厉公⑤。及正考父佐戴、武、宣公，三命兹益恭⑥。故鼎铭云⑦：'一命而偻，再命而伛，三命而俯⑧，循墙而走⑨，亦莫敢余侮。饘于是，粥于是，以糊余口⑩。'其恭如是。吾闻圣人之后，虽不当世，必有达者⑪。今孔丘年少好礼，其达者欤？吾即没⑫，若必师之。"及釐子卒，懿子与鲁人南宫敬叔往学礼焉⑬。是岁，季武子卒，平子代立⑭。

【注释】 ①且：将要。按：孟釐子死在鲁昭公二十四年，孔子三十四岁，此云孔子十七岁孟釐子卒，有误。 ②嗣：嗣子，即继承职位的长子。 ③圣人：此指孔子先世始祖，即宋公室始祖商汤王。 ④灭于宋：孔子祖宗孔父嘉，在宋为华督所杀。 ⑤弗父何嗣让厉公：弗父何为孔父嘉之高祖，本宋湣公长子，他却把国君之位让给其弟厉公。嗣：嗣子，合法继承人。 ⑥正考父：孔父嘉之父，连仕戴、武、宣三公，故曰"三命"。⑦鼎铭：在鼎上镌刻的纪念性文字。 ⑧三命而俯：指正考父多次升迁，愈益谦恭。从偻（lǚ）到伛（yǔ）到俯，腰越弯越低。 ⑨循墙而走：沿墙而走，不走路中，表示谦恭。⑩"饘于是"三句：同一个鼎煮饘、煮粥充饥。饘：较稠的粥。 ⑪达者：显达于世的人。⑫没：通"殁"，死亡。 ⑬"懿子"句：南宫敬叔与懿子，同为孟釐子之子。 ⑭季武子：鲁执政，平子是其孙。

孔子贫且贱①。及长，尝为季氏史，料量平②；尝为司职吏而畜繁息③。由是为司空④。已而去鲁，斥乎齐，逐乎宋、卫，困于陈、蔡之间，于是返鲁。孔子长九尺有六寸⑤，人皆谓之"长人"而异之。鲁复善待，由是返鲁。

【注释】 ①贱：社会地位低下。 ②料量平：粮物出入公平。 ③畜繁息：牲畜壮，繁殖快。 ④司空：掌理工程之官。 ⑤九尺六寸：周制有十寸一尺，据出土文物实测，周尺合公制为十九点九一和二十三点一厘米两种。九尺六寸，约为一百九十厘米或二百二十一厘米。以八寸为一尺计算，为七尺八寸，当时一尺合二十三厘米，七尺八寸约为一百七十九厘米。

鲁南宫敬叔言鲁君曰："请与孔子适周。"鲁君与之一乘车，两马，一竖子俱[①]，适周问礼，盖见老子云。辞去，而老子送之曰："吾闻富贵者送人以财，仁人者送人以言。吾不能富贵，窃仁人之号[②]，送子以言，曰：'聪明深察而近于死者，好议人者也。博辩广大危其身者，发人之恶者也。为人子者毋以有己，为人臣者毋以有己[③]。'"孔子自周返于鲁，弟子稍益进焉。

【注释】 ①竖子：童仆。 ②窃：冒用，谦词，谓虚有仁人的称号。 ③"聪明深察"等六句：聪明深察的人易遭杀身之祸，因为他好评论人；博学善辩的人易危害自身，因为他好揭人的短处；为人子、人臣不要有这些事而存身以尽孝尽忠。毋有己：不要只顾自己，坚持个人意见。

是时也，晋平公淫，六卿擅权，东伐诸侯；楚灵王兵强，凌轹中国；齐大而近于鲁。鲁小弱，附于楚则晋怒；附于晋则楚来伐；不备于齐，齐师侵鲁。

鲁昭公之二十年，而孔子盖年三十矣。齐景公与晏婴来适鲁[①]，景公问孔子曰："昔秦穆公国小，处僻[②]，其霸何也？"对曰："秦，国虽小，其志大；处虽僻，行中正。身举五羖，爵之大夫，起缧绁之中[③]，与语三日，授之以政。以此取之，虽王可也，其霸小矣。"景公悦。

【注释】 ①晏婴：齐大夫，历齐灵公、庄公、景公三世，春秋时著名政治家，《史记》有传。 ②处僻：处于偏僻之地。 ③身举五羖（gǔ）：亲自提拔百里奚。传说百里奚为楚商奴仆，秦穆公用五张黑羊皮赎出，用以为大夫，号五羖大夫。缧绁（léixiè）：拘系犯人的绳索，引申为囚禁，这里指百里奚之受困。

（以上为第一段，记叙孔子的身世及青少年时代的成长过程。）

孔子年三十五，而季平子与郈昭伯以斗鸡故得罪鲁昭公，昭公率师击平子，平子与孟氏、叔孙氏三家共攻昭公，昭公师败，奔于齐。

齐处昭公乾侯[①]。其后顷之，鲁乱。孔子适齐，为高昭子家臣[②]，欲以通乎景公。与齐太师语乐，闻《韶》音，学之，三月不知肉味，齐人称之。

　　景公问政孔子，孔子曰："君君，臣臣，父父，子子。"景公曰："善哉！信如君不君，臣不臣，父不父，子不子，虽有粟，吾岂得而食诸！"他日又复问政于孔子，孔子曰："政在节财。"景公悦，将欲以尼溪田封孔子。晏婴进曰："夫儒者滑稽而不可轨法^①；倨傲自顺^②，不可以为下^③；崇丧遂哀，破产厚葬，不可以为俗；游说乞贷，不可以为国^④。自大贤之息^⑤，周室既衰，礼乐缺有间^⑥。今孔子盛容饰，繁登降之礼，趋详之节^⑦。累世不能殚其学，当年不能究其礼。君欲用之以移齐俗，非所以先细民也^⑧。"后，景公敬见孔子，不问其礼。异日，景公止孔子曰^⑨："奉子以季氏，吾不能。"以季、孟之间待之。齐大夫欲害孔子，孔子闻之。景公曰："吾老矣，弗能用也。"孔子遂行，返乎鲁。

【注释】　①儒者滑稽而不可轨法：儒这种人巧于言论，不遵守法律。儒：春秋时为贵族相礼的知识分子。多从卜、史、巫、祝中分化出来，后来成为知识分子的通称。滑稽：古代的滤酒器，喻巧言。　②自顺：自以为是。　③不可以为下：难以御驾，不宜做臣下。　④游说乞贷，不可以为国：以游说为业，生活仰给于人，不能用来治国。　⑤大贤：指周开国君臣文王、武王、周公等。　⑥礼乐缺有间：礼乐残缺由来已久。礼乐：包括法令制度。　⑦"孔子盛容饰"三句：孔子讲究仪容装饰，给各种聚会订出了升堂、下阶、作揖、叩头的烦琐礼仪。　⑧先细民：关心平民。　⑨止孔子：讲留用孔子的条件。

　　孔子年四十二，鲁昭公卒于乾侯，定公立。定公立五年，夏，季平子卒，桓子嗣立。

　　季桓子穿井得土缶，中若羊^①。问仲尼，云"得狗"。仲尼曰："以丘所闻，羊也。丘闻之，木石之怪夔、罔阆^②；水之怪龙、罔象^③；土之怪坟羊^④。"

【注释】　①"季桓子"句：季桓子在费打井得土缶，其中有个象羊的东西。土缶（fǒu）：盛酒瓦器，小口大腹。　②夔：古代传说的一足兽。罔阆：又作"方良、罔两、魍魉"，传说中的山精鬼怪。　③罔象：水怪。　④坟羊：土精，非雌非雄。

　　吴伐越，堕会稽^①，得骨节专车^②。吴使使问仲尼："骨何者最大？"仲尼曰："禹致群神于会稽山^③，防风氏后至，禹杀而戮之，其节专车：此为大矣。"吴客曰："谁为神？"仲尼曰："山川之神，足以纲纪天下，其守为神，社稷为公侯，皆属于王者④。"客曰⑤："防风何守⑥？"仲尼曰："汪罔氏之君，守封、禺之山⑦，为釐姓。在虞、夏、商为汪罔，于周为长翟，今谓之大人⑧。"客曰："人长几何？"仲尼曰："僬侥氏三尺⑨，短之至也。长者不过十之，数之极也。"于是吴客曰："善哉圣人！"

【注释】 ①堕会稽：拆除会稽（越都，今浙江省绍兴市）城墙。 ②骨节专车：骨节很长，装满（专）一辆车。专：装满。 ③群神：各地部落酋长，他们在祭神时都主祭，所以称神。 ④其守为神三句：主持祭山川的诸侯就是神，只主持祭土神、谷神的就是公侯，都隶属王的统治。 ⑤客：吴使臣。 ⑥防风何守：防风氏是什么地方的部落。 ⑦仲尼曰二句：孔子说：防风氏是汪罔氏部族的君主，主持封山、禺山（在今浙江省德清县西南）的祭祀。 ⑧今谓之大人：现在称为大人。 ⑨焦侥氏：传说中的矮人。

桓子嬖臣曰仲梁怀，与阳虎有隙。阳虎欲逐怀，公山不狃止之。其秋，怀益骄，阳虎执怀。桓子怒，阳虎因囚桓子，与盟而释之。阳虎由此益轻季氏。季氏亦僭于公室，陪臣执国政①，是以鲁自大夫以下皆僭离于正道。故孔子不仕，退而修《诗》《书》《礼》《乐》②，弟子弥众③，至自远方，莫不受业焉。

【注释】 ①陪臣：臣之臣，诸侯大夫对周天子自称陪臣。阳虎为季氏家臣，是鲁公室的陪臣，而执鲁政。 ②退：归隐不仕。 ③弥众：更加众多。

（以上为第二段，写孔子中年时已有渊博学识，因仕途不享而办教育。）

定公八年，公山不狃不得意于季氏，因阳虎为乱，欲废三桓之嫡，更立其庶孽阳虎素所善者，遂执季桓子。桓子诈之，得脱①。定公九年，阳虎不胜，奔于齐②。是时孔子年五十。

【注释】 ①"公山不狃"等句：公山不狃、阳虎两人皆季氏家臣。阳虎为季氏家臣冢宰，季氏执鲁政，故阳虎权倾朝野而叛季氏。季桓子发觉阳虎阴谋后，说服御者林楚驱车逃脱。事详《左传》定公八年。 ②阳虎不胜，奔于齐：阳虎杀季桓子不遂，据阳关（今山东省泰安市东南）以叛，定公九年兵败奔齐。

公山不狃以费叛季氏①，使人召孔子。孔子循道弥久，温温无所试②，莫能己用，曰："盖周文武起丰镐而王，今费虽小，傥庶几乎③！"欲往。子路不悦，止孔子。孔子曰："夫召我者，岂徒哉？如用我，其为东周乎④！"然亦卒不行。

其后定公以孔子为中都宰⑤，一年，四方皆则之⑥。由中都宰为司空，由司空为大司寇⑦。

【注释】 ①费：在今山东省费县西南，季氏封邑，公山不狃继阳虎以叛。 ②温温：默默不得志。 ③倘：或许。庶几：差不多。 ④东周：在东方推行周道。 ⑤中都宰：中都地方官。中都：鲁邑名，今山东省汶上县。 ⑥则：效法。 ⑦司寇：掌刑狱。

定公十年春，及齐平①。夏，齐大夫黎鉏言于景公曰："鲁用孔丘，其势危齐。"乃使使告鲁为好会②，会于夹谷③。鲁定公且以乘车好往④。孔子摄相事⑤，曰："臣闻，有文事者必有武备，有武事者必有文备。古者诸侯出疆，必具官以从⑥。请具左、右司马⑦。"定公曰："诺。"具左、右司马。会齐侯夹谷，为坛位⑧，土阶三等，以会遇之礼相见，揖让而登。献酬之礼毕⑨，齐有司趋而进曰⑩："请奏四方之乐。"景公曰："诺。"于是旍旄羽袚矛戟剑拨⑪，鼓噪而至。孔子趋而进，历阶而登，不尽一等⑫，举袂而言曰："吾两君为好会，夷狄之乐何为于此？请命有司⑬！"有司却之，不去，则左右视晏子与景公。景公心怍⑭，麾而去之。有顷，齐有司趋而进曰："请奏宫中之乐。"景公曰："诺。"优倡侏儒⑮，为戏而前。孔子趋而进，历阶而登，不尽一等，曰："匹夫而营惑诸侯者⑯，罪当诛。请命有司！"有司加法焉⑰，手足异处。景公惧而动，知义不若⑱，归而大恐，告其群臣曰："鲁以君子之道辅其君，而子独以夷狄之道教寡人，使得罪于鲁君，为之奈何？"有司进对曰："君子有过，则谢以质⑲；小人有过，则谢以文⑳。君若悼之㉑，则谢以质。"于是齐侯乃归所侵鲁之郓、汶阳、龟阴之田以谢过㉒。

【注释】 ①平：和平之盟会。 ②好会：友好之会。 ③夹谷：齐邑，在今山东省莱芜市南面的夹谷峡。 ④鲁定公且以乘车好往：鲁定公将真的不带武装乘便车去友好相会。 ⑤摄相事：代理司仪。 ⑥具官：要文武齐备。具：备。 ⑦司马：掌军政的武官。 ⑧为坛位：筑起盟会高台，设立位次。 ⑨献：互赠礼品。酬：互相敬酒。 ⑩趋：快步走。 ⑪旍旄：旌旗。旍：同"旌"。羽袚：皮制护膝。矛戟剑拨（fā）：武乐的兵器道具。拨：大楯。 ⑫历阶而登：一步一级地快步登阶。按礼法要双脚同登一级地慢步升阶。当时情况紧急，孔子顾不得礼法而历阶；盟台只有三级，但孔子没有上最后一级，又留有分寸，虽急而终不违礼。实际是孔子跳上两级，果断地处理突然事变，有理有节。⑬请命有司：请齐景公命主管者把武乐队撤下去。　⑭作：惭愧。　⑮侏儒：矮人小丑。⑯营惑：迷惑戏弄。营：同"荧"。　⑰加法：依法执行，斩侏儒。　⑱知义不若：自知在道义上输给了对方。　⑲谢以质：老老实实地赔礼道歉。　⑳谢以文：文过饰非。　㉑悼之：担心，惭愧。　㉒郓、汶阳、龟阴：皆鲁地。

　　定公十三年夏，孔子言于定公曰："臣无藏甲①，大夫毋百雉之城②。"使仲由为季氏宰，将堕三都③。于是叔孙氏先堕郈，季氏将堕费。公山不狃、叔孙辄率费人袭鲁④。公与三子入于季氏之宫⑤，登武子之台。费人攻之，弗克，入及公侧⑥。孔子命申句须、乐颀下伐之⑦，费人败。国人追之，败诸姑蔑。二子奔齐，遂堕费。将堕成，公敛处父谓孟孙曰⑧："堕成，齐人必至于北门。且成，孟氏之保障，无成是无孟氏也。我将弗堕。"十二月，公围成，弗克。

【注释】①藏甲：私人武装。　②雉：墙高一丈，长三丈叫一雉。　③三都：季氏之都费，叔孙氏之都郈（在今山东省东平县境），孟孙氏之都成（在今山东省泰安市南）。④鲁：指鲁都曲阜。　⑤三子：指季孙氏、孟孙氏、叔孙氏。　⑥入及公侧：叛者入季氏之宅，进攻到鲁定公所登的台旁。　⑦申句须、乐颀：鲁大夫。　⑧公敛处父：即阳处父，孟孙氏家臣。

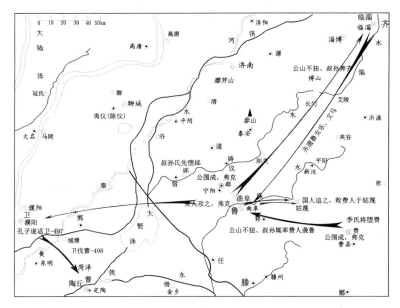

孔子堕三都

定公十四年，孔子年五十六，由大司寇行摄相事①，有喜色。门人曰："闻君子祸至不惧，福至不喜。"孔子曰："有是言也。不曰：'乐其以贵下人'乎？"于是诛鲁大夫乱政者少正卯。与闻国政三月，粥羔豚者弗饰贾②；男女行者别于途③；途不拾遗；四方之客至乎邑者，不求有司，皆予之以归。

【注释】　①摄相事：代理宰相事。当时季氏为鲁执政，孔子夹谷会时为代理司仪，此亦为司仪而实掌政，相当于后世之宰相。只执政了三个月就被齐人离间而被迫出走。②饰贾：抬高物价。　③别于途：男女分开走路，不相混杂，当时礼法。

齐人闻而惧，曰："孔子为政，必霸；霸则吾地近焉，我之为先并矣。盍致地焉？"黎锄曰①："请先尝沮之②；沮之而不可则致地，庸迟乎？"于是，选齐国中女子好者八十人，皆衣文衣而舞《康乐》③；文马三十驷④，遗鲁君。陈女乐文马于鲁城南高门外。季桓子微服往观再三，将受，乃语鲁君为周道游⑤，往观终日，怠于政事。子路曰："夫子可以行矣！"孔子曰："鲁今且郊⑥，如致膰乎大夫⑦，则吾犹可以止。"桓子卒受齐女乐，三日不听政；郊，又不致膰俎于大夫。孔子遂行，宿乎屯⑧。而师己送⑨，曰："夫子则非罪。"孔子曰："吾歌可夫？"歌曰："彼妇之口，可以出走；彼妇之谒，可以死败。盖优哉游哉，维以卒岁⑩。"师己返，桓子曰："孔子亦何言？"师己以实告。桓子喟然叹曰"夫子罪我⑪，以群婢故也夫！"

【注释】　①黎锄：齐大夫。　②尝沮之：试一试用计除掉孔子。沮：毁坏，引申为除掉。　③文衣：华服。《康乐》：舞曲名。　④文马：毛色斑斓的马。　⑤周道游：环城周遍游。　⑥且郊：即将举行郊祭天地的大典。　⑦致膰乎大夫：分送祭肉给大夫。膰（fán）：祭祀用的烤肉。　⑧屯：地名，在鲁都南郊。　⑨师己：鲁国的一位乐师。⑩"歌曰"句：意谓"那些长舌妇人会使得贤人被迫出走，也能使国家灭亡。我大概只能过闲散日子，了此余生"。　⑪罪我：责怪我。

（以上为第三段，写孔子五十岁前后在鲁国从政的经过和业绩。）

孔子遂适卫，主于子路妻兄颜浊邹家①。卫灵公问孔子："居鲁得禄几何？"对曰："俸粟六万②。"卫人亦致粟六万。居顷之，或谮孔子于卫灵公。灵公使公孙余假一出一入③。孔子恐获罪焉，居十月，去卫。

【注释】　①主：寄居。　②六万：六万小斗粟米，合二千石。　③一出一入：进进出出监视。

将适陈，过匡①。颜刻为仆，以其策指之曰②："昔吾入此，由彼缺也③。"匡人闻之，以为鲁之阳虎。阳虎尝暴匡人④，匡人于是遂止孔子⑤。孔子状类阳虎，拘焉五日。颜渊后，子曰："吾以汝为死矣！"颜渊曰："子在，回何敢死！"匡人拘孔子益急，弟子惧。孔子曰："文王既没，文不在兹乎⑥？天之将丧斯文也，后死者不得与于斯文也；天之未丧斯文也，匡人其如予何！"孔子使从者为宁武子臣于卫⑦，然后得去。去即过蒲⑧，月余，返乎卫，主蘧伯玉家⑨。

【注释】　①匡：卫邑，在今河南省长垣市。　②策：马鞭。　③缺：缺口。　④暴：践踏。　⑤止：扣留。　⑥文：周代的礼乐制度。　⑦宁武子：卫大夫，此时已死百余年，这里记载有误。　⑧蒲：卫邑，邻近匡。　⑨蘧（qú）伯玉：卫大夫。

灵公夫人有南子者，使人谓孔子曰："四方之君子不辱，欲与寡君为兄弟者，必见寡小君①。寡小君愿见。"孔子辞谢，不得已而见之。夫人在絺帷中②。孔子入门，北面稽首。夫人自帷中再拜，环珮玉声璆然③。孔子曰："吾向为弗见；见之，礼答焉④。"子路不悦。孔子矢之曰⑤："予所不者，天厌之！天厌之⑥！"居卫月余，灵公与夫人同车，宦者雍渠参乘⑦，出，使孔子为次乘⑧，招摇市过之⑨。孔子曰："吾未见好德如好色者也。"于是丑之，去卫，过曹⑩。是岁，鲁定公卒。

【注释】　①寡小君：诸侯夫人对别国使者自谦称寡小君。　②絺帷：细葛布做的帷帐。　③璆然：玉器相击的清脆之声。　④"孔子曰"句：孔子见南子后对子路等人说："我先前不愿见，既然见了，就要按礼节行事。"　⑤矢：同"誓"。　⑥予所不者，天厌之：我说得不实，天将抛弃我！　⑦参乘：古代乘车，尊者居左，陪乘居右，称参乘。御者居中。　⑧次乘：副车。　⑨招摇市过之：大摇大摆地走在闹市上。　⑩曹：国名，都陶丘，在今山东省菏泽市定陶区。

孔子去曹适宋，与弟子习礼大树下。宋司马桓魋欲杀孔子，拔其树。孔子去。弟子曰："可以速矣！"孔子曰："天生德于予，桓魋其如予何？"

孔子适郑，与弟子相失，孔子独立郭东门①。郑人或谓子贡曰："东门有人，其颡似尧，其项类皋陶，其肩类子产，然自腰以下，不及禹三寸②。累累若丧家之狗。"子贡以实告孔子。孔子欣然笑曰："形状，末也。而谓似丧家之狗，然哉！然哉！"

【注释】 ①郭东门：外城墙之东门。 ②自腰以下，不及禹三寸：腰部以下比禹短三寸。

孔子遂至陈，主于司城贞子家。岁余，吴王夫差伐陈，取三邑而去。赵鞅伐朝歌①。楚围蔡，蔡迁于吴。吴败越王勾践会稽。

有隼集于陈廷而死②，楛矢贯之③，石砮④，矢长尺有咫⑤。陈潜公使使问仲尼。仲尼曰："隼来远矣，此肃慎之矢也⑥。昔武王克商，通道九夷百蛮⑦，使各以其方贿来贡⑧，使无忘职业。于是肃慎贡楛矢、石砮，长尺有咫。先王欲昭其令德，以肃慎矢分大姬⑨，配虞胡公而封诸陈。分同姓以珍玉，展亲⑩；分异姓以远方职⑪，使无忘服。故分陈以肃慎矢。"试求之故府，果得之。

【注释】 ①朝歌：卫都，在今河南省淇县。 ②隼（sǔn）：鸷鸟。 ③楛矢贯之：有支楛木箭穿在鸟身上。 ④石砮：石制箭头。 ⑤矢长尺有咫：矢长一尺八寸。咫：八寸。 ⑥肃慎：居于今东北地区的古代民族名。 ⑦九夷百蛮：形容有许多部族。东方民族称夷，南方民族称蛮。 ⑧方贿：方物，土特产品。 ⑨大姬：周武王之长女。 ⑩展亲：重亲。 ⑪远方职：边远方物。

孔子居陈三岁，会晋楚争强，更伐陈①。及吴侵陈，陈常被寇。孔子曰："归与！归与！吾党之小子狂简，进取，不忘其初②。"于是孔子去陈。过蒲③，会公叔氏以蒲叛，蒲人止孔子。弟子有公良孺者，以私车五乘从孔子。其为人，长，贤，有勇力，谓曰："吾昔从夫子遇难于匡，今又遇难于此，命也已！吾与夫子再罹难④，宁斗而死。"斗甚疾⑤。蒲人惧，谓孔子曰："苟毋适卫，吾出子⑥。"与之盟，出孔子东门。孔子遂适卫。子贡曰："盟可负邪⑦？"孔子曰："要盟也⑧，神不听。"

【注释】　①更伐陈：晋楚两国轮流攻打陈。　②"归与归与"四句：回国吧！回国吧！留在家乡的学生们，志向远大，很有进取心，还保持着本始的善性。狂简：志向远大的情态。初：人性本善。　③蒲：在今河南省长垣市。　④罹（lí）难：遇难。　⑤疾：凶狠。　⑥出：释放。　⑦负：违背。　⑧要盟：被胁迫订立的盟约。

卫灵公闻孔子来，喜，郊迎。问曰："蒲可伐乎？"对曰："可。"灵公曰："吾大夫以为不可。今蒲，卫之所以待晋楚也①，以卫伐之，无乃不可乎？"孔子曰："其男子有死之志，妇人有保西河之志②。吾所伐者，不过四五人③。"灵公曰："善。"然不伐蒲。

灵公老，怠于政，不用孔子。孔子喟然叹曰："苟有用我者，期月而已④，三年有成。"孔子行。

【注释】　①待：防御。蒲在卫的西南，介于卫与晋楚之间为一缓冲地带，故卫灵公欲伐而犹豫不决。　②西河：卫西境沿河一带地区。　③四五人：蒲邑为首的叛乱分子公叔氏等，不过四、五人。　④期月：整十二个月，即一年。

佛肸为中牟宰①，赵简子攻范、中行，伐中牟。佛肸叛，使人召孔子，孔子欲往。子路曰："由闻诸夫子：'其身亲为不善者，君子不入也'。今佛肸亲以中牟叛，子欲往，如之何？"孔子曰："有是言也。不曰坚乎，磨而不磷②；不曰白乎，涅而不淄③。我岂匏瓜也哉，焉能系而不食④？"

【注释】　①佛肸（xī）：晋大夫中行氏的家臣。中牟：晋邑，在今河北省邢台市与邯郸市之间。　②磷：薄。　③涅：黑色染料。淄：黑色。　④匏瓜：长老了不可食，只能吊着供人观赏。孔子慨叹，自己有才干，怎能不去找机会施展呢。

孔子击磬①。有荷蒉而过门者②，曰："有心哉，击磬乎！硁硁乎③，莫己知也夫！而已矣！"

【注释】　①磬：石制的乐器。　②荷蒉：背负草包。　③硁硁：沉沉的磬声，象征击磬人沉重的心事。

孔子学鼓琴师襄子，十日不进。师襄子曰："可以益矣。"孔子曰："丘已习其曲矣，未得其数也①。"有间，曰："已习其数，可以益矣。"孔子曰："丘未得其志也②。"有间，曰："已习其志，可以益矣。"孔子曰："丘未得其为人也③。"有间，有所穆然深思焉④，有所怡然高望而远志焉。曰："丘得其为人，黯然而黑，几然而长，眼如望羊，如王四国。非文王其谁能为此也⑤！"师襄子避席再拜，曰："师盖云《文王操》也⑥。"

【注释】　①数：节奏度数。　②志：指乐曲表达的思想感情。　③丘未得其为人也：我孔丘还没体会出作曲者是怎样的为人。　④穆然：沉静深思的样子。　⑤"丘得其为人"六句：我体会到作曲者是怎样的人了，即黑黑的皮肤，高高的个子，眼如汪洋，胸襟可以包容天下，除了文王，别人没有这样的气质。几然：颀长的样子。望羊：通"汪洋"。⑥《文王操》：相传为周文王所作的琴曲名。

　　孔子既不得用于卫，将西见赵简子。至于河而闻窦鸣犊、舜华之死也，临河而叹曰："美哉水，洋洋乎①！丘之不济此，命也夫！"子贡趋而进，曰："敢问何谓也？"孔子曰："窦鸣犊、舜华，晋国之贤大夫也。赵简子未得志之时，须此两人而后从政②，及其已得志，杀之乃从政。丘闻之也：刳胎杀夭③，则麒麟不至郊；竭泽涸渔，则蛟龙不合阴阳；覆巢毁卵，则凤凰不翔。何则？君子讳伤其类也④。夫鸟兽之于不义也尚知避之，而况乎丘哉！"乃还息乎陬乡⑤，作为《陬操》以哀之⑥。而返乎卫。入主蘧伯玉家。

【注释】　①洋洋：盛大的样子。　②须：通"需"，需要。　③刳（kū）胎杀夭：剖开兽腹杀死胎兽。　④麒麟不至郊等句：分别指陆上、水中、空中的动物。类：同类。⑤陬乡：地名。　⑥《陬操》：琴曲名。

　　他日，灵公问兵阵。孔子曰："俎豆之事，则尝闻之；军旅之事，未之学也。"明日，与孔子语，见飞雁，仰视之，色不在孔子。孔子遂行，复如陈。

　　夏，卫灵公卒，立孙辄，是为卫出公。六月，赵鞅纳太子蒯聩于戚①。阳虎使太子绖②，八人衰绖③，伪自卫迎者，哭而入，遂居焉。冬，蔡迁于州来④。是岁，鲁哀公三年，而孔子年六十矣。齐助卫围戚，以卫太子蒯聩在故也。

　　夏，鲁桓釐庙燔⑤，南宫敬叔救火。孔子在陈，闻之，曰："灾必于桓釐庙乎？"已而果然。

【注释】　①戚：卫邑名，在今河南省濮阳市北。　②绖（wèn）：初丧之服，去冠，用布包裹发髻。　　③衰绖（cuīdié）：带麻的丧服。　　④州来：原为楚邑，为吴所夺。公元前492年，吴人迁蔡昭侯于州来，称下蔡，在今安徽省凤台县。　　⑤燔：遭火灾。

秋，季桓子病，辇而见鲁城①，喟然叹曰："昔此国几兴矣，以吾获罪于孔子，故不兴也。"顾谓其嗣康子曰②："我即死，若必相鲁；相鲁，必召仲尼。"后数日，桓子卒，康子代立。已葬，欲召仲尼。公之鱼曰③："昔吾先君用之不终，终为诸侯笑。今又用之，不能终，是再为诸侯笑。"康子曰："则谁召而可？"曰："必召冉求。"于是使使召冉求。冉求将行，孔子曰："鲁人召求，非小用之，将大用之也。"是日，孔子曰："归乎！归乎！吾党之小子狂简，斐然成章④，吾不知所以裁之⑤。"子贡知孔子思归，送冉求，因诫曰："即用，以孔子为招"云。

【注释】　①辇（niǎn）：人力车。此做动词用，指季桓子坐在车上。　　②顾：回过头。　　③公之鱼：季孙氏家臣。　　④斐然成章：有文采的样子。　　⑤裁：裁正，指导。

冉求既去，明年，孔子自陈迁于蔡。蔡昭公将如吴，吴召之也。前，昭公欺其臣迁州来①，后将往，大夫惧复迁，公孙翩射杀昭公②。楚侵蔡。秋，齐景公卒。

【注释】　①昭公欺其臣迁州来：蔡昭公迁州来，是迫于吴而瞒着大臣们干的。　　②公子翩：蔡大夫。

明年，孔子自蔡如叶①。叶公问政，孔子曰："政在来远附迩②。"他日，叶公问孔子于子路，子路不对。孔子闻之，曰："由，尔何不对曰'其为人也：学道不倦，诲人不厌，发愤忘食，乐以忘忧，不知老之将至'云尔。"

【注释】　①叶：楚邑，在今河南省叶县。　　②来远附迩：使远者来，近者附。

去叶，返于蔡。长沮、桀溺耦而耕①，孔子以为隐者，使子路问津焉②。长沮曰："彼执舆者为谁③？"子路曰："为孔丘④。"曰："是鲁孔丘与？"曰："然。"曰："是知津矣。"桀溺谓子路曰："子为谁？"曰："为仲由。"曰："子，孔丘之徒与？"曰："然"。桀溺曰："悠悠者，天下皆是也，而谁以易之⑤！且与其从避人之士⑥，岂若从避世之士哉⑦！"耰而不辍⑧。子路以告孔子，孔子怃然⑨，曰："鸟兽不可与同群。天下有道，丘不与易也！"

【注释】　①耦而耕：两人结伙拉犁耕田。　②问津：问渡口。津：渡口。　③执舆：赶车。　④为：是。　⑤谁以易之：谁能改变这个世道。　⑥从避人之士：指孔子周游列国，避开恶人择善而仕。　⑦避世之士：避世的隐者，桀溺自称。　⑧耰而不辍：干活不停。耰，除草农具，此做动词用。　⑨怃然：哀伤的样子。

他日，子路行，遇荷蓧丈人①，曰："子见夫子乎?"丈人曰："四体不勤，五谷不分，孰为夫子?"植其杖而芸②。子路以告，孔子曰："隐者也。"复往，则亡。

【注释】　①荷蓧丈人：肩背草筐的老人。　②植其杖而芸：把手杖插在地上拨起草来。植：插。芸：除草。

孔子迁于蔡三岁，吴伐陈。楚救陈，军于城父①。闻孔子在陈、蔡之间，楚使人聘孔子。孔子将往拜礼。陈、蔡大夫谋曰："孔子贤者，所刺讥皆中诸侯之疾②。今者久留陈、蔡之间，诸大夫所设行③，皆非仲尼之意。今楚，大国也，来聘孔子。孔子用于楚，则陈、蔡用事大夫危矣④。"于是乃相与发徒役⑤，围孔子于野。不得行，绝粮，从者病，莫能兴。孔子讲诵弦歌不衰。子路愠见，曰："君子亦有穷乎?"孔子曰："君子固穷⑥，小人穷斯滥矣。"子贡色作⑦。孔子曰："赐，尔以予为多学而识之者与?"曰："然。非与?"孔子曰："非也，予一以贯之⑧。"

【注释】　①城父：陈邑，后归楚，在今安徽省亳州市东南。　②所刺讥皆中诸侯之疾：所批评的都能击中各国的弊病。　③设行：所作所为。　④用事大夫：执政大夫。　⑤相与发徒役：共同商定发动私家兵员。　⑥固穷：在穷困时仍能坚守志节。　⑦色作：变脸色。　⑧以一贯之：坚守正道，始终如一。

孔子知弟子有愠心，乃召子路而问曰："《诗》云：'匪兕匪虎，率彼旷野①'。吾道非邪？吾何为于此?"子路曰："意者吾未仁邪？人之不我信也。意者吾未智邪？人之不我行也。"孔子曰："有是乎②？由，譬使仁者而必信，安有伯夷，叔齐？使智者而必行，安有王子比干？"子路出，子贡入见。孔子曰："赐，《诗》云：'匪兕匪虎，率彼旷野'。吾道非邪？吾何为于此？"子贡曰："夫子之道至大也，故天下莫能容夫子。夫子盖少贬焉③。"孔子曰："赐，良农能稼，而不能为穑④；良工能巧，而不能为顺⑤；君子能修其道，纲而纪之，统而理之，而不能为容⑥。今尔不修尔道而求为容。赐，而志不远矣！"子贡出，颜回入见。孔子曰："回，《诗》云：'匪兕匪虎，率彼旷野'。吾道非邪？吾何为于此？"颜回曰："夫子之道至大，故天下莫能容。虽然，夫子推而行之，不容何病？不容然后现君子！夫道之不修也，是吾丑也；夫道既已大修而不用，是有国者之丑也。不容何病？不容然后现君子！"孔子欣然而笑曰："有是哉！颜氏之子！使尔多财，吾为尔宰。"于是使子贡至楚。楚昭王兴师迎孔子，然后得免。

【注释】 ①"《诗》云"二句：引自《诗·小雅·何草不黄》。匪：同"非"。兕（sì）：犀牛。句意为不是犀牛，不是老虎，为何巡行在旷野之中。 ②有是乎：是这样的吗？ ③贬：把原则和主张放低一点。 ④良农能稼而不能为穑：一个好的农夫能辛勤耕作，但不一定有好的收获。因收获有多种因素，还受气候等条件限制。稼：耕作。穑：收获。 ⑤良工能巧而不能为顺：良工虽制造精巧，但不一定人人满意。顺：满意。 ⑥容：接受。

昭王将以书社地七百里封孔子①。楚令尹子西曰："王之使使诸侯有如子贡者乎？"曰："无有。""王之辅相有如颜回者乎？"曰："无有。""王之将率有如子路者乎"曰："无有。""王之官尹有如宰予者乎？"曰："无有。""且楚之祖封于周，号为子男，五十里。今孔丘述三、五之法②，明周、召之业③，王若用之，则楚安得世世堂堂方数千里乎？夫文王在丰，武王在镐，百里之君，卒王天下。今孔丘得据土壤，贤弟子为佐，非楚之福也！"昭王乃止。其秋，楚昭王卒于城父。

【注释】 ①书社地：有众多民户的富庶之地。古以二十五家为里，里各立社，书其社之人名于图籍，谓之书社。七百里书社有一万七千户，是很大的一个区域。 ②述三五之法：遵循三皇、五帝的遗规。 ③明周、召之业：发扬周公、召公的德业。

楚狂接舆歌而过孔子①，曰："凤兮②，凤兮！何德之衰！往者不可谏兮，来者犹可追也！已而，已而！今之从政者殆而③！"孔子下，欲与之言。趋而去，弗得与之言。

【注释】 ①楚狂接舆歌而过孔子：楚国一个装疯的隐者名接舆，唱着歌经过孔子的身边。　②凤：喻孔子。　③"已而，已而"三句：算了吧，算了吧，现今的从政者都是些危险人物。接舆以疯歌劝孔子归隐。

于是，孔子自楚返乎卫。是岁也，孔子年六十三，而鲁哀公六年也。

其明年，吴与鲁会缯①，征百牢②。太宰嚭召季康子。康子使子贡往，然后得已。

【注释】 ①缯：即"鄫"，古国名，此时为鲁邑，在今山东省枣庄市东南。　②征百牢：需索一百牢祭典用的牲畜。牛、豕、羊三牲具称一牢，一百牢各三百头，共九百头。

孔子曰："鲁、卫之政，兄弟也。"是时，卫君辄父不得立，在外，诸侯数以为让①。而孔子弟子多仕于卫，卫君欲得孔子为政。子路曰："卫君待子而为政，子将奚先？"孔子曰："必也正名乎②！"子路曰："有是哉？子之迂也！何其正也？"孔子曰："野哉由也③！夫名不正，则言不顺；言不顺，则事不成；事不成，则礼乐不兴；礼乐不兴，则刑罚不中；刑罚不中，则民无所措手足矣④。夫君子为之必可名，言之必可行⑤。君子于其言，无所苟而已矣⑥。"

【注释】 ①让：责备。　②正名：整顿纲纪，确定名分。　③野：粗陋，缺乏修养。④措：放置。手足无措，喻不知如何行动。　⑤"夫君子"二句：君子所做的事，都能讲出一番道理；君子说了话就要做到。　⑥君子于其言，无所苟而已矣：君子对于他的言论，是不能随便说的。

其明年，冉有为季氏将师①，与齐战于郎②，克之。季康子曰："子之于军旅，学之乎？性之乎③？"冉有曰："学之于孔子。"季康子曰："孔子何如人哉？"对曰："用之有名，播之百姓，质诸鬼神而无憾。求之至于此道，虽累千社，夫子不利也④。"康子曰："我欲召之，可乎？"对曰："欲召之，则毋以小人固之⑤，则可矣。"而卫孔文子将攻太叔⑥，问策于仲尼。仲尼辞不知，退而命载而行，曰："鸟能择木，木岂能择鸟乎！"文子固止⑦。会季康子逐公华、公宾、公林⑧，以币迎孔子⑨，孔子归鲁。

【注释】 ①将师：统率军队。　②郎：鲁邑，在今山东省滕州市西南。　③性：天生的，天才。　④"用之有名"等句：给孔子一个名分用世，让他把德政施给百姓，百姓这样做去问鬼神也没有遗憾。如将孔子像对我冉求一样来使用，让他去打仗，即使给一千个社的土地，孔子也不会干的。　⑤毋以小人固：不要用小人束缚他的手脚。　⑥孔文子将攻太叔：孔文子、太叔两人均为卫大夫，互相火拼。　⑦固止：坚决挽留，止其离去。⑧公华、公宾、公林：季康子身边的三个小人。　⑨币：赠送礼物。

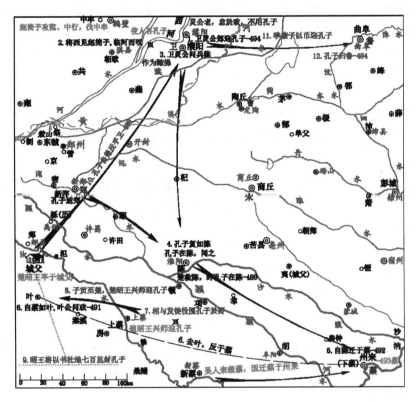

孔子周游列国

孔子之去鲁，凡十四岁而返乎鲁。

鲁哀公问政，对曰："政在选臣。"季康子问政，曰："举直错诸枉，则枉者直①。"康子患盗，孔子曰："苟子之不欲，虽赏之不窃②。"然鲁终不能用孔子，孔子亦不求仕。

【注释】　①举直错诸枉，则枉者直：举用正直的人，废止邪枉的人，那么邪枉的人也会公正直起来。　②"孔子曰"二句：孔子说："如果在上位的你没有贪欲，即使悬赏，人们也不会去偷窃。"

（以上为第四段，写孔子周游列国求仕的经过及种种遭遇。）

孔子之时，周室微而礼乐废，《诗》《书》缺。追迹三代之礼，序《书传》[1]，上纪唐虞之际，下至秦穆，编次其事。曰："夏礼吾能言之，杞不足征也；殷礼吾能言之，宋不足征也[2]。足，则吾能征之矣。"观殷、夏所损益[3]，曰："后虽百世可知也，以一文一质。周监二代[4]，郁郁乎文哉[5]！吾从周。"故《书传》《礼记》自孔氏。

【注释】 ①序《书传》：为《尚书》作序。 ②"夏礼"四句：孔子说，夏、商的制度他能讲出来，但不能从杞、宋找足证据。杞，是夏的后代，宋是商的后代。 ③损益：增减。 ④周监二代：周朝借鉴于夏、商两代而建立本朝的典章制度。监：同"鉴"，借鉴。 ⑤郁郁：丰富貌。

孔子语鲁太师："乐其可知也。始作，翕如，纵之，纯如，皦如，绎如也，以成[1]。""吾自卫返鲁，然后乐正，《雅》《颂》各得其所[2]。"

【注释】 ①"乐其可知"等句：描述音乐的演奏是有一定规律的。翕如：协调的样子。纯如：和谐的样子。皦如：音节明快。绎如：相续不绝。 ②《雅》《颂》各得其所：使《雅》《颂》两部分的诗歌恢复了原来的乐调。

古者，《诗》三千余篇，及至孔子，去其重，取可施于礼义，上采契、后稷，中述殷、周之盛，至幽、厉之缺，始于衽席[1]，故曰："《关雎》之乱以为《风》始，《鹿鸣》为《小雅》始，《文王》为《大雅》始，《清庙》为《颂》始。"三百五篇，孔子皆弦歌之，以求合《韶》《武》[2]《雅》《颂》之音。礼乐自此可得而述，以备王道，成六艺[3]。

【注释】 ①始于衽席：以男女夫妇的伦常为起点。指《诗经》以歌唱爱情的《关雎》为第一篇。 ②《韶》《武》：古乐曲名，相传《韶》是舜乐，《武》是武王伐纣之乐。 ③六艺：六经即《诗》《书》《礼》《乐》《易》《春秋》。

孔子晚而喜《易》，序《彖》《系》《象》《说卦》《文言》[1]。读《易》，韦编三绝[2]。曰："假我数年，若是，我于《易》则彬彬矣[3]。"

【注释】 ①序《彖》《系》《象》《说卦》《文言》：即孔子注《易》所作的《十翼》，即十篇阐述易理的论文，有《上彖》《下彖》《上象》《下象》《上系》《下系》《文言》《序卦》《说卦》《杂卦》。 ②韦编三绝：系竹简的皮带多处折断。韦：皮革、皮带。说明孔子翻阅之勤，皮带都多处翻断。　③彬彬：文质兼备的样子。

　　孔子以诗、书、礼、乐教，弟子盖三千焉，身通六艺者七十有二人。如颜浊邹之徒①，颇受业者甚众。孔子以四教：文，行，忠，信。绝四：毋意，毋必，毋固，毋我②。所慎：斋、战、疾③。子罕言利，与命与仁④。不愤不启⑤。举一隅，不以三隅反，则弗复也⑥。

　　【注释】　①颜浊邹：孔子弟子，子路妻兄，卫国人，不在七十二人之中。　②"绝四"句：孔子认为学习要杜绝四种恶习，即不要凭空臆测，不要主观武断，不要固执成见，不要自以为是。　③"所慎"句：孔子最重视三件事：斋戒、战争、疾病。　④子罕言利，与命与仁：孔子很少谈生意经，却大讲天命与仁德。与：称赞，大讲。　⑤不愤不启：不到想求明白而又未得之时，就不去启发。　⑥弗复：不再教。

　　其于乡党①，恂恂似不能言者②；其于宗庙朝廷，辩辩言，唯谨尔③。朝，与上大夫言，訚訚如也④；与下大夫言，侃侃如也⑤。

　　【注释】　①其于乡党：他在乡亲之中。　②恂恂：温和谦逊的样子。　③"辩辩言"二句：说话滔滔不绝，但是很谨慎。　④訚（yín）訚：文雅端庄的样子。　⑤侃侃：慷慨正直的样子。

　　入公门，鞠躬如也；趋进，翼如也①。君召使傧，色勃如也②；君命召，不俟驾行矣③。

　　【注释】　①"入公门"等句：孔子进入国君之门，就保持低头弯腰的恭敬姿势；快到国君跟前小步快走，两臂后伸如鸟翼，极端的恭谦。　②君召使傧，色勃如也：奉君命迎接宾客，表情十分庄重。　③君命召，不俟驾行矣：国君召见，闻声而动，等不及驾好车就开步走。

　　鱼馁①，肉败，割不正，不食。席不正，不坐。食于有丧者之侧，未尝饱也。

　　是日哭，则不歌。见齐衰、瞽者，虽童子必变②。

　　【注释】　①馁：腐败。　②齐衰：丧服。变：变脸色，显现悲戚同情的表情。

　　"三人行，必得我师。""德之不修，学之不讲，闻义不能徙，不善不能改，是吾忧也。"使人歌，善，则使复之，然后和之。

子不语怪、力、乱、神。

子贡曰："夫子之文章，可得闻也；夫子言天道与性命，弗可得闻也已。"颜渊喟然叹曰："仰之弥高，钻之弥坚；瞻之在前，忽焉在后。夫子循循然善诱人：博我以文，约我以礼，欲罢不能①。既竭我才，如有所立，卓尔！虽欲从之，蔑由也已②！"

【注释】　①"博我以文"三句：用知识开拓我的胸襟，用礼义约束我的情志，激发了我的热情，虽然想暂停一下都不可能。博：博闻。这里有开拓胸襟、增长见识之意。文：知识。　②"既竭我才"五句：我竭尽了才力，好像有所成就，但老师的学问依然高高地耸立在面前，我想攀登上去，却总是找不到路径。谓孔子的人品学问，不可企及。蔑：通"莫"，没有，找不到。

达巷党人曰："大哉孔子！博学而无所成名。"子闻之，曰："我何执？执御乎？执射乎？我执御矣①。"牢曰："子云：'不试，故艺'②。"

【注释】　①我执御矣：我不是还有点赶车的专长吗？这是孔子对达巷乡下小青年议论的轻松回答，一笑置之。　②"牢曰"句：孔子学生子牢说，孔子说过，因不见用于世，所以有时间学了些技艺。

鲁哀公十四年春，狩大野①。叔孙氏车子鉏商获兽②，以为不祥。仲尼视之，曰："麟也！"取之。曰："河不出图，洛不出书，吾已矣夫③！"颜渊死，孔子曰："天丧予！"及西狩见麟，曰："吾道穷矣！"④喟然叹曰："莫知我夫！"子贡曰："何为莫知子？"子曰："不怨天，不尤人⑤，下学而上达，知我者，其天乎！"

【注释】　①大野：泽名，在今山东省巨野县西部和北部。广阔的原野。鲁哀公所猎大野，在今山东省巨野北。　②车子鉏商：车上武士名商。　③吾已矣夫：孔子认为，圣人用世，河出图，洛出书，现在没有这些征验，我算是完了。　④吾道穷矣：我的理想破灭了。　⑤尤：抱怨。

"不降其志，不辱其身，伯夷、叔齐乎！"谓"柳下惠、少连，降志辱身矣①。"谓"虞仲、夷逸隐居放言②，行中清③，废中权④。""我则异于是，无可无不可。"

【注释】　①降志辱身：降低了志节，身体受沾污。柳下惠，名展禽，鲁之贤大夫，但仕途坎坷，曾三次被降黜，比起不食周禄的伯夷、叔齐要低一等了。少连：又名季连，以孝行著称。　②虞仲、夷逸：两隐士。放言：危言高论，不避忌讳。　③行中清：行为清正。　④废中权：抛弃名位，权变处世。

子曰："弗乎①，弗乎？君子病没世而名不称焉。吾道不行矣，吾何以自现于后世哉？"乃因"史记"作《春秋》②，上至隐公，下讫哀公十四年，十二公③。据鲁，亲周，故殷④，运之三代⑤。约其文辞而旨博⑥。故吴、楚之君自称王，而《春秋》贬之曰"子"。践土之会⑦，实召周天子，而《春秋》讳之曰"天王狩于河阳⑧"：推此类以绳当世。贬损之义⑨，后有王者，举而开之⑩，《春秋》之义行，则天下乱臣贼子惧焉。

【注释】　①弗乎：不是吗？　②史记：史籍。　③十二公：指鲁国隐、桓、庄、闵、僖、文、宣、成、襄、昭、定、哀十二公。　④"据鲁"三句：以鲁为主体，以周为宗主，以殷为参考。　⑤运之三代：汇通考察夏、商、周三代典章制度的损益沿革，阐明再继承兴革关系。　⑥约其文辞而旨博：使文辞含蓄而旨意深远。　⑦践土之会：周襄王二十年（公元前632年），晋文公在城濮之战中打败楚国，趁机召周襄王及诸侯在践土盟会，以确立晋的霸主地位。践土：郑地，在今河南省原阳县西南。　⑧天王狩于河阳：孔子认为以臣召君，不足为训，所以记为襄王到河阳狩猎。河阳：晋邑，在今河南省孟州市。　⑨绳：作准绳。　⑩开：推行。

孔子在位，听讼文辞①，有可与人共者，弗独有也②。至于为《春秋》，笔则笔，削则削③，子夏之徒不能赞一辞④。弟子受《春秋》⑤，孔子曰："后世知丘者以《春秋》，而罪丘者亦以《春秋》。"

【注释】　①听讼文辞：决狱断案。　②弗独有也：不独断专行。　③笔则笔，削则削：指孔子所作《春秋》，该记载的就记载，该删削的就删削。　④子夏之徒不能赞一辞：即使子夏这样的文学高材生也不能增损一个字。　⑤受：听讲。

明岁，子路死于卫。

孔子病，子贡请见。孔子方负杖逍遥于门①，曰："赐②，汝来何其晚也！"孔子因叹，歌曰："泰山坏乎！梁柱摧乎！哲人萎乎③！"因以涕下。谓子贡曰："天下无道久矣，莫能宗予④。夏人殡于东阶，周人于西阶，殷人两柱间。昨暮予梦坐奠两柱之间，予始殷人也⑤。"后七日卒。

【注释】　①负杖逍遥于门：扶着手杖在门前无拘无束地散步。　②赐：孔子学生子贡，姓端木，名赐。 ③萎：枯槁，死亡。 ④宗予：信仰我的主张。 ⑤"昨暮予梦"二句：我做梦坐在两柱之间受人祭奠，说明我的始祖是殷人。

孔子年七十三，以鲁哀公十六年四月己丑卒。

哀公诔之曰①："旻天不吊②，不憖遗一老③，俾屏余一人以在位！茕茕余在疚④。呜呼哀哉！尼父，毋自律⑤！"子贡曰："君其不没于鲁乎⑥！夫子之言曰：'礼失则昏，名失则愆。失志为昏，失所为愆⑦。'生不能用，死而诔之，非礼也；称'余一人'，非名也。⑧"

【注释】 ①诔：哀悼死者的文字。 ②不吊：不怜悯。 ③憖（yìn）：愿，肯。 ④茕茕（qióng）：孤独忧思的样子。 ⑤毋自律：我也顾不得礼法了。鲁哀公伤心失去孔子，顾不得礼法的约束而失常态，称余一人。 ⑥君其不没于鲁乎：谓哀公不能善终于鲁国。鲁哀公因三桓作乱出亡于卫、邹、越等国，死于鲁大夫有山氏之家。 ⑦"礼失则昏"四句：对国家来说，丧失礼义，就要混乱；丧失名分，就有错误。对一个人来说，丧失志气，就是昏乱；失去分寸，就是差错。 ⑧余一人，非名也：余一人，乃天子自称，鲁哀公诸侯而称"余一人"，就是非礼，不合名分。不过天子自称乃谦称，鲁哀公伤痛时自称，乃孤独一人之义，后来果然落得孤家寡人的下场而死去，乃不用贤之过也。

孔子葬鲁城北泗上①，弟子皆服三年。三年心丧毕②，相诀而去③，则哭，各复尽哀；或复留。唯子贡庐于冢上，凡六年④，然后去。弟子及鲁人往从冢而家者，百有余室，因命曰孔里。

【注释】 ①泗上：泗水岸上。 ②心丧：心中哀悼。 ③诀（jué）：离别。 ④庐于冢上：在孔子墓旁建了一座小屋。庐：小屋。

鲁世世相传，以岁时奉祠孔子冢①。而诸儒亦讲礼、乡饮、大射于孔子冢②。孔子冢大一顷。故所居堂、弟子内，后世因庙③，藏孔子衣、冠、琴、车、书，至于汉，二百余年不绝。高皇帝过鲁，以太牢祠焉④。诸侯卿相至，常先谒，然后从政。

【注释】 ①岁时奉祠：每年按时致祭。 ②讲礼：讲论孔子的政治主张。乡饮：即乡饮酒。古代乡校毕业时，乡大夫招待饮酒，考察荐举人才。大射：诸侯举行祭祀时与群臣习射观礼，称为大射。孔门弟子在祭祀孔子时举行各种礼仪活动。冢：据下文赞语"诸生以时习礼其家"，应为"家"。此"冢"字，以及下句"孔子冢大一顷"，两"冢"字乃"家"字之误。 ③"故所居堂"二句：孔子故居，以及弟子住所，后人把它改成孔子的庙。 ④太牢：牛、羊、豕三牲具，谓之太牢。

孔子生鲤，字伯鱼。伯鱼年五十，先孔子死。伯鱼生伋，字子思，年六十二。尝困于宋。子思作《中庸》。子思生白，字子上，年四十七。子上生求，字子家，年四十五。子家生箕，字子京，年四十六。子京生穿，字子高，年五十一。子高生子慎，年五十七，尝为魏相。子慎生鲋，年五十七，为陈王涉博士，死于陈下。鲋弟子襄，年五十七，尝为孝惠皇帝博士，迁为长沙太守，长九尺六寸。子襄生忠，年五十七。忠生武。武生延年及安国。安国为今皇帝博士①，至临淮太守，早卒。安国生印。印生欢②。

【注释】 ①今皇帝：即汉武帝。博士：秦汉时备顾问的官员，后来为太学教师，秩六百石。　②安国二句：增窜之文，排五楷以别之。

（以上为第五段，写孔子晚年致力于整理文献和身体力行办教育的业绩。）

太史公曰：《诗》有之："高山仰止，景行行止①。"虽不能至，然心向往之。余读孔氏书②，想见其为人。适鲁，观仲尼庙堂车服礼器，诸生以时习礼其家，余祇回留之不能去云③。天下君王至于贤人众矣，当时则荣，没则已焉。孔子布衣，传十余世④，学者宗之。自天子王侯，中国言《六艺》者折中于夫子⑤，可谓至圣矣！

【注释】 ①高山仰止，景行行止：这两句诗见《诗经·小雅·车辖》，喻孔子的道德学问像高山一样使人瞻仰，像大路一样导人遵循。仰：瞻望。景行：大路，喻行为光明正大。止：表示肯定的句尾语助词。　②孔氏书：主要指记录孔子及其弟子言行的《论语》。③祇回：一作低回，即徘徊沉思。　④传十余世：孔子第十二代孙孔安国是司马迁的古文《尚书》老师，所以儒学至汉已传十余世。　⑤折中：从中折断，即不偏不倚正合中度，这里指孔子的言论是判断事物是非的准则。

（以上为作者论赞，高度评价孔子的道德学问，称为至圣。）

📝 讲　析

《孔子世家》是司马迁精心创作的一篇人物大传，也是一篇最早出现且又比较完整的孔子传记，是研究孔子生平事迹及思想的重要历史文献。讲析着重阐释司马迁为何要为布衣孔子立世家，又是如何塑造孔子人物形象、揭示其人格魅力和记载孔子功业的。

1. 孔子的人格魅力

《孔子世家》是一篇特别的人物传记，司马迁大量录入孔子言论，一部

《论语》的精华囊括其中，所以《孔子世家》既是孔子的传记，同时又是儒家学术思想汇编，思想内涵极其丰富。本文讲析着重谈司马迁塑造孔子形象所揭示的人格魅力，以及对孔子最主要业绩创私学、述六经的评价两个方面。

孔子（公元前551年—公元前479年）名丘，字仲尼，春秋时鲁国人，在今山东省曲阜市。孔子是先秦儒家学派创始人，中国古代史上一位伟大的思想家、教育家、史学家。司马迁北涉汶泗，访问孔子故居；讲业齐鲁之都，细审学术源流；探寻孔子所走过的足迹，访查孔子的生平事迹，研究孔子的学说言论，为孔子作传，命名为《孔子世家》。诸侯立"世家"，表示"开国承家，世代相续"（《史通·世家》）。孔子为布衣，其学为世人所宗，代代相传，故称其传记为"世家"，以示推崇。《太史公自序》说："周室既衰，诸侯恣行。仲尼悼礼废乐崩，追修经术，以达王道，匡乱世反之于正，见其文辞，为天下制仪法，垂《六艺》之统纪于后世。作《孔子世家》第十七。"孔子的思想学说能够拨乱反正，为后世立法，这就是司马迁作《孔子世家》的原因。

司马迁笔下的孔子，具有远大的政治思想和执着追求的精神。孔子的政治思想是以"礼"为治，达到"仁"的境界。"仁者，爱人"（《孟子·离娄下》）。仁的境界就是一个充满了普遍人性爱的社会，上下有序，一片和融。实现仁的手段是"礼"。所以《孔子世家》以"礼"为线索叙述孔子一生行迹。孔子幼年时"为儿嬉戏，常陈俎豆，设礼容"。"年少好礼"，"懿子与鲁人南宫敬叔往学礼焉"。他还曾和南宫敬叔"适周问礼"。齐景公问政，他答以"君君，臣臣，父父，子子"，也讲的是礼。夹谷之会，他辅助鲁定公挫败齐景公，也是以"会遇之礼"。他劝定公堕三都，根据的是"臣无藏甲，大夫毋百雉之城"的礼。他由曹去宋，"与弟子习礼大树下"。卫灵公问兵阵，他说："俎豆之事，则尝闻之，军旅之事，未之学也。"他"追迹三代之礼"，熟知其沿革损益而盛赞周礼。他删诗，"取可施于礼仪"者。他教弟子，"以诗书礼乐"。孔子言礼，以身作则，一丝不苟。"君命召，不俟驾行矣""鱼馁，肉败，割不正，不食""席不正，不坐""见齐衰，瞽者，虽童子，必变"。子贡说孔子一生恪守的格言是"礼失则昏，名失则愆"。他死后，"鲁世世相传，以岁时奉祠孔子冢"。这是鲁国人民受孔子精神感召，世世相承，按时行礼来表示对他的悼念。可见孔子一生把"礼"作为安身立命的根本，其目的是用"礼"来区别亲亲、尊尊、长长、男女有别等社会伦理以及等级贵贱，为当时的统治者提供治理动乱社会的药方。

孔子以"礼"为核心的治世药方，不合时宜，以致他周游列国，到处碰壁。孔子从政，一生中最得意的时间不过是五十六岁那年为鲁司寇，"与闻国政"三个月。这三个月与孔子一生七十三年相较，是多么短暂。最后，他想得到一块祭肉，也成了泡影，只好离开鲁国。他周游列国十四年，吃尽了苦头，却一无所获，落魄得"累累若丧家之狗"。最艰难的一段是被困于陈、蔡。孔子一行被隔离在旷野，粮也断了．跟随的人也病了，孔子仍然"讲诵弦歌不衰"，子路发起了脾气，子贡变了脸色。孔子坚信自若，引用《诗经》"匪兕匪虎，率彼旷野"来开导。他要弟子们追步伯夷、叔齐和王子比干。子贡说："先生的道至高至大，但天下不能容，是否稍稍降低一点儿标准呢？"①颜渊做了坚定的回答。他说："夫子之道至大，故天下莫能容。虽然，夫子推而行之，不容何病？不容然后见君子！"孔子欣然而笑，十分称赞颜渊，说："有是哉！颜氏之子！使尔多财，吾为尔宰。"

这个故事生动地表现了孔子至大至刚的个性和人格，也是孔子坚守理想信念的反映。《论语》载，"孔子罕言利"（《论语·子罕》），表现出一种反功利精神。但在《孔子世家》里，司马迁塑造的孔子形象，"知其不可而为之"，并不是反功利的精神，而是一种执着追求的精神，不达目的，绝不休止。用今天的话说，就是彻底的、忘我的、无私的奉献。这种奉献表现为"只问耕耘，不问收获"，但它只是反对急功近利，而并不是不要收获。《孔子世家》写孔子在政治上的潦倒落魄，"知其不可而为之"，恰恰是以孔子在政治上的悲剧，来为而后孔子从事整理六经做铺垫。也就是说，司马迁笔下孔子的奉献精神，恰恰是为了社会经世的某种目的而献身的功利精神。正是这种精神，才使得孔子在政治理想破灭以后，仍不甘心于沉寂无闻，而发愤致力于教育文化事业。这种"知其不可而为之"的真精神，可以说是司马迁与孔子在人格和个性上的契合点。所以司马迁激昂地写道，孔子"不仕。退而修《诗》《书》《礼》《乐》，弟子弥众"。用孔子的话说，就是："君子病没世而名不称焉。吾道不行矣，吾何以自现于后世哉？"孔子的奋起和努力成功了，他成为人伦的万世师表，成为司马迁学习追步榜样。司马迁景仰与崇拜孔子，简直到了忘情的地步，他用夸张孔子及其弟子的贤能来表达他无限敬仰的感情。司马迁说，孔子"与闻国政三月"，使鲁国大治，移风易俗，道不拾遗，甚至使邻近的大国齐国恐惧，要主动送大片土地与鲁国修好。司马迁借楚国令尹子西的口说，楚国的贤人没有一个赶得上孔子的高足弟子，以此衬托孔子的超凡入圣。最后，司马迁禁不住要直接说话了。他说：

---

① 为行文流畅作了语译。《孔子世家》原文作："夫子之道至大也，故天下莫能容夫子。夫子盖少贬焉？"

《诗》有之："高山仰止，景行行止。"虽不能至，然心向往之。余读孔氏书，想见其为人。适鲁，观仲尼庙堂、车服、礼器，诸生以时习礼其家，余祗回留之不能去云。

孔子的道德学问，像高山一样使人瞻仰，像大路一样导人遵行。这就是孔子的人格魅力。

2. 孔子创私学、述《六经》的功绩

孔子是我国历史上开创私人办学的第一人。他首倡"有教无类"，冲破教育的等级界限，凡自愿赠孔子一束干肉作为贽礼，孔子就可收他为学生。在孔子住处设讲学的"堂"，还设有安排弟子住宿的"内"，形成颇具规模的私人学堂。"受业者甚众"，正式成为孔氏门徒的总数达三千余人，其中高才异能的弟子据《仲尼弟子列传》记载有七十七人，史称七十弟子。学生来自鲁、卫、吴、陈、齐、宋、楚、晋、秦等许多国家。按地域范围说，他的学说几乎很快就传播到当时中国的全部地方。按学生年龄说，学生中年长的和年幼的相差达四十余岁，长幼兼备。按学习后的成就说，有的长于文学，有的长于辞令，有的以德行著称，有的从政取得尊显的地位，有的在学术上自创流派。孔子教育的目标是培养"士"和"君子"。他确实把不少出身下层平民的人培养成了"士"和"君子"。例如"子路，卞之野人；子贡，卫之贾人；颜涿聚，盗也；颛孙师，驵也；孔子教之，皆为显士"（《群书治要》卷三六）。"子张鲁之鄙家""仲弓父，贱人""子贡、季路，故鄙人也，被文学，服礼义，为天下列士"[①]。季康子问仲由，子贡、冉求可以"从政"吗？孔子回答都可以从政。这说明他既主张"有教无类"，同时又主张"学而优则仕"。在一定程度上打破世官世禄的身份限制，这在当时有一定的进步性。孔子的教育，很讲究教与学的方法。弟子们发问，孔子按各人的特点给予解答。孔子主张"毋意，毋必，毋固，毋我"，就是不任私意、不武断、不固执、不自以为是。孔子注重诱导式的启发教育，教导学生力求触类旁通，"闻一知二""闻一知十"。主张"不愤不启、不悱不发；举一隅不以三隅反，则弗复也"。这说明他反对死读书，要学生学得活，善于独立思考。实行启发诱导，需要循序渐进，所以颜渊称颂孔子的教导说："夫子循循然善诱人：博我以文，约我以礼，欲罢不能。既竭我才，如有所立，卓尔！虽欲从之，蔑由也已！"这种使学生竭力钻研、"欲罢不能"的情状，正是对循循善诱、启发教育的绝好写

---

① 见《吕览》《荀子·大略》《史记·仲尼弟子列传》。

照。这种循循善诱、启发教育的方法，在教育史上是伟大的贡献。孔子在长期的教育实践中确实总结出不少可贵的教育经验。特别是他"学而不厌"，持之以恒，"诲人不倦"，毫不保留，循循然善诱直到"不知老之将至"，这种毕生致力于教育事业的献身精神，尤对后世产生深远的影响。他所开创的私人讲学体制和因材施教的办法，千百年来为无数教育家所承袭。

孔子编纂《六经》，《孔子世家》作了生动的记载。一是教学需要，给学生提供学习教材；二是因"道不行"而"发愤"，收集文献，承传古代优秀文化。孔子整理出《礼》《书》《诗》《乐》《易》《春秋》六部典籍，后世称为《六经》。《乐》经亡佚，传世的只有《五经》。孔子整理《六经》有三条原则：一是"述而不作"，尽量保持原来的文辞；二是"不语怪、力、乱、神"，删去芜杂妄诞的篇幅；三是"攻乎异端，斯害也已"，排斥一切违反中庸之道的议论。所以孔子整理《六经》，从形式上说是叙述旧文，从整理的原则和经意阐明可以说是创造了新意。

《六经》施教对象有一定差别。所谓"孔子以诗、书、礼、乐教，弟子盖三千焉"，指《诗》《书》《礼》《乐》是孔子教一般学生的教材。这里并未讲到《易》和《春秋》。孔子晚年才研究《易》，所以说"孔子晚而喜《易》"。《春秋》也是孔子晚年作的。孔子认为《易》《春秋》是比较精深的学科，因而不用作普通教材，只有少数高材生才能学习《易》和《春秋》，因而"身通六艺者"只有七十子。

孔子注重《诗》教，他说："不学《诗》，无以言。"又说："诵《诗》三百，授之以政。"可见《诗》确是孔子教学的主要课程之一。关于孔子删诗，司马迁说："古者，《诗》三千余篇；及至孔子，去其重，取可施于礼义……三百五篇，孔子皆弦歌之，以求合《韶》《武》《雅》《颂》之音。礼乐自此可得而述。"可见孔子收集所得的三千多篇中，有相当多的一部分是重复的。所以说"去其重"；但除了删去其重复的以外，还做了筛选的工作，"取可施于礼义"，把不合于礼义的删除，这也该占有一部分的数量。另外，孔子还配以"弦歌"，使合音律。这说明孔子对《诗》做了大量的搜集、整理、删订、校勘和校正乐律的工作。

关于《尚书》的整理，据传孔子搜访到三千余篇。《孔子世家》载："序《书传》，上纪唐虞之际，下至秦穆，编次其事。"《汉书·艺文志》也记载："《书》之所起远矣，至孔子纂焉。上断于尧，下讫于秦，凡百篇，而为之序，言其作意。"司马迁言"编次"，班固说是编纂，都说孔子对《尚书》做过编辑整理工作，把大量神话荒诞和重复的内容做了删削修订，才使三千简策缩成百篇。

《礼》是孔子教学的重要内容，他对礼的研究下过很深的功夫。《礼记·杂记下》记载："恤由之丧，哀公使孺悲之孔子学士丧礼，士丧礼于是乎书。"足以证明至少有部分《礼》是经由孔子整理才著录的。所以司马迁说："故《书传》《礼记》自孔氏。"

孔子注意音乐教育。他自言："吾自卫返鲁，然后乐正，《雅》《颂》各得其所。"说明他在审定整理乐律方面做出过贡献。

孔子研究过《易经》，并曾以此教授过一部分高材生。司马迁说："孔子晚而喜《易》，序《彖》《系》《象》《说卦》《文言》。读《易》，韦编三绝。曰：'假我数年，若是，我于《易》则彬彬矣。'"孔子读《易经》，把竹简上的皮条磨断了多次，说明翻阅之勤。但有"假我数年"的话，反映他的研究工作并未完成。他的门人后来发展了他的研究成果，《系辞》里有好些"子曰"，就是证明。

《春秋》算是孔子整理的最后一部著作。《孟子》记载："孔子作《春秋》。"司马迁加以补充说："因史记作《春秋》。"因为《春秋》本是鲁国的一部编年史，孔子只是对《鲁春秋》做了加工整理。现在还可以从某些点滴的史料中看到孔子纂修《春秋》的一点儿痕迹。如旧史原文"雨星不及地尺而复"，孔子修订为"星殒如雨"（《春秋》庄公七年）。《春秋》虽行文甚简，而孔子修《春秋》这件事，开私人修史的先例，这在中国历史上具有创造性的功绩。正如章太炎所称颂的："令仲尼不次《春秋》，今虽欲观定、哀之世，求五伯之迹，尚荒忽如草昧。夫发金匮之藏，被之萌庶，令人不忘前王，自仲尼、左丘明始。"（章太炎《国故论衡·原经》）

孔子收辑整理古代文献，保存了我国春秋以前的重要文化遗产，实是不朽的功业。特别是由于秦始皇焚书、项羽又焚秦皇宫殿以后，古代史籍遭受浩劫，大部亡佚。唯《诗》《书》《礼》《易》《春秋》等典籍，由于儒家徒众遍布全国，赖以保存，就更显得孔子伟绩永垂不朽。这千秋功过，后世终究会给予客观评说："追惟仲尼闻道之隆，则在六籍。""令人人知前世废兴，中夏所以创业垂统者，孔氏也。""微孔子，则学皆在官，民不知古。"（章太炎《国故论衡·原经》）

《孔子世家》用相当多的篇幅记述了孔子的生平事迹，称颂他博学强识、多才多艺、学而不厌、坚持仁行的品德。但孔子一生最大的业绩是创私学，述《六经》，所以司马迁写《孔子世家》，正是抓住这一要点给予崇高的评价，申说写《孔子世家》的理由。司马迁说："天下君王至于贤人众矣，当时则

荣，没则已焉。孔子布衣，传十余世，学者宗之。自天子王侯，中国言《六艺》者折中于夫子，可谓至圣矣！"（《孔子世家赞》）

司马迁断言："自天子王侯，中国言《六艺》者折中于夫子。"在司马迁以前，此言未免夸大。但自董仲舒推尊于前，司马迁力行于后，尤其是汉武帝"罢黜百家，独尊儒术"的政治推动，孔子在西汉日益显赫起来，成为独尊的儒术教主，在这之后两千年的封建社会中，成为自天子王侯至庶民百姓的万世师表。司马迁发扬孔子学说及其精神的功绩是不可埋没的。

陈涉世家

【题解】 陈涉称王，六月而死，子孙不嗣，无世可传。而司马迁作《陈涉世家》，其因有四：一曰尊汉，二曰反暴政，三曰赞首难，四曰纪实。刘邦反秦接受项梁收编，项梁是打着楚王陈涉旗号起事的，所以刘邦得天下后为陈涉置守冢三十家砀。陈涉首难，"其所置遣侯王将相竟亡秦"。《陈涉世家》以纪事本末体之笔法历述大小起义军近二十支，唯独不载沛公军。陈涉死后，吕臣起兵复陈，杀叛徒庄贾。秦左右校复攻陈，吕臣走，得黥布兵，再反击秦左右校，"复以陈为楚"。然后紧接一句："会项梁立怀王孙心为楚王"。结束了《陈涉世家》的正传。这是司马迁精心安排的笔法，旨在说明陈涉首事，项氏继业，灭亡了暴秦。尽管刘邦首先攻下了秦都咸阳，司马迁并不以灭秦之功归刘邦，所以为陈涉作世家，为项羽立本纪，以尊显二人的灭秦之功。读《陈涉世家》应与项、刘二纪合看，寓意自显。

陈胜者，阳城人也①，字涉。吴广者，阳夏人也②，字叔。陈涉少时，尝与人佣耕，辍耕之垄上，怅恨久之，曰："苟富贵，无相忘。"佣者笑而应曰："若为佣耕，何富贵也？"陈涉太息曰："嗟乎，燕雀安知鸿鹄之志哉③！"

【注释】 ①阳城：古邑名，在今河南登封市东南之告城镇。 ②阳夏：汉县名，在今河南省太康县。 ③鸿鹄：天鹅。

（以上为第一段，概论陈涉、吴广的阶级地位和远大抱负。）

二世元年七月①，发闾左谪戍渔阳九百人②，屯大泽乡③。陈胜、吴广皆次当行④，为屯长⑤。会天大雨，道不通，度已失期⑥。失期，法皆斩⑦。陈胜、吴广乃谋曰："今亡亦死，举大计亦死⑧，等死⑨，死国可乎⑩？"陈胜曰："天下苦秦久矣。吾闻二世少子也，不当立，当立者乃公子扶苏。扶苏以数谏故，上使外将兵。今或闻无罪，二世杀之。百姓多闻其贤，未知其死也。项燕为楚将，数有功，爱士卒，楚人怜之。或以为死，或以为亡。今诚以吾众诈自称公子扶苏、项燕，为天下唱⑪，宜多应者。"吴广以为然。乃行卜⑫。卜者知其指意⑬，曰："足下事皆成，有功。然足下卜之鬼乎⑭？"陈胜、吴广喜，念鬼⑮，曰："此教我先威众耳。"乃丹书帛曰："陈胜王"，置人所罾鱼腹中⑯。卒买鱼烹食，得鱼腹中书，固以怪之矣⑰。又间令吴广之次所旁丛祠中⑱，夜篝火⑲，狐鸣呼曰⑳："大楚兴，陈胜王。"卒皆夜惊恐。旦日㉑，卒中往往语，皆指目陈胜㉒。

【注释】 ①二世元年：公元前209年。 ②"发闾左"句：征调九百名贫苦百姓去渔阳守边。闾左：旧注谓里门之左，为贫民居住区，富人居里门之右。按：左右为尊卑之代称，右为尊，左为卑，闾左即乡民之卑者，释义不必拘泥。渔阳：在今北京市密云区西南。 ③大泽乡：乡名，在今安徽省宿州市埇桥区大泽乡镇。陈涉起义遗址尚存。 ④次当行：按户籍编次在征发之列。 ⑤屯长：下级军吏。 ⑥度已失期：估计不能按期赶到屯戍地。 ⑦失期，法皆斩：误了日期，按秦法要处死。 ⑧举大计：指发动起义。 ⑨等死：均为死。 ⑩死国：为国而死。 ⑪唱：通"倡"，倡导，发难。 ⑫乃行卜：就去问算命的人。 ⑬指意：意图，指借迷信以发动群众。 ⑭卜之鬼乎：向鬼神请教过吗？暗示陈涉借鬼神以取威信。 ⑮念鬼：仔细考虑"卜之鬼"的用意。 ⑯罾（zēng）：鱼网，这里指用网打的鱼。 ⑰固以怪之矣：当然很惊怪。 ⑱间令：暗中指使。次所旁丛祠中：在戍卒所住附近的荒庙中。 ⑲夜篝火：在夜间荒庙中举火。 ⑳狐鸣呼：学狐狸叫。㉑旦日：早上。 ㉒指目：用手指点，以目注视。

吴广素爱人，士卒多为用者。将尉醉，广故数言欲亡，忿恚尉①，令辱之②，以激怒其众。尉果笞广。尉剑挺，广起，夺而杀尉。陈胜佐之，并杀两尉。召令徒属曰："公等遇雨，皆已失期，失期当斩。藉第令毋斩③，而戍死者固十六七④。且壮士不死即已，死即举大名耳⑤，王侯将相宁有种乎！"徒属皆曰："敬受命。"乃诈称公子扶苏、项燕，从民欲也。袒右⑥，称大楚。为坛而盟⑦，祭以尉首⑧。陈胜自立为将军，吴广为都尉。攻大泽乡，收而攻蕲⑨。蕲下。乃令符离人葛婴将兵徇蕲以东。攻铚、酂、苦、柘、谯⑩，皆下之。行收兵⑪。比至陈⑫，车六七百乘，骑千余，卒数万人。攻陈，陈守令皆不在，独守丞与战谯门中⑬。弗胜，守丞死，乃入据陈。数日，号令召三老、豪杰与皆来会计事⑭。三老、豪杰皆曰：
"将军身被坚执锐⑮，伐无道，诛暴秦，复立楚国之社稷，功宜为
王。"陈涉乃立为王，号为张楚。

【注释】 ①忿恚尉：挑起军尉的恼怒。 ②令辱之：诱使军尉惩罚自己。 ③藉第
令：假使。 ④十六七：十分之六七。 ⑤举大名：落个好名声。 ⑥袒右：露出右臂，
以为标志。 ⑦为坛而盟：建起高台誓师。 ⑧祭以尉首：用秦尉的头祭天地，以示开杀
戒。 ⑨收而攻蕲：集中兵力攻蕲。蕲县在安徽省宿州市南。 ⑩铚、酂、苦、柘、谯：
铚县在今安徽省宿州市西南，酂县在河南省永城市西部，苦县在河南省鹿邑县东，柘县在
河南省柘城县北，谯县在安徽省亳州市谯城区。 ⑪行收兵：在进军途中充分扩充军队。
⑫比至陈：等打到陈县时。陈县在今河南省淮阳县，当时为秦陈郡的郡治。 ⑬"攻陈"
三句：进攻陈县，陈郡郡守、陈县县令都逃跑了，只有郡丞（副郡守）在城门楼上（谯门）
进行顽抗。守丞：此守与丞偏指郡丞。谯门：建有瞭望楼的城门。 ⑭三老：秦代的乡官。
豪杰：地方名流。 ⑮被：读"披"。

（以上为第二段，写陈涉起义建立张楚。）

当此时，诸郡县苦秦吏者，皆刑其长吏①，杀之以应陈涉。乃以吴
叔为假王②，监诸将以西击荥阳③。令陈人武臣、张耳、陈余徇赵地，
令汝阴人邓宗徇九江郡④。当此时，楚兵数千人为聚者，不可胜数。

【注释】 ①刑：杀。长吏：各级的主要行政官员。 ②假王：代理王。 ③荥阳：
在今河南省荥阳市东北。 ④九江：秦郡名，郡治寿春，在今安徽省寿县。

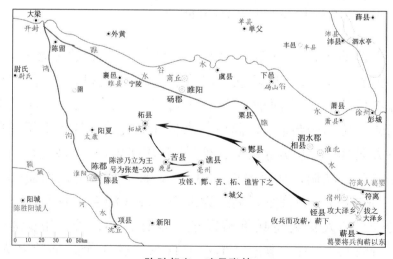

陈胜起义　建号张楚

　　葛婴至东城①，立襄彊为楚王。婴后闻陈王已立，因杀襄彊，还报。至陈，陈王诛杀葛婴。陈王令魏人周市北徇魏地。吴广围荥阳。李由为三川守②，守荥阳，吴叔弗能下。陈王征国之豪杰与计，以上蔡人房君蔡赐为上柱国③。

【注释】 ①东城：秦县名，在今安徽省定远县东南。　②三川：秦郡名，郡治洛阳。③上柱国：楚官名，次于令尹。

　　周文，陈之贤人也，尝为项燕军视日①，事春申君②，自言习兵③。陈王与之将军印，西击秦。行收兵至关④，车千乘，卒数十万。至戏⑤，军焉。秦令少府章邯免郦山徒、人奴产子生，悉发以击楚大军，尽败之。周文败，走出关，止次曹阳二三月⑥。章邯追败之，复走次渑池十余日⑦。章邯击，大破之。周文自刭，军遂不战。

【注释】 ①视日：占测时日吉凶的官。　②春申君：战国时楚相黄歇的封号。　③习兵：熟习兵法战阵。　④关：函谷关，在河南省灵宝市西南，秦国的东大门。　⑤戏：水名，即今陕西省西安市临潼区戏河。　⑥曹阳：古亭名，在今河南省三门峡市陕州区。⑦渑池：县名，在今河南省渑池县西。

　　武臣到邯郸，自立为赵王，陈余为大将军，张耳、召骚为左右丞相。陈王怒，捕系武臣等家室，欲诛之。柱国曰："秦未亡而诛赵王将相家属，此生一秦也①。不如因而立之。"陈王乃遣使者贺赵，而徙系武臣等家属宫中，而封耳子张敖为成都君，趣赵兵亟入关。赵王将相相与谋曰："王王赵，非楚意也。楚已诛秦②，必加兵于赵。计莫如毋西兵，使使北徇燕地以自广也。赵南据大河，北有燕、代，楚虽胜秦，不敢制赵③。若楚不胜秦，必重赵。赵乘秦之弊，可以得志于天下。"赵王以为然，因不西兵，而遣故上谷卒史韩广将兵北徇燕地。

【注释】 ①生一秦：制造了一个秦国，即又树一敌。　②诛秦：灭秦。　③制赵：控制赵。

　　燕故贵人豪杰谓韩广曰："楚已立王，赵又已立王。燕虽小，亦万乘之国也，愿将军立为燕王。"韩广曰："广母在赵，不可。"

燕人曰："赵方西忧秦，南忧楚，其力不能禁我。且以楚之强，不敢害赵王将相之家，赵独安敢害将军之家!"韩广以为然，乃自立为燕王。居数月，赵奉燕王母及家属归之燕。

　　当此之时，诸将之徇地者，不可胜数。周市北徇地至狄①，狄人田儋杀狄令②，自立为齐王，以齐反，击周市。市军散，还至魏地，欲立魏后故宁陵君咎为魏王③。时咎在陈王所，不得之魏。魏地已定，欲相与立周市为魏王，周市不肯。使者五返④，陈王乃立宁陵君咎为魏王，遣之国。周市卒为相。

　　【注释】　①狄：秦县名，在今山东省高青县东南。　②田儋：田齐王族宗人。《史记》有传。　③宁陵君咎：故魏国公子魏咎，曾封宁陵君。　④五返：往返五次。

　　将军田臧等相与谋曰："周章军已破矣，秦兵旦暮至，我围荥阳城弗能下，秦军至，必大败。不如少遗兵①，足以守荥阳，悉精兵迎秦军②。今假王骄，不知兵权③，不可与计，非诛之，事恐败。"因相与矫王令以诛吴叔，献其首于陈王。陈王使使赐田臧楚令尹印，使为上将。田臧乃使诸将李归等守荥阳城，自以精兵西迎秦军于敖仓④。与战，田臧死，军破。章邯进兵击李归等荥阳下，破之，李归等死。

　　阳城人邓说将兵居郯⑤，章邯别将击破之，邓说军散走陈。铚人伍徐将兵居许⑥，章邯击破之，伍徐军皆散走陈。陈王诛邓说。

　　【注释】　①少遗兵：留下部分兵力以围荥阳。　②迎：迎击。　③不知兵权：不懂用兵策略。　④敖仓：仓名，在今河南省荥阳市东北敖山上。　⑤郯：县名，在今山东省郯城县北，这里郯为郏之误名。郏：古邑，在今河南郏县。　⑥许：县名，在今河南省许昌市东南。

　　陈王初立时，陵人秦嘉、铚人董缲、符离人朱鸡石、取虑人郑布、徐人丁疾等皆特起①，将兵围东海守庆于郯②。陈王闻，乃使武平君畔为将军，监郯下军。秦嘉不受命，嘉自立为大司马，恶属武平君③。告军吏曰："武平君年少，不知兵事，勿听!"因矫以王命杀武平君畔。

　　【注释】　①特起：独树一帜。　②东海：郡名，原名郯郡，郡治郯县，在今山东省郯城县北。　③恶（wù）：厌恶，怨恨。

章邯已破伍徐，击陈，柱国房君死。章邯又进兵击陈西张贺军。陈王出监战，军破，张贺死。

腊月，陈王之汝阴①，还至下城父②，其御庄贾杀以降秦。陈胜葬砀③，谥曰隐王④。

陈王故涓人将军吕臣为苍头军⑤，起新阳⑥，攻陈下之，杀庄贾，复以陈为楚。

【注释】 ①汝阴：秦县名，在今安徽省阜阳市。 ②下城父：古邑名，在今安徽省亳州市涡阳县。 ③砀：秦郡名，郡治砀县，在今安徽省砀山县。 ④隐王：陈涉功业未就，故谥曰"隐"。《谥法》曰："不显尸国曰隐"。 ⑤涓人：近侍之臣。苍头军：头裹青巾而得名。 ⑥新阳：汉县名，在今安徽省太和县西北。

初，陈王至陈，令铚人宋留将兵定南阳①，入武关②。留已徇南阳，闻陈王死，南阳复为秦。宋留不能入武关，乃东至新蔡③，遇秦军，宋留以军降秦。秦传留至咸阳④，车裂留以徇。

【注释】 ①南阳：秦郡名，郡治宛，在今河南省南阳市。 ②武关：关隘名，在今陕西省丹凤县东南。 ③新蔡：秦县名，在今河南省新蔡县。 ④咸阳：秦都，在今陕西省咸阳市东北。

秦嘉等闻陈王军破出走，乃立景驹为楚王，引兵之方与①，欲击秦军定陶下②。使公孙庆使齐王，欲与并力俱进。齐王曰："闻陈王战败，不知其死生，楚安得不请而立王！"公孙庆曰："齐不请楚而立王，楚何故请齐而立王！且楚首事，当令于天下。"田儋诛杀公孙庆。

【注释】 ①方与：秦县名，在今山东省鱼台县西。 ②定陶：秦县名，在今山东省菏泽市西。

秦左右校复攻陈①，下之。吕将军走，收兵复聚。鄱盗当阳君黥布之兵相收②，复击秦左右校，破之青波③，复以陈为楚。会项梁立怀王孙心为楚王。

【注释】 ①秦左右校：秦军主力的左右翼。校：低于将军的武官。 ②黥布：即英布，因被黥刑，史称黥布，楚勇将。《史记》有传。 ③青波：秦县名，在今河南省新蔡县西南。

（以上为第三段，写起义军与秦军展开了殊死斗争，陈涉虽败，而后继者风起云涌，形成亡秦之势。）

陈胜王凡六月。已为王，王陈。其故人尝与佣耕者闻之，之陈，扣宫门曰："吾欲见涉。"宫门令欲缚之。自辩数①，乃置②，不肯为通③。陈王出，遮道而呼涉④。陈王闻之，乃召见，载与俱归。入宫，见殿屋帷帐，客曰："颊颐⑤！涉之为王沈沈者⑥！"楚人谓"多"为"夥"，故天下传之。"夥涉为王"，由陈涉始。客出入愈益发舒⑦，言陈王故情⑧。或说陈王曰："客愚无知，专妄言⑨，轻威⑩。"陈王斩之。诸陈王故人皆自引去⑪，由是无亲陈王者。陈王以朱房为中正⑫，胡武为司过⑬，主司群臣。诸将徇地，至，令之不是者，系而罪之，以苛察为忠⑭。其所不善者，弗下吏⑮，辄自治之⑯。陈王信用之。诸将以其故不亲附。此其所以败也。

【注释】 ①自辩数：自己反复申辩。 ②乃置：才放开。 ③通：通报。 ④遮道：拦路。 ⑤夥颐：好阔啊！ ⑥沈沈：深广的样子，形容宫殿宏伟。 ⑦愈益发舒：更加放纵。 ⑧故情：往事。 ⑨专妄言：专会胡说八道。 ⑩轻威：损害陈涉威望。 ⑪自引去：自行离开。 ⑫中正：陈涉所设主人事之官。 ⑬司过：监察百官之官。 ⑭以苛察为忠：把吹毛求疵、小题大做当作认真负责。 ⑮弗下吏：不交由司法官秉公依法处理。 ⑯辄自治之：就自行按主观意志办罪。

陈胜虽已死，其所置遣侯王将相竟亡秦①，由涉首事也。高祖时为陈涉置守冢三十家砀，至今血食②。

【注释】 ①"陈胜虽已死"二句：陈涉所封立派遣的侯王将相终于灭亡了秦。此指项羽、刘邦等人。按："陈王虽已死"以下文字，寥寥数语，揭示史公为陈涉立世家的理由，颂首难也，疑为司马迁之赞语。由于有褚少孙曰，在传抄中脱"太史公曰"四字。②血食：享受祭祀。杀牲祭祀，故称血食。

（以上为第四段，补叙陈涉失败的原因。）

📝 讲 析

司马迁列陈涉入世家，有"破格"之议，"升项羽于本纪，列陈涉于世家，俱属太史公破格文字"，司马迁在《太史公自序》中已有交代："桀、纣失其道而汤、武作，周失其道而《春秋》作。秦失其政，而陈涉发迹，诸侯作难，风起云蒸，卒亡秦族。天下之端，自涉发难。"陈涉首义，诸侯蜂起，刘项接踵，卒亡暴秦，这个意义上，陈涉入世家就无"破格"之说了。

《陈涉世家》以不到四千字的规模，以陈涉起义为线，将秦末风起云涌、前赴后继的反秦战争，有条不紊地呈现在读者面前。"涉虽发难，而当时诸王诸起兵者皆备载于此，故称世家而首之，不略不冗，叙事之法也。"（汤谐《史记半解》）《陈涉世家》全文分两部分：陈涉起义、陈涉遣将伐秦，最后略述陈涉"其所以败也"的原因。

第一部分陈涉起义，司马迁对起义前的准备工作不惜笔墨，交代得十分清楚。先以"燕雀安知鸿鹄之志哉"，突显陈涉异于其他佣耕之人，在戍渔阳遭遇大雨，"失期，法当斩"之际，有鸿鹄之志的陈胜与吴广合谋，诈称扶苏、项燕之众，以获得天下的响应。为了取得戍卒的支持，二人以丹书"陈胜王"置鱼腹，佐以狐鸣呼曰"大楚兴，陈胜王"，以鬼神慑服戍卒。有了上述准备，在戍卒中有较高威信的吴广故意激怒将尉，将尉鞭笞吴广，吴广夺剑斩杀两将尉，高呼"王侯将相宁有种乎！"揭起反秦的大旗，立陈胜为王，号张楚。司马迁以陈涉少有大志开篇，详述其反秦起义前诸种周密的准备工作，旨在说明陈涉之所以能担负起反秦首义的领导者重任，并非偶然，陈涉实有过人之处，而贾谊在《过秦论》中说"陈涉瓮牖绳枢之子，氓隶之人，而迁徙之徒也。材能不及中人，非有仲尼、墨翟之贤，陶朱、猗顿之富也"，陈涉无"仲尼、墨翟之贤"是实，无"陶朱、猗顿之富"亦不假，而要说陈涉"材能不及中人"，就明显偏颇了。

第二部分是《陈涉世家》最为出彩的部分。陈涉发难成功之后，迅即派遣诸将徇地，"葛婴将兵徇蕲以东"，"武臣、张耳、陈余徇赵地"，"邓宗徇九江郡"，"周市北徇魏地"，其间，武臣自立为赵王，派遣韩广北循燕地，韩广又自立为燕王，陈涉所派遣出去的伐秦队伍或战败，或又分裂，或自立为王，如星火在全国散开，这些力量都是反秦的主力，而他们的事迹简略，无法"一一皆为之传，又不能一概抹杀，摈而不录。即云有各纪传在，无妨带叙互见，然其事有可以隶属者，亦有不能强为隶属者，此中安置，颇觉棘手"（李景星《史记评议》），司马迁于此处展示了高超的叙事技巧，"盖陈胜王凡六月，一时是多少王侯将相，起者匆匆而起，立者匆匆而立，遣者匆匆而遣，下者匆匆而下，畔且匆匆而畔，据者匆匆而据，胜者匆匆而胜，败者匆匆而败，失者匆匆而失，复者匆匆而复，诛者匆匆而诛，散者匆匆而散。有六月内结局者，有六月内未结局者，有六月后续出者。种种头绪纷如乱丝，详叙恐失仓卒之意，急叙又有里漏之患，岂非难事？乃史公却是匆匆写去，却已一一详尽，不漏不支不遗不乱"（汤谐《史记半解》）。在六个月的"匆匆"间，司马迁将"起者""立者""遣者""下者""畔者""据者""胜者""败者""失者""复者""诛者""散者"及"六月内结局者""六月内未结局者""六月后续出者"，纷如乱丝的故事，匆匆写去，却已一一详尽，这样的大手笔，岂非神乎！难怪有论者感慨："若于此等妙处不能潜心玩味，真见其然，犹为枉读《史记》也。"（汤谐《史记半解》）

大泽乡起义六个月后，在秦将章邯的追击下，陈涉被御者庄贾所杀。这样一个少有鸿鹄之志、处事周密的人，何以如此迅速就身败被杀呢？司马迁通过一个众叛亲离的小故事，给出了答案："诸陈王故人皆自引去。由是无亲陈王者。陈王以朱房为中正，胡武为司过，主司群臣。诸将徇地，至，令之不是者，系而罪之，以苛察为忠。其所不善者，弗下吏，辄自治之。陈王信用之。诸将以其故不亲附，此其所以败也。"在司马迁看来，疏远故人、用人不当，是导致陈涉最终战败的重要原因。

外戚世家

【题解】　《外戚世家》专载汉朝前期从高祖至武帝时各帝后妃的事迹，以展示宫廷中的权力角逐。名为世家，实为后妃类传。写后妃而定名"外戚世家"，其义有二。一是后妃代代不绝，如世代相继。继位帝王及诸侯王都是后妃所生，汉朝天下，未尝不可以看作是他们的子孙相传。二是后妃之家因裙带而封侯，后妃干政更要张大外戚形势，而外戚则因后妃的际遇而升降。后妃与外戚，政治上实为一体。司马迁用"外戚世家"之名写后妃传记，寓意是深刻的。本篇以时间为序，主要是写吕太后、薄太后、窦太后、王太后、卫皇后等五后及其外戚的荣辱。栗姬、陈皇后、王夫人等穿插附见。栗姬骄贵，陈皇后忌妒，王夫人弄色，都没有好下场。

　　自古受命帝王及继体守文之君①，非独内德茂也②，盖亦有外戚之助焉③。夏之兴也以涂山④，而桀之放也以末喜⑤。殷之兴也以有娀⑥，纣之杀也嬖妲己⑦。周之兴也以姜原及大任⑧，而幽王之擒也淫于褒姒⑨。故《易》基《乾》《坤》⑩，《诗》始《关雎》⑪，《书》美釐降⑫，《春秋》讥不亲迎⑬。夫妇之际，人道之大伦也⑭。礼之用，唯婚姻为兢兢⑮。夫乐调而四时和，阴阳之变，万物之统也⑯。可不慎与？人能弘道⑰，无如命何⑱。甚哉，妃匹之爱⑲，君不能得之于臣，父不能得之于子，况卑下乎⑳！既欢合矣，或不能成子姓㉑；能成子姓矣，或不能要其终㉒：岂非命也哉？孔子罕称命，盖难言之也㉓。非通幽明之变㉔，恶能识乎性命哉㉕？

【注释】　①受命帝王：得天命而为帝王，指开国的创业之主。继体守文之君：非创业的后嗣之君。体：体统，指君位。文：文法，指典章制度。　②内德：国君的内行品德。③外戚：后妃及后族外戚。　④涂山：又名当涂山，在今安徽省蚌埠市西淮河东岸。传说大禹娶涂山氏之女娇为妻，成亲才两天就出门治水，其妻生子启（夏朝的开国之君），禹也三过家门而不入，安心治水，获得成功。　⑤末喜：夏桀王宠幸的后妃。末：读"妹"。⑥有娀（sōng）：古国名，在今山西省永济市蒲州镇。传说有娀氏之女简狄，为帝喾次妃，吞燕卵而生契，成为殷的始祖。　⑦妲（dá）己：纣王宠妃，助纣为虐，加速了殷纣的灭亡。武王伐纣，也诛杀了妲己。　⑧姜原：也作"姜嫄"，周始祖后稷的母亲，为帝喾元妃。大任：即太任，周文王的母亲。　⑨褒姒：周幽王宠妃。幽王为了讨褒姒欢心，多次戏举烽火，等到犬戎入侵，幽王举烽火告急，诸侯不至，被犬戎所杀，褒姒被虏。　⑩《易》基《乾》《坤》：《周易》以乾三卦和坤三卦为八卦之始。基：始。乾、坤两卦分别代表阳与阴，天与地，男与女等两种对立的基因。《周易》作者认为，阴阳两种势力的相互作用能产生万物，含有朴素的辩证法思想。　⑪《诗》始《关雎》：《关雎》是《诗经》三百零五篇中的第一篇。　⑫《书》美釐降：《尚书·尧典》"釐降二女于妫汭"。传说尧为了考验舜的德行，把自己的两个女儿娥皇、女英嫁给舜为妻，居住在妫水河曲处，舜以义礼约束尧之二女遵守妇道。妫水源出今山西省永济市南之历山，入于黄河。釐：料理。降：下嫁。　⑬《春秋》讥不亲迎：《春秋》隐公二年九月载"纪裂繻来逆女"，《公羊传》曰："外逆女不书，此何以书？讥。何讥尔？讥始不亲迎也。"这是说纪侯娶亲不亲自来迎而派大夫裂繻来迎亲，所以《春秋》书以"纪裂繻来逆女"，以示讥刺。亲迎：结婚六礼之一，指夫婿要亲到妻家迎娶，以示慎重。　⑭"夫妇"二句：夫妇之间的关系是人与人之间最重要的伦理关系。　⑮兢兢：十分谨慎。　⑯"夫乐调"三句：意谓乐声调和，四时和顺，阴阳变化就能生成万物，人为万物之统，夫妇之道应当和谐。统：根本。　⑰人能弘道：《论语·卫灵公》第二十九章，子曰："人能弘道，非道弘人。"意谓人能发扬道，不是道来发扬人，治乱兴衰在于人的主观努力。弘：发扬。　⑱无如命何：《论语·宪问》第三十六章，子曰："道之将行也与，命也；道之将废也与，命也。公伯寮其如命何！"公伯寮在鲁国执政季孙面前说孔子学生子路的坏话，孔子发出了人不能和命运作对的慨叹。司马迁引此是说人能发扬道，但人却受命运支配。　⑲妃匹之爱：夫妻之爱。妃：读"配"。⑳"君不能"三句：意谓夫妻之爱，君不能改变臣子之所爱，父不能改变儿子之所爱，何况普通的老百姓呢？卑下：指普通的老百姓。　㉑不能成子姓：有的后妃不能生育子孙。如汉成帝皇后许氏、婕妤班氏皆生子而夭亡，后宠幸赵飞燕又不生子，故成帝无继嗣，死后只好以诸侯承大统。　㉒或不能要其终：有的后妃生了太子却未取得善终。如汉景帝栗姬生皇子荣，立为太子，后遭废黜。要：求，取。　㉓"孔子罕称命"二句：《论语·子罕》第一章，"子罕言利与命与仁"。又《公冶长》第十三章，子贡曰："夫子之言性与天道，不可得而闻也。"司马迁上文讲"无如何"，这里又说"盖难言之也"，用相反相成之义暗示讥评之旨。后妃不育，太子不终，看起来仿佛是受冥冥中的命运的摆布，实际上是后妃寡德造成的。　㉔幽明之变：隐微的征兆与鲜明的变化。　㉕恶：怎么。性命：人性与天命。

太史公曰：秦以前尚略矣，其详靡得而记焉。汉兴，吕娥姁为高祖正后[①]，男为太子。及晚节色衰爱弛，而戚夫人有宠[②]，其子如意几代太子者数矣。及高祖崩，吕后夷戚氏，诛赵王，而高祖后宫唯独无宠疏远者得无恙③。

　　【注释】　①吕娥姁：高皇后吕雉的小名。　②戚夫人：高祖刘邦的宠妃，生子刘如意。高祖几次想废太子刘盈改立刘如意，因大臣劝谏没有实行，而封刘如意为赵王。高祖死后，吕后诛杀了戚夫人和赵王。　③无恙：平安。

　　（以上为第一段，是全篇之序，说明后妃之德关系到一个王朝的成败和自身的荣辱。）

　　吕后长女为宣平侯张敖妻①，敖女为孝惠皇后②。吕太后以重亲故③，欲其生子万方④。终无子，诈取后宫人子为子⑤。及孝惠帝崩，天下初定未久，继嗣不明⑥。于是贵外家，王诸吕以为辅⑦，而以吕禄女为少帝后⑧，欲连固根本牢甚⑨，然无益也。

　　【注释】　①张敖：刘邦的女婿，汉初为赵王，后因谋反嫌疑，降为宣平侯。　②敖女：张敖女，吕后的外抟女，名嫣。　③重亲：指外抟女作儿媳，亲上加亲。　④力方：想尽了各种办法。　⑤后宫人：一般宫女。　⑥继嗣不明：指少帝非惠帝所生，宗室大臣皆不承认。事详《吕太后本纪》。　⑦贵外家，王诸吕以为辅：指吕太后提高娘家人的地位，封吕氏多人为王，作为羽翼加强自己的势力。　⑧吕禄：吕后次兄吕释之子。少帝：名弘，即张皇后所养宫人子，乃宫人私通吕氏，怀孕后入宫而生者。　⑨欲连固根本牢甚：要想加强根本，使（吕氏）根基变得十分牢固。

　　高后崩，合葬长陵①。禄、产等惧诛②，谋作乱。大臣征之③，天诱其统④，卒灭吕氏。唯独置孝惠皇后居北宫⑤。迎立代王，是为孝文帝，奉汉宗庙⑥。此岂非天邪？非天命孰能当之？

　　【注释】　①长陵：汉高祖刘邦陵墓，在今陕西省咸阳市东北。　②产：吕产。吕后长兄吕泽的儿子。　③征：讨伐。　④天诱其统：上天保佑汉朝的皇统。诱：通“佑”，保佑。　⑤置：保留。大臣诛诸吕，清宫，杀少帝刘弘，但保留了少帝养母张皇后居于宫中。　⑥奉汉宗庙：继承汉朝王位。

　　（以上为第二段，写孝惠帝时吕太后专权的活动，是第一次外戚之祸。）

　　薄太后，父吴人①，姓薄氏，秦时与故魏王宗家女魏媪通②，生薄姬，而薄父死山阴③，因葬焉。

　　【注释】　①吴：汉郡名，治所在吴县，即今江苏省苏州市吴中区。　②故魏王：指六国时魏王。魏媪（ǎo）：姓魏的妇人。媪：古代老妇人的通称。通：私通。　③山阴：汉县名，在今浙江省绍兴市。

及诸侯叛秦，魏豹立为魏王①，而魏媪纳其女于魏宫。媪之许负所相②，相薄姬，云当生天子。是时项羽方与汉王相拒荥阳③，天下未有所定。豹初与汉击楚④，及闻许负言，心独喜，因背汉而叛，中立，更与楚连和⑤。汉使曹参等击虏魏王豹，以其国为郡，而薄姬输织室⑥。豹已死，汉王入织室，见薄姬有色⑦，诏纳后宫，岁余不得幸。始姬少时，与管夫人、赵子儿相爱⑧，约曰："先贵无相忘。"已而管夫人、赵子儿先幸汉王⑨。汉王坐河南宫成皋台⑩，此两美人相与笑薄姬初时约。汉王闻之，问其故，两人具以实告汉王⑪。汉王心惨然⑫，怜薄姬，是日召而幸之。薄姬曰："昨暮夜妾梦苍龙据吾腹⑬。"高帝曰："此贵征也，吾为汝遂成之。"一幸生男，是为代王。其后薄姬稀见高祖。

【注释】　①魏豹：六国时魏之诸公子，秦末项羽立为西魏王。事详《魏豹彭越列传》。②媪之许负所相：魏媪到许负的住所去看相。　③荥阳：古代的军事重镇，故城在今河南省荥阳市东北。　④与：相与，指联合。　⑤更：进一步。指改变中立的立场。　⑥织室：汉代掌皇室丝帛织造和染色的机构。　⑦有色：美貌。　⑧爱：指亲近。　⑨幸：得恩宠。　⑩河南宫成皋台：指成皋灵台，在今河南省荥阳市汜水镇西北。该宫殿总名为河南殿。　⑪具：原原本本。　⑫惨然：哀怜的样子。　⑬苍龙据吾腹：一条青龙盘伏在我的腹上。苍龙隐指刘邦，此薄姬取得宠幸的巧言。

高祖崩，诸御幸姬戚夫人之属，吕太后怒，皆幽之①，不得出宫。而薄姬以稀见故，得出②，从子之代③，为代王太后。太后弟薄昭从如代。

代王立十七年，高后崩。大臣议立后，疾外家吕氏强，皆称薄氏仁善，故迎代王，立为孝文皇帝，而太后改号曰皇太后，弟薄昭封为轵侯④。

【注释】　①"诸御幸姬"三句：那些像戚夫人一样受到高祖宠爱的嫔妃们均遭吕后迫害。幽：囚禁。　②得出：得以出汉宫随子行动。　③代：刘恒封国，都中都，在今山西省平遥县西南。　④轵：汉县名，在今河南省济源市南。

薄太后母亦前死①，葬栎阳北②。于是乃追尊薄父为灵文侯③，会稽郡置园邑三百家④，长丞以下吏奉守冢⑤，寝庙上食祠如法⑥。而栎阳北亦置灵文侯夫人园，如灵文侯园仪⑦。薄太后以为母家魏王后，早失父母，其奉薄太后诸魏有力者，于是召复魏氏⑧，赏赐各以亲疏受之⑨。薄氏侯者凡一人⑩。

【注释】　①前死：指在文帝即位前已死去。　②栎阳：汉县名，在今陕西省西安市临潼区北渭水北岸。　③追尊：死后追加尊号。　④园邑：为守护陵墓而筑成的城邑。汉园邑一般相当于小县，设令、丞，地位在县官上。　⑤冢：坟陵。　⑥寝庙：陵园中的神庙。如法：指按侯爵规格办理。　⑦仪：此指法度、标准。　⑧复：免除徭役。　⑨受：通"授"。　⑩凡一人：共一人，指薄昭。

薄太后后文帝二年，以孝景帝前二年崩①，葬南陵②。以吕后会葬长陵③，故特自起陵，近孝文皇帝霸陵④。

【注释】　①孝景帝前二年：公元前155年。　②南陵：薄太后陵，在霸陵南，故称南陵。故址在今陕西省西安市长安区白鹿原上。　③会葬：合葬。　④霸陵：文帝陵。在今陕西省西安市东北。

（以上为第三段，写薄太后慈善不争宠，尊荣终身，恩被亲属。）

窦太后①，赵之清河观津人也②。吕太后时，窦姬以良家子入宫侍太后③。太后出宫人以赐诸王，各五人，窦姬与在行中④。窦姬家在清河，欲如赵近家，请其主遣宦者吏⑤："必置我籍赵之伍中⑥。"宦者忘之，误置其籍代伍中。籍奏⑦，诏可⑧。当行，窦姬涕泣，怨其宦者，不欲往。相强⑨，乃肯行。至代，代王独幸窦姬，生女嫖，后生两男。而代王王后生四男。先，代王未入立为帝而王后卒。及代王立为帝，而王后所生四男更病死⑩。孝文帝立数月，公卿请立太子，而窦姬长男最长，立为太子。立窦姬为皇后，女嫖为长公主。其明年，立少子武为代王，已而又徙梁⑪，是为梁孝王。

【注释】　①窦太后：汉文帝皇后，景帝母，名猗房。　②清河：汉郡名，郡治清阳，在今河北省清河县东。其属县观津，在河北省武邑县东南。　③良家子：务农人家子女。汉时以医巫百工为末业，著农为本业，称良家。　④与在行中：在被遣行列中。　⑤主遣宦者吏：主持遣送宫女的宦官头目。　⑥籍：名簿。　⑦籍奏：遣送的花名册已呈报皇上。　⑧诏可：下诏允可。此指吕太后批准。　⑨相强：施加压力。　⑩更：相继。　⑪梁：汉封国名，都睢阳，在河南省商丘市南。景帝弟刘武，封梁王，史称梁孝王。

窦皇后亲早卒，葬观津。于是薄太后乃诏有司，追尊窦后父为安成侯，母曰安成夫人。令清河置园邑二百家，长、丞奉守，比灵文园法。

窦皇后兄窦长君①，弟曰窦广国，字少君。少君年四五岁时，家贫，为人所略卖②，其家不知其处。传十余家③，至宜阳④，为其主入山作炭⑤。暮，卧岸下百余人⑥，岸崩，尽压杀卧者，少君独得脱，不死。自卜数日当为侯，从其家之长安。闻窦皇后新立，家在观津，姓窦氏。广国去时虽小⑦，识其县名及姓⑧，又常与其姊采桑堕⑨，用为符信⑩，上书自陈⑪。窦皇后言之于文帝，召见，问之，具言其故，果是。又复问他何以为验⑫？对曰："姊去我西时⑬，与我决于传舍中⑭，丐沐沐我⑮，请食饭我⑯，乃去。"于是窦后持之而泣⑰，泣涕交横下。侍御左右皆伏地泣，助皇后悲哀。乃厚赐田宅金钱，封公昆弟⑱，家于长安。

【注释】　①窦长君：窦建，字长君。　②略卖：拐卖。略：通"掠"，劫掠。　③传：转卖。　④宜阳：汉县名，在今河南省宜阳县西。　⑤作炭：伐木烧炭。　⑥岸下：山岩下。　⑦去时：离家时。　⑧识（zhì）：记得。　⑨常：通"尝"，曾经。　⑩用为符信：以此事为凭证。　⑪自陈：自己说明。　⑫验：证明。　⑬西时：指窦太后被选为宫女西行时。　⑭决：告别。传舍：官办驿站。　⑮丐沐沐我：借讨来洗澡用物给我洗澡。丐：借讨。　⑯请食饭我：讨来食物给我吃。　⑰持：抱持。　⑱封公昆弟：分封窦皇后的同祖兄弟。公：祖。

绛侯、灌将军等曰①："吾属不死，命乃且悬此两人②。两人所出微，不可不为择师傅宾客，又复效吕氏大事也。"于是乃选长者士之有节行者与居③。窦长君、少君由此为退让君子④，不敢以尊贵骄人。

【注释】　①绛侯、灌将军：指周勃和灌婴。　②"吾属不死"二句：我们的性命将系在窦长君、少君两人身上。周、灌二人为诛除诸吕的中心人物，时常担心外戚专权，报复他们。　③与居：相处。　④退让君子：谦恭有德之人。

窦皇后病，失明。文帝幸邯郸慎夫人、尹姬，皆毋子。孝文帝崩，孝景帝立，乃封广国为章武侯。长君前死，封其子彭祖为南皮侯。吴楚反时①，窦太后从昆弟子窦婴②，任侠自喜③，将兵，以军功为魏其侯。窦氏凡三人为侯。

【注释】 ①吴楚反：汉景帝三年（公元前154年），吴楚七国反汉。 ②窦婴：窦太后的堂侄，因平吴楚之乱封魏其侯。《史记》有传。从昆弟：堂兄弟。 ③任侠自喜：以救助别人为自豪。

窦太后好黄帝、老子言①，帝及太子诸窦不得不读《黄帝》《老子》，尊其术。

窦太后后孝景帝六岁，建元六年崩②，合葬霸陵。遗诏尽以东宫金钱财物赐长公主嫖③。

【注释】 ①黄帝、老子言：此指清虚自守，无为而治的道家政治学说。 ②后孝景帝六岁，建元六年崩：景帝死后六年，即建元六年（公元前135年）窦太后死。 ③东宫：长乐宫，在未央宫东，为太后所居之宫。

（以上为第四段，写窦太后及窦姓外戚状况。）

王太后，槐里人①，母曰臧儿。臧儿者，故燕王臧荼孙也②。臧儿嫁为槐里王仲妻，生男曰信，与两女③。而仲死，臧儿更嫁长陵田氏，生男蚡、胜④。臧儿长女嫁为金王孙妇，生一女矣，而臧儿卜筮之⑤，曰两女皆当贵。因欲奇两女⑥，乃夺金氏。金氏怒，不肯予决⑦，乃纳之太子宫⑧。太子幸爱之，生三女一男。男方在身时，王美人梦日入其怀。以告太子，太子曰："此贵征也。"未生而孝文帝崩，孝景帝即位，王夫人生男。

先是臧儿又入其少女儿姁⑨，儿姁生四男⑩。

【注释】 ①王太后：景帝刘启后，名娡。槐里：汉县名，在今陕西省兴平市东南。②燕王臧荼：项羽所封王，后为汉高祖所灭。 ③两女：即王太后和儿姁。 ④蚡、胜：即田蚡、田胜。田蚡武帝时为丞相，骄横跋扈，事详《魏其武安侯列传》。 ⑤卜筮（shì）之：为两女算命。 ⑥奇两女：把两女视为奇货。 ⑦不肯予：金王孙不退婚。 ⑧乃纳之太子宫：指臧儿和金王孙断绝关系，于是纳王娡于太子宫为宫人。此太子即景帝刘启。⑨先是：在这以前。 ⑩四男：即广川王刘越、胶东王刘寄、清河王刘乘、常山王刘舜。

景帝为太子时，薄太后以薄氏女为妃。及景帝立，立妃曰薄皇后。皇后毋子①，毋宠。薄太后崩，废薄皇后。

【注释】 ①毋：通无。

景帝长男荣，其母栗姬。栗姬，齐人也①。立荣为太子。长公主嫖有女，欲予为妃。栗姬妒，而景帝诸美人皆因长公主见景帝②，得贵幸，皆过栗姬，栗姬日怨怒，谢长公主③，不许。长公主欲予王夫人，王夫人许之。长公主怒，而日谗栗姬短于景帝曰："栗姬与诸贵夫人幸姬会，常使侍者祝唾其背④，挟邪媚道⑤。"景帝以故望之⑥。

【注释】 ①齐人：齐国人，即今山东省人。 ②因：依靠。 ③谢：拒绝。 ④祝唾其背：谓栗姬使侍者在背后诅咒和谩骂长公主。祝（zhòu）：通"咒"，诅咒之意。唾：吐唾沫，多表示鄙弃。 ⑤挟邪媚道：谄媚魔道。 ⑥望之：怨恨栗姬。

景帝尝体不安，心不乐，属诸子为王者于栗姬，曰："百岁后，善视之①。"栗姬怒，不肯应，言不逊。景帝恚②，心嗛之而未发也③。

【注释】 ①视：对待、看待。 ②恚（huì）：愤恨。 ③嗛：怀恨。

长公主日誉王夫人男之美，景帝亦贤之，又有曩者所梦日符，计未有所定。王夫人知帝望栗姬，因怒未解①，阴使人趣大臣立栗姬为皇后。大行奏事毕②，曰："'子以母贵，母以子贵'，今太子母无号③，宜立为皇后。"景帝怒曰："是而所宜言邪！"遂案诛大行④，而废太子为临江王。栗姬愈恚恨，不得见，以忧死。卒立王夫人为皇后，其男为太子，封皇后兄信为盖侯。

【注释】 ①因怒未解：趁景帝怒气未消。 ②大行：掌执行礼仪典章的官员。 ③无号：没有皇后之号。因栗姬子刘荣已立为太子，自己还未册立为皇后，故云无号。 ④案诛：经过审判杀掉。

景帝崩，太子袭号为皇帝。尊皇太后母臧儿为平原君。封田蚡为武安侯，胜为周阳侯。

景帝十三男，一男为帝，十二男皆为王①。而儿姁早卒，其四子皆为王。王太后长女号曰平阳公主，次为南宫公主，次为林虑公主。

【注释】 ①十三男：十三个儿子。景帝子凡十四人，汉武帝为太子外，十三子立为王，五母所生，称五宗。事详《五宗世家》。此言十三男，十二王，有误。

盖侯信好酒。田蚡、胜贪，巧于文辞。王仲早死，葬槐里，追尊为共侯，置园邑二百家。及平原君卒，从田氏葬长陵，置园比共侯园。而王太后后孝景帝十六岁，以元朔四年崩①，合葬阳陵②，王太后家凡三人为侯。

【注释】 ①元朔四年：公元前 125 年。 ②阳陵：景帝陵，在今陕西省咸阳市东。

（以上为第五段，写栗姬忌妒恚死，王太后狡诈贵幸，一门升天。）

卫皇后字子夫，生微矣①。盖其家号曰卫氏②，出平阳侯邑。子夫为平阳主讴者③。武帝初即位，数岁无子。平阳主求诸良家子女十余人，饰置家④。武帝祓霸上还⑤，因过平阳主。主见所侍美人，上弗悦。即饮，讴者进，上望见，独悦卫子夫。是日，武帝起更衣⑥，子夫侍尚衣轩中⑦，得幸。上还坐，欢甚，赐平阳主金千金。主因奏子夫奉送入宫。子夫上车，平阳主拊其背曰⑧："行矣，强饭⑨，勉之！即贵，无相忘。"入宫岁余，竟不复幸。武帝择宫人不中用者，斥出归之⑩。卫子夫得见，涕泣请出。上怜之，复幸，遂有身，尊宠日隆⑪。召其兄卫长君、弟青为侍中。而子夫后大幸，有宠，凡生三女一男。男名据。

【注释】 ①微：卑贱。卫子夫母为平阳侍妾（女仆），因与给事平阳侯家的县吏郑季私通所生子，故云生微矣。 ②号曰卫：冒姓卫氏。 ③讴者：歌女。 ④饰置家：加以修饰、打扮，养在家里。 ⑤祓（fú）：古时三月上巳日人们在水边祭祀，洗濯宿垢，以除邪免灾，称祓。霸上：即白鹿原，在灞水西岸。 ⑥更衣：如厕。 ⑦侍尚衣：伺候皇上穿衣。轩：更衣的小房间。 ⑧拊：拍肩膀。 ⑨强饭：努力吃好饭，意即保重身体。 ⑩斥出归之：逐出宫中，各还其家。 ⑪日隆：一天胜过一天。

初，上为太子时，娶长公主女为妃。立为帝，妃立为皇后，姓陈氏，无子。上之得为嗣，大长公主有力焉①，以故陈皇后骄贵。闻卫子夫大幸，恚，几死者数矣。上愈怒。陈皇后挟妇人媚道，其事颇觉②，于是废陈皇后，而立卫子夫为皇后。

【注释】 ①嗣：继承人。此指汉武帝之得立为太子，大长公主出了很大力气。大长公主：即景帝之姐名嫖。　②"陈皇后"二句：陈皇后用女巫诅咒（即妇人的邪媚之术），这件事被发觉。

　　陈皇后母大长公主，景帝姊也，数让武帝姊平阳公主曰："帝非我不得立，已而弃捐吾女①，一何不自喜而背本乎②！"平阳公主曰："用无子③故废耳。"陈皇后求之，与医钱凡九千万，然竟无子。

　　【注释】　①弃捐：抛弃，指陈皇后被废。　②自喜：自爱，自尊。背本：忘本。③用：因为。

　　卫子夫已立为皇后，先是卫长君死，乃以卫青为将军，击胡有功，封为长平侯。青三子在襁褓中①，皆封为列侯。及卫皇后所谓姊卫少儿，少儿生子霍去病，以军功封冠军侯，号骠骑将军。青号大将军。立卫皇后子据为太子。卫氏枝属以军功起家②，五人为侯。

　　【注释】　①襁褓：背负婴儿的布袱。这里指卫青的三个儿子都很小。　②枝属：宗室亲族。

　　及卫后色衰，赵之王夫人幸，有子，为齐王。
　　王夫人早卒，而中山李夫人有宠，有男一人，为昌邑王①。
　　李夫人早卒，其兄李延年以音幸，号协律。协律者，故倡也。兄弟皆坐奸，族②。是时其长兄广利为贰师将军，伐大宛③，不及诛④，还，而上既夷李氏⑤，后怜其家，乃封为海西侯。
　　他姬子二人为燕王、广陵王⑥。其母无宠，以忧死。
　　及李夫人卒，则有尹婕好之属⑦，更有宠。然皆以倡见，非王侯有土之士女，不可以配人主也。

　　【注释】　①有男一人，为昌邑王：此八个字为司马迁附记，排仿体以别之。　②兄弟皆坐奸，族：李延年及其弟李季淫乱后宫，皆被灭族。　③大宛：西域国名，在今中亚费尔干纳盆地。　④不及诛：李广利因出征在外，其家遭族灭时没有被杀。　⑤夷：族诛。　⑥燕王、广陵王：燕王刘旦，广陵王刘胥。武帝有六男。卫皇后子刘据，立为太子，死于巫蛊。少子刘弗陵继大统，即昭帝。其余四子：王夫人之子刘闳，封齐王；李夫人之子刘髆，封昌邑王；他姬子有燕王刘旦；有广陵王刘胥。　⑦婕好：嫔妃之号。

　　（以上为第六段，写武帝后妃的荣辱际遇，主要写卫皇后。）

讲　析

先说《外戚世家》的标题。明明是写后妃，却要标名"外戚"。《史记测义》作者徐孚远批评说："纪后妃而号曰'外戚'非也。后代史书皇后自作纪，而外戚别作传，乃为得之。"再说，无论是外戚，还是后妃，均无"世代相续"之义，何以称世家？

那么，《外戚世家》的题名之义在哪里呢？"外戚"与"世家"是两层含义。《太史公自序》曰："成皋之台，薄氏始基。诎意适代，厥崇诸窦。栗姬偩贵，王氏乃遂。陈后太骄，卒尊子夫。嘉夫德若斯，作《外戚世家》第十九。"《太史公自序》撮述《外戚世家》所定为后妃，显然司马迁是特意把外戚与后妃划等号，用"外戚"来指代"后妃"，寄寓的微言大义就隐含在指代之间。以"外戚"指代"后妃"，这是《外戚世家》题名的第一层意义。指代之义，本文下面在解读序论中做进一步分析。《外戚世家》是以类传命名的一篇合传，共载西汉前期高、惠、文、景、武共五朝皇帝的后妃十二人。其中汉高帝皇后两人，吕太后、薄太后；汉惠帝皇后一人，孝惠皇后；汉文帝皇后一人，窦太后；汉景帝后妃三人，皇后两人，薄皇后、王太后，嫔妃一人，栗姬；汉武帝后妃五人，皇后两人，陈皇后、卫皇后，嫔妃三人，王夫人、李夫人、尹婕好。同一姓王朝的一代又一代皇帝后妃相接续，如同世家，故司马迁以"世家"名篇。以后妃为帝王的附属一代又一代相续，这是《外戚世家》命名的第二层含义。

《外戚世家》的序论，揭示该篇创作动机，有两大主题。其一，警示帝王择偶必以德；其二，警示后妃要有德，安于命运。次第解读如下：

帝王择妃必以德。《外戚世家》序论开篇就指出："自古受命帝王及继体守文之君，非独内德茂也，盖亦有外戚之助焉。夏之兴也以涂山，而桀之放也以末喜……周之兴也以姜原及大任，而幽王之擒也淫于褒姒。"司马迁从活生生的历史事件中洞察到夫妇之爱是人伦道德中最重要的关系，性爱感情能左右人主的意志。按儒家正统观念，五常人伦关系的排序为君臣、父子、兄弟、夫妇、朋友。司马迁却说："夫妇之际，人道之大伦也。礼之用，唯婚姻为兢兢。"夫妇关系为人际关系最重要的关系，这一认识最贴近生活，把夫妻关系提到了第一位，在当时是超前的进步思想。司马迁感慨地说："甚哉，妃匹之爱，君不能得之于臣，父不能得之于子。"这是从性爱角度说明夫妇关系的独特性。帝王的婚姻关系国家大政，关系国家安危，不能不慎重。帝王择妃以德则国家兴旺，帝王以色择妃将不免于外戚之祸，这是家天下专制政体的必然产物。因为家天下的专制政体，"朕即国家"，皇帝至高无上。所以靠近皇权的人，可以假皇帝以肆虐。宦官是皇帝的家奴，因靠近皇权，时常祸国乱政，成为封建专制政体的一大肿瘤。后妃是靠近皇权最密切的人，得宠的后妃，尤其是成为太后的后妃，她们参政，外戚得势，专横跋扈，祸国乱政，甚于宦官。因为外戚在外朝，与朝士大夫为一体，外戚专权，直接充任执政大臣，更有合法性。王莽、杨坚，他们就是以外戚擅权而转移了天命，改了朝，换了代。司马迁虽然没有看到外戚篡国的事件发生，但他从吕太后封王诸吕、王太后宠信田蚡所造成的政治动荡中，已经洞察到后妃与外戚的一体关系。写后妃假名外戚，警示外戚干政，要从以德选妃做起，表现了司马迁的卓越史识，见微知著，寓意良深。

后妃要有德，安于命运，警示后妃要节制欲望，这是《外戚世家》的第二大主题。序论突出一个"命"字，司马迁认为"命运"是不可以用人力来抗争的。后妃以色侍君，时间短暂，要获得持久的尊宠地位，第一，争皇后之位；第二，争为嗣子之母，即争太后之位。司马迁说："既欢合矣，或不能成子姓，能成子姓矣，或不能要其终，岂非命也哉！"后妃得到了宠爱，得到了正位，有的不能生育儿子，结果是一场空。生了儿子的，甚至也立了太子，最终被废被夺嫡，仍然是一场空。西汉前期的五代后妃，她们的经历，通过司马迁的组织，十分离奇，仿佛真有一个命运在掌控。明人钟惺说："总叙中突出一'命'字，遂作全篇主意。逐节叙事，不必明言'命'字，而起伏颠倒，隐然各有一'命'字散于一篇之中，而使人自得之。非独文情章法之妙，使宫闱恩幸之间各有以自安而无所颇。夺无限妄想，消无限隐忧，固作史之深心也。"（《钟伯敬评〈史记〉》）

钟惺认为，司马迁写《外戚世家》，用一个"命"字贯通全篇，不仅仅是作文技巧，而且更是警示后妃"各有以自安而无所颇"，修德以保平安，有很深的用意。钟惺的解读十分中肯。

《外戚世家》主要写薄太后、窦太后、栗姬、王太后、陈皇后、卫皇后六位后妃，这是《太史公自序》提示的六位，还要加上一个吕太后，共七位。吕太后另有本纪，《外戚世家》只是补充，所以《太史公自序》没有提及。七位后妃的事迹，各自独立，但合起来又是一个有机的整体，而且还有一个"命"字在贯穿，只有合起来看，才能彰显司马迁的创作动机。

《外戚世家》传文第一个写吕太后，细读行文，其实是写孝惠皇后，由于孝惠皇后只是吕太后手中的道具，一个傀儡，孝惠皇后毫无作为，因此写孝惠皇后，实际是写吕太后，欲知吕太后的详情，必须再读《吕太后本纪》。

　　吕太后为固权，置伦理道德于不顾，让外甥女为孝惠皇后。孝惠皇后是汉惠帝同胞姐姐鲁元公主所生。吕太后美其名曰"亲上加亲"。孝惠帝四年立孝惠皇后，其时惠帝二十岁，孝惠皇后还没成人，最大年龄也就十一二岁，还是一个小姑娘。孝惠帝又多病，心情郁闷，二十三岁就死了，此时孝惠皇后才十四五岁。吕太后想尽一切办法让孝惠皇后生儿子，司马迁写道"欲其生子万方"，一个还未成年的小女孩怎么能生孩子呢！吕太后盼孙子，简直是昏了头。吕太后又想出办法，诈取后宫美人子说成是孝惠皇后生的儿子，把美人子的母亲杀死灭口。还有景帝薄皇后，武帝陈皇后，都属于"既欢合矣，或不能成子姓"，两位皇后的命运，都是最后被废黜。

　　汉文帝之母薄太后原是西魏王魏豹之妃，汉军破魏，薄氏成为俘虏被发配到皇家织室做苦工，却被刘邦偶然看中，纳入后宫为夫人。刘邦又冷落薄氏，一年多以后薄氏又偶然地被刘邦一幸生男，这就是汉文帝刘恒。薄氏因遭刘邦冷落，刘恒被封在近胡的边地为代王，反而是福，未遭吕太后的毒手。诸吕之乱，大臣拥立代王为皇帝，这又是一个偶然。如果没有冥冥之中的神灵护佑，怎么会有这么多偶然呢？

　　窦太后更为奇特。她出身卑微，家道贫困，曾采桑从树上掉下。窦太后以良家子身份进宫为吕太后侍女。吕太后选了一批宫人赐给诸王。窦太后家在赵国观津县，她请托主管分配宫女的宦官，把自己分配给赵王，就近照顾家庭。由于宦官疏忽，她阴差阳错地被分配给代王刘恒。代王的原配夫人代王后年纪轻轻就死了，代王后所生的四个儿子也相继病死。窦太后独蒙代王宠爱，生两男一女。代王即皇帝位，窦太后得立为皇后。景帝立，十分孝顺，尊窦皇后为太后。景帝死，武帝立，尊窦太后为太皇太后。窦太后晚年失明，仍牢牢掌握政权不撒手。窦太后一连串的意外反而得福，难道不是她的命运好吗？

　　汉景帝薄皇后无子被废，栗姬最早生子，名刘荣，被立为太子。栗姬缺教养，没头脑，爱使性子，也被景帝废黜，栗太子被贬为临江王。栗姬属于"能成子姓矣，或不能要其终"的类型。与栗姬争胜的汉景帝王皇后，景帝死后被尊为王太后。王太后原为平民之妻，生有一女。因看相巫师说王氏有大贵之相，王氏竟隐瞒婚史，入太子宫侍奉，她野心勃勃要当皇后，竟然如愿以偿，挤兑掉了栗姬，两相对照，一个命好，一个命不好。

　　汉武帝卫皇后卫子夫，原来是平阳公主的侍女歌伎。平阳公主是汉武帝的姐姐。有一天，汉武帝过访平阳公主，卫子夫在席间侍奉被汉武帝看中，在尚衣轩中得幸。平阳公主送卫子夫入宫，一年多被冷落，汉武帝不再复幸。卫子夫哭哭啼啼要出宫，汉武帝见状心生怜爱，卫子夫时来运转，备受宠幸，替汉武帝生了长子。卫子夫被立为皇后，所生子刘据被立为太子。《史记》断限至太初，所以《外戚世家》没有写到卫皇后的下场。当卫皇后贵盛之时，卫青、霍去病两人既以军功，又以裙带关系尊贵无比。卫青为大将军，封长平侯，三个儿子也蒙恩封侯。当时民谣说："生男无喜，生女无怒，独不见卫子夫霸天下！"生动地说明了外戚的显赫和人民的怨愤。

李夫人，出身市井，是长安城里一位当红歌星。李夫人的二哥李延年善音律，被召入宫在皇家戏班效劳。李延年谱写了一首流行歌曲来推荐妹妹。歌词曰："北方有佳人，绝世而独立，一顾倾人城，再顾倾人国。宁不知倾城与倾国，佳人难再得。"倾国倾城的典故就从李夫人得来。汉武帝召幸，爱得如痴如醉。可惜红颜薄命，李夫人早死，生有一子。李夫人病危时，因容颜憔悴，拒不面见汉武帝，只是蒙被哭泣，以兄弟、儿子相托。李夫人的长兄李广利才庸为将军，封海西侯；二哥李延年为旋律都尉，佩二千石印绶，与汉武帝同卧起；三兄李季也恃宠入宫禁。李氏兄弟骄恣，李夫人死后遭灭族。由此可见，外戚的荣辱，取决于后妃升沉。所以后妃争宠，各自拿出浑身解数，乃至犯下种种罪恶与丑行，也就不难理解了。

《外戚世家》写作艺术有两大特色。第一，结构严谨而奇巧。人物众多，有主有次。人物事件，首尾贯穿，既独立成篇，又相互补充。开篇序论，统贯全篇，点明主题，议论说理，为全文的灵魂。第二，行文叙事状人，形象生动。语言简洁，三言两语，勾勒出鲜活的人物形象。吕太后"夷戚氏，诛赵王"，"以重亲故，欲其生子万方"，"以吕禄女为少帝后，欲连固根本牢甚"，几个事件，寥寥数语，写活了吕太后，她的狠毒和残忍，她的刚愎和跋扈跃然纸上。其他几个主要人物，薄太后的慈善，窦太后的专断，王太后的狡诈，栗姬的暴躁，陈皇后的忌妒，一个个性格鲜明，呼之欲出。即便是一语带过的人物，也寓意深刻。传末写尹婕好等人相继得宠，以毋庸置疑的论断语作结说："然皆以倡见，非王侯有土之士女，不可以配人主也。"意在言外，实际是对全篇所写汉代后妃的评语。由于汉家开布衣将相之局，开国皇帝出身田舍郎，汉初几代皇帝的后妃都出身不隆，非王侯仕女，则"德"不厚，所以后宫争宠倾轧，层出不穷。

司马迁以人物为中心写历史，《外戚世家》是经典篇章之一。全文通过几个皇后、太后的片断活动就展示了中国封建社会后宫与外戚的政治生态，以及与整个国家政治变幻的关系。作者表现出的劝诫与借鉴的用心，感人肺腑。《外戚世家》无疑是《史记》中的上乘名篇。

萧相国世家

【题解】 萧何在五功臣世家中居首位，因高祖论功行封，萧何功第一。萧何在楚汉相争中佐刘邦镇抚关中，足食足兵，使百姓爱汉，不乐为楚，建立了殊勋。汉朝建立后，刘邦灭了异姓王，萧何谨畏自保，故立国后无所建树。对于萧何功居第一，曹参等不服，司马迁亦似有不平，故于赞中揭出："淮阴、黥布等皆诛灭，而何之勋烂焉。"

萧相国何者，沛丰人也。以文无害为沛主吏掾①。

高祖为布衣时，何数以吏事护高祖。高祖为亭长，常左右之②。高祖以吏繇咸阳，吏皆送奉钱三，何独以五③。

秦御史监郡者与从事，常辨之④。何乃给泗水卒史事，第一⑤。秦御史欲入言征何，何固请⑥，得毋行。

【注释】 ①文无害：通晓法令，没有凝滞，且执法持平。主吏掾：功曹掾，主人事。②左右：保护，帮助。 ③奉钱三：送路费三百。何独以五：人皆三百，萧何独送五百。④"秦御史"二句：秦时未设刺史，由御史监郡。监郡御史交给萧何的事情，萧何一向办得很好。常：经常，一向。 ⑤何乃给泗水卒史事，第一：萧何于是被提升为泗水郡的卒史，考评为第一。泗水：秦郡名，郡治相县，在今安徽省濉溪县西北。卒史：郡守所属书办官吏。 ⑥固请：坚决不肯。

及高祖起为沛公①，何常为丞督事②。沛公至咸阳，诸将皆争走金帛财物之府分之，何独先入收秦丞相御史律令图书藏之。沛公为汉王，以何为丞相。项王与诸侯屠烧咸阳而去。汉王所以具知天下厄塞③，户口多少，强弱之处，民所疾苦者④，以何具得秦图书也。何进言韩信⑤，汉王以信为大将军。语在《淮阴侯》事中。

【注释】 ①沛公：沛县县令，楚语称令为公。 ②丞：县丞，即副县令。 ③厄塞：军事要冲。 ④民所疾苦者：人民痛苦的事情。 ⑤进言：推荐。

汉王引兵东定三秦①，何以丞相留收巴蜀②，镇抚谕告③，使给军食。汉二年④，汉王与诸侯击楚⑤，何守关中，侍太子，治栎阳⑥。为法令约束，立宗庙社稷宫室县邑，辄奏上，可，许以从事；即不及奏上，辄以便宜施行⑦，上来以闻⑧。关中事计户口转漕给军⑨，汉王数失军遁去，何常兴关中卒⑩，辄补缺。上以此专属任何关中事。

【注释】 ①三秦：即关中地，因项羽封三秦王而得名，参见《项羽本纪》。 ②留收巴蜀：留守汉中，收服巴蜀民心。 ③镇抚：镇守，安抚。 ④汉二年：公元前205年。⑤汉王与诸侯击楚：刘邦出关收魏王豹、河南王申阳，降服韩王郑昌、殷王司马卬，联合赵王歇等诸侯之兵五十六万人击楚项羽。 ⑥栎阳：县名，在今陕西省西安市阎良区。 ⑦便宜施行：根据需要，不经请示就可做出决定。 ⑧上来以闻：等汉王刘邦回关中时再作报告。 ⑨转漕：陆行水载运送物资。 ⑩兴：征发。

汉三年，汉王与项羽相拒京索之间①，上数使使劳苦丞相②。鲍生谓丞相曰："王暴衣露盖③，数使使劳苦君者，有疑君心也。为君计，莫若遣君子孙昆弟能胜兵者悉诣军所，上必益信君。"于是何从其计，汉王大悦。

【注释】 ①京索之间：京，古县名，在今河南省荥阳市东南；索，古有大小两索城，大索城即今河南省荥阳市，小索城在其北。京索之间即指此三城地区。 ②劳苦：慰劳。③暴衣露盖：生活在风餐露宿的战场上。

（以上为第一段，写萧何出身与从刘邦起义，在楚汉相争时所建功勋。）

汉五年，既杀项羽，定天下，论功行封。群臣争功，岁余功不决。高祖以萧何功最盛，封为酂侯①，所食邑多。功臣皆曰："臣等身被坚执锐，多者百余战，少者数十合，攻城略地，大小各有差②。今萧何未尝有汗马之劳，徒持文墨议论，不战，顾反居臣等上③，何也？"高帝曰："诸君知猎乎？"曰："知之。""知猎狗乎？"曰："知之。"高帝曰："夫猎，追杀兽兔者狗也，而发踪指示兽处者人也④。今诸君徒能得走兽耳，功狗也。至如萧何，发踪指示，功人也。且诸君独以身随我，多者两三人。今萧何举宗数十人皆随我⑤，功不可忘也。"群臣皆莫敢言。

【注释】 ①酂（cuó）：县名，在今河南省永城市西部。 ②差：等次。 ③顾：却。 ④发踪指示：指猎人发现兽兔踪迹，指示狗追杀兽兔。 ⑤举宗：全族。

列侯毕已受封，及奏位次①，皆曰："平阳侯曹参身被七十创②，攻城略地，功最多，宜第一。"上已桡功臣③，多封萧何，至位次未有以复难之，然心欲何第一。关内侯鄂君进曰④："群臣议皆误。夫曹参虽有野战略地之功，此特一时之事。夫上与楚相拒五岁⑤，常失军亡众，逃身遁者数矣⑥。然萧何常从关中遣军补其处，非上所诏令召⑦，而数万众会上之乏绝者数矣⑧。夫汉与楚相守荥阳数年，军无现粮，萧何转漕关中，给食不乏。陛下虽数亡山东，萧何常全关中以待陛下，此万世之功也。今虽亡曹参等百数，何缺于汉？汉得之不必待以全⑨。奈何欲以一旦之功而加万世之功哉！萧何第一，曹参次之。"高祖曰："善。"于是乃令萧何第一，赐带剑履上殿⑩，入朝不趋⑪。

【注释】 ①奏位次：上奏评议位次。 ②创：创伤。 ③桡（náo）：折服。 ④关内侯：无封邑，而只食邑关中若干户的侯爵。鄂君：鄂千秋。 ⑤拒：抗争。 ⑥逃身遁者数矣：多次只身逃命。 ⑦非上所诏令召：并不是刘邦有诏令要他征召的。指萧何主动急刘邦之所需。 ⑧会上之乏绝：正赶上刘邦最困难的时候。 ⑨汉得之不必待以全：如果汉朝只得到像曹参那样的人一百个也不一定能保全天下。意谓汉无曹参等照样有天下，而无萧何则不可。 ⑩带剑履上殿：带剑穿鞋上殿朝见皇帝。这是封建帝王赐给有功之臣的特殊恩荣。 ⑪入朝不趋：上朝时不必急走。趋：低头小步急走。这是古代下级见上级表示崇敬的礼节。

上曰："君闻进贤受上赏①。萧何功虽高，得鄂君乃益明。"于是，因鄂君故所食关内侯邑封为安平侯②。是日，悉封何父子兄弟十余人，皆有食邑。乃益封何二千户，以帝尝徭咸阳时何送我独赢奉钱二也③。

【注释】 ①进贤：推荐贤能的人。 ②"因鄂君"句：让鄂君仍然享有关内侯的食邑，再加封为安平侯。因：因袭、享有原来的食邑。关内侯为第十九级爵，列侯为第二十级爵。鄂君的食邑户数不变，爵位升一等。 ③赢：多出。

（以上为第二段，写萧何备受恩宠，被刘邦表为首功。）

汉十一年，陈豨反①，高祖自将，至邯郸。未罢②，淮阴侯谋反关中，吕后用萧何计，诛淮阴侯，语在《淮阴》事中。上已闻淮阴侯诛，使使拜丞相何为相国，益封五千户，令卒五百人一都尉为相国卫③。诸君皆贺，召平独吊④。召平者，故秦东陵侯。秦破，为布衣，贫，种瓜于长安城东，瓜美，故世俗谓之"东陵瓜"，从召平以为名也。召平谓相国曰："祸自此始矣。上暴露于外而君守于中，非被矢石之事而益君封置卫者⑤，以今者淮阴侯新反于中，疑君心矣。夫置卫卫君，非以宠君也。愿君让封勿受，悉以家私财佐军，则上心悦。"相国从其计，高帝乃大喜。

【注释】 ①陈豨：汉将，以赵相临赵、代边兵，谋反被诛。传附《韩信卢绾列传》。②未罢：还未班师，指讨陈豨之乱还没有平定。 ③都尉：比将军略低的武官。 ④独吊：独来报忧。 ⑤非被矢石之事：没有遭遇矢石的危险。指萧何没有战功。矢石：箭与石，代指战场上的危险。

汉十二年秋，黥布反，上自将击之，数使使问相国何为。相国为上在军，乃拊循勉力百姓①，悉以所有佐军，如陈豨时。客有说相国曰："君灭族不久矣。夫君位为相国，功第一，可复加哉？然君初入关中，得百姓心，十余年矣，皆附君，常复孳孳得民和②，上所为数问君者，畏君倾动关中。今君胡不多买田地，贱贳贷以自污③？上心乃安。"于是相国从其计，上乃大悦。

【注释】 ①拊循勉力百姓：抚慰勉励百姓努力耕作。 ②常复孳孳得民和：现在你还努力不倦地孳孳去赢得人民的拥护。 ③贱贳贷以自污：做放债之类的卑贱之事，来败坏自己的名誉。

上罢布军归，民道遮行上书，言相国贱强买民田宅数千万。上至，相国谒。上笑曰："夫相国乃利民①！"民所上书皆以与相国，曰："君自谢民②。"相国因为民请曰："长安地狭，上林中多空地，弃，愿令民得入田③，毋收稿为禽兽食④。"上大怒曰："相国多受贾人财物，乃为请吾苑！"乃下相国廷尉⑤，械系之⑥。数日，王卫尉侍⑦，前问曰："相国何大罪，陛下系之暴也⑧？"上曰："吾闻李斯相秦皇帝，有善归主，有恶自与。今相国多受贾竖金而为民请吾苑，以自媚于民，故系治之。"王卫尉曰："夫职事苟有便于民而请之，真宰相事，陛下奈何乃疑相国受贾人钱乎！且陛下拒楚数岁，陈豨、黥布反，陛下自将而往，当是时，相国守关中，摇足则关以西非陛下有也。相国不以此时为利，今乃利贾人之金乎？且秦以不闻其过亡天下，李斯之分过⑨，又何足法哉。陛下何疑宰相之浅也⑩。"高帝不怿⑪。是日，使使持节赦出相国。相国年老，素恭谨，入，徒跣谢⑫。高帝曰："相国休矣！相国为民请苑，吾不许，我不过为桀纣主，而相国为贤相。吾故系相国，欲令百姓闻吾过也。"

【注释】 ①相国乃利民：相国的职权是要利民的！意谓你这个相国却在害民。 ②谢：认罪。 ③田（diàn）：耕种。 ④毋收稿为禽兽食：不要只让长草来喂养禽兽。稿：草料。 ⑤廷尉：九卿之一，汉代最高司法官。 ⑥械系之：给萧何戴上了刑具。 ⑦卫尉：九卿之一，掌宫廷门卫。 ⑧系之暴也：突然地把他逮捕起来。 ⑨分过：李斯把秦皇帝之过揽在自己身上。 ⑩"陛下"句：陛下怎么能怀疑宰相是那样浅薄的人呢！ ⑪不怿，不悦。 ⑫徒跣（xiǎn）谢，夫冠赤脚前来认罪。

（以上为第三段，写刘邦猜疑杀功臣时，萧何明哲保身的因应措施。）

何素不与曹参相能，及何病，孝惠自临视相国病，因问曰："君即百岁后，谁可代君者？"对曰："知臣莫如主。"孝惠曰："曹参何如？"何顿首曰："帝得之矣！臣死不恨矣！"

何置田宅必居穷处①，为家不治垣屋②。曰："后世贤，师吾俭；不贤，毋为势家所夺。"

孝惠二年，相国何卒，谥为文终侯。

后嗣以罪失侯者四世③，绝，天子辄复求何后④，封续酂侯，功臣莫得比焉。

【注释】 ①穷处：偏僻的地方。 ②不治垣屋：不修建有围墙的宅第。垣：较矮的围墙。 ③后嗣以罪失侯者四世：萧何后代子孙在惠帝、高后、文、景、武诸朝就已四次失侯，失而复得，备受恩宠。四次失侯的情况《史记》《汉书》两书有出入，参见《汉书·萧何传》及《史记》《汉书》两表，兹不具引。 ④天子：此指惠、文、景、武诸帝。

（以上为第四段，写萧何公而忘私，以俭持身，泽流子孙。）

太史公曰：萧相国何于秦时为刀笔吏①，录录未有奇节②。及汉兴，依日月之末光③，何谨守管籥④，因民之疾秦法⑤，顺流与之更始⑥。淮阴、黥布等皆以诛灭，而何之勋烂焉⑦。位冠群臣，声施后世，与闳夭、散宜生等争烈矣⑧。

【注释】 ①刀笔吏：抄写文书的小吏。秦汉用简策书写，误书则用刀削刮，所以那些从事文书工作的小吏，被称为刀笔吏。 ②奇节：特殊的作为。 ③依日月之末光：指萧何依恃高帝、高后的信任而得荣宠。萧何为秦沛县功曹掾时，常常袒护刘邦的过失，深得刘邦的信任。刘邦称帝后论功行赏，贬抑诸将而以萧何功为第一。高祖晚年屠功臣，萧何被猜疑，由于受到吕后的护持得免于难。日月：喻指高祖刘邦和吕后。 ④管籥（yuè）：锁和钥匙，借喻相国职守。 ⑤疾：痛恨。 ⑥顺流：喻顺应民心。 ⑦何之勋烂焉：高祖六年封功臣为侯，以萧何第一，曹参第二，功臣不服。所以司马迁意味深长地说：淮阴侯韩信、黥布等被诛死，萧何的功勋最灿烂。 ⑧闳（hóng）夭、散宜生：西周辅佐文王、武王的两个大功臣。争烈：比较功业。

（以上为作者论赞，认为萧何能顺应潮流，建立了奇功。）

📝 **讲　析**

萧何一生行事可分为前后两期。传文分为四个段落。前两个段落侧重写萧何前期的功勋，这是传文的主题。故《太史公自序》云："楚人围我荥阳，相守三年；萧何镇抚山西，推计蹋兵，给粮食不绝，使百姓爱汉，不乐为楚。作《萧相国世家》第二十三。"后两个段落侧重写萧何后期明哲保身的用心，用以形象地展示出汉初君臣的关系。刘邦猜忌，萧何谨畏自保，故立国后无所建树。

萧何与汉高祖刘邦是同乡，原本是沛县一个很有才华的小吏，因才能干练做到沛县主吏掾，相当于当今县里的组织部长，管理人事。萧何用其手中的职权，袒护刘邦青年时的无赖行径。刘邦为沛县都亭亭长，当有萧何的一臂之力。萧何为何护着刘邦？因为秦朝暴政，天下汹汹，有识之士都看到天下将乱，寻求自保。沛县以刘邦为首的民间组织，结义兄弟成为一个地方势力团伙。刘邦是总头目，被称为"长者"，萧何是其军师，曹参、周勃、樊哙、夏侯婴等人都是成员。秦末刘邦沛县起义，萧何是组织者和策划者，是义军的灵魂人物。这是萧何日后封侯列为首功的原因之一。

从刘邦起义到登上皇帝位，萧何一直追随左右，这是他一生中最重要的时期。在此期间，萧何主要办了四件大事。第一，"及高祖起为沛公，何常为丞督事"，即佐助刘邦发难起义。曹参也是发难功臣之一，与萧何是好朋友，萧、曹并称。第二,萧何识人,他为刘邦网罗人才,其中推荐韩信,替汉家打下半壁江山。第三,沛公入咸阳,诸将争抢财物,萧何独收秦皇家图书档案,此事极为重要,史称"汉王所以具知天下厄塞,户口多少,强弱之处,民所疾苦者,以何具得秦图书也"。第四,萧何为刘邦独当一面,留守关中,建立后方根据地,使刘邦争战足食足兵。项羽入关,火烧咸阳,战乱造成关中荒残。汉王临时首都只能建在栎阳。萧何为法会,治县邑,开放禁苑令民耕种,减免田租,举贤任能,逐渐恢复了关中经济,为后来刘邦迁都长安打下了基础。

汉朝建立,论功行封,诸将奏曹参功第一,因为他们出生入死,念念不忘的是"攻城野战",汉家马背取天下,这也是顺手人情。但刘邦袒护萧何,发表"功狗功人"说,以势压人,群臣仍然不服,关内侯鄂千秋阿谀说萧何"全关中以待陛下,此万世之功也",给"功狗功人"说添上理论色彩,这也合于自然,群臣只能口服心不服,一致赞成"萧何第一,曹参次之"。

萧何、曹参两人都是沛县县吏,共助刘邦起兵,原本是生死之交,因为争功,两人感情疏远,萧何居朝中为相,曹参外出为齐国相。萧何临终,举荐曹参为相,曹参也认为萧何必然会举荐自己。曹参为相,遵守萧何约束,对萧何的治国之策心服口服。与张耳、陈余反目相较,萧、曹不失为谦谦君子。

本篇突出的特色是写萧何与刘邦两人之间的关系。布衣时,萧何地位高于刘邦,时时袒护刘邦。刘邦曾以亭长身份带领沛县被征的役夫到咸阳服徭役,沛县诸吏送行,"吏皆送奉钱三,何独以五"。刘邦受宠若惊,念念不忘萧何多送二百钱,这也是汉高祖刘邦论功行封力推萧何第一的原因,表现了刘邦的知恩图报。但是西汉建立后的君臣关系,刘邦为君,萧何为臣,两人关系何止颠了个儿,皇帝高高在上,臣下战战兢兢,伴君如伴虎,萧何也不例外。萧何镇抚关中,深得军心、民心,引起了刘邦的猜忌。萧何为了消除刘邦的猜忌,曲意逢迎,用绝生之计送宗室子弟到军前效力。萧何为了自保,违心地与吕后通谋,不择手段地诛杀了淮阴侯韩信,又违心地强买田宅以"自污",仍免不了有牢狱之灾。萧、刘关系背后的深层意义是专制政体异化了人性,在权力斗争中丧失了亲情、友情,这是司马迁写传的用心,读来令人感慨万千。人性扭曲,一切是非颠倒。人们痛恨贪官污吏,可是在专制政体下,你不贪不污,老百姓拥护你,却犯了皇帝的大忌。作为西汉开国丞相的萧何就遭遇了这样的尴尬。伴君如伴虎,洁身自好也不行。天下乌鸦一般黑,你不黑就融入不了该集体。

前文说了,萧何是刘邦的老乡,在秦朝时为沛县主吏掾,是保护刘邦的恩人。秦末他们一同起兵，出生入死，两人有生死之交。论功行赏，萧何功第一，受到汉廷的极大恩遇，刘邦赐萧何带剑上殿，入朝不趋。萧何也兢兢业业办事，把西汉治理得有条有理，在朝野之中都享有很高的声望。越是这样，汉高祖刘邦越是不安。汉高祖十一年，陈豨反叛。高祖已步入了晚年，但还要御驾亲征。这时高祖疑神疑鬼的心理大增，对老朋友、老相国萧何也猜忌起来。萧何诛韩信，除了刘邦的心头大患，刘邦很高兴。他从前线传回诏令，拜萧何为相国，加封，置兵卫。文武百官都向萧何道喜，独有召平来报忧，泄露了天机。原来高祖名为加封，派兵保卫，实质是监视。萧何惶恐，辞谢加封，还捐献家财慰劳前线军队，汉高祖才高兴起来。第二年黥布反，高祖再次亲征。萧何依旧输家财慰问前方军队，又有客人来报忧，对萧何说："相国你就要有灭顶之灾了。您位居人臣，入关以来，孜孜不倦地为民办事，深得百姓拥戴。皇上现在很怕您在关中闹事啊！您为什么不买点田产，用贱价强赊，在百姓中留下坏名声，让皇上安心呢？"萧何听了这些话，心中可犯了难。他一向以节俭闻名，平时很少置办家产，若是不得已买一些田地或住宅，也总是挑选贫穷偏僻的地方。他常对家人说："后代子孙贤德，效法我的节俭，后代子孙不成才也守不住祖先的财产，还不如现在不置产业。"他是这样说的，也是这样做的。如今，萧何不得不采纳宾客所进的"自污"之计，当了一回贪官污吏，强取豪夺。汉高祖班师回京，还未到京城，沿途百姓拦路告状，说丞相萧何强买田宅，汉高祖非常高兴。回到京城，丞相萧何拜贺高祖胜利回来，汉高祖把民众的上告状交给萧何，笑着说："丞相的事，自个去处理吧。"萧何佩服客人的进言，敛钱自污，免了一场大祸。

一个演惯了正面人物角色的人，突然改演反面人物，那是很吃力的。萧何见高祖心情畅快，趁机为民请命说："关中人口增多，有许多百姓没地耕种，皇家禁苑上林园太空旷，请允许无地的百姓到园中开荒樵采。"萧何真是连"污吏"也演不好，真实本性又不自觉地露了出来。汉高祖立即沉下脸来，勃然大怒说："好一个相国，你不知贪了多少财，又沽名钓誉来打我的主意。"说毕喝令将萧何拿下，打入狱中。群臣闻变大惊，多方劝谏高祖，萧何终于被释放。汉高祖也觉得愧对萧何，他自嘲地说："我故意把丞相抓起来，好让老百姓知道，我是一个暴虐的桀纣之主，丞相才是好样的。"话中有话，暗示萧何不要把人缘搞得太好，臣下廉洁自好，皇上不放心。

此后，萧何更加小心谨慎，不置产业，不留富厚给子孙。因为贪婪腐败不是萧何的本性。

曹相国世家

【题解】　《曹相国世家》记叙西汉开国功臣，第二位相国曹参的事迹。曹参出自秦末沛县狱吏，随刘邦起兵，屡立战功。汉朝建立，封平阳侯。曹参是一员猛将，而相齐时学盖公黄老之术是其一生的重大转折。从一个"豪吏""猛将"转而成为一个宽厚待人的退让君子，相齐九年，齐国大治。相汉三年，一一遵萧何约束，保证了汉初无为政治的连续性，对西汉的经济恢复有重大的意义，因此赢得了老百姓的歌颂。

　　平阳侯曹参者①，沛人也②。秦时为沛狱掾③，而萧何为主吏④，居县为豪吏矣。

【注释】　①平阳：县名，为曹参封邑，在今山西省临汾市西南。　②沛：县名，在今江苏省沛县东。　③狱掾：监狱主吏的属员。　④主吏：又称长吏、大吏，泛指行政长官，此指沛狱主吏，即典狱长。

　　高祖为沛公而初起也，参以中涓从①。将击胡陵、方与②，攻秦监公军③，大破之。东下薛④，击泗水守军薛郭西⑤。复攻胡陵，取之。徙守方与⑥。方与反为魏⑦，击之。丰反为魏⑧，攻之。赐爵七大夫⑨。击秦司马𡰉军砀东⑩，破之，取砀、狐父、祁善置⑪。又攻下邑以西⑫，至虞⑬，击章邯车骑⑭。攻爰戚及亢父⑮，先登⑯。迁为五大夫⑰。北救阿⑱，击章邯军，陷阵⑲，追至濮阳⑳。攻定陶㉑，取临济㉒。南救雍丘㉓，击李由军㉔，破之，杀李由，虏秦侯一人。秦将章邯破杀项梁也㉕，沛公与项羽引而东。楚怀王以沛公为砀郡长㉖，将砀郡兵。于是乃封参为执帛㉗，号建成君，迁为戚公㉘，属砀郡。

【注释】　①中涓：管理宫中事务的官员。曹参为中涓，即刘邦的心腹之将。　②胡陵、方与：秦县名，胡陵在今山东省鱼台县东，方与在鱼台县西。　③监公军：秦泗水监所率领的军队。公：对郡监的尊称。　④薛：秦郡名，治鲁县，即今山东省曲阜市。　⑤泗水：秦郡名，治相县。在今安徽省濉溪县西。薛郭：薛县外城，薛县属薛郡，县治在今山东省枣庄市西。　⑥徙守方与：曹参转守方与。　⑦反为魏：叛沛公而归魏。魏为魏国旧贵族魏咎所立之国。　⑧丰：沛县的属邑，即今江苏省丰县。　⑨七大夫：秦汉爵共二十级，此处指第七级为公大夫。　⑩司马𡰥：秦将。砀（dàng），秦县名，为砀郡郡治，在今河南省夏邑县东南。𡰥：读"夷"，又读"仁"。　⑪狐父：地名，在梁、砀之间。祁善置：祁县的善驿。汉称驿站为置。祁县：即今山西省祁县。　⑫下邑：秦县名，在今安徽省砀山县西。　⑬虞：秦县名，在今河南省虞城县。　⑭章邯：当时秦军主要将领。　⑮爰戚：秦县名，即今山东省嘉祥县。亢父：秦县名，在今山东省济宁市南。　⑯先登：首先登上城墙。　⑰五大夫：秦汉二十级爵的第九级。　⑱阿：秦东阿县，县治在今山东省阳谷县东北之阿城镇。　⑲陷阵：冲入敌阵。　⑳濮阳：秦县名，在今河南省濮阳市南。㉑定陶：秦县名，在今山东省菏泽市西北。㉒临济：临济城，在今河南省开封市陈留镇西北。㉓雍丘：秦县名，即今河南省杞县。㉔李由：秦丞相李斯之子，时为三川郡守。　㉕项梁：楚将项燕之子，秦末起义号武信君，在定陶被秦将章邯战败而死。㉖楚怀王：名心，楚怀王之孙，陈胜起义失败后，项梁立心为王，仍称楚怀王。㉗执帛：楚官爵名。㉘迁为戚公：升为爰戚县县令。

　　其后从攻东郡尉军①，破之成武南②。击王离军成阳南③，复攻之杠里④，大破之。追北⑤，西至开封⑥，击赵贲军，破之，围赵贲开封城中。西击秦将杨熊军于曲遇⑦，破之，虏秦司马及御史各一人⑧。迁为执珪⑨。从攻阳武⑩，下轘辕、缑氏⑪，绝河津⑫，还击赵贲军尸北⑬，破之。从南攻犨⑭，与南阳守齮战阳城郭东⑮，陷阵，取宛⑯，虏齮，尽定南阳郡。从西攻武关、峣关⑰，取之。前攻秦军蓝田南⑱，又夜击其北，秦军大破，遂至咸阳，灭秦。

　　【注释】　①东郡：秦郡名，治濮阳，在今河南省濮阳市西南。尉军：东郡郡尉所率郡兵。　②成武：秦县名，即今山东省成武县。　③王离：秦名将王翦之孙，当时为秦主力军帅之一。成阳：秦县名，在今山东省鄄城东南。　④杠里：秦县名，在成阳之西。　⑤追北：追击败逃的秦军。北：败。　⑥开封：秦县名，在今河南省开封市南。　⑦曲遇：古邑名，在今河南省中牟县境内。　⑧司马：官名，在军队中掌管军政和军赋的官员。　⑨执珪：战国时楚官爵名。　⑩阳武：秦县名，在今河南省原阳县东南。　⑪轘辕：山名，在今河南省偃师市东南。缑（gōu）氏：秦县名，在今河南省偃师市东南。　⑫绝河津：封锁黄河渡口。津：渡口。　⑬尸：地名，在今河南省偃师市西。　⑭犨：秦县名，在今河南省鲁山县东南。　⑮阳城：堵阳城，在今河南省南阳市西部。　⑯宛：秦县名，为南阳郡治，即今河南省南阳市。　⑰武关：在今陕西省丹凤县东南。峣关：又名蓝田关，在蓝田县东。⑱蓝田：秦县名，在今陕西省蓝田县西。

项羽至，以沛公为汉王。汉王封参为建成侯。从至汉中，迁为将军。从还定三秦，初攻下辩、故道、雍、斄①。击章平军于好畤南②，破之，围好畤，取壤乡③。击三秦军壤东及高栎④，破之。复围章平，章平出好畤走。因击赵贲、内史保军⑤，破之。东取咸阳，更名曰新城⑥。参将兵守景陵二十日⑦，三秦使章平等攻参，参出击，大破之。赐食邑于宁秦⑧。参以将军引兵围章邯于废丘⑨。以中尉从汉王出临晋关⑩。至河内，下修武⑪，渡围津⑫，东击龙且、项他定陶⑬，破之。东取砀、萧、彭城⑭。击项籍军，汉军大败走。参以中尉围取雍丘。王武反于外黄⑮，程处反于燕⑯，往击，尽破之。柱天侯反于衍氏⑰，又进破取衍氏。击羽婴于昆阳⑱，追至叶⑲。还攻武强⑳，因至荥阳㉑。参自汉中为将军中尉，从击诸侯及项羽，败，还至荥阳，凡二岁。

【注释】①下辩：下辩道，在今甘肃省成县。故道：秦县名，在今陕西省宝鸡市西南。雍：县名，在今陕西省凤翔县西南。斄（tái）：县名，在今陕西省武功县西。　②章平：雍王章邯的弟弟。好畤：秦县名，在今陕西省乾县东。　③壤乡：乡名，在今陕西省武功县东南。　④高栎（lì）：乡名，在壤乡东。　⑤内史：官名，秦时内史掌治理京师。保：秦内史之名。　⑥新城：汉元年，咸阳更名为新城。武帝时改称渭城。　⑦“参将兵”句：曹参率军据守景陵。景陵：关中县名。　⑧宁秦：秦县名，在今陕西省华阴市东南。　⑨废丘：古邑名，在今陕西省兴平市东南。　⑩中尉：秦官名，掌管京师治安的武职，这里只是加给曹参的职衔罢了。临晋关：关隘名，在陕西大荔东。　⑪修武：秦县名，在今河南省获嘉县的小修武。　⑫围津：韦津，又称白马津，在今河南省滑县东北的旧黄河岸上。　⑬龙且（jū）：项羽部下的一员勇将。项他：项羽的部将。　⑭萧：秦县名，在今安徽省萧县西北。　⑮王武：汉将。外黄：秦县名，在今河南省杞县东。　⑯程处：汉将。燕：汉置燕南县，县治在今河南省延津县东。　⑰柱天侯：汉将，史失其名。衍氏：战国魏邑，在今河南省郑州市北。　⑱羽婴：楚将名。昆阳：古邑名，在今河南省叶县境内。　⑲叶：秦县名，在今河南省叶县南。　⑳武强：邑名，在今河南省郑州市东。　㉑荥阳：秦汉时军事重镇，在今河南省荥阳市东北。

高祖二年①，拜为假左丞相②，入屯兵关中。月余，魏王豹反，以假左丞相别与韩信东攻魏将军孙遬军东张③，大破之。因攻安邑④，得魏将王襄。击魏王于曲阳⑤，追至武垣⑥，生得魏王豹。取平阳⑦，得魏王母妻子，尽定魏地，凡五十二城。赐食邑平阳。因从韩信击赵相国夏悦军于邬东⑧，大破之，斩夏说。韩信与故常山王张耳引兵下井陉⑨，击成安君⑩，而令参还围赵别将戚将军于邬城中。戚将军出走，追斩之。乃引兵诣敖仓汉王之所⑪。韩信已破赵，为相国，东击齐。参以右丞相属韩信，攻破齐历下军⑫，遂取临淄⑬。还定济北郡⑭，攻著、漯阴、平原、鬲、卢⑮。已而从韩信击龙且军于上假密⑯，大破之，斩龙且，虏其将军周兰。定齐，凡得七十余县。得故齐王田广相田光，其守相许章，及故齐胶东将军田既。韩信为齐王，引兵诣陈，与汉王共破项羽，而参留平齐未服者。

【注释】 ①高祖二年：公元前 205 年。 ②假：代理。 ③东张：城名，在山西省永济市境内。 ④安邑：古邑名，战国时曾为魏都，在今山西省夏县西北。 ⑤曲阳：秦县名，在今山西省绛县东南。 ⑥武垣：《汉书》作"东垣"，县名，在今山西省垣曲县。⑦平阳：秦县名，在今山西省临汾市西南。 ⑧邬：县名，在山西省介休市东北。 ⑨井陉：井陉口，太行山的险隘之一，在今山东省井陉县西北。 ⑩成安君：陈余的封号。⑪敖仓：在今河南省荥阳市东北敖山上，是秦时重要粮草基地。 ⑫历下：古邑名，在今山东省济南市西。 ⑬临淄：古邑名，故址在今山东省淄博市北。 ⑭济北郡：汉郡名，郡治在今山东省济南市长清区南部。当时还未设济北郡，此为史书追记。 ⑮著：汉县名，在今山东省济南市济阳区。漯阴：县名，在今山东省临邑县西。平原：秦县名，在今山东省平原县南。鬲：县名，县治在今山东省平原县东北。卢：邑名，在今山东省济南市长清区西南。 ⑯上假密：地名，在山东省高密市东南。

项籍已死，天下定，汉王为皇帝，韩信徙为楚王①，齐为郡。参归汉相印。高帝以长子肥为齐王，而以参为齐相国。以高祖六年赐爵列侯，与诸侯剖符②，世世勿绝。食邑平阳万六百三十户，号曰平阳侯，除前所食邑。

【注释】 ①徙：迁调。高帝原封韩信为齐王，平定项羽后，迁调韩信为楚王。 ②剖符：古时封侯，将凭信剖分为二，帝王与诸侯各执其一。

以齐相国击陈豨将张春军①，破之。黥布反，参以齐相国从悼惠王将兵车骑十二万人②，与高祖会击黥布军，大破之。南至蕲③，还定竹邑、相、萧、留④。

参功：凡下二国⑤，县一百二十二；得王二人⑥，相三人，将军六人，大莫敖⑦、郡守、司马、侯、御史各一人。

【注释】 ①陈豨：汉将，以赵相监赵、代边兵，因谋反被诛。传附《韩信卢绾列传》。 ②悼惠王：高帝子齐王刘肥的谥号。 ③蕲：县名，在今安徽省宿州市南部。④竹邑、相、萧、留：均秦县名。竹邑在今安徽省宿州市北部，相县在今安徽省濉溪县北。萧县在今安徽省萧县。留在今江苏省沛县东南，徐州附近。 ⑤二国：西魏及齐。⑥得王二：俘获了两个王。据上文应是一王一相，即西魏王魏豹及齐相田光。 ⑦大莫敖：战国时楚国的卿称莫敖。位次于令尹。项氏起义建立政权后，官爵名多沿袭楚时。

（以上为第一段，写曹参在创建与巩固西汉政权过程中的战功。）

孝惠帝元年①，除诸侯相国法②，更以参为齐丞相。参之相齐，齐七十城。天下初定，悼惠王富于春秋，参尽召长老诸生，问所以安集百姓，如齐故诸儒以百数，言人人殊，参未知所定。闻胶西有盖公③，善治黄老言，使人厚币请之④。既见盖公，盖公为言治道贵清静而民自定，推此类具言之。参于是避正堂⑤，舍盖公焉。其治要用黄老术，故相齐九年，齐国安集，大称贤相。

【注释】 ①孝惠帝元年：公元前194年。 ②除诸侯相国法：废除诸侯国设相国的法令，改为丞相。 ③胶西：郡名，郡治在今山东省高密市西。盖公：姓盖，史失其名，"公"是敬称。 ④厚币：贵重礼物。 ⑤避正堂：让出正堂。

惠帝二年，萧何卒。参闻之，告舍人①："趣治行②，吾将入相。"居无何③，使者果召参。参去，属其后相曰："以齐狱市为寄，慎勿扰也④。"后相曰："治无大于此者乎？"参曰："不然。夫狱市者，所以并容也⑤，今君扰之，奸人安所容也？吾是以先之⑥。"

参始微时，与萧何善；及为将相，有隙⑦。至何且死⑧，所推贤唯参。参代何为汉相国，举事无所变更，一遵萧何约束。

【注释】 ①舍人：王公贵官的高级幕僚。 ②趣治行：赶快准备行装。趣：通"促"。 ③居无何：过了不久。 ④"以齐狱市"二句：把齐国的刑狱以及市场两事托付给你，不要多加干涉。 ⑤并容：兼容好人和坏人。即对刑狱和市场管理，不要太严，要网开一面，使奸人也有一条生路。 ⑥是以先之：因此先托付这两件事。 ⑦有隙：有隔阂。萧曹因论功争第一而有隙。 ⑧且死：将死。

择郡国吏木讷于文辞①，重厚长者②，即召除为丞相史③。吏之言文刻深④，欲务声名者⑤，辄斥去之⑥。日夜饮醇酒⑦。卿大夫以下吏及宾客见参不事事，来者皆欲有言。至者，参辄饮以醇酒，间之⑧，欲有所言，复饮之，醉而后去，终莫得开说，以为常。

相国后园近吏舍，吏舍日饮歌呼。从吏恶之⑨，无如之何，乃请参游园中，闻吏醉歌呼，从吏幸相国召按之⑩。乃反取酒张坐饮⑪，亦歌呼与相应和。

参见人之有细过⑫，专掩匿覆盖之⑬，府中无事。

【注释】　①木讷：质朴。　②重厚长者：性情谨重厚道的人。　③丞相史：丞相府长史，主理日常事务。　④言文刻深：死扣法令条文，对人语言苛刻严峻。　⑤欲务声名：一心追求能吏名声。　⑥辄斥去之：立即开除他。　⑦醇酒：高浓度的烈酒。　⑧间之：过了一会儿。间：隔。　⑨从吏：幕僚属员。　⑩幸：希望。召按之：传他们来，处理他们。按：查处。　⑪张坐：摆开坐席。　⑫细过：小的过错。　⑬专掩匿覆盖之：一律包揽遮掩起来。

（以上为第二段，写曹参任齐丞相议相国期间的治国主张及其办法。）

参子窋为中大夫①。惠帝怪相国不治事，以为"岂少朕与"②？乃谓窋曰："若归，试私从容问而父曰③：'高帝新弃群臣，帝富于春秋，君为相，日饮，无所请事④，何以忧天下乎⑤？'然无言吾告若也。"窋既洗沐归⑥，间侍⑦，自从其所谏参。参怒，而答窋二百，曰："趣入侍，天下事非若所当言也。"至朝时，惠帝让参曰⑧："与窋胡治乎⑨？乃者我使谏君也。"参免冠谢曰："陛下自察圣武孰与高帝？"上曰："朕乃安敢望先帝乎！"曰："陛下观臣能孰与萧何贤？"上曰："君似不及也。"参曰："陛下言之是也。且高帝与萧何定天下，法令既明，今陛下垂拱⑩，参等守职，遵而勿失，不亦可乎？"惠帝曰："善。君休矣！"

【注释】　①中大夫：官名，掌议论。　②岂少朕欤：难道不是在轻视我吗？古"少"与"多"对举，多之，即称誉之，少之，即贬损之。　③私：私下。　④请事：问事，理事。　⑤忧：关心。　⑥洗沐：公休。汉制，官吏五日一洗沐。　⑦间侍：找机会侍父侧。　⑧让：责备。　⑨与窋胡治乎：为何惩治曹窋呢？　⑩垂拱：垂衣拱手，形容无为而治的安重神态。

参为汉相国，出入三年。卒，谥懿侯。子窋代侯。百姓歌之曰："萧何为法①，颛若画一②；曹参代之，守而勿失。载其清净③，民以宁一。"

【注释】 ①为法：制定章程法令。 ②颛若画一：明白公正，官民标准一致。 ③载：通"戴"，感戴。

平阳侯窋，高后时为御史大夫。孝文帝立，免为侯。立二十九年卒，谥为静侯。子奇代侯，立七年卒，谥为简侯。子时代侯。时尚平阳公主①，生子襄。时病疠②，归国③。立二十三年卒，谥夷侯。子襄代侯。襄尚卫长公主④，生子宗。立十六年卒，谥为共侯。子宗代侯。征和二年中⑤，宗坐太子死⑥，国除。

【注释】 ①平阳公主：汉武帝姐。 ②病疠：害癞病，即患麻风病。 ③归国：回到封邑上去。 ④卫长公主：汉武帝卫皇后所生长女。 ⑤征和二年：公元前91年。按：此句至下文"国除"十二字为司马迁附记，排仿体以别之。 ⑥宗坐太子死：曹宗因牵连戾太子巫蛊案被杀。

（以上为第三段，写曹参子孙袭爵情况。）

太史公曰：曹相国参攻城野战之功所以能多若此者，以与淮阴侯俱。及信已灭，而列侯成功，唯独参擅其名①。参为汉相国，清静极言合道②。然百姓离秦之酷后，参与休息无为，故天下俱称其美矣。

【注释】 ①唯独参擅其名：由于韩信被贬遭屠，所以在列侯中唯独曹参的攻城野战之功居了首位。这里表现了司马迁对淮阴侯韩信的无限惋惜，讥刺之意，寄寓深远。擅：据有。 ②清静：即无为。所谓清静无为，就是统治阶级不滋事扰民，实行休养生息的政策。极言合道：曹参与惠帝那一番垂拱无为的对话，完全合于治道。极言：透辟妙言。

（以上为作者论赞，恰如其分评价曹参之功。）

📖 讲 析

司马迁笔下的兵家人物，分为两个层次。孙武、吴起、白起、廉颇、赵奢、李牧，有勇有谋，既能带兵，又能画策，是战略家、是统帅；而庞涓、赵括、胡伤、李信等则是战将，能带兵打仗，也有谋划，但不能洞察全局。战将能够打胜仗，但不是军谋家统帅的敌手。所以，庞涓遇孙膑而败，赵括遇白起而败，胡伤遇赵奢而败。楚汉相争，战将如云，楚方龙且、钟离昧、汉方曹参、樊哙、郦商、灌婴等均为战将，军谋家只有一人，就是淮阴侯韩信。项羽只是一个上上战将，所以被韩信打败。军谋家与战将结合，那就无往而不胜。灌婴是汉军的骑兵战将，曹参是汉军的步兵战将，两人是汉王刘邦的亲信，刘邦派两人为韩信副手，掌控军权，并有监视之意，所以汉王刘邦两次夺韩信之军，入军帐如入无人之境。曹参随韩信征伐，就是战将与军谋家的结合，他们为西汉的建立打下半壁江山，从未遇敌手，百战百胜。陈余、龙且、项声、项它，遇之则碎。"太史公曰：曹相国参攻城野战之功所以能多若此者，以与淮阴侯俱。"（《曹相国世家》）

曹参既是西汉开国功臣，又是汉初贤相，战将修文偃武，在西汉屠功臣中得以善终，也是一个奇迹。本文讲析，次第评说。

1. 攻城略地，战功第一

曹参与萧何两人是汉王刘邦的同乡，都是秦汉间沛县人。曹参与萧何两人又都是秦沛县主吏掾，曹参为狱吏掾，萧何为功曹掾，两人是同事，一向交好。秦末起事，两人赞助刘邦，因此是刘邦心腹。楚汉相争，萧何镇关中，抚太子，为后勤。曹参随军征战，以假丞相之职辅韩信开辟河北战场。萧、曹一文一武是刘邦的左右手。

曹参作战勇猛，身被七十余创，在诸将中战功第一。韩信在第二战场发动的每一次重大战役，曹参所立皆为首功。攻击西魏，在武垣曹参活捉了西魏王魏豹，攻平阳虏魏王母妻子，定代灭赵，击杀代相夏悦、灭代王陈余，又从韩信攻齐，击杀楚将龙且，擒周兰，曹参统领的步兵是主力军。韩信会围项羽垓下，曹参留守齐国。韩信名为齐王，实权却掌在曹参手中，为汉王夺韩信齐军立下功劳。

曹参战功，在《曹相国世家》本传作了统计："凡下二国，县一百二十二，得王二人，相三人，将军六人，大莫、郡守、司马、侯、御史各一人。"作为主帅的韩信，无疑功劳大于曹参，但除韩信之外，诸将功劳无人出曹参之右。刘邦分封，韩信封王，其他将领皆封侯，诸将也心服曹参，共推为首功，但已称帝的刘邦要定萧何为首功，用以压服诸将，争战用武，治国用文，这是政治家的算计。但出生入死的战将可不服，他们都为曹参争功，也为自己争一席地位。刘邦以皇帝之尊，辩称功狗功人之说，说诸将是猎狗之功，萧何发踪指示，是指引猎狗立的人功。封侯的名次萧何第一，食邑八千户，而曹参第二，食邑一万又六百户，实惠第一。刘邦这一手使得萧何、曹参两位好朋友，产生了裂痕。萧何为相国在京师，曹参外放为齐国相，远离京师。

刘邦制造功臣平衡，玩政治，萧、曹都不是刘邦的对手。刘邦是真龙天子，也不是虚名。

2. 萧规曹随，国治民安

汉初政治休兵息民，与匈奴和亲，对内休养生息，刘邦与萧、曹等大臣，可谓君臣同心。公元前193年，汉惠帝二年萧何卒，临终推荐曹参继任。曹参在齐国听到萧何辞世的消息，告诉管家赶紧整理行囊，到京赴任丞相。由于分封争功，萧何与曹参有了裂痕，但两人心胸宽阔，都顾全大局，在治理国家的大是大非上，同心辅汉，为天下黎民造福。曹参任齐国相九年，完全遵行萧何政令，奉行无为，齐国大治。萧何辞世，朝臣中最有威望的当数曹参，曹参守成，继续执行无为政令是国家之福，所以萧何临终推荐曹参。即使萧何不推荐，汉高祖临终也有遗言，萧何若先离世，曹参继任。当然萧何推荐了，可以提高曹参的威望，有利于施政。曹参继任，一遵萧何约束，史称"萧规曹随"。天下百姓为歌称颂曰："萧何为法，顜若画一；曹参代之，守而勿失；载其清净，民以宁一。"（《曹相国世家》）虽然曹参只为相三年也离世了，由于曹参的坚守，两任丞相奉行无为，使得这一政治理念深入人心，汉文帝、景帝相继执行，造就了西汉盛世。汉惠帝不满曹参无为，君臣发生一场辩论，曹参说："高帝与萧何定天下，法令既明，今陛下垂拱，参等守职，遵而勿失，不亦可乎？"惠帝赞同说："善。君休矣！"继任者的奉行意义重大，由此可见。萧、曹故事，历代传为佳话。

3. 宽大为本，厚言多福

曹参为治，宽大为本。他离任齐相，嘱咐继任者第一要务是缓狱刑，惩治奸人，不要吹毛求疵。曹参并不是放纵奸人，而是有鉴于秦人极刑而天下叛乱，要给人留下自新的机会。曹参对下属更是以大节为重，不苛求小毛病，甚至还为官吏的小过做掩饰。史称"参见人之细过，专掩匿覆盖之"。曹参用人，看重厚言长者。史称"择郡国吏木讷于文辞，重厚长者，即召除为丞相史。吏之言文刻深，欲务声名者，辄斥去之"。官吏宽大为本，厚言谨慎，是推行无为政治的基础，曹参身体力行。曹参日饮醇酒，无所事事的形象表明全力推行无为政治的决心。他用酒灌醉进言者，不让进言者说话，避免分歧。相府吏舍中每天饮酒歌呼，从吏希望曹参调查惩治他们，而曹参恰恰相反，却加入其中饮酒歌呼。曹参推行无为政治的良苦用心，与他开国第一功臣的身分是分不开的，别人是做不到的，这也是萧何推荐他的原因。也就是说，坚守汉初无为政治，萧何之后要有一个权威丞相来传承，曹参是不贰人选。

张良功成身退，闭门自守，清净无为。曹参功成未身退，也得善终，得益于他奉行无为政治，执政宽大为怀，言传身教，不争功不争名，日饮醇酒，其实也是效法张良之智，让高祖、吕后始终信任有加，在屠功臣的险恶环境中得以善终。司马迁对此大为赞赏，《太史公自序》曰："与信定魏，破赵拔齐，遂弱楚人。续何相国，不变不革，黎庶攸宁，嘉参不伐功矜能，作《曹相国世家》。"在曹参本传《曹相国世家》的"太史公曰"中，再次强调"参为汉相国，清静极方合道。"又说："百姓离秦之酷后，参与休息无为，故天下俱称其美矣。"曹参赢得了全天下人的称颂。一个攻城野战的战将，华丽转身为无为丞相，为天下苍生造福，也自求多福，德延子孙，值得后世人们纪念。

留侯世家

【题解】 张良年轻时是一个豪侠人物，他曾在博浪沙阻击秦始皇，失败后及时总结经验，隐姓埋名，静观时变，习谋画之术，投身于反秦的社会运动中，成长为一个深沉明智的机变人物，与年轻时的匹夫之勇相较，判若两人。他善于择主，忠心耿耿为刘邦谋画，替沛公解鸿门之危，荐韩信、彭越、黥布三雄以灭项羽，谏止刘邦立六国后，支持刘敬议迁都，劝太子迎商山四皓以固国本，这一系列谋画都直接关系着汉事业的兴亡成败，张良之智、仁、勇也在这一系列谋画的描写中得到生动的刻画。最后，他功成身退，能够明哲保身，也传为佳话。张良是中国历史上一个典型的"王者师"。

留侯张良者①，其先韩人也。大父开地②，相韩昭侯、宣惠王、襄哀王。父平，相釐王、悼惠王。悼惠王二十三年，平卒。卒二十岁，秦灭韩。良年少，未宦事韩③。韩破，良家僮三百人。弟死不葬④，悉以家财求客刺秦王⑤，为韩报仇，以大父、父五世相韩故。

良尝学礼淮阳⑥，东见仓海君，得力士，为铁椎重百二十斤。秦皇帝东游，良与客狙击秦始皇帝博浪沙中⑦，误中副车⑧。秦皇帝大怒，大索天下，求贼甚急，为张良故也。良乃更名姓，亡匿下邳⑨。

【注释】 ①留侯：张良的封号。留：县名，在今江苏省沛县东南。张良字子房，韩贵族后裔。王符《氏族志》云："良，韩公族，姬姓。良为韩报仇，秦索贼急，乃变姓为张，匿于下邳。" ②大父开地：大父即祖父。开地：人名。姬开地为韩昭侯、韩宣惠王、韩襄哀王三代韩王之相。开地之子姬平，即张良之父为韩釐王、韩悼惠王两代韩王之相。史称张良祖上五世相韩者即此也。 ③卒二十岁，秦灭韩：姬平死后二十年，当韩王安九年，公元前230年秦灭韩。 ④良年少，未宦事韩：年少即年龄小。古人二十而冠，即可出仕。未宦事韩：即张良加冠后还未出仕，韩行将灭亡，因此没来得及出仕。张良父死二十年，上推其父死于公元前249年。良有一弟，按最低年龄计算，假定其弟一岁，张良两岁，则韩亡时张良二十二岁，上推生年，当在公元前251年。弟死不葬：弟死不厚葬。⑤求客刺秦王：寻访能当刺客的英雄豪侠以刺秦王。　⑥淮阳：汉郡国名，治陈，即今河南省周口市淮阳区。　⑦狙击：伏击。博浪沙：古地名，在今河南省原阳县境。　⑧副车：天子扈从车。　⑨下邳：县名，在今江苏省睢宁县西北。

（以上为第一段，写青年张良毁家纾难，勇刺秦始皇的豪侠壮举。）

　　良尝间从容步游下邳圯上①，有一老父，衣褐，至良所，直堕其履圯下，顾谓良曰："孺子②，下取履！"良鄂然，欲殴之。为其老，强忍，下取履。父曰："履我！"良业为取履，因长跪履之。父以足受，笑而去。良殊大惊，随目之。父去里所③，复还，曰："孺子可教矣。后五日平明，与我会此。"良因怪之，跪曰："诺。"五日平明，良往。父已先在，怒曰："与老人期，后，何也？"去，曰："后五日早会。"五日鸡鸣，良往。父又先在，复怒曰："后，何也？"去，曰："后五日复早来。"五日，良夜未半往。有顷，父亦来，喜曰："当如是。"出一编书④，曰："读此则为王者师矣。后十年兴。十三年孺子见我济北，谷城山下黄石即我矣⑤。"遂去，无他言，不复见。旦日视其书，乃《太公兵法》也。良因异之，常习诵读之。

　　居下邳，为任侠。项伯常杀人，从良匿。

【注释】　①圯（yí）：桥。　②孺子：小伙子。　③里所：一里来地。　④一编书：竹简一编书。　⑤济北：济水之北。谷城山：又名黄山，在今山东省东阿县西北。

（以上为第二段，写张良隐忍勤学，静观时变。）

　　后十年，陈涉等起兵，良亦聚少年百余人。景驹自立为楚假王①，在留。良欲往从之，道遇沛公。沛公将数千人，略地下邳西，遂属焉。沛公拜良为厩将②。良数以《太公兵法》说沛公，沛公善之，常用其策，良为他人言，皆不省③。良曰："沛公殆天授④。"故遂从之，不去见景驹。

【注释】　①景驹：人名。六国时楚国王族后裔。秦末起兵，为秦嘉立为楚王，被项梁击杀。　②厩（jiù）将：军中主管马匹的官。　③省：领悟。　④天授：天才。

及沛公之薛①，见项梁。项梁立楚怀王。良乃说项梁曰："君已立楚后，而韩诸公子横阳君成贤，可立为王，益树党。"项梁使良求韩成，立以为韩王。以良为韩申徒②，与韩王将千余人西略韩地，得数城，秦辄复取之，往来为游兵颍川③。

【注释】　①薛：秦县名，在今山东省滕州市东南。　②申徒：即司徒，职同丞相。③颍川：秦郡名，治阳翟，在今河南省禹州市。

沛公之从洛阳南出轘辕①，良引兵从沛公，下韩十余城，击破杨熊军。沛公乃令韩王成留守阳翟，与良俱南，攻下宛②，西入武关③。沛公欲以兵二万人击秦峣下军④，良说曰："秦兵尚强，未可轻。臣闻其将屠者子，贾竖易动以利。愿沛公且留壁⑤，使人先行，为五万人具食，益为张旗帜诸山上，为疑兵，令郦食其持重宝啖秦将⑥。"秦将果叛，欲连和俱西袭咸阳，沛公欲听之。良曰："此独其将欲叛耳，恐士卒不从。不从必危，不如因其解击之⑦。"沛公乃引兵击秦军，大破之。逐北至蓝田⑧，再战，秦兵竟败。遂至咸阳，秦王子婴降沛公。

【注释】　①轘辕：山名，在河南省偃师市东南。　②宛：秦县名，在南阳郡治，即今河南省南阳市。　③武关：在今陕西省丹凤县东南。　④峣：峣关，又称蓝田关，在陕西省蓝田县东南。　⑤留壁：坚壁不动。　⑥郦食其（yìjī）：刘邦谋士，《史记》有传。啖（dàn）：吃，此指引诱。　⑦解：同"懈"。　⑧蓝田：秦县名，在今陕西省蓝田县西。

沛公入秦宫，宫室帷帐狗马重宝妇女以千数，意欲留居之。樊哙谏沛公出舍，沛公不听。良曰："夫秦为无道，故沛公得至此。夫为天下除残贼，宜缟素为资①。今始入秦，即安其乐，此所谓'助桀为虐'。且'忠言逆耳利于行，毒药苦口利于病'，愿沛公听樊哙言。"沛公乃还军霸上②。

【注释】　①宜缟素为资：应该以生活俭朴为凭借。缟素：有丧之服，引申为俭朴，如同居丧之生活。　②霸上：地名，在今陕西省西安市东南古霸水西岸。

项羽至鸿门下①，欲击沛公，项伯乃夜驰入沛公军，私见张良，欲与俱去。良曰："臣为韩王送沛公，今事有急，亡去不义。"乃具以语沛公。沛公大惊，曰："为将奈何？"良曰："沛公诚欲背项羽邪?”沛公曰:"鲰生教我拒关无内诸侯②，秦地可尽王，故听之。"良曰:"沛公自度能却项羽乎?"沛公默然良久，曰:"固不能也。今为奈何?"良乃固要项伯③。项伯见沛公。沛公与饮为寿，结宾婚④。令项伯具言沛公不敢背项羽，所以拒关者，备他盗也。及见项羽后解，语在《项羽》事中。

【注释】　①鸿门:古地名，在今陕西省西安市临潼区东部，今谓之项王营。　②鲰生:骂人语，犹今语小杂种。鲰:小鱼，以喻小人。刘邦发怒常用粗语。　③固邀:坚决邀请，强留客。　④结宾婚:结为朋友和儿女亲家。

汉元年正月，沛公为汉王，王巴蜀。汉王赐良金百镒①，珠二斗，良具以献项伯。汉王亦因令良厚遗项伯，使请汉中地。项王乃许之，遂得汉中地。汉王之国，良送至褒中②，遣良归韩。良因说汉王曰:"王何不烧绝所过栈道③，示天下无还心，以固项王意。"乃使良还。行，烧绝栈道。

【注释】　①镒:二十四两为一镒。　②褒中:古邑名，在今陕西省勉县褒城镇东南。　③栈道:在山谷中架木构建的山腰通道。

良至韩，韩王成以良从汉王故，项王不遣成之国，从与俱东。良说项王曰:"汉王烧绝栈道，无还心矣。"乃以齐王田荣反，书告项王。项王以此无西忧汉心，而发兵北击齐。

项王竟不肯遣韩王①，乃以为侯，又杀之彭城。良亡，间行归汉王②，汉王亦已还定三秦矣。复以良为成信侯，从东击楚。至彭城，汉败而还。至下邑③，汉王下马踞鞍而问曰④:"吾欲捐关以东等弃之，谁可与共功者?"良进曰:"九江王黥布，楚枭将⑤，与项王有隙⑥;彭越与齐王田荣反梁地:此两人可急使。而汉王之将独韩信可属大事⑦，当一面。即欲捐之，捐之此三人，则楚可破也。"汉王乃遣随何说九江王布⑧，而使人连彭越。及魏王豹反，使韩信将兵击之，因举燕、代、齐、赵。然卒破楚者，此三人力也。

张良多病，未尝特将也⑨，常为画策臣，时时从汉王。

【注释】　①竟:始终，最终。　②间行:走小道，秘密逃走。　③下邑:县名，在今安徽省砀山县。　④踞鞍:蹲坐在马鞍上。古人行军休息，常解下马鞍做坐具。这里形容军情紧急，汉王在行军途中召开重大决策会议。　⑤枭将:勇将。　⑥隙:怨恨。　⑦属:委托，交付。　⑧随何：人名，汉王谋士。　⑨特将：独自将兵作战。

汉三年①，项羽急围汉王荥阳，汉王恐忧，与郦食其谋桡楚权②。食其曰："昔汤伐桀，封其后于杞③。武王伐纣，封其后于宋④。今秦失德弃义，侵伐诸侯社稷，灭六国之后，使无立锥之地。陛下诚能复立六国后世⑤，毕已受印，此其君臣百姓必皆戴陛下之德，莫不向风慕义⑥，愿为臣妾。德义已行，陛下南乡称霸，楚必敛衽而朝⑦。"汉王曰："善。趣刻印⑧，先生因行佩之矣。"

【注释】　①汉三年：公元前204年。　②桡（náo）：摧折，削弱。　③杞：古国名。商汤王所封夏之后裔，国都在今河南省杞县。　④宋：古国名。周初武王所封殷之后裔，国都在今河南省商丘市南部。　⑤诚：真的，确实。　⑥向风：归服。　⑦敛衽：整理衣襟，表示肃敬顺从。　⑧趣（cù）：通"促"，赶快。

食其未行，张良从外来谒。汉王方食，曰："子房前！客有为我计桡楚权者。"具以郦生语告，曰："于子房何如？"良曰："谁为陛下画此计者？陛下事去矣。"汉王曰："何哉？"张良对曰："臣请藉前箸为大王筹之①。"曰："昔者汤伐桀而封其后于杞者②，度能制桀之死命也。今陛下能制项籍之死命乎？"曰："未能也。""其不可一也。武王伐纣封其后于宋者，度能得纣之头也。今陛下能得项籍之头乎？"曰："未能也。""其不可二也。武王入殷，表商容之间，释箕子之拘，封比干之墓③。今陛下能封圣人之墓，表贤者之间，式智者之门乎？"曰："未能也。""其不可三也。发巨桥之粟，散鹿台之钱，以赐贫穷。今陛下能散府库以赐贫穷乎？"曰："未能也。""其不可四矣。殷事已毕，偃革为轩④，倒置干戈，覆以虎皮，以示天下不复用兵⑤。今陛下能偃武行文，不复用兵乎？"曰："未能也。""其不可五矣。休马华山之阳⑥，示以无所为。今陛下能休马无所用乎？"曰："未能也。""其不可六矣。放牛桃林之阴⑦，以示不复输积。今陛下能放牛不复输积乎？"曰："未能也。""其不可七矣。且天下游士离其亲戚，弃坟墓，去故旧，从陛下游者，徒欲日夜望咫尺之地。今复六国，立韩、魏、燕、赵、齐、楚之后，天下游士各归事其主，从其亲戚，反其故旧坟墓，陛下与谁取天下乎？

其不可八矣。且夫楚唯无强，六国立者复桡而从之⑧，陛下焉得而臣之？诚用客之谋，陛下事去矣。"汉王辍食吐哺，骂曰："竖儒⑨，几败而公事！"令趣销印。

【注释】 ①"臣请"句：我请求用你眼前吃饭的筷子作筹码算一算。 ②汤伐桀：据《夏本纪》和《陈杞世家》载，汤伐桀，封其后，不言封于杞，至周，武王求夏后封于杞。 ③"武王入殷"四句：武王伐殷表殷贤臣商容之闾等事，详《周本纪》。 ④偃革为轩：废弃兵车，制造乘车。革：指兵车。轩：有篷的坐车。 ⑤"倒置干戈"三句：把兵器倒转头来放置府库中，盖上虎皮以示不用。 ⑥休马：放马休息。 ⑦放牛：让牛休息，即停止用牛传输。桃林：地名，在潼关东。 ⑧"六国立"句：立了六国之后，他们见楚强盛，反而不听王命追随你了。复桡：复为楚所屈服。 ⑨竖儒：儒生小子。竖：小子，轻蔑的骂人语。

汉四年，韩信破齐而欲自立为齐王，汉王怒。张良说汉王，汉王使良授齐王信印，语在《淮阴》事中。

其秋，汉王追楚至阳夏南①，战不利而壁固陵②，诸侯期不至③。良说汉王，汉王用其计，诸侯皆至。语在《项籍》事中。

【注释】 ①阳夏：秦县名，在今河南省太康县。 ②固陵：秦县名，在太康县南。 ③诸侯：指韩信、彭越等，刘邦已许诺封王，故云诸侯。他们不按期围攻项羽，张良说只有刘邦明确割地，画界实封，他们才会围项羽于垓下，事详《项羽本纪》。

（以上为第三段，写张良投身反秦，佐汉高祖灭项羽，屡建奇策。）

汉六年正月，封功臣。良未尝有战斗功，高帝曰："运筹策帷帐中，决胜千里外，子房功也。自择齐三万户。"良曰："始臣起下邳，与上会留，此天以臣授陛下。陛下用臣计，幸而时中，臣愿封留足矣，不敢当三万户。"乃封张良为留侯，与萧何等俱封。

上已封大功臣二十余人，其余日夜争功不决，未得行封。上在洛阳南宫，从复道望见诸将往往相与坐沙中语①。上曰："此何语？"留侯曰："陛下不知乎？此谋反耳。"上曰："天下属安定，何故反乎？"留侯曰："陛下起布衣②，以此属取天下③，今陛下为天子，而所封皆萧、曹故人所亲爱④，而所诛者皆生平所仇怨。今军吏计功，以天下不足遍封，此属畏陛下不能尽封，恐又见疑平生过失及诛⑤，故即相聚谋反耳。"上乃忧曰："为之奈何？"留侯曰："上平生所憎，群臣所共知，谁最甚者？"上曰："雍齿与我故⑥，数尝窘辱我。我欲杀之，为其功多，故不忍。"留侯曰："今急先封雍齿以示群臣，群臣见雍齿封，则人人自坚矣。"于是上乃置酒，封雍齿为什方侯⑦，而急趣丞相、御史定功行封。群臣罢酒，皆喜曰："雍齿尚为侯，我属无患矣。"

【注释】　①复道：连属宫殿的空中阁道。　②布衣：指平民。　③此属：此辈，这些人。　④故人所亲爱：亲近的故人。　⑤平生：平时。　⑥雍齿：刘邦部将，在刘邦初起未壮之时曾反叛过刘邦，故汉高祖恨之切齿。　⑦什方侯：封爵名。什方：汉县名。在今四川省什邡市。

刘敬说高帝曰："都关中。"上疑之。左右大臣皆山东人，多劝上都洛阳："洛阳东有成皋，西有殽黾①，背河②，向伊洛，其固亦足恃。"留侯曰："洛阳虽有此固，其中小③，不过数百里，田地薄，四面受敌，此非用武之国也。夫关中左殽函，右陇蜀，沃野千里，南有巴蜀之饶，北有胡苑之利④，阻三面而守，独以一面东制诸侯。诸侯安定，河渭漕挽天下，西给京师；诸侯有变，顺流而下，足以委输。此所谓金城千里，天府之国也，刘敬说是也。"于是高帝即日驾⑤，西都关中。

留侯从入关。留侯性多病，即导引不食谷⑥，杜门不出岁馀。

【注释】　①殽黾：为洛阳西边屏障。殽：指殽山。黾：指渑池县。　②背河：背靠黄河。　③其中小：洛阳一带开阔的平原地十分狭小。　④胡苑：匈奴所居大草场。　⑤即日驾：当天就驾车起程。　⑥导引：一种深呼吸的健身运动。不食谷：又称辟谷，不食荤腥的养身之术。

（以上为第四段，写张良在巩固汉政权中的作用，以及他功成身退的品格。）

上欲废太子，立戚夫人子赵王如意。大臣多谏争，未能得坚决者也①。吕后恐，不知所为。人或谓吕后曰："留侯善画计策，上信用之。"吕后乃使建成侯吕泽劫留侯②，曰："君常为上谋臣，今上欲易太子，君安得高枕而卧乎？"留侯曰："始上数在困急之中，幸用臣策。今天下安定，以爱欲易太子，骨肉之间③，虽臣等百余人何益。"吕泽强邀曰："为我画计。"留侯曰："此难以口舌争也。顾上有不能致者，天下有四人④。四人者年老矣，皆以为上慢侮人，故逃匿山中，义不为汉臣。然上高此四人⑤。今公诚能无爱金玉璧帛⑥，令太子为书，卑辞安车，因使辩士固请，宜来。来，以为客，时时从入朝，令上见之，则必异而问之。问之，上知此四人贤，则一助也。"于是吕后令吕泽使人奉太子书，卑辞厚礼，迎此四人。四人至，客建成侯所。

【注释】 ①未能得坚决者也：还没有人能说服高皇帝最后下定决心。 ②劫：挟持，强求。 ③骨肉：此指父子。 ④四人：商山四皓，见下文。 ⑤上高此四人：皇上高帝十分看重这四个人。 ⑥无爱：不要吝惜。

汉十一年，黥布反，上病，欲使太子将，往击之。四人相谓曰："凡来者，将以存太子。太子将兵，事危矣。"乃说建成侯曰："太子将兵，有功则位不益太子；无功还，则从此受祸矣。且太子所与俱诸将，皆尝与上定天下枭将也，今使太子将之，此无异使羊将狼也，皆不肯为尽力，其无功必矣。臣闻'母爱者子抱①'，今戚夫人日夜侍御，赵王如意常抱居前，上曰'终不使不肖子居爱子之上'，明乎其代太子位必矣。君何不急请吕后承间为上泣言②：'黥布，天下猛将也，善用兵，今诸将皆陛下故等夷③，乃令太子将此属，无异使羊将狼，莫肯为用，且使布闻之，则鼓行而西耳④。上虽病，强载辎车⑤，卧而护之⑥，诸将不敢不尽力。上虽苦，为妻子自强。'"于是吕泽立夜见吕后，吕后承间为上泣涕而言，如四人意。上曰："吾惟竖子固不足遣，而公自行耳。"于是上自将兵而东，群臣居守，皆送至霸上。留侯病，自强起，至曲邮⑦，见上曰："臣宜从，病甚。楚人剽疾，愿上无与楚人争锋。"因说上曰："令太子为将军，监关中兵。"上曰："子房虽病，强卧而傅太子。"是时叔孙通为太傅，留侯行少傅事。

【注释】 ①母爱者子抱：母亲得到宠爱，她的儿子就常被父亲抱持。语出《韩非子·备内篇》。 ②承间：找机会。 ③故等夷：原来是平辈的人。刘邦旧将，原来与刘邦平起平坐，故不服太子统领。 ④鼓行而西：大张其鼓地杀向长安来。 ⑤强载辎车：强打精神坐镇在有篷帐的车上。 ⑥护：监护。 ⑦曲邮：古地名，陕西省西安市在临潼区东。

汉十二年①，上从击破布军归，疾益甚，愈欲易太子。留侯谏，不听，因疾不视事。叔孙太傅称说引古今，以死争太子。上佯许之②，犹欲易之。及燕③，置酒，太子侍。四人从太子，年皆八十有余，须眉皓白，衣冠甚伟。上怪之，问曰："彼何为者？"四人前对，各言名姓，曰东园公，角里先生④，绮里季，夏黄公。上乃大惊，曰："吾求公数岁，公避逃我，今公何自从吾儿游乎？"四人皆曰："陛下轻士善骂，臣等义不受辱，故恐而亡匿。窃闻太子为人仁孝，恭敬爱士，天下莫不延颈欲为太子死者，故臣等来耳。"上曰："烦公幸卒调护太子⑤。"

【注释】　①汉十二年：公元前195年。　②佯许：假意接受叔孙通的意见，不废太子。　③燕：同"宴"。一般宴饮。　④角里：读角（ㄌㄨˋ）里，复姓。　⑤烦公幸卒调护太子：烦劳诸先生始终如一教护太子。

四人为寿已毕，趋去。上目送之，召戚夫人指示四人者曰："我欲易之，彼四人辅之，羽翼已成，难动矣。吕后真而主矣①。"戚夫人泣，上曰："为我楚舞，吾为若楚歌②。"歌曰："鸿鹄高飞③，一举千里。羽翮已就④，横绝四海⑤。横绝四海，当可奈何！虽有矰缴⑥，尚安所施！"歌数阕⑦，戚夫人嘘唏流涕，上起去，罢酒。竟不易太子者，留侯本招此四人之力也。

【注释】　①而主：做你的主人。　②"为我楚舞"二句：戚夫人家定陶，刘邦沛人，皆故楚地，故高祖令戚夫人跳楚舞，自己合拍唱楚歌，一曲乡音调，寄托难为平民的忧思。　③鸿鹄（hú）：天鹅。　④羽翮：羽翼。　⑤横绝：横越。　⑥矰缴（zēngzhuó）：系有丝绳的短箭。　⑦歌数阕：连唱几遍。

（以上为第五段，写张良筹谋计策护太子。）

留侯从上击代，出奇计马邑下①，及立萧何相国，所与上从容言天下事甚众，非天下所以存亡，故不著。留侯乃称曰："家世相韩，及韩灭，不爱万金之资，为韩报仇强秦，天下振动。今以三寸舌为帝者师，封万户，位列侯，此布衣之极，于良足矣。愿弃人间事，欲从赤松子游耳②。"乃学辟谷，导引轻身。会高帝崩，吕后德留侯，乃强食之，曰："人生一世间，如白驹过隙③，何至自苦如此乎！"留侯不得已，强听而食。

【注释】 ①马邑：代都，在今山西省朔州市。陈豨反代地，张良画计用重金厚禄离间陈豨部将，很快平定了叛乱。 ②赤松子：传说的仙人名。 ③白驹过隙：白驹指少壮之骏马，其言人生短暂。语出《庄子·知北游》："人生天地之间，若白驹之过隙，忽然而已。"

后八年卒①，谥为文成侯。子不疑代侯。

子房始所见下邳圯上老父与《太公书》者，后十三年从高帝过济北，果见谷城山下黄石，取而宝祠之②。留侯死，并葬黄石冢。每上冢伏腊，祠黄石③。

留侯不疑，孝文帝五年坐不敬，国除。

【注释】 ①后八年：高祖死后第八年，当吕太后元年（公元前187年）留侯卒。②宝祠之：珍重地供着它。 ③每上冢伏腊，祠黄石：每年在伏日和腊日两次祭祀留侯时，也同时祭祀黄石。

（以上为第六段，总括张良的奇计及其轶事。）

太史公曰：学者多言无鬼神，然言有物①。至如留侯所见老父予书，亦可怪矣。高祖离困者数矣②，而留侯常有功力焉，岂可谓非天乎？上曰："夫运筹策帷帐之中，决胜千里外，吾不如子房。"余以为其人计魁梧奇伟③，至见其图④，状貌如妇人好女⑤。盖孔子曰："以貌取人，失之子羽⑥。"留侯亦云。

【注释】 ①物：精怪。 ②高祖离困者数矣：高祖遭到的困难有好多次。如鸿门宴、彭城之败、成皋被围、固陵之败等。 ③计：揣测、设想。 ④图：画像。 ⑤好女：美貌女子。 ⑥子羽：孔子弟子澹台灭明的字，貌丑而有贤德。这两句引语出自《韩非子·显学》篇。

（以上为作者论赞，慨叹留侯智计过人，及其品貌。）

讲 析

司马迁在《史记》中写了许多智囊人物，擅长运筹帷幄。辅佐刘邦打天下的就有张良、陈平、随何、郦食其、陆贾等人。张良、陈平最为特出，两人齐名，史称良平。

张良（？—公元前186），字子房，相传是城父（今河南省禹州市东南）

人。汉高祖刘邦的首席谋臣，汉初"三杰"之一，中国西汉初年著名的政治家、军事家，以智慧闻名于世。汉高祖刘邦尊重张良以师礼，不呼其名，在满朝文武大臣中，独享此殊荣。张良有"帝王之师""明哲风高""机谏得宜""智勇深沉"的美誉。

张良是历史上一位极具传奇色彩的人物，他原本姬姓，韩国公族，先人五世相韩。张良从小过着锦衣玉食的生活，对韩国的感情较为深厚。公元前230年韩国灭亡，当时张良约二十二岁，血气方刚，他怀抱国仇家恨开始了浪迹天涯、伺机复仇的生活。他先到楚国，在淮阳学习礼仪，随后又东行到齐国，拜访仓海君，在仓海君的帮助下寻求到一名大力士，专门铸造了一把一百二十斤重的大铁椎，乘秦始皇东游之机，与刺客在博浪沙（今河南省原阳县东南）狙击秦始皇。当秦始皇车驾驰过时，大力士急起身，猛地将铁椎砸向秦始皇御辇，但铁椎却擦着秦始皇的座车飞过，砸中副车。巡行队伍顿时大乱，张良和刺客急忙逃走，事后得知刺杀秦始皇未遂。秦始皇大为震怒，下令在全国大肆搜捕刺客。张良为逃避追捕，更名换姓，自称张良，逃匿到下邳（今江苏省睢宁县西北）。

张良椎刺秦始皇，发生在公元前218年，秦始皇第二次东巡之时。在十年前，即公元前227年，韩国灭亡的第四年，燕太子丹派荆轲刺秦王，刺杀失败，演成悲剧，成为一般人们的谈说资料，叹惜话题，而张良却别具只眼，看到了复仇的希望。可是张良十年的努力付之东流。事实证明，效法荆轲的匹夫之勇，"而逞于一击之间"的刺杀行动，这是一种无补于事的冒险行为，张良得以遁逃纯属侥幸。即使刺杀成功，也只是丧了秦始皇的命，而不能结束秦朝的暴政。以暴制暴，用暴力推翻秦王朝，不能只是个人的孤立行为，而是要如同项羽那样学"万人敌"，像陈涉那样为天下唱，动员人民大众参与，才能使暴君独夫陷入灭顶之灾，结束一代暴政。张良年少任侠，一心只想报仇，当然不会有这个认识境界。但张良并没有气馁，而是痛定思痛，在下邳桥上得遇黄石老人的指导，又经历了十年藏匿，十年修炼，动心忍性，脱胎换骨，从一个任侠成长为一个智士的谋略人物。在楚汉相争以及巩固西汉政权中，出谋十大智计。

1. 计破峣关

公元前206年，九月，沛公刘邦从武关入秦，破峣关及蓝田秦军，用张良策，智取峣关，不战降秦蓝田军。峣关守将是商贾出身，贪钱财。刘邦有兵二万，少于秦军，强攻不能取胜。张良声言做五万人的饭菜，在野外大张旗帜为疑兵，造成汉军强大的假象。同时派使者进关游说秦将背叛，投降刘邦，并兵西向咸阳。秦军守将同意投降，放松戒备，张良劝刘邦趁机攻关，秦军大败，刘邦率兵乘胜向前，蓝田不战而降。

2. 鸿门斗智

沛公破咸阳，入居秦宫室，又派兵把守函谷关，阻止项羽入关。当时项羽为诸侯盟主，称上将军，有兵四十万，刘邦只有十万兵，显然不敌项羽。刘邦深居咸阳秦宫，张良劝说刘邦："秦皇帝暴虐无道，所以沛公才有今天，如果刚刚取胜就效法秦皇帝深居宫中享乐，好比助纣为虐，即将有大祸。"刘邦警醒，立即退出秦宫，封藏府库，还把军队撤出长安，驻扎在咸阳东郊霸上。一个多月后，项羽果然领兵打破函谷关要击杀刘邦。张良拉拢项羽叔父项伯与刘邦约为兄弟和儿女亲家，由项伯向项羽说情，称刘邦有大功，先入关破秦，封藏府库，等待项羽，派兵守函谷关，是防止别人入秦，小人挑拨闹了一场误会。张良还教导刘邦及樊哙等人，到鸿门赴宴，谦恭低调，吹捧项羽，刘邦座席在下首，称项羽为大王，以臣礼相见。其时项羽尚未称王。张良设谋刘邦低调奉承的方法，解除了杀身之祸，以貌似之理使强势的项羽在鸿门宴上败下阵来。

3. 火烧栈道

范增设谋，封王刘邦于巴蜀，刘邦欲与项羽拼命。张良运动项伯，刘邦得封于汉中，又劝刘邦就国时明烧栈道，为后来韩信暗渡陈仓奠定基础。刘邦还定三秦，张良致书项羽，说山东诸齐乃项王大患，刘邦只不过是如楚怀王之约得关中而止，为刘邦东出，直捣彭城，赢得时间。

4. 下邑画策

下邑画策，是汉二年（公元前205年）四月汉王兵败彭城之后，张良为楚汉战争规划的战略构想。彭城大战，诸侯附从，汉兵五十六万，败于项羽三万，而且大溃，几至全军覆没。彭城溃逃的惨败，引起了汉王与张良的深思，意识到楚汉相争将是一场持久的较量，如何夺取胜利，需要认真总结失败原因，分析整个战局形势，筹划全盘战略方案，要一步一步周密地规划作战，再不能犯骄傲、被动作战的错误。

彭城之战的覆辙不能再蹈，这是汉王和张良的共同心声。汉王到达下邑，刚刚摆脱了险境，他还来不及休息，就急切地问计于张良，张良于是规划了楚汉持久的战争方略，这就是"下邑画策"。《史记·留侯世家》记载了下邑画策的具体内容。汉王想要捐出关东之地重赏英雄，消灭项羽。汉王问张良谁能担当此重任。张良回答说："九江王黥布，楚枭将，与项王有隙，彭越与齐王田荣反梁地：此两人可急使。而汉王之将独韩信可属大事，当一面。即欲捐之，捐之此三人，则楚可破也。"

这就是张良下邑画策的总体方略，其核心是调动韩信、彭越、黥布三方力量与汉王自率的汉兵形成四方配合作战，打一场持久战来蚕食项羽，最后消灭项羽。这一战略包括了对敌、我、友三方的历史与现实格局的分析，还动用了间敌与统战的策略。

刘邦坚决执行，三年间楚亡汉兴。

5. 阻封六王

刘邦与项羽在成皋相持的紧要关头，郦食其献计刘邦封六国之后，多树项羽之敌，张良与陈平得知立即阻止刘邦分封。张良说："谁替大王出此下策？如果封王六国，那么大事就完了。"这是步项羽分封之后辙，张良列举了八条理由点醒了刘邦，刘邦立即销毁了封王印章。

6. 分土韩彭，会兵垓下

公元前 203 年，韩信破齐欲自立为王，刘邦大怒，张良劝汉王忍耐，顺水推舟封王韩信，以收其力。接着刘邦与项羽订立中分天下和约，诱使项王东归，刘邦趁势追击。韩信、彭越不派兵与会。张良劝说刘邦实授齐王韩信、梁王彭越土地，韩、彭两人果然会兵垓下，一战灭项羽，结束了楚汉相争。

7. 封侯雍齿，平息争功

汉朝建立，刘邦大封功臣，诸将争功，萧何与曹参都产生了裂痕，有众叛亲离之势。张良劝刘邦尽快封其仇雍齿，平息了诸将争功，稳定了政治局势。

8. 迁都关中

张良助刘敬说服刘邦迁都关中，奠定了汉家稳固的基业。

9. 计安太子

刘邦欲废太子，即后来的惠帝刘盈，诸大臣强谏，刘邦不听。张良献计太子结交商山四皓，得以保全太子位，稳固了国本。

10. 深固根本

张良荐萧何为相国，镇守关中，深固根本。司马迁说，张良在高帝身边，有充分的条件时常讨论天下大事，所献奇计非常之多，不能一一记载，只择要地将关系天下兴亡的大事粗略记载下来。上述十大奇计，条条都是关系汉朝建立和国家安危的大事。

陕西师范大学人文社会科学
高等研究院项目（GYY202102)

史记

讲义

（下）

张大可 编著

线装书局

目　录

七十列传（选二十二篇）

附录（三篇）

七十列传

（选二十二篇
附录三篇）

【说明】《史记》七十列传内容丰富，重点记载了除帝王诸侯外的其他各方面代表人物的生平事迹，并开创了少数民族史传体例，而西域《大宛列传》，更是放眼世界，突显了司马迁的进步历史观。

🔧 七十列传简介

司马贞曰："列传者，谓序列人臣事迹，令可传于后世，故曰列传。"（《伯夷列传·索隐》）。张守节曰："其人行迹可序列，故云列传。"（《伯夷列传·正义》）

列者，陈也。列传，即众多人物之传。传，本为注经之名，司马迁借以传人，记功臣贤人死义之士的言行以注"本纪"，表示人臣拱卫主上。《太史公自序》云："扶义俶傥，不令己失时，立功名于天下，作七十列传。"所以刘知幾以《史》《汉》之纪传比于《春秋》之经传，议论是很精辟的。

《史记》七十列传分为四个类型：（1）个人专传；（2）二人以上合传；（3）不以人物命篇的类传；（4）附传。其列正传人物一百三十九人，附传人物九十二人[①]，加孔子弟子七十七人，总计三百零八人。类传人物古今同传，以类相从；合传与类传为同一类型，或对照或连类，故合传人物往往打破时代界限，上溯下及。《白起王翦列传》《鲁仲连邹阳列传》《屈原贾生列传》等是下及；《扁鹊仓公列传》是上溯。《孟子荀卿列传》附列人物十一人，实质是一篇先秦的"诸子列传"。《汲郑列传》实质是汉代的"黄老列传"。匈奴、南越、东粤、西南夷等周边民族史传分插在人物列传中，与相关的人物并列，等同天子臣民，此四海一家之观念，表现了司马迁民族一统的进步历史观。《大宛列传》所述为外国民族，单列于类传中。总之七十列传具有组合义例，可分为二十组，序列如下：

	①伯夷列传	列传一……卷六一
	②管晏至仲尼弟子	列传二至七……卷六二至六七
	③商君至田单	列传八至二二……卷六八至八二
	④鲁邹至屈贾	列传二三至二四……卷八三至八四
	⑤吕不韦至蒙恬	列传二五至二八……卷八五至八八
列传目次	⑥张耳陈余至田儋	列传二九至三四……卷八九至九四
	⑦樊郦滕灌至季布栾布	列传三五至四十……卷九五至一百
	⑧袁盎晁错至扁鹊仓公	列传四一至四五……卷一〇一至一〇五
	⑨吴王濞至韩长孺	列传四六至四八……卷一〇六至一〇八
	⑩李将军至卫将军骠骑	列传四九至五一……卷一〇九至一一一

---

① 七十列传附传人物实多于正传人物，这里所列九十二人仅举其要，主要是因事或连类而附。至于附载的子孙、亲戚、朋友，以及虽因事连类仅附其名者未录。

　　第一组伯夷列传，是唯一的三代人物入传。此传是一篇以议论为主的文章，可以称之为论传，是七十列传的总论。第二组，管晏至仲尼弟子六传，传春秋时代人物。第三组，商君至田单共十五传，传战国时代人物。战国四公子排列一起，苏秦与张仪蝉联，都有以类相从之意。第四组，鲁邹至屈贾两人合传，表彰品德高尚、壮志不伸、而能以言论德行留照人间的人物，连类相及。鲁仲连、屈原均战国之世人物，故编列于此，下及汉代的邹阳、贾谊。第五组，吕不韦至蒙恬四传，序辅佐秦国兴起的人物，他们的特点是注重暴力权诈取天下，固轻百姓力，都不得好下场。《刺客列传》是类传，应排在《循吏列传》之后，而司马迁有意穿插在辅秦人物中间，这是对比见义，表现了司马迁反暴政的思想。刺客都是反暴人物。司马迁在李斯、蒙恬两传的赞中，既肯定他们的功绩，又直接地批判他们轻忽百姓的罪责，是值得注意的。白起、王翦有大功于秦，白起冤死，王翦善终，因白起坑降，王翦却无此暴行，所以两人合传以示对比。白起坑降不同于李斯、蒙恬的轻暴百姓，故司马迁将王翦前置白起传，而不是将白起下连王翦，以与第五组的暴政人物分开。第六组，张耳陈余至田儋六传，叙楚汉相争人物。第七组，樊郦滕灌至季布栾布六传，皆辅汉功臣义士。第八组，袁盎晁错至扁鹊仓公五传，叙文景时代忠勤于王室的人物。仓公传上连扁鹊以表现医学的承传。第九组，吴王濞至韩长孺三传，叙景、武之际统治集团的内部矛盾。韩长孺卷入魏其与武安两侯的纠葛中，故排列于此。第十组，李将军至卫将军骠骑三传，序伐匈奴的专题人物。第十一组，平津侯主父至淮南衡山七传，序武帝时的人臣传记和开疆拓土。第十二、第十三组，循吏至酷吏四传作两两对比。循吏传无汉代人，酷吏传无汉以前人。汲郑古朴赣直而不喜儒，武帝倡儒学而多用酷吏。司马迁用这样的强烈对比来讥刺武帝的政治。第十四至第十九各组是各种专题类传。《大宛列传》是叙外国史事的类传，西域各国附载于该传中。第二十组是总括全书要旨的自序传。

由上分析，七十列传基本以时代为序排列，符合通史原则，但有组合义例，或以类连及，或对比见义。用八个字概括就是："时代为序，以类相从。"上面的分组与评论，未必完全符合司马迁的原意，但总原则的分析不会有错。赵翼评论《史记》篇目是"随得随编"，其说绝不可信。"时代为序"，勾勒历史发展的线索，是司马迁"通古今之变"的思想反映；"以类相从"是司马迁"成一家之言"的一个方面，反映了他用历史类比法进行古今纵横排比论证，探寻治乱兴衰的规律，这也是一种先进的研究方法。古今类比，有利于吸取历史的经验和教训，即以古为鉴之意。我们掌握了司马迁的历史类比法，以此为解剖刀去阅读和研究《史记》，许多疑难问题，便迎刃而解。例如合传、类传就是以某人物或以某时代为中心上溯或下及，是连类而附。《史记》各体的附记法，实质也是类比法的引申。

此外，《史记》命篇，司马迁不作统一标准。《汉书》列传一律以人物姓名命篇。司马迁以姓名、封爵、谥号、别名兼用，其义无法考实，但可以肯定司马迁绝不是随意使用，而是根据当时所理解的善恶是非所表现的爱憎感情来决定命名的。例如"循吏"与"酷吏"两类传之命名尤为明显。又如汉初三雄，彭越、黥布皆以其名命篇，而韩信用"淮阴侯"之爵名命篇，表现了一种亲切感，示同情韩信。对石奋用"万石"之别号命篇，是口语化的反映。其他就不必一一述论了。

伯夷列传

【题解】　这是七十列传中的第一篇，夹叙夹议，是一篇提示义例的论传。列传借孤竹君的两个儿子伯夷、叔齐的高风亮节为议题，纠正了关于他们饿死无怨言的说法。列传还将伯夷、叔齐与许由、务光对照，指出伯夷、叔齐是由于孔子称颂而闻名于后世的，示例七十列传中的人物也将因太史公之笔而垂名后世。司马谈临终遗言："今汉兴，海内一统，明主贤君忠臣死义之士，余为太史而弗论载，废天下之史文，余甚惧焉，汝其念哉！"（《太史公自序》）。司马迁创作七十列传就是为了实现这一神圣的使命。

　　夫学者载籍极博①，犹考信于六艺②，《诗》《书》虽缺③，然虞、夏之文可知也④。尧将逊位⑤，让于虞舜。舜、禹之间，岳牧咸荐⑥，乃试之于位，典职数十年⑦，功用既兴，然后授政⑧。示天下重器⑨，王者大统，传天下若斯之难也。而说者曰尧让天下于许由⑩，许由不受，耻之逃隐。及夏之时，有卞随、务光者⑪。此何以称焉⑫？太史公曰：余登箕山⑬，其上盖有许由冢云⑭。孔子序列古之仁圣贤人，如吴太伯、伯夷之伦详矣⑮。余以所闻由、光义至高，其文辞不少概见⑯，何哉？

【注释】　①载籍：书籍。　②六艺：即《诗》《书》《礼》《乐》《易》《春秋》六经。③《诗》《书》虽缺：相传《诗》《书》是孔子删定的，《诗》三百零五篇，《书》一百篇。由于秦始皇焚书，《书》已残缺，汉代伏生所传之今文《尚书》只有二十八篇。　④虞、夏之文：指《尚书》中的《尧典》《舜典》《大禹谟》等篇。　⑤逊位：退位。　⑥岳牧：岳：指四岳，即四方诸侯的首领。牧：指九牧，九州的行政长官。　⑦典职：掌理政务。⑧授政：传让帝位。　⑨重器：象征国家权力的宝物，如鼎等。　⑩许由：传说的尧时隐士。尧打算把天下禅让给他，他拒不接受，逃到颍水之北、箕山之下隐居起来。　⑪有卞随、务光者：均夏桀时人，传说汤让天下于卞随、务光，卞随不受，投水而死；务光以为耻，因而逃隐。　⑫何以：拿什么，该怎样。称：赞扬。　⑬箕山：在今河南登封市南。

⑭盖：传疑副词。冢：坟墓。云：语末助词。　⑮吴太伯：周太王长子，让位于弟季历而逃至勾吴，事详《吴太伯世家》。伦：类。　⑯文辞不少概见：记载卞随、务光的文辞连少许的梗概都没有。少：少许。概：梗概。

（以上为第一段，对儒家典籍不载许由等人事迹提出了疑问。）

孔子曰："伯夷、叔齐，不念旧恶，怨是用稀①。""求仁得仁，又何怨乎②？"余悲伯夷之意，睹轶诗可异焉③。其传曰④：

伯夷、叔齐，孤竹君之二子也⑤。父欲立叔齐，及父卒，叔齐让伯夷。伯夷曰："父命也。"遂逃去。叔齐亦不肯立而逃之。国人立其中子。于是伯夷、叔齐闻西伯昌善养老⑥，盍往归焉⑦。及至，西伯卒，武王载木主⑧，号为文王，东伐纣⑨。伯夷、叔齐叩马而谏曰⑩："父死不葬，爰及干戈⑪，可谓孝乎？以臣弑君，可谓仁乎？"左右欲兵之⑫。太公曰⑬："此义人也。"扶而去之。武王已平殷乱，天下宗周⑭，而伯夷、叔齐耻之，义不食周粟，隐于首阳山⑮，采薇而食之⑯。及饿且死，作歌。其辞曰："登彼西山兮⑰，采其薇矣。以暴易暴兮，不知其非矣。神农、虞、夏忽焉没兮⑱，我安适归矣？于嗟徂兮⑲，命之衰矣！"遂饿死于首阳山。

由此观之，怨邪非邪？

【注释】　①"孔子曰"句：引文见《论语·公冶长》第二十三章。怨是用稀：仇怨很少。稀，很薄，很少。　②求仁得仁，又何怨乎：引文见《论语·述而》第十五章。③轶（yì）诗：指下文的《采薇歌》，因其不见于"诗三百"中，故称轶诗。　④其传曰：其事迹如下。这里的"传"做事迹解，也可能是摘取的司马谈原作。当然也可以解为《韩诗外传》《吕氏春秋》等古书上的记载。　⑤孤竹：传说汤所封之国，在今河北省卢龙县一带。孤竹国君姓墨胎。　⑥西伯昌：周文王姬昌，当时被纣封为西方诸侯之长，故称西伯。　⑦盍（hé）：通"盖"，于是。　⑧武王：文王的儿子姬发，西周开国之君。木主：木牌位。　⑨纣：商朝的末代帝王，名帝辛，字受德，以暴虐亡国。　⑩叩马而谏：在武王的行军马前，拦路扣住马缰绳进行劝谏。　⑪爰：乃，于是。　⑫兵之：用兵器击打伯夷、叔齐。　⑬太公：即姜尚，又名吕尚，字子牙，文王尊称太公望。　⑭宗周：归服周朝。　⑮首阳山：在今山西省永济市南。一说首阳即河南省偃师市西北的邙山，因日出先照而得名。　⑯薇：可生吃的野菜。　⑰西山：即首阳山。　⑱神农：传说中的远古帝王，即炎帝，教民稼穑，故称神农氏。　⑲徂（cú）：死。

（以上为第二段，叙述了伯夷、叔齐的事迹，录《采薇》之歌对孔子称述伯夷"无怨"之说提出了质疑。）

或曰："天道无亲，常与善人①。"若伯夷、叔齐，可谓善人者非邪？积仁絜行如此而饿死②！且七十子之徒③，仲尼独荐颜渊为好学④。然回也屡空⑤，糟糠不厌⑥，而卒早夭。天之报施善人，其何如哉？盗跖日杀不辜⑦，肝人之肉⑧，暴戾恣睢⑨，聚党数千人横行天下，竟以寿终，是遵何德哉？此其尤大彰明较著者也。若至近世，操行不轨，专犯忌讳⑩，而终身逸乐，富厚累世不绝。或择地而蹈之⑪，时然后出言，行不由径⑫，非公正不发愤，而遇祸灾者，不可胜数也。余甚惑焉，傥所谓天道，是邪非邪？

【注释】 ①"无亲"二句：无私，不偏爱。与：赞助。 ②絜：同"洁"。 ③七十子：孔子的高足弟子七十二人，身通六艺。《仲尼弟子列传》载七十七人，七十是举其成数。 ④仲尼：孔子的字。独荐颜渊：有一次鲁哀公问孔子，他的弟子中谁最好学，孔子独以颜渊回答，见《论语·雍也》第三章。 ⑤屡空：经常贫困。 ⑥不厌：吃不饱。 ⑦盗跖（zhí）：相传春秋时反抗贵族的领袖，名跖，历代统治者诬为大盗，史称盗跖。不辜：无罪的人。 ⑧肝人之肉：挖人心肝当肉吃，见《庄子·盗跖篇》，此系寓言。 ⑨暴戾：残暴，凶狠。恣睢（suī）：放肆行凶。 ⑩忌讳：避忌讳言之事，指法律禁令。 ⑪择地而蹈之：看准地方才踏步走路，形容小心谨慎的样子。 ⑫径：小路。

（以上为第三段，以伯夷洁行遭困顿，盗跖恣睢寿终，联想到近世以来社会的种种不平，从而对惩恶佑善的天道提出了质疑。）

子曰："道不同，不相为谋①。"亦各从其志也。故曰："富贵如可求，虽执鞭之士，吾亦为之；如不可求，从吾所好②。""岁寒，然后知松柏之后凋③。"举世混浊，清士乃见。岂以其重若彼，其轻若此哉？

【注释】 ①道不同，不相为谋：引语见《论语·卫灵公》第四十章。 ②富贵如可求：引语见《论语·述而》第十二章。 ③"岁寒"句：引语见《论语·子罕》第二十八章。凋：凋落，衰谢。

"君子疾没世而名不称焉①。"贾子曰②："贪夫殉财③，烈士殉名，夸者死权，众庶凭生④。""同明相照，同类相求"；"云从龙，风从虎，圣人作而万物睹⑤。"伯夷、叔齐虽贤，得夫子而名益彰；颜渊虽笃学⑥，附骥尾而行益显⑦。岩穴之士⑧，趋舍有时若此⑨。类名堙灭而不称⑩，悲夫！闾巷之人⑪；欲砥行立名者⑫，非附青云之士⑬，恶能施于后世哉⑭？

【注释】 ①"君子"句：引语见《论语·卫灵公》第二十章。 ②贾子：即贾谊。以下引语见《鵩鸟赋》。 ③殉：牺牲生命。 ④凭（píng）：仗恃，引申为贪求。 ⑤"同明相照"句：引语是从《易·乾卦》中的"同声相应，同气相求，水流湿，火就燥，云从龙，风从虎，圣人作万物睹"脱化而来。 ⑥笃学：深深地好学。 ⑦附骥尾：喻追随贤者之后。骥：千里马。 ⑧岩穴之士：隐士。 ⑨趋：进取，指成名于世。舍：弃舍，指湮没无闻。 ⑩埋灭：埋没。 ⑪闾巷之人：普通的人。闾巷，指穷乡僻壤。 ⑫砥：磨刀石，用作动词，磨炼的意思。 ⑬青云之士：德高望重立言传世的人。 ⑭恶：何。施：延续，留传。

（以上为第四段，引前哲圣贤砥砺道德操行以自勉；但若立名后世，必附青云之士，慨叹世情，寄寓自己述史立言责任之重。）

📝 讲 析

《伯夷列传》全文不足千字，而内容却极其丰富，论列历史人物达十余人之多。列传虽以伯夷命篇，而记载伯夷、叔齐行事的"其传曰"云云一节只有二百一十五字，四分之三是感慨议论。其实质是一篇序赞论文，故其体与十表序、类传序相同，冠于七十列传之首，用以提示义例，也就是七十列传的一篇序论。

既是一篇序论，所以有多层次的义例，主要有以下三个方面的思想内容：

（一）对天道质疑，强调重人事。本来"究天人之际"是司马迁"一家之言"的组成部分。《史记》五体，各有重心。八书重在究天人之际，七十列传重在讲人事功利。按传统的天道观念，是惩恶佑善。但现实社会却往往是好人遭殃，坏人享福，对这不公平的世道，司马迁提出了愤怒的质问。苍天佑善吗？像伯夷、叔齐那样的人，"积仁絜行如此而饿死"，"天之报施善人，其何如哉？"苍天惩恶吗？"盗跖日杀不辜，肝人之肉，暴戾恣睢，聚党数千人横行天下，竟以寿终。"司马迁对苍天发出了尖锐的质问："余甚惑焉，傥所谓天道，是邪非邪？"这一质问，表明七十列传载述人物，重在行事，论其功利，在这里是看不到天道的影子的。又，"考信于六艺""折中于夫子"，这本是司马迁述史的取材原则。但《伯夷列传》对经典所载，圣人之言，也提出了质疑。孔子称道伯夷、叔齐，求仁而得仁，不念旧恶，"怨是用稀"。可是伯夷、叔齐留下的《采薇》之歌，充满了怨情，那伯夷、叔齐不食周粟而死，到底"怨邪非邪？"这一质问表明司马迁论载人物，将冲破传统的礼义规范，以实录他们的行事，进行全面的褒贬来反映复杂的社会。以上两层义例是司马迁"是非颇谬于圣人"的进步历史观，也是《伯夷列传》第二、第三两段所蕴含的中心内容。

（二）颂扬"奔义""让国"，谴责"争利""争国"。《太史公自序》云："末世争利，维彼奔义；让国饿死，天下称之。作《伯夷列传》第一。"故陈直曰："世家首吴太伯，列传首伯夷，推崇让德，其意至微亦至显。"（《史记新证·自序》）伯夷、叔齐，视荣华富贵如浮云，他们不惜献出生命来立名立节。这和近世以来，尤其是汉代建国以来君臣、父子、兄弟、叔侄之间的"争利""争国"形成鲜明对照，寓意良深。

（三）说明自己为历史人物树碑立传，使之留传后世的写作目的。《伯夷列传》明写伯夷，暗衬孔子，一明一暗，两条线索，交叉互证，阐明义例。伯夷和孔子两人都是本传的中心人物，而伯夷却又只是用来陪衬孔子，借以抒发议论的。全传五个自然段，可分为三大结构段，表达三层义理。第一自然段为第一大结构段，以"考信于六艺"起首议论，将伯夷、叔齐与许由、卞随、务光对照，提出了一个悬案，许由、务光义至高，而经传不载，其名不显，是什么原因呢？第二、第三自然段，以"孔子曰"起论至"是邪非邪"止为第二大结构段，假借伯夷抒发牢骚愤懑，对天道、对不平的社会提出了尖锐的质问，行文跌宕起伏，夹叙夹议，悲叹、感慨、质问、反诘，扑朔迷离。乍看似无中心，仔细咀嚼，文章气势连贯，议论纵横，引人驰骋古今，浮想联翩。第四、第五自然段为第三大结构段，回应篇首，得出结论，"闾巷之人，欲砥行立名者，非附青云之士，恶能施于后世哉？"以此示例，七十列传也将以得太史公之笔而名垂后世。也就是说，论载各类立名立节的历史人物是史官义不容辞的历史责任。所以司马迁十分注意砥行立名的闾巷之人。七十列传除载述辅佐帝王的功臣将相、贤士大夫之外，还记述了农民起义的领袖陈涉，下层社会的侠客、医卜、隐士、商贾、俳优、博徒、屠夫、妇女等等，呈现出绚丽多彩的丰富内容。司马迁有感于许由、卞随、务光不遇孔子而其名不显，托以自伤其不遇明主而蒙耻，故述往事，思来者。

以上分析，可知《伯夷列传》是一篇"明述作之本旨"的史论，可以看作是与《太史公自序》前后呼应的引言，若当人物传记读，则矛盾百出，百思不得其解。所以清梁玉绳《史记志疑》考列十大矛盾，认为"史所载，俱非也"。殊不知司马迁本来就视伯夷、叔齐同许由、卞随、务光一样，其事迹都在疑似之间，只不过是借题发挥罢了。

管晏列传

【题解】　本篇是春秋时期齐国贤相管仲、晏婴二人的合传。两人都是齐国的大政治家。管仲名夷吾，字仲，死后谥敬，故又称管敬仲。管仲相齐四十多年，在政治、经济、军事等方面，进行了一系列的改革，使齐桓公成为春秋时期的第一个霸主。晏婴，字平仲，历仕齐灵公、齐庄公、齐景公三朝，使齐中兴，显名诸侯。两人都有著述流传，足以垂名后世，故管晏列传不载两人功业，仅载几则轶事，用典型的生活片断来表达两人的思想境界，并突出知人荐贤的主题。篇末赞语，司马迁抒发了自己内心深处的无限感慨，寓意深刻。这表明《管晏列传》当作于司马迁受腐刑之后。

　　管仲夷吾者，颍上人也①。少时常与鲍叔牙游②，鲍叔知其贤。管仲贫困，常欺鲍叔③，鲍叔终善遇之④，不以为言⑤。已而鲍叔事齐公子小白⑥，管仲事公子纠⑦。及小白立，为桓公，公子纠死，管仲囚焉。鲍叔遂进管仲⑧。管仲既用，任政于齐⑨，齐桓公以霸，九合诸侯，一匡天下⑩，管仲之谋也。

【注释】　①颍上：古邑名，在颍水之南，隋置颍上县，在今安徽省颍上县南。　②游：交游。　③欺：占上风，即下文的"分财利多自与"。　④终善遇之：始终对管仲很好。⑤言：口实。　⑥小白：齐桓公之名。　⑦公子纠：齐桓公兄。　⑧进：荐举。　⑨任政：执政。　⑩一匡天下：使天下归于正。匡：正。

　　管仲曰："吾始困时，尝与鲍叔贾①，分财利多自与，鲍叔不以我为贪，知我贫也。吾尝为鲍叔谋事而更穷困，鲍叔不以我为愚，知时有利不利也②。吾尝三仕三见逐于君，鲍叔不以我为不肖，知我不遭时也。吾尝三战三走③，鲍叔不以我为怯，知我有老母也。

公子纠败，召忽死之④，吾幽囚受辱，鲍叔不以我为无耻，知我不羞小节而耻功名不显于天下也。生我者父母，知我者鲍子也。"

鲍叔既进管仲，以身下之⑤。子孙世禄于齐，有封邑者十余世⑥，常为名大夫。天下不多管仲之贤而多鲍叔能知人也⑦。

【注释】 ①贾（gǔ）：经商。 ②时：时机。 ③走：逃跑。 ④召忽：齐人，与管仲同辅公子纠。公子纠争位失败，桓公胁迫鲁人杀公子纠，召忽亦自杀。 ⑤以身下之：指鲍叔情愿官居管仲之下。 ⑥十余世：十多代。 ⑦多：称赞。

管仲既任政相齐，以区区之齐在海滨，通货积财①，富国强兵，与俗同好恶。故其称曰②："仓廪实而知礼节，衣食足而知荣辱，上服度则六亲固③。四维不张④，国乃灭亡。下令如流水之源，令顺民心。"故论卑而易行⑤。俗之所欲，因而予之；俗之所否，因而去之⑥。

【注释】 ①通货：与别国交通货物。 ②其称曰：他自己称述说。以下引文见《管子·牧民》。 ③上服度则六亲固：在上位的人能遵守法度，那么全社会的家庭就坚固。六亲：有多种说法，王弼谓父、母、兄、弟、妻、子。 ④四维：礼、义、廉、耻。 ⑤论卑：政令不唱高调。 ⑥俗：指人民大众。这四句与前文"与俗同好恶"相应。

其为政也，善因祸而为福，转败而为功①。贵轻重，慎权衡②。桓公实怒少姬，南袭蔡，管仲因而伐楚，责包茅不入贡于周室。桓公实北征山戎，而管仲因而令燕修召公之政。于柯之会，桓公欲背曹沫之约，管仲因而信之，诸侯由是归齐。故曰："知与之为取，政之宝也③。"

【注释】 ①"其为政也"三句：管仲执政，善于将祸转化为福，将失败转化为成功，即下文所举伐蔡、征山戎、与鲁柯之会三事，是其典型的例证。此三事详《齐太公世家》及注。 ②贵轻重，慎权衡：有两解。"轻重"指金钱货币的运用，"权衡"为量物之器，在此特指调盈济虚、平衡物价的政策。《管子》中有《轻重》篇，即讲经济政策。再一种解释，依顺上下文义，指权衡利害得失。以第一义为长。 ③"故曰"二句：引自《管子·牧民》。将欲取之，必先与之，懂得这道理是为政的法宝。

管仲富拟于公室①，有三归、反坫②，齐人不以为侈。管仲卒，齐国遵其政，常强于诸侯。后百余年而有晏子焉。

【注释】 ①拟：比，相等。 ②三归：指管仲有三处庭院，充陈美女，建置台阁，言其奢侈。反坫（diàn）：古代筑于堂中两楹之间的土台，供诸侯会盟饮酒时置放献过酒的空杯，管仲迎宾的厅堂亦有反坫是僭拟诸侯。楹：厅堂前的立柱，东西各有一柱，谓之两楹。

（以上为第一段，写管鲍相知和管仲治齐的才能。）

晏平仲婴者，莱之夷维人也①。事齐灵公、庄公、景公，以节俭力行重于齐。既相齐，食不重肉②，妾不衣帛。其在朝，君语及之③，即危言④；语不及之，即危行⑤。国有道，即顺命⑥；无道，即衡命⑦。以此三世显名于诸侯。

【注释】 ①莱之夷维：莱地之夷维邑，在今山东省莱州市。 ②重肉：两样以上的肉食。 ③君语及之：国君有话问及晏子。 ④危言：正直地发表意见。 ⑤危行：正直地行事。 ⑥顺命：顺从命令。 ⑦衡命：抗拒命令，权衡斟酌，可行则行。

越石父贤，在缧绁中①。晏子出，遭之途，解左骖赎之②，载归。弗谢③，入闺④。久之，越石父请绝⑤。晏子戄然⑥，摄衣冠谢曰⑦："婴虽不仁，免子于厄⑧，何子求绝之速也？"石父曰："不然。吾闻君子屈于不知己而信于知己者⑨。方吾在缧绁中，彼不知我也。夫子既已感悟而赎我⑩，是知己；知己而无礼，固不如在缧绁之中。"晏子于是延入为上客⑪。

【注释】 ①缧绁（léixiè）：拘系犯人的绳索，这里指被拘囚。 ②骖：古代卿的坐车四马，大夫三马，两旁的马称为骖。 ③弗谢：指晏子下车时没有向越石父作礼请的表示。 ④入闺：进入内室。 ⑤久之：指晏子在内室停留了较长的时间。请绝：越石父要求离去。 ⑥戄然：惊异的样子。 ⑦摄衣冠谢曰：整理好衣冠歉疚地说。 ⑧免子于厄：把您从危困中救出来。 ⑨"吾闻君子"句：君子可以受委屈于不知己的人，但在知己者面前应受到尊重。屈：受委屈。信：通"伸"，受尊敬。 ⑩感悟：了解。 ⑪延：邀请。

晏子为齐相，出，其御之妻从门间而窥其夫①。其夫为相御，拥大盖②，策驷马，意气扬扬③，甚自得也。既而归，其妻请去。夫问其故。妻曰："晏子长不满六尺④，身相齐国，名显诸侯。今者妾观其出，志念深矣⑤，常有以自下者⑥。今子长八尺，乃为人仆御，然子之意自以为足，妾是以求去也。"其后夫自抑损⑦。晏子怪而问之，御以实对。晏子荐以为大夫。

【注释】 ①门间：门缝。窥：偷偷地看。　②拥大盖：抱持车盖。　③扬扬：得意的样子。　④长不满六尺：汉以前古尺合今约二十三厘米，身长六尺约一百四十厘米，是一个矮子。长：身高。　⑤志念深矣：心思很沉重的样子。　⑥自下：谦恭卑逊。　⑦自抑损：谦恭自抑，不敢自大。

（以上为第二段，写晏婴礼贤、荐贤和折节下士的高尚品德。）

太史公曰：吾读管氏《牧民》《山高》《乘马》《轻重》《九府》①，及《晏子春秋》②，详哉其言之也。既见其著书，欲观其行事，故次其传。至其书，世多有之，是以不论，论其轶事③。

管仲世所谓贤臣，然孔子小之④。岂以为周道衰微，桓公既贤，而不勉之至王，乃称霸哉⑤？语曰"将顺其美，匡救其恶，故上下能相亲也"⑥。岂管仲之谓乎？

方晏子伏庄公尸哭之，成礼然后去⑦，岂所谓"见义不为无勇"者邪⑧？至其谏说，犯君之颜，此所谓"进思尽思，退思补过"者哉⑨！假令晏子而在，余虽为之执鞭，所忻慕焉⑩。

【注释】 ①"吾读管氏"句：管氏指《管子》书，这里所举《牧民》《山高》《乘马》《轻重》《九府》皆《管子》书中篇名。　②《晏子春秋》：书名，作者无考，旧题晏婴撰，共七篇。　③轶事：人们不太了解的散佚细碎之事。　④孔子小之：《论语》卷三《八佾篇》第二十二章载孔子对管仲的批评说："管仲之器小哉！"为司马迁所本。小：指器量狭小。　⑤不勉之至王：没能勉励齐桓公行王道以达到称王的境界。乃：却。　⑥"语曰"等句：引自《孝经·事君章》。　⑦成礼然后去：《左传·襄公二十五年》记载，齐大夫崔杼弑庄公，晏婴进去，抱着庄公的尸体痛哭，尽了君臣之礼，然后才离去。　⑧"见义"句：引自《论语·为政》第二十四章。　⑨"进思尽忠"二句：引自《孝经·事君章》。⑩"假令"三句：假如晏子还在世，我就是执鞭替他赶车，也心甘情愿。按：司马迁罹祸，交游莫救，感晏子赎越石父于缧绁，又荐之为大夫，而有此叹。

（以上为作者论赞，交代作传本意，赞扬管晏美德。）

讲　析

管仲和晏婴都是大政治家。

先说管仲与鲍叔牙两人的友谊。两人是中国历史上相知最深的朋友。管仲辅佐齐桓公称霸，是春秋时的大政治家、军事家和外交家。但没有鲍叔牙就没有管仲。《史记·管晏列传》主要笔墨并没有放在写管仲的个人功绩上，而是着重写管仲与鲍叔牙两人的交谊，重点是写鲍叔牙知贤、荐贤和让贤的高尚品德和行为，暗示没有鲍叔牙就没有管仲。一支笔，同时写出两个人，真是大手笔。管仲与鲍叔牙二人从小是好朋友。鲍叔牙出身高贵，是齐国大夫之后，管仲出身平民，两人身份相差甚远，但鲍叔牙知道管仲有才，将来能为国家出力，所以打破门第观念与管仲交往，这已经是很不简单了。说来也巧，管仲青年时做事，件件不顺。他三次做官，三次被罢免。他家有老母，可又多次被征召出征，丢下老母没人管，只好三次参战三次当了逃兵，被人看作胆小鬼。管仲与鲍叔牙谋事，一件也没办成。他与鲍叔牙经商，赚多赚少，又总是多占一些。在常人看来，管仲不可交，既无才无德又贪心。但鲍叔牙不这么认为，他深信管仲做事不顺，当官不成的原因是缺乏磨炼，机遇不到；多分利，当逃兵，因为管仲是个大孝子，家有老母，故不得不如此。鲍叔牙坚信管仲有朝一日时来运转，就能发挥个人的潜能为国家出力。

齐国襄公死后，发生内乱。公子小白与公子纠两兄弟争权，鲍叔牙追随小白，管仲追随公子纠。公子纠长于小白，继承君位更有利，小白有才能，有人缘，得到大多数齐国大夫的支持。公子纠母家是鲁国，鲁国是个较大的国家，而小白母家是莒国，莒国国小力弱。两兄弟争权，各有长短，关键就看谁能先进入齐都。鲍叔牙与管仲成了敌对的双方。这一回管仲又把宝押错了，结果小白先入齐都，登上国君之位，齐大鲁小，齐国发兵打败鲁国，公子纠死了，管仲成了囚犯。然而，又是鲍叔牙极力推荐管仲，使齐桓公不仅赦免了他，而且重用他为齐相。后来齐国果然大治。鲍叔牙推荐管仲，不仅仅是荐贤，更重要的是让贤，管仲为相，鲍叔牙反而在他之下，这种以国家利益为重的精神，表现了鲍叔牙是一个纯粹的人、高尚的人。鲍叔牙知道管仲有才，他与管仲交友，纯粹是爱才，为国家保护人才，没有一点儿私心。他甚至牺牲自己来成全管仲，这都是为了友谊、为了国家。鲍叔牙不仅是一个好伯乐，还是一个无与伦比的爱国者。管鲍之交的故事包含许多珍贵的民族精神。

俗话说："金无足赤，人无完人。"管仲有治国之才，但不善于经商，由于出身寒微，没有政治根基，在齐国内争中又押错了宝，这些他确实不及鲍叔牙。鲍叔牙才不及管仲，但他具有让贤的精神，识人的本领，更是一个难得的伯乐。唐代韩愈慨叹，"千里马常有，而伯乐不常有"，管、鲍相知的故事，可以说是这一哲理的最生动的注脚。没有鲍叔牙，就没有管仲，这是司马迁写管仲传而主要用笔于鲍叔牙的命意所在。

下面说晏婴的知人。越石父是齐国的贤人，犯罪成了阶下囚，晏婴慷慨解骖为越石父赎罪，并延请越石父为上客贵宾，屈尊一国相位，礼贤一个囚犯，着实让司马迁感动。太史公曰："假令晏子而在，余虽为之执鞭，所忻慕焉。"晏子还认为知错能改，追求上进也是一种贤德的人，堪称为社会表率。为此，晏子推荐提拔自己的车夫为大夫。也可以说晏婴是一位不拘一格录用人才的长者。

《管晏列传》在叙事方法上独树一帜，借轶闻旧事刻画人物，达到了出神入化的境界。传主管仲、晏婴都是春秋时代齐国的大政治家，对历史有着大贡献，要写的事迹很多。但司马迁不录一字，只用了几则轶事，突出知人荐贤的主题，大肆渲染，夹叙夹议，成了一篇精妙绝伦的知己论妙文。文章虚实相间，略其生平大事，浓墨重彩描绘生活细事，从而鲜活地刻画了人物形象。

孙子吴起列传

【题解】　　本篇是孙武、孙膑、吴起三人的合传，庞涓附传。在古代，"子"是对人的尊称，在篇中"孙子"既称孙武，亦称孙膑。孙膑是孙武的后代。

　　孙子武者，齐人也。以《兵法》见于吴王阖庐。阖庐曰："子之十三篇①，吾尽观之矣，可以小试勒兵乎②?"对曰："可。"阖庐曰："可试以妇人乎?"曰："可。"于是许之，出宫中美女，得百八十人。孙子分为二队，以王之宠姬二人各为队长，皆令持戟。令之曰："汝知而心与左右手背乎③?"妇人曰："知之。"孙子曰："前，则视心；左，视左手；右，视右手；后，即视背。"妇人曰："诺。"约束既布④，乃设铁钺⑤，即三令五申之。于是鼓之右⑥，妇人大笑。孙子曰："约束不明，申令不熟，将之罪也。"复三令五申而鼓之左，妇人复大笑。孙子曰："约束不明，申令不熟，将之罪也；既已明而不如法者⑦，吏士之罪也。"乃欲斩左右队长。吴王从台上观，见且斩爱姬，大骇。趣使使下令曰⑧："寡人已知将军能用兵矣。寡人非此二姬，食不甘味，愿勿斩也。"孙子曰："臣既已受命为将，将在军，君命有所不受。"遂斩队长二人以徇⑨。用其次为队长⑩，于是复鼓之。妇人左右前后跪起皆中规矩绳墨⑪，无敢出声。于是孙子使使报王曰："兵既整齐，王可试下观之，唯王所欲用之，虽赴水火犹可也。"吴王曰："将军罢休就舍⑫，寡人不愿下观。"孙子曰："王徒好其言，不能用其实。"于是阖庐知孙子能用兵，卒以为将。西破强楚，入郢⑬，北威齐晋⑭，显名诸侯，孙子与有力焉。

【注释】 ①子之十三篇：今本《孙子兵法》十三篇，以曹操注者为有名，篇目有《始计》《作战》《谋攻》《军形》《兵势》《虚实》《军事》《九变》《行军》《地形》《九地》《火攻》《用间》等十三篇。 ②勒兵：整训军队，部署军队，这里指操练。 ③而：你。心：胸口。背：背后。 ④约束：指上述的前后左右各项操练规程。⑤铁钺（fūyuè）：即斧钺，刑具。 ⑥鼓之右：击鼓传令向右。 ⑦不如法：不按规定的步法去操练。 ⑧趣：同"促"，急忙。 ⑨徇：巡行示众。 ⑩用其次：依次用第二人。 ⑪规矩绳墨：规以取圆，矩以取方，绳墨以取直，比喻约束命令。 ⑫就舍：到客馆去。 ⑬破楚入郢：事在公元前506年，事详《伍子胥列传》。 ⑭北威齐晋：北面威震齐国、晋国。分别指公元前484年的艾陵之役，吴救鲁败齐，以及公元前482年吴晋黄池之会争长两件事。

（以上为第一段，写孙武吴宫教战和破楚威齐、晋的战功，赞扬他不畏权贵，执法如山的大将品德。）

孙武既死，后百余岁有孙膑。膑生阿、鄄之间①，膑亦孙武之后世子孙也。孙膑尝与庞涓俱学兵法。庞涓既事魏，得为惠王将军，而自以为能不及孙膑，乃阴使召孙膑。膑至，庞涓恐其贤于己，疾之②，则以法刑断其两足而黥之③，欲隐勿见④。齐使者如梁⑤，孙膑以刑徒阴见，说齐使。齐使以为奇，窃载与之齐。齐将田忌善而客待之。

【注释】 ①阿：古邑名，在今山东省阳谷县东北之阿城镇。鄄：鄄城，在今山东省鄄城县北。 ②疾：厌恶、忌恨。 ③以法：假借法令以陷害之。黥：在犯人脸上刺字。④欲隐勿见：想把孙膑埋没起来不用于世。见：读"现"。 ⑤梁：指魏国，因都大梁（今河南省开封市），史称魏为梁。

忌数与齐诸公子驰逐重射①。孙子见其马足不甚相远②，马有上、中、下辈③。于是孙子谓田忌曰："君第重射④，臣能令君胜。"田忌信然之，与王及诸公子逐射千金。及临质⑤，孙子曰："今以君之下驷与彼上驷，取君上驷与彼中驷⑥，取君中驷与彼下驷。"既驰三辈毕，而田忌一不胜而再胜⑦，卒得王千金。于是忌进孙子于威王。威王问兵法，遂以为师。

【注释】 ①诸公子：国君太子之外的众子。驰逐重射：下大赌注赛马。射：猜赌。②马足：马的脚力。 ③上、中、下辈：即指下文的上驷、中驷、下驷三个等级的马力。辈：等级。 ④第重谢：尽管下大赌注。 ⑤临质：临到比赛开始。质：对抗，比赛。⑥与：对待，对付。 ⑦再胜：胜两场。

其后魏伐赵，赵急，请救于齐。齐威王欲将孙膑，膑辞谢曰："刑余之人不可①。"于是乃以田忌为将，而孙子为师，居辎车中②，坐为计谋③。田忌欲引兵之赵，孙子曰："夫解杂乱纷纠者不控捲④，救斗者不搏撠⑤，批亢捣虚⑥，形格势禁⑦，则自为解耳。今梁赵相攻，轻兵锐卒必竭于外，老弱疲于内。君不若引兵疾走大梁，据其街路⑧，冲其方虚⑨，彼必释赵而自救。是我一举解赵之围而收弊于魏也。"田忌从之，魏果去邯郸，与齐战于桂陵⑩，大破梁军。

【注释】　①刑余之人：受过肉刑的人，身体残损，已非完人。按：孙膑，在魏被刖刑断其两足，又被黥面，身残蒙垢，故辞为将。　②辎车：有篷的车。　③坐为计谋：坐在军营内出谋划策，不到战场第一线参加战斗。　④解杂乱纷纠者不控捲：解开乱丝不可以用拳头乱砸。　⑤救斗者不搏撠：解劝斗殴不可以帮着去打。搏撠：动手打人。　⑥批亢捣虚：避（批）实（亢）就虚。　⑦形格势禁：在形势上阻遏（格）制止（禁）敌方。　⑧街路：交通要道。　⑨方虚：正好是空虚的地方。　⑩桂陵：古地名，在今河南省长垣市西北。齐魏桂陵之役在公元前353年。

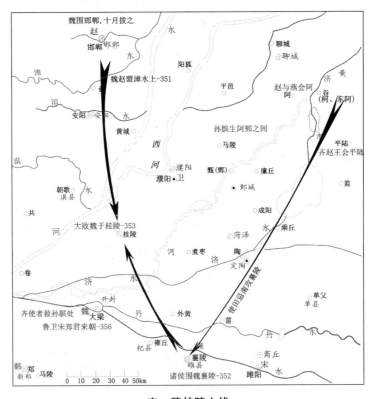

齐、魏桂陵之战

后十三岁①，魏与赵攻韩，韩告急于齐。齐使田忌将而往，直走大梁②。魏将庞涓闻之，去韩而归，齐军既已过而西矣③。孙子谓田忌曰："彼三晋之兵素悍勇而轻齐④，齐号为怯，善战者因其势而利导之。《兵法》⑤，百里而趣利者蹶上将⑥，五十里而趣利者军半至⑦。使齐军入魏地为十万灶，明日为五万灶，又明日为三万灶。"庞涓行三日，大喜，曰："我固知齐军怯，入吾地三日，士卒亡者过半矣。"乃弃其步军，与其轻锐倍日并行逐之⑧。孙子度其行，暮当至马陵⑨。马陵道陕⑩，而旁多阻隘⑪，可伏兵，乃斫大树白而书之曰⑫："庞涓死于此树之下。"于是令齐军善射者万弩，夹道而伏，期曰⑬："暮见火举而俱发。"庞涓果夜至斫木下，见白书，乃钻火烛之⑭。读其书未毕，齐军万弩俱发，魏军大乱相失⑮。庞涓自知智穷兵败，乃自刭⑯，曰："遂成竖子之名⑰！"齐因乘胜尽破其军，虏魏太子申以归⑱。孙膑以此名显天下，世传其兵法⑲。

【注释】 ①后十三岁：齐魏马陵之战在公元前341年，上距桂陵之役十三年。 ②直走大梁：扬言直取魏都大梁。 ③既已过而西：指齐军已穿越国境西向进入魏国。 ④三晋：此指魏。 ⑤《兵法》：指《孙子兵法》。以下两句引自《孙子·军争》篇，文辞小异。 ⑥百里而趣利：指奔突到百里之外去追求胜利。蹶上将：折损上将。蹶，跌，栽跟斗。 ⑦军半至：军队只有一半能到达。 ⑧倍日并行：昼夜兼程。 ⑨马陵：在河北省大名县东南。 ⑩陕：同"狭"。 ⑪阻隘：险要地带。 ⑫斫大树白而书之：削去大树外皮，在露出的白木上写字。 ⑬期曰：约定说。 ⑭钻火：古人钻木取火，这里指点火。烛：照。 ⑮相失：彼此散乱迷失。 ⑯自刭：刎颈自杀。 ⑰遂成竖子之名：竟然成就了这小子的名声。 ⑱太子申：魏惠王的太子，与庞涓同领魏军抗齐，因而被俘，后死于齐。 ⑲世传其兵法：孙膑兵法在汉尚流传，六朝以后失传，人多疑之。1972年山东省临沂市银雀山汉墓出土《孙膑兵法》，证实司马迁所载不虚。

（以上为第二段，叙写孙膑的悲惨遭遇和他两败魏军、智斩庞涓的军事才能。）

吴起者，卫人也，好用兵。尝学于曾子①，事鲁君。齐人攻鲁，鲁欲将吴起，吴起取齐女为妻②，而鲁疑之。吴起于是欲就名③，遂杀其妻，以明不与齐也④。鲁卒以为将。将而攻齐，大破之。

鲁人或恶吴起曰⑤："起之为人，猜忍人也⑥。其少时，家累千金，游仕不遂⑦，遂破其家。乡党笑之⑧，吴起杀其谤己者三十余

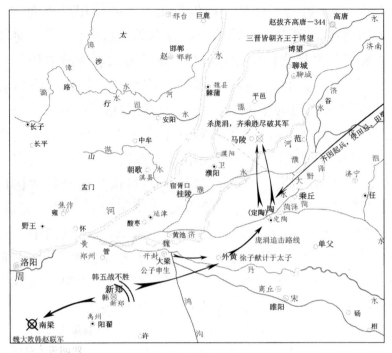

齐、魏马陵之战

人，而东出卫郭门⑨。与其母诀，啮臂而盟曰⑩：'起不为卿相，不复入卫。'遂事曾子。居顷之，其母死，起终不归。曾子薄之⑪，而与起绝。起乃之鲁，学兵法以事鲁君。鲁君疑之，起杀妻以求将。夫鲁小国，而有战胜之名，则诸侯图鲁矣。且鲁卫兄弟之国也⑫，而君用起，则是弃卫。"鲁君疑之，谢吴起⑬。

【注释】 ①曾子：孔子学生曾参。 ②取：通"娶"。 ③欲就名：想成名。 ④不与齐：不帮助齐。 ⑤恶：厌恨。 ⑥猜忍：疑忌残忍。 ⑦游仕不遂：游历求官，没有如愿。遂：实现心愿。 ⑧乡党：乡邻、乡亲。古代基层建制，五百家为一党，两万五千家为一乡，故乡党为乡邻之称。 ⑨郭门：外城的城门。 ⑩啮臂：古人发誓的方式之一。⑪薄之：看不起他。 ⑫鲁卫兄弟之国也：鲁之始祖为周公旦，卫之始祖为康叔封，姬旦与姬封皆文王之子为亲兄弟，故史称鲁卫为兄弟之国。 ⑬谢：辞退。

吴起于是闻魏文侯贤，欲事之。文侯问李克曰①："吴起何如人哉？"李克曰："起贪而好色，然用兵司马穰苴不能过也。"于是魏文侯以为将，击秦，拔五城。

起之为将，与士卒最下者同衣食。卧不设席②，行不骑乘③，亲裹赢粮④，与士卒分劳苦。卒有病疽者⑤，起为吮之⑥。卒母闻而哭之。人曰："子卒也，而将军自吮其疽，何哭为？"母曰："非然也。往年吴公吮其父，其父战不旋踵⑦，遂死于敌。吴公今又吮其子，妾不知其死所矣。是以哭之。"

文侯以吴起善用兵，廉平，尽能得士心，乃以为西河守⑧，以拒秦、韩。

【注释】　①李克：即魏名大夫李悝，为魏文侯相。　②不设席：不铺设垫褥而卧草具。③骑乘：骑马乘车。　④亲裹赢粮：亲自打包，亲自背粮。　⑤疽（jū）：痈疮，多生于颈、背上，不及时治疗会有生命危险。　⑥吮之：用嘴吸疽排脓。　⑦不旋踵：勇往直前不向后转。踵：脚后跟。　⑧西河：郡名，当今陕西省东部黄河西岸地区。

魏文侯既卒，起事其子武侯①。武侯浮西河而下②，中流，顾而谓吴起曰："美哉乎山河之固，此魏国之宝也！"起对曰："在德不在险。昔三苗氏左洞庭，右彭蠡③，德义不修，禹灭之。夏桀之居，左河济④，右泰华⑤，伊阙在其南⑥，羊肠在其北⑦，修政不仁，汤放之。殷纣之国，左孟门⑧，右太行，常山在其北⑨，大河经其南⑩，修政不德，武王杀之。由此观之，在德不在险。若君不修德，舟中之人尽为敌国也。"武侯曰："善。"

【注释】　①武侯：名击。　②西河：此指今山西、陕西两省交界的那段黄河。　③彭蠡：湖名，即今江西省之鄱阳湖。　④河济：黄河、济水。　⑤泰华：泰山、华山。　⑥伊阙：山名，又名龙门山，在今河南省洛阳市南。　⑦羊肠：指羊肠坂，太行山上的通道，在今山西省晋城市南。　⑧孟门：古隘道名，在今河南省辉县西。　⑨常山：即恒山，在今河北省曲阳县西北。　⑩大河：黄河。

吴起为西河守，甚有声名。魏置相，相田文①。吴起不悦，谓田文曰："请与子论功，可乎？"田文曰："可。"起曰："将三军，使士卒乐死，敌国不敢谋，子孰与起？"文曰："不如子。"起曰："治百官，亲万民，实府库，子孰与起？"文曰："不如子。"起曰："守西河而秦兵不敢东向，韩赵宾从②，子孰与起？"文曰："不如子。"起曰："此三者，子皆出吾下，而位加吾上，何也？"文曰："主少国疑，大臣未附，百姓不信，方是之时，属之于子乎③？属之于我乎？"起默然良久，曰："属之子矣。"文曰："此乃吾所以居子之上也。"吴起乃自知弗如田文。

【注释】 ①田文：《吕氏春秋》作"商文"，魏之贵戚重臣。 ②宾从：服从。 ③属：
注目。

田文既死，公叔为相，尚魏公主，而害吴起。公叔之仆曰："起易去也。"公叔曰："奈何？"其仆曰："吴起为人节廉而自喜名也①。君因先与武侯言：'夫吴起贤人也，而侯之国小，又与强秦壤界②，臣窃恐起之无留心也。'武侯即曰：'奈何？'君因谓武侯曰：'试延以公主③，起有留心则必受之，无留心则必辞矣。以此卜之④。'君因召吴起而与归⑤，即令公主怒而轻君。吴起见公主之贱君也，则必辞⑥。"于是吴起见公主之贱魏相，果辞魏武侯⑦。武侯疑之而弗信也。吴起惧得罪，遂去，即之楚。

【注释】 ①自喜名：重视自己的名誉。 ②壤界：接界。 ③延以公主：延请吴起尚公主。 ④卜：占卜，算卦，此指探测。 ⑤与归：与之同归相府。 ⑥必辞：一定辞绝尚公主之事。 ⑦果辞魏武侯：吴起果然辞绝了魏武侯的招亲。

楚悼王素闻起贤，至则相楚。明法审令①，捐不急之官②，废公族疏远者③，以抚养战斗之士。要在强兵，破驰说之言纵横者④。于是南平百越⑤，北并陈蔡，却三晋，西伐秦。诸侯患楚之强，故楚之贵戚尽欲害吴起。及悼王死，宗室大臣作乱而攻吴起，吴起走之王尸而伏之。击起之徒因射刺吴起，并中悼王⑥。悼王既葬，太子立⑦，乃使令尹尽诛射吴起而并中王尸者。坐射起而夷宗死者七十余家⑧。

【注释】 ①明法审令：使法严明，使令出必行。 ②捐：撤掉。 ③废公族疏远者：废除国君远门宗族的爵禄。 ④驰说：到处奔走游说。 ⑤百越：又作百粤，指在今两广、闽浙一带的少数民族，因部族众多而称百越。 ⑥射刺吴起，并中悼王：楚悼王死，吴起被害死，在公元前381年。 ⑦太子：名臧，即位为楚肃王。 ⑧坐：因事被判罪。夷宗：灭族。

（以上为第三段，写吴起的生平为人及其军事、政治才能。）

太史公曰：世俗所称师旅，皆道《孙子》十三篇，《吴起兵法》①，世多有，故弗论，论其行事所施设者②。语曰："能行之者未必能言，能言之者未必能行。"孙子筹策庞涓明矣，然不能早救患于被刑。吴起说武侯以形势不如德，然行之于楚，以刻暴少恩亡其躯③。悲夫④！

【注释】 ①《吴起兵法》：《汉书·艺文志》载《吴起兵法》四十八篇，今存《图国》《料敌》《治兵》《论将》《变化》《励士》六篇。 ②所施设者：孙、吴的独特创造。 ③刻暴少恩：苛刻暴虐。此语意双关，既是批评，也是感叹吴起不曾为自己打算。 ④悲夫：感叹孙膑、吴起二人能言不能行，乃至被人暗害，真是可悲。

（以上为作者论赞，慨叹孙膑、吴起有过人之智，而不能救自己之难，发人深思。）

📝 讲 析

《孙子吴起列传》是孙武、孙膑和吴起三位军事家的合传。在《史记》的合传中，此篇较为特殊，司马迁选取了迥然不同的三个角度来介绍三位军事家，孙武严军纪，孙膑出奇谋，吴起则是偏重介绍其政治起伏，对其军事才能略而不谈。

先看孙武。孙武是春秋末期著名的军事家，他的《兵法》十三篇，在当时就已名声大噪，吴王阖庐听说孙武明兵法，征其入朝，二人相见，阖庐开门见山："你的《兵法》十三篇，我已经看到过了，你能否实际带兵演练一下呢？"阖庐显然对孙武的盛名有所质疑，他希望通过一次实际带兵演练，考察孙武的实战能力。阖庐提出的实战带兵演练，难度颇高，他对孙武的考察竟然是："可试以妇人乎？"操练职业军人，看不出真本领，但训练一群宫中妇人，却是一件看似无法完成的任务。孙武接下了任务，他以阖庐两个宠姬为队长，将一百八十名宫女分成两队，随后申明军纪，开始操练。阖庐的宠姬无视军纪，孙武下令斩杀以儆效尤。阖庐见孙武要斩杀自己的宠姬，大惊，向孙武求情："寡人已知将军能用兵矣。寡人非此二姬，食不甘味，愿勿斩也。"孙武以将在外君命有所不受，斩阖庐两宠姬，另任命两名队长，发令操练，"妇人左右前后跪起皆中规矩绳墨，无敢出声"。阖庐被孙武的兵法折服，任孙武为将，吴国军事实力大增，"西破强楚""北威齐晋，名显诸侯"。

孙武的军事思想十分丰富，司马迁仅仅拈出其训练宫女一事，通过申明军纪，孙武就将一群散沙般的宫女训练成一支"敢赴死"的队伍，就这一点，已足以凸显孙武兵法的过人之处。司马迁以小见大的叙事手法，于此充分显现。

"孙武既死，后百余岁有孙膑。"此句的承转之妙，亦令人折服，一个"既"字省却了众多笔墨，自然转到孙膑。言孙膑，以庞涓相对，贯穿始终。孙膑、庞涓一起学习兵法，庞涓嫉贤妒能，加害孙膑。孙膑由魏投齐，客居田忌门下。助田忌舍一胜二，赢得赛马胜利。小试牛刀，赢得齐威王的赏识。庞涓率魏兵伐赵，齐威王欲拜孙膑为将救赵，孙膑以"刑余之人"相却，在幕后指挥齐军，实施围魏救赵之策，在桂陵大败魏军。桂陵之战后十三年，魏与赵联合攻韩，韩向齐求救，齐军在田忌率领下直逼魏国都城大梁，庞涓率魏军撤离韩国救大梁，齐军避魏之锋芒，回撤，孙膑利用庞涓轻敌心理，"使齐军入魏地为十万灶，明日为五万灶，又明日为三万灶"，庞涓果然中计，"我固知齐军怯，入吾地三日，士卒亡者过半矣"，"乃弃其步军，与其轻锐倍日并行逐之"。孙膑在马陵设围，更故意斫大树，在上书"庞涓死于此树之下"，"于是令齐军善射者万弩，夹道而伏，期曰：'暮见火举而俱发。'庞涓果夜至斫木下，见白书，乃钻火烛之。读其书未毕，齐军万弩俱发，魏军大乱相失。"至此，庞涓始悟中了孙膑之计。先前害怕孙膑强过自己，砍掉了孙膑的双脚，最终却仍然败在孙膑手下，一句"遂成竖子之名！"道出了庞涓的百般无奈。逼迫庞涓自杀之后，孙膑指挥齐军乘胜尽破其军，"虏魏太子申以归"。孙膑也因此役名显天下，"世传其兵法"。

司马迁述孙膑军事才能，始终以庞涓相对。二人同学兵法，庞涓虽兵法不如孙膑，仍不失为一员名将，他对孙膑也是处处防范，甚至砍掉其双脚，在这种情况下，孙膑仍然能绝处逢生，最终打败庞涓。强者的对决，更能彰显胜者的优秀，司马迁选择庞涓来衬托孙膑，得以用较少的笔墨，勾画出一个善于运筹帷幄的杰出军事家。

《孙子吴起列传》中，吴起占了较大的篇幅，但司马迁似乎更关注这位军事家的"行事方式"，给出的理由也很充分："《吴起兵法》，世多有，故弗论，论其行事所施设者。"吴起好用兵，也曾求教于曾子门下。齐人攻鲁，鲁国国君想任用吴起为将，吴起的妻子是齐国人，鲁国对他有所怀疑，吴起为洗清通敌嫌疑，杀妻自明，获得鲁国的信任，率领鲁军大败齐军。吴起立下了军功，鲁人并不领情，反而向国君揭露吴起猜忌杀人、母丧不归及为曾子所弃，鲁国君最终放弃了吴起。吴起在鲁国不得任用，转投魏国，魏文侯征询李克的意见，李克这样评价吴起："起贪而好色，然用兵司马穰苴不能过也。"魏文侯任用吴起为将，吴起不负众望，"击秦，拔五城"。吴起善用兵，赢得魏文侯的信任，出任西河守，担负防范秦国、韩国的重任。在西河守任上，魏武侯视察西河，与吴起有一段对话："武侯浮西河而下，中流，顾而谓吴起曰：'美哉乎山河之固，此魏国之宝也！'起对曰：'在德不在险。'"在西河守任上，吴起与田文争相，田文细数他与吴起各自所长，质问吴起："主少国疑，大臣未附，百姓不信，方是之时，属之于子乎？属之于我乎？"吴起自知不如田文。司马迁将魏武侯论山河之险与吴起、田文争相置于一处，意图十分明确，吴起虽然知晓国之险在德，他与田文相比，缺少的正是德。田文死后吴起被排挤，离魏去楚，为楚悼王重用，担任楚相，他"明法审令，捐不急之官，废公族疏远者"，"要在强兵，破驰说之言纵横者"。吴起的改革效果明显，"南平百越，北并陈蔡，却三晋，西伐秦"，楚国的实力大增，"诸侯患楚之强"。行文至此，司马迁以一句"故楚之贵戚尽欲害吴起"引出下文，楚国贵族作乱杀吴起。此处，司马迁有明显的跨越，吴起强楚，引起诸侯恐惧，而灭吴起的是楚国的贵族，吴起的改革触动了楚国贵族的利益，这是楚国贵族灭吴起的动因，诱因则可能是诸侯国害怕楚国的强大，离间吴起与楚贵族。司马迁此处以"诸侯患楚之强"接"故楚之贵戚尽欲害吴起"，将此玄机道出，叙事手法之高明，尽在不言之中。

司马迁在《太史公自序》中叙述《孙子吴起列传》写作缘起时曾说："非信廉仁勇不能传兵论剑，与道同符，内可以治身，外可以应变，君子比德焉。"兵法家，传兵论剑，要达到"内可以治身，外可以应变"，唯一的途径就是"比德焉"。庞涓、吴起的悲剧，缘于"能行之者未必能言，能言之者未必能行"，庞涓与孙膑是同学，孙膑的手段，庞涓十分清楚，仍然不能早作筹备，吴起知国之险在德，在楚为相，"以刻暴少恩亡其躯"，这些都是不"比德所致"。

伍子胥列传（节选）

【题解】 伍子胥为报父兄冤死之仇，背楚亲吴，借兵复仇，破楚鞭平王之尸，与忠君的封建正统思想不相容。司马迁却以愤惋之笔为伍子胥立传，称赞他"弃小义，雪大耻"，表现了作者反暴政的民主性思想。

伍子胥者，楚人也，名员。员父曰伍奢，员兄曰伍尚。其先曰伍举，以直谏事楚庄王①，有显②，故其后世有名于楚。

楚平王有太子名曰建③，使伍奢为太傅，费无忌为少傅。无忌不忠于太子建。平王使无忌为太子娶妇于秦，秦女好④，无忌驰归报平王曰："秦女绝美，王可自娶，而更为太子娶妇。"平王遂自娶秦女而绝爱幸之⑤，生子轸。更为太子娶妇。

【注释】 ①楚庄王：春秋时楚国国君，公元前 613 年至公元前 591 年在位。 ②有显：因此而显赫，高贵。 ③楚平王：楚国国君，公元前 528 年至公元前 516 年在位。 ④好：貌美，漂亮。 ⑤绝爱幸：非常宠爱。

无忌既以秦女自媚于平王，因去太子而事平王。恐一旦平王卒而太子立，杀己，乃因谗太子建。建母，蔡女也，无宠于平王。平王稍益疏建，使建守城父①，备边兵②。

顷之，无忌又日夜言太子短于王曰③："太子以秦女之故，不能无怨望④，愿王少自备也⑤。自太子居城父，将兵，外交诸侯，且欲入为乱矣。"平王乃召其太傅伍奢考问之⑥。伍奢知无忌谗太子于平王，因曰："王独奈何以谗贼小臣疏骨肉之亲乎？"无忌曰："王今不制，其事成矣。王且见擒⑦。"于是平王怒，囚伍奢，而使城父司马奋扬往杀太子⑧。行未至，奋扬使人先告太子："太子急去，不然将诛。"太子建亡奔宋。

【注释】　①城父：邑名，在今安徽省亳州市。　②备边兵：防守边疆。　③言太子短：说太子的坏话。　④怨望：仇恨，埋怨。　⑤少：稍微。　⑥考问：审问。　⑦见擒：被擒。　⑧司马：当地的军事长官。

无忌言于平王曰："伍奢有二子，皆贤，不诛且为楚忧。可以其父质而召之①，不然且为楚患。"王使使谓伍奢曰："能致汝二子则生②，不能则死。"伍奢曰："尚为人仁，呼必来。员为人刚戾忍诟③，能成大事，彼见来之并擒，其势必不来。"王不听，使人召二子曰："来，吾生汝父；不来，今杀奢也。"伍尚欲往，员曰："楚之召我兄弟，非欲以生我父也，恐有脱者后生患，故以父为质，诈召二子。二子到，则父子俱死。何益父之死？往而令仇不得报耳。不如奔他国，借力以雪父之耻，俱灭，无为也④。"伍尚曰："我知往终不能全父命。然恨父召我以求生而不往⑤，后不能雪耻，终为天下笑耳。"谓员："可去矣！汝能报杀父之仇，我将归死⑥。"尚既就执，使者捕伍胥。伍胥贯弓执矢向使者⑦，使者不敢进，伍胥遂亡。闻太子建之在宋，往从之。奢闻子胥之亡也，曰："楚国君臣且苦兵矣。"伍尚至楚，楚并杀奢与尚也。

【注释】　①质：人质。以伍胥为人质而招二子。　②致：招来。　③刚戾忍诟：刚强能忍辱。　④无为：没有用处，毫无意义。　⑤恨：遗憾。　⑥归死：自首就死。　⑦贯弓：拉满弓。

（以上为第一段，写伍子胥出奔的缘由，父兄蒙冤，矢志报仇。）

伍胥既至宋，宋有华氏之乱①，乃与太子建俱奔于郑。郑人甚善之。太子建又适晋，晋顷公曰："太子既善郑，郑信太子。太子能为我内应，而我攻其外，灭郑必矣。灭郑而封太子。"太子乃还郑。事未会，会自私欲杀其从者，从者知其谋，乃告之于郑。郑定公与子产诛杀太子建。建有子名胜。伍胥惧，乃与胜俱奔吴。到昭关②，昭关欲执之。伍胥遂与胜独身步走，几不得脱。追者在后。至江③，江上有一渔父乘船，知伍胥之急，乃渡伍胥。伍胥既渡，解其剑曰："此剑值百金，以与父。"父曰："楚国之法，得伍胥者赐粟五

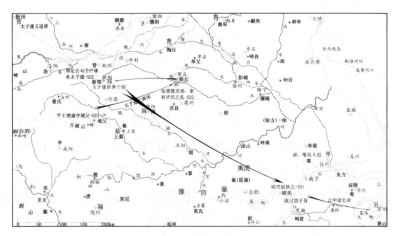

郑诛楚太子建，伍子胥奔吴

万石，爵执珪④，岂徒百金剑邪！”不受。伍胥未至吴而疾，止中道，乞食。至于吴，吴王僚方用事，公子光为将。伍胥乃因公子光以求见吴王。

【注释】 ①华氏之乱：鲁昭公二十年，宋大夫华亥、向宁、华定与宋元公相争为乱，三人出奔陈。 ②昭关：山名，吴楚之界，两国因山为关，在今安徽省含山县北。 ③江：长江。 ④执珪：楚爵名，功臣受封，赐以珪璧。

　　久之，楚平王以其边邑钟离与吴边邑卑梁氏俱蚕①，两女子争桑相攻，乃大怒，至于两国举兵相伐。吴使公子光伐楚，拔其钟离、居巢而归②。伍子胥说吴王僚曰：“楚可破也。愿复遣公子光。”公子光谓吴王曰：“彼伍胥父兄为戮于楚，而劝王伐楚者，欲以自报其仇耳。伐楚未可破也。”伍胥知公子光有内志，欲杀王而自立，未可说以外事，乃进专诸于公子光③，退而与太子建之子胜耕于野。

【注释】 ①钟离：楚邑。钟离在今安徽省凤阳县东北。卑梁氏：吴国边邑，在今安徽省天长市西北。 ②居巢：楚邑名，在今安徽巢湖市。 ③专诸：刺客，事详《刺客列传》。

　　五年而楚平王卒。初，平王所夺太子建秦女生子轸，及平王卒，轸竟立为后，是为昭王①。吴王僚因楚丧，使二公子将兵往袭楚②。楚发兵绝吴兵之后③，不得归。吴国内空，而公子光乃令专诸袭刺吴王僚而自立，是为吴王阖庐。阖庐既立，得志，乃召伍员以为行人④，而与谋国事。

楚诛其大臣郤宛⑤、伯州犁，伯州犁之孙伯嚭亡奔吴，吴亦以嚭为大夫。前王僚所遣二公子将兵伐楚者，道绝不得归。后闻阖庐弑王僚自立，遂以其兵降楚，楚封之于舒⑥。阖庐立三年，乃兴师与伍胥、伯嚭伐楚，拔舒，遂擒故吴反二将军。因欲至郢，将军孙武曰："民劳，未可，且待之。"乃归。

四年，吴伐楚，取六与潜⑦。五年，伐越，败之。六年，楚昭王使公子囊瓦将兵伐吴。吴使伍员迎击，大破楚军于豫章⑧，取楚之居巢。

【注释】 ①昭王：楚国国君，公元前515年至公元前489年在位。 ②二公子：吴王僚之弟盖余、烛庸。 ③绝：切断。 ④行人：官名，掌外交。 ⑤郤宛：伯州犁之子，伯嚭之父。伯嚭为伯州犁之孙。伯州犁为晋伯宗之子，又姓郤，故其子名郤宛。 ⑥舒：楚邑，即安徽省舒城县。⑦六与潜：楚邑。六：在今安徽省六安市东北。潜：在今安徽省霍山县东北。 ⑧豫章：古地区名，当今江西省江北之地。

九年①，吴王阖庐谓子胥、孙武曰："始子言郢未可入，今果何如？"二子对曰："楚将囊瓦贪，而唐、蔡皆怨之②。王必欲大伐之，必先得唐、蔡乃可。"阖庐听之，悉兴师与唐、蔡伐楚，与楚夹汉水而阵③。吴王之弟夫概将兵请从，王不听，遂以其属五千人击楚将子常。子常败走，奔郑。于是吴乘胜而前，五战，遂至郢。己卯④，楚昭王出奔。庚辰⑤，吴王入郢。

昭王出亡，入云梦⑥；盗击王，王走郧⑦。郧公弟怀曰："平王杀我父，我杀其子，不亦可乎！"郧公恐其弟杀王，与王奔随⑧。吴兵围随，谓随人曰："周之子孙在汉川者，楚尽灭之。"随人欲杀王，王子綦匿王，己自为王以当之。随人卜与王于吴，不吉，乃谢吴不与王。

【注释】 ①九年：吴王阖庐九年，为公元前506年。 ②唐：春秋时小国名，在今湖北省随县西北。 ③夹汉水而阵：吴楚两军在汉水两岸摆开阵势。 ④己卯：据《史记会注考证》，为当年十一月二十七日。 ⑤庚辰：十一月二十八日。 ⑥云梦：云梦泽，在今武汉市东南一带，今已淤。 ⑦郧：国名，此时为楚邑，当在随国附近。 ⑧随：姬姓小国，楚属国，今湖北省随县。

始，伍员与申包胥为交，员之亡也，谓包胥曰："我必覆楚。"包胥曰："我必存之。"及吴兵入郢，伍子胥求昭王。既不得，乃掘楚平王墓，出其尸，鞭之三百，然后已。申包胥亡于山中，使人谓子胥曰："子之报仇，其以甚乎！吾闻之，人众者胜天，天定亦能破人。今子故平王之臣，亲北面而事之，今至于戮死人，此岂其无天道之极乎！"伍子胥曰："为我谢申包胥曰，吾日莫途远，吾故倒行而逆施之①。"于是申包胥走秦告急，求救于秦。秦不许。包胥立于秦廷，昼夜哭，七日七夜不绝其声。秦哀公怜之，曰："楚虽无道，有臣若是，可无存乎！"乃遣车五百乘救楚击吴。六月，败吴兵于稷②。会吴王久留楚求昭王，而阖庐弟夫概乃亡归，自立为王。阖庐闻之。乃释楚而归，击其弟夫概。夫概败走，遂奔楚。楚昭王见吴有内乱，乃复入郢。封夫概于堂溪③，为堂溪氏。楚复与吴战，败吴，吴王乃归。

【注释】　①"吾日"二句：我要报仇，好比走路，太阳快要落山（日暮），而路途还很远，因此我倒逆疾行，管不了许多事理。莫：同"暮"。　②稷：稷丘，地名，在今河南省桐柏县。　③堂溪：在今河南省遂平县。

后二岁，阖庐使太子夫差将兵伐楚，取番①。楚惧吴复大来，乃去郢，徙于鄀②。当是时，吴以伍子胥、孙武之谋，西破强楚，北威齐晋，南服越人。

其后四年，孔子相鲁。

【注释】　①番：番阳之省，即今江西省鄱阳县。　②鄀：在今湖北宜城市。

（以上为第二段，写伍子胥借吴兵报仇，鞭楚平王之尸。）

太史公曰：怨毒之于人甚矣哉①！王者尚不能行之于臣下，况同列乎②！向令伍子胥从奢俱死③，何异蝼蚁④。弃小义，雪大耻⑤，名垂于后世，悲夫！方子胥窘于江上，道乞食，志岂尝须臾忘郢邪？故隐忍就功名，非烈丈夫孰能致此哉⑥？白公如不自立为君者，其功谋亦不可胜道者哉！⑦

【注释】　①怨毒：结下仇恨。　②况同列乎：指令尹子西结怨于白公胜。　③向令：先前，假使。　④蝼蚁：蝼蛄、蚂蚁。喻生命渺小。　⑤弃小义，雪大耻：指伍员不顾世俗议论，不听使者之招，出逃报仇。　⑥烈丈夫：性情刚正的男子汉。　⑦"白公"二句：白公胜如不自立为君，他的功谋无论怎么评价都不过分。不可胜道：白公胜率众杀子西，以报父仇，行事与伍子胥相类，故其事迹附伍子胥传。

（以上为作者论赞，鲜明地称颂伍子胥雪耻是大义之举。）

📝 讲 析

伍子胥由楚仕吴，为的是替父报君仇，这在古代是骇人听闻之举。伍子胥是中国历史上第一个不信命运不信天、敢于反压迫、为自身人权而斗争的勇士。夏商周三代，是上古时期，天命史观占统治地位，国君是天子，臣民要无条件服从国君，所谓"君让臣死，臣不得不死"。俗话说"君要臣三更死，臣不得五更亡"。春秋时代，这种伦常关系，已经产生了动摇，周天子权威扫地，诸侯相征伐，楚国、吴国、越国等国君都称王。臣弑君、子弑父的事件也屡有发生。尽管如此，君臣关系绝对服从这一伦理观念，基本没有动摇。伍子胥的父亲伍奢和哥哥伍尚，都是在顺从君权的淫威下屈死的。伍子胥发誓要向这一传统的伦常观念挑战，他要替父报仇，诛杀楚王，颠覆楚国。他历经磨难，实践了誓言，借吴兵打进楚国，颠覆了父母之国。当时的人认为这是大逆不道，司马迁却称赞伍子胥是一个真正的男子汉，因此替伍子胥写了一篇精彩绝伦的大传。

伍子胥父兄忠心耿耿而遭谗臣陷害，被楚平王冤杀。伍子胥流亡国外，决心要复仇，为达目的，手段无所不用其极。伍子胥与太子建逃到郑国，受到很好的接待，为了结引大国为援，伍子胥策动太子建替晋国当间谍，被郑国发觉，太子建被处了死刑。伍子胥又带着太子建的儿子胜，逃到吴国。伍子胥在路途九死一生，终于逃到了吴国。

伍子胥在吴国，看到吴国政局不稳，假意归隐，而暗中策动吴国王室公子光发动政变，夺取政权，这就是吴王阖庐。

伍子胥推荐当时最负盛名的军事家孙武做了吴国的将军。

吴王阖庐为了答谢伍子胥，经过长期准备，大举进攻楚国。公元前506年，孙武、伍子胥率领三万精锐吴兵，避开楚国正面防御，从淮北长途迂回奔袭楚国，出其不意连败楚军五次，吴兵五战五胜，破敌二十余万，行军二千余里，打破楚都郢。这时楚平王已死，继位的楚昭王就是楚平王与秦女所生的儿子。楚昭王出逃，伍子胥就挖开楚平王坟墓，拖出楚平王的尸体，打了三百鞭子。

秦兵救楚，吴国后方又发生了内乱，吴王阖庐撤兵，楚昭王复位。吴国是个小国，当时吞不掉楚国，但吴兵却打败了楚国，创造了古代以少胜多、以弱克强、长途奔袭的光辉战例，孙武大军事家的地位从此确立，《孙子兵法》从此扬名。这些都源于伍子胥报仇雪恨的志向。伍子胥的复仇心态与执着，发挥了人的最大主观能动性，演出了两国交兵小国胜大国的奇迹。司马迁评论说，办事不要太刻毒，不要结仇恨，楚王结仇一个臣子，楚国就遭了如此大难，教训深刻啊。

伍子胥克服重重困难与险阻的雪耻精神是古代反暴精神的发扬，带有民主意识与人权抗争精神。司马迁在《太史公自序》中说，他效法孔子修《春秋》，写历史的目的是要惩恶劝善，包括天子在内，也要批评。他说："贬天子，退诸侯，讨大夫。"《伍子胥列传》是最生动的体现。臣报君仇，这是对天命观和绝对君权的挑战，是强烈反暴政精神的体现。这正是司马迁的史识。如果没有司马迁的这支笔，伍子胥不会名垂青史，将被平庸史家视为大逆不道的叛臣贼子。司马迁发现了伍子胥报仇的闪光点，给我们留下了千古传颂的名篇，也留下了是非曲直的评判标准，在当今仍有现实意义。

子贡列传
——节选自《仲尼弟子列传》

【题解】　　本篇节选自《仲尼弟子列传》。孔子弟子相传三千余人，其中贤人七十二，即高足弟子有七十二人。《仲尼弟子列传》记载了孔子弟子七十七人。举其成数，称七十人，又称七十子。七十二是五行中一行的数目，环周天三百六十度，以五除之，得七十二，是神秘的五行数目，用以指称孔子高足七十子，带有褒扬之意。

　　孔子最赞赏的学生是颜回、曾参。《仲尼弟子列传》十之七八的篇幅不是记载颜回、曾参，而是子路、子贡。子路仕卫，忠于职守，死难于卫之内乱。子贡经商，并擅长外交辞令，是春秋时的大纵横家，早于苏秦、张仪一百多年。子贡救鲁，他一出，存鲁、乱齐、破吴、强晋而霸越，这就是本文所节选的内容。由此可见，战国时纵横家的兴起，由来远矣。

　　田常欲作乱于齐，惮高、国、鲍、晏①，故移其兵欲以伐鲁。孔子闻之，谓门弟子曰："夫鲁，坟墓所处，父母之国，国危如此，二三子何为莫出②？"子路请出，孔子止之。子张、子石请行，孔子弗许。子贡请行，孔子许之。

【注释】　　①惮：害怕，担忧。高、国、鲍、晏：当时掌握齐国政权的四家卿大夫。②二三子何为莫出：诸弟子为何没人出来想点办法呢？二三子：孔子称其学生，即弟子们。

　　遂行，至齐，说田常曰："君之伐鲁过矣①。夫鲁，难伐之国，其城薄以卑②，其地狭以泄③，其君愚而不仁，大臣伪而无用，其士民又恶甲兵之事，此不可与战。君不如伐吴。夫吴，城高以厚，地广以深④，甲坚以新，士选以饱⑤，重器精兵尽在其中，又使明大夫守之，此易伐也。"田常忿然作色曰："子之所难，人之所易；子之所易，人之所难。而以教常，何也？"子贡曰："臣闻之，忧在内者攻强，忧在外者攻弱。今君忧在内。吾闻君三封而三不成者⑥，大臣有不听者也。今君破鲁以广齐，战胜以骄主，破国以尊臣⑦，而君之功不与焉，则交日疏于主。是君上骄主心，下恣群臣，求以成大事，难矣。夫上骄则恣⑧，臣骄则争，是君上与主有隙，下与大臣交争也。如此，则君之立于齐危矣。故曰不如伐吴。伐吴不胜，民人外死，大臣内空⑨，是君上无强臣之敌，下无民人之过，孤主制齐者唯君也⑩。"田常曰："善。虽然，吾兵业已加鲁矣⑪，去而之吴，大臣疑我，奈何？"子贡曰："君按兵无伐，臣请往使吴王，令之救鲁而伐齐，君因以兵迎之。"田常许之，使子贡南见吴王。

【注释】①过矣：大错特错。②城薄以卑：城墙又薄又低。③地狭以泄：土地既小又浅。④地广以深：土地广大而有纵深。⑤士选以饱：士卒既经训练（选）又吃得饱。⑥"吾闻"句：我听说你三次要受封，一次也没有封成。⑦破国以尊臣：打败鲁国只是增高了大臣的威望。⑧恣：放肆。⑨大臣内空：齐与吴敌，大臣出征则朝廷内空。空：权力空白。⑩孤主制齐者唯君也：孤立主上专擅齐政的必然是你了。⑪加鲁：出征于鲁。

说曰："臣闻之，王者不绝世①，霸者无强敌②，千钧之重加铢两而移③。今以万乘之齐而私千乘之鲁，与吴争强，窃为王危之。④且夫救鲁，显名也；伐齐，大利也。以抚泗上诸侯，诛暴齐以服强晋，利莫大焉。名存亡鲁，实困强齐，智者不疑也。"吴王曰："善。虽然，吾尝与越战，栖之会稽。越王苦身养士，有报我心。子待我伐越而听子。"子贡曰："越之劲不过鲁，吴之强不过齐，王置齐而伐越，则齐已平鲁矣。且王方以存亡继绝为名，夫伐小越而畏强齐，非勇也。夫勇者不避难，仁者不穷约⑤，智者不失时，王者不绝世，以立其义。今存越示诸侯以仁，救鲁伐齐，威加晋国，诸侯必相率而朝吴，霸业成矣。且王必恶越⑥，臣请东见越王，令出兵以从，此实空越，名从诸侯以伐也。"吴王大悦，乃使子贡之越。

【注释】①王者不绝世：王者不允许他的属国被人灭绝。②霸者无强敌：霸主不允许另有强敌。③千钧之重加铢两而移：在千钧重物上加上微小的重量就要打破平衡而移动。钧：三十斤的重量单位。铢：一两为二十四铢，与千钧之比微乎其微。④"今以"三句：现在万乘的强齐私下要并吞千乘之鲁，然后与吴争强，我真替吴国的危险处境而担心。　⑤仁者不穷约：仁爱的人不使别人陷入困境。　⑥恶越：畏恶越国。

越王除道郊迎①，身御至舍而问曰②："此蛮夷之国，大夫何以俨然辱而临之③？"子贡曰："今者吾说吴王以救鲁伐齐，其志欲之而畏越，曰'待我伐越乃可'。如此，破越必矣。且夫无报人之志而令人疑之，拙也；有报人之志，使人知之，殆也；事未发而先闻，危也。三者举事之大患。"勾践顿首再拜曰④："孤尝不料力，乃与吴战，困于会稽，痛入于骨髓，日夜焦唇干舌，徒欲与吴王接踵而死⑤，孤之愿也。"遂问子贡。子贡曰："吴王为人猛暴，群臣不堪；国家敝于数战，士卒弗忍；百姓怨上，大臣内变；子胥以谏死，太宰嚭用事，顺君之过以安其私⑥：是残国之治也。今王诚发士卒佐之以徼其志⑦，重宝以悦其心，卑辞以尊其礼，其伐齐必也。彼战不胜，王之福矣。战胜，必以兵临晋，臣请北见晋君，令共攻之，弱吴必矣。其锐兵尽于齐，重甲困于晋⑧，而王制其敝，此灭吴必矣。"越王大悦，许诺。送子贡金百镒，剑一，良矛二。子贡不受，遂行。

【注释】　①除道郊迎：清扫道路，在城郊迎接。　②身御至舍：越王亲自驾车导送子贡到馆舍。　③俨然辱而临之：郑重其事降低身份光临越国。　④顿首再拜：叩头拜了又拜，行大礼也。　⑤徒欲与吴王接踵而死：只想和吴王面对面拼个生死。　⑥顺君之过以安其私：阿谀顺从吴王的过错，只图保全自己的私利。　⑦"今王"句：现在大王真能派兵协助吴王攻齐，就能煽动他的狂妄志向。　⑧重甲：重兵。

报吴王曰："臣敬以大王之言告越王，越王大恐，曰：'孤不幸，少失先人①，内不自量，抵罪于吴②，军败身辱，栖于会稽，国为虚莽，赖大王之赐，使得奉俎豆而修祭祀，死不敢忘，何谋之敢虑！'"后五日，越使大夫种顿首言于吴王曰："东海役臣孤勾践使者臣种，敢修下吏问于左右。今窃闻大王将兴大义，诛强救弱，困暴齐而抚周室，请悉起境内士卒三千人，孤请自披坚执锐，以先受矢石③。因越贱臣种奉先人藏器，甲二十领，铁屈卢之矛④，步光之剑，以贺军吏⑤。"吴王大悦，以告子贡曰："越王欲身从寡人伐齐，可乎？"子贡曰："不可。夫空人之国，悉人之众，又从其君，不义。君受其币，许其师，而辞其君。"吴王许诺，乃谢越王。于是吴王乃遂发九郡兵伐齐。

【注释】 ①少失先人：从小就失去了父亲。 ②抵罪：得罪，结怨。 ③先受矢石：打先锋。 ④铁：铁斧。屈庐之矛：矛名。 ⑤以贺军吏：用以上礼品表示对吴军将士的致敬。

　　子贡因去之晋，谓晋君曰："臣闻之，虑不先定不可以应卒①，兵不先辨不可以胜敌②。今夫齐与吴将战，彼战而不胜，越乱之必矣；与齐战而胜，必以其兵临晋。"晋君大恐，曰："为之奈何？"子贡曰："修兵休卒以待之。"晋君许诺。

【注释】 ①虑不先定不可以应卒：事先若没有应急计划，是不能对付突发事件的。卒：读"猝"。 ②辨：整训编队。

　　子贡去而之鲁。吴王果与齐人战于艾陵①，大破齐师，获七将军之兵而不归，果以兵临晋，与晋人相遇黄池之上②。吴晋争强。晋人击之，大败吴师。越王闻之，涉江袭吴③，去城七里而军。吴王闻之，去晋而归，与越战于五湖④。三战不胜，城门不守，越遂围王宫，杀夫差而戮其相⑤。破吴三年，东向而霸。

　　故子贡一出，存鲁，乱齐，破吴，强晋而霸越。子贡一使，使势相破⑥，十年之中，五国各有变⑦。

【注释】 ①战于艾陵：吴齐艾陵之战在鲁哀公十一年（公元前484年）。艾陵：齐地名。在今山东省蓬莱市东北。一说在今山东省泰安市东南。 ②相遇黄池：吴晋黄池之会在鲁哀公十三年，即公元前482年。黄池：在今河南省封丘县西南。 ③涉江：渡过钱塘江。 ④五湖：此指太湖。 ⑤"越遂围王宫"二句：越灭吴，在鲁哀公二十二年，即公元前473年，距黄池之会有九年，为叙事完整而相连记叙。戮其相：指诛伯嚭。 ⑥使势相破：使吴、齐、晋、越等国互相攻破。 ⑦"十年之中"二句：子贡在公元前484年出使齐、吴、越、晋，说吴王伐齐，至公元前473年吴之灭为十二年，在十二年中鲁、齐、吴、越、晋发生了很大变化。此言十年，举其成数。

📝 **讲 析**

　　公元前484年，齐国主持政务的大夫田常想在齐国夺取政权，他害怕高氏、国氏、鲍氏、晏氏这几家大夫反对，就调动这几家大夫的兵力去攻打鲁国。鲁国子贡多才多艺，擅长外交，他听到了这个消息，就挺身而出，游说诸侯，挽救鲁国的危亡。

子贡首先到了齐国，见到田常之后，装作不知齐国军队已经出动的样子，对田常说："听说您要出兵伐鲁，我特地赶来给将军献计。"田常看了一下子贡说："先生是替鲁国来做说客的吧，不必多言了，攻打鲁国的军队已经出发了。"子贡不慌不忙地说："田将军攻打鲁国是一个错误。"田常说："我倒要听听先生的高见。"子贡说："鲁国的城墙又薄又矮，它的护城河又浅又窄，它的国君愚昧不仁，大臣虚伪无用，老百姓害怕打仗，这样的国家不能跟它交战。田将军应该去攻打吴国。因为吴国的城墙又高又厚，护城河又宽又深，武器精良，士气旺盛，还有能人指挥，而吴王雄心勃勃要北上称霸。"田常听了子贡的话，立刻变了脸色，厉声说："先生为何戏弄我？用颠倒话来指教我。"子贡态度严肃地说："选择作战对象，要看打仗的目的。如若是为了增强国力，扩大土地，就要打弱小的敌人；如若是为了国内的政治需要，削弱竞争对手，就要打强大的敌人。田将军，你在国内的政治对手是高氏等几家大夫，现在派他们去攻打弱小的鲁国必然取胜，到时必然使这几家大夫的地位得到提高。可你自己得不到任何好处，想成大业就更难了。如果派他们去攻打吴国，齐国军队必然失败，这是借吴国之兵削弱你的政治对手，这样将军才能成就大业。请将军三思。"田常见子贡说穿了他攻打鲁国的真正目的，暗自吃惊，十分佩服子贡的才智，同时也恍然大悟，觉得子贡说得对。他沉吟了一会儿，用讨教的口气对子贡说："先生说得很对。只是我已下达了进攻鲁国的命令，军队已经开拔，中途改变作战目标，容易引起齐国君臣的议论和怀疑。"子贡说："田将军可以让齐国军队停止前进，再做一次实战演习，拖延时间。我立即到吴国去，说服吴国派兵救鲁，并向齐国发动进攻，你就乘势命令齐国军队与吴国军队交战。"田常答应了子贡的要求。

子贡到了吴国，对吴王夫差说："现在齐国发兵攻鲁，如果齐国灭掉了鲁国，力量强大了再来攻吴国，吴国就危险了。反过来，如果吴国援救鲁国，大王就会获得扶弱除强的好名声，这是您称霸中原的大好时机。"吴王夫差说："先生说得很对。只是吴国援助鲁国，就要和齐国打仗，越国在背后攻击吴国怎么办？"子贡说："大王不用担心，我去会见越王，让他出兵助你攻打齐国。"吴王夫差说："要是那样，我就放心了。"于是子贡就前往越国。

越王勾践听说子贡来访的消息非常高兴，亲自到国都郊外迎接子贡。子贡说："齐国派兵攻打鲁国，我奉使到吴国请夫差大王派兵救鲁国。可吴王害怕越国背后攻击他,对我说,等我灭了越国再援救鲁国。这说明越国的处境很危险。"越王勾践恭敬地向子贡拜了两拜,说:"请先生指教。"子贡说:"现在大王只要发兵相助吴王,多送些财宝,吴王就不会攻越国而去救鲁国和齐国打仗。如果吴王打了败仗,越国可以乘机雪耻。即使吴王打了胜仗,他也会把军队开到晋国去,与晋国争霸。我再到晋国去会见晋国国君,让晋国配合齐国攻打吴国,这样吴国的势力一定会被削弱,那时越国出头的日子就到了。"越王非常高兴,随即派了使臣送给吴王很多礼物,还派了一支军队相助吴王。吴王十分满意,放松了对越国的戒备,调动了九个郡的兵力攻打齐国。

子贡离开越国,又急忙赶到晋国。子贡对晋国国君说:"现在吴国即将与齐国开战,如果齐国战败了,吴王一定会把军队开到晋国来争霸。"晋国国君大为恐慌,向子贡讨教对策。子贡回答说:"修造武器,休养士卒,做好准备,等待吴军。"晋君大喜。

子贡离开晋国,回到鲁国向孔子复命去了。吴王夫差果然带兵与齐国军队在艾陵展开大战,吴军大败齐军,俘虏了齐国的七个将军。但是吴军也付出了很大的代价。可是吴王被胜利冲昏了头脑,果然把军队开到了晋国,要与晋军决一雌雄,争当霸主。晋国早已做好了准备,在黄池迎战吴军。晋军以逸待劳,打败了吴军。越王听到这一消息,渡江袭击吴国,打到离吴国都城只有七里远的地方,吴国太子也战死了。吴王夫差听到这个消息,赶快离开晋国回都,委曲求全地向越王讲和。越王见一时还消灭不了吴军,暂时退回越国。吴国连续受到齐国、晋国、越国的攻击,元气大伤,一蹶不振。越国则越战越强,在此后的四年中,吴、越两国进行了三次大规模的战争,吴军都失败了。最后越军攻破吴都,杀死了吴王夫差和奸相太宰伯嚭,吴国灭亡了。三年后,越国称霸东方。

外交是为现实政治服务的。和平时期,国与国之间互相访问增进友谊。几个国家打仗,外交的任务是寻找朋友,孤立敌人。子贡为了使鲁国免遭齐国的进攻,巧妙地利用了齐国田常企图夺权、吴王夫差意欲争霸、越王勾践伺机报仇、晋国想要保持盟主地位这一系列错综复杂的矛盾,充分运用他擅长说理的外交才能,晓以利害,化不利因素为有利因素,让大国互斗,使鲁国得到平安。子贡一出,存鲁、乱齐、破吴、使越称霸东方,在春秋列国的斗争中,建立了外交奇功,充分显示了他的智慧和才能。

商君列传

【题解】 商鞅，先秦法家的杰出代表，战国中期卫国公室诸公子，名鞅，因称公孙鞅或卫鞅，入秦后变法有功，封为"商君"，史称商鞅。《太史公自序》云："鞅去卫适秦，能明其术，强霸孝公，后世遵其法。作《商君列传》第八。"司马迁作《商君列传》就是肯定商鞅变法。

商君者①，卫之诸庶孽公子也②，名鞅，姓公孙氏，其祖本姬姓也。鞅少好刑名之学③，事魏相公叔座为中庶子④。公叔座知其贤，未及进。会座病，魏惠王亲往问病，曰："公叔病有如不可讳⑤，将奈社稷何？"公叔曰："座之中庶子公孙鞅，年虽少，有奇才，愿王举国而听之⑥。"王嘿然⑦。王且去，座屏人言曰⑧："王即不听用鞅，必杀之，无令出境。"王许诺而去。公叔座召鞅谢曰⑨："今者王问可以为相者，我言若⑩，王色不许我。我方先君后臣，因谓王即弗用鞅，当杀之。王许我。汝可疾去矣，且见擒⑪。"鞅曰："彼王不能用君之言任臣，又安能用君之言杀臣乎？"卒不去。惠王既去，而谓左右曰："公叔病甚，悲乎，欲令寡人以国听公孙鞅也，岂不悖哉⑫！"

【注释】 ①商君：商鞅封地有商、於之地共十五邑。商邑在今陕西省商洛市辖区。②庶孽：侧室所生诸公子。 ③刑名之学：即法家学说，因法家主张循名求实，以刑法治国，故称。 ④公叔座：复姓公叔，名座。座，有本作"痤"。中庶子：官名，掌卿大夫家族事务。 ⑤不可讳：此处指死。 ⑥举国而听之：让全国都听命于他，即要重用商鞅。⑦嘿然：沉默的样子。 ⑧屏：令侍者回避。 ⑨谢：道歉。⑩我言若：我向魏王推荐了你。 ⑪且见擒：将被擒拿。 ⑫悖：荒谬。

（以上为第一段，介绍商鞅身世，写其在魏不被重用。）

公叔既死，公孙鞅闻秦孝公下令国中求贤者，将修穆公之业①，东复侵地②，乃遂西入秦③，因孝公宠臣景监以求见孝公④。孝公既见卫鞅，语事良久，孝公时时睡，弗听。罢而孝公怒景监曰："子之客妄人耳⑤，安足用邪！"景监以让卫鞅⑥。卫鞅曰："吾说公以帝道⑦，其志不开悟矣。"后五日，复求见鞅⑧。鞅复见孝公，益愈⑨，然而未中旨⑩。罢而孝公复让景监，景监亦让鞅。鞅曰："吾说公以王道而未入也⑪，请复见鞅。"鞅复见孝公，孝公善之而未用也。罢而去。孝公谓景监曰："汝客善，可与语矣。"鞅曰："吾说公以霸道⑫，其意欲用之矣。诚复见我，我知之矣。"卫鞅复见孝公。公与语，不自知膝之前于席也⑬。语数日不厌。景监曰："子何以中吾君⑭？吾君之欢甚也。"鞅曰："吾说君以帝王之道比三代⑮，而君曰：'久远，吾不能待。且贤君者，各及其身显名天下，安能悒悒待数十百年以成帝王乎⑯？'故吾以强国之术说君，君大悦之耳。然亦难以比德于殷周矣⑰。"

【注释】 ①修：重整。重整秦穆公的霸业。 ②东复侵地：向东收复被侵之地。秦穆公把秦疆域向东推进到黄河岸边，战国初，河西地为魏所夺。 ③西入秦：据《秦本纪》商鞅在秦孝公元年（公元前361年）入秦。 ④景监：姓景的太监。 ⑤妄人：狂妄自大不切实用之人。 ⑥让：责备，责问。 ⑦帝道：传说中之五帝兴起的治国道理和策略。五帝：详《五帝本纪》。 ⑧复求见鞅：商鞅又请求秦孝公接见自己。 ⑨益愈：指秦孝公对商鞅的态度稍好了一点。 ⑩未中（zhòng）旨：指还不能合秦孝公的心意。 ⑪王道：指夏禹、商汤、周文王、周武王统一天下的理论、方法。未入：还不能说到秦孝公的心里去。 ⑫霸道：春秋时齐桓公、晋文公、宋襄公、秦穆公、楚庄王相继称霸的治国之术。 ⑬膝之前于席：古人席地而坐，秦孝公因听得入神，不知不觉地膝行而向商鞅凑近过去。 ⑭中吾君：说中我们君主的心思。 ⑮比三代：谓秦行帝王之道，可比隆于夏、商、周三代。 ⑯悒悒：郁闷不快的样子。 ⑰难以比德于殷周：难以和商汤、周文王、周武王的功业道德相媲美，意谓还不能统一天下。

孝公既用卫鞅，鞅欲变法，恐天下议己①。卫鞅曰："疑行无名，疑事无功②。且夫有高人之行者，固见非于世③；有独知之虑者，必见敖于民④。愚者阇于成事⑤，智者见于未萌⑥。民不可与虑始而可与乐成。论至德者不和于俗⑦，成大功者不谋于众。是以圣人苟可以强国，不法其故⑧；苟可以利民，不循其礼。"孝公曰：

"善。"甘龙曰:"不然。圣人不易民而教[9],智者不变法而治。因民而教[10],不劳而成功;缘法而治者[11],吏习而民安之。"卫鞅曰:"龙之所言,世俗之言也。常人安于故俗,学者溺于所闻[12]。以此两者居官守法可也[13],非所与论于法之外也[14]。三代不同礼而王,五伯不同法而霸[15]。智者作法,愚者制焉[16];贤者更礼,不肖者拘焉。"杜挚曰:"利不百,不变法;功不十,不易器。法古无过,循礼无邪。"卫鞅曰:"治世不一道,便国不法古。故汤、武不循古而王,夏、殷不易礼而亡[17]。反古者不可非,而循礼者不足多[18]。"孝公曰:"善。"以卫鞅为左庶长[19],卒定变法之令[20]。

【注释】 ①议己:自己遭到讥议、批评。 ②疑行无名,疑事无功:行动犹豫不决的人不可能成名,做事不决断建不成功业。疑:犹豫,不自信。 ③见非于世:不被世俗舆论所承认。 ④敖:同謷(áo),戏弄,讥笑。 ⑤暗于成事:对别人都已做成的事情,仍然不明白其所以然。 ⑥智者见于未萌:聪明的人在事情尚未发生时,就能够预见。 ⑦论:讲求。至德:最高的道德。 ⑧不法其故:不遵行旧的法典制度。法:效法,遵守。 ⑨民:改变旧的民俗。教:教化。 ⑩因民:因循人民旧有的风俗。 ⑪缘法:沿用旧法。 ⑫学者溺于所闻:学究们囿于自己的狭隘见闻。溺:沉醉,拘泥。 ⑬此两者:指甘龙所言"因民而教"和"缘法而治"。 ⑭法之外:旧法之外的事情,指变法。 ⑮五伯:即春秋五霸。 ⑯制:制约,受制。 ⑰夏、殷:谓夏、殷两代的最后帝王桀、纣。 ⑱多:赞扬,肯定。 ⑲左庶长:秦国第十等爵,带兵充偏将。 ⑳卒定变法之令:据《秦本纪》,商鞅变法在孝公三年(公元前359年)。

令民为什伍[1],而相牧司连坐[2]。不告奸者腰斩,告奸者与斩敌首同赏,匿奸者与降敌同罚。民有二男以上不分异者,倍其赋。有军功者,各以率受上爵[3];为私斗者,各以轻重被刑大小[4]。戮力本业[5],耕织致粟帛多者复其身[6]。事末利及怠而贫者,举以为收孥[7]。宗室非有军功论,不得为属籍[8]。明尊卑爵秩等级[9],各以差次名田宅[10],臣妾衣服以家次[11]。有功者显荣,无功者虽富无所芬华[12]。

【注释】 ①令民为什伍:按军队编制把居民五家为伍,十家为什地组织起来。 ②相牧司:相互监督、揭发。连坐:什伍中一家有罪,其他各家如不告发,即与犯罪者按同罪受罚。 ③以率受上爵:按照军功论赏的条例规定接受提升。率:标准,规定。 ④被:同"披",加给,处以。 ⑤戮力:努力,尽力。 ⑥复其身:免除其本人的劳役。复:免除。 ⑦举以为收孥:一律没入官府为奴隶。举:尽,全部。收孥:没收而为奴婢。

孥，同"奴"。　⑧"宗室"二句：国君的族人凡是没有被论定军功的，取消其宗室资格，不准再入族籍。论：论叙，铨评。　⑨明尊卑爵秩等级：明确区分尊卑上下的等级界限。尊卑：身份地位的高下。爵秩：爵禄的等级。　⑩各以差次名田宅：各自依等级占有田宅。差次：差别和次序。名：占有。　⑪臣妾衣服以家次：奴婢们的衣服样式随着主人家的地位高低而定。家次，家族的等级。　⑫芬华：芬芳荣华，指政治上尊贵显耀。

令既具，未布，恐民之不信，已乃立三丈之木于国都市南门①，募民有能徙置北门者予十金②。民怪之，莫敢徙。复曰"能徙者予五十金"。有一人徙之，辄予五十金③，以明不欺。卒下令。

【注释】　①国都：秦国的都城，这时秦都在雍（今陕西省凤翔县南）。市南门：市场的南门。古代南都，市场在朝廷宫殿后面，有一定范围。　②十金：十镒。一镒为二十四两。　③辄：就，立即。

令行于民期年①，秦民之国都言初令之不便者以千数②。于是太子犯法。卫鞅曰："法之不行，自上犯之。"将法太子。太子，君嗣也③，不可施刑，刑其傅公子虔，黥其师公孙贾。明日，秦人皆趋令④。行之十年，秦民大悦，道不拾遗，山无盗贼，家给人足。民勇于公战，怯于私斗，乡邑大治⑤。秦民初言令不便者有来言令便者，卫鞅曰"此皆乱化之民也⑥"，尽迁之于边城。其后民莫敢议令。

【注释】　①期年：周年。　②初令：商鞅新变的法令。　③君嗣：国君的继承人。④趋令：遵守法令。　⑤乡邑：乡村和城邑。　⑥乱化：扰乱国家秩序，反对推行新法。

于是以鞅为大良造①。将兵围魏安邑，降之②。居三年③，作为筑冀阙宫廷于咸阳④，秦自雍徙都之。而令民父子兄弟同室内息者为禁⑤。而集小乡邑聚为县⑥，置令、丞，凡三十一县。为田开阡陌封疆⑦，而赋税平⑧。平斗桶权衡丈尺⑨。行之四年，公子虔复犯约，劓之⑩。居五年⑪，秦人富强，天子致胙于孝公⑫，诸侯毕贺。

【注释】　①大良造：即大上造，秦爵第十六级。　②将兵围魏安邑，降之：《秦本纪》和《六国年表》系此事于秦孝公十年，即公元前352年。降之：这里是作订立和约解。安邑：魏迁都前的国都，在今山西省夏县西北。　③居三年：指商鞅为大良造后三年，即孝公十二年（公元前350年）。　④作为筑：兴建和修筑。　④冀阙：即魏阙，宫廷正门前两边的牌楼。　⑤同室内息：秦地旧俗，男女长幼在同一房间里住宿。　⑥集：合并。　⑦开阡陌封疆：拆除井田上旧有的道路疆界。阡陌：田间小道，兼作田界，南北曰阡，东西曰陌。　⑧平：统一，划一。　⑨斗桶：量器名，六斗为一桶。权：秤锤。衡：秤杆。　⑩劓：割鼻之刑。　⑪居五年：公子虔犯法在第二次变法之四年，又居五年，即秦孝公十九年（公元前343年），周显王致胙。　⑫致胙：送来祭肉。周天子赐胙于诸侯和大臣，是一种尊荣。

其明年，齐败魏兵于马陵①，虏其太子申，杀将军庞涓。其明年，卫鞅说孝公曰："秦之与魏，譬若人之有腹心疾，非魏并秦，秦即并魏。何者？魏居岭厄之西②，都安邑，与秦界河而独擅山东之利③。利则西侵秦，病则东收地。今以君之贤圣，国赖以盛。而魏往年大破于齐，诸侯叛之，可因此时伐魏。魏不支秦，必东徙。东徙，秦据河山之固④，东向以制诸侯，此帝王之业也。"孝公以为然，使卫鞅将而伐魏。魏使公子卬将而击之。军既相拒，卫鞅遗魏将公子卬书曰："吾始与公子欢，今俱为两国将，不忍相攻，可与公子面相见，盟，乐饮而罢兵，以安秦、魏。"魏公子卬以为然。会盟已，饮，而卫鞅伏甲士而袭虏魏公子卬，因攻其军，尽破之以归秦。魏惠王兵数破于齐、秦，国内空，日以削⑤，恐，乃使使割河西之地献于秦以和。而魏遂去安邑，徙都大梁。梁惠王曰："寡人恨不用公叔座之言也。"卫鞅既破魏还，秦封之於、商十五邑，号为商君。

【注释】　①马陵：齐邑，在今河北省大名县东南。齐魏马陵之战，在公元前341年。②岭厄：山岭险要之地。此指安邑之东的山险之地。　③山东：华山之东。　④河山：黄河和华山。　⑤日以削：魏国土地一天天地遭到蚕食。

（以上为第二段，写商鞅在秦孝公支持下实行变法，对内对外都取得极大的成效。）

商君相秦十年，宗室贵戚多怨望者。赵良见商君。商君曰："鞅之得见也，从孟兰皋①，今鞅请得交，可乎？"赵良曰："仆弗敢愿也②。孔丘有言曰：'推贤而戴者进，聚不肖而王者退③'。仆不肖，故不敢受命。仆闻之曰：'非其位而居之曰贪位，非其名而有之曰贪名'。仆听君之义④，则恐仆贪位贪名也。故不敢闻命。"商君曰："子不悦吾治秦与？"赵良曰："反听之谓聪⑤，内视之谓明⑥，自胜之谓强⑦。虞舜有言曰：'自卑也尚矣⑧。'君不若道虞舜之道，无为问仆矣。"商君曰："始秦戎翟之教，父子无别，同室而居。今我更制其教，而为其男女之别，大筑冀阙，营如鲁、卫矣⑨。子观我治秦也，孰与五羖大夫贤⑩？"赵良曰："千羊之皮，不如一狐之腋⑪；千人之诺诺，不如一士之谔谔⑫。武王谔谔以昌，殷纣墨墨以亡⑬。君若不非武王乎，则仆请终日正言而无诛，可乎？"商君曰："语有之矣，貌言华也，至言实也，苦言药也，甘言疾也⑭。夫子果肯终日正言，鞅之药也。鞅将事子，子又何辞焉！"赵良曰："夫五羖大夫，荆之鄙人也⑮。闻秦穆公之贤而愿望见，行而无资，自粥于秦客⑯，被褐食牛⑰。期年，穆公知之，举之牛口之下，而加之百姓之上，秦国莫敢望焉。相秦六七年，而东伐郑⑱，三置晋国之君⑲，一救荆国之祸⑳。发教封内，而巴人致贡㉑；施德诸侯，而八戎来服㉒。由余闻之㉓，款关请见。五羖大夫之相秦也，劳不坐乘，暑不张盖㉔，行于国中，不从车乘，不操干戈，功名藏于府库，德行施于后世。五羖大夫死，秦国男女流涕，童子不歌谣，舂者不相杵㉕。此五羖大夫之德也。今君之见秦王也，因嬖人景监以为主，非所以为名也㉖。相秦不以百姓为事，而大筑冀阙，非所以为功也。刑黥太子之师傅，残伤民以峻刑㉗，是积怨蓄祸也。教之化民也深于命㉘，民之效上也捷于令。今君又左建外易㉙，非所以为教也。君又南面而称寡人㉚，日绳秦之贵公子㉛。《诗》曰：'相鼠有体，人而无礼；人而无礼，何不遄死㉜。'以《诗》观之，非所以为寿也。公子虔杜门不出已八年矣，君又杀祝欢而黥公孙贾。《诗》曰：'得人者兴，失人者崩㉝。'此数事者，非所以得人也。君之出也，后车十数，从车载甲，多力而骈胁者为骖乘㉞，持矛而操阖戟者旁车而趋㉟。此一物不具，君固不出。《书》曰㊱：'恃德者昌，恃力者亡。'君之危若朝露，尚将欲延年益寿乎？则何不归十五都㊲，灌园于鄙㊳，劝秦王显岩穴之士㊴，养老存孤，敬父兄，序有功㊵，尊有德，可以少安。君尚将贪商、於之富，宠秦国之教㊶，蓄百姓之怨，秦王一旦捐宾客而不立朝㊷，秦国之所以收君者㊸，岂其微哉㊹？亡可翘足而待。"商君弗从。

【注释】 ①从孟兰皋：通过孟兰皋得与赵良相见。 ②弗敢愿：不敢奢望，言不敢高攀。 ③"推贤"二句：推贤荐能，拥护者自然趋附而进；小人盈庭，则胸怀统一天下大道的人便会离去。 ④听君之义：指接受您的深情与厚谊。 ⑤反听：是说反转来听自己说的话，犹言"自察"。反：同"返"。 ⑥内视：犹言"反省"。 ⑦自胜：克制自己。 ⑧自卑也尚矣：谦虚而自处卑下的人反而更显高尚，被人尊崇。尚：崇尚，尊敬。 ⑨营如鲁、卫：把秦国治理得像鲁国、卫国一样文明。营：经营，治理。 ⑩五羖（gǔ）大夫：秦穆公相百里奚之号。百里奚曾在楚为奴，秦穆公用五张黑羊皮将其赎买至秦，委以国政，秦人因之称为五羖大夫。 ⑪千羊之皮，不如一狐之腋：一千张羊皮，抵不上一块狐腋珍贵。 ⑫千人之诺诺，不如一士之谔谔：一千人随声附和，抵不上一个人的抗言直谏。 ⑬墨墨：同"默默"，指群臣一个个缄默不言。 ⑭"貌言华也"四句：表面好听的话只是花朵，正直忠实之言才是果实，刺耳的话是治病的良药，甜言蜜语教人生出疾患。华：同"花"。至言：最好的话，正直之言。 ⑮荆：楚国。 ⑯粥：同"鬻"，卖。 ⑰褐：粗短衣服。食：饲养。 ⑱东伐郑：公元前627年，秦穆公袭击郑国，即有名的崤山之战。 ⑲三置晋国之君：晋国自献公死后，秦穆公先后安置讨晋国三个君主，即公元前651年派百里奚送公子夷吾回国即位，为晋惠公；公元前637年晋公子圉（yǔ）从秦国回国即位，即晋怀公；公元前636年送晋公子重耳即位，即晋文公。 ⑳一救荆国之祸：还解除了一次楚国造成的祸害。公元前631年，秦穆公参加了晋文公发起的征伐楚国的战争，即著名的城濮之战。 ㉑巴：周初所封的一个姬姓小国，在秦之南，其地为当今四川省东部地区。 ㉒八戎：泛指秦西方的各部族国家。 ㉓由余：原为晋人，后在西戎做官，被秦穆公用计使之降秦为相，佐穆公霸西戎。 ㉔盖：车盖。 ㉕舂者不相杵：舂谷的人因为悲痛，不再唱歌以助力舂米。杵：捣谷的木柱。 ㉖非所以为名也：这不是求取声名的正常途径。 ㉗峻刑：严刑。 ㉘教之化民也深于命：用礼教来化民比用严法命令深刻得多。 ㉙今君又左建外易：现在你所建立的事业违背常理，所变之法违背常情。左：邪僻，不正。易：变易，变法。 ㉚称寡人：指商鞅被封为商君。春秋战国时，凡封君皆可称寡人。 ㉛绳：以法制裁。 ㉜"《诗》曰"二句：引自《诗经·鄘风·相鼠》。看那相鼠都是五官端正，一个人反而残缺不能行礼；人没有礼，还不如早点去死。相鼠：又称礼鼠，据说它见了人会把两只前脚相交成打拱的样子。遄：急。 ㉝"《诗》曰"二句：所引诗"得人者兴，失人者崩"二句为逸诗。 ㉞骈胁：肋骨相排成一块，形容彪形大汉肌肉丰满，看不见肋骨条痕。骈：并连。胁：同"肋"。 ㉟阖戟：短矛。 ㊱"《书》曰"二句：今本《尚书》无此二句。 ㊲归十五都：赵良劝商君交还所受封的商、於之地共十五城邑。 ㊳灌园于鄙：到偏僻之地做一个浇园的隐士。 ㊴显：任用，尊显。岩穴之士：隐居山林的贤才。 ㊵序：录用。 ㊶宠秦国之教：以专擅秦国之政为荣耀。宠：荣耀。教：教令，指政权。 ㊷捐宾客：抛弃宾客，死的委婉说法。 ㊸收君：收捕你。 ㊹岂其微哉：难道还会少吗？谓很多人都要收捕商鞅。

后五月而秦孝公卒，太子立①。公子虔之徒告商君欲反，发吏捕商君。商君亡至关下②，欲舍客舍③。客人不知其是商君也④，曰："商君之法，舍人无验者坐之⑤。"商君喟然叹曰："嗟乎，为法之敝一至此哉⑥！"去之魏。魏人怨其欺公子卬而破魏师，弗受。商君欲之他国。魏人曰："商君，秦之贼。秦强而贼入魏，弗归⑦，不可。"遂纳秦⑧。商君既复入秦，走商邑⑨，与其徒属发邑兵北出击郑⑩。秦发兵攻商君，杀之于郑黾池⑪。秦惠王车裂商君以徇⑫，曰："莫如商鞅反者⑬！"遂灭商君之家。

【注释】　①太子立：即秦惠王嬴驷。　②关下：函谷关下。　③欲舍客舍：想到客馆住宿。　④客人：客舍主人。　⑤舍人无验者坐之：留人住宿没有证件要判罪。　⑥一：竟然。　⑦弗归：不把商鞅送归秦国。　⑧纳秦：交给秦国。　⑨走商邑：逃到商邑去。　⑩郑：即今陕西省渭南市华州区，郑初建时的国都，故名郑。　⑪黾池：应为彤（tóng）池之误。彤池：即今陕西省渭南市华州区。　⑫徇：巡行示众。　⑬莫如：不要像。

（以上为第三段，写秦孝公死后，商君被加罪名而遭杀害的经过。）

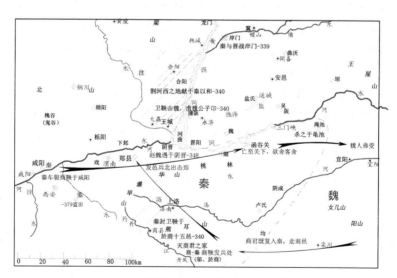

商鞅入秦变法车裂而死

太史公曰：商君，其天资刻薄人也①。迹其欲干孝公以帝王术②，挟持浮说③，非其质矣④。且所因由嬖臣⑤，及得用，刑公子虔，欺魏将卬，不师赵良之言，亦足发明商君之少恩矣。余尝读商君《开塞》《耕战》书⑥，与其人行事相类。卒受恶名于秦，有以也夫！

【注释】 ①天资刻薄：天性残忍寡恩。 ②迹：按核，考察。干：求。 ③浮说：华而不实的言论。 ④质：本质，本意。 ⑤因由嬖臣：意谓商鞅仕秦，投托秦孝公宠臣，采取了投机的手段。 ⑥商君《开塞》《耕战》书：商鞅死后，法家后学将他的变法理论辑成《商君书》，《汉书·艺文表》载二十九篇，今存二十六篇。第三篇为《农战》，第七篇为《开塞》。《耕战》即《农战》。

（以上为论赞，作者侧重于个人品德立论，故对商鞅持尖锐批评的态度。）

讲 析

《史记》中有一系列改革家的传记，如孙子、吴起、管仲、田单、赵奢、李牧等。最成功的改革家是商鞅、赵武灵王两人。商鞅变法，改革社会，涉及政治、经济、军事、意识形态各个领域，是古代历史上一场深刻的社会变革。这场社会变革是自上而下进行的。在中国历史上，自上而下的变革大都失败，如王安石变法、戊戌变法等。商鞅变法，最后仍然流血，个人免不了悲剧下场，但他的彻底改革，使落后的秦国一跃成为称雄诸侯的强国，进而统一天下，给历史留下了光辉的篇章。商鞅变法成功有多方面的原因，最重要的有两条：第一条，秦孝公自始至终坚决支持；第二条，商鞅足智多谋，处事果决。商鞅驳斥保守派的辩论、变法之初的立木取信、惩处公子虔等都表明了他是一个坚毅刚强且有智谋的人。这个故事着重谈商鞅变法的智慧。

商鞅在魏国虽有伯乐公叔座赏识，但不受魏王重用。魏王把公叔座的建议——"要么重用商鞅，要么除掉商鞅"看作是昏聩的话。公元前361年，秦孝公登上秦国君位，下令求贤，商鞅入秦。商鞅通过秦王宫中宦官景监的门路，晋见秦孝公，游说以帝道、王道和霸道，赢得秦孝公的信任，秦孝公决定以霸道政治在秦国实行变法。

公元前359年，秦孝公正式任用商鞅推行变法。秦国的大臣们纷纷出来反对，孝公深为忧虑。好在商鞅有办法，他让秦孝公主持大辩论。甘龙、杜挚是当时秦国的执政大臣，保守势力的代表。商鞅深知，变法能否推行，第一道关就是在理论上驳倒甘龙、杜挚。对此商鞅很有信心。

甘龙首先反对，说："圣人教导百姓，不改变旧的习俗；聪明的人治理国家，不改变旧的法制。沿袭古礼旧制，人民安定，官吏熟悉，不用费力，国家安定团结。"

表面看，甘龙、杜挚的话十分在理，商鞅以高人的智慧反驳说："甘龙说的只是平常人的见识。普通人只知道安于旧习惯，书呆子往往陷于所知不能自拔。这两种人让他们做官守法可以，但不能和他们商讨旧章之外开创大业的事。聪明的人制定法规政策，愚笨的人只会受制于人；贤德的人因时而变，无能的人死守成法。"秦孝公听了，大声称赞说："好！"

杜挚说："老祖宗传下来的制度，绝不会错。新法不超过旧法一百倍，就不能变。"

商鞅说："治理国家从来就没有一成不变的方法，只要有利于国家，就用不着去学古代。从前，商汤王和周武王并没有按照古法办事，却都得了天下。夏桀王和商纣王并没有改革旧法，却都亡掉了国家。所以，反对古法不一定就错。遵守古法也不一定就对。"

这几句话，把改革变法的道理讲得清楚透彻，也很有说服力。甘龙、杜挚两人窘态毕露、哑口无言。秦孝公听了，频频点头，连连说："卫鞅说得好！卫鞅说得好！"孝公一锤定音，于是任命商鞅为左庶长，开始制定新法。

商鞅拟好了新法，打算公布。法令公布，反对的人很多，没人遵守怎么办？强制执行，势必造成社会动乱，说不定还要流血。他苦思冥想了几天，终于想出一个立木取信的办法，树立威信，让人知道，不敢轻易以身试法。商鞅派人在都城南门外竖了一根三丈长的木棒，并在旁边出了一道告示："谁能把这根木棒搬到北门去，赏给十两金子。"于是市民奔走相告，南门外观者如云，人头攒动，热闹非常，大家都停下来边看木棒边看告示，议论纷纷。

有人说："这根木棒没有多重，搬到北门去，不费多大力气，怎么会赏十两金子！"

又有人说："天下哪有这等便宜的事？是不是当官的闲来无事，跟老百姓开玩笑啊！拿老百姓当傻子。"

总之，老百姓感到此事古怪，疑惑不决，不相信真会赏给十两金子，谁也不肯上前去搬木棒。

商鞅见没有人肯搬，知道人们不信，故意说成是赏金不够，又重新出了一道告示，把奖赏的金子提高到五十两。赏金一提高，不料老百姓更加疑惑了。大眼瞪小眼，你看我，我看你，虽然同样没有人肯搬，疑惑却也加重了，围观的人更多了。

等了好久，终于有一个小伙子挤到木棒前，壮着胆子说："我来试试看，权当一回傻瓜吧。"说完，他肩扛木棒，直向北门走去，后边跟着一群看热闹的人，都怀着好奇的心，想看一看他能不能得到五十两赏金。扛木棒的小伙子到了北门，商鞅立即叫人当众赏给他五十两金子。看到的人，没有一个不惊奇的。这件事一下子传遍了秦国，大家都说："左庶长令出必行，果然说到做到。"

商鞅变法立木取信，引起了很大的反响。这时，商鞅正式颁布变法令，全国各地官员推行新法不敢怠慢。公元前350年，又进行了第二次变法。

通过改革，秦民勇于公战，怯于私斗，国殷民富，一跃而为强国。公元前352年，商鞅领兵攻打魏国安邑，获得胜利。公元前340年，商鞅再次领兵伐魏，俘获了魏将公子卬。魏国连遭打击，把黄河以西的大片领土割让给秦国，秦国东边疆界达到黄河岸边。魏国为了避开秦国的锋芒，把国都从安邑迁到大梁。这时魏王深深后悔他没听公叔座的话，要么重用商鞅，要么杀掉商鞅。

由于变法的成功和军功，秦孝公封公孙鞅为列侯，把商、於等十五个城邑赐给公孙鞅为采邑，从此，公孙鞅得了商鞅之号。

当然，变法绝不是一帆风顺的。实行新法的第一年，国都就有几千人反对，太子带头犯法。商鞅认为，新法推行受到阻碍，原因是在上位的贵族反对。太子犯法，也要处罚。但是太子是一国之储君，不能用法，商鞅就惩处太子的两个老师公子虔和公孙贾。第二次公布新法，公子虔又触犯了新法，商鞅对此给予了严厉惩处，将他的鼻子给割了。

新法执行了十年，秦民丰衣足食，非常高兴。这时又有许多最初反对新法的人来称颂新法很好。商鞅说："这帮人无事生非，是扰乱教化的刁民，统统严惩。"于是把这些人全都放逐到边疆。又一次，他在渭水河边判决罪犯，杀了许多的人，使渭水都变成了红色。商鞅又轻罪重判，把灰撒在路上的人也要加刑。他不容忍任何人议论新法，违犯新法。因此，史称"商鞅相秦，用法严酷"，得罪了不少人。

公元前338年，秦孝公死，太子即位，这就是秦惠王。太子的老师公子虔等人反扑过来，他们捏造罪名，告商鞅谋反，秦惠王竟族灭商鞅，还把他的尸体车裂示众。商鞅之死，是变法付出的沉重代价。

甘罗列传

——节选自《樗里子甘茂列传》

【题解】　本篇节选自《樗里子甘茂列传》所附甘罗传。樗里子和甘茂是战国中期秦国的两员大将，对开拓秦国立有大功，两人合传。甘茂是甘罗的祖父，仕于秦昭王，不仅善战，而且长于外交，为秦国的统一事业立下汗马功劳。由于奸臣排挤，甘茂被迫流亡齐国，家产也被抄没。甘罗受家庭熏陶，少小聪明，有神童之称，被秦国相国文信侯吕不韦看中，收在相国府中差使，名义叫庶子，实质是丞相身边的亲随。这一特殊环境与家庭变故，使甘罗受到政治洗礼，更加成熟起来。甘罗很受吕不韦的赏识，他十二岁就做了秦国大使级外交官，出使赵国建立了奇功。甘罗回国，秦王嬴政（即后来的秦始皇）破格提升他为上卿。上卿相当于现在的副总理。

　　甘罗者，甘茂孙也。茂既死后，甘罗年十二，事秦相文信侯吕不韦。

　　秦始皇帝使刚成君蔡泽于燕，三年而燕王喜使太子丹入质于秦。秦使张唐往相燕①，欲与燕共伐赵以广河间之地②。张唐谓文信侯曰："臣尝为秦昭王伐赵，赵怨臣，曰：'得唐者与百里之地。'今之燕必经赵，臣不可以行。"文信侯不快，未有以强也③。甘罗曰："君侯何不快之甚也？"文信侯曰："吾令刚成君蔡泽事燕三年，燕太子丹已入质矣，吾自请张卿相燕而不肯行④。"甘罗曰："臣请行之。"文信侯叱曰："去！我身自请之而不肯，汝焉能行之？"甘罗曰："大项橐生七岁为孔子师⑤。今臣生十二岁于兹矣，君其试臣，何遽叱乎？"于是甘罗见张卿曰："卿之功孰与武安君⑥？"卿曰："武安君南挫强楚，北威燕、赵，战胜攻取，破城堕邑，不知其数，臣之功不如也。"甘罗曰："应侯之用于秦也⑦，孰与文信侯

・418・

专⑧？”张卿曰："应侯不如文信侯专。"甘罗曰："卿明知其不如文信侯专与？"曰："知之。"甘罗曰："应侯欲攻赵，武安君难之，去咸阳七里而立死于杜邮⑨。今文信侯自请卿相燕而不肯行，臣不知卿所死处矣。"张唐曰："请因孺子行。"令装治行。

【注释】　①相燕：担任燕国的国相。　②广河间之地：扩大河间的地方。河间：漳水与黄河之间一带地方，原为赵地，此时已属秦。　③强：强迫，勉强。　④卿：张唐字。　⑤大项橐：伟大的项橐。按：《史记索隐》《史记正义》皆云"尊其道德，故曰大"，但据《史记会注考证附校补》所引泷、庆、殿、凌诸本，"大"作"夫"，《战国策·秦策五》亦作"夫"。兹录以备考。　⑥武安君：即秦将白起，封武安君。　⑦应侯：即范雎，害死秦将白起。　⑧专：专擅国政。　⑨杜邮：地名，在今陕西省咸阳市东，白起赐死处。

　　行有日①，甘罗谓文信侯曰："借臣车五乘，请为张唐先报赵。"文信侯乃入言之于始皇曰："昔甘茂之孙甘罗，年少耳，然名家之子孙，诸侯皆闻之。今者张唐欲称疾不肯行，甘罗说而行之。今愿先报赵，请许遣之②。"始皇召见，使甘罗于赵。赵襄王郊迎甘罗。甘罗说赵王曰："王闻燕太子丹入质秦欤？"曰："闻之。"曰："闻张唐相燕欤？"曰："闻之。""燕太子丹入秦者，燕不欺秦也。张唐相燕者，秦不欺燕也。燕、秦不相欺者，伐赵，危矣。燕、秦不相欺无异故③，欲攻赵而广河间。王不如赍臣五城以广河间④，请归燕太子⑤，与强赵攻弱燕。"赵王立自割五城以广河间。秦归燕太子。赵攻燕，得上谷三十城⑥，令秦有十一。

　　甘罗还报秦，乃封甘罗以为上卿，复以始甘茂田宅赐之。

【注释】　①行有日：确定了起程的日期。　②许遣之：同意派甘罗出使赵国。　③无异故：没有别的原因。　④赍：送。甘罗请赵送五城于秦以广河间。　⑤归燕太子：秦归燕太子，即秦与燕绝交。　⑥上谷：燕郡名，在今河北省张家口市宣化区、怀来县一带。

📝 讲　析

　　秦相国吕不韦打算联合燕国夹击赵国，趁机扩大自己的封地河间。燕王听从秦使者刚成君蔡泽的计谋，与秦结盟，还派出太子到秦国去做人质。燕太子丹到秦国以后，秦国要派一位大臣去燕国做人质。吕不韦打算派张唐使燕，这样秦、燕两国互派人质，也就是互换大使。张唐不愿去燕国，找了一个冠冕堂皇的借口。张唐对吕不韦说："从秦国到燕国必定经过赵国，我曾经攻打过赵国，赵王十分怨恨我，悬赏一百里地来抓我，恐怕我到不了燕国在半道就成了赵国的俘虏，我个人的安全是小事，可是完不成外交使命，国家就要受到损害，请丞相三思。"吕不韦找不出更好的话来驳倒张唐，只好闷闷不乐回到相国府。

甘罗见吕不韦满脸愁云，很不高兴，他早已猜到个八九不离十，于是问道："相国为什么长时间不高兴呢？"

吕不韦说："我派张唐去燕国做大使，他不肯去，我又找不到理由来说服他，因此闷闷不乐。"

甘罗说："相国不必忧愁，让我去试试，说不定能说服张唐出使燕国哩。"

吕不韦听了不由大怒起来，他大声斥责说："小毛孩不知天高地厚，我堂堂相国都请不动，你有何德何能敢指使张唐？走，给我滚出去。"

甘罗也不生气，不紧不慢地说："相国息怒，听我慢慢说来。古代项橐七岁就做了孔子的老师。我现在十二岁了，怎么就不能做事呢？我是说让我去试一试，我还没去，相国何必急于发火呢！"

吕不韦见甘罗说得有道理，再说当前用人之际就让他去试一试，同时也有点好奇。就这样，吕不韦在复杂的心情下派甘罗去说服张唐。

甘罗去见张唐。张唐也知道甘罗的来意，提高警惕，等待甘罗游说。没想到甘罗并不直接谈来意，他提了几个问题，让张唐考虑。

甘罗问张唐："你的功劳与武安君相比，哪个大？"

张唐说："我怎敢和武安君白起将军相比呢！武安君打败强大的楚国、赵国，战必胜，攻必取，我比不上。"

甘罗又说："秦国历史上最有权力的相国要数应侯范雎。你看，如果范雎与吕不韦相比，哪一个的权力更大？"张唐说："谁不知道当今的相国吕不韦权力更大，应侯范雎哪比得上？"

甘罗说："秦昭王时白起是应侯范雎推荐的大将，由于白起不肯听从范雎的命令去攻打赵国都城邯郸，范雎一句话就要了白起的命，让秦昭王赐死，白起被迫自杀了。现在你张卿也是相国吕不韦所用的人，相国让你出使燕国你不去，我不知道你将死在什么地方呢！"

张唐一听，急了起来，在房间来回踱步，连声说："小甘罗，你说得有道理，这可怎么办？这可怎么办？小甘罗，快替我想想办法。"

甘罗说："你必须立即打点行装出发，做出上路的姿态，说不定你还没走出国都城门，相国就会下令免除你的这趟差事。"

张唐立刻高兴起来，对甘罗说："小甘罗，快去回报相国，就说张唐立即出发。我等着你的好消息。"

甘罗回到相国府对吕不韦说："张唐已经答应出使燕国了。不过我还有一计，秦国不用联合燕国攻打赵国，根本不用出兵，赵国就会主动割地给秦国，增大河间之地，岂不更好。"

吕不韦说："这当然是上策，你有什么办法来实现吗？"

甘罗说："有。只要相国正式派我出使赵国，规格要高，用五辆车子送行，保证完成使命。"

吕不韦说："好。那我进宫去见秦王，推荐你出使赵国吧。"

吕不韦于是进宫向秦王详细地说出原委。他说："从前甘茂的孙子甘罗，年纪很轻，才思敏捷，出身名门卿相家子弟，各国都知道他的名字。我派张唐出使燕国，张唐推三阻四，我没有能力说服张唐，可是甘罗却把张唐说动了，真是不可思议。现在甘罗立下军令状，自告奋勇地出使赵国，说服赵国主动割地与秦国亲善，这样就用不着联合燕国攻打赵国了。请大王裁决。"

于是，秦王召见了甘罗，看他一表人才，眉宇间透着灵气，非常高兴。

秦王任命甘罗为特命大使，出访赵国。赵襄王听到消息，亲自到远郊迎接秦使甘罗。甘罗在宴会上向赵王敬酒，十分友好地劝说赵王与秦国交好。

甘罗说："大王，你是否知道秦、燕两国互换大使的事？"

赵襄王说："寡人已接到臣下报告，说燕国太子已经到了秦国，秦国大臣张唐即将动身去燕国。"

甘罗说："大王知道秦、燕两国互换大使的后果吗？"

赵襄王说："赵国夹在秦、燕中间，秦、燕交好，对赵国来说形势是严峻的。先生从秦国来，想必有锦囊妙计告诉寡人。"

甘罗说："大王，你说得不错，秦、燕结盟就是要夹攻赵国。我甘罗不愿秦、赵两国打仗，主张睦邻友好，所以才来到赵国。"

赵襄王说："赵国怎样才能避免战争？请先生赐教寡人。"

甘罗说："秦国想扩大河间的地盘，河间原本就是赵国割让给秦国的。我劝大王再割五个城池给秦国，与秦国友好，秦国支持赵国去攻打燕国，从燕国那里去取得补偿。不知大王意下如何？"

赵襄王心里极不高兴，但也没有办法，交好秦国，避免受夹击，这是没有办法的办法。就这样，赵襄王答应了甘罗的条件。甘罗圆满回国。果然，张唐也就不用出使燕国了。

赵国割了五个城池给秦国，取得秦国支持，出兵攻打燕国，取得燕国上谷地区三十座城池，让秦国得了其中的十一个。秦国坐享其成得了十六座城邑，赵国表面上从燕国获得了补偿，可是与燕国成了仇敌。燕、赵相争，秦国得利，甘罗的计谋，使秦国一箭双雕，自己既得利，又让别的国家互相攻击，有利于秦国各个击破。

秦王认为甘罗立了大功，拜他为上卿，又把以前甘茂的田地房宅赐还给了甘罗。

甘罗年少，出使赵国，想出奇谋妙计，损害赵国，使秦国得利，说不上是一个敦厚君子，但确实是一个了不起的谋士，所以名传后世。甘罗年少得志，十二岁为上卿，不仅仅是他的聪明与机遇，也是他刻苦学习的结果。试想，他游说张唐与赵王，引用生动的历史事实，得心应手，这是勤奋学习的结果。当然，甘罗自己计谋之所以能得逞，和秦国的强大有直接关系。强国摆布弱国，大国欺负小国，总能找到借口，编出理由。这就叫弱国无外交，强国左右逢源。所以一个国家要在外交上占主动，不仅仅依靠奇谋智士，更重要的是国力要强大，古今中外都是这个道理。

魏公子列传

【题解】 信陵君无忌是战国四公子最贤能者，所养士人亦多杰出之人。附传人物侯嬴、朱亥、毛公、薛公，都是不凡的人才。信陵君一生大节在救赵却秦，而成其这一大功者，全赖乎客。故本篇以"客"作眼，通篇以客起，以客结，前后照应，成一篇绝妙文章。写客是为了衬托信陵君的礼贤下士和急人之难的高尚品德。信陵君礼贤以国事为重，这是司马迁的理想，故篇中称公子者，凡一百四十七，并以魏公子名篇，表现了作者司马迁对信陵君的无限钦佩。后世读者习惯上以封爵称魏公子传为"信陵君列传"。

魏公子无忌者，魏昭王少子而魏安釐王异母弟也①。昭王薨，安釐王即位，封公子为信陵君②。是时范雎亡魏相秦，以怨魏齐故，秦兵围大梁，破魏华阳下军，走芒卯③。魏王及公子患之。

【注释】 ①魏昭王：名遫。魏安釐王：名圉（yǔ）。 ②信陵：古邑名，在今河南省宁陵县西。 ③秦兵围大梁三句：秦围魏大梁在秦昭王三十二年（公元前275年），破华阳芒卯军在三十四年（公元前273年），而范雎相秦在秦昭王四十年（公元前267年），这里记载有误，或史有脱文。华阳：亭名，在河南省新郑市东。走芒卯：打破击走魏将芒卯军。

公子为人仁而下士①，士无贤不肖皆谦而礼交之，不敢以其富贵骄士。士以此方数千里争往归之②，致食客三千人③。当是时，诸侯以公子贤，多客，不敢加兵谋魏十余年④。

【注释】 ①仁而下士：仁爱而礼贤下士。 ②方数千里：方圆数千里之内。 ③食客：寄食于权贵之家，并为之效力的门客。 ④不敢加兵谋魏十余年：魏安釐王即位连年受兵，"不敢加兵谋魏"，夸赞之辞，用以衬托魏公子之贤，非事实。

公子与魏王博①，而北境传举烽②，言"赵寇至，且入界"。魏王释博，欲召大臣谋。公子止王曰："赵王田猎耳③，非为寇也。"复博如故。王恐，心不在博。居顷④，复从北方来传言曰："赵王猎耳，非为寇也。"魏王大惊，曰："公子何以知之？"公子曰："臣之客有能深得赵王阴事者⑤，赵王所为，客辄以报臣⑥，臣以此知之。"是后魏王畏公子之贤能，不敢任公子以国政。

【注释】　①博：下棋。　②举烽：点燃报警的烽烟。　③田猎：打猎。　④居顷：过了不久。　⑤阴事：秘密事。　⑥辄：每每，总是。

　　魏有隐士曰侯嬴，年七十，家贫，为大梁夷门监者①。公子闻之，往请，欲厚遗之。不肯受，曰："臣修身洁行数十年②，终不以监门困故而受公子财。"公子于是乃置酒大会宾客。坐定，公子从车骑，虚左③，自迎夷门侯生。侯生摄敝衣冠④，直上载公子上坐⑤，不让，欲以观公子。公子执辔愈恭。侯生又谓公子曰："臣有客在市屠中，愿枉车骑过之。"公子引车入市，侯生下见其客朱亥，俾倪⑥，故久立与其客语，微察公子⑦。公子颜色愈和。当是时，魏将相宗室宾客满堂，待公子举酒。市人皆观公子执辔。从骑皆窃骂侯生。侯生视公子色终不变，乃谢客就车。至家，公子引侯生坐上坐，遍赞宾客⑧，宾客皆惊。酒酣，公子起，为寿侯生前⑨。侯生因谓公子曰："今日嬴之为公子亦足矣。嬴乃夷门抱关者也⑩，而公子亲枉车骑，自迎嬴于众人广坐之中，不宜有所过⑪，今公子故过之。然嬴欲就公子之名，故久立公子车骑市中，过客以观公子，公子愈恭。市人皆以嬴为小人，而以公子为长者能下士也⑫。"于是罢酒，侯生遂为上客。

　　侯生谓公子曰："臣所过屠者朱亥，此子贤者，世莫能知，故隐屠间耳。"公子往数请之，朱亥故不复谢，公子怪之。

【注释】　①夷门监：夷门的门长。夷门：魏都大梁之东门。　②修身洁行：修养自身品德，纯洁个人操行。即不为五斗米折腰而事权贵。　③虚左：空着左边的尊位以迎侯生。④摄：整理。　⑤上坐：首座。坐：通"座"。　⑥俾倪（pìnì）：同"睥睨"，傲慢地斜视。⑦微察：暗中观察。　⑧遍赞宾客：一一将宾客向侯生作介绍。赞：介绍。　⑨为寿：敬酒。　⑩抱关：守门。关：门闩。　⑪过：过分，此指超出常规的礼数。　⑫长者：厚道有德的人。

　　（以上为第一段，写魏公子礼贤下士，虚左迎侯生。）

　　魏安釐王二十年①，秦昭王已破赵长平军，又进兵围邯郸。公子姊为赵惠文王弟平原君夫人，数遗魏王及公子书，请救于魏。魏王使将军晋鄙将十万众救赵。秦王使使者告魏王曰："吾攻赵旦暮且下，而诸侯敢救者，已拔赵，必移兵先击之。"魏王恐，使人止晋鄙，留军壁邺②，名为救赵，实持两端以观望。平原君使者冠盖相属于魏③，让魏公子曰："胜所以自附为婚姻者，以公子之高义，为能急人之困。今邯郸旦暮降秦而魏救不至，安在公子能急人之困也！且公子纵轻胜，弃之降秦，独不怜公子姊邪？"公子患之，数请魏王，及宾客辩士说王万端。魏王畏秦，终不听公子。公子自度终不能得之于王，计不独生而令赵亡，乃请宾客，约车骑百余乘④，欲以客往赴秦军，与赵俱死。

　　【注释】　①魏安釐王二十年：公元前257年。　②邺：古邑名，在今河北省临漳县西南。　③冠盖相属：极言使者之多，一个接一个。冠盖：指使者冠冕与车盖。　④约车：套车。

　　行过夷门，见侯生，具告所以欲死秦军状。辞决而行①，侯生曰："公子勉之矣②，老臣不能从。"公子行数里，心不快，曰："吾所以待侯生者备矣，天下莫不闻，今吾且死而侯生曾无一言半辞送我，我岂有所失哉？"复引车还，问侯生。侯生笑曰："臣固知公子之还也。"曰："公子喜士，名闻天下。今有难，无他端而欲赴秦军③，譬若以肉投馁虎，何功之有哉？尚安事客？然公子遇臣厚，公子往而臣不送，以是知公子恨之复返也。"公子再拜，因问。侯生乃屏人间语④，曰："嬴闻晋鄙之兵符常在王卧内，而如姬最幸，出入王卧内，力能窃之。嬴闻如姬父为人所杀，如姬资之三年⑤，自王以下欲求报其父仇，莫能得。如姬为公子泣，公子使客斩其仇头，敬进如姬。如姬之欲为公子死，无所辞⑥，顾未有路耳⑦。公子诚一开口请如姬，如姬必许诺，则得虎符夺晋鄙军，北救赵而西却秦，此五霸之伐也。"公子从其计，请如姬。如姬果盗晋鄙兵符与公子。

　　【注释】　①辞决：辞别。决：同"诀"。　②勉：努力。　③他端：其他头绪，指其他办法。　④屏人：使其他人回避。间语：私语，密谋。　⑤如姬资之三年：如姬含恨悬赏求人报父仇三年。资：积蓄。此指含恨。　⑥无所辞：决不会推辞。　⑦顾未有路耳：只是没找到机会罢了。路：未有报恩之路，犹言机会。

　　公子行，侯生曰："将在外，主令有所不受，以便国家。公子即合符，而晋鄙不授公子兵而复请之①，事必危矣。臣客屠者朱亥可与俱，此人力士。晋鄙听，大善；不听，可使击之。"于是公子泣。侯生曰："公子畏死邪？何泣也？"公子曰："晋鄙嚄唶宿将②，往恐不听，必当杀之，是以泣耳，岂畏死哉？"于是公子请朱亥。朱亥笑曰："臣乃市井鼓刀屠者③，而公子亲数存之④，所以不报谢者，以为小礼无所用。今公子有急，此乃臣效命之秋也⑤。"遂与公子俱。公子过谢侯生。侯生曰："臣宜从，老不能。请数公子行日，以至晋鄙军之日，北向自刭，以送公子。"公子遂行。

　　【注释】　①复请之：反而请示于魏王。　②嚄唶（huòzé）宿将：勇猛的老将，国家之宝也。嚄唶：声音雄武的样子。　③鼓刀：屠夫宰杀牲口时敲击刀具作响，故称鼓刀。④存：慰问，想念。　⑤秋：时刻，时候。

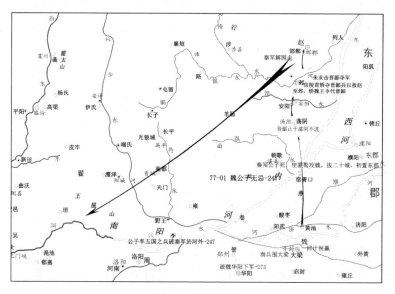

魏公子窃符救赵

　　至邺，矫魏王令代晋鄙①。晋鄙合符，疑之，举手视公子曰："今吾拥十万之众，屯于境上，国之重任，今单车来代之，何如哉?"欲无听。朱亥袖四十斤铁椎,椎杀晋鄙,公子遂将晋鄙军。勒兵下令军中曰②:"父子俱在军中,父归;兄弟俱在军中,兄归;独子无兄弟,归养。"得选兵八万人③,进兵击秦军。秦军解去④,遂救邯郸,存赵。赵王及平原君自迎公子于界,平原君负韛韣矢为公子先引⑤。赵王再拜曰:"自古贤人未有及公子者也。"当此之时,平原君不敢自比于人。公子与侯生决,至军,侯生果北向自刭。

【注释】 ①矫魏王令:假传魏王的命令。 ②勒兵:整顿部队。 ③选兵:选出之精兵。 ④秦军解去:秦军解除对邯郸的包围离去。 ⑤平原君负韛为公子先引:平原君亲自替魏公子背着箭囊在前引路。负:背负。韛(lán)矢:装有箭矢的箭囊。

魏王怒公子之盗其兵符,矫杀晋鄙,公子亦自知也。已却秦存赵,使将将其军归魏,而公子独与客留赵。赵孝成王德公子之矫夺晋鄙兵而存赵,乃与平原君计,以五城封公子。公子闻之,意骄矜而有自功之色。客有说公子曰:"物有不可忘,或有不可不忘。夫人有德于公子,公子不可忘也;公子有德于人,愿公子忘之也。且矫魏王令,夺晋鄙兵以救赵,于赵则有功矣,于魏则未为忠臣也。公子乃自骄而功之,窃为公子不取也。"于是公子立自责①,似若无所容者②。赵王扫除自迎,执主人之礼,引公子就西阶③。公子侧行辞让,从东阶上④。自言罪过,以负于魏,无功于赵。赵王侍酒至暮,口不忍献五城⑤,以公子退让也。公子竟留赵。赵王以鄗为公子汤沐邑⑥,魏亦复以信陵奉公子。公子留赵。

【注释】 ①立自责:立刻自我责备。 ②似若无所容者:惭愧得好像没有地方可以躲藏的样子。 ③就:走向。 ④从东阶上:《礼记·曲礼上》载"主人就东阶,客就西阶。客若降等,则就主人之阶。"按:主客各就东西阶,乃并肩平等而上,客就东阶则随主人之后而上,故为降等。 ⑤"口不忍"句:口中不好意思说出封公子五城的事。 ⑥鄗:古邑名,在今河北省高邑县东南。

(以上为第二段,写魏公子在侯嬴、朱亥的协助下救赵却秦。)

公子闻赵有处士毛公藏于博徒①,薛公藏于卖浆家②,公子欲见两人,两人自匿不肯见公子。公子闻所在,乃间步往从此两人游③,甚欢。平原君闻之,谓其夫人曰:"始吾闻夫人弟公子天下无双,今吾闻之，乃妄从博徒卖浆者游，公子妄人耳④。"夫人以告公子。公子乃谢夫人去，曰："始吾闻平原君贤，故负魏王而救赵，以称平原君⑤。平原君之游，徒豪举耳⑥，不求士也。无忌自在大梁时，常闻此两人贤，至赵，恐不得见。以无忌从之游，尚恐其不我欲也，今平原君乃以为羞，其不足从游。"乃装为去⑦。夫人具以语平原君。平原君乃免冠谢，固留公子。平原君门下闻之，半去平原君归公子，天下士复往归公子，公子倾平原君客。

【注释】 ①处士：隐居的德行之士。博徒：赌徒。 ②卖浆家：沽酒人家。 ③间步：微服私访。 ④妄人：荒唐之人。 ⑤以称平原君：以使平原君称心如意。称：称心如意。 ⑥徒豪举耳：平原君好客只是为了装装门面。徒：只，仅仅。豪举：声势显赫的举动，即装门面。 ⑦乃装为去：于是打点行装，为此而离开赵国。

公子留赵十年不归。秦闻公子在赵，日夜出兵东伐魏。魏王患之，使使往请公子。公子恐其怒之，乃诫门下："有敢为魏王使通者，死。"宾客皆背魏之赵，莫敢劝公子归。毛公、薛公两人往见公子曰："公子所以重于赵，名闻诸侯者，徒以有魏也。今秦攻魏，魏急而公子不恤①，使秦破大梁而夷先王之宗庙②，公子当何面目立天下乎？"语未及卒，公子立变色，告车趣驾归救魏③。

【注释】 ①不恤：不忧虑，不救。 ②夷：铲平。 ③趣驾：赶快备车。趣：通"促"，赶快，立即。

（以上为第三段，写魏公子折节与毛公、薛公交游，并在二人的劝谏下明白了去就之义而回归祖国。）

魏王见公子，相与泣，而以上将军印授公子，公子遂将。魏安釐王三十年①，公子使使遍告诸侯。诸侯闻公子将，各遣将将兵救魏。公子率五国之兵破秦军于河外，走蒙骜②。遂乘胜逐秦军至函谷关，抑秦兵③，秦兵不敢出。当是时，公子威振天下，诸侯之客进兵法，公子皆名之，故世俗称《魏公子兵法》。

【注释】 ①魏安釐王三十年：公元前247年。 ②五国：魏、楚、燕、韩、赵五国。河外：地区名，今黄河南岸洛阳以西之地。走：打退。 ③函谷关：在今河南省灵宝市东部。抑秦兵：遏制了秦兵，灭了秦兵的威风。

　　秦王患之，乃行金万斤于魏①，求晋鄙客，令毁公子于魏王曰：
"公子亡在外十年矣，今为魏将，诸侯将皆属，诸侯徒闻魏公子，
不闻魏王。公子亦欲因此时定南面而王，诸侯畏公子之威，方欲共
立之。"秦数使反间②，伪贺公子得立为魏王未也。魏王日闻其毁，
不能不信，后果使人代公子将。公子自知再以毁废，乃谢病不朝，
与宾客为长夜饮③，饮醇酒，多近妇女。日夜为乐饮者四岁，竟病
酒而卒④。其岁，魏安釐王亦薨⑤。

　　秦闻公子死，使蒙骜攻魏，拔二十城，初置东郡⑥。其后秦稍
蚕食魏，十八岁而虏魏王，屠大梁。

　　【注释】　①行：使用。　②反间：派出间谍，离间敌人内部，使其落入圈套上当。
③长夜饮：通宵饮酒。　④病酒：酒中毒。　⑤其岁：这一年，即公元前 243 年。　⑥东
郡：秦王政五年（公元前 242 年）置，郡治濮阳，在今河南省濮阳市西南。

　　高祖始微少时①，数闻公子贤。及即天子位，每过大梁，常祠
公子②。高祖十二年③，从击黥布还，为公子置守冢五家，世世岁以
四时奉祠公子。

　　【注释】　①微少时：没有发迹之时。　②祠：祭祀。　③高祖十二年：公元前
195 年。

　　（以上为第四段，写魏公子晚年的悲剧结局。）

　　太史公曰：吾过大梁之墟，求问其所谓夷门。夷门者，城之东门
也。天下诸公子亦有喜士者矣①，然信陵君之接岩穴隐者②，不耻下
交，有以也③。名冠诸侯，不虚耳。高祖每过之而令民奉祠不绝也。

　　【注释】　①诸公子：即战国四公子，齐孟尝君、赵平原君、楚春申君、魏信陵君。
②岩穴：深山洞穴，喻隐者深藏。　③"不耻"二句：信陵君放下架子与地位低下的人相
交，真是有道理啊。不耻：不以委屈身份为耻，即放下架子。下交：指魏公子与夷门监侯
嬴、屠者朱亥、博徒毛公、卖浆者薛公等人交往。这些附传人物光彩夺目，故叹曰："有
以也"，实在有味，有道理。

　　（以上为作者论赞，表达了对魏公子的无限敬仰之情。）

📝 讲　析

　　魏公子无忌，是魏昭王的小儿子，魏安釐王之弟，封信陵君，是战国四

公子中的最贤者。战国四公子为齐国孟尝君田文、赵国平原君赵胜、楚国春申君黄歇，以及魏公子无忌。战国四公子分别为齐、赵、楚、魏四国之相，各养士三千人，又是同时代的贤公子，所以并称"战国四公子"。《史记》各有专传，而唯独信陵君以"魏公子"名篇，篇中称魏公子者，凡一百四十七处，表现了司马迁对信陵君的无限敬仰之情，亲切而特称公子。后世读者习惯上以封爵统称"四公子"，故《魏公子列传》也称《信陵君列传》。

魏公子礼贤下士，所养门客多杰出之士。附传人物有侯嬴、朱亥、毛公、薛公，都是不平凡的人。信陵君一生大节在救赵却秦，史称"窃符救赵"，而成其这一大功者，全赖乎客。故本篇以"客"作眼，通篇以客起，以客结，前后照应，连环无端，成一篇绝妙文章。写客是为了衬托信陵君的礼贤下士和急人之难的高尚品德。信陵君礼贤以国事为重，这是司马迁的理想，故本篇充满爱国主义的激情。信陵君窃符救赵，表现违抗王命，实质救援盟国，亦实救魏，归根到底还是落在"爱国主义"四个字上。

"四公子"礼贤养士，而真正能礼贤下士的只有魏公子。孟尝君有鸡鸣狗盗之徒。平原君几失毛遂之才，但能接受毛遂自荐，亦是佳公子也。春申君晚年昏聩，失朱英之谋而断头。

孟尝君、平原君、春申君三个公子广收宾客，很大成分出于讲排场，摆阔气，故有平原君客与楚春申君客争艳斗富的故事。因此，当时许多有才能的士人，近在三个公子咫尺却往往失之交臂。像埋名于博徒和卖浆家的毛公、薛公就闻名在外而平原君不知。唯有魏公子礼请侯生，亲为之执辔，信用屠夫朱亥，微服访毛公、薛公，关键时候得诸人之力，生动地表现了魏公子的真诚待士，以及主客关系。《魏公子列传》重点笔墨也就自然地落在魏公子与诸人的交往上。

侯嬴隐身在看门人队伍中，度过了漫长的岁月，无人能知其贤者。偏偏信陵君知道他是一个贤者，而且精心设计了一个礼请侯嬴的场面。魏公子特别举行盛大宴会，高朋毕至，贵宾满堂。就在此时，公子本人率领了众多的人马车辆，亲自去迎接侯嬴赴会。这给了侯嬴以很大的面子。而侯嬴的表现似乎要比当年的田子方更过头些。他穿戴着破旧的衣帽，表露出满不在乎的轻慢。公子亲自驾车，他却傲然直登上座。车到半途，他又下车去访问自己的朋友朱亥，站在喧闹的街市，故意与朱亥谈论了很久，倒把公子冷落在一边。但是公子的态度却是越来越温和，没有丝毫的愠色。在宴会上，公子当着满堂贵宾，赞誉侯生，又亲自向侯生敬酒。末了，侯生却大言不惭地对公子说："今日嬴之为公子亦足矣。"因为侯生在大庭广众之中故意用自己的倨傲放荡来反衬公子的礼贤下士和虚己待人，这实实在在是一种不同寻常的举动。后来信陵君在窃符救赵的非常壮举中完全得力于侯生的策划，到这时，我们才完全领悟到"嬴之为公子亦足矣"这句话含有多大的分量！这句话的意思就是"今日我侯嬴也够难为公子了"，表示为以身许公子了。侯生后来果然以死励军，实践了自己的诺言。

毛公、薛公，一个沉沦在赌博中，一个靠卖酒浆为生。在平原君眼里，这种操业卑下的人，不值得与之交往。但信陵君却不然，他看人不在于其人的操业，而是品格和才能。所以当他探得毛公、薛公是贤者，就装扮成平民，放下架子主动去拜访，吃了闭门羹也不计较。魏公子的赤诚相待，终于使得毛公、薛公成了他的座上宾。从平原君与信陵君对待毛公、薛公的态度上，清楚地显现了二人在见识上的高低。平原君好客，只是一种豪举，并不注重实际，所以尽管收罗了很多门客，具有真才实学的人却寥若晨星，而贤能的人往往还不肯屈就。信陵君就高明得多，他好客，特别注重才学德行，为了笼络门下，不惜放下架子，折节礼待。由于这个缘故，有才学的人也就乐于为之所用了。有一次，公子和魏王下棋，魏王得到报告说赵国的军队将要入侵边界，公子说这是赵王在打猎。后来证明确实是赵王在打猎。公子的情报之确切，以致连赵王的一举一动都能了如指掌。我们由此也可以判断，信陵君不仅在赵国布满了耳目，其他诸侯国基本上也是如此，可见信陵君的本领之大。而这正得力于他礼贤下士的优秀品质和作风。

信陵君在司马迁的心目中是个理想化了的历史人物。这篇列传除了叙述他能礼贤下士外，还叙述了他在其他几个方面的品德和优点。

信陵君突出的优点是善于听取别人的批评，采纳正确的意见，及时改正错误。这在封建时代的贵族身上是难能可贵的。信陵君因窃符救赵及椎杀晋鄙两件事，得罪了魏王，故长期居留在赵国。秦国伺机不断侵犯魏国，魏王派遣使臣迎请公子归国，以解救魏国的危急。公子因旧憾未释而不愿回去，并不许宾客们劝谏。这时，毛公和薛公出来，正色批评他昧于大义，言辞很激烈。公子幡然醒悟，立即整顿行装返国，担负起抗秦的重任。在对待自己国家的态度上，若以孟尝君与信陵君比较，是不能等量齐观的。孟尝君有功于齐国，但被齐王废黜后却怀恨在心，背弃祖国。当他做了魏相国后，竟联合燕、秦、赵一起出兵进攻齐国。孟尝君的这一举动，实在是不足取的，这分明已是把个人的利益和恩怨放在祖国之上了。

信陵君能奋不顾身急人之难。当秦攻赵时，邯郸危在旦夕，而魏王救赵却又举棋不定。信陵君和门客们想尽一切办法企图说服魏王立即催促晋鄙进军救援，但是劝说无效。信陵君竟不顾一切，准备带领亲信赴前线与秦军拼命。信陵君也明知这是一条下策，等于自投虎口。但他这样做，的确是表现了不怕牺牲的侠义精神和大无畏的勇气。当然，这种举动对解救邯郸的危亡毫无作用，可以说是不明智的。然而，这却是信陵君高人一等的可贵品德，即能急人之难。凭借这一精神品德，信陵君赢得了各种人士的帮助，窃符救赵赢得了全军的上下一心，也赢得了胜利。

在《史记》中，《魏公子列传》是作者对传主感情最深厚最真挚的篇章之一。信陵君在司马迁的心目中是一个理想化了的人物，这使作者在行文中既洋溢着对他的崇敬之情，又充满了同情和惋惜之心。

信陵君忠于兄长魏王，却不谙世故。魏王与信陵君虽是同胞，但连枝而不同气。出于利害关系，魏王一直就对信陵君怀有猜忌，不敢任以国政。信陵君窃符救赵以后，长期住在赵国，魏王既无骨肉之情，也无存魏安魏的远大打算，一任亲弟久羁异乡。只是由于秦国不断地侵犯，国势日危，才不得已把公子请回来。兄弟相抱哭了一场，魏王似乎有所悔悟，其实不然。因为这时再不请公子返国，领兵抗秦，恐怕连身家性命都保不住了。公子在军事上有出色的才干，他率领五国军队联合抗击秦兵，击败了不可一世的猛将蒙骜，这在战国合纵史上，是东方各国卓有成效的一次联合军事行动，使整个政治局势一度出现了有利于东方各国的转机。魏国得以暂时摆脱了困境，而公子施展才能的机会也随之告终了。公子被废黜，反间计固然是厉害的一着，但如果内部团结牢不可破，秦有何机可乘？魏王害怕公子的声望太大，有了兵权，会动摇自己的王位，便夺了他的兵权。公子一再遭受猜忌，不能施展才能和抱负，最终陷进了自暴自弃的泥潭，其结局是可悲的。公子死后不久，魏国终于为秦所灭。

当然，历史总归是前进的。信陵君生当秦国正在猛烈向东方挺进的时期，统一的趋势在秦军节节胜利的步伐声中已经明朗化了。信陵君纵使能够充分施展自己的才能，也只能挽回一时的局面，所谓大厦将倾，非一木所能支，魏国和东方各国的覆灭最终还是不可避免的。信陵君生当那个时代，身处那种地位，本身就是一个悲剧。司马迁也看得很清楚，他在《魏世家》末尾的论赞中曾说："天方令秦平海内，其业未成，魏虽得阿衡之佐，曷益乎？"这里的"天"字是对客观历史必然事势的简练概括。任何个人的力量是无法挽回的。但是，司马迁认为，历史事势包含着人为努力的积极因素。信陵君在那个时代，本来还可以发挥出更大的历史作用，只是由于人为的原因，使他失去了机会。司马迁在另一名篇《屈原贾生列传》中就曾无限感慨地引《易经》说："井泄不食，为我心恻。"即"井挖好了，但泉水仍未被人们取用，使我感到伤心"，比喻人才被埋没，难以施展自己的抱负。《屈原列传》说，屈原死后数十年（实为五十五年）楚国便灭亡了；《魏公子列传》中也说，信陵君死后十八年，魏国就灭亡了，用的手法是一样的。旨在说明屈原、信陵君身系着国家的存亡安危。这就揭示了这样一个真理，即人才的使用问题，直接关系到了国家的兴亡。人才是每个国家、每个民族、每个时代都有的，但机缘对每个人却不一样。司马迁笔下的屈原和魏公子，在他们生活的时代里不能施展自己的才干，这是值得人们深思和同情的。

　　《魏公子列传》始终以信陵君与宾客之间的活动为主线，把当时的历史画卷有机地贯穿起来，展现在人们的眼前。信陵君礼贤下士，士也乐于为之奔走，而信陵君声名的远扬和事业的成功，又全赖于宾客们的帮衬。作者通过具体事例，把信陵君的才能品质等各方面的优点用饱含激情的史笔揭示了出来。篇末赞语，寥寥数语也充分表现了这一特色。司马迁没有用华丽的辞藻对信陵君大加歌颂，而只是淡淡地说，自己曾访求过大梁遗址，又寻访了当年的夷门。接着又说，汉朝建立后，高祖每次巡行经过大梁，常常亲自去祭祀公子，又特地叫人看守公子的坟墓，待以诸侯之礼。这些具体事由如叙家常般地娓娓道来，作者对信陵君的怀念之情，跃然纸上。

廉颇蔺相如列传

【题解】 本传是一篇爱国人物群像的合传，重点写廉颇、蔺相如，故以二人之名命名。合传中穿插了赵奢、赵括父子及赵母，以及李牧等人的事迹，一个个历史人物都写得栩栩如生，全篇贯穿了强烈的爱国主义精神，并以廉、蔺、赵、李等人在政治上的荣辱升降来反映赵国势力强弱盛衰的变化，寄寓了"国有贤相良将，民之师表"的深意，故读来感人至深，是《史记》中的名篇。

廉颇者，赵之良将也，赵惠文王十六年①，廉颇为赵将伐齐，大破之，取阳晋②，拜为上卿③，以勇气闻于诸侯。蔺相如者，赵人也，为赵宦者令缪贤舍人④。

【注释】 ①赵惠文王十六年：公元前283年。 ②阳晋：齐邑，在今山东省菏泽市西北。 ③上卿：仅次于国相的大臣。 ④缪（miào）贤：人名，为宦官首领。舍人：担有职事的门客。

赵惠文王时，得楚和氏璧①。秦昭王闻之，使人遗赵王书，愿以十五城请易璧②，赵王与大将军廉颇诸大臣谋：欲予秦③，秦城恐不可得，徒见欺④，欲勿予，即患秦兵之来⑤。计未定，求人可使报秦者⑥，未得。宦者令缪贤曰："臣舍人蔺相如可使。"王问："何以知之？"对曰："臣尝有罪，窃计欲亡走燕⑦，臣舍人相如止臣，曰：'君何以知燕王？'臣语曰：'臣尝从大王与燕王会境上，燕王私握臣手，曰："愿结友。"以此知之，故欲往。'相如谓臣曰：'夫赵强而燕弱，而君幸于赵王⑧，故燕王欲结于君，今君乃亡赵走燕⑨，燕畏赵，其势必不敢留君，而束君归赵矣⑩。君不如肉袒伏斧质请罪⑪，则幸得脱矣⑫。'臣从其计，大王亦幸赦臣。臣窃以为其人勇士，有智谋，宜可使⑬。"于是王召见，问蔺相如曰："秦王以十五城请易寡人之璧，可予否？"相如曰："秦强而赵弱，不可不许。"王曰："取吾璧，不予我城，奈何？"相如曰："秦以城求璧而赵不许，曲在赵⑭；赵予璧而秦不予赵城，曲在秦。均之二策⑮，宁许以负秦曲⑯。"王曰："谁可使者？"相如曰："王必无人⑰，臣愿奉璧往使⑱。城入赵而璧留秦；城不入，臣请完璧归赵⑲。"赵王于是遂遣相如奉璧西入秦。

【注释】 ①和氏璧：《韩非子·和氏篇》记叙，楚人卞和于楚山得璞（pú）经雕琢成美玉，称为和氏璧。璞：含玉的石头 ②易：交换。 ③予（yǔ）：同"与"。 ④徒见欺：白白地受欺骗。见：被。 ⑤患：忧虑。 ⑥求人可使报秦者：寻求能充当使者去答复秦国的人。 ⑦窃计：私下打算。 ⑧幸：受宠信。 ⑨乃：竟然。 ⑩束君：把你抓起来。束：捆绑。⑪肉袒：脱去上衣，露出肉体，表示服罪就刑。 ⑫幸：侥幸。 ⑬宜：适宜、胜任。 ⑭曲：理亏。 ⑮均之二策：衡量这两种办法。均：通"钧"，权衡。⑯宁许以负秦曲：宁可许诺，使理亏的责任由秦国负担。负：使担负。 ⑰必：确实、一定。 ⑱奉：同"捧"，捧着。 ⑲完璧归赵：将使璧完整地回归赵国。

　　秦王坐章台见相如①，相如奉璧奏秦王②。秦王大喜，传以示美人及左右③，左右皆呼万岁。相如视秦王无意偿赵城，乃前曰："璧有瑕④，请指示王。"王授璧，相如因持璧却立⑤，倚柱，怒发上冲冠，谓秦王曰："大王欲得璧，使人发书⑥至赵王，赵王悉召群臣议，皆曰：'秦贪，负其强⑦，以空言求璧，偿城恐不可得。'议不欲予秦璧。臣以为布衣之交尚不相欺⑧，况大国乎！且以一璧之故逆强秦之欢⑨，不可。于是赵王乃斋戒五日⑩，使臣奉璧，拜送书于庭⑪。何者？严大国之威以修敬也⑫。今臣至，大王见臣列观⑬，礼节甚倨⑭，得璧，传之美人，以戏弄臣。臣观大王无意偿赵王城邑，故臣复取璧。大王必欲急臣⑮，臣头今与璧俱碎于柱矣！"相如持其璧睨柱⑯，欲以击柱。秦王恐其破璧，乃辞谢固请⑰，召有司案图⑱，指从此以往十五都⑲予赵。相如度⑳秦王特以诈佯为予赵城，实不可得，乃谓秦王曰："和氏璧，天下所共传宝也，赵王恐，不敢不献。赵王送璧时，斋戒五日，今大王亦宜斋戒五日，设九宾㉑于廷，臣乃敢上璧。"秦王度之，终不可强夺，遂许斋五日，舍相如广成传^㉒。相如度秦王虽斋，决负约不偿城，乃使其从者衣褐^㉓，怀其璧，从径道^㉔亡，归璧于赵。

【注释】 ①章台：秦宫台名，遗址在今陕西省西安市长安区故城西南。　②奏：进献。　③美人：嫔妃。　④瑕（xiá）：玉上小赤斑点。　⑤却立：后退几步站住。　⑥发书：送国书。　⑦负：仗恃。　⑧布衣之交：平民之间的交往。布衣：古代平民以麻布或葛布为衣，因称平民为布衣。　⑨逆：拂逆，触犯。　⑩斋戒：古代举行祀典，主祭人必先沐浴、更衣、独宿、戒酒、不茹荤，以表恭敬和隆重。　⑪拜送书于庭：赵王在朝廷上拜送国书，表示了对秦的隆重敬礼。庭：同"廷"，朝廷。　⑫严：尊重。修敬：隆重敬礼。　⑬列观：便殿。　⑭倨（jù）：简易，轻慢。　⑮急：逼迫。　⑯睨（nì）：斜视。⑰辞谢固请：道歉并再三请相如息怒。　⑱案图：指按地图，即请蔺相如察看易璧的十五城邑位置图。　⑲都：城邑。⑳度：估计。特：只是。诈：欺骗。佯：假装。　㉑九宾：用九个迎宾礼官依次传呼引客上殿，这是古代外交上最隆重的礼节。　㉒广成传：广成宾馆。广成：宾馆之名。　㉓衣褐（hè）：化装穿上粗布短衣。　㉔径道：便道，小道。

　　秦王斋五日后，乃设九宾礼于廷，引^①赵使者蔺相如。相如至，谓秦王曰："秦自穆公以来二十余君^②，未尝有坚明约束^③者也。臣诚恐见欺于王而负赵，故令人持璧归，间至^④赵矣。且秦强而赵弱，大王遣一介之使^⑤至赵，赵立奉璧来，今以秦之强而先割十五都予赵，赵岂敢留璧而得罪于大王乎？臣知欺大王之罪当诛，臣请就汤镬^⑥，唯大王与群臣熟^⑦计议之！"秦王与群臣相视而嘻^⑧。左右或欲引^⑨相如去，秦王因曰："今杀相如，终不能得璧也，而绝秦赵之欢，不如因而厚遇之，使归赵，赵王岂以一璧之故欺秦邪？"卒廷见相如，毕礼而归之。

【注释】 ①引：延请、接引。　②秦自穆公以来二十余君：秦自穆公以来至秦昭王，共二十一世十八君，其间有景公、夷公、昭太子三世皆早亡不享国。　③坚明约束：坚定明确地遵守信约。约束：盟约。　④间至赵矣：已从小路送回赵国去了。　⑤一介之使：一个使臣。　⑥请就汤镬（huò）：愿接受汤镬之刑。汤镬：盛开水的大鼎锅，用以烹人，古代酷刑之一。　⑦熟：仔细。　⑧嘻（xī）：苦笑声。　⑨引：推拉相如去受刑。

　　相如既归，赵王以为贤大夫，使不辱于诸侯，拜相如为上大夫^①。秦亦不以城予赵，赵亦终不予秦璧。

　　其后秦伐赵，拔石城^②。明年^③，复攻赵，杀二万人。

【注释】 ①上大夫：古代卿、大夫均分上、中、下三级。上大夫位次于卿。　②石城：赵邑名，在今河南省林州市西南。　③明年：拔石城后一年，即赵惠文王十九年，公元前 280 年。

（以上为第一段，写蔺相如大智大勇完璧归赵，取得了对秦国外交上的第一次胜利。）

　　秦王使使者告赵王，欲与王为好会于西河外渑池①。赵王畏秦，欲毋行。廉颇、蔺相如计曰："王不行，示赵弱且怯也。"赵王遂行，相如从。廉颇送至境，与王诀②曰："王行，度道里会遇之礼毕③，还，不过三十日。三十日不还，则请立太子为王，以绝秦望④。"王许之，遂与秦王会渑池。秦王饮酒酣，曰："寡人窃闻赵王好音⑤，请奏瑟⑥！"赵王鼓瑟⑦。秦御史前书曰⑧："某年月日⑨，秦王与赵王会饮，令赵王鼓瑟。"蔺相如前曰："赵王窃闻秦王善为秦声⑩，请奏盆缶秦王⑪，以相娱乐。"秦王怒，不许。于是相如前进缶，因跪请秦王。秦王不肯击缶。相如曰："五步之内，相如请得以颈血溅大王矣⑫！"左右欲刃相如⑬，相如张目叱之⑭，左右皆靡⑮。于是秦王不怿⑯，为一击缶。相如顾招赵御史书曰⑰："某年月日，秦王为赵王击缶。"秦之群臣曰："请以赵十五城为秦王寿⑱。"蔺相如亦曰："请以秦之咸阳为赵王寿！"秦王竟酒⑲，终不能加胜于赵⑳。赵亦盛设兵㉑以待秦，秦不敢动。

【注释】　①好会：友好之会。据《六国年表》，其事在公元前 279 年。西河：今陕西省韩城市以南黄河西岸地区。渑池：秦邑名，在今河南渑池县西，地当西河之南，就赵国的方位说，称为西河外。　②诀（jué）：辞别。　③道里：路程。会遇：见面会谈。　④以绝秦望：用以断绝秦国要挟赵国的希望。廉颇的大将风度与周密安排，壮了赵王的行色，保证了渑池之会的胜利。　⑤好音：精通音乐。　⑥奏瑟（sè）：弹瑟。瑟：古代乐器名，形似琴而身长大，通常配二十五弦。　⑦鼓：弹奏。　⑧御史：官名，战国时掌管图籍、记载国家大事的史官。前书：上前记录书写。　⑨某年月日：史官记载时是有具体年月日的，这里叙述其事，　⑩秦声：秦地的乡土乐曲。　⑪奏：有本作"奉"，呈献。缶（fǒu）：盛酒浆的瓦器，秦人歌时习惯击缶为节拍。　⑫以颈血溅大王：谓以死相请。　⑬刃：杀。　⑭叱（chì）：喝骂。　⑮靡（mǐ）：后退、避开。　⑯不怿（yì）：不高兴。　⑰顾招：回过头来嘱咐。　⑱为秦王寿：替秦王祝寿献礼。　⑲竟酒：宴终。　⑳加胜：占上风。　㉑盛设兵：重兵设防。此略而未载。

（以上为第二段，写蔺相如在渑池会上不卑不亢，维护赵国尊严，取得了对秦外交上的第二次胜利。）

既罢归国，以相如功大，拜为上卿，位在廉颇之右^①。廉颇曰："我为赵将，有攻城野战^②之大功，而蔺相如徒以口舌为劳，而位居我上，且相如素贱人^③，吾羞，不忍为之下^④。"宣言曰："我见相如，必辱之。"相如闻，不肯与会。相如每朝时，常称病，不欲与廉颇争列，已而相如出，望见廉颇，相如引车避匿。于是舍人相与谏曰："臣所以去亲戚^⑤而事君者，徒慕君之高义^⑥也。今君与廉颇同列，廉君宣恶言^⑦，而君畏避之，恐惧殊甚^⑧，且庸人^⑨尚羞之，况于将相乎！臣等不肖，请辞去。"蔺相如固止之^⑩，曰："公之视廉将军孰与秦王？"曰："不若也。"相如曰："夫以秦王之威，而相如廷叱之，辱其群臣，相如虽驽^⑪，独畏廉将军哉！顾吾念之，强秦之所以不敢加兵于赵者，徒以吾两人在也，今两虎共斗，其势不俱生，吾所以为此者，以先国家之急而后私仇也。"廉颇闻之，肉袒负荆^⑫。因宾客至蔺相如门谢罪，曰："鄙贱之人，不知将军宽之至此也！"卒相与欢^⑬，为刎颈之交^⑭。

【注释】　①位在廉颇之右：朝会时的位次在廉颇之上。秦汉以右为尊。　②野战：在要塞或野外与敌人决战。　③素贱人：向来地位低下，指相如原是宦者令的舍人。　④不忍为之下：不能容忍屈居于相如之下。　⑤去亲戚：离开亲人。　⑥高义：高出于人的行事、道义。　⑦宣恶言：传出坏话。　⑧恐惧殊甚：胆怯得太过分了。　⑨庸人：平凡的人，指普通平民。　⑩固止之：坚决阻止他们离去，即真情挽留。　⑪驽（nú）：劣马，此喻人才拙劣。　⑫负荆：背负荆杖。荆：用带刺的荆条做成的鞭子。　⑬欢：交好。　⑭刎颈之交：生死之交，急难时可以互为牺牲生命。

是岁，廉颇东攻齐，破其一军。居二年^①，廉颇复伐齐几^②，拔之。后三年^③，廉颇攻魏之防陵、安阳^④，拔之。后四年^⑤，蔺相如将而攻齐，至平邑而罢^⑥。其明年^⑦，赵奢破秦军阏与^⑧下。

【注释】　①居二年：渑池之会后两年，公元前276年。　②几：原魏邑，后属齐，在今河北省大名县东南。　③后三年：攻几邑之后三年，当作后一年，即赵惠文王二十四年（公元前275年），见《赵世家》。　④防陵：在今河南省安阳市南。安阳：在今河南省安阳市西南。　⑤后四年：在公元前271年，即攻安阳之后四年。　⑥平邑：赵邑，在今河南省南乐县东北。罢：停止进军。　⑦其明年：接"后四年"之明年，在公元前270年。　⑧阏（yān）与：原韩邑，后属赵，在今山西省和顺县西北。

（以上为第三段，写廉蔺交欢，将相和而赵强。）

赵奢者，赵之田部吏也[1]。收租税，而平原君家不肯出租，赵奢以法治之，杀平原君用事者九人[2]。平原君怒，将杀奢。奢因说曰[3]："君于赵为贵公子，今纵君家而不奉公则法削[4]，法削则国弱，国弱则诸侯加兵[5]，诸侯加兵是无赵也，君安得有此富乎？以君之贵，奉公如法则上下平[6]。上下平则国彊，国强则赵固，而君为贵戚，岂轻于天下邪[7]？"平原君以为贤，言之于王。王用之治国赋[8]，国赋大平，民富而府库实。

【注释】　①田部吏：征收田赋的官。　②用事者：管事的人。　③因说：趁机劝谏。④法削：法制受损害。　⑤加兵：兴兵侵犯。　⑥如法：依法办事。　⑦轻：被人看轻。　⑧治国赋：主管国家的税收。

秦伐韩，军于阏与。王召廉颇而问曰："可救否？"对曰："道远险狭，难救。"又召乐乘而问焉，乐乘对如廉颇言。又召问赵奢，奢对曰："其道远险狭，譬之犹两鼠斗于穴中，将勇者胜。"王乃令赵奢将，救之。

兵去邯郸三十里，而令军中曰："有以军事谏者死！"秦军军武安西[1]，秦军鼓噪勒兵[2]，武安屋瓦尽振[3]。军中候[4]有一人言急救武安，赵奢立斩之。坚壁[5]，留二十八日不行，复益增垒[6]。秦间来入，赵奢善食而遣之。间以报秦将，秦将大喜，曰："夫去国[7]三十里而军不行，乃增垒，阏与非赵地也。"赵奢既已遣秦间，乃卷甲而趋之[8]，二日一夜至，令善射者去阏与五十里而军。军垒成，秦人闻之，悉甲而至[9]。军士许历请以军事谏。赵奢曰："纳之[10]！"许历曰："秦人不意赵师至此，其来气盛[11]，将军必厚集其阵以待之[12]。不然，必败。"赵奢曰："请受令[13]！"许历曰："请就铁质[14]之诛！"赵奢曰："胥后令邯郸[15]。"许历复请谏，曰："先据北山上者胜，后至者败。"赵奢许诺，即发万人趋之。秦兵后至，争山不得上，赵奢纵兵击之[16]，大破秦军。秦军解而走[17]，遂解阏与之围而归。

赵惠文王赐奢号为马服君[18]，以许历为国尉[19]。赵奢于是与廉颇、蔺相如同位[20]。

【注释】　①武安：赵邑，在今河北省武安县西南。　②鼓噪勒兵：击鼓呼喊，进行操练。　③振：通"震"。　④候：侦察敌情的军吏。　⑤坚壁：坚守营垒。　⑥增垒：加固营垒。　⑦国：国都。　⑧卷甲而趋之：脱去铠甲，卷持着快速向阏与前进。　⑨悉甲而至：全军围攻上来。　⑩纳之：让他进来。　⑪气盛：士气旺盛。　⑫厚集其阵：集中兵力在正面防御。阵：军阵，交战时的战斗队列。　⑬请受令：愿接受建议。　⑭铁（fū）质：斧质，腰斩刑具。　⑮胥后令邯郸：等待回到邯郸后再处治。赵奢听从许历之策，但又不可立即更改军令，故为此缓辞。胥：通"须"，等待。　⑯纵兵击之：倾巢而出，发起总攻。⑰秦军解而走：秦军解围败走。　⑱马服：山名，在今河北省邯郸市西北，赵王以此山名为赵奢封号，后奢死葬于此山。　⑲国尉：仅次于将军的军官。　⑳同位：同等地位，均为上卿。

（以上为第四段，写赵奢秉公执法，破秦军于阏与之始末。）

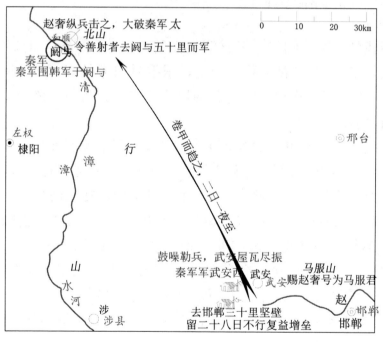

阏与之战

后四年①，赵惠文王卒，子孝成王立。七年②，秦与赵军相拒长平③。时赵奢已死，而蔺相如病笃。赵使廉颇将攻秦，秦数败赵军，赵军固壁不战。秦数挑战，廉颇不肯。赵王信秦之间。秦之间言曰："秦之所恶，独畏马服君赵奢之子赵括为将耳。"赵王因以括为将，代廉颇。蔺相如曰："王以名使括，若胶柱而鼓瑟耳④。括徒能读其父书传⑤，不知合变也⑥。"赵王不听，遂将之⑦。

【注释】　①后四年：破阏与后四年，即公元前 266 年。　②七年：惠文王卒后七年，当孝成王六年，即公元前 260 年。　③长平：赵邑名，在今山西省高平市西北。　④"王以名使括"二句：大王只凭虚名用赵括为将，就像弹奏一个调门的瑟一样，弹不成曲调。胶柱鼓瑟：用胶把瑟的弦柱黏住，无法调松紧，只能弹一个调。此喻赵括只能死读书，不知变通，打不成仗。　⑤读其父书传：读他父亲留下的兵书。　⑥合变：应变。　⑦将之：派他做将军。

　　赵括自少时学兵法，言兵事，以天下莫能当①。尝与其父奢言兵事，奢不能难②，然不谓善③。括母问奢其故，奢曰："兵，死地也④，而括易言之⑤。使赵不将括即已，若必将之，破赵军者必括也。"及括将行，其母上书言于王曰："括不可使将。"王曰："何以⑥？"对曰："始妾事其父，时为将，身所奉饭饮而进食者以十数⑦，所友者以百数⑧，大王及宗室所赏赐者尽以予军吏⑨士大夫，受命之日，不问家事。今括一旦为将，东向而朝⑩，军吏无敢仰视之者。王所赐金帛，归藏于家，而日视便利田宅可买者买之。王以为何如其父？父子异心，愿王勿遣。"王曰："母置之⑪，吾已决矣！"括母因曰："王终遣之，即有如不称，妾得无随坐乎⑫？"王许诺。

【注释】　①莫能当：没有谁能比得上。当：匹敌。　②难（nàn）：驳倒。　③不谓善：不以为然。　④兵，死地也：用兵作战，是置生命于死地的事。　⑤易言之：把用兵打仗说得轻而易举。　⑥何以：有什么根据？　⑦"身所奉饭"句：赵奢亲自奉献食物供养的人有几十人，即赵奢师事者有几十人。　⑧所友者以百数：引为知己以平等礼相待的有几百人。　⑨军吏：部属。　⑩东向而朝：面东坐下接见部属。古时一般集会以东向为尊，赵括自尊，则不能得死士。　⑪母置：做母亲的不要管这事。　⑫"王终遣之"三句：大王一定要用他，如果不称职，请不要株连我。遣之：派他去，指任命赵括为将。随坐：连坐受罪。

　　赵括既代廉颇，悉更约束①，易置军吏②。秦将白起闻之，纵奇兵③，佯败走④，而绝其粮道，分断其军为二，士卒离心。四十余日，军饿，赵括出锐卒自搏战⑤，秦军射杀赵括。括军败，数十万之众遂降秦，秦悉坑之⑥。赵前后所亡凡四十五万。明年⑦，秦兵遂围邯郸，岁余，几不得脱⑧。赖楚、魏诸侯来救⑨，乃得解邯郸之围。赵王亦以括母先言，竟不诛也。

【注释】　①约束：军规，军令。　②易置军吏：重新部署，改置将兵将领。　③纵奇兵：调遣出敌不意的奇兵出击。 ④佯败走：故意败走，诱敌中伏。 ⑤锐卒：精兵。
⑥坑：活埋。 ⑦明年：公元前259年。 ⑧几不得脱：差点被灭亡。脱：脱难。 ⑨赖：
幸亏，依靠。魏信陵君、楚春申君救赵，秦兵才解邯郸之围而去。

（以上为第五段，写赵孝成王临阵易将，用赵括代廉颇，兵败长平。）

　　自邯郸围解五年①，而燕用栗腹②之谋，曰"赵壮者尽于长平，
其孤未壮"，举兵击赵。赵使廉颇将，击，大破燕军于鄗③，杀栗
腹，遂围燕。燕割五城请和，乃听之。赵以尉文④封廉颇为信平君，
为假相国⑤。

【注释】 ①自邯郸围解五年：据燕赵两世家及《六国年表》，邯郸解围在赵孝成王九年
（公元前257年），燕栗腹伐赵在赵孝成王十五年（公元前251年），前后七年。五年：当指
中间隔了五年。 ②栗腹：燕相。 ③鄗（hào）：赵邑，在今河北省高邑县东南。 ④尉
文：邑名。 ⑤假相国：代理相国一职。

　　廉颇之免长平归也，失势之时，故客尽去。及复用为将，客又
复至。廉颇曰："客退矣！"客曰："吁！君何见之晚①也？夫天下以
市道交②，君有势，我则从君，君无势则去，此固其理也，有何怨
乎？"居六年③，赵使廉颇伐魏之繁阳④，拔之。

　　赵孝成王卒，子悼襄王立，使乐乘代廉颇。廉颇怒，攻乐乘，
乐乘走。廉颇遂奔魏之大梁⑤。其明年⑥，赵乃以李牧为将而攻燕，
拔武遂、方城⑦。

【注释】 ①晚：识时务晚，迟钝。 ②市道交：买卖之交，互相利用。 ③居六年：
与燕言和之后过了六年，为赵孝成王二十一年（公元前245年）。 ④繁阳：魏邑，在今
河南省内黄县西北。 ⑤大梁：魏都，在今河南省开封市。 ⑥其明年：悼襄王立之第二
年，即公元前243年。 ⑦武遂、方城：武遂：燕邑，在今河北省保定市徐水区西遂城
镇。方城：燕邑，在今河北省固安县南。

　　廉颇居梁久之，魏不能信用。赵以数困于秦兵，赵王思复得廉
颇，廉颇亦思复用于赵。赵王使使者视廉颇尚可用否。廉颇之仇郭
开①多与使者金，令毁之。赵使者既见廉颇，廉颇为之一饭斗米，
肉十斤，披甲②上马，以示尚可用。赵使还报王曰："廉将军虽老，
尚善饭，然与臣坐，顷之三遗矢矣③。"赵王以为老，遂不召。

楚闻廉颇在魏，阴使人迎之。廉颇一为楚将④，无功，曰："我思用赵人。"廉颇卒死于寿春⑤。

【注释】 ①郭开：赵王宠臣，奸佞小人，为秦内奸。 ②披甲：穿上铠甲。 ③顷之三遗矢矣：不一会上了三次厕所。矢：通"屎"。 ④一为楚将：一度为楚将。 ⑤寿春：楚后期都城，即今安徽省寿县。

（以上为第六段，写赵悼襄王信谗，廉颇晚年受排斥，竟客死于楚。）

李牧者，赵之北边良将也。常居代、雁门①备匈奴，以便宜置吏②，市租皆输入莫府③，为士卒费。日击数牛飨士④，习射骑，谨烽火，多间谍，厚遇战士。为约曰："匈奴即入盗，急入收保⑤，有敢捕虏者斩。"匈奴每入，烽火谨，辄入收保，不敢战。如是数岁，亦不亡失⑥。然匈奴以李牧为怯，虽赵边兵亦以为吾将怯。赵王让⑦李牧，李牧如故。赵王怒，召之，使他人代将。

岁余，匈奴每来，出战。出战，数不利，失亡多，边不得田畜⑧。复请李牧。牧杜门不出⑨，固称疾⑩。赵王乃复强起使将兵。牧曰："王必用臣，臣如前⑪，乃敢奉令。"王许之。

李牧至，如故约。匈奴数岁无所得。终以为怯。边士日得赏赐而不用，皆愿一战。于是乃具选车得千三百乘⑫，选骑得万三千匹，百金之士五万人⑬，彀者⑭十万人，悉勒习战⑮。大纵畜牧，人民满野。匈奴小入，佯败⑯不胜，以数千人委⑰之。单于闻之，大率众来入。李牧多为奇阵⑱，张左右翼击之，大破杀匈奴十余万骑。灭襜褴，破东胡，降林胡⑲单于奔走。其后十余岁，匈奴不敢近赵边城。

【注释】 ①代、雁门：赵国北部的两个边郡，当今山西省北部地区，大同市以东为代郡，大同市以西为雁门郡。 ②便宜置吏：根据需要，自行任用官吏。 ③莫府：即幕府，李牧的驻军公署。 ④飨（xiǎng）士：犒赏将士。 ⑤急入收保：迅速进入营垒，收缩固守。 ⑥不亡失：没有伤亡和损失。 ⑦让：责备。 ⑧田畜：耕作畜牧。 ⑨杜门不出：闭门不与人交往。 ⑩固称疾：坚决推辞称有病。 ⑪臣如前：仍和以前一样治军守边。 ⑫具选车：备齐精选的兵车。下文"选骑"，即指精选的骑兵。⑬百金之士：勇士。《史记正义》引《管子》说："能破敌擒将者赏百金。"⑭彀（gòu）者：善射手。彀：张弓。 ⑮悉勒习战：全部组织起来操练战术。 ⑯佯败：假装败走。 ⑰委：抛弃。 ⑱奇阵：用奇兵。 ⑲襜（chān）褴：代北胡族所建国名。东胡：在匈奴之东，有乌丸、鲜卑。林胡：匈奴别种，居今河北省张家口市以北。

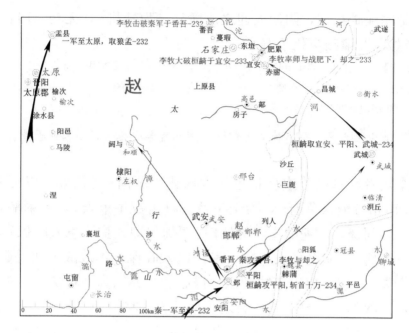

李牧大败秦军

赵悼襄王元年，廉颇既亡入魏，赵使李牧攻燕，拔武遂、方城。居二年①，庞暖破燕军，杀剧辛②。后七年③，秦破杀赵将扈辄于武遂④，斩首十万。赵乃以李牧为大将军，击秦军于宜安⑤，大破秦军，走秦将桓齮⑥。封李牧为武安君。居三年，秦攻番吾⑦，李牧击破秦军，南距韩、魏。

赵王迁七年⑧，秦使王翦攻赵，赵使李牧、司马尚御之。秦多与赵王宠臣郭开金，为反间，言李牧、司马尚欲反。赵王乃使赵葱及齐将颜聚代李牧⑨。李牧不受命，赵使人微捕得李牧⑩，斩之。废司马尚。后三月，王翦因急击赵，大破杀赵葱，虏赵王迁及其将颜聚，遂灭赵。

【注释】　①居二年：李牧攻燕后二年，即悼襄王三年（公元前242年）。　②庞暖：赵将。剧辛：燕将。　③后七年：庞暖杀剧辛之后七年，即赵王迁二年（公元前234年）。赵王迁为赵之末主。　④武遂：涉上文"武遂、方城"而误，应从《赵世家》作"武城"，在今河北省磁县西南。　⑤宜安：赵邑，在今河北省石家庄市藁城区西南。　⑥桓齮（yǐ）：即杀扈辄的秦将。　⑦番（pō）吾：赵邑，在今河北省平山县南。　⑧赵王迁七年：公元前229年。　⑨颜聚：原为齐将，后归赵。　⑩微捕：暗中布置圈套捕获。

（以上为第七段。写李牧的卓越战功，中秦反间计而冤死，赵亦随亡。）

太史公曰：知死必勇，非死者难也，处死者难①。方蔺相如引璧睨柱，及叱秦王左右，势不过诛，然士或怯懦而不敢发②。相如一奋其气，威伸敌国，退③而让颇，名重太山，其处智勇，可谓兼之矣！

【注释】 ①"知死必勇"三句：知道怎样为正义而牺牲的人，一定是勇敢的，勇敢的人并不怕死，但在什么样的情况下去死却是很难处理的。知死必勇，古之成语，此赞蔺相如。 ②发：奋发正义之气。 ③退：谦逊退让。

（以上为作者论赞，热情赞颂蔺相如的大智大勇，表现了作者无限的敬仰之情。）

📝 讲 析

《廉颇蔺相如列传》是赵国四大忠臣良将廉颇、蔺相如、赵奢、李牧的合传。他们不仅智勇兼备，而且品德高尚，先国家之急而后私仇，在保卫赵国、抗击强秦的斗争中立卜卓越的功勋。司马迁以热情的笔触叙写了四人的品质和才干，突出地表现了他们身系赵国安危的历史作用，颂扬了他们的爱国主义精神。为了突出"廉蔺交欢，将相和而赵强"这一思想，只用廉、蔺标题，赵、李均为附传。

本传是《史记》中最脍炙人口的名篇之一。它的思想深刻，写法也别具匠心。宋代黄震说："太史公作《廉颇蔺相如列传》，而附之赵奢、李牧，赵之兴亡著焉。一时烈丈夫英风伟概，令人千载兴起。而史笔之妙，开合变化，又足以曲尽形容。"（《黄氏日钞》）明代茅坤也说："两人为一传，中复附赵奢，已而复缀以李牧，合为四人传，须详太史公次四人线索，才知赵之兴亡矣。"（《史记钞》）黄震、茅坤两人的评议，十分中肯，他们把本传高度的思想性和奇绝的艺术手法深刻地揭示了出来。所谓"开合变化""次四人线索"，是指本传的构思奇特；"赵之兴亡著焉"，是说思想性深刻；"一时烈丈夫英风伟概""曲尽形容"，则是指人物形象生动、语言精妙。本文着重从构思奇特和人物形象塑造两个方面作一些分析。

1. 构思奇特，完美地表现了思想性和艺术性的高度统一

本传记事上起赵惠文王十六年（公元前 283 年）廉颇东伐齐，迄于赵王迁八年（公元前 228 年）秦灭赵，前后历赵惠文王、赵孝成王、赵悼襄王、赵王迁四君五十五年。从全篇布局看，首为蔺相如传，次为赵氏父子传，再次为李牧传，各自可以独立。而廉颇传则如一条穿珠的红线，他的事迹分散在合传的全篇，但的确又是靠着他将各传串连起来了。司马迁为何如此布局？茅坤说"须详太史公次四人线索，才知赵之兴亡矣"，这给我们做了很好的提示。只要我们将本传所载史实与《史记·六国年表》对照，排出廉、蔺、赵、李等人的活动年代，就可以鲜明地看出，司马迁在这里所描写的是一个时代的风云变化，他生动地记载了阏与之战、长平之战等大大小小的几十次战争，但他不是着眼于某个人物的个人际遇，而是通过这个系列的人物画卷来寄寓国家兴亡之感。当战国后期，东方六国日益削弱，争相与秦连横的局势下，赵国前后相继涌现出廉、蔺、赵、李等一大批忠臣良将，他们精忠报国，使赵国一度强盛，成为阻挡秦兵东进的主要障碍。赵惠文王尚能用贤纳谏，外交倚蔺相如，军事重用廉颇、赵奢，强秦无如之何；赵孝成王、悼襄王、赵王迁却都是平庸之主，故廉、蔺、李的际遇如江河日下，一天不如一天，而赵国也就日渐衰落，并终致灭亡。这不只是某几个人的悲剧，也是赵国的悲剧。《太史公自序》云："国有贤相良将，民之师表也。"而贤才的任与废却取决于政治的好坏。由于四人活动时代不尽相同，彼此间又不尽有牵涉的四人合传的事迹，然而司马迁居然构成了一幅时代变迁的风云画卷，使作者寄寓的深刻思想得到了鲜明的反映。

本传不仅谋篇布局好，而且叙事清晰，详略得当。廉颇是本传的中心人物，他历仕赵惠文王、孝成王、悼襄王三王，功劳最大。赵王迁时，他客死于楚，仍念念不忘为故国效力。老将廉颇的荣辱紧紧地与赵国的盛衰相连接。司马迁尽管对廉颇的事迹写得很简括，"然叙次诸人，在以廉颇缨络其间"（《桐城先生点勘史记》），的确是抓住了最适合表达全篇主题的精髓。蔺相如的主要功绩是取得外交上的成功。战国时代的外交斗争是军事斗争的继续和补充，具有很重要的地位。蔺相如使秦完璧归赵和渑池之会，为赵争得了地位，顶住了强秦的压力，具有不同寻常的意义。而这两次外交活动的背景，恰恰又是强秦对赵取得军事胜利之后所进行的政治讹诈。蔺相如抗拒强秦所表现的智勇和才干令人惊叹！对于廉颇，蔺相如却以大局为重，处处表示谦退，"先国家之急而后私仇"，表现了崇高的精神境界和宽广磊落的胸怀。司马迁极为铺陈蔺相如的事迹，着意刻画他的形象，就是以他的这种思想照应全篇，这也是一个典型。廉、蔺二人，一个以其事迹贯通首尾，一个以其思想照应全篇，这就是本篇奇特构思的神韵。

2. 塑造了一批公忠体国、无私无畏的人物群像，高度颂扬了"先国家之急而后私仇"的爱国主义精神

梁启超说："太史公述相如事，字字飞跃纸上，吾重赞之，其蛇足也。顾吾读之而怦怦然刻于余心者，一言焉，则相如所谓'先国家之急而后私仇'也。呜呼，此其所以豪杰欤！此其所以圣贤欤！彼亡国之时代，曷尝无人才？其奈皆先私仇而后国家之急也。往车屡折，来轸方遒，悲夫！"（《饮冰室合集》）

蔺相如的高尚情操和他的大智大勇，是通过一组生动的故事表现出来的，完璧归赵、渑池之会是集中地表现他建立在爱国思想基础上的勇和智，将相和则是集中表现他识大体顾大局的高尚境界。

秦昭王以十五城易赵国和氏璧，这一悬殊的不等价交换出于强秦之口，显然不是出于诚意。赵国答应易璧，等于自甘屈服；如不答应，秦国就可以借口出兵侵赵。赵国君臣十分清楚秦国的这种政治阴谋。经过权衡之后，他们决定通过外交斗争以求得解决，争取化被动为主动。但是谁可以为此出使呢？在这紧急关头，宦者令缪贤推荐了蔺相如。

秦国历来贪暴无信，人们称之为"虎狼之国"，蔺相如的使命是十分艰巨的。但是，由于他事前有周密的考虑、充分的准备和明确的斗争目的，所以能够做到随机应变，处处争取主动。秦王在离宫中的章台接见蔺相如，传璧以示美人及左右，没有举行隆重的接见礼，完全暴露了其无意偿还赵城的企图。蔺相如当机立断，他机智地诓回和氏璧，并以身死玉碎威慑秦国君臣，迫使秦王不得不"辞谢固请，召有司案图"，装出一副真想偿还赵城的样子。这种无可奈何的表演，不管其真意如何，本身就宣告了秦王第一场外交斗争的失败。

在"渑池斗智"中，相如请秦王击缶，召入御史书之，请咸阳为赵王寿，一次又一次狠挫秦王的锐气，直到盟会结束，秦王"终不能加胜于赵"。蔺相如以他的机智再次取得了外交斗争的胜利。

廉颇与蔺相如相较，资格老，建功早，他有"攻城野战之功"，"以勇气闻于诸侯"，位为国家的上卿。对于蔺相如由一个布衣之士一跃而为上卿、尊贵且位在自己之上，廉颇是不服的。他认为蔺相如"徒以口舌为劳"，声言要当众折辱他。一个是勇将，一个是智士，蔺相如深知，"强秦之所以不敢加兵于赵者，徒以吾两人在也"。而今二人相斗，如两虎相扑，"其势不俱生"，这将危及国家的安危。于是他顾全大局，称病不朝，"不欲与廉颇争列"。道遇廉颇，"引车避匿"。相比之下，廉颇意气用事，争个人名位，真是太渺小了。但是廉颇毕竟是一位忠心耿耿的社稷之臣，他的争胜，无非是争个人的面子。当他一旦明白过来，立刻悔愧交加，负荆请罪，肉袒谢相如。廉颇勇于改过的精神同样是出于"先国家之急而后私仇"，这就是廉蔺交欢的思想基础。历代以来，"将相和"的故事深入人心，被历代人民群众口耳相传，正说明了先公后私这种思想的感人之深。

赵奢、李牧两人的传记很自然地融于廉、蔺传中，仍然是以先公后私的爱国主义精神连贯起来的。传文不仅歌颂了赵、李二人的善于征战，而且记载了英雄蒙冤、国家遭难的结局，使全传笼罩在慷慨悲凉的气氛中。

鲁仲连邹阳列传

【题解】 本篇与下篇《屈原贾生列传》两篇均为合传。这两篇是表彰品德高尚，以言论德行留照人间的人物，以战国之时的鲁仲连、屈原为代表，连类下及汉代的邹阳、贾谊。《史记》七十列传中有二十五篇合传，均连类相及，还有十篇类传，更是以类相从，这是司马迁运用比较法研究历史的思想反映，故在本篇论赞中借论邹阳示例云"比物连类"而"附之列传焉"。

鲁仲连①者，齐人也。好奇伟俶傥之画策②，而不肯仕宦任职，好持高节。游于赵。

【注释】 ①鲁仲连：齐人，省称鲁连，一生不做官，好为人排难解纷。他游赵，反对尊秦为帝，坚定了赵魏抗秦的决心。他功成不居，辞平原君终身不见。 ②俶傥(tìtǎng)：卓越，超群。

赵孝成王时，而秦王使白起破赵长平之军前后四十余万，秦兵遂东围邯郸。赵王恐，诸侯之救兵莫敢击秦军。魏安釐王使将军晋鄙救赵，畏秦，止于荡阴不进①。魏王使客将军新垣衍间入邯郸②，因平原君谓赵王曰③："秦所为急围赵者，前与齐湣王争强为帝，已而复归帝④；今齐已益弱⑤，方今唯秦雄天下⑥，此非必贪邯郸，其意欲复求为帝。赵诚发使尊秦昭王为帝⑦，秦必喜，罢兵去⑧。"平原君犹预未有所决。

【注释】 ①荡阴：魏邑，在今河南省汤阴县西南，临近赵边。 ②客将军：别国人在魏做将军，称客将军。间入：暗中进入。 ③因：通过。 ④"已而"句：指秦昭王去帝号事。周赧王二十七年，即公元前288年，齐湣王与秦昭王争为帝，齐称东帝，秦称西帝。苏代劝齐湣王去帝号，秦昭王不得已也去帝号。 ⑤今齐已益弱：当今的齐国比齐湣王时更加削弱。 ⑥方今：当今。雄：称雄。 ⑦诚：当真，假如。 ⑧罢兵去：解围离去。

此时鲁仲连适游赵^①，会秦围赵，闻魏将欲令赵尊秦为帝，乃见平原君曰："事将奈何?"平原君曰："胜也何敢言事! 前亡四十万之众于外，今又内围邯郸而不能去^②。魏王使客将军新垣衍令赵帝秦^③，今其人在是。胜也何敢言事!"鲁仲连曰："吾始以君为天下之贤公子也，吾乃今然后知君非天下之贤公子也^④。梁客新垣衍安在? 吾请为君责而归之^⑤。"平原君曰："胜请为绍介而见之于先生。"平原君遂见新垣衍曰："东国有鲁仲连先生者^⑥，今其人在此，胜请为绍介，交之于将军。"新垣衍曰："吾闻鲁仲连先生，齐国之高士也。衍，人臣也，使事有职，吾不愿见鲁仲连先生。"平原君曰："胜既已泄之矣^⑦。"新垣衍许诺^⑧。

【注释】 ①适：刚巧。 ②内：指秦军深入国内。 ③令赵帝秦：让赵尊秦王为帝。 ④乃：这才。 ⑤归之：让他回到魏国去。 ⑥东国：指齐国。 ⑦泄：透露消息。指新垣衍的秘密使命已泄露给鲁仲连了。 ⑧许诺：答应。

鲁连见新垣衍而无言。新垣衍曰："吾视居此围城之中者，皆有求于平原君者也；今吾观先生之玉貌，非有求于平原君者也，曷为久居此围城之中而不去^①?"鲁仲连曰："世以鲍焦为无从颂而死者，皆非也^②。众人不知，则为一身^③。彼秦者，弃礼义而上首功之国也^④，权使其士，虏使其民^⑤。彼即肆然而为帝^⑥，过而为政于天下^⑦，则连有蹈东海而死耳，吾不忍为之民也。所为见将军者，欲以助赵也。"

【注释】 ①曷为：为什么。 ②"世以"二句：世人皆认为鲍焦因心胸狭隘而死，都不对。鲍焦：春秋时隐士，因不满现实，抱木饿死。此是鲁仲连引以自喻，身处危城非为个人。从颂：同"从容"，胸襟宽大。 ③为一身：替个人打算。 ④上首功之国：崇尚战争杀敌之国。秦制，爵二十级，依作战时斩敌多少晋级。 ⑤"权使"二句：用权术来使用士人，像奴隶一样榨取人民。 ⑥肆然而为帝：恣意地称帝。 ⑦"过而"句：甚至在全天下发号施令。过：甚也。

新垣衍曰："先生助之将奈何?"鲁连曰："吾将使梁及燕助之，齐、楚则固助之矣。"新垣衍曰："燕则吾请以从矣^①；若乃梁者^②，则吾乃梁人也，先生恶能使梁助之^③?"鲁连曰："梁未睹秦称帝之害故耳^④。使梁睹秦称帝之害，则必助赵矣。"

【注释】①燕则吾请以从矣：燕国，我相信它会听从的。　②若乃：至于。　③恶能：怎么能使魏国助赵呢？　④睹：看出，明白过来。

新垣衍曰："秦称帝之害何如？"鲁连曰："昔者齐威王尝为仁义矣，率天下诸侯而朝周。周贫且微，诸侯莫朝，而齐独朝之。居岁余，周烈王崩①，齐后往，周怒，赴于齐曰②：'天崩地坼③，天子下席④。东藩之臣因齐后至，则斮⑤。'齐威王勃然怒曰：'叱嗟⑥，而母婢也！'卒为天下笑。故生则朝周，死则叱之，诚不忍其求也⑦。彼天子固然⑧，其无足怪。"

【注释】①周烈王：名喜，公元前375年至公元前369年在位。　②赴：即讣，告丧。③天崩地坼（chè）：喻天子驾崩。坼：裂。　④天子下席：指新天子周显王扁，不敢居正殿宫室，寝在苫（shān）席（草垫子）上守丧。　⑤斮（zhuó）：斩杀。　⑥叱嗟：怒斥之声。　⑦求：苛求。　⑧固然：天子作威作福，本是正常的。

新垣衍曰："先生独不见夫仆乎①？十人而从一人者，宁力不胜而智不若邪②？畏之也。"鲁仲连曰："呜呼！梁之比于秦若仆邪？"新垣衍曰："然。"鲁仲连曰："吾将使秦王烹醢梁王③。"新垣衍怏然不悦，曰④："噫嘻⑤，亦太甚矣先生之言也！先生又恶能使秦王烹醢梁王？"鲁仲连曰："固也，吾将言之⑥。昔者九侯、鄂侯、文王，纣之三公也⑦。九侯有子而好⑧，献之于纣，纣以为恶⑨，醢九侯。鄂侯争之强，辩之疾，故脯鄂侯⑩。文王闻之，喟然而叹，故拘之牖里之库百日⑪，欲令之死。曷为与人俱称王，卒就脯醢之地？齐湣王将之鲁，夷维子为执策而从⑫，谓鲁人曰：'子将何以待吾君？'鲁人曰：'吾将以十太牢待子之君⑬。'夷维子曰：'子安取礼而来待吾君？彼吾君者，天子也。天子巡狩，诸侯避舍⑭，纳筦籥⑮，摄衽抱几⑯，视膳于堂下⑰，天子已食，乃退而听朝也⑱。'鲁人投其籥，不果纳⑲。不得入于鲁，将之薛⑳，假途于邹㉑。当是时，邹君死，湣王欲入吊㉒，夷维子谓邹之孤曰㉓：'天子吊，主人必将背殡棺㉔，设北面于南方，然后天子南面吊也。'邹之群臣曰：'必若此，吾将伏剑而死㉕。'固不敢入于邹。邹、鲁之臣，生则不得事养，死则不得赙禭㉖，然且欲行天子之礼于邹、鲁，邹、鲁之臣不果纳。今秦万乘之国也，梁亦万乘之国也。俱据万乘之国，各有称王之名，睹其一战而胜，欲从而帝之，是使三晋之大臣不如邹、鲁之仆妾也。且秦无已而帝^㉗，则且变易诸侯之大臣。彼将夺其所不肖而与其所贤，夺其所憎而与其所爱。彼又将使其子女谗妾为诸侯妃姬，处梁之宫。梁王安得晏然而已乎？而将军又何以得故宠乎？"

【注释】①仆：奴隶。　②宁：难道。　③烹：汤镬之刑。醢（hǎi）：剁成肉酱。这是两种古代的酷刑。　④快然：不高兴的样子。　⑤噫嘻：惊叹声。　⑥固也：当然。吾将言之：听我说端详。　⑦三公：此指九侯、鄂侯、文王三诸侯。　⑧有子而好：有女且美丽。　⑨以为恶：认为丑。　⑩脯（fǔ）：做成肉干。　⑪牖（yǒu）里：又作"羑（yǒu）里"，在今河南省汤阴县北。　⑫执策而从：即为齐湣王赶车。策：马鞭。　⑬十太牢：牛羊豕各十只。三牲具称太牢。　⑭避舍：让出宫室。　⑮纳筦籥：交出钥匙。　⑯摄衽抱几：提起衣襟，捧着几案。　⑰视膳于堂下：在堂下伺候天子吃饭。　⑱天子已食，乃退而听朝也：诸侯侍候天子吃过饭后，才可以离开天子回朝处理本国事务。乃：这才。退：指离开天子。　⑲投其籥：闭关下锁。不果纳：终于不接待齐湣王。　⑳薛：孟尝君封邑，在今山东省滕县东南。　㉑假途：借道。邹：小国名，在今山省东邹城市。　㉒吊：祭奠死者。　㉓邹之孤：邹之新君。父死，子称孤。　㉔背殡棺：反方向安放灵柩。背：反方向。古代以北面为尊位，灵柩停在北面，吊者向北拜灵柩。天子处尊位，故移灵柩于南，天子在北临吊，故要背殡棺。　㉕伏剑而死：拼死拒绝。　㉖赗襚（fùsuì）：陪葬的财货叫赗，陪葬的衣服叫襚。极言邹、鲁小国，生时不能奉养好国君，死了备不起丧葬之礼，但他们竟然抗拒齐湣王行天子之礼。　㉗无已而帝：秦之欲望岂止是称帝。

于是新垣衍起，再拜谢曰："始以先生为庸人^①，吾乃今日知先生为天下之士也。吾请出，不敢复言帝秦。"秦将闻之，为却军^②五十里。适会魏公子无忌夺晋鄙军以救赵，击秦军，秦军遂引而去。

【注释】①庸人：平凡的人。　②却军：退兵。

于是平原君欲封鲁连。鲁连辞让者三^①，终不肯受。平原君乃置酒，酒酣起前，以千金为鲁连寿。鲁连笑曰："所贵于天下之士者，为人排患释难解纷乱而无取也^②。即^③有取者，是商贾之事也，而连不忍为也。"遂辞平原君而去，终身不复见^④。

【注释】①三：多次。　②排患释难解纷乱：排除祸患，消除灾难，解开纷乱。③即：假如。　④终身不复见：一生再不来见平原君。

（以上为第一段，写鲁仲连义不帝秦，功成而不居的高尚品质。）

其后二十余年①，燕将攻下聊城②，聊城人或谗之燕，燕将惧诛，因保守聊城，不敢归。齐田单攻聊城岁余，士卒多死而聊城不下。鲁连乃为书，约之矢③以射城中，遗燕将。书曰：

【注释】 ①其后二十余年："二"字衍，当为"其后十余年"，即鲁仲连为田单《遗燕将书》在说新垣衍之后十余年。按：鲁仲连说新垣衍，在秦围邯郸时，当齐王建六年，即公元前259年。燕将破齐聊城《资治通鉴》系于公元前250年，田单攻岁余不下，鲁仲连为书已在公元前249年，当齐王建十六年，上距秦围邯郸说新垣衍已有十一年。 ②聊城：在今山东省聊城市西，济水之北，边燕。 ③约之矢：束书于箭上，射入城中。

吾闻之，智者不背时而弃利①，勇士不却死而灭名②，忠臣不先身而后君。今公行一朝之忿，不顾燕王之无臣，非忠也③；杀身亡聊城，而威不信于齐，非勇也④；功败名灭，后世无称焉，非智也。三者世主不臣⑤，说士不载，故智者不再计，勇士不怯死。今死生荣辱，贵贱尊卑，此时不再至，原公详计而无与俗同⑥。

【注释】 ①智者不背时而弃利：智者不会违背时机以丧失权利。 ②勇士不却死而灭名：勇士不会避死而埋没名声。 ③忿：忿怨，指燕将闻谗而忿怨国君不敢归国，则是不顾燕君失臣，便不是忠臣。 ④信（shēn）：读"伸"。等到齐军破聊，是失城丧身，不能伸威于齐，不是勇敢的表现。 ⑤三者世主不臣：指忠（仁）、勇、智，三者不立，人主将不以为臣。 ⑥"死生荣辱"四句：谓死与生，荣与辱，尊与卑，贵与贱，已到决策的紧要关头，机不可失，时不再来，要超脱世俗之见，认真考虑。

且楚攻齐之南阳①，魏攻平陆②，而齐无南面之心，以为亡南阳之害小，不如得济北③之利大，故定计审处之。今秦人下兵，魏不敢东面；衡秦之势成④，楚国之形危；齐弃南阳，断右壤，定济北，计犹且为之也⑤。且夫齐之必决于聊城，公勿再计。今楚魏交退于齐，而燕救不至⑥。以全齐之兵，无天下之规，与聊城共据期年之敝，则臣见公之不能得也。且燕国大乱，君臣失计，上下迷惑，栗腹⑦以十万之众五折于外，以万乘之国被围于赵，壤削主困，为天下僇笑。国敝而祸多，民无所归心。今公又以敝聊之民拒全齐之兵，是墨翟之守也。食人炊骨，士无返外之心，是孙膑之兵也。能见于天下⑧。虽然，为公计者，不如全车甲以报于燕。车甲全而归燕，燕王必喜；身全而归于国，士民如见父母，交游攘臂而议于世，功业可明。上辅孤主以制群臣，下养百姓以资说士⑨，矫国更俗⑩，功名可立也。亡意亦捐燕弃世，东游于齐乎⑪？裂地定封，富比乎陶、卫⑫，世世称孤，与齐久存，又一计也。此两计者，显名厚实也，愿公详计而审处一焉⑬。

【注释】　①南阳：此指泰山之阳（南），汶河以北之地。　②平陆：在今山东省汶上县北。　③济北：指聊城之地。　④衡秦之势成：指齐秦联盟已成事实，齐有力量南拒楚，北伐燕。　⑤"齐弃南阳"四句：燕、魏、楚三方联合攻齐，齐的决策是宁可失去南阳与平陆，也要夺回聊城。弃南阳：放弃南阳给楚。断右壤：割断平陆给魏。定济北：集中兵力夺回聊城。　⑥"今魏楚"二句：现在齐秦联盟，形势已变，楚、魏先后退师，燕又不救聊城，齐可集全力攻聊城，聊城危于累卵。交：交互，先后。　⑦栗腹：燕相，于公元前251年率十万之师攻赵，为赵将廉颇所杀。　⑧"今公又以"六句：是赞扬燕将之能，以区区聊城抗全齐之兵一年有余，具有墨翟用兵一样能干。墨翟之守：见《墨子·公输篇》。公输般为云梯助楚，将攻宋。墨子闻之，见公输般。墨翟以带为城，以牒为械，般九攻之，墨翟九拒之，般之械尽，墨翟之守有余，结果制止了楚攻宋，此以喻燕将守城之能。　⑨以资说士：与上文"说士不载"相应，谓将为游说之士所称道，即能名垂史册。　⑩矫国更俗：矫正日非的国事，改变风俗，使燕强盛。　⑪"亡意"二句：亡（wú），读"无"，若无意归燕，就抛弃燕国，丢开世俗的议论，投入齐国的怀抱怎么样？　⑫"裂地"二句：这样可以裂地封侯，富比秦之魏冉、商君。陶：指魏冉封于陶。卫：指卫鞅商君。　⑬"此两计者"三句：或归燕，或投齐，两计定一，都足以显扬名声，获得丰厚的实利。

　　且吾闻之，规小节者不能成荣名，恶小耻者不能立大功。昔者管夷吾射桓公中其钩，篡①也；遗公子纠不能死，怯②也；束缚桎梏③，辱也。若此三行者，世主不臣而乡里不通。向使管子幽囚而不出，身死而不返于齐，则亦名不免为辱人贱行矣④。臧获且羞与之同名矣⑤，况世俗乎！故管子不耻身在缧绁之中而耻天下之不治，不耻不死公子纠而耻威之不信于诸侯⑥，故兼三行之过而为五霸首，名高天下而光烛邻国⑦。曹子⑧为鲁将，三战三败，而亡地五百里。向使曹子计不反顾，议不还踵，刎颈而死，则亦名不免为败军擒将矣。曹子弃三北之耻，而退与鲁君计。桓公朝天下，会诸侯，曹子以一剑之任，支桓公之心于坛坫之上⑨，颜色不变，辞气不悖⑩，三战之所亡一朝而复之，天下震动，诸侯惊骇，威加吴、越。若此二士者，非不能成小廉而行小节也，以为杀身亡躯，绝世灭后，功名不立，非智也。故去感忿之怨⑪，立终身之名；弃忿悁之节⑫，定累世之功。是以业与三王争流，而名与天壤相弊也⑬。愿公择一而行之。

【注释】 ①篡：臣弑公。管仲射齐桓公中带钩，事近于弑君大逆。篡：弑。　②怯：懦夫。管仲弃主求生，如同懦夫。　③桎梏：刑具。管仲请囚，由鲁送于齐，此为受辱。④"若此"五句：从世俗眼光看，管仲蒙受篡弑、怯懦、耻辱之行，为人主乡里所不耻，而终成大名，立大功，假如他当时谨守小节从公子纠而死，才真的成为一个不能洗刷恶名的贱人了。　⑤臧获：奴婢。　⑥"故管子"二句：所以管仲不以个人被囚为耻，而以天下不治为耻；他又不以未殉公子纠之难为耻，而以声名不立于天下诸侯为耻。　⑦"故兼三行"二句：所以管仲兼有篡、怯、辱三项失节之行为，而忍辱立名，辅佐齐桓公成为五霸之首，终于使他的名声冠天下，光辉照耀到邻国。　⑧曹子：曹沫，曾劫齐桓公退侵鲁之地。事详《刺客列传》。　⑨"曹子"二句：曹子在会盟的坛台上，用一把剑抵住齐桓公的心口。支：架住，抵住。　⑩"颜色"二句：脸不变色，说话不乱。悖：谬误。　⑪去感忿之怨：暂时抛开个人受辱的愤怨，不感情用事。　⑫弃忿悁之节：捐弃会使人一想起来就痛感不快的失节行为。即不守小节。忿悁（yuān）：忧忿。　⑬"是以"二句：因此功业可与夏、商、周三代的开国圣王竞争而流芳百世，声名可与天地共长久。天壤：天地。弊：坏废。与天地一起坏废，即与天地共长久。

　　燕将见鲁连书，泣三日，犹豫不能自决。欲归燕，已有隙，恐诛；欲降齐，所杀虏于齐甚众，恐已降而后见辱。喟然叹曰："与人刃我，宁自刃。"乃自杀。聊城乱，田单遂屠聊城①。归而言鲁连，欲爵之。鲁连逃隐于海上，曰："吾与富贵而诎于人，宁贫贱而轻世肆志焉②。"

【注释】 ①屠聊城：《资治通鉴》作"田单克聊城"。聊城本齐地，不当屠。此言屠，夸张之辞。　②"吾与富贵"二句：我与其因得富贵而受制于人，还不如固守贫贱而舒心地生活。轻世：看淡世俗荣利。肆志：放志，顺心适意地生活。

　　（以上为第二段，写鲁仲连《遗燕将书》，陈说利害，胜过田单雄兵攻战，仍然是功成不居。）

　　邹阳①者，齐人也。游于梁，与故吴人庄忌夫子、淮阴枚生之徒交②。上书而介于羊胜、公孙诡之间。胜等嫉邹阳，恶之梁孝王③。孝王怒，下之吏，将欲杀之。邹阳客游，以谗见擒，恐死而负累④，乃从狱中上书曰：

【注释】　①邹阳：西汉初齐人，辞赋家。他为梁孝王门客，智略超群而慷慨不苟合，被梁孝王的宠臣羊胜、公孙诡谗害下狱。梁孝王要杀他，他在狱中写了一封《狱中上梁书》，批评梁孝王信谗疑忠，梁孝王看信后，立即释放了他，待为上宾。　②庄忌夫子：庄忌，人姓名。夫子：是尊称。吴（今江苏省苏州市）人，西汉辞赋家。淮阴枚生：即淮阴人枚乘，西汉著名辞赋家。庄忌、枚乘，两人《汉书》有传。生：亦尊称。淮阴：汉县名，在今江苏省淮安市清浦区西南。　③梁孝王：汉景帝弟刘武。　④负累：背负恶名。

臣闻忠无不报，信不见疑，臣常以为然，徒虚语耳。昔者荆轲慕燕丹之义①，白虹贯日②，太子畏之③；卫先生为秦画长平之事④，太白蚀昴⑤，而昭王疑之⑥。夫精变天地而信不喻两主，岂不哀哉！今臣尽忠竭诚，毕议愿知⑦。左右不明，卒从吏讯⑧，为世所疑，是使荆轲、卫先生复起，而燕、秦不悟也。愿大王熟察之。

【注释】　①“昔者荆轲”句：荆轲为燕太子丹求人刺秦王，替天下除暴的义举所感动，愿行刺秦王。事见《刺客列传》。　②白虹贯日：荆轲的精诚，感动了天地，出现了白虹穿日的异常现象。日象征国君，白虹象征荆轲之剑。　③太子畏之：太子丹竟然疑心荆轲不入秦。据《刺客列传》，荆轲临行，等一人做助手，太子丹疑其畏死，催逼之，造成荆轲入秦行刺失败。畏之：指太子丹畏（担心）荆轲不去。畏：做担心，疑心解。　④卫先生：秦人。长平之战后，白起欲趁机灭赵，派卫先生说秦昭王增兵，被秦相应侯范雎作梗阻止其事。　⑤太白蚀昴（mǎo）：太白星运行至昴的星空，本是自然现象，古代星占家认为是太白蚀昴，主赵地有大的战争。太白：即金星。昴星：赵之分野。　⑥昭王疑之：与“太子畏之”同一句法，疑与畏为互文。太白蚀昴，本是主破赵之象，而昭王疑之。　⑦毕议愿知：说尽我心中的计议奉献给大王。　⑧“左右”二句：大王身边的人，不明我尽忠竭诚之议，反而把我交给狱吏审问。

昔卞和献宝，楚王刖之①；李斯竭忠，胡亥极刑②。是以箕子佯狂③，接舆辟世④，恐遭此患也。愿大王熟察卞和、李斯之意，而后楚王、胡亥之听，无使臣为箕子、接舆所笑。臣闻比干剖心，子胥鸱夷⑤，臣始不信，乃今知之。愿大王熟察，少加怜焉⑥。

【注释】 ①刖（yuè）之：断足之刑。楚人卞和得璞，献给楚武王，玉人不识货，认为是石头，卞和被处以欺君之罪断了右足。楚武王死，文王即位，卞和再次献宝，被断了左足。到成王时，卞和抱宝物哭于郊，成王让玉人治璞，果得价值连城的和氏璧。璞（pú）：玉在石中曰"璞"。　②李斯竭忠，胡亥极刑：李斯上书秦二世，遭赵高之谗受诛，事详《李斯列传》。极刑：死刑。　③是以箕子佯狂：箕子、比干谏纣，纣王不听，剖比干之心，箕子装疯避祸。事详《殷本纪》。　④接舆：楚人，名陆通，字接舆。因避世而佯狂。事见《论语·微子篇》。　⑤子胥鸱（chī）夷：伍子胥谏夫差灭越，夫差不听，赐死伍子胥，置尸于鸱夷革囊中沉入于江。事详《伍子胥列传》。　⑥少加怜焉：稍加怜爱，不可置我于死地受冤。

　　谚曰："有白头如新，倾盖如故①。"何则？知与不知也②。故昔樊於期逃秦之燕，借荆轲首以奉丹之事③；王奢去齐之魏，临城自刭以却齐而存魏④。夫王奢、樊於期非新于齐、秦而故于燕、魏也，所以去二国死两君者，行合于志而慕义无穷也。是以苏秦不信于天下，而为燕尾生⑤；白圭战亡六城，为魏取中山⑥。何则？诚有以相知也。苏秦相燕，燕人恶之于王，王按剑而怒⑦，食以駃騠⑧；白圭显于中山⑨，中山人恶之魏文侯，文侯投之以夜光之璧⑩。何则？两主二臣，剖心坼肝相信，岂移于浮辞哉⑪！

【注释】 ①"谚曰"二句：人生相交，有的相交了一辈子，还如同新交一样不了解；有的只是邂逅之遇，就如同故交谈个没完。倾盖：指两车紧靠，以致把车盖都挤歪了，喻一见倾心。　②知与不知：白头如新，乃不相知；倾盖如故，乃相知恨晚。　③"故昔"二句：秦将，樊於期（wūjì）得罪秦王逃至燕，秦王重金购求。樊於期自刎把头借给荆轲去奉献秦王，以便使荆轲接近秦王。奉：献。　④"王奢去齐之魏"二句：《集解》引《汉书音义》曰"王奢，齐人也，亡至魏，其后齐伐魏，奢登城谓齐将曰：'今君之来，不过以奢之故也。夫义不苟生以为魏累。'遂自刭也"。　⑤苏秦不信于天下，而为燕尾生：苏秦游说秦、赵不见信用，后游说燕文侯，文侯出车马金帛以为资，使得苏秦拜六国相印。苏秦对各诸侯都不守信，入齐卖齐，但对燕却守尾生之信。事详《苏秦列传》。尾生：传说中极守信用之人。他与一女子相约于桥下，女子未来，洪水淹至，尾生守信不离，抱桥柱而死。　⑥白圭战亡六城，为魏取中山：白圭本是中山国之将，因失六城，中山王要杀他，他逃到魏，受到魏文侯的重用，反而替魏攻中山。事见《战国策》及《吕氏春秋》。取：作攻伐解，因中山为赵乐羊所灭。　⑦王按剑而怒：燕王怒谗者，按剑欲杀之。　⑧食以駃騠（jué tí）：燕王不信谗，反以千里马肉赐苏秦。喻极信任。　⑨白圭显于中山：白圭因攻灭中山之功在魏国得到尊荣显贵。　⑩文侯投之以夜光之璧：谓魏文侯不信谗言，更加尊显白圭，把夜光之璧赏赐给他。投：赠送。　⑪"两主二臣"三句：苏秦之与燕文侯，白圭之与魏文侯，两主二臣，肝胆相照，浮华不实的谗言，不足以动摇他们的心志。移：动摇，变心。

　　故女无美恶，入宫见妒；士无贤不肖，入朝见嫉，昔者司马喜膑脚于宋，卒相中山①；范雎摺胁折齿于魏，卒为应侯②。此二人者，皆信必然之画③，捐朋党之私，挟孤独之位，故不能自免于嫉妒之人也。是以申徒狄自沉于河，徐衍负石入海④。不容于世，义不苟取，比周于朝，以移主上之心⑤。故百里奚乞食于路，穆公委之以政；宁戚饭牛车下，而桓公任之以国⑥。此二人者，岂借宦于朝，借誉于左右，然后二主用之哉？感于心，合于行，亲于胶漆，昆弟不能离，岂惑于众口哉？故偏听生奸，独任成乱。昔者鲁听季孙之说而逐孔子⑦，宋信子罕之计而囚墨翟⑧。夫以孔、墨之辩，不能自免于谗谀，而二国以危。何则？众口铄金⑨，积毁销骨也。是以秦用戎人由余而霸中国，齐用越人蒙⑩而强威、宣。此二国，岂拘于俗，牵于世，系阿偏之辞哉⑪？公听并观⑫，垂名当世。故意合则胡越为昆弟，由余、越人蒙是矣；不合，则骨肉出逐不收，朱、象、管、蔡⑬是矣。今人主诚能用齐、秦之义，后宋、鲁之听，则五伯不足称，三王易为也。

【注释】　①司马喜膑（bìn）脚于宋，卒相中山：司马喜在宋，曾受膑（剜去膝盖骨）刑，而三次在中山国为相。　②摺（zhé）胁折齿：范雎在魏，曾遭魏相魏齐毒打，断了肋骨，折了牙齿，可到秦国做了丞相，封为应侯。事详《范雎列传》。　③此二人者，皆信必然之画：司马喜和范雎二人，深信自己的计划必然能实现。　④"申徒狄"二句：申徒狄，商代人（一说六国时人）。徐衍：周末时人，因谏言不被信用，而自沉于河、海。⑤"不容于世"四句：申徒狄、徐衍，不容于世，但遵守道义不肯结党营私来讨好主上，转移其心。比周：结党。　⑥宁戚：春秋时卫人，因不被用而行商至齐，在齐郊一面唱歌，一面喂牛，被齐桓公发现，任用为大夫。秦穆公用百里奚，事详《秦本纪》。乞食于路，别有一说。　⑦季孙：指鲁执政季孙氏之季桓子，名季孙斯，他接受齐人女乐，孔子去鲁。事详《孔子世家》。　⑧子罕：《汉书·邹阳传》作子冉。　⑨众口铄金：比喻谗言可畏。铄：熔化。下句"积毁（谗言）销骨"重复其义。　⑩越人蒙：越人名蒙，《汉书》作"子臧"。　⑪拘、牵、系：均牵制、束缚之义。阿偏之辞：一面之词。　⑫公听：公正地听。并观：兼采各方面的意见。　⑬朱、象、管、蔡：尧子丹朱，舜后母弟象，周武王弟管叔、蔡叔，四人皆不肖，导致被放逐，管叔被诛死。事详《五帝本纪》和《管叔蔡叔世家》。

是以圣王觉悟，捐子之之心^①，而能不悦于田常之贤^②；封比干之后，修孕妇之墓^③，故功业复就于天下。何则？欲善无厌也。夫晋文公亲其仇，强霸诸侯；齐桓公用其仇，而一匡天下^④。何则，慈仁殷勤，诚加于心，不可以虚辞借也。

【注释】 ①捐子之之心：放弃听信子之那样的话，即不信坏话。子之：燕王哙之相，有虚浮之贤名，燕王哙让位子之，导致燕国大乱。事详《燕召公世家》。 ②田常：春秋时姜氏齐简公之臣，他弑简公而立平公，专齐政，田氏竟代姜齐。事详《田敬仲完世家》。贤：才干。此谓不要用田常那样的干才。 ③封比干之后，修孕妇之墓：武王伐纣，曾封比干之子，又替被纣王剖腹的孕妇修墓。 ④"晋文齐桓"四句：晋文公亲近其仇，指赦寺人披之罪，而避免了吕甥、郤芮之难；齐桓公亲近其仇，指任用管仲而称霸。事详《晋世家》《齐太公世家》。

至夫秦用商鞅之法，东弱韩、魏，兵强天下，而卒车裂之；越用大夫种之谋，擒劲吴，霸中国，而卒诛其身。是以孙叔敖三去相而不悔^①，於陵子仲辞三公为人灌园^②。今人主诚能去骄傲之心，怀可报之意^③，披心腹，见情素^④，堕肝胆，施德厚，终与之穷达，无爱于士^⑤，则桀之狗可使吠尧，而跖之客可使刺由^⑥；况因万乘之权，假圣王之资乎？然则荆轲之湛七族^⑦，要离之烧妻子^⑧，岂足道哉！

【注释】 ①孙叔敖：楚人，曾三次相楚庄王。《循吏列传》载，孙叔敖，三次得相而不喜，知其才自得也；三去相而不悔，知非己之罪。此言三去相而不悔，谓可免祸也。 ②於陵子仲：即齐陈仲子，兄为齐卿，仲子认为食禄不义，逃至楚，居于於陵号於陵子仲，楚王欲聘为相，子仲逃避，为人灌园。 ③怀可报之意：谓梁王应推诚待士，使人怀报答之心。 ④见情素：流露真情。 ⑤无爱于士：对士毫不吝啬。 ⑥跖（zhí）：春秋时奴隶起义首领，被古人视为大盗。由：许由，尧时贤人，尧让天下，辞而不受。 ⑦七族：上至曾祖，下至曾孙。湛：通"沉"。沉没：指被杀。《论衡·语增篇》：秦王诛荆轲九族，又灭其一里。 ⑧要离：春秋时吴人。吴王阖庐，即公子光杀吴王僚而自立，吴王僚之子庆忌勇敌万人，逃亡在卫。公子光为除后患，使要离去刺庆忌。要离为了接近庆忌，故意让公子光加罪，烧杀了他的妻子。

臣闻明月之珠，夜光之璧，以暗投人于道路，人无不按剑相眄①者。何则？无因而至前也。蟠木根柢，轮囷离诡②，而为万乘器者。何则？以左右先为之容也③。故无因至前，虽出随侯之珠④，夜光之璧，犹⑤结怨而不见德。故有人先谈，则以枯木朽株树功而不忘。今夫天下布衣穷居之士，身在贫贱，虽蒙尧、舜之术，挟伊、管之辩⑥，怀龙逢⑦、比干之意，欲尽忠当世之君，而素无根柢之容，虽竭精思，欲开忠信，辅人主之治，则人主必有按剑相眄之迹，是使布衣不得为枯木朽株之资也⑧。

【注释】 ①眄（miǎn）：怒目斜视。 ②蟠木：弯曲的树。柢：树根。轮囷（qūn）、离诡：均为连绵字，盘绕屈曲的样子。 ③容：雕饰。 ④随侯之珠：宝珠。随：春秋时国名。相传随侯曾救过一条受伤的大蛇，后来大蛇衔来一颗明珠报答，即夜光珠，后世称随珠。 ⑤犹：只能，只会。 ⑥蒙、挟：均为拥有，持有之意。伊、管：伊尹、管仲。 ⑦龙逢：关龙逢，夏桀时贤臣，强谏而死。 ⑧资：作用。谓人主若有"按剑相眄"之行，则布衣之贤士起不了枯木朽株之作用，不能效力于人主了。

是以圣王制世御俗，独化于陶钧之上①，而不牵于卑乱之语，不夺于众多之口。故秦皇帝任中庶子蒙嘉之言，以信荆轲之说，而匕首窃发；周文王猎泾、渭，载吕尚而归，以王天下。故秦信左右而杀②，周用乌集而王。何则？以其能越挛拘之语③，驰域外之议，独观于昭旷之道也。

【注释】 ①钧：陶工制陶所用的转轮，喻圣王用人治世，如陶工之转钧，自主权衡，自如运用。 ②杀：秦王未被荆轲刺杀，此为夸张之语。 ③越：超出。挛（luán）拘：沾滞，固执。

今人主沉于谄谀之辞，牵于帷裳之制①，使不羁之士与牛骥同皂②，此鲍焦所以忿于世而不留富贵之乐也③。

【注释】 ①帷裳：喻近侍臣妾。制：制约。 ②皂：牲口槽。 ③留：留恋。鲍焦愤怨世俗，抱木而死，毫不留恋富贵。

臣闻盛饰入朝者不以利污义，砥厉名号者不以欲伤行①，故县名胜母而曾子不入②，邑号朝歌而墨子回车③。今欲使天下寥廓之士④，慑于威重之权，主于位势之贵，故回面污行以事诎谀之人而求亲近于左右⑤，则士伏死掘穴岩薮之中耳，安肯有尽忠信而趋阙下者哉⑥！

书奏梁孝王，孝王使人出之，卒为上客。

【注释】 ①砥厉名号：喻修身立名。砥、厉：都是磨刀石，砥细而厉粗。厉：是"砺"的古字。 ②县名胜母而曾子不入：曾子极孝，传说他走到一个名叫"胜母"的村落，认为名字不顺而不入。 ③朝歌：殷都，在今河南省淇县境内。墨子回车：墨子认为朝歌，就是早晨唱歌与他的非乐理念不合，所以回车不入朝歌。 ④寥（liáo）廓：长空，极高，喻恢宏之士。 ⑤回面：掉转面孔，指改变态度。此谓人君想凭借权威使寥廓之士成为逢迎之徒。 ⑥"士伏死"二句：一个真正的士人宁肯老死在深山穷谷之中，也不会去逢迎权贵，人主怎能得到尽忠之士呢？掘穴岩薮：即营窟于山泽。

（以上为第三段，写邹阳在狱中上梁王书，自鸣其冤，引喻比譬，得以自解，表现了邹阳的明哲机智。）

太史公曰：鲁连其旨意虽不合大义①，然余多其在布衣之位，荡然肆志②，不屈于诸侯，谈说于当世，折卿相之权③。邹阳辞虽不逊④，然其比物连类⑤，有足悲者，亦可谓抗直不桡矣⑥，吾是以附之列传焉。

【注释】 ①旨意虽不合大义：鲁仲连逃封让爵，不居官理民，有违儒家"不仕无义"之旨。 ②荡然肆志：指鲁仲连逃赏辞爵，隐于海上。荡然：指自由自在地生活，看轻尘世的权势。肆志：放志，随心所欲。 ③折卿相之权：挫抑卿相的权势，指折服新垣衍，拒绝平原君、田单之厚赏和封赐等事。 ④辞虽不逊：指对梁孝王的批评。 ⑤比物连类：用相近之物互相比较。此语双关，一指邹阳上梁王书引载众多古人尽忠受谗，排比连类以自况；二指鲁、邹二人合传亦是比物连类，即二人皆为抗直之士，又皆以雄辩取胜于人。 ⑥抗直：刚直不屈。桡（náo）：屈。

（以上为作者论赞，高度赞扬鲁仲连、邹阳不屈于权贵的品德，并说明两人合传的理由。）

讲 析

这是一篇跨时代而连类相及的合传。鲁仲连，战国时人；邹阳，西汉人，两人合传，其交合的类在哪里？为什么两人合传？为什么不同时代的人能合传？司马迁似乎已考虑到人们会提出这些问题，所以在传末赞语中作了交代。

其言曰:"鲁连其旨意虽不合大义,然余多其在布衣之位,荡然肆志,不屈于诸侯,谈说于当世,折卿相之权。邹阳辞虽不逊,然其比物连类,有足悲者,亦可谓抗直不挠矣,吾是以附之列传焉。"这段话既是评说鲁、邹两位历史人物,也是解说为什么二人合传。"比物连类"是一句关节语,也是双关语。邹阳上梁王书,引载众多的古人尽忠受谗,排比连类以自况;指鲁、邹二人合传亦是比物连类,即二人皆为抗直之士,又皆以雄辩取胜于人,所以合传。可以说这是出人意料之外。鲁仲连与邹阳时代不同,行事不同,司马迁居然找到了两人同类的契合点,写成合传。司马迁的交代只是一个表层的意义,目的在于提示,凡合传、类传,都有相提并论的契合点,提请读者注意,这是司马迁发现与运用的一种历史观,非常进步,史识非常超前,也就是现在流行的比较研究法。司马迁所达到的比较研究的学术水平与识见之精,在古代历史学家中是空前绝后的。下面先说本篇合传的内容及特点。

司马迁创造的人物传记,因是记述历史人物,不能随意虚构,主要是记载人物的言与行,情节故事化。事迹多故事,也多曲折,例如文臣有治绩,武将有战功,才艺之士有造诣、有成果等,都好叙述。而游说人物,其精彩之处是能言善辩、驰骋说词。本篇合传,实际只是连缀了三篇言辞。第一篇是对话,记载鲁仲连说新垣衍义不帝秦,《战国策》有记载,是一篇历代传诵的名篇,一般标题称《鲁仲连义不帝秦》。第二篇,鲁仲连《遗燕将书》,替齐将田单说降燕将,齐兵不战而下聊城。第三篇,邹阳《狱中上梁王书》,自我辩解,鸣冤得释。鲁仲连的言辞是替人排忧解纷,邹阳的言辞是替自己鸣冤,事势大小不可相提并论,但两人都善言辞,又都品德高洁,不屈于权贵,以言辞释难解纷,所以合传。司马迁仅仅载其文,略加点缀,以文如其人的精神显现文章主人的风骨情采,纯以言传人,这真是一大奇特创造,非大手笔不能为。《史记》中《孔子世家》《司马相如列传》都是以言传人的名篇。《孔子世家》基本取材《论语》,将孔子语录编织在特定的场景中,成为人物传记,活生生再现了人物精神。司马迁采用人物语言,略加点染或特色编排,便成司马迁之文,并使原文增色,令人拍案叫绝。

再具体分析司马迁是怎样运用人物语言显现其人灵魂与风骨的,供读者评说。

鲁仲连说新垣衍义不帝秦,其背景是秦赵长平之战后,秦围邯郸,赵国面临亡国之祸,而诸侯不敢救。长平之战,秦、赵两国都拼了全力。秦国十五岁以上的男子都征发上了战场。赵国战败,四十多万大军全军覆没,被秦军坑杀,表现了秦为虎狼之国的残暴行径。长平之战,震动诸侯。秦国向各国发出外交照会，谁敢救援赵国，秦军灭赵后就移兵攻打它。本来秦军是进攻韩国，赵国出兵救韩国，引火烧身而有长平之战。但是赵国不救韩国，秦国将各个击破，统一天下。春秋战国长期战乱，人们渴望和平，渴望统一，这是天下大势。秦国最强，有统一天下的实力。从历史进程说，秦统一天下，顺应潮流是进步的，但秦取天下多暴，遭到东方各国人民的强力反抗，这也不能不否定。鲁仲连义不帝秦，就是扶持大义，主张抗击秦国，反对秦国的暴虐。鲁仲连义不帝秦，是站在人民立场，站在反暴虐的立场，应该肯定。只有用辩证观点才能说清当时的历史事势。

话说秦围邯郸，赵求救于魏，魏安釐王派大将晋鄙率十万大军救赵，但又慑于秦国的威吓，命令晋鄙将军停驻在国境上，仅仅作为赵的声援，观望不进，讨好秦国。魏王还被秦国欺骗和施压，派出新垣衍秘密入赵，游说赵王公开尊奉秦国称帝，这样秦国就可退兵。假如新垣衍游说成功，赵国尊奉秦王称帝，秦国不但不会撤军，且会一鼓作气攻下邯郸。赵国尊奉秦国称帝，实际就是投降。赵国投降，诸侯更不敢救，必将很快为秦各个击破。赵国坚持抗秦，只要阻止了秦军的锐气，诸侯之军就会跟上来，与赵军一起打击秦军，这一形势，鲁仲连看得很清楚，即赵、魏皆万乘之国，为什么一战败北就要屈服于秦呢？赵国虽败，由于秦军暴虐，所以赵国邯郸军民斗志高涨，因此新垣衍是秘密入赵，暗中运作。鲁仲连先会见平原君，由于平原君对新垣衍说，秘密被公开了，尊秦为帝要作一番辩论，可以说鲁仲连已先声夺人，新垣衍在辩论之前就泄了气。

鲁仲连不仅辞锋锐利，而且有理有据，用大量历史事实说明尊秦为帝在政治体制上带来的后果。鲁仲连的思想是当时极少数开明思想家才具有的。例如孟子的民贵君轻说可为鲁仲连思想注脚。司马迁身受专制腐刑，有切肤的体会，他把鲁仲连说新垣衍义不帝秦与邹阳狱中上梁王书联系起来，有隐微的深层思想，表达司马迁内心深处对暴虐的抗议，因而使原文增彩。

鲁仲连列举历史教训，生动地论证尊秦为帝，天下人皆为奴虏，赵、魏君臣都将地位不保，甚而被秦人剁成肉酱。鲁仲连用此危言耸听来表达他反对妥协投降的决心。新垣衍最终被说服，接受鲁仲连的建议，赵、魏联合抗秦，表明他们内心也是不甘心投降的，包括平原君，赵、魏两王，尽管不甘心降秦，但又束手无策，可以说是国难当头，肉食者鄙。但他们在布衣鲁仲连的指点下幡然醒悟，值得称道。于是秦人听到新垣衍受挫，意味着赵、魏联合抗秦，立即后退了五十里。这时楚、魏救兵赶来，联合击退了秦军。鲁仲连功成不居，不接受平原君的封赏，而且终身不再出现于显贵人之前。鲁仲连用行动表明：他身入危城，游说新垣衍抗秦，丝毫不带有个人利益。其后鲁仲连替田单劝降燕将，结束了两年多的争战，仍不接受任何封赏，再次显示了他的志向高远，为人排难解纷而毫无所取。苏秦、张仪等纵横家，游说诸侯亦纵亦横，目的是个人富贵。鲁仲连功成不居，其人格精神影响后世深远。

燕将守聊城，齐田单围攻一年多，未能攻下，齐军损失惨重。鲁仲连认为燕将既受困于齐，又受猜忌于燕，已经走投无路，坚持战斗，只是徒伤军民。燕将只有两条路，或撤出战斗回燕接受燕王惩处，或降齐另谋出路，不作无谓的战斗，结束将士和聊城人民的痛苦。鲁仲连投书燕将劝降。燕将得书，哭泣三日，选择自杀，不愿活着受辱，解救军民，结束战斗。这个历史上无名的燕将，是一位悲壮的英雄，他以孤城抗击田单倾齐国之兵两年不败，说明他是一位很得士众心的名将。他为了保全军民而自杀，显示了一位名将的风采。燕将自杀，军中无主，田单趁乱攻城，屠了聊城，违背了鲁仲连的初衷，田单的行为应当受到谴责。所以鲁仲连逃于海上，从此隐居，不干世事。

邹阳在狱中上梁王书，解了自己的危难，也是一个机智的奇士，且书辞优美，说理具有不可辩驳的力量。两人合传，前后辉映，显示言辞的威力，这就是两人合传的原因。

屈原贾生列传

【题解】 屈原与贾谊二人都有很高的识见，忠心为国而遭谗放逐，屈原自沉，贾谊悲死，这是专制制度压抑人才的悲剧。屈原所遇为昏君，贾谊所遇为明主，而遭遇则相同，二人合传，前后映照，更能启人深思。

屈原者，名平，楚之同姓也①。为楚怀王左徒②。博闻强记③，明于治乱，娴于辞令④。入则与王图议国事，以出号令；出则接遇宾客，应对诸侯。王甚任之。

【注释】 ①楚之同姓：楚王姓芈（mǐ），有三大同姓即屈、景、昭。屈姓始祖屈瑕是楚武王熊通之子，受封于屈，因以屈为姓。 ②左徒：楚官名，国王左右的亲随官，参与政事，起草诏令，协办外交。 ③强记：记忆力强。 ④娴：熟练，擅长。

上官大夫与之同列①，争宠而心害其能。怀王使屈原造为宪令②，屈平属草稿未定③。上官大夫见而欲夺之，屈平不与，因谗之曰：“王使屈平为令，众莫不知，每一令出，平伐其功④，以为‘非我莫能为’也。”王怒而疏屈平⑤。

【注释】 ①上官大夫：即靳尚（据王逸《楚辞注》）。 ②宪令：法令。 ③属：起草。 ④伐：夸耀。 ⑤疏：疏远，不信任。

屈平疾王听之不聪也①，谗谄之蔽明也，邪曲之害公也②，方正之不容也③，故忧愁幽思而作《离骚》④。离骚者，犹离忧也⑤。夫天者，人之始也⑥；父母者，人之本也。人穷则返本⑦，故劳苦倦极，未尝不呼天也；疾痛惨怛⑧，未尝不呼父母也。屈平正道直行，竭忠尽智以事其君，谗人间之⑨，可谓穷矣。信而见疑，忠而被谤，能无怨乎？屈平之作《离骚》，盖自怨生也⑩。《国风》好色而不淫，《小雅》怨诽而不乱⑪。若《离骚》者，可谓兼之矣⑫。上称帝喾，下道齐桓，中述汤武，以刺世事⑬。明道德之广崇⑭，治乱之条贯⑮，靡不毕见。其文约，其辞微，其志洁，其行廉，其称文小而其旨极大，举类迩而见义远⑯。其志洁，故其称物芳⑰。其行廉，故死而不容⑱。自疏濯淖污泥之中，蝉蜕于浊秽，以浮游尘埃之外，不获世之滋垢，皭然泥而不滓者也⑲。推此志也，虽与日月争光可也。

【注释】　①疾：痛心。　②邪曲之害公：邪曲小人以私害公。　③方正之不容也：方正之士不能容身于朝。　④《离骚》：屈原自叙生平的长篇抒情叙事诗。　⑤离忧：遭遇忧患。　⑥始：原始。古人认为人为天所造，故天为人之本始。　⑦穷：困顿。返本：追念根本，即呼天叫母。　⑧惨怛：内心伤痛。　⑨间：离间。　⑩盖自怨生也：由愤怨而吐发不平，创作了《离骚》。　⑪《国风》二句：《国风》虽写男女欢爱，但不过分；《小雅》寄寓讽刺，但不逾越君臣之分。《国风》和《小雅》均是《诗经》的组成部分。　⑫若《离骚》者，可谓兼之矣：《离骚》吐怨，讥刺楚王信谗远贤，《离骚》中假借宓妃幽怨以思君，故云兼有《国风》《小雅》之长。司马迁评价《离骚》的这段话，据王逸《楚辞注》，参照了西汉淮南王刘安的《离骚传》。　⑬上：指远古；中：指中古；下：指近代。《离骚》引述历史，从远古的帝喾，到中古的汤王、周武王，以及近代的齐桓公，用以对照当世。　⑭广崇：广大崇高。　⑮条贯：条理。　⑯"其文约"六句：《离骚》的文章很精练，词语含义深微，表现了屈原的高尚志洁和行为方正，诗中的细小词语却含义宏大，引用眼前习见的事物却寄寓了深远的意义。　⑰其志洁，故其称物芳：由于他志洁高尚，所以引用香花香草作比喻。芳：香花、香草。　⑱其行廉，故死而不容：他行为方正，一直到死不为小人所容。　⑲"自疏濯淖污泥之中"五句：他远离污浊的陷坑，就像蝉蜕皮一样，超脱在尘世之外，不沾染世俗的污浊，如洁白的莲花出淤泥而不染。自疏：远离。濯（zhuó）、淖（náo）、污、泥：四者皆不洁之物。浮游：超脱。滋垢：黑色秽物。皭（jiào）然：洁白的样子。滓：染黑。

（以上为第一段，写屈原被谗遭疏斥而作《离骚》，以及对《离骚》的评价。）

屈平既绌①，其后秦欲伐齐，齐与楚从亲，惠王患之②，乃令张仪佯去秦，厚币委质事楚③，曰："秦甚憎齐，齐与楚从亲，楚诚能绝齐，秦愿献商、於之地六百里④。"楚怀王贪而信张仪，遂绝齐，使使如秦受地。张仪诈之曰："仪与王约六里，不闻六百里。"楚使怒去，归告怀王。怀王怒，大兴师伐秦。秦发兵击之，大破楚师于丹、淅⑤，斩首八万，虏楚将屈匄，遂取楚之汉中地⑥。怀王乃悉发国中兵以深入击秦，战于蓝田⑦。魏闻之，袭楚至邓⑧。楚兵惧，自秦归。而齐竟怒不救楚，楚大困。

【注释】　①黜：指屈原被罢去左徒之官。　②惠王：秦惠王。　③厚币：厚礼。委质：呈献礼物，表示委身为臣。质：通"贽"。　④商、於（wū）之地：在今陕西省商洛市至河南省内乡县一带地方。　⑤丹、淅：两水名，淅为丹水支流，丹为汉水支流，由陕入河南。丹、淅之地，正是商、於之地，楚怀王以武力夺取。此役秦楚两军决战于丹、淅之地的丹阳（在今河南省淅川县附近），事在公元前312年。　⑥汉中：楚郡名，在今陕西省东南及湖北省西北部一带地方。　⑦蓝田：秦县名，在今陕西省蓝田县西。　⑧邓：有两邓邑，一在今河南省漯河市郾城区东南，在魏大梁之南；一在今湖北省襄阳市西北，位于韩国之南。据《六国年表》，公元前312年，配合秦军袭楚乃韩国，而非魏国。韩兵至邓，在今湖北省襄阳市北，直接威胁楚军后方，故楚惧而退兵。

　　明年，秦割汉中地与楚以和①。楚王曰："不愿得地，愿得张仪而甘心焉。"张仪闻，乃曰："以一仪而当汉中地②，臣请往如楚。"如楚，又因厚币用事者臣靳尚，而设诡辩于怀王之宠姬郑袖。怀王竟听郑袖，复释去张仪。是时屈平既疏，不复在位，使于齐，顾返③，谏怀王曰："何不杀张仪？"怀王悔，追张仪不及。

　　其后诸侯共击楚，大破之，杀其将唐眜④。

【注释】　①割汉中地：即秦退还汉中地与楚。　②当：换取。　③顾返：由齐还楚。④"诸侯共击楚"三句：为秦、齐、韩、魏共同攻击楚，杀楚将唐眜，事在楚怀王十八年，即公元前301年。

　　时秦昭王与楚婚，欲与怀王会。怀王欲行，屈平曰："秦虎狼之国，不可信，不如毋行。"怀王稚子子兰劝王行："奈何绝秦欢！"怀王卒行①。入武关②，秦伏兵绝其后，因留怀王③，以求割地。怀王怒，不听。亡走赵，赵不内④。复之秦，竟死于秦而归葬⑤。

【注释】　①卒行：终于入秦。　②武关：在今陕西省丹凤县东南。③留：拘留。④不内：不纳。　⑤竟死于秦：楚怀王终于客死于秦，在楚顷襄王三年，即公元前296年。

　　长子顷襄王立，以其弟子兰为令尹。楚人既咎子兰以劝怀王入秦而不返也。

屈平既嫉之①，虽放流，眷顾楚国②，系心怀王③，不忘欲返④，冀幸君之一悟⑤，俗之一改也。其存君兴国而欲反覆之⑥，一篇之中三致志焉⑦。然终无可奈何，故不可以返，卒以此见怀王之终不悟也。人君无愚智贤不肖，莫不欲求忠以自为，举贤以自佐，然亡国破家相随属⑧，而圣君治国累世而不见者，其所谓忠者不忠，而所谓贤者不贤也。怀王以不知忠臣之分⑨，故内惑于郑袖，外欺于张仪，疏屈平而信上官大夫、令尹子兰。兵挫地削，亡其六郡⑩，身客死于秦，为天下笑。此不知人之祸也。《易》曰："井泄不食，为我心恻，可以汲。王明，并受其福。"⑪王之不明，岂足福哉！

令尹子兰闻之大怒，卒使上官大夫短屈原于顷襄王⑫，顷襄王怒而迁之。

【注释】①屈平既嫉之：该段为追叙之辞，屈平前省写一"初"字。 既嫉之：指屈原遭到子兰等人的嫉恨。 ②眷顾：怀恋。 ③系心：关心。 ④不忘欲返：时时希望返回朝中效力。 ⑤冀幸：殷切地希望。 ⑥欲反覆：想把楚国从困弱中翻过来成为强国。 ⑦三致志：在每一个作品中再三地表达欲反覆之的意志。 ⑧相随属：一个接一个。 ⑨不知忠臣之分：不识别忠臣。分：本分。 ⑩六郡：汉中等地。 ⑪"《易》曰"等句：《易经》上说："井淘干净了，还没有人来打水，使我心里很难过，因这井水可以饮用了。如果国君贤明，大家都能得福。"以井水喻有才之人之不得任用。引自《易经·井卦》九三爻辞。泄：淘去污秽。 ⑫短：说坏话。

（以上为第二段，写楚怀王、顷襄王两代楚王昏庸无比，亲小人，远贤臣，两次放逐屈原，导致楚国兵败地削，怀王竟客死于秦。）

屈原至于江滨，被发行吟泽畔。颜色憔悴，形容枯槁，渔父见而问之曰："子非三闾大夫欤①？何故而至此？"屈原曰："举世混浊而我独清，众人皆醉而我独醒，是以见放。"渔父曰："夫圣人者②，不凝滞于物而能与世推移。举世混浊，何不随其流而扬其波？众人皆醉，何不铺其糟而啜其醨③？何故怀瑾握瑜而自令见放为④？"屈原曰："吾闻之，新沐者必弹冠，新浴者必振衣，人又谁能以身之察察⑤，受物之汶汶者乎⑥！宁赴常流而葬乎江鱼腹中耳⑦，又安能以皓皓之白而蒙世俗之温蠖乎⑧！"

乃作《怀沙》之赋⑨。其辞曰：

【注释】 ①三闾大夫：掌管王族屈、景、昭三姓的事务官。屈原罢左徒以后所被任用的职务。 ②圣人：指识时务者。 ③铺（bū）：食。糟：酒糟。啜：喝。醨（lí）：淡酒。 ④瑾、瑜：皆美玉之名，喻志气高洁。 ⑤察察：洁白的样子。 ⑥汶汶：混浊的样子。 ⑦常流：即长流，江水。⑧皓皓：同"皓皓"，洁白、光明的样子。温蠖（huò）：昏聩。 ⑨《怀沙》：屈原的绝命词，作于公元前278年。是年为楚顷襄王二十一年，秦将白起破楚都郢，屈原悲愤至极，思楚先人熊绎之封地长沙，凭吊长沙后而投江，用以唤醒国人思祖自强。

    陶陶孟夏兮，草木莽莽①。伤怀永哀兮，汩徂南土②。眴兮窈窈，孔静幽默③。冤结纡轸兮，离愍之长鞠④；抚情效志兮，俯屈以自抑⑤。

【注释】 ①陶陶孟夏兮，草木莽莽：和暖的四月啊，草木多茂盛。陶陶：和暖的样子。莽莽：茂盛的样子。 ②伤怀永哀兮，汩徂（gǔcú）南土：我痛苦地怀抱永不消散的悲哀啊，急忙忙赶往南方长沙。汩：疾。徂：往。 ③眴（shùn）兮窈窈，孔静幽默：抬头远望啊山水幽幽，四野冷冷清清。眴：日动、眨眼远望。孔：甚。 ④冤结纡轸兮，离愍之长鞠：忧愤郁结成难言的悲痛啊，遭遇忧伤而永远困穷。冤结：愤郁。纡轸（yū zhěn）：迂曲的痛苦。愍：忧伤。长鞠：长期窘困。 ⑤"抚情"二句：我压抑感情而冷静地内省啊，虽受冤屈仍然控制自己。效：检查。俯屈：受委屈。自抑：克制自己。

    刓方以为圆兮，常度未替①；易初本由兮②，君子所鄙。章画职墨兮，前度未改③；内直质重兮，大人所盛④。巧匠不斫兮，孰察其揆正⑤？玄文幽处兮，矇谓之不章⑥；离娄微睇兮，瞽以为无明⑦。变白而为黑兮，倒上以为下。凤凰在笯兮⑧，鸡雉翔舞⑨。同糅玉石兮，一概而相量⑩。夫党人之鄙妒兮⑪，羌不知吾所臧⑫。

【注释】 ①"刓方"二句：我也曾想把方木削成圆木，只是我无法改易固有的法度。刓（wán）：削。常度：常法。比喻思想气节。替：废，改变。以方为圆，小人之行，我虽欲为而思想气节未变，又做不到。 ②易初本由：改变自己本来的道路。 ③"章画"二句：我曾经规划的法度如同绳墨一样正直啊，因此坚守先前的法度而不改。章：明。画：法度。前度：犹言本初之志。 ④"内直"二句：我保持内心方正和品德端重啊，永为贤人所尊重。盛：赞美，尊重。 ⑤"巧匠"二句：巧匠不用斧啊，谁知道他能把木头砍削取直。喻君子不居位，众人亦不知其贤。斫（zhuó）：砍削。孰：谁。揆（kuí）：测度。揆正：测度准确，比喻把木头砍削取直。 ⑥"玄文"二句：把黑色的花纹又放在昏暗的地方啊，两眼昏暗看不鲜明。玄文：黑色的花纹。矇（méng）：盲人，指两眼如盲。章：彰显，鲜明。 ⑦"离娄"二句：离娄眯着眼睛也能明察秋毫啊，盲人竟认为他和自己一样看不明。离娄：传说中的明睛人，能在一百步之外明察秋毫。瞽（gǔ）：亦盲人。 ⑧笯（nú）：竹笼。 ⑨雉：野鸡。 ⑩同糅玉石兮，一概而相量：把玉与石掺和在一起，难道价值就一样。糅：掺合。概：量粮食用的斗板。此言玉与石混杂，难道就用升斗一起来量？意谓两者不可同日而语，不能同等评价。 ⑪党人：结成朋党的小人。 ⑫羌：发语词。臧：善，指才德。

　　任重载盛兮，陷滞而不济①；怀瑾握瑜兮，穷不得余所示②。邑犬群吠兮，吠所怪也；诽骏疑桀兮，固庸态也③。文质疏内兮④，众不知吾之异采；材朴委积兮⑤，莫知余之所有。重仁袭义兮⑥，谨厚以为丰；重华不可牾兮，孰知余之从容⑦！古固有不并兮⑧，岂知其故也？汤禹久远兮，邈不可慕也⑨。惩违改忿兮？抑心而自强⑩；离湣而不迁兮，愿志之有象⑪。进路北次兮，日昧昧其将暮⑫；含忧虞哀兮，限之以大故⑬。

【注释】①"任重"二句：王逸称"言己才力盛壮，可任重载，而身放弃，陷设沉滞，不得成其本志。"盛：多。不济：不能通过。 ②"怀瑾"二句：我身怀瑾瑜之玉一样的才华和美德，但穷困潦倒向谁去展示。瑾和瑜都是美玉。 ③"诽骏疑桀"二句：诽谤怀疑俊杰，本来就是小人的德性。庸态：常态，一贯的本性。 ④文：才情。质：道德。疏内：外疏内实。疏：通。 ⑤材朴：各种木材，以喻人之才德。朴：未加工的原木。委积：丢弃在一旁堆积。 ⑥重仁袭义：加强仁义修养。重、袭：同义，都是积累的意思。谓品德完美，不是一朝一夕完成，要日积月累，不断修养。 ⑦"重华"二句：贤明的虞舜不可再遇啊，谁能知道我的作为问心无愧。重华：虞舜之名。牾：遇。从容：安舒自得，问心无愧。 ⑧不并：指贤臣与明君不并世而生。 ⑨邈（miǎo）：久远。 ⑩"惩违"二句：我强制压抑怨恨激动的内心，努力振奋自己。惩违、改忿、抑心：均为压抑内心不平之气。惩：止。 ⑪"离湣"二句：我遭遇忧伤而不改变忠贞志洁啊，愿为后世留下做人榜样。离湣：同离愍。不迁：不移，不改其志。象：榜样。 ⑫"进路"二句：我赶路转向了北方啊，日头西沉夜幕将临。北次：北行，谓转向北方郢都。这只是内心的向往，与前文"徂南"相对应。此时郢都已破，无路可行，作者不忍明言，婉转说"日昧昧其将暮"，即不能前行。昧昧：日头西沉昏暗。暮：天晚。 ⑬"含忧"二句：要排遣这无尽的悲愁啊，看来只有上西天之路。含忧虞哀：《楚辞》作"舒忧娱哀"。王念孙曰："含，当为舍，舍即舒字也"。使忧和哀得到舒和娱，即解脱，排除。限：唯有。大故：死亡。俗语，上西天。

　　乱曰①：浩浩沅、湘兮②，分流汨兮。修路幽拂兮，道远忽兮③。曾唫恒悲兮，永叹慨兮④。世既莫吾知兮，人心不可谓兮⑤。怀情抱质兮⑥，独无匹兮⑦。伯乐既殁兮，骥将焉程兮⑧？人生禀命兮，各有所错兮⑨。定心广志，余何畏惧兮⑩？曾伤爰哀，永叹喟兮。世溷不吾知，心不可谓兮⑪。知死不可让兮⑫，愿勿爱兮。明以告君子兮，吾将以为类兮⑬。

【注释】 ①乱曰：总理一赋之终，即最后一曲，尾声。 ②沅、湘：今湖南两水名，注入洞庭湖。 ③修路：漫漫长路。幽拂：掩伏在草木中。忽：深幽。 ④曾唫（jìn）二句：我说不完的哀愁，道不尽的悲伤啊，只能深深的叹息。曾唫：抒不尽的吟叹。唫：同"吟"。恒悲：长久的悲伤。永叹：长叹。 ⑤人心不可谓：人心不可估量。谓：估量。 ⑥怀情抱质：坚守节操。情：真情。质：品德。 ⑦无匹：无朋，无知音。 ⑧伯乐：春秋时之善相马者。程：考校，衡量。 ⑨错：安置。人生际遇，由命安排，岂能自主。 ⑩"定心广志"二句：我坚定自己的意志，拓开自己的胸怀，还有什么畏惧呢？余：人称词。 ⑪"曾伤爰哀"四句：与上文"曾唫恒悲"四句是重复之词，重复之义，只行文小异。司马迁重文以增感情。王引之认为是窜入之文。 ⑫让：回避。 ⑬类：效法，榜样。引忠臣以为类。

于是怀石遂自投汨罗以死①。

屈原既死之后，楚有宋玉、唐勒、景差之徒者②，皆好辞而以赋见称；然皆祖屈原之从容辞令，终莫敢直谏。其后楚日以削，数十年竟为秦所灭③。

自屈原沉汨罗后百有余年④，汉有贾生⑤，为长沙王太傅⑥，过湘水，投书以吊屈原。

【注释】 ①汨（mì）罗：水名，湘江支流。屈原死于农历五月初五日，后世纪念以是日为端午节。 ②宋玉、唐勒、景差：皆祖述屈原而为楚辞作家。 ③数十年：屈原死后五十五年而楚灭，即公元前223年。 ④百有余年：汉文帝四年，即公元前176年，贾谊被排挤出朝为长沙王太傅，过湘水吊屈原，上距屈原死时的公元前278年有102年。 ⑤贾生：即贾谊。生是尊称。 ⑥长沙王：吴差，吴芮之玄孙。太傅：辅导诸侯王之官。

（以上为第三段，写屈原放逐江南，行吟泽畔，伤痛国破而作《怀沙》之赋，自沉而死。）

贾生名谊，洛阳人也。年十八，以能诵诗属书闻于郡中①。吴廷尉为河南守，闻其秀才②，召置门下，甚幸爱。孝文皇帝初立，闻河南守吴公治平为天下第一③，故与李斯同邑而常学事焉，乃征为廷尉。廷尉乃言贾生年少，颇通诸子百家之书。文帝召以为博士④。

【注释】 ①属书：善写文章。 ②秀才：美才，高才。 ③吴公：即吴廷尉。史失其名，称公。治平：治政平和安定。 ④博士：官名，备顾问应对，秩六百石。

是时贾生年二十余，最为少。每诏令议下，诸老先生不能言，贾生尽为之对，人人各如其意所欲出。诸生于是乃以为能不及也。孝文帝悦之，超迁①，一岁中至太中大夫②。

【注释】 ①超迁：破格提升。 ②中大夫：掌议论，秩二千石。

贾生以为汉兴至孝文二十余年，天下和洽，而固当改正朔①，易服色②，法制度③，定官名④，兴礼乐⑤，乃悉草具其事仪法，色尚黄，数用五，为官名，悉更秦之法。孝文帝初即位，谦让未遑也⑥。诸律令所更定，及列侯悉就国⑦，其说皆自贾生发之。于是天子议以为贾生任公卿之位。绛、灌、东阳侯、冯敬之属尽害之⑧，乃短贾生曰："洛阳之人，年少初学，专欲擅权⑨，纷乱诸事。"于是天子后亦疏之，不用其议，乃以贾生为长沙王太傅。

【注释】 ①改正朔：改岁首正月一日，即改历。 ②服色：朝仪官服车马器用之色，秦尚黑，贾谊认为汉以土德王，应为黄色。 ③法制度：整齐、健全制度。 ④定官名：重新确定官名。 ⑤兴礼乐：创作汉家祭天地宗庙之礼仪与音乐。以上这一套兴革即封禅，表示汉承天命，在汉武帝时完成。 ⑥未遑：无暇，顾不上。 ⑦诸律令所更定，及列侯悉就国：列侯住京师，增加首都负担，使其回到封国，就地食租赋。贾谊建此言，汉文帝二年（公元前178年）令列侯就国。 ⑧绛、灌、东阳侯、冯敬：绛侯周勃、颍阴侯灌婴、东阳侯张相如、御史大夫冯敬。 ⑨专欲擅权：目的是揽权。

贾生既辞往行，闻长沙卑湿①，自以寿不得长，又以谪去②，意不自得。及渡湘水，为赋以吊屈原。其辞曰③：

【注释】 ①卑湿：低湿。 ②谪：贬官。 ③其辞曰：贾谊所作《吊屈原赋》，借以抒发怀才不遇的愤懑和不平。此赋作于汉文帝五年，即公元前175年。

共承嘉惠兮①，俟罪长沙②。侧闻屈原兮③，自沉汨罗。造托湘流兮④，敬吊先生。遭世罔极兮⑤，乃陨厥身⑥。呜呼哀哉，逢时不祥，鸾凤伏窜兮，鸱枭翱翔⑦。阘茸尊显兮⑧，谗谀得志；贤圣逆曳兮⑨，方正倒植⑩。世谓伯夷贪兮，谓盗跖廉⑪；莫邪为顿兮，铅刀为铦⑫。于嗟嘿嘿兮⑬，生之无故⑭！斡弃周鼎兮宝康瓠⑮，腾驾疲牛兮骖蹇驴⑯，骥垂两耳兮服盐车⑰。章甫荐屦兮⑱，渐不可久⑲；嗟苦先生兮⑳，独离此咎㉑！

【注释】 ①共承嘉惠：敬奉王命。共：读恭。　②俟罪：为官的谦称。　③侧闻：从旁听说，谦语。　④造托：拜托。贾谊不能亲自到汨罗江，故拜托湘水代达。　⑤遭世罔极：遭受无尽的世俗之议。《诗经·小雅·青蝇》："谗言罔极，交乱四国。"罔极：无极，无穷尽。　⑥陨：灭。　⑦鸾凤：凤鸟喻君子。鸱枭：猫头鹰。古人以猫头鹰为不祥之鸟，用以喻小人。　⑧阘茸(tàrōng)：小人。阘为小户，茸为小草，用以取喻。　⑨逆曳：倒拉，向反方向拉扯。　⑩倒植：倒立，头向地。　⑪伯夷贪兮，谓盗跖廉：即黑白颠倒，是非莫辨。　⑫莫邪：利剑名。铅刀：普通的锡铅合金刀。铦(xiān)：锋利。　⑬于嗟：叹息声。嘿嘿：默默而不作声、不得志。嘿(mò)：同"默"。　⑭生之无故：先生(屈原)无辜受害。　⑮"斡弃"句：抛弃周九鼎而宝藏大空瓠。斡(wò)弃：抛弃。康瓠(hú)：大瓠。　⑯腾驾疲牛兮骖蹇(cānjiǎn)驴：用疲劣的牛驾车，瘸驴作骖马用。腾：乘。蹇：跛足。　⑰骥垂两耳兮服盐车：用千里马去拉笨重的盐车。　⑱章甫荐屦兮：把礼帽做鞋垫。章甫：殷冠名。荐：垫。　⑲渐：逐渐变化。此指贤愚颠倒，贵贱错位日益发展的形势。　⑳嗟苦：叹息声。　㉑咎：灾祸。

讯曰①：已矣，国其莫我知，独壹郁兮其谁语②？凤飘飘其高逝兮③，夫固自缩而远去。袭九渊之神龙兮④，沕深潜以自珍⑤。弥融爚以隐处兮⑥，夫岂从蚁与蛭螾⑦？所贵圣人之神德兮，远浊世而自藏。使骐骥可得系羁兮，岂云异夫犬羊⑧！般纷纷其离此尤兮⑨，亦夫子之辜也⑩！瞝九州而相君兮，何必怀此都也⑪？凤凰翔于千仞之上兮，览德辉而下之⑫；见细德之险征兮⑬，摇增翮逝而去之。彼寻常之污渎兮⑭，岂能容吞舟之鱼！横江湖之鳣鲟兮，固将制于蚁蝼⑮。

【注释】 ①讯：宣也，即重起一段。仿楚辞的"乱曰"，即尾声。　②壹郁：憋闷，堵塞。　③飘飘：轻飞的样子。高逝：高飞远逝。　④袭：因袭，效法。九渊：九旋之川，至深也。　⑤沕(mì)：深幽不见底。　⑥弥融爚(yuè)：远离亮光。　⑦蚁：读"蚁"，蚂蚁。蛭(zhì)：水蛭，蚂蟥。螾(yǐn)：蚯蚓。　⑧"使骐骥"二句：若千里马骐骥任人摆布啊，难道与犬羊还有区别吗？　⑨般纷纷：乱哄哄。离此尤：遭此祸。　⑩亦夫子之辜：也是你自找的罪过。　⑪"瞝(chī)九州"二句：环视九州，天下之大哪里不能找到君主，何必留恋故都。瞝：环视。贾谊怨屈原何不离去故国以避祸，乃无可奈何的自艾之词，非真责也。　⑫"凤凰"二句：凤凰高飞，必择有德之主才下栖息。览：观。德辉：指德业灿烂之主。　⑬细德之险征：小人的阴险征兆。　⑭寻常之污渎：一般的小水沟。八尺为寻，二寻为常。　⑮鳣鲔（zhǎncún）：两种吞舟之大鱼，网不能加，钩不能钓，然而一旦失水，将被蚁蝼所欺。典出《庄子·庚桑楚》。

　　贾生为长沙王太傅三年，有鸮飞入贾生舍，止于坐隅①。楚人命鸮曰"鵩"②。贾生既以谪居长沙，长沙卑湿，自以为寿不得长，伤悼之，乃为赋以自广③。其辞曰④：

【注释】　①坐隅：坐于旁边。　②鸮（xiāo）：俗名猫头鹰。古代楚人称其为"鵩鸟"。　③自广：自我宽心。　④其辞曰：即贾谊所作《鵩鸟赋》。古人认为鵩鸟为不祥之物，落在谁家屋顶上，那家主人就遭不幸。贾谊在文帝八年（公元前174年），借鵩鸟落在屋上为题，缀集庄子言论以成赋，阐述齐生死、等荣辱的老庄厌世思想。

　　单阏之岁兮①，四月孟夏，庚子日施兮②，鵩集予舍③，止于坐隅，貌甚闲暇。异物来集兮，私怪其故，发书占之兮④，策言其度⑤。曰"野鸟入处兮，主人将去"。请问于鵩兮："予去何之？吉乎告我，凶言其灾⑥。淹数之度兮，语予其期⑦。"鵩乃叹息，举首奋翼，口不能言，请对以意⑧。

【注释】　①单阏之岁：汉文帝六年，丁卯岁，即公元前174年。　②庚子：四月二十三日。日施：日斜，即太阳西沉，临近傍晚。　③集：栖止。④发书：打开策书占卜。⑤策言其度：书中策辞指出了吉凶的定数。度：数。　⑥凶言其灾：如果是凶，也说明灾祸。　⑦淹数：埋下的年寿。度：期数。我还有多大年寿期数，请你告诉我期限。　⑧口不能言，请对以意：鵩鸟不能言，抬头展翅示意，你自己在心中意会吧！

　　万物变化兮，固无休息。斡流而迁兮①，或推而还。形气转续兮，变化而蝉②。沕穆无穷兮，胡可胜言③！祸兮福所倚，福兮祸所伏；忧喜聚门兮，吉凶同域④。彼吴强大兮，夫差以败；越栖会稽兮，勾践霸世。斯游遂成兮，卒被五刑⑤；傅说胥靡兮⑥，乃相武丁。夫祸之与福兮，何异纠缠⑦。命不可说兮，孰知其极？水激则旱兮，矢激则远⑧。万物回薄兮⑨，振荡相转⑩。云蒸雨降兮，错谬相纷⑪。大专槃物兮，块轧无垠⑫。天不可与虑兮，道不可与谋⑬。迟数有命兮，恶识其时⑭？

【注释】　①斡流而迁：如流水漩涡而迁转。斡：转也，指命运转还。　②形：指体。

气：指精神。形与气转化相续，如同蝉之蜕化。　③"汩穆"二句：变化深微无穷，只有意会，不可言说。汩穆：深微的样子。　④忧喜聚门兮，吉凶同域：忧与愁，吉与凶交织在一起，谓吉凶祸福无定。　⑤"斯游"二句：李斯游秦，得遂心意，最终受五刑。秦制，犯大逆处极刑，要备受割鼻、斩足、笞杀、枭首、磔骨等五刑。李斯受五刑，详《李斯列传》。　⑥胥靡：刑徒。　⑦纠缬（mò）：祸福相因，如同绳索纠合不可分离。搓绳，两股合一为缬，三股曰纠。　⑧"水激"二句：水流速疾则汹涌，箭飞疾速则远去。激：疾速。旱：通"悍"，迅猛。　⑨回搏：互相拍击。　⑩相转：互相转化、影响。　⑪错谬：错杂。　⑫"大专"二句：造化钧转万物，茫茫没有边际。大专：即陶钧之转，《汉书》作"大钧"，喻造化之神。槃：通"盘"，旋转也。陶工转钧制陶，此喻造化生万物。坱轧（yǎngyà）：云雾茫茫。无垠（yín）：无边无际。　⑬与（yù）：读"预"，参与。⑭迟数有命兮，恶识其时：人寿长短由命定，怎能知道它的期限。迟数：指寿命长短。

且夫天地为炉兮①，造化为工②；阴阳为炭兮③，万物为铜。合散消息兮，安有常则④；千变万化兮，未始有极⑤。忽然为人兮，何足控抟⑥；化为异物兮，又何足患⑦！小知自私兮，贱彼贵我⑧；通人大观兮，物无不可⑨。贪夫徇财兮，烈士徇名⑩；夸者死权兮，品庶凭生⑪。怵迫之徒兮，或趋西东⑫；大人不屈兮，亿变齐同⑬。拘士系俗兮，攌如囚拘⑭；至人遗物兮⑮，独与道俱。众人惑惑兮，好恶积意⑯；真人淡漠兮，独与道息⑰。释知遗形兮，超然自丧⑱；寥廓忽荒兮，与道翱翔⑲。乘流则逝兮，得坻则止⑳；纵躯委命兮，不私与己㉑。其生若浮兮其死若休㉒；澹乎若深渊之静，泛乎若不系之舟㉓。不以生故自宝兮，养空而浮㉔；德人无累兮，知命不忧㉕。细故慸葪兮，何足以疑㉖！

【注释】　①炉：大冶炉。　②造化为工：造物主为冶工。造化：指自然的创造化育。③阴阳为炭：阴阳二气为冶炼的炭。阴阳：古人泛指天地、日月、昼夜、男女、气血等为阴阳对应。万物皆阴阳化生。　④"合散"二句：事物的聚（合）、散、灭（消）、生（息），哪有不变的道理。　⑤未始有极：没有头没有尾。　⑥"忽然"二句：偶然为人，不值得贪恋、珍爱。控抟（tuán）：引持自玩，珍爱不释手。　⑦"化为异物"二句：死而化为鬼神，也不必忧伤。　⑧"小知"二句：浅薄小智的人只顾自己，鄙弃外物，看重自身。自私：与下文"大观"对应，谓目光短浅只看到自己。贱彼贵我：一说指乐生恶死。⑨"通人"二句：通达之人，看得远大，对万物一视同仁。通人：与下文"大人、至人、真人、德人"，均指道德修养高尚的人，此为道家所用语言。　⑩"贪夫"二句：贪财的人为财而死，节烈之士为名殉身。　⑪"夸者"二句：夸耀权势的人因争权丧身，一般的人只顾惜自己的生命。凭：仗恃，引申为贪求。　⑫"怵迫"二句：为利所诱，为贫所迫的人，终日东奔西跑。　⑬"大人"二句：圣人不为物欲所屈，对千变万化的事物心态始终如一。　⑭"拘士"二句：迂腐的愚人受世俗牵制，生活如同囚犯。拘士：迂腐的人。系俗：为习俗所牵累。圂（huǎn）：大木棚。引申为拘禁。　⑮遗物：遗弃外物，不为物牵。⑯众人：一般的人，庸人。惑惑：迷惑。意：胸臆。　⑰息：生存。　⑱"释知"二句：舍弃智慧和形体，超脱于物外不要有意识。自丧：忘却自我，心如死灰。　⑲"寥廓"二句：在寥廓长空的恍惚世界里，与大道一起翱翔。寥廓：旷远，广阔。忽荒：形容混沌的元气，此说指天空。　⑳"乘流"二句：顺着流水远去，遇上沙洲就止息。坻（chí）：水中的小洲或高地。　㉑"纵躯"二句：把身体交托给命运，不必看作是自己的。㉒"其生"二句：活着好像飘浮寄托在世间，死了就如同在长久地休息。浮：寄。　㉓"澹乎"二句：内心淡泊，就像平静的深渊；思虑泛滥，就像不系的船只。澹：淡，淡薄。㉔"不以"二句：不要执着养生就过于珍惜生命，而要保养空虚之性有若浮舟。　㉕"德人无累"二句：有高尚道德的人没有牵累，自知天命而不忧愁。　㉖"细故"二句：死生祸福，些微小事，不值得牵挂在心。蒂芥（dì jiè）：刺梗，喻细小。

后岁余①，贾生征见②。孝文帝方受釐③，坐宣室④。上因感鬼神事，而问鬼神之本。贾生因具道所以然之状。至夜半，文帝前席⑤。既罢，曰："吾久不见贾生，自以为过之，今不及也。"居顷之，拜贾生为梁怀王太傅⑥。梁怀王，文帝之少子，爱，而好书，故令贾生傅之。

【注释】　①后岁余：汉文帝七年，即公元前173年。　②征：召还。③受釐：享受祭肉。釐：祭天地之肉，享用能得福佑。　④宣室：在未央宫前殿。　⑤前席：向贾谊座席前靠近，形容入迷听讲。　⑥梁怀王：名刘揖。

文帝复封淮南厉王子四人皆为列侯①。贾生谏，以为患之兴自此起矣②。贾生数上疏，言诸侯或连数郡，非古之制，可稍削之③。文帝不听。

居数年，怀王骑，堕马而死④，无后。贾生自伤为傅无状⑤，哭泣岁余，亦死。贾生之死时年三十三矣⑥。及孝文崩，孝武皇帝立，举贾生之孙二人至郡守，而贾嘉最好学，世其家，与余通书。至孝昭时，列为九卿⑦。

【注释】　①淮南厉王：名刘长，高祖子，文帝异母弟。文帝六年，因谋反被放逐，死于途中。至文帝八年，复封刘长四子为侯，至十二年又以其三子为王。事详《淮南衡山列传》。　②"贾生谏"二句：贾谊谏文帝，以削诸侯不宜再封为王，以绝后患，其疏载《汉书·贾谊传》。　③可稍削之：贾谊在《治安策》（载《汉书·贾谊传》）中建言，众建诸侯以削其势，避免尾大不掉以生患。　④堕马而死：梁怀王堕马死，在文帝十一年，即公元前169年。　⑤无状：不像样，不称职。　⑥贾生之死时年三十三矣：贾谊自以为无功，忧愁而死，文帝十二年，即公元前168年，三十三岁。以此上推贾谊生年，是在高帝七年，即公元前200年。　⑦至孝昭时，列为九卿：此八字为旁注字窜入，排楷体以别之。

　　（以上为第四段，写贾谊作《吊屈原赋》《鵩鸟赋》，感怀自伤，无可奈何缀引庄子消极厌世之辞以自嘲。）

　　太史公曰：余读《离骚》《天问》《招魂》《哀郢》①，悲其志。适长沙②，观屈原所自沉渊，未尝不垂涕，想见其为人③。及见贾生吊之④，又怪屈原以彼其材，游诸侯，何国不容，而自令若是⑤。读《鵩鸟赋》，同死生⑥，轻去就⑦，又爽然自失矣⑧。

【注释】　①《离骚》《天问》《招魂》《哀郢》：均为屈原的代表作。屈原作品保存到今天的共有二十三篇，计《离骚》一篇，《九歌》十一篇，《九章》九篇，《招魂》一篇，《天问》一篇。汉人王逸编注的《楚辞》收屈赋二十五篇，多了《卜居》《渔父》两篇，据考证这两篇系伪托。《招魂》也有人认为是宋玉所作。　②适：往。　③想见其为人：想象屈原的为人。　④贾生吊之：此指贾谊所作《吊屈原赋》。　⑤"又怪屈原"四句：这是司马迁的设难，表达他对诗人的深切同情。　⑥同死生：把死和生等同看待。　⑦轻去就：不患得患失，不以荣辱而改变自己的初衷。去：指政治上失意，放逐在外。就：指在朝为官。　⑧爽然自失：自觉丢开过去的那些不对的想法。此句与"怪屈原"句相应。爽然：舒适的样子。自失：想通了道理。

　　（以上为作者论赞，以深沉的笔触表达了作者对屈原的无限钦敬与同情。）

📝 讲　析

　　屈原、贾谊合传，论者多以"工骚赋相类"，也有论者认为"周、汉相望，百余年之间，有王佐制作之才者，唯屈原、贾生两人而已"（《散原精舍文集》卷五《书史记屈原贾生列传后》），屈原、贾谊合传，无论是以骚赋相类，还是以王佐之才相交，都被认为是"《史记》合传中之最佳者也"（《荑江古文存》卷三《屈贾合传论》）。《屈原贾生列传》中，屈原、贾谊二人相似的坎坷经历、相似的命运结局、相似的忧郁，交汇于贾谊《吊屈原赋》，在司马迁近似自我宣泄的笔端下，呼号而出。

在司马迁笔下，屈原与贾谊经历相似而又各有不同，颇耐人寻味。屈原是楚国的贵族，与楚王同姓，"博闻强记，明于治乱，娴于辞令。入则与王图议国事，以出号令；出则接遇宾客，应对诸侯。王甚任之。"贾谊虽无贵族身份，以"能诵诗属书闻于郡中"，被郡守吴公收于门下，文帝登基，召吴公为廷尉，吴公向文帝推荐了贾谊，"是时贾生年二十余，最为少。每诏令议下，诸老先生不能言，贾生尽为之对，人人各如其意所欲出。诸生于是乃以为能不及也。孝文帝悦之，超迁，一岁中至太中大夫"。在入仕之初，屈原、贾谊凭借出类拔萃的才华，赢得了执政者的赏识。然而，木秀于林风必摧之，屈原的才能遭到了同朝为官的上官大夫的嫉妒，在楚怀王前诬陷屈原恃才狂妄，楚怀王竟听信谗言，疏远了屈原。屈原"疾王听之不聪也，谗谄之蔽明也，邪曲之害公也，方正之不容也，故忧愁幽思而作《离骚》"。贾谊得汉文帝赏识，提出了一系列改革措施，如"众建诸侯而少其力"，建议列侯回到封地，为新兴的汉王朝制定了一套礼乐制度，这些措施和建议，得到了汉文帝的认可，汉文帝打算提拔贾谊为公卿，于众大臣议于朝堂，结果，以周勃、灌婴等为首的一批军功老臣站了出来，诋毁贾谊："洛阳之人，年少初学，专欲擅权，纷乱诸事。"周勃、灌婴等是拥立汉文帝登基的军功之臣，在他们的反对下，汉文帝"乃以贾生为长沙王太傅"，将其外放到长沙。值得注意的是，司马迁在描述汉文帝对贾谊的态度时，特别强调的是"后亦疏之，不用其议"，这其中寓意颇深。汉初，优礼军功老臣，朝廷上下对贾谊这样的青年才俊极为排斥，贾谊提出列侯就国的建议，首先触动的就是以周勃为首的军功老臣的利益，他们不愿意离开政治中心回到封地，故对于提出建议的贾谊恨之入骨，阻挠贾谊位列公卿只是第一步，致贾谊于死地才是他们的最终目的，贾谊之后的晁错之死，就是极好的例证。从这点来看，汉文帝"疏"贾谊，就是在保护贾谊，"宣室夜谈"及启用贾谊为梁怀王太傅，都是佐证。司马迁于此处实已有比较，屈原遭遇昏聩的楚怀王，由亲信而见绌；而贾谊遇汉文帝，虽遭外放而实则予以保护。

屈原、贾谊遭遇大不同，而悲剧的命运结局却又是惊人的相似。屈原为楚怀王所绌，无法施展自己的政治才华。后，楚怀王为张仪所骗，屈原出使齐国归来，建议楚怀王诛张仪，无奈楚怀王已放张仪返秦。其后，秦国邀楚怀王相会，屈原建议楚怀王不要上当，楚怀王受子兰蛊惑，最终赴会，结果至死不得归国。楚怀王去世之后，楚顷襄王继位，子兰、上官大夫又进谗言，顷襄王对屈原"怒而迁之"。屈原在无比悲痛、绝望之下，自沉汨罗江，留下千古之痛。贾谊在仕途一帆风顺之时，被外放到卑湿的长沙为官，"闻长沙卑湿，自以寿不得长，又以谪去，意不自得"，因为"意不自得"，路过湘江之时，写下了传诵千古的《吊屈原赋》。贾谊在长沙的日子，因地卑湿，常恐寿短，曾作《鵩鸟赋》自伤。就目前留存的史料看，贾谊在长沙王太傅任上，仍有很多建议被汉文帝采纳推行。汉文帝也时时惦念贾谊，贾谊外放长沙王太傅几年之后，汉文帝专门召见贾谊，与贾谊在宣室长谈。宣室夜谈的内容，见于记载的是"鬼神"之事，后世因此对汉文帝有"不问苍生问鬼神"之讥。宣室夜谈之后，汉文帝任用贾谊为梁怀王太傅，"怀王，上少子，爱，而好书，故令谊傅之"，其间贾谊又多建言，"是时，匈奴强，侵边。天下初定，制度疏阔。诸侯王僭越，地过古制，淮南、济北王皆为逆诛。谊数上疏陈政事，多所欲匡建"（《汉书·贾谊传第十八》）。贾谊的建议，多为文帝所采纳，逐渐推行。就在贾谊日渐为文帝所重之时，梁怀王坠马而死，贾谊"自伤为傅无状，哭泣岁余"，不久病故。屈原怀治国之才，两遇昏聩之主，郁郁不得志，最终自沉汨罗江；贾谊，遇贤明之主汉文帝，虽不能位列公卿，但建言屡屡被采用，终因"为傅无状"忧郁而死，两位才俊坎坷的一生，在悲剧人生的终点交汇。

屈原、贾谊人生的遭际，论者多以宵小陷害、主上不遇为归结。客观地看，屈原、贾谊的悲剧，与他们生不逢时关系极大。屈原"明于治乱，娴于辞令"，贾谊"能诵诗属书"，他们是难得的具有治国理政才能的书生，于权变之术，却不擅长。屈原所处战国乱世，如张仪、苏秦等权谋之士大行其道，这些人知世善变，合纵连横，如鱼得水；而忠良耿直的屈原虽胸怀治国之才，终难免为小人所阻。贾谊生活的时代，汉王朝的统治已趋稳定，然遭吕后之变，文帝在周勃、灌婴等军功大臣拥立之下登基，社会形势风起云涌，如陈平、陆贾等善权变之士方能驾轻就熟，而如贾谊这样的书生，即使遇汉文帝这样的圣明君主，终难免为周勃、灌婴所阻，就这一点看，屈原、贾谊合传，司马迁的分类组合亦十分合理。

荆轲列传

（节选自《刺客列传》）

【题解】   本传是一篇不以人物命名篇目的类传。类传，顾名思义是以类相从，记述在特定历史环境中同类型人物的活动，起到概括典型的作用。类传以事件为主叙述人物，在叙事状人中往往揭示出普遍性的事理，故类传前面大都有一篇序论，表达作者的立传旨意。《史记》以类传命名的篇目有十篇，即《刺客列传》《循吏列传》《儒林列传》《酷吏列传》《游侠列传》《佞幸列传》《滑稽列传》《日者列传》《龟策列传》《货殖列传》。此外，《孟荀列传》以合传为名，实为诸子类传，《大宛列传》以专传为名，实为叙述外国史事的类传。这两个类传以合传、专传命名，是为了突出重点。《张丞相列传》也可视为汉初的宰辅类传。

类传在编目上集中编列在七十列传的专传、合传之后，以体现类的意义。按例《刺客列传》应编列在《循吏列传》之后。但司马迁为了突出反暴政的思想，而有意将《刺客列传》作合传处理，篇前无序，穿插在辅秦人物中间，与吕不韦、李斯、蒙恬等专传并列，对比见义。本篇依时间序列载述了春秋战国时期五名刺客，即鲁之曹沫劫齐桓公、吴之专诸刺吴王僚、晋之豫让刺赵襄子、轵之聂政刺韩相侠累、燕之荆轲刺秦王政。

荆轲者，卫人也。其先乃齐人，徙于卫，卫人谓之庆卿。而之燕，燕人谓之荆卿①。

荆卿好读书击剑，以术说卫元君②，卫元君不用。其后秦伐魏，置东郡，徙卫元君之支属于野王③。

荆轲尝游过榆次④，与盖聂论剑，盖聂怒而目之⑤。荆轲出，人或言复召荆卿。盖聂曰："曩者吾与论剑有不称者⑥，吾目之；试往，是宜去，不敢留⑦。"使使往之主人，荆卿则已驾而去榆次矣。

使者还报，盖聂曰："固去也，吾曩者目慑之⑧！"

荆轲游于邯郸，鲁勾践与荆轲博，争道⑨，鲁勾践怒而叱之，荆轲嘿而逃去，遂不复会。

【注释】　①庆卿、荆卿：卿，是对男子的美称。荆轲：齐人，本姓庆，出自齐国大姓庆氏之后。燕人呼庆为荆，方言的读音。庆与荆，一音之转。　②术：剑术。　③徙卫元君之支属于野王：秦王徙卫元君及其支属于野王，事在秦王政六年，即公元前241年。卫元君：卫国国君，公元前252年至公元前230年在位。野王：邑名，在今河南省沁阳市。　④榆次：赵邑，在今山西省晋中市榆次区。　⑤怒而目之：愤怒地瞪着眼睛逼视。⑥有不称者：论剑话不投机，有冒犯的言辞。　⑦试往：试一试去他住地找找看，他当是走了，不敢停留。　⑧目慑之：怒目瞪眼已把他吓坏了。　⑨博：下棋。争道：争走棋子的点位。

荆轲既至燕，爱燕之狗屠及善击筑者高渐离①。荆轲嗜酒，日与狗屠及高渐离饮于燕市，酒酣以往，高渐离击筑，荆轲和而歌于市中②，相乐也，已而相泣，旁若无人者。荆轲虽游于酒人乎③，然其为人沉深好书④；其所游诸侯，尽与其贤豪长者相结⑤。其之燕，燕之处士田光先生亦善待之，知其非庸人也。

【注释】　①筑（zhú）：古代的一种弦乐器，用竹尺击弦发音。　②和：扣紧筑声而歌。　③游于酒人：混迹于酒徒之中。　④沉深好书：稳重沉着，爱好读书。　⑤尽与其贤豪长者相结：与所有贤士、豪杰、年高有德的人相交。

（以上为第一段，写荆轲的出身、性格及交游。）

居顷之，会燕太子丹质秦亡归燕。燕太子丹者，故尝质于赵，而秦王政生于赵，其少时与丹欢。及政立为秦王，而丹质于秦。秦王之遇燕太子丹不善，故丹怨而亡归。归而求为报秦王者，国小，力不能。其后秦日出兵山东以伐齐、楚、三晋，稍蚕食诸侯，且至于燕①，燕君臣皆恐祸之至。太子丹患之，问其傅鞠武②。武对曰："秦地遍天下，威胁韩、魏、赵氏。北有甘泉、谷口之固③，南有泾、渭之沃，擅巴、汉之饶④，右陇、蜀之山⑤，左关、殽之险⑥，民众而士厉⑦，兵革有余。意有所出⑧，则长城之南，易水以北⑨，未有所定也⑩。奈何以见陵之怨⑪，欲批其逆鳞哉⑫！"丹曰："然则何由⑬？"对曰："请入图之⑭。"

【注释】　①且：将。秦兵眼看要打到燕国了。　②傅：即太傅。　③甘泉：山名，在今陕西省淳化县西北。谷口：泾水穿山之口，在今陕西省泾阳县西北。两处均为当时秦国北边险要之地。　④擅：据有。　⑤右陇、蜀之山：指秦国西部有陇山、秦岭等山地。　⑥左关、殽（xiáo）之险：指秦国东边有函谷关（今河南省灵宝市西南）和殽山（今河南省洛宁县北）的险要之地。　⑦士厉：士卒勇猛。厉：磨炼，指训练有素。　⑧意有所出：假如秦想图谋燕的话。　⑨长城之南，易水以北：指全燕之地。燕北有长城，南有易水与赵为界。易水即今河北省易县境内的大清河支流。　⑩未有所定也：那么燕就没有一块安定的地方了。　⑪见陵：指燕太子丹被秦王欺凌。　⑫批其逆鳞：指触怒秦王，将遭不测。批：触动。逆鳞：《韩非子·说难》说龙喉下有倒生之鳞，如被触动，便要杀人。逆鳞喻人主发怒。　⑬何由：怎么办？难道罢了不成？　⑭请入图之：允许我深思熟虑后再做打算。入：深入，细思。

　　居有间，秦将樊於期得罪于秦王①，亡之燕。太子受而舍之②。鞠武谏曰：“不可，夫以秦王之暴而积怒于燕，足为寒心③；又况闻樊将军之所在乎？是谓‘委肉当饿虎之蹊’也④，祸必不振矣⑤！虽有管、晏，不能为之谋也。愿太子疾遣樊将军入匈奴以灭口⑥。请西约三晋，南连齐、楚，北购于单于⑦，其后乃可图也。”太子曰：“太傅之计，旷日弥久，心惽然⑧，恐不能须臾。且非独于此也，夫樊将军穷困于天下，归身于丹，丹终不以迫于强秦而弃所哀怜之交⑨，置之匈奴，是固丹命卒之时也⑩。愿太傅更虑之。”

【注释】　①樊於期（yújī）：秦将。　②舍之：收容下来。　③寒心：胆战心惊。　④蹊（xī）：老虎出没的路口。　⑤不振：不可挽救。　⑥灭口：杜绝秦王要挟之口。　⑦购：通“媾”，讲和。　⑧心惽（mèn）然：心情忧闷烦乱。惽：通“闷”。　⑨丹终不以迫于强秦而弃所哀怜之交：我总不能因受强秦的逼迫而抛弃我所同情的有难的朋友。　⑩命卒之时：命终之时，意谓用人拼命之时，怎能抛弃樊将军呢？

　　鞠武曰：“夫行危欲求安，造祸而求福，计浅而怨深，连结一人之后交①，不顾国家之大害，此所谓‘资怨而助祸’矣②。夫以鸿毛燎于炉炭之上③，必无事矣。且以雕鸷之秦④，行怨暴之怒，岂足道哉⑤！燕有田光先生，其为人智深而勇沉⑥，可与谋。”太子曰：“愿因太傅而得交于田先生，可乎？”鞠武曰：“敬诺。”

【注释】　①后交：新交，指樊於期。　②资怨而助祸：增加秦对燕的怨恨，助长祸患的到来。　③“夫以”句：燎鸿毛于炉上，喻燕不敌秦，会一下子完蛋。鸿毛：野鸭毛。炉：烧。　④雕鸷（zhì）：两种凶猛的鸟，比喻秦极凶残。　⑤岂足道哉：燕必为秦所灭，难道还用说吗？　⑥智深：智慧藏于内。勇沉：勇气潜于心而表现得十分沉着。

出见田先生，道"太子愿图国事于先生也①"。田光曰："敬奉教。"乃造焉②。太子逢迎③，却行为导④，跪而蔽席⑤。田光坐定，左右无人，太子避席而请曰⑥："燕、秦不两立，愿先生留意也⑦。"田光曰："臣闻骐骥盛壮之时，一日而驰千里；至其衰老，驽马先之⑧。今太子闻光盛壮之时，不知臣精已消亡矣。虽然，光不敢以图国事，所善荆卿可使也。"太子曰："愿因先生得结交于荆卿，可乎？"田光曰："敬诺。"即起，趋出⑨。太子送至门，戒曰⑩："丹所报⑪，先生所言者，国之大事也，愿先生勿泄也！"田光俯而笑曰⑫："诺"。

【注释】　①图国事：商讨国家大事。　②造：登门拜访。　③逢迎：前去迎接。④却行为导：主人在前面倒退而行，为客人引路，以示对客人的恭敬。　⑤跪而蔽席：跪着把座席扫拂干净，请客人入座。蔽：掸拂。　⑥避席：古人之礼，离开原来座位请教，示极尊敬。　⑦留意：放在心上。　⑧驽马先之：劣等马也会跑在衰老的良马前头。　⑨趋：疾走。　⑩戒：同诫，嘱托。　⑪报：告诉的事。　⑫俯：点头。

偻行①见荆卿，曰："光与子相善，燕国莫不知。今太子闻光壮盛之时，不知吾形已不逮也②，幸而教之曰：'燕、秦不两立，愿先生留意也。'光窃不自外③，言足下于太子也④。愿足下过太子于宫⑤。"荆轲曰："谨奉教。"田光曰："吾闻之：'长者为行，不使人疑之。'今太子告光曰：'所言者，国之大事也，愿先生勿泄。'是太子疑光也。夫为行而使人疑之，非节侠也⑥。"欲自杀以激荆卿，曰："愿足下急过太子，言光已死，明不言也⑦。"因遂自刎而死。

【注释】　①偻行：弯曲腰背行走，形容其老态龙钟。　②形已不逮：（我的）身体已赶不上从前了，不中用了。不逮：不及。　③光窃不自外：田光私下自认为不是外人，即对燕太子丹推心置腹进言，荐荆轲于丹。　④言：推荐。　⑤过：探访。　⑥节侠：有节操的侠士。　⑦言光已死，明不言也：以死来表明不泄太子之言。

（以上为第二段，写燕太子丹为救亡图存，寻找人才，以托国事，田光向太子丹推荐了荆轲。）

荆轲遂见太子，言田光已死，致光之言①。太子再拜而跪，膝行流涕。有顷而后言曰："丹所以诫田先生毋言者，欲以成大事之谋也。今田先生以死明不言，岂丹之心哉！"荆轲坐定，太子避席顿首曰②："田先生不知丹之不肖，使得至前，敢有所道③，此天之所以哀燕而不弃其孤也④。今秦有贪利之心，而欲不可足也。非尽天下之地，臣海内之王者⑤，其意不厌⑥。今秦已虏韩王⑦，尽纳其地。又举兵南伐楚，北临赵。王翦将数十万之众拒漳、邺⑧。而李信出太原、云中⑨。赵不能支秦⑩，必入臣；入臣则祸至燕。燕小弱，数困于兵，今计举国不足以当秦。诸侯服秦，莫敢合从。丹之私计，愚以为诚得天下之勇士使于秦，窥以重利⑪，秦王贪，其势必得所愿矣⑫。诚得劫秦王，使悉返诸侯侵地⑬，若曹沫之与齐桓公，则大善矣；则不可⑭，因而刺杀之。彼秦大将擅兵于外而内有乱⑮，则君臣相疑，以其间⑯诸侯得合从，其破秦必矣。此丹之上愿，而不知所委命⑰，唯荆卿留意焉。"

【注释】 ①致：传达。 ②避席顿首：离开座位叩头。 ③敢有所道：敢于在你面前表达我的意愿。 ④不弃其孤：（上天）不抛弃我。孤：本为王侯自称，此处是太子丹自称。⑤臣海内之王：使天下的诸侯王都向秦称臣。 ⑥厌：通"餍"，满足。 ⑦虏韩王：公元前230年，秦灭韩，虏其王安，以韩地为颍川郡。 ⑧拒漳、邺：秦将王翦之军到达了赵国的南境漳河、邺县（在今河北省临漳县、安阳市一带）。 ⑨太原、云中：赵北部两郡。在今山西省北部及相邻的内蒙古自治区托克托县一带。 ⑩支：抵挡。⑪窥以重利：示以重利，引诱秦国。窥：示。 ⑫其势必得所愿：在重利引诱下，一定能靠近秦王达到劫持他的目的。 ⑬返：交还。 ⑭则不可：倘若不答应。 ⑮擅兵于外：统率重兵在外。 ⑯以其间：利用这个间隙。间：间隙，机会。 ⑰不知所委命：不知把这个使命委托给谁才好。

久之，荆轲曰："此国之大事也，臣驽下①，恐不足任使②。"太子前，顿首，固请毋让，然后许诺。于是尊荆卿为上卿③，舍上舍④。太子日造门下，供太牢⑤，具异物⑥，间进车骑美女⑦，恣荆轲所欲⑧，以顺适其意。

【注释】 ①驽下：才智低下（自谦之词）。 ②不足任使：不配担当这个重要使命。③上卿：给荆轲以最高秩禄。 ④舍上舍：住上等馆舍。 ⑤供太牢：此谓置办丰盛筵席招待荆轲。牛、羊、豕三牲齐全称太牢。 ⑥具异物：置办稀世珍奇的礼品。 ⑦间进车骑美女：相隔一段时间又选送一批车马、美女，专供荆轲享用。间进：不断地送进。间：不时。 ⑧恣荆轲所欲：尽量满足荆轲的欲望。恣（zì）：放纵。

久之，荆轲未有行意。秦将王翦破赵，虏赵王①，尽收入其地。

进兵北略地②至燕南界。太子丹恐惧，乃请荆轲曰："秦兵旦暮渡易水，则虽欲长侍足下，岂可得哉！"荆轲曰："微太子言③，臣愿谒之④。今行而毋信⑤，则秦未可亲也⑥。夫樊将军，秦王购之金千斤，邑万家，诚得樊将军首与燕督亢之地图⑦，奉献秦王，秦王必悦见臣，臣乃得有以报⑧。"太子曰："樊将军穷困来归丹，丹不忍以己之私而伤长者之意，愿足下更虑之！"

【注释】　①虏赵王：公元前228年，秦破赵，虏赵王迁。　②进兵北略地：秦军又向北推进攻取未服的赵地。按：赵国破后，赵公子嘉在代地自立为王，继续抵抗秦兵。③微：没有。　④谒：提出要求。　⑤信：示信于秦王的礼物。　⑥亲：指接近秦王。⑦督亢：地区名，为燕南部的肥沃之地，在今河北省涿州市、定兴县、高碑店市、固安县一带。　⑧报：报效太子丹，即劫秦王成功。

荆轲知太子不忍，乃遂私见樊於期，曰："秦之遇将军可谓深矣①，父母宗族皆为戮没②。今闻购将军首金千斤，邑万家，将奈何？"於期仰天太息流涕，曰："於期每念之，常痛于骨髓③，顾计不知所出耳④！"荆轲曰："今有一言可以解燕国之患，报将军之仇者，何如？"於期乃前曰："为之奈何？"荆轲曰："愿得将军之首，以献秦王，秦王必喜而见臣，臣左手把其袖，右手揕其匈⑤，然则将军之仇报，而燕见凌之愧除矣。将军岂有意乎⑥？"樊於期偏袒扼腕而进曰⑦："此臣之日夜切齿腐心也⑧，乃今得闻教！"遂自刭。

【注释】　①遇：此指秦王迫害樊於期。深：残酷。　②戮没：被杀或没入为奴婢。③痛于骨髓：痛恨到了极点。　④顾：只是，但。　⑤揕（zhèn）其匈：用剑刺秦王胸膛。揕：刺杀。匈：同"胸"。　⑥将军岂有意乎：您是否打算这样做呢？　⑦偏袒扼（è）腕：脱下右边长袖，露出右腕，左手抓住右腕。这是极度愤怒激动的表示。扼：通"扼"。腕：即"腕"。　⑧切齿腐心：形容愤恨至极，痛恨得咬牙切齿，连心都破碎了。腐心：心碎欲裂。

太子闻之，驰往，伏尸而哭，极哀。既已不可奈何，乃遂盛樊於期首函封之①。

于是太子豫求天下之利匕首②，得赵人徐夫人匕首③，取之百金。使工以药焠之④，以试人，血濡缕，人无不立死者⑤。乃装为遣荆卿⑥。燕国有勇士秦舞阳，年十三，杀人，人不敢忤视⑦。乃令秦舞阳为副。

【注释】 ①函封：（把头）盛在木匣内封存起来。 ②豫求：预先访求。 ③徐夫人：铸剑师之人名，非妇人之称。 ④以药焠（cuì）之：把毒汁浸染在匕首的锋刃上。焠：把烧红的铁器往水里浸泡。 ⑤"以试人"三句：用这种匕首刺人，只要伤破皮肤，渗出一丝血来，人便立即死亡。濡：沾湿。 ⑥装：行装。 ⑦忤（wǔ）视：不礼貌地看人。

　　荆轲有所待，欲与俱。其人居远，未来，而为治行①。顷之，未发，太子迟之②，疑其改悔，乃复请曰："日已尽矣，荆卿岂有意哉③？丹请得先遣秦舞阳。"荆轲怒。叱太子曰："何太子之遣！往而不返者，竖子也④。且提一匕首入不测之强秦，仆所以留者，待吾客与俱。今太子迟之，请辞决矣⑤！"遂发。

【注释】 ①治行：整治行装。 ②迟之：太子丹嫌荆轲拖延时日。③日已尽矣，荆卿岂有意哉：日子不多了（谓秦军即将打来），荆卿你难道没想到这一层吗？ ④竖子：无能小子。 ⑤辞决：告别。决：同"诀"。

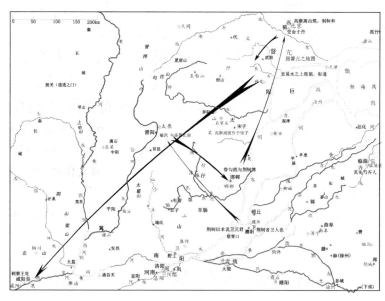

荆轲刺秦王

　　太子及宾客知其事者，皆白衣冠以送之①。至易水之上，既祖②，取道③，高渐离击筑，荆轲和而歌，为变徵之声④。士皆垂泪涕泣。

又前而为歌曰："风萧萧兮易水寒，壮士一去兮不复还！"复为羽声慷慨⑤，士皆瞋目⑥，发尽上指冠。于是荆轲就车而去，终已不顾⑦。

【注释】 ①白衣冠：丧服。用丧服送行，示此行志在必成，不成功，便成仁。 ②祖：祭路神，饯行。 ③取道：上路。 ④变徵之声：悲恻苍凉之声。古代乐音为宫、商、角、徵、羽五音，另又有变宫、变徵二音。变徵介于角、徵之间，相当于如今七阶音调中的 F 调，韵味苍凉。 ⑤复为羽声慷慨：羽声，当今之 A 调，慷慨激昂。 ⑥瞋目：感情激动而睁大眼睛。 ⑦终已不顾：始终连头都不回。

（以上为第三段，写荆轲在太子丹的催逼下，带着樊於期头及督亢地图离燕去秦。）

遂至秦，持千金之资币物，厚遗秦王宠臣中庶子蒙嘉①。嘉为先言于秦王，曰："燕王诚震怖大王之威②，不敢举兵以逆军吏③，愿举国为内臣④，比诸侯之列⑤，给贡职如郡县⑥，而得奉守先王之宗庙⑦。恐惧不敢自陈，谨斩樊於期之头，及献燕督亢之地图，函封，燕王拜送于庭，使使以闻大王。唯大王命之。"

【注释】 ①中庶子：官名。掌王族户籍。 ②震怖：恐惧。 ③逆军吏：对抗秦军。 ④内臣：内属为臣。 ⑤比诸侯之列：排列在诸侯朝贡秦的队伍里。 ⑥给贡职如郡县：像秦之郡县一样进贡应差。 ⑦得奉守先王之宗庙：以便能奉守燕国的先王宗庙。即以内属来换取秦不灭燕。

秦王闻之，大喜。乃朝服①，设九宾②，见燕使者咸阳宫③。荆轲奉樊於期头函④，而秦舞阳奉地图匣，以次进⑤。至陛⑥，秦舞阳色变震恐。群臣怪之。荆轲顾笑舞阳，前谢曰："北蕃蛮夷之鄙人⑦，未尝见天子，故震慑⑧。愿大王少假借之⑨，使得毕使于前⑩。"秦王谓轲曰："取舞阳所持地图。"轲既取图奏之⑪。秦王发图⑫，图穷而匕首见⑬。因左手把秦王之袖，而右手持匕首揕之。未至身，秦王惊，自引而起⑭，袖绝。拔剑，剑长，操其室⑮；时惶急，剑坚，故不可立拔。荆轲逐秦王，秦王环柱而走。群臣皆愕，卒起不意⑯，尽失其度⑰。而秦法，群臣侍殿上者，不得持尺寸之兵；诸郎中执兵⑱，皆陈殿下，非有诏召，不得上。方急时，不及召下兵，以故荆轲乃逐秦王。而卒惶急，无以击轲，而以手共搏之。是时，侍医夏无且以其所奉药囊提荆轲也⑲。秦王方环柱走，卒惶急，不知所为，左右乃曰："王负剑⑳！"负剑，遂拔，以击荆轲，断其左股。荆轲废㉑，乃引其匕首以擿秦王㉒；不中，中铜柱。秦王复击轲，轲被八创。轲自知事不就，倚柱而笑，箕倨以骂曰㉓："事所以不成者，以欲生劫之㉔，必得约契以报太子也㉕。"于是左右既前杀轲，秦王不怡者良久㉖。已而论功，赏群臣及当坐者各有差㉗；而赐夏无且黄金二百镒，曰："无且爱我，乃以药囊提荆轲也。"

【注释】　①朝服：穿上上朝礼服。　②设九宾：举行隆重的接待仪式。九宾：傧相九人依次传呼接引上殿。宾：通"傧"，赞礼之人。　③咸阳宫：秦都咸阳宫，在这里接待使者最为隆重。　④奉：通"捧"。　⑤以次进：按正、副使先后次序前进。　⑥陛：皇宫台阶。　⑦北蕃蛮夷之鄙人：北边属国的粗野人。指秦舞阳，没见过世面，故色变，以掩饰其惊慌。北蕃：北方的藩属。　⑧震慑：惊恐畏惧。　⑨假借：宽容。　⑩毕使于前：让他在大王面前完成他的使命。　⑪奏之：呈献给秦王。　⑫发图：打开卷成一轴的地图。　⑬图穷而匕首见：展完图卷露出了匕首。穷：尽。　⑭自引而起：谓秦王抽身奋起。　⑮操其室：抓着剑鞘。室：剑鞘。　⑯卒：通"猝"，突然。　⑰尽失其度：满朝文武官员全部惊恐，失去了常态。　⑱郎中：官名，掌宫廷侍卫。　⑲提：投击。　⑳王负剑：大王赶快把剑推到背上再拔。　㉑废：倒下。　㉒擿（zhì）：同"掷"。　㉓箕倨：伸开两腿而坐，形状似箕，为对人极不礼貌的动作。　㉔生劫之：活捉胁迫你。　㉕必得约契以报太子也：目的只是要得到你退还诸侯侵地的约言好回报燕太子。　㉖不怡：不愉快。　㉗当坐：治罪。

　　于是秦王大怒，益发兵诣赵①，诏王翦军以伐燕，十月而拔蓟城②。燕王喜、太子丹等尽率其精兵东保于辽东③。秦将李信追击燕王急，代王嘉乃遗燕王喜书曰："秦所以尤追燕急者，以太子丹故也。今王诚杀丹献之秦王，秦王必解，而社稷幸得血食④。"其后李信追丹，丹匿衍水中⑤，燕王乃使使斩太子丹，欲献之秦，秦复进兵攻之。后五年⑥，秦卒灭燕，虏燕王喜。其明年，秦并天下，立号为皇帝。于是秦逐太子丹、荆轲之客⑦，皆亡⑧。

【注释】　①诣赵：进兵增援驻于赵地的秦兵。　②十月：指公元前226年秦历十月。蓟城：燕都，在今北京市西南隅。　③辽东：在今辽宁省东南部地区。　④社稷幸得血食：国家侥幸能保全。社稷：指代国家。　⑤衍水：今辽东太子河。　⑥后五年：公元前222年。　⑦逐：追捕。客：指荆轲与太子丹的党羽。　⑧亡：隐匿。

高渐离变名姓为人庸保①，匿作于宋子②。久之，作苦③，闻其家堂上客击筑，彷徨不能去④。每出言曰："彼有善有不善。"从者以告其主，曰："彼庸乃知音，窃言是非。"家丈人召使前击筑⑤，一坐称善⑥，赐酒。而高渐离念久隐畏约无穷时⑦，乃退，出其装匣中筑与其善衣⑧，更容貌而前。举坐客皆惊，下与抗礼⑨，以为上客。使击筑而歌，客无不流涕而去者。宋子传客之⑩，闻于秦始皇，秦始皇召见。人有识者，乃曰："高渐离也。"秦皇帝惜其善击筑，重赦之⑪，乃矐其目⑫，使击筑，未尝不称善。稍益近之⑬。高渐离乃以铅置筑中，复进得近，举筑朴秦皇帝，不中。于是遂诛高渐离，终身不复近诸侯之人。

【注释】　①庸保：受雇为帮工。庸：通"佣"。　②匿作：隐姓埋名做苦工。宋子：赵邑，在今河北赵县北。　③作苦：劳作累了时。　④彷徨不能去：老在那儿徘徊，不忍离去。　⑤丈人：主人。　⑥一坐称善：堂上满座客人全都叫好。坐：通"座"。⑦念久隐畏约无穷时：心想老是这样隐姓埋名，畏畏缩缩，何时是了。穷：止境，竟了。⑧善衣：好衣服。　⑨下与抗礼：来到堂下用平等的礼节相待他。抗礼：行平等的礼。⑩传客之：互相轮流请他做客。　⑪重赦之：特别赦免了他的死罪。　⑫矐（huò）其目：熏瞎他的眼睛。　⑬稍益近之：渐渐地接近始皇。

鲁勾践已闻荆轲之刺秦王，私曰："嗟乎！惜哉其不讲于刺剑之术也①！甚矣，吾不知人也②！曩者吾叱之，彼乃以我为非人也③！"

【注释】　①惜哉句：可惜荆轲不精通刺剑的技术。　②甚矣，吾不知人也：我也真是太不了解荆轲了。甚矣：太，过于。　③彼乃以我为非人也：荆轲定然以我为非同道之人。

（以上为第四段，具体写荆轲刺秦王，以及高渐离击秦王均遭失败的情况。）

太史公曰：世言荆轲，其称太子丹之命，"天雨粟，马生角"也①，太过②。又言荆轲伤秦王，皆非也。始公孙季功、董生与夏无且游③，具知其事，为余道之如是④。自曹沫至荆轲五人，此其义或成或不成，然其立意较然⑤，不欺其志⑥，名垂后世，岂妄也哉！

【注释】　①天雨粟，马生角：这就是流传的天助燕太子丹的故事。燕太子丹在秦欲归，秦王说，乌鸦的头变成了白色，天上落下米谷，马头上长角，就让你回国。太子丹仰天长叹而三事如愿，秦王不得已，只好让太子丹归国。雨：落下。　②太过：太过分，指天助燕太子丹的传说太无凭据，不可信。　③游：交游。　④为余道之如是：荆轲传中所记载的事实是公孙季功和董生讲的。余：王国维认为是指司马谈，故这一句是司马迁转述其父谈语。因荆轲刺秦王在公元前 227 年，下距司马迁之生公元前 145 年已有八十二年，年齿似不相及。按，设若公孙季功及董生与夏无且为逮及的忘年之交，二人与司马迁亦为相接的忘年之交，司马迁仍有可能从二人游。此当存疑待考。　⑤较：同"皎"，洁白。⑥志：志向，指刺客们所行的义。

（以上为第五段，作者交代对荆轲事迹的考核和对刺客的总评价。）

📝 讲　析

《荆轲列传》是《刺客列传》的一部分。《刺客列传》记载了曹沫、专诸、豫让、聂政、荆轲五个人的事迹。司马迁之所以要为他们五个人立传，是因为在司马迁看来，尽管他们的事业有人成功了，有人并未成功，但是他们"立意较然，不欺其志"，也就是说，他们目标明确，说话算话，毫不含糊。《刺客列传》全文五千多字，而荆轲一个人就占了三千多字。作品描写了荆轲为解救燕国危亡而谋刺秦王的全过程，赞扬了荆轲、田光等为扶助弱小、反抗强暴而不惜自我牺牲的勇敢侠义精神。由于荆轲的行为远远超出了专诸、豫让、聂政的那种"借友报仇"，具有强烈的政治色彩，因此，不论从其实际影响，还是从文章的篇幅来说，荆轲都是《刺客列传》里的中心人物。清代郭嵩焘说："史公之传刺客，为荆卿也，而深惜其事不成。其文迷离开合，寄意无穷。荆卿胸中尽有抱负，尽有感发，与游侠者不同。又杂出盖聂、鲁勾践、田光先生、高渐离，备极一时之奇士，又有屠狗者一人。而终惜荆卿之不知剑术，借鲁勾践之言发之，为传末波澜。"（《史记札记》）这话说得很好。但是对于荆轲刺秦这件事情应该怎样评价，或者说本文的思想意义在哪里呢？下面谈两点：

第一，见义勇为，急人之难，扶助弱小，不畏强暴，荆轲这种慷慨磊落、不怕牺牲的精神，是非常感染人的。

荆轲是卫国人，附庸于魏。魏被秦灭后，荆轲四海漂泊。燕国与他一不沾亲，二不带故。在秦国大兵压境国家面临危亡之时，当田光对他说："光与子相善，燕国莫不知。今太子闻光壮盛之时，不知吾形已不逮也，幸而教之曰：'燕、秦不两立，愿先生留意也。'光窃不自外，言足下于太子也。愿足下过太子于宫。"荆轲曰："谨奉教。"于是就去见太子丹，为他做刺客去了。过程就是这样简单，没有任何迟疑，没有任何条件。荆轲这时想的是什么呢？他这样做究竟是图什么呢？我们不能简单地认为古人就是不怕死，须知古人也是人哪！晋朝诗人陶渊明在他的《咏荆轲》诗中说："燕丹善养士，志在报强嬴。君子死知己，提剑出燕京。"我们细细地品读《荆轲列传》，能够认为太子丹是荆轲的"知己"吗？他对荆轲首次说："秦兵旦暮渡易水，则虽欲长侍足下，岂可得哉！"二次说："日已尽矣，荆卿岂有意哉？丹请得先遣秦舞阳。"以至于气得荆轲大骂道："何太子之遣！往而不返者，竖子也。且提一匕首入不测之强秦，仆所以留者，待吾客与俱。今太子迟之，请辞决矣！"从这些地方，我们难道就可以认为作者的意图是要表现燕太子丹与荆轲知与被知的关系吗？

当然，司马迁是歌颂"士为知己者死"的。他在《报任安书》中说过这种话；在《赵世家》中写的程婴与公孙杵臼，在《孟尝君列传》中写的冯谖，以及在《刺客列传》中写的专诸、豫让、聂政等，也都是这种人。他们的这种知与被知，乃是一种收买与被收买、豢养与被豢养的关系。明代黄洪宪说："司马迁传刺客凡五人，专诸为下，聂政为最下。夫丈夫之身所系亦大矣，聂政德严仲子百金之惠，即以身许之。且侠累与仲子非有杀君父之仇，特以争宠不平小嫌耳。在仲子且不必报，政为其所知，即当谏诅。不听，则归其金已耳。何至挺身刃累，而自裂其面、碎其体以为勇乎？以为义乎？此与羊豕之货屠为肉何异，愚亦甚矣。"（《史记评林》引）司马迁歌颂这种人，当然有出于他激愤汉代上流社会趋炎附势、世态炎凉的一面，但在这里也明显地表现出了司马迁道德观念上的片面性。荆轲则不是这样，他之所以答应太子丹为之入秦行刺，乃是出于他对秦国的仇恨，和对东方六国人民的同情，太子丹当然也是其中的一分子。荆轲自己就是身受秦国之害，被秦国弄得国破家亡的。作品对此一开头就交代了："荆卿好读书击剑，以术说卫元君，卫元君不用。其后秦伐魏，置东郡，徙卫元君之支属于野王。"从此卫国从地图上被抹掉了。其后，作品又一再交代："秦日出兵山东以伐齐、楚、三晋，稍蚕食诸侯"；"秦已虏韩王，尽纳其地。又举兵南伐楚，北临赵。王翦将数十万之众拒漳、邺。而李信出太原、云中"；"秦将王翦破赵，虏赵王，尽收入其地。进兵北略地至燕南界"，如此等等。荆轲正是在这样的自身遭遇和这样的政治形势下，答应太子丹之请，并为之勇敢地献出了生命的。这些能简单地用一个"君子死知己"来概括吗？不错，本传中曾两次出现过"报"字。先是荆轲对太子丹说："诚得樊将军首与燕督亢之地图，奉献秦王，秦王必悦见臣，臣乃得有以报。"后荆轲被秦王砍伤后箕踞以骂曰："事所以不成者，以欲生劫之，必得约契以报太子也。"这两处的"报"字，都很难落实为是报答知己之恩的意思。就荆轲的某些原始思想而论，近似于游侠。其基本特征乃如司马迁在《游侠列传》中所说的："其言必信，其行必果，已诺必诚，不爱其躯，赴士之厄困。"但就其如何使用其才，如何使用其躯而言，则又决然不同于那些轻举妄动的游侠，而是深沉干练，明大义，识大体，类似于侯嬴和鲁仲连。他们的义愤都是为国难而发的。他们临危不惧，挺身而出，在强大的敌人面前表现出了一种不可侵犯，不可折服的崇高人格。他们都是战国时期的杰出人物，他们的那种浩然正气，对我国后世人民产生了重要的影响。

第二，危亡关头，不甘失败，破釜沉舟，背城一战。虽事业未成，而其奋斗精神是极其感人的。

战国后期，秦国最强。秦国日益扩大，"非尽亡天下之国而臣海内，必不休矣"（信陵君语）的形势，是当时的有识之士都已经看到了的。问题是在这种局势下，作为东方六国的有志者，面对着秦国日甚一日的蚕食、进攻、屠杀，是振奋自己，壮大自己，从斗争中求独立、求生存呢？还是自暴自弃，自甘失败、束手投降、任人宰割呢？而这后者不论从理论上，还是从实践上，恐怕都是不应该的。有人说秦朝代表着先进的生产力、生产关系，荆轲之流反对秦国，简直是"跳梁小丑"企图螳臂挡车，这样说也不好。拿破仑曾代表着最先进的生产力和生产关系，当他率领法国军队进攻奥地利、德国、意大利、俄罗斯的时候，恩格斯曾说他是"革命的代表"，是"革命原理的传播者"，是"旧的封建社会的摧毁人"（《德国状况》）。但马列主义经典作家们同时又都高度赞扬、高度评价那些保卫自己的国家，勇敢抗击拿破仑入侵的苏沃洛夫、库图佐夫等人，称他们是伟大的爱国英雄。当然，战国时期我国境内的国家概念与 19 世纪欧洲的国家概念性质不同，但是我们也应该知道，战国时期的国家关系，与唐朝的藩镇割据以及后来的五代十国，性质也是不同的。不注意到这一点，那就会将对屈原、蔺相如、信陵君等一大批杰出人物的评论失去标准。

也有人说，当时秦国的胜利已成定局，荆轲的行刺即使成功了，杀一秦王，另换一秦王，燕国照样灭亡。因此他的这种活动是完全没有意义的。这种说法也不太好。我们当然明白，靠暗杀活动不能解决革命的根本问题，这是马列主义的基本观点。但是我们也必须明白，当一个国家，一个民族到了山穷水尽、无路可走的时候，背城一战、作困兽之斗的精神仍是可歌可泣的。尽管也许有人骂他"黔驴技穷"，但我们觉得一头在与老虎踢咬搏斗中被吞吃的驴子，至少要比在伏地求饶中被吞吃的驴子更值得同情与赞赏。明代黄洪宪说："当燕丹时，内无强力，外无奥援，而以屠国当枭鸷之秦，此谓卵抵泰山者也。故刺秦亦亡，不刺亦亡，故刺秦王非失计也。夫乌附，五石，非长生之药也，若有寒㤠之疾中于关窍，则乌附用；诡痛诡疽起，则五石用。等死耳，冀万一其效之，故人有死疾，则乌附、五石不可废，当丹之时，垂绝之国，则荆轲未可非也。"（《史记评林》引）清代吴见思说："此时之燕，刺秦王亦亡，不刺秦王亦亡，太子丹所以刺秦王也。"又说："外无救援，正写得无奈何之极，以见太子之计亦无聊而一掷耳，不然何以至此。后人不深心读之，故言其愚。"（《史记论文》）这话说得多么好啊！司马迁也正是从这个角度肯定燕太子丹，而批判燕王喜、代王嘉；歌颂荆轲、田光、樊於期、高渐离等一批慷慨勇烈之士，而蔑视鞠武那种表面像是老成周详，而其实是一根软骨头的投降派。

荆轲的行刺虽然失败了，但是这件事对秦朝的震动是巨大的。它使得"群臣惊愕，卒起不意，尽失其度"；它使得"秦王不怡者良久"。经过这次事变的打击，再加上后来高渐离又于摸索中扑了他一筑，因此吓得秦始皇从此"终身不复近诸侯之人"，使得他在此后十几年中每天都在疑神疑鬼怕遭暗算的惶恐中过日子。这种威慑力还小吗？荆轲的这种行为向一切专横者、征服者们表明：一个国家，它的版图尽管小，它的人口尽管少，但是它的人心不可欺、尊严不可侮，谁要想进攻、掠夺、征服它，谁就必将引起被压迫人民的坚决抵抗。荆轲这个事件的客观影响、客观意义，远远地超过了这个事件的本身。它已经化成了一种强大的精神力量，融入在我们中华民族的英雄气质与光荣传统之中。

《荆轲列传》的艺术性是很高的，这里特地详说，主要有以下三个方面。

第一，它有一个完整而精彩的艺术结构，它具有后世小说所要求的那种开头、发展、高潮、尾声，一步一步，层次分明。

作品的主要矛盾是秦、燕两方。燕以太子丹为代表，而太子丹又以荆轲为代表。本篇的主要矛盾最后就表现在秦王与荆轲两人身上。但是荆轲根本不是燕国人，如何让他和秦王冲突起来呢？因此，作品前面用了很大篇幅具体地描写荆轲由一个卫国人逐步成为燕国、实际也就是整个东方六国利益的代表的过程。

作品一开始就交代荆轲"好读书击剑"，而且曾经"以术说卫元君"。在这秦兵日逼、国难当头的时候，他是想为国家效力的。但无奈卫元君不用，结果卫国和它的宗主国魏国很快就被秦国灭掉了。通过这件事作者表明了荆轲的见识、才干、抱负。如果作为一篇小说看的话，这就是开头。而后作为一个国破家亡的流浪者，荆轲向北出游了。他先到了赵国的榆次、邯郸，在那里不仅无人赏识，而且还受到了侮辱。于是他又继续北游，到了燕国。燕国上层起初也无人赏识他，他只是在下层人中结交了几个知心朋友。这是故事的第一步发展。

随后，燕太子丹由秦国逃回，燕、秦之间矛盾开始加深。随后秦将樊於期又因得罪秦王而逃往燕国，燕太子收留了他，燕、秦矛盾更为激化。在这种危机日益严重的情况下，燕王喜与其左右大臣们是一筹莫展、束手待毙的。这时只有一批下层的侠义之士赞助太子丹坚决抗秦。荆轲就是在这种情况下被田光推荐给了太子丹。这是故事的第二步发展。

荆轲见太子丹后，答应了替他入秦行刺的请求，并取得了燕国督亢的地图、秦国叛将樊於期的人头、徐夫人匕首，以及太子丹给他配备的助手秦舞阳等，准备只能如此，于是荆轲出发了。这是故事的第三步发展。

到此为止，荆轲已经完成了由一个局外人变成燕国和所有东方国家利益代表的过程。如果作为一篇小说看，这几段就是矛盾的发展。在这几段当中，作者的主要力量是在描写燕国一方，而对于秦国一方只是用了虚写的方法。作品从一开始就总是不时地提到秦国的动态，如"其后秦伐魏，置东郡，徙卫元君之支属于野王"，"其后秦日出兵山东以伐齐、楚、三晋"，"秦已虏韩王，尽纳其地，又举兵南伐楚北临赵"等等。从而使得秦王虽未出场，但他却像一个巨大的魔影，笼罩着全篇，而且他越来越向燕国逼近，最后乃至完全压在了头上。荆轲入秦后，通过中庶子蒙嘉得以接近了秦王。至此，主要矛盾的双方正式交锋，于是出现了图穷匕首见、秦廷惊变的剧烈场面。这是故事的高潮。最后秦王大怒，派兵灭了燕国，以及高渐离再次行刺，这是故事的结束，是尾声。这样完整的艺术结构，在《史记》中是不多的。除《荆轲列传》外，只有《田单列传》《蔺相如列传》等很少的几篇。对于这几篇，我们如果称之为我国最早的短篇小说，是完全可以的。

第二，作品对荆轲这个人物的塑造是相当成功的，他给人留下了极其鲜明的印象。作者表现荆轲的性格，有三大特征，叙之如次：

其一是他的深沉不外露。当他路过榆次，与盖聂论剑时，"盖聂怒而目之"，荆轲并未计较，只是自己离榆次而去。当他游于邯郸时，与鲁勾践博，争道，"鲁勾践怒而叱之"，荆轲又未计较，只是自己"嘿而逃去，遂不复会"。这都是对壮士的侮辱啊，荆轲为什么不计较呢？《管晏列传》中越石父曾说，"君子屈于不知己而信于知己者，方吾在缧绁中，彼不知我也"，对一个不了解自己的人有什么必要计较呢？难道犯得上与他拼命？甚至于后来的韩信连胯下之辱也还能忍受呢！作品说荆轲"沉深好书"，就是指这些。鸟之将飞，必先敛翼；人之将跃，必先曲足；壮士欲有所为，必得先有所无为。明代王世贞说："太史公称其为人'智深而勇沉'，有味乎言之也。凡智不深则非智，勇不沉则非勇，深所以藏智，而出之使不测，沉所以养勇，而发之使必遂。"（《史记评林》引）。清代郭嵩焘说："荆卿胸中尽有抱负，尽有感发，与游侠者不同。"（《史记札记》）这话是很对的。

　　其二是他的见义勇为，奋不顾身。荆轲在燕国，上流社会并不认识他。但当田光告诉他"燕秦不两立"这个意思，而且说这件事本来是该自己去干的，无奈由于年老，"形已不逮"，只好拜托荆轲时，荆轲没有任何犹豫，立刻就回答说"谨奉教"。这件事在外人看来也许觉得和他并无关联，而且这又将担负起一种何等的干系啊！可是他居然一口答应了，而且平静坦然到这种程度。古往今来的见义勇为，急人之难，像这样的也不是很多。当其他准备已基本就绪，而荆轲还要等一个助手，"其人居远，未来"时，这时秦兵已经"虏赵王，尽收入其地。进兵北略地，至燕南界"，太子丹已经沉不住气了。他催促荆轲出发。这时荆轲怒，"叱太子曰：'何太子之遣！往而不返者，竖子也。且提一匕首入不测之强秦，仆所以留者，待吾客与俱。今太子迟之，请辞决矣！'遂发"。乍看起来，荆轲在这里的发怒似乎毫无道理，但我们细细地读完了下面的文字之后，就能够理解作者这样描写荆轲的意图，就能够体会这"提一匕首入不测之强秦，仆所以留者，待吾客与俱"这几句话的分量了。秦舞阳十三岁时就曾杀人不眨眼，在太子丹看来，这也算得上是勇士了，但荆轲不满意。而后来的事实也完全说明了秦舞阳的不中用，这是一个徒有其名、成事不足、败事有余的家伙。当"图穷而匕首见，（荆轲）因左手把秦王之袖，而右手持匕首揕之。未至身，秦王惊，自引而起"，以及"荆轲逐秦王，秦王环柱而走"的时候，这不正是需要助手帮忙的地方吗？遗憾的是，秦舞阳竟一点儿作用也没起。荆轲行刺失败的原因，其一是他自己的剑术不行，其二就是太子丹错派了秦舞阳给荆轲当助手。这样我们回过头来再想荆轲当时的发怒，不就更能想到他能识人、能料事的所谓"沉深"了吗？尽管荆轲发怒，他还是立刻出发了。因为他看到了当时的形势已经迫在眉睫，太子丹虽然庸碌急躁，但也实在不能再怪他的催促了。于是他只有把这难以负荷的重任通通让自己担起，只有靠自己去临时置宜，尽力而为了。这入秦行刺在当时本来就是一件不得已的、强不可为而为之的事情，再加上助手不如意，而为了解救燕国的燃眉之急又势在必行，这时荆轲内心的复杂心理是可以想象的。这里突出地表现了荆轲见义勇为、急人之难，把天大的困难一人担的豪迈气概。

其三是他的从容镇静，勇气超人。当作品写到这个故事的高潮时，作者详细地描写了当时的情景："秦王闻之，大喜。乃朝服，设九宾，见燕使者咸阳宫。荆轲奉樊於期头函，而秦舞阳奉地图匣，以次进。至陛，秦舞阳色变震恐。群臣怪之。荆轲顾笑舞阳，前谢曰：'北蕃蛮夷之鄙人，未尝见天子，故震慑。愿大王少假借之，使得毕使于前。'"在马上就要坏事的当口，这段话说得多么及时，多么巧妙啊！作者用了一个"顾笑"，一个"前谢"，突出地表现了荆轲的从容镇定，而尤其巧妙的是那副悠游坦荡的样子。当荆轲被秦王砍伤后，自知事不就时，又"倚柱而笑，箕踞以骂"云云，又是一个"笑"字。清代顾炎武说："荆轲所以为神勇者，全在临时一毫不动，此孟贲辈所不及也。"（《菰中随笔》）

也有某些贬斥荆轲的人，说他前面的等人是借故推托，是故作大言以文其怯，这恐怕不是作者的本意。不过作品中有两处写得不好，从而有损于荆轲的性格，这倒是真的。一个是前面荆轲见太子丹后，"太子日造门下，供太牢，具异物，间进车骑美女，恣荆轲所欲，以顺适其意"。作品未写荆轲对此做何反应，似乎是就这样享用了，这有损于豪侠之士的形象；另一个是作品写荆轲行刺时，只说"左手把秦王之袖，而右手持匕首揕之。未至身，秦王惊，自引而起"，这就很像是荆轲还没有来得及对秦王进行威胁，讲条件，就让秦王逃脱了。结果下面又让荆轲说："事所以不成者，以欲生劫之，必得约契以报太子也。"两处脱榫，于是就使读者觉得荆轲是在故意自欺欺人地说大话。因而顾炎武就说："荆轲'生劫'一语乃解嘲之辞，其实剑术疏耳。错处只在'未至身'三字之间。"（《菰中随笔》）这些我认为是作者在叙事描写过程中的个别疏漏，而不是有意地贬低讽刺荆轲。而且退一步说，即使荆轲果真有这种缺点，那也不会影响战国及汉初的人们对他大节的评价。荆轲这个形象对后世的影响是巨大的，陶渊明曾敬佩地说："其人虽已没，千载有余情。"骆宾王在渡易水时曾说："昔时人已没，今日水犹寒。"都表现了后人对荆轲的崇敬与向往。

第三，这篇作品的具体表现方法，有许多都是很精彩的，对于塑造人物起了非常重要的作用。表现的艺术方法，亦有三大特征，如次：

其一是非常巧妙地运用了衬托对比的方法。作品在描写荆轲的同时，还写了田光的侠肝义胆，他是为了极力促成此事，为了激励荆轲、坚定荆轲的反秦信念而自杀的。田光这种死的意义，与《魏公子列传》中侯嬴死的意义相同，都是因为他们自己的年事已高，不能亲自去参加抗秦的活动了，于是便以自己的死来激励、来强化魏公子、荆轲等这种当事人的信念与决心。同时还写了樊於期为助成荆轲此行，而献出了自己的人头。作品最后又写了高渐离的刺秦，作为荆轲此举的余波。这些人都是一些见义勇为、奋不顾身的激昂慷慨的人物，他们彼此映照，互相激励，从而更加衬托了荆轲，更突出了荆轲这一活动的意义。后世人们所说的"燕赵多慷慨悲歌之士"，就是指这一群豪侠而言。明代凌稚隆说："此传多慷慨之士，因荆卿而波及田光、樊於期、高渐离等，其一时意气所激，而成风欤？"同时作品也写了鞠武、秦舞阳等一批软弱、不中用的人，用他们来和荆轲做对比。尤其是秦舞阳在秦王殿前那种"色变震恐"的表现，从反面有力地突出了荆轲的神勇。这是本文中最精彩的描写之一。

　　其二是在渲染气氛、描写场面上有突出成就。作品写荆轲离开燕国，燕太子丹为之送行的场面时说："太子及宾客知其事者，皆白衣冠以送之。至易水之上，既祖，取道，高渐离击筑，荆轲和而歌……曰：'风萧萧兮易水寒，壮士一去兮不复还！'复为羽声慷慨，士皆瞋目，发尽上指冠。于是荆轲就车而去，终已不顾。"在这个场面上出现的形象是秋风、寒水、白衣、悲筑、豪歌、发指、瞋目。在这样一派惊心动魄的氛围中，作者再加上了荆轲即景作歌这样画龙点睛的一笔，于是就使得文章通体皆活，使荆轲的形象、气质，以及这个易水送别的场面立刻变得更加慷慨淋漓，恣意横生了。明代董份说："荆轲歌易水之上，就车不顾。只此时，懦士生色。"（《史记评林》引）孙月峰说："只此两句，却无不慷慨激烈，写得壮士心出，气盖一世。"（《评注昭明文选》）

　　作品在描写秦廷惊变的场面时，用笔尤为绝伦。开始作者先写了蒙嘉对秦王的一套奉承，秦王是带着接受降书降表那种得意满足的心情来接见荆轲的。整个咸阳宫里的威严好不吓人，以至于使秦舞阳这个有名的大勇士都一下子被吓晕了。这种极力的铺陈渲染，起着一种欲抑先扬的作用。当图穷匕首见，荆轲一刀刺向秦王的时候，整个大殿上的人都被吓呆了："秦王惊，自引而起，袖绝。拔剑，剑长，操其室；时惶急，剑坚，故不可立拔。荆轲逐秦王，秦王环柱而走。群臣皆愕，卒起不意，尽失其度。而秦法，群臣侍殿上者，不得持尺寸之兵；诸郎中执兵，皆陈殿下，非有诏召，不得上。方急时，不及召下兵，以故荆轲乃逐秦王。而卒惶急，无以击轲，而以手共搏之。是时，侍医夏无且以其所奉药囊提荆轲也。秦王方环柱走，卒惶急，不知所为，左右乃曰：'王负剑！'负剑，遂拔，以击荆轲，断其左股。荆轲废，乃引其匕首以擿秦王；不中，中铜柱。"这是多么眼花缭乱的描写啊！秦王一边拔剑，一边绕柱奔跑，荆轲在后紧追不舍，殿上殿下的群臣百官一片慌乱，以手搏的，以药囊打的，着急害怕而又不敢上殿救驾的，千姿百态，如在眼前。语言短促，气氛紧张。吴见思说："凡二十九字，为十句，作急语，然又详尽如此。"又说："此时正忙，作者笔不及转，观者眼不及眨之时也，乃偏写'剑长操室'，又写群臣及殿下诸郎及夏无且，然偏不觉累赘，而一时惶急，神情如见。"（《史记论文》）《史记》中紧张、精彩到这种程度的描写也并不甚多，只有《项羽本纪》《吕后本纪》《廉颇蔺相如列传》《田单列传》等少数篇章可以与之并提。

其三是组织严密，前后呼应。文章一开头就提出了荆轲的"好读书击剑"，这是非常重要的。因为"读书"二字与荆轲的见识、修养有关系，而"击剑"二字则更是连接着本文的中心问题了。随后，作品写荆轲游榆次时与盖聂论剑，说盖聂曾"怒而目之"，而且又写了盖聂对荆轲的评论，说是"曩者吾与论剑有不称者"。这些描写也都是非常重要的，这是在为日后荆轲刺秦的失败做伏线。荆轲的人格，荆轲的勇气，以及这次举动的整体安排部署，一切都无可指责。令人遗憾的就是荆轲剑术不精。作者在前边已经交代了那把匕首的厉害，说是"以试人，血濡缕，人无不立死者"。那就是说，荆轲当时竟然连秦王的一点儿皮也没碰上。这是作者深为惋惜的，所以他在作品最后又写了鲁勾践听到荆轲刺秦之后的一段自责说："嗟乎！惜哉其不讲于刺剑之术也！甚矣，吾不知人也！曩者吾叱之，彼乃以我为非人也！"一方面他觉得自己当初没有认出荆轲这位大英雄，很为自己当时对荆轲的无礼而感到愧悔；同时又深深遗憾荆轲的剑术不精，致使功败垂成，千载遗恨。这是作者在借此抒情，借此表达自己写作此传的用意。晋代诗人陶渊明在他的《咏荆轲》诗中也感慨地说："惜哉剑术疏，奇功遂不成。"这些看法是符合司马迁原意的。

此外，作品还在篇末又写了高渐离的刺秦活动，与荆轲的刺秦彼此呼应，成为这个惊天动地的英雄故事的余波，读后使人觉得生气勃勃，余韵无穷。明代董份说："轲传之有离，即政传之有姊，皆天下传奇也，故矗矗。"茅坤说："末复附高渐离一着，以为曲终之奏。"

荆轲其人与《荆轲列传》其文，都对后世有深远的影响。明代李廷机说："余平生酷好荆轲传，非特慕其奇踪，亦喜子长善于模写。清宵籁静，展卷读之，击节酸鼻，觉悲风从窗隙入，岂燕歌故有此耶？渐离瞎目报丹，亦不负此筑者。"凌约言说："荆轲叙传历历如在目前，词意严密慷慨，无毫发遗恨。"

最后附带说一下作品的著作权问题。《刺客列传》最后说："太史公曰：世言荆轲，其称太子丹之命，'天雨粟，马生角'也，太过。又言荆轲伤秦王，皆非也。始公孙季功、董生与夏无且游，具知其事，为余道之如是。"从这段文字看，这篇作品完全是司马迁自己的首创。但是我们再打开《战国策·燕策三》来看，其中也有荆轲刺秦的一段。它从"燕太子丹质于秦亡归"开始，一直写到高渐离刺秦始皇为止。文字与《史记·刺客列传》基本相同。这到底是怎么一回事呢？明代邓以赞说："此则荆轲事，皆公孙、董生二人所述者。乃今《国策》所载与此略不甚异，何也？岂刘子政校《国策》，摭此传以附益之耶？"（《史记评林》引）清代吴见思也说："据史公云：荆轲之事、亲得之公孙季功、董生，而此文反若从《战国策》中改出，何也？岂《国策》既缺，而刘向之徒摭史公之文以附益之欤？"（《史记论文》）持这种看法的还有方苞等人。也有人认为今本《战国策》上的那段文字还是固有的，司马迁所增加、改动的只是开头与结尾。例如明代钟惺说："荆轲传多用《国策》文，然首尾波澜，自是太史公之文。"但我们通观《战国策》的整个文章，似乎很少这样详细地叙述描写，唯有这一篇显得比较特殊，而这篇的风格笔法与《史记》文章倒是特别相合。全面衡量，疑似前说为是。

李斯列传

【题解】　《李斯列传》是司马迁所写辅秦人物中的一篇大传，用以反映秦朝兴亡史的一个侧面，并将赵高、秦二世胡亥两人祸国殃民的罪行交织于篇中。李斯、赵高、胡亥三人同恶相济，又相互争斗。司马迁深刻细腻地描述了胡亥的昏庸无道和赵高的阴险毒辣，用以衬托李斯的软弱妥协，把秦王朝统治阶级争权夺利的丑恶内幕揭露得淋漓尽致。

李斯是一个悲剧人物，他有大功于秦，却具五刑而死，遭夷三族，也真是凄惨。但李斯的形象不能引起读者的同情和赞赏，只是使人可怜、可叹和可憎。因为李斯的个人悲剧带来了历史的悲剧，他对秦朝的速亡应负重大责任。司马迁肯定了李斯帮助秦统一六国、建立制度的历史功绩；但用更多的笔墨记叙、谴责他与赵高合谋、助二世为虐的罪责，成为天下的罪人，改变了历史的进程，其死虽惨，固不足惜也！

本传通过塑造李斯这一历史人物的个人品性来揭示秦朝历史演变的某些原因，极富哲理性，耐人寻味。司马迁用四次叹息的细节描写做眼，展示李斯个人性格的发展，写活了李斯。李斯见厕鼠、仓鼠的不同处境一叹，贵为丞相一叹，篡改遗诏一叹，具五刑一叹。这四叹使得这个具有双重性格的人物形象跃然纸上。

李斯者，楚上蔡人也①。年少时，为郡小吏，见吏舍厕中鼠食不洁，近人犬，数惊恐之②。斯入仓，观仓中鼠，食积粟，居大庑之下③，不见人犬之忧。于是李斯乃叹曰："人之贤不肖譬如鼠矣，在所自处耳！"

【注释】　①李斯：楚上蔡（今河南省上蔡县西）人，从荀卿学治国之术，精通申、韩法家学说，入秦事秦王，在秦的统一战争和建立中央集权制中做出了贡献。秦王称帝，号始皇，李斯为丞相。二世即位，李斯被赵高所杀。　②吏舍厕：即公厕，故厕中鼠一日数惊。　③大庑：有廊檐的大屋。庑（wǔ）：廊檐。

　　乃从荀卿学帝王之术。学已成，度楚王不足事，而六国皆弱，无可为建功者，欲西入秦。辞于荀卿曰："斯闻'得时无怠'①。今万乘方争时②，游者主事③。今秦王欲吞天下，称帝而治，此布衣驰骛之时④，而游说者之秋也。处卑贱之位而计不为者，此禽鹿视肉，人面而能强行者耳⑤！故诟莫大于卑贱⑥，而悲莫甚于穷困。久处卑贱之位，困苦之地，非世而恶利⑦，自托于无为⑧，此非士之情也。故斯将西说秦王矣。"

　　【注释】　①得时无怠：抓到机会就不应松懈。　②万乘：万乘之君。③游者主事：善于游说的人掌握权柄。　④驰骛（wù）：东奔西走。　⑤"处卑贱之位"三句：处在卑贱之位的人，仍没有什么打算，就像是只知吃现成肉的禽兽，这样的人实际上是长着人样却只会走路的动物。计不为：不为计，不做进取的打算。禽鹿：禽兽。　⑥诟：耻辱。⑦非世而恶利：还在口头上非议世俗，厌恶名利。　⑧自托于无为：强打精神以无为自解。无为：无欲，无争。

　　至秦，会庄襄王卒①，李斯乃求为秦相文信侯吕不韦舍人，不韦贤之②，任以为郎③，李斯因以得说。说秦王曰④："胥人者，去其机也⑤；成大功者，在因瑕衅而遂忍之⑥。昔者秦穆公之霸，终不东并六国者，何也？诸侯尚众，周德未衰，故五霸迭兴，更尊周室。自秦孝公以来，周室卑微，诸侯相兼，关东为六国⑦。秦之乘胜役诸侯⑧，盖六世矣⑨。今诸侯服秦，譬若郡县。夫以秦之强。大王之贤，由灶上扫除⑩，足以灭诸侯，成帝业，为天下一统，此万世之一时也⑪。今怠而不急就⑫，诸侯复强，相聚约从⑬，虽有黄帝之贤，不能并也。"秦王乃拜斯为长史⑭，听其计，阴遣谋士⑮赍持金玉以游说诸侯⑯。诸侯名士可下以财者⑰，厚遗结之⑱；不肯者，利剑刺之⑲。离其君臣之计⑳，秦王乃使其良将随其后。秦王拜斯为客卿㉑。

　　【注释】　①庄襄王卒：为公元前 247 年，当年李斯入秦。　②贤之：认为他贤能。③郎：宫廷的宿卫侍从官。　④秦王：秦王政，即后来的秦始皇。　⑤胥人者，去其机也：坐等人家自行衰敝的人，是要失去机会的。胥：同"须"，等待。　⑥"成大功者"二句：成大功的人，总是在有机可乘时下狠心消灭对方。瑕衅：空隙，可乘之机。　⑦关东：函谷关以东。⑧役：役使。 ⑨六世：指秦孝公、惠文王、武王、昭襄王、孝文王、庄襄王。 ⑩由灶上扫除：如同打扫一下锅台，喻轻而易举。由：通"犹"。⑪万世之一时：万年难逢的一个好机会。 ⑫急就：赶紧去做。 ⑬相聚约从：六国合纵联盟。 ⑭长史：丞相府长史，为众史之长，相当于今之秘书长。⑮阴：暗中。⑯赍（jī）：携带。 ⑰可下以财者：可用金钱收买的。 ⑱遗（wèi）：馈赠，收买。 ⑲刺：暗杀。 ⑳离：离间。㉑客卿：用异国人为卿，叫客卿。

（以上为第一段，写李斯的出身、学业和抱负，以及初入秦的际遇。）

会韩人郑国来间秦①，以作注溉渠②，已而觉③。秦宗室大臣皆言秦王曰④："诸侯人来事秦者⑤，大抵为其主游间于秦耳⑥。请一切逐客⑦。"李斯议亦在逐中。斯乃上书曰：

【注释】①郑国：韩国的水工，受命到秦国做间谍，他劝说秦修灌溉渠，想大量耗费人工，延缓秦国东进。 ②作注溉渠：修建灌溉农田的渠。此渠修成名郑国渠，引泾注洛。 ③已而：不久。觉：指郑国当间谍的事败露。 ④言：进言。 ⑤事秦：在秦国做官。 ⑥游间：游说离间。⑦一切：一律。据《秦始皇本纪》，秦国逐客在秦王政十年（公元前237年），主要是因嫪毐案事牵连吕不韦而引起。

臣闻吏议逐客①，窃以为过矣。昔穆公求士，西取由余于戎，东得百里奚于宛，迎蹇叔于宋，来丕豹、公孙支于晋。此五子者②，不产于秦③，而穆公用之，并国二十④，遂霸西戎⑤。孝公用商鞅之法，移风易俗，民以殷盛，国以富强，百姓乐用⑥，诸侯亲服，获楚、魏之师⑦，举地千里⑧，至今治强。惠王用张仪之计⑨，拔三川之地⑩，西并巴、蜀⑪，北收上郡⑫，南取汉中⑬，包九夷⑭，制鄢、郢⑮，东据成皋之险⑯，割膏腴之壤，遂散六国之从⑰，使之西面事秦⑱，功施到今⑲。昭王得范雎，废穰侯，逐华阳⑳，强公室㉑，杜私门㉒，蚕食诸侯，使秦成帝业。此四君者㉓，皆以客之功。由此观之，客何负于秦哉！向使四君却客而不纳㉔，疏士而不用㉕，是使国无富利之实而秦无强大之名也。

【注释】①吏议：朝臣建议。 ②五子：即西戎之由于、虞人百里奚、寓居于宋的蹇叔、晋臣丕豹、游于晋的公孙支五人，皆为秦穆公所用。事详《秦本纪》。 ③产：出生。 ④并国二十：据《秦本纪》，穆公"伐戎，益国十二"。 ⑤遂霸西戎：秦穆公征服诸戎，周襄王任命他为西伯。　⑥乐用：乐于为国效力。　⑦获楚、魏之师：指秦孝公二十一年（公元前340年），商鞅南侵楚，孝公二十二年，商鞅伐魏，俘魏将公子卬。卬：读昂。　⑧举地：攻占土地。　⑨惠王用张仪之计：秦惠王名驷，他任用张仪为相，施行连横之计瓦解六国之合纵，各个击破六国。秦将司马错取蜀，白起破楚鄢、郢，甘茂拔宜阳则在武王之时，这里统举以为张仪之计。因张仪建连横之策是决定全局的战略大计，故以仪为代表统言之。　⑩三川：古地区名，在今黄河以南、灵宝市以东，郑州市以西地区，因境内有黄河、洛水、伊水三川而得名。秦置三川郡，治荥阳。　⑪西并巴、蜀：事在公元前316年，司马错主张秦兵西征，灭亡蜀国，吞并巴国。　⑫上郡：魏郡名，郡治肤施，在今陕西省榆林市东南，公元前328年入秦。　⑬汉中：原属楚地，秦占有后置汉中郡，郡治南郑，即今陕西省汉中市。惠王时秦将魏章取楚汉中。　⑭九夷：泛指当时散居于楚国境内的若干少数民族。　⑮鄢：在今湖北宜城市。郢：在今湖北省江陵县北。两邑先后为楚都。公元前279年，秦将白起破鄢，公元前278年又破郢。　⑯成皋：又名虎牢关，今河南省荥阳市汜水镇，为古代军事重镇。　⑰散：瓦解。　⑱西面：西向。　⑲施(yì)：延续。　⑳废穰侯，逐华阳：秦昭王废穰侯魏冉（昭王母后宣太后异父弟），逐华阳君芈(mǐ)戎（宣太后同父弟），任用客卿范雎，建远交近攻之策，使秦称雄诸侯。　㉑强公室：加强王室的权力。　㉒杜私门：堵塞私人的权势膨胀。　㉓四君：穆公、孝公、惠文王、昭襄王。㉔却：拒绝。　㉕疏士：疏远外来的游士。

今陛下致昆山之玉①，有随、和之宝②，垂明月之珠③，服太阿之剑④，乘纤离之马⑤，建翠凤之旗⑥，树灵鼍之鼓⑦。此数宝者，秦不生一焉，而陛下悦之，何也？必秦国之所生然后可，则是夜光之璧，不饰朝廷⑧；犀、象之器，不为玩好⑨；郑、卫之女，不充后宫⑩；而骏良駃騠，不实外厩⑪；江南金锡，不为用；西蜀丹青，不为采⑫。所以饰后宫、充下陈⑬、娱心意、悦耳目者，必出于秦然后可，则是宛珠之簪⑭、傅玑之珥⑮、阿缟之衣⑯、锦绣之饰不进于前；而随俗雅化⑰、佳冶窈窕赵女不立于侧也⑱。夫击瓮叩缶，弹筝搏髀⑲，而歌呼呜呜快耳目者⑳，真秦之声也㉑。《郑》《卫》《桑间》㉒、《昭》《虞》《武》《象》者㉓，异国之乐也。今弃击瓮叩缶而就《郑》《卫》，退弹筝而取《昭》《虞》，若是者何也？快意当前㉔，适观而已矣㉕。今取人则不然：不问可否㉖，不论曲直㉗，非秦者去㉘，为客者逐。然则是所重者在乎色乐珠玉，而所轻者在乎人民也。此非所以跨海内制诸侯之术也。

【注释】　①昆山：也称昆岗，在今新疆维吾尔自治区和田县，古代盛产良玉。　②随、和之宝：即随侯珠、和氏璧。　③垂明月之珠：衣饰上挂有像月光一样晶莹明亮的宝珠。④服：佩挂。太阿：宝剑名，春秋时吴国干将所铸。　⑤纤离：亦作"纤骊"，骏马名。⑥建翠凤之旗：树立起用翠凤的羽毛装饰的旗。　⑦树灵鼍之鼓：陈设起用鼍皮蒙的鼓，鼍（tuó），一名鼍龙，又名猪婆龙，皮厚，古代用以制作战鼓。　⑧不饰朝廷：秦不产夜光璧，若只用秦物，则朝廷上就没有夜光璧。不饰：非秦产不能用以装饰。与下文"不为""不充""不实"等，句法同。　⑨玩好：珍贵的器物。　⑩郑、卫之女：郑国、卫国女子以美貌著称，能歌善舞。后宫：妃嫔居住的地方，用为妃嫔的代称。　⑪𫘝𫘧（juétí）：骏马名。厩（jiù）：马房。　⑫丹青：红色和青色的颜料，借指绘画。采：彩绘。⑬下陈：侍妾。　⑭宛珠之簪：用宛地所产珠子装饰的簪子。　⑮傅玑之珥：镶着小珠的耳饰。傅：通"附"，附着。玑：不圆的珠子。　⑯阿缟：齐国东阿所产的白绢。　⑰随俗雅化：娴雅变化，应时随俗。言其极能赶时髦取悦人主。　⑱佳冶：美丽妖冶。　⑲搏髀（bì）：拍着大腿打拍子。　⑳呜呜：形容唱歌的声音。　㉑声：音乐。　㉒《郑》《卫》：指郑、卫两国的民间乐曲。《桑间》：卫国地名，在濮水之上，此句特指地方音乐，古代著名的靡靡之音。　㉓《昭》《虞》：亦作"韶虞"，虞舜时的音乐。《武》《象》：周文王时的舞蹈乐曲。　㉔快意当前：只图眼前快乐。　㉕适观：看着适宜。　㉖可否：可用与不可用。　㉗曲直：是与非。　㉘去：与下文"逐"同义，赶走。

　　臣闻地广者粟多，国大者人众，兵强则士勇①。是以太山不让土壤，故能成其大②；河海不择细流，故能就其深；王者不却众庶，故能明其德。是以地无四方，民无异国，四时充美③，鬼神降福，此五帝、三王之所以无敌也。今乃弃黔首以资敌国④，却宾客以业诸侯⑤，使天下之士退而不敢西向，裹足不入秦⑥，此所谓"借寇兵而赍盗粮"者也⑦。

【注释】　①兵强：武器精良。　②"太山"二句：泰山不推辞增加土壤，所以才那么高大。太：通"泰"。让：推辞，排斥。　③四时充美：一年四季都美好。时：一季。④黔首：百姓。　⑤业诸侯：使诸侯成就事业。　⑥裹足：如缠住双脚一样。　⑦借寇兵而赍盗粮：借兵器给敌人，送粮食给盗贼。

　　夫物不产于秦，可宝者多；士不产于秦，而愿忠者众。今逐客以资敌国，损民以益仇①，内自虚而外树怨于诸侯②，求国无危，不可得也。

【注释】　①仇：指敌国。　②内自虚而外树怨于诸侯：对内使自己走向虚弱，对外又与许多诸侯国结下仇怨。意为被逐出的客卿必然对秦国产生怨恨，就等于派出许多仇人到外面去，帮助其他诸侯国来反对自己。

秦王乃除逐客之令，复李斯官，卒用其计谋，官至廷尉①。二十余年，竟并天下②。尊主为皇帝③，以斯为丞相。夷郡县城④，销其兵刃，示不复用。使秦无尺土之封，不立子弟为王，功臣为诸侯者，使后无战攻之患。

【注释】 ①廷尉：最高司法官。 ②二十余年，竟并天下：李斯入秦后谏逐客事在公元前247年，秦并六国在公元前221年，即李斯入秦后二十六年，秦完成了统一。 ③尊主为皇帝：尊贵秦王为"皇帝"。 ④夷郡县城：去掉郡县的城防设施。夷：铲除。

始皇三十四年①，置酒咸阳宫②，博士仆射周青臣等颂称始皇威德③。齐人淳于越进谏曰："臣闻之：殷、周之王千余岁④，封子弟功臣，自为支辅⑤。今陛下有海内，而子弟为匹夫；卒有田常、六卿之患⑥，臣无辅弼，何以相救哉？事不师古而能长久者，非所闻也。今青臣等又面谀以重陛下过⑦，非忠臣也。"始皇下其议丞相⑧。丞相谬其说⑨，黜其辞⑩，乃上书曰：

【注释】 ①始皇三十四年：公元前213年。 ②置酒：设宴。 ③博士仆射（yè）：主管博士的长官。博士：备咨询顾问。 ④王：统治天下。 ⑤支辅：支持、辅佐。⑥卒：读"猝"，突然。田常：春秋时齐大夫，专齐政，其后篡姜齐之国。六卿：春秋时专晋权的六家大夫，其后三家分晋。六卿为范、中行、智氏、韩、赵、魏。患臣：乱臣。⑦重：加重。 ⑧始皇下其议丞相：秦始皇将淳于越封侯王的意见下交给丞相李斯去主持廷议。⑨谬其说：否定其说，认为虚妄。 ⑩黜：排斥，批驳。

古者天下散乱，莫能相一①，是以诸侯并作②，语皆道古以害今，饰虚言以乱实；人善其所私学，以非上所建立③。今陛下并有天下，别白黑而定一尊；而私学乃相与非法教之制④。闻令下，即各以其私学议之⑤。入则心非⑥，出则巷议⑦；非主以为名⑧，异趣以为高⑨，率群下以造谤。如此不禁，则主势降乎上，党与成乎下⑩。禁之，便⑪。臣请诸有文学、《诗》、《书》、百家语者⑫，蠲除去之⑬。令到满三十日弗去，黥为城旦⑭。所不去者：医药、卜筮、种树之书。若有欲学者，以吏为师。

【注释】 ①相一：彼此统一。 ②并作：纷纷兴起。 ③以非上所建：用私学来反对朝廷所制定的法令制度。　④法教之制：指秦统一六国后新颁布的法令制度。　⑤各以其私学议之：以私学为标准评论新法。　⑥入：在家独处时。　⑦出：出外时。　⑧非主：批评皇上。　⑨异趣：标新立异。　⑩党与：朋党。　⑪便：有利。　⑫文学：泛指典籍。百家语：诸子百家学说。　⑬蠲除去：三字同义，重叠用加重语气。　⑭黥为城旦：判处黥刑，服四年的筑城苦役。

　　始皇可其议，收去《诗》《书》百家之语以愚百姓，使天下无以古非今。明法度，定律令，皆以始皇起。同文书①。治离宫、别馆②，周遍天下。明年③，又巡狩④，外攘四夷⑤，斯皆有力焉⑥。
　　【注释】　①同文书：统一文字。　②离宫、别馆：皆行宫。　③明年：始皇坑儒的第二年，即始皇三十七年（公元前210年）。坑儒在始皇三十六年。　④又巡狩：出巡东南会稽镇天子气。　⑤外攘四夷：北伐匈奴，南平两越，西征西南夷等。　⑥有力：有功。

　　斯长男由为三川守，诸男皆尚秦公主，女悉嫁秦诸公子。三川守李由告归咸阳①，李斯置酒于家，百官长皆前为寿②，门廷车骑以千数。李斯喟然而叹曰："嗟乎！吾闻之荀卿曰'物禁大盛'③。夫斯乃上蔡布衣，闾巷之黔首，上不知其驽下④，遂擢至此⑤。当今人臣之位无居臣上者，可谓富贵极矣。物极则衰，吾未知所税驾也⑥！"
　　【注释】　①告归：休假返家。　②为寿：送礼祝酒。　③物禁大盛：物盛则衰，最忌过于繁盛。　④驽下：才能平庸。　⑤擢：升迁，受提拔。　⑥税驾：解驾，休息，长眠地下。我不知将来是如何结局，怎样了结此身。此言李斯患得患失，未发时有观鼠之叹，贵盛时有税驾之叹，卒具五刑，前后照应，极形李斯之情态。

　　（以上为第二段，写李斯辅佐秦始皇统一天下，建立制度的历史功绩，个人际遇贵极一时。）

　　始皇三十七年十月，行出游会稽，并海上，北抵琅邪。丞相斯、中车府令赵高兼行符玺令事①，皆从。始皇有二十余子。长子扶苏以数直谏上②，上使监兵上郡，蒙恬为将。少子胡亥爱③，请从，上许之。余子莫从。
　　【注释】　①中车府令：掌皇帝车马的太监总管。行符玺令：代理符玺令。玺：皇帝颁布政令的印章，由符玺令掌管。赵高兼两职，为始皇身边的近臣。　②扶苏：始皇长子。　③少子：小儿子。爱：受宠爱。

其年七月，始皇帝至沙丘①，病甚，令赵高为书赐公子扶苏曰："以兵属蒙恬，与丧会咸阳而葬②。"书已封，未授使者，始皇崩。书及玺皆在赵高所，独子胡亥、丞相李斯、赵高及幸宦者五六人知始皇崩，余群臣皆莫知也。李斯以为上在外崩，无真太子③，故秘之④。置始皇居辒辌车中⑤，百官奏事、上食如故，宦者辄从辒辌车中可诸奏事。

【注释】①沙丘：赵离宫名，武灵王蒙难处，在今河北省巨鹿县南。②与丧：参加主持丧事，即为继承人。③无真太子：没有正式的皇位继承人。④秘之：秘不发丧。⑤辒辌（wēnliáng）车：一种封闭而能通风的卧车，此后即为皇帝丧车之代称。

赵高因留所赐扶苏玺书，而谓公子胡亥曰："上崩，无诏封王诸子而独赐长子书。长子至，即立为皇帝，而子无尺寸之地，为之奈何？"胡亥曰："固也①。吾闻之明君知臣，明父知子。父捐命，不封诸子②，何可言者③。"赵高曰："不然。方今天下之权，存亡在子与高及丞相耳④，愿子图之⑤。且夫臣人与见臣于人⑥，制人与见制于人⑦，岂可同日道哉！"胡亥曰："废兄而立弟，是不义也；不奉父诏而畏死，是不孝也；能薄而材谫⑧，强因人之功⑨，是不能也：三者逆德⑩，天下不服，身殆倾危⑪，社稷不血食⑫。"高曰："臣闻汤、武杀其主，天下称义焉，不为不忠；卫君杀其父⑬，而卫国载其德，孔子著之，不为不孝。夫大行不小谨，盛德不辞让⑭，乡曲各有宜，而百官不同功⑮。故顾小而忘大，后必有害；狐疑犹豫，后必有悔；断而敢行，鬼神避之，后有成功。愿子遂之⑯！"胡亥喟然叹曰："今大行未发⑰，丧礼未终，岂宜以此事干丞相哉！"赵高曰："时乎时乎⑱，间不及谋⑲！赢粮跃马，唯恐后时！"

【注释】①固也：本来就是这样。②捐命：弃命。③何可言者：这有什么说的呢！④"方今"二句：赵高煽动胡亥篡位。⑤图之：考虑这事。⑥臣人：使人为臣。见臣于人：给人为臣。⑦制：控制，统治。⑧谫（jiǎn）：浅陋。⑨强因人之功：勉强依靠别人的扶持建立功业，即借助别人之手强夺功业。⑩三者：废兄，不从父命，夺人之业。逆德：违反道德。⑪殆：差不多，将要。倾危：陷于绝灭的危险。⑫社稷不血食：指国破家亡。⑬卫君杀其父：指卫出公辄与其父庄公蒯聩争位事，详见《卫康叔世家》。父子争位但无相杀事。赵高援引汤放桀、武王伐纣、卫君争位等历史事实，曲为之解说以坚定胡亥篡位之心。⑭夫大行不小谨，盛德不辞让：做大事业的人不苟小节，有崇高道德的人不在细节上辞让。　⑮乡曲各有宜，而百官不同功：乡里风俗各地不同，百官职事各有分工。意谓随俗变化，不要固执。　⑯遂之：听从。　⑰大行：皇帝死称大行。　⑱时乎时乎：时啊时啊，此乃叹时机之难遇之声。　⑲间不及谋：错过机会难以为谋。

　　胡亥既然高之言，高曰："不与丞相谋，恐事不能成，臣请为子与丞相谋之。"高乃谓丞相斯曰："上崩，赐长子书，与丧会咸阳而立为嗣，书未行①。今上崩，未有知者也。所赐长子书及符玺皆在胡亥所，定太子，在君侯与高之口耳，事将何如？"斯曰："安得亡国之言②！此非人臣所当议也！"高曰："君侯自料：能孰与蒙恬？功高孰与蒙恬？谋远不失孰与蒙恬？无怨于天下孰与蒙恬③？长子旧而信之孰与蒙恬④？"斯曰："此五者皆不及蒙恬，而君责之何深也⑤？"高曰："高固内官之厮役也⑥，幸得以刀笔之文进入秦宫⑦，管事二十余年，未尝见秦免罢丞相、功臣有封及二世者也，卒皆以诛亡。皇帝二十余子，皆君之所知⑧。长子刚毅而武勇，信人而奋士⑨，即位必用蒙恬为丞相，君侯终不怀通侯之印归于乡里⑩，明矣。高受诏教习胡亥，使学以法事数年矣⑪，未尝见过失。慈仁笃厚，轻财重士，辩于心而讷于口⑫，尽礼敬士，秦之诸子未有及此者⑬，可以为嗣。君计而定之。"斯曰："君其反位⑭！斯奉主之诏，听天之命，何虑之可定也⑮？"高曰："安可危也，危可安也。安危不定，何以贵圣⑯？"斯曰："斯，上蔡间巷布衣也，上幸擢为丞相，封为通侯，子孙皆至尊位重禄者⑰，故将以存亡安危属臣也⑱。岂可负哉⑲！夫忠臣不避死而庶几⑳，孝子不勤劳而见危㉑，人臣各守其职而已矣㉒。君其勿复言，将令斯得罪㉓。"高曰："盖闻圣人迁徙无常㉔，就变而从时㉕，见末而知本，观旨而睹归㉖。物固有之㉗，安得常法哉！方今天下之权命悬于胡亥，高能得志焉㉘。且夫从外制中谓之惑，从下制上谓之贼㉙。故秋霜降者草花落，水摇动者万物作㉚，此必然之效也。君何见之晚㉛？"斯曰："吾闻晋易太子，三世不安㉜；齐桓兄弟争位，身死为戮㉝；纣杀亲戚㉞，不听谏者，国为丘墟㉟，遂危社稷：三者逆天㊱，宗庙不血食。斯其犹人哉，安足为谋㊲！"高曰："上下合同㊳，可以长久；中外若一，事无表里㊴。君听臣之计，即长有封侯，世世称孤，必有乔、松之寿，孔、墨之智⑩。今释此而不从，祸及子孙，足以为寒心。善者因祸为福，君何处焉⑪？"斯乃仰天而叹，垂泪太息曰⑫："嗟乎！独遭乱世⑬，既以不能死，安托命哉⑭！"于是斯乃听高。高乃报胡亥曰："臣请奉太子之明命以报丞相⑮，丞相斯敢不奉令！"

【注释】　①未行：未发出。　②亡国之言：大逆不道的话。　③怨：指天下人的恶感。李斯执政，政苛刑酷，人民怨之。　④旧而信之：指蒙恬与长子扶苏有旧交而得信任。　⑤五者：才、功、谋、怨、信。责：苛求。　⑥厮役：仆役。　⑦刀笔之文：此指精通法律文书。　⑧所知：所了解。　⑨信人而奋士：能使人信赖（受人爱戴），从而使人奋勇效力。　⑩"君侯"句：你将不能怀抱通侯之印回家了，谓将遭不测。通侯：彻侯，秦爵第二十级，汉朝人避汉武帝刘彻之讳改为通侯。　⑪法事：法律之事。　⑫辩于心而讷于口：内心敏捷而口才不好。　⑬此：指胡亥。　⑭反位：回到自己的职位上去吧。　⑮何虑之可定：没有什么拿不定主意的事。　⑯贵圣：位尊而贤明。　⑰重禄：高官厚禄。　⑱属臣：托付于我。　⑲负：忘恩负义。　⑳夫忠臣不避死而庶几：忠臣不因贪生而怕死。不避死：不贪生怕死。庶几：侥幸图存，怕死。　㉑孝子不勤劳而见危：孝子不要过度劳苦而遭受危险。　㉒人臣各守职而已矣：各人应安于自己的职分。隐喻赵高不守职分，议非常之事。　㉓得罪：陷入罪过。　㉔迁徙：改变主意。　㉕就变而从时：顺应形势的变化赶上时代。　㉖见末而知本，观旨而睹归：看它的活动就知道它的归宿。　㉗物固有之：事物本来就具有变化的特性。　㉘得志：能控制局势。　㉙"从外制中"二句：由外朝控制内朝叫惑乱，由臣下控制主上叫反叛。李斯为丞相在外朝，对于君是下，这是赵高对李斯的恫吓。　㉚水摇动：指春暖冰解而水动。　㉛君何见之晚：你的见识何以这样迟钝。晚：迟钝，不开窍。　㉜晋易太子，三世不安：晋献公废太子申生，导致后来奚齐、悼子、公子夷吾争位的动乱局面。事详《晋世家》。　㉝身死为戮：公子纠之死。　㉞纣杀亲戚：指纣王杀其叔父比干。　㉟丘墟：废墟，指国破。　㊱三者：指所举晋、齐、纣三桩事。　㊲斯其犹人哉，安足为谋：前人逆谋违天得祸，我李斯只是一个平常的人，怎能为此逆谋？　㊳上下合同：上下齐心。上指胡亥，下指赵高、李斯。　㊴中外若一，事无表里：内外统一，做事就能一致。中：内朝，赵高自谓。外：朝臣，指李斯。　㊵乔：王子乔；松：赤松子。二人长寿为仙。孔：孔丘；墨：墨翟。二人有学问智慧。　㊶何处：究竟作何打算。　㊷太息：长叹。　㊸乱世：丧乱之世。　㊹安托命哉：到哪里去寄托我的生命！李斯慨叹，出路在哪里？看来只好如此了。表现了他内心的矛盾。　㊺报：通报。

　　于是乃相与谋，诈为受始皇诏丞相，立子胡亥为太子。更为书赐长子扶苏曰①："朕巡天下，祷祠名山诸神以延寿命。今扶苏与将军蒙恬将师数十万以屯边，十有余年矣。不能进而前②，士卒多耗③，无尺寸之功，乃反数上书直言诽谤我所为，以不得罢归为太子④，日夜怨望⑤。扶苏为人子不孝，其赐剑以自裁⑥！将军恬与扶苏居外，不匡正，宜知其谋。为人臣不忠，其赐死，以兵属裨将王离⑦。"封其书以皇帝玺，遣胡亥客奉书赐扶苏于上郡。

使者至，发书⑧，扶苏泣，入内舍⑨，欲自杀。蒙恬止扶苏曰："陛下居外，未立太子，使臣将三十万众守边，公子为监，此天下重任也。今一使者来，即自杀，安知其非诈？请复请⑩，复请而后死，未暮也⑪。"使者数趣之⑫。扶苏为人仁⑬，谓蒙恬曰："父而赐子死，尚安复请！"即自杀。蒙恬不肯死，使者即以属吏⑭，系于阳周⑮。

使者还报，胡亥、斯、高大喜。至咸阳，发丧，太子立为二世皇帝。以赵高为郎中令⑯，常侍中用事⑰。

【注释】 ①更为书：扣下始皇遗诏，另写一封书信。 ②不能进而前：不能开疆拓土。 ③耗：死伤。 ④罢归：解除监军的屯守任务回到朝廷。 ⑤日夜怨望：是谋反的隐语，妄加之罪。 ⑥自裁：自杀。 ⑦裨将：副将。王离：王翦之孙。 ⑧发书：拆开信。 ⑨入内舍：进入内室。 ⑩复请：再请示。 ⑪未暮：未迟，未晚。 ⑫数趣：多次催促。⑬仁：忠厚懦弱。 ⑭属吏：交付主管司法官审讯。 ⑮阳周：秦县名，在今陕西省子长市北。 ⑯郎中令：九卿之一，掌宫廷门户。 ⑰侍中用事：在宫中侍奉皇帝而掌握政权。

（以上为第三段，写李斯为了避祸固权而与赵高合谋杀嫡立庶，由秦功臣转化为秦之罪人的两重性格，并为赵高害李斯埋下伏线。）

二世燕居①，乃召高与谋事，谓曰："夫人生居世间也，譬犹骋六骥过决隙也②。吾既已临天下矣，欲悉耳目之所好，穷心志之所乐，以安宗庙而乐万姓，长有天下，终吾年寿，其道可乎？"高曰："此贤主之所能行也，而昏乱主之所禁也③。臣请言之，不敢避斧钺之诛，愿陛下少留意焉④。夫沙丘之谋，诸公子及大臣皆疑焉，而诸公子尽帝兄，大臣又先帝之所置也。今陛下初立，此其属意怏怏皆不服⑤，恐为变。且蒙恬已死⑥，蒙毅将兵居外⑦，臣战战栗栗，唯恐不终，且陛下安得为此乐乎！"二世曰："为之奈何？"赵高曰："严法而刻刑⑧，令有罪者相坐诛⑨，至收族⑩。灭大臣而远骨肉⑪，贫者富之，贱者贵之。尽除去先帝之故臣，更置陛下之所亲信者近之。此则阴德归陛下⑫，害除而奸谋塞，群臣莫不被润泽⑬，蒙厚德，陛下则高枕肆志宠乐矣⑭。计莫出于此⑮。"二世然高之言，乃更为法律。于是群臣诸公子有罪，辄下高，令鞠治之⑯。杀大臣蒙毅等，公子十二人僇死咸阳市⑰，十公主矺死于杜⑱，财物入于县官⑲，相连坐者不可胜数。公子高欲奔⑳，恐收族，乃上书曰："先帝无恙时㉑，臣入则赐食，出则乘舆；御府之衣㉒，臣得赐之；中厩之宝马㉓，臣得赐之。臣当从死而不能，为人子不孝，为人臣不忠。不忠者无名以立于世㉔，臣请从死，愿葬骊山之足㉕。唯上幸哀怜之㉖。"书上，胡亥大悦，召赵高而示之，曰："此可谓急乎㉗？"赵高曰："人臣当忧死而不暇，何变之得谋㉘！"胡亥可其书，赐钱十万以葬。

【注释】 ①燕居：退朝闲居。　②决隙：裂缝。　③禁：禁忌，不能说不能做的忌讳事。　④少留意：稍加考虑。　⑤怏怏：心中不满的样子。　⑥蒙恬已死：蒙恬服毒自杀于阳周狱。　⑦蒙毅将兵居外：据《蒙恬列传》，蒙毅奉始皇令外出祷山川未返，赵高传二世之令，囚蒙毅于代赐死，则毅之死先于蒙恬；且将兵者蒙恬，此二句应为："且蒙毅已死，蒙恬将兵居外。"　⑧刻刑：加重刑罚使之严酷。　⑨相坐诛：互相牵引举发判罪。　⑩收族：收捕全家诛灭。　⑪远骨肉：疏远自己的兄弟子侄。　⑫阴德归陛下：受提拔的人私下感激而归附于陛下。　⑬被润泽：蒙受恩惠。　⑭高枕：安睡无忧。肆志宠乐：放纵无忌，恣意取乐。　⑮计莫出于此：没有比这更好的计谋了。　⑯鞠治：审讯治罪。　⑰僇（lù）：通"戮"，杀。⑱矺（zhé）：通"磔"，肢解。　⑲县官：官府。　⑳公子高：胡亥诸兄之一。　㉑无恙：无病，指健在时。　㉒御府：皇帝内府。　㉓中厩：宫中马厩。　㉔无名以立于世：没有脸面活在世上。　㉕骊山：在临潼东，始皇陵在此。㉖哀怜之：可怜我，满足我赐死的希望。　㉗急：窘迫无路。意谓将生变心。　㉘"人臣"二句：臣子们担心生命都来不及，哪里还有心思谋反。意谓严刑峻法收到了实效。

　　法令诛罚日益刻深，群臣人人自危，欲叛者众。又作阿房之宫，治直道、驰道①，赋敛愈重，戍徭无已②。于是楚戍卒陈胜、吴广等乃作乱，起于山东，杰俊相立，自置为侯王，叛秦，兵至鸿门而却③。李斯数欲请间谏④，二世不许。而二世责问李斯曰："吾有私议，而有所闻于韩子也⑤，曰：'尧之有天下也，堂高三尺，采椽不斫，茅茨不剪⑥，虽逆旅之宿⑦，不勤于此矣⑧。冬日鹿裘⑨，夏日葛衣⑩，粝粢之食⑪，藜藿之羹⑫，饭土塯，啜土铏⑬：虽监门之养，不觳于此矣⑭。禹凿龙门⑮，通大夏⑯，疏九河⑰，曲九防⑱，决淳水致之海⑲，而股无胈⑳，胫无毛㉑，手足胼胝㉒，面目黎黑，遂以死于外㉓，葬于会稽。臣虏之劳㉔，不烈于此矣㉕。'然则夫所贵于有天下者，岂欲苦形劳神，身处逆旅之宿，口食监门之养，手持臣虏之作哉㉖？此不肖人之所勉也，非贤者之所务也㉗。彼贤人之有天下也，专用天下适己而已矣㉘，此所以贵于有天下也。夫所谓贤人者，必能安天下而治万民，今身且不能利㉙，将恶能治天下哉！故吾愿赐志广欲，长享天下而无害，为之奈何？"李斯子由为三川守，群盗吴广等西略地，过去弗能禁㉚。章邯以破逐广等兵，使者复案三川相属㉛，诮让斯居三公位㉜，如何令盗如此。李斯恐惧，重爵禄㉝，不知所出㉞，乃阿二世意㉟，欲求容㊱，以书对曰：

【注释】①阿房之宫：在今陕西省西安市西。直道：从陕西省咸阳通陕北的大道。驰道：通全国各地的天子大道。这些工程，始皇时兴建，二世继续营建。　②无已：没有止境。　③兵至鸿门：指陈胜之将周文曾一度入关至鸿门，被秦将章邯所败。鸿门：在戏水边，即现在的陕西西安市临潼区东北。　④请间：请给一个机会。　⑤"吾有私议"二句：我有一个想法，记得韩非说过这话。私议：个人想法。　⑥"堂高三尺"三句：殿堂只有三尺高，采木作椽不加雕饰，用茅草盖房不加修剪。见《韩非子·五蠹篇》。　⑦逆旅：客店。　⑧勤：劳。　⑨鹿裘：粗裘。　⑩葛衣：麻布衣。　⑪粢粝之食：吃粗米饭。粢粝（zīlì）：粗粮。　⑫藜藿之羹：喝菜汤。藜藿：泛指野菜。藜：蓬类植物。藿：豆叶。　⑬饭土匦，啜土铏：饮食器具都用陶器。土：陶器。匦（guǐ）：椭圆形食器。铏（xíng）：鼎器。　⑭"监门"二句：看门人的衣食，也不至于如此菲薄。监门：看守里门的人。觳（què）：简陋，菲薄。　⑮龙门：山名，在今陕西省韩城市东北，跨晋陕两省，黄河两岸。主峰在山西省河津北。　⑯大夏：大原，晋陕黄土高原。　⑰九河：泛指黄河各大支流。在《禹贡》注家中九河皆有所指，不必拘泥。　⑱防：堤防。⑲淳水：淤积之水。　⑳股无胈：大腿上毫毛脱了。胈（bá）：腿上的毫毛。㉑胫：小腿。㉒胼胝（piánzhī）：手掌脚掌因劳作而长出的厚皮，俗称干茧。㉓以死于外：指禹死于国都之外的会稽山。在今浙江省绍兴市会稽山有禹陵，相传禹葬于此。㉔臣虏：奴隶。㉕烈：厉害。㉖手持臣虏之作哉：双手干着和奴隶一样的活。㉗"此不肖人"二句：这是无能之人所努力的事，不是有才干的人应做的事。勉：努力劳作。务：致力于。㉘专用天下适己而已矣：专门用全天下的一切来满足自己。㉙今身且不能利：象尧、禹那样做天子，连对自身也没一点好处。㉚过去：来来去去。㉛使者复案三川相属：调查三川郡守李由失职的使者一个接着一个。㉜诮（qiào）让：谴责。㉝重爵禄：贪恋禄位。㉞不知所出：不知怎么办好。㉟阿：迎逢。㊱欲求容：想以逢迎来取得二世的欢心。

夫贤主者，必且能全道而行督责之术者也①。督责之，则臣不敢不竭能以徇其主矣②。此臣主之分定③，上下之义明④，则天下贤、不肖莫敢不尽力竭任以徇其君矣。是故主独制于天下而无所制也⑤，能穷乐之极矣⑥。贤明之主也，可不察焉！

【注释】 ①全道：建立一套控制臣民的办法。督责之术：督察臣子之过，治之以刑的一整套办法。责：治。 ②徇：尽力，效死。 ③分：职分。 ④义：义理，此为职守。 ⑤独制：独裁，专制。 ⑥能穷乐之极矣：人主独裁，就能享尽一切快乐，并达到极点。

故申子曰①"有天下而不恣睢②，命之曰以天下为桎梏"者③，无他焉，不能督责，而顾以其身劳于天下之民，若尧、禹然，故谓之"桎梏"也。夫不能修申、韩之明术④，行督责之道，专以天下自适也，而徒务苦形劳神，以身徇百姓⑤，则是黔首之役，非畜天下者也⑥，何足贵哉！夫以人徇己⑦，则己贵而人贱；以己徇人，则己贱而人贵。故徇人者贱，而人所徇者贵⑧，自古及今，未有不然者也。凡古之所为尊贤者，为其贵也；而所为恶不肖者，为其贱也⑨。而尧、禹以身徇天下者也，因随而尊之，则亦失所为尊贤之心矣！夫可谓大谬矣。谓之为"桎梏"，不亦宜乎？不能督责之过也。

【注释】 ①申子：申不害，郑国京邑（今河南省荥阳市南部）人，先秦法家之一。②恣睢（suī）：放纵，为所欲为。 ③命之曰以天下为桎梏：不行乐的人主，等于是把天下变成了约束自身的枷锁。桎梏：拘禁手脚的刑具镣铐。 ④修申、韩之明术：实行申子、韩非子的高明统治术。 ⑤以身徇百姓：为老百姓卖力。 ⑥畜：治理。 ⑦以人徇己：使别人为自己效劳。 ⑧"故徇人者贱"二句：所以替别人效劳，自己就卑贱；而让别人为自己效劳，自己就尊贵。 ⑨"凡古之所为尊贤者"二句：自古以来，人们尊重贤能的人，是因他们地位尊贵；而厌恶不贤的人，是因为他们地位卑贱。

故韩子曰"慈母有败子，而严家无格虏"者①，何也？则能罚之加焉必也②。故商君之法，刑弃灰于道者③。夫弃灰，薄罪也④，而被刑，重罚也。彼唯明主为能深督轻罪⑤。夫罪轻且督深，而况有重罪乎？故民不敢犯也。是故韩子曰"布帛寻常⑥，庸人不释⑦，铄金百镒⑧，盗跖不搏"者⑨，非庸人之心重，寻常之利深，而盗跖之欲浅也；又不以盗跖之行，为轻百镒之重也。搏，必随手刑⑩，则盗跖不搏百镒；而罚不必行也，则庸人不释寻常。是故城高五丈，而楼季不轻犯也⑪；泰山之高百仞⑫，而跛牂牧其上⑬。夫楼季也而难五丈之限⑭，岂跛牂也而易百仞之高哉？峭堑之势异也⑮。明主圣王之所以能久处尊位，长执重势⑯，而独擅天下之利者，非有异道也⑰，能独断而审督责⑱，必深罚，故天下不敢犯也。今不务所以不犯⑲，而事慈母之所以败子也⑳，则亦不察于圣人之论矣㉑。夫不能行圣人之术，则舍为天下役何事哉㉒？可不哀邪！

【注释】 ①格虏：桀骜不驯的奴仆。 ②能罚之加焉必也：那就是能够加重过失的处罚。 ③刑弃灰于道：是轻罪重罚。 ④薄罪：轻罪。⑤唯明主为能深督轻罪：只有明主才能从轻罪中看出严重后果而重罚。深督：深察重罚。 ⑥寻常：八尺为寻，二寻为常。这里指数量少。 ⑦不释：不肯放手。 ⑧铄金：熔化的金，热不可取。 ⑨不搏：不取。 ⑩手刑：手将遭烫伤。 ⑪楼季：魏文侯之弟，善攀登跳高。 ⑫仞：八尺为仞。⑬跛牂（zāng）：跛脚的牝羊。 ⑭限：障碍。 ⑮峭（qiào）：陡峭。堑（qiàn）：平缓。⑯重势：巨大的权势。 ⑰异道：特别的方法。⑱审督责：严酷地督察和惩罚。审：细，严。 ⑲不务所以不犯：不致力于让人不犯罪。 ⑳败子：败家之子。 ㉑圣人之论：指韩非子的法家学说。上引韩子曰，分别为《显学》与《五蠹》。 ㉒"夫不能"二句：如人主不行法家之术，那么除了为天下人服役外还有什么事好干呢？

且夫俭节仁义之人立于朝，则荒肆之乐辍矣①；谏说论理之臣间于侧②，则流漫之志屈矣③；烈士死节之行显于世，则淫康之虞废矣④。故明主能外此三者⑤，而独操主术⑥以制听从之臣⑦，而修其明法，故身尊而势重也。凡贤主者，必将能拂世磨俗⑧，而废其所恶，立其所欲，故生则有尊重之势，死则有贤明之谥也。是以明君独断，故权不在臣。然后能灭仁义之途⑨，掩驰说之口⑩，困烈士之行⑪，塞聪掩明⑫，内独视听⑬，故外不可倾以仁义烈士之行，而内不可夺以谏说忿争之辩⑭。故能荦然独行恣睢之心⑮而莫之敢逆⑯。若此，然后可谓能明申、韩之术，而修商君之法。法修术明⑰而天下乱者，未之闻也，故曰"王道约而易操"也⑱。唯明主为能行之。若此，则谓督责之诚⑲，督责之诚，则臣无邪；臣无邪，则天下安；天下安，则主严尊；主严尊，则督责必⑳；督责必，则所求得；所求得，则国家富；国家富，则君乐丰㉑。故督责之术设㉒，则所欲无不得矣。群臣百姓救过不给㉓，何变之敢图？若此则帝道备㉔，而可谓能明君臣之术矣㉕。虽申、韩复生，不能加也㉖。

【注释】　①荒肆之乐：毫无节制，荒淫放纵的音乐。辍（chuò）：停止，中断。　②间于侧：在身旁。　③流漫之志：放荡的心思。屈：受屈，受压抑。　④淫康之虞：安逸享乐的思虑。虞：思虑。　⑤外此三者：排除节俭、直言、烈士三种人。　⑥独操主术：独自掌握统治之术。主术：为主之术。　⑦制听从之臣：控制、驾驭服从自己的臣子。　⑧拂世磨俗：抵制世俗的人情，磨砺民间的风俗，让社会风俗顺随自己。　⑨灭仁义之途：堵塞讲仁义之人的道路，排斥儒家。途：道路。　⑩掩驰说之口：封住游说人之口。排斥纵横家。　⑪困烈士之行：限制节烈之士的社会影响。⑫塞聪掩明：掩住臣民的耳朵和眼睛。聪：耳朵。明：眼睛。　⑬内独视听：一切视听全凭个人内心独断。　⑭“故外不可”二句：外在行动不致被仁义节烈之士的行为所左右，内心意志也不会被规劝和谏争的言辞所动摇。倾：牵制，左右。夺：动摇，改变。　⑮荦（luò）然：特立独行的样子。⑯莫之敢逆：没有人敢违反。　⑰法修术明：法术完善明白。法：法律，法令。术：指统治之术，即驾驭臣下的方法。　⑱王道约而易操：统治的方法很简单而容易掌握，即督责御臣之术容易掌握。　⑲督责之诚：此四字重言，据《考证》本补。⑳必：坚决彻底。　㉑君乐丰：君主的享受丰富多彩。　㉒设：实施。　㉓救过不给：补救过错还来不及。㉔备：皇帝之威充分显示。　㉕明：通晓。　㉖加：超过。

　　书奏，二世悦。于是行督责益严，税民深者为明吏①。二世曰：“若此，则可谓能督责矣。”刑者相半于道②，而死人日成积于市，杀人众者为忠臣。二世曰：“若此，则可谓能督责矣。”

【注释】　①税民深者为明吏：向人民征收重税的官吏被认为是贤明的官吏。　②刑者相半于道：路上的行人一半是受过刑的。

　　初，赵高为郎中令，所杀及报私怨众多，恐大臣入朝奏事毁恶之，乃说二世曰：“天子所以贵者，但以闻声，群臣莫得见其面，故号曰‘朕’。且陛下富于春秋①，未必尽通诸事，今坐朝廷，谴举有不当者②，则见短于大臣③，非所以示神明于天下也④。且陛下深拱禁中⑤，与臣及侍中习法者待事⑥，事来，有以揆之⑦。如此，则大臣不敢奏疑事⑧，天下称圣主矣。”二世用其计，乃不坐朝廷见大臣，居禁中。赵高常侍中用事，事皆决于赵高。

《史记》讲义（下册）

【注释】 ①富于春秋：年纪轻。　②谴：责罚。举：赏拔。　③见短：现出短处。④示神明：显示神奇英明。　⑤深拱禁中：深居宫中。拱：垂拱，本意为拱手不做事，比为帝王无为。　⑥与臣及侍中习法者待事：陛下与我赵高和懂法律的侍中一起接待大臣奏事。侍中：官名。秦汉时皇帝的侍从。待事：等待奏事。　⑦揆（kuí）之：权衡处置。⑧疑事：疑问不实之事。

　　高闻李斯以为言①，乃见丞相曰："关东群盗多，今上急益发徭治阿房宫，聚狗、马无用之物。臣欲谏，为位贱，此真君侯之事②，君何不谏？"李斯曰："固也，吾欲言之久矣，今时上不坐朝廷，上居深宫，吾有所言者，不可传也③，欲见无间④。"赵高谓曰："君诚能谏，请为君侯上间语君⑤。"于是赵高待二世方宴乐⑥，妇女居前，使人告丞相："上方间，可奏事。"丞相至宫门上谒⑦，如此者三。二世怒曰："吾常多闲日，丞相不来，吾方宴私⑧，丞相辄来请事⑨。丞相岂少我哉，且固我哉⑩？"赵高因曰⑪："如此殆矣⑫！夫沙丘之谋，丞相与焉。今陛下已立为帝，而丞相贵不益，此其意亦望裂地而王矣。且陛下不问臣，臣不敢言。丞相长男李由为三川守，楚盗陈胜等皆丞相傍县之子⑬，以故楚盗公行⑭，过三川，城守不肯击。高闻其文书相往来，未得其审⑮，故未敢以闻。且丞相居外，权重于陛下。"二世以为然。欲案丞相⑯，恐其不审⑰，乃使人案验三川守与盗通状。李斯闻之。

【注释】 ①以为言：指李斯讨好二世进行督责之言。　②君侯：对丞相的尊称。因丞相封侯。　③不可传：传达不进去。　④无间：没有机会。　⑤候上间：等候皇上有空时。　⑥宴乐：退朝取乐时。　⑦上谒：求见。⑧宴私：正当我个人闲暇取乐时。　⑨请事：请求奏事。　⑩丞相岂少我哉，且固我哉：丞相岂不是在轻视我，而且还要让我出丑！少：轻视。固：鄙陋，出丑。　⑪因：趁机。　⑫殆矣：危险了。　⑬傍县：邻县。陈胜：阳城人；吴广：阳夏人，均靠近三川郡。　⑭公行：公开横行，指各地起义军公开对抗朝廷。　⑮审：核实，这里指实在的证据，做名词用。　⑯案：治罪。　⑰不审：不实。

　　是时，二世在甘泉①，方作觳抵、优俳之观②。李斯不得见，因上书言赵高之短曰③："臣闻之，臣疑其君④，无不危国；妾疑其夫，无不危家。今有大臣于陛下擅利擅害⑤，与陛下无异，此甚不便。昔者司城子罕相宋⑥，身行刑罚，以威行之，期年遂劫其君⑦。田常为简公臣，爵列无敌于国⑧，私家之富，与公家均，布惠施德，下得百姓，上得群臣，阴取齐国，杀宰予于庭⑨，即弑简公于朝，遂有齐国。此天下所明知也。今高有邪佚之志⑩，危反之行⑪，如子罕相宋也；私家之富，若田氏之于齐也；兼行田常、子罕之逆道，而劫陛下之威信，其志若韩玘为韩安相也⑫；陛下不图，臣恐其为变也。”二世曰：“何哉？夫高，故宦人也。然不为安肆志⑬，不以危易心⑭，洁行修善，自使至此。以忠得进，以信守位，朕实贤之，而君疑之，何也？且朕少失先人⑮，无所识知，不习治民，而君又老⑯，恐与天下绝矣⑰。朕非属赵君，当谁任哉⑱？且赵君为人精廉强力⑲，下知人情，上能适朕，君其勿疑。”李斯曰：“不然。夫高，故贱人也，无识于理⑳，贪欲无厌，求利不止，列势次主㉑，求欲无穷，臣故曰殆。”二世已前信赵高，恐李斯杀之，乃私告赵高。高曰：“丞相所患者独高，高已死，丞相即欲为田常所为。”于是二世曰：“其以李斯属郎中令㉒。”

【注释】 ①甘泉：宫名，在今陕西省淳化县西北甘泉山上。 ②觳（què）抵：即角抵，两人角力之戏。优俳：指戏曲中的丑角与舞乐中喜剧演员。 ③短：过错。 ④疑：通"拟"，齐等。臣与君齐等，则国危。指赵高权重，拟于君。 ⑤擅利擅害：专权掌握国家利害。 ⑥司城子罕相宋：见《韩非子·二柄篇》。子罕对宋昭公说，臣民喜欢赏赐而厌恶刑诛，请君行赏赐，臣行刑诛。宋昭公听了子罕的话，失去了刑杀之权。子罕利用这一权力，威逼臣民依附，一年后夺了宋君之权。按：此战国时之子罕。《左传》载春秋时有一贤大夫亦名子罕。 ⑦朞（yóu）年：一周年。 ⑧爵列无敌于国：爵位高于全国人之上。 ⑨杀宰予于庭：田常杀宰予，事详《田敬仲完世家》。 ⑩邪佚之志：非分的想法。 ⑪危反：危害和反叛。 ⑫韩玘（qǐ）：韩国末主韩王安相，大权在握，控制了韩王安。韩玘为近代李斯眼见之事，引证为殷鉴以警二世。 ⑬安：处于顺境。肆志：为所欲为。 ⑭易心：变心，不忠。 ⑮少失先人：年少失去了父亲。 ⑯君又老：指李斯老。 ⑰绝：陷于孤立。 ⑱朕非属赵君，当谁任哉：我若不信任并委权于赵高，将又依靠谁呢？ ⑲强力：精力旺盛。 ⑳理：治理国家。 ㉑列势次主：地位权势，仅次于君主。 ㉒其以李斯属郎中令：那就把李斯交给你罢。赵高为郎中令。

赵高案治李斯。李斯拘执束缚①，居囹圄中②，仰天而叹曰："嗟乎，悲夫！不道之君，何可为计哉！昔者桀杀关龙逢，纣杀王子比干，吴王夫差杀伍子胥：此三臣者，岂不忠哉，然而不免于死。身死而所忠者非也③。今吾智不及三子，而二世之无道过于桀、纣、夫差，吾以忠死，宜矣。且二世之治④，岂不乱哉！日者夷其兄弟而自立也，杀忠臣而贵贱人，作为阿房之宫，赋敛天下。吾非不谏也，而不吾听也。凡古圣王，饮食有节，车器有数，宫室有度；出令造事⑤，加费而无益于民利者禁，故能长久治安。今行逆于昆弟，不顾其咎⑥；侵杀忠臣，不思其殃；大为宫室，厚赋天下，不爱其费：三者已行，天下不听⑦。今反者已有天下之半矣，而心尚未悟也，而以赵高为佐，吾必见寇至咸阳，麋鹿游于朝也⑧。"

【注释】 ①拘执：被抓起来。束缚：戴上刑具。 ②囹圄：监狱。③所忠者非也：把效忠的主上选错了。 ④二世之治：二世治理天下的行为。 ⑤出令造事：颁布法令和兴办事情。 ⑥不顾其咎：不考虑严重后果。 ⑦三者：杀兄弟、杀忠臣、重赋人民。天下不听：天下不服。 ⑧麋鹿游于朝：国都咸阳将破灭为废墟，变成野兽出没之所。

于是二世乃使高案丞相狱，治罪，责斯与子由谋反状，皆收捕宗族、宾客。赵高治斯，榜掠千余①，不胜痛，自诬服②。斯所以不死者，自负其辩③，有功，实无反心，幸得上书自陈④，幸二世之悟而赦之。李斯乃从狱中上书曰：

臣为丞相，治民三十余年矣⑤。逮秦地之狭隘⑥。先王之时秦地不过千里，兵数十万。臣尽薄材，谨奉法令，阴行谋臣⑦，资之金玉⑧，使游说诸侯，阴修甲兵⑨，饬政教⑩，官斗士⑪，尊功臣，盛其爵禄⑫，故终以胁韩弱魏⑬，破燕、赵，夷齐、楚，卒兼六国⑭，虏其王，立秦为天子。罪一矣⑮。地非不广，又北逐胡、貉，南定百越，以见秦之强。罪二矣。尊大臣，盛其爵位，以固其亲⑯。罪三矣。立社稷，修宗庙，以明主之贤。罪四矣。更刻画⑰，平斗斛、度量、文章，布之天下⑱，以树秦之名⑲。罪五矣。治驰道，兴游观⑳，以见主之得意。罪六矣。缓刑罚㉑，薄赋敛，以遂主得众之心，万民戴主，死而不忘。罪七矣。若斯之为臣者，罪足以死固久矣。上幸尽其能力，乃得至今㉒。愿陛下察之！

书上，赵高使吏弃去，不奏，曰："囚安得上书！"

【注释】 ①榜掠千余：拷打了一千多下。 ②诬服：屈服其罪。 ③辩：口才。

④自陈：亲自剖白。　⑤"臣为丞相"二句：李斯在公元前247年入秦为吕不韦舍人，公元前246年秦王即位任为郎，二世二年即公元前208年下狱，为秦用事三十九年；秦王十年（公元前237年），李斯为客卿、廷尉，执秦政，共二十九年；始皇三十四年（公元前213年）为丞相，至此为六年。　⑥逮秦地之狭隘：当秦国领土狭小的时候。逮：及，我赶上那个时候。　⑦阴行谋臣：暗中派遣智谋之士。　⑧资：供给。　⑨阴修甲兵：暗中备战。⑩饬（chì）：整顿、修明。　⑪官斗士：提拔英勇的人做官。　⑫盛：增加。　⑬胁韩：胁迫韩国。弱魏：削弱魏国。　⑭卒兼：终于吞并。　⑮罪一：功一。李斯数功以为罪，谓无罪可数，只有以功当罪。　⑯以固其亲：谓丞相协调君臣，使之亲密。　⑰更刻画：改变礼器制度的徽饰。更：改变。刻：刻画：指车服器用的徽饰，各国不同，秦统一后重新制定。　⑱平斗斛、度量、文章：统一度量衡及文字文书，通告全国。平：统一。文章：指文字、文书、奏议等。　⑲树：建树。　⑳兴游观：建筑亭台楼阁。　㉑缓：减轻。　㉒上幸尽其能力，乃得至今：多幸皇上宽容，允许我尽其能力，才活到今天。

　　赵高使其客十余辈诈为御史、谒者、侍中，更往覆讯斯①；斯更以其实对⑦，辄使人复榜之。后二世使人验斯③，斯以为如前，终不敢更言，辞服④。奏当上⑤，二世喜曰："微赵君⑥，几为丞相所卖⑦。"及二世所使案三川之守至，则项梁已击杀之⑧。使者来，会丞相下吏⑨，赵高皆妄为反辞⑩。

　　二世二年七月⑪，具斯五刑⑫，论腰斩咸阳市⑬。斯出狱，与其中子俱执⑭，顾谓其中子曰："吾欲与若复牵黄犬，俱出上蔡东门逐狡兔⑮，岂可得乎！"遂父子相哭，而夷三族⑯。

【注释】①更往覆讯斯：反复轮番审问李斯。　②斯更以其实对：李斯又（更）把实情陈述。即翻了诬服的案。　③验：核对供词。　④辞服：供认不讳。　⑤奏当上：奏上判决书于皇上。当：判决，此指判决书。上：二世。　⑥微：没有。　⑦卖：欺骗。⑧项梁：项羽叔父，在吴中起兵北上。公元前208年，他派项羽西进，在河南杞县大破秦军，斩李由。此时，李斯下吏。　⑨会：当此时。　⑩妄为反辞：假造谋反的言辞。妄：虚妄不实。　⑪二世二年：公元前208年。　⑫五刑：黥、刖、笞、斩首、碎尸。秦法，谋反大逆罪，被族者要遍受五刑。　⑬论：判罪。　⑭俱执：一起逮捕。　⑮逐狡兔：行猎。喻自由的布衣生活。　⑯夷三族：灭父、母、妻三族。

　　（以上为第四段，写李斯权力日益削弱为赵高所制，他不思更张而变本加厉地迎合二世，上奏《督责书》大行暴政，进一步把秦朝推向反动，同时也深化了李斯的两重人性。）

李斯已死，二世拜赵高为中丞相^①，事无大小辄决于高。高自知权重，乃献鹿，谓之马。二世问左右："此乃鹿也?"左右皆曰："马也。"二世惊，自以为惑^②，乃召太卜^③，令卦之^④。太卜曰："陛下春秋郊祀^⑤，奉宗庙鬼神，斋戒不明^⑥，故至于此。可依盛德而明斋戒。"于是乃入上林斋戒，日游弋猎，有行人入上林中，二世自射杀之。赵高教其女婿咸阳令阎乐劾不知何人贼杀人^⑦，移上林^⑧。高乃谏二世曰："天子无故贼杀不辜人^⑨，此上帝之禁也，鬼神不享^⑩，天且降殃，当远避宫以禳之^⑪。"二世乃出居望夷之宫^⑫。留三日，赵高诈诏卫士^⑬，令士皆素服^⑭，持兵内向^⑮，入告二世曰："山东群盗兵大至!"二世上观而见之^⑯，恐惧。高即因劫令自杀^⑰，引玺而佩之，左右百官莫从^⑱；上殿，殿欲坏者三^⑲。高自知天弗与^⑳，群臣弗许，乃召始皇弟，授之玺^㉑。

【注释】 ①中丞相：以丞相之职居宫中理政。 ②惑：神经错乱，或视觉昏花。③太卜：主卜祀之官，属奉常。 ④卦之：占卜这件事。 ⑤郊祀：祭祀天地。 ⑥斋戒不明：斋戒不庄敬，不洁净。 ⑦劾：弹劾。贼：杀害。 ⑧移上林：故意移尸于上林。⑨不辜人：无罪人。 ⑩不享：不接受祭供。 ⑪禳（ráng）：祭祀祈福免灾。 ⑫望夷之宫：即望夷宫，在今陕西省泾阳县东南。 ⑬诈诏卫士：假传皇帝命令调集卫士。 ⑭素服：便装。打扮成农民起义军。 ⑮持兵内向：拿着武器向望夷宫内冲刺。⑯上观：登上楼台。 ⑰劫令：强令。 ⑱莫从：百官不从赵高。 ⑲殿欲坏者三：赵高欲篡位，三次上殿，三次感觉殿要坍塌似的，足见其心理紧张。 ⑳天弗与：赵高认为是天命不允许他做皇帝。 ㉑始皇弟：即秦王子婴。《秦始皇本纪》作"二世兄子"，则为始皇之孙。以年齿考之，以本传"始皇弟"为是。

子婴即位，患之，乃称疾不听事，与宦者韩谈及其子谋杀高。高上谒，请病，因召入，令韩谈刺杀之，夷其三族。

子婴立三月^①，沛公兵从武关入^②，至咸阳，群臣百官皆叛，不适^③。子婴与妻子自系其颈以组^④，降轵道旁^⑤。沛公因以属吏，项王至而斩之^⑥。遂以亡天下。

【注释】 ①子婴立三月：子婴只做了四十六日秦王，因是从九月至十一月，故言三月。 ②沛公兵从武关入：沛公十月入武关，十一月子婴降。③皆叛不适：秦百官皆叛秦，不去御敌。适：读"敌"。 ④组：用丝织成的花纹交错的带子。以组系颈，是投降服罪的表示。 ⑤轵道：驿亭名，在长安东北。 ⑥项王：项羽。项羽入关杀秦王子婴。

（以上为第五段，写李斯与赵高互相倾轧，淋漓尽致地揭露了赵高的奸诈暴戾、二世的昏庸无道，以及秦王朝统治集团内部的残酷斗争，贪利的李斯终于败下阵来，身受五刑。）

太史公曰：李斯以闾阎历诸侯①，入事秦，因以瑕衅②，以辅始皇，卒成帝业，斯为三公，可谓尊用矣。斯知六艺之归③，不务明政以补主上之缺，持爵禄之重，阿顺苟合④，严威酷刑，听高邪说⑤，废嫡立庶⑥。诸侯已叛，斯乃欲谏争，不亦末乎！人皆以斯极忠而被五刑死，察其本，乃与俗议之异。不然，斯之功且与周、召列矣。

【注释】 ①闾（lǘ）阎：喻平民。 ②瑕（xiá）：玉上的斑点。衅：缝隙。瑕衅：喻有可趁之机。 ③六艺之归：六经的旨趣，指仁政学说。 ④阿顺苟合：指李斯迎合秦始皇焚书坑儒，推行严刑峻法。 ⑤听高邪说：指公元前209年的沙丘政变，李斯听信中车府令赵高的阴谋，废了太子扶苏，而立庶子胡亥，导致了赵高专权。 ⑥嫡：太子扶苏。庶：指秦二世胡亥。

（以上为作者论赞，既肯定了李斯辅秦王称帝之功，又谴责了他罪有应得之过，从而驳斥了李斯极忠而死的俗议。）

📝 讲 析

《李斯列传》全文七千二百余字，是《史记》中篇幅较长，也是历史价值、文学成就都相当高的篇章之一，读《史记》的人不能轻易放过。这里拟谈三点：

1. 《李斯列传》的史料价值

《史记》中记述秦朝的统一及其最后灭亡的文章主要有三篇，即《秦始皇本纪》《李斯列传》《蒙恬列传》。《蒙恬列传》内容简单，涉及的史实不多，最重要的是《秦始皇本纪》和《李斯列传》。《秦始皇本纪》名目虽称秦始皇，实际上是秦始皇、二世、三世的合纪，是整个秦朝由统一天下到彻底覆灭的兴亡史，是纲领性的。李斯是秦朝的丞相，是皇帝的左右手，秦朝的许多章程措施都是由李斯制定并付诸实施的，于秦王朝的兴衰关系重大。如，在他刚入秦国为长史时，秦王就听从他的计策，"阴遣谋士赍持金玉以游说诸侯。诸侯名士可下以财者，厚遗结之；不肯者，利剑刺之。离其君臣之计，秦王乃使其良将随其后。"又如秦朝统一天下李斯为丞相时，"夷郡县城，销其兵刃，示不复用。使秦无尺土之封，不立子弟为王，功臣为侯者，使后无战攻之患。"又如他劝导秦始皇"收去《诗》《书》百家之语以愚百姓，使天下无以古非今。明法度，定律令，皆以始皇起。同文书。治离宫、别馆，周遍天下。明年，又巡狩，外攘四夷"，如此等等。《李斯列传》与《秦始皇本纪》是互为补充，相辅相成的。

秦朝的灭亡与赵高的阴谋作乱有很大关系，而赵高作为一个奸谗小人，其所以能做成大乱，这又与李斯有很大的关系。又因为《史记》中赵高无传，赵高的一切罪恶活动都叙述在《李斯列传》里，所以这篇文章又具有李斯、赵高合传的意义。作为一个历史人物，李斯有功有过，赵高是无法与之相提并论的。司马迁之所以这样处理，这与他对李斯的看法、态度是分不开的。清代方苞说："赵高谋乱入李斯传，以高之恶，斯成之；秦之亡，斯主之也。"明代茅坤说："《李斯传》传斯本末，特佐始皇定天下、变法诸事仅十之一二；传高所以乱天下而亡秦特十之七八。太史公恁地看得亡秦者高，所以酿高之乱者并由斯为之。此是太史公极用意文，极得大体处。"（《史记抄》）清代李景星说："洋洋洒洒，几及万言，似秦外纪，又似斯高合传，而其实全为传李斯作用。文至此，酣畅之至，亦刻毒之至，则谓太史公为古今文人中第一辣手可也。"（《四史评议》）以上三位前贤可以说是把《李斯列传》与《秦始皇本纪》，以及赵高事迹的关系说清楚了。

赵高是我国古代最有名的阴谋家之一，他的手段比之春秋时代吴国的伯嚭、汉代的王莽、唐代的卢杞，以及太平天国的韦昌辉，似乎都更巧妙、更阴险、更毒辣。司马迁详细地记载了赵高的一切言论行动，这给我们两千年来的许多善心读者打开了眼界，使我们认识到这些阴谋家都有着一种何等的心肠，以及基本上都有一些什么伎俩。诸如蛊惑不是法定的继承人前来抢班夺权，实际上又是把他牢牢控制，使之成为自己的傀儡；又如借助一个或几个有资历有权威但却软弱自私的人来给自己做旗号做招牌，内里连打带拉，使之乖乖地遵照自己的指令行事；又如心狠手辣，毫不迟疑地抓一切借口大肆诛杀功臣元老以及王室亲属，同时严厉推行法家统治，使全国臣民人人惶恐，逃死不暇，不敢非议国家政事；又如封官许愿，结派营帮，迅速拉起一个暴发的新贵集团，使之成为自己的死党。关于这些，赵高对二世是这样说的："严法而刻刑，令有罪者相坐诛，至收族，灭大臣而远骨肉，贫者富之，贱者贵之，尽除去先帝之故臣，更置陛下之所亲信者近之。此则阴德归陛下，害除而奸谋塞，群臣莫不被润泽，蒙厚德，陛下则高枕肆志宠乐矣。"这套做法我们是多么耳熟啊！古往今来的阴谋集团，尽管旗帜的颜色不同，使用的词语各异，但其基本做法却相差无几。古人说："昔夏之方有德也，远方图物，贡金九牧，铸鼎象物，百物而为之备，使民知神奸。故民入川泽山林，不逢不若，螭魅罔两，莫能逢之。"（《左传·宣公三年》）《李斯列传》不也是一口铸着元凶大憝的巨鼎吗？它是那样的洞彻肺腑，鉴戒昭然，它给人们擦亮了眼睛，有助于人们识别那些在堂皇冠冕掩盖下的阴谋家。

2. 《李斯列传》中的李斯形象

李斯是《史记》中个性比较鲜明、形象比较丰满的人物之一。《李斯列传》在表现人物上最突出的特点是，它不同于《项羽本纪》《高祖本纪》等的场面铺写，也不同于《田单列传》《刺客列传》等描写的紧张情节，而是集中力量刻画人物的心理情态，李斯的鲜明个性主要就是在这种生动细致的心理刻画中表现出来的。李斯在协助秦始皇统一六国的过程中有很大功绩，作者对此是承认的，他在赞语中曾说李斯几乎可以和周公、召公并列。但是作为一个历史人物，从"通古今之变"，从总结历史经验的角度上看，李斯后期的罪责是更引人注目、更触目惊心的，他不仅葬送了国家，也葬送了他自己和他的整个家族。因此这篇传记在剪裁上首先就表现出了作者的这种主观倾向，也就是以写李斯后期的罪责为主，他的历史功绩如前面所引，只用几句话一带而过了。李斯是个政治家，他有言论、有活动，可写的事情是很多的，但是本文没有一概地写这些，而是紧紧围绕着李斯的为人，深入细致地刻画他极端卑劣自私的灵魂，这是作品在剪裁上的又一个明显的特点。作品里的写大事、写小事、写对话、引文章，一切都服从于这个中心环节。

李斯年少时为郡小吏，见"吏舍厕中鼠食不洁，近人犬，数惊恐之"，而"观仓中鼠，食积粟，居大庑之下，不见人犬之忧"。于是他叹息说："人之贤不肖譬如鼠矣，在所自处耳！"这是李斯第一次显露他那种不甘贫贱、一心向上爬的思想。这是关键性的，叶玉麟说："斯毕生得丧，在入仓观鼠一段，全罩通篇。"（《批注史记》）当他辞别荀卿，将西入秦的时候说："斯闻'得时无怠'。今万乘方争时，游者主事。今秦王欲吞天下，称帝而治，此布衣驰骛之时，而游说者之秋也。处卑贱之位而计不为者，此禽鹿之视肉，人面而能强行者耳！故诟莫大于卑贱，而悲莫甚于穷困。久处卑贱之位，困苦之地，非世而恶利，自托于无为，此非士之情也。故斯将西说秦王矣。"所谓"得时无怠"，与下文李斯对秦王所说的"胥人者，去其机也；成大功者，在因瑕衅而遂忍之"意思相同。抓住一切可以利用的时机，毫不迟疑地当机立断，这是他劝导秦王处理一切政治军事外交事宜的总方针，也是他自己为人处世，安身立命的总原则。凌稚隆说："李斯之自谋与为秦谋，皆不外此一句。"（《史记评林》）这是十分准确的。所谓"诟莫大于卑贱，而悲莫甚于穷困"，所谓"处卑贱之位而计不为者，此禽鹿视肉，人面而能强行者耳"云云，与前面的观鼠一段相呼应，这是李斯对于人生意义、对于荣辱问题的总看法，是他日后一切活动、一切作为的出发点和总归宿，是使他积极奋进、趁时建功立业的动力，也是使他日后陷入罪恶渊薮的基因。余有丁说："斯志在富贵，故卒以败，使其知足，当不为赵高所愚矣。"（《史记评林》引）李斯在这里是极其自负，极端蔑视一切"碌碌无为"的人的，其中也包括他的老师荀卿。人们常说，"矮人面前不说短话"，而李斯竟毫无顾忌。由此可见，他追求富贵的心思是多么强烈！

　　李斯到秦国后，秦王言听计从。在统一天下的过程中李斯功勋卓著，位至丞相，宠遇非凡。"诸男皆尚秦公主，女悉嫁秦诸公子。"长男李由为三川守，当其告归咸阳，李斯置酒于家时，"百官长皆前为寿，门庭车骑以千数"。对此，李斯喟然而叹说："嗟乎！吾闻之荀卿曰'物禁太盛'。夫斯乃上蔡布衣，闾巷之黔首，上不知其驽下，遂擢至此。当今人臣之位无居臣上者，可谓富贵极矣。物极则衰，吾未知所税驾也。"对于封建社会统治集团中的风云变幻、祸福无常，李斯是非常清楚、非常明白的。为什么不见机知足、急流勇退呢？这是由他的人生观决定的。他一向鄙视贫贱，好不容易得来的富贵尊荣，他又怎么轻易割舍得了呢？明代董份说："既知为害，何忍甘之？此猩猩嗜酒，明知人欲杀，而复饮之以就擒者也。古今人陷此辙多矣。读之感叹。"（《史记评林》引）这段话在全文中是李斯生平际遇的转折点，它预示着一场变故就要发生了。正如凌稚隆所说："此处与观鼠、临刑二处，暗相首尾。"

　　当秦始皇死于沙丘，赵高已与胡亥谋定欲更改诏书，杀扶苏，另立胡亥，并以此谋商及李斯时，李斯不是不知道这是"亡国之言"，"非人臣所当议"的；也不是不知道自己位为宰相，深受大行皇帝之倚托，现在面临变故，应该坚守职分，"忠臣不避死而庶几"。但是当赵高首先用"君侯自料：能孰与蒙恬？功高孰与蒙恬？谋远不失孰与蒙恬？无怨于天下孰与蒙恬？长子旧而信之孰与蒙恬？"五项个人利害以动之；其次又用"方今天下之权命悬于胡亥，高能得志焉。且夫从外制中谓之惑，从下制上谓之贼。故秋霜降者草花落，水摇动者万物作，此必然之效也。君何见之晚？"以要挟之；最后又用"君听臣之计，即长有封侯，世世称孤；必有乔、松之寿，孔、墨之智。今释此而不从，祸及子孙，足以为寒心。善者因祸为福，君何处焉？"以恐吓之，几番交锋之后，李斯完全缴械，被赵高说服了。赵高并没有用什么高深的理论，他就是准确地抓住了李斯贪图爵禄、贪生怕死、保官保命的严重的自私心理而猛下针砭，于是一鼓奏效。茅坤说："高必以蒙恬之隙，才能倾动李斯而使之叛。"吴见思说："盖贪位慕禄、无可奈何、不得不就赵高之缠索，而李斯之为李斯，已为赵高窥破矣。"（《史记论文》）为持禄固宠，保官保命而使一位曾经立过卓越勋绩的大功臣、一位历史上少有的名相卖身投靠了阴谋集团，堕落成为千古罪人，这是多么触目惊心的事变啊！说是违心，而为了维护个人的私利恐怕也就不能说是违心了。司马迁在这里用了七百多字，详细地记述了赵高李斯的对答，记述了李斯的堕落过程，可见作者的内心是充满感慨的。

秦二世即位后，法令诛罚日益严苛，群臣人人自危。又作阿房，治驰道，修骊山坟墓，徭役无已，人民无法生活，陈涉、吴广已经在东方揭竿而起了。李斯毕竟不同于赵高胡亥那样只会搞阴谋，他的头脑是清醒的。他求见胡亥，希望有所劝谏。结果胡亥不听，胡亥追求的是"赐志广欲，长享天下而无害"，并且反问李斯位为丞相，何以使得天下盗贼如此。面对这种局势，李斯又害怕了，他本是为了解决大卜大事而来求见胡亥的，结果现在个人的地位爵禄发生了动摇。顾哪头呢？李斯的私念这时立刻膨胀了起来，他"重爵禄，不知所出"，"欲求容"，于是一反初衷，给胡亥上了一篇《论督责书》。其中变本加厉地劝导胡亥实行更加严酷的刑法。他引用韩非的意思说"慈母有败子，而严家无格虏""布帛寻常，庸人不释，铄金百镒，盗跖不搏"。他鼓吹"灭仁义之途，掩驰说之口，困烈士之行，塞聪掩明，内独视听"，"荦然独行恣睢之心而莫之敢逆"。于是胡亥大悦，督责益严，税民深者为明吏，杀人众者为忠臣。于是国家大势，益发不可收拾了。这又能说李斯是出于不得已，是违心的吗？不，这是为了保命保官而出卖灵魂。作为一个国家的肱股大臣，为了维持个人的私利竟然到了不择手段、无所不用其极的地步。明代陈仁锡说："为人君父者，不可以不知《春秋》，前有谗而不见，后有贼而不知。此太史公自道，复作史本旨也，读《李斯传》，益凛凛然。"难道作为国家的子民百姓，就不能通过这篇传记来提高自己的认识能力，从而在严峻的现实生活中清楚地辨认哪些人是为了保全自己而不惜出卖灵魂的败类吗？

当赵高杀扶苏，杀蒙恬，杀秦国的公子、公主，杀尽一切与自己有私怨的人后，紧接着又杀到李斯的头上来了。他玩弄计谋以激起胡亥对李斯的不满，又造谣言诬告李斯的儿子与陈胜交通。李斯马上要被逮捕审问，再也没有任何退路，再也没有迁就苟免的可能了，于是他仓皇应战，上书言赵高之短说："臣闻之，臣疑其君，无不危国；妾疑其夫，无不危家"，"今高有邪佚之志，危反之行，如子罕相宋也；私家之富，若田氏之于齐也；兼行田常、子罕之逆道，而劫陛下之威信，其志若韩玘为韩安相也；陛下不图，臣恐其为变也。"如此等等。这些话都是对的，可惜是出于李斯之口，尤其是说在他自己大难临头被逼无奈的情况下，这就不是出于公心，出于为国家兴利除弊，消谗去讦，而是出于狗急跳墙地反口相噬了。明代陈子龙说："丞相子方得罪，而欲上书以除君侧之恶，此必无之事也。何斯之智而出此，知其无聊矣。"（《史记测义》）

李斯下狱后，仰天而叹曰："嗟乎，悲夫！不道之君，何可为计哉！昔者桀杀关龙逢，纣杀王子比干，吴王夫差杀伍子胥：此三臣者，岂不忠哉？然而不免于死。身死而所忠者非也。今吾智不及三子，而二世之无道过于桀、纣、夫差，吾以忠死，宜矣。"又说："今反者已有天下之半矣，而心尚未悟也，而以赵高为佐，吾必见寇至咸阳，麋鹿游于朝也。"这段话也很好，可惜也不该出自李斯之口。因为他平时伙同为乱，为虎作伥，今日摇身一变，又装出一副旁观者清的样子，甚至居然以关龙逢、比干、伍子胥自拟，这就实在太可鄙可厌了。吴见思说："此一段固是正论，然妙在与《督责书》句句相反，所谓孽镜火珠，神识自首，史公正于此等照应作章法也。"说得好，这正是作者故意安排的让他自我暴露、自我嘲弄。也就是说时至今日，李斯还在自觉不自觉地为了沽名钓誉而表演，而装腔作势，借以自欺欺人。东晋的贵族谢灵运，入宋后一心向上爬，长期以自己未能"参机要"而心怀耿耿，后来图谋逆乱被杀。临刑前作诗道："韩亡子房奋，秦帝鲁连耻。本自江海人，忠义感君子。"其口不应心，前后判若两人，而又大言不惭的情态，正与李斯相同。

李斯在狱中被赵高反复捉弄，百般笞掠，最后具五刑，被腰斩于咸阳市。斯出狱，顾谓其中子曰："吾欲与若复牵黄犬，俱出上蔡东门逐狡兔，岂可得乎！"遂父子相哭，而夷三族。李斯最后这几句话，是后悔当初根本不该出来追求名利富贵呢？还是后悔中间未能急流勇退呢？也许二者兼而有之。但是这些都是表面的。明代王世贞作诗说："李斯泣五刑，实以仓鼠故。不见三川守，车马辉衢路。巧尽拙自来，利往名独污。所以西山客，居然一环堵。"后世有许多人都从李斯的结局上引出了与王世贞相同的消极教训，但这不是作者司马迁的主要意图。司马迁写《李斯列传》不是为了一般地表现那种宦海升沉、祸福不定的思想，他是为我们刻画出了一个有心机、有才干，但由于他极端自私，结果出卖灵魂、依附逆乱，既葬送了国家，也葬送了自己的一个可鄙可悲的形象。李斯悲剧的根源在于"私"字当头，在于他的一切都以保全个人的私利为中心。一个人的生活观念如此，当然就可以放辟邪肆，无所不用其极了。林伯桐说："李斯外似刚愎而内实游移，其于李由告归咸阳而置酒，既曰'物极则衰，吾未知所税驾也'，似乎知退矣；及李由为三川守，群盗西略地，则'李斯恐惧，重爵禄，不知所出'。其于赵高谋废立，既曰'忠臣不避死而庶几'，似乎以身殉国矣，及赵高以祸福动之，则又曰'既已不能死，安托命哉'。其于二世无道，既数欲请间谏，似乎能犯颜矣；及二世责问，则又劝之督责，欲以求容。其胸中瞀乱，进退无据，安得不见制于赵高哉！当其辞于荀卿曰'诟莫大于卑贱，而悲莫甚于穷困'，自言其所见也。只此二语，便足断送一生。"（《会注考证》引）这是说得很好的。李斯对于任何人都是一面镜子，它永远昭示着沉痛的历史教训与生活教训。

3.《李斯列传》的文章

《李斯列传》最突出的特点是刻画人物心理，而刻画心理又主要是通过人物的语言来完成的。李斯的语言有独白、对话、文章三大类，三者各有其妙。

李斯的独白有四处，当他入仓见鼠时，他感慨地叹息道："人之贤不肖譬如鼠矣，在所自处耳！"当他功成名就，盛极一时时，他喟然而叹道："嗟乎！吾闻之荀卿曰'物禁太盛'。……当今人臣之位无居臣上者，可谓富贵极矣。物极则衰，吾未知所税驾也。"当李斯为赵高所挟，决定依附逆乱时，他仰天长叹，垂泪太息道："嗟乎！独遭乱世，既以不能死，安托命哉！"当他为赵高所害，囚于狱中时，他仰天而叹曰："嗟乎，悲夫！不道之君，何可为计哉！……吾必见寇至咸阳，麋鹿游于朝也。"此外还有他临死前顾谓其中子所说的"吾欲与若复牵黄犬，俱出上蔡东门逐狡兔，岂可得乎！"以上四段独白和一段"顾谓"，都是李斯各个时期各个关键时刻的最有代表性而又最动心的感情流露。这是作者为刻画人物心理而精心设计的。清代李景星说："行文以五叹为筋节，'于是李斯乃叹曰人之贤不肖'云云，是其未遇时而叹不得富贵也；'李斯喟然而叹曰嗟乎'云云，是其志满时而叹物极将衰也；'斯乃仰天而叹，垂泪太息曰'云云，是已堕赵高计中不能自主而叹也；'仰天而叹曰嗟乎悲夫'云云，是已居囹圄之中不胜怨悔而叹也；'顾谓其中子曰'云云，是临死时无可奈何以不叹为叹也。"（《四史评议》）所叹的内容虽然不同，表现的喜怒哀乐尽管有异，但是共同的一点是它们都是为了自身的得失荣辱而发。孔子曰："鄙夫可与事君也与哉？其未得之也，患得之；既得之，患失之，苟患失之，无所不至矣。"（《论语·阳货》）作者所刻画的李斯正是孔子所说的这样一种极端的典型。

李斯的对话有与荀卿的，有与始皇的，有与二世的，其中最精彩的是与赵高的对话。赵高利诱、威逼李斯篡改诏书废嫡立庶一节,两人往复六次,全文将近七百字。赵高稳操胜券从容自得,一说不成,又进一说,步步紧逼;李斯则色厉内荏,开始尚招架几句,继而则徬徨游移,最后完全被缴械制服。作者的笔像一支神奇的手术刀,把两个人的心理剖解得昭明委备,细密入微。吴见思说:"李斯奸雄,赵高亦奸雄也。两奸相对,正如两虎相争,一往一来,一进一退,多少机权,默默相照。"(《史记论文》)此外李斯与赵高及胡亥的对话也是相当精彩的。赵高为激起胡亥对李斯的憎恶,先是假惺惺地装作与李斯同忧国事,劝李斯入谏胡亥;而后又故意挑一个最不合适的时机,欺骗李斯叫他去碰钉子,讨人嫌;随后紧接着媒蘖其短。李斯被迫无奈,只好反唇相讥,上书并当面揭发赵高的罪行。但是胡亥不信,李斯最终下狱了。这段文字表现出了赵高的奸诈阴险,自然是入木三分的。吴见思说:"初投斯心,此投亥忌,写赵高权术十分骇人。"而同时这段文字在表现李斯自投靠赵高后,名位虽尊,而实权已去,那种处处受戏耍、受愚弄的可怜情景,也是非常突出的。李斯说赵高,胡亥不信;赵高说李斯,一说便准,因为他们与胡亥的亲疏厚薄不同。这段文字的悲剧色彩很浓厚。

《李斯列传》与《司马相如列传》相同,都是《史记》中收文章最多的名篇,明代陈仁锡说:"先秦文章当以李斯为第一,太史公作斯传,载其书五篇,绝工之文也。"《李斯列传》与《司马相如列传》不同的是,其所以收录这些文章乃是为了表现人物的性格,它们都是整篇人物传记中不可缺少的组成部分。即以《谏逐客书》而论,这篇文字像是最出于公心的,其实也突出地带着李斯自私好利的特点。明代董份说:"秦王性好侈大,故历以纷华进御声色之美启其心,此善说之术也。斯之阴诡逢迎二世之欲,已兆于此矣。"陈仁锡说:"极其佚乐以快主心,即上《督责书》意也。"徐孚远说:"李斯前《谏逐客书》,后建议坑儒,皆以自便也。使逐客时独议留斯,当无是书也。"(《史记测义》)这些话说得也许有点过分,但都是符合李斯性格的。《督责书》最足以表现李斯卑鄙的灵魂。他为了保全自己,为了苟延一己之命,居然情甘饮鸩止渴,倒行逆施,置一切国家民族、亲朋妻小、公理是非以及生前死后的名声于不顾。这种由"私"字导致的祸国殃民、害人害己是多么令人不寒而栗啊!明代陈子龙说:"李斯方惧诛,而顾以督责劝其君者,非本情也,然亦如商君之自毙矣。"(《史记测义》)李斯下狱后,知不得活,乃上书胡亥,言己之"七罪"。说是认"罪",其实是说反话,是铺陈自己的累累功勋。他上书的目的当然也有像司马迁所说的是"自负其辩,有功,实无反心,幸得上书自陈,幸二世之悟而赦之"。但更主要的还是一种绝望之后的破罐子破摔，是想把骨鲠在喉一般的无限委屈怨愤之情，来个一吐方快。但就是在这种时候，李斯也还是不忘扬功匿过，不改他的口是心非，欺世盗名。明代凌稚隆说："李斯所谓七罪，乃自侈其极忠，反言以激二世耳。岂知矫杀扶苏蒙恬，以酿其君主暴，其罪更有浮于此者。"（《史记评林》）李斯对此承认了没有呢？没有。尤其是他对自己一生受病的根源，更是到死未悟。这真是一个多么可鄙又多么可悲的人物啊！

吴见思说："一篇文字，几及万言，中间包藏许多文字，如《谏逐客书》《焚书书》《赐扶苏书》《公子高从葬书》《责向李斯书》《督责书》《言赵高书》《狱中书》，谋立胡亥处，赵高谮李斯处，俱以文辞胜。乃一篇一样，又有一篇几样，读之不厌其多，反唯恐其尽。文章至此，可以无遗憾矣。"这话比较准确地道出了本文以人物语言来表现心理活动、刻画人物性格的总特点。

《李斯列传》也反映了司马迁爱好文采、凡遇到好文章定不忍割弃的习惯。从这个角度上讲，它和《司马相如列传》是相同的。本篇所收的李斯的文章都是很好的，尤其是《谏逐客书》与《督责书》，历来受到人们的喜爱。对于前者，宋代李涂说："李斯上秦始皇书论逐客，起句便见实事，最妙。中间论物不出于秦而秦用之，独人才不出于秦而秦不用，反复议论痛快，深得作文之法，来易以人废言也。"（《文章精义》）明代邓以瓒说："瑰琦而高古，驰骋而精工，诚为高作。"林希元说："只就逐客一事生枝生叶，反复顿伏，有无限态度，无限精神，真秦汉间第一等文字。"（《史记评林》引）对于后者，邓以瓒说："为论本韩非，辞气亦大类非，此段绝为工峭。"又说："奇气横溢中更多精工语，极为妙篇，第持论左耳。"凌稚隆说："督责之术，莫过于申韩，篇中牵引申韩为证，皆以'故'字转之，文法变幻错综，可与《谏逐客书》并观。"李斯的文章保持着战国文章的风格，以雄奇恣肆、气势奔放著称。李斯的文章在《李斯列传》中占到了四分之一的篇幅，这就无形中使其和本来也深受战国文风影响，而又十分重文采、重气势的司马迁的文章融为一体，从而更加增强了《李斯列传》的气势感与抒情性，使之成了《史记》中最精彩的篇章之一。

鲁迅说："秦之文章，李斯一人而已。"而李斯的文章又大都见于《李斯列传》，除此而外，就是《秦始皇本纪》中还载有李斯所写的几篇铭文。从这个意义上说，《李斯列传》又是我们今天研究秦代文学的主要依据。这就又进一步地说明了《李斯列传》重要的史料价值。

淮阴侯列传

【题解】 《淮阴侯列传》以封爵名篇，它是汉初杰出军事家韩信的传记，策士蒯通、武涉作为相关人物附见。

韩信是在秦末农民战争中涌现出来的杰出历史人物，但他的才能却是在楚汉战争中显现出来的。他本是淮阴一个流荡青年，贫无以食。秦末动乱，先投靠项羽，未得重用，又投奔刘邦，仍未被重用而逃离，后经萧何推荐，得以举拔为大将，由是感激汉王刘邦。在楚汉战争中，刘邦从彭城败逃，靠韩信在京、索间挫败项羽，才稳住了楚汉相争的阵脚。然后，韩信率领一支队伍，开辟北方第二战场，以少胜众，取得了吞灭魏、赵、燕、齐的胜利，完成了对项羽的战略包围，最后与刘邦会师，在垓下歼灭了项羽。

韩信功高震主，遭刘邦猜忌。他的精锐部队经常被刘邦抽走。但韩信却不识时务，竟然在楚汉相争难分难解之时，逞兵胁迫刘邦封自己为齐王，这就种下了灭族的祸胎。项羽死后，韩信的兵权立即被解除，迁为楚王，随后又以谋反罪削王贬爵为淮阴侯，牢笼于京都。韩信失势，日益怏怏，于是暗中与陈豨通谋，企图造反，被萧何用计捕杀，夷灭三族。司马迁对韩信这样一个杰出的智能之士而惨遭不幸的结局，深表同情和惋惜，以充满激情和深沉的笔触写下这一悲剧史传，成为千古传颂的名篇。

淮阴侯韩信者，淮阴人也①。始为布衣时，贫无行②，不得推择为吏③，又不能治生商贾④，常从人寄食饮，人多厌之者。常数从其下乡南昌亭长寄食⑤，数月，亭长妻患之，乃晨炊蓐食⑥。食时信往，不为具食。信亦知其意，怒，竟绝去⑦。

【注释】 ①淮阴：秦县名，县治在今江苏省淮安市东南。 ②无行：放纵不拘礼节。③推择为吏：被推举选择为吏。据《周礼》，国家用吏，由乡官推贤进士。《管子·小匡篇》亦云："乡长修德进贤，名之曰三选。" ④治生：治理生计以谋生。 ⑤下乡：淮阴

县所属的乡名。南昌：下乡所属之亭名。寄食：投托在别人家里吃闲饭。　⑥晨炊蓐
（rù）食：指亭长妻一早把饭做好，在被窝里吃饭。即按正常情况未到起床时就吃了早饭。
蓐：通"褥"，被褥。　⑦竟绝去：从此绝交不再去亭长家。

　　信钓于城下，诸母漂①，有一母见信饥，饭信，竟漂数十日②。
信喜，谓漂母曰："吾必有以重报母。"母怒曰："大丈夫不能自食，
吾哀王孙而进食③，岂望报乎！"
　　【注释】　①诸母：几位老大娘。漂：冲洗丝絮。　②竟：一直到底。　③王孙：犹
言"少年"，古时对青年人的尊称。

　　淮阴屠中少年有侮信者，曰："若虽长大①，好带刀剑，中情怯
耳②。"众辱之曰③："信能死④，刺我；不能死，出我袴下⑤。"于是
信孰视之⑥，俯出袴下，匍匐。⑦一市人皆笑信，以为怯。
　　【注释】　①若虽长大：你虽然又高又大。　②中情：内心。　③众辱之：当众侮辱
韩信。　④能死：敢拼命，即不怕死。下文"不能死"即怕死。　⑤袴：通"胯"，两腿
之间。　⑥孰视之：注视对方好久。　⑦匍匐：爬行。

　　（以上为第一段，写韩信青年时的德行，能怒，能忍，能知恩报德，这些
气质影响着他的一生。）

　　及项梁渡淮，信杖剑从之，居戏下①，无所知名。项梁败，又
属项羽，羽以为郎中②。数以策干项羽③，羽不用。汉王之入蜀，信
亡楚归汉，未得知名，为连敖④。坐法当斩，其辈十三人皆已斩，
次至信，信乃仰视，适见滕公⑤，曰："上不欲就天下乎？何为斩壮
士！"滕公奇其言，壮其貌，释而不斩。与语，大悦之。言于上，
上拜以为治粟都尉⑥，上未之奇也。
　　【注释】　①戏下：即麾下，帐下。　②郎中：秦汉时执戟宿卫宫禁的小官，这里指
随身侍从。　③数以策干项羽：多次向项羽献计。干：求见，进说。　④连敖：管理粮仓
的小官。　⑤滕公：即为汉王刘邦掌车骑的夏侯婴，因一度做过滕县县令，故时人称为滕
公，封汝阴侯。事详《樊郦滕灌列传》。　⑥治粟都尉：管理粮饷的军官。

　　信数与萧何语，何奇之。至南郑①，诸将行道亡者数十人。信
度何等已数言上，上不我用，即亡。何闻信亡，不及以闻②，自追

之。人有言上曰："丞相何亡。"上大怒，如失左右手。居一二日，何来谒上③，上且怒且喜，骂何曰："若亡，何也？"何曰："臣不敢亡也，臣追亡者。"上曰："若所追者谁何？"曰："韩信也。"上复骂曰："诸将亡者以十数，公无所追④；追信，诈也⑤。"何曰："诸将易得耳。至如信者，国士无双⑥。王必欲长王汉中，无所事信；必欲争天下，非信无所与计事者。顾王策安所决耳⑦。"王曰："吾亦欲东耳，安能郁郁久居此乎？"何曰："王计必欲东，能用信，信即留；不能用，信终亡耳。"王曰："吾为公以为将⑧。"何曰："虽为将，信必不留。"王曰："以为大将。"何曰："幸甚。"于是王欲召信拜之。何曰："王素慢无礼⑨，今拜大将如呼小儿耳，此乃信所以去也。王必欲拜之，择良日⑩，斋戒⑪，设坛场⑫，具礼⑬，乃可耳。"王许之。诸将皆喜，人人各自以为得大将。至拜大将，乃韩信也，一军皆惊。

【注释】　①南郑：即今陕西省汉中市，当时为汉王之都。　②不及以闻：来不及向刘邦报告。　③谒（yè）：进见。　④公：同"若"，前称"若"，此改称"公"，表示刘邦心转喜而亲切尊称。　⑤诈：扯谎。　⑥国士无双：一国之中杰出的人才，再没有第二个。　⑦顾：但，只是。　⑧吾为公以为将：我看你的面子用他为将。由此知汉王还未了解韩信。　⑨素慢：一向对人傲慢。　⑩良日：黄道吉日。　⑪斋戒：古人在祭祀或举行庆典之前，先要沐浴、更衣、戒酒、素食、独宿，表示虔诚庄重，叫"斋戒"。　⑫坛场：举行典礼的场所，筑土台为坛，除地为场。　⑬具礼：举行拜将仪式。

　　信拜礼毕，上坐①。王曰："丞相数言将军，将军何以教寡人计策？"信谢②，因问王曰："今东向争权天下，岂非项王邪？"汉王曰："然。"曰："大王自料勇悍仁强孰与项王！"汉王默然良久，曰："不如也。"信再拜贺曰③："惟信亦为大王不如也④。然臣尝事之，请言项王之为人也。项王喑噁叱咤⑤，千人皆废⑥，然不能任属贤将⑦，此特匹夫之勇耳⑧。项王见人，恭敬慈爱，言语呕呕⑨，人有疾病，涕泣分食饮，至使人有功当封爵者⑩，印刓敝，忍不能予⑪，此所谓妇人之仁也。项王虽霸天下而臣诸侯，不居关中而都彭城⑫。有背义帝之约，而以亲爱王⑬，诸侯不平。诸侯之见项王迁逐义帝置江南⑭，亦皆归逐其主而自王善地。项王所过无不残灭者，天下多怨，百姓不亲附，特劫于威强耳⑮。名虽为霸，实失天下心，故曰其强易弱。今大王诚能反其道，任天下武勇，何所不诛！以天下城邑封功臣，何所不服！以义兵从思东归之士⑯，何所不散！且三秦王为秦将⑰，将秦子弟数岁矣，所杀亡不可胜计⑱；又欺其众降诸侯，至新安⑲，项王诈坑秦降卒二十余万，唯独邯、欣、翳得脱，秦父兄怨此三人。痛入骨髓。今楚强以威王此三人，秦民莫爱也。大王之入武关⑳，秋毫无所害，除秦苛法，与秦民约，法三章耳㉑，秦民无不欲得大王王秦者㉒。于诸侯之约，大王当王关中㉓，关中民咸知之。大王失职入汉中，秦民无不恨者。今大王举而东，三秦可传檄而定也㉔。"于是汉王大喜，自以为得信晚。遂听信计，部署诸将所击。

【注释】　①上坐：指刘邦礼毕而坐。上：指刘邦。　②信谢：韩信谦虚了一番。谢：推辞。　③信再拜贺：韩信连行两遍礼由衷地称许刘邦，赞其有自知之明。贺：赞许。④惟：通"虽"。为：认为。　⑤喑噁（yīnwù）叱咤（chìchà）：斥骂声。　⑥废：瘫软。⑦任属：放手任用。　⑧特：只是。匹夫：一个普通的人。　⑨呕（ōu）呕：温和的样子。⑩使人：所任用的人。　⑪印刓（wán）敝，忍不能予：官印都被摩弄光滑了，还舍不得给人。刓：通"玩"，摩弄。敝：通"弊"，坏了，这里指印的棱角被摩弄光滑了。　⑫不居关中：指项羽不居长安。彭城：秦县名，在今江苏省徐州市。　⑬而以亲爱王：给自己的亲信和偏爱的人封王。　⑭迁逐义帝置江南：项羽分封诸侯后，自称西楚霸王，逐放义帝迁居长沙郴县，中途又令吴芮、黥布等击杀之。　⑮特劫于威强耳：只不过是在他的淫威下勉强屈服。劫：被胁迫。强：勉强。　⑯思东归之士：想要打回老家的士兵。刘邦入汉中所带的士兵多为关东卒，故"思东归。"　⑰三秦王：即雍王章邯、翟王董翳、塞王司马欣。三人本为秦将，降项羽，项羽入关，分关中地封三人为王以御刘邦。　⑱杀亡：战死的和逃亡的。胜：尽。　⑲新安：古邑名，在今河南省渑池县东。　⑳武关：在今陕西省丹凤县东南。　㉑约法三章：约法，减省法律，只有三章，即杀人者死，伤人及盗抵罪。　㉒王秦：在关中为王。　㉓大王当王关中：公元前207年，怀王令项羽等北救赵，令沛公刘邦西略地入关，"与诸将约，先入定关中者王之"。刘邦先项羽入关，项羽背约，请示怀王，怀王曰"如约"，这里所说即指此事。　㉔三秦可传檄而定也：谓刘邦取关中可以不用打仗，一声号召即可安定。传檄：发布声讨敌人罪行的文告。

八月①，汉王举兵东出陈仓②，定三秦。汉二年③，出关，收魏、河南，韩、殷王皆降④。合齐、赵共击楚⑤。四月，至彭城，汉兵败散而还。信复收兵与汉王会荥阳⑥，复击破楚京、索之间⑦，以故楚兵卒不能西。

【注释】 ①八月：汉元年八月，即公元前206年秦历八月。 ②陈仓：秦县名，县治在今陕西省宝鸡市东。 ③汉二年：公元前205年。 ④魏、河南、韩、殷：魏王魏豹、河南王申阳、韩王郑昌、殷王司马卬。 ⑤合齐、赵共击楚：齐指齐王田荣，赵指赵王歇及其相陈余。田荣和赵王歇，皆不是项羽所封。田荣逐走项羽所封齐王田都而自立，陈余逐走项羽所封赵王张耳而迎立代王歇为赵王，两人最先反抗项羽。刘邦趁机还定三秦，出关后与齐、赵联合击楚。 ⑥荥阳：原战国韩邑，汉置县，地处冲要的军事要地，故城在今河南省荥阳东北。 ⑦京、索：指京邑、索亭。京邑在今河南省荥阳市豫龙镇京襄城村，索亭即今荥阳市索河街道。

汉之败却彭城，塞王欣、翟王翳亡汉降楚，齐、赵亦反汉与楚和。六月，魏王豹谒归视亲疾①，至国，即绝河关反汉②，与楚约和。汉王使郦生说豹，不下③。其八月，以信为左丞相④，击魏。魏王盛兵蒲坂⑤，塞临晋⑥，信乃益为疑兵，陈船欲渡临晋，而伏兵从夏阳以木罂缶渡军⑦，袭安邑⑧。魏王豹惊，引兵迎信⑨，信遂虏豹，定魏为河东郡。汉王遣张耳与信俱⑩，引兵东，北击赵、代⑪。后九月⑫，破代兵，擒夏悦阏与⑬。信之下魏破代，汉辄使人收其精兵，诣荥阳以拒楚。

【注释】 ①亲：母亲。 ②绝河关：封锁了河关。河关即蒲津关，也叫临晋关，在今陕西省大荔县东的黄河西岸。 ③不下：没有成功。 ④以信为左丞相：授予韩信以左丞相之衔名领兵，实为虚衔。 ⑤蒲坂：地名，在今山西省永济市西的黄河东岸，隔河与临晋关相对。 ⑥塞临晋：即绝河关。 ⑦夏阳：秦县名，县治在今陕西省韩城市西南。木罂缶（yīngfǒu）：木盆、木桶之类。 ⑧安邑：河东重镇，战国初为魏都城，故城在今山西省闻喜县东南。 ⑨迎：迎击。 ⑩张耳：原项羽所封常山王，失国投汉，详下第三段"争张黡、陈泽之事"条注。 ⑪引兵东，北击赵、代：向东击赵，向北击代。赵王赵歇，都襄国（今河北省邢台市）。代王陈余为赵歇所立，封成安君。陈余留赵辅歇为相，派夏说为代相守代，因此赵、代实为一体。⑫后九月：汉二年（公元前205年）闰九月。汉初承用秦历以十月为岁首，凡闰年置闰月于岁末，故称后九月。 ⑬阏与：古战场，在今山西省和顺县西北。

信与张耳以兵数万，欲东下井陉击赵①。赵王、成安君陈余闻汉且袭之也，聚兵井陉口，号称二十万。广武君李左车说成安君曰："闻汉将韩信涉西河，虏魏王，擒夏悦，新喋血阏与②，今乃辅以张耳，议欲下赵，此乘胜而去国远斗，其锋不可当。臣闻③：'千里馈粮，士有饥色；樵苏后爨，师不宿饱'④。今井陉之道，车不得方轨⑤，骑不得成列⑥，行数百里，其势粮食必在其后。愿足下假臣奇兵三万人⑦，从间道绝其辎重⑧；足下深沟高垒⑨，坚营勿与战⑩。彼前不得斗，退不得还，吾奇兵绝其后，使野无所掠，不至十日，而两将之头可致于戏下。愿君留意臣之计⑪。否，必为二子所擒矣。"成安君，儒者也⑫，常称义兵不用诈谋奇计，曰："吾闻兵法十则围之，倍则战⑬。今韩信兵号数万，其实不过数千，能千里而袭我，亦已疲极。今如此避而不击，后有大者，何以加之⑭！则诸侯谓吾怯，而轻来伐我。"不听广武君策，广武君策不用。

【注释】 ①井陉（xíng）：井陉口，为太行八陉之一，即今河北省井陉县东北井陉山上的井陉关。 ②喋（diē）血：溅血。形容战场杀人之多，血流遍地。喋：通"蹀"，溅。 ③"臣闻"以下四句：见《黄石公·上略》，故曰"臣闻"，也是当时流行的成语。馈：运送。 ④"樵苏"二句：靠就地打柴烧饭，军队不可能经常吃饱饭。樵苏：打柴打草。爨（cuà）：烧火煮饭。 ⑤方轨：两车并行。 ⑥成列：排成行列。 ⑦假：暂时拨给。奇兵：正面当敌之兵，称为正兵；侧面迂回包抄之兵，称为奇兵。 ⑧间道：小道。绝：截断。辎（zī）重：军用物资。 ⑨深沟高垒：深挖护营壕沟，加高兵营的围墙。 ⑩坚营：牢牢地守住营垒。 ⑪留意：考虑采纳。 ⑫儒者：书生。⑬"吾闻"二句：化用孙子语。见《孙子·谋攻篇》："故用兵之法，十则围之，五则攻之，倍则分之，敌则能战之，少则能逃之，不若则能避之。" ⑭何以加之：怎么对付呢？

韩信使人间视①，知其不用，还报，则大喜，乃敢引兵遂下。未至井陉口三十里，止舍②。夜半传发，选轻骑二千人，人持一赤帜，从间道萆山而望赵军③，诫曰："赵见我走，必空壁逐我④，若疾入赵壁⑤，拔赵帜，立汉赤帜。"令其裨将传飧⑥，曰："今日破赵会食！"诸将皆莫信⑦，佯应曰⑧："诺。"谓军吏曰："赵已先据便地为壁⑨，且彼未见吾大将旗鼓，未肯击前行，恐吾至阻险而还。"信乃使万人先行，出，背水阵⑩。赵军望见而大笑。平旦，信建大将之旗鼓⑪，鼓行出井陉口⑫，赵开壁击之，大战良久。于是信、张耳佯弃鼓旗，走水上军。水上军开入之⑬，复疾战⑭。赵果空壁争汉鼓旗，逐韩信、张耳。韩信、张耳已入水上军，军皆殊死战⑮，不可败。信所出奇兵二千骑，共候赵空壁逐利⑯，则驰入赵壁，皆拔赵旗，立汉赤帜二千。赵军已不胜，不能得信等，欲还归壁，壁皆汉赤帜，而大惊，以为汉皆已得赵王将矣⑰，兵遂乱，遁走⑱，赵将虽斩之，不能禁也。于是汉兵夹击，大破虏赵军，斩成安君泜水上⑲，擒赵王歇。

【注释】 ①间视：暗中打探。 ②止舍：驻扎下来。 ③萆（bì）山：隐蔽在山上。萆，通"蔽"。 ④空壁：倾巢而出。 ⑤疾入：突入。 ⑥裨（pí）将：副将。传飧：分配早点。飧：小食。 ⑦皆莫信：谁都不相信。 ⑧佯应：假装答应。 ⑨便地：有利的地势。 ⑩背水阵：背靠河水摆开阵势。 ⑪建大将之旗鼓：打起大将的旗号和仪仗鼓吹。 ⑫鼓行：击鼓进军。 ⑬开入之：开营接纳他们进去。 ⑭复疾战：指水上军接着迎战赵军。 ⑮殊死战：拼命死战。 ⑯逐利：追夺战利品。 ⑰"以为"句：认为汉军已经把赵王及其赵将全都俘虏了。 ⑱遁走：逃生而四散奔走。 ⑲泜（chī）水：源出河北赞皇县西南，东入釜阳河，即今之槐河。

信乃令军中毋杀广武君，有能生得者购千金①。于是有缚广武君而致戏下者，信乃解其缚，东向坐，西向对②，师事之。

诸将效首虏③，毕贺④，因问信曰："兵法右背山陵，前左水泽⑤，今者将军令臣等反背水阵，曰破赵会食，臣等不服，然竟以胜，此何术也？"信曰："此在兵法，顾诸君不察耳。兵法不曰'陷之死地而后生，置之亡地而后存'⑥？且信非得素拊循士大夫也⑦，此所谓'驱市人而战之'⑧，其势非置之死地，使人人自为战；今予之生地，皆走，宁尚可得而用之乎！"诸将皆服曰："善。非臣所及也。"

【注释】 ①购：悬赏。 ②东向坐，西向对：让李左车坐面向东的尊位，韩信坐在面向西的陪位上。古以东向为尊，故客位东向，主位西向。③效首虏：呈献首级俘虏。 ④毕贺：都向韩信道贺。 ⑤右背山陵，前左水泽：语见《孙子·行军篇》："丘陵隄防，必处其阳而右背之。"也就是说行军布阵应该右面和背后靠山，前面和左面临水。 ⑥"陷之死地"二句：语出《孙子·九地篇》："投之亡地然后存，陷之死地然后生。夫众陷于害，然后为胜败。"也就是说把士兵置于非死战而不得生存的境地，就能发挥最大的战斗力，从死中求生。 ⑦拊循：抚慰。这里是有严密组织、有训练的意思。 ⑧市人：集市上的人，无领导、无组织，用以喻没有受过严格训练的士兵。

于是信问广武君曰："仆欲北攻燕，东伐齐①，何若而有功②？"广武君辞谢曰③："臣闻败军之将，不可以言勇；亡国之大夫，不可以图存④。今臣败亡之虏，何足以权大事乎！"信曰："仆闻之，百里奚居虞而虞亡⑤，在秦而秦霸，非愚于虞而智于秦也，用与不用，听与不听也。诚令成安君听足下计⑥，若信者亦已为擒矣。以不用足下，故信得侍耳⑦。"因固问曰⑧："仆委心归计⑨，愿足下勿辞。"广武君曰："臣闻智者千虑，必有一失；愚者千虑，必有一得⑩。故曰'狂夫之言，圣人择焉。'顾恐臣计未必足用，愿效愚忠。夫成安君有百战百胜之计，一旦而失之，军败鄗下⑪，身死泜上。今将军涉西河，虏魏王，擒夏悦阏与，一举而下井陉，不终朝破赵二十万众⑫，诛成安君。名闻海内，威震天下，农夫莫不辍耕释耒⑬，褕衣甘食⑭，倾耳以待命者⑮。若此，将军之所长也。然而众劳卒疲，其实难用。今将军欲举倦弊之兵，顿之燕坚城之下，欲战恐久力不能拔，情见势屈⑯，旷日粮竭，而弱燕不服，齐必拒境以自强也。燕齐相持而不下，则刘项之权未有所分也⑰。若此者，将军所短也。臣愚，窃以为亦过矣⑱。故善用兵者不以短击长，而以长击短。"韩信曰："然则何由⑲？"广武君对曰："方今为将军计，莫如按甲休兵⑳，镇赵抚其孤，百里之内，牛酒日至，以飨士大夫醳兵㉑，北首燕路㉒；而后遣辩士奉咫尺之书㉓，暴其所长于燕㉔，燕必不敢不听从。燕已从，使喧言者东告齐㉕，齐必从风而服，虽有智者，亦不知为齐计矣㉖。如是，则天下事皆可图也。兵固有先声而后实者，此之谓也。"韩信曰："善"。从其策，发使使燕，燕从风而靡㉗，乃遣使报汉，因请立张耳为赵王㉘，以镇抚其国。汉王许之㉙，乃立张耳为赵王。

【注释】　①燕：燕王臧荼，都蓟（jì），即今北京市。齐：齐王田广，都临淄，在今山东省淄博市临淄区城北。　②何若：如何。　③辞谢：谦让。　④"臣闻败军之将"四句：成语。《吴越春秋》记范蠡云："亡国之臣，不敢语政，败军之将，不敢语勇。"　⑤百里奚：春秋时虞国大夫。晋假道于虞以伐虢，百里奚谏虞君，虞君不听，虢亡，虞亦被晋所灭。虞亡百里奚流落至楚为人奴，秦穆公闻其贤，用五羊皮交换至秦国，用为相，七年而秦霸西戎。　⑥诚令：假使。　⑦故信得侍耳：所以我才得以奉陪请教啊！这是韩信诚心请教的谦词。　⑧固问：一再请教。　⑨委心归计：诚心诚意听取你的计谋。　⑩"臣闻智者千虑"四句：成语。《晏子春秋·杂篇》："圣人千虑，必有一失；愚人千虑，必有一得。"⑪鄗（hào）下：鄗城之下。鄗：秦县名，故治在今河北省高邑县东南。　⑫不终朝：不到一上午。　⑬辍耕释耒（lěi）：停止耕种，放下农具。　⑭褕（yú）衣甘食：吃好的，穿好的。 ⑮倾耳以待命：侧着耳朵在等候着你出兵的消息。以上几句形容韩信兵威远播，使敌国老百姓放下生产，吃好穿好，等待命运的摆布。 ⑯情见势屈：自己的实情（短处）就要暴露出来，主动权也就随之丧失。势：态势，主动权。 ⑰权：秤锤，这里喻胜负的比重。 ⑱窃以为亦过矣：我个人认为"北攻燕，东伐齐"的计划是失策的。 ⑲然则何由：那么该怎么办呢？ ⑳按甲休兵：按兵不动，休整士卒。 ㉑以飨士大夫醳（yì）兵：犒赏将士。飨：宴请。士大夫：指将军们。醳：醉酒。 ㉒北首燕路：摆出北向进攻燕国的态势。首：向。 ㉓咫（zhǐ）尺之书：尺来长的书信，喻短小的文章。咫尺：八寸。 ㉔暴其所长于燕：把自己的绝对优势显示给燕国看。 ㉕喧言者：会说话的人，即辩士。 ㉖为齐计：为齐规划战守之计。 ㉗从风而靡：顺风倒下。喻燕国听到消息，立刻投降。靡：倒下，这里做投降讲。 ㉘请立张耳为赵王：韩信拜将对汉王问有"以天下城邑封侯王"语，此又请立张耳为王，实为日后自王开先例，遭汉王之忌，也就是必然的了。 ㉙汉王许之：查《秦楚之际月表》，韩信破赵斩陈余在汉三年十月，赵王张耳正式始王在汉四年十一月，已在韩信杀齐王广自己请王之时，可见"汉王许之"乃是违心的口头许诺，实未正式拜封，推延了一年多。由此可证，韩信请王，乃取死之道。

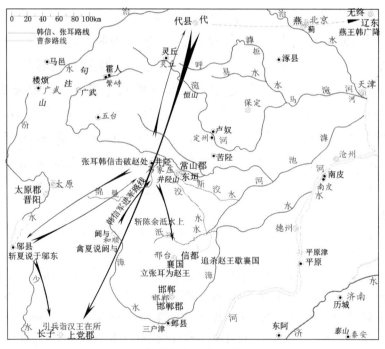

韩信征赵、代、燕

楚数使奇兵渡河击赵，赵王耳、韩信往来救赵，因行定赵城邑，发兵诣汉。楚方急围汉王于荥阳，汉王南出[①]，之宛、叶间[②]，得黥布③，走入成皋④，楚又复急围之。六月，汉王出成皋，东渡河，独与滕公俱，从张耳军修武⑤。至，宿传舍⑥。晨自称汉使⑦，驰入赵壁。张耳、韩信未起，即其卧内，上夺其印符，以麾召诸将，易置之⑧。信、耳起，乃知汉王来，大惊。汉王夺两人军，即令张耳备守赵地，拜韩信为相国⑨，收赵兵未发者击齐⑩。

【注释】 ①汉王南出：指汉三年七月汉王荥阳突围事，详《高祖本纪》。 ②宛：秦县名，县治在今河南省南阳市。叶：战国时楚邑名，汉置县，故治在今河南省叶县南。③得黥布：黥布是项羽的心腹猛将，常替项羽打先锋，秦灭后被封为九江王。汉王刘邦用张良计派说客隋何劝布叛楚归汉。汉三年，黥布往投刘邦，扰动了项羽的后方，使刘邦大振。事详《黥布列传》。 ④成皋：秦县名，县治在今河南省荥阳市西北。 ⑤修武：秦县名，在今河南省获嘉县。 ⑥传舍：客馆。 ⑦自称汉使：刘邦自称是汉使，以便夺军。按：韩信之副手曹参、先锋骑将灌婴等皆汉王心腹。刘邦成皋突围，孤身入修武，即疑张耳、韩信图己，故诈称汉使入其卧内夺军。此举表现了刘邦的权诈、冒险，同时由于心腹密布，故能把握自如。 ⑧易置之：调动诸将的位置。 ⑨拜韩信为相国：拜信为赵相国。按：以韩信为赵相，亦"易置之"的内容之一。 ⑩未发者：未被刘邦调走的部分军队。

信引兵东，未渡平原①，闻汉王使郦食其已说下齐②，韩信欲止。范阳辩士蒯通说信曰③："将军受诏击齐，而汉独发间使下齐④，宁有诏止将军乎？何以得毋行也！且郦生一士⑤，伏轼掉三寸之舌⑥，下齐七十余城，将军将数万众，岁余乃下赵五十余城，为将数岁，反不如一竖儒之功乎⑦？"于是信然之⑧，从其计，遂渡河。齐已听郦生，即留纵酒，罢备汉守御⑨。信因袭齐历下军⑩，遂至临淄。齐王田广以郦生卖己⑪，乃烹之⑫，而走高密⑬，使使之楚请救。韩信已定临淄，遂东追广至高密西。楚亦使龙且将⑭，号称二十万，救齐。

【注释】 ①平原：指平原津，黄河渡口，在今山东省平原县西南。 ②郦食其（yìjī）：刘邦的谋士，说齐归汉，事详《郦生陆贾列传》。 ③蒯通：本名蒯彻，因避汉武帝刘彻讳，故史称蒯通。蒯通是燕地范阳县人，因游于齐，故称齐人。 ④间使：钻空子做间谍的使者。 ⑤一士：一介书生。 ⑥伏轼掉三寸之舌：坐着车子摇动那三寸之舌。轼：车前横木。掉：摇动，翻动。这一句是形容郦生舒舒服服、轻而易举地说下齐城，以激发韩信。 ⑦竖儒：一个小小的书生。竖：小子，小杂种之类的骂人语。⑧然之：赞同。 ⑨罢备汉守御：撤除了防备汉兵的戒备。 ⑩历下军：驻守历下的军队。历下：古邑名，在今山东省济南市西。　⑪卖己：出卖自己。　⑫烹：古代的一种酷刑，把人活活煮死。　⑬高密：古邑名，故城在今山东省高密市西南。　⑭龙且（jū）：楚勇将。

　　齐王广、龙且并军与信战①，未合②，人或说龙且曰："汉兵远斗穷战③，其锋不可当。齐、楚自居其地战④，兵易败散。不如深壁⑤，令齐王使其信臣招所亡城⑥，亡城闻其王在，楚来救，必反汉。汉兵二千里客居⑦，齐城皆反之，其势无所得食，可无战而降也。"龙且曰："吾平生知韩信为人，易与耳⑧。且夫救齐，不战而降之，吾何功？今战而胜之，齐之半可得，何为止！"遂战，与信夹潍水阵⑨。韩信乃夜令人为万余囊，满盛沙，壅水上流⑩，引军半渡⑪，击龙且，佯不胜，还走⑫。龙且果喜曰："固知信怯也。"遂追信渡水。信使人决壅囊⑬，水大至，龙且军大半不得渡，即急击，杀龙且。龙且水东军散走⑭，齐王广亡去⑮。信遂追北至城阳⑯，皆虏楚卒。

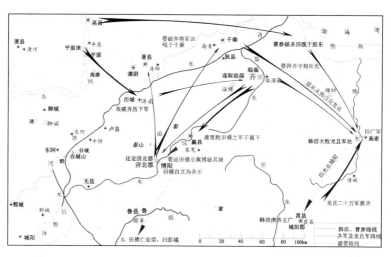

韩信等人定三齐

　　【注释】　①并军：合兵一处，即集中兵力。　②未合：两军还未交战。　③远斗穷战：深入敌境，尽力战斗。《孙子·九地》："凡为客之道，深入则专，主人不克。"因深入敌境，不奋力战斗，失败则无处奔逃，故穷战。　④自居其地战：《孙子·九地》："诸侯自战其地为散地。"因士卒近家，道近易散。　⑤深壁：深沟高垒，坚守不战。　⑥招所亡城：招抚已经沦陷了的城邑。　⑦客居：汉兵侵入齐地，故为客居。　⑧易与耳：容易对付。　⑨潍（wéi）水：今山东境内之潍河。　⑩壅（yōng）水上流：堵住潍河的上游。

⑪引军半渡：只率领一半军队过河。　⑫还走：从原路上败逃回去。　⑬决壅囊：挖开堵塞上流的沙囊。　⑭龙且水东军：留在潍河东岸未渡过河的龙且军。　⑮齐王广亡去：《田儋列传》《秦楚之际月表》，皆云田广死于潍水之役，而《高祖本纪》作"亡去"，大约亡去不久即被追杀。　⑯城阳：今山东莒县。

汉四年①，遂皆降平齐。使人言汉王曰："齐伪诈多变，反复之国也，南边楚，不为假王以镇之②，其势不定，愿为假王便。"当是时，楚方急围汉王于荥阳，韩信使者至，发书③，汉王大怒，骂曰："吾困于此，旦暮望若来佐我，乃欲自立为王！"张良、陈平蹑汉王足④，因附耳语曰："汉方不利，宁能禁信之王乎？不如因而立，善遇之，使自为守。不然，变生。"汉王亦悟，因复骂曰："大丈夫定诸侯⑤，即为真王耳，何以假为！"乃遣张良往立信为齐王⑥，征其兵击楚。

【注释】①汉四年：公元前203年。　②假王：权立一个代理王。　③发书：打开书信。　④蹑：踩，陈平踩汉王脚示意其言有失。　⑤定诸侯：指韩信平定了魏、赵、燕、齐等诸侯。　⑥立信为齐王：据《秦楚之际月表》，其事在汉四年（公元前203年）二月。

（以上为第二段，写韩信投奔刘邦拜为大将，为汉降魏、取代、破赵、收燕、平齐、败楚，从而完成了对项羽的战略包围，建立了巨大的功勋，而汉王的猜疑也与日俱增，至拜信为齐王，已露杀机。）

楚已亡龙且，项王恐，使盱眙人武涉往说齐王信曰①："天下共苦秦久矣，相与戮力击秦②。秦已破，计功割地，分土而王之③，以休士卒。今汉王复兴兵而东，侵人之分，夺人之地，已破三秦，引兵出关，收诸侯之兵以东击楚，其意非尽吞天下者不休。其不知厌足如是甚也④。且汉王不可必⑤，身居项王掌握中数矣⑥，项王怜而活之，然得脱⑦，辄背约，复击项王，其不可亲信如此。今足下虽自以与汉王为厚交，为之尽力用兵，终为之所擒矣。足下所以得须臾至今者⑧，以项王尚存也。当今二王之事，权在足下⑨。足下右投则汉王胜，左投则项王胜。项王今日亡，则次取足下。足下与项王有故，何不反汉与楚连和，参分天下王之？今释此时⑩，而自必于汉以击楚，且为智者固若此乎！"韩信谢曰："臣事项王，官不过郎中，位不过执戟⑪，言不听，画不用，故背楚而归汉。汉王授我上将军印，予我数万众，解衣衣我⑫，推食食我⑬，言听计用，故吾得以至于此。夫人深亲信我⑭，我背之不祥，虽死不易⑮。幸为信谢项王！"

【注释】　①盱（xū）眙（yí）：秦县名，在今江苏省盱眙县东北。　②戮力：合力。③分土而王之：分割土地，各自称王，指项羽分封十八王。　④"其不知厌足"句：谓汉王不知满足竟是这样没有止境。　⑤不可必：不足信赖。　⑥掌握中：抓在手中。　⑦得脱：脱离危险。　⑧须臾：片刻。这里是喘息、延迟的意思。　⑨权在足下：决定轻重的砝码掌握在你手中。　⑩释此时：错过这个时机。释：放弃。　⑪郎中、执戟：这里两词同义，重复加强语气。郎中即执戟之士。　⑫解衣衣我：脱衣给我穿。　⑬推食食我：让饮食给我吃。　⑭人：人家，指汉王。　⑮易：变心。

武涉已去，齐人蒯通知天下权在韩信，欲为奇策而感动之，以相人说韩信曰①："仆尝受相人之术。"韩信曰："先生相人何如？"对曰："贵贱在于骨法②，忧喜在于容色③，成败在于决断④。以此参之⑤，万不失一。"韩信曰："善。先生相寡人何如？"对曰："愿少间⑥。"信曰："左右去矣⑦。"通曰："相君之面⑧，不过封侯，又危不安。相君之背，贵乃不可言。"韩信曰："何谓也？"蒯通曰："天下初发难也⑨，俊雄豪杰建号一呼⑩，天下之士云合雾集，鱼鳞杂沓，熛至风起⑪，当此之时，忧在亡秦而已⑫。今楚、汉分争，使天下无罪之人肝胆涂地，父子暴骸骨于中野⑬，不可胜数。楚人起彭城，转斗逐北，至于荥阳，乘利席卷⑭，威震天下。然兵困于京、索之间，迫西山而不能进者⑮，三年于此矣。汉王将数十万之众，拒巩、洛⑯，阻山河之险，一日数战，无尺寸之功，折北不救⑰，败荥阳，伤成皋⑱，遂走宛、叶之间，此所谓智勇俱困者也⑲。夫锐气挫于险塞，而粮食竭于内府，百姓疲极怨望，容容无所倚⑳。以臣料之，其势非天下之贤圣，固不能息天下之祸。当今两主之命，悬于足下。足下为汉则汉胜，与楚则楚胜。臣愿披腹心，输肝胆㉑，效愚计，恐足下不能用也。诚能听臣之计，莫若两利而俱存之㉒，参分天下，鼎足而居，其势莫敢先动。夫以足下之贤圣，有甲兵之众，据强齐，从燕、赵㉓，出空虚之地而制其后㉔，因民之欲，西向为百姓请命㉕，则天下风走而响应矣㉖，孰敢不听！割大弱强㉗，以立诸侯，诸侯已立，天下服听而归德于齐。案齐之故㉘，有胶、泗之地㉙，怀诸侯以德，深拱揖让㉚，则天下之君王相率而朝于齐矣。盖闻天与弗取，反受其咎；时至不行，反受其殃㉛。愿足下熟虑之㉜。"

【注释】 ①以相人说韩信：借口看相，用这方法向韩信进言。 ②骨法：人体骨骼的长相。 ③容色：人体面部的气色。 ④决断：性情果断。 ⑤以此参之：用骨法、容色、决断这三项来参酌考察一个人的前途。 ⑥愿少间：希望其他的人暂时回避。间：间隙，回避。 ⑦左右去矣：左右的人休息去吧。即韩信屏退左右。 ⑧之面：和下文"之背"均双关语。"之面"喻佐刘邦，"之背"喻背叛刘邦。 ⑨发难：起事。 ⑩建号：建立名号，指称王。 ⑪"天下之士"三句：天下的勇猛之士，像汇集的云雾，像杂沓的鱼鳞，密集地聚合起来，其势如火之飞腾如风之骤起。杂沓：众多。熛（biāo）：火焰迸发。 ⑫忧：大家所忧虑的。 ⑬中野：旷野中。 ⑭乘利席卷：乘胜像卷席一般向前推进。 ⑮西山：即京索以西的山岳地带。 ⑯据巩、洛：凭据巩县（在今河南省巩义市西）、洛阳以抗楚兵。 ⑰折北不救：受挫败而逃几乎不能自救。 ⑱败荥阳，伤成皋：汉三年（公元前204年）四月刘邦被困于荥阳，后率数十骑溃围出，汉四年（公元前203年）十月，在成皋附近的广武被项羽伏弩射中胸部。 ⑲智勇俱困：指刘项两败俱伤。智指刘，勇指项。 ⑳容容：动摇不定的样子。 ㉑披腹心，输肝胆：披露腹心，献出肝胆。 ㉒两利而俱存之：两利，指刘、项两方，让他们都存在下去，即让韩信保持中立。 ㉓从燕、赵：胁迫燕赵归服于己，因二国皆韩信所定。 ㉔出空虚之地而制其后：从刘、项两方的空隙地出兵，牵制他们的后方。 ㉕因民之欲，西向为百姓请命：顺从人民的希望，向西制止刘项相争为百姓结束连年的战争。 ㉖风走：像风一样迅跑。㉗割大弱强：分割大国，削弱强国，即抑制刘、项，使他们分出地盘来重新分封诸侯。 ㉘案齐之故：安定好齐国现有的地盘。 ㉙有胶、泗之地：进而据有胶河、泗水流域。指蚕食楚境。 ㉚深拱辑让：诚挚地拱手谦让。深拱：作长揖。 ㉛"盖闻天与弗取"四句：流行的成语。《国语·越语》范蠡有云："得时无怠，时不再来。天与不取，反为之灾。"与此意同。 ㉜熟：仔细。

韩信曰："汉王遇我甚厚，载我以其车，衣我以其衣，食我以其食。吾闻之，乘人之车者载人之患①，衣人之衣者怀人之忧，食人之食者死人之事，吾岂可以向利背义乎②？"蒯生曰："足下自以为善汉王③，欲建万世之业，臣窃以为误矣。始常山王、成安君为布衣时，相与为刎颈之交，后争张黡、陈泽之事④，二人相怨。常山王背项王，奉项婴头而窜⑤，逃归于汉王。汉王借兵而东下，杀成安君泜水之南，头足异处，卒为天下笑。此二人相与⑥，天下至欢也⑦。然而卒相擒者，何也？患生于多欲而人心难测也。今足下欲行忠信以交于汉王，必不能固于二君之相与也，而事多大于张黡、陈泽。故臣以为足下必汉王之不危己，亦误矣。大夫种、范蠡存亡越⑧，霸勾践，立功成名而身死亡。野兽已尽而猎狗烹。夫以交友言之，则不如张耳之与成安君者也；以忠信言之，则不过大夫种、范蠡之于勾践也。此二人者，足以观矣⑨。愿足下深虑之。且臣闻勇略震主者身危，而功盖天下者不赏。臣请言大王功略：足下涉西河，虏魏王，擒夏悦，引兵下井陉，诛成安君，徇赵，胁燕，定齐，南摧楚人之兵二十万，东杀龙且，西向以报⑩，此所谓功无二于天下，而略不世出者也⑪。今足下戴震主之威，挟不赏之功，归楚，楚人不信；归汉，汉人震恐：足下欲持是安归乎⑫？夫势在人臣之位而有震主之威，名高天下，窃为足下危之。"韩信谢曰："先生且休矣，吾将念之。"

【注释】 ①载人之患：分担别人的祸患，即共患难。　②向利背义：见利忘义。③自以为善汉王：自己认为与汉王交情好。　④争张黡、陈泽之事：张耳、陈余两人都是大梁人，魏国著名游士，被秦始皇下令通缉。两人患难相共为刎颈交。陈涉起义，命二人北定赵地，他们先后立武臣、赵歇为王，张耳为相，陈余为大将军。后秦兵围困赵歇、张耳于巨鹿，陈余驻兵城北因力弱而不敢救。张耳派张黡、陈泽去催促陈余出战，陈余给二人五千兵打头阵，被秦兵所杀。巨鹿解围后，张耳不见两人，疑心为陈余所杀。于是二人相怨成为仇人。二人事迹详《张耳陈余列传》。　⑤项婴：张耳为项羽所封，项婴为项羽所安插的相或派去的使者。故张耳投汉，捧项婴人头为进见礼。　⑥相与：相交。　⑦至欢：最要好的朋友。　⑧大夫种、范蠡：春秋时越国大夫文种、范蠡，二人佐勾践灭吴称霸，有大功于越。越王勾践忌二人贤能，以谋反罪迫令文种自杀。范蠡见机，事先逃离越国，居定陶经商致富，号陶朱公。二人事迹详《越王勾践世家》。⑨此二人者，足以观矣：陈余、文种这两人的结局，足可以做借鉴了。　⑩东杀龙且，西向以报：斩杀龙且，西去向汉王报功。按"东杀龙且"与"南摧楚之兵二十万"为一事。龙且为楚大将，杀龙且即断项羽之臂，故特别标出。用"东杀"二字以与"西向"相对。　⑪略不世出：指韩信克敌制胜的谋略是世所稀有的。　⑫"足下"句：指韩信有盖世之功，过人之智，归楚归汉均遭人忌，在这种情况下哪有安身之地。安归：投奔到哪里去呢？

后数日，蒯通复说曰："夫听者事之候也，计者事之机也，听过计失而能久安者，鲜矣①。听不失一二者，不可乱以言；计不失本末者，不可纷以辞②。夫随厮养之役者，失万乘之权；守儋石之禄者，缺卿相之位③。故智者决之断也，疑者事之害也④，审毫氂之小计⑤，遗天下之大数⑥，智诚知之，决弗敢行者，百事之祸也⑦。故曰'猛虎之犹豫，不若蜂虿之致螫⑧；骐骥之蹢躅⑨，不如驽马之安步⑩；孟贲之狐疑⑪，不如庸夫之必至也⑫；虽有舜、禹之智，吟而不言，不如喑聋之指挥也⑬'。此言贵能行之。夫功者难成而易败，时者难得而易失也。时乎时，不再来。愿足下详察之。"韩信犹豫不忍背汉，又自以为功多，汉终不夺我齐，遂谢蒯通。蒯通说不听，已佯狂为巫⑭。

【注释】 ①"夫听者"四句：能听取善谋是事情成功的征兆，能计划周密是事情成功的关键，如果听错了意见，定错了计划而能长久安全的，实在少有。候：征兆。机：关键。鲜：少。 ②"听不失"四句：听取意见没有失误的人，就不可能被花言巧语迷惑；制定计划不会本末倒置的人，就不可能被闲言碎语扰乱。不失一二：听十成意见连一二成的失误也没有。 ③"随厮养之役"四句：如果一个安心做奴仆的人，绝不会得到君主的权柄；一个谨守着微薄俸禄的人，不可能得到公卿宰相的高位。随：顺适，安心。厮养之役：贱役，做劈柴养马之事。万乘：指天子。儋石之禄：微薄的俸禄。儋：同"担"。石：一百二十斤。缺：失去。 ④故智者决之断也，疑者事之害也：所以聪明的人表现为当机立断，迟疑不决的人一定坏事。 ⑤氂：通"厘"。 ⑥大数：大事。 ⑦"智诚知之"三句：有决断是非的智慧，但不敢下决心去做，这是一切事情的祸根。决弗敢行：即"弗敢行决"。 ⑧蜂虿（chài）：马蜂、蝎子一类的毒虫。致螫（shì）：用毒刺刺人。 ⑨骐骥：千里马。蹢躅（júzhú）：徘徊不进的样子。 ⑩驽马：劣马。安步：稳步前进。 ⑪孟贲（bēn）：古代著名的勇士。 ⑫必至：一定要达到目的。 ⑬不如喑（yīn）聋之指挥也：还不如哑巴、聋子用手比画啊！指挥（huī）：打手势，即作手语。 ⑭已佯狂为巫：后来假装疯癫，做巫去了。巫：古代用降神术为人求福或治病的人。

汉王之困固陵①，用张良计②，召齐王信，遂将兵会垓下③。项羽已破，高祖袭夺齐王军④。汉五年正月，徙齐王信为楚王，都下邳⑤。

信至国，召所从食漂母，赐千金。及下乡南昌亭长，赐百钱，曰："公，小人也，为德不卒⑥。"召辱己之少年令出袴下者以为楚中尉⑦。告诸将相曰："此壮士也。方辱我时，我宁不能杀之邪？杀之无名，故忍而就于此。"

【注释】 ①汉王之困固陵：汉五年（公元前202年），刘邦约韩信、彭越等围歼项羽，"至固陵，而信、越之兵不会。楚击汉军，大破之。汉王复入壁，深堑而自守"，事详

《项羽本纪》。固陵：在今河南省周口市淮阳县西北之固陵聚，即太康县南。　②用张良计：张良建议"自陈以东傅海，尽与韩信；睢阳以北至谷城，以与彭越，使自为战。"刘邦从其计，韩信、彭城之兵遂会垓下。　③垓下：聚邑名。在今安徽省灵璧县东南。　④袭夺齐王军：汉五年十二月，刘邦灭项羽后，还至定陶，驰入韩信军，收了他的兵权。袭：作出其不意解。　⑤下邳：秦县名，故城在今江苏省邳州市东部。　⑥为德不卒：韩信最忌"为德不终"，刘邦夺王乃"为德不终"之举也，故韩信终因此而怒。此为关中谋反伏笔。　⑦中尉：掌管巡城捕盗的官。

　　项王亡将钟离眛家在伊庐①，素与信善。项王死后，亡归信。汉王怨眛②，闻其在楚，诏楚捕眛。信初之国，行县邑③，陈兵出入。汉六年④，人有上书告楚王信反。高帝以陈平计⑤，天子巡狩会诸侯⑥。南方有云梦⑦，发使告诸侯会陈："吾将游云梦。"实欲袭信，信弗知。高祖且至楚，信欲发兵反，自度无罪，欲谒上，恐见擒。人或说信曰："斩眛谒上，上必喜，无患。"信见眛计事，眛曰："汉所以不击取楚，以眛在公所；若欲捕我以自媚于汉，吾今日死，公亦随手亡矣。"乃骂信曰："公非长者⑧！"卒自刭。信持其首⑨，谒高祖于陈。上令武士缚信，载后车⑩。信曰："果若人言，'狡兔死，良狗烹；高鸟尽，良弓藏；敌国破，谋臣亡。'天下已定，我固当烹！"上曰："人告公反。"遂械系信⑪，至洛阳，赦信罪，以为淮阴侯。

　　【注释】　①钟离眛：楚名将，常困刘邦。伊庐：邑名，在今江苏省灌云县东北。②汉王怨眛：此与韩信召辱己之少年为中尉两相对照，两人气量，于此可见。　③行县邑：巡察楚境属县乡邑。　④汉六年：公元前201年。　⑤陈平计：这次有人告信反实为预谋陷害，诸将不明就里，争言发兵征讨。陈平献计，用巡狩办法捕信。事详《陈丞相世家》。　⑥巡狩会诸侯：古代天子出巡视察诸侯所守备的疆域，诸侯要朝见天子。　⑦云梦：即云梦泽，地跨长江南北。江北之泽叫云泽，江南之泽叫梦泽。今湖北省洞庭湖就是梦泽残留的一部分。　⑧长者：德行高尚的人。　⑨信持其首：韩信亲自带着钟离眛的首级去谒见刘邦，其行卑劣，其情可悯，已到委曲求全的地步。　⑩后车：随从皇帝后面的副车。　⑪械系：用刑具锁绑。

　　（以上为第三段，详载武涉、蒯通劝韩信叛汉之辞，用以衬托韩信蒙冤，暴露专制之酷。）

　　信知汉王畏恶其能①，常称病不朝从②。信由此日夜怨望，居常怏怏③，羞与绛、灌等列④。信尝过樊将军哙⑤，哙跪拜送迎，言称臣，曰："大王乃肯临臣！"信出门，笑曰："生乃与哙等为伍⑥！"上常从容与信言诸将能否，各有差⑦。上问曰："如我能将几何？"信曰："陛下不过能将十万。"上曰："于君何如？"曰："臣多多而益善耳。"上笑曰："多多益善，何为为我擒？"信曰："陛下不能将兵，而善将将⑧，此乃信之所以为陛下擒也。且陛下所谓天授，非人力也。"

【注释】 ①其：指代第一人称的韩信自己。 ②不朝从：不参加朝会和随行侍从。 ③居：平日在家。怏怏：愁烦失意的样子。 ④绛、灌：绛即指绛侯周勃，事详《绛侯周勃世家》。灌：指颍阴侯灌婴，随韩信出征为骑将。事详《樊郦滕灌列传》。 ⑤过：拜访。樊将军哙：即樊哙，封舞阳侯，与灌婴合传。周勃、灌婴、樊哙等人功绩声望远不及韩信，故信被降爵为侯与诸人同列而以为耻。 ⑥生：一辈子。为伍：同列。 ⑦差：等差，指诸将才能高低不齐。 ⑧将将：驾驭将领。

陈豨拜为巨鹿守①，辞于淮阴侯。淮阴侯携其手②，避左右，与之步于庭，仰天叹曰："子可与言乎？欲与子有言也。"豨曰："唯将军令之。"淮阴侯曰："公之所居，天下精兵处也③；而公，陛下之信幸臣也④。人言公之叛，陛下必不信；再至，陛下乃疑矣；三至，必怒而自将⑤。吾为公从中起⑥，天下可图也⑦。"陈豨素知其能也，信之，曰："谨奉教！"汉十年⑧，陈豨果反。上自将而往，信病不从。阴使人至豨所，曰："弟举兵⑨，吾从此助公。"信乃谋与家臣夜诈诏赦诸官徒奴⑩，欲发以袭吕后、太子。部署已定，待豨报。其舍人得罪于信，信囚，欲杀之。舍人弟上变⑪，告信欲反状于吕后。吕后欲召，恐其党不就⑫。乃与萧相国谋，诈令人从上所来，言豨已得死，列侯群臣皆贺。相国绐信曰⑬："虽疾，强入贺。"信入，吕后使武士缚信，斩之长乐钟室⑭。信方斩⑮，曰："吾悔不用蒯通之计，乃为儿女子所诈⑯，岂非天哉！"遂夷信三族⑰。

【注释】 ①陈豨（xī）拜为巨鹿守：据《汉书·高帝纪》和《韩彭英卢吴传》，陈豨为代相监边，未拜为巨鹿守。 ②携：携着，拉着。 ③天下精兵处：屯聚国家精兵的地方。因代边匈奴，故精兵聚此。此言陈豨手握强兵，为上所忌。 ④信幸臣：亲信宠爱的臣子。 ⑤自将：亲征。 ⑥从中起：从京城起事，以为内应。 ⑦图：此指夺取。 ⑧汉十年：公元前197年。 ⑨弟：但，只管。 ⑩"信乃谋"句：这里只是韩信的计划，即"夜诈诏赦诸官徒奴"，并没有实行。诸官徒奴：各官衙中所属的服役罪徒和官奴。　⑪上变：上书告变。变：非常之事。　⑫党：通"倘"。倘若，万一。　⑬绐（dài）：欺骗。　⑭长乐钟室：长乐宫中的悬钟之室。这是迅疾的秘密杀害，以免引起震动。　⑮方斩：临刑的时候。⑯乃为儿女子所诈：竟然上了妇人小孩的当。儿女子：指吕后及惠帝刘盈。　⑰夷信三族：将韩信满门抄斩。夷：诛灭。三族：父族、母族、妻族。一说父、子、孙三族。

　　高祖已从豨军来，至①，见信死，且喜且怜之，问："信死亦何言？"吕后曰："信言恨不用蒯通计。"高祖曰："是齐辩士也。"乃诏齐捕蒯通。蒯通至，上曰："若教淮阴侯反乎？"对曰："然，臣固教之。竖子不用臣之策，故令自夷于此②。如彼竖子用臣之计，陛下安得而夷之乎！"上怒曰："烹之。"通曰："嗟乎，冤哉烹也！"上曰："若教韩信反，何冤？"对曰："秦之纲绝而维弛③，山东大扰④，异姓并起⑤，英俊乌集⑥。秦失其鹿⑦，天下共逐之，于是高才疾足者先得焉⑧。跖之狗吠尧，尧非不仁，狗因吠非其主。当是时，臣唯独知韩信，非知陛下也。且天下锐精持锋欲为陛下所为者甚众⑨，顾力不能耳。又可尽烹之邪？"高帝曰："置之⑩。"乃释通之罪。

　　【注释】　①至：回到京师。据《彭越列传》，刘邦回到东都洛阳，与吕后相会，并诛彭越。　②自夷：自取灭亡。　③纲绝而维弛：喻法纪败坏，政权崩溃。纲：网上的大绳。维：系车盖的绳。　④山东大扰：中原大乱。　⑤异姓：指原六国后裔。　⑥乌集：像群鸦飞聚在一起。　⑦鹿：与"禄"谐音，喻帝位。　⑧高才疾足者：本领高强，行动迅速的人。　⑨"且天下"句：况且天下磨快武器，拿着利剑想做陛下所做的事（指夺取帝位），这样的人很多。　⑩置之：放了他。

　　（以上为第四段，写韩信不识时务被夷三族，而蒯通反得释，烘托悲剧气氛，更加浓厚。）

　　太史公曰：吾如淮阴①，淮阴人为余言，韩信虽为布衣时，其志与众异。其母死，贫无以葬，然乃行营高敞地②，令其旁可置万家③。余视其母冢，良然④。假令韩信学道谦让⑤，不伐己功，不矜其能⑥，则庶几哉⑦，于汉家勋可以比周、召、太公之徒，后世血食矣⑧。不务出此，而天下已集⑨，乃谋叛逆，夷灭宗族，不亦宜乎！

　　【注释】　①如：到。　②行营高敞地：到处寻求高平宽敞的坟地。行营：四处奔走，谋求。　③令其旁可置万家：其意以万家守冢，表现了韩信的王侯之志。　④良然：果真是这样。　⑤假令：如果。学道谦让：学习黄老之道，功成身退，无为自守。《老子》第九章，"富贵而骄，自遗其咎。功成自退，天之道。"　⑥不伐己功，不矜其能：不夸耀自己的功劳，不骄傲自己的才能。《老子》第二十二章："不自伐，故有功；不自矜，故长。"　⑦庶几：差不多，相仿。　⑧血食：古人祭祀用牲，所以称血食。　⑨集：安定。

（以上为作者论赞，肯定韩信功绩，惋惜其不幸结局，同情之意，溢于言表。）

讲　析

　　韩信是在秦末农民战争中涌现出来的杰出历史人物，但他的才能发挥却是在楚汉战争中显现出来的。他本是淮阴一个流荡青年，贫无以食。秦末动乱，先投靠项羽，未得重用，又投奔刘邦，仍未被重用，后经萧何推荐，得以举拔为大将，由是感激汉王刘邦。在楚汉战争中，刘邦从彭城败逃，靠韩信在京、索间挫败项羽，才稳住了楚汉相争的阵脚。然后，韩信率领一支队伍，开辟北方第二战场，以少胜众，取得了吞灭魏、赵、燕、齐的胜利，完成了对项羽的战略包围。最后与刘邦会师在垓下歼灭项羽。

　　韩信功高震主，遭刘邦猜忌。他的精锐部队，经常被刘邦抽走。但韩信却不知时务，竟然在楚汉相争难分难解之时，逞兵胁迫刘邦封自己为齐王，这就种下了灭族的祸胎。项羽死后，韩信的兵权立即被解除，迁为楚王，随后又以谋反罪削王贬爵为淮阴侯，牢笼于京都。韩信失势，日益怏怏，于是暗中与陈豨通谋，企图造反，被萧何用计捕杀，夷灭三族。司马迁对韩信这样一个杰出的智能之士而惨遭不幸，深表同情和惋惜，以充满激情和深沉的笔触写下这一悲剧史传，成为千古传颂的名篇。

　　读《淮阴侯列传》，当从司马迁、司马光评论入手，谈三个问题。

　　1.《淮阴侯列传》的思想倾向

　　这是一篇司马迁替淮阴侯韩信写的翻案史传，满怀作者同情的泪水，读来使人心酸。淮阴侯韩信是西汉第一大功臣，他替刘邦打下了半壁江山，忠心耿耿尽效犬马之劳，又拒武涉、蒯通之说，成就了汉家天下，到头来却陷于"叛逆"之罪，被夷三族，蒙上了污秽的恶名。司马迁愤愤不平，笔端饱含着极大的热情替韩信写了翻案史传，并用"淮阴侯"这一封爵名篇，表示了他深切的同情和赞叹。司马迁以其高超的艺术手法为我们塑造了一个光彩的形象，奠定了后之读史者"憎刘惜信"的基调。司马迁用简练的笔法，寓褒贬于叙事之中，韩信亡楚归汉，定策汉中，擒魏取代，破赵胁燕，东击齐，南灭楚，是一个无往而不胜的名将，把他比之为周、召、太公。司马光《资治通鉴》，就是依据《淮阴侯列传》作赞，曰："世或以韩信首建大策，与高祖起汉中，定三秦，遂分兵以北，擒魏，取代，仆赵，胁燕，东击齐而有之，南灭楚垓下，汉之所以得天下者，大抵皆信之功也。"（《资治通鉴·汉纪》四）由于两司马都肯定了韩信的功绩，淮阴侯才彪炳于纪传史和编年史中，这是符合历史实际的结论。

韩信是中国古代杰出的军事家，他有着过人的才能。刘邦也情不自禁地做了这样的评价，他说："连百万之军，战必胜，攻必取，吾不如韩信。"（《高祖本纪》）并称之为"人杰"。明茅坤说："予览观古兵家者流，当以韩信为最，破魏以木罂，破赵以立汉赤帜，破齐以囊沙，彼皆从天而下，而未尝与敌人血战者。予故曰：……韩信，兵仙也。"（《史记钞》）韩信用兵，多多益善，灵活多变。垓下之战，他为全军统帅，指挥三十多万大军，一举全歼项羽军，此为多多益善，载于《高祖本纪》。但更能表现韩信军事艺术天才的却是以少击众，以弱胜强。擒魏取代，破赵胁燕，东击齐，南破楚，一个胜利接着一个胜利，都是以弱胜强，智计胜算，层出不穷。敌方赵相陈余，楚将龙且，生搬硬套兵法，骄傲轻敌，刚愎自用，一个个被歼灭，从反面烘托了韩信的高大形象。《淮阴侯列传》突出韩信以少胜众，目的是集中笔墨写他的"智"，既深刻地抓住了韩信光辉形象的特点，也是为他悲剧的结局做铺垫。

汉初三个军事功臣韩信、彭越和黥布，都以谋反罪被夷三族，刘邦死后也没有人敢替三人平反。在封建专制制度下，身为汉廷史官的司马迁要为三人树碑立传，是需要极大勇气的。三人中韩信功最大，亦最冤，第一个遭擒拿，司马迁也最同情他。因此，《淮阴侯列传》是一篇立意撰述的翻案史传。司马迁在《苏秦列传·赞》中示例说："夫苏秦起闾阎，连六国从亲，此其智有过人者。吾故列其行事，次其时序，毋令独蒙恶声焉。"这"毋令独蒙恶声焉"就是司马迁写翻案史传的原则。以今语言之，即还历史的本来面目。韩信有大功于汉，本意并不反汉，而他通谋陈豨是蒙冤后被逼上梁山的，是不能让他"独蒙恶名"的。韩信拒武涉、蒯通之说一节最为精彩。如果说武涉说辞句句为项羽，而蒯通设喻则句句是为韩信，以相人之术进说辞更加耸动视听，韩信犹豫之后终不背汉王。可以说这段文字就是司马迁在为韩信辩诬。司马迁还用互见法在《陈丞相世家》中，对汉六年楚王信谋反案做了淋漓尽致的揭露。这次谋反是刘邦蓄意策划的一场政治陷害案，记载是十分鲜明的。

但是以"实录"精神垂名于世的司马迁，他不为贤者讳，因此对于韩信谋反关中不加掩饰，而是抱着十分惋惜的心情，批评韩信不能学道谦让，功成身退，对悲剧的演出含有自作孽的成分。这表明司马迁裁断历史的公案是十分严肃的。

2. 韩信关中谋反，形势所逼

"成也萧何，败也萧何。"韩信登坛拜将，靠的是萧何力荐；韩信被斩，亦是萧何设谋。一个萧何干出了这样似不相容的两件事，正是形势使然。南宋陈亮说："汉高帝所借以取天下者，固非一人之力，而萧何、韩信、张良杰然于其间。天下既定而不免于疑，于是张良以神仙自脱，萧何以谨畏自保。韩信以盖世之功，进退无以自明，萧何能知之于未用之先，而卒不能保其非叛，方且借信以为自保之术。"(《陈亮集》卷九《论》)陈亮揭露专制统治集团的内部矛盾是十分深刻的。在刘邦猜忌功臣的高压政策之下，人人自危，如何做到明哲保身，也颇不容易。萧何不但"谨畏自保"，而且他还能逢迎高帝和吕后之意。韩信正相反，文武兼资，功高震主，是刘邦要拔除的第一个眼中钉，反而不能顺时取容，失职生怨，溢于言表。所以萧何"卒不能保其非叛"，而借韩信之头以自保了。韩信的思想变化，《淮阴侯列传》做了生动的记载：

> 信知汉王畏恶其能，常称病不朝从。信由此日夜怨望，居常怏怏，羞与绛、灌等列。信尝过樊将军哙，哙跪拜送迎，言称臣，曰："大王乃肯临臣！"信出门，笑曰："生乃与哙等为伍！"上常从容与信言诸将能否，各有差。上问曰："如我能将几何？"信曰："陛下不过能将十万。"上曰："于君何如？"曰："臣多多而益善耳。"上笑曰："多多益善，何为为我擒？"信曰："陛下不能将兵，而善将将，此乃信之所以为陛下擒也。且陛下所谓天授，非人力也。"

这就是夺王贬爵后的韩信。司马迁善于在对比中刻画人物性格情态，揭示内心世界。韩信能忍夺军徙王，而不能忍夺王贬爵，这是对他热衷于功名利禄的生动写照。青年时期的韩信，能忍恶少年的胯下之辱，却不能忍南昌亭长的怠慢不食，因为恶少年的羞辱，是一场无知逞强的胡闹，信为前途计能忍；南昌亭长有意怠慢，为德不终，信不能忍。刘邦诈捕韩信，夺王贬爵，乃属为德不终之类，故韩信不能忍。韩信的忍与不忍都与他的壮志屈伸有密切联系。司马迁通过韩信葬母，行营高敞地的故事，揭示他"其志与众异"，早就蓄有裂地封王的欲望。所以韩信不能忍项氏的压抑，而亡楚归汉。他登坛拜将，首建大谋，就迫不及待地说出了"以天下城邑封功臣，何所不服"的话。王夫之评论说："为人主者可有是心，而臣子且不可有是语。"(《读通鉴

论》卷二）李贽也说："明以自家把柄授沛公矣。"（《史纲评要》卷五）

正当韩信"日夜怨望，居常快快"之时，陈豨来访，燃起了他东山再起的欲望。司马迁做了这样的记载：

> 陈豨拜为巨鹿守，辞于淮阴侯。淮阴侯携其手，避左右，与之步于庭，仰天叹曰："子可与言乎？欲与子有言也。"豨曰："唯将军令之。"淮阴侯曰："公之所居，天下精兵处也；而公，陛下之信幸臣也。人言公之叛，陛下必不信；再至，陛下乃疑矣；三至，必怒而自将。吾为公从中起，天下可图也。"陈豨素知其能也，信之，曰："谨奉教！"汉十年，陈豨果反。

陈豨守代，尝告归过赵，赵相周昌见豨宾客随之者千余乘，邯郸官舍皆满。周昌见此情况，向刘邦报告，早为防备。陈豨到京，明知韩信为朝廷所忌，是被软禁的，他却偏偏冒险去访，这一行动本身就是非常之举。这说明陈豨有争天下之志，故阴养宾客，又不惜冒人主之忌拜访韩信。所以两人一见如故，韩信才敢以谋反言论挑之，同时也是现身说法。韩信捧钟离眛之头晋谒刘邦，委曲求全而遭捕，已知其必死，故当即愤怒地喊出了"狡兔死，良狗烹；高鸟尽，良弓藏；敌国破，谋臣亡"的怨言。至洛阳，刘邦赦为淮阴侯，韩信深知，这只不过是刘邦把他作为政治人质而使其残喘岁月。因彭越、黥布还拥兵在外，众多功臣还没有分封，政局尚未稳固，屠功臣的时机还未到来。查《高祖功臣侯者年表》可知，汉初封授的第一批功臣，恰值捕系韩信之后。诸将仍不平，相聚谋叛，刘邦用张良计，封雍齿为侯，这才安定了局势。刘邦的大仇人雍齿尚且不能杀，自然杀韩信的时机更不成熟。但这只在早晚之间，韩信反亦死，不反亦死。俗话说"困兽犹斗"，蒯通之语，句句在心，韩信想求得雍齿的地位而不能，因此他的谋反是在情理之中。须知韩信是一个自请"假王"的人，他并不是一个效愚忠的腐儒。

3. 如何评价韩信的功过是非

韩信之功，如日月之明，司马迁比之于周朝开国的太公、周公、召公，无须多说。这里客观评论韩信之过。俗话说："金无足赤，人无完人。"韩信智勇双全，特立于世，但他由于功名心切，也糊涂一时，招来杀身之祸。具体来说以下几个方面触犯了刘邦的忌讳，生命不保，良有以也。

其一，韩信身为大将，其职责是攻城略地，至于政治上的措置自有汉王布置，无须他来操心。但是，韩信打下赵地以后，"乃遣使报汉，因请立张耳为王，以镇抚其国"，这是一种越职犯分的行为。实际上这一行动包藏了韩信的隐私，是自以为封王立例。刘邦迫于形势，不得不应，"乃立张耳为赵王"，但迟迟不正式封拜。查《汉书·异姓诸侯王表》，正式册封张耳为赵王，已是汉四年十一月韩信破齐之时。刘邦修武夺军，"以麾召诸将，易置之"，实萌于韩信为张耳请王。后来韩信不敢谋反齐地，对武涉说"我倍之不祥"，因其部属皆刘邦亲信，如副手曹参，先锋骑将灌婴皆刘邦心腹，韩信不能不有所忌惮。

其二，郦食其说降齐国，已经形成了对项羽的包围形势。可是韩信为了邀功，掌握齐国，背信袭齐，破坏了这一形势。明李贽说："即此一端，信有死道矣。"（《藏书》）

其三，韩信拒武涉、蒯通之说，不忍背汉，也是从形势上考虑。当时并没出现三分天下的地理均势。因山东居高以临彭城，若刘邦西退，项羽必来争齐，这是韩信熟虑的。韩信三思蒯通之言，自作聪明，借重兵在握之机，要挟为王，以为是上策。韩信遣使报汉王，刘邦大怒，立即就要讨伐。由于张良、陈平的点画，才将计就计笼络他为齐王。刘邦杀信，实萌于此。韩信立为齐王后，仍消极观战，不听调遣，以索重赏，彭越也跟了上来。查《秦楚之际月表》，汉四年十一月，韩信已破齐并击杀楚将龙且，此时项羽震恐，谋臣死，良将亡，众叛亲离，本可一举歼灭。但是由于韩、彭观望，使得项羽苟延残喘，在广武与刘邦对峙了一年。刘邦迫不得已，诈项羽东归，权用张良之计增封韩信、彭越地盘，直到汉五年十二月才会围垓下。这是明显的搞分裂割据。从动机上立论，韩信无争天下之志，故不忍背汉，但他热衷于裂土称王的落后政治观念，无可讳言是取死之道。

司马光说得有道理："臣以为高祖用诈谋擒信于陈，言负则有之；虽然，信亦有以取之也。始，汉与楚相距荥阳，信灭齐，不还报而自王；其后汉追楚至固陵，与信期共攻楚而信不至；当是之时，高祖固有取信之心矣，顾力不能耳。及天下已定……酬功而报德者……而以君子之心望于人，不亦难哉！"（《资治通鉴·汉纪》四）司马光的这一评论是十分中肯的。长沙王吴芮，并无大功，可以传世久远；韩信功最大，首先遭诛灭。

从巩固统一的家天下来看，也是正常的，所以萧何设谋诛韩信。但功臣遭屠，无论如何是大失人心的。可以说这正是封建专制主义的弊端，其手段的残忍，令人发指。

以上三点就是论韩信的功过是非。下面再简说韩信的人格魅力。由于韩信出身下层平民，他身上闪射出勤劳人民的许多美德，值得称道。具体说，韩信的光彩形象有以下几点：第一，少小立大志，识见高远。由于秦朝统治严刑苛法，社会不稳，因此青年韩信不肯用苦力治生，而使枪弄棒，好带刀剑，结识豪侠，立志干一番大事，常常搞得自己饥肠辘辘，被人看不起，在背后对他指手画脚，说东道西。于是一个淮阴青年屠夫当众羞辱韩信，要他比武，不然就是胆小鬼，从他胯下爬过，这就是韩信受"胯下之辱"的故事。韩信面对这突如其来的羞辱，满街人众的讥笑，他"孰视之"，打量了半天，认真思考后决定忍让，因他立有大志，不值得把生命舍去与无赖赌博，这是度量宏大、识见高远的表现，用时下流行语说，是思想成熟的表现。第二，以德报怨，度量宽广。韩信当了楚王，回到家乡，找到当年侮他的屠夫，韩信没有报复，而是任用为中尉，明代思想家李贽在《史纲评要》卷五中对此评论说"尤难"，难就难在韩信超脱于世俗之上，其度量容人之宽广就像一个虔诚的普度众生的神父，或者说是耶稣般的心肠，确实难得。第三，不耻下问。井陉之战，韩信活捉赵将李左车，韩信亲自替他解开绳索，安置在上座，像学生尊敬老师一样听取李左车的形势分析，让他为自己出谋献计。由于韩信的真诚，李左车也毫无保留地贡献了才智，韩信获得了好处，兵不血刃降燕。韩信的智慧从不耻下问的学习中来。第四，韩信拒武涉、蒯通之说，不搞割据，维护统一大局，精神难能可贵。以上这些，韩信保留了勤劳人民的朴素本质，与他的逆境生活有关。但韩信追求功名过于心切，没有谦谦退让之风，看不起樊哙等武将，竟至于与汉高祖刘邦辩论带兵几何，自誉"多多益善"，也不能不说是取祸之道。

最后略说本传特点。《淮阴侯列传》的章法结构，编年记事而波澜起伏；剪裁巧妙，虚实相参；行文精妙，欲扬先抑，艺术上可以说是精湛妙绝。韩信的前半生走背字，给人的印象是志大才疏，又不安本分，背项羽，又从汉中出逃，差点成了刀下鬼，此为先抑。萧何月下追韩信，时来运转，登台拜将，一席汉中对，语惊四座，刘邦心服，韩信的才华如惊雷闪电爆发而出，一路顺风，打了半壁江山，封楚王，衣锦还乡，陡然生变又成阶下囚。司马迁的疏密组合，前后对照，行文造句，说客妙语，编织成一篇精美艺术品。《淮阴侯列传》可以一气读完，掩卷长思，沉重而不气闷，可惜却催人奋起。《史记》的悲剧文章，总是激扬人生，《淮阴侯列传》是典范之一。

读《淮阴侯列传》给人们以多方面的教益与启发，永远有现实意义。

张释之冯唐列传

【题解】 本传载述了汉文帝时的两个直臣。张释之在文帝时曾官至"廷尉",即最高执法官,能够守法不阿,犯颜直谏。冯唐虽是郎中署长,并非法官,也能出以公义,慷慨进言。二者乃一时之人,又都是敢谏诤的直臣,故合传。司马迁在歌颂他们这种高尚品质的同时,也赞扬了文帝的善于纳谏。读此传可"见文帝君臣如家人父子",其中寄托了司马迁的身世之感,也蕴含着他的政治理想。

张廷尉释之者,堵阳人也①,字季。有兄仲同居。以赀为骑郎②,事孝文帝,十岁不得调③,无所知名。释之曰:"久宦减仲之产,不遂④。"欲自免归。中郎将袁盎知其贤⑤,惜其去,乃请徙释之补谒者⑥。释之既朝毕,因前言便宜事⑦。文帝曰:"卑之,毋甚高论⑧,令今可施行也。"于是释之言秦汉之间事,秦所以失而汉所以兴者久之。文帝称善,乃拜释之为谒者仆射⑨。

【注释】 ①堵阳:县名,在今河南省方城县东。 ②以赀(zī)为骑郎:骑郎为郎中令属官,为皇帝侍卫,出充车骑,入掌门户。汉制,二千石高官及近侍之臣可任子为郎,地方家资十万以上者可选补为郎。赀:以赀为郎是入选条件,非以赀买郎。赀郎要自备衣饰鞍马,故下文云"久宦减仲之产"。 ③调:升迁。 ④不遂:不遂心,不满意。 ⑤中郎将袁盎:字丝,曾为吴王相,官至奉常。景帝时,谗杀晁错,后被梁孝王客所杀,事详《袁盎晁错列传》。中郎将:皇帝的近卫武官,统帅中郎,属郎中令。时袁盎为中郎将,是张释之的长官。 ⑥谒者:郎中令属官,职掌接收文奏,通报传达。 ⑦因前言便宜事:趁着朝见的机会上前陈说应兴革的时政。便宜事:应办的利国之事。 ⑧卑之,毋甚高论:降低调子,谈些现实的事。 ⑨谒者仆射:谒者之长。

释之从行,登虎圈。上问上林尉诸禽兽簿①,十余问②,尉左右视，尽不能对。虎圈啬夫从旁代尉对上所问禽兽簿甚悉③，欲以观其能④，口对响应无穷者⑤。文帝曰："吏不当若是邪？尉无赖⑥！"乃诏释之拜啬夫为上林令⑦。释之久之前曰："陛下以绛侯周勃何如人也？"上曰："长者也⑧。"又复问："东阳侯张相如何如人也⑨？"上复曰："长者。"释之曰："夫绛侯、东阳侯称为长者，此两人言事曾不能出口⑩，岂学此啬夫喋喋利口捷给哉⑪！且秦以任刀笔之吏⑫，吏争以亟疾苛察相高⑬，然其敝徒文具耳⑭，无恻隐之实。以故不闻其过。陵迟而至于二世⑮，天下土崩。今陛下以啬夫口辩而超迁之⑯，臣恐天下随风靡靡⑰，争为口辩而无其实。且下之化上疾于影响⑱，举措不可不审也⑲。"文帝曰："善。"乃止不拜啬夫。

上就车，召释之参乘⑳，徐行，问释之秦之敝。具以质言㉑。至宫，上拜释之为公车令㉒。

【注释】　①上林尉：掌管上林苑日常事务的官。　②十余问：问了十几个问题。③虎圈啬（sè）夫：掌管虎圈各项杂役的小官。甚悉：十分详尽。　④欲以观其能：想以此显示一下自己的才能。　⑤口对响应：对答如流，如响应声。　⑥无赖：不可靠，不足任使。　⑦上林令：职掌上林苑的最高长官。　⑧长者：有德行、有才能的人。　⑨东阳侯张相如：张相如高祖时为中大夫，后为河间守，以击陈豨立战功，封东阳侯。文帝时为太子太傅。其事见《万石君列传》《高祖功臣侯者年表》。　⑩曾不能出口：很少发议论，脱口说话。　⑪学：效法。《汉书》正作"效"。利口捷给：能言善辩。　⑫刀笔之吏：主办狱讼的文书官吏。　⑬苛察：对下苛刻督察。　⑭然其敝徒文具耳：然而这样做恰恰有无穷的流弊，只留下些徒具形式的官样文书。徒文具：《史记索隐》谓空具其文而无其实也。　⑮陵迟：日益衰颓废弛。　⑯超迁：越级提拔。　⑰随风靡靡：随风倒。　⑱影响：如影随形，如响应声。　⑲举措：事之兴废，此指任人与罢免。不可不审：必须慎重。　⑳参乘：陪侍帝王乘车，以为优遇。　㉑具以质言：都一一地以实情相告。质：诚实。　㉒公车令：卫尉的属官，掌殿门、司马门，夜巡宫中。天下上书及贡献物品皆由公车令接收上送。

顷之，太子与梁王共车入朝①，不下司马门②，于是释之追止太子、梁王无得入殿门。遂劾不下公门不敬③，奏之。薄太后闻之，文帝免冠谢曰④："教儿子不谨。"薄太后乃使使承诏赦太子、梁王，然后得入。文帝由是奇释之⑤，拜为中大夫⑥。

【注释】　①太子：即后来的汉景帝刘启。梁王：名武，文帝次子，景帝之同母弟。②司马门：汉宫的外门。当时禁令，凡出入司马门的都要下车步行，"不如令，罚金四两。"

③劾（hé）：揭发罪状。　④谢：认错、认罪。　⑤奇：器重。　⑥中大夫：郎中令的属官，掌议论。

顷之，至中郎将。从行至霸陵①，居北临厕②。是时慎夫人从③，上指示慎夫人新丰道④，曰："此走邯郸道也⑤。"使慎夫人鼓瑟⑥，上自倚瑟而歌，意惨凄悲怀⑦，顾谓群臣曰："嗟乎！以北山石为椁，用纻絮斫陈⑧，蔡漆其间⑨，岂可动哉！"左右皆曰："善。"释之前进曰："使其中有可欲者⑩，虽锢南山犹有隙⑪；使其中无可欲者，虽无石椁，又何戚焉⑫！"文帝称善。其后拜释之为廷尉。

【注释】　①霸陵：汉文帝陵，此时为寿陵，在今陕西省西安市东北。　②居北临厕：登临霸陵最北面的边头远望。厕：同"侧"，站在悬崖边缘。　③慎夫人：文帝宠姬，邯郸人。　④新丰：汉县名，在今陕西省西安市临潼区东北。　⑤走：通"往"，去。　⑥鼓瑟：弹瑟。瑟是一种拨弦乐器。　⑦意惨凄悲怀：文帝登上自己的寿陵，因而心有所感，于是惨凄悲怀。　⑧用纻絮斫（zhuó）陈：用纻麻絮等物切碎填塞棺椁缝隙。斫：斩，切碎。陈：排列，此处为塞严。　⑨蔡（tú）漆其间：用漆黏合。蔡：黏着。　⑩有可欲者：指厚葬，使其中有可贪求的东西。　⑪锢：以金属熔液铸牢、封闭。　⑫戚：忧虑。

顷之，上行出中渭桥①，有一人从桥下走出，乘舆马惊。于是使骑捕②，属之廷尉。释之治问③，曰："县人来④，闻跸⑤，匿桥下。久之，以为行已过，即出，见乘舆车骑，即走耳⑥。"廷尉奏当⑦：一人犯跸，当罚金⑧。文帝怒曰："此人亲惊吾马，吾马赖柔和⑨，令他马，固不败伤我乎？而廷尉乃当之罚金！"释之曰："法者，天子所与天下公共也⑩。今法如此而更重之⑪，是法不信于民也。且方其时，上使立诛之则已⑫。今既下廷尉，廷尉，天下之平也⑬，一倾而天下用法皆为轻重⑭，民安所措其手足⑮？唯陛下察之。"良久，上曰："廷尉当是也。"

【注释】　①中渭桥：又名横桥，在长安北渭水上。另两座渭水桥，一座在城西北咸阳路，叫西渭桥；一座在城东北高陵道，叫东渭桥。　②使骑捕：派从驾的骑兵追捕。　③治问：审问。　④县人：从县上来，即乡下人。　⑤闻跸：听到清道的警跸之声。跸，禁道。　⑥走：逃跑。　⑦奏当：上奏对惊驾人的判决。当：判处的刑罚。　⑧一人：据《校补》，应做"此人"。罚金：汉律，"跸先至而犯者，罚金四两。"　⑨赖柔和：幸亏马温驯。　⑩"法者"二句：法律是天子颁布给天下人共同遵守的。　⑪更重之：更改法律，从重判处。　⑫立诛：就地正法。　⑬天下之平也：天下公平执法的人。　⑭倾：不平。为轻重：随意解释法律，可轻可重。　⑮民安所措其手足：老百姓把自己的手脚放到哪里好呢？意谓法无定准，老百姓整天惶恐生活，手脚都不自在的样子。

其后有人盗高庙坐前玉环①，捕得，文帝怒，下廷尉治。释之按律盗宗庙服御物者为奏②，奏当弃市。上大怒曰："人之无道，乃盗先帝庙器。吾属廷尉者，欲致之族③，而君以法奏之，非吾所以共承宗庙意也④。"释之免冠顿首谢曰："法如是足也⑤。且罪等，然以逆顺为差。今盗宗庙器而族之，有如万分之一，假令愚民取长陵一抔土⑥，陛下何以加其法乎？"久之，文帝与太后言之，乃许廷尉当。是时，中尉条侯周亚夫与梁相山都侯王恬开见释之持议平⑦，乃结为亲友。张廷尉由此天下称之。

【注释】　①高庙：汉高祖刘邦的庙。　②释之按律盗宗庙服御物者为奏：张释之按照法律中关于盗窃宗庙器物的罪行上奏文帝。　③欲致之族：想要治他灭族之罪。　④"君以法奏之"二句：你只按条文办事，违背了我恭奉宗庙的本意。共：读"恭"。　⑤法如是足也：这是依法判的最重的罪。　⑥取长陵一抔土：意谓盗高祖墓。长陵：刘邦的陵寝，在今陕西省咸阳市东北。一抔土：一捧土，盗墓的讳称。　⑦王恬开：本名王恬启，因避景帝讳改，高祖时从击陈豨有功，为梁王刘恢相，封山都侯。持议平：立论公允。

后文帝崩，景帝立，释之恐，称病。欲免去，惧大诛至；欲见谢，则未知何如①。用王生计，卒见谢，景帝不过也②。

王生者，善为黄老言，处士也③。尝召居廷中④，三公九卿尽会立⑤。王生老人，曰"吾袜解⑥"，顾谓张廷尉："为我结袜⑦！"释之跪而结之。既已，人或谓王生曰："独奈何廷辱张廷尉，使跪结袜？"王生曰："吾老且贱，自度终无益于张廷尉⑧。张廷尉方今天下名臣，吾故聊辱廷尉⑨，使跪结袜，欲以重之。"诸公闻之，贤王生而重张廷尉⑩。

张廷尉事景帝岁余，为淮南王相，犹尚以前过也⑪。久之，释之卒。其子曰张挚，字长公，官至大夫，免。以不能取容当世⑫，故终身不仕。

【注释】　①未知何如：不知结果会怎么样。　②不过：不以为过、不怪罪。　③处士：有德行的隐士。　④召居廷中：被召到朝廷之上，居中而坐。　⑤会立：相聚而立。　⑥解：松脱。群臣上殿必须去履，穿着袜子行走。　⑦结袜：系好袜子。　⑧自度：自己思忖。　　⑨聊：姑且，不经意地。　　⑩贤王生而重张廷尉：以王生为贤者，更加敬重张廷尉。　　⑪犹尚以前过也：还是因为以前止太子入殿门的过错。　　⑫取容当世：迎合权贵苟安于世。

（以上为第一段，写张释之的生平，以几件具体事例表现他的直言敢谏，执法不阿。）

冯唐者，其大父赵人①。父徙代②。汉兴徙安陵③。唐以孝著，为中郎署长④，事文帝。文帝辇过，问唐曰："父老何自为郎⑤？家安在？"唐具以实对。文帝曰："吾居代时⑥，吾尚食监高祛数为我言赵将李齐之贤⑦，战于巨鹿下⑧。今吾每饭，意未尝不在巨鹿也。父知之乎⑨？"唐对曰："尚不如廉颇、李牧之为将也。"上曰："何以⑩？"唐曰："臣大父在赵时，为官率将⑪，善李牧⑫。臣父故为代相，善赵将李齐，知其为人也。"上既闻廉颇、李牧为人，良悦⑬，而搏髀曰⑭："嗟乎！吾独不得廉颇、李牧，时为吾将⑮，吾岂忧匈奴哉！"唐曰："主臣⑯！陛下虽得廉颇、李牧，弗能用也。"上怒，起入禁中⑰。良久，召唐让曰："公奈何众辱我，独无间处乎⑱？"唐谢曰："鄙人不知忌讳。"

【注释】　①大父：祖父。　　②代：古国名，在今河北省蔚县东北，战国时为赵所灭。汉初封同姓九国，代为其一。　　③安陵：惠帝陵，汉置县，在今陕西省咸阳市东北。　　④中郎署长：郎中令属官。　　⑤父老：老人家，敬称。何自为郎：您什么时候做郎官的？　　⑥吾居代时：文帝即位前为代王。　　⑦尚食监：管理帝王膳食的官。　　⑧巨鹿：秦县名，在今河北省平乡县西南。　　⑨父：父老二字的省文。　　⑩何以：有什么根据？　　⑪官率将：即官帅将，百夫之长。率：通"帅"。　　⑫善：交好。　　⑬良悦：非常高兴。　　⑭搏髀（bì）：拍着大腿。搏：拍打。髀：大腿外侧。　　⑮时为吾将：这样的人做我的大将。时：此，是。　　⑯主臣：臣子进对时的惶恐之词。　　⑰禁中：宫中。　　⑱独无间处乎：难道不会找机会私下对我讲吗？间处：无人之处，合适的空隙。

当是之时，匈奴新大入朝那①，杀北地都尉卬②。上以胡寇为意③，乃卒复问唐曰："公何以知吾不能用廉颇、李牧也？"唐对曰："臣闻上古王者之遣将也，跪而推毂④，曰：'阃以内者⑤，寡人制之；阃以外者，将军制之'。军功爵赏皆决于外，归而奏之。此非虚言也。臣大父言，李牧为赵将居边⑥，军市之租皆自用飨士⑦，赏赐决于外，不从中扰也。委任而责成功，故李牧乃得尽其智能，遣选车千三百乘，彀骑万三千⑧，百金之士十万⑨，是以北逐单于，破东胡⑩，灭澹林⑪，西抑强秦，南支韩、魏⑫。当是之时，赵几霸。其后会赵王迁立，其母倡也。王迁立，乃用郭开谗，卒诛李牧，令颜聚代之。是以兵破士北⑬，为秦所擒灭。今臣窃闻魏尚为云中守⑭，其军市租尽以飨士卒，出私养钱⑮，五日一椎牛⑯，飨宾客军吏舍人⑰，是以匈奴远避，不近云中之塞。虏曾一入，尚率车骑击之，所杀甚众。夫士卒尽家人子⑱，起田中从军⑲，安知尺籍伍符⑳。终日力战，斩首捕虏，上功莫府㉑，一言不相应㉒，文吏以法绳之㉓。其赏不行而吏奉法必用㉔。臣愚，以为陛下法太明，赏太轻，罚太重。且云中守魏尚坐上功首虏差六级㉕，陛下下之吏，削其爵，罚作之㉖。由此言之，陛下虽得廉颇、李牧，弗能用也。臣诚愚，触忌讳，死罪死罪！"文帝悦。是日令冯唐持节赦魏尚，复以为云中守，而拜唐为车骑都尉，主中尉及郡国车士㉗。

【注释】 ①朝那：汉县名，在今宁夏回族自治区固原市东南。 ②杀北地都尉卬：事在文帝前元十四年（公元前166年），匈奴大入，京师戒严。北地：汉郡名，郡治马岭，在今甘肃省环县东南。都尉：郡守佐官，掌郡兵。卬：姓孙名卬。 ③为意：很重视，很忧虑。 ④跪而推毂（gǔ）：古时命将出师，王者弯腰屈身亲自为之推车。 ⑤阃（kǔn）以内者：朝中之事。下文"阃以外者"，军中之事。阃：门槛，此指城门。 ⑥居边：驻守边防。 ⑦军市之租：驻军区域内的市场租税。飨（xiǎng）士：犒劳将士。 ⑧彀（gòu）骑：善射的骑士。彀：张弓。 ⑨百金之士：其功可赏百金之战士，指英勇善战的精兵。⑩东胡：我国古代北方的少数民族，因居住于匈奴之东，故曰东胡。 ⑪澹林：活动于今山西省北部地区的少数民族，亦作襜褴（chānlán）。 ⑫支：支援。 ⑬兵破士北：军队溃败，士卒逃散。北：败逃。 ⑭云中：汉郡名，郡治在今内蒙古自治区托克托县。 ⑮私养钱：个人的俸给。 ⑯椎牛：击杀牛。 ⑰舍人：门客。 ⑱家人子：普通百姓家的子弟。⑲起田中：出身农民。 ⑳安知尺籍伍符：哪里懂得军队中的文书证件？尺籍：汉代军中书其斩首之功于一尺之板，称尺籍。伍符：军人伍伍相保之证件。 ㉑上功莫府：向幕府报告战功。莫：同"幕"。幕府，军队中最高长官的公署。 ㉒不相应：指所报的数目与实际斩获的数目不符。 ㉓以法绳之：依律治罪。 ㉔其赏不行而吏奉法必用：将士的赏赐难以兑现，有点小过却必加惩处。 ㉕坐：被判罪。上报战功仅差了六个首级就被判罪。㉖罚作：一岁苦刑。 ㉗"拜唐为车骑都尉"二句：任用冯唐为车骑都尉，职掌中尉官所属和各郡国所属之战车部队。

七年^①，景帝立，以唐为楚相，免。武帝立，求贤良^②，举冯唐。唐时年九十余，不能复为官，乃以唐子冯遂为郎。遂字王孙，亦奇士，与余善。

【注释】 ①七年：指七年之后景帝即位之年，即公元前156年。以此推计，冯唐为魏尚言，在汉文帝后元二年，即公元前162年。 ②贤良：德才兼备，敢言直言极谏之士。皇帝因灾异举贤良求言，创始汉文帝，由此成为汉代举荐选拔人才的一种制度。西汉、东汉两代，各举贤良十五次，每次全国一百余人，共选士三千余人。

（以上为第二段，写冯唐慷慨论将，为魏尚鸣冤。）

太史公曰：张季之言长者，守法不阿意；冯公之论将率^①，有味哉！有味哉^②！语曰："不知其人，视其友。"二君之所称诵，可著廊庙^③。《书》曰："不偏不党，王道荡荡；不党不偏，王道便便^④。"张季、冯公近之矣。

【注释】 ①冯公：司马迁与冯唐的儿子冯工孙是朋友，所以称冯唐为公。 ②有味：意味，重言是深深地赞许。 ③廊庙：朝廷。 ④"《书》曰"四句：引自《尚书·洪范篇》。

（以上为作者论赞，热情赞扬张、冯两人的正直无私。）

📝 讲 析

张释之与冯唐两人并不是有显赫功勋的历史人物，两人事迹也没有什么直接的联系，司马迁为何要写两人，并将两人合传呢？《太史公自序》云："守法不失大理，言古贤人，增主之明，作《张释之冯唐列传》第四十二。"两人同为汉文帝时人，同为郎官，同以犯颜直谏为一代名臣。两人敢言而"增主之明"，所以合传。司马迁写两人，也是"增主之明"。主者谁，汉文帝也。由于两人的犯颜，汉文帝明主的形象更加灿烂夺目。读《张释之冯唐列传》应与《孝文本纪》一起来读，如同日与月辉映，鲜明地展现出司马迁理想的开明政治蓝图。

先说张释之与冯唐两人的事迹。

张释之为廷尉，天下无冤民。他掌管司法，不屈从皇帝的旨意，能够秉公办案，司马迁称其为"守法不失大理"。传文具体写了三件事。第一件，张释之为公车令，太子与梁王共乘一车入朝，到了司马门不下车，违反公车令，张释之敢于追止太子，并上奏皇帝，还让薄太后也知道，以至于汉文帝在母亲面前不得不免冠谢过，承认自己"教儿子不谨"。薄太后派出宫吏，拿着汉文帝的赦令，张释之才放行太子和梁王入宫。第二件，汉文帝出行，銮驾经过中渭桥，有一个进城的乡下佬从桥下跑出，使乘舆马惊，犯了干扰警跸之罪。汉文帝盛怒，要廷尉张释之直接办案，处以死刑。张释之按律令：无意犯禁又未造成后果的，只判处罚金四两。张释之进言文帝说："法者，天子所与天下公共也。"皇帝更应示范践行，如果按个人意志，随意轻重法律，则"法不信于民"。汉文帝沉默了良久，称赞张释之处罚得当。第三件，有人盗高帝庙坐前玉环，汉文帝要族诛，张释之只判盗者本人弃市。对照汉武帝时张汤、杜周两人为廷尉，阿谀汉武帝旨意办案，不遵照法律条文，还说什么"前主所是著为法，后主所是疏为令"，肆意践踏法律，想惩治的人，千方百计诬陷，想开释的罪人，千方百计解脱，司法一片黑暗，冤死了不知多少人。司马迁刻画张释之坚守法令的凛然正气形象，表达他主张司法独立办案的理想，称之为"奉法循理"。

张释之为中郎将时，一次随行汉文帝巡视正在兴建的文帝寿陵，汉文帝触景生情，发出人生寿短的悲凉感慨，想要大兴土木，加固棺椁，开山为石头冢。皇帝身边的人都说"好"，唯独张释之进谏说："使其中有可欲者，虽锢南山犹有隙；使其中无可欲者，虽无石椁，又何戚焉！"汉文帝称赞了张释之，并接受张释之的意见，停止了建石椁的想法，并把生死看透，终身坚守，临终遗诏薄葬，改革厚葬风俗。《汉书·刘向传》载："文帝悟焉，遂薄葬，不起山坟。"

司马迁写冯唐，主要写了一件事，为云中太守魏尚遭遇轻罪重判被下狱而鸣不平。魏尚守边，匈奴畏不敢犯，为守卫汉家疆土立有大功。只因一次上报杀敌首级，因为统计疏忽差了六个，也就是杀敌多报了六个人，纪检官小题大做，加给魏尚以欺君之罪而下狱。冯唐替魏尚申辩，指出文帝"法太明，赏太轻，罚太重"，实际上提出了国家——当时也就皇帝如何正确地论人的功过、公正地论断是非、大胆地使用人才的问题，史称"冯唐论将"。冯唐当众人之面直言汉文帝不能识用人才，他用激将法警醒汉文帝，不给皇帝面子，冒了极大的风险，同行郎官都替冯唐冒了一身冷汗。开明的汉文帝虽然盛怒却不加罪，而是冷静之后立即改过，当日命令冯唐持节到云中，赦免魏尚，官复原职。司马迁就为这件事，小题大做写了冯唐传，表彰君明臣贤，提倡君臣对话，要以理服人，以理办事。冯唐论将的故事成为千载佳话。宋朝苏轼被贬出京做了地方太守，时时想起冯唐。他在《江城子·密州出猎》词中写道："鬓微霜，又何妨！持节云中，何日遣冯唐？"苏轼的感慨，增添了冯唐论将的韵味。

　　司马迁褒扬张释之与冯唐，对他们的事迹高调夸奖，目的是对汉文帝纳谏谨守君道的歌颂。皇帝都像汉文帝那样，成为国家公正的顶梁柱，不强加个人意志于法律，不干预臣下执行政事；司法官都像张释之那样能排除干扰，独立办案，法律面前，人人平等；监察官都像冯唐那样有原则，有操守，敢于直言，三者组合就是一幅开明的政治蓝图，文中似乎有朦胧的三权平衡的意识。

　　司马迁向往政治开明，其间寄托着自己的切身之感。他因替李陵辩护而蒙罪，未遇明君宽宥，又无良臣进言，身遭腐刑，所以将汉文帝、张释之、冯唐三人的君臣关系写得精彩淋漓，表达了自己的辛酸，以及企盼政治清明的理想。

　　回到现实，世上并无完人。南宋洪迈在其所著《容斋续笔》卷二"张于二廷尉"条中就指出周勃被诬下狱，其时张释之为廷尉，却不能相救，张释之所申理犯跸、盗环只不过是两件小事。至于张释之谏阻汉文帝提拔能吏虎圈啬夫，赞扬尸位素餐的上林尉，就毫无可取。但这些地方也显示了司马迁实录精神的可贵，对张释之的不足也不放过。

　　在写人艺术上，《张释之冯唐列传》是一篇很感人的作品。两人事迹平淡无奇，经过司马迁的点染，赋予了高深的政治境界，几则故事，写活了两个人物的光辉形象，跃然纸上，光彩照人。

　　首先，两人合传，读来却浑然一体，主要是司马迁抓住了两人的共性，都敢于犯颜直谏，集中笔墨在"敢言"二字上，成为贯穿全篇的红线。在具体写法上依据两人的经历，并不雷同。张释之传是以他的官职升迁变化为线索，张释之个性耿介，为郎十余年不遇，默默无闻想辞官回家。袁盎举荐，有了机会靠近汉文帝，一次次进言，一次次升迁，君臣二人的关系，如鱼得水。写冯唐则集中写一件事，司马迁展开来写，跌宕有致。在这里表现出司马迁善于抓住人物立身行事的特征来刻画人物形象，以及精于剪裁，详略得当，各有侧重的本领。其次，由于主旨是表现张、冯两人敢言谏诤，所以本传不重叙事，而重在记载他们的言论，作者通过写两人对话来表现人物的风貌，行文简洁明快。《史记译林》引王鏊曰："二传皆一时之言，见文帝君臣如家人父子。"说得妙极了。汉文帝纳谏，张释之、冯唐二人敢言，如同家人父子谈心，君臣如此和谐，多少透露出些许的"民主"气息。这当然是司马迁的点染，活脱脱地写出汉文帝与张、冯君臣之间的对话在真诚、坦率、信任的气氛中进行，刻画出双方开诚布公地交换意见的境界，尤其是张释之谏阻厚葬、冯唐论将两个故事写得最精彩，可以说是力透纸背，令人折服。通过人物对话的描写用以展示人物性格，这是司马迁写人艺术的一大成就。

魏其武安侯列传

【题解】　本传是窦婴、田蚡、灌夫三人的合传，标题只称《魏其武安侯列传》是为了突出矛盾主线，灌夫传亦可视为附传。窦婴是汉文帝窦皇后的堂侄。景帝三年吴楚七国反，窦婴为大将军屯荥阳监军，七国被平定后，封为魏其侯。田蚡是景帝王皇后的同母异父弟，景帝后三年封为武安侯。灌夫在平吴楚之战中，其父战死，他为报父仇，勇猛冲陷敌军而扬名天下。武帝时官至太仆，坐法失官，家居长安，与窦婴为同党，故合传。武帝初即位，两宫皇太后干预朝政，表现在朝中就是窦、田相争，围绕窦、田相争这一矛盾主线，司马迁还写了一群陪衬人物。两个不可一世的皇太后，两个至高无上的君主，一班保官自重的朝臣，一班苟且蝇营的宾客，纷纷登场表演。司马迁用犀利的笔触展示了统治集团上层各色人物的内心世界，勾画出一幅绝妙的群丑图。在这里，司马迁深刻地揭露了西汉盛世下的官廷斗争，描写了上层统治集团的互相倾轧，表现了对专制主义黑暗政治的批判和谴责。在专制政体下，品行愈是卑鄙无耻，愈能在斗争中占上风，这就是在封建社会中常见的君子败而小人胜。所以本传用主要篇幅刻画了田蚡这样一个微不足道的卑劣人物。

魏其侯窦婴者①，孝文后从兄子也②。父世观津人③。喜宾客。孝文时，婴为吴相④，病免。孝景初即位，为詹事⑤。

梁孝王者⑥，孝景弟也，其母窦太后爱之。梁孝王朝，因昆弟晏饮⑦。是时上未立太子，酒酣⑧，从容言曰⑨："千秋之后传梁王。"太后欢。窦婴引卮酒进上⑩，曰："天下者，高祖天下，父子相传，此汉之约也，上何以得擅传梁王！"太后由此憎窦婴。窦婴亦薄其官⑪，因病免。太后除窦婴门籍⑫。不得入朝请。

【注释】　①魏其：汉县名。窦婴采邑，县治在今山东省临沂市东南。　②孝文后：即窦太后。从兄子：堂兄之子。　③世：世代。观津：汉县名，在今河北省武邑县东南。④婴为吴相：窦婴曾为吴王刘濞之相。　⑤詹事：官名，主管宫中皇后、太子的日常事务，秩二千石。　⑥梁孝王：刘武，景帝弟。　⑦宴饮：汉景帝以兄弟家人礼宴饮梁王，在窦太后面前以示兄弟亲密无间。　⑧酒酣（hān）：饮酒正高兴。　⑨从容言：和缓而悠闲地说。　⑩引卮酒进上：窦婴举杯向景帝进言，示意他说话有失，当罚酒。引：举杯。卮：酒杯。　⑪薄其官：看不起詹事这个小官。薄：轻视。　⑫门籍：出入宫门的名籍。籍：为二尺竹牒，上记姓名、年纪、相貌，出入宫门的凭证。

孝景三年①，吴楚反，上察宗室诸窦毋如窦婴贤②，乃召婴。婴入见，固辞谢病不足任。太后亦惭。于是上曰："天下方有急，王孙宁可以让邪③？"乃拜婴为大将军④，赐金千斤。婴乃言袁盎、栾布诸名将贤士在家者进之⑤。所赐金，陈之廊庑下⑥，军吏过，辄令裁取为用⑦，金无入家者。窦婴守荥阳⑧，监齐赵兵。七国兵已尽破，封婴为魏其侯。诸游士宾客争归魏其侯。孝景时每朝议大事，条侯、魏其侯⑨，诸列侯莫敢与抗礼⑩。

【注释】　①孝景三年：公元前154年。　②宗室：皇室子弟。诸窦：外戚窦氏子弟。③王孙：窦婴的字。　④大将军：汉太尉或置或废，因设大将军掌征伐。　⑤袁盎：字丝，曾任吴相，官至奉常，事详《袁盎晁错列传》。栾布：汉名将，曾为梁王彭越大夫。七国反，栾布击齐，以功封俞侯，事详《季布栾布列传》。　⑥庑：廊檐。　⑦裁：酌量。⑧荥阳：军事重镇，在今河南省郑州市西。　⑨条侯：绛侯周勃之子周亚夫，文帝时改封条侯。　⑩抗礼：行平等之礼。抗：对等，平等。

孝景四年，立栗太子①，使魏其侯为太子傅②。孝景七年，栗太子废，魏其数争不能得③。魏其谢病，摒居蓝田南山之下数月④，诸宾客辩士说之，莫能来。梁人高遂乃说魏其曰⑤："能富贵将军者，上也；能亲将军者，太后也。今将军傅太子，太子废而不能争；争不能得，又弗能死。自引谢病，拥赵女⑥，摒闲处而不朝⑦。相提而论⑧，是自明扬主上之过⑨。有如两宫螫将军⑩，则妻子毋类矣⑪。"魏其侯然之，乃遂起，朝请如故。

桃侯免相⑫，窦太后数言魏其侯。孝景帝曰："太后岂以为臣有爱⑬，不相魏其？魏其者，沾沾自喜耳⑭，多易⑮。难以为相，持重⑯。"遂不用，用建陵侯卫绾为丞相⑰。

【注释】　①栗太子：景帝长子刘荣，栗姬所生，后被废，故以母姓为称。　②太子傅：官名，有太子太傅、少傅两职，掌辅导太子。　③不能得：没有效果，无济于事。④摒居：隐居。蓝田：县名，在今陕西省蓝田县西。南山：即终南山，为汉时显贵优游之地。　⑤高遂：梁地人，窦婴的宾客。　⑥赵女：古时赵地女子多为倡优，故以赵女泛指美女。　⑦闲处：闲居，指不上朝。　⑧相提而论：两相比较来说。相提：指把魏其侯争太子废立与隐居不朝两事相联系，等于是揭景帝之短。　⑨自明：表明自己。　⑩两宫：东西两宫，代指太后、皇帝。长乐宫为东宫，太后所居。未央宫为西宫，皇帝所居。螫（shì）：蜂蝎用尾针刺人。这里喻两宫若忌恨而怒必加害。　⑪妻子：这里指一家大小。毋类：绝种，指全家遭诛。　⑫桃侯：指丞相刘舍。　⑬臣：景帝对太后自称。有爱：有所吝啬。⑭沾沾自喜：得意自满的样子。　⑮多易：十分轻率。　⑯持重：担当重任。　⑰卫绾（wǎn）：景帝时的平庸丞相，事迹附《万石张叔列传》。

（以上为第一段，写耿直的窦婴在景帝时的升沉。）

武安侯田蚡者①，孝景后同母弟也②，生长陵③。魏其已为大将军后，方盛，蚡为诸郎④，未贵，往来侍酒魏其，跪起如子姓⑤。及孝景晚节⑥，蚡益贵幸，为太中大夫⑦。蚡辩有口⑧，学《盘盂》诸书⑨，王太后贤之。孝景崩，即日太子立⑩，称制⑪，所镇抚多有田蚡宾客计策⑫。蚡弟田胜⑬，皆以太后弟，孝景后三年封蚡为武安侯⑭，胜为周阳侯。

【注释】　①武安：汉县名，田蚡的采邑，县治即今河北省武安市。　②孝景后同母弟：景帝皇后姓王，下文称王太后，王太后母臧儿前夫姓王，生王信、王皇后、王儿姁；后夫姓田，生田蚡、田胜。故王皇后与田蚡为同母异父姐弟。　③长陵：高祖陵，置县，县治在今陕西省咸阳市东北。　④诸郎：泛指郎官。郎官有议郎、中郎、侍郎、郎中，掌守宫门，出充车骑。　⑤子姓：等于说子弟，子孙。　⑥晚节：晚年。　⑦太中大夫：郎中令属官，掌议论。　⑧蚡辩有口：田蚡善辩论，有口才。　⑨《盘盂》诸书：《盘盂》一类的书。《盘盂》：录载盘盂铭文的书，相传是黄帝的史官孔甲所作，共二十六篇，《汉书·艺文志》归入杂家，早佚。　⑩太子立：太子刘彻即皇帝位，也就是汉武帝。　⑪称制：窦、王两太后临朝听政。皇帝之命曰制，令曰诏。太后代行皇帝之政叫"称制"。武帝即位，年十六，故两太后临朝。　⑫"所镇抚"句：指王太后临朝施行的一些镇抚措施，多是田蚡宾客策划的，意谓田蚡势大。　⑬蚡弟田胜：读为"蚡及弟田胜"，"及"字夺。　⑭孝景后三年：景帝在位十六年分为前七年、中六年、后三年。后三年即公元前141年。

武安侯新欲用事为相①，卑下宾客②。进名士家居者贵之，欲以倾魏其诸将相③。建元元年④，丞相绾病免，上议置丞相、太尉。籍福说武安曰⑤："魏其贵久矣，天下士素归之。今将军初兴，未如魏其，即上以将军为丞相，必让魏其。魏其为丞相，将军必为太尉。太尉、丞相尊等耳⑥，又有让贤名。"武安乃微言太后讽上⑦，于是乃以魏其侯为丞相，武安侯为太尉。籍福贺魏其侯，因吊曰⑧："君侯资性喜善疾恶⑨，方今善人誉君侯⑩，故至丞相；然君侯且疾恶，恶人众，亦且毁君侯⑪。君侯能兼容，则幸久；不能，今以毁去矣⑫。"魏其不听。

【注释】　①新欲用事为相：又想揽权为相。新欲：形象地描绘田蚡不断扩张的权力欲，已贵已用事，又欲为相。　②卑下宾客：故作姿态，谦恭待士。　③倾：压倒，胜过。　④建元元年：公元前140年。　⑤籍福：奔走于权门的食客。　⑥太尉、丞相尊等耳：秦汉时丞相、太尉、御史大夫并称三公。太尉职掌最高武职，名义及地位在丞相下，而实际尊等，西汉朝廷忌兵权下移，太尉一职不常置。这次汉武帝置丞相、太尉，正是为了平衡两宫皇太后争权的临时措施，故田蚡免太尉后，西汉不再置太尉官。　⑦微言：含蓄地说。　⑧吊：告诫。　⑨君侯：西汉丞相皆封侯，故君侯为丞相的尊称。　⑩誉：称扬。　⑪毁：毁谤，造谣中伤。　⑫今：立即，马上。去：离职，罢官。

　　魏其、武安俱好儒术，推毂赵绾为御史大夫①，王臧为郎中令②。迎鲁申公③，欲设明堂④，令列侯就国⑤，除关⑥，以礼为服制⑦，以兴太平。举适诸窦宗室毋节行者⑧，除其属籍⑨。时诸外家为列侯，列侯多尚公主⑩，皆不欲就国，以故毁日至窦太后⑪。太后好黄老之言⑫，而魏其、武安、赵绾、王臧等务隆推儒术⑬，贬道家言，是以窦太后滋不悦魏其等⑭。及建元二年，御史大夫赵绾请无奏事东宫⑮。窦太后大怒，乃罢逐赵绾、王臧等⑯，而免丞相、太尉，以柏至侯许昌为丞相，武强侯庄青翟为御史大夫⑰。魏其、武安由此以侯家居。

【注释】　①推毂：推车前进，一人推车，一人助推曰毂。喻互相推荐引达。赵绾：当时的一位大儒。御史大夫：副丞相，监察百官。　②王臧：亦为儒者。郎中令：九卿之一，掌护卫皇宫，统属诸郎。　③申公：鲁大儒申培，以治《诗》著称。赵绾、王臧都是他的学生。申公事迹见《儒林列传》。　④设明堂：建立明堂，朝会诸侯，宣扬教化，这是儒生们鼓吹的礼制设施之一。　⑤就国：使在京的列侯回到自己的封邑上去。　⑥除关：除去关禁。汉文帝十二年"除关，无用传"。传是出入关卡的通行证。景帝三年吴楚反，复置关禁，用传出入，武帝复除，示天下一家。　⑦以礼为服制：按照礼制来规定吉、凶、军、宾、嘉的各种服饰。　⑧举适：检举弹劾。适：通"谪"。　⑨除其属籍：

勾销"毋节行者"在族谱上的名籍。属籍：指族谱。　⑩尚公主：娶公主为妻。　⑪日至：每天传到。　⑫黄老之言：道家学说。黄帝、老子被道家推尊为始祖，故道家称为黄老之学。　⑬隆推：盛誉。　⑭滋：更加。　⑮请无奏事东宫：赵绾、王臧承武帝之旨，奏请武帝亲政，不要听从东宫窦太后的裁断。东宫：即长乐宫，在未央宫之东，太后所居之宫。　⑯罢逐赵绾、王臧等：窦太后反击，窦婴、田蚡被免职，赵绾、王臧下狱死。这是汉初第二次儒道斗争。第一次是景帝时辕生与黄生辩汤武革命。两次斗争，儒学皆被窦太后抑制。　⑰许昌、庄青：许昌以及庄青翟皆缩手缩脚廉谨的平庸之臣，窦太后一死，立即被免职。

　　武安侯虽不任职，以王太后故，亲幸，数言事多效，天下吏士趋势利者，皆去魏其归武安。武安日益横①。建元六年②，窦太后崩，丞相昌、御史大夫青翟坐丧事不办③，免。以武安侯蚡为丞相，以大司农韩安国为御史大夫④。天下士郡诸侯愈益附武安⑤。

【注释】　①横：放纵。　②建元六年：公元前135年。　③坐丧事不办：因没办好丧事而获罪。坐：因事获罪。　④大司农：九卿之一，掌国家租税赋役。韩安国：一个世故圆滑的官僚，与田蚡同党，所以《汉书》四人合传称《窦田灌韩传》。但韩安国多荐贤士，与田蚡有别，《史记》另立专传，以字名，为《韩长孺列传》。　⑤"天下士"句：天下贤士，以及郡国诸侯之官，无不趋附武安。天下士：国士。郡诸侯：各郡国的官吏。

　　武安者，貌侵①，生贵甚②。又以为诸侯王多长③，上初即位，富于春秋④，蚡以肺腑为京师相⑤，非痛折节以礼屈之⑥，天下不肃。当是时，丞相入奏事，坐语移日⑦，所言皆听。荐人或起家至二千石⑧，权移主上⑨。上乃曰："君除吏已尽未⑩！吾亦欲除吏。"尝请考工地益宅⑪，上怒曰："君何不遂取武库⑫！"是后乃退⑬。尝召客饮，坐其兄盖侯南向⑭，自坐东向，以为汉相尊，不可以兄故私桡⑮。武安由此滋骄，治宅甲诸第⑯，田园极膏腴，而市买郡县器物相属于道⑰。前堂罗钟鼓，立曲旃⑱；后房妇女以百数。诸侯奉金玉狗马玩好，不可胜数。

【注释】　①貌侵：矮小丑陋。侵：同"寝"，相貌丑陋。　②生贵甚：出生在权贵之家。形陋之人生于权贵之家，则更加骄慢狠毒，这是一般的心理变态。　③多长：多为年长之人。　④富于春秋：年岁很轻。　⑤肺腑：喻至亲。京师相：国家丞相，标明"京师"，示尊于诸侯相。　⑥痛：狠狠地。折节：屈节。这里是使动用法，指压抑诸侯王，使之屈节。　⑦坐语移日：坐着与武帝长谈，以致日影移位，极状田蚡固宠。移日：太阳移动了位置，表示时间长。　⑧起家至二千石：从家居布衣飞升腾达为二千石的高官，今语谓之坐直升机。二千石为九卿大臣和郡国守相的品秩。　⑨权移主上：倾夺了皇帝的权力。　⑩除吏：任命官吏。尽未：有完没有。　⑪考工地：考工署的官地。考工属少府，是主管器械制造的官，故下文说，你何不把武库也取走。　⑫武库：长安城中储放兵器的仓库。　⑬乃退：才有所收敛。　⑭盖侯：田蚡的同母异父兄王信，封盖侯。南向：宴席座位。东向为主位，南向为陪位。田蚡妄自尊大，以其兄坐陪位。　⑮私桡：私自屈抑丞相的尊严。桡（náo）：通"挠"，曲折，委曲。　⑯治宅甲诸第：建造的住宅. 第一流的庭院有好几座。甲：第一流的住宅。第：大院落。　⑰市买：购买。　⑱曲旃（zhān）：曲柄长伞。伞面用整幅纯色绣帛制成。田蚡立曲旃是模仿帝王仪制，越礼制。

　　魏其失窦太后，益疏不用，无势，诸客稍稍自引而怠傲①，惟灌将军独不失故②。魏其日默默不得志③，而独厚遇灌将军④。

【注释】　①稍稍：渐渐。引：退避，远离魏其。怠傲：态度懈怠而傲慢。　②不失故：不改变原来的态度。　③日默默：每天都闷闷不乐。　④厚遇：优待。

（以上为第二段，写田蚡因王太后而飞黄腾达，窦婴失窦太后而日落千丈，两相对照，时移势转。）

　　灌将军夫者，颍阴人也①。夫父张孟，尝为颍阴侯婴舍人②，得幸③，因进之至二千石，故蒙灌氏姓为灌孟④。吴楚反时，颍阴侯灌何为将军⑤，属太尉⑥，请灌孟为校尉⑦。夫以千人与父俱⑧。灌孟年老，颍阴侯强请之⑨，郁郁不得意⑩，故战常陷坚⑪，遂死吴军中。军法，父子俱从军，有死事，得与丧归。灌夫不肯随丧归，奋曰："愿取吴王若将军头⑫，以报父之仇。"于是灌夫被甲持戟，募军中壮士所善愿从者数十人⑬，及出壁门⑭，莫敢前。独二人及从奴十数骑驰入吴军⑮，至吴将麾下⑯，所杀伤数十人。不得前，复驰还，走入汉壁，皆亡其奴，独与一骑归。夫身中大创十余。适有万金良药⑰，故得无死。夫创少瘳⑱，又复请将军曰："吾益知吴壁中曲折⑲，请复往。"将军壮义之⑳，恐亡夫㉑，乃言太尉，太尉乃固止之㉒。吴已破，灌夫以此名闻天下。

【注释】　①颍阴：县名，即今河南省许昌市。　②颍阴侯婴：即灌婴，汉初著名骑将，封颍阴侯，事详《樊郦滕灌列传》。舍人：王侯的家臣、近侍。　③得幸：得宠。　④蒙灌氏姓：冒姓灌氏。　⑤灌何：灌婴之子，袭父侯。　⑥属太尉：受太尉周亚夫节制。　⑦校尉：低于将军的武官。汉代兵制，一校尉带兵约千人。　⑧俱：同在一军。
⑨强请之：周亚夫以灌孟老，不欲为将，颍阴侯坚决请求，才得为校尉。　⑩郁郁不得
意：指灌孟不遂心意而闷闷不乐。按灌孟千石的资历可以为将军，今只为校尉，故不乐。
⑪陷坚：向敌军坚实处冲锋。灌孟以此表示不服老。　⑫若：或者，至少。　⑬所善愿从者：
与自己交好而愿陷敌阵的壮士。　⑭壁：军营。　⑮从奴：随从灌夫的家奴。　⑯麾：中
军指挥旗。　⑰万金良药：极昂贵的治创伤良药。　⑱少瘳（chōu）：创伤稍稍好转。
⑲曲折：情况虚实。　⑳将军壮义之：灌何很看重灌夫的勇敢和义气。　㉑恐亡夫：恐怕
灌夫牺牲。　㉒固止之：坚决制止灌夫出战。

　　颍阴侯言之上①，上以夫为中郎将②。数月，坐法去。后家居长
安，长安中诸公莫弗称之③。孝景时，至代相④。孝景崩，今上初即
位⑤，以为淮阳天下交⑥，劲兵处⑦，故徙夫为淮阳太守。建元元
年，入为太仆⑧。二年，夫与长乐卫尉窦甫饮⑨，轻重不得⑩，夫
醉，搏甫。甫，窦太后昆弟也。上恐太后诛夫，徙为燕相。数岁，
坐法去官，家居长安。

　　灌夫为人刚直使酒⑪，不好面谀。贵戚诸有势在己之右⑫，不欲
加礼，必凌之⑬；诸士在己之左，愈贫贱，尤益敬，与钧⑭。稠人广
众，荐宠下辈⑮。士亦以此多之⑯。

【注释】　①上：指汉景帝。　②中郎将：皇帝近卫武官，统率中郎，属郎中令。　③
诸公：诸权贵。莫弗称之：谁都称誉他。　④代相：代王相。　⑤今上：指汉武帝。　⑥
淮阳：汉郡名，郡治即今河南省淮阳县。天下交：四通八达的交通枢纽。　⑦劲兵处：需
要驻屯强兵之地，即军事重镇。　⑧太仆：九卿之一，掌皇帝车马。　⑨卫尉：统领禁军
的武官，九卿之一。　⑩轻重不得：指语言礼数有失分寸。　⑪使酒：耍酒疯。　⑫在己之
右：比自己更尊贵的人。古人以右为上位，左为下位。　⑬凌：侵侮，不礼貌。　⑭与钧：
与贫士则平礼相待。　⑮荐宠下辈：推重、称扬地位低下的人。　⑯多：称赞。

　　夫不喜文学，好任侠①，已然诺②。诸所与交通，无非豪桀大
猾③。家累数千万，食客日数十百人。陂池田园④，宗族宾客为权
利⑤，横于颍川⑥。颍川儿乃歌之曰："颍水清，灌氏宁；颍水浊，
灌氏族⑦。"

　　灌夫家居虽富，然失势，卿相侍中宾客益衰⑧。及魏其侯失势，
亦欲倚灌夫引绳批根生平慕之后弃之者⑨。灌夫亦倚魏其而通列侯
宗室为名高⑩。两人相为引重⑪，其游如父子然⑫。相得欢甚⑬，无

厌⑭，恨相知晚也。

【注释】 ①任侠：讲信义为任，打抱不平为侠。 ②已然诺：一定办到应许的诺言。③无非：无不是，不过是。桀：通"杰"。猾：奸诈的人。 ④陂池田园：有堤堰、池塘、田地、林园。 ⑤为权利：仗势作威作福。 ⑥横于颍川：在颍川郡横行霸道。颍川，郡治阳翟，即今河南省禹州市。灌夫家颍阴县属颍川郡。 ⑦族：族灭。颍水歌是说颍水不会水清，灌氏不会长存，颍水一浊，灌氏就要族灭。 ⑧"卿相"句：卿相侍中这样的宾客日益减少。卿相：三公九卿。侍中：加官名，秦代始设，汉沿秦制，列侯以下至郎中，加官侍中，就可出入宫中，成为皇帝的近臣。 ⑨引绳批根：从木工治木中引申出来的日常用语，为批判、打击和教训的意思。引绳：引墨线纠曲。批根：砍削根节。引绳批根是使木正者，这里指教训那些二三其德的人。生平：平素。 ⑩通：结交。为名高：为了抬高身价。⑪相为引重：互相扶持依靠。 ⑫游：交往。 ⑬相得：情投意合。 ⑭无厌：毫无忌嫌。

（以上为第三段，写灌夫的性格和与魏其侯两人同病相怜。）

灌夫有服①，过丞相，丞相从容曰："吾欲与仲孺过魏其侯②，会仲孺有服。"灌夫曰："将军乃肯幸临况魏其侯③，夫安敢以服为解④？请语魏其侯帐具⑤，将军旦日早临！"武安许诺。灌夫具语魏其侯⑥，如所谓武安侯⑦。魏其与其夫人益市牛酒⑧，夜洒扫，早帐具至旦。平明⑨，令门下候伺。至日中，丞相不来。魏其谓灌夫曰："丞相岂忘之哉？"灌夫不怿⑩，曰："夫以服请，宜往⑪。"乃驾，自往迎丞相。丞相特前戏许灌夫⑫，殊无意往。及夫至门，丞相尚卧。于是夫入见，曰："将军昨日幸许过魏其，魏其夫妻治具，自旦至今，未敢尝食。"武安鄂谢曰⑬："吾昨日醉，忽忘与仲孺言。"乃驾往，又徐行⑭，灌夫愈益怒。及饮酒酣，夫起舞属丞相⑮。丞相不起，夫从坐上语侵之⑯。魏其乃扶灌夫去，谢丞相。丞相卒饮至夜，极欢而去⑰。

【注释】 ①有服：有丧服。灌夫为姊服丧。 ②仲孺：灌夫的字。 ③幸临况：荣幸的光临。况，同"贶"，恩赐，这里是赏脸的意思。 ④解：推辞。 ⑤帐具：置办酒席。⑥具语：原原本本地告诉。 ⑦如所谓武安侯：就像跟田蚡所谈的一样。 ⑧益市牛酒：加倍买来牛肉酒浆等食品。 ⑨平明：天大亮。 ⑩不怿：不悦。 ⑪夫以服请，宜往：我灌夫带丧服去请，他应该来的。言外之意我灌夫不顾丧服答应他的邀请，他反不来，我倒要去看看。 ⑫特：只不过。 ⑬鄂：同"愕"，惊讶。 ⑭徐行：慢吞吞的赶路，表现了田蚡的傲慢。 ⑮属：邀请。 ⑯坐上语侵之：灌夫在座位上用话语刺田蚡。 ⑰极欢而去：田蚡故作姿态，正是他的奸诈表现。

丞相尝使籍福请魏其城南田。魏其大望曰①："老仆虽弃②，将军虽贵，宁可以势夺乎！"不许。灌夫闻，怒，骂籍福。籍福恶两人有隙③，乃谩自好谢丞相曰④："魏其老且死，易忍，且待之。"已而武安闻魏其、灌夫实怒不予田⑤，亦怒曰："魏其子尝杀人，蚡活之⑥。蚡事魏其无所不可，何爱数顷田？且灌夫何与也⑦？吾不敢复求田！"武安由此大怨灌夫、魏其。

元光四年春⑧，丞相言灌夫家在颍川，横甚，民苦之。请案⑨。上曰："此丞相事，何请。"灌夫亦持丞相阴事⑩，为奸利⑪，受淮南王金与语言⑫。宾客居间⑬，遂止，俱解。

【注释】①望：怨望。②弃：被废弃，指朝廷不用他。③恶两人有隙：不愿魏其、武安两人成仇怨。隙：嫌怨，矛盾。④谩自好谢丞相：自编了一套好听的话回复田蚡。谩：编谎话。自好：自己编了一套好听的话。⑤实怒：实际上十分恼怒。⑥蚡活之：是我田蚡救了他的命。活：使活，救了命。⑦何与：有什么相干。⑧元光四年：公元前 129 年。⑨案：查办。⑩阴事：秘密事。⑪为奸利：做违法之事来求利。奸：作奸犯法。⑫受淮南王金与语言：汉制，大臣不得与诸侯王交通，更不得言宫中事。淮南王刘安，高祖刘邦庶孙。武帝建元三年，淮南王朝，时田蚡为太尉，私誉淮南王当为太子。王大喜，厚遗田蚡金。元狩元年，淮南王谋反，事发，自杀国除。⑬居间：居中调解。

（以上为第四段，写田蚡与窦婴、灌夫交恶。）

夏，丞相取燕王女为夫人①，有太后诏，召列侯宗室皆往贺。魏其侯过灌夫，欲与俱，夫谢曰："夫数以酒失得过丞相②，丞相今者又与夫有隙。"魏其曰："事已解。"强与俱。饮酒酣，武安起为寿③，坐皆避席伏④。已魏其侯为寿，独故人避席耳，余半膝席⑤。灌夫不悦。起行酒⑥，至武安，武安膝席曰："不能满觞⑦。"夫怒，因嘻笑曰⑧："将军贵人也，属之⑨！"时武安不肯。行酒次至临汝侯⑩，临汝侯方与程不识耳语⑪，又不避席。夫无所发怒，乃骂临汝侯曰："生平毁程不识不值一钱，今日长者为寿，乃效女儿咕嗫耳语⑫！"武安谓灌夫曰："程、李俱东西宫卫尉，今众辱程将军，仲孺独不为李将军地乎⑬？"灌夫曰："今日斩头陷胸⑭，何知程、李乎！"坐乃起更衣⑮，稍稍去。魏其侯去，挥灌夫出。武安遂怒曰：

"此吾骄灌夫罪⑯。"乃令骑留灌夫⑰。灌夫欲出不得。籍福起为射，案灌夫项令谢。夫愈怒，不肯谢。武安乃挥骑缚夫置传舍⑱，召长史曰⑲："今日召宗室，有诏。"劾灌夫骂坐不敬⑳，系居室㉑。遂按其前事，遣吏分曹逐捕灌氏支属㉒，皆得弃市罪㉓。魏其侯大愧㉔，为资使宾客请，莫能解。武安吏皆为耳目㉕，诸灌氏皆亡匿，夫系，遂不得告言武安阴事。

【注释】　①燕王女：为燕王刘泽之子燕康王刘嘉女。　②得过：得罪。　③武安起为寿：田蚡站起向客人敬酒，致祝寿之词。　④避席伏：离开席位伏下，表示不敢当。⑤余半：余下的一半人。膝席：古人席地而坐，两脚向后，屁股坐在脚上。避席则移位而伏，膝席则只是欠身示意，即坐而不起，是为不敬。　⑥行酒：依次敬酒。　⑦满觞（shāng）：满杯酒。觞：酒杯。　⑧嘻笑：嘲弄地嬉笑。　⑨属之：请喝干它。属：《汉书》作"毕"，喝干之义明显，但嘲弄之味全无，属字是。　⑩临汝侯：灌婴之孙灌贤。⑪程不识：与李广齐名的名将。当时程不识为长乐宫卫尉，李广为未央宫卫尉。　⑫呫嗫（chèniè）：形容唧唧呫呫的耳语声。　⑬地：给李广留地位，留面子。　⑭斩头陷胸：杀头穿胸。这是灌夫耍酒疯的话，意谓豁出命了。　⑮更衣：上厕所，托故离席。⑯此吾骄灌夫罪：这是我放纵灌夫的过失。言外之意，今天要教训灌夫。　⑰留：拘留。⑱传舍：驿馆接待宾客之所，即今之招待所。　⑲长史：官名，丞相及大将军府皆置长史。丞相府长史，相当于当今秘书长之职。　⑳不敬：不遵诏令叫不敬。臣下不敬，轻则免官，重则杀头。此田蚡加害灌夫的罪名。　㉑居室：少府所属的官署，后改名保宫。㉒分曹：分班。　㉓弃市：在闹市行刑示众。　㉔大愧：十分愧悔。因灌夫是魏其强拉去喝酒而闯祸，所以大愧。　㉕耳目：喻侦缉。

魏其锐身为救灌夫①。夫人谏魏其曰："灌将军得罪丞相，与太后家忤②，宁可救邪？"魏其侯曰："侯自我得之，自我捐之，无所恨③。且终不令灌仲孺独死，婴独生。"乃匿其家④，窃出上书。立召入，具言灌夫醉饱事，不足诛。上然之⑤，赐魏其食，曰："东朝廷辩之⑥。"

【注释】　①锐身：奋不顾身。　②忤：逆，作对。　③"侯自我得之"三句：此言魏其估量得罪田蚡充其量失侯而已，根本想不到小人之毒，甚于蛇蝎，非置之死地而后已。捐之：失侯。　④匿其家：瞒着家里人。　⑤上然之：武帝赞成窦婴的看法。　⑥东朝廷辩之：到东宫去当着太后的面辩论清楚。东朝廷：王太后所居之长乐宫。

魏其之东朝，盛推灌夫之善①，言其醉饱得过，乃丞相以他事诬罪之。武安又盛毁灌夫所为横恣，罪逆不道。魏其度不可奈何，因言丞相短。武安曰："天下幸而安乐无事，蚡得为肺腑，所好音乐狗马田宅。蚡所爱倡优巧匠之属②，不如魏其、灌夫日夜招聚天下豪杰壮士与论议，腹诽而心谤③，不仰视天而俯画地④，睥睨两宫间⑤，幸天下有变，而欲有大功。乃不知魏其等所为。"于是上问朝臣："两人孰是⑥？"御史大夫韩安国曰："魏其言灌夫父死事，身荷戟驰入不测之吴军，身被数十创，名冠三军，此天下壮士，非有大恶⑦，争杯酒，不足引他过以诛也。魏其言是也。丞相亦言灌夫通奸猾，侵细民，家累巨万，横恣颍川，凌轹宗室⑧，侵犯骨肉，此所谓'枝大于本⑨，胫大于股⑩，不折必披⑪'，丞相言亦是。唯明主裁之。"主爵都尉汲黯是魏其⑫。内史郑当时是魏其⑬，后不敢坚对。余皆莫敢对。上怒内史曰："公平生数言魏其、武安长短，今日廷论，局趣效辕下驹⑭。吾并斩若属矣⑮。"即罢起入，上食太后⑯。太后亦已使人候伺⑰，具以告太后。太后怒，不食，曰："今我在也，而人皆藉吾弟⑱，令我百岁后⑲，皆鱼肉之矣。且帝宁能为石人邪⑳！此特帝在，即录录㉑；设百岁后，是属宁有可信者乎？"上谢曰："俱宗室外家，故廷辩之。不然，此一狱吏所决耳。"是时郎中令石建为上分别言两人事㉒。

【注释】　①盛推：极力赞誉。　②倡优：女乐和优伶。　③腹诽而心谤：口里不言而在肚子里谩骂，等于说骨子里反动。武帝后来制定了腹诽法。　④不仰视天而俯画地：不是仰观天文就是俯画地理，这是田蚡诬加于魏其侯的谋反罪状。　⑤睥睨：冷眼斜视。谓魏其傲视两宫，目无皇上及太后。　⑥孰：谁。　⑦非有大恶：并没有犯不赦之罪。这是韩安国为田蚡的信口开河打掩护，因诬窦婴、灌夫谋反毫无根据。　⑧凌轹（lì）：欺压、践踏。宗室：同下文的"骨肉"，指田蚡等贵戚。　⑨本：树的根干。　⑩胫：小腿。股：大腿。　⑪披：分裂。　⑫主爵都尉：官名，主管侯国事务。汲黯：一位敢于直谏的大臣，与郑当时合传，称《汲郑列传》。　⑬内史：治京都的行政长官，后改称京兆尹。　⑭局趣：同"局促"，受拘束的样子。　⑮若属：你们这一班人。　⑯上食太后：陪太后吃饭。⑰候伺：暗中探测。　⑱藉：践踏。　⑲令：假若。　⑳石人：喻没脑子的人。王太后知武帝不直田蚡，故指斥为石人，迫使武帝改变主意，袒护田蚡。　㉑录录：斥群臣随声附和，无主见。　㉒石建：一个善于谄媚的官僚，事详《万石张叔列传》。

　　武安已罢朝，出止车门①，召韩御史大夫载②。怒曰："与长孺共一老秃翁③，何为首鼠两端④？"韩御史良久谓丞相曰："君何不自喜⑤？夫魏其毁君，君当免冠解印绶归⑥，曰：'臣以肺腑幸得待罪⑦，固非其任，魏其言皆是'。如此，上必多君有让，不废君；魏其必内愧，杜门齰舌自杀⑧。今人毁君，君亦毁人，譬如贾竖女子争言⑨。何其无大体也！"武安谢罪曰："争时急，不知出此。"

【注释】 ①止车门：宫禁的外门，群臣入宫，自此下车步行。 ②载：同坐一车。③老秃翁：一个秃顶的老翁，指窦婴。秃：语意双关，讥刺窦婴退废无权。 ④首鼠两端：瞻前顾后，犹豫不定。 ⑤自喜：自爱、自重。 ⑥免冠解印绶归：向皇帝谢罪辞职，摘下官帽，解下印绶归还天子。绶：系印的丝带。 ⑦待罪：供职，谦词。此为"待罪丞相"之省。 ⑧杜门：闭门不出。齰（zé）舌：咬紧舌头不说话。 ⑨贾竖：商人。

于是上使御史簿责魏其所言灌夫①，颇不雠②，欺谩。劾系都司空③。孝景时，魏其常受遗诏④，曰"事有不便，以便宜论上⑤。及系，灌夫罪至族，事日急，诸公莫敢复明言于上。魏其乃使昆弟子上书言之，幸得复召见。书奏上，而案尚书大行无遗诏⑥。诏书独藏魏其家，家丞封⑦。乃劾魏其矫先帝诏⑧，罪当弃市。五年十月⑨，悉论灌夫及家属⑩。魏其良久乃闻⑪，闻即恚⑫，病痱⑬，不食欲死。或闻上无意杀魏其，魏其复食，治病，议定不死矣。乃有蜚语为恶言闻上⑭，故以十二月晦⑮，论弃市渭城⑯。

【注释】 ①簿责魏其所言灌夫：按东朝廷辩时文簿所载核实灌夫罪状责问魏其。②颇不雠：很不符合。 ③都司空：宗正属官，主管诏狱，即皇帝交审的案件。 ④常：同"尝"。 ⑤便宜论上：不按规定程式直接上奏，即越级上奏。 ⑥尚书：官名，掌章奏文书。大行：大行皇帝之省称，指景帝。皇帝刚死未葬称大行皇帝，这里追述景帝遗诏，故称大行。 ⑦家丞封：指遗诏只是窦婴的家丞盖印封存的。这是田蚡一手遮天制造的假象。家丞：官名，侯国的管家头目。 ⑧矫：假造。 ⑨五年：元光五年，即公元前130年。 ⑩论：判决。 ⑪良久：很久。 ⑫恚（huì）：愤怒。 ⑬痱（féi）：中风病。 ⑭蜚语：流言，谣言。恶言：诽谤武帝之言，乃田蚡伪造以陷害魏其。 ⑮晦：月末之日称晦。汉制，立春后常大赦，故田蚡有意在十二月最后一日杀魏其。 ⑯渭城：秦时咸阳，在今陕西省咸阳市东北。

其春①，武安侯病，专呼服谢罪②。使巫视鬼者视之，见魏其、灌夫共守，欲杀之。竟死。子恬嗣。元朔三年③，武安侯坐衣襜褕入宫④，不敬⑤。

淮南王安谋反觉⑥，治⑦。王前朝⑧，武安侯为太尉，时迎王至霸上⑨，谓王曰："上未有太子⑩，大王最贤，高祖孙，即宫车晏驾⑪，非大王立当谁哉！"淮南王大喜，厚遗金财物。上自魏其时不直武安⑫，特为太后故耳。及闻淮南王金事，上曰："使武安侯在者，族矣！"

【注释】　①其春：元光五年春。西汉武帝太初以前用秦历，以十月为岁首，故春天在十二月之后。　②专呼服：一个劲地喊服罪。这是田蚡见鬼，因武帝不直，恐惧而得的神经分裂症。　③元朔三年：公元前 126 年。　④襜褕（chānyú）：短衣，非正式朝服。⑤不敬：田恬所犯之罪为"不敬"，国除。《惠景间侯者年表》作"坐衣襜褕入宫廷中，不敬，国除。"　⑥觉：发觉。淮南王刘安谋反事被揭露，事在元朔五年秋，即公元前 124 年。　⑦治：办理专案，追查党羽。　⑧王前朝：指淮南王建元二年入朝。　⑨霸上：又作灞上，即灞水西岸的白鹿原，在今陕西省西安市长安区东部。　⑩上未有太子：建元二年武帝年才十八，故未有子，田蚡小人讨好淮南王，妄作此语，故下文云，罪当族。　⑪即：假如。宫车晏驾：言武帝崩。　⑫不直武安：不以武安为是。

（以上为第五段，写窦、田矛盾激化，详述窦婴、灌夫被害经过，揭露专制政治的黑暗。）

太史公曰：魏其、武安皆以外戚重，灌夫用一时决策而名显①。魏其之举以吴楚，武安之贵在日月之际②。然魏其诚不知时变③，灌夫无术而不逊，两人相翼④，乃成祸乱。武安负贵而好权⑤，杯酒责望，陷彼两贤。呜呼哀哉！迁怒及人，命亦不延⑥。众庶不载，竟被恶言⑦。呜呼哀哉！祸所从来矣⑧！

【注释】　①"灌夫"句：灌夫为父报仇，一时冲动驰入吴军而扬名天下。　②日月之际：日月并悬之际，是说田蚡靠的是武帝初即位和王太后临朝的机会腾达起来的，不可与灌夫之勇、窦婴之功同日而语。日月：喻帝后。　③然魏其诚不知时变：景帝时，魏其为国舅，势力显赫。武帝即位，武安为国舅，魏其乃是武帝祖母之外戚，其势不能争，而硬要挽回失去的势力，故为田蚡所忌。时变：时局变化，指窦太后死，王太后临朝。　④两人相翼：魏其、灌夫两人失势后，结为同党，互相援引辅翼，激化了外戚之间的矛盾，导致了被灭族的灾祸。　⑤权：权术，要手段。　⑥"迁怒"二句：田蚡怨望灌夫，因而连带陷害与灌夫为友的魏其，武帝不直，迫于王夫人的挟制，惩治了两人。事后，田蚡胆战心惊，时刻想着武帝要办他的罪，精神分裂，做梦也梦见魏其、灌夫两人显灵索命，没多久便自我惊吓而死。　⑦"众庶"二句：这两句是总括评论，指出窦、田互相倾轧都不得人心，而灌夫更为颍川人民所深恶。载：同"戴"，拥戴。　⑧祸所从来矣：魏其武安之争，实起于宫中窦、王二太后之争，由来已久。

（以上为作者论赞，鲜明地点出是非曲直，以及作者的爱恨感情。）

📝 **讲 析**

封建专制政治有着不可救药的两大病根，一是用人唯亲，二是争权夺利。司马迁"稽其成败兴坏之理"，用寓论于叙事的手法，把这两大病根含蓄地显于笔端。分析本传，关键在此。

本传是窦婴、田蚡、灌夫三人的合传，标题只称"魏其武安侯列传"，是为了突出矛盾主线。窦、田两人都是外戚。窦婴是汉文帝皇后的本家侄儿，田蚡是景帝王皇后的同母异父弟，两人于汉武帝都是国舅。汉武帝初即位，年仅十六，两宫皇太后争相干预朝政。而窦、田这一对外戚之间的斗争，既反映了汉武帝与两位皇太后之间的矛盾，也反映了西汉政治从重刑名到独尊儒术这一转折过程中的矛盾斗争。围绕窦、田相争这一矛盾主线，司马迁还写了一大群做背景的陪衬人物。两个不可一世的皇太后，两个至高无上的君主，一班保官自重的朝臣，一帮苟且蝇营的宾客，纷纷登场表演。司马迁将错综复杂的各种矛盾巧妙地组织起来，用他那犀利的笔锋展示了统治集团上层各色人物的内心世界，勾画出一幅绝妙的群丑图，使《魏其武安侯列传》成为两千年前的"官场现形记"实录。

让我们具体分析本传的矛盾斗争和人物刻画，看看这些高居庙堂的人物是怎样在司马迁笔下现形的。

在专制主义政体下，品行愈是卑鄙无耻，愈能在斗争中占上风，这就是在封建社会中常见的君子败而小人胜。本传用主要篇幅刻画的田蚡，就是这样一个卑劣人物。

田蚡是一个典型的势利小人。他贪得无厌，阴险狡诈，专横跋扈，仗势害人，集中了市井无赖与贵族官僚骄奢淫逸的一切劣根性，合二者于一身。田蚡原本是长陵一市井小民，油头粉面，极善逢迎。他形陋貌丑，身材矮小，从外形到灵魂都十分丑恶，实在是一个上不了台面的人物。他的发迹完全是靠王太后。当其姐王太后未贵之时，田蚡"往来侍酒魏其，跪起如子姓"，不择手段地钻营。此等势利小人，一旦得势，就要反噬他曾经卑躬屈体侍奉过的主人，雪洗他当年的耻辱。明茅坤说："'往来侍酒魏其'一句，专伏魏其所以轻武安而相起衅。"（《史记评林》引）果然，景帝后三年，田蚡被封为武安侯后，他的眼睛就立即瞄向了丞相宝座。他故作姿态，卑下宾客，而目的则在于"欲以倾魏其诸将相"。天下吏士多趋炎附势之徒，"皆去魏其归武安。武安日益横"。窦太后一死，田蚡果然上升为丞相，不仅势夺魏其，甚至"权移主上"，日益骄恣。他在兄长面前摆丞相尊严，夺人良田，营造甲第，前堂罗钟鼓，后房妇女以百数，还超越礼制，竖起了曲柄长伞。他气焰熏天，颐指气使，生活极端腐化堕落。他还仗着王太后撑腰，肆意阴谋陷害对自己不快意的人，必欲置之死地。只因灌夫曾奚落过他，并且使酒骂坐，田蚡就无限上纲，以"大不敬"的罪名逮捕了灌夫，并借口灌夫横恣颍川，侵害百姓，问了个灭族的罪。窦婴营救灌夫，田蚡就血口喷人，造谣诬陷窦婴和灌夫"日夜招聚天下豪桀壮士与论议，腹诽而心谤"，谋划造反。田蚡又指控窦婴替灌夫辩解不实，犯了欺君之罪，下在牢里。窦婴依照景帝遗诏便宜上书申辩，田蚡说他伪造诏书，又进一步打成死罪。为了在季冬之末杀害窦婴，田蚡制造流言，说窦婴在牢里咒骂武帝。通过一次又一次的陷害，硬是把窦婴杀了。"杯酒责望，陷彼两贤"，表现了田蚡是多么的狠毒。作者流露出的感情倾向是很鲜明的。

在外戚中，窦婴是一个有所作为的"贤者"。孝景三年，吴楚七国反汉，"上察宗室诸窦毋如窦婴贤"，于是"拜婴为大将军，赐金千斤"。窦婴肩负重任后，荐"袁盎、栾布诸名将贤士在家者进之"，又将所赐千金"陈之廊庑下，军吏过，辄令财取为用，金无入家者"。由于他如此公忠体国，荐贤爱士，不贪财利，又有荥阳监军平吴楚的战功，因而获得了很高的声望，封魏其侯，"诸游士宾客争归魏其侯"。在朝仪中，魏其侯与条侯周亚夫等列，而"诸列侯莫敢与抗礼"，可以说人臣之贵已极。但是，窦婴之贵，在很大程度上仍靠的是裙带关系，这一点和田蚡并无区别。所以"太史公曰"，劈头一句就说，"魏其武安皆以外戚重"。传中又借高遂之口说窦婴："能富贵将军者，上也；能亲将军者，太后也。"事实正是这样，因此窦太后一死，窦婴权势立即一落千丈。"魏其失窦太后，益疏不用，无势。"但是魏其侯不知时变，他结纳"无术而不逊"的灌夫，两人相翼，终至酿成祸乱。对此，窦婴夫人看得很清楚。她曾对窦婴说："灌将军得罪丞相，与太后家忤，宁可救邪？"当然窦婴也是明白这一层利害关系的。他和夫人"益市牛酒，夜洒扫，早帐具至旦"，以迎接田蚡的来临。田蚡娶妇，他又强拉着灌夫去庆贺。目的还是为了逢迎丞相。不过田蚡太骄横，他仗恃王太后，竟请魏其城南田。久处权势地位的窦婴不能忍受这一口气，又低估了王太后的势力，不顾一切地和田蚡作起对来。他瞒着家人上书，锐身救灌夫，武帝不直田蚡，特诏三公九卿在东朝廷辩。结果，王太后一耍泼，"悉论灌夫及家属"，窦婴也终于"论弃市渭城"。什么是非曲直，什么廷议刑律，甚至天子尊严，全被践踏在王太后的脚下，一文不值了。盛平之世，英明天子，尚且如此，司马迁在这里深刻地揭露了专制政治只讲亲疏、不论是非的种种黑暗和腐败。

卷入窦、田之争的灌夫不是外戚，他出身低下，在矛盾主线上是一个陪衬人物。灌夫的父亲张孟只不过是颍阴侯灌婴的门下舍人，是一个忠实奴仆，因卖姓投靠灌氏而发迹起来，基本上还是田蚡一流。但灌氏父子与田蚡又有本质上的区别。田蚡是典型的市井小民，完全靠拍马屁术和裙带关系而飞黄腾达。灌氏父子是一介武夫，以军功作进身的资本。灌夫有耿直的一面。他倔强，在统治阶级上层凌强不欺弱，有游侠之风，所以仕途不得意。但灌夫同时又是一个恶霸。他结交豪杰大猾，宗室宾客横恣颍川，颍川人民深受其苦。这样一个灌夫，他失势后，自然不甘寂寞，混迹于京师贵族间。他最后虽是蒙冤而死，但也是罪有应得。司马迁对窦、田之争的思想倾向是极其鲜明的。他同情窦、灌，颂扬他们的战功、美德，但同时也谴责他们的横暴，描绘他们贪权逐利的嘴脸。在压榨平民百姓上，窦婴、灌夫和田蚡都是一丘之貉，并且是利害一致的。"魏其子尝杀人，蚡活之。"这些地方生动地表现了一个实录史家的正义感，也就是《史记》的人民性之所在。

封建社会统治集团内部错综复杂的矛盾，离不开"权"与"利"两个字。本传生动地揭示了从皇太后、皇帝到朝臣、宾客，人人都在为自己的权势利益而竞进斗争。用人唯亲，其目的是为了保住自己的权势。一旦权势有损，则六亲不认。这可以说是宫廷斗争以及贵族之间互相倾轧的一条规律。

窦太后是庇护窦婴的，目的是使窦婴成为自己的支持者。一旦窦婴的行事不遂自己的心意，甚或触犯了自己的权权，窦太后就立即表示憎恶，并褫夺其官职，毫不手软。窦太后疼爱少子梁王，景帝为了讨好母亲的欢心，在梁王进朝的家宴上随便说了句"千秋之后传梁王"，窦婴一本正经地谏说景帝失言：皇帝只能父子相传，不能兄终弟及。这又触犯了窦太后，窦婴不仅被罢了官，而且还被削除了门籍，连亲戚都不认了。窦太后信奉黄老，推行"无为"政治，汉武帝推尊儒术，要改弦更张。窦婴和田蚡倒向武帝，推重儒术，危及窦太后的权权。于是窦太后大怒，罢了窦婴的丞相。这一次窦婴被罢相，背后却是帝、后斗争。田蚡为相，汉武帝本来是"所言皆听"的，没想到这位无赖国舅竟然有些忘乎所以，十分跋扈，"荐人或起家至二千石，权移主上"，武帝就大为不满了。他讽刺田蚡："君除吏已尽未！吾亦欲除吏。"田蚡又请考工地扩建住宅，武帝愤愤地说："君何不遂取武库！"田蚡胆大妄为，是因为他的权势和王太后连体相依。武帝不直田蚡，背景仍是一场帝、后斗争。

东朝廷辩既是窦、田矛盾的高潮，又是宫内外权势斗争的一场精彩表演。太后、皇帝、外戚、朝臣俱会朝廷，各方势力，明争暗斗，人人自谋，审势度力，司马迁把其间的细意委典写得淋漓尽致。

廷辩开始，首先是窦婴和田蚡辩论。窦婴"盛推"灌夫之善，田蚡"盛毁"灌夫之恶。两个"盛"字极状争辩之激烈。"蚡辩有口"，鼻子眉眼都会说话，巧言善对，耿直的窦婴不是他的对手。窦婴无可奈何，他仗恃武帝撑腰，话锋一转，"因言丞相短"。这一下闯下了大祸，把本来可以妥协解决的窦、田矛盾一下激化了。他"因言丞相短"，实质把帝、后矛盾的面纱揭开了，但窦婴又有些迂阔，他没有揭发田蚡与淮南王谋反的阴事，无非是指责田蚡受贿舞弊、生活奢侈之类，留有余地，不失君子风度。阴险毒辣的田蚡则善于窥伺人主心病，他信口开河，诬陷窦婴结纳灌夫谋反。田蚡之所以敢于当着满朝文武撒下弥天大谎，迫使群臣在权势面前表态，不仅因为有王太后做后台，而且也利用了汉武帝的忌疑之心。司马迁在另一外戚传《卫将军骠骑列传》的"太史公曰"中对此做了交代。苏建指责大将军卫青不荐贤招士，卫青说："自魏其、武安之厚宾客，天子常切齿。彼亲附士大夫，招贤绌不肖者，人主之柄也。人臣奉法遵职而已，何与招士！"正由于此，田蚡的陷害造谣终于得逞。集权者多疑，这就是封建社会愈是卑劣无耻之徒，在斗争中愈能占上风的重要原因。

在家天下伴君的朝臣，大都谨小慎微。疏不间亲，这是一条做官的秘诀。东朝廷辩，论理应是魏其，论势则党田蚡。朝臣于此人人自危，手足无措。御史大夫韩安国最善全身，他此亦一是非，彼亦一是非，请求"唯明主裁之"。本来汉武帝不倾向于田蚡，就是要借朝臣舆论来抑制王太后，韩安国却巧妙地把矛盾又交还汉武帝。戆直不阿的主爵都尉汲黯以魏其言为是，内史郑当时"是魏其"，但又"不敢坚对"。其余大臣，噤若寒蝉，"皆莫敢对"，汉武帝大怒，他冲着内史郑当时说："公平生数言魏其、武安长短，今日廷论，局趣效辕下驹。吾并斩若属矣。"武帝不欢罢朝。王太后早已伺察虚实，以"不食"逼迫汉武帝让步。汉武帝不得已，谢太后。就这样，窦、灌两人被灭族的命运在帝后妥协的饭桌上决定了。此后的调查和法律程序都不过是掩人耳目的把戏。在这里，司马迁把封建社会温情脉脉的伦理面纱撕开了，显露出专制政治争权夺利、营私舞弊的黑暗内幕。

窦、灌蒙冤，还有一种人在背后做了手脚，那就是八面玲珑的石建这号人物。《万石张叔列传》载："建为郎中令，事有可言，屏人恣言，极切；至廷见，如不能言者。"他在东朝廷辩时察颜观色，背后顺风转舵，向汉武帝"分别言两人事"。他到底说了些什么，传中未做具体交代。但司马迁用互见法在石建本传中刻画了他的为人，这是一个以驯良为谄媚能事的官僚，专爱在背后打小报告。他不得罪王太后，趋附武安，迎合武帝，是不言而喻的。茅坤曰："石建所分别，不载其详，大略右武安者。"（《史记评林》引）不能说是毫无根据的判断。

对封建社会的世态炎凉，本传也做了深刻的揭示。请看那些游士宾客、郡吏诸侯的势利嘴脸。窦婴贵时，"诸游士宾客争归魏其侯"，无势，"诸客稍稍自引而怠傲"；田蚡得王太后亲幸，"天下吏士趋势利者，皆去魏其归武安"，田蚡升丞相，"天下士郡诸侯愈益附武安"。以士郡诸侯的趋离映衬权势者的兴衰，是寓有深意的。这是一种普遍的社会现象，它正是专制政治腐败黑暗的必然产物。

如上分析，《魏其武安侯列传》是一幅寓意深微的政治风云画卷，它揭示了西汉宫廷内外形形色色的矛盾斗争，深刻地刻画了贵族们互相倾轧、横暴自恣的丑恶形象，有力地抨击了当时专制政治的黑暗和腐朽。它所记叙的只不过是窦婴、田蚡、灌夫三个平庸人物的荣辱过程，然而却生动形象地展开了广阔的生活画面，描写了各色人物。看似平淡，读来却扣人心弦。本传作为《史记》中的名篇，不只是思想内容深刻，它的艺术手法也让人击节赞赏。

本传的艺术手法有着多方面的精彩表现。人物形象生动，个性鲜明，有血有肉，栩栩传神。语言简洁，叙事精练，人物对话，声口毕肖。篇末评论画龙点睛，是非允当，含蓄犀利。本传所具有的独创的艺术手法还有如下两个方面：

第一，章法结构别开生面，似散而紧凑，千头万绪而条理明晰。清郭嵩焘说："魏其、武安、灌将军，各以其势盛衰相次言之，合三传为一传，而情事益显。"（《史记札记》）三传分开来读，各具首尾，只反映各个人物的个人荣辱，平淡无奇。司马迁把三传连缀起来，利用两个外戚的瓜葛，穿插各色人物，从而把各种复杂的矛盾交织起来，反映了波澜壮阔的历史画面。窦、田矛盾只是反映贵族之间的斗争，这是宫外的一条矛盾线。汉武帝与窦太后争权，继又与王太后争权，它反映的是帝、后之间的斗争，这是宫内的两条矛盾线。一共三条矛盾线，错综交织，把皇帝、太后、朝臣都卷进了窦、田矛盾的旋涡中。由于人们分析本传着眼点不同，仁者见仁，智者见智有很大分歧。从矛盾线来分析，主张窦、田矛盾为主线的，认为本传主要是写魏其、武安两大贵族集团的斗争；主张帝、后矛盾为主线的，认为本传主要是揭露最高统治者帝、后之间的互相倾轧。从故事情节的发展来分析，又有两种看法。着眼于两大集团宾客的散聚来看，本传似乎主要是反映世情。如明代凌约言说："魏其灌夫皆聚客以树党，岂所宝者之非贤欤！太史公三传联合，微旨见矣。"（《史记评林》引）着眼于是非随权势颠倒来看，本传又似在遣责强权。清代曾国藩说："武安之势盛时，虽以魏其之贵戚元功而无如之何，灌夫之强力盛气而无如之何，廷臣内史等心非之而无如之何，主上不直之而无如之何，子长深恶势力之足以移易是非，故叙之沉痛如此。"（《求阙斋读书录》）这些不同角度的分析都说明了本传内容的丰富性，但从传目的标题和叙述内容来看，窦、田矛盾显然是主线，其他的矛盾交织都是这一主线的背景。由于司马迁抓住了主线，所以叙述井然。本传内容的丰富和背景的广阔，正是司马迁将三人合传这一特殊章法结构带来的系列效应。清代李景星在《四史评议》中对此作了精到而中肯的分析。他说：

> 传以魏其武安为经，以灌夫为纬，以窦、王两太后为眼目，以宾客为线索，以梁王、淮南王、条侯、高遂、桃侯、田胜、丞相绾、籍福、赵绾、王臧、许昌、庄青翟、韩安国、盖侯、颍阴侯、窦甫、临汝侯、程不识、汲黯、郑当时、石建许多人为点染，以鬼报为收束，分合联络，错综周密，使恩怨相结，权势相倾，杯酒相争情形宛然在目。

第二，筛选一系列典型的生活场景来组织故事，刻画人物，反映不同政治集团势力的消长，富有生活情趣，引人入胜。窦、田矛盾的发展有两个重要场面。一是窦婴夫妇宴请田蚡，一是灌夫使酒骂坐。田蚡邀灌夫去拜访窦婴，这本是一句毫无诚意的人情话，灌夫却当了真，窦婴夫妇更是受宠若惊，买酒买肉，忙活了一天一夜。这次宴请田蚡，倒助长了田蚡的骄矜，一席酒肉，换来了田蚡求索城南田，真是赔了夫人又折兵。昔日"往来侍酒魏其，跪起如子姓"的田蚡，竟爬到头上来作威作福了。这一前一后的生活场景表现了两个贵族集团之间权势地位的逆转是多么使人触目惊心！灌夫使酒骂坐促使了窦、田矛盾的进一步发展。田蚡行酒，座上的人一个个离席跪伏，表示谦恭，吃罪不起；而窦婴行酒，却一个个只是"半膝席"，略微客气了一下。当朝丞相，人人巴结，失势的魏其侯，人人冷眼。这本是势利眼的常情，灌夫却受不了，他要打抱不平，又没别的本事，只会使酒骂坐，结果引来横祸。灌夫强请田蚡赴宴，弄假成真，自找麻烦；使酒骂坐，又是找上门去，自讨苦吃，演出了两场滑稽戏。本来这两件事的起因都是窦婴、灌夫主动讨好田蚡，结果反而弄巧成拙，原因在哪里呢？原来窦婴、灌夫失势，内心对田蚡这种势利小人极为嫉恨、憎恶，于是结成同党来对抗；可是由于他们不甘寂寞，想借重田蚡之势，所以又千方百计找机会逢迎。窦、灌两人违心事权贵，内心既矛盾又痛苦，所以在表演中出差错。司马迁捕捉住这些典型的生活场景来铺叙故事，情节虽无波澜起伏，却曲折生动，准确而形象地反映了窦、田之间矛盾的消长变化。

李将军列传

【题解】　李广是西汉抗击匈奴战争时期涌现出来的著名将领，也是千百年来人民最喜爱的历史人物之一。他出生于"世世受射"的家庭，从小练就一身高强的射技。四十多年的戎马生涯把他锻炼成为临危不惧、胆略超群、治军简易、体恤士卒，颇受官兵爱戴的将领。李广立下卓越的战功，但"官不过九卿"，"无尺寸之功以得封邑"，尤其是在最后一次汉与匈奴的决战中，人为造成了李广的悲剧，暴露了封建社会独裁政治摧残人才的弊端，由是作者寄寓了深深的同情，字里行间透露了无限的悲愤，使得《李将军列传》成为《史记》中的名篇，从而千古传颂不绝。这可以说是李广身后的荣名。

　　李将军广者，陇西成纪人也①。其先曰李信，秦时为将，逐得燕太子丹者也。故槐里②，徙成纪。广家世世受射③。孝文帝十四年④，匈奴大入萧关⑤，而广以良家子从军击胡⑥，用善骑射，杀首虏多，为汉中郎。广从弟李蔡亦为郎，皆为武骑常侍⑦，秩八百石。尝从行，有所冲陷折关及格猛兽⑧，而文帝曰："惜乎，子不遇时⑨！如令子当高帝时，万户侯岂足道哉！"

【注释】　①成纪：县名。汉陇西郡成纪县，在今甘肃省秦安县北。　②槐里：县名，在今陕西省兴平市东部。　③世世受射：家传箭法。　④文帝十四年：公元前166年。　⑤萧关：长安北面的险关，在今宁夏回族自治区固原市东南。　⑥良家子：从事本业之子，即农家子弟。　⑦武骑常侍：郎官加衔，皇帝的侍卫骑郎。　⑧冲陷：冲锋陷阵。折关：抵御敌人。格：搏击。　⑨子不遇时：你生不逢时。

　　及孝景初立，广为陇西都尉①，徙为骑郎将②。吴楚军时③，广为骁骑都尉，从太尉亚夫击吴楚军，取旗④，显功名昌邑下⑤。以梁王授广将军印，还，赏不行⑥。徙为上谷太守⑦，匈奴日以合战⑧。典属国公孙昆邪为上泣曰⑨："李广才气，天下无双，自负其能，数与虏敌战⑩，恐亡之。"于是乃徙为上郡太守。后广转为边郡太守，徙上郡⑪。尝为陇西、北地、雁门、代郡、云中太守，皆以力战为名⑫。

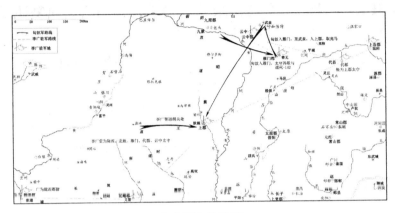

李广所守的边郡

【注释】 ①都尉：郡尉。 ②骑郎将：郎官分户、车、骑三种，主管骑郎的长官叫骑郎将。 ③吴楚军时：指平吴楚之乱，其事在景帝三年，即公元前154年。 ④取旗：突入敌军中坚，夺取战旗。 ⑤昌邑：县名，在今山东省金乡县西北。 ⑥赏不行：汉法，中央朝臣不得与诸侯交通，李广为禁军骁骑都尉，接受梁王将军印，有罪，将功折罪，故赏不行。 ⑦上谷：郡名，郡治沮阳，在今河北省怀来县东南。 ⑧合战：交战。 ⑨典属国：官名，掌管民族事务。 ⑩敌战：硬拼。 ⑪边郡：上郡、陇西、北地、雁门、代郡、云中等皆为汉北方边郡。上郡治肤施，在今陕西省绥德县东南。 ⑫力战：打硬仗。

（以上为第一段，写李广的家世和他在青年时期仕文景时的际遇与战功。）

匈奴大入上郡，天子使中贵人从广勒习兵击匈奴①。中贵人将骑数十纵②，见匈奴三人，与战。三人还射③，伤中贵人，杀其骑且尽。中贵人走广④。广曰："是必射雕者也。"广乃遂从百骑往驰三人⑤。三人亡马步行，行数十里。广令其骑张左右翼，而广身自射彼三人者，杀其二人，生得一人，果匈奴射雕者也。已缚之上马，望匈奴有数千骑，见广，以为诱骑，皆惊，上山阵⑥。广之百骑皆大恐，欲驰还走⑦。广曰："吾去大军数十里，今如此以百骑走，匈奴追射我立尽⑧。今我留，匈奴必以我为大军之诱，必不敢击我。"广令诸骑曰："前!"前，未到匈奴陈二里所⑨，止，令曰："皆下马解鞍!"其骑曰："虏多且近，即有急，奈何?"广曰："彼虏以我为走，今皆解鞍以示不走，用坚其意⑩。"于是胡骑遂不敢击。有白马将出护其兵⑪，李广上马与十余骑奔射杀胡白马将，而复还至其骑中，解鞍，令士皆纵马卧。是时会暮⑫，胡兵终怪之，不敢击。夜半时，胡兵亦以为汉有伏军于旁欲夜取之，胡皆引兵而去。平旦⑬，李广乃归其大军。大军不知广所之，故弗从。

【注释】①中贵人：受宠幸的宦官。　②纵：纵马驰骋。　③还射：返身射箭。④走广：逃到李广处。　⑤乃：于是。遂：就，立即。　⑥上山阵：据山摆开阵势。　⑦还走：往回逃。　⑧立尽：立即被全歼。　⑨"未到"句：前进到离匈奴二里左右。　⑩用坚其意：以此使他们确信我们是诱骑。　⑪护其兵：监护匈奴骑兵，使阵脚稳定。由此可见，匈奴骑兵反骚动。　⑫会暮：恰好天色已晚。　⑬平旦：天刚亮。

居久之，孝景崩，武帝立，左右以为广名将也，于是广以上郡太守为未央卫尉①，而程不识亦为长乐卫尉②。程不识故与李广俱以边太守将军屯③。及出击胡，而广行无部伍行阵④，就善水草屯，舍止，人人自便，不击刁斗以自卫⑤，莫府省约文书籍事⑥，然亦远斥候⑦，未尝遇害。程不识正部曲行伍营阵，击刁斗，士吏治军簿至明，军不得休息，然亦未尝遇害。不识曰："李广军极简易，然虏卒犯之，无以禁也⑧；而其士卒亦佚乐，咸乐为之死⑨。我军虽烦扰，然虏亦不得犯我。"是时汉边郡李广、程不识皆为名将，然匈奴畏李广之略⑩，士卒亦多乐从李广而苦程不识⑪。程不识孝景时以数直谏为太中大夫⑫。为人廉，谨于文法。

【注释】①未央：长安城中宫名，天子的政事之所。卫尉：九卿之一，掌门卫屯兵。②长乐：在未央宫之东，太后所居。　③俱以边太守将军屯：程、李都以边郡太守身份率兵驻边。　④部伍：部曲，军队编制。汉制：将军有部曲，大将军五部，部下有曲，曲下有屯。部之长为校尉，曲之长为军侯，屯之长为屯长。部曲泛为军队之称。　⑤刁斗：行军铜锅，白天煮饭，晚上打更。　⑥莫府：即幕府，将帅出征时屯驻用的帐幕，并用以指称将军处理公务之所。籍事：有事就其本事记之于籍，省约例行文书。　⑦斥候：哨兵、侦察兵。⑧无以禁也：无方略禁虏之侵犯。这是李广常与匈奴打遭遇战的原因。　⑨死：效死力。

⑩略：胆略。　⑪苦程不识：以程不识的严厉为苦。　⑫太中大夫：郎中令属官，掌议论。

　　后汉以马邑城诱单于，使大军伏马邑旁谷，而广为骁骑将军，领属护军将军①。是时单于觉之，去，汉军皆无功。其后四岁②，广以卫尉为将军，出雁门击匈奴。匈奴兵多，破败广军，生得广③。单于素闻广贤，令曰："得李广必生致之④。"胡骑得广，广时伤病⑤，置广两马间，络而盛卧广⑥。行十余里，广佯死，睨其旁有一胡儿骑善马⑦，广暂腾而上胡儿马⑧，因推堕儿，取其弓，鞭马南驰数十里，复得其余军，因引而入塞。匈奴捕者骑数百追之，广行取胡儿弓，射杀追骑，以故得脱。于是至汉，汉下广吏⑨。吏当广所失亡多，为虏所生得，当斩，赎为庶人。

　　【注释】　①"广为"二句：李广为骁骑将军，受护军将军韩安国节制。　②其后四岁：元光六年（公元前129年）。元光三年汉设伏马邑。　③生得广：活捉了李广。　④生致之：活着送来。　⑤伤病：受创。　⑥络而盛卧广：用绳结成网兜，让李广躺在里面。　⑦佯：假装。睨：斜视，偷看。　⑧暂腾：突然跳起来。　⑨下广吏：把李广交司法官审判，治其失军之罪。

　　顷之，家居数岁。广家与故颍阴侯孙屏野居蓝田南山中射猎①。尝夜从一骑出②，从人田间饮。还至霸陵亭③，霸陵尉醉，呵止广。广骑曰："故李将军。"尉曰："今将军尚不得夜行，何乃故也！"止广宿亭下。居无何④，匈奴入杀辽西太守⑤，败韩将军⑥，后韩将军徙右北平⑦。于是天子乃召拜广为右北平太守。广即请霸陵尉与俱，至军而斩之。

　　【注释】　①颍阴侯孙：颍阴侯灌婴之孙，名灌强。屏野居：退职闲居在乡下。野：山野，乡间。蓝田：县名，在今陕西省蓝田县西。　②尝夜从一骑出：曾经带一随从骑夜出。　③霸陵亭：守卫霸陵的驿亭。霸陵：文帝墓，在长安东北。　④居无何：过了不久。⑤匈奴入杀辽西太守：事在武帝元朔元年，即公元前128年。辽西郡治阳乐，在今辽宁义县西。　⑥败韩将军：元朔二年（公元前127年），匈奴入渔阳郡，败材官将军韩安国军，掳掠千余人及畜产而去。渔阳：郡名，治所在今北京市密云区西南。　⑦韩将军徙右北平：韩安国军败，被徙右北平，不久病死，以李广充任。据《考证》，"右北平"下脱一"死"字。右北平郡治平刚，在今辽宁省凌源市西部。

　　广居右北平，匈奴闻之，号曰："汉之飞将军"，避之数岁，不敢入右北平。

广出猎，见草中石，以为虎而射之，中石没镞①，视之石也。因复更射之，终不能复入石矣。广所居郡闻有虎，尝自射之。及居右北平射虎，虎腾伤广，广亦竟射杀之。

【注释】 ①没镞：箭头没入石中。

广廉，得赏赐辄分其麾下①，饮食与士共之。终广之身，为二千石四十余年，家无余财，终不言家产事。广为人长②，猿臂③，其善射亦天性也，虽其子孙他人学者，莫能及广。广讷口少言④，与人居则画地为军阵，射阔狭以饮⑤。专以射为戏，竟死⑥。广之将兵，乏绝之处，见水，士卒不尽饮，广不近水；士卒不尽食，广不尝食。宽缓不苛，士以此爱乐为用。其射，见敌急，非在数十步之内，度不中不发⑦，发即应弦而倒。用此，其将兵数困辱，其射猛兽亦为所伤云。

【注释】 ①麾下：部下。 ②人长：高大。 ③猿臂：似猿之臂长而灵巧。 ④讷口少言：说话迟钝，不善言谈。 ⑤阔狭：远近。 ⑥竟死：直到死。 ⑦度（duò）：估计。

居顷之，石建卒①，于是上召广代建为郎中令。元朔六年②，广复为后将军③，从大将军军出定襄④，击匈奴。诸将多中首虏率，以功为侯者⑤，而广军无功。后二岁⑥，广以郎中令将四千骑出右北平，博望侯张骞将万骑与广俱，异道。行可数百里⑦，匈奴左贤王将四万骑围广⑧，广军士皆恐，广乃使其子敢往驰之。敢独与数十骑驰，直贯胡骑，出其左右而还，告广曰："胡虏易与耳⑨。"军士乃安。广为圆阵外向，胡急击之，矢下如雨。汉兵死者过半，汉矢且尽。广乃令士持满毋发，而广身自以大黄射其裨将⑩，杀数人，胡虏益解⑪。会日暮，吏士皆无人色，而广意气自如，益治军⑫。军中自是服其勇也。明日，复力战，而博望侯军亦至，匈奴军乃解去。汉军疲，弗能追。是时广军几没，罢归⑬。汉法，博望侯留迟后期⑭，当死，赎为庶人。广军功自如⑮，无赏。

【注释】 ①石建：石奋之子，传见《万石张叔列传》。 ②元朔六年：公元前123

年。　③后将军：汉制，将军有前后左右四将军。　④从大将军：为大将军卫青的从属、部属。　⑤"诸将"二句：诸将斩获都到了封侯的标准。率：即律，标准。　⑥后二岁：元狩二年，即公元前 121 年。　⑦可：大约。　⑧左贤王：匈奴东部之长。　⑨易与耳：容易对付。　⑩大黄：强弩名，又称黄间弩、黄肩弩，色黄体大故名。　⑪益解：渐渐退去。　⑫益治军：更加整顿军队。　⑬罢归：罢战回师。　⑭留迟后期：行动迟缓，未能按期会师。　⑮自如：功过相当。

（以上为第二段，写李广在抗匈奴战争中敢打硬仗的作风，突出写他善射、治军简易、胆略超群、很受官兵爱戴的名将风采，同时也写了李广心胸狭隘的缺点。）

初，广之从弟李蔡与广俱事孝文帝。景帝时，蔡积功劳至二千石。孝武帝时，至代相。以元朔五年为轻车将军①，从大将军击右贤王，有功中率，封为乐安侯。元狩二年中②，代公孙弘为丞相。蔡为人在下中③，名声出广下甚远，然广不得爵邑，官不过九卿，而蔡为列侯，位至三公④。诸广之军吏及士卒或取封侯。广尝与望气王朔燕语⑤，曰："自汉击匈奴而广未尝不在其中。而诸部校尉以下，才能不及中人，然以击胡军功取侯者数十人，而广不为后人⑥，然无尺寸之功以得封邑者，何也？岂吾相不当侯邪⑦？且固命也⑧？"朔曰："将军自念，岂尝有所恨乎⑨？"广曰："吾尝为陇西守，羌尝反，吾诱而降，降者八百余人，吾诈而同日杀之。至今大恨独此耳。"朔曰："祸莫大于杀已降，此乃将军所以不得侯者也。"

【注释】　①元朔五年：公元前 124 年。　②元狩二年：公元前 121 年。　③为人在下中：古时论人分九品，即上上、上中、上下、中上、中中、中下、下上、下中、下下。下中在第八等。　④位至三公：指李蔡为丞相。汉时以丞相、太尉、御史大夫为三公。　⑤望气：候测星象云气，占卜吉凶。燕语：私下交谈。　⑥不为后人：不落人后，不比别人差。　⑦相：骨相。　⑧命：命运。　⑨恨：遗恨，不该做的后悔事。

后二岁①。大将军、骠骑将军大出击匈奴，广数自请行②。天子以为老，弗许；良久乃许之，以为前将军。是岁，元狩四年也。

【注释】　①后二岁：元狩四年，即公元前 119 年。大将军卫青与骠骑将军霍去病深入漠北击匈奴。　②广数自请行：李广多次请求随军出征。此役汉匈主力决战，李广年老未被征用，故数自请行。

广既从大将军青击匈奴，既出塞，青捕虏知单于所居，乃自以精兵走之，而令广并于右将军军①，出东道。东道少回远②，而大军行水草少，其势不屯行③。广自请曰："臣部为前将军，今大将军乃徙令臣出东道，且臣结发而与匈奴战④，今乃一得当单于⑤，臣愿居前，先死单于⑥。"大将军青亦阴受上诫，以为李广老，数奇⑦，毋令当单于，恐不得所欲⑧。而是时公孙敖新失侯⑨，为中将军从大将军，大将军亦欲使敖与俱当单于，故徙前将军广。广时知之，固自辞于大将军⑩。大将军不听，令长史封书与广之莫府⑪，曰："急诣部，如书⑫。"广不谢大将军而起行⑬，意甚愠怒而就部⑭，引兵与右将军食其合军出东道。军亡导，或失道⑮，后大将军⑯。大将军与单于接战，单于遁走，弗能得而还。南绝幕⑰，遇前将军、右将军。广已见大将军，还入军。大将军使长史持糒醪遗广⑱，因问广、食其失道状，青欲上书报天子军曲折⑲。广未对，大将军使长史急责广之幕府对簿⑳。广曰："诸校尉无罪，乃我自失道。吾今自上簿㉑。"

至莫府，广谓其麾下曰："广结发与匈奴大小七十余战，今幸从大将军出接单于兵，而大将军又徙广部行回远，而又迷失道，岂非天哉！且广年六十余矣，终不能复对刀笔之吏㉒。"遂引刀自刭。广军士大夫一军皆哭。百姓闻之，知与不知，无老壮皆为垂涕。而右将军独下吏，当死，赎为庶人。

【注释】 ①走之：追逐。李广为前将军，当为先锋，卫青调他受右将军赵食其（yìjī）节制，出了东道，不及单于，酿成悲剧。 ②少回远：路程稍稍绕远。 ③"大军行"二句：因沙漠水草少，不利大军集结同行，故分道前行。 ④结发：古代男子十五岁结发，喻年轻时。 ⑤今乃一得当单于：现在我已晚年，遇上了直接与单于作战的好机会。 ⑥先死单于：首先与单于决一死战。 ⑦数奇（jī）：命不好，遇事不吉。 ⑧所欲：取胜单于。 ⑨公孙敖：卫青之故友，曾救过卫青之命。 ⑩固自辞：坚决要求不出东道。 ⑪长史：大将军府长史为军事副官，掌理日常事务，可带兵。 ⑫急诣部，如书：赶快到右将军的军部去报到，执行出东道的命令。诣：前往。书：指命令。 ⑬不谢：不辞而别。 ⑭愠：怨怒。 ⑮"军亡导"二句：军中无向导，时时迷路。 ⑯后大将军：走在大将军之后，误了会师。后：后期。 ⑰南绝幕：往南穿过沙漠。幕：同"漠"。 ⑱糒（bèi）：干粮。醪（láo）：酒浆。 ⑲曲折：军情原委。 ⑳对簿：受审讯。 ㉑吾今自上簿：我亲自去接受审讯。 ㉒刀笔之吏：治文书的官吏。

（以上为第三段，写李广一生血战不得封侯的苦闷，以及晚年出征，遭受排斥，含泪自刭。）

　　广子三人，曰当户、椒、敢，为郎。天子与韩嫣戏①，嫣少不逊②，当户击嫣，嫣走。于是天子以为勇。当户早死，拜椒为代郡太守，皆先广死。当户有遗腹子名陵。广死军时，敢从骠骑将军。广死明年，李蔡以丞相坐侵孝景园墙地③，当下吏治，蔡亦自杀，不对狱④，国除。李敢以校尉从骠骑将军击胡左贤王，力战，夺左贤王鼓旗，斩首多，赐爵关内侯⑤，食邑二百户，代广为郎中令。顷之，怨大将军青之恨其父⑥，乃击伤大将军，大将军匿讳之⑦。居无何，敢从上雍⑧，至甘泉宫猎⑨。骠骑将军去病与青有亲⑩，射杀敢。去病时方贵幸⑪，上讳云鹿触杀之。居岁余，去病死。而敢有女为太子中人⑫，爱幸，敢男禹有宠于太子，然好利，李氏陵迟衰微矣⑬。

　　【注释】①韩嫣：武帝宠臣。　②不逊：放肆，言行不谨。　③李蔡以丞相坐侵孝景园墙地：李蔡犯了侵占景帝陵园墙垣前空地的罪。《汉书》载：武帝赐李蔡坟地于阳陵，当得二十亩，李蔡多占三顷，卖得四十万钱，又盗取神道外墙地（空地）一亩，事发，当下狱，自杀。　④不对狱：不去受审。　⑤关内侯：无封国的京师侯，有关内采邑。　⑥恨其父：使其父饮恨。　⑦匿讳之：隐瞒避讳此事，即包容了这件事。　⑧敢从上雍：李敢随从武帝到雍。雍：县名，在今陕西省凤翔县南。雍地建有天帝及百神之庙，武帝常去雍祭祀。　⑨甘泉宫：行宫名，在长安西北，今陕西省淳化县甘泉山上。　⑩有亲：霍去病为卫青姊子。　⑪方贵幸：正受武帝宠幸。　⑫中人：没有封号的宫女。　⑬陵迟衰微：李氏门第日益没落。

　　李陵既壮①，选为建章监②，监诸骑。善射，爱士卒。天子以为李氏世将，而使将八百骑。尝深入匈奴二千余里，过居延视地形③，无所见虏而还。拜为骑都尉，将丹阳楚人五千人④，教射酒泉、张掖以屯卫胡。

　　数岁，天汉二年秋⑤，贰师将军李广利将三万骑击匈奴右贤王于祁连天山，而使陵将其射士步兵五千人出居延北可千余里，欲以分匈奴兵，毋令专走贰师也⑥。陵既至期还，而单于以兵八万围击陵军。陵军五千人，兵矢既尽，士死者过半，而所杀伤匈奴亦万余人。且引且战⑦，连斗八日，还未到居延百余里，匈奴遮狭绝道⑧，陵食乏而救兵不到，虏急击招降陵。陵曰："无面目报陛下。"遂降匈奴。其兵尽没⑨，余亡散得归汉者四百余人。

单于既得陵，素闻其家声，及战又壮，乃以其女妻陵而贵之。汉闻，族陵母妻子⑩。自是之后，李氏名败，而陇西之士居门下者皆用为耻焉。

【注释】 ①李陵既壮：以下文字共299字因载李陵降匈奴被族，在天汉二三年间事，梁玉绳等人疑为是后人所续，实误。此乃司马迁终其终始而附载李陵，特用仿体以区别之。壮：成年。《礼记·曲礼上》："三十曰壮，有室。" ②建章监：统率建章宫羽林骑郎的长官，属郎中令。 ③居延：酒泉郡边塞，在今内蒙古自治区额济纳旗东南。 ④丹阳：郡名，治宛陵，在今安徽省宣城市。 ⑤天汉二年：公元前99年。 ⑥毋令专走贰师：分散匈奴兵势，使其不能专力攻击贰师。 ⑦且引且战：边退边战。 ⑧匈奴遮狭绝道：匈奴在李陵归途的狭窄处拦击，隔断道路。 ⑨兵尽没：全军覆没。 ⑩族陵母妻子：李陵家被族，其事在天汉三年，即公元前98年。

（以上为第四段，写李氏门第衰落，李陵降匈奴。）

太史公曰：《传》曰"其身正，不令而行；其身不正，虽令不从"①。其李将军之谓也？余睹李将军悛悛如鄙人②，口不能道辞。及死之日，天下知与不知，皆为尽哀。彼其忠实心诚信于士大夫也③？谚曰："桃李不言，下自成蹊④。"此言虽小，可以喻大也⑤。

【注释】 ①《传》曰：引自《论语·子路篇》孔子语。 ②悛悛：同"恂恂"，老实诚恳的样子。鄙人：粗人，乡下人。 ③"彼其"句：他那一颗忠诚的心确实感动了士大夫。 ④桃李不言，下自成蹊：桃树李树都不会讲话，但树底下却踩出了一条条小路。蹊：小路。 ⑤"此言"二句：这话虽然很小，但说明了一个大道理。

（以上为作者论赞，高度评价李广的品德，寄予了无限的景仰。）

讲 析

飞将军李广是西汉反击匈奴侵扰战争中涌现出来的一位英雄。

> 秦时明月汉时关，万里长征人未还。
> 但使龙城飞将在，不教胡马度阴山。

这首著名的《出塞》诗，是唐代边塞诗人王昌龄的作品。它反映了历代人民每当国家有敌警之时就会想起李广，由此可见李广在历史上的地位和影响。李广是一位神箭手，百发百中，李广用兵神出鬼没，善于奔袭敌人，敢于打近战，短兵相接，拼死战斗，全军团结如一人，个个神勇，匈奴将士畏之如神，于是给他起了一个绰号叫"汉之飞将军"。

然而，这样一个不可多得的将领，在仕途上却得不到公平的待遇，后半生始终是"官不过九卿"，"无尺寸之功以得封邑"。特别是最后一次与匈奴决战，统治集团出于偏见与私心，竟把李广调出主力部队，使他难以施展自己的才干；加之行军迷路，贻误军机，在上司的威逼下，不得不含恨自刎。

李广的悲剧暴露了封建社会摧残人才的本质。汉武帝是想干一番事业的，他曾破格提拔了一批人才，而他的迷信、褊狭又使他压抑了某些人才。李广的命运在封建时代具有普遍性的意义。

单从战功来看，李广一生血战，败多胜少。从汉匈战争的大背景来看，李广带兵四五千，最多一万骑，不是汉军主力，常常是作为配合主战场的支路战术部队来使用的。像李广这样的战将很多，例如与李广齐名并称的程不识将军，也是当时名将。司马迁没有给程不识立传。此外，将军公孙贺、公孙敖、赵信、李息、张次公、苏建等一大批封侯的将军有几十位，司马迁为何不为之立传？为何单单给李广作传？而且李广正是因为有司马迁才垂名青史、受到万人景仰的。司马迁对李广的遭遇极为不平，百分之百的同情，对统治集团最高统治者处事不公抱有深深的愤慨，但又没有直接表露，而是"寓论断于叙事"中，把悲愤之情藏于字里行间，所以写得辞采流丽，是一篇情、理、事绝佳的人物传记。司马迁是怎样塑造李广的典型形象的呢？下面试作分析，用三个题目来谈。

1. 《李将军列传》的内容

汉武帝时的汉匈大决战，几次大战役都投入了数十万的兵力，李广作为二千石级的将军，虽然独立作战，但只是支军策应，由于带兵少，遇上匈奴主力时因寡不敌众，总是遭到重创，甚至全军覆灭，乃至一次被俘逃脱。可以说李广一生悲剧，一生传奇，最后自杀也是惊天地、泣鬼神。司马迁与李广是同时代人，他目睹李将军其人风采，熟悉他的为人，采访的事迹一定不少。但作者没有记流水账，不是泛泛记述人物，只选取了若干典型事例，仅用三千多字的篇幅，就把李广一生的精神风采和人格魅力活灵活现再现了出来。

全文有五个大段落。

第一段，用简要文字写李广的家世和他在青年时期仕文景时的际遇与战功，可以说李广出场就与众不同。李广出身于盛产将军的关西，是陇西成纪人。秦汉时有"山东出相，山西出将"的民谚。因春秋战国至秦汉之际，今陕甘一带地区是汉族与胡人争战之地，生活在那里的人们对打仗是十分熟悉的，男女都能走马射箭。而李广又身为世代将门之后，其先人就是秦朝著名大将李信，受着"世世受射"的家庭熏陶，更具有当军事指挥员的优越条件，因此从军之初，便很快显露出他的才干。李广侍卫皇帝，"冲陷折关"，搏斗猛兽；李广与吴楚军作战，"取旗，显功名昌邑下"。李广担任的职务随着战功也迅速提升，从中郎到武骑常侍，从骁骑都尉到边郡太守。论年龄，当时不过三十多岁，而李广已经以勇猛善战著称于世了。难怪汉文帝对他说："惜乎，子不遇时！如令子当高帝时，万户侯岂足道哉！"李广生不逢时吗？历史的答案是否定的。在文景时，李广就在平叛吴楚之战以及在边郡与匈奴的战斗中崭露头角，可是未得封侯，在武帝时赶上大规模反击匈奴的战争，而阴差阳错，仍未封侯。司马迁引用汉文帝的话对李广的杰出才干作了高度评价，也是后来李广没有得到公平待遇的反证。司马迁在传记一开头就引用了汉文帝对李广的评语，用意深刻，透出一种悲凉的气氛。

第二段，写李广与匈奴作战的事迹，以及突显李广善射特长的射虎没矢等内容，展示了李广胆略超群、治军简易、很受官兵爱戴的名将风采。同时也写了李广心胸狭隘，枉杀霸陵尉的故事。本段内容是全传的精髓，而对李广敢打硬仗的作风的描写是重中之重。作者用精细的笔触绘声绘色地写下了三个完整生动的战斗故事。

第一个是追捕射雕人，突然遇敌，在众寡悬殊的情况下，他从容自若，指挥战士佯装"诱骑"，使对方上当受骗，终于化险为夷，最后脱险而归。

第二个是受伤被俘，在押送途中，他趁敌不备，飞身夺马，且战且逃，最后脱险而归。

第三个是被十倍于己的左贤王军队包围，他率领全军将士浴血奋战，即使伤亡过半，仍鼓舞士气，沉着应敌。一直战斗到援军赶来，迫使敌人解围而去。

三个故事表现了李广作为指挥员的三个侧面：第一个表现他临危不惧，机智沉着；第二个表现他善抓时机，勇脱困境；第三个表现他身先士卒，顽强坚定。看过这三个故事，读者无不为李广超人的胆略和勇猛善战的精神所感动。

李广在战场上对敌人猛打猛冲，冷酷无情；平时和战士相处又是那样平易近人，对士卒关怀备至。他得到皇帝的赏赐，从不独占，总是拿出来分给部下。队伍饮食供应不足，一向是"士卒不尽饮，广不近水；士卒不尽食，广不尝食"。他的生活十分简朴，为二千石四十余年，而"家无余财"，看来他也从不把治家产的事放在心上，"终不言家产事"。

在治军方面，他也有独特的风格。行军没有严格的编制和行阵，幕府中的文书簿籍事务一律"省约",甚至夜间连刁斗都"不击"。是不是李广太随便、太麻痹大意了呢?不是这样。他只是不讲究烦琐的形式,而在关键的地方他是丝毫不放松的。作者明明白白地告诉我们"然亦远斥候",这句话很有分量,尤其是那个"远"字,对表现李广治军粗中有细的特点,颇有画龙点睛的作用。

第三段,写李广一生血战不得封侯的苦闷,以及晚年出征遭受排斥、含恨自刎的悲剧。李广青年从军,为二千石四十余年,却始终未能封侯,相反"为人在下中,名声出广下甚远"的李蔡不但封侯,还做了丞相,位至三公,甚至连"才能不及中人"的李广部下,封侯者也多达以十计,这是什么缘故呢?李广心情十分苦闷,找望气者王朔解答。望气者王朔是专以观测星象云气预卜吉凶的,这种人算命的诀窍就是先引诱人说出自己一生中最内疚的事,然后接过话题作为占卜的依据,以便自圆其说。所以当李广说出"杀已降"的事件之后,他便煞有介事地告诉李广"祸莫大于杀已降,此乃将军所以不得侯者也"。倘若李广说出别的内疚的事,他也会接过来说"啊!祸莫大于如此如此"的。这等人,说话总是左右逢源,不足为训。那么李广何以难封,本文留待后面探讨。

第四段,写李广门第的衰落,加重了悲剧气氛。传末写李陵降匈奴事,因与李广个人事迹较远,这里亦不作对李陵的评论。

第五段,作者评论。称赞李广是活在人们心中的英雄。

2. 李广难封的原因

李广未能封侯,当时军民为之抱不平,故李广死时,一军皆哭,天下知与不知的平民百姓也为之动容。历代以来,人们也为李广鸣不平,以至"李广难封"成为一个讨论的课题,至今仍争论不已。有人说,李广难封,因其祖上李信是秦朝大将,汉朝承秦,对秦人遗民子孙有歧视。这种观点毫无根据,把现代的阶级观念搬到了古代,不符合历史,姑置不论。有人说,李广不善言辞,不会公关,不拍马屁。也有人赞同作者提示的观点,李广数奇,即命运不好。李广数奇,是一般世俗之见,是当时人的历史局限,也是给予李广不平待遇的汉武帝、卫青等人的观点,而且还是李广本人无可奈何而叹息的观点。这一观点,今天当然更不能立脚。李广难封,有主客观的原因。客观原因是当时人们观念凝固,立法不健全。主观原因是李广受到不公平的待遇。

秦汉时奖励战功,以斩敌首级来论功,杀敌首级,爵位升等,所以封爵为级。卫青、霍去病,他们打了大胜仗,且不用说,而跟随卫、霍主力作战的那些偏将军，才能不及中人，在李广之下的人，乃至李广部属因调离李广后不久也得了封侯，因为他们都立了战功，杀敌若干，俘获若干，自己未败。李广呢？却总是与敌死战硬拼，杀得匈奴人胆寒，畏李将军如虎，李广杀敌不少，可是却没有战功。原因是李广为支军诱敌，总是以少击众，例如元狩二年，李广出右北平，以四千骑之众迎战匈奴左贤王四万骑，虽然血战杀敌，而自己也差点全军覆没，于是功过相抵，无赏。这种封赏的法律本身就是不公平的。李广打的是阻击战、攻坚战，策应主力，本军作出重大牺牲是对全局付出的代价，应为首功。在现代战争中，被受命打阻击战的作战部队差不多也要全军覆没，可是他们是当之无愧的英雄。特别是李广死心眼打仗，吃亏不小。元光六年（公元前129年），卫青、公孙贺、公孙敖、李广等四将军，各率万骑分路出击匈奴。李广等三路掩护卫青主力深入匈奴龙城，卫青如入无人之境，长驱直入龙城，立了战功，而李广出雁门恰遇匈奴主力，血战而全军覆没，自身被匈奴生俘，半道拼死逃脱回来，不但无功，按汉律还有死罪，由于李广勇猛杀敌，因而允许用钱赎罪，免官为平民。司马迁为之愤愤不平，字里行间批评李广，为什么这样死心眼打仗？司马迁是以贬为褒，就像写《屈原列传》时，埋怨屈原为什么不离开楚国到别的国家去谋发展，可是读了《离骚》后深受屈原爱国的精神感动，认为自己的想法是错的，不觉出了一身冷汗。司马迁埋怨李广死心眼打仗，很可能也出了一身冷汗，所以才倾其全力用心用血写出《李将军列传》，表彰李广的爱国主义情怀，作者的立意就在此。千百年来，世世代代人对李广生出同情、怀念，李广难封而身后却活在人们的心中，李广及其作者司马迁可以欣然长眠于地下了。

李广难封的主观原因当然是受到统治集团的不公平待遇。

李广最后一次出征，正是汉朝大规模反击匈奴的漠北战役。汉朝投入骑兵十万，步兵（包括辎重部队）数十万，卫青、霍去病各率一军，兵分两路，双管齐下，这对李广来说是最难得的杀敌立功的好机会。他不顾年迈，"数自请行"。作为汉武帝本应该给他创造条件，发挥这位老将的作用，特别是发挥他百发百中的射技。不料，汉武帝的表现却很冷淡，"弗许"。经过再三请求，"良久乃许之"，以李广为前将军。前将军本应为先锋，正面当敌，李广的愿望眼看就要实现，不料，出军之时别生枝节。原来卫青是个外戚将军，他为郎时，其友公孙敖救过他的命。这次出征，卫青早有计算，他要公孙敖为先锋立功封侯，于是从中作梗，利用汉武帝迷信心理进行活动。果然汉武帝嘱咐卫青"李广老，数奇，毋令当单于，恐不得所欲"。这样，卫青有恃无恐，强令李广改出东路。东路迂远，又失向导。结果，李广非但不能杀敌立功，亲捉单于，而且还贻误了军机，按军法当受审。他毅然"引刀自刭"，酿成了一出千古悲剧。

李广死后，李氏的不幸并未结束。作者在第四段落又告诉我们，李广的儿子李敢因替父报仇击伤了大将军卫青，结果又被霍去病趁打猎的机会用暗箭"射杀"。当时霍去病正威名显赫，汉武帝为了袒护他这个姨侄，竟声称"鹿触杀之"，一桩人命相关的事，就这样不了了之。

李广的一生大部分时间都是在战场上度过的，他为保卫汉朝边境的安全立下了汗马功劳，但最后并没有死在战场上，反而死在自己的刀剑之下，这个历史悲剧是很能发人深思的。它告诉我们，封建社会统治阶级对人才的培养选拔除了要符合本阶级利益的需要外，还有一层亲疏关系、恩怨关系以及个人偏爱或成见等人为的罗网在笼罩着它。即使像雄才大略的汉武帝和功劳显赫的卫青、霍去病也不例外。何况李广又是个"讷口少言""自负其能"的人，遇到不顺心的时候还敢和顶头上司发脾气，不辞而别，这样一个有"个性"的人才，要想取得统治者的重用显然是很困难的。

一生血战的李广虽得不到统治者的喜欢，在人民群众中却享有崇高的威望。他死以后，"广军士大夫一军皆哭""天下知与不知，皆为尽哀"，可以肯定在这个悼念的行列里一定也有司马迁。作者是怀着深深的敬意与同情来追述李广的故事的。在第五段赞语中作者引用了一句古语和一则谚语，高度赞扬李广那种以身作则的精神和朴素无华的美德，说明他和李广在感情上已经产生了巨大的共鸣，爱其所爱，憎其所憎，这篇传记之所以具有感人至深的力量，根本原因也就在这里。

3. 《李将军列传》的艺术特色

本传作为千百年来传颂的名篇，不但内容丰富，思想厚重，而且艺术绝伦。举其大端有以下几个特点：

其一，司马迁塑造典型人物，善于立一主题编织故事，人物情节故事化，本传也是一个典型。从故事性来看，《李将军列传》重点记述李广追杀匈奴射雕者、佯死脱险、斩霸陵尉、右北平射虎没矢、破左贤王之围、不对簿自刭等一系列故事，展现了李广一生"数奇"怀才不遇的悲剧故事，故事突出，所以读来兴味无穷，氛围悲壮，发人深思。从主题看，明人陈仁锡说："子长作一传，必有一主宰，如《李广传》以'不遇时'三字为主。"（《陈评史记》卷一〇九）李广一生屡立奇功而受到不公平待遇，这是一个突出的矛盾。全篇故事围绕这一主题矛盾来组织和展开，因此寓意深刻，非大手笔不能为此。

其二，把握人物特征，突显李广"善射"与"忠实宽厚"的特点，写出个性。先说"善射"。凡名将各有特长，李广"善射"，乃他家"世世受射"祖传，在李广身上发扬光大达于顶点。李广"与人居则画地为军阵，射阔狭以饮。专以射为戏，竟死"。这里的"竟死"，指李广一辈子终其身以善射为乐。匈奴是引弓之民，为汉边患，李广以"善射"对匈奴，征服射雕者，其武艺精彩绝伦，乃至于射虎、射石没矢。艺高人胆大，如此"善射"，敢与引弓之民匈奴比高低，所以李广敢打近仗、硬仗。李广凭"善射"判断敌情，知道伤中贵人者乃匈奴射雕者。李广还凭"善射"脱险，凭"善射"在打遭遇战中稳住阵脚，阻敌前进。射石没矢，则是"善射"的传奇。李广有如此绝世之才艺，运用于生逢其时的抗匈战争中，而以悲剧结局，更加耐人寻味。因此司马迁写李广"善射"，不是孤立地写才艺，而是写人的际遇与命运，韵调高昂，不同凡响。

其三，把握人物性格特征，展示人格魅力。李广"忠实宽厚"也是古代名将中最突出的。李广外貌"悛悛如鄙人"，长得像一个庄稼汉。李广不善言辞，司马迁说他"口不能道辞"，一句假话都不会说，一点儿假也装不出，可以说貌如其心。李广作风宽缓不苛，让士卒人人自便，尊重人格，又廉洁奉公，把赏赐都分给了部下。李广行动上热爱士兵，"乏绝之处，见水，士卒不尽饮，广不近水；士卒不尽食，广不尝食"。李广做到了"其身正，不令而行"的圣人之教。司马迁许之以"忠实心"，说李广"忠实心诚信于士大夫"。这些是李广的人格美、心灵美，赢得了全军的拥护。李广死心眼打仗，与他的人格一致。

其四，善用对比手法。在《李将军列传》中，司马迁将李广的"善射"与匈奴射雕者对比；将李广的治军与程不识对比；将李广的业绩与李蔡对比，突出了李广的才艺、品格与际遇。用《史记》的互见法展开来看，《李将军列传》与《卫青霍去病列传》对比，显现李广死心眼打仗的艰苦卓绝，虽受不平待遇而爱国精神不减，这正是中华民族可贵的民族精神，牺牲小我，一切为国为家。《李将军列传》与《韩安国列传》对比，韩安国是忠厚长者，善待侮辱过他的人，而李广却杀了霸陵尉，这是对李广心胸狭隘的批评，也恰与一个粗犷猛将的生性合拍。

其五，语言朴素精练，生动传神。作者往往用三言两语就能把人物栩栩如生地刻画出来。例如李广夜行霸陵，李广、随从、霸陵尉三人情态就跃然纸上。三人对话场面非常精彩。霸陵尉喝醉了酒，一开口便"呵止广"。听了随从的介绍，他非但不收敛，反而借酒意挖苦人——"今将军尚不得夜行，何乃故也"，地地道道是一副酒醉失态的下级军官的模样。李广的随从话语不多，只有一句"故李将军"，但说得不卑不亢，十分得体。试想，在这种场合还能让李广出面介绍说"我是从前的李将军"吗？显然不能；再加上霸陵尉是乘酒兴执法，争吵不得，所以四个字看来简单，其实不多不少，正切合人物身份。那么此时此刻站在旁边的李广心情如何？不言而喻，肯定是感到蒙受了莫大的侮辱，他难受，他气愤，恨不得猛击对方一拳，方能吐出这口窝囊气。但他终究还是把怒火强压下来。他心里明白，自己毕竟是"故李将军"啊。

短短三十几个字，刻画了三个人物的形象。霸陵尉与随从当面对话，是明写；李广默不作声，是暗写。明写者，形象鲜明，惟妙惟肖；暗写者，虽不著一字，但读者根据作者叙述的矛盾冲突，完全可以想象得出他的心理、神态面貌的变化，多么精彩，多么耐人寻味！

匈奴列传

【题解】　征伐是汉武帝这位雄才大略君主一生政治中最显赫的事业,对历史有着深远的影响。汉武帝征伐主要是征匈奴。他征大宛、平两越、开通西南夷等战争都是围绕征匈奴进行的。这场战争的性质和是非,在汉武帝当世就引起了争论,至今仍是史学界争论的一个重大问题。司马迁是"原始察终,见盛观衰"的实录史家,载述史事不虚美,不隐恶,他又是目睹了这场战争事势发展的见证人。《匈奴列传》着重写的就是汉匈战争。他是什么态度,抱着什么目的,写了些什么内容,读一读《匈奴列传》很有意义。梁启超认为《匈奴列传》是《史记》中十大名篇之一,深具慧眼。

　　匈奴①,其先祖夏后氏之苗裔也,曰淳维②。唐虞以上有山戎、猃狁、荤粥,居于北蛮,随畜牧而转移。其畜之所多则马、牛、羊,其奇畜则橐驼、驴、骡、䮦騠、騊駼、驒騱③。逐水草迁徙,毋城郭常处耕田之业,然亦各有分地。毋文书,以言语为约束。儿能骑羊,引弓射鸟鼠;少长则射狐兔:用为食。士力能贯弓④,尽为甲骑。其俗,宽则随畜⑤,因射猎禽兽为生业,急则人习战攻以侵伐⑥,其天性也。其长兵则弓矢,短兵则刀铤⑦。利则进,不利则退,不羞遁走。苟利所在,不知礼义。自君王以下,咸食畜肉,衣其皮革,被毡裘。壮者食肥美,老者食其余。贵壮健,贱老弱。父死,妻其后母;兄弟死,皆取其妻妻之⑧。其俗有名不讳,而无姓字⑨。

　　【注释】　①匈奴:我国古代北方的一个游牧部族,尧时曰荤粥,周曰猃狁,秦汉曰匈奴。匈奴兴起于战国,衰落于东汉,西汉时最强,汉、匈两族进行了生死决斗,本传做了详细记载。　②淳维:匈奴始祖之名,传说为夏人之苗裔。　③橐驼:即骆驼。䮦騠、駒騟：名马种名。驒騱：野马。　④贯弓：拉开弓。　⑤宽：无战事之时。　⑥急：有战事。　⑦铤：形似矛的兵器。　⑧"父死"四句：游牧族多有妻后母寡嫂之俗，一为财产不外散，二为繁衍人口。　⑨无姓字：应以《汉书》作"无字"，姓字衍，因匈奴贵族亦有姓氏，单于姓挛鞮氏。

　　夏道衰，而公刘失其稷官①，变于西戎，邑于豳②。其后三百有余岁，戎狄攻大王亶父，亶父亡走岐下③，而豳人悉从亶父而邑焉，作周④。其后百有余岁，周西伯昌伐畎夷氏⑤。后十有余年，武王伐纣而营洛邑，复居于酆鄗，放逐戎夷泾、洛之北⑥，以时入贡，命曰"荒服"。其后二百有余年，周道衰，而穆王伐犬戎，得四白狼四白鹿以归。自是之后，荒服不至。于是周遂作《甫刑》之辟⑦。穆王之后二百有余年，周幽王用宠姬褒姒之故，与申侯有隙。申侯怒而与犬戎共攻杀周幽王于骊山之下，遂取周之焦获⑧，而居于泾渭之间，侵暴中国。秦襄公救周，于是周平王去酆鄗而东徙雒邑。当是之时，秦襄公伐戎至岐，始列为诸侯。是后六十有五年，而山戎越燕而伐齐⑨，齐釐公与战于齐郊。其后四十四年，而山戎伐燕。燕告急于齐，齐桓公北伐山戎，山戎走。其后二十有余年，而戎狄至洛邑，伐周襄王，襄王奔于郑之氾邑⑩。初，周襄王欲伐郑，故娶戎狄女为后，与戎狄兵共伐郑。已而黜狄后，狄后怨，而襄王后母曰惠后，有子子带，欲立之，于是惠后与狄后、子带为内应，开戎狄，戎狄以故得入，破逐周襄王，而立子带为天子。于是戎狄或居于陆浑⑪，东至于卫，侵盗暴虐中国。中国疾之，故诗人歌之曰"戎狄是应"⑫，"薄伐猃狁，至于大原"⑬，"出舆彭彭，城彼朔方⑭"。周襄王既居外四年，乃使使告急于晋。晋文公初立，欲修霸业，乃兴师伐逐戎翟，诛子带，迎纳周襄王，居于洛邑。

【注释】①稷官：农官。周祖先世代为稷官，至公刘时失此官。②豳：公刘居豳，在今陕西省彬州。③岐下：岐山之下。古公亶父避戎犬，逃亡居岐，岐山在陕西省岐山县西北。④作周：兴建了周邑。⑤西伯：即周文王。畎夷：即犬戎。⑥泾、洛：泾水、洛水，关中渭水两支流。⑦作《甫刑》：周穆王伐犬戎，作《甫刑》，事详《周本纪》。⑧焦获：又名瓠口、瓠中，在今甘肃省平凉市西。⑨山戎：中国古代东北方的少数民族。⑩氾邑：在今河南省襄城县南。⑪陆浑：戎族名，本在秦晋之间，后移于伊川流域，汉置陆浑县，在今河南省伊川岸上的嵩县东北。⑫戎狄是应：见《诗·鲁颂·閟宫》。应：

读"膺"，打击。《閟宫》颂鲁僖公伐戎，复鲁旧疆之诗。　⑬"薄伐"二句：此二句引自《诗·小雅·六月》，载周宣王北伐之诗。薄：语词。　⑭"出舆"二句：引自《诗·小雅·出车》，亦周宣王出征之诗。彭彭：状车声隆隆，形容众盛。

　　当是之时，秦晋为强国。晋文公攘戎翟①，居于河西圁、洛之间②，号曰赤翟、白翟。秦穆公得由余③，西戎八国服于秦，故自陇以西有绵诸、绲戎、翟、獂之戎④，岐、梁山、泾、漆之北有义渠、大荔、乌氏、朐衍之戎⑤，而晋北有林胡、楼烦之戎⑥，燕北有东胡、山戎⑦。各分散居溪谷，自有君长，往往而聚者百有余戎，然莫能相一⑧。

　　【注释】　①攘：排除，驱逐。　②河西：地区名。指陕西省东部黄河西岸之地，今陕西省韩城市至大荔县等地。圁（yín）：水名，在今陕西省榆林市。洛：陕西省洛川县。③由余：春秋时秦大夫，先世晋人，流亡入戎，后受秦穆公礼遇而佐秦，秦遂霸西戎。④陇：大陇山，绵亘于陕甘两省间。绵诸、绲戎、翟、獂：在今甘肃省天水市、陇西县等地的古代各部族。　⑤"岐、梁山"句：岐山、梁山（在今陕西省韩城市西）、泾水、漆水以北有义渠、大荔、乌氏（zhī）、朐（qú）衍等戎族，当今陕西省陕北、甘肃省陇东等地。　⑥"晋北"句：晋国北面有林胡、楼烦之戎，在今山西省北部以及内蒙古自治区中部等地。　⑦"燕北"句：燕国北部有东胡、山戎，在今内蒙古自治区东部、辽宁省等地。　⑧相一：统一。

　　自是之后百有余年，晋悼公使魏绛和戎翟，戎翟朝晋。后百有余年，赵襄子逾勾注①，而破并代以临胡貉。其后既与韩魏共灭智伯，分晋地而有之，则赵有代、勾注之北②，魏有河西、上郡③，以与戎界边。其后义渠之戎筑城郭以自守，而秦稍蚕食，至于惠王，遂拔义渠二十五城。惠王击魏，魏尽入西河及上郡于秦。秦昭王时，义渠戎王与宣太后乱④，有二子。宣太后诈而杀义渠戎王于甘泉⑤，遂起兵伐残义渠。于是秦有陇西、北地、上郡，筑长城以拒胡。而赵武灵王亦变俗胡服，习骑射，北破林胡、楼烦。筑长城，自代并阴山下⑥，至高阙为塞⑦。而置云中、雁门、代郡。其后燕有贤将秦开，为质于胡，胡甚信之。归而袭破走东胡，东胡却千余里。与荆轲刺秦王秦舞阳者，开之孙也。燕亦筑长城，自造阳至襄平⑧。置上谷、渔阳、右北平、辽西、辽东郡以拒胡。当是之时，冠带战国七，而三国边于匈奴。其后赵将李牧时，匈奴不敢入赵边。后秦灭六国，而始皇帝使蒙恬将十万之众北击胡，悉收河南地⑨。因河为塞，筑四十四县城临河，徙适戍以充之。而通直道⑩，自九原至云阳⑪，因边山险堑溪谷可缮者治之，起临洮至辽东万余里⑫。又渡河据阳山北假中⑬。

当是之时，东胡强而月氏盛⑭。匈奴单于曰头曼⑮，头曼不胜秦，北徙。十余年而蒙恬死，诸侯叛秦，中国扰乱，诸秦所徙适戍边者皆复去，于是匈奴得宽，复稍度河南与中国界于故塞。

【注释】　①勾注：山名，即山西省雁门山。　②代、勾注之北：即晋北之地。　③河西、上郡：黄河西岸陕北之地，汉置河西、上郡两郡。　④宣太后：秦昭王母。　⑤甘泉：宫名，在今陕西省淳化县甘泉山上。　⑥阴山：起今宁夏回族自治区贺兰山绵延入内蒙古自治区数千里。　⑦高阙：山名，其山中断，望之若阙，故名。赵武灵王置塞，称高阙戍，秦汉时为北方重要关塞，在今内蒙古自治区杭锦后旗东北。　⑧造阳：地名，汉置沮阳县，为上谷郡治，在今河北省怀来县。襄平：在辽东，即今辽宁省辽阳市。　⑨十万：《汉书》作"数十万"。始皇纪、六国年表及蒙恬传，皆作"三十万"。河南地：今内蒙古自治区河套地区河南地。　⑩适：通"谪"。直道：秦始皇所筑由云阳直通九原的大道。　⑪九原：秦郡名，治九原县，在今内蒙古自治区包头市西。云阳：县名，在今陕西省淳化县西北。　⑫临洮：秦县名，今甘肃省岷县。据近年来的实地考察，秦长城西头不在岷县，而在今临洮（古称狄道县）北三十里铺。　⑬阳山：在今内蒙古自治区的狼山。北假：在今内蒙古自治区河套以北，阴山以南夹山带河地区。　⑭东胡：古部族名。在匈奴之东，当今内蒙古自治区东部及河北省北部地区。月氏：古部族名。在匈奴之西，在今甘肃省河西走廊。　⑮单（chán）于："撑犁孤涂单于"之省称。匈奴语"撑犁孤涂"为"天子"，"单于"为"广大"。

单于有太子名冒顿①。后有所爱阏氏②，生少子，而单于欲废冒顿而立少子，乃使冒顿质于月氏。冒顿既质于月氏，而头曼急击月氏。月氏欲杀冒顿，冒顿盗其善马，骑之亡归。头曼以为壮，令将万骑③。冒顿乃作为鸣镝④，习勒其骑射，令曰："鸣镝所射而不悉射者，斩之。"行猎鸟兽，有不射鸣镝所射者，辄斩之。已而冒顿以鸣镝自射其善马，左右或不敢射者，冒顿立斩不射善马者。居顷之，复以鸣镝自射其爱妻，左右或颇恐，不敢射，冒顿又复斩之。居顷之，冒顿出猎，以鸣镝射单于善马，左右皆射之。于是冒顿知其左右皆可用。从其父单于头曼猎，以鸣镝射头曼，其左右亦皆随鸣镝而射杀单于头曼，遂尽诛其后母与弟及大臣不听从者。冒顿自立为单于⑤。

【注释】 ①冒顿（mòdú）：单于名。 ②阏氏（yānzhī）：单于王后。 ③万骑：匈奴左右贤王至左右大当户皆统兵，或万骑，或数千骑，号"二十四长"。万骑：是匈奴计数骑兵的最高单位，领兵万骑称万骑长。 ④鸣镝：响箭。 ⑤冒顿自立为单于：秦二世元年（公元前209年），冒顿杀其父自立。

　　冒顿既立，是时东胡强盛，闻冒顿杀父自立，乃使使谓冒顿，欲得头曼时有千里马。冒顿问群臣，群臣皆曰："千里马，匈奴宝马也，勿与。"冒顿曰："奈何与人邻国而爱一马乎？"遂与之千里马。居顷之，东胡以为冒顿畏之，乃使使谓冒顿，欲得单于一阏氏。冒顿复问左右，左右皆怒曰："东胡无道，乃求阏氏！请击之。"冒顿曰："奈何与人邻国爱一女子乎？"遂取所爱阏氏予东胡。东胡王愈益骄，西侵。与匈奴间，中有弃地，莫居，千余里，各居其边为瓯脱①。东胡使使谓冒顿曰："匈奴所与我界瓯脱外弃地，匈奴非能至也，吾欲有之。"冒顿问群臣，群臣或曰："此弃地，予之亦可，勿予亦可。"于是冒顿大怒曰："地者，国之本也，奈何予之！"诸言予之者，皆斩之。冒顿上马，令国中有后者斩，遂东袭击东胡。东胡初轻冒顿，不为备。及冒顿以兵至，击，大破灭东胡王，而虏其民人及畜产。既归，西击走月氏，南并楼烦、白羊河南王②。悉复收秦所使蒙恬所夺匈奴地者，与汉关故河南塞，至朝那、肤施③，遂侵燕、代。是时汉兵与项羽相拒，中国疲于兵革④，以故冒顿得自强，控弦之士三十余万⑤。

【注释】 ①瓯脱：胡人在边界上所挖斥候土穴叫瓯脱，即哨卡，瓯脱之间的弃地，即空地，是为边界缓冲地。 ②白羊河南王：匈奴别部，居河南地，即河套地区。 ③朝那：县名，在今宁夏固原东南。肤施：县名，为上郡治，在今陕西省榆林市东南。 ④中国：中原地区。 ⑤控弦之士：能弯弓的士卒，即战士。

　　自淳维以至头曼千有余岁，时大时小，别散分离，尚矣，其世传不可得而次云①。然至冒顿而匈奴最强大，尽服从北夷，而南与中国为敌国②，其世传国官号乃可得而记云。

【注释】 ①其世传不可得而次云：匈奴从淳维至头曼一千余年的传代世系无法连续起来。本传所载头曼以下共九世单于，承传及在位时间如下：头曼单于（公元前？—前209

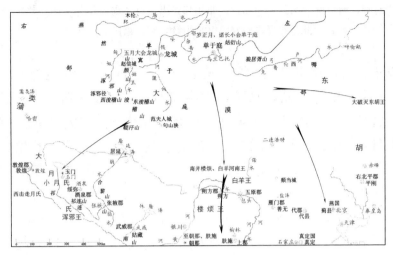

匈奴冒顿崛起

年）→冒顿单于（公元前209年—前174年）→老上单于（公元前174年—前161年）→军臣单于（公元前161年—前126年）→伊稚斜单于（军臣弟，公元前126年—前114年）→乌维单于（公元前114年—前105年）→乌帅庐儿单于（公元前105年—前102年）→呴犁湖单于（乌师庐季父，公元前102年—前101年）→且鞮侯单于（呴犁湖弟，公元前101年—前96年）。　②敌国：对等之国。

　　置左右贤王，左右谷蠡王，左右大将，左右大都尉，左右大当户，左右骨都侯①。匈奴谓贤曰"屠耆"，故常以太子为左屠耆王。自如左右贤王以下至当户，大者万骑，小者数千，凡二十四长，立号曰"万骑"。诸大臣皆世官。呼衍氏，兰氏，其后有须卜氏②，此三姓其贵种也。诸左方王将居东方，直上谷以往者③，东接秽貉、朝鲜；右方王将居西方，直上郡以西，接月氏、氐、羌；而单于之庭直代、云中。各有分地，逐水草移徙。而左右贤王、左右谷蠡王最为大国④。左右骨都侯辅政。诸二十四长亦各自置千长、百长、什长、裨小王、相封、都尉、当户、且渠之属⑤。

　　【注释】　①"置左右"六句：匈奴俗尚左，左第一，右第二，单于之下，左贤王最尊。以下为：右贤王第二，左谷（lù）蠡（lí）王第三，右谷蠡王第四，依此类推，至右大当户第十。这些匈奴王，各有统骑和驻牧地。左右骨都侯：辅佐单于的异性大臣，主断狱。　②"呼衍氏"三句：呼衍氏居左，兰氏、须卜氏居右，三贵族种姓世为骨都侯。③直：正对，相接。　④最为大国：指左右贤王，左右谷蠡王四长，在二十四长中为最大的四个分国。匈奴二十四长，"各有分地"，在分地内土地、人民皆归其所有，自置官吏，如同汉之封国，所以称为国。　⑤相封：即相邦，出土有"匈奴相邦"印，邦字避高祖讳改为封。且渠：官名，世袭此官之匈奴氏以官为姓，有且渠氏。

岁正月①，诸长小会单于庭，祠。五月，大会茏城②，祭其先③、天地、鬼神。秋，马肥，大会蹛林④，课校人畜计⑤。其法⑥：拔刃尺者死⑦，坐盗者没入其家⑧；有罪小者轧⑨，大者死。狱久者不过十日，一国之囚不过数人。而单于朝出营，拜日之始生，夕拜月⑩。其坐，长左⑪，而北向日⑫，上戊己⑬。其送死，有棺椁金银衣裘，而无封树丧服⑭；近幸臣妾从死者，多至数千百人。举事而候星月，月盛壮则攻战⑮，月亏则退兵。其攻战，斩首虏赐一卮酒，而所得卤获因以予之，得人以为奴婢。故其战，人人自为趣利，善为诱兵以冒敌⑯。故其见敌则逐利，如鸟之集；其困败，则瓦解云散矣。战而扶舆死者，尽得死者家财。

后北服浑庾、屈射、丁零、鬲昆、薪犁之国⑰。于是匈奴贵人大臣皆服，以冒顿单于为贤。

【注释】　①岁：每年。　②茏城：《汉书》作龙城，单于五月大会诸侯祭天处，匈奴亦尚龙，故称龙城，在蒙古人民共和国鄂尔浑河上游右岸。　③先：祖先。　④蹛林：匈奴八月秋会处。　⑤课校人畜计：考核计算人畜的数目。计：数目。　⑥其法：习惯法。⑦拔刃尺者死：有意向杀人，拔刀出鞘一尺者，也要处死。　⑧坐盗者没入其家：犯盗窃罪的人，没收其家属、财产。　⑨轧：用力刺面。　⑩"拜日"二句：匈奴拜日月，在蒙古人民共和国后杭爱省呼尼河的匈奴墓中，考古发现棺椁壁上钉有日月金片为饰，可证拜日月之俗。始生：初生，刚刚生起。　⑪长左：即尚左，与中国俗尚右相反，以左为尊，单于坐位南向，因尚左，而使尊者在左，故左为东方，左贤王驻牧东方地。　⑫北向日：正位在北方，南向而坐，称北向日，即坐北南向日也。匈奴地在漠北，北回归线在其南，匈奴崇向日月必南向。《正义》在"北向"下断句，释匈奴坐位北向，若北向，左为西而不在东，误也。　⑬上戊己：崇尚戊曰、己日，而尊数为五。上：通"尚"。戊己在十干中居中，为中央，中央为土，为数五。上戊己，是崇尚五，尚中。这些习俗反映了匈奴与夏文化的渊源。戊己为五，故匈奴名王有五，各为左右为十角，恰与十支相配，又为崇尚中央土。所以在商代，匈奴称为土方。按：以上其坐等四句串释如下：匈奴人的坐位，崇尚左为尊，正位坐北而南向，以居中数为五的戊己日为良辰。　⑭无封树：不起坟墓。封：堆土为坟。树：植树在坟旁以为标志。　⑮月盛壮则攻战：匈奴候月将满，则为寇抄。　⑯冒敌：进犯攻敌。　⑰浑庾等国：诸国皆漠北古族。

（以上为第一段，写匈奴的历史渊源，匈奴的社会习俗和组织，以及秦汉之际，冒顿统一匈奴。）

是时汉初定中国，徙韩王信于代，都马邑①。匈奴大攻围马邑，韩王信降匈奴。匈奴得信，因引兵南逾勾注，攻太原，至晋阳下②。高帝自将兵往击之。会冬大寒雨雪，卒之堕指者十二三，于是冒顿佯败走，诱汉兵。汉兵逐击冒顿，冒顿匿其精兵，见其羸弱，于是汉悉兵③，多步兵，三十二万，北逐之。高帝先至平城④，步兵未尽到，冒顿纵精兵四十万骑围高帝于白登⑤，七日，汉兵中外不得相救饷。匈奴骑，其西方尽白马，东方尽青骐马⑥，北方尽乌骊马⑦，南方尽骍马⑧。高帝乃使使间厚遗阏氏，阏氏乃谓冒顿曰："两主不相困。今得汉地，而单于终非能居之也。且汉王亦有神，单于察之。"冒顿与韩王信之将王黄、赵利期，而黄、利兵又不来，疑其与汉有谋，亦取阏氏之言，乃解围之一角。于是高帝令士皆持满傅矢外向，从解角直出⑨，竟与大军合，而冒顿遂引兵而去。汉亦引兵而罢，使刘敬结和亲之约。

【注释】 ①马邑：在今山西省朔州市。　②晋阳：县名，为汉太原郡治，在今山西省太原市西南。　③汉悉兵：汉兵全部出动逐敌，中了冒顿之计。　④平城：在今山西省大同市东。平城之役在高帝七年，即公元前200年。　⑤白登：山名，在平城东。　⑥骐马：杂色马，面白，身黑。　⑦乌骊马：黑色马。　⑧骍马：红黄色马。　⑨"高帝令士"二句：高帝下令，所有士兵都拉满弓，向外从匈奴解开的一角直冲而出。傅：同"附"，搭上了箭。

是后韩王信为匈奴将，及赵利、王黄等数背约，侵盗代、云中。居无几何，陈豨反，又与韩信合谋击代。汉使樊哙往击之，复拔代、雁门、云中郡县，不出塞。是时匈奴以汉将众往降，故冒顿常往来侵盗代地。于是汉患之，高帝乃使刘敬奉宗室女公主为单于阏氏，岁奉匈奴絮缯酒米食物各有数①，约为昆弟以和亲②，冒顿乃少止③。后燕王卢绾反，率其党数千人降匈奴，往来苦上谷以东。

高祖崩，孝惠、吕太后时，汉初定，故匈奴以骄。冒顿乃为书遗高后，妄言④。高后欲击之，诸将曰⑤："以高帝贤武，然尚困于平城。"于是高后乃止，复与匈奴和亲。

至孝文帝初立，复修和亲之事。其三年五月⑥，匈奴右贤王入居河南地，侵盗上郡堡塞蛮夷⑦，杀略人民。于是孝文帝诏丞相灌婴发车骑八万五千，诣高奴⑧，击右贤王。右贤王走出塞，文帝幸太原。是时济北王反⑨，文帝归，罢丞相击胡之兵。

【注释】 ①奉：进献。絮缯：丝帛织品之总称。 ②约为昆弟：汉、匈结约为兄弟之国。 ③少止：稍稍有所收敛。 ④妄言：发狂言。《汉书·匈奴传》载冒顿遗高后书曰："孤偾之君，生于沮泽之中，长于平野牛马之域，数至边境，愿游中国。陛下独立，孤偾独居。两主不乐，无以自虞，愿以所有，易其所无。" ⑤诸将曰：据《季布栾布列传》及《汉书·匈奴传》，谏吕后者为季布，此说官诸将。 ⑥三年：汉文帝三年，即公元前177年。 ⑦塞蛮夷：归服汉朝的夷戎。 ⑧高奴：县名，在今陕西省榆林市东南。 ⑨济北王：刘兴居。

其明年①，单于遗汉书曰："天所立匈奴大单于敬问皇帝无恙。前时皇帝言和亲事，称书意，合欢②。汉边吏侵侮右贤王，右贤王不请，听后义卢侯难氏等计③，与汉吏相拒，绝二主之约，离兄弟之亲。皇帝让书再至，发使以书报，不来，汉使不至，汉以其故不和，邻国不附。今以小吏之败约故，罚右贤王，使之西求月氏击之，以天之福，吏卒良，马强力，以夷灭月氏，尽斩杀降下之。定楼兰、乌孙、呼揭及其旁二十六国④，皆以为匈奴⑤。诸引弓之民，并为一家。北州已定，愿寝兵休士卒养马，除前事，复故约，以安边民，以应始古，使少者得成其长，老者安其处，世世平乐。未得皇帝之志也，故使郎中系雩浅奉书请⑥，献橐他一匹，骑马二匹，驾二驷⑦。皇帝即不欲匈奴近塞，则且诏吏民远舍。使者至，即遣之。"以六月中来至薪望之地⑧。书至，汉议击与和亲孰便。公卿皆曰："单于新破月氏，乘胜，不可击。且得匈奴地，泽卤⑨，非可居也。和亲甚便。"汉许之。

【注释】 ①其明年：汉文帝四年，即公元前176年。 ②称书意：符合信中的旨意。合欢：双方都高兴，即符合汉、匈两国的意愿。 ③难氏：匈奴将名。 ④楼兰：即鄯善，在今新疆维吾尔自治区罗布泊南。乌孙：古族名，在敦煌祁连间，被匈奴逼迫而西移至伊犁河以西。呼揭：在敦煌东北。 ⑤皆以为匈奴：全都并入匈奴。至此，匈奴全据河西地，并臣服西域。 ⑥系雩（yú）浅：人名。匈奴大臣，系秦臣，曾任郎中，没入匈奴。 ⑦"献橐他"句：奉献骆驼一匹，骑马二匹，驾车马二驷八匹。他：读"佗"。 ⑧薪望：边塞地名。 ⑨泽卤：盐碱地。水中含卤，不宜耕种。

孝文皇帝前六年①，汉遗匈奴书曰："皇帝敬问匈奴大单于无恙。使郎中系雩浅遗朕书曰：'右贤王不请，听后义卢侯难氏等计，绝二主之约，离兄弟之亲，汉以故不和，邻国不附。今以小吏败约，故罚右贤王使西击月氏，尽定之。愿寝兵休士卒养马，除前事，复故约，以安边民，使少者得成其长，老者安其处，世世平乐。'朕甚嘉之，此古圣主之意也。汉与匈奴约为兄弟，所以遗单于甚厚。背约离兄弟之亲者，常在匈奴。然右贤王事已在赦前，单于勿深诛②。单于若称书意，明告诸吏，使无负约，有信，敬如单于书。使者言单于自将伐国有功，甚苦兵事。服绣袷绮衣③、绣袷长襦④、锦袷袍各一，比余一⑤，黄金饰具带一⑥，黄金胥纰一⑦，绣十匹，锦三十匹，赤绨⑧、绿缯各四十匹，使中大夫意、谒者令肩遗单于。"后顷之，冒顿死，子稽粥立⑨，号曰老上单于。

【注释】 ①孝文皇帝前六年：公元前174年。 ②勿深诛：不必过分地责备。 ③服：皇帝所服之衣。绣袷绮衣：绣表绮里的夹衣。袷：夹衣。 ④长襦：长袄。 ⑤比余：胡语，精制梳子。 ⑥黄金饰具带一：黄金装饰的腰带一件。 ⑦黄金胥纰：胡语，黄金带钩。 ⑧赤绨：厚缯。 ⑨稽粥（yù）：老上单于名。

老上稽粥单于初立，孝文皇帝复遣宗室女公主为单于阏氏，使宦者燕人中行说傅公主。说不欲行，汉强使之。说曰："必我行也，为汉患者。"中行说既至，因降单于，单于甚亲幸之。

初，匈奴好汉缯絮食物，中行说曰："匈奴人众不能当汉之一郡，然所以强者，以衣食异，无仰于汉也①。今单于变俗好汉物，汉物不过什二，则匈奴尽归于汉矣。其得汉缯絮，以驰草棘中，衣袴皆裂敝，以示不如旃裘之完善也。得汉食物皆去之，以示不如湩酪之便美也②。"于是说教单于左右疏记③，以计课其人众畜物④。

【注释】 ①仰：依赖。 ②湩（dòng）酪：乳制品。湩：乳汁。 ③疏记：文字书记。 ④课：统计。

汉遗单于书，牍以尺一寸，辞曰"皇帝敬问匈奴大单于无恙"，所遗物及言语云云。中行说令单于遗汉书以尺二寸牍，及印封皆令广大长，倨傲其辞曰"天地所生日月所置匈奴大单于敬问汉皇帝无恙"，所以遗物言语亦云云①。

【注释】 ①"中行说"四句：中行说唆使单于傲慢，汉朝给匈奴单于的信简为一尺一寸长，匈奴回信简用一尺二寸长，信的开头又加上"天地所生，日月所置匈奴大单于"这样的话头。印封：官印、封泥。广大长：匈奴回书汉朝所用木简，比应有规格加宽，加大、加长。倨傲：傲慢不恭。

汉使或言曰："匈奴俗贱老。"中行说穷汉使曰："而汉俗屯戍从军当发者，其老亲岂有不自脱温厚肥美以赍送饮食行戍乎？"汉使曰："然。"中行说曰："匈奴明以战攻为事，其老弱不能斗，故以其肥美饮食壮健者，盖以自为守卫，如此父子各得久相保，何以言匈奴轻老也？"汉使曰："匈奴父子乃同穹庐而卧①。父死，妻其后母；兄弟死，尽娶其妻妻之。无冠带之饰，阙庭之礼。"中行说曰："匈奴之俗，人食畜肉，饮其汁，衣其皮；畜食草饮水，随时转移。故其急则人习骑射，宽则人乐无事，其约束轻，易行也。君臣简易，一国之政犹一身也。父子兄弟死，娶其妻妻之，恶种姓之失也。故匈奴虽乱，必立宗种。今中国虽佯不取其父兄之妻②，亲属益疏则相杀，至乃易姓，皆从此类。且礼义之敝，上下交怨望，而室屋之极，生力必屈③。夫力耕桑以求衣食，筑城郭以自备，故其民急则不习战功，缓则疲于作业④。嗟土室之人，顾无多辞，令喋喋而佔佔，冠固何当⑤？"

【注释】 ①"匈奴父子"句：同帐篷而卧，父子男女不别居也。穹庐：帐篷。 ②佯：虚伪，表面上不娶父兄之妻。 ③生力必屈：指中国营建室屋，把人的精力耗尽。 ④作业：各种劳作。 ⑤"嗟土室之人"四句：唉，你们这些住土石房屋的人，要再多费口舌，即使你们喋喋善言，沾沾自喜，戴着帽子，有什么用处。喋喋：轻浮自矜。佔佔：旧注为衣裳貌，即衣冠楚楚，与下文"冠"字重复，今不取。佔佔应为"沾沾"之借字。

自是之后，汉使欲辩论者，中行说辄曰："汉使无多言，顾汉所输匈奴缯絮米蘖，令其量中①，必善美而已矣②，何以为言乎？且所给备善则已；不备，苦恶③，则候秋熟④，以骑驰蹂而稼穑耳。"日夜教单于候利害处⑤。

【注释】 ①量中：数量要够。 ②善美：质量要好。 ③不备，苦恶：数量少，质量差。 ④秋熟：秋收时节。 ⑤候利害处：侦伺有利于入侵的地方。汉文帝十一年（公元前169年），匈奴入狄道。十四年大入朝那、萧关。

汉孝文皇帝十四年，匈奴单于十四万骑入朝那、萧关，杀北地都尉印①，虏人民畜产甚多，遂至彭阳②。使奇兵入烧回中宫③，候骑至雍甘泉④。于是文帝以中尉周舍、郎中令张武为将军，发车千乘，骑十万，军长安旁以备胡寇。而拜昌侯卢卿为上郡将军，宁侯魏遫为北地将军，隆虑侯周灶为陇西将军，东阳侯张相如为大将军，成侯董赤为前将军，大发车骑往击胡。单于留塞内月余乃去，汉逐出塞即还，不能有所杀。匈奴日已骄，岁入边，杀掠人民畜产甚多，云中、辽东最甚，至代郡万余人。汉患之，乃使使遗匈奴书。单于亦使当户报谢，复言和亲事。

【注释】 ①印：孙印。 ②彭阳：县名，在今甘肃省镇原县东。 ③回中宫：在今陕西省陇县西北。 ④候骑：匈奴的侦骑，深入至甘泉。

孝文帝后二年①，使使遗匈奴书曰：

皇帝敬问匈奴大单于无恙。使当户且居雕渠难②、郎中韩辽遗朕马二匹，已至，敬受。先帝制：长城以北，引弓之国，受命单于；长城以内，冠带之室，朕亦制之。使万民耕织射猎衣食，父子无离，臣主相安，俱无暴逆。今闻渫恶民贪降其进取之利③，背义绝约，忘万民之命，离两主之欢，然其事已在前矣。书曰："二国已和亲，两主欢悦，寝兵休卒养马④，世世昌乐，阒然更始⑤。"朕甚嘉之，圣人者日新，改作更始，使老者得息，幼者得长，各保其首领而终其天年。朕与单于俱由此道，顺天恤民，世世相传，施之无穷，天下莫不咸便。汉与匈奴邻国之敌，匈奴处北地，寒，杀气早降⑥，故诏吏遗单于秫糵金帛丝絮佗物岁有数⑦。今天下大安，万民熙熙，朕与单于为之父母。朕追念前事⑧，薄物细故⑨，谋臣计失，皆不足以离兄弟之欢。朕闻天下不颇覆，地不偏载。朕与单于皆捐往细故⑩，俱蹈大道，堕坏前恶⑪，以图长久，使两国之民若一家子。元元万民，下及鱼鳖，上及飞鸟，跂行喙息蠕动之类⑫，莫不就安利而避危殆。故来者不止⑬，天之道也。俱去前事：朕释逃虏民，单于无言章尼等⑭。朕闻古之帝王，约分明而无食言。

单于留志⑮，天下大安，和亲之后，汉过不先⑯。单于其察之。

【注释】 ①孝文帝后二年：公元前 162 年。 ②且居：即且渠，官号。雕渠难：人名。 ③渫恶民：即邪恶民。 ④寝兵：收起兵器，即停止战争。 ⑤阗然：翕然，和好的样子。 ⑥杀气：寒气。 ⑦秫(shú)：谷物。糵：酒糵，指酒浆。 ⑧前事：往事。 ⑨细故：小事故，小误会。 ⑩捐：抛开，不去计较。 ⑪堕坏前恶：消除以往的怨恨。 ⑫跂(qí)行：走兽。喙息蠕动：爬行昆虫。 ⑬来者不止：只要来归服的，就不加阻止。 ⑭章尼：文帝释放的匈奴逃民人名。 ⑮单于留志：单于要留心记住和约。 ⑯汉过不先：汉朝决不先背约。

单于既约和亲，于是制诏御史曰①："匈奴大单于遗朕书，言和亲已定，亡人不足以益众广地，匈奴无入塞，汉无出塞，犯今约者杀之，可以久亲，后无咎，俱便②。朕已许之。其布告天下，使明知之。"

【注释】 ①制诏御史：皇帝下制书诏令给御史。汉代诏书执行的程序，由皇帝下达御史，御史转丞相执行。 ②后无咎，俱便：以后臣民再不要挑起边境事端，对汉、匈两国都有好处。

后四岁①，老上稽粥单于死，子军臣立为单于。既立，孝文皇帝复与匈奴和亲。而中行说复事之。

【注释】 ①后四岁：据《汉书》，应为后一岁。下文"既立"下，徐广曰"后元三年立"。这次汉和约在"后二年"，距"后元三年"为一岁也。

军臣单于立四岁①，匈奴复绝和亲，大入上郡、云中各三万骑，所杀掠甚众而去。于是汉使三将军军屯北地，代屯勾注，赵屯飞狐口，缘边亦各坚守以备胡寇。又置三将军，军长安西细柳、渭北棘门、霸上以备胡②。胡骑入代勾注边，烽火通于甘泉、长安。数月，汉兵至边，匈奴亦去远塞，汉兵亦罢。后岁余，孝文帝崩，孝景帝立，而赵王遂乃阴使人于匈奴。吴楚反③，欲与赵合谋入边。汉围破赵，匈奴亦止。自是之后，孝景帝复与匈奴和亲，通关市，给遗匈奴，遣公主，如故约。终孝景时，时小入盗边，无大寇。

【注释】 ①军臣单于立四岁：据《汉书》"四岁"当作"一岁"，当汉文帝后六年，即公元前158年。是年冬，匈奴绝和亲，入上郡、云中。 ②"又置三将军"二句：《汉书·文帝纪》载汉兵部署：将军张武屯北地，故楚相苏意为将军屯勾注，中大夫令免为将军屯飞狐，为第一线。又以河内太守周亚夫为将军次细柳，宗正刘礼为将军次霸上，祝兹侯徐厉为将军次棘门，拱卫京师，为第二线。飞狐口在代郡常山关。置：设置防线。　③吴楚反：吴楚七国之乱，在景帝三年，即公元前154年。

（以上为第二段，写汉初和亲，匈奴百约百叛，时时犯边。）

今帝即位①，明和亲约束②，厚遇③，通关市④，饶给之。匈奴自单于以下皆亲汉，往来长城下。

【注释】　①今帝：指汉武帝。　②明：申明。　③厚遇：优待匈奴，加重赠匈奴的财物。　④通关市：在边境设立两国互市。

汉使马邑下人聂翁壹奸兰出物与匈奴交①，佯为卖马邑城以诱单于。单于信之，而贪马邑财物，乃以十万骑入武州塞②。汉伏兵三十余万马邑旁，御史大夫韩安国为护军，护四将军以伏单于③。单于既入汉塞，未至马邑百余里，见畜布野而无人牧者，怪之，乃攻亭。是时雁门尉史行徼④，见寇，保此亭，知汉兵谋，单于得，欲杀之，尉史乃告单于汉兵所居。单于大惊曰："吾固疑之。"乃引兵还。出曰："吾得尉史，天也，天使若言。"以尉史为"天王"。汉兵约单于入马邑而纵⑤，单于不至，以故汉兵无所得。汉将军王恢部出代击胡辎重，闻单于还，兵多，不敢出。汉以恢本造兵谋而不进，斩恢。自是之后，匈奴绝和亲，攻当路塞⑥，往往入盗于汉边，不可胜数。然匈奴贪，尚乐关市，嗜汉财物，汉亦尚关市不绝以中之⑦。

【注释】　①奸兰出物：犯禁令走私输物。奸：犯。兰：同"栏"，关口。交：交易。②武州塞：在今山西省左云县。　③护四将军：节制统率四将军。四将军为：骁骑将军李广、轻车将军公孙贺、将屯将军王恢、材官将军李息。　④行徼：巡行边塞。　⑤纵：全线出击，围奸匈奴。　⑥攻当路塞：攻击要道上的边塞。　⑦尚：重视。《汉书》作"通"。中：迎合，诱饵羁縻。

自马邑军后五年之秋，汉使四将军各万骑击胡关市下①。将军卫青出上谷，至茏城，得胡首虏七百人。公孙贺出云中，无所得。公孙敖出代郡，为胡所败七千余人。李广出雁门，为胡所败，而匈奴生得广，广后得亡归。汉囚敖、广，敖、广赎为庶人。其冬，匈

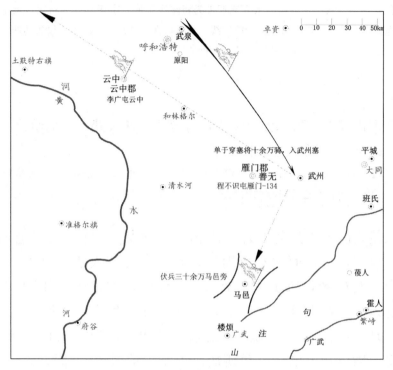

汉军马邑设伏

奴数入盗边，渔阳尤甚。汉使将军韩安国屯渔阳备胡。其明年秋，匈奴二万骑入汉，杀辽西太守，掠二千余人。胡又入败渔阳太守军千余人，围汉将军安国，安国时千余骑亦且尽，会燕救至②，匈奴乃去。匈奴又入雁门，杀掠千余人。于是汉使将军卫青将三万骑出雁门，李息出代郡，击胡③。得首虏数千人。其明年，卫青复出云中以西至陇西，击胡之楼烦、白羊王于河南，得胡首虏数千，牛羊百余万④。于是汉遂取河南地，筑朔方，复缮故秦时蒙恬所为塞，因河为固。汉亦弃上谷之什辟县造阳地以予胡⑤。是岁，汉之元朔二年也。

【注释】 ①"自马邑军"二句：汉设谋马邑在元光二年，五年之后，即元光六年（公元前129年），卫青、公孙敖、公孙贺、李广四将军分路击匈奴。 ②会燕救至：适逢燕国的救兵赶到。燕：指燕王刘定国，刘泽之孙。 ③"匈奴又"等句：事在元朔元年，即公元前128年。 ④"其明年"六句：事在元朔二年，即公元前127年，汉收复河南地，取得对匈战争的第一次大胜利。 ⑤什辟（shíbì）县：孤悬而偏远之县，军事术语，谓之突出部，突出在敌境之地。造阳：县名，在今河北省怀来县。

其后冬，匈奴军臣单于死。军臣单于弟左谷蠡王伊稚斜自立为单于，攻破军臣单于太子于单。于单亡降汉，汉封于单为涉安侯，数月而死。

伊稚斜单于既立，其夏，匈奴数万骑入杀代郡太守恭友，掠千余人。其秋，匈奴又入雁门，杀掠千余人。其明年，匈奴又复入代郡、定襄①、上郡，各三万骑，杀掠数千人。匈奴右贤王怨汉夺之河南地而筑朔方，数为寇，盗边，及入河南，侵扰朔方，杀掠吏民甚众。

【注释】 ①定襄：郡名。其郡辖地当今内蒙古自治区呼和浩特市以东、以南地，郡治成乐，在今内蒙古自治区和林格尔县北。

其明年春①，汉以卫青为大将军，将六将军②，十余万人，出朔方、高阙击胡。右贤王以为汉兵不能至，饮酒醉，汉兵出塞六七百里，夜围右贤工。右贤王大惊，脱身逃走，诸精骑往往随后去。汉得右贤王众男女万五千人，裨小王十余人。其秋，匈奴万骑入杀代郡都尉朱英，掠千余人。

【注释】 ①明年春：指元朔五年春，即公元前 124 年春。 ②"汉以卫青"二句：卫青为大将军，率六将军击匈奴，事在元朔五年，即公元前 124 年。六将军：苏建、李沮、公孙贺、李蔡、李息、张次公。

其明年春①，汉复遣大将军卫青将六将军，兵十余万骑，乃再出定襄数百里击匈奴②，得首虏前后凡万九千余级，而汉亦亡两将军，军三千余骑。右将军建得以身脱，而前将军翕侯赵信兵不利，降匈奴。赵信者，故胡小王，降汉，汉封为翕侯，以前将军与右将军并军分行③，独遇单于兵，故尽没，单于既得翕侯，以为自次王④，用其姊妻之，与谋汉。信教单于益北绝漠⑤，以诱疲汉兵，徼极而取之⑥，无近塞。单于从其计。其明年，胡骑万人入上谷，杀数百人。

【注释】 ①其明年春：元朔六年，即公元前 123 年。此役实为元朔五年出击的持续。因上年出击未遇匈奴，暂时休士于边，于此再次突然出击。由于匈奴置大军于漠北，汉军不能深入漠北，战绩不大。 ②乃：《汉书》作"仍"，与《平准书》同。仍：频也。 ③并军分行：赵信为前将军，苏建为右将军，两军合兵为一路，但分道而出，赵信军独遇匈奴。

④自次王：仅次于单于之下。　⑤益北绝漠：更加向北退避在绝远的沙漠之后。　⑥"以诱"二句：引诱汉兵出击，使汉兵渡沙漠而疲惫，然后在有利地势拦击汉军而歼之。徼：拦击。极：在绝地，置汉军于绝死之地。取之：歼之。

　　其明年春①，汉使骠骑将军去病将万骑出陇西，过焉支山千余里②，击匈奴，得胡首虏万八千余级③，破得休屠王祭天金人。其夏，骠骑将军复与合骑侯数万骑出陇西④、北地二千里，击匈奴。过居延，攻祁连山⑤，得胡首虏三万余人，裨小王以下七十余人。是时匈奴亦来入代郡、雁门，杀掠数百人。汉使博望侯及李将军广出右北平⑥，击匈奴左贤王。左贤王围李将军，卒可四千人，且尽，杀虏亦过当。会博望侯军救至，李将军得脱。汉失亡数千人，合骑侯后骠骑将军期，及与博望侯皆当死，赎为庶人。

　　其秋，单于怒浑邪王、休屠王居西方为汉所杀虏数万人，欲召诛之。浑邪王与休屠王恐，谋降汉，汉使骠骑将军往迎之。浑邪王杀休屠王，并将其众降汉。凡四万余人，号十万。于是汉已得浑邪王，则陇西、北地、河西益少胡寇，徙关东贫民处所夺匈奴河南、新秦中以实之⑦，而减北地以西戍卒半。其明年，匈奴入右北平、定襄各数万骑，杀掠千余人而去。

【注释】　①其明年：元狩二年，即公元前121年，霍去病再出河西，击走匈奴，这是汉军取得的第二次大胜利，开辟了河西。　②焉支山：又作燕支山、胭脂山，在今甘肃省山丹县东南。　③万八千余级：《骠骑列传》作"八千余级"。"万"字为衍文。　④合骑侯：公孙敖。　⑤居延：泽名，在今内蒙古自治区额济纳旗，当甘肃省酒泉市北。汉开拓河西，在此地置居延县，列亭障以御匈奴。祁连山：此指张掖以南的山地。匈奴语，祁连山为天山。　⑥博望侯：张骞。　⑦新秦中：犹言新关中，地区名，即"河南地"，其地在朔方郡，当今内蒙古自治区河套地区。

　　其明年春①，汉谋曰"翕侯信为单于计，居漠北，以为汉兵不能至"。乃粟马②，发十万骑，私负从马凡十四万匹③，粮重不与焉④。令大将军青、骠骑将军去病中分军⑤，大将军出定襄，骠骑将军出代，咸约绝漠击匈奴⑥。单于闻之，远其辎重，以精兵待于幕北。与汉大将军接战一日，会暮，大风起，汉兵纵左右翼围单于。单于自度战不能如汉兵，单于遂独身与壮骑数百溃汉围西北遁走。汉兵夜追不得。行斩捕匈奴首虏万九千级，北至寘颜山赵信城而还[7]。

【注释】 ①其明年：元狩四年，即公元前119年，汉匈主力决战于漠北，汉军获第三次大胜利，此役是一场军事上的决定性胜利。 ②粟马：以粟养马，使之壮。 ③私负从：自愿军以及各将的亲兵家将之马四万匹，合政府军十万匹，共十四万匹。 ④粮重不与焉：负责后勤粮食辎重的人马还没有计算在内。据《卫将军骠骑列传》载，"步兵转者踵军数十万"。 ⑤中分军：平均分兵，各率五万骑。 ⑥绝漠击匈奴：穿过沙漠击匈奴。 ⑦寘（tián）颜山：今蒙古国之杭爱山。

单于之遁走，其兵往往与汉兵相乱而随单于。单于久不与其大众相得，其右谷蠡王以为单于死，乃自立为单于。真单于复得其众，而右谷蠡王乃去其单于号，复为右谷蠡王。

汉骠骑将军之出代二千余里，与左贤王接战，汉兵得胡首虏凡七万余级，左贤王将皆遁走。骠骑封于狼居胥山，禅姑衍，临翰海而还[1]。

【注释】 ①封：祭天。狼居胥山：在今蒙古国首都乌兰巴托市东。姑衍：山名，在狼居胥山西北。翰海：大沙漠。旧注谓北海，即今俄罗斯境内之贝加尔湖。

是后匈奴远遁，而漠南无王庭。汉渡河自朔方以西至令居[1]，往往通渠置田，官吏卒五六万人，稍蚕食，地接匈奴以北[2]。

【注释】 ①令居：塞名，置县，在今甘肃省永登县西北。武帝置令居塞，隔断羌胡交通，为河西走廊上东端要塞。 ②地接匈奴以北：汉境接匈奴漠南旧地以北。

初，汉两将军大出围单于，所杀虏八九万，而汉士卒物故亦数万[1]，汉马死者十余万。匈奴虽病，远去，而汉亦马少，无以复往。匈奴用赵信之计，遣使于汉，好辞请和亲。天子下其议，或言和亲，或言遂臣之。丞相长史任敞曰："匈奴新破，困，宜可使为外臣，朝请于边。"汉使任敞于单于。单于闻敞计，大怒，留之不遣。先是汉亦有所降匈奴使者，单于亦辄留汉使相当。汉方复收士马[2]，会骠骑将军去病死，于是汉久不北击胡[3]。

【注释】 ①物故：死亡。 ②复收士马：重新组建的骑兵团。 ③"会骠骑将军"二句：霍去病死，没有敢深入之统帅，故不再渡漠北。

数岁，伊稚斜单于立十三年死[1]，子乌维立为单于。是岁，汉元鼎三年也。乌维单于立，而汉天子始出巡郡县。其后汉方南诛两越②，不击匈奴，匈奴亦不侵入边。

乌维单于立三年，汉已灭南越，遣故太仆贺将万五千骑出九原二千余里，至浮苴井而还③，不见匈奴一人。汉又遣故从骠侯赵破奴万余骑出令居数千里，至匈河水而还④，亦不见匈奴一人。

【注释】 ①立十三年：公元前 126 年至前 114 年。 ②两越：即广东之南越和福建之东越。 ③浮苴井：匈奴地名，距九原两千里。 ④匈河水：距令居千里。

是时天子巡边①，至朔方，勒兵十八万骑以见武节②，而使郭吉讽告单于③。郭吉既至匈奴，匈奴主客问所使④，郭吉礼卑言好，曰："吾见单于而口言⑤。"单于见吉，吉曰："南越王头已悬于汉北阙。今单于即能前与汉战，天子自将兵待边；单于即不能，即南面而臣于汉。何徒远走，亡匿于漠北寒苦无水草之地，毋为也。"语卒而单于大怒，立斩主客见者，而留郭吉不归，迁之北海上⑥。而单于终不肯为寇于汉边，休养息士马，习射猎，数使使于汉，好辞甘言求请和亲。

【注释】 ①天子巡边：汉武帝勒兵巡边至朔方，事在元封元年，即公元前 110 年。 ②勒兵：统率军队。见武节：显示军威。 ③讽告：婉言劝告。 ④主客：匈奴之外交官。问所使：问汉之使郭吉。 ⑤口言：亲口说。 ⑥北海：今俄罗斯之贝加尔湖。

汉使王乌等窥匈奴。匈奴法，汉使非去节而以墨黥其面者不得入穹庐。王乌，北地人，习胡俗，去其节，黥面，得入穹庐。单于爱之，佯许甘言，为遣其太子入汉为质，以求和亲。

汉使杨信于匈奴。是时汉东拔秽貉、朝鲜以为郡，而西置酒泉郡以隔绝胡与羌通之路。汉又西通月氏、大夏，又以公主妻乌孙王①，以分匈奴西方之援国。又北益广田至眩雷为塞②，而匈奴终不敢以为言。是岁，翁侯信死，汉用事者以匈奴为已弱，可臣从也。杨信为人刚直倔强，素非贵臣，单于不亲。单于欲召入，不肯去节，单于乃坐穹庐外见杨信。杨信既见单于，说曰："即欲和亲，以单于太子为质于汉。"单于曰："非故约。故约，汉常遣翁主，给缯絮食物有品③，以和亲，而匈奴亦不扰边。今乃欲返古，令吾太

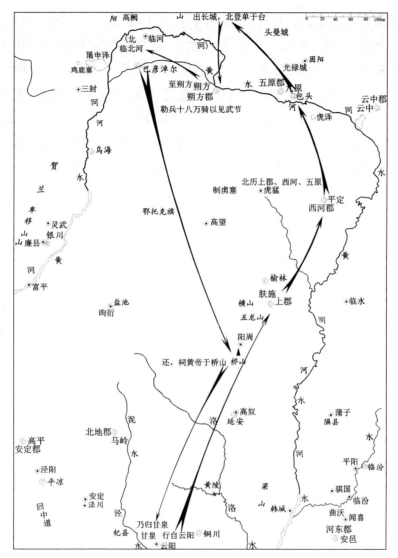

元封元年武帝巡边，北出长城示威匈奴

子为质，无几矣④。"匈奴俗，见汉使非中贵人，其儒先，以为欲
说⑤，折其辩；其少年，以为欲刺，折其气。每汉使入匈奴，匈奴
辄报偿。汉留匈奴使，匈奴亦留汉使，必得当乃肯止。

【注释】　①月氏：指西迁阿姆河的大月氏。大夏：在今阿富汗北部。乌孙：西迁赤
谷城的乌孙。汉通西域，事详《大宛列传》。　②胘雷：在乌孙北。　③有品：有一定的
等差数量。　④无几矣：这是没有希望的，即不能同意。几：同"冀"，期望。　⑤儒先：
《汉书》作"儒生"，是。

杨信既归，汉使王乌，而单于复谄以甘言①，欲多得汉财物，绐谓王乌曰："吾欲入汉见天子，面相约为兄弟。"王乌归报汉，汉为单于筑邸于长安。匈奴曰："非得汉贵人使，吾不与诚语②。"匈奴使其贵人至汉，病，汉予药，欲愈之，不幸而死。而汉使路充国佩二千石印绶往使，因送其丧，厚葬值数千金③，曰："此汉贵人也。"单于以为汉杀吾贵使者，乃留路充国不归。诸所言者，单于特空绐王乌，殊无意入汉及遣太子来质。于是匈奴数使奇兵侵犯边。汉乃拜郭昌为拔胡将军，及浞野侯屯朔方以东④，备胡。路充国留匈奴三岁，单于死。

【注释】 ①谄：假意殷勤。 ②不与诚语：不和他（汉使）说实话。 ③厚葬值数千金：汉馈赠的葬礼币物值数千金。 ④浞野侯：赵破奴。

乌维单于立十岁而死，子乌师庐立为单于。年少，号为儿单于。是岁元封六年也。自此之后，单于益西北①，左方兵直云中，右方直酒泉、敦煌郡。

【注释】 ①单于益西北：匈奴更加向西北转移。

儿单于立，汉使两使者，一吊单于，一吊右贤王，欲以乖其国①。使者入匈奴，匈奴悉将致单于②。单于怒而尽留汉使。汉使留匈奴者前后十余辈，而匈奴使来，汉亦辄留相当。

【注释】 ①吊：吊唁。乖：离间。 ②致：送。

是岁，汉使贰师将军广利西伐大宛①，而令因杆将军敖筑受降城②。其冬，匈奴大雨雪，畜多饥寒死。儿单于年少，好杀伐，国人多不安。左大都尉欲杀单于，使人间告汉曰："我欲杀单于降汉，汉远，即兵来迎我，我即发。"初，汉闻此言，故筑受降城，犹以为远。

【注释】 ①伐大宛：汉伐大宛在太初元年，即公元前 104 年。 ②因杆将军：公孙敖。受降城：在今内蒙古自治区乌拉特中后旗东。

其明年春①，汉使浞野侯破奴将二万余骑出朔方西北二千余里，期至浚稽山而还②。浞野侯既至期而还，左大都尉欲发而觉，单于诛之，发左方兵击浞野。浞野侯行捕首虏得数千人。还，未至受降城四百里，匈奴兵八万骑围之。浞野侯夜自出求水，匈奴间捕③，生得浞野侯，因急击其军。军中郭纵为护，维王为渠④，相与谋曰："及诸校尉畏亡将军而诛之，莫相劝归。"军遂没于匈奴。匈奴儿单于大喜，遂遣奇兵攻受降城。不能下，乃寇入边而去。其明年，单于欲自攻受降城，未至，病死。

【注释】 ①其明年：太初二年，即公元前103年。 ②浚稽山：在今蒙古人民共和国境内阿尔泰山脉中段。 ③间捕：在交战空隙间捕得，即无意中捕得。 ④渠：帅。

儿单于立三岁而死。子年少，匈奴乃立其季父乌维单于弟右贤王呴犁湖为单于。是岁太初三年也。

呴犁湖单于立，汉使光禄徐自为出五原塞数百里①，远者千余里，筑城鄣列亭至庐朐②，而使游击将军韩说、长平侯卫伉屯其旁，使强弩都尉路博德筑居延泽上。

【注释】 ①五原塞：据《正义》注，即五原郡榆林塞，在今内蒙古自治区托克托县西。 ②鄣：边城。亭：候望所。庐朐：匈奴地名，山名，据《正义》引《汉书·地理志》所述，当在受降城东北。

其秋，匈奴大入定襄、云中，杀掠数千人，败数二千石而去，行破坏光禄所筑城列亭鄣①。又使右贤王入酒泉、张掖，掠数千人。会任文击救②，尽复失所得而去。是岁，贰师将军破大宛，斩其王而还③。匈奴欲遮之④，不能至。其冬，欲攻受降城，会单于病死。

【注释】 ①光禄：指光禄大夫徐自为。 ②任文：汉将名。 ③斩其王而还：贰师征大宛还，事在太初四年，即公元前101年。 ④遮：阻截。

呴犁湖单于立一岁死。匈奴乃立其弟左大都尉且鞮侯为单于。

汉既诛大宛，威震外国。天子意欲遂困胡，乃下诏曰："高皇帝遗朕平城之忧，高后时单于书绝悖逆。昔齐襄公复九世之仇，《春秋》大之①。"是岁太初四年也。

【注释】 ①《春秋》大之：《春秋》高度赞扬齐襄公报复九世之仇的正义行为。《春秋》，此指《春秋公羊传》，庄公四年传曰："九世犹可以复仇乎？虽百世可也。"大之，大加称赞。

且鞮侯单于既立，尽归汉使之不降者。路充国等得归。单于初立，恐汉袭之，乃自谓"我儿子，安敢望汉天子！汉天子，我丈人行也①。"汉遣中郎将苏武厚币赂遗单于。单于益骄，礼甚倨②，非汉所望也。其明年，浞野侯破奴得亡归汉。

【注释】 ①"我儿子"四句：我这个小孩子，怎敢和汉天子相比！汉天子是我的老前辈。行（háng）：辈。 ②倨：倨傲怠慢。

其明年，汉使贰师将军广利以三万骑出酒泉，击右贤王于天山①，得胡首虏万余级而还。匈奴大围贰师将军，几不脱。汉兵物故什六七。汉复使因杅将军敖出西河，与强弩都尉会涿涂山②，毋所得。又使骑都尉李陵将步骑五千人，出居延北千余里，与单于会，合战，陵所杀伤万余人，兵及食尽，欲解归，匈奴围陵，陵降匈奴③，其兵遂没，得还者四百人。单于乃贵陵，以其女妻之。

【注释】 ①天山：《汉书·武帝纪》晋灼注："在西域，近蒲类国。"据此，则在今新疆维吾尔自治区吐鲁番市境。 ②强弩都尉：路博德。涿涂山：在居延北匈奴境内。 ③陵降匈奴：李陵降匈奴，事在天汉二年，即公元前99年。

后二岁①，复使贰师将军将六万骑，步兵十万，出朔方。强弩都尉路博德将万余人，与贰师会。游击将军说将步骑三万人②，出五原。因杅将军敖将万骑步兵三万人，出雁门。匈奴闻，悉远其累重于余吾水北③，而单于以十万骑待水南，与贰师将军接战。贰师乃解而引归，与单于连战十余日④。贰师闻其家以巫蛊族灭，因并众降匈奴，得来还千人一两人耳⑤。游击说无所得。因杅敖与左贤王战，不利，引归。是岁汉兵之出击匈奴者不得言功多少，功不得御⑥。有诏捕太医令随但⑦，言贰师将军家室族灭，使广利得降匈奴⑧。

【注释】 ①后二岁：在天汉四年，即公元前97年。 ②游击将军：韩说。 ③余吾水：今蒙古人民共和国境内之土拉河。 ④与单于连战十余日：据《汉书·武帝纪》载，"广利与单于战余吾水上连日，敖与左贤王战不利，皆引还"。是岁，李广利未降匈奴。 ⑤"贰师闻其家"三句：据《汉书·武帝纪》载，贰师降匈奴在征和三年，即公元前94年。按：汉军在天汉四年和征和三年，两度出击匈奴，此错记为一事。 ⑥功不得御：无法谈功劳多少。御：当也，功不当罪。 ⑦随但：太医令之名，他透露了武帝族灭贰师的消息。按：巫蛊案，太子刘据死，事后武帝追悔。李广利出征匈奴，丞相刘屈氂送行至渭桥，两人私语欲立李广利之妹武帝李夫人之子刘髆为太子。臣下私议立太子，此为大逆。事发，武帝族灭刘、李两家，但未执行，消息被随但透出，李广利降匈奴，后被单于所诛。征和三年六月，刘屈氂被腰斩。 ⑧以上"且鞮侯单于既立"至"使广利得降匈奴"止，乃天汉、征和间事，共四百二十五字，系司马迁附记，用仿体字排以示区别。章：显明。

（以上为第三段，写汉武帝时期，汉匈战争始末。）

太史公曰：孔氏著《春秋》，隐、桓之间则彰，至定、哀之际则微①，为其切当世之文而罔褒，忌讳之辞也②。世俗之言匈奴者，患其徼一时之权③，而务谄纳其说，以便偏旨④，不参彼己⑤；将率席中国广大⑥，气奋⑦，人主因以决策，是以建功不深。尧虽贤，兴事业不成，得禹而九州宁。且欲兴圣统⑧，唯在择任将相哉！唯在择任将相哉！

【注释】 ①微：隐约。 ②"切当世"二句：由于当代的事不便于直切记载，也就没有褒扬，是因为行文有所忌讳。切：直切真实。 ③患：患得患失。徼：求取。 ④偏旨：片面的意见。旨：意趣，意见。 ⑤不参彼己：不知彼知己。参：验核，考求。 ⑥席：凭借。 ⑦气奋：主战的将帅凭持中国广大而意气奋发。 ⑧圣统：天统，指汉得天统，将成为太平盛世。

（以上为作者论赞，委婉曲折地批评汉武帝用将不贤，使汉军付出了沉重的代价，武帝之世，未能征服匈奴。）

讲　析

《史记》五大民族史传，匈奴居首。本传是八千余字的大传，是司马迁用力创作的名篇之一，民族融合和民族斗争，推演了精彩的活剧。汉武帝雄才大略，突出地表现在对外征讨，对内兴作把西汉推向极盛。对内兴作包括政治制度改革与水利、宫室等的兴建，本文姑置不论。对外征讨，主要是征匈奴。汉武帝征大宛、平两越，开通西南夷等都是围绕征匈奴进行的。尤其是征大宛更是汉匈战争不可缺少的一个组成部分。因为征大宛，一是断匈奴右臂；二是引进大宛汗血马改良中国马种，组建骑兵与匈奴抗衡。汉武帝反击匈奴的战争从元光五年（公元前133年）马邑之谋发动到征和三年（公元前90年）李广利兵败降匈奴，前后四十四年。汉武帝在位五十四年，汉匈战争就打了四十四年，汉朝付出了"海内虚耗，户口减半"的代价，终于消除了匈奴边患，保卫了长城以内农耕民族的文化，历史意义极其深远。汉匈战争已经超越了两大民族的战斗，它是古代东方游牧民族与农耕民族决定历史进程的大拼搏，汉朝的胜利，是先进文化农耕民族的胜利。民族大决战是民族大融合的先决条件，汉、匈战争推进民族大融合，奠定汉文化版图，保卫了中华文化的传承，意义极为重大。司马迁的良史之笔，载述武帝征伐雄略之事，所以本传内容丰富，主题多重，思想深邃，梁启超评其为《史记》十大名篇之一，史识不凡。

《匈奴列传》内容可概略划分为三大段落，即三大部分。第一部分，叙述匈奴社会习俗及其与先秦时期中原各国的历史渊源关系；第二部分，写汉初高帝、高后、文景之世的汉匈和亲；第三部分，叙述汉武帝时的汉匈战争。为了突出司马迁创作民族史传的光辉思想与历史意义，本传汉、匈战争的主题姑置不论，这里只着重对第一大段匈奴社会习俗以及先秦时期与华夏族关系做简明的评析，探索司马迁的民族观。

第一大段可分四个层次，即四个小的段落。第一段落，即文章开头一节，描写匈奴社会实体。司马迁只用了二百二十字就把匈奴民族生活的地域、经济、文化及风俗习惯介绍出来了。尽管匈奴内部的民族成分十分复杂，但他们都长期过着"逐水草迁徙"的游牧生活。匈奴人民食畜肉，饮湩酪，衣皮革，披毡裘，住穹庐，其畜产多马、牛、羊、骆驼、驴、骡、駃骎、騊駼、驒騱等。过着游牧生活，驰逐原野，养成了人民善于攻战的天性。其俗"贵壮健，贱老弱。父死，妻其后母；兄弟死，皆娶其妻妻之"。司马迁正是抓住了这些共同特点，所以把居地万里的匈奴作为一个民族实体来叙述。

第二段，从"夏道衰"至"复稍度河南与中国界于故塞"止四个自然段，写先秦时期，夏商周三代及春秋战国时匈奴族与华夏族的关系。司马迁依据传说，在第一段行文开头就说，匈奴祖先是夏后氏的苗裔，名叫淳维。这是说匈奴民族源远流长，与华夏关系密切，都是黄帝子孙。第二段开头，写夏道衰，而周族祖先公刘变于西戎，实际是说周祖先兴起于戎狄。西周兴起，戎狄攻太王古公亶父，西伯姬昌伐犬戎，周武王放逐戎夷于泾、洛之北，穆王伐犬戎，犬戎杀幽王。平王东迁，至周襄王娶戎狄女为后，建立和亲关系。这种维系和平的方式很脆弱，周襄王一度为戎狄所逐。北方山戎曾伐燕、伐齐。于是西方之戎入居关中，北方之戎南下幽并。春秋时，秦用由余之谋霸西戎，晋用魏绛之策服戎翟。战国时，燕用秦开，赵用李牧，威服胡戎，秦并天下，大击北胡，于是筑长城以拒守。先秦时期漫长的夷夏斗争，同时也是逐渐融合的过程。

第三段，"单于有太子名冒顿"至"控弦之士三十余万"两个自然段，写秦汉之际匈奴强盛，冒顿单于统一匈奴各部，东并东胡，西灭月氏，南没白羊、楼烦、河南王，疆土东西万里，控弦之士三十万，匈奴达于鼎盛。

第四段，"自淳维以至头曼千有余岁"至"以冒顿单于为贤"四个自然段，写匈奴全民皆兵的社会组织，以侵扰掠夺为畜牧生业之补充，因此是一个好战、能战、敢战的民族。从社会形态分析，匈奴进入了奴隶社会。

其后两大部分是写匈奴崛起与华夏西汉兴起百余年的博弈关系。第二大段写冒顿与汉高帝的交锋，两强势均力敌，白登之役汉败匈奴胜，汉军差点全军覆没。汉朝初建，虽然民疲财乏，但多能征惯战之将，匈奴亦不能展其所欲，汉匈双方以和亲方式休战，开关市，维护和平。此后，汉匈关系历高帝、高后、文帝、景帝四代，六七十年间，双方维持和亲关系，但匈奴百约百叛，时常犯边，杀掠汉吏民，基本是小摩擦，没有大规模战斗。其间高后时，冒顿单于向吕后挑衅，要与吕后结秦晋之好，汉朝忍让，没有酿成大战。汉文帝十四年，匈奴大入，汉朝严备，匈奴不战而还。文景时期，汉朝已在西北沿边各郡大规模养马，入粟买爵，移民实边，长期蓄聚力量，准备反击匈奴。汉武帝即位，遂将汉匈决战提上议事日程。第三大段，《匈奴列传》完整地记述了汉武帝伐匈奴的全过程，汉胜匈败，漠南无王庭，为汉宣帝甘露二年匈奴臣服奠定了基础。汉匈斗争从公元前 200 年白登之役到公元前 52 年，匈奴臣服，长达一个半世纪之久。从汉武帝元光二年（公元前 133 年）设谋马邑启动伐匈奴，到甘露二年，汉匈处于战争状态长达八十二年。

梁启超何以列《匈奴列传》为《史记》十大名篇之一①。因本传是司马迁精意所写的一篇大传。前文指出，本传内容丰富，主题多重，思想深邃，不能不使人拍案叫绝。下文作简略的分析。

首先，司马迁首创民族史传，识见超群。自古以来，中国就是一个由多民族组成的国家。周初分封时就有许多内附的"夷狄"之国。例如吴太伯之勾吴、楚子荆蛮都不是华夏民族。周襄王通婚于翟，秦穆公霸西戎。中华民族的历史，是汉族和少数民族共同创造的历史。但是，儒家正统思想却一再宣扬"夷夏之辨"，以中原华夏民族为冠带之国，贬称周边少数民族为夷狄之邦，以区分种族贵贱。周边民族被贬称东夷、西戎、北狄、南蛮，视为荒服

---

① 梁启超在《要籍解题及其读法》的《史记读法》中提出《史记》十大名篇之说。其篇目为：《项羽本纪》《信陵君列传》《廉颇蔺相如列传》《鲁仲连邹阳列传》《淮阴侯列传》《魏其武安侯列传》《李将军列传》《匈奴列传》《货殖列传》《太史公自序》。此一家言之观点。

之地。孔子修《春秋》，内诸夏而外夷狄。孟子在辩论中，直斥楚人许行说话像鸟叫，称之为"南蛮鴃舌之人"。《诗经》上说："戎狄是膺，荆舒是惩。"这两句诗成为历代统治者压迫周边各民族的理论根据。西汉大儒董仲舒在《春秋繁露·精华》中提出大夷小夷不能与中原华夏平等，说"大小不逾等"。司马迁在汉武帝"罢黜百家，独尊儒术"的时代，不同凡响首创民族史传，说南越"集扬越以保南藩"，东越"保守封禺为臣"，西南夷"请为内臣受吏"，匈奴"夏后氏之苗裔"，写了周边五个民族史传，其中匈奴居首，最为精彩，司马迁把每一个民族都作为实体来写，尊重各民族风俗。他奉命出使西南夷，设郡置吏，"以故俗治"。特别是《匈奴列传》，通过中行说与汉使辩论民族风俗长短，称赞匈奴风俗适合该民族历史背景，汉使不能责难。司马迁把民族史传与名臣将相交错等列，认为各民族都是天子臣民，这是难能可贵的。《汉书》作者班固批评司马迁的这一做法，他认为"西南外夷，种别域殊"，不能与名臣交错等列，而是把民族史传侧于列传之末。两相对照，更可见司马迁史识不凡。

其次，司马迁写各民族都是黄帝子孙，匈奴是夏后氏之苗裔，并承认周边各民族有革命的权利，可以参与中原事务。东越人反秦佐汉，《东越列传》作了肯定的记载。司马迁把各民族作为一个实体来写，写他们活动的地域、生活习惯，承认其民族并立于世的权利。这一切都反映了他进步的民族等列思想。

最后，实录史事，冷静记载民族之间的斗争与融合。融合是在斗争过程中完成的，应该说具有辩证的唯物主义思想。例如，汉匈战争的性质在汉武帝当世就引起了争论，直到今天也没有定论。有的说汉武帝好大喜功，伐匈奴为不义；有的说汉武帝反击匈奴是正义的，因匈奴犯边，百约百叛；有的说司马迁反对汉武帝伐匈奴。《太史公自序》明确指出："自三代以来，匈奴常为中国患害；欲知强弱之时，设备征讨，作《匈奴列传》第五十。"《匈奴列传》的"太史公曰"却又对汉武帝伐匈奴提出了批评。批评内容有两点：汉武帝用人唯亲，主要指后期伐匈奴，用宠姬李夫人哥哥李广利这位庸将，使汉朝付出了沉重的代价；第二批评汉朝君臣不能平等对待匈奴，一定要"臣服"匈奴，把匈奴推到了顽抗的立场。伐匈奴之事，司马迁是肯定的，而且写《匈奴列传》就是为了总结"强弱之时"，掌握时机反击侵扰。汉匈斗争，武帝时期的大决战，恰好是东方亚洲大陆上，北方游牧民族最盛之时南侵一个统一的农业民族大国，斗争异常激烈，波澜壮阔，司马迁以如椽大笔记载了这一历史事迹，总结了历史经验，留下千古名篇，是值得尊敬的。

司马相如列传（节选）

【题解】　　本篇节选自《司马相如列传》，讲述他与奇女子卓文君自主婚姻的故事。司马相如字长卿，西汉蜀郡成都人，著名辞赋家、才子。卓文君，富室之女，才貌双绝，奇女。才子风流韵事多，司马相如以弹琴挑逗卓文君，两人相爱私奔，在文坛上传为佳话。

　　司马相如者，蜀郡成都人也，字长卿。少时好读书，学击剑，故其亲名之曰犬子。相如既学，慕蔺相如之为人，更名相如。以赀为郎①，事孝景帝，为武骑常侍②，非其好也。会景帝不好辞赋，是时梁孝王来朝，从游说之士齐人邹阳、淮阴枚乘、吴庄忌夫子之徒③，相如见而悦之，因病免④，客游梁。梁孝王令与诸生同舍，相如得与诸生游士居数岁，乃著《子虚之赋》。

【注释】　①以赀为郎：郎官是汉代的宫廷宿卫官，也是一种选官制度。郎官积资简选可充三公九卿的部属或外任令、长。功臣子弟、二千石以上高官子弟得以恩荫为郎。其后博士弟子射策为郎。家资四万以上的良家子弟简选为郎称赀郎。赀：同"资"。　②武骑常侍：骑郎，侍从天子出巡、打猎。　③邹阳、淮阴枚乘、吴庄忌夫子：皆当时著名文士。邹、枚二人《汉书》有传。庄忌夫子：作"严忌夫子"，《汉书》本姓庄，东汉避明帝刘庄之讳改为严。夫子：尊称。　④因病免：司马相如借口有病辞官。

　　会梁孝王卒①，相如归，而家贫，无以自业。素与临邛令王吉相善②，吉曰："长卿久宦游不遂，而来过我③。"于是相如往，舍都亭④。临邛令谬为恭敬，日往朝相如。相如初尚见之，后称病，使从者谢吉⑤，吉愈益谨肃。临邛中多富人，而卓王孙家僮八百人，程郑亦数百人⑥。二人乃相谓曰："令有贵客，为具召之⑦。"并召令。令既至，卓氏客以百数。至日中，谒司马长卿，长卿谢病不能往，临邛令不敢尝食，自往迎相如。相如不得已，强往⑧，一坐尽倾⑨。酒酣，临邛令前奏琴曰："窃闻长卿好之，愿以自娱⑩。"相如辞谢，为鼓一再行⑪。是时卓王孙有女文君新寡，好音⑫，故相如缪与令相重，而以琴心挑之⑬。相如之临邛，从车骑，雍容闲雅甚都⑭；及饮卓氏，弄琴，文君窃从户窥之，心悦而好之，恐不得当也。既罢，相如乃使人重赐文君侍者通殷勤⑮。文君夜亡奔相如⑯，相如乃与驰归成都。家居徒四壁立⑰。卓王孙大怒曰："女至不材⑱，我不忍杀，不分一钱也。"人或谓王孙，王孙终不听。文君久之不乐，曰："长卿第俱如临邛⑲，从昆弟借贷犹足为生，何至自苦如此！"相如与俱之临邛，尽卖其车骑，买一酒舍酤酒，而令文君当垆⑳。相如身自著犊鼻裈㉑，与保庸杂作㉒，涤器于市中㉓。卓王孙闻而耻之，为杜门不出。昆弟诸公更谓王孙曰㉔："有一男两女，所不足者非财也。今文君已失身于司马长卿，长卿故倦游㉕，虽贫，其人才足依也，且又令客，独奈何相辱如此！"卓王孙不得已，分予文君僮百人，钱百万，及其嫁时衣被财物。文君乃与相如归成都，买田宅，为富人。

【注释】 ①梁孝王：刘武，汉景帝之弟，死于公元前144年。 ②临邛：县名，即今四川邛崃。 ③来过我：来拜访我。王吉让司马相如去见他，故设圈套尊贵相如以惊动临邛富人。 ④舍都亭：住宿在临邛的驿亭里。 ⑤谢吉：司马相如谢绝王吉的拜访，以此抬高自己的身份。 ⑥"临邛"三句：卓王孙、程郑二人为临邛的冶铁巨商，事详《货殖列传》。 ⑦为具：治办酒席。 ⑧强往：强打精神而往。 ⑨一坐尽倾：在座的所有客人都惊服羡慕。 ⑩自娱：自我欣赏以为欢娱。此为谦词，意为不敢使相如为客人弹琴而请他自己玩赏。 ⑪鼓一再行：只弹奏了一两支曲子。鼓：弹奏。行：曲调之称，乐府有长歌行、短歌行等曲名。 ⑫好（hào）音：擅长音乐。 ⑬以琴心挑之：司马相如用琴歌来挑逗卓文君，向他诉说爱慕之情。 ⑭雍容闲雅：仪表堂堂而又文静高雅。甚都：非常大方。都：指都士之人的风度。 ⑮通殷勤：表达羡慕之情。 ⑯奔：女子私从男人曰奔。 ⑰家居徒四壁立：司马相如的家室空荡荡的，只有四面墙壁。徒：唯有，只有。 ⑱不材：不成器，没出息。 ⑲第：但。 ⑳垆：即"垆"的假借字，垒土为垆，用以热酒。 ㉑犊鼻裈（kūn）：像牛犊鼻的短裤。 ㉒保庸：雇佣工人。 ㉓涤器：洗刷器皿。 ㉔昆弟：兄弟。诸公：指临邛长者。 ㉕长卿故倦游：司马长卿本来是厌倦于官场宦游的人。意谓司马相如曾宦游官场，博学多才，现在不过是宦游厌倦了，并非贱人。

📝 讲 析

《司马相如列传》在《史记》中是不多见的恢宏大传，九千余言。内容有两个部分。一是记述司马相如一生经历，他青年时长期客游诸侯，与当代文士枚乘、邹阳等友善，后为汉武帝文学侍从，支持汉武帝开通西南夷，主张大一统，并出使西南夷，故其传与《西南夷列传》并编。二是大量录载司马相如的文学作品，计有《子虚赋》《上林赋》《喻巴蜀檄》《难蜀父老》《上书谏猎》《哀秦二世赋》《大人赋》《封禅文》等，达八篇之多，篇幅占全传十之七八，司马相如传世的主要作品赖此传得以保存。

本篇节选司马相如得遇卓文君的传奇故事。司马迁明写司马相如，暗衬卓文君，单以故事论，卓文君才是中心人物。她不向命运低头，勇敢地把握个人的幸福，夜奔相如，产生了很大的社会震动。司马迁敏锐地捕捉了这一传奇故事，演绎出中国古代第一篇才子佳人的故事，为唐代传奇文学开了先河，在文学史上具有重大意义。

西汉初午，蜀郡临邛（今四川省邛崃市）因其优越的地理位置和丰富的自然资源，富户众多。临邛城内有一财主卓王孙，靠冶铁与货殖致富，甲于王侯，家有僮仆八百余人。高楼大宅门前每天车马川流不息，宽敞的庭院内高朋满座，觥筹交错，来往的客人都是临邛的知名人士、王公富户。殷实富庶的卓府，好似临邛的一座人间天堂。然而，就在这人人羡慕的卓府大院内，偶尔也能听到一两声怨妇的叹息。

原来，卓王孙有一个女儿，名叫卓文君。她从小深得家人宠爱，且容貌出众，聪明过人，琴棋书画，无一不精，尤其擅长音乐，有很高的音乐天赋。然而，就是这样一个多才多艺的美貌女子，在她刚刚步入花季之年时，便被她的父亲许配给同城的一富户之子为妻。过门不久，其夫夭折。这个沉重的打击，使文君一下子坠入了无底的深渊。眼见爱女日子凄苦，卓王孙便将女儿接回家中，让她在娘家过着深居简出的寡居生活。可知书识字的卓文君，不甘心听从命运对她的这种安排，不愿意好端端的年华随风飘走，总是幻想着有一天能冲出这深宅大院，寻找一种新的生活。可是在西汉这样一个封建社会里，一个弱女子有什么办法改变自己的命运呢？于是，在轻歌曼舞的卓王府里，便时时能听到卓文君那一声声不甘听从命运摆布的叹息。

这时，一个偶然的机会，改变了文君的凄苦命运。

临邛当时的县令叫王吉，他本人才华平平，却爱结交有识之士。蜀郡司马相如就是王吉的一位座上宾。司马相如的文才大名鼎鼎，但仕途不顺，曾一度为骑郎，又做过梁孝王的幕客，可是梁孝王一死，司马相如落拓，投奔王吉寄食。王吉设局抬举司马相如，让卓王孙入套，使司马相如能进入卓王府，接近卓文君。司马相如善琴，卓文君解音，二人隔帘以琴音交流。司马相如有备而来，只见他正襟危坐，专意抚琴，时而清越，时而婉转，娓娓动人的琴声飘过酒席大厅，传到卓文君的深闺，灌进了对音乐鉴赏力极高的卓文君耳里。卓文君寻声追出，立于前厅帘子后面，完全倾倒在这悠扬的琴声中，醉心于弹琴神手，恨不得立即扑到弹琴人身边。在客厅抚琴的司马相如，似乎他的第六感官已经触到了卓文君，他哪能错过这个机会，顿时来了精神。司马相如不动声色地调整了琴弦，他要以琴音勾魂，挑逗卓文君的感情，一曲热情奔放直抒情怀的《凤求凰》如行云流水涌出指尖，不禁使帘后的卓文君怦然心动，刹那间，文君心中天平的砝码，倾向了司马相如，琴声使两颗自由的心连在一起。

司马相如凭借自己的才智，成功地敲开了通向幸福的大门，一曲千古绝唱的《凤求凰》唤醒了卓文君封闭已久的芳心。这时的文君，陷入了迷茫之中，她一方面倾慕司马相如的才华，一方面深恐自己难与司马相如相配。司马相如这时不失时机地通过婢女与文君开始了来往。几番秘密接触，两人相见恨晚，恨不得马上结成连理。

但这对才子佳人相识、相知、相爱，却好事多磨，卓王孙为了维护自己的颜面，绝对不会同意寡妇女儿再嫁。而司马相如乃一介贫穷书生，生活全靠朋友照顾，也无力娶一富豪之女为妻。两人反复考虑，都想不出一个好办法，眼看到手的幸福即将化为泡影。富有个性的文君不甘于命运摆布，决定出走。于是，在一天深夜，卓文君毅然离家私奔，跑到客栈找到司马相如，两人偷偷离开临邛，回到司马相如的老家成都，在那里结成了夫妻。

卓王孙知道了卓文君夜奔，觉得丢了颜面，他暴跳如雷，痛骂司马相如和卓文君一对男女不是东西。卓王孙宣布断绝父女关系，不承认这桩婚事，不给一文财产。陷于困顿的司马相如夫妇，决定再次抗争，向旧传统挑战。他们回到临邛，变卖车马，开起了酒店。卓文君坐柜台当老板娘，司马相如穿一条短裤当跑堂的酒保。这是故意让卓王孙难堪。卓王孙在家人的劝慰下，不得已分给卓文君财产，于是夫妻二人返回成都，成了富家翁。

后来司马相如的赋流传到京师，得到汉武帝的赏识，召司马相如进京，留在宫中做文学侍从。其后，司马相如为钦差大臣出使西南夷，蜀郡太守郊迎。这时卓王孙春风满面，大请宾客为女儿女婿庆贺，夸奖女儿有眼力，十分得意。

　　关于卓文君的故事，还流传着司马相如一度情变，想要娶小妾，卓文君失欢。但卓文君不是大吵大闹，而是追首往事，写出了情深意长的《白头吟》诗，淋漓尽致地表达了自己对相如的爱、恨、怨、盼……对司马相如升官后不经意的感情变化提出了怨诉的规劝。司马相如看到了这首诗，内心受到强烈的震动，检讨了自己的行为，打消了纳妾的念头，夫妇和好如初，白头偕老。

　　卓文君作为封建社会的一个弱女子，为了追求婚姻幸福，背叛了家庭，背离了礼教，放弃了舒适的生活，选择了令封建卫道士最为头疼的"私奔"方式，跟着所爱的人，吃苦受累、颠沛流离，其间饱尝过生活的艰辛，体会过人情的冷暖，经历过感情生活的变化，最终靠坚强的信念、超凡的心智、对爱情坚贞不变的痴情赢得了才子司马相如的敬重，换得了后世人们的仰慕，她的身上浓缩了封建时代千千万万追求幸福的女性的特点。卓文君夜奔，具有一定的进步意义。司马迁载入正史，是进步作家对自主婚姻的一曲颂歌。两千年前的司马迁，有如此进步思想，是超前的。

游侠列传

【题解】　游侠起于春秋战国时之剑客，四公子养士推波助澜，秦汉之际，社会动乱，于是游侠大兴。这一类人轻生仗义，排难解纷，扶危济困，是在封建社会法制不健全的情况下，匹夫抗愤的一种形式。汉兴，全国统一，随着中央集权的统治加强，游侠遭受镇压，乃必然之势。

　　韩子曰①："儒以文乱法②，而侠以武犯禁③。"二者皆讥，而学士多称于世云。至如以术取宰相卿大夫④，辅翼其世主⑤，功名俱著于春秋⑥，固无可言者。及若季次、原宪⑦，闾巷人也⑧，读书怀独行君子之德⑨，义不苟合当世⑩，当世亦笑之。故季次、原宪终身空室蓬户⑪，褐衣疏食不厌⑫。死而已四百余年，而弟子志之不倦⑬。今游侠，其行虽不轨于正义⑭，然其言必信，其行必果，已诺必诚，不爱其躯，赴士之厄困⑮，既已存亡死生矣，而不矜其能⑯，羞伐其德⑰，盖亦有足多者焉⑱。

【注释】　①韩子：即韩非，事详《老子韩非列传》。这里引文见《韩非子·五蠹》。②儒以文乱法：儒者舞文弄墨，引古非今而乱法。文：指儒家推重的《诗》《书》等六经。③武：指游侠所使用的暴力手段。　④以术取宰相卿大夫：指公孙弘、张汤等人迎合武帝以权术取卿相而掩饰以儒术，故这里的"术"字实质指权术。　⑤世主：当世君主。　⑥春秋：泛指史书。　⑦季次：即孔子弟子齐人公皙哀。原宪：即孔子弟子鲁人子思。两人终身不仕。　⑧闾巷：里巷，指民间。　⑨独行君子：独善其身，不随波逐流的有德义之士。　⑩苟：随便。　⑪空室蓬户：谓生活穷困，住屋简陋。《庄子·让王》载，原宪处居环堵之室，蓬户不完，以桑为枢而瓮牖，上漏下湿，独坐而弦歌。　⑫褐衣：粗布上衣。疏食：粗劣的饭食。　⑬志：怀念。汉代离季次、原宪之死已四百多年，当时怀念两人志行的人还大有人在。　⑭轨：合，遵守。正义：当时社会的道德准则，这里指法律。⑮厄：灾难，祸患。　⑯矜：炫耀。　⑰伐：自夸。　⑱多：称赞。

且缓急①，人之所时有也。太史公曰：昔者虞舜窘于井廪②，伊尹负于鼎俎③，傅说匿于傅险④，吕尚困于棘津⑤，夷吾桎梏⑥，百里饭牛⑦，仲尼畏匡⑧，菜色陈、蔡⑨。此皆学士所谓有道仁人也，犹然遭此灾，况以中才而涉乱世之末流乎⑩？其遇害何可胜道哉？

【注释】 ①缓急：偏义复词，重在急字，急难。 ②虞舜窘于井廪：传说舜未称帝时，他的父亲瞽叟喜欢后妻之子象，蓄意害死舜。有一次瞽叟叫舜去修理粮仓顶盖，等舜上了粮仓，就拿掉梯子放火烧仓；又一次叫舜去淘井，等舜下到井底时就用土填井，但舜都机智地脱了险。窘：受困。廪：粮仓。 ③伊尹负于鼎俎：传说商汤贤相伊尹曾当过厨工。负：背着。鼎：煮饭锅。俎：切肉的砧板。 ④傅说匿于傅险：辅佐殷高宗武丁的贤相傅说，曾埋没在傅险的地方。匿：隐居、被埋没。傅险：即傅岩，在今山西省平陆县东，傅说曾在这里替人筑墙。 ⑤吕尚困于棘津：《尉缭子》记载，吕尚年七十，还在棘津当做饮食的小贩度日。棘津：又名济津，在今河南省延津县东北，现已湮没。 ⑥夷吾桎梏：夷吾：管仲的字。他事公子纠与齐桓公争君位，兵败被囚。桎：脚镣。梏：手铐。 ⑦百里饭牛：秦穆公的贤相百里奚，曾卖身为奴，替人牧牛。饭：喂养、放牧。 ⑧仲尼畏匡：仲尼，孔子的字。他周游列国，路过卫国的匡，匡人误认他是匡人所讨厌的阳虎，把他围困起来，几乎被害。畏：指受到威胁。匡：在今河南省长垣市西南。 ⑨菜色陈、蔡：孔子过陈、蔡两国时，途中绝粮，饿得面黄肌瘦。陈：都宛丘，在今河南省周口市淮阳区。蔡：都上蔡，在今河南省上蔡县，后迁都州来，在今安徽省寿县西北。 ⑩涉：经历。乱世之末流：秦为乱世，自秦以后为乱世之后的衰世。末流：末世，衰世。

鄙人有言曰①："何知仁义，已飨其利者为有德。"故伯夷丑周②，饿死首阳山，而文武不以其故贬王③；跖、跷暴戾④，其徒诵义无穷。由此观之，"窃钩者诛，窃国者侯，侯之门仁义存⑤"，非虚言也。

【注释】 ①鄙人：乡野之人。 ②伯夷丑周：伯夷以食周粟为耻。丑：认为可耻。 ③"文武"句：指周文王、武王并不因为伯夷不食周粟而遭到损害，照样受到世人的称颂而为王。 ④跖：春秋时反对贵族统治的奴隶起义首领，史称"盗跖"。跷：庄跷，战国时楚国反对贵族统治的人民领袖。 ⑤"窃钩者诛"三句：引文见《庄子·胠箧篇》。钩：衣带上做装饰的带钩。

今拘学或抱咫尺之义①，久孤于世②，岂若卑论侪俗③，与世沉浮而取荣名哉！而布衣之徒④，设取予然诺⑤，千里诵义，为死不顾世⑥，此亦有所长，非苟而已也。故士穷窘而得委命⑦，此岂非人之所谓贤豪间者邪⑧？诚使乡曲之侠⑨，予季次、原宪比权量力⑩，效功于当世⑪，不同日而论矣⑫。要以功见言信⑬，侠客之义又曷可少哉！

【注释】 ①拘学：迂腐固执的书生。咫尺之义：一点儿德操，狭隘的道义。咫尺：八寸，喻微小。 ②久孤于世：长久孤立，与世俗不合。 ③卑论侪俗：放低论调，迁就世俗。卑论：浅近的议论。 ④布衣：平民，这里指出身平民的游侠。 ⑤设：重视。 ⑥为死不顾世：为取舍然诺拼命，不管世人的是非议论。 ⑦委命：把性命交托给游侠。 ⑧贤豪间者：谓游侠属于贤豪杰出一类的人物。间：中间，其中。 ⑨乡曲之侠：乡里、民间的侠，指土豪恶霸。 ⑩比权量力：比较社会地位的轻重和能力的大小。 ⑪效功：贡献。 ⑫同日而论：相提并论。 ⑬要：总之。

古布衣之侠，靡得而闻已。近世延陵、孟尝、春申、平原、信陵之徒①，皆因王者亲属，藉于有土卿相之富厚②，招天下贤者，显名诸侯，不可谓不贤者矣。比如顺风而呼，声非加疾，其势激也。至如闾巷之侠，修行砥名③，声施于天下④，莫不称贤，是为难耳。然儒、墨皆排摈不载。自秦以前，匹夫之侠，湮灭不见，余甚恨之。以余所闻，汉兴有朱家、田仲、王公、剧孟、郭解之徒，虽时捍当世之文网⑤，然其私义廉洁退让，有足称者。名不虚立，士不虚附。至如朋党宗强比周⑥，设财役贫，豪暴侵凌孤弱，恣欲自快⑦，游侠亦丑之。余悲世俗不察其意，而猥以朱家⑧、郭解等令与暴豪之徒同类而共笑之也。

【注释】 ①"近世"句：司马迁称春秋、战国及秦为近世。延陵：春秋时吴公子季札，封于延陵，称延陵季子。他出使中原，路过徐国，徐君爱好季札的佩剑，季札心里有送他的打算，但没有说出来。等季札返回时，徐君已死，季札就把宝剑献到徐君坟上，表示自己重然诺。孟尝、春申、平原、信陵，战国四公子，皆以好客养士闻名天下，门下各有食客数千。 ②有土：有封邑。 ③砥名：砥砺名节，培养名声。 ④声施：留名，传扬名声。 ⑤捍：违犯。文网：法律禁令。 ⑥朋党宗强：结党横行的强宗豪族，即土豪劣绅。比周：互相勾结。 ⑦恣欲：放纵情欲。 ⑧猥：混杂。

（以上为第一段，是全传之序，总论游侠言必信、行必果、急人之难、不怕牺牲的崇高品德。）

鲁朱家者①，与高祖同时，鲁人皆以儒教，而朱家用侠闻②。所藏活豪士以百数，其余庸人不可胜言。然终不伐其能，歆其德③，诸所尝施，唯恐见之。赈人不赡④，先从贫贱始。家无余财，衣不完采⑤，食不重味⑥，乘不过轺牛⑦。专趋人之急，甚己之私。既阴脱季布将军之厄⑧，及布尊贵，终身不见也。自关以东，莫不延颈愿交焉。

【注释】　①鲁：汉国名，都鲁县，在今山东省曲阜市。　②用侠闻：以行侠而著称于世。③歆：欣喜，不因有德于人而自我欣喜。　④赈人不赡：赈救别人的困乏。　⑤衣不完采：衣服破旧，纹彩褪色。　⑥重味：两样以上的菜。　⑦轺牛：牛拉的车。轺：车辕。　⑧阴脱：暗中开脱。朱家救季布事详《季布栾布列传》。

　　楚田仲以侠闻，喜剑，父事朱家，自以为行弗及。

　　田仲已死，而洛阳有剧孟，周人以商贾为资①，而剧孟以任侠显诸侯。吴、楚反时，条侯为太尉②，乘传车将至河南③，得剧孟，喜曰："吴、楚举大事而不求孟，吾知其无能为已矣。"天下骚动，宰相得之，若得一敌国云④。剧孟行大类朱家，而好博⑤，多少年之戏⑥。然剧孟母死，自远方送丧盖千乘。及剧孟死，家无余十金之财。而符离人王孟亦以侠称江淮之间⑦。

　　是时济南瞷氏、陈周庸亦以豪闻。景帝闻之，使使尽诛此属。其后代诸白、梁韩无辟、阳翟薛兄⑧、陕韩孺，纷纷复出焉。

【注释】　①周人：即洛阳地区的人。周人以经商为生活。　②条侯：周亚夫。　③河南：郡名，郡治洛阳。　④"宰相"句：此指太尉周亚夫。周亚夫得剧孟，就像得到了一个势均力敌的国家相助一样，极言剧孟影响之大。　⑤博：赌博。　⑥多少年之戏：多是年轻人的游戏。　⑦符离：县名，在今安徽省宿州市东北。　⑧兄：读"况"。

　　（以上为第二段，写朱家、剧孟等赈人不赡、赴人之急的侠义行为，以及汉景帝对游侠的镇压。）

　　郭解，轵人也①，字翁伯，善相人者许负外孙也。解父以任侠，孝文时诛死。解为人短小精悍，不饮酒。少时阴贼②，慨不快意③，身所杀甚众。以躯借交报仇④，藏命作奸⑤，剽攻不休⑥，及铸钱掘冢⑦，固不可胜数。适有天幸⑧，窘急常得脱，若遇赦。及解年长，更折节为俭⑨，以德报怨，厚施而薄望。然其自喜为侠益甚。既已振人之命⑩，不矜其功，其阴贼著于心⑪，卒发于睚眦如故云⑫。而少年慕其行，亦辄为报仇，不使知也。

解姊子负解之势⑬，与人饮，使之嚼⑭。非其任，强必灌之。人怒，拔刀刺杀解姊子，亡去⑮。解姊怒曰："以翁伯之义⑯，人杀吾子，贼不得⑰。"弃其尸于道，弗葬，欲以辱解。解使人微知贼处⑱。贼窘自归，具以实告解。解曰："公杀之固当，吾儿不直⑲。"遂去其贼，罪其姊子，乃收而葬之。诸公闻之，皆多解之义⑳，益附焉。

【注释】①轵：汉县名，在今河南省济源市南部。②阴贼：阴险残忍。③慨不快意：杀害一切不快意的人。慨：通"概"，一切。④以躯借交报仇：拼着性命替朋友报仇。借：助，替。⑤藏命作奸：窝藏亡命之徒，为非犯法。⑥剽攻：杀人劫财。⑦"藏命"三句：点校本作"藏命作奸剽攻，休乃铸钱掘冢"，与《汉书》同，不似史迁书法，义亦短，故仍从金陵本。⑧天幸：托老天保佑。⑨折节为俭：克制约束自己。俭：通"检"，约束。⑩振：救。⑪著于心：埋藏在心里。⑫卒：读"猝"，突然。睚眦（yázì）：瞪眼睛，喻细小的仇怨。⑬负：依仗。⑭嚼：同"釂"，干杯。⑮亡去：逃走了。⑯义：侠义。⑰贼：凶手。⑱微知：暗中侦察到。⑲不直：理亏。⑳多：赞美。

解出入，人皆避之。有一人独箕踞视之①，解遣人问其名姓。客欲杀之，解曰："居邑屋至不见敬②，是吾德不修也③，彼何罪！"乃阴属尉史曰④："是人，吾所急也⑤，至践更时脱之⑥。"每至践更，数过，吏弗求⑦。怪之，问其故，乃解使脱之。箕踞者乃肉袒谢罪⑧。少年闻之，愈益慕解之行。

【注释】①箕踞：双腿伸直而坐，状如簸箕，表示傲慢不恭的样子。②邑屋：乡里。③吾德不修：我的品德不好。修：修明，好。④尉史：县尉手下的小吏。⑤急：看重。⑥践更：指交纳雇役钱。汉制，户籍男丁每年在地方服役一月，称为更卒，或卒更。若雇贫民代役，每月二千钱，称为践更，习久而成为交纳定额的践更钱。脱之：豁免了他。⑦吏弗求：官吏没收他的践更钱。⑧肉袒："肉袒负荆"之省。

洛阳人有相仇者，邑中贤豪居间者以十数①，终不听。客乃见郭解。解夜见仇家，仇家曲听解②。解乃谓仇家曰："吾闻洛阳诸公在此间③，多不听者。今子幸而听解，解奈何乃从他县夺人邑中贤大夫权乎④！"乃夜去，不使人知，曰："且无用待我⑤，待我去，令洛阳豪居其间，乃听之。"

【注释】 ①居间：从中调解。 ②曲听：勉强屈从郭解的调停。 ③在此间：在这里居间调解。 ④夺：这里指夺人情面的意思。权：排难解纷的声望。 ⑤且无用待我：请不要只看重我的面子。"待我"：即"给面子"，与下句"待我"，即"等我走后"，意义不同。点校本删"待我"二字，为"且无用"，即"不要听我的调解"，虽然意义一样，其味则索然矣。

　　解执恭敬①，不敢乘车入其县廷②。之旁郡国，为人请求事③，事可出，出之；不可者，各厌其意，然后乃敢尝酒食④。诸公以故严重之⑤，争为用⑥。邑中少年及旁近县贤豪，夜半过门常十余车，请得解客舍养之⑦。

【注释】 ①执恭敬：谨守恭敬。执：自觉谨守。 ②不敢乘车入其县廷：郭解出入轵县衙门不敢乘车，表示执恭敬。按：汉制，不许市籍之人衣丝乘车，但实际上富商大贾交通王侯，冠盖相望。郭解不是市籍人，而却以不乘车表示对县长吏的尊敬。 ③为人请求事：替别人的事去请托求情。 ④"事可出"等句：事情能办，就替人办了；不能办的，也务使各方都得到满意，才吃人家的酒食。出：指可办，可解决的事。 ⑤严重之：特别敬重他。 ⑥争为用：争相为郭解效力。 ⑦请得解客舍养之：郭解匿亡命，邑中少年及贤豪，自动迎请匿于郭解家的亡命之徒到自己家中供养。

　　及徙豪富茂陵也①，解家贫，不中赀②，吏恐，不敢不徙。卫将军为言③："郭解家贫不中徙。"上曰："布衣权至使将军为言，此其家不贫。"解家遂徙。诸公送者出千余万。轵人杨季主子为县掾，举徙解④。解兄子断杨掾头。由此杨氏与郭氏为仇。

【注释】 ①徙豪富茂陵：茂陵，汉武帝营建的寿陵，在今陕西省咸阳市西北。元朔二年（公元前127年），武帝徙天下豪族富户家财在三百万钱以上的人家实茂陵以置邑，目的是"内实京师，外销奸滑"。 ②不中赀：家产不满三百万钱。赀：同"资"，资产。 ③卫将军为言：大将军卫青替郭解说情。 ④举：检举。

　　解入关，关中贤豪知与不知，闻其声，争交欢解①。解为人短小，不饮酒，出未尝有骑。已又杀杨季主②。杨季主家上书，人又杀之阙下③。上闻④，乃下吏捕解。解亡，置其母家室夏阳⑤，身至临晋⑥。临晋籍少公素不知解，解冒⑦，因求出关⑧。籍少公已出解，解转入太原⑨，所过辄告主人家⑩。吏逐之⑪，迹至籍少公⑫。少公自杀，口绝。

久之，乃得解。穷治所犯⑬，为解所杀，皆在赦前⑭。轵有儒生侍使者坐⑮，客誉郭解，生曰："郭解专以奸犯公法，何谓贤！"解客闻，杀此生，断其舌。吏以此责解，解实不知杀者。杀者亦竟绝⑯，莫知为谁。吏奏解无罪。御史大夫公孙弘议曰⑰："解布衣为任侠行权⑱，以睚眦杀人，解虽弗知，此罪甚于解杀之。当大逆无道⑲。"遂族郭解翁伯。

【注释】 ①争交欢解：争着和郭解结为知交。 ②已：后来。 ③阙下：在宫门前的牌楼下。 ④上：指汉武帝。 ⑤夏阳：县名，在今陕西省韩城市西南。 ⑥临晋：关名，在今陕西大荔县东。 ⑦冒：冒昧求见。 ⑧因求出关：趁便请求帮助逃出临晋关。 ⑨太原：汉郡名，郡治晋阳，在今山西省太原市西南。 ⑩所过辄告主人家：所过访之处，常常把自己的去向告诉留宿的人家。 ⑪逐：追捕。 ⑫迹至：追踪而至。 ⑬穷治：彻底追究。 ⑭赦前：大赦之前，意谓所犯之罪均得赦免。 ⑮侍：陪侍。使者：侦查郭解专案的官吏。 ⑯竟绝：终于侦查不出。绝：线索断绝。 ⑰议：批驳。 ⑱任侠行权：假托任侠触犯法纪。行权：行使权变诈术以犯法。 ⑲当：判决。

自是之后，为侠者极众，傲而无足数者①。然关中长安樊仲子，槐里赵王孙②，长陵高公子③，西河郭公仲④，太原卤公孺，临淮倪长卿⑤，东阳田君孺⑥，虽为侠而逡逡有退让君子之风⑦。至若北道姚氏，西道诸杜，南道仇景，东道赵他、羽公子⑧，南阳赵调之徒⑨，此盗跖居民间者耳，曷足道哉！此乃向者朱家之羞也。

【注释】 ①傲而无足数者：傲慢而又不值得称述。 ②槐里：县名，在今陕西省兴平市东南。 ③长陵：高帝陵，陵邑在今陕西省泾阳县东南。 ④西河：郡名，郡治平定，在今内蒙古自治区准格尔旗西南。 ⑤临淮：郡名，治徐县，在今江苏省泗洪县南。 ⑥东阳：汉县名，在今安徽省天长市西北。 ⑦逡（qūn）逡：谦虚退让的样子。 ⑧至若北道四句：北、西、南、东道，即京师四郊。 ⑨南阳：郡名，治宛县，即今河南省南阳市。

（以上为第三段，写郭解的任侠事迹，以及郭解被法律惩治的经过。）

太史公曰：吾视郭解①，状貌不及中人②，言语不足采者。然天下无贤与不肖③，知与不知，皆慕其声，言侠者皆引以为名。谚曰："人貌荣名，岂有既乎④！"于戏⑤，惜哉！

【注释】 ①吾视郭解：元朔二年（公元前127年），汉武帝迁徙天下豪强及资产三百万以上的人家实茂陵，郭解徙入关中，司马迁在茂陵见到郭解。　②中人：中等人才。③贤与不肖：贤能与无能的人。这里指上下的人。　④既：必定，必然。　⑤于戏：音义同"呜呼"。

（以上为作者论赞，司马迁借天下的人都敬慕郭解的声望以表示自己对游侠的无限赞叹和惋惜的心情。）

📝 讲 析

《游侠列传》是司马迁表现自己的理想道德，对汉代统治者及其上流社会进行无情揭露、激烈批判的一篇战斗性很强的文字。班氏父子不深辨底里，责之为"退处士而进奸雄"，因而招致了近两千年的非议，这是不足怪的。但是，《游侠列传》究竟该怎样理解，司马迁为什么要歌颂朱家、郭解等这种游侠呢？本文谈几点看法：

1. 歌颂游侠的急人之难、舍己为人，批判汉朝上流社会的世态炎凉、卑鄙自私

《游侠列传》一开头在它的序言中就说："今游侠，其行虽不轨于正义，然其言必信，其行必果，已诺必诚，不爱其躯，赴士之厄困，既已存亡死生矣，而不矜其能，羞伐其德，盖亦有足多者焉。"又说："布衣之徒，设取予然诺，千里诵义，为死不顾世，此亦有所长，非苟而已也。故士穷窘而得委命，此岂非人之所谓贤豪间者邪？"这里已经很清楚地说明了游侠的"其言必信，其行必果，已诺必诚，不爱其躯，赴士之厄困"以及他们的"为死不顾世"的侠义精神，这是使司马迁最为倾心的地方，也是司马迁之所以要为他们立传的主要宗旨。按照这个宗旨，司马迁在朱家传中着重写了他的"所藏活豪士以百数，其余庸人不可胜言"，称赞了他的"专趋人之急，甚己之私。既阴脱季布将军之厄，及布尊贵，终身不见"。在郭解传中称道了他的"借交报仇"和他的"既已振人之命，不矜其功"。司马迁为什么要称颂这些呢？因为现实政治太黑暗，社会上不公平的事情太多了。忠奸不分、是非莫辨，坏人当道、好人受欺，一切法律科条都不是保护好人，而是专门助长坏人的。在这个上告无门的世道上，除了游侠还能给那些受打击、受迫害的人们一点儿帮助，此外还能叫他们去指望谁呢？而这种祸从天降的倒霉事是任何人都可能碰得到的，正如作者所说："且缓急，人之所时有也……昔者虞舜窘于井廪，伊尹负于鼎俎，傅说匿于傅险，吕尚困于棘津，夷吾桎梏，百里饭牛，仲尼畏匡，菜色陈、蔡。此皆学士所谓有道仁人也，犹然遭此灾，况以中才而涉乱世之末流乎？其遇害何可胜道哉？"远的不说，近来尊显一时的魏其侯，无端地被田蚡之流杀害了；忠勇盖世的李广，活活被卫青之流逼死了，李广的儿子李敢已经位至郎中令，居然在光天化日、众目睽睽之下被霍去病射死了。在这个世界上，有任何一个人为他们主持过一点儿公道吗？回头看看汉代朝廷上都是些什么样的人吧：《魏其武安侯列传》写群臣廷论魏其、武安曲直的情景时，御史大夫韩安国说："魏其言是也，丞相言亦是，唯明主裁之。"老滑头，模棱两可。其他人是"主爵都尉汲黯是魏其，内史郑当时是魏其，后不敢坚对；余皆莫敢对"。《报任安书》写群臣对待李陵败军的态度是："陵未没时，使有来报，汉公卿王侯皆奉觞上寿。后数日，陵败书闻，主上为之食不甘味，听朝不怡，大臣忧惧，不知所出。"尤其可恨的是那群"全躯保妻子之臣"，竟见风使舵、落井下石，因为过去的一点儿"睚眦"之怨，这时就趁机"媒蘖其短"了。这些人难道还有心肝吗？再看看那群像苍蝇一样寄食于权贵门下的宾客们的嘴脸吧：《平津侯主父列传》说："主父方贵幸时，宾客以千数，及其族死，无一人收者。"《魏其武安侯列传》写窦婴贵幸时，"诸游士宾客争归魏其侯"，而田蚡得宠时，"天下吏士趋势利者，皆去魏其归武安"。《汲郑列传》说："夫以汲、郑之贤，有势则宾客十倍，无势则否，况众人乎！下邽翟公有言：始翟公为廷尉，宾客阗门；及废，门外可设雀罗。翟公复为廷尉，宾客欲往，翟公乃大署其门曰：'一死一生，乃知交情。一贫一富，乃知交态。一贵一贱，交情乃见。'汲、郑亦云，悲夫！"这是多么令人感慨的事实啊！司马迁歌颂游侠，正是和批判汉代官场、汉代上流社会的这种卑鄙无耻的道德面貌相表里的。

2. 歌颂游侠的"捍文网"，有批判汉武帝的专制统治及其严刑酷法的意义

韩非在其《五蠹》中是把游侠当作一种蠹虫来加以否定，并主张坚决取缔。他说他们是"以武犯禁"，也就是不遵王法、不守国家的秩序。对于这些问题，我们不能简单分析，而是必须把它放到当时的历史环境中去分析检验。

汉武帝是我国古代一位有作为的皇帝，对于他的历史功绩，我们是要充分肯定的。但由于当时的专制制度以及某些具体的政策措施不当所造成的社会问题也是相当严重的。例如，为了供应连年不断的战争而实行了一系列旨在搜刮民财的盐铁官营、均输、平准以及什么算缗、告缗等等；又由于经济凋敝、民不聊生，治安不稳而实行了对全国官民残暴镇压的酷吏统治。这在当时都是严重的问题。《汉书·刑法志》说："孝武即位，外事四夷之功，内盛耳目之好，征发烦数，百姓贫耗，穷民犯法，酷吏击断，奸宄不胜。于是招进张汤、赵禹之属，条定法令，作见知故纵、监临部主之法，缓深故之罪，急纵出之诛。其后奸猾巧法，转相比况，禁网寝密。"《汉书·宣帝纪》说："后元二年，武帝疾，往来长杨、五柞宫，望气者言长安狱中有天子气，上遣使者分条中都官狱系者，轻重皆杀之。"这和《史记·酷吏列传》中所说的"郡吏大府举之廷尉，一岁至千余章。章大者连逮证案数百，小者数十人；远者数千，近者数百里。会狱，吏因责如章告劾，不服，以笞掠定之"，以及"论报，至流血十余里"云云是一致的。对地方和朝廷的高级官员也是如此，《酷吏列传》说："二千石系者新故相因，不减百余人。"而大司农颜异是以"腹诽"的罪名被杀害的，这样的"罪名"，恐怕连秦朝也未曾有过。不仅如此，甚至连丞相、太尉、御史大夫这种国家的"三公"也朝不保夕。《汉书·公孙贺传》说："自公孙弘后，丞相李蔡、严青翟、赵周三人比坐事死。石庆虽以谨得终，然数被谴。初贺引拜为丞相，不受印绶，顿首涕泣，曰：'臣本边鄙，以鞍马骑射为官，材诚不任宰相。'上与左右见贺悲哀，感动下泣，曰：'扶起丞相。'贺不肯起，上乃起去，贺不得已拜。出，左右问其故，贺曰：'主上贤明，臣不足以称，恐负重责，从是殆矣。'"果然，公孙贺后来真被杀了。宋代胡寅说："宰相，人臣所愿为者，而武帝多杀，至使人不敢以辅弼为荣。"这在历史上也是很少见的现象。而且这种杀戮，又多是出自汉武帝的个人意志，那些酷吏们是专门看着汉武帝的脸色行事的。张汤之所以飞黄腾达，就是因为善于迎合汉武帝的心理。《酷吏列传》说："所治即（若）上意所欲罪，予监史深祸者；即（若）上意所欲释，与监史轻平者。"杜周当廷尉的做法与张汤相同："上所欲挤者，因而陷之；上所欲释者，久系待问而微见其冤状。客有让周曰：'君为天子决平，不循三尺法，专以人主意指为狱。狱者固如是乎？'周曰：'三尺安出哉？前主所是著为律，后主所是疏为令，当时为是，何古之法乎！'"对于这样的残暴统治，对于这样的法律科条，该不该反它呢？司马迁歌颂游侠，说这些游侠"虽时捍当世之文罔，然其私义廉洁退让，有足称者"。这话对不对呢？我们觉得完全应该，完全正确。因为在当时也只有他们敢作敢为，能替那些善良、软弱但又受打击、受迫害的人们出一口气了。

3. 批判了公孙弘等舞文弄法杀害游侠的罪行，有揭露儒者的伪善、抨击汉武帝独尊儒术政策的意义

司马迁对汉代的儒生至为不满。这些人大都是毫无原则、毫无廉耻，只知争名图利、一心向上爬的家伙。本文一开头所说的"至如以术取宰相卿大夫，辅翼其世主，功名俱著于春秋"云云，就是指的公孙弘之流。公孙弘的为人，《平津侯主父列传》说他："习文法吏事，而又缘饰以儒术。"这不正是汉武帝政治的一种形象的表现吗？这个人"尝与公卿约议，至上前，皆背其约以顺上旨。汲黯庭诘弘曰：'齐人多诈而无情实，始与臣等建此议，今皆背之，不忠。'上问弘。弘谢曰：'夫知臣者以臣为忠，不知臣者以臣为不忠。'上然弘言。左右幸臣每毁弘，上益厚遇之。"这个人"外宽内深。诸尝与弘有隙者，虽佯与善，阴报其祸。杀主父偃，徙董仲舒于胶西，皆弘之力也。"（《平津侯主父列传》）汲黯是武帝时期以耿直著称的大臣，他对汉武帝伐大宛得天马后作诗荐之宗庙，表示不满，说："凡王者作乐，上以承祖宗，下以化兆民，今陛下得马，诗以为歌，协于宗庙，先帝百姓岂能知其音邪？"上默然不悦。公孙弘说："黯诽谤圣制，当族。"（《乐书》）这样一个人与汉武帝合作，真可谓相得益彰。《游侠列传》就详细地写了他们互相配合杀害郭解的过程："及徙豪富茂陵也，解家贫，不中赀，吏恐，不敢不徙。卫将军为言：'郭解家贫不中徙。'上曰：'布衣权至使将军为言，此其家不贫。'解家遂徙。"是杨季主的儿子按照汉武帝的脸色，将明知不够条件的郭解硬是列入了勒令搬迁的名单之上；卫青替他说情，结果弄巧成拙，更加深了汉武帝对郭解的忌恨。明代钟惺说："帝数语聪察，然卫将军重解为之言，未可知也，解祸亦在此。"（《史记评林》引）当迁入关中后，又有人给郭解帮倒忙，杀死了杨季主。凶手逃跑了，郭解被捕了，但是郭解这次是完全无罪的。当朝廷派人到郭解的故乡来调查此事时，"轵有儒生侍使者坐，客誉郭解，生曰：'郭解专以奸犯公法，何谓贤！'解客闻，杀此生，断其舌"。又是一个儒生！"儒者，柔也。"这些人是专门柔于官府、讨好官府，而与侠者为难的。结果惹怒了郭解的宾客，又杀了这个儒生，使郭解的问题更加复杂化了。"吏以此责解，解实不知杀者。杀者亦竟绝，莫知为谁。吏奏解无罪。御史大夫公孙弘议曰：'解布衣为任侠行权，以睚眦杀人，解虽弗知，此罪甚于解杀之。当大逆无道。'遂族郭解翁伯。"这就是公孙弘的为人和公孙弘的杀人手段。郭解是名人，强迫郭解搬迁是经过汉武帝钦定的，而郭解的被族灭，汉武帝当然不能不知道。公孙弘是被汉武帝尊起来的儒生的最高代表，而这些儒生就是这样来为汉武帝的统治服务的。《儒林列传》说："公孙弘以《春秋》白衣为天子三公，封以平津侯。天下之学士靡然向风矣。"又说："自此以来，则公卿大夫士吏斌斌多文学之士矣。"就是这样的一群儒生，就是这样一组尊者与被尊者。汉代的政治、汉代的社会风气达到如此恶浊的地步，岂不可哀也哉！

有些人不是这样看问题的，而是单单从司马迁受宫刑的个人问题做文章。如明代的陈仁子说："迁之传此，其亦感于蚕室之祸乎？吾于此传可以观人材，可以观世变。"(《史记评林》引）董份说："史迁遭李陵之难，交游莫救，身坐法困，故感游侠之义。其辞多激，故班固讥其'进奸雄'，此太史之过也。然咨嗟慷慨，感叹宛转，其文曲至，百代之绝矣。"(《史记抄》引）这种说法也常被今天的一些评论文章引用，难道我们不觉得它过于狭隘、过于片面了吗？至于班氏父子批评司马迁"序游侠，则退处士而进奸雄"，说郭解等人"以匹夫之细，窃杀生之权，其罪已不容诛矣"，则正好表现了汉代统治者及其御用儒生的观点，这是班氏父子局限性的大暴露。

这篇作品在表现手法上的主要特点是：

其一，巧妙而突出地运用了对比衬托。作品用"韩子曰：'儒以文乱法，而侠以武犯禁'"做开头，一下子就把侠与儒同时提出来了。接着，他叙述了自先秦以来侠者与儒者各自的行为表现、社会功能，以及他们所得到的社会评价、社会地位。他对那种有些本来很坏（如公孙弘），有些虽然不坏，但也绝无用处可言（如季次、原宪）的儒者历来受到称颂，甚至享受高官厚禄，而侠者济人之危、奋不顾己，反而一贯受打击、受污蔑的社会不公，提出了愤怒的斥责。并引用"鄙人"之言曰："'何知仁义，已享其利者为有德。'故伯夷丑周，饿死首阳山，而文武不以其故贬王；跖、𫏋暴戾，其徒诵义无穷。由此观之，'窃钩者诛，窃国者侯，侯之门仁义存'，非虚言也。"对于儒生受统治者尊用，有地位、有权势，从而可以操纵社会舆论的现实，司马迁表示了极端的愤慨。在这里面，他又进一步地把儒分成两种：一种是"读书怀独行君子之德，义不苟合当世"，"终身空室蓬户"的闾巷之儒；一种是"以术取宰相卿大夫，辅翼其世主，功名俱著于春秋"的朝廷之儒。两者对比映衬，更突出地表现了他对公孙弘等朝廷之儒的嘲讽与蔑视。对于侠者，他也把他们分为身系"王者亲属，藉于有土卿相之富厚，招天下贤者，显名诸侯"的贵族之侠，和全靠自己"修行砥名，声施于天下……然儒、墨皆排摈不载"的布衣之侠。他认为前者"比如顺风而呼，声非加疾，其势激也"；而后者则完全是靠着自己的品德和社会实践，一铢一两地积累起来的。两者相较，从中更突出了朝廷之儒的可鄙与布衣之侠的可钦可敬。而郭解传则是具体地表现了一场朝廷之儒与布衣之侠的具体矛盾，揭露了一个朝廷之儒倾害布衣之侠的残酷事实，从而一箭双雕地使作品主题得到了充分的表现。当然，布衣之侠也不见得都是好人，都该称颂，所以作者特意在序论后面补充说："至如朋党宗强比周，设财役贫，豪暴侵凌孤弱，恣欲自快，游侠亦丑之。余悲世俗不察其意，而猥以朱家、郭解等令与暴豪之徒同类而共笑之也。"又在全文的最后补充说："至若北道姚氏，西道诸杜，南道仇景，东道赵他、羽公子，南阳赵调之徒，此盗跖居民间者耳，曷足道哉！此乃向者朱家之羞也。"这就把文章的主旨、作者的意图表述得异常明确，除了那些顽固派之外，一般读者对于此文是不会再产生歧义的了。

其二，字里行间表现着作者强烈的爱憎，整个文章具有一种浓厚的抒情性。这篇作品的篇幅并不长，全文总共约两千来字，而它的序论就占了三分之一。在这段序论中，作者辞情抑扬，反复地悠游唱叹，曲折而又淋漓尽致地表现出了自己强烈的爱憎。他在这里有正说，有反说，有似正而实反，有似反而实正。例如，他称道游侠"其行虽不轨于正义，然其言必信，其行必果，已诺必诚，不爱其躯，赴士之厄困，既已存亡死生矣，而不矜其能，羞伐其德，盖亦有足多者焉"。以及他称颂布衣之侠的"设取予然诺，千里诵义，为死不顾世，此亦有所长，非苟而已也。故士穷窘而得委命，此岂非人之所谓贤豪间者邪？"这是满腔热情、倾心赞美的，是正说。而说那些"以术取宰相卿大夫，辅翼其世主，功名俱著于春秋，固无可言者"一段，明显地语含嘲讽、不屑一顾，这是反说。对于季次、原宪，他说他们"读书怀独行君子之德，义不苟合当世，当世亦笑之，故季次、原宪终身空室蓬户，褐衣疏食不厌，死而已四百余年，而弟子志之不倦。"又说："诚使乡曲之侠，予季次、原宪比权量力，效功于当世，不同日而论矣。"肯定了他们比那些无耻的谄媚求宠之儒要好，像是真心肯定，其实不然，因为这些人对于社会实际上是丝毫无所补益的。宋代刘辰翁说："叩其意，本不取季次、原宪等，盖言其有何功业而志之不倦？却借他说游侠之所为有过之者而不见称，特其语厚而意深也。"（《班马异同评》）明代何良俊说："缓急人所时有，世有如此者，不有游侠士出而济之，使拘学抱咫尺之义者虽累数百，何益于事！"（《四友斋丛说》）这是似正而实反。对于朱家、郭解等，他说他们"虽时捍当世之文网，然其私义廉洁退让，有足称者。名不虚立，士不虚附"。中间加一转折，像是只肯定他们的廉洁退让，而批评了他们的"扞当世之文网"。其实不然，他之所以歌颂游侠，正在于他们有这种别人所没有的反抗性。这是似反而实正。明代邓以赞说："激诡之论，而以抑抗出之，似与非与，似排非排，奇态溢出，文笔特矫健甚。"（《史记评林》引）而且这段文字使用了一连串的感叹词、疑问词、反问词，周回反复、余音不绝。日人有井范平说它"反复悠扬，愈出愈奇，如八音之合奏，戛击搏拊，各有不尽之余韵"（《史记评林补标》）。说得很好。这篇文章的序论与《伯夷列传》异曲同工；而其"太史公曰"的"吾视郭解，状貌不及中人，言语不足采者。然天下无贤与不肖，知与不知，皆慕其声，言侠者皆引以为名。谚曰：'人貌荣名，岂有既乎！'于戏，惜哉！"又与《李将军列传》的格局、语气相同，其中流露着作者对郭解等人的无限敬意和对汉代统治者深深的愤怒之情。

汉代自文帝、景帝以来，不断地打击、杀害游侠，到武帝时期，随着专制主义的发展，对游侠更是采取了彻底取缔、彻底消灭的方针。生活在这个时代的司马迁，居然敢逆着潮流、冒着大不韪的风险，来歌颂游侠，为郭解等立传，这种勇气，在两千年的封建社会中还有哪个后人能与之相比呢！

货殖列传

【题解】　本传载述了从春秋末年到汉初以工商业致富的货殖大家的活动，以及这一历史时期工商业的发展，故以货殖命名。货指财富，殖言增长，货殖者，言如何增长财富。本传的序言论述了商品经济在社会生活中的重要作用。司马迁认为出现农、工、商、虞的分工是社会经济、人俗发展的必然之势。他把商业作为人民衣食之源来考察，强调农、工、商、虞四业并重，从而彻底地否定了传统的"重农抑商"政策。

《老子》曰①："至治之极②，邻国相望，鸡狗之声相闻，民各甘其食，美其服，安其俗，乐其业，至老死不相往来。"必用此为务③，挽近世④，涂民耳目，则几无行矣⑤。

【注释】　①老子曰：语见《老子》第八十章，与原文不尽同。　②至治：治理得极好的社会。治：与"乱"相对，指政治清明。　③务：追求，从事的目标。　④挽近世：把近现代拉回古代去。挽：挽回，扭转。　⑤几：差不多。无行：行不通，无法实现。

太史公曰：夫神农以前①，吾不知已②。至若《诗》《书》所述虞、夏以来，耳目欲极声色之好，口欲穷刍豢之味③，身安逸乐，而心夸矜势能之荣④。使俗之渐民久矣⑤，虽户说以眇论⑥，终不能化。故善者因之⑦，其次利导之⑧，其次教诲之⑨，其次整齐之⑩，最下者与之争⑪。

【注释】　①神农：炎帝，传说的上古帝王，他教民种庄稼，故称神农氏。　②已：通"矣"。　③刍豢（huàn）：刍，干草，代指吃草的牲畜，如牛、羊。豢，豢养，代指吃粮食的家畜，如猪、狗。　④夸矜：夸耀。势能：权势，能力。　⑤渐：浸染，影响。⑥眇（miǎo）论：美妙的言辞。眇：通"妙"。　⑦善者因之：治理国家最好的办法是顺应自然。因：顺应。　⑧利导：因势利导。　⑨教诲：指教导人民节制对私欲的追求，即儒家所提倡的礼义堤防。 ⑩整齐：即"齐之以刑"，用刑罚约束。 ⑪最下者与之争：最劣等的办法是与人民争夺财富。这是讥评汉武帝所实行的盐铁专卖、平准均输等打击商人的经济政策。

夫山西饶材、竹、榖、纑、旄、玉石①；山东多鱼、盐、漆、丝、声色②；江南出楠、梓、姜、桂、金、锡、连、丹沙、犀、玳瑁、珠玑、齿革③；龙门、碣石北多马、牛、羊、毡裘、筋角④；铜、铁则千里往往山出棋置⑤：此其大较也⑥。皆中国人民所喜好，谣俗被服饮食奉生送死之具也⑦。故待农而食之，虞而出之⑧，工而成之，商而通之。此宁有政教发征期会哉⑨？人各任其能，竭其力，以得所欲。故物贱之征贵⑩，贵之征贱，各劝其业，乐其事，若水之趋下，日夜无休时，不召而自来，不求而民出之，岂非道之所符⑪，而自然之验邪⑫？

【注释】 ①山西：与山东相对，指华山以西地区，包括关陇及巴、蜀。饶：丰饶，盛产。榖：木名。纑（lú）：苎麻，可用以织布。旄（máo）：牦牛，尾上长毛可做舞蹈的道具和旄旗的装饰，是贵重的商品。 ②声色：音乐和女色。 ③江南：大江以南广大地区。楠（nán）：楠木。桂：肉桂，珍贵的芳香植物。连：铅矿。丹沙：即丹砂，俗称朱砂，红色颜料。犀：犀牛角。玳瑁（dàimào）：一种海龟，其甲很美，可做装饰品及药用。珠玑：珍珠，圆者称珠，不圆者称玑。齿革：象牙及皮革。 ④龙门、碣石北：即华北地区。龙门：黄河禹门口，在今陕西省韩城市东北和山西河津市西北。碣（jié）石：山名，即今河北省昌黎县西北的碣石山。毡：毛毡。筋角：兽筋、兽角，用以制造弓弩。 ⑤棋置：如棋子之散布。 ⑥大较：大略，大概。 ⑦谣俗：风俗。具：器用。 ⑧虞：古代掌山泽之官，这里指从事渔猎、林木、采矿等事的人。 ⑨政教：政令与教化。发征期会：指向民间宣传征调，规定时间聚会。 ⑩征：征兆。物价贱落到极点，人人争买，就是贵的征兆。反之，物价贵极，人人不买就是贱的征兆。 ⑪道之所符：与自然规律暗合。 ⑫自然之验：依道而行，因其自然而得到的效果。自然：天然的，不是人为的。验：效应，效果。

《周书》曰①："农不出则乏其食②，工不出则乏其事③，商不出则三宝绝④，虞不出则财匮少。"财匮少而山泽不辟矣⑤。此四者，民所衣食之源也⑥。源大则饶⑦，源小则鲜⑧。上则富国，下则富家，贫富之道，莫之夺予⑨，而巧者有余，拙者不足。故太公望封于营丘⑩，地潟卤⑪，人民寡，于是太公劝其女功⑫，极技巧，通鱼盐，则人物归之，繦至而辐凑⑬。故齐冠带衣履天下⑭，海岱之间敛袂而往朝焉⑮。其后齐中衰，管子修之⑯，设轻重九府⑰，则桓公以霸，九合诸侯，一匡天下⑱；而管氏亦有三归⑲，位在陪臣⑳，富于列国之君。是以齐富强至于威、宣也㉑。

【注释】　①《周书》：周代的文诰，今传有《逸周书》，一部分收录入《尚书》之中。这里所引不见于这两书，理在逸篇之中。　②不出：不工作。　③事：指百工制作的器物。　④三宝：有多种说法，这里指农工虞之生产物，即食、事、财。　⑤财匮（kuì）：财物匮乏。财：资源。匮：缺乏。辟：开辟，开发。　⑥源：开源。　⑦饶：财富丰足。⑧鲜：少。　⑨莫之夺予：不是别人可赐予的，也不是别人可以剥夺的。这句是指个人的巧拙，即下文所言巧者有余，而拙者不足。　⑩太公望：西周开国功臣吕尚的尊称，封于齐。营丘：古邑名，在今山东省淄博市北，以营丘山得名。　⑪泻卤（xìlǔ）：盐碱土地。⑫女功：也写作"女工"，指妇女从事的纺织、刺绣、缝纫等事。　⑬繦（qiǎng）至而辐（fú）凑：喻四方之人踊跃投奔而来。繦：襁褓。辐：车轮上的辐条。　⑭冠带衣履：四字用如动词，喻齐国富甲天下，所产冠带衣履供全天下人使用。　⑮海岱之间：从东海到泰山之间，指齐地。敛袂（mèi）：又写作"敛衭"，朝拜时整理衣袖，喻恭敬。袂：衣袖。⑯管子：管仲。　⑰轻重：古代的一种经济理论，指国家权衡轻重所采取的一系列政治经济措施，如调盈济虚，平衡物价，抑制兼并等。这里指九府轻重之法，通过控制钱币的币值及兑换率来调节商品，平衡物价。九府：周代九个掌管财物的官府，即，大府、玉府、内府、外府、泉府、天府、职内、职金、职币。　⑱九合诸侯，一匡天下：语出《论语》卷一四《宪问》第十六、十七章。指管仲辅佐齐桓公称霸，多次会盟诸侯，使天下走上尊王攘夷的正轨。九：表示多数。匡：正。　⑲三归：指管仲富拟国君，有三处庭园（据俞樾《群经平义》）。　⑳陪臣：春秋时诸侯为天子之臣，诸侯的大夫对天子自称陪臣；而大夫之家臣对诸侯亦称陪臣，这里指管仲。　㉑威：齐威王田因齐，公元前356年至320年在位。宣：齐宣王田辟疆，公元前319年至公元前301年在位。

故曰："仓廪实而知礼节，衣食足而知荣辱①。"礼生于有而废于无。故君子富，好行其德；小人富，以适其力②。渊深而鱼生之，山深而兽往之，人富而仁义附焉。富者得势益彰，失势则客无所之③，以而不乐。夷狄益甚。谚曰："千金之子，不死于市④"。此非空言也。故曰："天下熙熙，皆为利来；天下攘攘⑤，皆为利往。"夫千乘之王，万家之侯，百室之君⑥，尚犹患贫，而况匹夫编户之民乎⑦？

【注释】　①"故曰"二句：语出《管子·牧民》。　②适其力：乐用其力于公事。

③客无所之：即客无往者，指没有宾客登门。之：往。 ④市：指弃市。古代对处以极刑的人暴尸于闹市叫弃市。 ⑤熙熙、攘攘："熙熙"同"攘攘"，皆形容拥挤、热闹的样子。 ⑥"千乘之王"三句：泛指古今天子王侯，但重点是隐喻汉代。千乘之王：指天子。万家之侯：大的封君王侯。百室之君：小的封君及大夫。 ⑦编户：指齐民，即编入户籍的百姓。

（以上为第一段，是为传序，论述了财富在社会生活中的重要性，揭示了追求财富是人类社会的基本活动这一真理。）

　　昔者越王勾践困于会稽之上，乃用范蠡、计然①。计然曰："知斗则修备②，时用则知物③，二者形则万货之情可得而观已④。故岁在金，穰；水，毁；木，饥；火⑤，旱。旱则资舟，水则资车⑥，物之理也。六岁穰，六岁旱，十二岁一大饥。夫糶⑦，二十病农，九十病末⑧，末病则财不出，农病则草不辟矣⑨。上不过八十，下不减三十，则农末俱利，平糶齐物⑩，关市不乏⑪，治国之道也。积著之理⑫，务完物⑬，无息币⑭，以物相贸，易腐败而食之货勿留⑮，无敢居贵。论其有余不足则知贵贱，贵上极则反贱，贱下极则反贵。贵出如粪土，贱取如珠玉。财币欲其行如流水。"修之十年，国富，厚赂战士⑯，士赴矢石，如渴得饮，遂报强吴，观兵中国⑰，称号五霸⑱。

【注释】①范蠡、计然：越王勾践的两位谋臣。 ②"知斗"句：了解战争（斗），才会做好战备。 ③时用则知物：什么时候需求什么东西。 ④"二者形"句：时用和物产二者都了解清楚了，则供求关系也就显现在眼前。 ⑤岁：岁星，即木星。古人依据木星的运行方位来预测年成的丰歉。岁在金，穰：岁星在正西方，这一年丰收。水：正北方。木：正东方。火：正南方。 ⑥资：买进。久旱必雨，久雨必晴，故在旱时买船，雨时买车，才能逐时卖好价钱。 ⑦糶（tiào）：出售粮食。 ⑧病：伤，损害。斗米二十钱则伤农，九十钱则伤商贾。物价太贱与太贵，均对社会不利。 ⑨草不辟：草不除，即田地荒芜。 ⑩平糶齐物：调节粮与百货的价格。平、齐：不贵不贱。 ⑪关市不乏：关卡税收和市场供应都不缺废。 ⑫积著：囤积货物。著：同"贮"。 ⑬完物：坚好之物。 ⑭无息币：不要积压资金。 ⑮易腐败而食之货勿留：易腐败，损耗大的货物，不要久留。食：通"蚀"，损耗。 ⑯赂：赏赐。 ⑰观兵：炫耀军威。中国：中原各诸侯国。 ⑱五霸：春秋五霸有两说。《孟子·告子》赵氏注谓齐桓公、晋文公、秦穆公、宋襄公、楚庄王为五霸。《荀子·王霸》则以齐桓公、晋文公、楚庄公、吴王阖庐、越王勾践为五霸。《史记》并存其说，这里指荀子说。

范蠡既雪会稽之耻①，乃喟然而叹曰②："计然之策七，越用其五而得意③。既已施于国，吾欲用之家。"乃乘扁舟浮于江湖④，变名易姓，适齐为鸱夷子皮，之陶为朱公⑤。朱公以为陶天下之中，诸侯四通⑥，货物所交易也。乃治产积居⑦，与时逐而不责于人⑧。故善治生者⑨，能择人而任时⑩。十九年之中三致千金⑪，再分散与贫交疏昆弟⑫。此所谓富好行其德者也。后年衰老而听子孙，子孙修业而息之⑬，遂至巨万⑭。故言富者皆称陶朱公。

【注释】　①雪：洗刷。　②喟（kuì）然：感慨的样子。　③得意：得遂心意，得志。④扁舟：轻舟。　⑤陶：邑名，在今山东省菏泽市定陶区。　⑥诸侯：指春秋战国时的诸侯各国。　⑦积居：囤积居奇，即经商。　⑧与时逐：随着时势的需要而追求利润。逐：逐利。　⑨治生：经营生计，此指经商。　⑩任时：把握时机。　⑪千金：千斤黄金。斤为计量单位。　⑫疏昆弟：远房兄弟。　⑬息：蕃息，发展。　⑭巨万：万万。

子赣既学于仲尼①，退而仕于卫，废著鬻财于曹、鲁之间②，七十子之徒，赐最为饶益。原宪不厌糟糠③，匿于穷巷。子贡结驷连骑④，束帛之币以聘享诸侯⑤，所至，国君无不分庭与之抗礼⑥。夫使孔子名布扬于天下者，子贡先后之也⑦。此所谓得势而益彰者乎？

【注释】　①子赣：即子贡，孔子学生，善于经商。　②废著：卖出买进。鬻财：经商。　③原宪：字子思，孔子学生。不厌糟糠：连糟糠也吃不饱。　④结驷连骑：车马络绎不绝。　⑤束帛之币：送厚礼。帛两丈为一端，两端为一匹，五匹为一束。　⑥分庭与之抗礼：以平等礼相待。古时主宾相见，各站在庭院的东西相对行礼。　⑦先后之：前前后后为之出力。

白圭，周人也①。当魏文侯时，李克务尽地力，而白圭乐观时变，故人弃我取，人取我与。夫岁熟取谷，予之丝漆②；茧出取帛絮③，予之食。太阴在卯④，穰；明岁衰恶⑤。至午，旱；明岁美。至酉，穰；明岁衰恶。至子，大旱；明岁美，有水。至卯，积著率岁倍⑥。欲长钱，取下谷⑦；长石斗，取上种⑧。能薄饮食⑨，忍嗜欲，节衣服，与用事僮仆同苦乐⑩，趋时若猛兽挚鸟之发⑪。故曰："吾治生产，犹伊尹、吕尚之谋，孙、吴用兵⑫，商鞅行法是也。是故其智不足与权变⑬，勇不足以决断，仁不能以取予，强不能有所守，虽欲学吾术，终不告之矣。"盖天下言治生祖白圭⑭，白圭其有所试矣，能试有所长，非苟而已也。

【注释】 ①周人：洛阳人。 ②取：买进。予：卖出。 ③茧出：蚕茧上市。 ④太阴在卯：太阴，即太岁星。古人将黄道附近的一周天分为十二等分，由东向西划为十二等分，配以子、丑、寅、卯、辰、巳、午、未、申、酉、戌、亥十二地支。太岁由东向西运行，每年经过一个等分，十二年绕一周，周而复始。此为太岁纪年法。太岁运行在卯的空间，这一年叫太阴在卯。 ⑤明岁衰恶：第二年收成不好。 ⑥积著率：利润率。 ⑦欲长钱，取下谷：想多赚钱，就买进价格低廉的粮食，价低易于出手。 ⑧上种：良种。 ⑨薄饮食：吃粗茶淡饭。薄，节俭。 ⑩用事：雇用。 ⑪趋时：捕捉时机，出手时机。挚鸟：猛禽。发：突然发起，迅疾出击。 ⑫孙、吴：孙武、吴起。 ⑬权变：权益变化。 ⑭祖：效法，作为典范。

猗顿用盬盐起①，而邯郸郭纵以铁冶成业，与王者埒富②。

乌氏倮畜牧③，及众，斥卖④，求奇缯物⑤，间献遗戎王⑥。戎王什倍其偿，与之畜，畜至用谷量牛马⑦。秦始皇帝令倮比封君⑧，以时与列臣朝请。而巴寡妇清，其先得丹穴⑨，而擅其利数世，家亦不訾⑩。清，寡妇也，能守其业，用财自卫，不见侵犯。秦皇帝以为贞妇而客之，为筑女怀清台⑪。夫倮鄙人牧长，清穷乡寡妇，礼抗万乘⑫，名显天下，岂非以富邪？

【注释】 ①盬（gǔ）盐：池盐，产地在今山西省运城市南。 ②埒（liè）：等同。 ③乌氏（zhī）：秦县名，在今甘肃省平凉市西北。倮：人名。 ④斥卖：出卖。斥：抛出。 ⑤求：换取。 ⑥间献：走私进奉。戎王：少数民族首领。 ⑦用谷量牛马：形容其多，满山谷。 ⑧比封君：政治上等同列侯待遇，可以奉朝请。 ⑨丹穴：丹砂矿。 ⑩家亦不訾：家财多到无法计算。訾：计算估量。 ⑪怀清台：在今重庆市长寿区境内。 ⑫礼抗万乘：受到皇帝的礼遇。礼抗：平等之礼。

（以上为第二段，写秦代及以前著名商人的言行及社会、政治效果。）

汉兴，海内为一，开关梁①，弛山泽之禁②，是以富商大贾周流天下，交易之物莫不通，得其所欲，而徙豪杰诸侯强族于京师③。

【注释】 ①开关梁：开通了水陆交通要道。关：关卡。梁：津梁。汉文帝十二年（公元前168年）废除了（开）过关卡、桥梁的传，方便商旅。传：通行证。 ②弛：开禁。汉文帝后元五年（公元前159年）下令“弛山泽”，允许贫民樵采捕捞。 ③强族：地方上的大族。

关中自汧、雍以东至河、华①，膏壤沃野千里，自虞夏之贡以为上田②，而公刘适邠③，大王、王季在岐④，文王作丰⑤，武王治镐⑥，故其民犹有先王之遗风，好稼穑，殖五谷，地重⑦，重为邪⑧。及秦文、德、穆居雍⑨，隙陇蜀之货而多贾⑩。献公徙栎邑⑪，栎邑北却戎翟⑫，东通三晋，亦多大贾。孝、昭治咸阳⑬，因以汉都，长安诸陵⑭，四方辐凑并至而会，地小人众，故其民益玩巧而事末也。南则巴蜀，巴蜀亦沃野，地饶卮、姜、丹沙、石、铜、铁、竹、木之器。南御滇僰⑮，僰僮⑯。西近邛、筰⑰，筰马、旄牛。然四塞，栈道千里⑱，无所不通，唯褒斜绾毂其口⑲，以所多易所鲜。天水、陇西、北地、上郡与关中同俗，然西有羌中之利，北有戎翟之畜，畜牧为天下饶，然地亦穷险⑳，唯京师要其道㉑。故关中之地，于天下三分之一，而人众不过什三；然量其富，什居其六。

【注释】 ①汧、雍：秦县名。汧县在今陕西省陇县城关镇东南，雍县在陕西省凤翔县南。河、华：黄河、华山。 ②贡：贡赋。 ③公刘：周之先祖，后稷的曾孙。邠：古邑名，在今陕西省旬邑县西。 ④大王：读"太王"，即古公亶父，文王之祖父。王季：文王之父。岐：岐山，在今陕西省岐山县北。 ⑤丰：邑名，在今陕西省西安市鄠邑区。⑥镐：邑名，在丰邑之东，今陕西省西安市内。 ⑦地重：重地，重于耕稼。 ⑧重为邪：不轻易做坏事。 ⑨雍：秦早期之都，正当陇蜀交通的要道口上。 ⑩隙：孔道，要道。 ⑪栎邑：栎阳，在今陕西省西安市临潼区北渭水北岸。 ⑫却：背靠 ⑬孝、昭：秦孝公、秦昭王。 ⑭长安诸陵：指汉武帝以前的皇陵，有高帝长陵，惠帝安陵，文帝霸陵，景帝阳陵，以及武帝寿陵茂陵。每陵置邑，移天下富豪实之，关中人口大增。 ⑮御：面向，抵达。 ⑯僰僮：被掠卖为奴的僰人。 ⑰滇、僰、邛、筰：指西南夷各部族。西南夷总地跨今云南、贵州及四川南部、西部地区。 ⑱栈道：在山腰凿壁构木修成的道路，在秦岭川陕道上。 ⑲褒斜：关中通汉中的谷道，南口在汉中褒城北，今陕西省汉中市境内；北口在关中今陕西省眉县西南。绾毂：控制。 ⑳穷险：极险。 ㉑要其道：控制着路口。要：读"腰"，束。

昔唐人都河东①，殷人都河内②，周人都河南③。夫三河在天下之中，若鼎足，王者所更居也④，建国各数百千岁，土地小狭，民人众，都国诸侯所聚会，故其俗纤俭习事⑤。杨、平阳（陈）西贾秦、翟⑥，北贾种、代⑦。种、代，石北也⑧，地边胡，数被寇，人民矜懻忮⑨，好气，任侠为奸，不事农商，然迫近北夷，师旅亟往⑩，中国委输时有奇羡⑪。其民羯羠不均⑫，自全晋之时固已患其慓悍⑬，而武灵王益厉之，其谣俗犹有赵之风也。故杨、平阳陈掾其间⑭，得所欲。温、轵西贾上党⑮，北贾赵、中山⑯。中山地薄人众，犹有沙丘纣淫地余民⑰，民俗懁急⑱，仰机利而食。丈夫相聚游戏，悲歌慷慨⑲，起则相随椎剽⑳，休则掘冢作巧奸冶㉑，多美物㉒，为倡优㉓；女子则鼓鸣瑟，跕屣㉔，游媚贵富㉕，入后宫，遍诸侯。

【注释】　①唐人：指尧舜时人。尧都平阳，在今山西省临汾市西。河东：古地区名，当今山西省西南部。　②殷人都河内：殷都朝歌，在今河南省安阳市西。河内：古地区名，当今河南省黄河以北地区。　③周人都河南：周都洛阳。河南：古地区名，今河南省黄河以南洛阳地区。此代指洛阳。　④更：交替。　⑤纤俭：吝啬，俭约。习事：老于世故。　⑥杨：邑名，在今山西省洪洞县东北。平阳：汉县名。县治在今山西省临汾市西南。陈：县名，在今河南省淮阳。在此为衍字。　⑦种：邑名，今河北省蔚县。代：县名，为代郡治，在今河北省蔚县西南。　⑧石：石邑县，在今河北省石家庄鹿泉区东南。　⑨懻忮(jìzhì)：刚强凶狠。　⑩亟往：经常往来。亟：屡次，多次。　⑪奇羡：盈余。　⑫羯羠不均：汉夷杂处。羯夷：古族名，匈奴别部。　⑬全晋：春秋时，晋未三分时称全晋。慓悍：轻捷凶悍。　⑭陈掾：经营周旋。　⑮温、轵：河内县名。上党：郡名，郡治在今山西省长子县。　⑯中山：汉郡国名，治卢奴，在今河北省定州市。　⑰沙丘：古观台名，纣所筑，在今河北省广宗县西北。余民：后代。　⑱懁(juàn)急：脾气急躁。　⑲慷慨：情绪激昂。　⑳起：行动时。椎剽：杀人掠财。　㉑作巧：干欺诈之事。奸冶：私铸钱。　㉒美物：美女。　㉓倡优：歌舞演戏艺人。　㉔跕屣(diéxǐ)：足穿拖鞋。　㉕游媚：往来巴结。

然邯郸亦漳、河之间一都会也①，北通燕、涿②，南有郑、卫。郑、卫俗与赵相类，然近梁、鲁，微重而矜节③。濮上之邑徙野王④，野王好气任侠，卫之风也。

【注释】　①"邯郸"：邯郸是漳水、黄河之间地区一大都市。漳：水名。黄河支流，流经今河北省邯郸市南。都会：都市。　②燕：汉国名，此指燕都蓟邑，即今北京市。涿：涿郡治涿县邑，在今河北省涿州市。　③微重而矜节：注重端庄，崇尚名节。　④濮上之邑：濮水上的邑，指卫旧都帝丘，在今河南省濮阳市。野王：汉县名，在今河南省沁阳市。

夫燕亦渤、碣之间一都会也。南通齐、赵，东北边胡。上谷至辽东，地踔远①，人民稀，数被寇，大与赵、代俗相类，而民雕捍少虑②，有鱼盐枣栗之饶。北邻乌桓、夫余③，东绾秽貉、朝鲜、真番之利④。

【注释】 ①踔（chuō）远：高远。 ②刁捍：迅捷凶猛。捍：通"悍"。 ③乌桓、夫余：今东北境内的东夷人。 ④真番：汉郡名，在朝鲜境内。

洛阳东贾齐、鲁，南贾梁、楚①。故泰山之阳则鲁，其阴则齐②。

【注释】 ①梁、楚：淮河、长江以南广大地区。 ②阳、阴：山南曰阳，山北曰阴。鲁在泰山之南，齐在泰山之北。

齐带山海，膏壤千里，宜桑麻，人民多文彩布帛鱼盐。临淄亦海岱之间一都会也。其俗宽缓阔达，而足智，好议论，地重，难动摇；怯于众斗，勇于持刺，故多劫人者，大国之风也。其中具五民①。

【注释】 ①五民：五方百姓。一说士、农、商、工、贾。

而邹、鲁滨洙、泗①，犹有周公遗风，俗好儒，备于礼，故其民龊龊②。颇有桑麻之业，无林泽之饶。地小人众，俭啬，畏罪远邪。及其衰，好贾趋利，甚于周人。

【注释】 ①邹、鲁：古国名，在洙、泗两水流域。 ②龊龊：小心谨慎的样子。

夫自鸿沟以东①，芒、砀以北②，属巨野③，此梁、宋也。陶、睢阳亦一都会也④。昔尧作游成阳⑤，舜渔于雷泽⑥，汤止于亳⑦。其俗犹有先王遗风，重厚多君子⑧，好稼穑，虽无山川之饶，能恶衣食⑨，致其蓄藏。

【注释】 ①鸿沟：古渠名，人工运河，即今河南省境内的贾鲁河，鸿沟西起今河南省荥阳市北，引黄河水东至开封市，南行径淮阳县到沈丘县，最后入于颍水。 ②芒、砀（dàng）：芒山、砀山，均在今河南省夏邑县东。 ③属：连接。巨野：古泽名，在今山东省巨野县北。 ④睢阳：今河南省商丘市。 ⑤作：制作陶器。成阳：秦县名，在今山东省鄄城县南。 ⑥雷泽：古泽名，在今河南省濮阳市东南。 ⑦亳：古邑名，故址在今河南省商丘市东南。 ⑧重厚：庄重宽厚。 ⑨恶（è）衣食：省吃俭用。恶：陋劣，形容词做动词用，谓能忍受粗劣的衣食。

越楚则有三俗①，夫自淮北沛、陈、汝南、南郡②，此西楚也。

其俗剽轻，易发怒，地薄，寡于积聚。江陵故郢都，西通巫、巴③，东有云梦之饶。陈在楚夏之交④，通鱼盐之货，其民多贾。徐、僮、取虑⑤，则清刻，矜己诺。

【注释】　①越楚：越并于楚，故连称。　②沛、陈、汝南、南郡：皆汉郡名。　③巫：楚旧郡名，郡治在今重庆市巫山县东。　④陈：县名，在今河南省周口市淮阳区，位于南方的楚进入北方中原相交的地方。　⑤徐、僮、取虑：汉临淮郡内三县名。

　　彭城以东，东海、吴、广陵①，此东楚也。其俗类徐、僮。胸、缯以北②，俗则齐。浙江南则越。夫吴自阖庐、春申、王濞三人招致天下之嬉游子弟，东有海盐之饶，章山之铜③，三江、五湖之利，亦江东一都会也。

【注释】　①东海、吴、广陵：皆郡名。东海郡治郯县，在今山东省郯城县西北。吴郡治吴县，在今江苏省苏州市。广陵郡治广陵县，在今江苏省扬州市。　②胸（qú）、缯：东海郡内两县名。胸县在今江苏省连云港市西南。缯县在今山东省兰陵县西北。　③章山：山名，在今浙江省安吉县西北。

　　衡山、九江、江南、豫章、长沙①，是南楚也。其俗大类西楚。郢之后徙寿春②。亦一都会也。而合肥受南北潮③，皮革、鲍、木输会也。与闽中、干越杂俗④，故南楚好辞⑤，巧说少信。江南卑湿，丈夫早夭。多竹木。豫章出黄金，长沙出连、锡，然仅仅物之所有⑥，取之不足以更费。九疑、苍梧以南至儋耳者⑦，与江南大同俗，而杨越多焉。番禺亦其一都会也⑧，珠玑、犀、玳瑁、果、布之凑。

【注释】　①衡山、九江、豫章、长沙：皆汉郡国名。衡山：封国，都今湖北省黄冈市北部。九江：郡治寿春，在今安徽省寿县。豫章：郡治南昌，即今江西省南昌市。长沙：封国，都临湘，在今湖南省长沙市。江南：泛指长江之南。　②寿春：楚考烈王二十二年（公元前241年）迁都于寿春，仍称为郢，在今安徽省寿县西。　③合肥：即今安徽省合肥市。受南北潮：受到南有长江、北有淮河的交通便利。　④闽中：汉郡名，郡治即今福建省福州市。干越：吴越。　⑤好辞：好游说。　⑥仅仅：稀少。　⑦九疑：山名，在今湖南省宁远县南。苍梧：汉郡名，治广信，今广西壮族自治区梧州市。儋耳：汉郡名，郡治儋耳县，今海南省儋州市。　⑧番禺：今广东省广州市。

　　颍川、南阳①，夏人之居也。夏人政尚忠朴，犹有先王之遗风。

颖川敦愿②。秦末世，迁不轨之民于南阳，南阳西通武关、郧关③，东南受汉、江、淮④。宛，亦一都会也。俗杂好事⑤，业多贾。其任侠，交通颖川，故至今谓之"夏人"。

【注释】 ①颖川、南阳：郡名。 ②敦愿：淳朴恭谨。 ③武关：在今陕西省丹凤县东南。郧关：在今湖北省十堰市郧阳区。 ④汉、江、淮：汉水、长江、淮河。 ⑤俗杂好事：民俗混杂，好劳作。

夫天下物所鲜所多，人民谣俗，山东食海盐，山西食盐卤①，岭南、沙北固往往出盐，大体如此矣。

【注释】 ①盐卤：池盐和岩盐。

总之，楚越之地，地广人稀，饭稻羹鱼，或火耕而水耨①，果隋嬴蛤②，不待贾而足，地势饶食，无饥馑之患，以故呰窳偷生③，无积聚而多贫，是故江淮以南，无冻饿之人，亦无千金之家。沂、泗水以北④，宜五谷桑麻六畜，地小人众，数被水旱之害，民好蓄藏，故秦、夏、梁、鲁好农而重民⑤。三河、宛、陈亦然，加以商贾。齐、赵设智巧⑥，仰机利。燕、代田畜而事蚕⑦。

【注释】 ①水耨（nòu）：用水灌淹除草，原始的耕作方法。 ②果隋（duò）：果、瓜。嬴（luǒ）：通"螺"。蛤（gé）：蛤蜊。 ③呰窳（zǐyù）：体弱多病。呰：弱。窳：病。另一解：呰窳：好吃懒做。呰：口毁。窳：惰。偷生：苟且生活，得过且过。 ④沂：水名，泗水支流，山东省境内。 ⑤重（zhòng）民：人口多。 ⑥设智巧：发展手工业。 ⑦田：狩猎。畜：放牧。

（以上为第三段，分全国为四大经济区，次第记叙各经济区的物产、交通、城市、商业和风土民俗，可以说是一篇精彩的天下周流指南。）

由此观之，贤人深谋于廊庙①，论议朝廷，守信死节隐居岩穴之士设为名高者安归乎②？归于富厚也。是以廉吏久，久更富。廉贾归富。富者，人之情性，所不学而俱欲者也。故壮士在军，攻城先登，陷阵却敌，斩将搴旗③，前蒙矢石④，不避汤火之难者，为重赏使也。其在闾巷少年⑤，攻剽椎埋⑥，劫人作奸，掘冢铸币，任侠并兼⑦，借交报仇，篡逐幽隐⑧，不避法禁，走死地如骛者⑨，其实皆为财用耳。今夫赵女郑姬，设形容[10]，揳鸣琴[11]，揄长袂[12]，蹑利屣[13]，目挑心招[14]，出不远千里，不择老少者，奔富厚也。游闲公子，饰冠剑，连车骑，亦为富贵容也[15]。弋射渔猎[16]，犯晨夜[17]，冒霜雪，驰坑谷，不避猛兽之害，为得味也。博戏驰逐[18]，斗鸡走狗，作色相矜[19]，必争胜者，重失负也[20]。医方诸食技术之人[21]，焦神极能[22]，为重糈也[23]。吏士舞文弄法，刻章伪书，不避刀锯之诛者，没于赂遗也[24]。农工商贾畜长，固求富益货也。此有知尽能索耳[25]，终不余力而让财矣。

【注释】 ①廊庙：庙堂，指朝廷。 ②守信死节：忠义之士。隐居岩穴之士：归隐的有德之士。设为名高者：为自己树立声誉。 ③搴：拔取。 ④蒙：冒犯，承受。 ⑤闾巷少年：乡下青年。 ⑥攻剽椎埋：杀人灭尸。 ⑦并兼：强占他人财物。 ⑧篡逐幽隐：在偏僻地方拦路抢劫。 ⑨骛：马狂奔。 ⑩设形容：梳妆打扮。 ⑪揳（xiē）：通"戛"，弹奏。 ⑫揄长袂：拖曳长袖起舞。袂，袖。 ⑬蹑利屣：穿上轻便舞鞋。 ⑭目挑心招：目送秋波，用心招引。 ⑮容：显示，夸耀。 ⑯弋射：用带绳的箭射鸟。 ⑰犯晨夜：起早摸黑。 ⑱博戏：赌博。 ⑲作色：变脸争吵。相矜：夸示本领。 ⑳重失负也：害怕丢人负输。 ㉑医方：医生与方士。 ㉒焦神：劳神。 ㉓糈：上等精米。 ㉔没：沉醉于。 ㉕索：尽。

谚曰[1]："百里不贩樵[2]，千里不贩籴[3]。"居之一岁，种之以谷；十岁，树之以木；百岁，来之以德[4]。德者，人物之谓也[5]。今有无秩禄之俸[6]，爵邑之入，而乐与之比者，命曰"素封"[7]。封者食租税，岁率户二百[8]。千户之君则二十万，朝觐聘享出其中[9]。庶民农工商贾，率亦岁万息二千[10]，百万之家则二十万，而更徭租赋出其中[11]。衣食之欲，恣所好美矣。故曰陆地牧马二百蹄[12]，牛蹄角千[13]，千足羊，泽中千足彘[14]，水居千石鱼陂，山居千章之材[15]。安邑千树枣；燕、秦千树栗；蜀、汉、江陵千树橘；淮北，常山以南，河济之间千树萩[16]；陈、夏千亩漆；齐、鲁千亩桑麻；渭川千亩竹；及名国万家[17]之城，带郭千亩亩钟之田[18]；若千亩卮茜[19]，千畦姜韭[20]：此其人皆与千户侯等。然是富给之资也，不窥市井，不行异邑，坐而待收，身有处士之义而取给焉。若至家贫亲老，妻子软弱，岁时无以祭祀进醵[21]，饮食被服不足以自通，如此不惭耻，则无所比矣。是以无财作力，少有斗智，既饶争时②，此其大经也③。今治生不待危身取给，则贤人勉焉。是故本富为上，末富次之，奸富最下④。无岩处奇士之行，而长贫贱，好语仁义，亦足羞也。

【注释】　①谚：民间流行的成语。　②贩樵：卖柴。贩：买与卖。　③贩籴：买入粮食。　④"居之一岁"六句：只有一年的考虑则种谷，有十年的打算则种树，有百年的计划，则以德招徕人民。　⑤德者，人物之谓也：有德的标志，就是能招徕人民。人物：既有人品，又有财物。此指经商的人。　⑥秩禄：秩品俸禄。　⑦素封：汉有爵禄的封君。此指大商贾，财敌封君，因而被称为素封。　⑧岁率户二百：一年中大约每户二百钱。　⑨朝觐：指觐见皇帝的费用。聘享：指交际和祭祀的费用。　⑩万息二千：一万钱可得利息二千。　⑪更徭：汉制，不愿服役者可出钱代役，称更徭。　⑫牧马二百蹄：二百蹄为五十匹马。　⑬牛千角：牛一头四蹄两角，蹄角一千为一百六十七头。此节所举千字数目，整齐划一，举其成数，不必拘泥。　⑭千足羊，二百五十只。千足彘（猪），亦二百五十头。　⑮千章之材：有一千棵大树的森林。　⑯萩：当为"楸"（qiū）字之误。楸：落叶乔木名。　⑰名国：著名的都市。　⑱带郭：城郊地区。亩钟之田：每亩收一钟。钟：容量单位，六斛四斗为一钟。　⑲若：或。卮、茜：染料植物。卮（zhī）：古同"栀"。一种提炼胭脂的野生植物，果实可做黄色染料。茜（qián）：茜草，其根可制大红色染料。　⑳畦（qí）：田亩中的一片小区。大畦五十亩，小畦二十五亩。　㉑进：通"赆"，送人礼物。醵（jù）：凑钱聚餐。　㉒既饶争时：资本丰厚，就要逐时做大生意。㉓大经：大略原则。㉔本富：经营农业致富。末富：经商致富。奸富：作奸犯法致富。

凡编户之民，富相十则卑下之，百则畏惮之，千则役，万则仆，物之理也①。夫用贫求富，农不如工，工不如商，刺绣文不如倚市门，此言末业，贫者之资也。通邑大都，酤一岁千酿②，醯酱千瓨③，浆千甔④，屠牛羊彘千皮，贩谷粜千钟，薪稿千车，船长千丈⑤，木千章，竹竿万个，其轺车百乘⑥，牛车千两，木器髤者千枚⑦，铜器千钧⑧，素木铁器若卮茜千石⑨，马蹄躈千⑩，牛千足，羊彘千双，僮手指千⑪，筋角丹沙千斤，其帛絮细布千钧，文采千匹，榻布皮革千石⑫，漆千斗，蘖曲盐豉千荅⑬，鲐鮆千斤⑭，鲰千石⑮，鲍千钧，枣栗千石者三之，狐貂裘千皮⑯，羔羊裘千石，旃席千具⑰，佗果菜千钟，子贷金钱千贯⑱，节驵会⑲，贪贾三之，廉贾五之，此亦比千乘之家，其大率也。佗杂业不中什二⑳，则非吾财也。

【注释】　①"凡编户之民"六句：凡是编入户籍的平民，财富相差十倍，就要低人一等：相差一百倍，就要害怕；相差千倍、万倍，就要受奴役，这是一条社会生活的规律。物之理：事物的规律。　②酤：卖酒。千酿：一千瓮酒。　③醯：醋。瓨（gāng）：长颈陶器，可容十升。　④甔（dān）：陶缸，可容十斗。　⑤船长千丈：大小船总长千丈。　⑥轺（yáo）车：华贵的轻便马车。　⑦木器髤（xiū）：漆器。　⑧钧：三十斤。　⑨素木：粗加工的木材。　⑩马蹄躈（qiāo）千：蹄口一千，即马二百匹。躈：马口。　⑪僮手指千：一百名奴隶。一人有十指。　⑫榻布：产于云南省境内的土布。　⑬蘖（niè）曲：酒糟。豉（chǐ）：豆皮。荅：别本作台，通"瓵"（tái），陶器，容一斗六升。　⑭鲐（tái）：河豚。鮆（cǐ）：刀鱼。　⑮鲰（zōu）：小杂鱼。　⑯貂（diāo）：貂鼠。　⑰毡席：毡毯。　⑱子贷金钱：高利贷资本。　⑲驵会（zǎng kuài）：牙商，即市侩，交易中间人。　⑳不中什二：不到十分之二的利润。

（以上为第四段，写人的本性就是为其生活美好而追求财富，由于财富多少形成了人间社会的等级。）

请略道当世千里之中，贤人所以富者，令后世得以观择焉。

蜀卓氏之先，赵人也，用铁冶富。秦破赵，迁卓氏。卓氏见掳掠，独夫妻推辇①，行诣迁处。诸迁虏少有余财，争与吏，求近处，处葭萌②。唯卓氏曰："此地狭薄。吾闻汶山之下③，沃野，下有蹲鸱④。至死不饥，民工于市，易贾。"乃求远迁。致之临邛⑤，大喜，即铁山鼓铸⑥，运筹策，倾滇蜀之民，富至僮千人，田池射猎之乐，拟于人君。

【注释】　①辇：手推车。　②葭萌：县名，在今四川省广元市西南。　③汶山：即岷山。　④蹲鸱：大芋。　⑤临邛：县名，今四川省邛崃市。　⑥鼓铸：鼓风炼铁。

程郑，山东迁虏也，亦冶铸，贾椎髻之民①，富埒卓氏，俱居临邛。

宛孔氏之先，梁人也，用铁冶为业。秦伐魏，迁孔氏南阳。大鼓铸，规陂池②，连车骑，游诸侯，因通商贾之利，有游闲公子之赐与名③。然其赢得过当④，愈于纤啬⑤，家致富数千金，故南阳行贾尽法孔氏之雍容⑥。

【注释】　①椎髻：西南夷民族发式，束发头顶，形如椎。　②规：修筑。　③有游闲公子之赐与名：宛孔氏花钱大方，与王侯交通，享有贵族公子的名声。　④过当：孔氏交游王侯所赚的钱，超过了投入的本钱。　⑤愈于纤啬：更加超过那些吝啬的商人。　⑥雍容：派头十足。

鲁人俗俭啬，而曹邴氏尤甚，以铁冶起，富致巨万。然家自父兄子孙约①："俯有拾，仰有取②。"贳贷行贾遍郡国③。邹、鲁以其故多去文学而趋利者，以曹邴氏也。

齐俗贱奴虏，而刁间独爱贵之。桀黠奴④，人之所患也，唯刁间收取，使之逐渔盐商贾之利，或连车骑，交守相⑤，然愈益任之。终得其力，起富数千万。故曰："宁爵毋刁"⑥，言其能使豪奴自饶而尽其力。

周人既纤⑦，而师史尤甚，转毂以百数⑧，贾郡国，无所不至。洛阳街居在齐秦楚赵之中⑨，贫人学事富家，相矜以久贾，数过邑门不入，设任此等⑩，故师史能致七千万。

【注释】　①约：家规。　②俯有拾，仰有取：一切经营都要有经济效益。　③贳(shì)贷：放高利贷。　④桀黠(xiá)：剽悍狡猾。　⑤交守相：与郡国守相相交通。⑥宁爵毋刁：难道只有当官才尊贵吗？还不如做刁家豪奴。　⑦纤：节俭。　⑧转毂：车辆。　⑨洛阳街居：洛阳的位置就像处在四通的大街上。　⑩设任此等：充分信任这些人。

宣曲任氏之先①，为督道仓吏②。秦之败也，豪杰皆争取金玉，而任氏独窖仓粟。楚汉相拒荥阳也，民不得耕种，米石至万，而豪杰金玉尽归任氏，任氏以此起富。富人争奢侈，而任氏折节为俭，力田畜③。田畜人争取贱价，任氏独取贵善，富者数世。然任公家约："非田畜所出弗衣食，公事不毕则身不得饮酒食肉④。"以此为闾里率⑤，故富而主上重之。

【注释】　①宣曲：地名，在今陕西省西安市西南。　②督道：秦县名。一说为仓名。③力田畜：努力耕种和养殖牲畜。　④公事：家族公共事务。　⑤闾里率：乡邻榜样。

塞之斥也①，唯桥姚已致马千匹，牛倍之，羊万头，粟以万钟计。吴楚七国兵起时，长安中列侯封君行从军旅，贳贷子钱②，子钱家以为侯邑国在关东③，关东成败未决，莫肯与。唯无盐氏出捐千金贷，其息什之。三月，吴楚平。一岁之中，则无盐氏之息什倍，用此富埒关中④。

关中富商大贾，大抵尽诸田，田啬、田兰。韦家栗氏，安陵、杜杜氏⑤，亦巨万。

【注释】 ①塞之斥：开放边塞，指汉匈和亲，关市通。 ②赍贷子钱：借高利贷置办军器。子钱：利钱。 ③子钱家：高利贷者。 ④富埒关中：富敌关中。 ⑤韦家：地名，不详，当在长安近郊。安陵：惠帝陵邑，在今陕西省咸阳市东北。杜：县名，在今陕西省西安市东南。

此其章章尤异者也①。皆非有爵邑俸禄弄法犯奸而富，尽椎埋去就②，与时俯仰③，获其赢利。以末致财，用本守之，以武一切，用文持之④，变化有概⑤，故足术也⑥。若至力农畜，工虞商贾，为权利以成富⑦，大者倾郡，中者倾县，下者倾乡里者，不可胜数。

【注释】 ①章章：显著。 ②椎埋：杀人灭尸，于此不通，日枫三本作"推理"，即推测物理，研究市场供求。 ③与时俯仰：一举一动都要紧跟时势。 ④"以末致财"四句：经商赚了钱，投入农耕来保守，就像君主用武取天下，以文德来守成一样。一切：一刀切。《汉书·平帝纪》："一切满铁如真。"颜注云："一切者，权时之事，非经常也。犹如以刀切物，苟取整齐，不顾长短纵横，故言一切。"此指商人不顾一切以经商术赚钱，如同开国之主以威力夺取天下。 ⑤概：刮平升斗的器具，引申为有节度。 ⑥足术：值得记述。术：通"述"。 ⑦为权利以成富：运用权谋并能抓住有利时机成了大富。

夫纤啬筋力①，治生之正道也，而富者必用奇胜②。田农，掘业③，而秦扬以盖一州④。掘冢，奸事也，而田叔以起。博戏，恶业也，而桓发用富。行贾⑤，丈夫贱行也，而雍乐成以饶。贩脂⑥，辱处也，而雍伯千金。卖浆，小业也，而张氏千万。洒削⑦，薄技也，而郅氏鼎食⑧。胃脯⑨，简微耳，浊氏连骑。马医，浅方⑩，张里击钟⑪。此皆诚一之所致⑫。

【注释】 ①纤啬筋力：依靠省吃俭用和勤劳。 ②用奇胜：出奇制胜。 ③田农，掘业：种地是笨拙的职业。掘：通"拙"。 ④盖一州：财富冠一州。 ⑤行贾：游乡串街的小贩。 ⑥贩脂：贩卖胭脂。 ⑦洒削：磨刀。 ⑧鼎食：古代贵族列鼎而食，比喻富有。 ⑨胃脯：利用动物下水制成的腌腊品。 ⑩浅方：卑下的职业。 ⑪击钟：同"鼎食"，古代贵族进餐，要鸣钟奏乐以助食。形容富有，谓之钟鸣鼎食之家。 ⑫诚一：专一。

由是观之，富无经业①，则货无常主，能者辐凑②，不肖者瓦解③。千金之家比一都之君，巨万者乃与王者同乐。岂所谓"素封"

者邪？非也？

　　【注释】　①经业：常业。　②能者辐凑：财富像车辐聚于车轴一样，聚于能者手中。③瓦解：财产荡尽。

　　（以上为第五段，生动地记述了汉代著名商贾的业绩，结尾强调人才在致富中的作用，才智高超的人经营任何行业均能致富，成为"素封"。）

📝 讲　析

　　《货殖列传》内容丰博，初一看有些杂乱，传记不像传记，论文又不像论文，写人物又写地域，欲说难理头绪。从时间上，从古到今，从地域上，全国范围，全都包容了。《货殖列传》是一篇奇文，奇就奇在把古今商人、四方物产与地理融于一篇，冶于一炉。从古到今，正是司马迁对经济发展作贯通的考察，具有探索规律的明显意图，这在古代是了不起的识见。

　　全文分五个段落，简析之如次。

　　第一段，是传序，司马迁写的一篇经济论，从历史的发展之势揭示了财富在社会生活中的重要性，人人欲财，个个追求，因此，治生是人类社会最基本的活动。经济发展、商业活动没有地域限制，人们生活要求没有止境，全天下之材之物皆为我用，这就要农工商虞共同分工来开发。所以开篇就把道家的小国寡民理论作为批判的靶子。清心寡欲的理论与历史时势不符，即使挨家挨户劝说，人们也不会接受。司马迁的论述从理论上剥去了禁欲者虚伪的面纱。

　　第二段，写秦代及以前著名商人的言行及社会、政治效果。越王勾践卧薪尝胆，终报强吴，就是生聚增财的结果。同时写了范蠡、白圭、猗顿、乌氏倮等先秦商人的活动，总结了他们的治生经验。

　　第三段，写汉初全国一统的生产发展，司马迁提出了区域经济的理论。分全国为四大经济区，次第记叙各经济区的物产、交通、城市、商业和民俗，可以说是一篇精彩的天下周游指南。

　　第四段，写人的本性就是为了过美好生活而追求财富，由于财富多少而形成了人间社会的等级。司马迁生动描写的人间社会逐利图，说明人欲是历史发展的杠杆，人欲的负面影响带来争利争斗并形成等级差别。这些都是唯物主义的认识论。司马迁把剥削、压迫看作是天经地义的，所谓"凡编户之民，富相什则卑下之，百则畏惮之，千则役，万则仆，物之理也"，视人间不平为合理，当然是唯心主义观点，这是那时人们的历史局限性，是阶级存在的客观现实，被司马迁勾勒出来，应该也是唯物主义的认识。这里唯心与唯物是交织的，古人不能分野，不可苛求。

第五段，生动地论述了汉代著名商贾的业绩，结尾强调人才在致富中的作用，才智高超的人，经营任何行业都能致富，成为"素封"。旨意在于说明，财富可求，人人可致富。

《货殖列传》的五个段落层次，在原文结构大段落中用段意做了简明的概括。下面着重对《货殖列传》全篇的内容以及司马迁灌注的货殖理论进行罗列和阐释。

《货殖列传》的理论建树是多方面的，它使司马迁成为站在时代前列的思想家，其中关于治生规律，即商品经济规律的一些揭示，甚至是超前的杰出思想。举其大端有以下几个方面。

1. 首创经济史传，意识到经济是社会安定的基础

司马迁第一个为商人立传，总结治生之术，开创了经济史传，触摸到了"人类社会生活的基础是物质生活资料的生产"，具有"力图从经济条件来说明人们的社会地位、思想意识和政治制度"的意识。这是司马迁的一大创造，而且是产生在重农抑商的时代，实在是了不起的。

司马迁如此重视财富，他希望人民富裕、社会富裕。为什么要致富？因为财富可使社会安定。司马迁认为，追求财富和"与王者同乐"的物质生活是人的天赋本性，是人的一种自然属性，"富者，人之情性，所不学而俱欲者也"。人们的全部活动都可归结为了获得财富，"天下熙熙，皆为利来"。财富不单能使人过上舒适的生活，更重要的是，财富充实社会秩序才会安定，人们的精神面貌才会变得高尚，"衣食足而知荣辱"，"礼生于有而废于无"，贫或富的经济状况将决定整个社会的风尚和文明程度。不过财富也把人们分成高低不同的等级，赋予人们截然相反的各种社会属性，"凡编户之民，富相十则卑下之，百则畏惮之，千则役，万则仆，物之理也"，经济地位的悬殊导致了社会地位的悬殊，产生了人压迫人、剥削人的残酷现象，而这又是社会发展和财富积累不可避免的。司马迁还敏锐地观察到，财富差不多在社会的每一件事上都发挥着不容忽视的影响力，它的阴影投向了人们生活的每个角落。它可以给现有的社会关系人为地染上各种不同的绚丽色彩并改善人们在这些社会关系里的位置。为什么"千金之子不死于市"？为什么从事畜牧的乌氏倮能厕身于"列臣"之间？经营朱砂矿的巴寡妇清又为什么能得到"礼抗万乘"的优遇？原因便在于他们拥有令人欣羡的财富。不仅政治上如此，就是学术问题亦不例外，孔子能够扬名天下，流芳于世，正是由于有他那商人学生子贡的财富的支持。所以在司马迁的笔下，财富的社会作用是惊人的巨大和无情，不管你愿意与否，都得受它的支配和摆弄。

人们追求财富是好事，不是坏事，不但不应加以拦阻，还应当给以鼓励和帮助。"富无经业"，致富的途径很多，基于财富主要是以货币来体现，故最正确最有效的致富捷径是经营商业或商品生产。可是在经营中，财富对于第一个经营者并非都一视同仁，客观的现实是"巧者有余，而拙者不足"。司马迁十分重视个人才能在求富竞争中的作用，他认为只要有才能并在自己从事的行业里专心努力地去干，就一定能使财源"辐辏"。任何人都必须有自己获得财富的本领，因为财富是人们生活不可缺少的部分，于是儒家的"长贫贱，好语仁义"，便受到了毫不留情的讽刺和奚落：一个一点儿不懂"治生"、连"饮食被服不足以自通"的人，乃是最可"惭耻"的。至于那种"危身取给"以致富或搞邪门歪道的"奸富"，司马迁还是持否定态度的，称之为最下等的富人。

2. 认识到社会分工推动生产发展，并重农工商虞

司马迁心目中的商人，并不仅指纯粹的商业经营者，也包括以奴隶劳动为基础的大工业家、面向市场的手工业者和农林牧业中的各种商品性经营者。依据传统的习惯看法，商人从事的是对社会没有什么益处的"末业"，商人的形象被歪曲为游手好闲、专搞欺诈，是永远都值得痛恨和批判的对象。司马迁从他的重商主义观点出发，提出了一种完全相反的新见解，商人不仅于社会无害，而且扮演的是人类经济舞台上必不可少的重要角色，商人的活动同农、工、虞的活动一样，是生产性的，是财富的源泉。他极其明确地写道"此四者，民所衣食之源也。源大则饶，源小则鲜"，社会财富的丰盈或寡少，就是由这四种基本的经济力量决定的。社会物质生活的正常进行，生产、分配和消费间的协作与平衡，也依靠这四者来推动和维持，"故待农而食之，虞而出之，工而成之，商而通之……若水之趋下，日夜无休时"。这种自然形成的经济关系和社会分工，国家只能因势利导，使其沿着自身的规律向前发展，如果企图按照主观意志，强制地加以干涉和改变，不但会破坏财富的增值和积累，而且还会带来严重的不良后果，那就是经济发展停滞和经济生活混乱，所以决不能伤害商人的利益，"末病则财不出"。为了促使经济车轮不停地向前顺利运转，社会财富不断地大量涌现，唯一的办法便是大力发展商业（包括各种商品生产），做到"关市不乏"以繁荣经济。

司马迁认为商业在创造财富上居于社会之首，他做过这样的排队，"夫用贫求富，农不如工，工不如商"。无论富国还是富家，都必须发展商业（包括手工业），为此，他举了历史上齐国的例子来证明他的理论，齐国本来贫穷不堪，由于政府提倡"极技巧，通鱼盐……故齐冠带衣履天下"。商业、工业的发展，使财富增多，国力亦随之强盛，"海岱之间敛袂而往朝焉"，最后还把齐桓公推上霸主的地位。越国也是执行了保护商贾的"农末俱利"政策，国家才变得富裕起来，在强大经济力量的支持下"厚赂战士"，逐渐取得了军事上的优势，终于一举灭吴，雪洗了会稽之耻。从汉朝立国到武帝继位，社会繁庶，财富充溢，这同当时"富商大贾周流天下，交易之物莫不通"是分不开的，因此司马迁对汉初"开关梁，驰山泽之禁"——给工商业发展开绿灯的政策，十分赞赏。

3. 为商人立传，总结治生之术

司马迁称赞商人是"智强仁勇"的贤人，是社会经济的推动者，商人在司马迁笔下备受赞扬。司马迁为春秋战国至汉初三十个商人立传，把古今的治生者会于一堂，说长道短。秦灭赵，商人卓氏被扫地出门，秦朝把他作为俘虏发配到边远地区，卓氏不求近，而求资源丰富、有工商业发展前途的地方安家，最后以冶铁致富拟于人君。商人刁间对于别人感到头痛难办的"桀黠奴"，却特别喜爱，给予信任，用其所长以经营商业，结果"得其力，起富数千万"。司马迁认为商人同历史上那些大名鼎鼎的政治家和军事家没有什么不同，商人经商，"犹伊尹、吕尚之谋，孙、吴用兵，商鞅行法是也"。其他如商人"相矜以久贾"不回家的事业心以及不惧艰苦的经营作风等，均在本传中得到了应有的褒述。

商人凭自己的能力致富，而"千乘之王，万家之侯"的财富则是凭自己手中的特权，所以商人的历史地位和社会贡献是超过王侯们的，至少也可以和他们媲美并肩。与此同时，司马迁对道家不要商品交换，鼓吹"至老死不相往来"的那种以穷为乐的迂腐之论，也投过去了一道又一道鄙夷的目光。他直言无讳地指出，这样的生活表面上似"无饥馑之患"，实际上是"呰窳偷生"过日子，是低级落后的表现。

司马迁总结商人的治生之术有两个方面。一是考察商品的流通，总结货财增值的经验，例如商业上的供求关系、价格和利润等，即商品经济的规律，可以说提出了许多超前的经济理论。二是考察自然地理经济和民俗，总结商业活动推动生产发展的作用。本文限于篇幅，只对司马迁考察商品流通总结的经济规律作概述，可以看出司马迁对商品经济理论所达到的高度。

司马迁对商品流通的考察，获得了一系列符合价值规律的珍贵见解。主要观点有四：

（1）知时　计然"旱则资舟，水则资车"、范蠡"与时逐"、白圭"乐观时变"，这都说的是掌握商业行情，调查市场需要，"逐时而居货"，利用供求规律，牟取大利。

（2）知物　"积著之理，务完物"，"腐败而食之货勿留，无敢居贵"。这是说要研究商品学，提高商品的竞争能力。

（3）无息币　商业赢利是在流通过程中取得的，资本在流通领域里运动的时间愈长，也就是交换的次数愈多，就愈能赚钱。因此他提醒商人们注意，要尽量做到"无息币"，"财币欲其行如流水"。这里，司马迁那深刻的洞察力和抽象的分析力，的确令人佩服。

（4）择地择人　范蠡居陶，因陶为天下之中，"诸侯四通，货物所交易也"。范蠡治产积居，"十九年之中三致千金"。刁间善用"桀黠奴"，使他们"逐渔盐商贾之利"，"终得其力，起富数千万"。这里透出人才就是财富的思想。

此外，关于供求关系，司马迁也有精湛的论述，"论其有余不足则知贵贱"，市场上的供与求是彼消此长的，而这样的消长同商品价格的涨落又紧密相连，供大于求则物价下降，这时便应当"人弃我取"——买进低价商品；求大于供则物价上升，这时便应当"人取我与"——卖出价格上涨了的商品，从而在价格的差额中获利。本传中多次提到了要"争时""与时俯仰"，这个"时"指的主要就是当时社会供求关系的变化，弄清"时"的变化，方可决定自己是买还是卖，应买什么和应卖什么。秦末有一位姓任的商人，曾准确地判断当时供求形势，因而致富，这件事司马迁有清楚的记载，"秦之败也，豪杰皆争取金玉，而任氏独窖仓粟。楚汉相拒荥阳也，民不得耕种，米石至万，而豪杰金玉尽归任氏，任氏以此起富"。战争年代，粮食的生产量小，需求量大，价格一定上涨，故任氏囤积粮食以居奇，自然就大获其利。司马迁举出这个例子是语重心长的。目的在于说明，要从商业经营中求富，不研究和懂得供求关系的变化，那是不会成功的。

商业本身并不创造财富，它只是促进产品的流通，促进人们消费。但商业的发展，有力地带动商品生产，社会物质产品增多，意味着社会生产力的发展，于是商业有力地促进了财富的积累和创造，表现为人们口袋的货币增多，社会繁荣了，整体社会的财富也就增加了。

总上，司马迁创立《货殖列传》以及他的另一篇经济史传《平准书》，是学术史上的一件大事。它开创了我国正史记载生产活动的先例，提供了大量的经济史料，成为中国史学的优秀传统。司马迁以他天才的洞察力从人欲争利的行为中，看到了人欲争利的生产动力。他考察了生产领域中的社会分工，并重农工商虞，认识到这是古代社会基本的经济结构。司马迁为古代商人立传，从中总结了治生之术，获得了许多符合价值规律的见解，肯定了商业活动在促进生产发展中所起的纽带作用，颂扬货殖。《平准书》对汉武帝与民争利的经济政策提出了批评，与颂扬货殖相呼应。毫无疑问，司马迁提出的学说主张与批评意见是正确的和有助于社会经济前进的。可惜这些闪耀着夺目光辉的伟大思想，无论在当时或后世，都不曾为愚昧专断的封建经济者所重视，相反遭到种种的诽谤和攻击，这确实令人感到愤懑和痛心。现在，应该是替这位才华横溢的经济思想家清除诬蔑和恢复名誉的时候了，让被历史烟尘长期淹没了的明珠重放光明。

太史公自序

【题解】　《太史公自序》是《史记》一书的总序，《史记》原名《太史公书》，故称《太史公自序》。《太史公自序》概述了司马氏世系、家学渊源、《史记》成书经过、著述动机和全书意旨，是一篇内容丰富、学术价值很高的自传自注体论文。《太史公自序》是我们研究《史记》成书的历史条件和司马迁的"一家之言"的极其重要的资料。

　　昔在颛顼①，命南正重以司天②，北正黎以司地③。唐虞之际，绍重黎之后④，使复典之，至于夏商，故重黎氏世序天地。其在周，程伯休甫其后也⑤。当周宣王时，失其守而为司马氏⑥。司马氏世典周史⑦。惠、襄之间⑧，司马氏去周适晋。晋中军随会奔秦⑨，而司马氏入少梁⑩。

【注释】①颛顼：上古传说的五帝之一，继黄帝为帝，号高阳氏。　②南正重：南正，传说中的上古天官，职掌天文，观星象，定历法；重为天官，《左传》昭公二十九年，史墨说，重是少昊氏之子。　③北正黎：北正，地官，职掌农事；史墨说，黎是颛顼之子。　④重黎：《史记·楚世家》云，"高阳生称，称生卷章，卷章生重黎。"上文以重、黎为二人，此以重黎为一人。《史记志疑》卷二六，梁玉绳认为，黎之后以地官兼天官，故号重黎氏。　⑤程伯休甫：程，古国名，在今河南省洛阳市东。伯：周封诸侯公、侯、伯、子、男五等爵之第三等。休甫：人名，世世代代职掌周王室国史。　⑥司马氏：司马，掌军事的官，司马氏以官为氏。　⑦典：职掌。　⑧惠、襄之间：周惠王姬阆、周襄王姬郑，东周第五代、第六代国君。惠王时有子颓作乱，襄王时有叔带作乱。史官职掌机要，卷入宫廷政变，故司马氏在惠、襄之间的王室内乱中去周适晋。　⑨晋中军随会奔秦：随会，晋大夫。公元前621年晋襄公卒，随会入秦迎立公子雍。赵盾立襄公子夷皋，是为晋灵公，发兵拒公子雍。随会奔秦避难，后来回到晋国做了中军统帅。这里称"中军"是追书。　⑩司马氏入少梁：卷入晋公室内乱的司马氏入秦避难，其后为秦民。少梁：古梁国，公元前641年秦灭梁，改称少梁。过了四年，即公元前617年，晋伐秦，取少梁，三家分晋属魏。至公元前328年，秦人又从魏国手中夺回少梁，更名夏阳，在今陕西省韩城市南部。

　　自司马氏去周适晋，分散，或在卫，或在赵，或在秦。其在卫者，相中山①。在赵者，以传剑论显，蒯聩其后也②。在秦者名错③，与张仪争论，于是惠王使错将伐蜀，遂拔，因而守之。错孙靳④，事武安君白起。而少梁更名曰夏阳。靳与武安君坑赵长平军，还而与之俱赐死杜邮⑤，葬于华池⑥。靳孙昌，昌为秦主铁官，当始皇之时⑦。蒯聩玄孙卬，为武信君将而徇朝歌⑧。诸侯之相王⑨，王卬于殷。汉之伐楚，卬归汉，以其地为河内郡。昌生无泽，无泽为汉市长⑩。无泽生喜，喜为五大夫⑪，卒，皆葬高门⑫。喜生谈，谈为太史公⑬。

【注释】①其在卫者，相中山．司马氏流入卫国的　支，后代中有人做了中山国的相，指司马喜。《战国策·中山策》云："司马喜三相中山。"1974至1978年在河北省平山县出土了带有长篇铭文的铁足大鼎，是中山王赐给国相司马賙的，从而证实了司马迁的记载。　②"在赵者"三句：司马氏分散时，赵国还没有建立，这里是说后代在赵。《史记·刺客列传》载荆轲在赵国榆次与盖聂论剑。《太史公自序·正义》引如淳说，盖聂就是蒯聩。　③在秦者名错：司马错，秦惠王将，公元前316年为秦灭蜀，并留守在蜀。司马错与张仪的辩论就是关于伐蜀的利弊，事详《史记·张仪列传》。　④靳（jìn）：《汉书·司马迁传》作"蕲"，二字音近互转。　⑤杜邮：地名，在今陕西省咸阳市东。　⑥华池：地名，在今陕西省韩城市西南十七里。　⑦当始皇之时：应作"当始皇死时"解，指公元前209年秦末农民起义之时。西汉人认为，秦之亡，祸成始皇，故云"当始皇之时"。⑧武信君：武臣的封号，陈胜起义派他北定赵地，他又派司马卬攻取了朝歌。徇（xùn）：攻取。朝歌：古为殷都，在今河南省淇县。　⑨诸侯之相王：诸侯互相称王，指公元前206年项羽封十八王，卬为殷王，都朝歌。　⑩无泽：《汉书·司马迁传》作"毋泽"。"毋"与"无"，古字通。市长：汉高祖六年（公元前201年）改咸阳为长安，立四市长及四市丞，管理商业运输。司马无泽做了市长。　⑪喜为五大夫：五大夫是秦汉二十级封爵制的第九级。汉文帝十二年（公元前168年）推行卖爵制，五大夫售价为入粟四千石。《汉书·食货志》载，五口之家，耕地百亩，中年收入一百石。四千石相当于四十户自耕农的全年收入。《太史公自序》未叙司马喜做官或其他功劳，他的爵位应当是买来的。　⑫高门：地名，是高门原的简称，又叫马门原，在华池西三里。　⑬谈为太史公：《史记》全书称"太史公"凡一百五十二次，为司马谈、司马迁父子相共称。《汉书·百官公卿表》有太史令，为太史府之长官，秩六百石。《自序·集解》引臣瓒曰："《茂陵中书》司马谈以太史丞为太史令。"《史记索隐》引《博物志》云："太史令茂陵显武里大夫司马迁，年二十八，三年六月乙卯除，六百石。"据此，"太史公"不是官名，此称"太史"为官名，"公"字为尊称，乃是司马迁尊称其父，署官以名其书曰《太史公书》，意为太史公所著之书，用以祭奠父亲，因《史记》是司马谈发凡起例的。书名既为《太史公书》，故一百三十篇论赞皆称"太史公曰"，而"太史公"遂为父子共名。旧解多以"太史公"为官名，殊误。《茂陵中书》，乃茂陵县的户籍档案簿。茂陵，在长安西北八十里，今陕西省兴平市东北，为汉武帝陵。元朔二年（公元前 127 年），武帝徙郡国豪杰及家资三百万以上者实茂陵，司马迁一家徙置茂陵，故属籍《茂陵中书》。

（以上为第一段，追述家世，以世典周史而自豪。）

太史公学天官于唐都①，受《易》于杨何②，习道论于黄子③。太史公仕于建元、元封之间，悯学者之不达其意而师悖④，乃论六家之要旨曰⑤：

【注释】 ①太史公学天官于唐都：指司马谈向唐都学习天文学。天官：天文星象之学。唐都：汉代方士，精通天文学，太初元年他还和司马迁等人共同制定了太初历。 ②杨何：字叔元，是孔子学生商瞿的第八世弟子，汉初的《易》学专家。武帝元光中，官至太中大夫。 ③黄子：《儒林传》称黄生，即黄老先生，史失其名。黄生是汉初研习道家理论的权威，景帝时为博士，主张无为。黄生曾和治《诗》大儒博士辕固生在景帝面前争论汤、武非受命而王，轰动朝野。 ④悯：忧伤。师悖：师法惑乱之言。 ⑤要旨：核心思想。旨：意趣，引申为学说、主张。

《易大传》："天下一致而百虑，同归而殊途。"①夫阴阳、儒、墨、名、法、道德，此务为治者也，直所从言之异路，有省不省耳②。尝窃观阴阳之术③，大祥而众忌讳④，使人拘而多所畏⑤；然其序四时之大顺，不可失也⑥。儒者博而寡要，劳而少功，是以其事难尽从⑦；然其序君臣父子之礼，列夫妇长幼之别，不可易也。墨者俭而难遵，是以其事不可遍循；然其强本节用⑧，不可废也。法家严而少恩；然其正君臣上下之分⑨，不可改矣。名家使人俭而善失真⑩；然其正名实⑪，不可不察也。道家使人精神专一，动合无形⑫，赡足万物。其为术也，因阴阳之大顺，采儒墨之善，撮名法之要⑬，与时迁移，应物变化，立俗施事，无所不宜，旨约而易操，事少而功多。儒者则不然。以为人主天下之仪表也，主倡而臣和，主先而臣随。如此则主劳而臣逸。至于大道之要，去健羡，黜聪明⑭，释此而任术⑮。夫神大用则竭，形大劳则敝。形神骚动⑯，欲与天地长久，非所闻也。

【注释】　①"《易大传》"二句：引自《易·系辞》，原文作"天下同归而殊塗，一致而百虑"。《易》谈哲理，司马谈借这两句话谈政治，暗含一个"治"字。意思是说，百家学说虽然主张不同，但都是为了治天下。所以司马谈评价六家学说，是从治理天下的利弊这一立场出发的。　②"夫阴阳"四句：各家学说的要旨都是为了治理天下，不过他们提出的方案各不相同，各有议论精审可取和不精审两部分。这是司马谈针对汉武帝"罢黜百家，独尊儒术"所发的议论，也即是《要旨》一文的中心思想。直：不过。省：善，《汉书·司马迁传》作"察"。　③术：法，道，引申为学说。　④祥：吉凶的征兆。忌讳：禁忌。古代对死不直言叫"忌"，对尊者、亲者、长者不直呼其名叫"讳"。后来凡是对所有回避的事，或不便直说的话，统称"忌讳"。这里指阴阳家讲究吉凶征兆的禁忌。　⑤拘而多所畏：阴阳家每一行动都要择时日，择方向，时日方向不吉利就不敢动。　⑥不可失也：不可违背，不可改变。下文"不可易也""不可废也""不可改矣""不可不察也"都是这个意思。"失""易""废""改""察"等字是变文，与"有省不省"的"省"字相照映，指各家学说的长处部分是不可排斥的。　⑦尽从：全部跟从、实行之意，与下文"遍循"同义。遍循：一一遵循。　⑧强本节用：注重发展生产，节制用度。本：指农耕蚕织。　⑨正君臣上下之分：整肃君臣上下的职守，使等级秩然。儒家也宣扬君君臣臣之道，主张用礼节制；而法家更加强调尊君卑臣学说，用法来维系，强化中央集权。　⑩名家：以邓析、尹文、公孙龙等人为代表，主张循名责实的学派。俭而善失真：这句是说名家纠缠在概念上打圈子，把人们的思想弄糊涂了，而不能掌握实际。俭：通"检"，咬文嚼字。　⑪正名实：名称和实际相符合。正：循名责实，使二者符合。　⑫动合无形：一切举措，都丝毫不露痕迹，合于自然。　⑬"其为术也"四句：先秦道家是老庄学说，并没有吸收儒、墨、名、法、阴阳各家之长，而这里司马谈所总结的则是以杂霸王道的汉初黄老为基础的新道家思想。严格地说，熔铸各家之长的道论，正是司马谈的"一家之言"。因：遵循。采：吸收。撮：摄取。　⑭去健羡，黜聪明：去掉刚强和贪欲，不用耳目之聪明，而以柔弱和知足自守。《老子》第二十八章，"知其雄，守其雌，为天下溪"；第三章，"不尚贤，不使民争"；第十九章，"绝圣弃智，民利百倍"。这些思想就是汉初无为学说"去健羡，黜聪明"的依据和渊源。　⑮释此而任术：抛弃迂阔寡要而归于大道。此：指儒家学说。术：指道家的任自然之术。　⑯形神骚动：《汉书·司马迁传》作"形神蚤衰"。道家认为国君应无为静守，若竭智用神，其年不永，故曰"形神骚动"。骚动：分散动摇，这里作消耗讲。

夫阴阳四时、八位、十二度、二十四节各有教令①，顺之者昌，逆之者不死则亡。未必然也。故曰："使人拘而多畏。"夫春生夏长，秋收冬藏，此天道之大经也②，弗顺则无以为天下纲纪，故曰"四时之大顺，不可失也"。

【注释】　①四时：春夏秋冬四季。八位：八卦方位。十二度：十二次星躔，这里指十二个月序。二十四节：指农历的二十四节气。教令：戒律。　②天道之大经：自然界的主要规律。

夫儒者以"六艺"为法，"六艺"经传以千万数①，累世不能通其学②，当年不能究其礼③，故曰"博而寡要，劳而少功"。若夫列君臣父子之礼，序夫妇长幼之别，虽百家弗能易也。

【注释】　①六艺：六经。经传：经指六经本文，传指解经文字。汉代解经的章句十分烦琐，有些经学家对一经的解释达一百多万字。例如《书经》大师秦延君解《尚书》的"尧典"二字就写了十余万言，所以说"千万数"。　②累世：一辈子。　③当年：丁壮之年，即青春时代。当：通"丁"。

墨者亦尚尧舜道，言其德行曰："堂高三尺，土阶三等，茅茨不剪，采椽不刮①。食土簋，啜土刑②，粝粱之食，藜藿之羹③。夏日葛衣，冬日鹿裘④。"其送死，桐棺三寸⑤，举音不尽其哀。教丧礼，必以此为万民之率。使天下法若此，则尊卑无别也。夫世异时移，事业不必同⑥，故曰"俭而难遵"。要曰强本节用，则人给家足之道也。此墨子之所长，虽百家弗能废也。

【注释】　①采椽：柞木为椽。　②食土簋（guǐ），啜土刑：这两句是说食饮器具均用陶器。簋：椭圆形食器。刑：盛汤的鼎器。　③粝粱：当作"粝粢"，即粗糙的粮食。粱：精米。《李斯列传》："尧之有天下也粝粢之食，藜藿之羹。"藜藿：泛指野菜。藜：蓬类一年生草本植物，又名莱，嫩叶可食。藿：豆叶。这两句是主张过俭朴的生活，吃粗茶淡饭。　④夏日葛衣，冬日鹿裘：葛衣与丝帛相对，鹿裘与轻裘相对，指衣着要简陋。葛：一种野生纤维植物，可用来织布。　⑤桐棺三寸：以桐木为棺，厚三寸，这是墨家主张的节用理论之一，送死薄葬。儒家主张厚葬，棺用贵重木材，还要有椁，即外棺。　⑥事业：这里指社会的一切礼俗制度。

法家不别亲疏，不殊贵贱，一断于法，则亲亲尊尊之恩绝矣①。可以行一时之计，而不可长用也，故曰"严而少恩"。若尊主卑臣，明分职不得相逾越，虽百家弗能改也。

【注释】　①亲亲尊尊：亲爱亲者，尊崇尊者，这是儒家提倡的等级礼制。

名家苛察缴绕①，使人不得返其意，专决于名而失人情，故曰"使人俭而善失真"。若夫控名责实②，参伍不失③，此不可不察也。

【注释】　①苛察缴绕：烦琐的考究，在枝节上纠缠。　②控名责实：即循名责实。控：引，引申为依据、遵循。　③参伍：参错交互，为综合各方面进行考察的意思。

道家无为，又曰无不为①，其实易行，其辞难知。其术以虚无为本，以因循为用②。无成势，无常形，故能究万物之情③。不为物先，不为物后④，故能为万物主。有法无法，因时为业；有度无度，因物与合⑤。故曰"圣人不朽，时变是守。虚者道之常也，因者君之纲"也⑥。群臣并至，使各自明也。其实中其声者谓之端，实不中其声者谓之窾。窾言不听，奸乃不生，贤不肖自分，白黑乃形。在所欲用耳，何事不成。乃合大道，混混冥冥。光耀天下，复反无名⑦。凡人所生者神也，所托者形也。神大用则竭，形大劳则敝，形神离则死⑧。死者不可复生，离者不可复返，故圣人重之。由是观之，神者生之本也，形者生之具也⑨。不先定其神〔形〕⑩，而曰"我有以治天下"，何由哉⑪？

【注释】　①道家无为，又曰无不为：老子说，"道法自然"，"道无为而无不为"。自然界的万事万物都在变化、消长，这是无为。但是这种无为并没有什么东西去主宰它，所以它的消长是无为的。应用在政治上就是君人南面之术。老子说"为无为，则无不治""我无为而民自化"，意思是说，国君不主观的强制臣民该作什么或不该作什么，而是引导和保证臣民各适其自然而作，国君只如牧马人的"去其害马者而已"。这样臣民兢兢业业有所为均是国君的成绩，所以国君无为，就能无不为。　②"虚无"二句：人的修养要以清心寡欲为根本，不要劳倦形神。应用到政治上，就是要根据自然趋势，与时推移，无为而治。　③"无成势"三句：这三句是说道家之术没有一成不变的变动方向和固定格式，所以它能适应万物的规律。势：指运动变化的发展趋势。形：固定格式。　④不为物先，不为物后：《淮南子·原道训》，"所谓无为者，不先物为也；所谓无不为者，因物之所为。"可为这两句作注脚。　⑤"有法无法"四句："有法无法，因时为业"与"有度无度，因物与合"相对成文，指道家不是不要法度，而是随时应变，顺物秩序，自成法度，归于无为。"因无与合"，《汉书》作"因物与舍"。舍：居也。言因物与居，而无成心。四句"法"与"业"为韵，"度"与"舍"为韵。　⑥"故曰"四句：引自《鬼谷子》佚文。"圣人不朽"《汉书》作"圣人不巧"。颜师古注曰"无机巧之心"。王念孙考证，认为作"巧"字是《史记》原文。但古书很少有这种用法，疑是《汉书》改字，或形近而讹。《史记索隐》《史记正义》都作"朽"，指圣人顺时变化，故能成不朽之功。　⑦复反无名：复归于自然。名：指具体的事物，有形有象。道是无形无象的东西，所以叫无名。道生成天地万物，即有名，但它最后循环往复为无名。　⑧形神离则死：神，指人的精神、声气。形，形体。司马迁父子认为，形神可以分离，但形神分离均要衰敝。　⑨"由是观"三句：本：根本。具：体现。精神虽为生存之根本，但要形来体现，故二者不可分离。　⑩先定其神〔形〕："形"字据《汉书·司马迁传》补。这句是说首先要稳定形与神的关系，即不能过度使用形或神，造成二者的分离。　⑪"而曰"二句：意思是说，若不懂得神本形具而稳定形神关系这个道理，是不能够走上治天下之路的。《六家要旨》以一"治"字贯通首尾，反映了司马氏父子主张崇尚无为政治的思想倾向，因而对汉武帝政治多有所批评，这正是《史记》成为异端史学的哲学基础。

（以上为第二段，论六家要旨。）

太史公既掌天官，不治民。有子曰迁①。

迁生龙门②，耕牧河山之阳③。年十岁则诵古文④。二十而南游江、淮，上会稽，探禹穴⑤，窥九疑⑥，浮于沅、湘⑦；北涉汶、泗⑧，讲业齐鲁之都⑨，观孔子之遗风，乡射邹、峄⑩；厄困鄱、薛、彭城⑪，过梁、楚以归⑫。于是迁仕为郎中⑬。奉使西征巴、蜀以南，南略邛、笮、昆明⑭，还报命⑮。

【注释】　①有子曰迁：司马迁，字子长，《太史公自序》和《汉书》本传都失载，也没有载生卒年。司马迁之字见于扬雄《法言》和王充的《论衡》。　②龙门：山名，在今陕西省韩城市东北，横跨黄河两岸。迁生在韩城南二十二里的芝川镇，两者相距七十里。"迁生龙门"是举家乡名胜而言，是一个大略的说法。　③耕牧河山之阳：司马迁童年在家乡度过。耕牧：一般用以表示未仕宦，家居。河山之阳：指司马迁的故乡所在，即龙门山南麓河曲。　④古文：先秦历史典籍用古体字书写，故《史记》称其为古文。如《五帝本纪赞》称《春秋》《国语》《五帝德》《帝系姓》为古文。《太史公自序·索隐》引刘伯庄说：古文指《左传》《国语》《世本》等。　⑤禹穴：在今浙江省绍兴市东南会稽山上，传说夏禹南巡时曾大会诸侯于此。　⑥窥（kuī）九疑：传说舜南巡，死后葬九疑山。窥：考察。九疑：山名，在今湖南省宁远县境。疑：又作"嶷"。　⑦沅、湘：湖南省境内的两条大江，注入洞庭湖。屈原放逐，曾在两江上漫游。　⑧汶、泗：山东省境内水名，古代注入淮河，今注入运河。孔丘的出生地曲阜就在泗水中游的南岸。　⑨讲业：研究学问。业：是大书板，代指书籍。这句是说，司马迁壮游，在齐鲁之都，研究学问。　⑩乡射：是古代练武选贤的一种礼仪活动。一是地方官于春秋二季召集人民练武习射；一是举行选贤习射。邹：古国名，今山东省邹城市，孟轲的出生地。峄：山名，在邹城市南，秦始皇东巡，在峄山刻石颂功。　⑪鄱：《史记志疑》认为是"蕃"（fān）字之误，汉县名，在今山东省滕州市东南四十四里。薛：齐孟尝君田文的封邑，故城在今山东省滕州市东部。

彭城：即今江苏省徐州市，是西楚霸王项羽的都城。司马迁在蕃、薛、彭城如何受厄困，史事不详。　⑫过梁、楚以归：梁：今河南省开封市，魏国后期的都城。楚：泛指楚地。司马迁从彭城向西经沛、丰、砀（刘邦的出生地及起义地区）到梁，回长安。　⑬迁仕为郎中：司马迁二十壮游，在元朔三年（公元前 126 年），考察游历当有数年之久。据考，元狩五年，即公元前 118 年，司马迁二十八岁，仕为朗中。　⑭"奉使"句：元鼎六年（公元前 111 年）春，武帝命驰义侯遗率巴、蜀之兵平定西南夷，以为牂柯、越隽、沈黎、汶山、武都五郡。司马迁奉命监军，并设郡置吏。　⑮还报命：司马迁奉使还报，是在元封元年（公元前 110 年）春。是时汉武帝东巡泰山封禅，司马迁于是东赴行在所，于洛阳见到垂危的父亲。

（以上为第三段，写二十壮游，网罗天下放失旧闻。）

司马迁二十壮游

是岁，天子始建汉家之封，而太史公留滞周南^①，不得与从事，故发愤且卒。而子迁适使返，见父于河洛之间。太史公执迁手而泣曰："余先周室之太史也。自上世尝显功名于虞夏，典天官事。后世中衰，绝于予乎？汝复为太史，则续吾祖矣②。今天子接千岁之统③，封泰山，而余不得从行，是命也夫，命也夫！余死，汝必为太史；为太史，无忘吾所欲论著矣。且夫孝始于事亲，中于事君，终于立身。扬名于后世，以显父母，此孝之大者④。夫天下称诵周公，言其能论歌文、武之德，宣周、邵之风，达太王、王季之思虑，爰及公刘，以尊后稷也⑤。幽厉之后⑥王道缺⑦，礼乐衰，孔子修旧起废，论《诗》《书》，作《春秋》，则学者至今则之⑧。自获麟以来四百有余岁⑨，而诸侯相兼，史记放绝。今汉兴，海内一统，明主贤君忠臣死义之士，余为太史而弗论载，废天下之史文，余甚惧焉，汝其念哉！"迁俯首流涕曰："小子不敏⑩，请悉论先人所次旧闻，弗敢阙。"

【注释】　①周南：下文的"河洛之间"，实指洛阳。西周成王时，周公与召公分陕（今河南三门峡市）而治，陕以东为周南，陕以西为召南。这里指司马谈从巡武帝东上泰山至周南之地时因病倒而停滞下来。　②则续吾祖矣：就可以继续我祖上的事业了。　③接千岁之统：据《封禅书》载，西周成王曾登封泰山，下距武帝其间九百余年，此云"千岁"。是约举成数。本来秦始皇亦上泰山封禅，不得言"接千岁之统"。由于汉人自视上接周朝，视秦为闰统，故不承认秦始皇的封禅。　④此孝之大者：《孝经》云，"身体发肤，受之父母，不敢毁伤，孝之始也。立身行道，扬名于后世，以显父母，孝之终也。夫孝始于事亲，中于事君，终于立身"。　⑤"天下称诵周公"等六句：这里略举的人物都是对周代的兴起做出了贡献的历史人物，事迹详《周本纪》和《鲁周公》《燕召公》两世家。后稷是周始祖，为帝尧农师，三传至公刘，公刘九传至太王古公亶父。太王传季历，即王季。季历传周文王姬昌，姬昌传武王姬发而有天下。周公姬旦武王之子，召公姬奭周之宗室。周公、召公是西周开国时的两个辅政大臣，二公并为周王室世卿。"宣周、邵之风"，意谓周公、召公能使自己的风教大行于天下。邵：即"召"之本字，召读邵。　⑥幽厉之后：东周之世。　⑦王道缺：指文武之道衰微。　⑧则之：效法它。　⑨自获麟以来四百有余岁：鲁哀公十四年获麟至武帝元封元年只有三百七十一年（公元前481年－前110年），而说"四百有余岁"是概略的说法，为的是与下文"五百岁"相呼应。按五行学说，五百年为历史变化的一个小周期。　⑩小子：下对上的自称。

卒三岁而迁为太史令①，紬史记石室金匮之书②。五年而当太初元年③，十一月甲子朔旦冬至，天历始改，建于明堂④，诸神受纪。

太史公曰⑤："先人有言⑥：'自周公卒五百岁而有孔子⑦。孔子卒后至于今五百岁，有能绍明世，正《易传》，继《春秋》，本《诗》《书》《礼》《乐》之际?' 意在斯乎！意在斯乎！小子何敢让焉。"

【注释】 ①卒三岁而迁为太史令：卒三岁，指司马谈死后的第三年，元封三年，即公元前108年。六月初二，司马迁任太史令。 ②绌（chōu）：阅读，缀集、抄撮。石室、金匮：均指国家藏书馆、档案室。 ③太初元年：即元封七年，即公元前104年。这年十一月甲子日朔（即初一）冬至，颁布了太初历，于是改元封七年为太初元年。太初历的颁布仪式在明堂举行，历中明确规定了山川鬼神的祭祀日历，故下文说"建于明堂，诸神受纪"。 ④明堂：天子举行隆重庆典的礼堂。 ⑤太史公：至此以下太史公为司马迁自题。 ⑥先人有言：前辈说过，这里的先人指司马谈。 ⑦五百岁云云：周公生卒年不可考，但他是西周初人，从公元前十一世纪，至孔子卒年（公元前479年）超过了五百年。孔子卒年（公元前479年）至司马谈卒年（公元前108年）只三百七十一年。《孟子·尽心》下云："由尧至于汤五百有余岁，由汤至于文王五百有余岁，由文王至于孔子五百有余岁……"云云，以继承孔子自居，所说五百并非确数。司马谈祖述其意，鼓励司马迁继《春秋》作《史记》，意思是历史已经过了几百年了，应该作总结了。

（以上为第四段，写司马迁受父遗命。）

上大夫壶遂曰①："昔孔子何为而作《春秋》哉?"太史公曰："余闻董生曰②：'周道衰废，孔子为鲁司寇，诸侯害之，大夫壅之。孔子知言之不用，道之不行也，是非二百四十二年之中③，以为天下仪表，贬天子，退诸侯，讨大夫④，以达王事而已矣。'子曰：'我欲载之空言，不如见之于行事之深切著明也⑤。'夫《春秋》，上明三王之道，下辨人事之纪，别嫌疑，明是非，定犹豫，善善恶恶，贤贤贱不肖，存亡国，继绝世⑥，补敝起废，王道之大者也。《易》著天地阴阳四时五行，故长于变；《礼》经纪人伦，故长于行；《书》记先王之事，故长于政；《诗》记山川溪谷禽兽草木牝牡雌雄，故长于风；《乐》乐所以立，故长于和；《春秋》辨是非，故长于治人。是故《礼》以节人，《乐》以发和，《书》以道事，《诗》以达意，《易》以道化，《春秋》以道义⑦。拨乱世返之正，莫近于《春秋》。《春秋》文成数万，其旨数千⑧。万物之散聚皆在《春秋》⑨。《春秋》之中，弑君三十六，亡国五十二⑩，诸侯奔走不得保其社稷者不可胜数。察其所以，皆失其本已。故《易》曰'失之毫厘，差以千里'。故曰'臣弑君，子弑父，非一旦一夕之故也，其渐久矣'①。故有国者不可以不知《春秋》，前有谗而弗见，后有贼而不知。为人臣者不可以不知《春秋》，守经事而不知其宜，遭变事而不知其权。为人君父而不通于《春秋》之义者，必蒙首恶之名。为人臣子而不通于《春秋》之义者，必陷篡弑之诛，死罪之名。其实皆以为善，为之不知其义，被之空言而不敢辞。夫不通礼义之旨，至于君不君，臣不臣，父不父，子不子。夫君不君则犯，臣不臣则诛，父不父则无道，子不子则不孝。此四行者，天下之大过也。以天下之大过予之，则受而弗敢辞。故《春秋》者，礼义之大宗也。夫礼禁未然之前，法施已然之后；法之所为用者易见，而礼之所为禁者难知。"

【注释】　①上大夫壶遂：壶遂，天文学家，是司马迁推重的好朋友。太初元年他和司马迁等人一起制定太初历。当时壶遂任太中大夫，秩千石，相当于古制的上大夫。　②董生：对西汉大儒董仲舒的尊称，他是今文经学《公羊春秋》的大师。　③是非二百四十二年：《春秋》总结了二百四十二年的历史。《春秋》上起鲁隐公元年，下讫鲁哀公十四年，即公元前722年至前481年，共一百四十二年。是非：是则是之，非则非之，即按照善善恶恶的原则进行褒贬。　④贬天子，退诸侯，讨大夫：贬、退、讨，都是批判、贬抑的意思。《汉书·司马迁传》作"贬诸侯、讨大夫"，删去"天子""退"三字，这不符合司马迁的思想。班固认为天子不可贬，司马迁认为天子有过亦可贬。这里反映了两个史学家思想境界的差异。　⑤"子曰"二句：《史记·索隐》谓孔子言见《春秋纬》。按：实为董仲舒之言，司马迁转引自董仲舒《春秋繁露·俞序篇》，原文作"仲尼之作《春秋》也……子曰'吾因其行事而加乎王心焉。'以为见之空言，不如行事博深切明"，这显然是董仲舒的思想，认为《春秋》不发空论，推尊天子是在记事之中运用笔削（褒贬）来维护礼义的。司马迁赞同董仲舒之言，他在《孔子世家》中做了具体发挥："（《春秋》）上至隐公，下讫哀公十四年，十二公。据鲁、亲周、故殷，运之三代。约其文辞而指博。故吴楚之君自称王，而《春秋》贬之曰'子'；践土之会实召周天子，而《春秋》讳之曰'天王狩于河阳'：推此类以绳当世。贬损之义，后有王者举而开之。《春秋》之义行，则天下乱臣贼子惧焉。"　⑥存亡国，继绝世：《论语·尧曰》："兴灭国，继绝世，举逸民，天下之民归心焉。"司马迁受到这一思想影响，在《高祖功臣侯者年表序》和《惠景间侯者年表序》中主张保留分封制的形式，但封国不要过大，广树宗藩，使统治阶级内部团结起来。　⑦《礼》《乐》《书》《诗》《易》《春秋》：六经次序，古文家按时代排列为《易》《书》《诗》《礼》《乐》《春秋》；今文家按内容深浅排列为《诗》《书》《礼》《乐》《易》《春秋》。司马迁这里的排列异于今古文两家，表明他不墨守一家，自立义例。　⑧《春秋》文成数万，其旨数千：《春秋》原有一万八千字。今本《春秋》一万六千五百零二个字，记事一千八百五十条。《公羊春秋》合经传四万四千余字。旨：事例，其旨数千，指《春秋》褒贬的事例多。　⑨万物之聚散皆在《春秋》：清郭嵩焘《史记札记》说，"物犹事也。万物之聚散，谓会盟侵伐，散见各国，合而聚之，其事皆可观，而其义皆有可寻。下云弑君亡国，举其重者。"　⑩弑君三十六，亡国五十二：引自《春秋繁露·灭国》的成语，与实数不合。清梁玉绳《史记志疑》考证，《春秋》及《左传》记载弑君三十七，亡国四十一。　⑪"《易》曰"云云：《礼记·经解》云《易》曰，"君子慎始，差若毫厘，谬以千里。"孔颖达疏云，《易》曰云云者，"此《易系辞》文也。"但今本系辞无此文。裴骃以为引自《易纬》，见《易纬·通卦验》。故曰四句引自《易·坤卦·文言》。

壶遂曰："孔子之时，上无明君，下不得任用，故作《春秋》，垂空文以断礼义①，当一王之法。今夫子上遇明天子，下得守职，万事既具，咸各序其宜，夫子所论，欲以何明？"

【注释】　①空文：与纪实文字相对，今语为论理之文。

太史公曰："唯唯，否否，不然。余闻之先人曰：'伏羲至纯厚①，作《易·八卦》。尧舜之盛，《尚书》载之，礼乐作焉。汤武之隆，诗人歌之。《春秋》采善贬恶，推三代之德，褒周室，非独刺讥而已也。'汉兴以来，至明天子，获符瑞②，封禅③，改正朔④，易服色⑤，受命于穆清⑥，泽流罔极⑦，海外殊俗，重译款塞⑧，请来献见者，不可胜道。臣下百官力诵圣德，犹不能宣尽其意。且士贤能而不用，有国者之耻；主上明圣而德不布闻，有司之过也。且余尝掌其官，废明圣盛德不载，灭功臣世家贤大夫之业不述，堕先人所言，罪莫大焉。余所谓述故事，整齐其世传，非所谓作也⑨，而君比之于《春秋》，谬矣。"

于是论次其文⑩。

【注释】　①伏羲：传说的古代圣人，作《易·八卦》。　②获符瑞：公元前122年武帝至雍，获得一只麒麟（长颈鹿），作《获麟之歌》，改元元狩。公元前116年，在汾水上得一出土的古鼎，改元元鼎。获符瑞就是指获麒麟及得鼎。　③封禅：封泰山禅梁父，即在泰山上祭天，在梁父山祭地，表示皇帝顺应天命。公元前110年，汉武帝登泰山祭告天帝，表示汉家政权受命于天，改元元封。　④改正朔：改历象征改朝换代。夏以正月为正，殷以十二月为正，周以十一月为正，秦以十月为正。公元前104年汉武帝颁布太初历，改元太初，以正月为正。　⑤易服色：改易服用器物的颜色。按五德终始说，秦得水德，尚黑色。汉初承秦制，未改服色。汉武帝封禅，按土克水，汉应土德，易服色为黄色。　⑥穆清：深蓝清澄的太空，这里代指上天。　⑦泽流罔极：汉家盛德流布到无边的四极。 ⑧重译款塞：这句是说遥远的外国也派使臣来交通中国。重译：辗转翻译。款塞：叩关服从之意。 ⑨述故事，整齐其世传，非所谓作也：古人著述对"述"与"作"区别很严。"述"是编述，将前人和他人的资料加以改造制作成为新的著作叫"述"。孔子整理六经，自称是"述而不作"。"作"是创作，发前人所未发。司马迁称《史记》为"述"，王充称他的《论衡》为"论"，说是"论"更在"述"之下，其实都是谦词。因为封建时代推尊《六经》，以它为最高创作，故其他著作的作者都不言"作"，只言"述"或"论"。《史记》是历史书，取资有所本，故云"述"，而又有意与《春秋》相提并论，实当谓之"作"。 ⑩于是论次其文：指太初元年，司马迁修订了讫于麟止的计划，延伸至于太初。并和壶遂讨论了撰写宗旨，于是按计划编纂《史记》，并非指《史记》的写作从太初元年才开始。

　　（以上为第五段，写司马迁答壶遂问，借以阐明《史记》效《春秋》而作。）

　　七年而太史公遭李陵之祸①，幽于缧绁②。乃喟然而叹曰："是余之罪也夫！是余之罪也夫！身毁不用矣。"退而深惟曰："夫《诗》《书》隐约者，欲遂其志之思也。昔西伯拘羑里，演《周易》；孔子厄陈蔡，作《春秋》；屈原放逐，著《离骚》；左丘失明，厥有《国语》；孙子膑脚③，而论兵法；不韦迁蜀④，世传《吕览》；韩非囚秦，《说难》《孤愤》；《诗》三百篇，大抵贤圣发愤之所为作也⑤。此人皆意有所郁结，不得通其道也，故述往事，思来者。"于是卒述陶唐以来，至于麟止，自黄帝始⑥。

【注释】 ①七年：上距太初元年为七年，即天汉三年（公元前98年）。 ②缧绁：捆绑犯人的绳索，借指监狱。 ③孙子：先秦有两孙子。春秋时孙子名孙武，著有《孙子兵法》。膑脚的孙子是战国时齐人孙膑，孙武之后，著有《孙膑兵法》，汉后失传。1972年在山东临沂银雀山出土的汉简中重新发现了《孙膑兵法》，已由相关出版社整理出版。 ④不韦：秦相吕不韦，他召集门客撰《吕氏春秋》，又称《吕览》，熔铸诸子百家学说于一炉，为秦国的统一事业打下了舆论基础。秦王亲政以后，吕不韦受到嫪毐谋反案的株连，被免相，公元前235年被判流放到蜀，忧惧自杀，《吕览》更见重于世。 ⑤发愤：吐发自己的思想和不平，指为实现成一家之言的理想而努力著书。 ⑥"卒述陶唐"三句：这里是交代司马谈发凡起例的《史记》断限计划，为上起陶唐，下讫麟止；后来司马迁修正为上限从黄帝起。陶唐：帝尧的号。麟止：至获麟而止。获麟：即汉武帝元狩元年，公元前122年。司马迁修正《史记》断限均有明确交代。《五帝本纪·赞》交代了对上限的修正，关于下限的修正，参见《十表·说明》，具体事例详篇末"至太初而讫"条注。

　　（以上为第六段，司马迁引古人自况，发愤著书。）

维昔黄帝，法天则地①，四圣遵序②，各成法度；唐尧逊位，虞舜不台③；厥美帝功④，万世载之。作《五帝本纪》第一。

【注释】 ①法天则地：指黄帝初创制度，以天尊地卑为法，依据天时寒暑的变化和地利来安排人民四季的生产活动和祭祀山川鬼神，以教化人民。法：同"则"，变换用字，都是效法、遵循的意思。 ②四圣：《五帝本纪》以黄帝、颛顼、帝喾、唐尧、虞舜为五帝。四圣：指黄帝以下四帝而言。 ③唐尧逊位，虞舜不台：这两句是说，帝尧禅位给舜，舜以承担重任而忧思，表明他以天下为公的思想感情。台：读"怡"（yí），高兴。 ④厥：同"其"。

维禹之功，九州攸同①。光唐虞际，德流苗裔；夏桀淫骄，乃放鸣条②。作《夏本纪》第二。

【注释】 ①"维禹"二句：禹，夏代开国之君，名文命，姓姒氏，禹治水，划定九州，冀、兖、青、徐、扬、荆、豫、梁、雍，始征贡赋。攸：同"所"。 ②鸣条：在今山西省运城市安邑镇北。

维契作商，爰及成汤①；太甲居桐②，德盛阿衡③；武丁得说，乃称高宗④；帝辛湛湎⑤，诸侯不享⑥。作《殷本纪》第三。

【注释】 ①契：商的始祖，佐禹治水有功，封于商，即今陕西省商县。作：兴起于，创基于的意思。爰（yuán）：连词，于是。汤：商朝开国君主，契的第十四代孙。 ②太甲居桐：太甲，汤的嫡长孙，即位后昏庸暴虐，宰相伊尹把它放逐到桐宫反省。桐宫是汤的坟墓，在今山西省万荣县。三年后，太甲改过自新，伊尹复迎为帝，商朝大治。 ③阿衡：官名，相当于宰相。伊尹是商朝第一任阿衡，以后成了他的代词。 ④武丁得说，乃称高宗：武丁是商朝第二十二任帝，他任用奴隶出身的傅说（yuè）为相，商朝由衰复兴，史称高宗。 ⑤帝辛湛湎（zhànmiǎn）：辛：殷纣王的名字，又称受，也合称受辛，字受德，商朝的末代君主。湛湎：沉迷酒色。 ⑥不享（xiǎng）：不来朝贡，不臣属。

维弃作稷①，德盛西伯；武王牧野②，实抚天下；幽厉昏乱，既丧丰镐③；陵迟至赧④，洛邑不祀。作《周本纪》第四。

【注释】 ①作稷：创基于树艺五谷。 ②牧野：武王伐纣，在牧野誓师，打败了纣王的军队。《尔雅·释地》：邑外谓之郊，郊外谓之野。牧野是殷都朝歌郊外的总称。朝歌在今河南省淇县境。 ③既丧丰镐：公元前770年，犬戎攻杀幽王，平王东迁洛邑，是为东周。丰：西伯居邑。故址在今陕西省西安市鄠邑区东。镐：亦作"鄗"，武王灭殷后建立的新都。故址在今西安市长安区西南。 ④赧（nǎn）：周赧王，名延，东周末代君主。

维秦之先，伯翳佐禹①；穆公思义，悼殽之旅②；以人为殉，诗歌《黄鸟》③；昭襄业帝④。作《秦本纪》第五。

【注释】 ①伯翳（yì）：又作"伯益"，秦始祖，佐禹治水，又佐舜调训鸟兽，赐姓嬴氏。 ②"穆公"二句：穆公，秦襄公第五代孙，名任好，春秋五霸之一。公元前627年，秦穆公兴师袭郑，在崤山被晋军击败。穆公引以自责，哭祭阵亡将士，遂发愤图强，称霸西戎。殽（yáo）：殽山，今河南省洛宁县西北。 ③《黄鸟》：《诗·秦风》篇名。公元前621年秦穆公死后用一百七十人殉葬，秦人作这首诗来哀悼死者，谴责穆公"死而弃民"。 ④昭襄业帝：秦昭襄王嬴则，公元前306年至前251年在位，他在公元前255年取周九鼎，意味着秦已奠定了帝业。司马迁认为战国之世，秦已称雄诸侯，所以把秦世系列为"本纪"。

始皇既立，并兼六国，销锋铸镶①，维偃干革②。尊号称帝，矜武任力③；二世受运④，子婴降虏⑤。作《始皇本纪》第六。

【注释】 ①销锋铸镶：销熔兵器，铸造大钟。锋：兵锋，指兵器。镶：钟名。始皇统一六国后收天下兵器铸成金人和镶，以防人民反抗。 ②维偃干革：永远停止战争。干：借作进攻的兵器总名。革：甲胄，借作防守兵器的总名。干革：借指战争。 ③矜（jīn）：夸耀，仗恃。 ④二世：秦始皇少子胡亥即位称二世皇帝。秦始皇妄想传位无穷，自称始皇帝，欲子孙为帝者以数计，二世、三世至于万世。 ⑤子婴降虏：公元前207年赵高杀二世，立子婴为秦王。子婴即位只六十天，刘邦入关，就做了俘虏，公元前206年被项羽杀害。子婴：《秦始皇本纪》作"二世兄子"，即始皇之孙。《李斯列传》作"始皇弟"。以年龄考之，始皇生于公元前259年，死于公元前209年，五十一岁。子婴在公元前207年与二子谋杀赵高，则有四十左右，只比始皇小十二三岁，应是始皇之弟。

秦失其道，豪桀并扰；项梁业之①，子羽接之②；杀庆救赵③，诸侯立之；诛婴背怀④，天下非之。作《项羽本纪》第七。

【注释】 ①项梁业之：项梁为楚将项燕之子。楚亡，项梁隐身吴中，公元前209年起兵反秦，虽然在定陶被秦将章邯击杀，但他奠定了楚国的基业。业：创始，缔造。 ②子羽接之：子羽是项籍的字。接：继承，接续。 ③杀庆救赵：庆为"卿"之借字，指卿子冠军宋义。章邯围赵，楚怀王派宋义救赵，他屯兵安阳，观望不进。项羽杀了宋义，带兵救赵，在河北省巨鹿县大破秦兵，威震诸侯。 ④诛婴背怀：诛杀秦王子婴，背叛楚怀王。怀：指楚怀王熊心，公元前208年项梁所立。项羽违背了先入关者为王之约，自称西楚霸王，大封十八王，迁刘邦为汉中王，又杀了怀王，这一系列背约行为使他失去了人心。

子羽暴虐，汉行功德；愤发蜀汉，还定三秦①；诛籍业帝，天下惟宁，改制易俗②。作《高祖本纪》第八③。

【注释】　①愤发蜀汉，还定三秦：三秦指公元前 206 年项羽分关中地为三国，王三个秦朝降将。章邯为雍王，都废丘（今陕西省兴平市东南）；司马欣为塞王，都栎阳（今西安市临潼区东北）；董翳为翟王，都高奴（今陕西省延安市东北），号三秦，以监视汉王。汉王刘邦都南郑（今陕西省汉中市），领汉中、巴蜀。公元前 206 年四月，诸侯就国，八月，汉王东出陈仓击破三秦。　②改制易俗：指汉高祖约法三章，以及崇尚黄色，行车旗帜竖左等礼俗制度。　③《高祖本纪》：司马迁详近略远，汉朝每帝一纪。《高祖本纪》，写开国皇帝刘邦。

惠之早霣①，诸吕不台②；崇强禄、产，诸侯谋之；杀隐幽友③，大臣洞疑④，遂及宗祸。作《吕太后本纪》第九。

【注释】　①惠之早霣：汉惠帝刘盈，汉朝第二代皇帝，软弱无能，即位八年死亡，吕太后称制。故司马迁作《吕太后本纪》而不作《惠帝本纪》。霣：读"陨"，死亡。　②诸吕不台：诸吕，指吕禄、吕产、吕台等人，他们凭仗吕太后而执政，臣民都不喜欢。台：读"怡"（yí）。　③杀隐幽友：隐，即赵隐王如意，高帝少子。高帝曾打算立他为太子，因此吕太后怀恨在心。高帝死后，吕太后鸩杀了赵王。幽王：淮南王刘友，亦高帝子，隐王被杀后徙为赵王。吕太后恐他生变，把他幽囚在京师饿死，谥为幽王。　④大臣洞疑：大臣人人自危。洞："恫"之借字，恐惧。吕太后欲王诸吕，恐大臣不服，欲尽诛大臣。陈平、周勃用张辟彊计，尊诸吕为王，吕太后心安。可是却种下了诸吕灭门的祸患，故下文云"遂及宗祸"。

汉既初兴，继嗣不明①，迎王践祚②，天下归心；蠲除肉刑③，开通关梁④，广恩博施，厥称太宗。作《孝文本纪》第十。

【注释】　①"继嗣不明"二句：按封建宗法，立嫡不立庶，立长不立贤。惠帝为吕后所生，是嫡子，故承大位，诸吕诛除后，惠帝子非真，大臣议立高祖子，依长当立刘肥。刘肥早死，应立其子刘襄。大臣周勃等认为刘襄舅父驷钧暴戾，恐立刘襄重演吕氏之祸，于是打破宗法，改立贤者，迎代王刘恒即位，是为文帝。继嗣不明，指惠帝子非真，大臣议立高祖子事。　②践祚：继位。祚（zuò）：天子祭祀时所立之位，借作帝位。　③蠲（juān）除肉刑：文帝十三年（公元前 167 年），免除田租，又颁布了废除黥面、割鼻、刖脚三种肉刑。蠲：免。　④开通关梁：文帝十一年（公元前 169 年），解除关禁，行旅不须用传（通行证）；又在后元五年（公元前 159 年）废除山禁，供人樵采。

诸侯骄恣，吴首为乱，京师行诛，七国伏辜，天下翕然①，大安殷富。作《孝景本纪》第十一。

【注释】 ①"七国"二句：公元前154年，吴王刘濞为首，纠合济南、菑川、胶西、胶东、楚、赵等共七诸侯国反汉，景帝派周亚夫讨平了叛乱，天下出现了太平景象。翕（xī）：和顺，协调。翕然：天下平静的样子。

汉兴五世①，隆在建元②，外攘夷狄，内修法度，封禅，改正朔，易服色。作《今上本纪》第十二③。

【注释】 ①五世：指高帝、惠帝、文帝、景帝、武帝五代皇帝。 ②建元：汉武帝初即位的年号，用以代表武帝之世。 ③《今上本纪》：今上，等于说当今皇帝。《今上本纪》早佚，今本《史记》题为《孝武本纪》，乃截《封禅书》补。

维三代尚矣①，年纪不可考，盖取之谱牒旧闻②，本于兹③，于是略推④，作《三代世表》第一⑤。

【注释】 ①尚：年代久远。 ②谱牒：记载世系谥号的书册。 ③兹：此，指上述谱牒旧闻。 ④略推：大略的排列，粗线条的反映。 ⑤三代世表：指夏、商、周三代。由于三代年久事略，又都出自黄帝，故三代世表，起自黄帝，包括了五帝、三代，讫于西周共和元年（公元前841年）。

幽厉之后，周室衰微，诸侯专政，《春秋》有所不纪①；而谱牒经略②，五霸更盛衰，欲睹周世相先后之意，作《十二诸侯年表》第二③。

【注释】 ①不纪：记载疏略。纪：通"记"。 ②经略：记载简略。经：指记事的线索。 ③《十二诸侯年表》：起至西周共和元年，讫于孔子卒后两年（公元前841年—前477年），谱列十三诸侯：鲁、齐、晋、秦、楚、宋、卫、陈、蔡、曹、郑、燕、吴。第一栏为周史，因周为共主。第二栏即鲁史，日食、灾异均记在鲁史栏内。表名"十二诸侯"是因为未计鲁。《十二诸侯年表序》云："谱十二诸侯，自共和迄孔子，表见《春秋》《国语》，学者所讥盛衰大指著于篇，为成学治古文者要删焉。"即《十二诸侯年表》是《春秋》《国语》的缩编。《春秋》是鲁国国史，当一王之法，因此不计鲁在十二诸侯之内。

春秋之后，陪臣秉政，强国相王；以至于秦，卒并诸夏，灭封地，擅其号①。作《六国年表》第三②。

【注释】 ①擅其号：指独用皇帝称号。擅：专断，独占。 ②六国年表：实谱七国，秦、魏、韩、赵、楚、燕、齐。第一栏周史，第二栏秦史。记事起于公元前476年至秦二世之亡的公元前206年。日食、灾异记于秦史栏内。因战国时代，秦雄诸侯，既列本纪，故年表以秦为纪，不计入六国之内。

秦既暴虐，楚人发难，项氏遂乱，汉乃扶义征伐；八年之间，天下三嬗^①，事繁变众，故详著《秦楚之际月表》第四。

【注释】　①天下三嬗（shàn）：秦汉之际发号施令的主子更换了三次：即陈胜、项羽、刘邦。嬗：同“禅”。

汉兴以来，至于太初百年^①，诸侯废立分削^②，谱纪不明，有司靡踵^③，强弱之原云以世^④。作《汉兴已来诸侯年表》第五。

【注释】　①汉兴已来，至于太初百年：西汉建国在公元前206年，而刘邦灭项籍、统一中国是公元前201年。太初是公元前104年至公元前101年，汉兴至太初正好一百年。②诸侯废立分削：刘邦在楚汉相争中封了九个异姓王，全国统一后废异姓王，立同姓王，即废与立。同姓王壮大以后发生了七国之变，于是汉王室决心削弱诸侯，齐分为七，赵分为六，梁分为五，淮南分为三。　③有司：执事人、主管部门。这里指尚书署、太史令等掌管档案的部门。　④以：通“已”。世：应作“也”，形近而误。已、也：皆语气词（依司马贞说）。

维高祖元功^①，辅臣股肱，剖符而爵，泽流苗裔，忘其昭穆^②，或杀身陨国。作《高祖功臣侯者年表》第六^③。

【注释】　①元功：开创之功。　②昭穆：祖先。封建时代的宗庙，始祖居中，子孙分世次立于左右，父居左为昭，子居右为穆，依次下推。　③《高祖功臣侯者年表》：谱列高祖功臣143侯。

惠景之间，维申功臣宗属爵邑，作《惠景间侯者年表》第七^①。

【注释】　①惠景间侯者年表：谱列惠、文、景时代所封侯九十三人。

北讨强胡^①，南诛劲越^②，征伐夷蛮^③，武功爰列。作《建元以来侯者年表》第八^④。

【注释】　①强胡：指北方的匈奴。　②劲越：包括东粤、南粤。　③夷蛮：古代泛指东方少数民族叫“夷”，南方少数民族叫“蛮”。这里是总称匈奴、西南夷、两粤及朝鲜。　④《建元以来侯者年表》：专谱武帝时代所封侯一百四十九人，主要是军功侯。

诸侯既强，七国为从，子弟众多，无爵封邑，推恩行义^①，其势销弱，德归京师。作《王子侯者年表》第九^②。

【注释】　①推恩行义：这是汉武帝元朔二年（公元前128年）采纳主父偃之策削弱诸

侯王的一种措施。诸侯众子弟均得为侯，打破了诸侯长子独据王国的局面，使诸侯国日益分割削弱，但名义上却是天子推恩行义。　②《王子侯者年表》：此表专谱武帝推恩所封的刘姓侯爵一百六十二人。

　　国有贤相良将，民之师表也。维见汉兴以来将相名臣年表，贤者记其治，不贤者彰其事。作《汉兴以来将相名臣年表》第十①。

【注释】　①《汉兴以来将相名臣年表》：此表无序，特创正文、倒文两种形式，正文载事，倒文载将相的废置死免。这种特创，实质是将正、倒两表内容合于一表之中，强烈衬托倒书所载将相的可悲下场，讥刺武帝之世的苛酷。征和四年以后事，为后人所续。

　　维三代之礼，所损益各殊务①，然要以近性情，通王道，故礼因人质为之节文②，略协古今之变。作《礼书》第一。

【注释】　①损益：前代礼义不合后代需要的部分，予以裁革叫"损"；相反，增添的部分叫"益"。各殊务：所追求者各不相同。　②礼因人质为之节文：礼仪是依据人的性情制定的。质：本质，情性。节文：节制文饰。

　　乐者，所以移风易俗也。自《雅》《颂》声兴，则已好《郑》《卫》之音，《郑》《卫》之音所从来久矣①。人情之所感，远俗则怀。比《乐书》以述来古②，作《乐书》第二。

【注释】　①《雅》《颂》《郑》《卫》：《诗》三百篇，原都是配乐歌唱的诗，分为《风》《雅》《颂》三个部分。《风》是民歌，《雅》是士大夫所作，《颂》是祭祀的乐歌。《风》按国分编，共有十五国风，郑、卫两国的抒情诗最有特色，儒家认为是淫乐。这里，司马迁以《雅》《颂》代表庙堂的诗，《郑》《卫》代表民间的诗，并认为流风遥远，与《雅》《颂》相提并论，反映了他的进步历史观。　②比：编列。来古：往古。

　　非兵不强，非德不昌，黄帝、汤、武以兴，桀、纣、二世以崩，可不慎欤①？《司马法》所从来尚矣②，太公、孙、吴、王子能绍而明之③，切近世，极人变。作《律书》第三④。

【注释】　①"非兵不强"五句：兵，指战争及国家各种暴力的总称。德：是统治人民的各种政治措施的总称。　②《司马法》：即是《司马穰苴兵法》简称。司马穰苴，齐威王时人。　③太公、孙、吴、王子：四位兵家人物，即吕尚、孙武、吴起、王子成甫。绍而明之：继承而发扬之。　④《律书》：应作《兵书》。《兵书》亡，好事者分《史记·律历书》为《律书》《历书》以补《兵书》之缺，并改《自序》作《律书》。

律居阴而治阳，历居阳而治阴，律历更相治，间不容翲忽①。五家之文佛异②，维太初之元论。作《历书》第四③。

【注释】　①"律居阴而治阳"四句：古人解释宇宙生存和万物变化均用阴阳二气来加以说明。律历也是一阴一阳相辅为用的。一年的十二个月和十二律相配合，律以候气使人预知气候的变化（居阴治阳），历以观察推步日月五星的运行使人知道季节的到来（居阳治阴）。律历配合为用，使人掌握季节气候的变化没有丝毫的差错。间不容翲（miǎo）忽：不差丝毫。　②五家之文佛（bè）异：指黄帝、颛顼、夏、殷、周五家历都有误差。佛：同"悖"，矛盾。　③《历书》：这里是律历并论，因此，《历书》原名应是《律历书》。好事者分出《律书》以补《兵书》之缺，故更名《历书》。

星气之书①，多杂礻几祥②，不经③；推其文，考其应，不殊④。比集论其行事，验于轨度以次⑤，作《天官书》第五。

【注释】　①星气之书：研究星象云气变化与人事关系的书，即古代天文学。　②礻几祥：讲吉凶的预兆。　③不经：违反常道，不足凭信。　④推其文，考其应，不殊：指某些天象与人事变化确实又有联系。　⑤轨度：日月星辰运行的经度。次：编次，记载。

受命而王，封禅之符罕用，用则万灵罔不禋祀①。追本诸神名山大川礼，作《封禅书》第六。

【注释】　①"受命"三句：改朝换代，封禅的符应很少征现，只有真命天子当位才出现封禅的符应。出现符应就要举行封禅典礼，举行封禅，则所有山川诸神都得到祭祀。罔：通"无"。禋祀：享受祭祀。

维禹浚川，九州攸宁；爰及宣防①，决渎通沟。作《河渠书》第七。

【注释】　①宣防：宫名，这里兼指代汉武帝时代的水利工程。宣：通"也"。防：堤也。公元前109年，汉武帝率领百官视察黄河瓠子口塞河工程，命百官负薪塞河，终于阻塞了河堤决口。为了纪念这一伟大工程的胜利，在河堤上筑宣防宫。瓠子口在今河南省濮阳市南。

维币之行，以通农商；其极则玩巧，并兼兹殖①，争于机利②，去本趋末。作《平准书》以观事变③，第八。

【注释】　①兹殖：滋增利息。　②机利：投机取巧以获利。　③《平准书》：平准，武帝设置的管理物价的官名，隶属大农令。《平准书》是记载币制变迁、物价变化的专书，特详武帝一朝事迹，暴露汉武帝如何制造通货膨胀聚敛民财，故取官名为书名。《汉书》改称《食货志》。

太伯避历①，江蛮是适；文武攸兴，古公王迹。阖庐弑僚②，宾服荆楚；夫差克齐，子胥鸱夷③；信嚭亲越④，吴国既灭。嘉伯之让，作《吴世家》第一⑤。

【注释】 ①太伯避历：太伯，等于说老大，史失其名。太伯是古公亶父的长子。季历是古公亶父的小儿子，周文王的父亲。古公亶父想传位给文王姬昌，太伯知道后与二弟仲雍逃奔到了江南，史称"太伯避历"。 ②阖庐弑僚：太伯建吴，十九传至寿梦。寿梦有四子：诸樊、馀祭、馀昧、季札。季札最贤，寿梦想传位给他，遗嘱"兄终弟及"。诸樊等依次禅位至季札，但他不肯即位，于是吴大臣立馀昧之子僚即位。诸樊之子公子光不服，与伍子胥等密谋，杀僚夺位，称阖庐弑僚。阖庐替伍子胥报仇，曾一度攻破楚国郢都。 ③夫差克齐，子胥鸱（chī）夷：夫差：阖庐的儿子，他做了吴王以后，任用伍子胥等打败了越国而北伐齐与晋争霸。越王勾践用反间计收买伯嚭谗害伍子胥。夫差听信谗言杀死伍子胥，将尸体装在盛酒的皮袋里沉入江中。鸱：猫头鹰。鸱夷：形状像鸱的盛酒皮袋。 ④信嚭亲越：嚭：伯嚭，楚大夫伯州黎的孙子。阖庐元年，楚杀伯州黎，伯嚭逃到吴国做了大夫，后来被越王收买做了吴国的内奸。夫差信嚭亲越，终于亡国。越王认为伯嚭为臣不忠而杀了他。 ⑤"嘉伯之让"二句：赞美太伯让国的美德，所以把《吴太伯世家》排为第一。嘉某云云，是提示篇目大旨。

申、吕肖矣，尚父侧微①，卒归西伯，文武是师；功冠群公，谋权于幽②；番番黄发③，爰飨营丘④。不背柯盟，桓公以昌⑤，九合诸侯⑥，霸功显彰。田、阚争宠，姜姓解亡⑦。嘉父之谋⑧，作《齐太公世家》第二。

【注释】 ①申、吕肖矣，尚父侧微：申、吕均为尧舜时代所封之国。肖：衰亡，本"削"字之残。尚父：姜尚，他是吕国的后代，所以又称吕尚，周尊称他为师尚父。侧微：出身低微。 ②谋权于幽：深思熟虑的谋略十分周密。谋：深思。 ③番番 fān（pópó）黄发：番番为精神抖擞的样子。黄发：老人黑发变白而呈黄色，高龄之征。 ④爰飨营丘：于是受封在营丘。飨：同"享"，指受封。营丘：吕尚封地，后来发展成为临淄。故址在今山东省淄博市临淄区城北。 ⑤不背柯盟，桓公以昌：柯为齐邑，即今山东省阳谷县东北五十里的阿城镇。公元前681年，齐桓公与鲁庄公会盟于柯，鲁将曹沫劫持齐桓公答应退还所侵鲁国之地，齐桓公如约退地，以恪守信用而赢得了诸侯的信任成为霸主。 ⑥九合诸侯：多次会盟诸侯。据《左传》记载，齐桓公会盟诸侯共十一次。九：表示多数。 ⑦"田、阚"二句：田恒、阚止，齐国两大夫，互相争权。齐简公想利用他们的矛盾，让阚止去消灭田恒。结果田恒先下手杀了阚止和齐简公，执掌大权，姜齐从此逐步衰亡。　⑧嘉父之谋：赞美师尚父的谋略。

　　依之违之，周公绥之①；愤发文德，天下和之；辅翼成王②，诸侯宗周。隐桓之际，是独何哉③？三桓争强，鲁乃不昌④。嘉旦《金縢》⑤，作《周公世家》第三。

　　【注释】　①依之：诸侯归服。违之：诸侯反叛。绥之：安抚平定。武王死后，管叔、蔡叔联合武庚叛周，淮夷响应，周公东征，用了三年的时间才平定了祸乱。　②成王：西周第二代国君姬诵，年幼登位，周公代行政令。　③隐桓之际，是独何哉：周公长子伯禽封于鲁，八代十四传至鲁隐公姬息，被弟弟姬允篡弑。姬允立，是为桓公。桓公篡夺与周公辅成王相比较，简直是大悖祖德，所以司马迁发出"是独何哉"的感叹！　④"三桓"二句：三桓执政，鲁公室衰微。鲁桓公有四子：姬同、庆父、叔牙、季友。姬同继位为鲁庄公。庆父之后为孟孙氏，叔牙之后为叔孙氏，季友之后为季孙氏，合称鲁三桓。　⑤嘉旦《金縢》：赞美周公旦祝策《金縢》。《金縢》：《尚书》中篇名，是周公旦祝策请命之辞，藏之于匮，缄之以口金，故名《金縢》。

　　武王克纣，天下未协而崩①。成王既幼，管蔡疑之，淮夷叛之，于是召公率德②，安集王室，以宁东土。燕哙之禅，乃成祸乱③。嘉《甘棠》之诗④，作《燕世家》第四。

　　【注释】　①天下未协：天下还没有安定，即政权还不巩固。　②召公：姬姓支族名奭(shì)，封于燕，又食邑于召，今陕西省岐山县之西，所以称召公。召公与周公共同辅政，称为二卿。周公东征，召公安集后方。　③"燕哙"二句：燕王哙，公元前320年至公元前311年在位。五年，王哙禅位于子之，太子姬平不服，引齐为援，发动政变，齐国趁机袭燕，燕几乎亡国。　④嘉《甘棠》之诗：赞美召公之美德。《甘棠》见《诗·召南》。相传召公巡行乡邑，常在棠树下决狱听事，方便百姓，办事公正，故百姓歌咏之。

　　管蔡相武庚，将宁旧商①；及旦摄政，二叔不飨②；杀鲜放度，周公为盟③；大任十子④，周以宗强。嘉仲悔过⑤，作《管蔡世家》第五。

　　【注释】　①武庚：名禄父，纣王之子。武王伐纣，封武庚于殷旧地，又封两子姬鲜于管、姬度于蔡，兼相武庚，实际上是监督武庚，想用此办法来安集殷遗民。宁：安集，安宁。　②及旦摄政，二叔不飨：管、蔡二人是周公兄弟，成王之叔，所以史称管叔、蔡叔。武王崩，成王年少，周公辅政，二叔不服，反而联合武庚叛周。周公东征，杀了管叔，流放了蔡叔，所以说"二叔不飨"。不飨：指失国，死后不得血食，无人祭飨。　③周公为盟：管、蔡起兵，流言周公将篡政，所以周公东征，立盟效忠王室。 ④大任十子：大任即文王之妻太似。大：读"太"。太似生十子，长子伯邑考，依次为武王发、管叔鲜、周公旦、蔡叔度、曹叔振铎、成叔武、霍叔处、康叔封、冉季载。伯邑考为纣王所害，武王发继位。武王伐纣封霍叔以上六弟，康叔受封，冉季载年少未封。 ⑤嘉仲悔过：赞美蔡仲能改过自新。周公流放蔡叔度，其子姬胡改过，率德驯善，周公荐于成王，复封胡于蔡，是为蔡仲。

　　王后不绝，舜禹是说①；维德休明，苗裔蒙烈。百世享祀，爰周陈杞②，楚实灭之。齐、田既起，舜何人哉③？作《陈杞世家》第六。

　　【注释】 ①说：这里作证据、证明讲。 ②陈杞：陈国、杞国，周初所封。陈为大舜之后，杞为大禹之后。因舜、禹有德于民，故百代子孙得以受封。 ③齐、田既起，舜何人哉：春秋时，楚灭陈、杞。陈完到了齐国，改姓田，却夺了姜齐而有之。舜禅位于人，而其后田氏夺人之国，两相对照，舜是多么伟大的一种人啊！"舜何人哉"语意双关，同时也是说舜之德泽流及苗裔，田氏因此以兴。

　　收殷余民，叔封始邑，申以商乱，《酒》《材》是告①，及朔之生，卫顷不宁②；南子恶蒯聩，子父易名③。周德卑微，战国既强，卫以小弱，角独后亡④。嘉彼《康诰》⑤，作《卫世家》第七。

　　【注释】 ①《酒》《材》是告：《尚书》中有《酒诰》《梓材》两篇，是周公告诫康叔封，殷亡于酒色残民，应吸取教训，戒酒、爱民。《酒诰》谈戒酒，《梓材》意在"告康叔封以为政之道，亦如梓人之治材也"，不要"罔厉杀人"。 ②及朔之生，卫顷不宁：卫宣公生了太子朔，卫国倾危不安宁。卫宣公淫乱，他为太子伋娶妇，见妇美而夺之，生子朔。朔谗害太子伋，宣公杀伋，朔继承了君位，是为惠公，国人不服，卫国大乱。 ③南子恶蒯聩，子父易名：南子即卫灵公夫人，她与太子蒯聩不合，迫使蒯聩出亡。灵公死，蒯聩之子辄以孙继位，是为出公。蒯聩借晋援争位，逐走出公，自立为庄公。出公奔齐，四年后借齐兵复国，又逐走庄公。父子交兵，如异姓攻伐，所以说"父子易名"。名：名分，指君位。辄以子夺父位是乱名，蒯聩以父夺子位是臣篡君，均非礼也。 ④角独后亡：姬角是卫国的末代之君。战国时，卫为魏附庸。秦并天下，单单保留卫君角，直到公元前209年陈涉起义，秦二世才废角为庶人。 ⑤《康诰》：《尚书》篇名，亦是周公告诫康叔封的文告。

　　嗟箕子乎①！嗟箕子乎！正言不用，乃反为奴。武庚既死，周封微子②。襄公伤于泓，君子孰称③。景公谦德，荧惑退行④。剔成暴虐，宋乃灭亡⑤。嘉微子问太师⑥，作《宋世家》第八。

【注释】　①箕子：纣王叔父，名胥馀，封于箕，子爵，故称箕子。箕子见纣王荒淫暴虐，为了避祸，佯狂为奴，出亡到朝鲜做了朝鲜王。他的事迹附《宋微子世家》。　②微子：纣王同母兄庶兄，名启，启生时，其母为妾，及其母为正妻时生纣王，武庚禄父叛周后，周改封微子于宋，都商丘。　③"襄公"二句：宋襄公名兹甫，春秋五霸之一。公元前638年，襄公亲率宋军在泓水岸上与强大的楚军打仗，他不趁楚兵半渡时发动进攻，而要堂堂正正地打阵地战，结果寡不敌众，全军覆灭，自己也受重伤而亡。　④景公谦德，荧惑退行：宋景公，名头曼，公元前516年至公元前477年在位。荧惑：火星。公元前480年，火星侵入宋之分野心宿的星空区，掌管天文的官员子韦说：天示警，人君有祸，但可转移给臣民。景公说：移祸臣民，谁还奉我为君？他的善言感动了上天，火星退行三度。这里应用天人感应学说以表彰宋景公之谦德。　⑤剔成：宋辟公之子。公元前369年至公元前328年在位，为弟偃逐出，奔齐。君偃立，为桀纣之行，宋为齐、楚、魏三国所灭。"剔成暴虐"，疑有误，当为"君偃暴虐"。　⑥嘉微子问太师：赞扬微子问太师之事。微子谏纣，纣不听，微子欲去纣而犹豫不决，于是问太师、少师。太师、少师说，国治身死不恨，纣王不听，不如广夫。周伐纣，封微子于宋以奉商祀。所以司马迁嘉微子问太师，以义定去就，表明是纣王弃微子，而不是微子弃纣王。

武王既崩，叔虞邑唐①。君子讥名，卒灭武公②。骊姬之爱，乱者五世③；重耳不得意，乃能成霸④。六卿专权⑤，晋国以耗⑥。嘉文公锡珪鬯⑦，作《晋世家》第九。

【注释】　①叔虞：成王弟，封于唐，今山西省翼城县西，这就是晋的前身。　②君子讥名，卒灭武公：晋穆公生二子，太子名仇，少子名成师。晋人师服说，太子名"仇"，"仇"是"雠"的意思，有死对头；少子名"成师"，"成师"是"成功"的意思，晋国一定要出乱子。后来成师的孙子称夺取了太子仇的后代晋侯缗的君位，是为武公。　③骊姬之爱，乱者五世：晋武公之子晋献公宠爱骊姬，骊姬生子奚齐。骊姬逸害死太子申生，申生两弟重耳、夷吾出亡。骊姬女弟又生悼子。献公死后，奚齐、悼子、夷吾、夷吾子圉、重耳五人先后争位，晋国内乱。五世：即指此五君。　④"重耳"二句：重耳出亡十九年，周游列国，备尝艰辛，六十二岁时才回国立为晋君，励精图治，成为霸主，这就是有名的晋文公。公元前636年至公元前628年在位。　⑤六卿：指晋国的智、范、中行、韩、魏、赵。六卿擅权，互相火并，后来只剩下韩、赵、魏三家。公元前453年，三家分晋，晋亡。　⑥耗：耗损、衰乱。　⑦文公锡珪鬯（guīchàng）：珪，瑞玉。鬯，香草，酿制香酒的原料。珪鬯，是诸侯朝贡给周天子用于享礼和祭礼的用品。公元前632年，晋文公在城濮之战中大败楚军，献俘于周。周襄王命文公为伯，并赐珪鬯。于是晋文公取得了合法的伯主地位。

重黎业之，吴回接之①；殷之季世，鬻子牒之②。周用熊绎③，熊渠是续④。庄王之贤，乃复国陈；既赦郑伯，班师华元⑤。怀王客死⑥，兰咎屈原⑦；好谀信谗，楚并于秦。嘉庄王之义⑧，作《楚世家》第十。

【注释】　①吴回接之：重黎为帝喾火正，重黎死后，吴回接替了火正。吴回：重黎之弟，楚之始祖。　②鬻子：吴回之后，事周文王，名鬻熊。牒之：指从鬻子起，才有了可靠的谱系。　③熊绎：鬻子曾孙，事周成王，封为子爵。　④熊渠：熊绎玄孙，在江汉一带扩展势力，称王。其后在周厉王时去王号。　⑤"庄王之贤"四句：指楚庄王熊侣，春秋五霸之一，公元前613年至前591年在位。公元前598年，庄王平陈乱，复兴了陈国。公元前597年楚破郑，郑伯请罪，庄王释放了他。公元前594年楚围宋五个月，宋大夫华元出城见楚庄王说，城中食尽，人们易子而食，析骨为薪。庄王解除了对宋的围困。　⑥怀王客死：楚怀王熊槐，公元前328年至公元前299年在位。公元前299年怀王入秦会盟，被秦劫持要挟割地，怀王不肯，被秦拘留，公元前296年死在秦国。客死：死在异乡、异国。　⑦兰咎屈原：兰为怀王少子令尹子兰。怀王赴秦，屈原谏阻，子兰劝行。怀王不反，国人怨子兰。子兰迁怒屈原，于是谗毁屈原，使之被放逐。楚国日益削弱。　⑧嘉庄王之义：赞美楚庄王的仁义。

少康之子，实宾南海①，文身断发②，鼋鳝与处③，既守封、禹④，奉禹之祀。勾践困彼，乃用种、蠡⑤。嘉勾践夷蛮能修其德，灭强吴以尊周室，作《越王勾践世家》第十一。

【注释】　①"少康"二句：相传越的始祖是夏帝少康的庶子，封于会稽，临近南海，远离中原，故云"实宾南海"。宾：排斥。　②文身断发：越俗，人们在身上刺花纹，把头发剪短。古代中原人民蓄长发，故以越俗为陋。　③鼋（yuán）：鳖类动物，可食。鳝（tuó）：通"鼍"，鳄的一种。　④封禹：封山、禹山，在浙江省永康市东部。　⑤"勾践困彼"二句：春秋末期称霸东南的越王勾践，公元前494年被吴王夫差围困在会稽山上，卒用范蠡计屈身向吴求和。和成：勾践发愤图强，用文种、范蠡二人为臣，卧薪尝胆二十年，终于在公元前477年灭亡了吴国。

桓公之东，太史是庸①。及侵周禾，王人是议②。祭仲要盟，郑久不昌③。子产之仁④，绍世称贤。三晋侵伐，郑纳于韩⑤。嘉厉公纳惠王⑥，作《郑世家》第十二。

【注释】　①桓公之东，太史是庸：郑桓公姬友，周厉王的少子，周宣王封于郑。幽王时，桓公用太史伯之言，迁都新郑，虢、郐献十邑，郑国从而壮大起来。庸：同"用"。

②及侵周禾，王人是议：公元前 720 年，郑庄公取成周之禾，周郑交恶。公元前 717 年郑庄公朝周。周桓王怒其取禾，怠慢庄公。周桓公姬黑肩对桓王说：平王东迁，靠晋、郑相助，要搞好周郑关系来影响诸侯宗周，今怠慢郑庄公，从此郑国不来朝周了。庄公回国果然不朝周。　③祭仲要盟，郑久不昌：祭仲，郑大夫。庄公死，祭仲立公子忽，是为昭公。昭公弟姬突，其母宋雍氏女，故宋人助突争位。宋庄公诱召祭仲，胁迫祭仲立突。昭公奔卫，姬突立，是为厉公。从此，郑诸公子争位，郑国削弱。要盟：被迫立盟。　④子产：郑大夫，春秋末期著名政治家。执政二十余年，晋楚两大国不敢伐郑。　⑤三晋侵伐，郑纳于韩：三晋，指韩、赵、魏三国，也可指称其中一国，这里指韩。公元前 464 年韩灭郑。　⑥嘉厉公纳惠王：公元前 675 年，周王室子颓作乱，周惠王出奔郑。郑厉公与虢公连兵平定了周乱，周惠王得以复位。

维骥騄耳，乃彰造父①。赵夙事献②，衰续厥绪③。佐文尊王，卒为晋辅。襄子困辱，乃擒智伯④。主父生缚，饿死探爵⑤。王迁僻淫，良将是斥⑥。嘉鞅讨周乱⑦，作《赵世家》第十三。

【注释】　①维骥騄（jìlù）耳，乃彰造父：骥，千里马的共名。騄耳为周穆王的一匹千里马名。造父：赵国始祖，善相马，事周穆王。騄耳就是造父相中的，于是得封赵城，姓赵氏。赵城在今山西省洪洞县赵城镇西南。　②赵夙事献：赵夙为造父的第十一代孙，事晋献公，得封于耿，在今山西河津市境内。　③衰续厥绪：赵夙孙赵衰继承了赵夙的绪业，辅佐晋文公，成为晋大夫。　④襄子困辱，乃擒智伯：赵襄子名毋恤，赵衰第六代孙。智伯：晋六卿之一。公元前 453 年，智伯逼使韩、魏共围赵襄子于晋阳。襄子用张孟谈计，策动韩、魏反攻智伯。智伯灭，三家三分其地。　⑤主父生缚，饿死探爵：主父即赵武灵王赵雍。公元前 298 年，他传位给少子惠王何，自称主父。长子章争位作乱，兵败投奔主父。赵惠王将李兑围主父于沙丘宫三月，宫中食尽，主父取雀充饥，饿死在沙丘宫。缚：被围困的意思。爵：借作"雀"。　⑥王迁僻淫，良将是斥：赵幽王迁，赵国末代国王，信谗杀良，公元前 228 年被秦所虏。良将：指李牧，他多次打败秦兵。赵王杀李牧，秦兵长驱直入破邯郸，赵亡。　⑦鞅讨周乱：公元前 503 年，赵鞅率兵讨平周室王子朝的叛乱，恢复了周敬王的王位。

毕万爵魏，卜人知之①。及绛戮干，戎翟和之②。文侯慕义，子夏师之③。惠王自矜，齐秦攻之④。既疑信陵，诸侯罢之⑤。卒亡大梁，王假厮之⑥。嘉武佐晋文申霸道⑦，作《魏世家》第十四。

【注释】　①毕万爵魏，卜人知之：周武王封同姓姬高于毕，姓毕氏。毕高后代毕万事晋献公，受封于魏。卜偃说：万是满数，魏是大名，毕万之后一定昌盛。魏：取义巍巍，所以说是大名。其地在今山西省芮城县东北。　②及绛戮干，戎翟和之：绛，魏绛，毕万第三代孙，事晋悼公。公元前 570 年，晋悼公与诸侯会盟，悼公弟弟杨干扰乱了秩序，魏绛杀了杨干的仆人以示惩罚。悼公仍然信用魏绛，戎翟归服。 ③文侯慕义，子夏师之：魏文侯名都，一说名斯，公元前 446 年至前 397 年在位。子夏，孔子弟子卜商，《仲尼弟子列传》说他小孔子四十四岁，当生于公元前 507 年。史称子夏居西河，为魏文侯师。 ④"惠王"二句：魏惠王名罃（yīng），公元前 370 年至公元前 335 年在位。惠王欲称霸，攻伐韩、赵，而秦、齐趁机夹击魏国，魏于是削弱。 ⑤既疑信陵，诸侯罢之：信陵君无忌，魏安釐王之弟。公元前 257 年他率魏兵解了赵国的邯郸之围，接着又率五国之师大破秦兵。但是魏安釐王猜忌信陵君，于是合纵之盟解散。 ⑥王假厮之：魏王假，魏最后一代国王。公元前 295 年，秦灭魏，王假被俘做了养马卒。厮：养马人之称。 ⑦武佐晋文：魏武子犨（chōu），追随重耳出亡十九年，重耳即位为晋文公，犨列为大夫。犨：魏绛的祖父。

　　韩厥阴德，赵武攸兴。绍绝立废，晋人宗之①。昭侯显列，申子庸之②。疑非不信，秦人袭之。嘉厥辅晋匡周天子之赋，作《韩世家》第十五。

　　【注释】 ①"韩厥阴德"四句：韩厥号献子，晋六卿之一，历事晋景公、厉公、悼公三朝。赵武：即赵氏孤儿。公元前 587 年，晋景公三年，晋司寇屠岸贾灭赵族，程婴、公孙杵臼藏匿赵武，韩厥暗中保护。赵武壮大。韩厥言于景公，赵武复为晋大夫。韩厥存亡继绝，很得人心，晋人都归服他。 ②昭侯显列，申子庸之：韩昭侯名武，公元前 358 年至公元前 333 年在位。申子：申不害，公元前 351 年至公元前 337 年为韩相。昭侯信用申子变法，韩国一度强盛，名显诸侯。庸之：为所用。

　　完子避难，适齐为援，阴施五世，齐人歌之①。成子得政②，田和为侯③。王建动心，乃迁于共④。嘉威、宣能拨浊世而独宗周⑤，作《田敬仲完世家》第十六⑥。

　　【注释】 ①"完子避难"四句：完子即陈完，陈厉公之子。陈内乱，陈完奔齐，改姓田，为齐大夫。田完在齐施惠百姓，至第五代孙田乞用小斗收税，大斗放贷，收买民心，齐人颂之。 ②成子：田恒，汉人因避汉文帝刘恒之讳改，又写作田常。田常弑齐简公，立平公，自为相，遂专齐政。 ③田和：田常的曾孙。公元前 386 年，田和迁齐康公于海上，周天子命田和为齐侯，姜齐亡，田齐立。 ④王建动心，乃迁于共：齐王建，田齐末代国王。公元前 221 年秦伐齐，王建听齐相后胜计，不战降秦。秦始皇迁王建于共，齐亡。共：今河南省辉县。 ⑤"嘉威、宣"句：威：齐威王因齐，公元前 378 年至公元前 343 年在位。宣：齐宣王辟彊，公元前 342 年至公元前 324 年在位。威、宣时代齐国最为强大，仍一度宗周，见《战国策·赵策》"鲁仲连义不帝秦"章。 ⑥田敬仲完世家：敬仲：田完的谥号。此以谥号和名并举名篇。

周室既衰，诸侯恣行。仲尼悼礼废乐崩①，追修经术，以达王道，匡乱世反之于正，见其文辞，为天下制仪法，垂《六艺》之统纪于后世②。作《孔子世家》第十七。

【注释】 ①仲尼：孔丘的字，又写作仲尼父。父：又写作"甫"，是对男子的敬称。②垂：留下。《六艺》：六经。

桀、纣失其道而汤、武作，周失其道而《春秋》作。秦失其政，而陈涉发迹①，诸侯作难，风起云蒸，卒亡秦族。天下之端，自涉发难。作《陈涉世家》第十八。

【注释】 ①陈涉：名胜，字涉，阳城人。阳城：即今河南省登封市东南。公元前209年他首倡起义。

成皋之台①，薄氏始基②。屈意适代③，厥崇诸窦④。栗姬负贵⑤，王氏乃遂⑥。陈后太骄⑦，卒尊子夫⑧。嘉夫德若斯⑨，作《外戚世家》第十九。

【注释】 ①成皋之台：汉高祖在成皋所建行宫，即成皋台，又称河南宫。成皋：汉县，在今河南省荥阳市西北。 ②薄氏始基：楚汉相争时，高祖在成皋台召幸薄姬，一幸生男刘恒，封代王，后为文帝。薄氏：高祖美人薄姬。始基：指薄姬始受宠。 ③屈意适代：指汉文帝皇后窦氏，违背心愿出嫁代王。高祖死后，吕太后出宫人赐配诸侯王。窦姬是赵清河人，家贫，不知失散的两弟下落，心欲还乡，愿赴赵王。主持其事的宦官忘了窦姬的嘱告，误配代王，窦姬涕泣不肯行，被强迫适代。文帝即位，窦姬为皇后。屈意：心愿受屈。 ④诸窦：窦皇后之弟窦长君、窦广国，族弟窦婴等，因皇后之尊而封侯。 ⑤栗姬负(fù)贵：栗姬为景帝夫人，生子荣，立为太子，她因此骄贵，触怒了景帝，太子被废，栗姬忧死。负：仗恃。 ⑥王氏乃遂：栗姬失宠，王夫人尊贵，终得遂心愿而立为皇后。王氏：王夫人，汉武帝之母。 ⑦陈后：汉武帝之皇后，无子失宠又使性，被废忧死。 ⑧子夫：汉武帝皇后卫子夫，由于生男刘据被立为皇后。征和二年巫蛊案起，太子死，卫皇后自杀。 ⑨嘉夫德若斯：赞美像薄姬这样贤淑的后妃之德。夫：语词。

汉既谲谋，擒信于陈；越荆剽轻①，乃封弟交为楚王②，爰都彭城，以强淮泗，为汉宗藩。戊溺于邪③，礼复绍之④。嘉游辅祖，作《楚元王世家》第二十。

【注释】 ①越荆剽轻：指越楚之民勇猛轻躁。 ②交为楚王：刘交，高祖弟，字游。高祖擒韩信后，封刘交为楚王。 ③戊溺（nì）于邪：刘戊，刘交之孙。公元前154年，刘戊被邪谋迷惑，与吴王濞等七国合纵叛汉，兵败被杀。溺：沉迷。 ④礼复绍之：刘礼，刘交次子。刘戊被杀后，景帝复封刘礼为楚王。绍：继承。

　　维祖师旅，刘贾是与①；为布所袭，丧其荆、吴。营陵激吕，乃王琅邪②；祝午信齐，往而不归，遂西入关，遭立孝文，获复王燕③。天下未集，贾、泽以族，为汉藩辅。作《荆燕世家》第二十一。

　　【注释】　①刘贾：刘氏宗人，追随高祖起兵，被封为荆王。公元前196年，黥布反汉，攻荆，刘贾被杀。　②营陵激吕，乃王琅邪：营陵侯刘泽，高祖远族宗人。吕太后当权，刘泽亲近吕太后宠臣大谒者张卿讽喻大臣尊诸吕为王。于是吕太后封刘泽为琅邪王。③“祝午信齐”五句：祝午为齐哀王刘襄的内史。吕太后崩，刘襄以诛诸吕为名起兵欲夺帝位，派祝午诈说刘泽赴齐议事。刘泽至齐被拘留，祝午夺了琅邪国之兵。刘泽将计就计，诈说他到长安观变，欲迎立齐王为帝。于是齐王释放了他。他到长安后与大臣共谋，立代王刘恒为帝。刘泽也得封燕王。

　　天下已平，亲属既寡；悼惠先壮，实镇东土①。哀王擅兴，发怒诸吕，驷钧暴戾，京师弗许②。厉之内淫，祸成主父③。嘉肥股肱，作《齐悼惠王世家》第二十二。

　　【注释】　①悼惠先壮，实镇东土：齐悼惠王刘肥，高祖外妇曹氏之子，孝惠帝刘盈的庶兄，所以说“先壮”。高祖封肥为齐王，以镇抚山东七十三城为藩。　②“哀王擅兴”四句：哀王刘襄，刘肥之子。吕太后崩，刘襄自以为依次当立，因此发难兴兵讨诸吕。刘襄起兵，未与京师大臣通谋，所以称“擅兴”。诸吕既平，大臣计议，刘襄舅驷钧暴戾，若迎襄为帝，势必权落外家，重演诸吕之祸，于是迎立代王刘恒为帝，令齐罢兵，故云“京师弗许”。　③厉之内淫，祸成主父：厉王刘次景与其姐通奸，齐相主父偃案治，厉王自杀，无后国除。

　　楚人围我荥阳，相守三年，萧何镇抚山西①，推计踵兵②，给粮食不绝，使百姓爱汉，不乐为楚。作《萧相国世家》第二十三。

　　【注释】　①萧何镇抚山西：萧何为秦沛县主吏掾，随刘邦起兵。楚汉相争，何坐镇关中；天下平定，以何功第一，封为酂侯，为相国。山西：华山以西，即关中。　②推计踵兵：运输粮饷叫“推计”，补充兵员叫“踵兵”。

　　与信定魏，破赵拔齐，遂弱楚人。续何相国，不变不革，黎庶攸宁。嘉参不伐功矜能①，作《曹相国世家》第二十四。

【注释】 ①参不伐功矜能：曹参即沛人，秦时为沛县狱吏，随刘邦起兵。楚汉相争，参与韩信灭魏、破赵、下齐，诸将封侯，曹参被推为侯功第一，高祖以萧何为第一，参不与之争，是为不伐功。又，参与萧有隙，及何死，参为相，出入三年，不变萧何约束。百姓歌曰："萧何为法。颡若画一；曹参代之，守而勿失。载其清净，民以宁一。"由于曹参不伐功矜能，故成为汉初推行无为政治的著名丞相。

运筹帷幄之中①，制胜于无形，子房计谋其事，无知名，无勇功，图难于易，为大于细。作《留侯世家》第二十五②。

【注释】 ①运筹帷幄：在军帐中策谋。运筹：以筹码代指对敌我各种力量进行对比运算。帷幄：帐篷，指三军统帅部。 ②《留侯世家》：留侯张良，字子房，先世五世为韩相。秦灭韩，张良从贵族破落为庶人，因此反秦意识很强烈。公元前218年，张良使力士刺秦始皇于博浪沙，未遂，流亡。后为刘邦谋臣，汉封留侯。留：秦县名，在今江苏省沛县东南。

六奇既用①，诸侯宾从于汉；吕氏之事，平为本谋，终安宗庙，定社稷。作《陈丞相世家》第二十六②。

【注释】 ①六奇：指陈平多次为汉策划的奇谋秘计，如离间楚君臣、擒韩信、解平城之围等。 ②《陈丞相世家》：记陈平事迹。平：阳武户牖乡人，在今河南省兰考县东北。平本为项羽部属，后投奔刘邦，因功封为曲逆侯。孝惠六年（公元前189年）曹参死，平继为丞相，与周勃等定议，擒灭诸吕，有大功于汉。

诸吕为从，谋弱京师，而勃反经合于权①；吴楚之兵，亚夫驻于昌邑②，以厄齐赵，而出委以梁③。作《绛侯世家》第二十七。

【注释】 ①勃反经合于权：太尉周勃为人刚强。吕太后当政，崇强诸吕，违反高祖非刘氏而王的誓约封诸吕为王。周勃一反刚强性格，随机应变迎合吕太后，原来是安刘的权宜之计。 ②亚夫驻于昌邑：吴楚七国反汉，景帝拜周勃之子周亚夫为将，带兵平叛。周亚夫一战获胜，三个月就平定了七国之乱。昌邑：县名，在今山东省金乡县西。 ③"以厄齐赵"二句：指周亚夫不直接救齐、梁，而是驻兵昌邑，让两国受到围困。梁王上书景帝，周亚夫仍不奉诏，坚壁不出。相守三月，后一战而吴楚军破，诸将才认识到周亚夫的计谋很高，但是梁王怀恨亚夫，认为是有意以梁为饵饵。委：丢弃。按：厄齐赵句，疑"赵"字衍，因赵从吴楚反汉，是七个叛国之一。

七国叛逆，藩摒京师，唯梁为捍；负爱矜功，几获于祸。嘉其能拒吴楚，作《梁孝王世家》第二十八^①。

【注释】 ①《梁孝王世家》：梁孝王刘武，景帝之弟，他仗恃母亲窦太后的宠爱，加上抗拒吴、楚的功劳，骄恣犯禁，行动之间拟比天子，又妄杀朝廷大臣，触怒景帝，亏得太后护持乃得全。

五宗既王^①，亲属洽和，诸侯大小为藩，爱得其宜，僭拟之事稍衰贬矣^②。作《五宗世家》第二十九。

【注释】 ①五宗：同母所生之子为一宗。汉景帝十四子为五母所生，故称五宗。《五宗世家》就是述景帝五宗十三子封王事迹。 ②僭拟之事稍衰贬矣：封建时代，礼有差等，下比同于上叫"僭拟"。僭：超越。拟：比同。僭拟一般指下比拟天子。吴楚七国之乱以后，诸侯国化小，治理权得以收归中央，王侯只食禄而已，故僭拟反叛的事日益消失。

三子之王^①，文辞可观^②。作《三王世家》第三十^③。

【注释】 ①三子之王：三子，指汉武帝的三个儿子齐王刘闳、燕王刘旦、广陵王刘胥。 ②文辞可观：武帝三子于元狩六年四月乙巳同日封王。齐王刘闳死于元封元年，无后。燕王、广陵王终武帝之世尚在。故三王无事可传，司马迁谨取封王章奏册文编为"世家"，所以说"文辞可观"。 ③《三王世家》载三王事。汉武帝共六子，少子刘弗陵继位为昭帝，故《汉书》作《武五子传》。司马迁作史时，戾太子刘据尚在，不应入"世家"；昌邑王刘髆，天汉四年六月封王，在太初以后，亦不入"世家"，故作《三王世家》。

末世争利^①，维彼奔义；让国饿死^②，天下称之。作《伯夷列传》第一。

【注释】 ①末世：衰世，这里指殷代末年。 ②让国饿死：伯夷、叔齐兄弟二人让国，不食周粟而死，事详《伯夷列传》。

晏子俭矣^①，夷吾则奢^②；齐桓以霸，景公以治。作《管晏列传》第二^③。

【注释】 ①晏子：春秋时齐大夫名婴。晏子历仕灵公、庄公、景公三朝。他身为齐相，食不兼味，妻妾不穿绸缎，以俭著称。 ②夷吾：管仲的字。管仲辅佐齐桓公称霸诸侯，为齐相，被桓公尊为亚父，生活豪侈，但治国以强，孔子许之以"仁"。 ③《管晏列传》：管仲、晏婴二人同为齐贤相，一奢一俭，对比强烈，因此二人同传。

李耳无为自化，清净自正^①；韩非揣事情，循势理^②。作《老子韩非列传》第三③。

【注释】　①无为自化，清净自正：《老子》第三十七章："道无为而无不为，侯王若能守之，万物将自化。……无欲以静，天下将自定。"司马迁认为这一章是老子哲学的核心，这两句就是撮要描述这一章的要旨。　②揣事情，循势理：揣即忖度。循：遵循。这里"揣"和"循"都是探求、掌握的意思。事情、势理：指各别具体事物的规律。　③《老子韩非列传》：司马迁认为韩非"喜刑名法术之学，而其归本于黄老"，所以将老子、韩非合传。庄子、申不害二人附见。

自古王者而有《司马法》，穰苴能申明之。作《司马穰苴列传》第四①。

【注释】　①穰苴：田完之后，事齐景公为大司马，故称司马穰苴。

非信廉仁勇不能传兵论剑，与道同符，内可以治身，外可以应变，君子比德焉。作《孙子吴起列传》第五①。

【注释】　①《孙子吴起列传》：本篇孙武、孙膑、吴起为正传，庞涓附见。孙子为孙武、孙膑二人共称。

维建遇谗，爰及子奢，尚既匡父，伍员奔吴①。作《伍子胥列传》第六。

【注释】　①"维建遇谗"四句：建即楚平王太子熊建。奢：伍奢，楚大夫，为太子建太傅。尚：伍尚，奢之长子。伍员：奢之次子。太子建的少傅无忌阿谀平王，谗害太子建，建奔宋。平王杀伍奢，伍尚从父遇难，伍员奔吴报仇。匡父：救父，此指伍尚从难。

孔氏述文，弟子兴业，咸为师傅①，崇仁励义②。作《仲尼弟子列传》第七③。

【注释】　①咸为师傅：孔门弟子，有的早丧，如颜回；有的经商，如子贡；有的从政，如冉求、子游、子路等，并不是人人都在传道授业。"咸为师傅"，意思是说孔门学生人人"崇仁励义"，都可为人师表。咸：都，皆。　②崇仁励义：崇尚仁德，以义相磨砺。③《仲尼弟子列传》：孔子弟子，传说有三千，其中贤者七十二。本篇列传载孔门弟子七十七人，泛称七十子。

鞅去卫适秦①，能明其术②，强霸孝公，后世遵其法。作《商君列传》第八。

【注释】 ①鞅去卫适秦：鞅即商鞅（约公元前 300 年－前 338 年），卫公室疏族公子，因此叫"公孙鞅"，又称"卫鞅"，入秦变法有功，封为商君，史称商鞅。战国时卫为魏国附庸，魏不用卫鞅。公元前 359 年，秦孝公下令求贤，卫鞅入秦。去卫适秦：实际是离开了魏国，到了秦国。 ②能明其术：能发扬变法图强的王霸之术。

天下患衡秦毋餍①，而苏子能存诸侯②，约从以抑贪强。作《苏秦列传》第九。

【注释】 ①患衡秦毋餍（yàn）：患苦以连横称霸的秦国太贪。衡：通"横"。餍：饱，引申为满足。毋餍：指与秦连和，秦要求割地，没有满足的时候。 ②苏子：苏秦，东周洛阳人，苏秦游说东方六国合纵抗秦，是战国时著名的合纵家。

六国既从亲，而张仪能明其说①，复散解诸侯。作《张仪列传》第十。

【注释】 ①张仪：魏人，因在六国不得任用，西入关做了秦相，用软硬兼施的策略游说东方六国与秦和亲，史称"连横"。

秦所以东攘雄诸侯①，樗里②、甘茂之策③。作《樗里甘茂列传》第十一。

【注释】 ①东攘：用武力侵略东方诸侯。雄诸侯：在诸侯中称雄。 ②樗里：秦惠王弟嬴疾，居住在渭南阴乡的樗里，因此号樗里子，樗里子足智多谋，外号"智囊"。③甘茂：下蔡人，历事秦惠王、武王。惠王时甘茂为秦将，佐魏章取楚汉中，又平定蜀乱。武王立，以甘茂为左丞相，樗里子为右丞相。二人并显于秦，故合传。甘茂的孙子即甘罗，附甘茂传。

包河山①，围大梁②，使诸侯敛手而事秦者，魏冉之功③。作《穰侯列传》第十二。

【注释】 ①河：黄河。山：华山。"包河山"，指魏冉为秦将，夺取了魏国的河东之地，包举黄河、华山成为秦国境内之地。 ②围大梁：秦昭王三十二年（公元前 275 年），魏冉为秦相，将兵攻魏，连破魏军，遂围大梁，威震诸侯。 ③魏冉：秦昭王母宣太后的异父弟，为秦昭王相，封于穰，称穰侯。穰（ráng）：本韩邑，为秦所并，即今河南省邓州市。

南拔鄢郢①，北摧长平②，遂围邯郸③，武安为率；破荆灭赵，王翦之计④。作《白起王翦列传》第十三。

【注释】 ①南拔鄢郢（yānyǐng）：公元前 278 年，白起破楚都郢，迫使楚东迁于陈。②北摧长平：参见武安君白起传注。鄢：楚重镇，在今湖北省宜城市。郢：楚都城，在今湖北省江陵县北。　③遂围邯郸：长平之战后，秦将王陵围邯郸，武安君称病不行而被赐死。这里是说，秦围邯郸，奠基于长平之战。　④王翦：关中频阳人，为秦始皇将，灭楚、亡赵。

猎儒墨之遗文，明礼义之统纪，绝惠王利端，列往世兴衰①。作《孟子荀卿列传》第十四。

【注释】 ①"猎儒墨之遗文"四句："猎儒墨之遗文"与"列往世兴衰"二句总括诸子百家学说，意谓春秋时只有孔墨两家，发展到战国为诸子百家，他们都不过是采撷孔墨遗教以著书立说，而总结历史经验，最后总归于儒家，故以孟荀两人标传名。"明礼义之统纪"句概括荀子学说。《荀子》三十二篇，其中有《礼论》，集先秦礼义研究之大成。"绝惠王利端"句概括孟子学说。《孟子》七篇，第一篇《梁惠王》的第一章就是孟子对梁惠工问，明义利之辩。

好客喜士，士归于薛，为齐捍楚魏。作《孟尝君列传》第十五①。

【注释】 ①孟尝君：即田文，齐威王少子田婴之子，战国四公子之一。

争冯亭以权①，如楚以救邯郸之围，使其君复称于诸侯。作《平原君虞卿列传》第十六。

【注释】 ①争冯亭以权：指平原君与秦争利，中了冯亭嫁祸于赵的权变之计。参见《平原君虞卿列传·赞》注。

能以富贵下贫贱，贤能屈于不肖①，唯信陵君为能行之。作《魏公子列传》第十七②。

【注释】 ①贤能屈于不肖：指魏公子信陵君能放下架子，自己贤能反而向不如自己的人学习。　②《魏公子列传》：战国四公子以信陵君最贤，司马迁特以"魏公子"之名命篇，以尊贤者。

以身殉君，遂脱强秦①，使驰说之士南向走楚者，黄歇之义。作《春申君列传》第十八。

【注释】 ①以身殉君，遂脱强秦：春申君奉楚太子完于秦为质，秦留之数年不得归。楚顷襄王三十六年（公元前263年），顷襄王病，春申君用计归太子，自己决心以死对秦王。秦王见太子已归，亦遣春申君返国。

能忍訽于魏齐，而信威于强秦①，推贤让位，二子有之②。作《范雎蔡泽列传》第十九。

【注释】 ①信：读"伸"。　②推贤让位，二子有之：二子即范雎、蔡泽。蔡泽入秦，范雎让相位。蔡泽为相数月归相印，仍留事秦昭王、孝文王、庄襄王及秦始皇。这里说"推贤让位"，不过是指范、蔡二人能识时务，趁势下台。秦军败于邯郸，武安君死，都牵连范雎，范雎惧诛而让相位。后蔡泽亦惧诛归相印。据《云梦秦简》记载，秦昭王五十二年（公元前255年），范雎死。

率行其谋，连五国兵，为弱燕报强齐之仇，雪其先君之耻①。作《乐毅列传》第二十②。

【注释】 ①先君：燕王哙。　②乐毅：常山人，战国时期著名将领。他事燕昭王，联合三晋及楚，率五国之兵，取齐七十二城，几乎灭掉了齐国。

能信意强秦，而屈体廉子，用徇其君，俱重于诸侯①。作《廉颇蔺相如列传》第二十一②。

【注释】 ①"能信意强秦"四句：蔺相如，赵人，他奉使秦国，敢在秦廷上谴责秦王，完璧归赵。他又在渑池会上以理屈秦昭王。因此赵惠文王用为上卿，位在廉颇之右。廉子：即廉颇，赵大将，有攻城野战之功，不愿屈居蔺相如之下，扬言要侮辱他。相如知道后避让廉颇，先国家而后私仇。廉颇得知后负荆请罪，将相和，秦兵不敢攻赵。徇：效忠。　②《廉颇蔺相如列传》：廉、蔺合传，表彰他们共同的爱国思想感情。马服君赵奢，其子赵括，良将李牧传附见。

湣王既失临淄而奔莒①，唯田单用即墨破走骑劫，遂存齐社稷②。作《田单列传》第二十二。

【注释】 ①湣王既失临淄而奔莒：齐湣王名田地，公元前323年—公元前284年在位。湣王好大喜功，在公元前288年与秦争称帝，自称东帝两个月。湣王又北伐燕，南伐楚，西败魏、赵，结怨诸侯。公元前284年，燕将乐毅纠合五国之兵击齐，破临淄。湣王退保莒城，被楚将淖齿所杀。莒：今山东省莒县。　②唯"田单"二句：骑劫即代替乐毅统帅燕军的燕将，有勇无谋。田单：齐王室疏族，做临淄市掾。乐毅破齐，他率宗人退保即墨城数年，用火牛阵破杀骑劫，复兴了齐国。

能设诡说解患于围城，轻爵禄，乐肆志①。作《鲁仲连邹阳列传》第二十三②。

【注释】 ①"能设诡说解患"三句：这三句都是赞扬鲁仲连的德行。诡说：机智善辩。乐肆志：以自由自在为乐。 ②《鲁仲连邹阳列传》：邹阳为西汉初齐人，为梁孝王宾客，曾被下狱。邹阳在狱中上书自明得解。司马迁认为邹阳同鲁仲连一样具有抗直不屈的精神，所以打破时代界限，作了合传。

作辞以讽谏，连类以争义①，《离骚》有之②。作《屈原贾生列传》第二十四③。

【注释】 ①连类以争义：用事物取譬以见义。《离骚》以萋草比喻小人，香草比喻君子就是"连类以争义"。 ②《离骚》：屈原写的长篇抒情叙事诗，带自传性质。诗篇以奔放的感情抒写了屈原的人格、思想感情和斗争精神，是《楚辞》的代表作。《屈原贾生列传》评论《离骚》说："其辞微，其志洁，其行廉，其称文小而其指极大，举类迩而见义远。其志洁，故其称物芳。其行廉，故死而不容自疏。" ③《屈原贾生列传》：屈原（公元前340年－公元前278年）：是古代最伟大的爱国诗人，著有《屈原赋》二十五篇。贾生：即西汉初年政论家贾谊（公元前200年－公元前168年），洛阳人，为文帝博士，初为长沙王太傅，后为梁怀王太傅。贾谊著有《新书》十卷，评论汉初政治得失。两人的时代、气质均不相同。但两人的都主张政治革新，命运相似，仕途不享而未尽其才。贾生过湘水作赋凭吊屈原。司马迁亦南游沅湘，故将二人合传并以自况。

结子楚亲①，使诸侯之士斐然争入事秦②。作《吕不韦列传》第二十五。

【注释】 ①结子楚亲：指吕不韦自结交子楚而得为秦相。子楚：即秦庄襄王，秦始皇之父，本秦昭王之庶孙，为质于赵。秦昭王太子安国君无子。吕不韦于是以子楚为奇货可居，出千金与子楚相交，并替子楚买玩物珍奇献给安国君的夫人华阳夫人，愿过继为嗣。华阳夫人十分高兴，立子楚为嫡子。因此子楚后来得立为秦王，吕不韦遂为秦相。②斐然：本义是文采灿烂，这里是形容东方士人踊跃入秦的样子。吕不韦为秦相，效仿四公子招士，门客三千人，李斯等就是吕不韦的门客。

曹子匕首①，鲁获其田，齐明其信；豫让义不为二心②。作《刺客列传》第二十六③。

【注释】 ①曹子：即鲁将曹沫，用匕首劫齐桓公退还所侵鲁国之地。 ②豫让：晋卿智伯家臣。赵襄子灭智伯，豫让漆身变形为智伯报仇而死，守义不事二君，名闻诸侯。③《刺客列传》：历载春秋至战国刺客五人事迹。即鲁曹沫、吴专诸、晋豫让、韩聂政、卫荆轲。燕高渐离附见。

　　能明其画，因时推秦，遂得意于海内，斯为谋首。作《李斯列传》第二十七①。

　　【注释】　①李斯：（？—公元前 207 年），楚上蔡（今河南省上蔡县西）人。李斯出身微贱，青年时代做过基层官吏。公元前 246 年入秦为客卿。秦始皇并六国，李斯是得力的助手，为丞相。公元前 207 年与赵高争权，被赵高陷害，为秦二世所杀。

　　为秦开地益众，北靡匈奴①，据河为塞，因山为固，建榆中②。作《蒙恬列传》第二十八③。

　　【注释】　①靡：披靡，引申为征服。　②建榆中：蒙恬北伐匈奴，开拓河套地，置榆中等四十四县。　③蒙恬：秦大将，为始皇将兵伐匈奴，筑长城，公元前 209 年为秦二世所杀。

　　镇赵塞常山以广河内①，弱楚权②，明汉王之信于天下③。作《张耳陈余列传》第二十九④。

　　【注释】　①镇赵塞常山以广河内：楚汉相争于成皋，关中是刘邦的大后方，河内是关中的侧翼。为了巩固根本，刘邦封张耳为赵王，镇守赵地，以常山为塞，张大河内形势。　②弱楚权：张耳本是项羽所封常山王。耳降汉，削弱了楚国的形势。　③明汉王之信于天下：张耳、陈余两人均大梁人，为刎颈之交。张耳为赵相，陈余为赵将。后两人争权，张耳投刘邦，陈余要求汉杀张耳为汉击楚，刘邦却封张耳为赵王，进兵击杀陈余。"明汉王之信于天下"即指此。　④《张耳陈余列传》：司马迁以张耳、陈余两个初友后仇的人合传，刻画了一对势利相交的典型。武臣、赵王歇、张耳子敖附见。

　　收西河、上党之兵①，从至彭城②；越之侵掠梁地以苦项羽③。作《魏豹彭越列传》第三十。

　　【注释】　①上党：今山西省晋东南高原以长治盆地为中心的一带地区。　②从至彭城：指魏豹。豹：六国魏室后裔，秦末据魏旧地称王。刘邦东出，他引兵为其部属。刘邦彭城战败，他又投项羽。公元前 205 年为淮阴侯韩信所掳，在荥阳保卫战中被汉将周苛所杀。　③"越之侵掠梁地"句：彭越，昌邑人，字仲，秦末起兵据有梁地。楚汉相争，越助汉击楚，侵扰项羽后方，夺其粮饷，得封梁王，公元前 197 年被高祖所杀。

　　以淮南叛楚归汉，汉用得大司马殷①，卒破子羽于垓下②。作

《黥布列传》第三十一③。

【注释】　①大司马殷：九江王英布归汉，项羽用周殷为大司马守九江。公元前202年，英布诱召周殷，殷归汉。　②垓下：聚邑名，在今安徽省灵璧县东南。　③黥布：春秋时诸侯英国后裔，因受过黥刑，史称黥布。秦末，布随项梁起兵，常为项羽先锋将，得封九江王。公元前205年布归汉，为高祖诱降周殷，定九江地，围羽垓下，封淮南王。公元前195布反汉被诛。

　　楚人迫我京索①，而信拔于魏赵，定燕齐，使汉三分天下有其二，以灭项籍。作《淮阴侯列传》第三十二②。

【注释】　①京：春秋时郑邑，故城在今河南省荥阳市东南。索：京邑境内的索亭，又称大索城或大栅城，即今河南省荥阳市索河街道。京索：为军事要地，楚汉相争长期相持于此。　②淮阴侯：即楚王韩信，佐刘邦灭楚的大将，自立为齐王。公元前201年汉定，徙信为楚王，又废为淮阴侯，被软禁于长安。公元前196年谋反，被吕后所杀。

　　楚汉相拒巩洛①，而韩信为镇颍川②，卢绾绝籍粮饷③。作《韩信卢绾列传》第三十三。

【注释】　①巩洛：巩县，洛阳。　②韩信为镇颍川：此为韩王信，六国韩室后裔，秦末追随刘邦起兵。公元前205年，信攻略韩旧地，刘邦封他为韩王，镇守颍川。公元前202年信被徙王太原以北，都晋阳以备匈奴，公元前200年反汉，兵败投匈奴。颍川：郡名，韩国故地，当今河南省中部、南部。　③卢绾：丰人，与高祖同乡同日生，自幼交好，随刘邦起兵，公元前202年得封为燕王。公元前195年绾反汉投匈奴。

　　诸侯叛项王，唯齐连子羽城阳①，汉得以间遂入彭城。作《田儋列传》第三十四②。

【注释】　①齐连子羽城阳：城阳为西周郕国，汉置城阳县，故治在今山东省菏泽市东北。一说指汉城阳郡治，今山东省莒县。公元前206年，齐田荣反楚，项羽与战城阳，汉王趁机东出直破彭城。连：牵制的意思。　②《田儋列传》：田儋，六国时齐王宗族后裔，秦末起兵自立为齐王，被秦将章邯所击杀。儋弟田荣、田横继起定有齐地，荣为齐王。故荣、横附儋传。

　　攻城野战，获功归报，哙、商有力焉，非独鞭策，又与之脱难①。作《樊郦列传》第三十五②。

【注释】　①"哙、商"三句：哙为舞阳侯樊哙；商：曲周侯郦商。哙：沛人，狗屠

出身。商：陈留高阳人。哙、商随刘邦起兵，十分忠诚于汉王。公元前 206 年刘邦与项羽
会鸿门，樊哙闯军门闹宴，保护刘邦脱险。 　　②《樊郦列传》：本传合樊哙、郦商、夏侯
婴、灌婴四人为传，当为《樊郦滕灌列传》。夏侯婴：沛人，为沛厩司御，主管养马御车，
随高祖起兵，封滕公，益封汝阴侯。灌婴：睢阳贩缯者，从高祖起兵，封颍阴侯。

　　汉既初定，文理未明，苍为主计①，整齐度量，序律历。作
《张丞相列传》第三十六。
　　【注释】　　①苍为主计：即张苍，阳武人，善律历，为秦御史，掌管图籍。因罪逃亡
而随刘邦起兵。汉初定，萧何为丞相。刘邦特置计相之职安置张苍，助丞相整齐制度，定
律历。文帝即位，公元前 176 年用为丞相。周昌、任敖、申屠嘉三人附见。

　　结言通使，约怀诸侯；诸侯咸亲，归汉为藩辅。作《郦生陆贾
列传》第三十七①。
　　【注释】　　①郦生陆贾列传：郦生即郦商之兄郦食其。陆贾：楚人，以幕客身份从高
祖定天下。郦生、陆贾两人都是儒生，善言谈，为高祖办外交。公元前 204 年，郦生使
齐，说田广降汉。韩信偷袭齐国，郦生被齐烹杀。陆贾为高祖总结秦所以亡，汉所以兴的
经验十二篇，号《新语》。公元前 196 年，陆贾使南越，说服尉佗附汉，返国后拜为太中
大夫。本传平原君朱建及其子附见。

　　欲详知秦楚之事，维周缲常从高祖，平定诸侯。作《傅靳蒯成
列传》第三十八①。
　　【注释】　　①傅靳蒯成：傅为阳陵侯傅宽；靳：信武侯靳歙（xì）；蒯成：蒯成侯周缲。
三人为高祖近卫随从，常在左右，故合传。

　　徙强族，都关中，和约匈奴；明朝廷礼，次宗庙仪法。作《刘
敬叔孙通列传》第三十九①。
　　【注释】　　①刘敬叔孙通列传：刘敬（齐人）本姓娄，高祖时陇西戍卒。他向高祖建
言都关中、与匈奴和亲、徙六国后裔及豪强于关中，一一为刘邦所采纳。赐姓刘，拜郎
中，封关内侯。叔孙通：薛人，为秦博士，后从汉高祖。汉定，叔孙通为太常，制汉礼
仪。刘敬、叔孙通两人佐高祖建国，发挥了重要作用，故二人合传。

　　能摧刚作柔，卒为列臣①；栾公不劫于势而倍死②。作《季布栾
布列传》第四十③。

【注释】　①摧刚作柔，卒为列臣：季布抑节刚强之气，屈柔顺时，终为汉臣。季布：楚任侠，为项羽将。汉定天下，悬赏通缉他。他一扫侠客之气而为大侠朱家奴仆。朱家运动高祖太仆夏侯婴替季布关说得释，拜郎中，孝文时官至河东太守。　②栾公不劫于势而倍死：栾公是对栾布的尊称。栾布：梁王彭越大夫。高祖杀彭越示众，栾布不顾杀头禁令哭祭彭越，高祖认为他是一个义士，拜为都尉。　③《季布栾布列传》：二人皆高祖之仇，一为敌将，一犯禁令，都有尽忠旧主的品节，故合传。曹丘生、季心、丁公三人附季布传后。丁公为臣不忠，在彭城之战中纵放汉王刘邦。汉定天下后，高祖斩丁公，与季布、栾布适成鲜明对比。

　　敢犯颜色以达主义①，不顾其身，为国家树长画②。作《袁盎晁错列传》第四十一。

【注释】　①犯颜色以达主义：封建时代的忠臣，为了朝廷的长远利益而谏诤皇帝，不计个人安危，叫犯颜色，即冒犯皇上。这一句是指袁盎谏文帝。盎：楚人，字丝，文帝时为郎中，宦官赵同常与文帝共辇，袁盎当众谏文帝，赶赵同下车，维护了礼法的尊严。②"不顾其身"一句：指晁错冒死为国家的长治久安出谋划策。错：颍川人，景帝即位用为御史大夫。当时诸侯王强大，为了扭转汉朝廷尾大不掉之势，晁错建言削割诸侯，加强中央集权。晁错父亲劝阻说，"刘氏安而晁氏危"。后吴楚七国果以诛错为名反汉，晁错被杀。

　　守法不失大理①，言古贤人，增主之明②，作《张释之冯唐列传》第四十二。

【注释】　①守法不失大理：指张释之为廷尉用法持平。张释之：字季，阳城人，为汉文帝廷尉。　②言古贤人，增主之明：指冯唐论将。冯唐：赵人，为文帝中郎署长，论古赵将廉颇、李牧之贤，讽谏文帝赦云中太守魏尚复官。文帝迁冯唐为车骑都尉。

　　敦厚慈孝①，讷于言②，敏于行，务在鞠躬③，君子长者。作《万石张叔列传》第四十三④。

【注释】　①敦厚：大厚，笃厚。　②讷于言：不善于言谈。讷：口笨。　③务在鞠躬：注重礼节而能身体力行。　④《万石张叔列传》：至孝景时，石奋及其四子石建、石甲、石乙、石庆都为二千石，父子五人合万石，号万石君。石甲、石乙，史失其名而以序次代名。万石：指石奋父子五人。石奋：赵人，年十五为高祖侍从小吏，虽不通经学，但以恭谨愚忠得升高官。建陵侯卫绾、塞侯直不疑、郎中令周文、御史大夫张叔等四人与万石君合传。

守节切直，义足以言廉，行足以励贤，任重权不可以非理挠。作《田叔列传》第四十四①。

【注释】 ①《田叔列传》：田叔（赵人）为汉中郡守十余年，孝文时官至鲁相，是一个刚直护法的廉吏。少子田仁附见。

扁鹊言医，为方者宗，守数精明①；后世循序，弗能易也，而仓公可谓近之矣，作《扁鹊仓公列传》第四十五②。

【注释】 ①守数：所守之数，即医数。 ②《扁鹊仓公列传》：扁鹊，春秋时名医；仓公：西汉名医。二人合传，此为司马迁所首创的医学史传。

维仲之省，厥濞王吴，遭汉初定，以镇抚江淮之间，作《吴王濞列传》第四十六①。

【注释】 ①《吴王濞列传》：吴王刘濞，高祖兄刘仲之子，吴王所在吴国辖四郡五十三城。景帝三年（公元前 154 年），吴王濞纠合楚赵等七国反汉，兵败被杀，故降为列传。

吴楚为乱，宗属唯婴贤而喜士，士向之，率师抗山东荥阳①。作《魏其武安列传》第四十七②。

【注释】 ①山东：这里指吴楚七国。 ②《魏其武安侯列传》：魏其侯窦婴，武安侯田蚡，两人都是外戚。本传以两外戚合传，用以反映武帝时统治阶级上层争权夺利的斗争。

智足以应近世之变，宽足用得人。作《韩长孺列传》第四十八①。

【注释】 ①韩长孺：韩安国的字。安国曾任梁王相及内史，因犯罪失官。安国贿赂太尉田蚡，得任北地都尉，升为大司农。田蚡任丞相，安国为御史大夫。列传说："安国为人多大略，智足以当世取合，而出于忠厚焉。"可见他是一个极其圆滑的官吏。

勇于当敌，仁爱士卒，号令不烦，师徒乡之。作《李将军列传》第四十九①。

【注释】 ①李将军：名广，陇西成纪人，孝景时为陇西都尉，吴楚反汉为骁骑将军，因善战而显名。武帝即位，广历任陇西、北地、雁门、代郡、上郡太守，多次为大将军卫青部属出征匈奴，骁勇善战，匈奴畏之。元狩四年（公元前 119 年）大将军卫青出击匈奴，广误道失期，自杀。其孙李陵附见。

自三代以来，匈奴常为中国患害；欲知强弱之时，设备征讨，作《匈奴列传》第五十①。

【注释】 ①匈奴：北方的游牧民族，从殷周以来，一向是侵扰中原的北方强敌。西汉时代，匈奴强盛，时常犯边。汉初用和亲之策，但不能约束匈奴。汉武帝即位后，以武力反击，从公元前133年—公元前119年经过多次主力决战，打败了匈奴，基本上解除了北方的边患。直到宣帝甘露三年（公元前51年），匈奴呼韩邪单于来朝，汉、匈两族才结束了战争状态。《匈奴列传》记事讫征和三年。

直曲塞，广河南①，破祁连，通西国②，靡北胡③。作《卫将军骠骑列传》第五十一④。

【注释】 ①直：取直，打通。广：开拓。"直曲塞，广河南"是表彰卫青公元前127年将匈奴赶到阴山以北，把犬牙交错的国境打通取直，收复了河南地。河南：指河套地区，当今内蒙古自治区河套南的鄂尔多斯地区。 ②破祁连，通西国：公元前121年霍去病出击祁连山，降浑邪王，取河西地，打通了通往西域的道路，自金城（即今兰州市）以西至盐泽（今新疆罗布泊），匈奴绝迹。祁连：甘肃省境内之大山，即河西走廊南山，为匈奴西部驻牧地。西国：即西域各国。 ③靡北胡：征服了匈奴。 ④《卫将军骠骑列传》：卫将军：即卫青，六次出击匈奴，拜大将军，封长平侯。骠骑：即骠骑将军霍去病，是威震匈奴的名将，封冠军侯。公孙贺等十六人为卫青、霍去病部将，传附见。

大臣、宗室以侈靡相高，唯弘用节衣食为百吏先。作《平津侯列传》第五十二①。

【注释】 ①平津侯：即公孙弘，菑川人，字季，习《春秋》，元光五年对策为贤良举首，元朔五年为丞相封平津侯。平津邑在今河北省盐山县南。

汉既平中国，而佗能集杨越以保南藩①，纳贡职。作《南越列传》第五十三。

【注释】 ①佗：赵佗，秦真定（今河北省正定县）人，为龙川令。龙川在今广东省博罗县境。秦末佗割据南海、桂林、象郡称南越王。武帝元鼎五年（公元前112年）灭南越置南海、苍梧、郁林、合浦、儋耳、珠崖、交趾、九真、日南九郡。集：安集。杨越：岭南地，古属扬州，故称杨越。杨："扬"之借字。

吴之叛逆，瓯人斩濞①，保守封禺为臣②。作《东越列传》第五十四。

　　【注释】　①瓯（ōu）人斩濞：吴王濞反汉，东越王暗中助越，持两端。吴王兵败走东瓯，东越王杀濞报汉。瓯人：聚居浙江境内的越人，建都东瓯，又称东越。东瓯：今浙江省永嘉县。　②保守封禺：武帝建元三年（公元前138年），闽越攻东越，东越保守封山、禺山反抗，求救于汉。武帝救东越，并应东越内附的请求，迁移一部分东瓯人于江淮。

　　燕丹散乱辽间①，满收其亡民，厥聚海东，以集真藩，保塞为外臣②。作《朝鲜列传》第五十五。

　　【注释】　①燕丹散乱辽间：太子丹遣荆轲刺秦王未遂，秦攻燕，太子丹逃避辽水中，故又称太子河。秦灭燕，丹宾客散乱，亡入辽水中及朝鲜避难。燕丹：战国末年的燕太子丹。辽：即今辽河，古称辽水，又称句丽河。　②"满收其亡民"四句：绾反汉亡入匈奴，卫满率千余人入朝鲜，在王险建都为朝鲜王，与汉辽东太守约，保塞外为汉外臣。因此卫满得以打着汉家旗号安集真番等小邑。满：卫满，燕人，为燕王卢绾部将。王险：即今朝鲜平壤市。真番：当今朝鲜开城一带。外臣：塞外之臣，即附属国。

　　唐蒙使略通夜郎①，而邛、筰之君请为内臣受吏。作《西南夷列传》第五十六②。

　　【注释】　①唐蒙：武帝建元六年（公元前135年）带兵通西南夷的郎中将。夜郎：古国名，当今贵州省西部北盘江一带。北盘江：古称牂柯江。　②西南夷：西夷、南夷之总名。西夷：当今川西南、云南；南夷：当今贵州省。西南夷有几十个君长，以夜郎为最大。其次大国有贵州省西部的且兰，云南省滇池地区的滇，云南省洱海地区的巂、昆明，川西的邛、巂等。武帝元鼎六年，平定西南夷，置牂柯、越巂、沈黎、汶山、武都、犍为、零陵、益州八郡。

　　《子虚》之事，《大人》赋说，靡丽多夸①，然其旨讽谏②，归于无为。作《司马相如列传》第五十七。

　　【注释】　①靡丽多夸：《子虚赋》和《大人赋》，是司马相如的两篇代表作，辞采艳丽，虚构夸张。　②讽谏：讽喻诤谏。

　　黥布叛逆，子长国之①，以镇江淮之南，安剿楚庶民②。作《淮南衡山列传》第五十八③。

　　【注释】　①子长国之：黥布反汉被平定后，高祖以少子刘长为淮南王。文帝六年（公元前174年），淮南王谋反被废，徙蜀，于半道自杀，国除。子长：高帝子刘长。　②安剿楚庶民：安集轻躁竞勇的楚地众民。剽：轻疾勇猛。 ③《淮南衡山列传》：文帝十六年（公元前164年），复封刘长三子为王，长子刘安为淮南王，次子刘勃为衡山王，少子刘赐为庐江王，三分淮南地。孝景时衡山王刘勃徙济北王，刘赐徙为衡山王。后刘安、刘赐均因谋反被诛，国除，故司马迁不为淮南、衡山立世家，而立《淮南衡山列传》，以示贬抑。

奉法循理之吏，不伐功矜能，百姓无称，亦无过行。作《循吏列传》第五十九①。

【注释】 ①《循吏列传》：循吏即称职守法、敦厚，不贪不暴之吏。传序说："奉职循理，亦可以为治，何必威严哉？"这是针对武帝时代的酷吏政治而发出的批评。故《循吏列传》排列在武帝之世与《儒林列传》《酷吏列传》并列，而传中人物皆先秦人，共五人合传：（一）楚庄王令尹孙叔敖；（二）郑国相子产；（三）鲁国相公仪休；（四）楚昭王相石奢；（五）晋文公理李离。

正衣冠立于朝廷，而群臣莫敢言浮说，长孺矜焉①；好荐人，称长者，庄有概②。作《汲郑列传》第六十。

【注释】 ①长孺矜焉：长孺为汲黯的字。汲黯：濮阳人，学黄老之学，为东海太守，"治官理民，好清静"，卧闺阁内不出而东海大治。黯敢直谏，官至主爵都尉。后出为淮阳太守，死在任上。矜：自持，坚守刚正之气不屈不挠。 ②庄有概：庄是郑当时的字。概：气节。郑当时官至大司农，为官清正，好言人之善，称长者。

自孔子卒，京师莫崇庠序①，唯建元元狩之间，文辞粲如也②。作《儒林列传》第六十一③。

【注释】 ①庠序：上古乡里集会学习之所，这里指京师太学。 ②文辞粲如：经学昌盛灿烂的样子。 ③《儒林列传》：专载儒家学说发展的情况以及学术师承的一篇类传。

民背本多巧，奸轨弄法，善人不能化，唯一切严削为能齐之①。作《酷吏列传》第六十二②。

【注释】 ①严削为能齐之：孔子说，"导之以政，齐之以礼"。这里却说善人不能化。只有用严酷的刑杀才能统一百姓。而传中却着重渲染酷吏的暴行。因此"严削""齐之"是一句以褒为贬的话，是对武帝酷吏政治的一种讥评。 ②《酷吏列传》：本传载十二个酷吏，重点载汉武帝所用十大酷吏，有宁成、周阳由、赵禹、张汤、义纵、王温舒、尹齐、杨仆、减宣、杜周。酷吏杀人愈多，武帝愈以为能，寓有深刻的讽刺。

汉既通使大夏^①，而西极远蛮，引领内向^②，欲观中国。作《大宛列传》第六十三^③。

【注释】 ①大夏：葱岭之西阿姆河南岸的西域国家。汉武帝时，张骞两次出使西域，在乌孙分遣副使到达大夏等国。 ②引领内向：领为脖子。这句是说西域各国极愿意和中国交通。 ③《大宛列传》：大宛在今中亚的乌兹别克共和国境内，是当时西域的强国。《大宛列传》总叙西域各国的风土、人情、物产及社会生活礼俗，实为《西域列传》。汉代称玉门关、阳关以西为西域，与汉朝通关系的有三十六国，公元前104年，汉武帝求大宛汗血马而派贰师将军李广利远征，经过三年多的激战，大宛降汉，西域各国才争相朝汉，斩除了匈奴的右臂，所以标题《大宛列传》。乌孙、康居、奄蔡、大月氏、安息、条支、大夏等葱岭以西列国附见。

救人于厄^①，振人不赡^②，仁者有乎；不既信^③，不背言，义者有取焉。作《游侠列传》第六十四^④。

【注释】 ①厄：患难。 ②赡（shàn）：丰足。 ③不既信：不失信。既：通"已"，失也。 ④《游侠列传》：汉代游侠是继承先秦刺客传统以打抱不平和报恩酬知己为己任的一类人。司马迁颂游侠有严格的界限。横行乡里的豪暴之徒，为王侯公子效命的刺客与布衣之侠不是同一类人。所谓布衣之侠，如朱家、田仲、王公、剧孟、郭解等，不失信，不背言，勇于扶危济困，而且私义廉洁退让，司马迁认为是应该称赞的，所以作《游侠列传》。

夫事人君能悦主耳目，和主颜色，而获亲近，非独色爱，能亦各有所长^①。作《佞幸列传》第六十五^②。

【注释】 ①能：技能。 ②《佞幸列传》：巧言令色叫佞，得到皇帝宠爱叫幸。佞幸：即弄臣。弄臣日与皇帝嬉游，对政治有很大的影响。弄臣亦有贤者，故司马迁为这类人写了类传。

不流世俗，不争势利，上下无所凝滞，人莫之害，以道之用。作《滑稽列传》第六十六^①。

【注释】 ①《滑稽列传》：滑稽人物，有如舞台上的小丑，其说话和动作都能引人发笑，而于笑声中劝善惩恶。《滑稽列传》写了淳于髡、优孟、优旃三人，他们的共同特点是善于随机应变，会说反话讽谏。

齐、楚、秦、赵为日者^①，各有俗所用。欲循观其大旨，作

《日者列传》第六十七。

【注释】　①日者：占候时日的人，又为占卜家之通称。

　　三王不同龟，四夷各异卜，然各以决吉凶。略窥其要，作《龟策列传》第六十八①。

【注释】　①《龟策列传》：专载蓍草和灵龟的专传，实质是一篇借题发挥的论传。

　　布衣匹夫之人，不害于政，不妨百姓，取与以时而息财富，智者有采焉。作《货殖列传》第六十九①。

【注释】　①货殖列传：《货殖列传》是记载商人、手工业者的类传。货：财货；殖：增殖。将本求利就叫货殖。

　　维我汉继五帝末流，接三代绝业①。周道废，秦拨去古文②，焚灭《诗》《书》，故明堂石室金匮玉版图籍散乱。于是汉兴，萧何次律令③，韩信申军法，张苍为章程④，叔孙通定礼仪，则文学彬彬稍进，《诗》《书》往往间出矣。自曹参荐盖公言黄老⑤，而贾生、晁错明申、商，公孙弘以儒显，百年之间，天下遗文古事靡不毕集太史公。太史公仍父子相续纂其职。曰："于戏！余维先人尝掌斯事，显于唐虞，至于周，复典之，故司马氏世主天官。至于余乎，钦念哉！钦念哉！"网罗天下放失旧闻，王迹所兴，原始察终，见盛观衰⑥，论考之行事，略推三代⑦，录秦汉，上记轩辕⑧，下至于兹，著十二本纪⑨，既科条之矣。并时异世⑩，年差不明，作十表⑪。礼乐损益⑫，律历改易⑬，兵权山川鬼神⑭，天人之际⑮，承敝通变⑯，作八书⑰。二十八宿环北辰，三十辐共一毂，运行无穷，辅拂股肱之臣配焉，忠信行道，以奉主上，作三十世家⑱。扶义俶傥⑲，不令己失时，立功名于天下，作七十列传⑳。凡百三十篇，五十二万六千五百字，为《太史公书》。序略㉑，以拾遗补艺㉒，成一家之言，厥协《六经》异传，整齐百家杂语㉓，藏之名山㉔，副在京师㉕，俟后世圣人君子㉖。第七十㉗。

　　太史公曰㉘：余述历黄帝以来至太初而讫㉙，百三十篇。

【注释】　①"汉继五帝末流"二句：绝业与末流，互文见义。末流：遗流。绝业：原作统业，据《汉书·司马迁传》校改。这两句说，汉朝兴起，使快要断绝的五帝三代的文化传统得以复兴。因秦灭《诗》《书》，中断了五帝三代的文化发展。　②秦拨去古文：秦始皇统一文字，废去古文，改行小篆。李斯作《苍颉篇》，赵高作《爰历篇》，胡毋敬作《博学篇》，就是推行文字改革的蒙童课本。古文：即籀书，又称大篆，是先秦文字。　③次律令：制定法令。次：编次，引申为制定，下文的"申军法""为章程""定礼仪"，其中动词都是制定的意思。　④章：章法，指历法。古代历法分章。程：程式，量度，指权衡丈尺斛斗等度量衡制度。　⑤盖公：齐胶西人，精通黄老之学。曹参为齐相，拜盖公为师。后来参为丞相，大力推行无为政治。　⑥原始察终：研究历史要考虑事件的原委。见盛观衰：总结盛衰变迁的经验。　⑦略推三代：大略地勾勒了三代的发展线索。　⑧轩辕：古地名，在今河南省新郑市西北，黄帝居此，因以为号。　⑨本纪：帝王事迹称本纪，有两层意思：第一层，从组织材料的体例上说，"本纪"编年，为全书之纲；第二层，从思想上说，"帝王称纪，言为后代纲纪也"。　⑩并时异世：指诸侯列国历史，同一时代，有不同的国家。　⑪表：表明之意。"十表"分世表、年表、月表三种形式，略古详今，勾勒历史发展的阶段，记载历史大事和王侯将相世系，将错综复杂的内容有条理地纳入一尺幅之中，使人一目了然。　⑫礼乐损益：记载礼仪、乐律的增减变化，即作《礼书》《乐书》。⑬律历改易：指作《律历书》。今本分作《律书》《历书》以补《兵书》之缺。　⑭律权山川鬼神：指作《兵书》《河渠书》《封禅书》。　⑮天人之际：探讨天和人的关系，指作《天官书》。　⑯承敝通变：指作《平准书》记载货币及经济的演变。　⑰八书：书为五经百家语的总名，所以古代的档案汇编称《尚书》。《史记》八书概括地叙述了从古至今的社会经济、文化、礼法制度等各个方面的知识。所以司马贞说："八书，记国家大体。"　⑱世家：用写本纪的编年体例写诸侯历史，谱列世系，称世家。　⑲扶义俶傥（tǎng）：指立大节有作为的人臣。俶傥：卓越，杰出。　⑳列传：传即转也，即流转传世的意思。故先秦凡记事立论和解经的书都称"传"。司马迁认为有功于天下的历史人物，他们的言行可以传世，所以称人物为传。列传：众传。《史记》七十列传分三类：专传，一人一传；合传，两人以上并传；类传，以事类名传。此外，那些未列标题的附见人物，称附传。　㉑序略：指《太史公自序》对全书内容做了概括。　㉒拾遗补艺：拾取遗文以补六经之义。艺：指"六艺"。　㉓"厥协《六经》"句：司马迁认为，"六经"及百家之言皆为历史，《史记》综合整齐"六经"及百家之言自成一家。协：合也，与整齐同义。　㉔藏之名山：《史记索隐》引《穆天子传》郭璞注云"古帝王藏策之府，则此为藏之名山是也。"则名山为帝王书府。《汉书·司马迁传》颜师古注则说："藏于山者，备亡失也"。依颜注，则名山为个人秘藏之府。依上下文，"副在京师"指私藏，则"名山"当以郭说为是。　㉕副在京师：副本留在京师，即抄一副本在家中。宣帝时为杨恽所宣布。　㉖俟后世圣人君子：即留待后世贤明的人来评论。　㉗第七十：指《太史公自序》为列传的第七十篇。　㉘太史公曰：这节文字是《太史公自序》的评赞，总括《太史公书》的最后断限和总的篇数。㉙至太初而讫：司马迁第一次扩展《史记》下限至太初元年，但在实际创作中再次扩展至太初四年，故太初以后封侯不列入年表，太初以后显赫人物不予立传，重大事件如巫蛊案、李陵案则事尽武帝之末。不过太初后记事只是为了"综其终始"的简略附记，与作为时代断限的太初并不矛盾。

（以上为第七段，为《史记》序目，总括一百三十篇之大旨。）

讲　析

　　七千八百一十二字的《太史公自序》，其中记叙司马氏世系及司马迁传略的部分只有四百四十字，约占全文的百分之五点六。《太史公自序》主要篇幅是对《史记》一书的自注和提要，但却计数在一百三十篇内，并作为人物传记编列为列传第七十。这是怎么一回事呢？原来司马迁序列人物，记言与记行并重，而对于社会没多大影响的秩禄并不重视。例如《司马相如列传》全文九千一百一十一字，直接记事的传记部分不足一千字，而引载的司马相如赋及文章共有八篇，达七千二百五十七字。所以《太史公自序》全文引载了《论六家要旨》，摘载了《史记》一百三十篇之目，这都是司马氏父子之言。班固作《司马迁传》，亦本此精神，所以传中又引载了《报任安书》，亦详载了《史记》序目。因为司马迁对于历史的重大贡献，就是他留下了成一家之言的《史记》。故《太史公自序》这一学术论著，即是太史公书之序传，也是作者自述的思想体系。下文讲析分段加了七个标题来概括《太史公自序》的主要内容，条理司马迁的思想。

1. 司马迁的家世

　　司马迁追叙远祖至唐虞之际的重黎氏。颛顼之世，重为南正司天，黎为北正司地。《左传》《国语》《山海经》等书都有关于重、黎司典天地的传说。重为少昊之后，黎为颛顼之后，本是两个人。到了唐虞时代，黎之后兼管天地，号重黎氏，周代的程伯休甫就是重黎氏的后代，为司马，于是姓司马氏。所以《史记正义》引《司马彪序》云："南正黎，后世为司马氏。"也就是说司马氏为帝颛顼高阳氏之后。屈原《离骚》自述其祖先也说："帝高阳之苗裔兮，朕皇考曰伯庸。"《史记·楚世家》也记载了楚为颛顼之后。颛顼，黄帝之孙，是继黄帝统治天下的上古五帝之一。追叙祖先出颛顼之后，是一个光荣的家谱。至于这一传说是否为可靠的信史，则是无须考实的，也是不可能考实的。

　　司马氏世典周史，因惠襄之间，王室内乱，司马氏分散到三晋、卫、中山、秦。在秦国的一支，秦惠王时出了一个司马错，为秦伐蜀，并留守在那里。其后代转化为官僚地主世家，建功立名。到了汉代，武帝时司马谈为太史令，重新职掌天文地理，继承了祖先世守的事业。

在古代，卜史巫祝是天子的侍从。许慎《说文解字》云："史，记事者也。从又，持中。中，正也。""史"字的构造就是象征手持中正之德以记事的人。手所持应为具体事物，而中正之德是抽象的事物，为心之所有而非手之所持。后世学者对此产生了怀疑。江永撰《周礼疑义举要》，解释中为官府簿书，史象征手持簿书。吴大澂《说文古籀补》则谓"史象手执简形"。章太炎、范文澜申证此说，两人均谓中为简策之省形。因此，范文澜在《正史考略》绪言中说："'史'则仅从一'又'，示执简侍君，记言记动之义，盖'册'与'中'二形以繁省见义，非别有一物象中也。"近世学者虽然通过地下文物考证，纠正了许慎释字构造的错误，但是不能否定许慎所记录的古人观念。"中，正也"，这是对史官的要求。也就是说，记事的史官是公正无私的。司马谈以祖先世世代代为史官而自豪，他以这一"光荣家谱"教导司马迁，希望他发扬祖德，确立修史壮志。司马迁慎重其事地记载了祖先世为史官的传说，也就意味着对他们父子来说修撰一部贯通古今的通史是他们义不容辞的历史使命。

2. 司马氏父子《论六家要旨》

《论六家要旨》是一篇杰出的历史哲学论文，它反映了汉初黄老哲学占统治地位的情况。司马谈主张用"道家"的精神统一思想，认为无为政治是长治久安的法宝。

秦汉时期，封建政治归于一统，要求文化思想与它相适应。所以综合百家之说，建立统一的新思想体系是时代提出的要求。秦始皇相吕不韦集门客撰述《吕氏春秋》做的就是这种统一工作。董仲舒治《公羊春秋》，倡导独尊儒术，得到了汉武帝的支持，原因亦在于此。司马迁成"一家之言"，也是应运而生。

司马谈仕于建元、元封之间。他发凡起例的述史计划是上起陶唐，下迄获麟。获麟即元狩元年。这一断限计划说明司马谈着手述史是在元狩年间。他的《论六家要旨》，就是述史的宗旨和宣言，当作于元狩之初。当时，汉武帝"罢黜百家，独尊儒术"的思想体系已经确立。儒生公孙弘以布衣为丞相，封平津侯，在社会上也产生了很大的冲击波，竟致于"靡然向风矣"。尊儒崇儒，从上到下成了一边倒。汉武帝外伐四夷，内兴功作，文景时代的无为政治为汉武帝的多欲政治所代替。全国宁静的生活被打破了，而且翻江倒海似的沸腾起来。司马谈预感到"物盛而衰，固其变也"，他为了矫弊，也为了及时地提出警告，所以写了《论六家要旨》。

　　《论六家要旨》总括百家学说为六家：阴阳、儒、墨、名、法、道。司马谈在评论中全面肯定道家使人精神专一，与时迁移，应物变化，遵循自然，随俗办事，无所不宜。道家言"无为"又言"无不为"，吸收各家的长处，以"虚无"为本，以"因循"为用，"旨约而易操，事少而功多"。其他五家各有长短。阴阳家言吉凶机祥，"未必然也"；但言春夏秋冬四时之大顺，"不可失也"。儒家以"六艺"为教条，繁文缛节，"博而寡要，劳而少功"；但言君臣父子之礼，序夫妇长幼之别，"虽百家弗能易也"。墨家言俭朴，过分吝啬，尊卑无别，"俭而难遵"；但言强本节用，人给家足之道，"虽百家弗能废也"。法家不别亲疏贵贱，一断于法，"严而少恩"；但言尊主卑臣，职责分明，"虽百家弗能改也"。司马谈的这些评论，把独尊的"儒术"与罢黜的"百家"等列，论长道短，又独尊了道家，简直是离经叛道，因而受到了班彪、班固父子的批评，也引起了后世学者的纷纭争论。有的人认为司马迁尊奉黄老学说，以班氏父子之言为经典："其论术学，则崇黄老而薄五经。"反之，有的论者辟班正名，论证司马迁是尊儒的。或为折中，说司马谈、司马迁父子思想异趣，父子分途，司马谈尊黄老，司马迁崇儒，《论六家要旨》乃司马谈之作，与司马迁无涉。这些论点，按诸《史记》，各自都能找到立说的论据，但都不符合司马迁父子之言。

　　《论六家要旨》是司马氏父子两人的共同宣言。首先，《论六家要旨》发表之时，司马迁已壮游归来，成为司马谈述史的得力助手，日渐成熟。再看《论六家要旨》的内容，全文分前后两个部分。前半篇概述各家学说的要点，当是司马迁对父司马谈手稿的精言摘要；下半篇是用传体对前半篇所提论点加以解说，应是司马迁的发挥和阐释。因此班氏父子直接把《论六家要旨》当作司马迁之言加以评论。所以本节标题"司马氏《论六家要旨》"，而不作"司马谈《论六家要旨》"，用意在此。不错，司马谈、司马迁父子两人思想存在着差异，这应当是《史记》内容呈现矛盾性的原因之一。司马谈偏重于崇道，司马迁偏重于尊儒，表现了两个时代人的思想异趣。但是这种差异，并不是两种思想体系的对立，而是"一家之言"的发展，从偏重道家的色彩转向偏重儒家。《史记》效《春秋》而作，是司马谈定下的义例。司马迁拜孔安国和董仲舒两个儒学大师为师也是司马谈指导的。可见司马谈并非不尊儒。司马迁评论老子的学说是"无为自化，清净自正"；评孟子的学说是"迂阔"；评司马相如的思想是"归于无为"；讥刺公孙弘而褒扬汲黯、郑庄，这些都和《论六家要旨》的精神相合。这说明作《孔子世家》的司马迁并非不崇道。其实《论六家要旨》所论的"道"，"其为术也，因阴阳之大顺，采儒墨之善，撮名法之要",这样的"道",尚贤、尚法、尚刑名,不非毁礼义,不排斥儒学,既非先秦老庄,亦非汉初黄老。《论六家要旨》开宗明义,"夫阴阳、儒、墨、名、法、道德、此务为治者也"。可见,司马谈是以赞"道"为名,论"治"为实,融会贯通百家学说以自成其"一家之言"的。在儒、道互绌的激烈斗争时代,司马谈的立场表现出一个先进思想家的博大胸怀。司马迁继承了这一家学传统,提出"六艺于治一也"的论点,"厥协《六经》异传,整齐百家杂语",完成了包容百家和百科知识的《史记》,毫无疑义是得益于司马谈的方略教导的。至于《论六家要旨》将儒道两家对比评论,实质是将汉初政治与武帝时期政治对比评论,认为无为政治比多欲政治好。这对于司马迁最后定稿《史记》是有很大影响的。

在哲学上,《论六家要旨》集中地反映了司马谈的朴素唯物主义思想,特别表现在对阴阳家的评论上。阴阳家的众多忌讳只不过是束缚人们思想的糟粕,是不可取的。但阴阳家所讲的四时之大顺,乃是自然规律,并不是神秘的东西。司马谈又认为神、形离则死,反映了他的无神论思想。但是司马谈并没有把唯物主义坚持到底。他认为神、形是两个东西,神是根本,形是器具,这是二元论的观点。司马迁发展了二元论的观点,他的历史观基本是二元论。例如司马迁究天人之际,却又对占星术的荒诞迷信表示怀疑;司马迁认为"天"能支配人事,但又对"天道无亲"提出了质疑;司马迁认为历史是英雄创造的,但又承认人心向背起最后的决定作用;司马迁认为历史是循环的,却又认为求利的欲望是历史发展的动力。由此可见,《论六家要旨》的二元论对司马迁历史观的形成也产生了重大的影响。

司马谈学识渊博。他学天官于唐都,受《易》于杨何,习道论于黄子。故司马谈《论六家要旨》言约义丰,能够准确地把握各家学说的要领,提出自己的独到见解。司马迁受父熏陶,学识博大思精,议论宏阔,驰骋古今,他之所以能自成一家之言,家学渊源的育养是一个重要条件。

3. 司马迁二十壮游

司马迁自幼刻苦学习,十岁时就能诵读古文。幼年的司马迁住在家乡龙门之阳。龙门山两岸壁立,激流怒涛奔腾其间,岩鸣谷应,气势雄伟,大自然的壮丽景色、磅礴气势,培养了他热爱祖国河山的感情。汉武帝元朔三年(公元前126年),在司马迁二十岁的盛壮之年,他胸怀凌云之志,进行了一次漫游全国的学术旅行。司马迁壮游是走出书斋、面向社会作调查,"罔罗天下放失旧闻",了解和搜求古代和近现代的历史传说故事及各种史料。此行是在司马谈的决定和指导下进行的,也是父亲对儿子的一场考验。司马迁圆满地完成了这次学术旅行，求得了许多闻所未闻的知识，他在《史记》许多篇章的论赞中一再论及旅游的收获。这次壮游标志着司马迁已经成长为一个成熟的青年史学家，是父亲的好帮手了。

司马迁壮游的范围重点在南方，故自述为"二十而南游江、淮"。司马迁从京师长安出发，向东南行，出武关至宛。南下襄樊到江陵。渡江，溯沅水至湘西，然后折向东南到九疑。窥九疑后北上长沙，到汨罗屈原沉渊处凭吊，越洞庭，出长江，顺流东下。登庐山，辗转到钱塘。上会稽，探禹穴。还吴，游观春申君宫室。上姑苏，望五湖。之后，北上渡江，过淮阴，至临淄、曲阜，考察了齐鲁地区的文化，观察了孔子留下的遗风。然后沿着秦汉之际叱咤风云的历史人物的故乡，楚汉相争的战场，经彭城，历沛、丰、砀、睢阳至梁（今开封），回到长安。

这次壮游是司马迁一生中的一件大事，他不满足于"天下遗文古事靡不毕集太史公"的书本知识，有目的、有计划地到全国各地去做实地考查，去接触伟大祖国壮丽的河山和勤劳的人民。司马迁"浮于沅、湘"，追寻屈原的足迹，思考古往今来的历史变迁，想着屈原的为人，禁不住悲伤流涕。司马迁在长沙还凭吊了贾谊的遗迹，感到他的遭遇和屈原有些相似，后来写了《屈原贾生列传》，创造了把不同时代人物合传的形式，这是历史比较法的雏形。《史记》中的类传则是历史比较法的集中表现。这种方法使《史记》别开生面，大约就是司马迁在壮游过程中受到民间传说的启发而孕育成的。司马迁"上会稽，探禹穴，窥九疑"，搜集了关于五帝三代的古史传说，为他后来写《五帝本纪》和《夏本纪》做了准备。最值得称赞的是，司马迁在淮北对近现代史作了深入细致的寻访调查，比如陈涉少时为人佣耕即有鸿鹄之志的慨叹，樊哙屠狗，曹参为狱掾，萧何为主吏，张良亡下邳，陈平为社宰，周勃织薄曲，韩信贫居葬母于高敞地，刘邦好酒色等等，都是书本上没有的史事。两千年前的司马迁具有这样的实践精神，真是难能可贵。

司马迁的游历考察，兼有历史家和文学家的兴趣。对于历史事件，大至秦始皇的破魏战争，小至战国时的一个城门名字，他都要力求掌握第一手资料。除历史事件外，对于有关人物遗事，生动的民间歌谣俚语，他也都广泛地做了记载。至于山川地理、古今战场更是了如指掌。顾炎武评论说："秦楚之际，兵所出入之途，曲折变化，唯太史公序之如指掌。山川郡国不易明，故曰东曰西曰南曰北，一言之下，而形势了然。盖自古史书兵事地形之详，未有过此者。太史公胸中固有一天下之势，非后代书生之所能讥也。"这是司马迁在史事方面所得到的游历之助。苏辙云："太史公行天下，周览四海名山大川，与燕、赵间豪俊交游，故其文疏荡，颇有奇气。岂尝执笔学为如此之文哉？其气充乎其中而溢乎其貌，动乎其言而见乎其文，而不自知也。"这是司马迁在文章辞采风格方面所得到的游历之助。总之，司马迁二十壮游，带着问题去按察山川，接触社会，实地考察古今历史，这种考信精神，在两千多年前是难能可贵的，在今天也是值得我们学习的。此外，司马迁还有奉使巴、蜀以南之游，以及几十年的扈从之游。司马迁的这些游历，不仅使他获得了广博的社会知识，搜求了遗文古事，而且使他开阔了视野，扩展了胸怀，增长了他的见识和才干。这是《史记》成功的条件之一。司马迁详今略古的述史原则、幽明深微的历史见解、生动翔实的文章辞采、褒贬人物的鲜明感情，都与司马迁的游历特别是二十壮游有着密切的联系。毫不夸张地说，二十壮游是司马迁青年时代所谱史诗中最壮丽的一章。

4. 司马迁受父遗命

元封元年，司马谈从巡武帝东上泰山封禅，因病留滞周南，不得与从事。恰好司马迁奉使回来要向武帝报告，追随而来，见父于洛阳。司马谈临终嘱命司马迁继承他的事业。司马迁垂泣听教。司马谈的遗命有两个重大的内容：一、用家谱和封建伦理的孝道来教育司马迁，勉励他一定要继承自己的著述事业；二、阐明自己的写作理想是继承《春秋》，以历史人物为中心内容总结历史。司马迁遵从了父命。当他后来从事写作遇到困难的时候，就想到了父亲的遗命，从而鼓起了勇气。元封三年（公元前 108 年），司马迁继父为太史令，"绌史记石室金匮之书"，创造了继承父志的条件。当时汉武帝的事业正在发展，司马迁处于得意之秋，"务一心营职，以求亲媚于主上"（《报任安书》）。宏阔昂扬的时代精神，"事亲""事君""立身"的父教，建功立名的青年壮志，这些都是司马迁的创作动力。太初元年改历，司马迁亲自参与了这一工作，这是一个划时代的大事件，它标志着汉武帝事业的鼎盛，象征天下一统。司马迁决定以太初元年为述史的下限，加速了《史记》的撰写工作。

5. 司马迁答壶遂问

壶遂，西汉著名的天文学家，官至詹事，职掌宫内皇后、太子的事务，秩二千石。汉武帝拟用壶遂为丞相，会病卒，司马迁深深惋惜，称他是"深中隐厚""内廉行修"的君子。太初元年时，壶遂尚为太中大夫，秩千石，相当于古制的上大夫。壶遂和司马迁是互相推重的好朋友，所以他们在共同完成了新历（太初历）的制定后，讨论了《史记》的创作宗旨和历史观。主要内容是阐明《史记》效《春秋》，"述往事，思来者"，明世教以当一王之法。司马迁高度评价《春秋》，认为它是一部集礼义之大成的历史书。《春秋》别嫌疑，明是非，善善恶恶，贤贤贱不肖，明君臣父子之道，辨人伦行事之则，成为天下之人的必读书。这是借题发挥以论《史记》。因为《春秋》的价值没有这么高，而《史记》的内容却恰然是这样。司马迁答壶遂问，自称"余所谓述故事，整齐其世传"，与后文所说"述往事，思来者"是一个意思，即《高祖功臣侯者年表序》中说的"志古自镜"。"述往事"，即"志古"，指《史记》所包容的全部历史内容。"思来者"，即"自镜"，是司马迁熔铸在《史记》中的理想，即洞察历史未来的变化。司马迁认为，通过总结历史经验，洞察事势变化，借前车之鉴，可以避免覆败之祸。《史记》着重写变革的历史，并以人物为中心，在"治乱"二字上下功夫，意义在此。《春秋》之中，弑君三十六，亡国五十二，不是一朝一夕突然发生的，而是早就有征兆，这就是"渐"。所谓"渐"，既是指未然之事的征兆，也是已然之事的发展过程。司马迁通"古今之变"，就是要把握这个"渐"，预察未来，思补救敝。正因如此，司马迁对以往历史的"述"和对未来变化的"思"，都是一丝不苟，很动感情的。他经常废书而叹，叹极而垂涕。他读《春秋历谱》，至周厉王，"废书而叹"；他每读《虞书》，看到古代明君贤相互相鼓励，情不自禁，"未尝不流涕也"；他读孔子书，"想见其为人"；他写晏子传，愿为之"执鞭"；他读屈原赋，"悲其志"；他读功令，至于广厉学官之路，"未尝不废书而叹"。由此可见司马迁忧民之深、悲时之切。他以人物为中心记述历史的治乱之变，载其恶以诫世，书其善以劝后。这正是他的父亲司马谈临终所留下的遗嘱："今汉兴，海内一统，明主贤君忠臣死义之士，余为太史而弗论载，废天下之史文，余甚惧焉，汝其念哉！"所以唐刘知幾在《史通》卷八《人物》中评论说："夫善人少而恶人多，其书名竹帛者，盖唯记善而已。故太史公有云：'自获麟以来四百余年，明主坚君忠臣死义之士，废而不载，余甚惧焉。'即其义也。至如四凶列于《尚书》三叛见于《春秋》，西汉之记江充、石显，东京之载梁冀、董卓，此皆干纪乱常，存灭兴亡所系，既有关时政，故不可阙书。"可见惩恶劝善是我国古代史学家的一个优秀传统。《春秋》的褒贬笔法"使乱臣贼子惧"，固然是为了维护统治者的秩序，但贬斥乱臣贼子，褒奖圣君贤相，难道不也是古代人民的愿望吗？一个正直的史学家要做到这一点是要有牺牲准备的。齐太史书"崔杼弑庄公"，兄弟见杀，少弟继之，这就是生动的例证。司马迁继承了这一优良传统，"不虚美，不隐恶"，他后来虽身遭腐刑而其志不屈，因为他早已做好了牺牲的准备。司马迁答壶遂问这段议论插书在"五年而当太初元年……于是论次其文"之中，可以肯定这次讨论在太初元年。司马迁修正了《史记》断限，正式定稿《史记》，编次其文，标志着他的成熟。

6. 司马迁发愤著书

太初历颁布后第七年，司马迁的撰述工作进入了高潮，正当"草创未就"之时，突然飞来了横祸，司马迁受李陵案的株连，而被下狱受腐刑。这场灾祸，对司马迁来说，是他个人生活的悲剧，但却是《史记》增色的新起点，也是司马迁思想发生飞跃的转折。如何从"以求亲媚于主上"的立场，转而"发愤著书"，司马迁在《报任安书》中有着生动翔实的自述。

7.《史记》序目

这是《太史公自序》的后半篇，它是全书一百三十篇的序目提要。提要内容丰富，形式多样，有的是对一篇史传的内容作撮述，有的则是作补充，有的又是对历史人物的行事提出某一点来加以强调等等。总的来说，序目是用极简练的文字来概括为什么要写某篇某传的理由，夹叙夹议，集中地反映了司马迁对历史事件和人物的褒贬观点，对《史记》全书做了很有价值的自注和补充。

若将序目提要与各篇之论赞作比较，就可鲜明地看出，论赞带有强烈的感情色彩，序目更富于理性。例如《商君列传》论赞批评商君"其天资刻薄人也"，而在序目中却称赞商鞅"能明其术""强霸孝公""后世遵其法"。《袁盎晁错列传》论赞批评晁错"擅权""多所变更"，而在序目中却高度称扬晁错"不顾其身，为国家树长画"。不认真研究序目提要，就不能正确地评价司马迁笔下的人物，也不能正确地揭示司马迁的思想。《史记》各篇论赞与序目提要是互补互见之文。可以说，这是司马迁用互见法处理感情与史实之间的关系，既做到爱憎鲜明，又能褒贬公允，使两者得到了和谐的统一。

司马迁是我国历史上最有创造天才的历史学家和文学家。创新是司马迁品格的集中反映，也是《史记》的最大成功。《史记》序目是《史记》全书的缩影。浏览序目，可以鲜明地感受到司马迁的创新精神。《史记》之所以是一部划时代的伟大著作，就是因为这部巨著从内容到形式都是划时代的创新。如果把司马迁的创新加以具体的罗列，至少可以列举出以下十个最主要的方面：①首创纪传体，形象地表现了封建社会的等级序列；②首创贯通古今的通史，建立了历史发展断限理论的年代学；③首创"太史公曰"的史论形式，提出了系统的史学理论；④首创经济史传，发展了古代朴素的唯物史观；⑤首创军事史传，系统地总结了古代的战争理论，叙述了战史内容；⑥首创学术史传，考辨了学术源流；⑦首创民族史传，提出了民族一统的思想；⑧首创各色人物的类传，全面地反映社会生活；⑨首创语译古文，使艰深古奥的语言通俗化；⑩首创历史文学，把历史人物的事迹塑造成典型形象。我们还可以继续罗列。例如司马迁首创礼、乐、历、星等各种专题的文化史传，扩大了历史记叙的范围。首创《大宛列传》，载述外国史事，远及西亚，使《史记》具有世界史的性质。这些创新，总括成一句话，就是司马迁创造了"纪传体通史"，因为这五个字集中地表述了司马迁的创新内容。

司马迁创造的"纪传体通史"——《史记》，开创了中国史学发展的新纪元，所以，司马迁的创造又是划时代的。自《史记》问世以后，才奠定了中国史学的独立地位。在司马迁以前，史学只是经学的附庸。《春秋》是"六经"之一，《左传》是解经述史。《春秋》别嫌疑，明是非，寓褒贬，以当一王之法。司马谈、司马迁都十分推崇这部书，并把自己的著作看成是继《春秋》的事业。但《春秋》仅仅是记载了一些历史事件的标题，用咬文嚼字的方式以一字寄寓褒贬，读《春秋》如读无字天书，被宋人讥为断烂朝报，算不得一部真正的历史书。《左传》详载历史事件，但记载的范围和时间都是有局限的，它的内容也只是偏重于春秋各国间的会盟和征伐，而很少有社会各阶级、各阶层代表人物的活动，也缺乏制度沿革和经济、地理、天文、历法等知识的系统叙述。《国语》在很大程度上是一部资料汇编，远不及《左传》有深度。《战国策》记载了战国时期的阶级矛盾和社会内容，但重点是记录纵横家的说辞，既不是系统的战国史，也不完全是信史。而系统的战国史内容则首次载于《史记》中。至于其他先秦典籍，除《尚书》以外，更说不上是历史书。司马迁的《史记》，第一次综合古今典籍以成一书，汇总百科知识成一体系，是一部真正体大思精的历史著作。所谓体大，是指《史记》的五体形式；思精是指《史记》内容的全面性和系统性。《史记》五体纪、表、书、世家、列传，分开来看各自成为一个独立的系统，各有不同的侧面和重心，合起来看又是组织严密、互相交融的一部著作，自成一家之言。"《史记》序目"的扼要归纳就鲜明地反映了《史记》内容的系统性。正因为《史记》体例完备，它才能容纳丰富的历史素材，在有限的篇幅之内使政治、文化、学术、民族、社会以及自然界的星象、历法、地理等各方面的知识无所不备。所以晋人张辅说，司马迁作史，"辞约而事举，叙三千年事，唯五十万言"（《晋书·张辅传》）。清赵翼称它为"全史"，并说："自此例一定，历代作史者遂不能出其范围。"（《廿二史劄记》卷一）这些评论是十分中肯的。

司马迁之所以能够创新，是因为他立意高远，能够坚持实录的写作精神。西汉一代的大儒都推尊《史记》为实录。班固说："自刘向、扬雄博极群书，皆称迁有良史之才，服其善序事理，辩而不华，质而不俚，其文直，其事核，不虚美，不隐恶，故谓之实录。"（《汉书·司马迁传》）坚持"实录"是司马迁的崇高史德，也是为他高远的述史理想服务的。"《史记》序目"的简要概括，字字句句均是对史事人物的质朴评价，高度体现了司马迁的实录精神，是值得深入研究的。

司马迁的述史理想是"究天人之际，通古今之变，成一家之言"，拿出自己的独到见解来回答历史是怎样变化发展的。所以他突破了旧的思想传统和官方哲学的框架，不与圣人同是非。司马迁不同于圣人是非的思想，集中地表现在赞扬道家以及为商人、游侠立传这几个方面。班固说："是非颇缪于圣人，论大道则先黄老而后六经，序游侠则退处士而进奸雄，述货殖则崇势利而羞贱贫，此其所蔽也……"（《汉书·司马迁传·赞》）班固所批评的司马迁之"蔽"，恰恰是司马迁思想中光彩夺目之"长"。司马迁"论大道则先黄老而后六经"，是肯定文景之治的升平而否定汉武帝的多欲所造的衰败；司马迁述货殖为商人立传，是肯定商人促进生产发展，对社会经济的繁荣所做的贡献；司马迁颂游侠，是肯定这一类人能够牺牲自己，救人之急的高尚道德。实际上，司马迁是通过颂黄老、商人、游侠来表达他对开明政治的向往，对人民追求生活富裕和反强暴思想的肯定。司马迁的这些思想表现出了《史记》的人民性，他褒贬人物和历史事件的尺度不完全受统治阶级正统思想支配，而是在一定程度上从被压迫人民的利益来立论，这无疑是那个时代最进步的思想。

《史记》完成后，司马迁将其定名为《太史公书》，用以纪念父亲发凡起例之功，尊称父司马谈之官"太史令"为"公"并以为书名。司马迁还把自己的工作看作是继承父亲完成了未尽之功，所以在论赞中均标为"太史公曰"。从这里可以看出司马迁对父亲充满了尊敬。但是司马迁的伟大就在于他不是一个墨守成规的教条主义者，他大胆创新以成"一家之言"。司马谈发凡起例，"述陶唐以来，至于麟止"，司马迁修正了这一断限，使《史记》的主题更加鲜明，故在《太史公自序》中特地加以说明。最后在全书的结尾中说："太史公曰：余述历黄帝以来至太初而讫，百三十篇。"

附录一　报任安书

【题解】　《报任安书》录自《汉书》卷六十二《司马迁传》。这是司马迁在汉武帝太始四年（公元前93年）十一月写给朋友任安的信。这封信是了解司马迁发愤著书和为人的第一手史料。与《太史公自序》为表里之文，故选录以备参考。

任安，字少卿，本是荥阳一贫士，曾做大将军卫青的门客，被汉武帝破格录用，官至北军使者护军，曾一度任益州刺史。《史记》卷一百四《田叔列传》附有褚少孙所补《任安传》。他在益州刺史任上，曾给司马迁写信，要司马迁"推贤进士"。司马迁因李陵祸而受腐刑，出狱为中书令。中书令是皇帝身边的机要秘书，被视为尊宠任职。司马迁认为，中书令本由宦官充任，自己因受腐刑而得此职是蒙受了奇耻大辱，故迟迟不给任安回信。由于任安获罪当死，司马迁才写了这封信，诉说衷肠。

司马迁在这封信里详细述说了因李陵案而受腐刑的本末，揭露和批判了封建最高统治者汉武帝喜怒无常，是非不明，贤愚不分，专断不公的一面，倾诉了自己为完成《史记》而不得不隐忍苟活的痛苦和悲愤。全信内容可分三个结构段落：第一层叙自己的立场转变；第二层叙受害经过及思想斗争；第三层叙化悲痛为力量而发愤著书。全信以"罪至罔加而受辱，刑余之人不可推贤进士"为主线，反复致意，三引历史人物和现实生活为例证，一正一反，层层深化感情，痛愤欲绝，不能自已。语言悲婉凄凉，慷慨深沉，具有感人的艺术魅力。

关于《报任安书》的写作时间，赵翼在《二十二史札记》中认为写于汉武帝征和二年（公元前91年），晚于太始四年两年。征和二年巫蛊事发，太子刘据起兵讨权臣江充。当时任安任北军使者护军，太子授节给他，命令出兵助战。任安受节却闭门不出，首鼠两端。事平，汉武帝大怒，说他老奸巨猾有二心，处腰斩。赵翼根据"今少卿抱不测之罪"等语，认为任安在巫蛊案中下狱，于狱中写信给司马迁，要他"推贤进士"，援救自己，司马迁才写了这封回信。王国维《太史公行年考》则根据书中"书辞宜答，会东从上来……仆又薄从上上雍"这几句话推定《报任安书》作于太始四年。因为《武帝纪》载，武帝出巡，在一年中既东巡，而后又西上雍，只有太始四年。又据《任安传》载汉武帝语"安有当死之罪甚众，吾常活之"云云，任安于太始四年另犯有"不测之罪"，故《报任安书》所云并不是指的巫蛊案。按核事实，任安当死于田千秋上书讼太子冤的征和三年春夏之交，或在征和二年七月与田仁等一起被斩，而不是征和二年十一月之后。任安在太始四年所犯"不测之罪"，终因司马迁营救而获免。正由于司马迁营救了任安，所以才在《报任安书》中诉说衷肠，让任安做两手准备，对喜怒无常的汉武帝不抱幻想，故此从王氏说。

少卿足下①：曩者辱赐书②，教以慎于接物③，推贤进士为务④，意气勤勤恳恳⑤，若望仆不相师用⑥，而流俗人之言。仆非敢如是也。虽疲驽⑦，亦尝侧闻长者遗风矣⑧。顾自以为身残处秽⑨，动而见尤⑩，欲益反损⑪，是以抑郁而无谁语。谚曰："谁为为之？孰令听之⑫！"盖钟子期死，伯牙终身不复鼓琴⑬。何则？士为知己用，女为悦己者容。若仆大质已亏缺⑭，虽才怀随和⑮，行若由夷⑯，终不可以为荣，适足以发笑而自点耳⑰。

【注释】 ①少卿足下：少卿，任安的字。足下：书信中对同辈对方的敬称。《昭明文选》卷四十一《报任少卿书》起首有一句套语："太史公牛马走司马迁再拜言"。太史公：司马迁对其父官职太史令的尊称，用以题其书，故亦自称。牛马走：乃"先马走"之误，意为马前走卒，自谦之词。 ②曩（nǎng）：从前，过去。辱赐书：客套语，表示对方赐书是委屈身份下就。 ③接物：交接人物。 ④为务：做应当做的事。中书令在皇帝身边职掌文书，所以任安要司马迁把推贤进士当作分内事。 ⑤意气：情意，心意。 ⑥望仆不相师用：责备我不接受你的意见。望：怨望。相师用：指接受对方的意见。 ⑦疲驽（nú）：驽，劣马。疲驽：表示自己才能低下。 ⑧侧闻：从旁听说，自谦语。 ⑨身残处秽：身残，指受腐刑。处秽：指中书令之职。因中书令由宦官充任，司马迁受宫刑得此职，势利者认为是因祸得福，而司马迁却认为是极大的耻辱。 ⑩尤：过错，用如动词，指责。 ⑪欲益反损：指行事效果与主观愿望相违背。 ⑫谁为为之？孰令听之：为谁推贤进士？叫谁听从！这两句谚语表现了司马迁无比愤懑之情。 ⑬钟子期死，伯牙终身不复鼓琴：钟子期、伯牙，都是春秋时楚人。伯牙善弹琴，钟子期最知音。后来钟子期死了，伯牙终身不再弹琴以报知音。见《列子·汤问》。司马迁用这个典故是感慨世态炎凉。

⑭大质：身体。　⑮随和：随侯珠、和氏璧。随：春秋时的国名，传说随侯曾救活过一条受伤的大蛇，后来大蛇衔来一颗夜明珠报答他。和：楚人卞和，他得到一块未经雕琢的宝玉献给楚武王，武王的玉匠说是石头，于是武王砍掉了卞和的右脚。武王死，文王即位，卞和第二次献宝，玉匠又说是石头，于是被砍掉了左脚。到成王即位，卞和抱宝哭于郊，成王派玉人雕琢，果得宝玉。后世用随侯珠、和氏璧来比喻稀世之宝。　⑯由夷：许由、伯夷，古时贤人。两人事迹均见《史记》卷一《伯夷列传》。　⑰自点：自招耻辱。

　　书辞宜答。会东从上来，又迫贱事①，相见日浅，卒卒无须臾之间得竭旨意②。今少卿抱不测之罪③，涉旬月④，迫季冬⑤，仆又薄从上上雍⑥，恐卒然不可讳，是仆终已不得舒愤懑以晓左右⑦，则长逝者魂魄私恨无穷⑧。请略陈固陋⑨。阙然不报⑩，幸勿过。

　　【注释】　①迫贱事：被烦琐的事务缠绕。贱事：指个人琐事，谦词。　②卒卒：读"猝猝"，匆匆忙忙。　③不测之罪：深不可测之罪，喻死罪。　④涉旬月：再过一个月。旬：循、满。　⑤迫季冬：挨近十二月。汉律，十二月处决犯人，故酷吏王温舒说："嗟乎，今冬月益展一月，足吾事矣！"征和二年巫蛊案，起事于征和元年十一月，解冻于后元二年二月，长达五年，死者数十万人。凡坐巫蛊案之要犯，随发随斩，并不在十二月决狱。任安受太子节而不佐助太子，最初受到武帝称赞。征和三年春夏之交，田千秋上书讼太子冤，武帝平反太子，怨恨任安，钱官小吏趁机告发任安，任安才被腰斩。此为《报任安书》不作于征和二年的一铁证。　⑥又薄从上上雍：又临近从巡皇上到雍。薄：迫近。从上：从巡皇上。上雍：到雍。雍：地名。在今陕西省凤翔县南，那里筑有祭祀五天帝的坛，汉武帝常到那里祭五帝。　⑦晓左右：告诉给您。左右：指任安，不直称对方，表示尊敬。　⑧长逝者：永远离去的人，指任安将被处死。　⑨略陈固陋：稍稍说说我的心意。固陋：固塞鄙陋之见，谦词。　⑩阙然不报：回信很晚。

　　仆闻之，修身者智之府也①，爱施者仁之端也，取予者义之符也②，耻辱者勇之决也③，立名者行之极也④。士有此五者，然后可以托于世，列于君子之林矣。故祸莫惨于欲利，悲莫痛于伤心，行莫丑于辱先，而诟莫大于宫刑⑤。刑余之人⑥，无所比数⑦，非一世也，所从来远矣。昔卫灵公与雍渠载，孔子适陈⑧；商鞅因景监见，赵良寒心⑨；同子参乘，爰丝变色⑩：自古而耻之。夫中才之人，事关于宦竖，莫不伤气⑪，况慷慨之士乎？如今朝虽乏人，奈何令刀锯之余荐天下豪俊哉⑫！仆赖先人绪业⑬，得待罪辇毂下⑭，二十余年矣⑮。所以自惟：上之，不能纳忠效信⑯，有奇策才力之誉，自结明主；次之，又不能拾遗补阙⑰，招贤进能，显岩穴之士⑱；外之，不能备行伍⑲，攻城野战，有斩将搴旗之功⑳；下之，不能累日积劳，取尊官厚禄，以为宗族交游光宠。四者无一遂㉑，苟合取容㉒，无所短长之效㉓，可见于此矣！向者，仆亦尝侧下大夫之列㉔，陪外廷末议㉕，不以此时引维纲㉖，尽思虑，今已亏形为扫除之隶㉗，在阘茸之中㉘，乃欲昂首伸眉㉙，论列是非，不亦轻朝廷，羞当世之士邪！嗟乎！嗟乎！如仆，尚何言哉！尚何言哉！

【注释】 ①府：府库，聚积之所，引申为凭证。 ②符：信，表现。 ③决：裁制，断决。 ④行：品德，操守。 ⑤诟：耻辱。 ⑥刑余之人：指宦者。 ⑦无所比数(shǔ)：指士与宦者无法放在一起来比较计算高低，即不能相提并论。数：计算，这里是评价的意思。 ⑧"卫灵公与雍渠载"二句：《孔子世家》载，卫灵公和他的夫人南子同车出游，让宦官雍渠赶车，孔子作陪。孔子感到耻辱说："我没有见过像好色那样好德的人"，于是离开了卫国，到了陈国。 ⑨"商鞅因景监"二句：商鞅依靠秦孝公宠信的宦官景监引见得到重用。当时秦国的贤士赵良认为商鞅得官不正派，又用刑严苛，伤害王族，曾劝他引退，商鞅不听，终被杀头。司马迁是信手引喻以抒愤。商鞅遇害不是得官不正，而是由于秦国旧贵族反对变法。事详《商君列传》。 ⑩同子参乘，爰丝变色：同子，汉文帝亲信的宦官赵同，本名谈，司马迁为避父讳，改称赵同。爰："袁"之借字。丝是袁盎的字，汉文帝时敢直谏的官僚，官至太常。袁盎任中郎时，有一次见赵同参乘，就伏在车前谏阻文帝说："我听说天子只和天下的英雄同车。现在汉虽缺乏人才，陛下怎么偏偏和宦官同车呢！"文帝立即赶赵同下车。事详《袁盎列传》。 ⑪伤气：挫伤志气。 ⑫刀锯之余：司马迁愤然自称。 ⑬绪业：事业。 ⑭待罪辇毂下：在京师做官。待罪：做官的谦称。辇毂下：京师的代称。辇：皇帝的坐车。 ⑮二十余年：从太始四年上推二十年是元鼎五年。司马迁仕为郎中应在元鼎五年之前。司马迁在《五帝本纪赞》中说："余尝西至空桐。"考《汉书·武帝纪》，武帝西巡至空桐，事在元鼎五年。司马迁在元鼎五年从巡武帝，可见出仕在这之前，与《报任安书》这里所里所说完全吻合。 ⑯纳、效：二字同义，都是杰出的意思。 ⑰拾遗补阙：拾人君之所遗亡。补人君之所阙失，即讽谏。⑱岩穴之士：隐士。 ⑲备行伍：指参加军队效力。古代军队，五人为伍，五伍为行。⑳搴(qiān)：拔取。 ㉑遂：成就。 ㉒苟合取容：苟且偷安，取得皇帝的收容。 ㉓无所短长：无有所长，没有建树。短长：偏义复词，取义长字。 ㉔侧下大夫之列：指太史令官秩低微。侧：夹杂、参与，谦词。下大夫：王国维说："汉时官秩，以古差之，则丞相、太尉、御史大夫当古三公；中二千石、二千石、比二千石当古上、中、下三卿；千石、八百石、六百石当上、中、下三大夫；五百石以下至二百石当上、中、下士。"太史令秩六百石，相当古制下大夫。 ㉕外廷：皇帝与大臣议事的朝堂。㉖引维纲：伸张法令，这里指发扬国威。 ㉗扫除之隶：中书令本由宦官充任，司马迁故作愤激语。㉘阘(tà)

茸（róng）：细毛，形容卑贱。不肖：指卑贱、不肖之人的意思。　㉙卬：古"昂"字。

　　且事本末未易明也。仆少负不羁之才①，长无乡曲之誉②，主上幸以先人之故，使得奉薄技，出入周卫之中③。仆以为戴盆何以望天④，故绝宾客之知⑤，忘室家之业，日夜思竭其不肖之才力，务一心营职，以求亲媚于主上。而事乃有大谬不然者。夫仆与李陵俱居门下⑥，素非相善也，趣舍异路⑦，未尝衔杯酒接殷勤之欢。然仆观其为人自奇士⑧，事亲孝，与士信，临财廉，取予义，分别有让⑨，恭俭下人⑩，常思奋不顾身以殉国家之急⑪。其素所蓄积也，仆以为有国士之风⑫。夫人臣出万死不顾一生之计，赴公家之难，斯已奇矣。今举事一不当，而全躯保妻子之臣随而媒孽其短⑬，仆诚私心痛之。且李陵提步卒不满五千，深践戎马之地，足历王庭⑭，垂饵虎口⑮，横挑强胡⑯，仰亿万之师⑰，与单于连战十余日，所杀过当⑱，虏救死扶伤不给。毡裘之君长咸震怖⑲，乃悉征左右贤王⑳，举引弓之民㉑，一国共攻而围之。转斗千里，矢尽道穷，救兵不至㉒，士卒死伤如积。然李陵一呼劳军，士无不起，躬流涕，沫血饮泣㉓，张空弮㉔，冒白刃，北首争死敌。陵未没时，使有来报，汉公卿王侯皆奉觞上寿。后数日，陵败书闻，主上为之食不甘味，听朝不怡。大臣忧惧，不知所出。仆窃不自料其卑贱，见主上惨凄怛悼㉕，诚欲效其款款之愚。以为李陵素与士大夫绝甘分少㉖，能得人之死力，虽古名将不过也。身虽陷败，彼观其意，且欲得其当而报汉㉗。事已无可奈何，其所摧败，功亦足以暴于天下㉘。仆怀欲陈之，而未有路。适会召问，即以此旨推言陵功㉙，欲以广主上之意，塞睚眦之辞㉚。未能尽明，明主不深晓，以为仆沮贰师㉛，而为李陵游说，遂下于理㉜。拳拳之忠㉝，终不能自列㉞，因为诬上㉟，卒从吏议㊱。家贫，财赂不足以自赎㊲，交游莫救，左右亲近不为壹言㊳。身非木石，独与法吏为伍，深幽囹圄之中㊴，谁可告诉者！此正少卿所亲见，仆行事岂不然邪？李陵既生降，隤其家声㊵，而仆又茸以蚕室㊶，重为天下观笑㊷。悲夫！悲夫！事未易一二为俗人言也㊸。

【注释】　①负：同无，缺少。不羁：才质高远不可羁系，即不平庸。　②乡曲之誉：乡里的称誉。这是得举为孝廉的条件。　③周卫：宿卫，即宫禁。　④戴盆望天：戴盆与望天二者不可得兼，喻自己丢掉个人私事，一心尽职。　⑤绝宾客之知：断绝朋友来往，即无暇应酬。知：了解。　⑥仆与李陵俱居门下：李陵，汉名将李广之孙，善骑射，初为建章监，后为骑都尉驻守酒泉，天汉二年率兵入匈奴，兵败降敌。门下：此为近卫宫职之通称。李陵为建章监、待中，司马迁为郎中，同宿卫宫中，所以说"俱居门下"。　⑦趣舍异路：喻志趣不同，各走各的路。趣：趋向。舍：停止。　⑧自奇士：《文选》作"自守奇士"，指能够守住自己的节操。　⑨分别有让：指有礼貌和谦虚之德。分别：分别尊卑长幼，即知礼。　⑩恭俭下人：谦虚没架子。恭俭：偏义复词。下人：甘居人下。　⑪殉国家之急：勇赴国家之急。殉：以身从物，这里指响应号召。　⑫国士：一国之中杰出的人才。风：风度。　⑬媒蘖（niè）其短：夸大李陵的过失。蘖：酒粙。　⑭王庭：匈奴君长所居之所。　⑮垂饵虎口：这次出击匈奴，贰师将军李广利率主力出酒泉击右贤王于天山，李陵率步卒五千出居延为支军以牵引匈奴，如诱虎之饵，本来就是要牺牲的。　⑯横挑强胡：指李陵主动出击，四处挑战。　⑰仰亿万之师：仰攻强大的敌人。李陵深入浚稽山迎击居高临下的敌人。　⑱所杀过当：李陵率兵五千，杀敌一万，因此所杀已超过了自己的损失。　⑲毡（zhān）裘之君：指匈奴的大小头目。毡裘：匈奴人穿的毛毡皮裘。　⑳左右贤王：匈奴头人，仅次于单于的王号。　㉑举引弓之民：征发所有能拉弓的人，指匈奴围攻李陵做了总动员。　㉒救兵不至：李陵出征，汉武帝派路博德为后援。路博德是一员老将，耻为李陵后援，故意失约不救。　㉓沫血：血流满面。沫：洗脸。　㉔弮（quān）：弩弓。　㉕惨凄怛悼：形容忧劳伤痛的情绪。　㉖绝甘分少：自己不沾甘美的东西，很少的东西也分与别人共享。　㉗得其当而报汉：想得到一个抵罪的机会，立功报汉。　㉘暴：暴露，等于说昭著、显明。　㉙推言陵功：阐明、强调李陵之功。　㉚睚眦（yá zì）之辞：诬陷的言辞。睚眦：怒目而视，指对李陵的气愤。　㉛沮贰师：中伤、打击贰师。贰师：即贰师将军李广利，汉武帝李夫人之兄。太初元年，武帝拜李广利为大将征大宛，其都为贰师城，因以为号。天汉二年出征，李广利的主力未遇强敌而败归，故汉武帝以为司马迁有意诋毁李广利。　㉜理：大理，刑狱之官，九卿之一。秦名廷尉，汉景帝改称大理，武帝又改为廷尉，这里用旧名。　㉝拳拳：忠诚的样子。　㉞自列：自陈，自我辩白。　㉟诬上：欺君之罪。　㊱卒从吏议：指汉武帝最后批准了司法官吏的判处，以诬上之罪处以腐刑。按：汉武帝族李陵家，并株连司马迁蒙罪，事在天汉三年，详《汉书·李陵传》。　㊲财赂自赎：汉律规定，可用钱赎罪。武帝时赎死罪五十万，无钱赎死则以腐刑代。　㊳左右亲近：指武帝身边的亲信。　㊴图圄：牢狱。　㊵隤：败坏。　㊶茸以蚕室：被打入蚕室。茸：次也，安置：打入。蚕室：养蚕之温室。受腐刑之人怕风寒，居于严密的温室内养伤，称蚕室。　㊷重（zhòng）：深深地。　㊸一二：一一地。

　　　仆之先人非有剖符丹书之功①，文史星历近乎卜祝之间②，固主上所戏弄，倡优畜之③，流俗之所轻也。假令仆伏法受诛，若九牛亡一毛，与蝼蚁何异？而世又不与能死节者比，特以为智穷罪极，不能自免，卒就死耳。何也？素所自树立使然④。人固有一死，死有重于泰山，或轻于鸿毛，用之所趋异也。太上不辱先，其次不辱身，其次不辱理色⑤，其次不辱辞令，其次屈体受辱⑥，其次易服受辱⑦，其次关木索被箠楚受辱⑧，其次剔毛发婴金铁受辱⑨，其次毁肌肤断肢体受辱⑩，最下腐刑，极矣。传曰⑪，"刑不上大夫"，此言士节不可不厉也。猛虎处深山，百兽震恐，及其在穽槛之中⑫，摇尾而求食，积威约之渐也⑬。故士有画地为牢势不入，削木为吏议不对，定计于鲜也。今交手足，受木索，暴肌肤，受榜箠，幽于圜墙之中⑭，当此之时，见狱吏则头枪地⑮，视徒隶则心惕息⑯。何者？积威约之势也。及已至此，言不辱者，所谓强颜耳⑰，曷足贵乎！且西伯，伯也，拘牖里；李斯，相也，具五刑⑱；淮阴，王也，受械于陈⑲；彭越、张敖南向称孤⑳，系狱具罪；绛侯诛诸吕，权倾五伯㉑，囚于请室㉒；魏其，大将也，衣赭关三木；季布为朱家钳奴；灌夫受辱居室㉓。此人皆身至王侯将相，声闻邻国，及罪至罔加㉔，不能引决自裁㉕。在尘埃之中，古今一体，安在其不辱也！由此言之，勇怯，势也；强弱，形也。审矣，曷足怪乎！且人不能早自裁绳墨之外㉖，已稍陵夷至于鞭箠之间㉗，乃欲引节㉘，斯不亦远乎！古人所以重施刑于大夫者㉙，殆为此也。夫人情莫不贪生恶死，念亲戚㉚，顾妻子，至激于义理者不然，乃有不得已也㉛。今仆不幸，早失二亲㉜，无兄弟之亲，独身孤立，少卿视仆于妻子何如哉？且勇者不必死节，怯夫慕义，何处不勉焉㉝！仆虽怯奥欲苟活，亦颇识去就之分矣㉞，何至自沉溺缧绁之辱哉！且夫臧获婢妾犹能引决㉟，况若仆之不得已乎！所以隐忍苟活，函粪土之中而不辞者，恨私心有所不尽，鄙没世而文采不表于后也㊱。

【注释】　①剖符丹书：符，帝王封功臣爵邑时所给的一种文约凭信。君臣各执其半，以示信守，所以叫剖符。丹书：又称丹书铁券，是在铁券上用朱砂写的誓词，帝王恩赏给特大功臣，凭着它可以使本人及后世子孙在犯罪时减免罪行。　②文史星历近乎卜祝之间：星，指天文。历：历算。卜：太卜；祝：太祝，祭祀之官。文史星历是太史令职掌的事。卜占吉凶，宗庙祭仪是太仆、太祝的事。卜祝和太史令都属太常，秩六百石。　③倡优畜之：指君主视卜史巫祝如倡优一般。倡：乐人。优：戏人。在封建社会，倡优被视为供人玩弄的下贱人。　④所自树立：自己所处的职业地位。　⑤辱理色：理色，指脸面。这里是说不受别人变脸的侮辱。　⑥屈体受辱：指受审判。屈体：指对人长跪。　⑦易服受辱：被判有罪，穿上罪人的赭衣。　⑧关木索被箠楚：关木索，给重犯戴上木枷绳索。被箠楚：遭受拷打。　⑨剔毛发婴金铁：剔毛发，受髡（kūn）刑，剃去头发。婴金铁：在脖子上拴绕铁圈，叫受钳刑。婴：绕。　⑩毁肌肤断肢体受辱：指黥面、割鼻、断左右腿等肉刑。　⑪传曰：见《礼记·典礼上》。　⑫穽（jǐng）槛：穽，陷穽。槛：木栏，这里指养兽的木圈。　⑬渐：浸渍，作动词用，指逐步发展之结果。　⑭圜墙：指牢狱。　⑮头枪地：叩头。枪：触。　⑯徒隶：狱卒。心惕息：战战兢兢，恐惧喘息。　⑰强颜：打肿脸充胖子，厚着脸皮。　⑱具五刑：具，具备。五刑，《汉书·刑法志》载夷三族之令说："当三族者皆先黥劓，斩左右趾，笞杀之，枭其首，菹（剁成肉泥）其骨于市，其诽谤詈诅者又先断舌。"所以叫具五刑。汉承秦制，李斯被夷三族，当受此五刑。　⑲受械：被绑上刑具。械：系于手脚的刑具。　⑳张敖：赵王张耳之子，汉高祖女婿。高祖九年（公元前198年），高祖过赵，对赵王张敖不礼遇，赵相贯高等谋杀高祖，事发，赵君臣均被捕下狱。　㉑倾：超过。　㉒请室：官署名。请室令为皇帝出巡戒严先驱。故请室令有捕人之权，请室有特设监狱。周勃犯罪，曾被禁请室。　㉓灌夫受辱居室：灌夫，颍阴豪强，武帝时官至太仆，他与魏其侯窦婴结党反对丞相田蚡被杀。事详《魏其武安侯列传》。颍阴：汉县名，当今河南省许昌市。居室：少府下所属的官署之一，后更名保宫。　㉔罪至罔加：犯罪受到法律制裁。罔：同"网"，喻法律。　㉕引决自裁：下决心自杀。　㉖绳墨：喻法律。　㉗陵夷：衰颓，这里指意志受挫折。　㉘引节：死节。　㉙重（zhòng）：难，慎重。　㉚念亲戚：念顾父母。　㉛激于义理者不然，乃有不得已也：这两句是司马迁自况。意思是取义的人，能够舍生，自然不为父母妻子所累，但有时亦迫不得已苟活下来。　㉜早失二亲：司马迁母亲卒年不可考。父亲死于元封元年，上距司马迁之生汉景帝中元五年是三十六年。"早"之义有二：其一，古人习惯，无论多大年岁，死父母都说早孤以示怀念之情；其二，他双亲早死，即双亲已离世多年。有人解释"早失二亲"为青少年失去双亲是没有根据的。　㉝"勇者不必死节"三句：勇敢的人并不意味着轻生；反之，怯懦的人，如仰慕节义，也可以勇敢地献身，看在什么场合罢了。　㉞去就之分：死生的分界，即舍生取义的界限。　㉟臧获：古人骂奴婢的贱称。　㊱没世：谢世，即死。

　　古者富贵而名摩灭①，不可胜记，唯俶傥非常之人称焉②。盖西伯拘而演《周易》；仲尼厄而作《春秋》；屈原放逐，乃赋《离骚》；左丘失明，厥有《国语》；孙子膑脚，《兵法》修列；不韦迁蜀，世传《吕览》；韩非囚秦，《说难》《孤愤》。《诗》三百篇，大抵贤圣发愤之所为作也。此人皆意有所郁结，不得通其道，故述往事，思来者。及如左丘明无目，孙子断足，终不可用，退论书策以舒其愤，思垂空文以自见③。仆窃不逊，近自托于无能之辞，网罗天下放失旧闻，考之行事，稽其成败兴坏之理④，〔上计轩辕，下至于兹，为十表，本纪十二，书八章，世家三十，列传七十⑤〕，凡百三十篇，亦欲以究天人之际⑥，通古今之变，成一家之言。草创未就，适会此祸，惜其不成，是以就极刑而无愠色。仆诚已著此书，藏之名山，传之其人通邑大都⑦，则仆偿前辱之债，虽万被戮，岂有悔哉！然此可为智者道，难为俗人言也。

【注释】 ①摩：同"磨"。 ②俶傥：卓越，杰出。 ③垂空文：留下文章。空文：是与具体的功业相对而言，即文章、理论。 ④稽：考察。 ⑤"上计轩辕"七句：据五臣注《文选》本补入。这几句极为重要，说明司马迁写《报任安书》时，《史记》已基本完成，但还未定稿。因这里所列五体顺序与本篇《自序》不合。计：借为"记"。 ⑥天人之际：天道与人事的关系。 ⑦传之其人通邑大都：传给志同道合的人使之在大都传布。通邑：大邑，即大都，重文加强语气。

且负下未易居①，下流多谤议②。仆以口语遇遭此祸，重为乡党戮笑，污辱先人，亦何面目复上父母之丘墓乎？虽累百世，垢弥甚耳！是以肠一日而九回，居则忽忽若有所亡③，出则不知所如往。每念斯耻，汗未尝不发背沾衣也。身直为闺阁之臣④，宁得自引深藏于岩穴邪⑤！故且从俗浮沉，与时俯仰，以通其狂惑⑥。今少卿乃教以推贤进士，无乃与仆之私旨谬乎⑦。今虽欲自彫瑑⑧，曼辞以自解⑨，无益，于俗不信，只取辱耳。要之死日⑩，然后是非乃定。书不能尽意，故略陈固陋。〔谨再拜〕⑪！

【注释】 ①负下未易居：犯过罪的人不容易处世。负下：负罪之下，指犯过罪。②下流：水的下游，喻地位低下的人。 ③忽忽：恍恍惚惚，形容精神呆痴的样子。 ④直：但，只是。闺阁之臣：宦官。闺阁：都是宫中的小门，宫禁的代称。这里司马迁以闺阁自称，表示愤慨。 ⑤自引：自己引退。 ⑥狂惑：指做一个傲世的狂放之人。李善注引《鹖子》说："吾闻之于政也，知善不行者谓之狂，知恶不改者谓之惑。夫狂与惑者，圣人之戒也。"司马迁以狂惑自喻，亦是愤激语，表明他是要坚强地活下来完成《史记》的。⑦无乃：只怕、恐怕。 ⑧自彫瑑（zhuàn）：自我修饰。瑑：刻也。雕瑑：《文选》作彫瑑。 ⑨曼辞：美辞。 ⑩要之死日：要之，总之。这句是盖棺论定的意思，表明自己无罪。⑪谨再拜：等于说敬礼。此据《文选》本补。

附录二　史圣颂

【题解】　史圣故里韩城市建设司马迁文史公园，广场落成，太史公巍巍铜像矗立，征文立碑纪念。中国史记研究会会长张大可、理事李永明文史合璧，应邀共撰《史圣颂》碑文。

史圣者，司马迁也！《史记》者，史圣之雄文也！韩城者，史圣之桑梓也！观史圣之才奇，《史记》之文奇，韩城之气奇，三奇合一，叹为观止也。

史圣者，司马迁，字子长，称太史公，汉夏阳今韩城人也。诞景帝之丙申①，与汉武相终始。以《史记》闻，以风骨奇。十岁诵古文，二十游江淮②，讲业齐鲁③，问道孔董④，观书金匮⑤，考信六艺⑥，斯学殖之奇也⑦。仕为郎中，扈从武帝⑧，奉使西征，设郡置吏⑨，饱览山川壮观，网罗天下遗闻，笼天地之浩气，吐风云而成文⑩，斯游历之奇也；蒙冤而身受腐刑，忍辱而发愤著书⑪，效《春秋》成《史记》，立令名于天下，生也无悔，死重泰山，斯意志之奇也；忠臣死义之士，辅弼股肱之臣，扶义俶傥之辈，超凡负俗之伦；凡有奇德奇功奇言奇行者，莫不追慕而讴歌，传颂于千秋，斯好尚之奇也。然，斯四奇者，何足道哉！惟高山仰止，景行行止⑫，功追尼父，光争日月⑬，庶几当之。

《史记》者，天下之奇书也。乃史家之绝唱，无韵之离骚⑭，国学之根柢，资治之宝典⑮！溯轩辕，综汉武，包举三千余载，荟萃百三十篇⑯，华夏文明之浓缩，百科全书之大成，斯囊括之奇也；厥协六经异传，整齐百家杂语⑰，开纪传之先河，创五体之仪范，史官必守其法，学人专精其书，斯体制之奇也⑱。其文直，其事核，不虚美，不隐恶，见斥叛道谤书，实乃实录信史⑲，斯史笔之奇也；融风骚之妙，擅古文之长，辞采峻洁，笔力雄健⑳，生与相如交辉㉑，逝后韩柳同崇，斯文采之奇也。究天人之际，通古今之变，熔六家之旨，成一家之言，为后王立法，为人伦立则，颂货殖游侠，重民生平准㉒，六经之后，惟有此书，斯思想之奇也。然，斯五奇者，形之奇耳。至若神之奇也，浩如太空，质如金刚，仰之弥高，钻之弥坚㉓，岂可尽道哉！

　　韩城者，天下之奇地也。西枕梁山，东临长河，北倚禹门，南襟韩原，群山环抱而茂树生，众水汇流而膏壤厚，斯山川之奇也；当秦晋之咽喉，扼东西之要津，霸者必图，兵家必争㉔，鼓鸣震于八荒，烽火烛于天际，斯形胜之奇也；地本夏后之墟㉕，民资椒梁之利㉖，承周秦之遗风，薰三晋之殊俗，秉子夏之教㉗，传洙泗之学，诗礼风行，俊彦辈出，斯风教之奇也。今观夫韩城，雄豪之气弥漫乎山川，雅尚之风充盈乎士庶，史圣化成于斯，必也。

　　嗟乎！二〇一六年，巧逢丙申㉘，令属三秋，陕西韩城司马迁祠文化广场告成。司马坡下，芝水河滨，文风郁郁，气象蒸蒸。史圣之风采重光，鸿著之精深弥显。低徊吟咏，遐思翩翩，遂乃纵目长河，击节长歌，曰：

　　史圣之奇兮，国之素王。与孔子同圣，与日月齐光。

　　史记之奇兮，国之华章。如苍穹之浩，如瀚海之洋。

　　韩城之奇兮，国之灵壤。山远横兮昂昂㉙，水长流兮锵锵㉚。

中国史记研究会　张大可　李永明　同撰
公元二〇一六年岁次丙申九月谷旦立

【注释】　①诞景帝之丙申：此取王国维说，司马迁生于汉景帝中元五年，为丙申年，即公元前145年。　②二十游江淮：武帝元朔三年，即公元前126年，司马迁二十岁，奉父命游历大江南北、讲业齐鲁，过梁楚以归，网罗天下放失旧闻，为修撰《史记》考察社会，储备资料。史称二十壮游，当有数年之久。　③讲业齐鲁：指司马迁二十壮游，曾到山东齐鲁地区孔子、孟子的故乡去考察民情风俗，研习学问。　④问道孔董：司马迁壮游归来，在二十二三岁到二十七八岁之间，师从西汉古文学大师孔安国学习古文《尚书》，又师从今文学大师董仲舒学习今文《尚书》。　⑤观书金匮：阅览国家图书馆、档案馆的藏书与档案。金匮石室，指坚固、珍藏，为国家图书馆与档案馆之代称。　⑥考信六艺：宗仰六经，以之为评判是非之准绳。六艺：即儒家六经，《诗》《书》《礼》《易》《春秋》《乐》。《乐》经亡佚，今存只有五经。　⑦学殖：学问增益，学问修养。　⑧仕为郎中，扈从武帝：武帝元狩五年，公元前118年，司马迁二十八岁，出仕为郎中。郎中为郎官之一。郎官掌守宫门，皇帝出巡为仪仗警卫。武帝在位，巡游全国各地二十余次，司马迁为郎司警卫之职，是为扈从之游。　⑨奉使西征，设郡置吏：元鼎六年，公元前111年春正月，司马迁奉命为郎中将监军开拓西南夷，在今云南省、贵州省，以及四川省西部置郡有六，为：牂柯、越嶲、益州、武都、沈犁、汶山连同原先所置犍为郡，共为七郡。此为司马迁奉使之游。　⑩笼天地之浩气，吐风云而成文：司马迁游览天下，胸襟开阔，胆气豪壮，行文雄峻。苏辙《上枢密韩太尉书》云："太史公行天下，周览四海名山大川，与燕赵间豪俊交游，故其文疏荡，颇有奇气。岂尝执笔学为如此之文哉？其气充乎其中而溢乎其貌，动乎其言，见乎其文，而不自知也。"（《栾城集》卷二二）　⑪蒙冤而身受腐刑，忍辱而发愤著书：腐刑，即宫刑，就是割除生殖器。受此刑法，被视为奇耻大辱，死后不得入祖坟。天汉二年，即公元前99年，汉将李陵率五千步兵出征匈奴，遭遇八万匈奴骑兵的围攻，李陵寡不敌众，败降匈奴，司马迁为其申辩。天汉三年，司马迁受李陵案株连，蒙受腐刑，痛不欲生。司马迁为了完成《史记》，隐忍苟活，引古人自况，认为只有那些能够经受得起艰难环境磨炼的人才能做出一番事业来。司马迁效法文王演《周易》、孔子作《春秋》、屈原写《离骚》、左丘明著《国语》、孙膑论《兵法》，终于从个人悲怨中解脱出来，忍辱著书，升华《史记》主题，"贬天子，退诸侯，讨大夫"，留下了宝贵的实录作品。这种精神体现了中华民族的脊梁，是值得后人敬仰的。　⑫高山仰止，景行行止：这两句诗见《诗经·小雅·车辖》。司马迁在《孔子世家》中引用称赞孔子的道德学问，像高山一样使人瞻仰，像大路一样导人遵循。这里借以称颂司马迁。　⑬功追尼父，光争日月：司马迁的成就可与孔子相比美，光芒与日月同辉。追：相比。尼父：指孔子。孔子名丘，字仲尼。尼父，称其字而尊称。郭沫若诗云："功业追尼父，千秋太史公。"光争日月，司马迁在《屈原列传》中评价屈原的高尚志节以及《离骚》，"虽与日月争光可也"。这里借以评价司马迁。　⑭乃史家之绝唱，无韵之离骚：此乃鲁迅在《汉文学史纲要》中对司马迁《史记》成就的评价："史家之绝唱，无韵之离骚。"　⑮国学之根柢，资治之宝典：《史记》是一部国学根柢书，它为后王立法，为人伦立准则，是一部治国宝典和人伦道德教科书。根：是树之本；柢，是根中的主根。有五千年文明的中华文化，比作一棵参天大树，《史记》就是这棵大树之根之柢，即中华文化之源。在中国文化国学精品中，《史记》是一部百科全书，它生命之树长青，它有取之不尽的思想源泉，养育着一代又一代人的成长，具有无与伦比的凝聚作用。这一特殊的历史价值与地位，奠定了《史记》成为中国人的一部人人必读的国学根柢书。　⑯溯轩辕等四句：溯，追溯，上起。缘：包举，下讫。《史记》上起黄帝，下讫汉武，贯通三千年历史，全书一百三十篇，计：本纪十二篇，表十篇，书八篇，世家三十篇，列传七十篇。本纪、表、书、世家、列传，合称五体，其中本纪、列传两部分是主干，因此省称纪传体，是司马迁的独创。　⑰厥协六经异传，整齐百家杂语：《史记》协调了《六经》各家的不同解释，整齐了百家互相对抗的异论。这两句是司马迁包容和吸收了《六经》以及百家学说，而自成一家之言。　⑱"开纪传之先河"等句：是对《史记》体制五体创造的评价，涵盖了宋人郑樵和清人赵翼的评价。郑樵曰："《史记》使百代而下，史官不能易其法，学者不能舍其书，六经之后，惟有此作。"（《通志·总序》）赵翼曰："司马迁参酌古今，发凡起例，创为全史。……自此例一定，历代作史者遂不能出其范围。"　⑲见斥叛道谤书，实乃实录信史：班固、扬雄、刘向、刘知幾等历史学、哲学大家都盛赞《史记》为实录信史，"其文直，其事核，不虚美，不隐恶"。东汉末王允斥责《史记》为谤书，为其滥杀蔡邕找借口。　⑳辞采峻洁，笔力雄健：唐代大文学家韩愈、柳宗元发起古文运动，以《史记》为旗帜，叙事用散文，反对骈体文。韩愈论《史记》"雄健"，柳宗元称《史记》"峻洁"。　㉑生与相如交辉：汉代文章两司马，指散文司马迁与汉赋司马相如两人齐名，共为一代文宗。此出自班固在《公孙弘卜式儿宽传》中的赞语，曰："文章则司马迁、相如。"　㉒为后王立法等句：杨向奎在《司马迁的历史哲学》（《中国史研究》1979 年第 1 期）一文中说，司马迁思想的亮点为两颂两立。两颂，一颂货殖，二颂游侠；两立，一为后王立法，二为人伦立则。两颂两立为这几句的主旨精神。碑文改"为后王立法"为"为天地立心"，用张戴语，突显了哲理化而旨意不明，还是不改为好，故此复原。　㉓仰之弥高，钻之弥坚：语出《论语·子罕篇》，颜渊称赞孔子的学问，"越抬头看，越觉得高；越用力钻研，越觉得深"。这里借以赞颂司马迁。　㉔霸者必图，兵家必争：韩城坐落在河西狭长川原地带韩原的北端。韩原西枕梁山，东带黄河，南有少梁渡，北有禹门津，是关中的北门，亦是山西、陕西两省交通的咽喉要道，故在古代列国纷争或群雄割据中，这里是兵家必争的形胜要地。公元前 645 年，秦晋韩原大战，秦虏晋惠公。公元前 205 年，汉将韩信以木罂渡少梁而擒魏王豹。公元 618 年，唐高祖起兵太原，南下渡龙门而取关中，奠定了唐室基业。公元 1126 年，金将娄宿越龙门冰桥取陕西。公元 1644 年，李自成从陕西出龙门直捣北京，推翻了明朝。在司马迁诞生之前的春秋战国时期，晋取少梁而兴，魏失河西而衰，秦晋、秦魏在这里进行了长期的拉锯战。《史记》记载的大战役就有六次。　㉕地本夏后之墟：夏墟，夏朝兴起的遗址。夏朝文化遗存在河东。韩原在河西，位于梁山之东，黄河之西，故秦魏争强，魏失河西少梁，称新都为大梁，秦则更名少梁为夏阳，意为夏墟之阳，其悠久文化盖过大梁。汉置县。　㉖椒粱：花椒、高粱。用以指代韩城自古农业发达，物产丰富。韩城大红袍花椒闻名全国。　㉗秉子夏之教：韩城文化悠久源长。《史记·仲尼弟子列传》记载："孔子既没，子夏居西河教授，为魏文侯师。"　㉘巧逢丙申：公元 2016 年，中国农历丙申年，司马迁祠文化广场告成，立《史圣颂》碑文纪念，恰值司马迁生年，汉景帝中元五年丙申六十甲子年第三十六轮起始之年。"巧逢丙申"指此，仿佛冥冥中有必然。　㉙昂昂：模写山势之态，气宇轩昂，显现无限的灵动与生机。　㉚镗镗：形容龙门湍急的流水，发出金属般的声响，比流水泱泱更为浩大壮观。

🗒 点 评

　　《史圣颂》文体，骈散相间，议叙结合，布局仿八股文起承转合应接，内容以人奇、书奇、地奇展开，共有十三奇，囊括古今文史哲大家的评论。上起《司马迁传》作者，下讫《史圣颂》笔者，两千年间班固、刘向、扬雄、刘知幾、韩愈、柳宗元、苏辙、郑樵、赵翼、王国维、鲁迅、郭沫若、杨向奎等人的精言妙语，悉数采入，融会贯通，以"史圣"定位终篇。《史圣颂》是自古迄今对司马迁最全面最崇高的评价之一，无一字无来历，无一事无出处。"史圣"二字是首次使用，东圣孔子，西圣司马迁，二圣并立，依据有三：《太史公自序》，太史公自喻孔子，效《春秋》作《史记》；汉代扬雄以"奇"与"义"二字并提司马迁与孔子，《法言·君子篇》："仲尼多爱，爱义也；子长多爱，爱奇也"；文史大家郭沫若有诗赞曰："功业追尼父，千秋太史公。"

附录三　司马迁年谱（附司马谈）

《史记》成书，为司马谈发凡起例，司马迁发愤续成，是父子两代人的心血结晶，前后历四十余年。由于司马谈述史之始即有司马迁助修，而后又由司马迁一手完成，因此，研究《史记》思想体系只能用司马迁一人做代表。《史记》中留有司马谈作史痕迹，但作为整体的《史记》不容分割。所以本年谱以司马迁为中心勾勒《史记》成书过程，照应全书，标题为"司马迁年谱"而附著司马谈系年。司马迁生卒年按本书考证，生年系为景帝中元五年（公元前145年），卒年系为昭帝始元元年（公元前186年），示意司马迁与汉武帝相终始。司马谈卒年可考而生年无考，假定长于司马迁二十岁，推计生年则在汉文帝前元十五年，即公元前165年。假定司马谈的生年，一是便于行文，二是表现一定的历史内容，即假定的推理缘由。

王重九先生在《从王国维、郭沫若共认的"先汉纪录"考定司马迁父子的生年》[①]一文中，将《史记索隐》说"年二十八"系于建元三年以推计司马谈生年，得出司马谈生于汉文帝前元十五年，即公元前165年的结论；而以《史记正义》说"案迁年四十二岁"推计司马迁生年为景帝中元五年，即公元前145年。王重九据此断言司马谈长于司马迁二十岁。

王重九的考证还缺少史实佐证，他对于《史记索隐》说"年二十八"这条材料的运用也需商榷，他的考证自然不能定案，只能是一种假说。顾颉刚在《司马谈作史》一文中假定司马谈长于司马迁三十五岁，两种假说比较，王重九的假说要合理一些。第一，司马谈出仕京师，留下独生子司马迁于故里，以情理度之，更切合于青年之所为，血气正盛，以事业为家，至于中年则要多一些家庭的考虑了。第二，司马谈卒时慨叹命运不好，透露出未尽天年的感慨，所以司马谈的终年不会过高。具体说，在古代"人生七十古来稀"

---

①　王文刊于《陕西师范大学学报》（哲学社会科学版）1985年第3期。

的情况下，司马谈长于迁二十岁，卒年时寿已五十六岁，与其命运之叹较为符合。第三，汉代举贤良，选秀才，虽有老年，而多为青年后进。例如贾谊年十八在廷尉吴公举荐下，文帝召以为博士。贾谊之出仕，当是参与了文帝初即位于前元二年的举贤良对策；司马谈的出仕，亦当是参与汉武帝初即位于建元元年举贤良对策。汉武帝更是一个奖拔后进的人，他当时只有十六岁。依上述种种情况推计，假定司马谈长于司马迁二十岁，他在建元元年举贤良时已二十六岁，是接近事实的。当然，这仅仅是一种假说，姑以系年，不作定论。本文系司马谈之年从司马迁生年始。

司马谈作史，准备在建元、元光间，正式述史在元狩元年。司马迁基本完成《史记》在太始四年，修订直至终年。从元狩元年至太始四年，即公元前122—前93年，整三十年。单说司马迁，他从元朔三年"网罗天下放失旧闻"起至司马迁卒于昭帝之初始元元年，即公元前128—前86年，则历时四十三年。司马迁发愤撰史阶段应为元封三年为太史令至太始四年基本完稿，即公元前108—前93年，为十六年。系年以创作为经，行年为纬，分为四个阶段：（一）家世、童年；（二）修史助手；（三）发愤著书；（四）晚年修订。略述于次。

一、家世、童年
（公元前145—公元前127年，前后19年）

前145（汉景帝中元五年丙申）　　迁生一岁　父谈二十一岁

汉初政治无为，崇黄老刑名之学，文帝、景帝时尤甚，百家之学与儒学并立。景帝始尊儒学。

司马迁生。生地西汉左冯翊夏阳县高门里，在今陕西省韩城市西南十八里之嵬东乡高门村。汉夏阳县至隋更名韩城。1985年韩城改县置市。

司马迁字子长。

前140（武帝建元元年辛丑）　　迁六岁　父谈二十六岁

武帝即位伊始举贤良，罢黜百家；董仲舒为举首，对天人三策，建言独尊儒术。

司马迁居家入小学。古时八岁入小学，聪颖秀慧者六岁即可入学。

父谈举贤良对策，出仕为太史丞。

前 139（武帝建元二年壬寅）　迁七岁　父谈二十七岁

汉武帝初置茂陵邑。

司马迁居家入小学。

父谈仕为太史丞。建元二年汉武帝在槐里茂乡建造寿陵称茂陵，始置茂陵邑。勘定陵址，预卜吉凶等事宜，为"太史"职分之事。司马谈以太史丞参与建陵，故属籍茂陵显武里，并可知其出仕必在这之前一年建元元年，举贤良而任职也。

前 136（武帝建元五年乙巳）　迁十岁　父谈三十岁

置五经博士

司马迁居家入小学。《太史公自序》："年十岁，则诵古文。"

父谈仕为太史令。司马谈建陵有功，由太史丞升任太史令，在建元三年到建元六年之间。

前 134（武帝元光元年丁未）　迁十二岁　父谈三十二岁

冬十一月，初令郡国举孝廉各一人。

司马迁居家耕读。《太史公自序》："耕牧河山之阳。"司马迁十九岁入京师之前，一直居家耕读，但主要时间是诵读古文，而耕牧只是一种修身养性的锻炼。

父谈仕为太史令。《太史公自序》："太史公学天官于唐都，受《易》于杨何，习道论于黄子。"司马谈居官而勤学不倦，立志重振史官家学，成为一个渊博的学者，是一位自奋立名的历史学家。

前 127（武帝元朔二年甲寅）　迁十九岁　父谈三十九岁

是年春正月，汉伐匈奴，收河南地，置朔方、五原郡。

孔安国为博士。

夏，汉武帝徙郡国豪杰及訾三百万以上于茂陵。司马迁一家也徙移茂陵，属籍显武里。关东大侠轵人郭解亦被徙茂陵，次年被族灭，其人状貌风采，为青年司马迁所目睹。

二、修史助手

（公元前 126—公元前 109 年，前后 18 年）

司马迁作史，分为三个阶段。从元朔三年到元封二年为助手阶段。此阶段，司马谈发凡起例，司马迁赞助其业。在父谈指导下，司马迁二十壮游，学公羊于董仲舒，受古文于孔安国，习家学于司马谈，成长为一个渊博的学者、娴熟的历史学家，青出于蓝而胜于蓝，打下了继承父志的坚实基础。

前 126（武帝元朔三年乙卯）　迁二十岁　父谈四十岁

公孙弘为御史大夫，张汤为廷尉。武帝诏，令博士弟子治《尚书》《春秋》者补廷尉史。

司马迁二十壮游，"网罗天下放失旧闻"。

父谈仕为太史令。

前 124（武帝元朔五年丁巳）　迁二十二岁　父谈四十二岁

公孙弘为丞相，请为博士置弟子员五十人。武帝卖爵及禁锢免减罪，置武功爵以赏战士。

司马迁壮游归来。

前 122（武帝元狩元年己未）　迁二十四岁　父谈四十四岁

武帝行幸雍，祠五畤。获白麟。

司马谈《论六家要旨》，发凡起例修《太史公书》（即《史记》），断限上起陶唐，下迄武帝获麟，即元狩元年。

司马迁襄助修史。

前 121（武帝元狩二年庚申）　迁二十五岁　父谈四十五岁

霍去病为骠骑将军，击匈奴，受降匈奴浑邪王，开通河西。丞相公孙弘卒。

司马迁受公羊学于董仲舒。董仲舒为西汉公羊学一代宗师，于元狩二年致仕，居家茂陵，著《公羊治狱》十六篇。御史大夫张汤治狱及朝廷大议，数往问董仲舒。董仲舒约卒于元狩六年。司马迁壮游归来受学于董仲舒，即在董仲舒居家茂陵之时，当司马迁二十五岁到二十九岁之间。

父谈著述《太史公书》，司马迁襄助其业。

前 119（武帝元狩四年壬戌）　迁二十七岁　父谈四十七岁

卫青、霍去病大破匈奴于漠北，奠定了汉胜匈败之局。汉赏赐将士五十万金，转漕徙民之费以亿计，不可胜数，县官大空。初算缗钱，盐铁专卖，造白金皮币。

父谈著述《太史公书》，司马迁襄助其业。

前 118（武帝元狩五年癸亥）　迁二十八岁　父谈四十八岁

初置谏大夫。

司马迁从孔安国问故。《汉书·儒林传》载《古文尚书》云："（孔）安国为谏大夫，授都尉朝，而司马迁亦从安国问故。"按：孔安国元朔二年为博士，元狩六年出为临淮郡太守，司马迁从孔安国问故当在元朔末壮游归来至元狩六年之间，当司马迁二十三岁到二十九岁之间。

司马迁始仕为郎。

前 115（武帝元鼎二年丙寅）　迁三十一岁　父谈五十一岁

御史大夫张汤死，而民不思。张骞再使西域还，拜为大行，费值数千巨万。桑弘羊为大农中丞，置平准均输，吏得入谷补官，郎至六百石。

父谈著述《太史公书》，司马迁襄助其业。

前 114（武帝元鼎三年丁卯）　迁三十二岁　父谈五十二岁

令民告缗者，以其半与之。

父谈著述《太史公书》，司马迁襄助其业。

前 113（武帝元鼎四年戊辰）　迁三十三岁　父谈五十三岁

父谈为太史令兼大行礼官，与祠官觅舒议祀后土。

前 112（武帝元鼎五年己巳）　迁三十四岁　父谈五十四岁

列侯坐酎金失侯者一百零六人。

父谈为太史令兼大行礼官，与祠官宽舒议泰時典礼。

武帝行幸雍，祠五時，遂逾陇，登空峒，郎中司马迁及其父太史令司马谈均扈从。

前 111（武帝元鼎六年庚午）　迁三十五岁　父谈五十五岁

武帝与公卿、诸生议封禅。

春正月，司马迁升任郎中将，奉使西征巴蜀以南，在西南夷地区设郡置吏。

前 110（武帝元封元年辛未）　迁三十六岁　父谈五十六岁

武帝封禅泰山。是岁用帛百余万匹，钱金以巨万计，皆取足大农。县官有盐钱缗钱之故，用益饶矣。

父谈病死于周南（洛阳）。

司马迁受父遗命于河洛。又从巡武帝封禅。按：汉武帝四月上泰山封禅，司马迁要赶赴行在回报奉使政务，告成功于上帝，故其见父于河洛在二三月间。

前 109（武帝元封二年壬申）　迁三十七岁

司马迁从巡武帝至瓠子，负薪塞河。

三、发愤著书
（公元前108—公元前93年，前后16年）

从元封三年司马迁继为太史令，到太始四年司马迁作《报任安书》，其间十六年，是为发愤著书阶段。即司马迁经营十六年，《太史公书》基本完稿。

前108（武帝元封三年癸酉）　迁三十八岁

始仕为太史令，史记石室金匮之书，潜心著述《太史公书》。

前107（武帝元封四年甲戌）　迁三十九岁

迁扈从武帝，北过涿鹿。潜心述史。

前106（武帝元封五年乙亥）　迁四十岁

迁扈从武帝，南至九江。潜心述史。

前104（武帝太初元年丁丑）　迁四十二岁

迁与壶遂、邓平、落下闳等造汉太初历，以正月为岁首。色尚黄，数用五，定官名，协音律。

司马迁答壶遂问，讨论作史义例，修正延伸《太史公书》断限，上起黄帝，下至太初元年。《太史公自序》云："于是论次其文。"司马迁正式定稿《太史公书》。

前101（武帝太初四年庚辰）　迁四十五岁

贰师将军李广利破大宛还，得善马数十匹，中马三千余匹。汉兵死十余万人，丧马三万匹，伐宛四年，天下骚动，大汉呈现衰败之迹。

司马迁再次修正《太史公书》断限，下限至太初四年，以见盛观衰。

前99（武帝天汉二年壬午）　迁四十七岁

十一月，李陵败降匈奴，司马迁为之辩护，功可抵过。潜心述史。

前98（武帝天汉三年癸未）　迁四十八岁

是年冬李陵家被族灭。司马迁受株连，以"诬罔罪"遭受宫刑。

前97（武帝天汉四年甲申）　迁四十九岁

司马迁出狱为中书令，世俗目为"尊宠任职"，而司马迁视为奇耻大辱，隐忍苟活发愤著书。

前93（武帝太始四年戊子）　　迁五十三岁

复书任安（即《报任安书》），叙说不幸遭遇和深虑的思想，通报《史记》基本完稿，定名《太史公书》。是书"究天人之际，通古今之变，成一家之言"，可藏之名山，传于后世。

四、晚年修订

（公元前92—公元前86年，约7年）

武帝征和以后到昭帝之初七年为司马迁修史的第三阶段，最后编成《史记》定本，正本藏官府，副本留京师家中。司马迁晚年仍在修订《史记》。

前91（武帝征和二年庚寅）　　迁五十五岁

巫蛊狱起，太子刘据举兵斩江充；武帝令丞相刘屈氂讨叛，太子兵败自杀。

司马迁晚年修订《太史公书》直至昭帝之初。主要内容为：调整篇目与编订次序；抒愤寄托，鸣写不平；附记太初以后大事；补载或修订太初以前史事。

前90（武帝征和三年辛卯）　　迁五十六岁

田千秋上书讼太子冤，武帝平反太子，怨北军使者护军任安受太子节而不助太子。六月腰斩丞相刘屈氂与任安。

贰师将军李广利出朔方，以兵降匈奴。《史记·匈奴列传》及《汉兴以来将相名臣年表》均载此事。此为司马迁晚年修订《史记》之一证。

前87（武帝后元二年甲午）　　迁五十九岁

武帝崩。昭帝即位，大将军霍光辅政。

司马迁记事止于武帝之末。褚少孙曰："太史公记事尽于孝武之事。"（《建元以来侯者年表褚补》）考《史记》记事，断限太初，人物立传，记叙史事，皆止于太初四年。太初以后，司马迁只是附记巫蛊案、李陵案两件大事以及武帝封禅巡游，咸表终始，涉及十六个篇目，二十二人，总计一千五百四十四字，与立传人物及载大事尽于太初并不矛盾。

前86（昭帝始元元年乙未）　　迁六十岁

司马迁卒。王国维《太史公行年考》云："史公卒年，绝不可考。然视为与武帝相终始，当无大误也。"按：昭帝始元六年（公元前81年）盐铁会议，御史大夫桑弘羊在辩难中引用《史记·货殖列传》称"司马子言"，这是对已故学问家的尊称。此姑系司马迁卒于昭帝始元元年，表示司马迁之卒与汉武帝相终始，这是没有疑义的。

司马迁死后，其书《太史公书》副本在宣帝时为外孙杨恽所布，到了东汉桓灵之时演变成了《史记》之名，流传于今，日益受到人们的重视。两千年来阅读和研究《史记》的人不可胜计。司马迁将他的鲜血和生命化成了《史记》，给炎黄子孙留下了宝贵的遗产，他将永远值得人们祭奠！